新典社研究叢書 291

倉橋正恵 桑原博行
齊藤千恵 光延真哉
小池章太郎 編

未刊 江戸歌舞伎年代記集成

新典社刊行

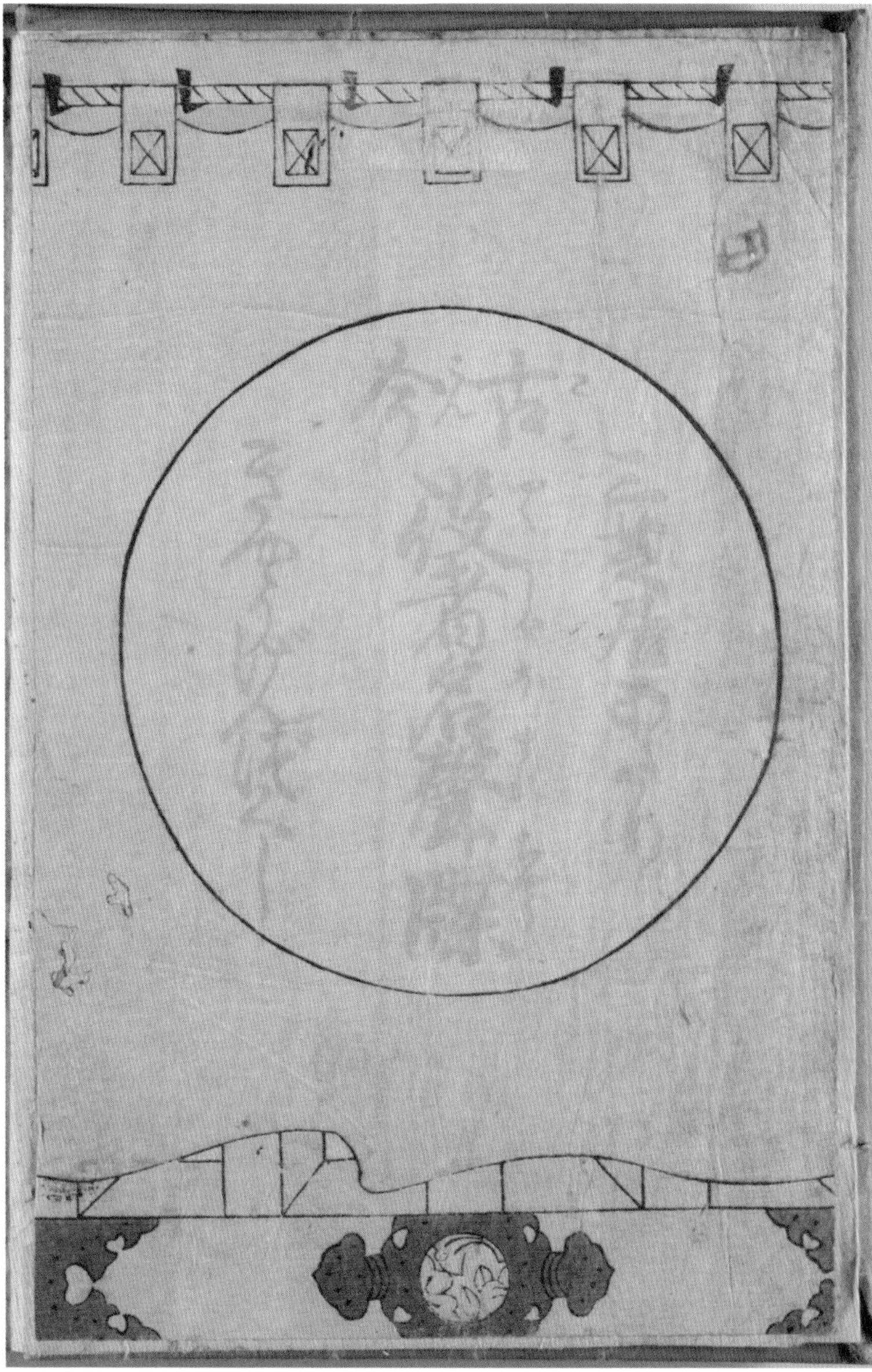

国立国会図書館蔵本 役者名声牒（内表紙見返し）

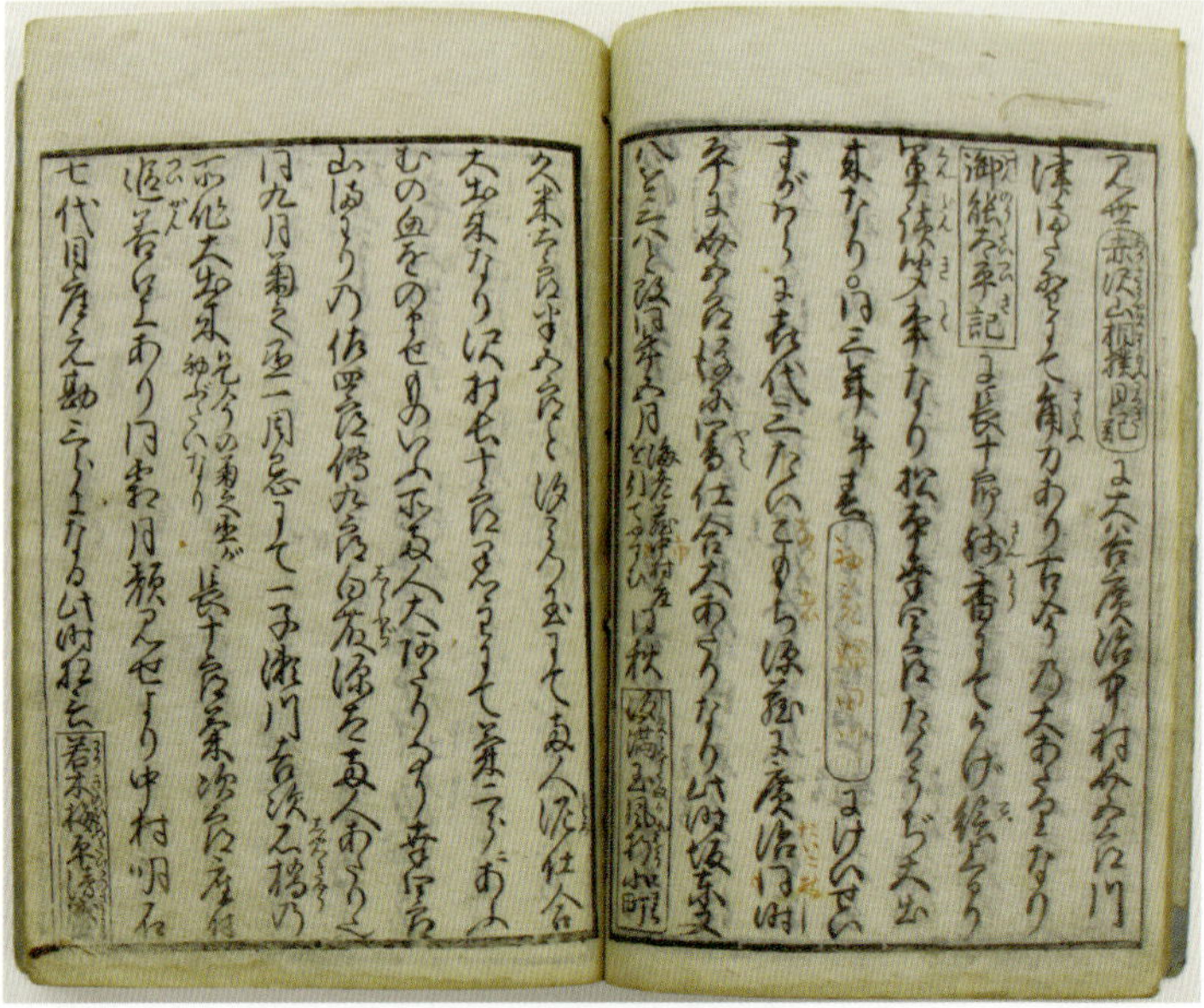

東京都立中央図書館加賀文庫蔵本　役者名声牒（29丁ウ／30丁オ）

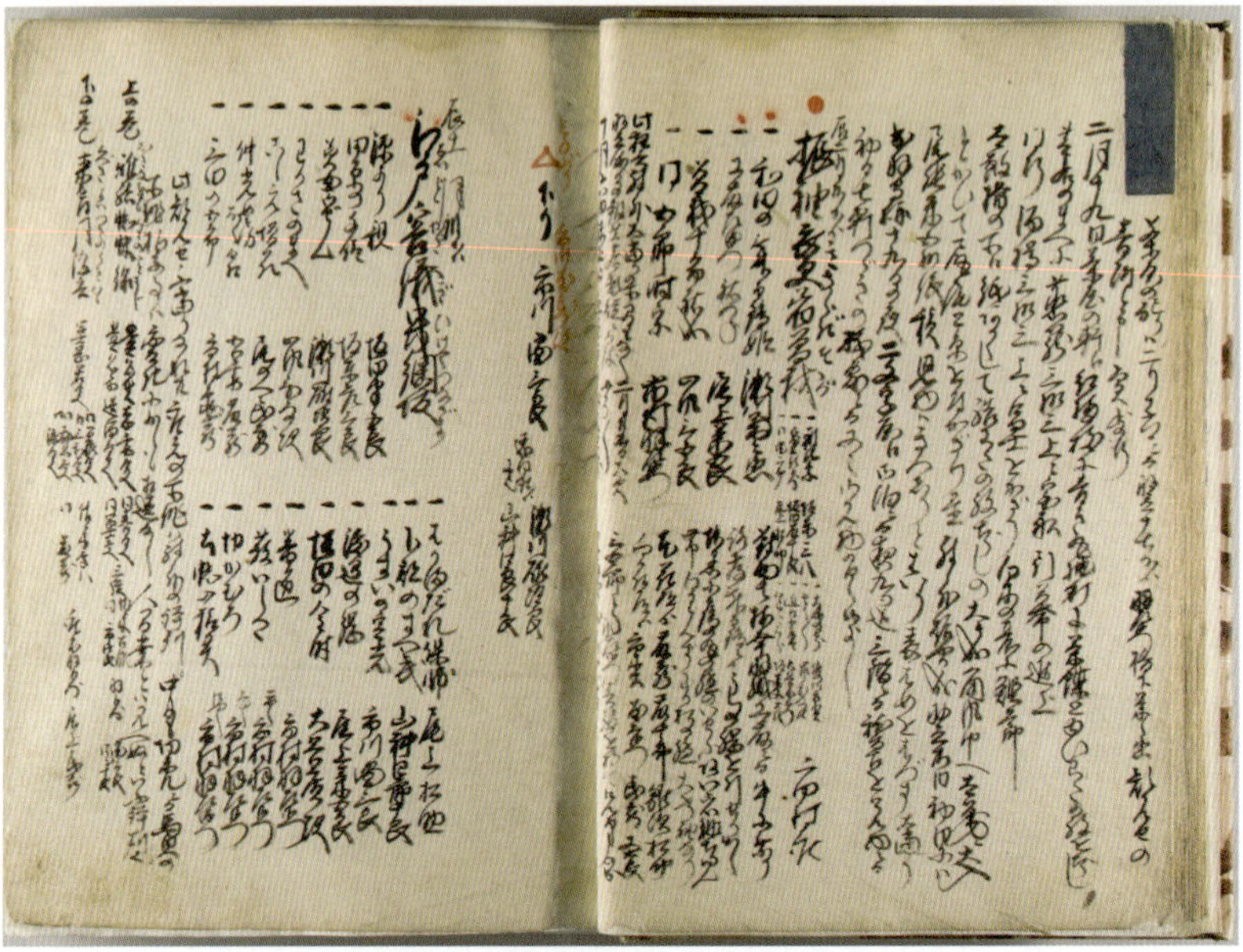

国立国会図書館蔵本　続名声戯場談話（地　14丁ウ／15丁オ）

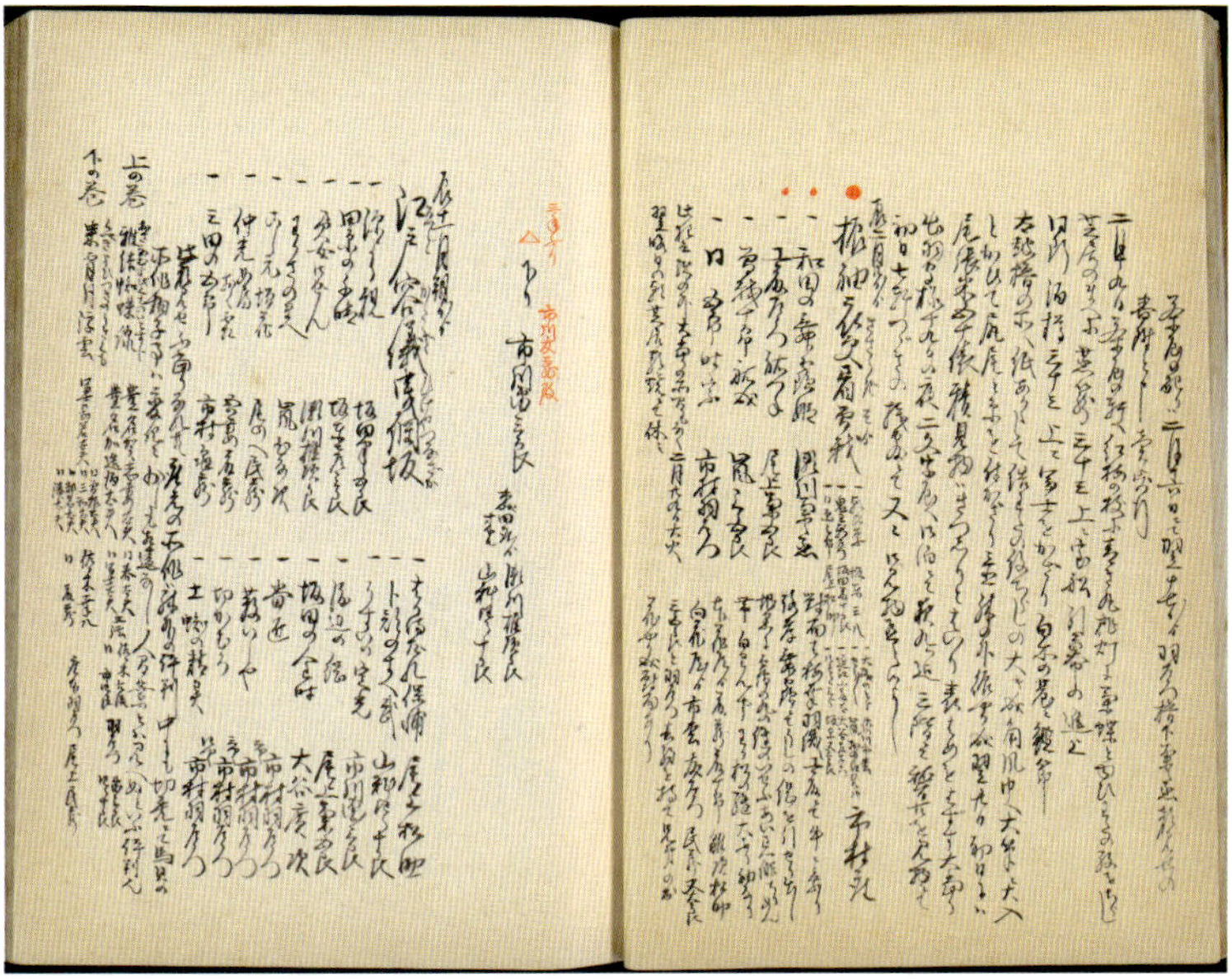

光延真哉蔵本 続名声戯場談話（葺屋町 14丁ウ／15丁オ）

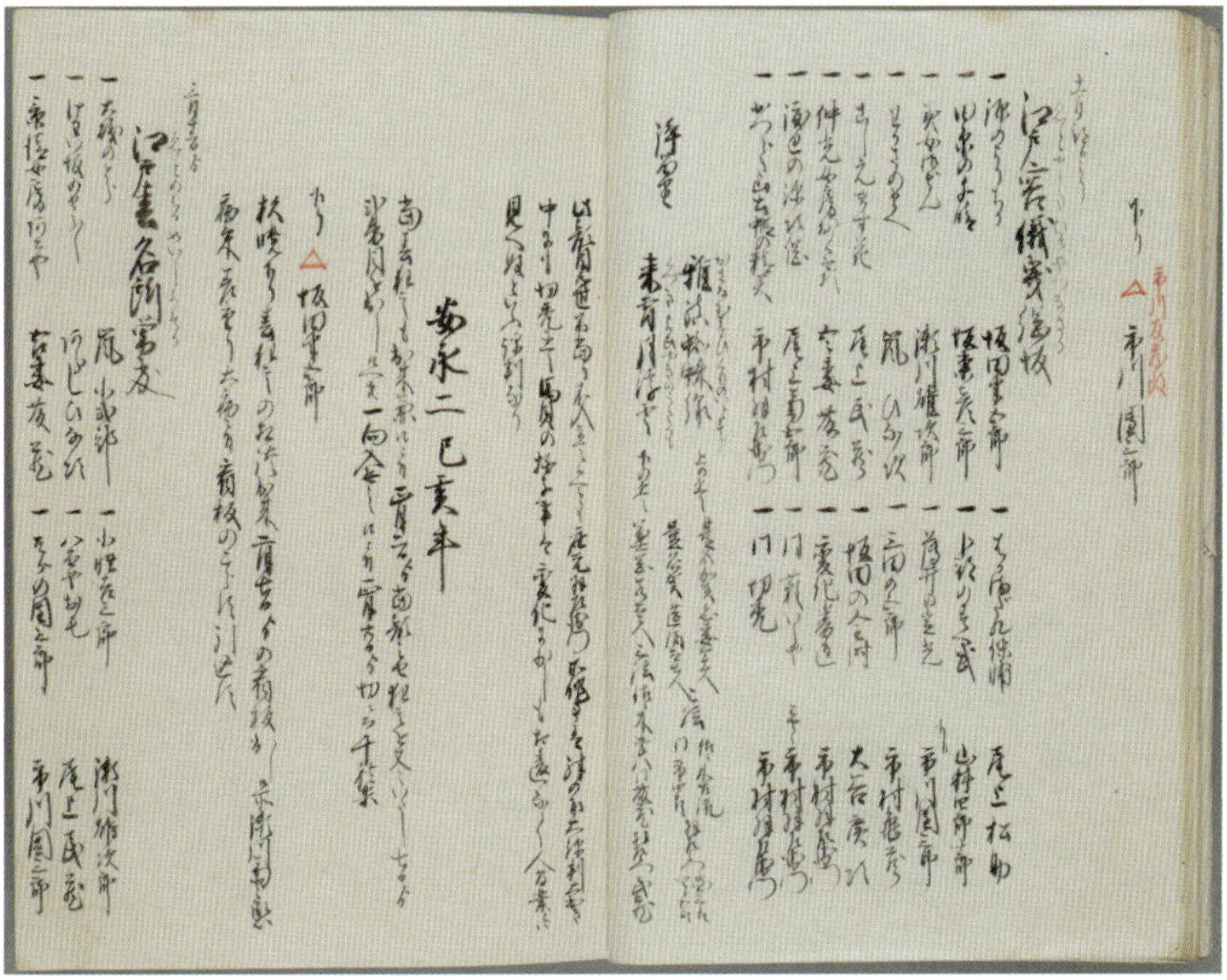

早稲田大学演劇博物館蔵本 戯場談話（葺屋町 18丁ウ／19丁オ）

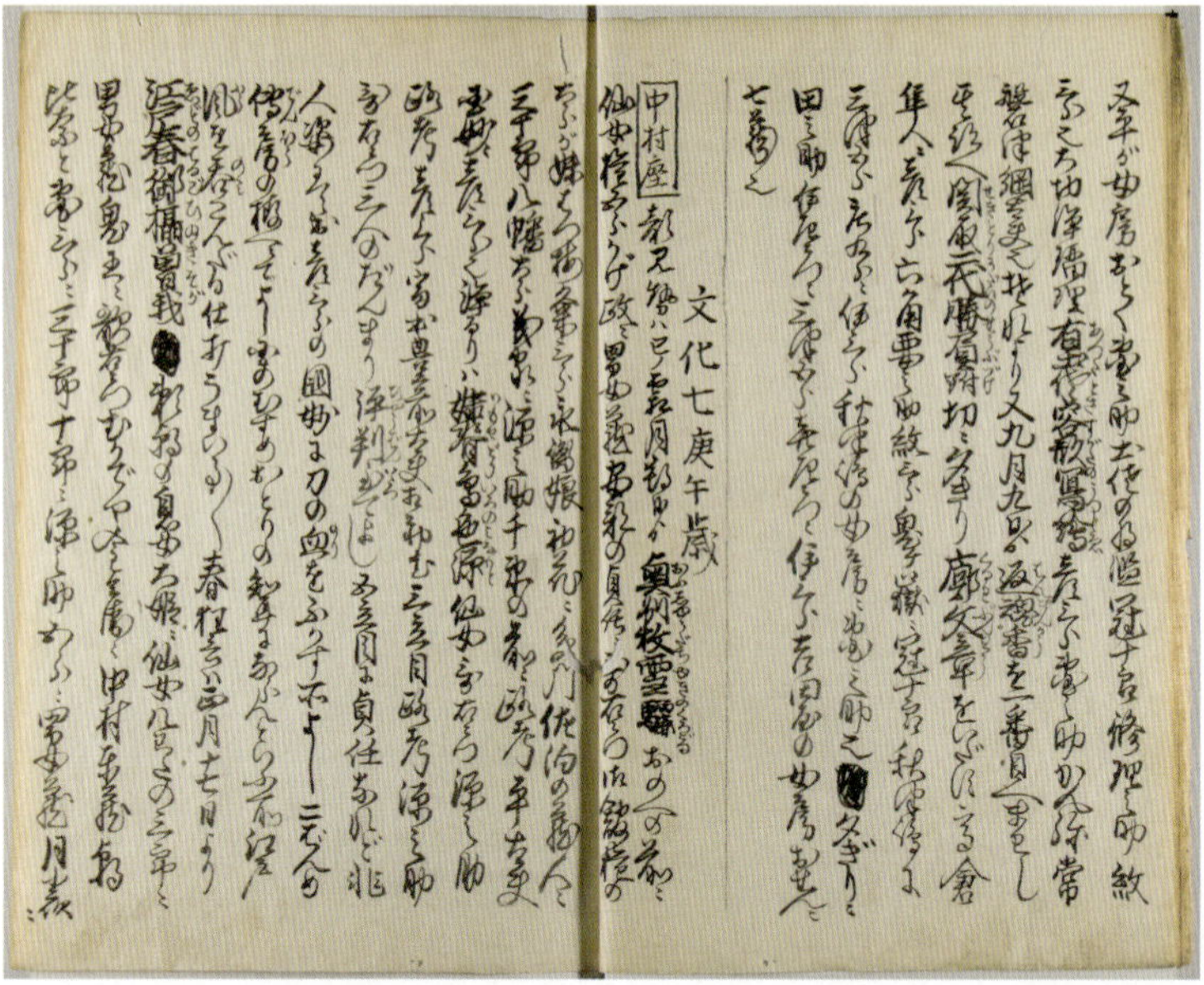

国立国会図書館蔵本 続芝居年代記（壱巻 11丁ウ／12丁オ）

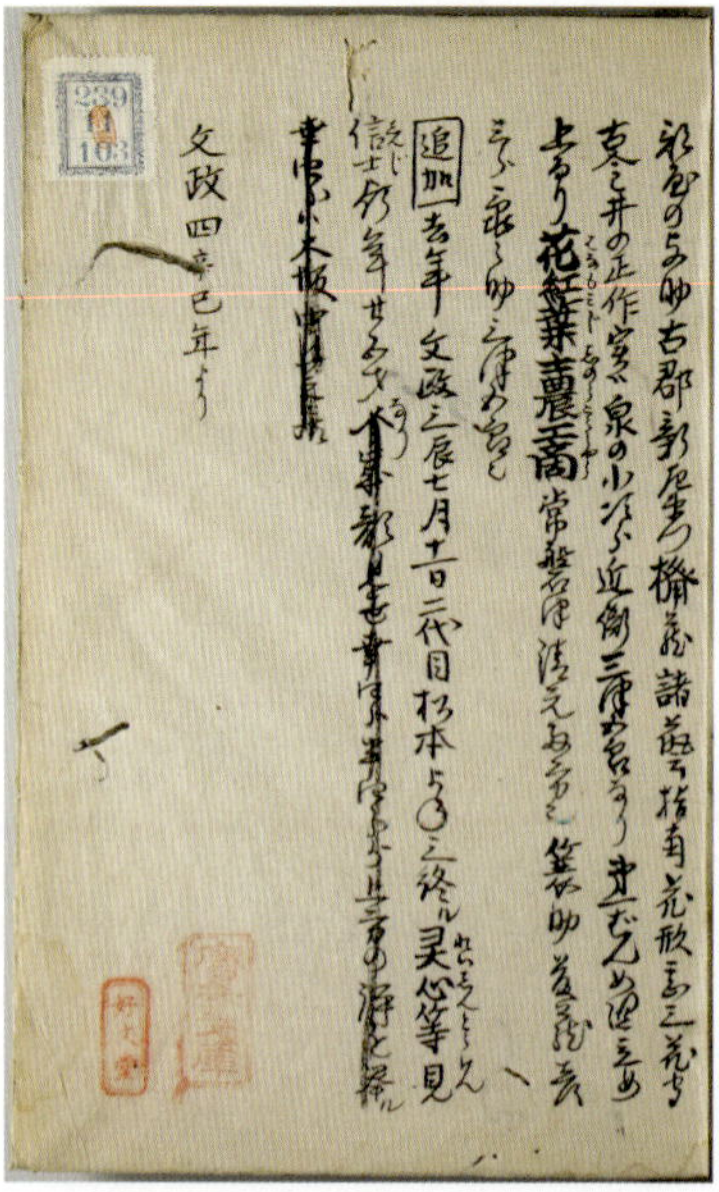

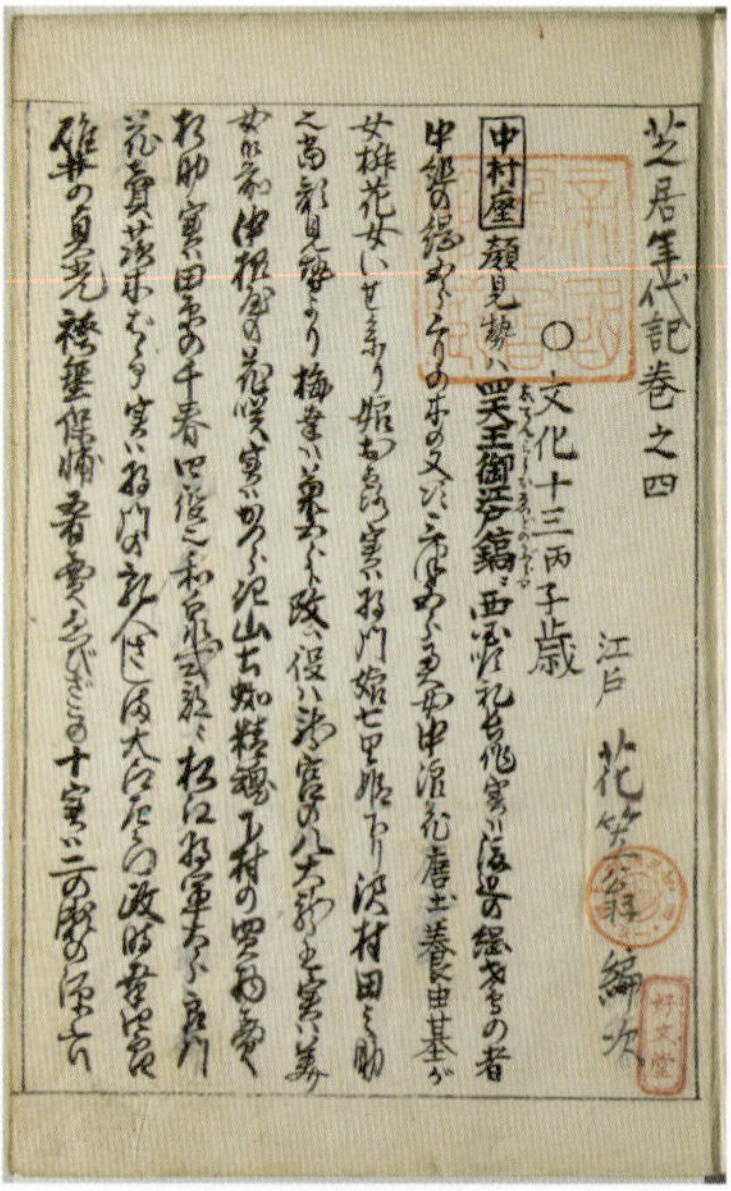

国立国会図書館蔵本 続芝居年代記（左：四巻 14丁オ／右：参巻 1丁オ）

目　次

凡　例

本書は『役者名声牒《やくしゃほまれちょう》』『続名声戯場談話《ぞくめいせいぎじょうだんわ》』『続芝居年代記《ぞくしばいねんだいき》』を翻刻、活字化するものである。この三書は、江戸三座の歌舞伎興行に関わる情報をまとめた「年代記」の中に位置付けられるが、これまで充分に活用されてこなかった。本書が今後の歌舞伎研究の新たな基礎資料となることを願ってやまない。

底本はいずれも国立国会図書館本を用いた。底本ならびに諸本の書誌等詳細は解題を参照されたい。

一　三書共通の翻刻方針

翻刻に際しては、原本の記載を尊重し、私に改変を加えないことを基本とした。ただし、今次出版の判型に鑑み、すべて二段組とした。また、現代の読者の便や全体の統一を図るため、以下の要領に従って諸種の校訂を施した。三書に共通して適用した方針は次のとおりである。

A　文字処理全般

一、名題はゴシック（太字）で表した。

一、底本の振り仮名はそのまま残した。

一、底本における、見せ消ち・抹消・貼り紙、あるいは、正しい字の重ね書き・脱字の書き込み等は、訂正後の形を採用した。

一、底本の虫損・汚損・難字・空白部分は推定字数分の□で表記した。これを諸本によって補う場合は、次のように□の中に該当の文字を入れた。

　例：此狂言、三十一年巳前、安永七戌年秋狂言、中村座ニ而大当り。

　諸本では補足することができず、番付等の資料によって補う場合には、校訂者注を（　）で傍記した。

　例：□（松本）幸四郎

一、表敬の闕字は、右傍に（闕）と注記し、また同じく表敬の改行がある場合はこれを踏襲した。

一、底本に明らかな誤りがある場合には、原本の形をそのまま残し、それが誤植ではないことを示すため、（ママ）と傍記した。ただし、漢字の音が通じる場合には、煩雑を避けるため不問に付した。

例：夫より花中程《（ママ）》ニ而　↓「花」は「花道」の誤り

性体をあらわし　↓「正体」であるが、音が通じているためそのまま残した

なお、役名・役者名には（ママ）は付さなかった。

一、小字の二行の分かち書きは、これを残した。

一、和歌・狂歌・俳諧・雑俳の類は、二字下げの改行によって示した。

一、元号あるいは年数と干支が併記される場合は、十干の部分を小字右寄せ、十二支の部分を小字左寄せで示した。ただし、十干が表記されず、元号または年数と十二支のみが記される場合は、十二支の部分を小字右寄せとした。元号または年数が表記されない場合の十二支は並字とした。

例：明和元甲申年　元文元年辰霜月　去《さ》る辰の霜月

B　漢字

一、漢字は現時通行の字体を基本とし、「常用漢字表」の表内字は、その字体を用いた。

例：圓↓円　藝↓芸　處↓処　體↓体　畫↓画　膽↓胆　條↓条　穐↓秋　攝↓摂

一、俗字・同字・異体字・通用字・古字等は、音義が同じで、その字体を改めることで意味の違いを惹起しないと考えられる場合、もっとも代表的な字体に改めた。

例：嶋・嶌↓島　躰↓体　氊↓氈　籏↓旗　哥↓歌　臺↓台　峯↓峰　舘↓館　蘆↓芦

一、省文は、当該文脈中において正しい字義を担うと考えられる字体に改めた。

例：厂↓雁　广↓磨・摩・魔　壬↓閏

一、以下の字体については、字義および文献内の文字意識の違い等を考慮し、原本どおりの用字を残した。両字が併用されている場合も、正しい字義の注記等は行わなかった。

例：後・后　庵・菴　惣・総　圀・国　洲・州　刈・苅　竜・龍　滝・瀧　篭・籠　云・言

艸・草　剣・劔

一、同一の固有名詞等に複数の表記が見られる場合でも、用字の統一は行なわず、原本の表記を残した。

例：さだ…定・貞　すけ…介・允・助・輔

一、漢字のくずしが、複数文字に該当しいずれか決定し難い場合、慣用の字体に従った。

例：良・郎

一、底本の誤字のうち、明らかに書き癖と判断される場合には、正しいと思われる字に改めた。

例：刀→力　泰→秦　弾→騨　惟→雅　刄→叉　吊→弔　番→蕃　萩→荻　脊→背　異→翼

猥→隈

爪生→瓜生　路孝→路考　調子→訥子

ただし、音曲の一流派である「常磐津」は、現行「磐」字を用いるのが一般的であるが、当時においては「盤」字を用いる慣習もあるため、「常盤津」の表記を残した。

C　仮名

一、平仮名・片仮名は、原則として現行の字体に改めた。ただし、名題においては合字をそのまま残した。これらの合字は、番付の表記を参考に作字した。

例：（御うれしく）　（かしく）　（さま）

（まいらせ候）　（まいる）

一、仮名遣い・送り仮名はすべて原本のままとし、誤用・混用がある場合も、これを改めなかった。

一、清濁は原則原本のままとし、私に濁点・半濁点を施さなかった。ただし、濁点の位置のズレなど、明らかな誤りが認められる場合は、編者の判断で修正した。

例：手綱《だつな》→手綱《たづな》

一、「ハ」「ミ」「ニ」「へ」は原則として平仮名とみなした。ただし、小字右寄せで記される「ニ而」「而」「江」「与」は、原本通りの表記にした。また、役割のうちの「実ハ…」の「ハ」、「後ニ…」の「ニ」、それに準じる表現については、従来の慣行に従い、片仮名・並字で表記した。

一、読みやすさを考慮して「ヲ」「ノ」「ト」は原則として平仮名に直した。ただし、役名・役者名の「ノ」は例外とした。

一、右のほか、文中に小字で示される片仮名については、捨て仮名の場合は小字右寄せ、今日の基準において送り仮名と判断できる場合は平仮名に改めた。ただし、「若ィ者」は例外として、小字右寄せのまま残した。また、感動詞や擬音語、その他独立した単語と判断できる場合には片仮名の並字に改めた。

例：仮ﾘ（捨て仮名）　下る（送り仮名）　若ィ者（例外）　テモ（感動詞）　ギイ〳〵ーツト（擬音語）

アリ（独立した単語）

D　畳字

一、畳字は、原本のまま、「々」「〻」「ゝ」「ゞ」「ヾ」「〃」「〳〵」「〴〵」を用いた。ただし、畳字部分から新たに単語や文章が始まる場合、また畳字が単に音の繰り返しだけを示し意味の繰り返しを担わない場合は、その畳字を残さず、あるべき文字を当てた。

例：佐野〻→佐野の

E　その他記号類

一、通読の便宜上句読点を私に施し、原本に元から付された句点は適宜改めた。

二　資料個別の翻刻方針

各資料の特性に鑑み、個別に適用した処理は次のとおりである。

1『役者名声牒』

A　本文組み方について

一、原本は原則として追い込みで記されている。通読の便を考慮し、適宜改行を施して段落を設けた。

一、原本の年代記部分では、「同二年酉」のごとく、元号が前年と同じ場合にはそれが略されている。通読に不便であるので、こうした場合には「同【享保】二年酉」のごとく、【　】で元号を補った。

一、原本では中村座、市村座、森田座のどの劇場での出来事であるかを区別するために、名題や「下り」の文字に、それぞれ□、⬭、⬡の囲みが施されている。翻刻に際しては、これを［　］、（　）、〈　〉の括弧に代えた。

一、一部に見られる名題の意図的な空白については、□で表記した。

例：（□）に菊五郎熊谷《くまがへ》、大あたり。

一、役者名ないし役名が評文中で並記され、意味内容上、ひとつのまとまりがあると判断できる場合には、適宜「・」の記号を用いて通読の便を図った。

例：二はんめ、広治・宗十郎・伝九郎、伝兵衛・七三・七兵衛のきやうげん有。

B　注について

『役者名声牒』は、昭和八年（一九三三）十月発行の『演劇学』第二巻第三号（通計第五号）において守随憲治により全文が翻刻された。さらに、続く同誌の第二巻第四号（通計第六号、昭和八年十二月発行）では、秋葉芳美による「役者名声牒訂正増補」が掲載され、同資料の誤謬を正すとともに各種の情報が追加されている。本書では、その学術的価値を鑑み、「役者名声牒訂正増

補」（以下、「秋葉増補」と称す）も併せて再録することとした。「秋葉増補」の凡例を以下『演劇学』から転載する。

　正誤は主として名題と役名に止め、増補は際限がないので、大名題と浄瑠璃及び長唄の名題、之に重要なものに限つて役名や連名を添加する方針を取つた。典拠略号は次の通り。

　役割（紋）番附（役、番）浄瑠璃長唄正本（正）役者評判記（役、評）芝居年代記（芝、年）役者諸芸金之揮（役、金）

（守随附記。原書は仮字が多く、又、句読、訓点を欠く為め、判読に困難が伴ふので、適宜之等を改めて前号（注、『演劇学』第二巻第三号）に翻刻したものである。併し、夫に拠つて、多少の誤写も生じたから、発見されたもののみについては、此際、正誤記入しておいた。）

再録にあたっての方針は次の通りである。

一、本文中に（1）（2）…のごとく注番号を付し、各年の記述毎に「秋葉増補」の該当項目を挙げた。

一、「秋葉増補」原文における、「六頁上十七行」といった『演劇学』第二巻第三号の箇所を指し示す記載は省略した。

一、右の凡例にも述べられるように、「秋葉増補」原文には、守随憲治による「誤写」の訂正が「守随云…」の形式で含まれている。新たに翻刻し直した本書はこうした「誤写」とは無関係なので、これに該当する項目および記述は原則省略した。

一、「秋葉増補」原文における本文の引用は、本書における翻刻と差し換えた。

一、「秋葉増補」原文に見られる役者評判記の引用は、『歌舞伎評判記集成』第一期（岩波書店、昭和四十七年〈一九七二〉～五十二年）掲載のものと差し換えた。

一、その他、番付等の諸資料に照らして誤字・脱字が明らかなものは編者の判断によって正し、用字も適宜統一した。

一、本文の訂正に関して「秋葉増補」に漏れている事柄については、〔新注〕と題し、必要最小限の範囲内で編者による注記を挙げた。

2 『続名声戯場談話』

一、翻刻の対象は、各興行の役割と評・役者の移動・興行に関わる部分とし、底本改装時の書入などは省いた。

一、原文の改行は、原則として追い込みとした。ただし、役者の改名・移動、櫓交替時の表記等は、適宜読みやすさを考慮して次の行に移し、その行頭を二字下げとした。

一、底本に、評語の記述が複数箇所にまたがって存したり、貼込による追加がある場合、内容に鑑み、適切な箇所に配置した。

一、年変わりの見出しに座名が欠けている場合は、それを補った。また座の交替がある場合は「市村座／桐座」のように示した。個別の興行に付された座名は、煩雑を避けるため省略した。

一、朱筆部分は、網かけで表記した。

一、当り狂言や当り役を示す「・」、「○」、合点等の記号は、そのまま残した。

一、底本で配役が二つ以上書かれる場合には、（重出）と示した。

例：一　ふじやあづま　　佐の川　市松
　　一　（重出）ふじやあづま　　三枡　徳次郎

一、底本の名題と、番付等の名題に異同や欠落がある場合には、＊印を付し、番付や「正本による近世邦楽年表（稿）―享保から慶応まで―」（『国立音楽大学音楽研究所年報』第十一集、平成七年〈一九九五〉）等の資料に依拠した名題を当該興行の末尾に掲げた。

一、その他の注記は、当該興行の適切な位置に※と（　）で記した。

例：（※寛政四年九月十五日興行の記事は寛政五年七月十五日に誤って記載されている。その条を見よ）

3 『続芝居年代記』

一、原本に貼込による追加がある場合、内容に鑑み、適切な箇所に追加した。

一、原本における劇場の区分を示す仕切り線は、煩雑であるため除去した。
一、原本の四角囲み文字は、［ ］で囲って表記した。
一、原本の年度区分は、前年十一月の顔見世興行から始まるため、（ ）で元号や月を補った。
　例：顔見世は去る辰（文化五年）の霜月朔日より御摂恩賀仙に
一、役者名ないし役名が評文中で並記され、意味内容上、ひとつのまとまりがあると判断できる場合には、適宜「・」の記号を用いて通読の便を図った。
　例：平の清盛・悪源太義平、中村歌右衛門。鎌田次郎・志内六郎友春、関三十郎也。
一、底本の名題と、番付等の名題に異同や欠落がある場合には、番付や前掲「正本による近世邦楽年表（稿）―享保から慶応まで―」等の資料に依拠した名題を（ ）で補った。また、役者名に明らかな省略がある場合も正しいものを（ ）で補った。その他の注記についても、（ ）を付して記した。
　例：道成寺（沢紫鹿子道成寺）
　　中東（中村東蔵）
　［森田座］顔見勢（文化八年十一月から翌九年三月まで休座）は友集重島原細記

役者名声牒

序

夫、遠は板橋の壁紙、近は芸都の神社仏閣に、古今役者の名誉をあらはせし狂言の絵馬あり。誠にかゝる遊戯の能なれ共、名は末代に残るものかは。励てもはけむべきは芸道也。今爰に書載るものは、中古、当世役者の勝狂言をあげて、芝居淫人の娯とも、且は故を温て新を知らは、幼役者出世の階梯ともならんかと、おもひ出し語だし、百とせの藻塩草かき集め、水元ふかき妓芸の道の高名を、着到の一筆に記さんと、直に役者名声牒と号て、もて桃太郎か赤本の中間入にせんといふ。

阿那聒散人放言

附言

一、此巻に引書なし。ふるきは古老に尋《たづね》、又は見聞せし事の心にうつり行まゝに書しるせは、名題の忘失、日時の前後あらん。尤、小冊なれは、心の限《かぎり》を不レ記。みだり成といへ共、たゞにいつとなく役者の当《あた》り狂言を顕《あらは》すを肝要《かんやう》とす。故に、一座に当り狂言続《つゝく》時は、二座をおゐて一座の美をあぐる。付ては、役者系図《けいづ》素姓《すぜう》等つゝむべき陰事《いんじ》をあばかず。次に三座楽屋内の方言を不レ用。ある日、一客来て予に問。稲荷町に役者有と聞しが、堺町近隣になし。何れの町を云やと。我思ふに、必定稲荷堀《たうかぼり》の事なるらめ。さはいへ、稲荷祠《いなりのほこら》、貝杓子《かいしやくし》はあれど、役者なし。かゝる素人《しろうと》に不レ通事ははぶく。すべて近来役者の身のうへを穿《うがち》〳〵て、穴をやぶるを嗜《たし》む。是、野暮《やぼ》の提抜《ひつこぬき》也。高尾が艶色《あんしよく》といへ共、爺様《とつさま》をみば、馴染《なじみ》の客いかならん。桜木わりて花なし。只、表頬《うはつら》を見て楽しむこそ、誠の通人《いきひと》共いふべし。然と嘗《むまき》ものは毒《どく》なれど、胆斗食《たんとくい》、丸薬ちつと飲めば、否共云れず。先、爰にしるすは、舞台芸道のみ也。

誉観
芝居見物左衛門
先生へ評判師より
ほうかぶりを
当りしるしの
さしものに
して
ほまれ
帳へ
付る。

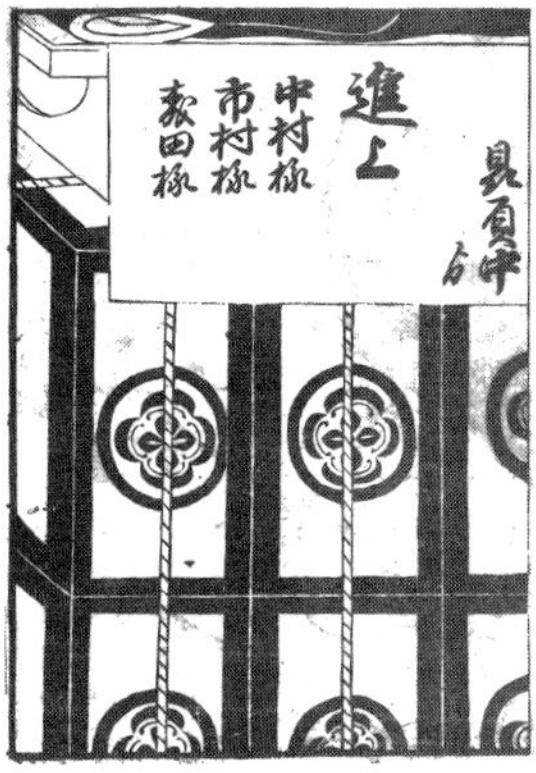

贔屓中より
進上
中村様
市村様
森田様

発端《ほつたん》

雲《くも》のみねのたゝすまひ、雷をかさねたる夕立《ゆふだち》の、名残《なごり》すゞしき風の行衛《ゆくえ》も、いつれをいつれ春秋《はるあき》のあらそひに、手振《ふる》袖ふる伽羅《きやら》の香《か》も、町と屋敷《やしき》の娘《むすめ》風、宿下《やどをり》ふしの楽しみは、月雪よりも人の花、さじき、中の間、切落、やんや〳〵の声《こへ》大入、楽《がく》屋《や》口にはおさだまり、いつてもこさる評判《ひやうばん》師《し》、たれはゞからぬ大声《ごへ》の、ひゐき〳〵の役者ざた、程なく芝居も打出せば、役者の帰りを見てゆかふ、路考が素顔《すがほ》を只一ト目と、おしあひへしあふ其中に、五十ばかりの御局《つぼね》が、もはや団十郎はかへりしか、錦考は出ぬかやと、こちらのきやんにきかるれば、しり自慢《じまん》のきやんいふやうは、錦考はいつでも木戸からかへります、団十は今竃《へつつい》川岸《がし》で舟に乗《の》ていますそへ、アレ〳〵、隣《となり》から梅幸がかへるはと指《ゆび》ざせば、トリヤ、梅幸を見て行うかと、老《らう》若《にやく》男女我さきと、楽屋新道あつちこち、おち方《かた》人に道急《みちいそ》ぐ、入相《いりあい》の鐘《かね》の音、名におふ中村座の名代男、引まくの長の伊平、はかまを持てぐる〳〵とまき、衣裳《いしやう》部屋《べや》へなげこみて、楽屋のくゞりを出る折から、こなたより来る小男は、みじかき小長と名もしれし、市村座の引まく方、たがひに顔を見あわせてかわらぬ挨拶《あいさつ》、時にかたへにたゝずみし、弐十《はたち》ばかりの子息《むすこ》風、髪《かみ》は本田に棒鞘《ぼうざや》の、長の伊平がなしみの見物、垂福屋《たらふくや》の家暮《やぼ》次郎を、伊平見付て声《こへ》をかけ、

もし、これはとうでござります。いかに芝居がおすきじやとて、打出しから只今迄、爰《こゝ》に立て御出なさるゝはきつひ里人《さとびと》。もし、家暮な仇名《あたな》が付ますぞへ。［むすこ］家暮な仇名が付ずとも、根本はへぬきの家暮次郎とはわがことなり。吉原へ行ばしんござと同格《どうかく》、すかやのこえはいつでも聞。またさかい町では、さと人と附丁《ふてう》がつく。たとへなんといわれても、一日でも芝居を見ぬと、積《しやく》がおこつてどふもならぬ。［小長］テモ、おまへはきつい芝居がすきじや。所詮《しよせん》、仕廻は役者がのぞみか。［むすこ］いや〳〵〳〵。［伊平］十めん顔《がほ》していふ。橘《きつ》を執《しう》する沙門《しやもん》は橘中《ちう》の虫となると申ますれば、おまへも心のおもむく方をおたのしみなされたがよふござりまする、とぬからぬあいさつ。［むすこ］びつくりしたるてい。これは貴様の人体《てい》に似合《に》ぬ今の引こと。胸《むね》のうちがおくゆかしい。［伊平］笑て、何のおくゆかしいことがござりませう。此引ことはね、柏莚さんのいわしつたせりふでこさります。舞台《ぶたい》に居てよくおぼへてをります故、そこで一寸と申たものさ。［むすこ］聞て、なる程、数年来《すねんらい》舞台にいらるれば、諸役者のせりふ、当《あた》りきやうげん、又は年《とし》〳〵の役者入かわり、その外の事なんでもおぼへていらるゝであらふ。［伊平］すんで(ママ)、私も親仁から二代のしばゐ者。大むかしはそんせねど、中古よりの事は少々親仁《おやぢ》がはなしにきゝはさんでおりまする。［むすこ］幸かな。今宵《こよひ》は北国《ほつこく》と志《こゝろ》ざせしが、何もなぐさみ、貴様のうちで終夜《よもすがら》、見ぬむかしの芝居ばなし、ある

ひは役者のあたり狂言《きやうげん》を聞たひ。小長には吹屋《ふきや》町の事くわしければ、是から直に三人一座でたのしみたい。今夜《こんや》の入めはわれらがもめる、と懐中《くわいちう》より壱歩つゝなげ出せば、**伊平・小長** 物《もの》も小おどりし、三つぶとんの上よりも、琉球畳《りうきうだゝみ》の三畳敷《さんでうじき》、わびておもしろし。先御出と、二人のものとも家暮次郎をさきに立、ぐつとまかつて長者町、大坂町へと急《いそ》ぎ行。

ちよん〳〵、ギイヽーツト、伊平は内の戸引明れは、腰張《こしばり》一面《めん》役者付、襖《ふすま》は番付《ばんづけ》せりふの反古《ほうご》、巨燵蒲団《こたつぶとん》も手拭《ぬぐひ》も、ふきんざうきんのこりなく、三升、ゆひわた、中車、かさね扇にいの字の紋、丸に仙の字、轡《くつわ》のもん、釘貫《くきぬき》、矢車、五三の桐、顔見世祝義ふる木綿、実に伊平が宅《たく》ならめ。かくて家暮次郎を上座へなをせば、小長こゝろえ持て出るは、遠からぬとら屋のもちぐわし四方のあか、扨後段《さてごだん》にはふく山利久《りきう》おまんずし、亀蔵せんべい千鳥焼《ちとりやき》、かのこもちのたぐひをもつて、馳走奔走《ちさうほんさう》なしければ、家暮次喜悦《きえつ》のまゆをなし、さらば是からきやうげん芝居の濫觴《らんじやう》を尋べし。

むすこ 先狂言のはじめはどうだ。**伊平** そも俳優《きやうげん》と申事、日本記《にほんき》神代の巻《まき》にありと申せど、元より文盲無智《もんもうむち》なれば、我ことばにはのべがたし。然れど今日家業《かけう》として其濫觴《そのらんしやう》をしらさるも、馬牛の襟裾《きんきよ》とも思しめさん。いで、めつほうかゐに申べし。まつ所作事のらんしやうは、神代の其むかし、天《あま》の鈿女《うすめ》の命《みこと》より、岩戸のまへの神楽歌《かぐらうた》。又あらことのはしまりは多力《たちから》雄《を》の尊《みこと》也。時代狂言世話ごとは火酢芹《ほのすそり》の尊也。愁嘆《しうたん》は啼沢女《さわつき》の命に起る。さて、人の世にいたりては、島の千載《せんさい》わかのまえ、礒《いそ》の禅尼《せんに》に静《しつか》御前、是皆役者の中間《なかま》也。惣而芝居と申事、猿《さる》楽田楽《かくてんかく》の名によりて、芝居の縁《ゑん》とはなりたるなり。ついては南《なん》都薪《とたきゞ》の能《のう》、芝の上にて催《もよを》せば、これらの縁にもよる成べし。出雲の国は歌舞岐《かぶき》の発端《ほつたん》、まつた江戸芝居の根元は、寛永《くわんゑい》元甲子年、元祖さるわか勘三郎（闕）御免を蒙《かうふ》り、はしめて御当地《とうち》中橋にて、櫓太鼓《やぐらたいこ》を上るなり。同九年、伊豆《いづ》国よりあたけ丸の御舟御入のみぎり、元祖さるわかかん三郎、木遣りの音頭《おんと》仕、金の麾《ざい》を頂戴《てうたい》す。**むすこ** すゝんで、又、市村座の始りは〳〵。**伊平** 寛永十一年申のとし、村山又三郎芝居興行仕、是市村座の元祖なり。慶安《けいあん》元年に至り、中村座芝居を今のさかい町に引うつる。承応《しやうをう》元年、村山亦三郎死去《しきよ》す。跡目《あとめ》村山九郎左衛門といふ名代にて、先祖宇左衛門座本をつとむ。明暦《めいれき》三酉年、芝居類焼《るいせう》によりさるわか勘三上京なし、明石《あかし》と申高名を拝戴《はいたい》す。同年九月、江戸表へ立帰る。此年、羽左衛門、市むら竹之丞とあらたむ。万治《まんち》元年戌年、元祖さるわか勘三郎死去《しきよ》す。二代目明石、勘三郎相続《さうぞく》す。**むすこ** ふたゝびいふやうは、次に森田座のはじまりはどうだ。**伊平** 万治三年子とし、木挽町にて初而森田座相はじむ。寛文《くわんぶん》四年におよんでは、四代目市村竹之丞、座を玉川主膳《しゆぜん》と相座元。延宝《ゑんほう》六年午のとし、古さるわか伝九郎、中村座四代めの座元をつとむ。夫《それ》より元禄《げんろく》十六年、六代目勘三

郎・八代目竹之丞・五代目勘弥、打つゝき繁昌《はんじやう》す。同年二月十九日、おしゐかな、市村座にて親《おや》団十郎不慮《りよ》に横死《わうし》す。宝永元年七月、山村座にて九蔵、今団十郎と改名す。これは海老蔵が事なり。正徳四年二月八日、山村座落去《らくきよ》。冬霜月、団十郎、森田座より中村座へ立かへる。先かやう申が、私《わたくし》が親父に承《うけたま》りたるとび〳〵の咄《はな》し、寛永元年より是か九十二年の間でござりまする。

むすこ　横手を打、扨《さて》も物おぼへのつよひ男、さそ此うちにも名人の役者もあろふ。又、得手〳〵の当り狂言もありそふなもの。伊平　答《こたへ》て、遠い時代でござりますれば、こと〳〵くはしれませねど、昔《むかし》役者の開山と申は古中村伝九郎、奴丹前朝《あさ》比奈《ひな》は家の芸、あたり狂言は片桐《かたきり》弥七・奴行平《やつこゆきひら》、伝九郎、伝兵衛・七三・七兵衛の世話《せわ》狂言。又和事《わごと》の開山は古中村七三郎、丹前《たんぜん》色事家のげい、当り狂言、名護屋《なごや》山三・浅間《あさま》ヶ嶽《たけ》は得手の物、十郎は毎年大出来。扨、あら事開山は名におふ市川団十郎、角かつら隈《くま》ゐどり、五郎・しばらくは家《いへ》の芸《けい》、当り狂言、鳴神《なるかみ》・不破《は》の伴左衛門・鉄拐《てつかい》仙人・もぐさ売《うり》、その外数多《あまた》ござれとも、爰《こゝ》には申つくされず。さて又、はんにやのおそろしき、姫路《ひめぢ》の城の名にしほふ山中平九郎。股野《またのゝ(ママ)》の五郎、大谷広右衛門得手《ゑて》のけい。是からは中古の開山《かいさん》、柏莚《はくゑん》・訥子《とつし》・大十町を的《まと》として、当世《とうせい》役者享保《きやうほ》元年申のとしより明和七寅年迄、五十五年の間、当世役者のあたり狂言、のこらすお聞《きか》せ申ませう。むすこ　さらば聞《きく》べし。

［狂言名題］　［下る］　中村座
（おなじく）　（下る）　市村座
〈おなじく〉　〈下る〉　森田座

伊平・小長とうざい〳〵　是は三座の御目じるしでござります。扨《さて》、

○正徳《しやうとく》六年申の閏二月、享保《きやうほ》と年号《ねんこう》かはる。此年、中村座春狂言【式例《しきれい》和《やわらき》曽我《そが》】に市川団十郎、そがの五郎時宗後《のち》に総《あげ》角《まき》の介六　此とき、からかさを持しはじめなり。　此はち巻は過しころ、といふ上るり[1]の文句も此時より相かわらず。一番目に朝比奈、先大谷広治との草ずり引大あたり。霜月、市村座より中村千弥、中村座へかえる。[2]大広治、市村座へ行。

（1）〔増補〕「助六」の浄瑠璃は江戸半太夫で、本名題は大名題と同じく「式例和曽我」（通称和曽我）、連名は江戸半太夫、同吉太夫、三味線江戸半五郎、同文二郎であった（正）。

（2）〔正誤〕「霜月、市村座より中村千弥、中村座へかえる」とあるは誤で、享保元年には市村座のみでなく、江戸三座のいづれにも出勤して居らず、この時十八年振りで上方より中村座へ下ったかに思はれる。「役者賭双六」（享保二年正月版）中村千弥条に「一両年お休みいつかたにぞと存せし所．ふら〳〵とお江戸へお下りなされしに．源太殿内証のさしつかへにて出給はぬゆへ源太殿がはりに．此人俄に出給ふよし．それゆへ役者ばん付にもお名は見へず．先以お仕合とりわ

けかほみせ評判よく上上くろ吉が物はあれど．御当地へ久しぶりかほ見せ計にて黒吉ともさだめられぬゆへまづ白を半分まぜました．」と見え、この時「三巴家督開《みつどもえかとくびらき》」に女家老常夏に扮したが、劇場の木戸番、其他下廻りの役者達等に羽織の仕着を配《くば》つた事が、後世まで江戸と京阪を上下する役者の慣例となつたと伝へられ、更にその仕着の染模様は「千弥染」と呼ばれて一時大いに流行したといふ。「役者色茶湯」（享保二年正月版）に「木戸番替《かはり》〴〵の三人に．千弥染《ぞめ》の綿入《わた》羽折着《き》せ．七ロの木戸ロ千弥染の手拭《ぬくい》．お手がらが見へました」とある。

○同【享保】二年酉、正月狂言［**海道一棟上曽我**《かいだういちむねあげそが》］[1]に雁金《かりかね》文七、団十郎あたり狂言。市川介十郎、[2]白酒うりのせりふ有。同霜月、団十郎、森田座へ行、〈**奉納太平記**《ほうなうたいへいき》〉に天地人筒守《つゝまもり》のせりふあり。[3]山中平九郎、中村座へ帰る。

（1）〔新注〕［海道一棟上曽我］は［街道一棟上曽我］が正しい（役、評）。

（2）〔増補〕市川介十郎の役は曽我の十郎（役、評）。

（3）〔増補〕市川団十郎は「暫」を勤めて天地人筒守のせりふを述べたもので、役名は「芝居年代記」に権五郎景政とあるは誤、篠塚五郎定綱である（役、番。役、評）。

○同【享保】三戌正月二日より、森田座にて団十郎、初《はじめ》てういらう売せりふをいふ。[1]大あたり。同春狂言、[2]市村竹之丞、小性吉三の役にて大あたり。霜月、京四条若女形佐野川万菊

［下る］。沢村宗十郎、初て〈下る〉。市川介十郎を三升屋とあらたむ。

（1）〔増補〕森田座の名題は「若緑勢曽我」で、外郎売はその第二番目に曽我十郎役で勤めたもの（役、評。役、金）。「役者芸相撲」（享保四年正月版）市川団十郎条に「去年の春若緑勢曽我《はるわかみどりいきおひそが》に小田原《おたはら》ういらう売《うり》と成長々しきせりふ．江戸中の評判よく先以お手がら〳〵［京下りのおとこ］いかにも〳〵お江戸計にあらず京都でも此うゐらう売はさたをいたした．東いわくら山大日だうにも此ゐをかいてしかもせりふまでを入てをきました．いか様お江戸の名物《めいぶつ》男じや［すいおとこ］京までもかくれないとはおびたゝしき評判」。

（2）〔増補〕市村座の名題は「七種福寿曽我」で、八百屋お七の役は二代三条勘太郎（後の花井才三郎）（役、評。芝、年。東都二娘伝）。但し狂言本には「七種富貴曽我」とあり。この方が正しいかに思はれる。

○同【享保】四年亥、春狂言中村座にて[1]山中平九郎・早川伝五郎と二人工藤《くとう》あり。霜月、沢村宗十郎、市村座へ来る。[2]団十郎、森田座へ立かへる。

（1）〔増補〕中村座の名題は「開闢月代《げんぶく》曽我」（役、評。劇代集。芝、年）。

（2）〔正誤〕「霜月、沢村宗十郎、市村座へ来る」とあるは誤で、森田座に居なり（役、評）。

○同【享保】五子正月、〈**楪根元曽我**《ゆつりはこんけんそか》〉に坂田半五郎、[1]かけかつたんごのせりふ、あたり也。同年、市村座にて沢村宗十

郎、初て十郎の役にて[2]諸見物の目に留《とま》る。森田座にて団十郎、与次兵衛かんどうのそせうの狂言、五郎の役にて大あたり。

（1）〔増補〕坂田半五郎の役は小林朝比奈（役、評）。

（2）〔正誤〕「同年、市村座にて沢村宗十郎、初て十郎の役云々」とあるのは誤で、「森田座の「櫟根元曽我」に工藤犬坊丸の実悪を勤め云々」とあるべきである（役、評。劇代集）。「役者三名物」（享保五年二月版）沢村惣十郎条に「此人京大坂伊勢地．さまぐ〵まはりし人．長十殿の風をはなれて．此所の風《ふう》をのみこみ．芸ぶりを仕《し》かへられしは．御器《き》量《りやう》有と見へて末頼もし．当春根元曽我に．工藤犬坊丸《いぬばうまる》の役．鶴岡にて高砂の尉《ぜう》をつとめ．其座にて白髪《しらが》かづらをとつて．角前髪《がみ》の実悪《じつあく》．大きにでかされます．水戸《すいど》の水が．ふさうたく〵」。

○同【享保】六丑霜月、京四条若女形山村市太郎、幷あらしわか野［下る］。かるわざあり。大あたり。団十郎・介十郎・半五郎、中村座へかへる。

○同【享保】七寅正月、［大竈商曽我《をゝかまどあきなひそか》］に団十郎、五郎にて淀屋《よどや》辰五郎となり、江戸河東《かとう》上るりにて神楽獅子《かぐらじ》[1]、大あたり。二番目に介十郎・団十郎、弓矢破魔《ゆみやはま》のせりふ、まいろ〵〵の早言《はやこと》、江戸中にはやる。此時、坂田半五郎、前《まへ》かみ朝比奈、淀川にて草摺引、大当り。秋狂言［花毛氈二服帯《はなもうせんふたつはらをび》］[2]半兵衛七三郎、おちよにわか野、嘉十郎に団十郎、大あたり。霜月、大谷広治、市村座より中村座へ立かへる。

（1）〔増補〕神楽獅子の本名題は「式三献神楽獅子」で、三味線は山彦源四郎（正）。

（2）〔正誤〕「花毛氈二服帯」は金之揮に「花氈二腹帯」と見ゆ。守随云、原書、「服」字に「はら」訓ず。誤字か。

○同【享保】八卯年正月、［曽我暦開《そかこよみひらき》］[1]といふ狂言にて、市川門之介・三升屋介十郎・市川団十郎、こよみ売かけ合せりふ有。二ばんめ、せう〵〵門太郎[2]、五郎に団十郎にて水上《みつあけ》広治、帯引屋根くづし、河東上るりにて古今の大あたりなり。蝶《ちやう》の羽《は》つかひ[3]と云上るり、江戸河東つとむ。切に団十郎・広治、左右にならび、口上ある。三日のうち見物ほうらく。此年二月十五日、元祖さるわかかん三郎百年忌にて、今中村七三、太平のつな引といふことを舞台《ぶたい》にてつとめ、団十郎・霜月、大谷広治、大坂嵐三右衛門座へ上る。名残きやうげん[4]、大仏三ふ・小仏小兵衛、団十郎・広治、あたりなり。此顔見世、中村座［鉢木女御教書《はちのきをんなみけうしよ》］[5]に松本幸四郎・市川団十郎、廿年ふりの出合有。京四条若女形山下金作［下る］。

（1）〔正誤〕「曽我暦開」は誤で、「曽我暦開喜」である（役、番。絵、番）。

（2）〔正誤〕「せう〵〵門太郎」は誤で、手越の少将（市川）門之助である（役、番。正）。

（3）〔増補〕「帯引」の名題は「帯曳おとこ結」（夜半楽）。

（4）〔増補〕名残狂言の名題は「和歌浦幼小町」（役、金）で、役名は芝口大仏三郎兵衛（大谷広次）神田口大仏小兵衛（市川団十郎）で

ある（役、番。役、評）。

（5）〔正誤〕「鉢木女御教書」は誤ではないが、役、番には「其返報女御教書」の四字で、「役者辰暦」にも同様である。また松本幸四郎の役名は青砥左衛門で、市川団十郎は佐野源左衛門（役、番。役、評）。

○同【享保】九年辰正月、［入船角田川《いりふねすみたかわ》］に団十郎、左リ甚五郎大あたり。春、山中平九郎死す。霜月、市村座より沢村宗十郎、中村座へ来る。

○同【享保】十年巳の年春、［舟玉伊豆日記《ふなたまいっにっき》］(1)に団十郎、さなたの与市にて、鳴見五郎四郎、股野にて、石抛《なげ》打死して、早替り土肥《とゐ》の弥太郎に成ての出端《では》、大あたり。此時、宗十郎、初而祐経となる。秋狂言、(2)鎗《やり》屋と鎧《ぐそく》屋の亭主、団十郎・幸四郎、出合狂言よし。

（1）〔正誤〕「舟玉伊豆日記」は、正しくは「艜伊豆日記」である（正。劇代集）。

（2）〔増補〕秋狂言（九月）鎗屋と鎧屋は「和合太平記」（役、評。劇代集）の第二番目で、役名は博多露左衛門（団十郎）と大森彦七（幸四郎）。

○同【享保】十一年午、春狂言［門松四天王《かどまつしてんわう》］元祖団十郎廿三年忌追善《ついぜん》、鳴神あり。二はんめに二人渡辺、二人公時、渡部に宗十郎、公時は松本幸四郎、一役団十郎勤、何れも上手／＼の大当り也。此時に又、うゐらう売《うり》のせりふ有。三月より［大桜勢曽我《をゝさくらいきほひそか》］宗十郎・金作、巌《いわほ》のたゝみ横《よぎ》といふ河東灸《きう》すへの上るりにて大あたり。同七月狂言［末広名護屋《すへひろなごや》］に団十郎、伴左衛門秩父《ちゝぶ》順礼のせりふ、此時なり。名古屋山三、宗十郎、ざうりぶちの所、中古の大あたり也。霜月、中村座に居なり。［顔見世十二段《かほみせじうにだん》］(1)に団十郎権五郎景政、幸四郎和田左衛門為宗にて、両人ついの珊瑚珠《さんこしゆ》といふは此時なり。

（1）〔正誤〕「顔見世十二段」は誤でないが、金之揮、「役者袖香爐」（享保十二年正月版）等には「顔魁十二段」とある。

○同【享保】十二年未正月、初狂言［楪根元曽我《ゆつりはこんけんそが》］に団十郎・宗十郎、十郎・五郎長上下にて、としばの雉《きじ》子のせりふ、大出来也。此時、鬼王得手もの松本幸四郎、五郎に異見《ゐけん》の狂言、大あたり。三月狂言［婚礼音羽の瀧《こんれいをとはのたき》］(1)うつみ新太郎にて、清玄宗十郎ころす処、大出来。四月［甲陽軍卯の花重《こうようくんうのはながさね》］に団十郎・宗十郎、信玄《しんげん》・謙信《けんしん》にて川中島のたゝかひ、あたりなり。此とし、団十郎、あら岡源太の役にて菖蒲刀《しやうぶがたな》売のせりふ、又、かしま五兵衛にて飴《あめ》売のせりふ有。(2)霜月、京都より大谷広治、若女形きりなみ尾江(3)［下る］。此顔見世［八棟太平記《やつむねたいへいき》］に楠《くすのき》正成の役、団十郎。悴《せがれ》升五郎、初ぶたひの目見得、則《すなはち》正つらなり。大谷広治大森彦七、団十郎大塔宮《をゝとうのみや》金冠白衣《きんくはんはくゑ》、広治に負《をは》れて雪中の狂言、後に両人卒塔婆引《そとはびき》の荒《あら》こと、両人名人大あたりなり。

（1）〔正誤〕「婚礼音羽の瀧」は役番には「婚礼音羽瀧」（五字）とあり。

（2）〔増補〕団十郎荒岡源太の狂言は「本領佐々木鑑」（五月）で、ま

た鹿島五兵衛の狂言は「賑鞍馬源氏」（七月）である（役、金。芝、年）。

（3）〔正誤〕若女形きりなみ尾江は霧波尾上とあるのが正しい（顔見世番附。役、評）。

○同【享保】十三年申、春狂言中村座[1]にて大谷広治朝比奈にて河東上るり、酒中花大あたり。霜月、団十郎と団蔵、不和《わ》となりて、団蔵は此紋を付る。

（1）〔増補〕中村座の名題は「曽我蓬莱山」で、「酒中花」はその第二番目（役、番。正）。

○同【享保】十四年酉霜月、若女かた富沢門太郎、荻野伊三郎（下る）[1]。

（1）〔正誤〕「霜月、若女かた富沢門太郎、荻野伊三郎（下る）」とあるは、共に誤りで、荻野伊三郎の初下りは享保八年三月（市村座）で、それより江戸に滞留、富沢門太郎の下りは元文元年十一月（市村座）である（役者辰暦。役者満友家。役者多名卸）。

○同【享保】十五年戌霜月、京四条若女形瀬川菊之丞［下る］。松本幸四郎・市川門之介死す。

○同【享保】十六年亥、春狂言［けいせい福引名護屋《ふくひきなごや》］にて瀬川菊之丞、けいせいかつらきにて初て無間鐘《むけんのかね》の狂言[1]、古今の大あたり。なごや山三に沢村宗十郎、女衒《ぜげん》八兵衛大谷広治、菊之丞と兄弟の名乗合の狂言。親なき時は兄はおやなり、妹は子也。時に取ての正つら〱といゝしは此時なり。団十郎、年玉扇売《あふきうり》[2]のせりふあり。皆々《みな〱》役者そろひなり。同年霜月、瀬川菊治郎（下る）。団十郎・団蔵[3]、和合して三升の一字を取、此顔見世の名題《なだい》［和合一字太平記《わごういちじたいへいき》］とて両人出合、大あたり。

（1）〔増補〕「無間鐘」の地は長唄で、唄坂田兵四郎、三味線杵屋太十郎、琴三味線杵屋文次郎であった（正）。

（2）〔増補〕団十郎年玉扇売の役名は万屋由兵衛（せりふ尽し）。

（3）〔増補〕役名は楠正行（団十郎）弟正則（団蔵）（役、評、劇代集）。

○同【享保】十七子年、市川宗三・坂東彦三郎（下る）[1]。市村座にて宗三、大津八町米春《こめつき》の喜六にて、彦三との大たてあり。此時の楯《たて》、古今両人にて大あたりなり。

（1）〔正誤〕「市川宗三・坂東彦三郎（下る）」とあるは誤で、市川宗三郎は享保十六年冬（市村座）で、坂東彦三郎は同十二年冬（市村座）下ったので、爾来ともに江戸にあり（役、評。劇代集）。

○同【享保】十八年丑、顔見世、大坂立役巻頭あらし三右衛門（下る）。顔みせ病気《ひやうき》にて不出。姉川新四郎［下る］。

○同【享保】十九年寅、春狂言［十八公今様曽我《しうはつこういまやうそが》］[1]に沢村宗十郎、九郎介狐の女郎買《かい》、古今弁なき大入、大あたりなり。此時、宗三、鳥目《とりめ》の工藤、姉川新四郎・菊之丞、生胆《いきぎも》のきやうげん大あたり、今に名うてとなる。顔見世、三右衛門出ざるを、団十郎が所為と町々にて評判ありし故、春狂言に団十郎、三右衛門目見得の時、云訳《わけ》の口上有[2]。実は病気《びやうき》也。此時、畳《たゝみ》さし、三右衛門得手《ゑて》のきやうげんなれ共、不当也。冬、

三石衛門、大坂へ登る。

（1）〔正誤〕「十八公今様曽我」は正本に「松今様《いまやう》曽我」と見え、役、番には「松時勢《いまやう》曽我」とあり。

（2）〔増補〕「畳さし、三石衛門得手のきやうげん」名題は「七種繁《にぎはひ》曽我」（役、番。正）。

○同【享保】二十年卯四月、森田勘弥、地願《ちねがひ》に付相休、跡《あと》、河原崎《かはらさき》権之介、名代にて相はじむ。四月廿八日より、団十郎病気《びやうき》にて芝居を引。同霜月、団十郎本服《ほんふく》して市村座へ出、市川海老蔵とあらたむ。一子升五郎を今団十郎と改、松本七蔵を松本幸四郎と改。今の団十郎也。

○元文元年辰霜月、立役亀谷十次郎［下る］。（**国富殺生石**《くにとみせつしやうせき》）(1)五十三次のせりふ有。市村座にて元祖団十郎三十三回忌《くわいき》、海老蔵、吉田兼好《よしだのけんこう》にてついぜん有。（**帆柱太平記**《ほはしらたいへいき》）鼎《かなへ》の篠《しの》塚《づか》、此時也。沢村宗十郎、市村座へ行。海老蔵・団十郎、森田座へゆく。(2)三条かん太郎、市村座へ行。

（1）〔新注〕（国富殺生石）（市村座）の枠は［中村座］の誤（役、番）。

（2）〔正誤〕「海老蔵・団十郎、森田座へゆく」は誤で、「河原崎座へゆく」である（役、評。役、番）。

○同【元文】二年巳春、（**今昔俤曽我**《いまはむかしおもかけそか》）に島の勘左衛門に沢村宗十郎、大出来。せいがいかん七勘太郎、金屋金五郎に竹之丞、あけぼののおはるに千代三、丹波介太郎に宗三、何れも大あたりなり。此とし、市村竹之丞を宇左衛門とあらたむ。中村座にて［**一代奴一代男一代女**《いちたいやつこいちたひおとこいちたいをんな》］といふ狂言に、広治・菊之丞・十次郎勤《つと》む。九月より、菊之丞・菊次郎・広治・十次郎、名残狂言**信田妻**《しのだづま》(1)大あたりなり。同年、顔見世河原崎座にて**閏月二人景清**《うるふつきふたりかげきよ》(2)といふ名題にて、海老蔵・団蔵、二人景清《かけきよ》大あたり。宗三・かん太郎、中村座へ立かへる。坂東彦三郎、又（下る）。

（1）〔新注〕「七月より…傾城信田妻」が正しい（役、番）。

（2）〔正誤〕「閏月二人景清」は「閏月仁景清」が正しい（役、番。役、評）。

○同【元文】三年午春、中村座、役者殊外小勢《ことのほかこぜい》にて皆人不当りと極し所に、正月七日より［**宝曽我女護島台**《たからそがにやうごのしまだい》］といふ名題にて、然かも其時の座組は市川惣三座がしらにて、荻野伊三郎・三条勘太郎・中島三甫右衛門・鳴見五郎四郎・嵐音八、女かたは姉川千代三・坂田市太郎・山本京蔵ばかり也。時に宗三、鬼《をに》が島《しま》の舟人《ふなびと》にて鬼王と成、後にまことの工藤。五郎は伊三郎。此時、古中島三甫右衛門、初て糸《いと》びん男となり朝比奈の役、碇引《いかりびき》大あたりなり。是より今にいたりて中島氏一流《りう》の朝比奈を伝《つた》へたり。女護島《にようごのしま》へ八百屋《やを》お七を入しきやうげん。三ばんめに荻野伊三郎、元服《けんぶく》ありて長上下の出、せりふ、大あたり。同年霜月、沢村宗十郎、中村座へかへる。海老蔵・団十郎、市村座へ来る。辰岡《たつおか》久菊［下る］。

○同【元文】四年未、春狂言（**通曽我**《かよひそが》）(1)に今団十郎、助六(2)あり。大あたり。同七月、通曽我の後日《ごにち》(3)、ゑび蔵、羽生村の与

右衛門本名かげ清にて、籠《ろう》やぶり大あたり。同春、中村座に(4)て宗十郎、めくらの太鼓《たいこ》もち、大あたり。同八月【町人鑑《てうにんかゞみ》】(5)につりがねの弥左衛門といふ男だて、大あたり。同霜月、山本京四郎［下る］。団蔵、中村座へ来る。【都染薫鉢木《みやこぞめかをるはちのき》】に則団蔵、青砥《あをと》左衛門にてしはらくの出、大あたり。京若女形瀬川菊次郎［下る］。〔瑞樹太平記《みつがきたいへいき》〕(6)ゑび蔵、よしだのけんこうにて、壱番《ばん》目の大づめに関羽《くわんう》、大あたり。今団十郎、大《だい》福帳《ふくちやう》のせりふ有。

（1）〔正誤〕「通曽我」は「初髻《もとゆひ》通曽我」である（役、番。正。絵本番附）。

（2）〔増補〕「助六」の地は長唄で本名題は「助六定紋英」、連名は尺八唄松島庄五郎、三味線杵屋新右衛門、松本兵七（辻番附。劇代集）。

（3）〔増補〕「通曽我の後日」の名題は「菊重《きくがさね》栄景清」（第四番目）（役、番。正）。

（4）〔増補〕中村座の名題は「鎌倉風新玉《ふうあらたま》曽我」（役、番）。

（5）〔増補〕「町人鑑」は「宝鐘町人鑑」（芝、年。劇代集）。

（6）〔新注〕（瑞樹太平記）の正しい読みは「ときはぎたいへいき」（役、番）。

○同【元文】五年申春、市川団蔵死《し》す。霜月、海老蔵・団十郎、中むら座へ来る。沢村宗十郎・瀬川菊治郎、市村座へかへる。

○同【元文】六年酉春、【菜花曙曽我《なのはなあけほのそが》】に海老蔵、平家蟹《へいけがに》あり。大出来なり。此年二月、若衆がた佐野川市松［下る］。

寛保《くわんほ》と年号替《ごうかは》る。霜月、海老蔵・団十郎、大坂へ上る。名《な》残《ごり》きやうげんに不動愛染《どうあいぜん》あり。大谷広治、大坂より［下る］(1)。同、中村新五郎・佐野河万菊・中山新九郎［下る］。瀬川菊之丞・市山伝五郎・松島茂平治（下る）(2)。両人、万歳《まんざい》の拍子《ひやうし》ごとあり。

（1）〔正誤〕「大谷広治、大坂より［下る］（中村座）」は誤で、市村座（下る）である（役、番。役、評等）。

（2）〔正誤〕「市山伝五郎・松島茂平治（下る）」とあるは誤で、両人とも江戸下りは元文五年冬（市村座）である（役者懐中暦）。

○同【寛保】二年戌春、瀬川菊之丞、新むけんのきやうげんあ(1)り。大出来。中村座にて大谷広治、吃《ども》の又平(2)、大出来なり。五月より菊之丞、石橋《しやつきやう》の所作、宇左衛門、富士見西行《ふしみさいぎやう》(3)。同年、市村座にて六尺大げんくわにて、木戸打こわし、芝居しばらくやすむ。同年二月、団十郎病気《びやうき》にて大坂より下る。二月廿七日死す。霜月、中村富十郎［下る］(4)。大谷広治、股野五郎にて川津が位牌《ゐはい》をもつて、ひとり角力《すもう》のしうたん(5)、大当り。二はんめ、広治・宗十郎・伝九郎、伝兵衛・七三・七兵衛のきやうげん有。大あたり。瀧中歌川を歌川四郎五郎とあらたむ。京若女形尾上菊五郎（下る）。市川ゑひ蔵、河原崎座へ下る。

（1）〔増補〕市村座の春狂言は「富士見里栄曽我」（役、番）で、菊之丞の「新むけん」（長唄。坂田兵四郎、松島庄五郎）の本名題は「思

の緋桜」、役名は大磯の虎（正）。

（2）〔増補〕大谷広次吃の又平の狂言名題は「女夫星福名護屋」（役、番）。

（3）〔増補〕菊之丞石橋の所作名題は「英獅子乱曲」（長唄。坂田兵四郎、松島庄五郎、三味線杵屋新右衛門等）（正）。また「宇左衛門、富士見西行」とあるは、正しくは半太夫の「江口西行雛形裾野霞」で、連名は江戸半太夫、同子宮内、三味線中村新七、同八右衛門等（正。別番附）。

（4）〔正誤〕「霜月、中村富十郎［下る］」とあるは誤で、二度目の江戸下りは寛保元年冬十一月（中村座）即ち前年である（役者柱伊達）。

（5）〔増補〕「大谷広治、股野五郎にて川津が位牌をもつて、ひとり角力云々」とある狂言は、中村座の顔見世「傾城赤沢山」である（役、番。役、評）。

○同【寛保】三年亥春、【娘《むすめ》曽《そ》我《が》凱陣《かいちん》八島《やしま》】に富十郎お七、市松・音八、江戸河東にて**夜のあみ笠《かさ》**[1]といふ所作《しよさ》こと有。[2]市村座にて瀬川菊之丞、女なる神。[3]相手《あいて》は尾上菊五郎、さいとう五にて大あたりなり。同秋、菊治郎、女非《ひ》人かたき討。市山伝五郎、水仕合[4]大あたり。中村座[5]にて広治馬士《むまかた》の彦惣、富十郎まごの小六、介五郎比企《ひき》の判官《はんぐわん》にて、広庭《ひろには》の大だてあり。同秋、広治、今川了俊《りやうしゆん》大出来。[6]松本幸四郎、ぐわんてつ坊《ほう》にて大あたり。霜月、沢村宗十郎、大坂十蔵座へ上る。海老蔵、中村座へ来る。此時、大谷広治、高氏《たかうじ》にて、ゑひ蔵篠塚《しのづか》、しばらくの出合、五関《ごくわん》やぶり[7]大あたり。坂東又太郎、大谷鬼治とあらため、大もり彦七にて裸身《はだかみ》にて琴《こと》を引。大出来なり。

（1）〔増補〕「夜のあみ笠」の本名題は「乱髪夜編笠」で、三味線は山彦源四郎（正）。

（2）〔新注〕［娘曽我凱陣八島］以下「夜のあみ笠といふ所作こと有」までの記事は、前年寛保二年のもの（役、番。役、評）。

（3）〔増補〕市村座の大名題は「春曙墎《くるわ》曽我」（役、番）で、「女鳴神」の名題は「女鳴神思の瀧津瀬」（役、番。正）で、浄瑠璃連名は竹本繁太夫、同佐太夫、三味線太田三十郎。

（4）〔正誤〕「同秋、菊治郎、女非人かたき討。市山伝五郎、水仕合」とあるは誤で、当年菊次郎は大阪に居る。この所演は寛保元年八月市村座「䀓《よつめ》結家督定」の第三番目「女荒岡女菊地女非人敵討」で、菊次郎の役名は篠田《しのだ》姉《あね》おきく（役、番。別番附）。

（5）〔増補〕中村座の名題は「吉例佐々木鐙《あぶみ》」（役、番。辻番附）。

（6）〔増補〕「同秋、広治、今川了俊大出来」とある狂言名題は「遊君今川状」（役、番）。

（7）〔増補〕「篠塚五関破」（大薩摩）の狂言大名題は「艤貢《ふなよそほひ》太平記」（役、番。役、評。正）。

○延享《ゑんきやう》元年子春、二月十五日、元祖勘三郎百二十年忌《き》にて、ゑひ蔵・広治、ぶたいにてさるわかの衣裳《いしやう》、金《きん》の麾《ざい》を三日のうち見物に披露《ひろう》する。此年春、[1]にせ五郎・朝夷奈にて、広治・海老蔵、女川菜飯《めかわなめし》の行燈《あんどう》より出て草すり引あり。同霜月、

森田勘弥ふたゝひはじまる。菊之丞、中村座へ立かへる。荻野伊三郎［下る］。伊三郎三味線にて、菊之丞・鬼治、おどりくどきの狂言、大出来。

（1）〔増補〕春中村座の名題は「礪《さゞれいし》末広曽我」（役、番）。

○同【延享】二年丑春、菊之丞、女まご(1)にて駒鳥恋関札《こまどりこひのせきふだ》といふ上るりにて、宮古路文字太夫・宮古路加賀太夫、一日がわりに勤《つと》む。跡まく道成寺(2)にて、ゑび蔵・広治、門覚《もんがく》・弁慶《べんけい》にていがぐりあたま、きゐたか〳〵の出端、菊之丞と三人問答《もんどう》のおかしみ、古今なき大あたりなり。秋きやうげんは東山(3)にて、七三郎・菊之丞、おちよ半兵衛大あたり。後に菊之丞、おちよにて半兵衛をしたひて鉄拐《てつかい》仙人のしゆこうにて、我気《き》を吹《ふき》出す狂言。松島吉三郎後に八百蔵と改柏莚門にて市川に改。則、菊之丞が姿にて、破風《はふ》よりむかふ桟敷まで中のり有、大出来なり(4)。霜月、中村座(5)、若太夫勝十郎を中村伝九郎と改、則奴《やつこ》丹前、さんやれおばゝの所作、子役中村仲蔵とつとめ、大出来なり。藤川平九郎［下る］。股野《またの》の《ゝ(ママ)》五郎にて、ゐほし折の五郎作と成、市川宗三郎、近江の小藤太となり、ためし物土段《どだん》の仕内、俵の大だて大あたり。菊治郎、風折《かざをり》にて、蝦蟇石《がまいし》より川津が気出るを見てのひとり芸《げい》、大出来なり。鬼治、鬼わかにて振袖《ふりそで》のおかしみ、あら事。二ばんめ、乳《ち》もらひの鬼王大あたり。同年、市村若太夫満蔵を亀蔵とあらたむ。芳沢あやめ（下る）。蕪漬《かぶつけ》の狂言(6)あり。

（1）〔正誤〕「同【延享】二年丑春、菊之丞、女まご」以下「古今なき大あたりなり」までの記事は、前年（延享元年）中村座の春狂言「礪末広曽我」のもので、「二年丑」とあるは誤（役、番。役、評。正。劇代集等）。

（2）〔増補〕「道成寺」の本名題は「百千鳥娘道成寺」（一名さなきだ道成寺）で連名は長唄吉住小三郎、早川新次郎、三味線杵屋喜三郎、上村作十郎等（正）。

（3）〔増補〕「秋きやうげんは東山」といふ本名題は「今川忠臣伝」（義士劇）で、またお千代半兵衛の浄瑠璃名題は「浮名《うきな》の毛氈」（宮古路文字太夫、三味線佐々木幸八）（役、番。別番附）。

（4）〔新注〕「秋きやうげんは東山」以下「中のり有、大出来なり」までの記事は、前年延享元年のもの（役、番。芝、年）。

（5）〔増補〕中村座の顔見世名題は「扇《すへひろ》伊豆日記」（役、番。役、評）。

（6）〔増補〕「蕪漬の狂言」とある本名題は「婠楠観粧鑑《をんなくすのきよそほひかゞみ》」で芳沢あやめの役名は山吹本名楠が女房菊水。大根蕪菜を漬ける仕打（役、番。役、評）。

○同【延享】三年寅、春きやうげんに【富士雪貢太平記《ふじのゆきみつぎたいへいき》】(1)に、鬼治初て五郎、伝九郎初て朝比奈、枕《まくら》すもふの所作大出来。海老蔵、かげ清にて近江八わた之介と成、工藤、宗三郎にて、八幡で八わたしらすの仕内、大出来。一ばんめ大詰に、海老蔵、達摩《だるま》大師大出来なり。二ばんめ、菊之丞、けいせいかた貝《かい》にて、菊治郎とかげのわづらひ、対《つい》の出立、大出来。菊治

郎、団七が女ほうにて無間《むけん》のやつし、(2)大あたり也。平九郎、団七九郎兵衛にて、本名は樋口《ひぐち》の次郎にて、一寸徳兵衛に大谷鬼治、両人の仕内、大あたりなり。森田座にて松本幸四郎、清玄《せいげん》大出来。(3)二月廿九日、築地火事《つきぢくわし》にて中村、市村、類焼《るいせう》す。程なく普請《ふしん》出来して、六月より中村座、薄雪《うすゆき》(4)の狂言にて、伝九郎つま平、薗辺《そのべ》兵衛に平九郎、大出来。同九月、名残に舞《ふ》台《たい》にて平九郎、ゑび蔵に顔《かほ》のくまどりを受《うけ》る。霜月、京四条若女形あらし小六［下る］。よし沢あやめ、中村座へ来る。沢むら重の井を小伝次と改。菊之丞・菊次郎、市村座へかえる。岩井半四郎・山本京四郎［下る］。(5)沢村春五郎を宗十郎と改。小六、花子の所作。(6)市川宗三郎、庭作り宗兵衛、本名長崎《ながさき》勘《か》解由《げゆ》左衛門となり、みだしの大立、花〳〵敷て大出来なり。

（1）〔正誤〕「富士雪貢太平記」とあるは「富士雪年貢曽我」の誤（役、番）。

（2）〔増補〕「無間のやつし」とある名題や地は不明であるが第二番目大詰に菊之丞の勤めたのは「無間鐘思暁」（富士松薩摩掾、三味線竹沢平八）であった（役、番。正）。

（3）〔増補〕「松本幸四郎、清玄大出来」とある狂言は「御所鹿子十二段」（別番附）。

（4）〔増補〕「薄雪」は操浄瑠璃もの〻「新うす雪物語」（薄雪年代記。辻番附）。薗辺は薗部がよい。

（5）〔正誤〕「岩井半四郎・山本京四郎［下る］（中村座）」は（下る）（市村座）の誤（役、番。顔見世番附）。

（6）〔増補〕「小六、花子の所作」の狂言は顔見世「天地《あめつち》太平記」（役、番。役、評）。

○同【延享】四年卯春、市村座(1)にて菊之丞、小性吉三郎実は朝《あさ》日《ひ》のまへにて、廻《まわ》り堂《だう》にての仕内、大当り。二ばんめ荻野伊三郎、佐野の治郎左衛門にて、実の治郎左衛門介五郎を殺《ころ》し、後に八橋にて大立、古今の大当り。菊治郎傾城《けいせい》やつはし、大あたりなり。此時［飾《かさり》鰕《ゑひ》徳《さいわい》曽我《そが》］(2)に、あやめ・伝九郎、よしはら万歳《まんさい》の所作、(3)大出来なり。同夏狂言、両座ともに［菅原伝授《すかはらてんしゆ》手《て》習《ならい》鑑《かゝみ》］。中村座にては菅相丞《かんしやう》〳〵中村七三、大出来。白太夫宗三、松王鬼治、梅王伝九郎、桜丸小六、時平勘左衛門。源蔵とかんしやう〳〵のあれ、海老蔵大あたり。市村座にては、女かんしやう〴〵菊之丞、松王女ほう菊治郎、大出来。松王介五郎、梅王亀蔵、さくら丸市松、源蔵伊三郎。白太夫と時平は得手物三甫右衛門、大出来。しかし、当りは中村座なり。同五月廿五日、大谷広治死《し》す。同秋、海老蔵、さうつ川のばゝ・あら井のゐんま・かげ清にて大出来。森田座にて天人お七山本京蔵、小性吉三郎佐野川千蔵。土左衛門伝吉松本幸四郎、になゐをかつぎて出、こん礼のもりもち(ママ)大出来なり。(4)霜月、沢村宗十郎、長十郎とあらため、京都より［下る］。菊之丞（中村座へかへる。）此時、ゑひ蔵股野《またの》五郎、長十郎川津、菊之丞万江《まんこう》御前。(5)此時を三千両の出合(6)といふ。大あたりなり。

大谷鬼治・松本幸四郎・津打門三郎 市村座へ来る。 十二月、大谷龍左衛門死す。

（1）〔増補〕市村座の名題は「玉櫛娭《くしげよそほひ》曽我」（役、番）。

（2）〔正誤〕「飾鰕徳（誤）曽我」（飾鰕鎧曽我）は翌寛延元年春（中村座）の名題で、此時の名題は「書初和《かきそめやはらぎ》曽我」（役、番）。

（3）〔増補〕「よしはら万歳」の所作名題は「風流廓万歳」（長唄）（正）。

（4）〔正誤〕「森田座にて天人お七山本京蔵、小性吉三郎佐野川千蔵。土左衛門伝吉松本幸四郎、になゐをかつぎて出、こん礼のも（「と」なり。原書の誤か）りもち大出来なり」とあるは延享二年（森田座）の所演で、名題は「馴初幸曽我」（役、番。劇代集）。当年同座の春狂言は「妻唐和《つまはもろこしやはらぎ》曽我」（役、番）。

（5）〔正誤〕「菊之丞万江御前」とあるは傾城錦木（実盛娘熊野河津のてかけ）の誤（役、番。劇代集。役、評）。

（6）〔増補〕「三千両の出合」狂言名題は「伊豆軍勢相撲錦」（役、番。劇代集）。

○寛延《くわんゑん》と年号かわる。辰春狂言(1)、ゐひ蔵・長十郎、かけ清・重忠《しげたゞ》にて駕《かご》かきの出合、大あたり。同市村座にて、坂東彦三・松本幸四郎、岸柳島《かんりうじま》(2)のきやうけん、両人大あたり。同年五月、荻野伊三郎死す。大谷鬼治を広治と改。京都若女形中村久米太郎［下る］。あやめ・菊治郎 中村座へかへる。 あらし小六 市村座へかへる。 中村座顔見世【女文字平家物語《おんなもじへいけものがたり》】に市川海老蔵あかん平、奴《やつこ》のたんぜん、本名はせ部長兵衛にて、宗三、清盛《きよもり》となり

出合、大あたり也。あやめ、仏御ぜんにて、めつた系図《けいづ》、大出来なり。二ばんめ菊治郎、俊寛《しゆんくわん》が妻《つま》にて、赦免状《しやめんてう》(3)を見て勘左衛門を殺《ころ》す処、大あたり。久米太郎、京人形の所作、大あたり。

（1）〔増補〕春狂言（中村座）名題は「飾鰕鎧曽我」（役、番）。

（2）〔増補〕「岸柳島」の狂言名題は「敵討巌流島」（二度目）（劇代集。役、評）。

（3）〔増補〕「京人形」の所作内容は丹前、槍踊、花笠踊、猩々の乱れ、傾城で再演の「門出京人形」（宝暦五年九月市村座）と同じく長唄の地（役、評。劇代集。正）。

○同【寛延】二年巳春、【男文字曽我物語《おとこもじそかものがたり》】にゐひ蔵、扇《あふぎ》うり本名京の次郎にて、鯉《こい》のむけんの鐘《かね》、大あたり。あやめ・菊治郎、女かけ清・女重忠《しけたゞ》の出合、大出来なり。二ばん目、長十郎、番《ばん》太郎にて、はなくた大臣本名十内にて、やぐらの太鼓《たいこ》をうつ所、大あたり。同三月節句より、介六(1)市川海老蔵、けいせいあげ巻瀬川菊治郎、例《れい》の大あたりなり。此年よしはらにて初てさくらを(2)うゆるに付、ふたい、桟敷迄さくらを植、中の町の道具立也。同春、市村座にて、幸四郎せいげん、小六・市松、二人さくらひめ、大出来。同夏、三座共に**仮名《かな》手本忠臣蔵《でほんちうしんぐら》**を取組なり。中村座にて沢村長十郎大星由良之介 此役は享保年中、中村座にてせしを、一とせ長十郎上京のせつ、大岸工内とて此七だんめを作り、大あたりを取たり。夫より**忠臣蔵**にとりて入しなり。元来訥子の家のものなり。上手の芸道は、上るりに迄取組て後世に残る。海老蔵が鳴神は**吉野桜**に出る。矢の根五郎は**潤色江戸むらさき**に入しなり。これ栢莚訥子の矩模ならずや。 塩屋判官《ゑんやはんぐわん》八百蔵、勘平に七三郎、おかるに久米太郎、平右

衛門に伝九郎、定九郎に喜十郎、九太夫・師直《もろなを》に三甫右衛門、天川屋儀平に海老蔵、となせにあやめ、本蔵に市川惣三。市村座にては彦三郎由良之介、かん平に菊五郎、塩屋《ゑんや》はんくわん亀蔵、平右衛門門三郎、力弥・おかる市松、師直《もろなを》・九太夫に介五郎、定九郎・本蔵幸四郎、儀平に広治。森田座にては由良之介山本京四郎、何れも大出来なり。秋に至りて、市松、かしくにて、介五郎、乞食《こしき》にて三味線を引、由良殿とわが声《こわ》色《いろ》をつかふおかしみ、後に市松と泥《とろ》仕合、大出来也。幸四郎、猶介権兵衛にて、大田了竹宮崎十四郎を殺《ころ》す狂言、大出来なり(3)。九月二日、瀬川菊之丞死す。今やう一流の名人おしいかな。霜月、歌川四郎五郎を沢村宗十郎と改。松島八百蔵を市川に改。仙石左十郎を坂田半五郎とあらたむ。京四条若女かた中村喜代三（下ル）。此顔見世（**赤沢山《あかさわやま》相撲日記《すもふにつき》**）(4)に大谷広治・中村介五郎、川津・また野にて角力《すもふ》あり。古今の大あたりなり。［**御能太《をんのうたい》平記《へいき》**］に長十郎、残香《さんかう》にてかげ絵《ゑ》上るり、軍談聞事《くんだんきこと》なり。松本幸四郎、たかうぢ大出来なり。

（1）〔増補〕「介六」の名題は「助六廓家桜」。連名は江戸河東、十寸見沙洲、同蘭示、三味線山彦源四郎、同孫四郎等（正。役、番）。

（2）〔増補〕「せいげん」の名題は「三代由来《ぞめ》鼎《かなへ》問答」（役、番）。但し「春」とあるは八月の誤（役、番。劇代集）。

（3）〔増補〕「秋に至りて、市松、かしくにて、介五郎、乞食にて三味線を引云々」の忠臣蔵（第五番目）後日狂言名題は「我嬬挑《あづまからげ》弥生模様」（市村座）（役、番）。

（4）〔正誤〕（赤沢山相撲日記）は「頼朝軍配鑑」の誤（役、番。役、評）。

○同【寛延】三年午春、（　　）(1)に、けいせいすがはらに喜代三、たいこもち源蔵に広治、同時《し》平に介五郎、後に闇《やみ》仕合、大あたりなり(2)。此時、坂東又八を三八と改。同年五月海老蔵、中村座を引てやすむ(3)。同秋、［**汐満玉風折《しまみつたまかざをり》小町《こまち》**］(4)久米太郎、半五郎と汐みつ玉にて、両人泥《とろ》仕合、大出来なり。沢村長十郎、黒主にて菊二郎にあふむの血をのませ、ものいふ所、両人大あたりなり。幸四郎山まわりの佐四郎、伝九郎白藤《しらふち》源太、両人あたり也。同九月、菊之丞一周忌にて、一子瀬川吉次、石橋《しやつきやう》の所作(5)、大出来。只今の菊之丞が初ぶたいなり。長十郎・菊次郎、座付追善《ついぜん》口上あり。同霜月、顔見世より中村明石、七代目座元勘三郎になる。此時狂言、［**若木梅《わかきのむめ》平《たいらの》清盛《きよもり》**］に長十郎清もり、菊治郎・市松、仏御ぜん・ときわごぜん、両人嫉妬《しつと》の仕うち、大あたりなり。幸四郎にせちよくしのやす公家《げ》、門三おさらき権蔵(6)にて、両人雪ふりの大たて、大でき。久米太郎、朝長《ともなが》にてちんばを引、下駄《げた》をはき、喜十郎とたて、大出来なり。此時、海老蔵、市むら座へ出きんして、(7)しばらくの出、大あたり。

（1）〔新注〕名題の意図的空白。（通神鵆《かよふかみちどり》曽我《そが》）が入るべきところ（役、番）。

（2）〔正誤〕「けいせいすがはらに喜代三」から「後に闇仕合、大あたりなり」までの記事は宝暦元年春市村座所演の「初花隅田川」（第二

番目）と誤つたもので、この時の第二番目は八百屋お七（中村喜代三郎）である。而して五月に獄門庄兵衛（中村助五郎）、黒船忠右衛門（大谷広次）、およそ団七（中村喜代三郎）等で演じた「女団七」の仕打と間違へたものかに思はれる（役、番。劇代集）。

（3）〔正誤〕「五月 海老蔵、中村座を引てやすむ」とあるは疑はしく、七月以後であらう（役、番。劇代集）。

（4）〔正誤〕「同秋［汐満玉風折小町］」は同五月［汐満珠風折小町］の誤（役、番。劇代集）。（因に海老蔵の役は猿丸太夫とはだの大膳武虎二役）

〔新注〕名題読みは「しほみつたま」が正しい（役、番）。

（5）〔増補〕瀬川吉次、石橋の所作名題は「秋の蝶形見翅」（長唄）（古今役者名取草。劇代集）。

（6）〔正誤〕（津打）門三（郎）おさらぎ権蔵は、おさらぎ源蔵（役、番）。

（7）〔増補〕「海老蔵、市むら座へ出きんして、しばらくの出、大あたり」とある名題は「帰陣《がいぢん》太平記」で、役名は篠塚伊賀守貞綱（役、番。役、評）。

○同【寛延】四未正月元日、坂東彦三郎死す。○宝暦《ほうれき》と年号かはる。春狂言（**菜花隅田川**《なのはなすみたかは》）[1]にゑび蔵、ういらう売あり。後になる神[2]、大あたり也。広治、粟津《あわづ》六郎にて腹切《はらきり》、介五郎麻《あさ》生《ふ》の松若、大出来なり。壱の切、七福神《ふくじん》の見へ、大出来。二ばんめ、黒舟《くろふね》忠右衛門広治、獄門《ごくもん》庄兵衛介五郎、大つめ、ゆしまのおかん喜代三、介五郎とはす池の仕合[3]、大あたりなり。

同秋、［**恋女房染分手綱**《こいにようほうそめはけたづな》］[4]、あやめ、定之進か女ほうと成、道成寺の段、大出来なり。江戸平幸四郎、ひぬかの八蔵鳴見五郎四郎、大あたり。十段目、重の井菊治郎、しねんぢよの三吉瀬川吉次、両人しうたんの所、見物袖をぬらし、古今の大あたり。同九月二日より、菊之丞三回忌にて、昔狂言むけんの鐘、菊次郎つとむ。大当りなり。同冬霜月、沢村小伝次、子細あつて森田座元かん弥となる。顔見世芝居取立のため、中村伝九郎・中村七三・市川宗三、木挽町へすむ。京都より荻野八重桐［下る］[5]。藤川平九郎・佐野川花妻《はなつま》［下る］。中村介五郎（中村座へかえる。）［**本領鉢木染**《ほんりやうはちのきそめ》］、秋田城之介《あきたじやう》幸四郎、ほつけ長兵衛介五郎、たわし売の出、大あたり。後に城之介女ぼう、菊次郎にかたりの狂言、たわしを火鉢へくべてのそらなきの敵《かたき》やく、大出来也。一の切、三甫右衛門、宗尊親王《むねたかしんわう》にて金《きん》冠帛衣《くわんはくゐ》、馬上の出立、左右に幸四郎・介五郎、白丁の出立にてくつわづら取、三ッのかなへのせり出し、見事なり。平九郎、はんごん丹売の奴、居合の仕内、大出来なり。切に長十郎、源左衛門にて古法眼《こほうげん》、馬《むま》の絵書《ゑかき》の出、平九郎と和事、大出来。介五郎・平九郎出合、いつれも大あたりなり。

（1）〔正誤〕（菜花隅田川）は宝暦九年春森田座所演で、「初花隅田川」の誤（役、番。役、評）。

（2）〔増補〕「なる神」の本名題は「鳴神上人北山桜」で、浄瑠璃連名は大薩摩主膳太夫、同子朝比（日）太夫、三味線杵屋弥十郎（正）。

（3）〔正誤〕「二ばんめ、黒舟忠右衛門広治、獄門庄兵衛介五郎」とあるは、寛延三年同座の「通神衞曽我」二番目との誤で、「けいせいすがはらに喜代三」から「時平に介五郎云々」までが、この所に入るべきもの（役、番。劇代集。役、評）。また「ゆしまのおかん喜代三、介五郎（濡髪の小静役）とはす池の仕合」とある第四番目の名題は「女侠東雛形《をんなだてあづまひながた》」（別番附。役、番）。

（4）〔正誤〕「同秋、［恋女房染分手綱］」とあるは初日は五月五日で、大当りの為に再び七月に出したもの（役、番。劇代集）。

（5）〔正誤〕荻野八重桐［下る］（中村座）は〈下る〉（森田座）の誤（役、番。役、評）。

○同【宝暦】二年申春、［曲輪《くるわ》〱商《あきなひ》曽我《そが》］(1)に介五郎なるかみ坊のぼうこん、幸四郎鬼王。二ばんめ、菊治郎、女なる神(2)有。同秋、［諸蝶奥州黥《もろたつなおうしうぐろ》］(3)に安倍貞任《あべのさたとう》に幸四郎、宗任介五郎、大出来。二ばんめ、菊治郎、けいせい黒塚《くろづか》と成、介五郎と不心中、大出来。八百蔵・市松、お花半七、富本豊前上るりにて道行(4)、大あたり。次に幸四郎紙(ママ)すき、菊次郎女かみゆひの出合、大あたり狂言なり。同年霜月、あらし七五郎（下る）。

○同【宝暦】二年申春、市村座(5)にて海老蔵、はとやの鷹《たか》の工藤、大出来なり。二はんめ、七五郎団七、もとどりのくわんおんをのむ仕内、大出来。広治、一寸徳兵衛にて七五郎殺《ころ》す処、大出来大あたりなり。此時より、あらし七五郎を上手なりといふ。同霜月、京都四条若女形あらしわか野（下る）。長十郎・幸四郎 市村座へ来る。 大谷広治 中村座へかへる。 顔見世（梅桜《むめさくら》二人《ににん》蟬《せみ》丸《まる》）(6)、幸四郎、せいらい清兵衛にて大あたり。［赤沢山《あかさわやま》吉例《きちれいの》相撲《すもう》］(7)に広治・介五郎、角力あり。一の切、広治・介五郎、二わうが神に三甫右衛門、弁財天菊次郎、塔《たう》の沢のせり出し、古今の大あたりなり。中村富十郎娘《むすめ》形、山下金作［下る］。

（1）〔正誤〕［曲輪曲輪商曽我］は［花街曲輪《くるわ〱》商《あきない》曽我］の誤（役、番）。

（2）〔増補〕「女なる神」の名題は「華瀧《はなのたき》女鳴神」（別番附）で、浄瑠璃名題は「糸桜山路俤」、連名は、富本豊前掾、三味線宮崎忠五郎等（正）。

（3）〔正誤〕［諸蝶奥州黥］は［諸鞚《もろたつな》奥州黒《ぐろ》］の誤（役、番。絵本番附）。

（4）〔増補〕お花半七の道行浄瑠璃名題は「笹結《さゝむすびと》渡渉船《わたるふね》」（正）。

（5）〔増補〕春市村座の名題は「楪《ゆづりは》姿視《すがたみ》曽我」（役、番）。

（6）〔正誤〕（梅桜二人蟬丸）は（梅桜仁蟬丸）の誤（役、番。役、評）。

（7）〔正誤〕［赤沢山吉例相撲］は［赤沢山相撲日記］の誤（役、番。役、評）。

○同【宝暦】三年酉、［男達初買曽我《おとこだてはつがひそが》］(1)に辰十郎、ゑびらの前にて、大磯のとら富十郎、けわゐ坂せう〱に市松、十二段の人ぎやうつかひ(2)、曽我たいめんのやつし、大出来なり。鬼王に広次、十郎に七三、両人貧家《ひんか》のせり出し、やつし紋《もん》つくしのせりふ、大出来なり。二ばんめ、梅堀《むめぼり》の由兵衛・うばの源兵衛、両国髪結床《りやうごくかみゆひとこ》のきやうげん、大出来なり。後に菊次郎、おむめにて長吉ころし、丁稚《でつち》長吉に瀬川吉次。菊次郎・

広次、しうたん得手物にて大当りなり。三ばん目、富十郎、京《きやう》鹿子《かのこ》娘《むすめ》道成寺《だうしやうじ》の所作あり。大出来なり。市村座にて嵐わか野、かるわざにて鐘《かね》のうちより出る道成寺(3)、大出来なり。此年より曽我祭を舞台にてする。霜月、おのえ菊五郎、市村座にて元服(4)ある。沢村長十郎、森田座にて助高屋高介と変名《へんみやう》す。嵐九八、坂東又太郎とあらたむ。市川海老蔵中村座へ出勤する。顔見世、中村座(5)にて菊次郎・富十郎、川津が妻まんかう・風折《かさをり》にて、すゝきせんたく張物《はりもの》の仕内、富十郎、一万箱王が髪《かみ》を取あげる仕内、両人の出合、大てきなり(6)。

（1）〔正誤〕［男達初買曽我］は［男伊達初買曽我］の誤（役、番）。

（2）〔増補〕十二段の人形遣の地は一中節で、名題は「蝶衙出づかい十二だん」（浄瑠璃佐野川千蔵、三味線野崎松菊）（正）。

（3）〔増補〕嵐和歌野の道成寺の名題は「鐘入妹背俤」で、浄瑠璃は常磐津文字太夫、三味線佐々木市蔵等（正）。

（4）〔正誤〕「霜月、おのえ菊五郎、市村座にて元服」とあるは、前年十一月（市村座）の誤（役、評。役、番。劇代集等）。

（5）〔増補〕顔見世中村座の名題は「百万騎兵《つはもの》太平記」（役、番）。

（6）〔正誤〕「菊次郎・富十郎、川津が妻まんかう・風折」から「両人の出合、大てきなり」までの記事は、前年十一月中村座の「赤沢山相撲日記」興行の時の所演（役、番。役、評）。

○同【宝暦】四年戌、春［百千鳥曲輪曽我《もゝちどりくるわそが》］(1)、壱番目、介五郎、京の次郎にて、市松、いぬほう丸にて衆道のきやうげん、後にかつは箱《はこ》をかつき入、幕《まく》ぎは大あたり。二ばん目、海老蔵、矢の根五郎(2)仕おさめ、大あたり。此二月、子息団十郎十三回忌のついせんあり。松本幸四郎悴幸蔵、こもそう(3)の出、初ぶたいなり。介五郎、たばこ切にておとこ道成寺、大あたり。同春、森田座にて高介、将門《まさかど》にて三井の鐘《かね》をつく所、大出来。後に奴・座頭、七化《ばけ》の仕わけ仕おさめ、あたり也(4)。同年九月、広治名残きやうけん［根元《こんけん》於《お》国歌舞妓《くにかぶき》］(5)に、海老蔵山本かん介、広治埋忠《むめたゞ》徳兵衛、鍔《つば》、目《め》貫《ぬき》づくしにて三番叟《ばさう》の拍子《ひやうし》立、大あたり。同霜月、中村座(6)にて松本幸四郎を市川団十郎と改、しばらくの出端、役は岡崎悪四郎(7)。同悴《せがれ》幸蔵、幸四郎とあらたむ。

（1）〔正誤〕［百千鳥曲輪曽我］は［百千鳥艶郷曽我］の誤（役、番）。

（2）〔増補〕矢の根五郎の名題は「霊験鏑矢擁護利剣分身《ふんじん》鏃五郎」（大薩摩主膳太夫、三味線杵屋弥三郎）（別番附。正）。

（3）〔増補〕「こもそう」の名題は「夜鶴花巣籠」（大薩摩主鈴、三味線杵屋弥三郎）で、役名は経若丸（松本幸蔵）蓮生法師（市川海老蔵）（別番附。正）。

（4）〔正誤〕春森田座の名題は「三鱗傾情鑑」（役、番。辻番附）で、「高介、将門にて」から「仕おさめ、あたり」までの記事は宝暦三年十一月同座の「将門故郷錦」の時の所演（役、評。役、番。劇代集等）。

（5）〔正誤〕［根元於国歌舞妓］は［根元阿国歌舞妓］の誤（役、番）。

（6）〔増補〕霜月中村座の名題は「三浦大助武門寿」（役、番）。

（7）〔正誤〕岡崎悪四郎は岡崎四郎良実の誤（役、番。辻番附）。

○同【宝暦】五年亥春、団十郎鳴神、(1)菊次郎相手にてよかりしなり。市村座、大谷広治、濡髪《ぬれがみ》長五郎にて、中村喜代三とかみすき、(2)大あたり。秋狂言［信田《しだ》長者柱《ちやうしやはしら》］(3)に海老蔵、うき島弾正《だんじやう》にてそらつんぼ、後に将門ほうこん、金冠《くわん》の出立、大出来。団十郎、小山判官《はんぐわん》にて、辰十郎かしま五郎出合、討死《うちじに》の所、大でき。後きね蔵にて似せ小山のどうけ、大あたり。富十郎、小野のおづうにて七小町のやつし。二ばんめ、松葉屋染之介菊次郎、目くぼ伝兵衛介五郎、坊主のゆうれい三甫蔵、井つゝ巴《ともへ》之丞喜十郎にて、介五郎と仕合、大でき。同年霜月、大坂立役山下又太郎［下る］。中村喜代三 中村座へ来る。渡辺《わたなへ》競《きそふ》・瀧口《たきぐち》、大出来なり。宗十郎、綱《つな》がおばのやつし、大でき。一の切、海老蔵目黒《めぐろ》の不動《ふどう》、こんから童子《どうじ》伝九郎、せいたかどうし団十郎。喜代三、ばくのなはにすがり、せり出し有。(4)此時、菊治郎・吉次・介五郎 市村座へ立かへる。

（1）〔増補〕「鳴神」の名題は「鳴神上人北山桜」（役、番。別番附）。
（2）〔増補〕「かみすき」の名題は「髪梳いもせの鏡」（通称長五郎髪梳）で、唄は松島庄五郎、三味線杵屋弥十郎等（正）。
（3）〔正誤〕［信田長者柱］は［信太長者柱］が正しい（役、番）。
（4）〔増補〕中村座の顔見世狂言名題は「惶《ありがたし》弓勢源氏」（役、番）。

○同【宝暦】六年子正月三日、助高屋高介死す。希代《きたい》の名人、おしむべし。同春狂言、両座共に十五日より初日なるべきを、十四日の夜、白子屋火事にて芝居類焼《るいしやう》、ほどなく普請《ふしん》出来して［寿《ことぶき》三升曽我《みますそか》］、伴左衛門団十郎、かげきよゑひ蔵、ざうりうち有。又太郎、山三にてばかの出端有。（梅若菜《むめわかな》二葉曽我《ふたばそか》）に五人男、かり金文七市松、極印《こくい》千右衛門亀蔵、安の平右衛門菊五郎、神なり庄九郎介五郎、布袋《ほてい》市右衛門広治、あんこう無間《むけん》(1)、大あたり。同五月、菊五郎、かけもの〻鯉《こい》ぬけ出、水仕合、中役者大せい紅繻伴《もみしゆばん》にて大立あり。同四月、［長生殿常桜《ちやうせいでんふだんさくら》］に団十郎、田畑《たばた》之介にて、海老蔵、若紫《わかむらさき》のはちまきをぶたいにて団十郎にゆづり、二ばんめに介六(2)有。いきうに宗十郎、白酒売七三郎、あげ巻に喜代三、いつれもあたりなり。海老蔵、似《に》せ般若《はんにや》有。同年霜月、菊五郎・三八・彦三 中村座へ来る。［将門将束榎《まさかどしやうそくゑのき》］(3)、団十郎、将門《まさかど》其外にて七役のしわけ、古今無類の大あたり。二ばんめ、炭売《すみうり》五郎八本名将門団十郎、秀郷《ひでさと》に菊五郎と出合、両人大あたり。のちに富十郎、やばせ実《まこと》は龍《りう》女にて、菊五郎両人、文字太夫上るり、(4)大あたり。あらし富之介［下る］。海老蔵 市村座へかへる。（帰花金王桜《かへりはなこんわうさくら》）(5)にゑび蔵、しぶやの金王にてしばらくあり。瀬川吉次を菊之丞と改、道成寺の所作事、(6)大できなり。同閏十一月十三日、瀬川菊治郎死。地芸の名人なりしか惜哉。

（1）〔増補〕広治、あんこう無間の名題は「花雲忠義金《こがね》」（長唄松尾五郎治、三味線錦屋惣次、胡弓杵屋忠次郎等）で、役名は布袋市右衛門本名鬼王（正）。

(2)〔増補〕「介六」の名題は「富士筑波卯月里」(江戸河東、十寸見沙洲、同蘭示、三味線山彦源四郎等)(正)。

(3)〔正誤〕[将門将束榎]は[将門装束榎]の誤(役、番)。

(4)〔増補〕文字太夫浄瑠璃名題は「床《とこ》盃《さかづき》的《よあけの》水仙《すゐせん》」(正)。

(5)〔新注〕(帰花金王桜)は(復花金王桜)が正しい(役、番)。

(6)〔増補〕「道成寺」の所作名題は「百千鳥娘道成寺」(長唄松尾五郎治、三味線杵屋忠次郎等)(正)。

〇同【宝暦】七年丑春、中村座狂言【日本《にほん》堤《つゝみ》鶏音《とりのね》曽我《そが》】(1)、団十郎、かけ清にて物ぐさ太郎、三八、朝比奈《あさいな》にてかけ合の拍子舞《ひやうしまひ》あり。菊五郎佐野の治郎左衛門、八橋富十郎。三ばんめ、団十郎、宇佐美の三郎にてにせ工藤、かんどうゆるしの場、大出来なり。喜十郎、のぞきからくり大出来。文字太夫上るり(2)にて、八ッ橋がぼうこんに富十郎、せいけんがぼうこんに団十郎、両人対《つい》の姿《すがた》にて、七三、十郎にて三人所作事、大出来なり。後に同上るりにて、清玄《せいげん》がいこつにておどり、大出来、大あたりなり。(染《そめ》手綱《たつな》初午《はつむま》曽我《そが》)に羽左衛門祐経、広治介五郎、十郎五郎対面《たいめん》のやつし、大でき。次に広治、重《しげ》の井新左衛門にて、しねんぢよのお三菊之丞、切に千蔵が浄るりにて菊治郎追善あり。大出来なり。同三月、中村歌右衛門(下る)。六月二日、大谷広治死す。同霜月、菊之丞・和歌野 中村座へ来る。 富十郎・七三郎 市村座行。 此時、文字太夫上るり、松太夫《まつはまつ》須摩《すま》分里《のわけさと》(3)、富十郎松風、亀蔵行平の所作事、大出来也。中村座【女《をんな》武者《むしや》凱陣《かいちん》八島《やしま》】(4)に団十郎、あかん平のお団にてしばらく、大出来なり。二ばんめ、団十郎重忠《しげたゞ》、菊五郎盛久《もりひさ》、八百蔵本田の次郎、升蔵はん沢六郎、内侍所《ないしところ》の鏡せんぎの所、いつれも大あたり。三八、竹田のくわいらいし、大できなり。

(1)〔正誤〕[日本堤鶏音曽我]は[日本塘鶏音《とりのね》曽我]の誤(役、番)。

(2)〔増補〕文字太夫浄瑠璃の名題は「妹背塚松桜」(通称八つ橋、又は二人浅間)(正)。

(3)〔正誤〕「松太夫須摩分里」は「松《まつ》君《はたゆふ》阪磨《すま》郭《のわけさと》」(役、番)の誤であるが、これは大名題、常磐津文字太夫浄瑠璃名題は「松《まつ》似《ににて》候《そろ》男《をとこ》姿《すがた》」(役、番。正)。

(4)〔新注〕[女武者凱陣八島]は[女武者凱陣屋島]が正しい(役、番)。

〇同【宝暦】八年寅春、【時津《ときつ》風《かせ》入船《いりふね》曽我《そが》】(1)に団十郎祐経、八百蔵十郎、升蔵五郎の役、松ばやしのたいめん、六尺姿《すがた》にて三八鬼王、身《み》うりの土《ど》だん、菊五郎、京の次郎にて八わたとなり、二ッ胴《どう》をためす所、大出来なり。三甫蔵朝比奈、ばけ物六歌仙《かせん》のせりふ、大でき。二ばんめ、団十郎、油屋九平治と成、やすがたきとかけ清としわけ、菊五郎、徳兵衛にて九平治にたゝかれ、後に団十郎を殺《ころ》す。団十郎、早かわりかげ清にて出合、大あたり也。此時、菊之丞、お染《そめ》にて初てむけんのかね、大あたり。喜代三、中の町まつやのおまつ(2)本名あこ

やにて、九平治か顔《かほ》に焼《やき》がねをあて、にせかげ清にする仕内、大できなり。幸四郎、ういらう売せりふ有。(3)五月、和歌野、道成寺有。(4)**（九十三騎大寄曽我《くじうさんきをゝよせそか》）**(5)に羽左衛門・亀蔵・七三郎、三人十郎あり。同秋、中村座**［小野道風青柳硯《をのゝとうふうあをやきすゝり》］**、則道風に団十郎、良実《よしざね》に八百蔵、三の切、大あたり。富之介菊のうへ、女郎花五郎市、おぬひ菊之丞、より風武十郎、駄六三八、大あたり。同九月廿四日、市川海老蔵死す。おしひかな。江戸の名物ふたゝびなし。霜月、菊五郎・彦三郎 市村座へかへる。大谷春次を鬼治と改。京都若女形水木辰之介・若衆形榊山三五郎［下る］。歌右衛門 中村座へ来る。伝九郎 森田座よりかへる。**［木毎花相生鉢木《きことのはなあいをいはちのき》］**(6)、団十郎、甲賀三郎後に三浦の大介、柏莚《はくゑん》の亡霊《ほうれい》、大あたり。歌右衛門、赤星《あかぼし》にてせつふく、がつほう太郎やつし敵、大出来。伝九郎、青砥《あをと》左衛門、重言《じうごん》のせりふ、大出来なり。歌右衛門と銭《ぜに》の処、大あたり。此時、子細《しさい》有て八百蔵、狂言に不見して座付に出る。坂田藤十郎［下る］。同目見得、座付ばかりある。**（顔見世桟敷嶽《かほみせさじきかたけ》）**(7)に二ばんめ、**正銘雪鉢木《しやうめいゆきのはちのき》**、羽左衛門・亀蔵・富十郎、文字太夫上るりにて所作こと、大ていの当り。一ばんめに市松、しつとの仕内、大あたり。介五郎・三甫右衛門・三八・三甫蔵 森田座へ行。**〈赤沢源氏山《あかざわげんじやま》〉**、介五郎、股野にて、一万・箱王に弓矢はまにて矢をいられたる仕内、大あたり。

（1）〔新注〕名題読み「いりふねにそが」は「いりふねそが」が正しい（役、番）。

（2）〔正誤〕「喜代三、中の町まつやのおまつ」とあるは「喜代三、中の町茶屋若松屋下女おまつ」の誤（役、番）。

（3）〔増補〕幸四郎外郎売の役名は小田原外郎売虎屋藤吉（役、番。せりふ尽し）。

（4）〔増補〕和歌野「道成寺」の名題は「花鬘風流道成寺」（長唄松島庄五郎、三味線杵屋作十郎等）（正。別番附）。

（5）〔正誤〕（九十三騎大寄曽我）は（九十三騎醋曽我）の誤（役、番）。

（6）〔正誤〕［木毎花相生鉢木］は［木毎花相生鉢樹］が正しい（役、番）。

（7）〔正誤〕（顔見世桟敷嶽）は（顔鏡《かほみせ》桟敷嵩）が正しい（役、番）。

○同【宝暦】九年卯春、**［初買和田酒盛《はつがいわださかもり》］**(1)四立目、富貴《ふつき》なる曽我のきやうけん珍《めづ》らしく、七三郎、十郎ほうらつの仕うち、いつとても面白《をもしろ》し。後に祐信藤十郎、兄弟の書置を見て愁《うれ》ひ、大出来なり。此時、団十郎、かけ清《きよ》にて、剱沢弾正《つるきざわだんしやう》左衛門歌右衛門に頼まれて使者《ししや》のかたり、大出来なり。後に団十郎、病気《ひやうき》工藤にて、純子帳《どんちやう》より出たる所すごくて外に仕手なし。二ばんめ、瀬川菊之丞せう〳〵、八百蔵弁長《べんちやう》にてちよんがれの祭文《さいもん》、にせ朝比奈にて半太夫が上るりにて帯引《をひひき》(2)、大できな也。菊之丞、自害《じがい》大あたり。大詰《つめ》、荒五郎茂兵衛団十郎、てつへき武兵衛に歌右衛門を氷《こほり》へ打込所、きつゐ物、すべて大あたり。三はんめ、菊之丞お七、三五郎吉三にて芝居見物の所、大出来。**（残雪梅曽我《のこんのゆきかついろそか》）**(3)、鬼治初ての朝比奈有。

〈菜花角田川《なのはなすみたかわ》〉、(4) 助五郎、鳴神《なるかみ》のやつし、升蔵・藤蔵、おきく幸介のきやうけん、(5) 三甫蔵そろはんの処、皆々大出来なり。五月より団十郎、芝居を引。十月、市川八百蔵死す。市むら座にて富十郎名残狂言、**芦屋道満大内鑑《あしやどうまんをゝうちかゝみ》**、四段目をつとめ、大入なり。此時、鬼治、又太郎与かん平、両人大あたりにて段々出世をなす。同霜月、大坂若女形姉川大吉・花川市之丞（下る）。団十郎・幸四郎 市村座へ行。 歌右衛門 市村座へかへる。 **（出世舞台於国歌舞妓《しゆつせぶたいおくにかぶき》）**、(6) 鑓《やり》屋鎧《ぐそく》屋の狂言、団十郎・菊五郎、出合あたり。**［蕫市顔見世祭《せうがいちかほみせまつり》］**、(7) 助五郎・菊之丞両人、今様丹前《いまやうたんぜん》、(8) 文字太夫上るりにて大出来なり。顔みせ中比、尾上紋太郎・市川武十郎・鎌倉平九郎［下る］。同霜月、市川升蔵、大坂へ登る。

（1）〔正誤〕［初買和田酒盛］は［初買和田宴《さかもり》］が正しい（役、番）。

（2）〔増補〕「帯引」浄瑠璃名題は「鶯宿梅妻戸帯曳」（江戸半太夫、三味線中村八右衛門等）（正。役、評）。

（3）〔正誤〕（残雪梅曽我）は（二十山蓬莱曽我）の誤（役、番）。因に（残雪罧曽我《のこんのゆきかついろそが》）は宝暦十二年の興行（役、番）。

（4）〔正誤〕〈菜花角田川〉は〈菜花隅田川〉が正しい（役、番）。

（5）〔増補〕助五郎、鳴神のやつしとある浄瑠璃名題は「瀧桜男雛形」（富本豊前掾、三味線宮崎忠五郎等）で、役名は粂の平内。またお菊幸介の道行名題は「乱髪所縁加賀笠」（富本同上）（正。別番附）。

（6）〔正誤〕（出世舞台於国歌舞妓）は（阿国染出世舞台）の誤（役、番）。

（7）〔正誤〕［蕫市顔見世祭］は［蕫市顔鏡《かほみせ》祭］が正しい（役、番）。

（8）〔増補〕今様丹前、文字太夫浄瑠璃名題は「雲花芳野帯」（正。役、番）。

○同【宝暦】十辰春、［　　］(1) に神田の与吉介五郎、本名かげ清にて平家蟹《へいけかに》の処、大てきなり。**（振分髪末広源氏《ふりわけがみすへひろげんじ》）**、歌右衛門清もり、あふみ・八わた、菊五郎・団十郎、金石丸彦三郎、大出来なり。同二月六日夜、中村座、市村座、皆類《みなるい》焼《しやう》。市村座、五月より芝居普請《ふしん》出来して**（曽我万年柱《そかまんねんはしら》）**、市川屋三香(2)に団十郎、大出来。市松・三八、せいもん払《はらひ》のかけ合有、大出来。其後、中村座相はじめ、紋太郎・菊之丞、おふさ徳兵衛心中、文字太夫上るりにて所作事有。(3) 同霜月、菊之丞 市村座へ来る。 三八・市松 中村座へ来る。 沢村音右衛門・辰十郎 中むらへ来る。 此年、顔見世、中村座休む。**（梅紅葉伊達大関《むめもみちだてのをゝきど》）**、(4) 二ばんめ、惟茂《これもち》に亀蔵、三番叟(5)の立、大出来なり。切に実方・すゞめの亡霊《ほうれい》、団十郎、菊五郎と仕内、大出来。此年、介五郎・歌右衛門・姉川大吉・武十郎 森田座へ来る。

（1）〔新注〕名題の意図的空白。［鏡《かたちにかげ》将門曽我《まさかどそが》］が入るべきところ（役、番）。

（2）〔正誤〕市川屋三香は市川屋三光が正しい（役、番。正）。

（3）〔増補〕おふさ徳兵衛心中、文字太夫浄瑠璃の名題は、「稲穂是当《あきまちぐさいで》蝶《そよてふ》」（正。役、番）。

（4）〔正誤〕（梅紅葉伊達大関）は（梅紅葉伊達大閇）の誤（役、番。正）。
（5）〔増補〕亀蔵三番叟の名題は「剱烏帽子照葉盞」（通称剱烏帽子。長唄藤田吉次、三味線杵屋忠次郎等）（正）。

○同【宝暦】十一年巳春、（**江戸《ゑど》紫《むらさき》根元《こんげん》曽我《そか》**）、鬼王に菊五郎、五郎が身がわりにわが子を立、祐経宗十郎、首実検《じつけん》の処、両人出来也。彦三は五郎と、鬼王が子にて馬士の仕内、二役大でき。三たてめ、亀蔵、片瀬《かたせ》村渡《むらわた》し守にて京の次郎、風折菊之丞と舟の内にて斑女《はんじよ》のやつし、文字太夫上るりにて大出来なり。藤蔵、大磯のとらにて、又太郎両人、青葉《あをは》の笛《ふへ》にての仕うち、大てき。一の切、亀蔵、関羽《くわんう》あり。二ばんめの詰《つめ》、亀蔵、介六となり(1)、菊之丞、あけ巻《まき》にて河東《かとう》上るり、白酒売団十郎、かのこもちうり嵐音八、両人ひやうしまひ(2)、大出来なり。此年、中村座役者小勢にて、はきくとせさりしが、（**敵討亀山通《かたきうちかめやまかよい》**）(3)に相《あい》の山、おすき・お玉、市松・富之介、勘ヶ由音右衛門にて、あふむ石の敵討《うち》、大出来なり。同六月、亀蔵上京に付、なごりきやうげん七化《はけ》、文字太夫出がたり(4)、中にも仙台《せんだい》座頭、大出来なり。同秋、おはつ徳兵衛、生玉心中、坂東彦三・菊之丞つとむ。同九月、中の芝居より出火して、市村座二町まち類焼《るいせう》。同冬、中村座本普請《ほんぶしん》出来して、辰年類焼已後、仮ぶしんにて、此せつ取くつしてふしん未出来さるうちにて、此火事にはやけず。同霜月、団十郎・幸四郎 中村座へかへる。 市川升蔵、雷蔵と改、大坂より 中村座へ下る。 （**日本花判《あつまのはなほう》官鼂肩《くわんひいき》**）(5)に団十郎七役、源八兵衛殊に大当り。一の切、百《ゆ》合《り》の八郎にて知盛《とももり》の出、舞台一面《めん》の大舟、雷蔵よし経、半五郎弁慶《べんけい》、土佐坊《とさぼう》伝九郎、いつれも大出来也。二ばんめ、半五郎長田《をさだ》の太郎、大あたり。雷蔵、くま井太郎にてしばらくの出端、一座中大あたり也。市村亀蔵下る。介五郎 市村座へかえる。 市川団蔵・中むら松江〈下る〉。市松 森田座へ行。 仙国介治、初て森田座へ出、団蔵青砥《あをと》左衛門、市松と出合、大あたり。(6)

（1）〔増補〕亀蔵助六の名題は「助六所縁江戸桜」（三味線山彦河良）（正。役、番）。
（2）〔増補〕白酒売とかの子餅売の拍子舞の名題は「紋日艪拍子《もんびのろびやうし》」（長唄藤田吉次、三味線杵屋忠次郎等）（正）。
（3）〔新注〕（敵討亀山通）は「間山女敵討《あいのやまおんなかたきうち》」が正しい（役、番）。
（4）〔増補〕亀蔵名残狂言七化所作事の文字太夫浄瑠璃名題は「置土産三重帯裾野模様」（三味線佐々木市蔵）（正。役、番）。
（5）〔正誤〕（日本花判官鼂肩）（市村座）の枠は［中村座］の誤（役、番）。〔新注〕名題読み「あつまの」は「にほんが」が正しい（役、番）。
（6）〔増補〕森田座の顔見世の名題は「神園生万歳鉢木《かみのそのふ》」（役、番。正）で、団蔵「暫」、市松は佐野の渡り刀自女が幽魂役で、「暫」のウケ（役、番。役、評）。

○同【宝暦】十二年未春、中村座、顔見世狂言を用ひ二ばんめを出し、音八、万能芸指南《まんのうげいしなん》の所、大出来なり。(1) ○同二月より［**曽我鼂肩二本桜《そがひゐきにほんさくら》**］に雷蔵、しのぶうり女形、大あたり。団十郎くわいらいし、五郎市とら、十郎に武十郎、文字太夫上

るりにて所作こと大あたり。中村七三初工藤、大出来。雷蔵、太かぐらの立、見ことなり。二ばんめ、あらし三かつ［下る］。伝九郎下河辺《しもかうべ》の庄司《しやうじ》、三勝金むらやおさんにて、けいせい請《うけ》状《でう》の拍子《ひやうし》事、(2)両人大出来なり。切に、団十郎京の次郎、けいせいありはらに五郎市、せんべいやき関東《くわんとう》小六に中むら七三、半太夫上るりにて(3)三人大出来なり。同五月、市村羽左衛門死す。秋より亀蔵、九代目羽左衛門座元となる。秋狂言［玉藻前《たまものまへ》 桂黛《かつらのまゆすみ》］、団十郎あしや道満、伝九郎則清《のりきよ》、雷蔵三うらの介にて、生胆《いききも》のきやうけん。女ほうに八重桐、後に伝九郎、西行《さいぎやう》の出、近年のあたりなり。（花御江戸秩父順礼《はなのをゑとちゝぶじゆんれい》）(4)、羽左衛門・介五郎、二人金時、(5)富本豊前上るりにて大出来。霜月、彦三・宗十郎 中村座へ来る。 大谷国蔵を広右衛門と改む。［椰葉伊豆鏡《なぎのはいつのすがたみ》］(6)、団十郎、鎮西《ちんぜい》八郎にてしばらくの出、大できなり。二ばんめ、遠藤武者門覚《ゑんどうむしやもんがく》と成、切に不動(7)にて、こんがら・せい高、幸四郎・染五郎 武十郎事、ゆへ有てあらたむ。 ばくの縄《なわ》にすがりて五郎市せり出し、先年柏莚《はくゑん》いたされしかくなり。彦三、工藤金石にて鳩《はと》を射《い》る仕内、大あたりなり。同顔見世、松江 市むら座へきたる。 団蔵 市村座へ来る。（競歌栄小町《きそひうたさかへこまち》）(8)、団蔵、しばらくあり、鶏合《とりあはせ》(9)の処、大てき。良峰宗貞《よしみねむねさだ》菊五郎。鬼次を大谷広治と改、三甫蔵を三甫右衛門と改。同十二月十一日、佐野川市松死す。中村助五郎 森田座へ行。

（1）〔増補〕雷蔵惹売の浄瑠璃名題は「傀儡師の京人形姫御前の吾妻撈 垣衣草《しのぶくさ》千鳥紋日」(常磐津文字太夫、三味線佐々木市蔵等)(正。役、番)。

（2）〔増補〕傾城請状の拍子事の名題は『傾情請状聯入《つらねいり》長唄』(長唄松島庄五郎、三味線杵屋作十郎等)(正)。

（3）〔増補〕「せんべいやき」半太夫浄瑠璃名題は「けいせい水馴棹せんべい紋づくし」(また紋尽しけいせい水馴棹ともいふ)(劇代集。正)。因に初演は元文四年春市村座で、浄瑠璃は江戸太夫双笠、三味線山彦源四郎等(役、番。正。絵番附)。

（4）〔正誤〕(花御江戸秩父順礼)は(花燕郡秩父順礼)の誤(役、番)。

（5）〔増補〕「二人金時」の名題は「織殿軒漏月《おりどののきもるつき》」(三弦宮崎忠五郎)(正。役、番)。

（6）〔正誤〕［椰葉伊豆鏡］は［椰葉伊豆形貌観《なぎのはいづのすがたみ》］の誤(役、番)。

（7）〔増補〕「不動」は高雄山の生《いき》不動(役、番。劇代集)。

（8）〔新注〕名題読み「きそひうた」は「きそへうた」が正しい(役、番)。

（9）〔増補〕団蔵暫の役名は般若五郎勝頼(役、番。劇代集)。

○同【宝暦】十三年申春、［百千鳥大磯通《もゝちとりをゝいそかよひ》］(1)、二ばんめ、宗十郎梅の由兵衛、大出来。（封文栄小町《ふうしふみさかへこまち》）(2)に羽左衛門、五郎・十郎二役、菊之丞、とら・せう〳〵の髪《かみ》すき、帯引の所作事、(3)文字太夫上るりにて大出来なり。工藤菊五郎、団蔵五郎、羽左衛門十郎、対面《たいめん》之場《ば》、大出来。五月より、中村座にて二ばんめに高野《かうや》山蛇《じや》やなぎ、(4)団十郎、丹波太郎にてどうけの仕内、後に三かつのりうつりて主膳太夫上るり、嫉妬《しつと》のあれ、大あたりなり。同六月、荻野八重桐、不慮《りよ》の横死《わうし》す。七月十三日、

中村介五郎死す。同霜月、菊五郎・彦三郎・広治 森田座へ行。宗十郎・半五郎・辰十郎 市村座へ来る。松江・松助 中村座へ来る。染五郎を高麗蔵と改。中村伝蔵 森田座より中村座へ来る。則、市川八百蔵と改。【大《たい》丈夫《しやうぶ》高館日記《たかたちしつき》】、団十郎、真田《さなだ》の文蔵にて肝《きも》くひの所、女ほうに五郎市、両人大あたりなり。（貢物入船太平記《みつきものいりふねたいへいき》）(5)に団蔵、栗生《くりう》・篠塚《しのづか》・畑《はた》・亘《わたり》四役、大あたりなり。宗十郎尊氏《たかうぢ》、大出来。(6)〈梅哉水仙伊豆入船《むめやすいせんいつのいりふね》〉(7)、曽我祐《すけ》のぶ菊五郎、真田《さなだ》与市に彦三郎、雛治と所作事(8)、両人大出来なり。

(1)〔正誤〕［百千鳥大磯通］は［百千鳥大磯流通《がよひ》］の誤（役、番。正）。
(2)〔正誤〕（封文栄小町）は（封文栄曽我）の誤（役、番）。
(3)〔増補〕「髪すき」の名題は「髪梳千鳥曙」（常磐津文字太夫、三味線佐々木市蔵等）で、「帯引」は「帯拽小《こ》蝶《てふの》昏《ゆうぐれ》」（常磐津同上）（正。役、番）。
(4)〔増補〕「高野山蛇やなぎ」の浄瑠璃名題は「夏柳烏玉川」（通称蛇柳。大薩摩主膳太夫、三味線杵屋弥三郎等）（正。役、番）。
(5)〔正誤〕（貢物入船太平記）は（四海濤和《なみやはらぎ》太平記）の誤（役、番）。
(6)〔増補〕団蔵篠塚五郎貞綱役で「暫」、宗十郎尊氏で、そのウケ（役、評。役、番）。
(7)〔正誤〕〈梅哉水仙伊豆入船〉は〈梅水仙《むめやすいせん》伊豆《の》入船〉の誤（役、番。役、評）。
(8)〔増補〕彦三郎（真田与市）と雛治（難波舞子瓜生野）等の所作事の名題は「夫雪千引石《それゆきはちびきのいし》」（富本筑前掾、三味線宮崎忠五郎等）（正。役、番）。

○明和《めいわ》と年号かわる。【人来鳥春告曽我《ひときとりはるつけそが》】(1)に雷蔵、初の工藤、琴《こと》の段、紋《もん》つくしの長歌、大出来なり。蝶々売《ちやう〱うり》七兵衛本名かけ清団十郎、重忠《しげたゞ》に七三郎と出合、大あたり。二ばんめ、雷蔵介六、(2)白酒売に高麗蔵、あけ巻にまつ江、いきうに広右衛門、半太夫上るりにて大あたり。三月より団蔵 中村座へ出勤。団十郎、座附《ざつき》引合口上あり。後に団十郎、かけ清《きよ》にて六部と成、団蔵、熊井《くまゐ》太郎にて順礼《じゆんれい》と成、両人初ての出合、大あたりなり。五月より【管原伝授手習鑑《すかはらてんじゆてならひかゞみ》】(ママ)、松王に団十郎、源蔵に団蔵、両人又となきあたりなり。九月より海老蔵七回忌追善《ついぜん》、団蔵しゆんくわん、団十郎けぬきの弾正《たんじやう》、大できなり。続狂言にて団蔵、小原万兵衛にてつんぼの仕内、大出来なり。(3)霜月、菊之丞(5) 中村座へ立かへる。【東花相馬内裡《あづまのはなさうまのたいり》】(4)、積雪筏品姿《つもるゆきいかたのしなもの》といふ上るりに菊之丞・雷蔵・こま蔵、三人つとむ。団十郎よし門、渡辺《わたなべ》に団蔵、両人出合、大出来なり。菊五郎・彦三 市村座へ立かへる。雛治 市村座へ来る。仙国助次 市村座へ来りて、中むら介五郎と改、笠ぬぎやさぶいのせりふ、かたみの名言、大あたり。芳沢五郎市、崎之介と改。沢村音右衛門 市村座へ出る。（□）(6)に菊五郎熊谷《くまがへ》、大あたり。羽左衛門、忠のりにて崇徳院《しゆとくいん》の霊《れい》のりうつり、楓江、大ざつまかけ合所作こと、大でき。(7)三八、大坂へ上る。伝九郎・宗十郎 森田座へ行。

(1)〔増補〕紋づくしの長唄名題は「爪音幸紋尽《つまおとさひはひもんづくし》」（中村兵蔵、三味

線杵屋作十郎等）（正）。

（2）〔**増補**〕雷蔵「介六」の名題は「一前《ひとつまへ》廓花見時」（江戸半太夫、三味線中村八右衛門等）（役、番。別番附）。

（3）〔**増補**〕海老蔵七回忌追善大名題は「追善穎《ほにほぐさ》手向《たむけの》三組《みつぐみ》」（役、番）。また続狂言の名題は「妻迎万歳館《つまむかひばんぜいのやかた》」（役、番）。

（4）〔**正誤**〕［東花相馬内裡］は［賛相馬内裡］の誤（役、番。但し役、評には「吾妻花相馬内裡」とあり。）。

（5）〔**増補**〕「積雪筏品姿《つもるゆきいかだのしなもの》」の浄瑠璃は富本（大和太夫、三味線宮崎忠五郎等）（役、番。正）。

（6）〔**新注**〕名題の意図的空白。（若木花須磨初雪《わかきのはなすまのはつゆき》）が入るべきところ（役、番）。

（7）〔**増補**〕楓江（富士田吉治）、大薩摩（主膳太夫）、掛合所作の名題は「鞭桜宇佐幣《むちざくらうさのみてぐら》」（正。役、番）。

○同【**明和**】二年酉春、（**色上戸三組曽我**《いろじやうごみつくみそが》）、ひたちの小はぎ菊五郎、鬼王に半五郎、七くさのなぞ、大あたり。壱番目切に羽左衛門、奴軍介《やつこぐんすけ》にて**江戸名所都鳥追**《ゑどめいしよみやことりをひ》、文字太夫上るり、いつれも大あたり。二ばんめ、松井源水菊五郎、広治・介五郎すもふ、大できなり。四月、彦三、元服《けんふく》あり。［**天津風念力曽我**《あまつかせねんりきそか》］一ばんめ、団十郎かけ清にて、重忠に七三、紅梅の枝を、かけ清団十郎に見せ、都人の目には何と見ゆると宗任《むねとう》のかへし、よろし。此時、高麗蔵、しんござの女郎買、大出来。幸四郎、よは工藤にて、余所《よそ》ながら兄弟に対面《たいめん》の処、大できなり。雷蔵病気にて、佐野次郎左衛門八百蔵つとむ。八はし松江を善次坊《せんじぼう》か[1]身がわりにする処、大出来。次に菊之丞、おはなにて鐘《かね》へ入、団十郎両人対のふり袖[2]にて出、松江・高麗蔵四人所作こと、先年ありしかくながら大出来なり。五月より、［**仮名手本忠臣蔵**《かなてほんちうしんくら》］に七三郎由良之介、大あたり。平右衛門団十郎、おかる菊之丞、あたりなり。此時、団蔵、中村座を引、十月、上方へのぼる。同霜月、雷蔵森田座へ行。[3]あかん平、奴のしばらく、大出来なり。二ばんめ、河津にて、ひな治・藤蔵、上るり[4]にて立合、大でき。沢村宗十郎熊坂《くまさか》、大てきなり。市村座（□）[5]に羽左衛門、土ぐもの[6]七ばけ、文字太夫上るりにて大でき。松本友十郎（下る）。松本七蔵、岩井半四郎とあらたむ。［**神楽歌雨乞小町**《かくらうたあまこひこまち》］、団十郎、孔雀《くじやく》三郎にて紀《き》の名虎《なとら》となり、悪事《あくじ》を見顕《みあらは》す実悪《じつあく》、大でき。二ばんめ、幸四郎、死人の小左衛門といふ鳶《とび》の者の仕内、おもしろし。

（1）〔**正誤**〕善次坊は禅司坊の誤（役、番）。

（2）〔**増補**〕両人対の振袖の所作名題は「双面花入相」（常磐津若太夫、三味線佐々木幸八等）（正。役、番。別番附）。

（3）〔**増補**〕霜月森田座の名題は「勝時栄源氏」（役、番。役、評）。

（4）〔**増補**〕雷蔵（河津の三郎）、雛治（辰姫）、藤蔵（おぬひ）の浄瑠璃所作名題は「恋　山路置霜《こひすてふやまぢのをくしも》」（常磐津若太夫、三味線佐々木幸八等）（正。辻番附）。

（5）〔新注〕名題の意図的空白。（降積花二代源氏《ふりつむはなにだいげんじ》）が入るべきところ（役、番）。

（6）〔増補〕「土ぐも」の名題は「蜘蛛糸梓弦《あずさのゆみはり》」（正。役、番。別番附）。

○同【明和】三年戌春、［海道一《かいとういち》伊達春駒《たてのはるごま》］(1)、たての与作団十郎、けいまさころし、大出来。市村座、(2)羽左衛門、初ての介経、柏莚《はくゑん》にての仕内、大でき。菊五郎奴鬼王、大ていなり。同二月廿九日、音羽屋油みせより出火して芝居類焼《しばゐるいしやう》、ほどなく中むら座普請《ふしん》出来して、［太平記菊水の巻《たいへいきゝくすいのまき》］をせし所、不あたり。秋、［八百屋お七恋の江戸染《やをやしちこひのゑどそめ》］に土左衛門伝(3)に団十郎、お七に松江、吉三に弁蔵、おすぎに菊之丞、天人お七なり。切にかまくら三代記、北条《ほうじやう》に七三郎、重忠に団十郎、半五郎六部《ろくぶ》の親父《をやぢ》、時政《じせい》法師のさいらい、大出来なり。同九月、市村座にて菊五郎名残、（仮名手本忠臣蔵《かなてほんちうしんくら》）に由良之介・となせ二役にて大あたり。仲蔵、定九郎工夫《くふう》をもつて大あたり。人々感《かん》ずる。霜月、菊之丞・半五郎・八百蔵市村座へ行。団蔵・三八（下る）。（東山殿劇朔《ひかしやまとのかふきのついたち》）、霜月二日より初《はじ》む。京、大坂、江戸の出合、菊之丞・団蔵・三八、大でき。菊之丞かつらき、しつと。後に羽左衛門こも僧《そう》、文字太夫上るり大出(4)来也。うき世又平吃《ども》三八、大てき。半五郎山名、大出来なり。大坂実悪桐島儀左衛門［下る］。雷蔵・彦三中村座へ来る。［金花《こかねはな》凱陣荒武者《かいちんあらむしや》］(5)に、彦三郎よし家、宗任《むねとう》幸四郎、大でき。平太夫・奴だて介、彦三大あたり。崎之介貞任《さだとう》妹絹笠《むすめきぬかさ》、三領《さんりやう》重《かさね》の鎧《よろひ》を射《い》る処、大でき。中蔵、蝦夷《ゑぞ》人、大出来なり。雷蔵、病中《びやうちう》にてつとむ。

（1）〔新注〕［海道一伊達春駒］は［街道一伊豆《いつの》春駒］が正しい（役、番）。

（2）〔増補〕市村座春狂言の名題は「咲増花相生曽我」（役、番。役、評）。

（3）〔正誤〕［八百屋お七恋の江戸染］は［八百屋お七恋江戸染］が正しく、土左衛門伝は土左衛門伝吉の略である（役、番）。

（4）〔増補〕「こも僧」文字太夫浄瑠璃名題は「三橘菊咲門《みつたちばなきくさくかど》」（正。役、番）。

（5）〔新注〕名題読み「こかねはな」は「こがねのはな」が正しい（役、番）。

○同【明和】四年亥春、［初商《はつあきなひ》大見世曽我《をゝみせそが》］に団十郎かけ清、こま蔵松若屋手代本名三保野谷《みほのや》四郎、団十郎と屋根《やね》仕合、大できなり。弁蔵、初の五郎、大でき。崎之介あこや、琴《こと》ぜめ、大出来。此時、団十郎かげきよ、籠《ろう》やぶり、古今の大でき。二ばんめ、こま蔵よどや辰五郎、むすこの女郎買、生酔《なまゑい》の和事、大出来也。後に本町綱《つな》五郎、さやわり角田川、広右衛門とたて、両人大あたり。松江たかまど、こま蔵となそらえ、船《ふな》の内、大出来なり。音八弁天《へんてん》ぼうず、禿《かむろ》ころし、あたり。五月節句《せつく》より、梅若《むめわか》ころし、団十郎粟津《あわづ》、愁《しう》たん、昔《むかし》の男《を》女川《みかわ》の思入にて大てき。幸四郎清玄《せいげん》、一ばんめより打つゞき

あたりなり。同四月、雷蔵死す。（曽我《そが》和《やわらぎ》そか）、不あたりなり。秋狂言［其名月色人《そのなもつきのいろびと》］、不あたりなり。後に団十郎、鳴神《なるかみ》有、大出来なり。同霜月、瀬川菊之丞 中村座へかへる。［太平記《たいへいき》賤振袖《しつのふりそで》］(1)、田舎娘《いなかむすめ》にて瀬川菊之丞(2)、大当り。三立目、なりひら東下りのみへ、菊之丞・彦三郎・幸四郎・こま蔵・介五郎、大出来。八百蔵、初而しばらく有(3)。宗十郎 市村座へ来る。団蔵・松江・半五郎・三甫右衛門 森田座へ行。〈真田与市盤石礎《さなだのよいちはんしやくのいしつへ》〉(4)に団蔵真田《さなだ》与市、大出来。此時、坂東三津五郎 市村座へ行。

(1)〔正誤〕［太平記賤振袖］は［太平記賤女振袖《しづのふりそで》］の誤（役、番）。

(2)〔増補〕菊之丞田舎娘にての所作名題は「早咲賤女乱拍子」（長歌富士田吉治、三味線杵屋六三郎等）（正）。

(3)〔増補〕八百蔵「暫」の役名は篠塚伊賀守定綱（役、番。役、評）。

(4)〔正誤〕〈真田与市盤石礎〉は〈真田与市磐土産〉の誤（役、番。役、評）。

○同【明和】五年子春、［筆始曽我玉章《ふではじめそがのたまつさ》］(1)、お七菊之丞、吉三郎、お杉崎之介、大てい。幸四郎かちはら、大出来なり。市村座にて広治、初て工藤、又太郎そかの五郎、三津五郎十郎、いづれも大あたり。同五月四日、坂東彦三死す。同霜月(3)、歌右衛門・雛治［下る］。菊之丞・こま蔵・八百蔵、花すもふの見得、大出来。団蔵 市村座へかえる。（男山弓勢競《おとこやまゆんせいくらへ》）、団蔵しはらく(4)、三甫右衛門うけ得手物、大出来。宗十郎貞任《さだとう》、団蔵と出合よし。〈陸奥衡名歌弓取《むつちとりめいかのゆみとり》〉(5)、半五郎樽《たる》ひろいかまくら河《が》岸《し》の権五郎、松介・半四郎、一石橋《こくばし》よりの引道具、上るりの(6)処、大出来なり。

(1)〔正誤〕［筆始曽我玉章］は［筆始曽我章《たまづさ》］が正しい（役、番。役、評）。

(2)〔増補〕市村座の春狂言名題は「酒宴曽我鸚鵡返」（役、番。役、評）。

(3)〔増補〕中村座の顔見世狂言名題は「今《いま》於《を》盛《さかり》末広源氏」（役、番。役、評）。

(4)〔増補〕団蔵「暫」の役名は鎌倉権五郎景政（役、番。役、評）。

(5)〔正誤〕〈陸奥衡名歌弓取〉は〈陸奥鵆名歌臂取〉が正しい（役、番。役、評）。

(6)〔増補〕「一石橋よりの引道具、上るり」名題は「憧舟《つくしふね》姿初雪」（常磐津文字の都、三味線佐々木市之丞等）（役、番。役、評）。

○同【明和】六年丑春、［曽我模様愛護若松《そがもやうあいこのわかまつ》］(1)、不当りなり。幸四郎五郎、大でき。後に菊之丞、石橋《しやつきやう》出(2)、大入なり。三月三日より、歌右衛門、病気本服《ひやうきほんふく》して清玄、大出来なり。雛治さくら姫、大でき。三月廿六日、あらし音八死す。道外のまれ物、外になし。惜へし。（江戸花陽向曽我《あつまのはなやはらきそか》）(3)、宗十郎祐経、近比の大出来なり。団蔵五郎、田舎者《いなかもの》よし。広治はなれ駒《こま》の四郎兵衛、三甫右衛門根《ね》津四郎兵衛、両人大あたり。又太郎宵《よひ》の口千太郎、町抱《かゝ》へ、革羽《かはば》をりの出、始終《しじう》大出来なり。同秋、沢村宗十郎、上方へ上る。尾上菊五郎・中村喜代三・大谷友右衛門（下る）。（六花梅顔見世《むつのはなむめのかほみせ》）(4)、菊五郎和泉《いづみ》三郎、上下の出よし。梅のせ

い札《さつ》にての仕内。二ばんめ、忠信《たゝのぶ》女ほう喜代三、半五郎菊王《きくわう》丸、三人共あたり也。弁慶《べんけい》羽左衛門、楓江《ふうかう》にて大出来。(5)【常花栄鉢木《ときわのはなさかへはちのき》】(6)に、けいせい玉菊菊之丞、時頼《ときより》八百蔵、山岡に仲蔵、赤星《あかほし》に介五郎、文字太夫上るりにて(7)大でき。幸四郎、秋田城之介・ちよん内二役、大あたり。二ばんめ、団十郎三庄太夫、源左衛門にこま蔵、やきがねの場《ば》、鉢木《はちのき》のしゆこう、大あたりなり。〈名高雲井弓張《なにたかしくもいのゆみはり》〉(8)、半四郎ぬえ娘、うふめの所作事(9)、喜十郎両人大出来なり。

（1）〔正誤〕［曽我模様愛護若松］は［曽我裓愛護若松］が正しい（役、番。正）。
（2）〔増補〕「石橋」の名題は「相生獅子」（正。別番附）。
（3）〔新注〕名題読みは「ゐどのはなわかやぎそが」が正しい（役、番）。
（4）〔正誤〕（六花梅顔見世）は（雪梅顔見勢《むつのはなむめのかほみせ》）の誤（役、番。正。役、評）。
（5）〔増補〕「弁慶羽左衛門、楓江（富士田吉治）にて大出来」とあるは「隈取安宅松」（通称安宅。三味線藤間勘左衛門）である（役、番。正。役、評等）。
（6）〔正誤〕［常花栄鉢木］は［常花《かはらぬはな》栄鉢樹］が正しい（役、番。役、評）。
（7）〔増補〕文字太夫浄瑠璃名題は「紅葉雲錦釣夜着《もみぢくもにしきのつりよぎ》」（正。役、番）。
（8）〔正誤〕〈名高雲井弓張〉は〈名高雲井弦《ゆみはり》〉が正しい（役、番。役、評）。
（9）〔増補〕「半四郎ぬえ娘、うふめの所作事」名題は「現在《げんざい》乳母《ぬ》鳥《ゑ》嫩児《ふたばのみどりご》」（富士岡若太夫、三味線佐々木幸八等）（役、番。正）。

○同【明和】七年寅正月、坂東三八死す。春狂言は［鏡他《かゝみかいけ》俤曽我《おもかけそが》］(1)にて仲蔵、初の工藤、釣《つり》きつねの対面《たいめん》(2)、大あたり也。高麗蔵・八百蔵兄弟、大でき。幸四郎、京の次郎にていらう売《うり》、栢莚家産《はくゑんのかさん》くちず、別而《べつして》大あたり。伝九郎朝比奈、おもしろし。菊之丞やりておせん、大出来。崎之介、はご板売の出、あこや近年の大当り。（富士雪会稽曽我《ふじのゆきくわいけいそか》）に五郎市松、鬼王広治、祐経へ異見《いけん》の処、大によし。〈繰返曽我[角+間]《くりかへしそかのをたまき》〉に金作、月さよにて女工藤、物語《ものかたり》の仕内(3)、けいせい奥州《をうしう》女達《だて》、大出来。半四郎、五郎・お染の二役、大出来。鬼門《きもん》喜兵衛喜十郎、水仕合、鬼王に広右衛門、大てき。別て狂言宜、皆々大手がら也。団蔵、今年休。四月より菊之丞、中村座を引。秋狂言、中村座［敵討忠孝鑑《かたきうちちうこうかゞみ》］、当九月、市川海老蔵十三回《くわい》に相当《あた》れは、団十郎追善《ついぜん》狂言有へし。市村座（品定《しなさため》相馬《さうま》の紋日《もんひ》）(4)、森田座〈仮名女夫《かなめをと》いろはの操《みさほ》〉(5)、三座共惣役者評判よく、ます〳〵繁昌。扨当霜月、江戸女形まれ物瀬川菊之丞、市村座へ出勤。山下金作・岩井半四郎、中村座へ来る。歌右衛門、上京。森田座へ京四条若女形中村富十郎下る。団蔵、中村座へ出勤すると、あてじまいに当り狂言の、長き月日を短《みじか》き筆にいわせ、人生一楽《じんせいいちらく》の市村座、あたりつきせぬまん中村座の、大入を一ッはいに森田座と、久しい文句を

モノモウ此内へあんない、でんでれつく〳〵〳〵〳〵〳〵、どん〳〵、でん〳〵〳〵、ありや〳〵〳〵、いりこましやい〳〵〳〵。**伊平** おどろき、ヤア、もふ序ひらきだ。家暮《やぼ》次郎様、けふも居続《ゐつゝけ》でごろうじませ。**むすこ** もちろん〳〵。

（1）〔正誤〕〔鏡他俤曽我〕は〔鏡池俤曽我〕の誤（役、番。正）。守随云、原書、「他」をいけと訓ず。

（2）〔増補〕「工藤、釣きつねの対面」の長唄名題は「釣狐春乱菊」（通称釣狐。唄湖出市十郎、三味線杵屋六三郎等）（正）。

（3）〔正誤〕「金作、月さよにて女工藤、物語の仕内」とある月小夜は祐経奥方みたらし御前の誤（役、番。役、評。劇代集）。

（4）〔正誤〕（品定相馬の紋日）は（粧《しなさだめ》相馬紋日）の誤（役、番）。

（5）〔正誤〕〈仮名女夫いろはの操〉は〈仮名夫婦伊文章《みやうといろはのみさを》〉の誤（役、番。劇代集）。

芝居年中行事

○正月　元日　三座太夫式三番　役者芸仕始　町内年礼
　　二日　狂言初日
○二月　初午　跡狂言初日
　　十五日　中村座初て興行の日なれば、一座中祝す。
○三月　三日　新狂言初日
○四月　朔日　新きやうげん初日
○五月　五日　新狂言替目
　　廿八日　曽我祭礼有
○六月中旬より芝居休
○七月十五日　盆狂言初日
○八月　朔日　跡きやうげん初日
○九月　九日　入替役者なごりきやうげん出る。
○十月中旬より千秋楽にて芝居舞収む。
　　十三日比より入替役者附出る。
　　廿日　紋かんばん出る。
　　廿五日比より狂言大名題を出す。
　　晦日　惣かんばん出、茶屋かざり物有之。七ッ時より役者へつみ物、花をかざるなり。
○十一月朔日　明七ッ時より顔見世初日
　　三日の内、太夫式三番をつとむ。女かた大おどり有。
○十二月中旬　千秋楽にて芝居舞おさむ。
　　廿五日比より春狂言、大名題を出す。

〇三芝居茶屋名目部類

さかい町部	ふきや町部	楽屋新道部	こびき町部
まつ屋	玉木屋	いつゝ屋	ひらた屋
中屋	ともへ屋	中むら屋	いせ屋
いせ屋	するが屋	出羽屋	大野屋
三川屋	つる屋	柏屋	きのじ屋
ふち屋	甲州屋	松本屋	さる屋
五木屋	ひらの屋	福本屋	いつみ屋
ゐちせん屋	柳屋	四ッ目屋	山かた屋
竹いせ屋	せんだい屋	橘屋	たけ屋
まる屋	今津屋	いせ市	
かめ屋	よろつ屋	いつみ屋	
袋屋	新万屋	あふき屋	
小田原屋		伊豆屋	
なんぶ屋		住吉屋	
いつみや		新すみよしや	
くらた屋			
こうらい屋			
大坂屋			

補闕《ほけつ》

〇享保十六年秋、中村座にて**大銀杏曽我**《をゝいてうさかへそが》に(1)団十郎、癩病《かったい》かげ清、銀杏《いてう》のうろより顔を出せし処恐《おそろ》し。宗十郎、重忠にて見出しの口合、両人出合、大来大(ママ)あたりなり。

〇同【享保】廿年秋、中村座にて、頼朝御台政子《よりともみたいまさご》菊之丞、(2)大友の一法師の恋慕《れんぼ》をきらひ、館《やかた》を忍ひ出る狂言。時に鳴川十郎左衛門といふ役者、ぶたひ破風《はふ》の前に出、是を見付て声《こへ》をかくるに、菊之丞、半弓《はんきう》にて鳴川を射《い》る。鳴川、つなに足をつけて、しばし逆《さか》にさがり、とゞ舞台《ぶたい》下の水ふねへ逆に落《をち》し也。中役者なれとも、かゝるめざましき仕内ゆへ、爰《こゝ》にあらはす。

〇元文元年、市村座にて名題《なだい》忘失、角田川《すみだかは》の狂言、(3)海老蔵、がごぜ赤《あか》右衛門といふ面打にて、面箱《めんばこ》より塩吹《しほふき》・般若《はんにや》、色々《いろいろ》の面《めん》のにらみわけ、大出来。

〇同【元文】四年、中村座にて**鎌倉風新玉曽我**《かまくらふうあらたまそが》に、宗十郎、十郎にて保童丸《ほうどうまる》を殺さんとする狂言。此時、辰岡久菊《たつをかひさぎく》と云女がた、ぶたい破風《はふ》まへ迄二かい作りの道具屋根より、傘を持てぶたいへ飛下たり。見物、肝《きも》をけしたり。

〇同【元文】五年、中村座、**礎末広源氏**《いしずへすへひろげんじ》、後日、(4)**玉手箱分身五郎**《たまてばこふんじん》、ゐひ蔵白髪五郎、団十郎実の五郎、当り也。冬、顔見世、団三郎を団蔵と改む。

〇寛保元年、市村座にて、宗十郎油売庄九郎実はかけ清、(5)大あ

たり。此仕内わ、**布引《ぬのびき》の瀧《たき》**二の切に残る。冬、顔見世、岡田亀治郎を沢村喜十郎と改む。

○延享元年、中村座にて、古龍左衛門矢矧《やはぎ》の宿《しゆく》の後室《こうしつ》、大出来。龍左衛門といふ、かあいらしい女がたのあるか、といゝしは此時なり。先年、五関やぶりのしばらくに、海老蔵にむかひ、我しばらくならば、おれはヱヘンだは、といゝし也。中古半道開山なり。同春、市村座にて、坂東彦三郎さつま源五兵衛、屋根仕合大あたり。(6) 同秋、市村座、若衆方菊上菊五郎、伏見《ふしみ》のけんくわ水仕合、大当り。(7)

○同【延享】二年、中村座にて**羽衣寿曽我**に、とんぼう売七兵衛海老蔵、菊之丞けいせいにてせり出し、大でき。五月、羽《は》衣《ごろも》(8)の所作、大でき也。

○寛延三年、中村座にて、古宗十郎梅の由兵衛、二度めにて大当り。(9)

○宝暦三年、顔見世、嵐玉柏を市川升蔵と改む。

○同【宝暦】七年秋、中村座にて団十郎三庄太夫、大でき。(10)

○同【宝暦】八年、市村座にてゑひ蔵、病《ひやう》気《き》全快《せんぐわい》にて、矢の根五郎(11)の見へ計にて押《をし》出し、亀蔵へ矢の根をやりし也。是は海老蔵、ぶたいの仕納《をさ》めにて、せりふ迄有しは、前演《のぶ》る処が仕おさめなり。

○同【宝暦】十年秋、市村座にて、団十郎三庄太夫(12)あり。

（1）〔正誤〕「享保十六年秋、中村座にて大銀杏曽我に云々」とあるは「享保十七年秋、中村座にて大銀杏栄景清に云々」の誤（役、評。劇代集。歌舞妓年代記等）。

（2）〔増補〕「中村座にて、頼朝御台政子菊之丞云々」とある狂言名題は「源家勲功記」（劇代集。芝、年等）。

（3）〔正誤〕「元文元年、市村座にて名題忘失、角田川の狂言云々」とあるは「元文五年二月（初日十五日）、市村座にて名題姿視隅田川の狂言云々」の誤（役、番。役、評。劇代集）。

（4）〔正誤〕「同【元文】五年、中村座、礎末広源氏、後日云々」とあるは、「寛保四年、中村座、硒末広曽我、後日云々」の誤（役、番。辻番附。劇代集）。

（5）〔正誤〕「寛保元年、市村座にて、宗十郎油売庄九郎実はかけ清云々」とあるは「延享二年、市村座、初暦寿曽我にて、宗十郎油売庄九郎実はかけ清云々」の誤（役、番。役者紋二色。劇代集）。因に初演は寛保三年十二月大阪中村十蔵座の「大門口鎧襲」で、役名は齋藤正九郎（役、番。役、評。絵番附）。

（6）〔増補〕「同（延享元年）春、市村座にて、坂東彦三郎さつま源五兵衛、屋根仕合大あたり」とある狂言名題は「七種猫曽我」（役、番。役、評。劇代集等）。

（7）〔正誤〕「同（延享元年）秋、市村座、若衆方菊上菊五郎、伏見のけんくわ水仕合、大当り」とあるは、「延享二年秋」の誤で、狂言名題は「山城国伏見喧嘩三十三年忌敵討血塩川浪」である（役、番。劇代集）。守随云、「菊上」とは、「尾上」と記すべきものの、著者の錯誤か。

（8）〔増補〕「羽衣」の所作名題は「天人羽衣」（長唄）（役、評）。

（9）〔正誤増補〕「寛延三年、中村座にて、古宗十郎梅の由兵衛、二度

めにて大当り」とあるは三度目（二度目は寛保三年中村座「門緑常曽我」）で、名題は「大飾徳《さいはい》曽我」（役、番。役、評。劇代集）。

(10)【増補】「同【宝暦】七年秋、中村座にて団十郎三庄太夫、大でき」とある狂言名題は「安倍泰成民草幣《やすなりいなばのみてぐら》」（役、番。劇代集）。

(11)【増補】「矢の根五郎」の名題は「念力荒人神」（薩摩小源太夫、三味線西川億蔵）（正。別番附）。

(12)【増補】「同【宝暦】十年秋、市村座にて、団十郎三庄太夫」とある狂言名題は「曽我万年柱」の第三番目（役、番。辻番附）。

此外、大十町、三官奴があめ売のせりふを初として、もれたる事数多《あまた》なれとも、小冊なれば、こと〳〵くしるしかたく、追《をつ》而《て》後編にあらはすなり。

古今役者名声牒大全

門田候兵衛編
近日出来

明和七年庚寅九月中旬
神田鍛冶町一丁目
菊岡吉右衛門板

続名声戯場談話

続名声戯場談話序《ぞくめいせいぎじやうだんわ》

　昔役者名声牒《むかしやくしやめいせいてう》に遠《とほ》くは板橋《いたばし》の壁紙《へきし》、近《ちか》くは神仏《しんぶつ》の絵馬額《ゑまがく》に、古今役者《こゝんやくしや》の名誉《めいよ》を顕《あらわ》せし狂言《きやふげん》の姿絵《すがたゑ》ありと記《しる》せしも宜《むべ》なるかな。諸家方《しよけがた》の御藩中《ごはんちう》、遠国交代《ゑんごくこふたい》の江戸土産《ゑどみやげ》に、役者似顔《やくしやにがほ》の錦絵《にしきへ》を第一《だいいち》の土産《とさん》として、其年々《そのとしく》の当《あた》り狂言《きやふげん》、当世流行《とうせいりうこふ》の役者《やくしや》の歌舞妓絵姿《かぶきゑすがた》、日本国中都鄙《につぽんこくちうとひ》の老若津々浦々《らふにやくつゝうら〳〵》迄《まで》もてはやし、その誉《ほまれ》を顕《あらわ》す事、かゝるいやしき戯場《ぎせふ》のいとなみの事といへ共、末代《まつだい》に名誉《めいよ》を残《のこ》す事、いにしへ今《いま》にたゆる事なし。前《さき》の名声牒《めいせいてふ》は正徳《せうとく》の頃《ころ》の役者《やくしや》の当《あた》り狂言《きやふげん》を初《はじめ》として、明和《めいわ》の半《なかば》にておわる、おしいかな。今《いま》の若《わか》き人々は見《み》ぬむかし語《がた》りにて慰《なぐさみ》うすし、今《いま》その跡《あと》を続《つい》で三芝居《さんしばい》の狂言尽《きやふげんづく》しを思《おも》ひ出《いづ》るにまかせて書《かき》あつめ、続名声戯場談話《ぞくめいせいぎぜふだんわ》と号《ごう》し、戯場好《しばいずき》の友《とも》どちの笑《わらひ》に備《そな》ふ而已《のみ》。

宝暦の頃役者改名、初舞台、元服
幷に下り役者之事

宝暦元未年　沢村小伝次改　森田　勘　弥
嵐花妻　中村初瀬　堺町江下る。　坂東菊松改　坂東　彦三郎
同　弐申年
女形　尾上菊五郎、元服して立役に成。市村座
嵐七五郎　荻野八重桐　葺屋町江下る。
同　三酉年　沢村宗十郎改　助高屋　高助
玉柏改　市川　升　蔵
坂東九八改　坂東　又太郎
中村富十郎　山下金作　堺町江下る。
瀬川錦次　初舞台　市村座
同　四戌年　松本幸四郎改　市川　団十郎
幸蔵改　松本　幸四郎
中村仲蔵　初舞台　中村座

同　五亥年
娘方　尾上松助　葺屋町江下る。
大谷春次　初舞台　市村座
坂田佐十郎　同断　同　座
同　六子年　瀬川吉次改　瀬川　菊之丞
同　七丑年　瀬川錦次改　市川　武十郎
中村歌右衛門　葺屋町江下る。
同　八寅年　大谷春次改　大谷　鬼　次
長唄　富士田吉次　初舞台　市村座
同　九卯年
市村七十郎　初舞台
坂東愛蔵　初舞台　同座
狂言作者　金井三笑　初而出る。
尾上紋太郎　葺屋町江下る

同　十辰年
狂言作者　桜田治助　出る。
佐野助改　沢村　春五郎

同　十一巳年
升蔵改　市川　雷　蔵
市川団蔵　中村松江　大谷広八　仙国助次　木挽丁江下る。

同　十二午年
秀松改　市川　弁　蔵
長松改　松本　七　蔵
国蔵改　大谷広右衛門
勘六改　中島勘左衛門
三甫蔵改　中島三甫右衛門
鬼次改　大谷　広　次
亀蔵改　市村羽左衛門
七十郎改　市村　亀　蔵
金太郎改　坂東　又　八

同　十三未年
染五郎改　市川　高麗蔵

伝蔵改　市川　八百蔵
沢村金平　沢村田之助　市村座江出る。
嵐雛次　木挽丁江下る。

凡例

一　狂言名題之上に・印は当り狂言也。
一　役割之上に・印は役者当り之印也。
一　△印は　下り役者之印也。
一　○印は　登り役者之印也。
一　役者名前肩書は改名之印也、元名を朱に書。
一　病死之役者は其年月を記す。
一　青紙之小口取は年号改元も印替分いたし置。
一　三芝居顔見世入替りを記す。

明和元甲申年　中村座

正月五日より
・人《ひと》来《き》鳥《とり》春《はる》告《つげ》曽《そ》我《が》
一　鬼王新左衛門　大谷広右衛門
一　曽我十郎祐成　市川　高麗蔵
一　同　五郎時宗　市川　八百蔵
・一　工藤左衛門祐経　市川　雷　蔵
一　小林朝比奈　中村　伝九郎
髪梳めり安＊　芳沢崎之助　市川雷　蔵
市川雷蔵、羽織工藤ニ而紋づくしの唄、琴のしらべ、大当り。
＊爪音幸紋尽

八月朔日より
平家《へいけ》女護島《にやうごのしま》＊　操狂言
一　千とり　中村　松　江
一　成つね　市川　伊達蔵
一　やす頼　市川　松兵衛
一　瀬の尾の太郎　坂東　又太郎
一　丹左衛門　中村　七三郎

・一　俊寛　市川　団　蔵
市川栢莚七回忌追善狂言也、当り。
＊穎手向三組

今年顔見世は　志賀蔵改　中島三甫蔵
五郎市改　芳沢崎之助
仙石助次改　中村助五郎

十一月朔日より
・吾妻《あつま》花《のはな》相馬《そうま》内裡《のだいり》＊
一　との町　宮崎　きく松
一　みさき権藤太　中島　三甫蔵
一　山岡　坂東　又太郎
一　奴三田平　二やく　坂東　又太郎
一　くわん平　市川　伊達蔵
一　すわの大領　宮崎　十四郎
一　酒がめの皇子　中島三甫右衛門
一　源のより信　市川　弁　蔵

一　頼光御台はなぞの　　松本　七蔵
一　将門娘俤姫　　中村　松　江
一　仲光女房
　　はきの戸　　吾妻　藤　蔵
・一　賤女おきく　　瀬川　菊之丞
一　保昌家来秋王丸　　市川　八百蔵
一　うすいの定光　　二やく　市川　八百蔵
一　安部の清明　　市川　雷　蔵
一　猟師はくりやふ　　二やく　市川　雷　蔵
一　同　由良太郎　　市川　こま蔵

一　山田のおろち　　松本　幸四郎
一　平井保昌　　中村　七三郎
一　渡辺の綱　　市川　団　蔵
一　坂田の金時　　二やく　市川　団　蔵
・一　いばらき長兵衛
　　　本名相馬よし門　　市川　団十郎

風俗　捙《てぐるま》　丹前＊＊　市川八百蔵　中村松　江　中村七三郎　所作アリ
大当り、瀬川菊之丞所作アリ。

＊贇相馬内裡
＊＊御所風俗輦丹前

明和二乙酉年　中村座

正月十五日より
・**天津風《あまつかぜ》念力《ねんりき》曽我《そが》**
一　鬼王新左衛門　　市川　雷　蔵
一　小林朝比奈　　中島三甫右衛門
・一　曽我十郎祐成　　市川　こま蔵
・一　同　五郎時宗　　市川　雷（八百）蔵
・一　工藤左衛門祐経　　松本　幸四郎
対面より工藤ニ而、余所ながら兄弟へ対面の趣向、大当り。

帯引の所作　大当り　市川雷　蔵　瀬川菊之丞
弐番目狂言
道成寺のやつし＊　大出来　市川こま蔵　中村松　江　市川団十郎　瀬川菊之丞

五月五日より
仮名手本忠臣蔵

＊双面花入相

一 鷺坂伴内　中島 三甫蔵
一 太田了竹　宮崎 十四郎
一 与一兵衛　市川 団五郎
一 でつち伊五　市川 久 蔵
一 原郷右衛門　市川 伊達蔵
一 義平一子よしまつ　瀬川 吉 次
一 本蔵女房となせ　中村 松 江
一 娘こなみ　松本 七 蔵
一 由良之助女房おいし　あつま 藤蔵
一 義平女房おその　二やく あつま 藤蔵
・一 おかる　瀬川 菊之丞
一 小野九太夫　中島三甫右衛門
一 定九郎　坂東 又太郎
一 桃井若狭之助　市川 雷 蔵
・一 天川屋義平　二やく 市川 雷 蔵
・一 早の勘平　市川 八百蔵
一 塩谷判官　市川 こま蔵
一 高師直　松本 幸四郎
・一 大星由良之助　中村 七三郎
一 寺岡平右衛門　市川 団十郎
・一 かこ川本蔵　二やく 市川 団十郎

当顔見世改名
松本七蔵改 岩井 半四郎
市川入蔵改 市川照右衛門

十一月朔日より
・神楽月雨乞小町*
一 早瀬文平　宮崎 十四郎
一 惟高親王　中島 三甫蔵
一 小野小町　岩井 半四郎
一 大伴黒主　中島三甫右衛門
一 荒巻耳四郎　中村 助五郎
一 盤若五郎　市川 八百蔵
一 深草の少将　市川 こま蔵
・一 死人小左衛門　松本 幸四郎
一 大ぜん女房あやせ　小佐川 常世
・一 五代三郎娘おまち　瀬川 菊之丞
一 秦の大ぜん武虎　坂田 半五郎
一 五代三郎　二やく 坂田 半五郎
一 中納言行平　中村 七三郎
一 小野のよし実　中村 七三郎
・一 紀名虎　市川 団十郎
一 孔雀三郎　二やく 市川 団十郎

***神楽歌雨乞小町**

冬至梅誰袖丹前＊ 岩井半四郎 伝吉 勘六 大出来〳〵。

明和三丙戌年 中村座

正月十五日より
街道一《かいどういち》伊豆春駒《いづのはるごま》
一 川津三郎祐安 市川 こま蔵
・一 鬼王庄司左衛門 坂田 半五郎
一 工藤金石丸 松本 幸四郎

戌五月十二日
病死 小佐川常世 行年四拾三歳

五月五日より
太平記菊水巻＊
一 師泰 中島三甫右衛門
一 かぢ蔵 中村 助五郎
一 秋夜母 市川 伊達蔵
一 玉川 中村 松江
一 勇介女房 二やく 中村 松江
一 照平 市川 八百蔵
一 侍従之介 市川 こま蔵
一 作次 二やく 市川 こま蔵
一 秋夜 松本 幸四郎
一 正行女房 瀬川 菊之丞
一 石堂女房 二やく 瀬川 菊之丞
一 正行 中村 七三郎
一 頼之 二やく 中村 七三郎
一 石堂 坂田 半五郎
一 天兵衛 二やく 坂田 半五郎
・一 宇治常悦 市川 団十郎

八月朔日より
恋女房染分手綱 十段め 十一段め 十二段め 三幕

＊冬至梅たが袖丹前
＊太平記菊水之巻

一 官太夫　市川照右衛門
一 鷺坂左内　市川 伊達蔵
一 小まん　岩井 半四郎
・一 重の井　中村 松 江
一 三吉　坂東 鶴 蔵
一 本田弥惣左衛門　宮崎 十四郎
一 ひぬかの八蔵　中村 助五郎
・一 座頭けいまさ　市川 こま蔵
・一 丹波与作　二やく 市川 こま蔵
一 馬かた八蔵
　本名逸平　松本 幸四郎

当顔見世
△下り 桐島儀右衛門
　市川松兵衛改 市川 染五郎

霜月朔日より
・金《こかね》 花《のはな》凱陣《かいぢん》荒《あら》武者《むしや》
一 竹熊入道　宮崎 十四郎
一 加茂の次郎　市川 弁 蔵
一 鳥の海弥三郎　大谷広右衛門
一 下野守　中村 仲 蔵

一 とよはた　中村 松 江
一 九重姫　岩井 半四郎
一 きぬがさ　芳沢 崎之助
一 うたふ安方　市川 こま蔵
一 荒川太郎　市川 雷 蔵
一 あべの宗任　松本 幸四郎
一 八幡太郎　坂東 彦三郎
一 あべ貞任　桐島儀右衛門
一 和田左衛門　中村 七三郎
・一 三浦平太夫　市川 団十郎
一 てるい太郎　二やく 市川 団十郎

此頃より東の歩行板の際を一間通り土間にいたし、縄を張、多勢之節は縄を取、切落に致す、依而縄張と唱る。

明和四丁亥年　中村座

正月十五日より

・**初商《はつあきない》大見世《おおみせ》曽我《そが》**

一 小林朝比奈　沢村　喜十郎

・一 近江小藤太　中村　仲　蔵

一 本朝丸綱五郎　市川　雷　蔵

一 大磯のとら　芳沢　崎之助

・一 けわい坂少〳〵　中村　まつ江

一 さくら姫　岩井　半四郎

・一 清水寺の清玄　松本　幸四郎

・一 鬼王新左衛門　嵐　音　八

一 同　団三郎　二やく　嵐　音　八

・一 曽我十郎祐成　市川　こま蔵

一 同　五郎時宗　市川　弁　蔵

一 工藤左衛門祐経　桐島儀右衛門

・一 畠山庄司次郎重忠　中村　七三郎

・一 悪七兵衛かけ清　市川　団十郎

高麗蔵松わかやの手代ニ而、本名三保谷四郎、団十郎景清ニ而屋根仕合、大当り。和孝団三郎にて、松わかやの見世ニ而万びきの仕内、大当り。弁蔵初而の五郎、大出来ニ而、評判よし。団十郎かけ清ニ而、七三郎重忠ニ而、あこや崎之助、琴ぜめ大出来。籠やぶり、古今の大出来、大当り。

二番目、高麗蔵淀や辰五郎にて、むすこの女郎買、生酔の和事、大出来也。後に本町綱五郎、さやわり、角田川、広右衛門とたて、両人大当り。松江高まどニ而、こま蔵となぞらへ、船の内大出来也。音八弁天ぼうず、禿ころし当り。五月節句より梅若ころし、団十郎粟津にて愁たん、大出来〳〵。髪梳めりやす、高麗蔵まつ江大当り。幸四郎、清玄一番目より打つゞき当り也。

亥四月十二日

病死　市川雷蔵　行年四十四歳

七月十五日より

・**義経千本桜**

一 右大臣朝方　中村　伝五郎

一　土佐坊昌俊	二やく	中村　伝五郎
一　京のきみ		宮崎　きく松
・一　小金吾		市川　弁　蔵
一　早見の藤太		市川　伊達蔵
一　すしや女房		市川　伊達蔵
一　若葉の内侍		中村　富　次
一　弁けい		沢村　喜十郎
一　すしや弥介		坂東　彦三郎
一　梶原源太		大谷広右衛門
一　川つら法眼	二やく	大谷広右衛門
一　しづか御ぜん		中村　まつ江
一　すしや娘おさと	二やく	中村　まつ江
一　よし経		中村　七三郎
・一　川越太郎		中村　仲　蔵
一　すけの局		芳沢　崎之助
一　権太女房		岩井　半四郎
・一　いかみの権太		松本　幸四郎
一　すしや弥左衛門		桐島儀左衛門
・一　渡海や銀平　実ハとも盛		市川　団十郎
・一　横川のかくはん		市川　団十郎

十一月朔日より

・**太平《たいへい》記《き》賤女《しづの》振袖《ふりそで》**

一　瓜生判官	大谷広右衛門
一　栗生左衛門	沢村　喜十郎
一　新田よしおき	市川　弁　蔵
一　小山田太郎	坂東　彦三郎
一　新田よし貞	市川　こま蔵
一　しのづかいがの守	市川　八百蔵
一　左大臣時かど	中村　仲　蔵
一　おんぢ左近	嵐　音　八
・一　小山田太郎妹侍女おわた	瀬川　菊之丞
一　よもぎふ	芳沢　崎之助
一　たのも	岩井　半四郎
一　ふぢべいがの守	中村　助五郎
一　さかみ次郎時行	松本　幸四郎
一　由良新左衛門	中村　七三郎
一　一山八兵衛	中村　伝九郎
・一　一ふく市兵衛	市川　団十郎

今年顔見世三芝居共大当り、中にも当座一の当り。瀬川菊之丞田舎娘の所作、大当り。市川団十郎せんじ茶売一ふく市兵衛の実悪、本名畑六郎左衛門大当り。

明和五戊子年　中村座

子正月十五日より
・筆始曽我章《そがのたまづさ》
・一 朝日丸　沢村 喜十郎
一 せんじ坊　市川 弁蔵
一 三保谷四郎　中村 仲蔵
一 大磯のとら　瀬川 菊之丞
一 けわい坂のせう〳〵　岩井 半四郎
・一 そかの十郎祐成　市川 こま蔵
・一 同　五郎時宗　市川 八百蔵
・一 工藤左衛門祐経　市川 団十郎
一 鬼王新左衛門　中村 伝九郎
髪梳めり安*　岩井半四郎 市川八百蔵
二番目 道成寺のやつし**　瀬川菊之丞 市川高麗蔵 嵐 音八
三番目 **五人男*****
文七　高麗蔵
平兵衛　八百蔵
庄九郎　助五郎
市右衛門　音 八
千右衛門　幸四郎

*ちご桜
**壮盛花鐘入
***男作五鴈金

子五月四日
病死 二代目 坂東彦三郎
行年廿八歳

五月五日より
仮名手本忠臣蔵
一 与一兵衛　市川 団五郎
一 九太夫　中村 助五郎
一 力弥　市川 三 次
・一 定九郎　中村 仲蔵
一 おかる　瀬川 菊之丞
・一 勘平　市川 八百蔵

・一　由良之助　中村七三郎
・一　寺岡平右衛門　市川団十郎

小野道風青柳硯

一　つくばのみや　市川辰蔵
一　団八　中村源蔵
一　太兵衛　大谷広右衛門
一　小千代　市川三木蔵
一　おまち　岩井半四郎
一　仁介　中村伝九郎
一　女御　よし沢喜代松
一　軍太　松本大七
一　正六　市川八百蔵
・一　よし実　二やく　市川八百蔵
・一　道風　市川こま蔵

七月廿日より

夏祭浪花鑑

一　おなつ　岩井半四郎
一　清七　市川弁蔵
・一　団七女房おたつ　瀬川菊之丞
一　三ふ女房　市川伊達蔵
・一　釣舟の三ふ　沢村喜十郎
一　三河や義平次　中村仲蔵
一　九郎平　中村助五郎

物ぐさ太郎

一　かのゝ歌之助　市川弁蔵
一　さるだ　岩井半四郎
・一　物ぐさ太郎　市川こま蔵
一　佐々木　中島三甫蔵
一　あしや娘　中村富次
一　かつらき　芳沢崎之助
一　長谷部雲谷　中村仲蔵

九月九日より

祇園祭礼信仰記

一　忠次　大谷広蔵
一　直信　瀬川三勝
一　丹蔵　松本大七
一　軍平　市川照右衛門
一　鬼藤太　市川伊達蔵
・一　雪ひめ　瀬川菊之丞
一　木下兵吉　中村伝九郎

・一 松永大ぜん　市川 団十郎

菅原伝授手習鑑

一 千代　よし沢崎之助
一 源蔵女房　中村 富 次
・一 武部源蔵　市川 こま蔵
・一 桜丸　市川 弁 蔵
・一 梅王丸　市川 八百蔵
・一 松王丸　松本 幸四郎
・一 ふし原の時平　市川 団十郎

霜月朔日より

・**今《いま》於《を》盛《さかり》末広《すへひろ》源氏《げんじ》**

一 難波の六郎　中村 助五郎
一 うし若丸　市川 弁 蔵
一 三国の九郎　中村 仲 蔵
一 熊野御せん　嵐 雛 次
一 喜三太女房かるも　芳沢 崎之助
一 小松の重盛　中村 七三郎
一 かさはり法橋　坂田 藤十郎
一 文覚上人　中村 伝九郎
一 金うり吉次

本名駿河の次郎　市川 八百蔵
一 同 吉六
本名多田蔵人　市川 高麗蔵
・一 朝がほ　松本 幸四郎
一 上るり御ぜん　小佐川 常世
一 白拍子れいぜい　瀬川 菊之丞
・一 平清盛　中村歌右衛門
・一 お馬やの喜三太　市川 団十郎
・一 弥平兵衛宗清　二やく 市川 団十郎

梅楓娘丹前 嵐雛次、大出来。

歌右衛門清盛ニ而空とぶ鳥も落る程の勢ひニ而位をふるふ所へ、団十郎弥平兵衛ニ而長上下の暫く。清盛へ法体を進め、引おろして元どりをおろし、片足歌右衛門が肩へ踏かけて、もふ足のまがる時分だが、と云し所は大評判。此時歌右衛門、天が下にこわい物はないが、此親玉計りはこわいといふ所、評よし。団十郎二やく御馬やの喜三太ニ而半道、虎の巻の秘書をとつていろ〱とこゝろ見るてい、大当り〱。

△下り 市山七蔵改 瀬川七蔵

明和六己丑年　中村座

正月十五日より
曽我《そが》模様《もやふ》愛護《あいご》若松《のわかまつ》＊

一　鬼王新左衛門　市川　高麗蔵
一　同　団三郎　市川　弁　蔵
・一　大磯のとら　瀬川　菊之丞
一　小林朝いな　中村　伝九郎
一　近江小藤太　中村　仲　蔵
一　曽我十郎祐成　市川　八百蔵
一　同　五郎時宗　松本　幸四郎
一　工藤左衛門祐経　坂田　藤十郎
・一　清水寺清玄　中村歌右衛門
一　さくら姫　あらしひな次
・一　悪七兵衛かけ清　市川　団十郎
一　助五郎、はきだめの上ニ而、こじき角力大出来。
曙舞鶴丹前　伝九郎、朝いなの丹前、大出来。
一　八百蔵十郎ニ而、三浦の片貝瀬川七蔵、婚礼の所へ、大磯のとら、あねわの平次にころされしゆふこんにて出、
浅間嶽＊＊の所作事　八百蔵 菊之丞　きれい 大当り

一　石橋＊＊＊の所作、瀬川菊之丞、大当り。
一　歌右衛門清玄、古今の大当り。
一　幸四郎五郎時宗、大当り。
少長老母まんこふニ而足洗の所、大出来。
一　路考石橋を、助高や利介橋づくしニ而、ほめことばあり。

＊曽我䄇愛護若松
＊＊容観浅間嶽
＊＊＊相生獅子

丑三月廿五日
病死　嵐音八
辞世　深川浄心寺
大橋を渡れば先は極楽よ
かぶきぼさつと成ぞ嬉しき

七月十五日より
・**念力楪葉鑑《ゆずりはのかゞみ》**
一　小山判官　市川　伊達蔵

一　つくばね　瀬川　七　蔵
一　頼母之助　市川　弁　蔵
・一　利根の弾正　中村　仲　蔵
一　信田左衛門　市川　高麗蔵
一　柴波左衛門　中村　七三郎
一　きくのまへ　芳沢　崎之助
一　みさほひめ　瀬川　菊之丞
一　千寿のまへ　嵐　ひな次
一　かしま五郎　中村　助五郎
一　薩しま兵庫　大谷広右衛門
一　まかべの八郎　市川　八百蔵
一　ふじ原純則　松本　幸四郎
一　荒川将監　坂田　藤十郎
一　浮島弾正　市川　団十郎
一　飛脚いだてん庄作
　　実ハ牧野新左衛門　二やく　市川　団十郎

弐番目敵打迄出る。仲蔵利根弾正大出来、しば左衛門七三郎を殺し、身をやつし岸柳の仕内。団十郎牧野新左衛門ニ而助太刀をして雷蔵七蔵両人に討せる、大当り。

柴波左衛門一子はやまの助雷蔵、姉くずのまへ瀬川七蔵。

九月九日より
・**天竺徳兵衛古《こ》郷取舵《きやふのとりかぢ》***
渡リ始メ鵲丹前**　所作事　岩井半四郎　市川八百蔵　芳沢崎之助　相勤る

一　播磨之助　市川　八百蔵
・一　あかねや半七　二やく　市川　八百蔵
一　みのや平左衛門　中村　伝九郎
一　みよし長けい　二やく　中村　伝九郎
一　よい寝の仁介　松本　幸四郎
一　奴はる平　中村　仲　蔵
一　おその　市川　弁　蔵
一　半七母　芳沢　崎之助
・一　笠や三かつ　瀬川　菊之丞
一　徳兵衛しうと　沢村　喜十郎
一　徳兵衛女房おふね　芳沢　崎之助
一　隼人妹とこなつ　岩井　半四郎
一　船越隼人　市川　弁　蔵
・一　細川勝元　市川　高麗蔵
・一　舟人徳兵衛　市川　団十郎
・一　仙人　二やく　市川　団十郎
・一　座頭徳都　三やく　市川　団十郎
・一　七草四郎　四やく　市川　団十郎

＊天竺徳兵衛古郷取梶

△下り 八年ぶり 中村歌右衛門
沢村四郎五郎改 瀬川 雄次郎

＊＊渡初鵲丹前

霜月朔日より
・常《かわらぬ》花《はな》栄《さかへ》鉢樹《はちのき》
一 ふたばのまへ　瀬川 七蔵
一 玉づさ　嵐 ひな次
一 白たへ　芳沢 崎之助
一 けいせい玉菊
　実ハ深沢の蛇身　瀬川 菊之丞
一 北条時頼　市川 八百蔵
・一 佐野の源左衛門　市川 こま蔵
一 秋田城之助　松本 幸四郎
一 あんじゅ姫　瀬川 雄次郎
一 要之助　市川 弁蔵
・一 山岡三郎　中村 仲蔵
一 赤星太郎　中村 助五郎
一 佐野の三郎兵衛　坂田 藤十郎
一 織田春久　中村 七三郎
一 いたぶりの三ぶ

実ハ浅原八郎　中村歌右衛門
・一 からしばゞア　二やく 中村歌右衛門
・一 三庄太夫
　実ハ佐のゝ源藤太　市川 団十郎

第壱番目常盤津文字太夫浄るり
三たてめ
紅葉雲錦釣夜着　時頼 市川八百蔵　衛士やつし 中村仲蔵　玉きく 瀬川菊之丞　同 中村助五郎

此上るり通天の橋のせり出し、紅葉狩の見へ、大当り。菊之丞女暫く、大評判大出来〱。

二番目三庄太夫所へ、六十六部本名惟高親王ニ而中村仲蔵、大当り。

当丑五月節句狂言より、市川雛蔵改二代市川雷蔵、今様助六に成、あげ巻役瀬川吉次相勤る。親雷蔵三回忌の追善口上、市川高麗蔵申す。

△下り当春より市山七蔵改め瀬川七蔵と成、路考門弟に成。

明和七庚寅年　中村座

正月十五日より

・鏡《かゞみ》ヶ池《がいけ》俤《おもかげ》曽我《そが》*

一　ういろう売とらや藤六
　実ハ京の次郎　　松本　幸四郎
一　景清女房あこや　　芳沢　崎之助
一　そが十郎祐成　　市川　こま蔵
一　同　五郎時宗　　市川　八百蔵
・一　工藤左衛門祐経　　中村　仲　蔵
一　近江の小藤太　　中村　七三郎
一　八幡の三郎　　中村　伝九郎
一　小林朝比奈　　中村　伝九郎
一　大いそのとら　　中村　まつ江
一　けわい坂せう〳〵　　あらし　雛次
一　そがの二の宮　　瀬川　雄次郎
一　似せ松若丸　　市川　雷　蔵
一　吉田の松若丸　　市川　弁　蔵
一　団三郎　　中村　助五郎
一　さいかや定七
　本名鬼王新左衛門　　坂田　藤十郎
一　さいかや下女　　瀬川　菊之丞
・一　松井源吾　　中村歌右衛門
・一　粟津六郎　　市川　団十郎
一　鞍馬山僧正坊　　二やく　市川　団十郎

・仲蔵初工藤、大出来。狐釣りの対面大当り。歌右衛門松井源吾ニ而十六才の松若雷蔵へ家督を願ふ。団十郎粟津六郎左衛門ニ而、十八才の松若門之助へ家督を願ふに付、しなへ打の勝負に定る。団十郎歌右衛門両人上下ニ而、しなへ打あり。梶原等いろ〳〵邪魔をして、粟津六郎左衛門を松井源吾にしなへにてうたせる。強く打しゆへ聾に成、此仕内大当り。此間に敵役の相談を残らず聞いてそらつんぼ成とて敵を〆る所大出来。歌右衛門は本名熊坂ニ而、いんこのたいまつをもつて我身をかくし、のさ〳〵と行く仕内、大当り〳〵。弐番目、団十郎崎之助、道成寺のやつし**あり。

*鏡池俤曽我
**山桜姿鐘入

七月十五日より
・**敵討忠孝鑑**《かたきうちちうかうかゞみ》

一 信田庄司左衛門	坂田　藤十郎
一 信田小太郎	市川　弁　蔵
一 信田五郎信勝	市川　雷　蔵
一 けいこおみな	瀬川　雄次郎
一 奴仲平	中村　仲　蔵
・一 信田庄司家来駒平 後羽生村与右衛門 又朝いな藤兵衛に成	市川　こま蔵
一 飛脚屋忠兵衛	市川　八百蔵
一 けいせい梅川	中村　松　江
・一 菊地兵庫成かげ	松本　幸四郎
一 はんがくのこし元かさね	芳沢　崎之助
一 はんがく御ぜん	中村歌右衛門
一 浅利の与市	市川　団十郎

幸四郎菊地の役、惣しら髪白髭赤つらにて岸柳のこしらへ、崎之助へ無体のれんぼを信田左衛門藤十郎見付、異見をせしをいこんにおもひ、途中に待ぶせして、家来仲平と両人ニ而藤十郎をやみ打にして立のく。其後門之助を返り打にして立のき、とゞ駒平朝比奈藤兵衛と云男達に成、助太刀して信田五郎雷蔵に敵打をさせる。此ひらがたき、幸四郎大出来大当り。

九月節句より
一 市川海老蔵十三回忌追善　不働明王　市川団十郎

市川家　団十郎　団　蔵　高麗蔵
　　八百蔵　弁　蔵　雷　蔵
　　伊達蔵　久　蔵　国五郎
　　綱　蔵　染　蔵　三　次
　　春　蔵　平　蔵　辰　蔵
　　亀　吉　三喜蔵　純　蔵
松本家　幸四郎　大　七　秀十郎
　　松　蔵　豊　蔵

右何れも上下ニ而、座付有て、市川団蔵口上を申。

九月廿五日より　中村歌右衛門名残狂言
五鳫金* 不当り

一 太平次	七三郎
一 お鳴	伊達蔵
一 おたか	幸之助
一 文七	弁　蔵
一 山川や	藤十郎
一 平兵衛	歌右衛門
一 女房	崎之助

○中村歌右衛門上方江登る。

森田座より来る（山下金作 岩井半四郎 笠屋又九郎 山下京之助

初舞台 市川時蔵

市川団十郎改 再 松本幸四郎　市川三次改 市川小団次
松本幸四郎改 五代め 市川団十郎　中村七之助改 中村七三郎
市川弁蔵改 市川門之助　鳴川大十郎改 市川和歌蔵
中村七三郎改 中村少長

霜月朔日より

・夜鳥森《ぬへのもり》一陽《いちやう》的《のまと》＊

一 丁七唱　笠屋 又九郎
一 権の守兼とふ　坂田 藤十郎
一 まこものまへ　山下 京之助
一 宗清女房白妙　中村 松江
一 おたつ狐　岩井 半四郎
一 長田女房おさき　芳沢 崎之助
一 ときわ御ぜん　山下 金作

＊男作五鴈金

一 池の禅尼　中村 少長
一 瀬の尾太郎　中村 伝九郎
一 平の清盛　中村 仲蔵
一 もりひと親王　市川 門之助
一 左近狐　市川 八百蔵
一 源三位頼政　市川 こま蔵
一 渡辺ぎおふ瀧口　市川 団十郎
・一 猪早太　市川 団蔵
・一 長田太郎　松本 幸四郎

水仙丹前＊＊ 中村七三郎 市川弁蔵 子やく両人、大出来〳〵。

市川純蔵、生年申ニ而、当年七才成。

団十郎瀧口ニ而初暫く。仲蔵惟高親王ニ而受。伝九郎瀬尾赤つら、太刀下高麗蔵頼政なり。

・いのはや太ニ而団蔵上下ニ而荒事かづら、長田の庄司ニ而幸四郎山賤のせり出し、大当り。

・仲蔵らいごふあじやりニ而、思わず毒酒をのみ、行法やぶれ、藤十郎を喰殺し、一念鼠と成所、大当り。此鼠に、思わす八百蔵半四郎両人、狐の姿を顕す所、大出来〳〵。

・金作ときわ御ぜんニ而、雪になやみ居を見て、弥平兵衛の八百蔵片桐弥七の見へにて、余所ながらいたわる仕内、大出来〳〵。仲蔵清盛ニ而、ときわ御ぜんとそひぶしに源氏の旗を見出し、此仕内、おくに御ぜんに伴左衛門の思い入大出来〳〵。

・二番目団十郎尾形の三郎、大当り〳〵。

＊鶴森一陽的

＊＊水仙対丹前

明和八辛卯年　中村座

正月十五日より

・堺町《さかいてふ》曽我《そがの》年代記《ねんだいき》

一 近江小藤太　坂田藤十郎
一 八幡の三郎　山下次郎三
一 大磯のとら　岩井半四郎
一 けわい坂せう〳〵　山下京之助
一 油屋おそめ　山下八尾蔵
一 でつち久松　市川門之助
一 油や九平次　山下次郎三
一 油や太郎兵衛　坂田藤十郎
一 畠山重忠　中村少長
一 景清女房あこや　芳沢崎之助
・一 悪七兵衛かげ清　松本幸四郎
一 さかなや団七　市川高麗蔵
一 紺屋徳兵衛　市川八百蔵
一 三河町義平次　中村仲蔵
・一 小林の朝比奈　市川八百蔵
一 曽我十郎祐成　市川こま蔵
一 同　五郎時宗　市川団十郎
・一 工藤左衛門祐つね　中村仲蔵
一 鬼王新左衛門　市川団蔵
・一 そがの団三郎　市川八百蔵
一 黒船の忠右衛門　市川団蔵
・一 ばら門の三ぶ　松本幸四郎

当春作者桜田治助退座に付、中村伝九郎作をいたし候間、自分の朝比奈の役、八百蔵にいたし候よし。松本幸四郎景清の七役大当り。

・赤間ヶ関の七兵衛　講尺師の七兵衛　非人の七兵衛　駕舁の七兵衛
蚊帳売の七兵衛　仏師観音の七兵衛　百姓の七兵衛

お染久松
おはつ徳兵衛
お千代半兵衛　**朧月対染衣**＊　山下八尾蔵　市川門之助
岩井半四郎　市川八百蔵
山下金作　市川高麗蔵

宮古路園八浄るり

＊朧月対染絹

三月廿五日より二番目大詰

根元江戸紫

江戸半太夫上るり

新吉原町より積物

竹村の蒸籠五拾荷

傘百本

此傘を鬮ニ而見物へ出す。

一 かんへら門兵衛　松本　秀十郎

一 曽我の満江　中村　少　長

一 髭の意休　中村　仲　蔵

一 けいせいあけ巻　岩井　半四郎

一 あけ巻助六

本名時宗　市川　団十郎

一 白酒うり

本名鬼王　市川　団　蔵

卯三月廿九日

病死 長唄 富士田吉次

楓江

宝暦八寅年顔見世より

当明和八卯年迄十四ヶ年出唄。

五月より

・**仮名手本忠臣蔵**

一 石堂右馬之丞　笠屋　又九郎

一 千崎弥五郎　笠屋　又九郎

一 鷺坂伴内　中村　此　蔵

一 でつち伊吾　嵐　音　八

一 太田了竹　松本　大　七

一 小野九太夫　山下　次郎三

・一 こし元おかる　中村　松　江

一 百姓与一兵衛　市川　団五郎

一 与一兵衛女房　中村　少　長

一 大星力弥　山下　八尾蔵

一 本蔵娘小なみ　市川　門之助

一 原郷右衛門　坂田　藤十郎

・一 早の勘平　岩井　半四郎

一 かほよ御せん　山下　金　作

一 由良女房おいし　山下　金　作

一 義平女房おその　山下　金　作

一 本蔵女房となせ　芳沢　崎之助

・一 小野定九郎　中村　仲　蔵

・一 加古川本蔵　中村　仲　蔵

一　塩谷判官　　市川八百蔵
一　天川屋義平　　市川八百蔵
一　大星由良之助　　市川こま蔵
・一　桃井若狭之助　　市川団十郎
一　寺岡平右衛門　　市川団蔵
・一　高師直　　松本幸四郎

此操狂言大当り。

卯五月十五日
病死　市川伊達蔵

五月十五日より**曽我祭**リを取組、角力あり。

七月廿一日より

・**田村麿七重襲**《かさね》

一　左大将藤原内麿　　坂田藤十郎
一　右大将藤原仲成　　市川綱蔵
一　右大弁橘の逸勢　　市川照右衛門
一　岩橋の局　　市川団五郎
一　小性吉三郎　　市川門之助
一　宮戸丸　　山下八尾蔵
一　与右衛門娘きく　　山下八尾蔵
一　大江八力友光　　笠や又九郎
一　明王太郎秀国　　市川雷蔵
・一　蓬莱太郎浜成　　市川こま蔵
・一　芳丈次郎武成　　市川八百蔵
・一　荒川三郎友成　　市川団十郎
一　祐空僧　　市川団十郎
・一　与右衛門女房かさね　　芳沢崎之助
一　清了尼　　芳沢崎之助
一　浅草一ッ家のうば　　山下金作
一　坂上の田村麿　　中村少長
一　吉祥寺和尚　　中村少長
一　かまや武兵衛　　山下次郎三
・一　橘四郎有任　　中村仲蔵
一　八百屋久兵衛　　坂田藤十郎
一　内麿姫君桜子　　岩井半四郎
・一　八百や下女お杉　　岩井半四郎
一　八百や娘お七　　中村松江
・一　羽生村与右衛門　　市川団蔵
一　雷神尊霊　　市川団蔵
・一　土左衛門伝吉　　松本幸四郎
一　風神の尊霊　　松本幸四郎
一　藤原光利　　中村伝九郎

朧駕麻辻占*　八百蔵　門之助　高麗蔵 / 半四郎　八尾蔵　松江

豊名嘉志妻太夫　上るり

長唄　**妹背星紅葉丹前**　少長　又九郎 / 雷蔵

*朧駕扇辻占

○山下京之助、当春切ニ而上方へ登。

△下り　山下　八尾蔵　市川純右衛門（市川照右衛門改）

△下り　山下　次郎三

市村座より来る　中島三甫右衛門

霜月朔日より

・**倭花《くにのはな》小《お》野《のゝ》五《いつ》文字《もじ》**

一　むれの一藤太　山下　次郎三
一　破軍太郎　笠や　又九郎
一　井筒之助　市川　門之助
一　さくら木　中村　まつ江
一　女業平　芳沢　崎之助
一　小野の小町　山下　八尾蔵
・一　松風　中村　仲　蔵
一　村さめ　岩井　半四郎
一　中納言行平　市川　こま蔵
一　須磨の大領　中村　伝九郎
一　荒巻耳四郎　中島三甫右衛門
一　孔雀三郎　市川　八百蔵
・一　よし峰のむね貞　市川　八百蔵
一　般若五郎時門　市川　団　蔵
一　大江の岩戸左衛門　市川　団　蔵
・一　黒ぬし　実ハ盗賊立ゐほし　市川　団　蔵
・一　五代三郎　松本　幸四郎
一　秦の大ぜん　松本　幸四郎
一　紀の名虎　松本　幸四郎
一　大伴の山主　松本　幸四郎

三立め、炭うり本名巨勢金岡ニ而、仲蔵忍びの出立、裾へ針を付、おたまきの糸をくりて、八百蔵花道へ行所、大出来〱。子供角力唄*ニ而所作の内、市川三木蔵と立合、松本豊蔵は魚楽の身ぶりをいたす。大出来〱。祇園精舎の鐘を打くだけと荒巻耳四郎に申付る。三甫右衛門承て打くだかんとする所へ、般若五郎ニ而団蔵暫く。幸四郎山主、白髭の公家悪ニ而うけ。此山主の首を打おとす。

五立め、五代三郎ニ而幸四郎長上下の暫く。団蔵にせ黒ぬしニ而実ハ美のゝ盗賊立ゐぼし、此首を打おとしおふむ返しと云、此出合大当り。角力の手のたて大当り。幸四郎上下、団蔵山賤の姿。

・**紅白勢丹前**　丹前　中村少長　赤奴　松本幸四郎

大詰に孔雀三郎ニ而八百蔵筋隈取荒事、上下股立、荒巻耳四郎ニ而三甫右衛門赤つら上下股立ニ而両人琴を取合而の大だてあり。弐番目、須磨の大領館江行平預り居る。悪人共計略ニ而おし鳥の血を酒に入、行平に呑せしゆへ、行平おしに成、半四郎村雨にて、是をかなしみ、かひ鳥の鸚鵡の血を呑せ、行平のおしを直さんと思ひ、おふむのいのちを貰ふ所、娘気の一すじを見する仕内、大当り。おふむをころしてその血を酒にひたし、嬉しくおくへ行。此血、池水へ流し、花道の川筋へ流れ来る所へ、大江の岩戸左衛門ニ而団蔵上下股立荒事の出立ち、上使に来り、から紅ゐに水くゞるとはの歌の心を以ての仕内、大当り。行平はおし鳥の血をのみて、おふしに成、村雨のなさけニ而あふむの血をのませられて、また〳〵人の口まねをする、此仕内、殊の外大出来。此行平は幸四郎に限り候役目也。とゞ皆行平のはかり事ニ而悪事を見ださんため、わざとおしにも成、又はあふむの如く人まねをして居たるといふ仕内、大出来〳〵。

・**床鋪都馴事****　行平　高麗蔵　松風　仲蔵　村雨　半四郎

常盤津文字太夫上るり

仲蔵、女形初而いたし大評判。塩汲の所作事、都而磯馴松の仕内、大出来〳〵。

*花角力里盃
**懐花郭馴閨

明和九壬辰年 安永元年に成　中村座

正月十五日より

・**春曽我《はるはそが》曙《あけぼの》艸紙《ぞうし》***

刀や半七　市川門之助　紙や次兵衛　笠屋又九郎
畳や伊八　山下次郎三　魚や半兵衛　中村仲蔵
大経師茂兵衛　市川八百蔵
麻上下ニ而町人年始の仕内、大出来〳〵。

・一　鬼王新左衛門　中村仲蔵
・一　月さよ　岩井半四郎
・一　団三郎　中島三甫右衛門
一　曽我満江　中村少長
一　朝比奈　笠屋又九郎
一　曽我十郎祐成　市川八百蔵
一　同　五郎時宗　市川門之助
一　工藤左衛門祐経　市川高麗蔵

・一　近江八幡之助
実ハ悪七兵衛景清　　松本　幸四郎
祐若の鶴ころしを、鬼王が子に引かへて、仲蔵半四郎両人ニ而我子を身がわりにするしうたん、古今の当り。江の島のがま石へきせいをかける仕内、大出来〳〵。がま石の下より友切丸出る。無間の仕内大当り。
三甫右衛門団三郎ニ而、手ぬぐいのつぎ切れをあてし股引をはきて、一枚絵草双紙と売て出る見へ、大当り。
此狂言の最中、正月十六日、笠屋又九郎御吟味の筋ニ而、朝比奈の形ニ而召し捕れ候よし。替りは中村此蔵相勤る。相応にいたし候。御吟味中、又九郎御預りに成、七日頃落着スル。

＊春曽我明晴艸紙

辰六月廿四日
病死　二代目市川団蔵　　行年五拾四歳

二月晦日、類焼。夏中に普請出来いたし、
[八]月[六]日より
華《はなの》御《ご》所《しよ》根元《こんげん》舞台《ぶたい》＊
此狂言、少長鉄砲ニ而被討、雷蔵と共にうたるゝ。其敵仲蔵を幸四郎討狂言也。

一　かさや三勝　　中村　まつ江
一　今市の善右衛門　　中島三甫右衛門
一　六角左馬次郎吉とし　　市川　雷蔵
一　白獅子童子　　中村　七三郎
一　白獅子童子　　市川　純蔵
一　南天竺文珠の霊像　　中村　松江
一　山名四郎将豊　　中村　仲蔵
一　たゝら之助妹くれ竹　　岩井　半四郎
一　茜紺屋半七　　市川　門之助
一　茜紺屋徳兵衛　　市川　八百蔵
一　三勝歌舞妓木戸番万年長兵衛　　市川　高麗蔵
一　河内国住人楠多門次郎正のり　　二やく　市川　高麗蔵
一　舞子千早釼　　中村　松江
一　出雲の阿国　　芳沢　崎之助
一　豊後国住人大友左衛門よし国　　中村　少長
一　大友の忠臣大友たゝらの介正勝　　松本　幸四郎
一　六角左京の進　　中村　伝九郎

＊花御所根元舞台

八月十七日より
・**双《ふたつ》蝶《てう》々《く》曲輪《くるわ》日記《につき》**　米屋の段　難波裏の段　引窓の段　三幕

一 野分の三　坂東 善次
一 なまの八　中村 此蔵
一 下駄の市　沢村 沢蔵
一 伝蔵　松本 鉄五郎
一 丹平　市川 綱蔵
一 有右衛門　篠塚浦右衛門
一 郷左衛門　宮崎 八蔵
一 与五郎　坂東 鶴五郎
一 あつま　市川 小団次
一 おはや　岩井 半四郎
一 長吉姉お関　芳沢 崎之助
一 長五郎母　中村 少長
・一 ぬれ髪長五郎　市川 八百蔵
・一 放レ駒長吉　市川 高麗蔵
一 南与兵衛　二やく 市川 高麗蔵
一 まぼろし竹右衛門　松本 幸四郎

四代目松本幸四郎改 二代目市川海老蔵
市川純蔵改 二代目市川高麗蔵
市川高麗蔵改 五代目松本幸四郎

右幸四郎名前、一体四代に候得共、団十郎弐度幸四郎に成候ゆへ、五代団十郎も当時五代ニ而、五代目団十郎の弟にいたし候段、えび蔵口上有之候。

○山下次郎三　上方へ登る
○山下八尾蔵　同断
坂東 又太郎
市村座より来る 佐野川市 松
大谷友右衛門

海老蔵改名に付積物
松屋と申茶屋の前江新吉原かけ万字や雛よしより進物、赤毛氈九枚宛弐通り、都合拾八枚、釼菱の酒六樽、生鯛壱折、已上。惣茶屋軒江海老に帆を掛け、虎屋せいろふの上へのせる。尤切れ細工、はりぬき。
名見崎徳次門弟中より蒸籠五拾荷、引幕壱張。
櫓へ大海老の作り物、大入帳のてふちん出す。

辰十一月顔見世
大鎧《おふよろい》 海老《えび》胴篠塚《どうしのづか》

一 大塔のみや　市川 門之助
一 大森彦七　坂東 又太郎
一 楠多門丸　佐の川 市松
一 犬がみ坊　大谷友右衛門
一 さがみ入道　中島三甫右衛門

一 けいせい白妙　岩井　半四郎
・一 白拍子ふじ　芳沢　崎之助
・一 片桐弥七　市川　八百蔵
一 あんばいよし五郎八
　実ハ相模次郎時行　松本　幸四郎
一 とうの中納言　中村　少　長
一 斎藤太郎左衛門　中村　伝九郎
一 栗生左衛門　市川　海老蔵

一 青むぎはゞア　市川　海老蔵
・一 長崎かげゆ左衛門　市川　ゑひ蔵
三甫右衛門相模入道ニ而、又太郎赤つら、其外敵役大ぜい、新田よし貞の冬至の祝ひの大そなへに、ゑびがないうちこわせといふ所へ、そのゑびは爰に居るわやいと暫くの出端。奴姿ニ而栗生左衛門ゑび蔵。

此顔見世は不当り也。

安永二癸巳年　中村座

正月十五日より
・和田《わだ》酒盛《さかもり》栄花《えいぐわ》鑑《かゞみ》
丹前所作　とら〈佐の川市松　坂東鶴五郎〉
　　　　　せう〈小佐川常世　市川亀吉〉
一 そがの団三郎　大谷友右衛門
一 和田平太　坂東　又太郎
一 あいごの若　市川　門之助
・一 さくら姫　岩井　半四郎
一 片瀬村のおはつ　二やく　岩井　半四郎
一 二条蔵人御台雲井のまへ　芳沢　崎之助
一 二条の家来荒木の左衛門　中村　少　長
一 鬼王新左衛門　中島三甫右衛門

・一 太宰桜丸　中村　仲　蔵
一 みだ次郎　市川　八百蔵
一 そかの五郎時宗　二やく　市川　八百蔵
一 曽我十郎祐成　松本　幸四郎
一 清玄　二やく　松本　幸四郎
一 和田のよし盛　市川　海老蔵
一 工藤左衛門祐つね　中村　伝九郎
海老蔵壱番目に景清アリ。団十郎と改名して宝暦七丑年より今年迄十七年の間、景清の役十六度也。右十七年の内壱年は為朝ニ而、仕内はやはり景清也。就中明和四年の牢やぶり随一也。

巳二月朔日、二日、三日、右三ヶ日、百五拾年の寿狂言アリ。
仕切場の上に、猿若狂言総引の人形をかざる。
此下に、

寿狂言番組　朔日　**門松**　中村少長　中村伝九郎　中村勘三郎
二日　**新発智太鼓**　中村少長　中村伝九郎　中村勘三郎
三日　**猿若**　中村伝九郎　中村勘三郎

千秋万々歳大叶

東の脇に太刀をさし狩衣を着、烏帽子姿の女形七人書し絵看板アリ。

芳沢崎之助　岩井半四郎
佐の川市松　小佐川常世
市川小団次　瀧中岩之丞
姉川新四郎

此下張札ニ而、

大小の舞

女形の名前九人書、略す。

木戸口へ口上書、左の通り。
正五ッ時、寿狂言仕、芝居代々持来候系図等、舞台において市川海老蔵、市川団十郎、御披露仕候。
西境に紺の染幟に鶴の丸いてふの紋付、上にさいはいを打違にして付る。
寛永元年甲子二月十五日　男歌舞伎興行始
安永二癸巳年　百五拾年
東境に白幟鶴の丸いてふ寿の字三ッ付け、上にさいはいを打違にして付る。
堺町年代記　七代目猿若中村明石　勘三郎
進上
一寿引幕　ひいき連中
此外、幟てふちん出し、芝居前へ酒樽、両方へ七ッ宛積有之。茶屋〳〵、寿の字を上へ書、家名を書し掛あんとふ出す。見せへ毛氈を敷、いろ〳〵積ものあり。
堺町茶屋、絹幟に寿の字を箔ヲキ、百五拾年と染抜。此上に華篭を付て建る。都而顔見世の如し。
巳二月朔日五ッ時　座本　翁　千歳 春蔵　三番叟 伝九郎
次に娘方、若衆形廿三人、惣おどり、子役はなし。夫より二建目狂言済、其次に花道より市川久蔵、市川団五郎、両人頭取ゆへ上下ニ而、黒蒔絵の箱をかゝへて出る。続て中村勘三郎、中村少長、中村伝九郎、夫より市川海老蔵、市川団十郎、中村

七三郎、市川高麗蔵、松本幸四郎、市川八百蔵、中村仲蔵、大谷友右衛門、坂東又太郎、中島三甫右衛門、嵐音八、右之者不残上下ニ而出る。但海老蔵、団十郎は小袖上下共座元の定紋付也。外は皆自分の麻上下也。口上はゑび蔵、伝来物の披露と由緒書をよむは団十郎なり。

夫より大小の舞アリ。女形、金烏帽子、狩衣、太刀をはき、後しろにへいはくをさし、末広を持出ておどる。

姉川新四郎　滝中岩之丞　瀧中千代野　佐野川市松
芳沢崎之助　小佐川常世　市川門之助　岩井半四郎

以上八人、唄三味線八人、笛弐人、皷弐人、大つゞみ弐人、太鼓弐人。

此おどり済と、

寿狂言　**門松**　朔日は見物江不残紙細工の鶴を出す。
いてふ葉を口にくわへて箔置の鶴なり。

二日

新発智太鼓

三日

猿若

右寿狂言、殊之外賑やかに繁昌に付七日迄日延アリ。尤三番叟は四日より、略す。

大小の舞と口上、幷伝来物の披露は有之候。

京都ニ而　総角

江戸ニ而　金のざい　是は箱より出し不申。
金襴のいせふ　元祖のいせふ　無袖羽折也。

一体此春狂言大当り。然る所二月廿日より休。万寿姫君様御逝去、三月五日御出棺、上野なり。

三月六日より同狂言弐番目を出し、幸四郎、友右衛門、屋根仕合。

八百蔵、又太郎、半四郎、門之助、善次、此蔵

閏三月七日より弐番目大詰出る。

上るり　**弥生双俤桜**　さくら姫 半四郎　清玄 幸四郎　あいごの若 門之助　さる廻し 海老蔵

富本伊津喜太夫

一 工藤犬ぼう丸	市川 雷蔵
一 八わたの三郎	中村 伝五郎
一 奴やだ平	宮崎 八蔵
一 同ごた平	市川 元蔵
一 大川戸の次郎政光	市川 染蔵
一 さる廻しいたばしの権	坂東 善次
一 斎藤吾母にし木ゞ	市川 団五郎
一 田畑之助妹やよひ	小佐川 常世
一 あいごの若	市川 門之助
一 田畑次郎勝友	坂東 又太郎

一 根の井の大弥太　大谷友右衛門
・一 さくらひめ　岩井　半四郎
・一 しきぶ卿清玄　松本　幸四郎
・一 染井うへ木や十兵衛
　実ハ大道寺田畑之助　市川　海老蔵

五月五日より
・大日本伊勢神風《いせのかみかぜ》
一 山名左衛門もちとよ　中島三甫右衛門
一 けいせい敷しま　小佐川　常世
一 ばてれん泥蔵　中村　此蔵
一 いるまん土蔵　坂東　善次
一 お通姫　佐の川　市松
一 舟頭与次兵衛
　実ハ赤松彦次郎　中村　仲蔵
一 平戸のあま小ゆみ　岩井　半四郎
一 中居おいわ　二やく　岩井　半四郎
一 足利源頼兼公　市川　八百蔵
一 勝元姉園生の方　中村　少長
一 井筒女之助　市川　門之助
一 今川五位之助　坂東　又太郎
一 老一官　大谷友右衛門

一 大道寺久国　二やく　大谷友右衛門
一 細川右京太夫勝元　松本　幸四郎
一 和藤内女房小むつ　芳沢　崎之助
・一 和藤内三官　市川　海老蔵
一 荒獅子男之助　二やく　市川　海老蔵
一 今川伊予之助貞世　中村　伝九郎
一 伊勢新九郎　二やく　中村　伝九郎

七月十五日より
・けいせい片岡山　作者　中村重助　桜田治助
一 人王三十二代用明天皇
　第一のみこ聖徳太子　市川　門之助
一 物部の守屋のむらじ　中島三甫右衛門
一 ちもりのけいせい梅がへ　小佐川　常世
一 浅間左衛門一子調子丸　市川　高麗蔵
一 同人弟浅間次郎てる時　市川　雷　蔵
一 太子の随身あと見のいちゐ　坂東　又太郎
一 守屋の家臣
　富士左京之進行とし　大谷友右衛門
一 かしく兄
　もくすの三平　二やく　大谷友右衛門
一 島の内川島の中居おさの　佐の川　市松

一　あつま丹下あたい駒　中村　仲　蔵
一　けいこ岩井風呂のかしく
　　本名守や娘しらゆふ　岩井　半四郎
一　ふじか奴伊達平　中島三甫右衛門
一　守屋家臣
　　富士左京之助行家　市川　八百蔵
・一　聖徳太子随臣
　　浅間左衛門てる政　松本　幸四郎
・一　高浜新地のきをい
　　だいばの仁三　松本　幸四郎
一　浅間左衛門女房みのり　芳沢　崎之助
一　蘇我馬子の大臣　中村　少　長
・一　飛騨のたくみひたり里甚五郎　市川　海老蔵
一　日本武の神霊　二やく　市川　海老蔵
一　楽官秦の川勝　中村　伝九郎

今年聖徳太子、湯島ニ而開帳有之。三芝居ともに太子伝の狂言。当座は二番の当り也。

八月九日より弐番目出る

一　用明天皇の皇子
　　弟二ノ宮覚明親王　中村　七三郎
一　妹子の大臣　市川　染五郎

一　鍋いかけちつぷう嘉六　嵐　音　八
一　浅間左衛門母筑間御ぜん　市川純右衛門
一　藤平妹浅きぬ　市川　小伝次
一　よし光妻弥生のまへ　小佐川　常世
一　本田小太郎よし光　市川　門之助
一　さらしな家来弥太平　大谷友右衛門
一　ふじ左京之進霊魂　二やく　大谷友右衛門
・一　さらしな家来守平
　　本名物のへの守彦　市川　八百蔵
一　水内の左門娘さらしな　芳沢　崎之助
一　浅間左衛門てる政　松本　幸四郎

八月廿日より

一　竹田番匠五郎太夫　中島三甫右衛門
一　本田小太郎よし光　市川　門之助
一　五郎太夫弟子太郎蔵　中村　此　蔵
一　庄や桃栗三右衛門　嵐　音　八
一　甚五郎母　市川　団五郎
一　やよいのまへ　小佐川　常世
一　くたら次郎つゞ成　坂東　又太郎
・一　甚五郎娘小糸　岩井　半四郎
一　くたら代々之助川成　市川　八百蔵

一 飛騨のたくみ
　木工の頭漢子紅　市川　海老蔵

京人形 後の雛 **三扇雲井月**　七変化所作事　岩井半四郎大当り
　白拍子　娘の子　くわいらい師　切禿　神女　石橋　鑓おどり

八月廿六日より　二代目勘三郎百年忌　当春寿狂言の通り。

九月十九日より　中村少長　菅丞相の一世一代

・**菅原伝授手習鑑**

一 藤原の時平　中島三甫右衛門
一 ときよの宮　市川　雷　蔵
一 菅秀斎　中村　七三郎
一 松王一子小太郎　市川　こま蔵
一 土師の兵衛　市川純右衛門
一 梅王女房はる　坂田　幸之助
一 たつ田のまへ　佐の川　市松
一 御台所　市川　小団次
一 かりや姫　岩井　半四郎
一 松王女房千代　二やく　岩井　半四郎
一 桜丸女房やへ　市川　門之助
一 春藤玄蕃　大谷友右衛門
・一 白太夫　二やく　大谷友右衛門
一 梅王丸　坂東　又太郎
一 すくね太郎　二やく　坂東　又太郎
・一 桜丸　市川　八百蔵
一 武部源蔵　二やく　市川　八百蔵
一 かくじゅ　芳沢　崎之助
一 判官代てる国　松本　幸四郎
・一 松王丸　二やく　松本　幸四郎
・一 菅丞相　中村　少長
一 化身　市川　海老蔵

豊竹折太夫　竹沢富夕
豊竹権太夫　野沢富七
豊竹房太夫

森田座より来る　市川団十郎　市村座より来る　中村松江改　中村　里　好
市村座より来る　大谷広　次　同座より来る　瀬川　雄次郎
同座より来る　中島勘左衛門

霜月朔日より　伊勢町　駿河町　鈴木町　亀井町

・**御《ご》摂《ひいき》勧進《くわんじん》帳《てふ》**　桜田治助作

一 錦戸太郎　富沢　半　三

一　わしの尾三郎　　市川　雷蔵
・一　惟明親王　　中村　仲蔵
一　伊達の次郎　　二やく　中村　仲蔵
一　坂東太郎てる秀　　坂東　又太郎
一　いせの三郎よし盛　　二やく　坂東　又太郎
一　村雨ひめ　　瀬川　吉次
一　富樫娘松風姫　　瀬川　雄次郎
一　下河辺の行平　　市川　門之助
・一　斎藤次すけいへ　　中島勘左衛門
・一　ふるかねかい弁慶橋
　　ひたち長やの長兵衛　　大谷友右衛門
・一　けいせい若松
　　実ハ鶏の精　　中村　里好
一　備前の守行いへ　　大谷友右衛門
一　川越太郎　　中村　少長
・一　直井左衛門秀国　　大谷　広次
一　元吉四郎忠綱　　大谷　広次
一　秀ひら娘しのぶ　　岩井　半四郎
一　長兵衛女房およし　　芳沢　崎之助
・一　いづみの三郎　　松本　幸四郎
一　源のよし経　　二やく　松本　幸四郎
・一　熊井太郎忠基　　市川　団十郎

一　御馬やの喜三太　　二やく　市川　団十郎
一　石不働の霊像　　三やく　市川　団十郎
・一　富樫左衛門直家　　四やく　市川　団十郎
・一　む[さ]し坊弁慶　　市川　海老蔵
・一　あねわの平次
　　実ハ畠山重忠　　二やく　市川　海老蔵
一　奥州秀ひら　　中村　伝九郎

仲蔵親王かづらの受、又太郎赤つら、団十郎熊井太郎暫く。

色手綱恋の関札といふ浄るり

世上艾やと云。富本豊志太夫　富本豊　太夫　同伊津喜太夫　名見崎徳次　同　喜惣次

幸四郎よし経ニ而馬に乗、しのぶ半四郎、馬の綱を引、広次直井左衛門赤つらの荒事、かしまのことふれ本名喜三太ニ而団十郎、安宅の関　海老蔵弁慶の大荒事。

団十郎とがし左衛門、広次直井左衛門、相手けいせいニ而里好、此三人の出合、近年の大当り。

大詰、団十郎石不働、せいたか童子雄次郎、こんがら童子門之助、勘左衛門が斎藤次の親仁かたの大評判。

二番目、海老蔵実悪の仕内、大当り。

此顔見世、古今無類の大当り、前代未聞の大入。切おとし札は夜の明ぬ内、毎日売切り、はめをはづし置、羅漢台の脇へさゞひ桟敷といふをこしらへし也。

十二月十七日迄、大入なり。

十七日十八日両日、浅草市のものへ木戸ニ而引札をして、来春曽我の役割、見物より入札を貰、多分のものへ役付候よし。

誠に役者ぞろいなり。

安永三甲午年　中村座

正月十五日より
・御《お》誂《あつらへ》染《そめ》曽《そ》我《が》雛形《のひながた》

一 源のより朝公　中村 少長
一 かけ清一子あざ丸　市川 雷蔵
一 けわい坂のせう〳〵　瀬川 雄次郎
一 曽我五郎時宗　市川 門之助
一 大磯のとら　中村 里好
一 そがの二の宮　佐の川 市松
一 鬼王女房月さよ　岩井 半四郎
一 景清女房あこや　よし沢崎之助
・一 鬼王新左衛門　大谷 広次
一 近江小藤太成家　中村 仲蔵
一 海野の太郎　中島勘左衛門
一 そがの団三郎　坂東 又太郎
一 八幡の三郎　大谷友右衛門
一 小林の朝比奈　二やく 中村 仲蔵

一 そがの十郎祐成　松本 幸四郎
一 畠山庄司次郎重忠　二やく 松本 幸四郎
・一 工藤左衛門祐つね　市川 団十郎
一 鎮西八郎為とも　市川 えひ蔵
・一 悪七兵衛かけ清　二やく 市川 えび蔵

二月初午より
其衢夜半の髪梳　助成 幸四郎　とら 里好　大当り
江戸半太夫
・近江の小藤太成いへ　中村 仲蔵
・番場の忠太　大谷 広次
両人やみ仕合、古今無類の大当り。
閏二月十日より 弐番目中幕
おなつ 半四郎　清十郎 幸四郎　道行のめりやすあり。

高麗蔵、七三郎、飛団子の所作事、大評判。
団十郎吉之助の鳶の者、三升大当り。
鈲術師匠よし岡けんぼふ、海老蔵大当り。

四月十日より　弐番目大詰

一　保童丸　市川　弁之助
一　但馬やでつち長吉　市川　こま蔵
一　但馬や娘おなつ　岩井　半四郎
一　但馬や手代清十郎　松本　幸四郎
一　千葉之助つねたね　坂東　又太郎
一　そがの団三郎　二やく　坂東　又太郎
一　梅沢のかぢや四郎兵衛
　　実ハ三保の谷四郎　中村　仲　蔵
一　由兵衛女房小梅　中村　里　好
一　梅のよし兵衛　大谷　広　次
一　かげ清女房あこや　芳沢　崎之助
・一　廻国修行者くわいてつ
　　実ハかげ清　市川　海老蔵

一　長吉ころし、広次里好しうたん、大当り。
一　又太郎団三郎ニ而人におわれにげ出、乗物を見て、此おのり物は千葉之助様、どふぞおかくまい下されとねがひ、乗物の中へ入、つゞいて大ぜい来り、此のり物のうちと戸を明けにかゝる。はやがわり二やく千葉之助ニ而出て、大ぜいをしめる仕内、大出来〳〵。
一　仲蔵、鎌かぢの所へ海老蔵六部ニ而来り、いろ〳〵咄の上、髭をそりてやらんとて、鎌にてくびをかきにかゝる。此時ゑひ蔵にらみ、古今大当り。まさかどのじゆつニ而七人のすかたを顕し、ふじ身のかけ清、大当り。
　此狂言の最中、もめやい有て、四月廿二日より休。
海老蔵、団十郎、幸四郎、崎之助、半四郎、五人退座。
江戸中いろ〳〵の取さた大評判、一向わけは知れず。

五月三日より

・**恋女房染分手綱**　豊竹折太夫　豊竹森太夫　竹本浅太夫　竹沢富夕　竹沢富吉　野沢文次

一　江戸兵衛　大谷友右衛門
一　八平次　二やく　大谷友右衛門
一　勘太夫　中島勘左衛門
一　逸平母　中村　少　長
一　由留木左衛門　二やく　中村　少　長
一　伊達の与作　市川　門之助
・一　重の井　中村　里　好
・一　逸平　大谷　広　次
・一　鷺坂佐内　中村　仲　蔵
一　竹村定之進　中村　伝九郎

此狂言より顔見世迄、切落札一日六拾四文宛に成。
同廿四日より旅籠屋の段、道中双六、敵打の段迄いたす。

七月十五日より

・（**菅原伝授手習鑑**／**仮名手本忠臣蔵**）両名題 書合狂言 豊竹折太夫 豊竹森太夫 竹本浅太夫 竹沢富夕 同 富吉 野沢文次

一 はじの兵衛 中島勘左衛門
一 小野九太夫 二やく 中島勘左衛門
一 義平一子よし松 市川 弁之助
一 松王一子小太郎 二やく 市川 弁之助
一 よだれくり 嵐 音八
一 てつち伊吾 二やく 嵐 音八
一 春藤玄蕃 市川純右衛門
一 薬師寺次郎左衛門 二やく 市川純右衛門
一 梅王丸 坂東 又太郎
一 寺岡平右衛門 二やく 坂東 又太郎
一 くりから太郎 市川 雷蔵
一 千崎弥五郎 二やく 市川 雷蔵
一 てんらんけい 三やく 中島勘左衛門
一 足利直よし公 四やく 中島勘左衛門
一 苅屋ひめ 瀬川 吉次
一 小なみ 二やく 瀬川 吉次

一 斎世親王 沢村 歌川
一 大星力弥 二やく 沢村 歌川
一 梅王女房はる 佐の川 市松
一 照国家来加古川 佐野川 市松
一 花園御ぜん 中村 里好
一 かほよ御ぜん 二やく 中村 里好
一 藤原の時平 中村 仲蔵
一 高師直 二やく 中村 仲蔵
一 源蔵女房戸波 三やく 中村 里好
一 由良之助女房おいし 四やく 中村 里好
一 松王女房千代 五やく 中村 里好
一 義平女房その 六やく 中村 里好
一 桜丸女房やへ 瀬川 雄次郎
一 勘平女房おかる 二やく 瀬川 雄次郎
一 すくね太郎 大谷友右衛門
一 小野定九郎 二やく 大谷友右衛門
一 桜丸 市川 門之助
一 早の勘平 二やく 市川 門之助
一 白太夫 三やく 大谷友右衛門
一 太田了竹 四やく 大谷友右衛門
一 判官代てる国 三やく 坂東 又太郎
一 桃井若狭之助 四やく 坂東 又太郎

一 菅丞相　　中村 少長
一 塩谷判官　　二やく 中村 少長
一 武部源蔵　　大谷 広次
一 大星由良之助　　二やく 大谷 広次
一 松王丸　　三やく 中村 仲蔵
一 天川屋義平　　四やく 中村 仲蔵
一 かくじゆ　　中村 伝九郎
一 法性坊　　二やく 中村 伝九郎
一 加古川本蔵　　三やく 中村 伝九郎

此狂言、珍敷趣向の狂言ニ而、操狂言を歌舞伎に仕組、仕内はおの〳〵持まへの仕内ニ而、殊の外能出来、作者当り也。広次源蔵ニ而由良之助の仕打、仲蔵時平ニ而苅屋姫にれんぼし、此所ニ而菅丞相のあれ場をこんたんしての仕内、大出来。二やく松王ニ而天川や義平の仕内也。友右衛門宿禰太郎ニ而定九郎の仕内、二やく了竹ニ而白太夫のうれいもよし。

九月二日　中村少長病死いたし候に付、菅丞相のやくはぬく。

午九月三日
病死　二代男と云 中村七三郎
少長
行年七拾七歳

辞世　しら露のころげて　虫の姿かな

九月節句より

双蝶々曲輪日記

一 山崎与次兵衛　　中島勘左衛門
一 与五郎　　市川 門之助
一 けいせいあづま　　佐の川 市松
一 長吉姉おせき　　中村 里好
・一 ぬれ髪長五郎　　中村 仲蔵
・一 放レ駒長吉　　大谷 広次
一 南与兵衛　　二やく 大谷 広次
一 まほろし竹右衛門　　坂東 又太郎
一 手代権九郎　　大谷友右衛門
一 かこの甚兵衛　　大谷友右衛門
一 橋本次部右衛門　　中村 仲蔵

此狂言不当り。

△下り 尾上紋三郎　　森田座より来る 山下 金作
△下り 二度目 山下次郎三　　市村座より来 尾上 民蔵
同 嵐 雛次
市村座より来る 坂東 彦三郎

同　　中島三甫右衛門
同　　市川　団　蔵
同　　中村　助　五　郎

霜月朔日より
顔鏡天磐戸《かほみせあまのいわと》＊　桜田治助作
一　真砂のまへ　　嵐　ひな次
一　近江小藤太　　中村　助五郎
一　小性ぬい之助　　嵐　音　八
一　八幡の三郎　　山下　次郎三
・一　真田与市　　市川　門之助
一　たかそで　　尾上　民　蔵
一　梶原源太　　市川　団　蔵
一　まんこふ　　中村　里　好
一　八巻の判官　　中島三甫右衛門

安永四乙未年　中村座

正月十五日より
婥《いろもやふ》**青柳**《あをやぎ》**曽我**《そが》
一　十郎祐成　　坂東　彦三郎

一　伊藤入道　　中島勘左衛門
一　工藤金石丸　　坂東　彦三郎
一　源より朝公　　尾上　紋三郎
一　和田小太郎　　中村　伝九郎
一　川津の三郎　　大谷　広　次
・一　鬼王庄司　　中村　仲　蔵
一　辰ひめ　　山下　金　作

文相撲恋晴業＊＊　民蔵　雛次　紋三郎　仲蔵　金作　常盤津兼太夫　同　左名太夫　上るり
寿相生丹前　七三郎　伝蔵　彦三郎　伝九郎

門之助真田与市ニ而奥野の帰り、国四郎、此蔵、仲五郎、沢蔵、純右衛門、中役者五人相手にしてはだか、廻し壱つに成、角力のたて、大当り。行事はたが袖ニ而尾上民蔵。此角力のたては門之助大当り、大評判也。

＊顔鏡天岩戸
＊＊文相撲恋の晴業

一　五郎時宗　　市川　雷　蔵
一　大磯のとら　　嵐　雛　次
一　そがの団三郎　　坂東　彦三郎

一 月さよ　尾上 民蔵
一 つね若丸　市川 門之助
一 はんじよ御せん　中村 里好
一 松わか女房うば玉　山下 金作
一 八幡の三郎　中村 此蔵
一 近江小藤太　中島勘左衛門
一 番場の忠太　山下 次郎三
一 わしの尾三郎　中村 助五郎
一 梶原平三かげ時　中島三甫右衛門
一 松井源吾　市川 団蔵
一 鬼王新左衛門　大谷 広次
・一 あそふの松若　中村 仲蔵
一 工藤左衛門祐つね　二やく 中村 仲蔵

仲蔵あそふの松若、大当り。

未二月廿八日
病死 七代目中村勘三郎

二月三日より
広次薩摩源五兵衛、助五郎笹の三五兵衛、男達の狂言出る。
女達かつしかのお十里好、大出来。

・三月十五日より
しのぶ売 新狂言
一 夜そば売蛇の目喜介
　本名いばの十蔵　中村 助五郎
一 ちゞふ小六郎重安　坂東 彦三郎
一 あぶらや太郎兵衛　山科四郎十郎
一 兼房の娘野分　沢村 歌川
一 山家屋佐四郎　市川純右衛門
一 おまつ娘お京
　実ハ保童丸　中村 七三郎
一 岩永左衛門　中島勘左衛門
一 油やでつち久松　市川 門之助
一 熊でのおくま　山下 次郎三
一 油や娘おそめ　嵐 雛次
・一 聖天町道心者大日坊　中村 仲蔵
・一 野わけぼふこん　二やく 中村 仲蔵
一 本田の次郎近常　三やく 中村 仲蔵
一 げいしやおまつ
　実ハ五条坂のあこや　山下 金作
一 いせの三郎よし盛　大谷 広次

垣衣恋写絵《しのぶぐさこひのうつしへ》　常盤津兼太夫上るり、大当り　金作　ひな次　門之助　仲蔵

此狂言大当り、閏三月中始終大入り。

四月十五日より

・**関取一鳥居**《せきとりいちのとりい》　弐幕添狂言出る。又々大当り。

一　けいせい大淀　沢村歌川
・一　行司庄九郎　市川団蔵
・一　関取鬼ヶ嶽畑右衛門　中島三甫右衛門
一　子国松　中村伝蔵
一　秋津島女房　中村里好
・一　関取秋津島国蔵　大谷広次

五月五日より　中村助五郎十三回忌追善狂言

・**奥州安達ヶ原***　二段め 三段め　弐幕

一　八幡太郎よし家　中村仲蔵
一　安倍の貞任　市川団蔵
一　御台敷たへ御ぜん　嵐小式部
一　平の謙恭直方　中島勘左衛門
一　庄や庄左衛門　嵐音八
一　千代童子　嵐市蔵
・一　外ヶ浜南兵衛　本名宗任　中村助五郎
一　貞任女房袖萩　尾上民蔵
一　直方娘浜ゆふ　山下金作
一　文次女房お谷　二やく　山下金作
一　善知鳥文次安方　大谷広次

曽我祭り、角力取組アリ。

***奥州安達原**

八月朔日より

出世太平記

一　百性太郎作　中村此蔵
一　同　次郎蔵　沢村沢蔵
一　桜井小新吾　市川雷蔵
一　武智十次郎　嵐市蔵
一　庄屋茂作　嵐音八
一　松下嘉平次　中島三甫右衛門
一　織田春永　市川団蔵
一　小西弥十郎　市川門之助
・一　武智日向守光秀　中村仲蔵
一　武智女房さつき　中村里好
一　真柴久吉　大谷広次

九月九日より

男達五雁金

一 宅間玄龍　山科四郎十郎
一 深井義左衛門　中島勘左衛門
一 山川や権六　尾上紋三郎
一 雷庄九郎　中村助五郎
一 玄龍娘おたか　尾上多見蔵
一 平兵衛女房およし　山下金作
一 安の平兵衛　大谷広次
一 雁金文七　二やく 大谷広次

此狂言、不当り。

九月十七日より

姫小松子日遊* 三段め

・一 亀王　大谷広次
一 主馬判官盛久　中村仲蔵
一 おやす　中村里好
・一 俊寛　市川団蔵

＊姫小松子日の遊

小栗判官車街道

一 不寝兵衛　中村助五郎
一 あさか　山下金作
一 横山太郎　中村仲蔵

大不出来。

此度中村勘三郎、同伝九郎、両人共改名を祝して、若君誕生を車街道に取組候段、口上断有之候。

市村座より 嵐三五郎　八代目 中村伝九郎改 中村勘三郎
同 瀬川菊之丞
同 大谷友右衛門
市村座より 松本小次郎
同 市山伝五郎

未霜月顔見世

・**花相撲《はなすまふ》源氏《げんじ》張胆《びいき》** 金井三笑

四十八手恋所訳　三五郎 富本豊志太夫　半四郎 同 豊太夫　仲蔵 同 伊津喜太夫　名見崎徳次　同 喜惣次

一 さまよ　松本大五郎
・一 けいせい砂川　嵐音八
・一 八ッ山新五左衛門　市山伝五郎
一 うつみばゝア　中島勘左衛門
一 なぎの方　松本小次郎
一 よりとも公　尾上民蔵

一　ゐぼし売お大　山下金作
一　伊藤九郎女房　中村里好
・一　たがそで　瀬川菊之丞
一　工藤金石丸　坂東彦三郎
一　鎌田又八　市川団蔵
一　真田与市　市川門之助
一　奴野間平　大谷友右衛門
一　しぶや金王丸　中村助五郎

・一　股野の五郎　中村仲蔵
・一　川津の三郎　嵐三五郎

此顔見世、当座大当り。中にも川津股野ニ而三五郎仲蔵両人角力、行司菊之丞、大評判。今年十二月閏月有之、外両座共二番目出る。堺町計弐番目不出、大入り。

市村がくさつた海老をかいこんで
みんなとなりの猫にとらるゝ

音八が猫の女郎、大評判。

安永五丙申年　中村座

正月十五日より
縣賦歌田種曽我《かぞへうたたうへそが》

一　伊豆の次郎　松本小次郎
・一　工藤左衛門祐つね　中島勘左衛門
一　三浦の片貝　尾上多見蔵
一　のり頼の御台　中村里好
一　大いそのとら　山下金作
一　けわい坂のせう／＼　瀬川菊之丞
一　曽我十郎介成　嵐三五郎
一　同　五郎時宗　中村仲蔵

一　月さよ　中村里好
一　そがの団三郎　坂東彦三郎
一　近江の小藤太　市川団蔵
一　八幡の三郎　大谷友右衛門
一　巴御ぜん　中村助五郎
一　鬼王新左衛門　中村助五郎
一　物ぐさ本名松若　中村仲蔵
一　物ぐさ太郎　嵐三五郎

此春狂言、不当り。勘左衛門が工藤は評判よく、対面の幕に勘左衛門、金銀の曽我兄弟に銅の工藤と申、誤り口上、大当り。

仲蔵、五郎の評判甚悪し。

三月節句より更代り

・**恋《こひ》娘《むすめ》昔《むかし》八丈《はちでふ》**　操狂言　大当り

一　奴豆介　市山　伝五郎
一　下女おうた　沢村　歌川
一　つくだや喜蔵　中村　助五郎
・一　番頭丈八　大谷友右衛門
一　てつち太郎吉　嵐　音八
一　尾花六郎左衛門　中村　仲蔵
・一　城木や娘おこま　瀬川　菊之丞
・一　庄兵衛女房　山下　金作
・一　城木や庄兵衛　市川　団蔵
・一　一角　中村　仲蔵
・一　髪結才三　本名尾花才三郎　嵐　三五郎

四月三日より　弐番目

一　千葉之助　坂東　彦三郎
一　奴豆介　市山　伝五郎
一　同団助　坂田　国八
一　てつち太郎吉　嵐　音八

一　秋月権藤次　中村津多右衛門
一　堤弥藤次　中島勘左衛門
一　与茂作女房おたみ　尾上　多見蔵
一　城木や庄兵衛　市川　団蔵
・一　同　娘おこま　瀬川　菊之丞
一　六郎左衛門奥方まきのと　山下　金作
一　染井の与茂作　中村　仲蔵
一　尾花才三郎　嵐　三五郎

上るり　**契鴛夢釼羽**　三五郎 多見蔵 菊之丞 仲蔵　富本豊志太夫

五月五日より

・**仮名手本忠臣蔵**　豊竹折太夫 豊竹森太夫 豊竹浅太夫 野沢嘉市 野沢国松 野沢豊八

九段目迄いたし、十段めの所へ忠臣講尺七段めを取組。

一　足利直よし公　尾上　叶介
一　桃の井若狭之助　中村　助五郎
一　小野九太夫　二やく　中村　助五郎
一　大星力弥　坂東　彦三郎
一　原郷右衛門　松本　小次郎
一　おかる母　山科四郎十郎
一　薬師寺次郎左衛門　中村津多右衛門
一　塩谷判官　市川　団蔵
一　かほよ御ぜん　中村　里好

一 かこ川本蔵　二やく 市川 団蔵
一 女房となせ　二やく 中村 里好
一 千崎弥五郎　尾上 紋三郎
一 高師直　中島勘左衛門
一 鷺坂伴内　大谷友右衛門
・一 寺岡平右衛門　二やく 大谷友右衛門
一 本蔵娘小なみ　瀬川 菊之丞
一 こし元おかる　二やく 瀬川 菊之丞
一 おいし　山下 金作
・一 小野定九郎　中村 仲蔵
一 大星由良之助　二やく 中村 仲蔵
一 はやの勘平　嵐 三五郎
・一 矢間十太郎　二やく 嵐 三五郎
一 石堂右馬之丞　三やく 嵐 三五郎

太平記忠臣講尺＊

一 乳貰おやぢ四五右衛門　嵐 音八
一 そうかおきぬ　松本 大五郎
一 同　おひやく　中村 此蔵
一 十太郎一子左市郎　嵐 国三郎
一 喜内女房　松本 小次郎
一 万才徳蔵　尾上 紋三郎

一 矢間喜内　山科四郎十郎
一 けいせい浮はし　尾上 多見蔵
一 せりごふく六郎兵衛　大谷友右衛門
・一 十太郎女房おりへ　山下 金作
一 地廻りかつち長兵衛　中村 助五郎
一 矢間十太郎　嵐 三五郎

此忠臣蔵之狂言何れも役割相応ニ而評判よし。わけて仲蔵の定九郎、団蔵の本蔵、友右衛門の寺岡、三五郎の矢間十太郎、金作のおりへ、大出来なり。そうか場、大に評よし。九段めの由良之助仲蔵、加古川に団蔵、力弥は彦三郎、小なみ菊之丞、となせ里好、おいし金作、六人共ひつはりよく、大出来。

六月七日千秋楽舞納、土用休。

＊太平記忠臣講釈

八月五日より

太平記菊水の巻　狂言作者 山田平二 常盤井田平

一 足利義詮公　尾上 叶助
一 玄恵法印　市川 国五郎
一 黒塚源内　松本 大五郎
一 桃井兵部　坂東 吉蔵
一 山名軍太夫　松本 小次郎
一 浮須賀寸平　二やく 松本 大五郎

一 恩地左五郎　大谷 仙次
一 八尾半六　中村 此蔵
一 和田新兵衛　中島 国四郎
一 志貴源八　市川 綱蔵
一 小性竹之丞　中村 仙次
一 荒八　あらし 音八
一 二蔵　二やく 中村 此蔵
一 半助　二やく 中島 国四郎
一 わしの吉兵衛　二やく 市川 綱蔵
一 こし元きくさ　中村 国太郎
一 やつこ国平　坂田 国八
一 花石丸　中村 伝蔵
一 具足屋藤兵衛　中村津多右衛門
一 高の師安　二やく 中村津多右衛門
一 秋夜娘　山下 金太郎
一 秋夜母　山科四郎十郎
一 石堂勘解由　市川 団蔵
一 おせん　中村 里好
一 杢兵衛　中村 助五郎
一 葉末の姫　尾上 多見蔵
一 秋しの　二やく 尾上 多見蔵
一 細川頼定　二やく 山科四郎十郎

一 侍従之助　尾上 紋三郎
一 黒塚源吾　中島勘左衛門
一 やつこ歩蔵　大谷友右衛門
一 石堂娘千束　瀬川 菊之丞
一 けいせい玉川　二やく 瀬川 菊之丞
一 石堂女房よせ波　山下 金作
一 秋夜女房　二やく 山下 金作
一 宇治の常悦　中村 仲蔵
一 秋夜　嵐 三五郎
一 やつこ照平　二やく 嵐 三五郎
一 たいこ持作次　三やく 嵐 三五郎
一 楠正つら　四やく 嵐 三五郎

豊竹折 太夫　鶴沢吾四郎
豊竹森 太夫　鶴沢□(幸七)
豊竹□(世志)太夫　野沢金 治

森田座より 中村富十郎
同 芳沢いろは
弓丁路考初ぶたい 尾上松之丞

森田座より 大谷 広 次
同 坂東 三津五郎
同 沢村 長十郎
同 中村津多右衛門
同 沢村 淀五郎
市村座より 中島三甫右衛門

同　坂東　又太郎

申十一月顔見世
咲此花顔閲《さくやこのはなのかほみせ》*　壕越二三治作

一　わしひと親王　　沢村　淀五郎
一　弾正国つら　　中村津多右衛門
一　橘の実純　　中島三甫右衛門
一　須藤兵部　　市川　団　蔵
一　人形売おまつ　　下り　尾上　松之丞
一　玉藻のまへ　　芳沢　いろは
一　島のせんざい　　中村　里　好

一　進□（左）兵衛の尉　　坂東　又太郎
一　祇園女御　　尾上　多見蔵
一　よしむら　　沢村　長十郎
一　平の忠盛　　坂東三津五郎
一　三浦之助　　大谷　広　次
一　植木売曽次兵衛
　　実ハ法性寺入道　　嵐　三五郎
一　女うらかたあべのお清　　中村　富十郎

殿憙恋歌占《とのごのみこひのうたうら》
多見蔵　広治　同　左名太夫　岸沢小式部
いろは　三五郎　常盤津兼太夫
三津五郎　富十郎　同　岡太夫　同　太蔵

＊咲此花顔開

安永六丁酉年　中村座

正月十七日より
幼児《ちご》硯《すゞり》青柳《あをやぎ》曽我《そが》*　増山金八作　壕越二三次
豊志太夫改　富本豊前太夫　豊太夫改　久米太夫

一　小林の朝比奈　　中島三甫右衛門
一　正三位小野の興風
　　実ハかけ清　　二やく　中島三甫右衛門
一　赤沢十内　　沢村　長十郎
一　そがの団三郎　　坂東　又太郎

一　けいせい頼風　　中村　里　好
一　鬼王新左衛門　　大谷　広　次
一　三浦の片貝　　尾上　松之丞
一　大磯のとら　　尾上　多見蔵
一　けいわ坂のせう〳〵　　芳沢　いろは
一　そか十郎介成　　坂東三津五郎
一　八わたの三郎　　二やく　坂東三津五郎

一同　五郎時宗　市川　団　蔵
一近江の小藤太　二やく　市川　団　蔵
一工藤左衛門祐つね　嵐　三五郎
一都見物左衛門　二やく　嵐　三五郎
一黒木うりおとみ　中村　富十郎
一二条の蔵人　二やく　大谷　広　次
一とつこの駄六　三やく　大谷　広　次

＊稚児硯青柳曽我

此春狂言不当りニ而、
二月十五日より第弐番目
上るり
花《はな》珍《めつらし》哉《や》 東《あつまの》 小《お》原《はら》女《め》＊
豊志太夫改 富本豊前太夫　豊太夫改 久米太夫　三五郎 富十郎 相勤る

一まい鶴や伝三　中島三甫右衛門
一まなこやのおくま　二やく　中島三甫右衛門
一百姓杢作　市川　団　蔵
一下女おゆき　尾上　松之丞
一男作牛島の五兵衛　坂東　又太郎
一瀧口しらきく丸
実ハ二条のあいこの若　尾上　多見蔵
一願行上人　中村　茂十郎

一にほてる姫　芳沢　いろは
一けいせいより風　中村　里　好
一曽我十郎祐成　坂東三津五郎
一男達放駒四郎兵衛　大谷　広　次
一文覚法師　二やく　大谷　広　次
・一尾形の三郎惟義　嵐　三五郎
一西行法師　二やく　嵐　三五郎
・一尾形妹横ぶへ　中村　富十郎
一浅草観音の化身　二やく　中村　富十郎

＊花希見東小原女

吹からは竜頭へとゞけ山さくら　姥ケ池の姥桜児ケ渕の児桜
鐘《かね》掛《かけて》 花《はなの》 振袖《ふりそで》
娘道成寺の所作　富十郎　三五郎 広次
・此道成寺の所作事、大当りニ而、六月土用前迄続大入。

五月五日より
・本町《ほんてふ》 育《そだち》 浮名《うきなの》花婿《はなむこ》＊
一石塚弥惣兵衛　市川　団　蔵
一あのや十兵衛　沢村　長十郎
一山住五平太　中村津多右衛門
一局岩ふじ　三国富士五郎
一けいせい花咲　尾上　松之丞

一　半時九郎兵衛　　坂東　又太郎
一　糸や娘おふさ　　尾上　多見蔵
一　同　妹小糸　　芳沢　いろは
一　糸や母妙閑　　坂東三津五郎
・一　本町丸綱五郎　　大谷　広次
一　糸や婿佐七　　嵐　三五郎
一　北条家のめのとむめ園　　中村　富十郎

＊本町育浮名花壻

酉七月三日
病死　二代目市川八百蔵
行年四拾四歳

七月廿五日より

・和田合戦女舞鶴《おんなまいづる》
豊竹浅太夫　野沢文四郎
同　達太夫　同　升蔵
同　民太夫　同　万蔵

一　宝平四郎太夫　　中島三甫右衛門
一　城の九郎　　市川　団蔵
一　別当あじやり　　沢村　長十郎
一　藤沢入道　　中村津多右衛門
一　藤沢四郎　　沢村　淀五郎
一　江間の太郎　　三国富士五郎
一　政子ぜん尼　　尾上　松之丞

一　和田新左衛門　　坂東　又五郎
一　ゑから女房つなで　　尾上　多見蔵
一　ぜんざい丸　　中村　伝九郎
一　与市悴市蔵　　中村　七三郎
一　いつき姫　　芳沢　いろは
一　三儀為氏卿　　坂東三津五郎
一　ゑからの平太　　大谷　広次
・一　あさりの与市　　嵐　三五郎
・一　与市女房はんがく　　中村　富十郎

酉八月十七日より

義経千本桜

一　渡海や銀平　　市川　団蔵
一　すしや弥左衛門　　二やく　市川　団蔵
一　川ごへ太郎　　沢村　長十郎
一　弥左衛門女房　　中村蔦右衛門
一　よしつね　　沢村　淀五郎
一　いの熊大之進　　中島　三甫蔵
一　弁慶　　坂東　三八
一　主馬の小金吾　　市川　雷蔵
一　かくはん　　坂東　又太郎
一　しづか御ぜん　　尾上　多見蔵

一 しづかの人形　中村 七三郎
一 すしやおさと　芳沢 いろは
一 京のきみ　二やく 芳沢 いろは
一 いがみの権太　大谷 広 次
一 下人弥助本名惟盛　嵐 三五郎
一 佐藤忠信源九郎狐　二やく 嵐 三五郎
一 すけの局　中村 富十郎

市村座より 市川 団十郎
同 芳沢 崎之助
同 大谷広右衛門
森田座より 松本 幸四郎
同 当年元ふく 市川 門之助 紋所○を三升に改
同 岩井 半四郎
同 大谷友右衛門
同 山科四郎十郎
同 市川純右衛門
森田座より 尾上 紋三郎

酉十一月廿五日
病死 八代目中村勘三郎

○嵐三五郎、大坂へ登る。
名残**反魂香***

*反魂香名残錦画

大谷徳次、越前の太郎面長ニ而、韋駄天の守にて足はやく成
仕内、大でき。江戸中評判也。

酉霜月顔見世
・**将門《まさかど》冠《かむりの》初雪《はつゆき》**　桜田治助作
一 源のつね基　尾上 紋三郎
一 平兼盛　山科四郎十郎
一 忠文一子春日丸　市川 こま蔵
一 朱雀天皇　中島三甫右衛門
一 夜叉太郎時秀　大谷広右衛門
・一 赤染の衛門　岩井 半四郎
一 さぬきのまへ　二やく 岩井 半四郎
一 忠文の奥方　芳沢 崎之助
・一 山伏塚丙午あじやり霊魂　中島三甫右衛門
・一 下部定助 実ハ海道左衛門　大谷友右衛門
・一 ふし原の純友　大谷広右衛門
・一 平の貞盛　市川 門之助
・一 壬生忠見　坂東三津五郎
・一 田原藤太秀郷　松本 幸四郎
・一 ふじ原忠文　市川 団十郎

・一　平親王将門　　　　二やく　市川　団十郎

初而団十郎の向ふづら也。

朱雀天皇ニ而三甫右衛門、金冠白衣の公家悪、夜叉五郎ニ而広右衛門赤つら暫くのうけ、加藤兵衛重光ニ而団十郎暫く、大当り。天幸うけの暫くは今年初てなり。江戸名物そろいにて別而よし。

次の幕、広右衛門純友ニ而落城して城の石垣をやぶり落出る所よし。夫より山伏塚へみの笠ニ而来り、丙午阿舎利の霊魂三甫右衛門顕れ出、純友か祈念により、合体なして邪法をさづくる所大出来。その脇の乗物の内より右衛門督藤原忠文ニ而団十郎長上下ニ而出、様子を伺ふとも知らず、壬の男丙の女の血汐を呑時には法力つきる間ゆめ〳〵おそるべしと、三甫右衛門が広右衛門につげるを、団十郎扇をひらきさら〳〵とかく。広右衛門しゆり釼をうつ。団十郎扇ニ而はらいおとす、拍子幕。古今の大当り。

石山寺紅葉錦絵*　兼太夫連中

石山寺の上るり　常盤津兼太夫　左名太夫　仲太夫

出がたりの所、さぬきのまへにて、半四郎十二ひとへニ而草紙をかきて居せり出し。秀郷幸四郎、忠見三津五郎、貞盛門之助三人、衛士の姿ニ而せり出し、此所の見へ、殊の外花やかなり。

門之助、今年元ぶくして紋所も三升を付るなり。幸四郎三津五郎両人してやわらかみをおしへる狂言。幸四郎は秀さと、三津五郎は忠見、門之助は貞盛なり。幸四郎半四郎とのぬれ事、夫より三津五郎、貞盛が刀の血汐を池水にてあらへば、烏むらがるをあやしみ、人知れずこそ思ひそめしかの下の句は得たれとも、いまた上の句れんぞくせぬゆへ心労する所よし。門之助赤染衛門と不義の悪名をうけ、夢中に切し刀の血汐をあやしむ所よし。広右衛門邪法をもつてせしゆへ、広右衛門とのたてあり、大出来〳〵。

夫より貞盛不義の云わけなく切腹せんとするを、幸四郎とゞめ、さぬきのまへがそばへよれば、血汐のけがれニ而もんぜつするゆへあやしみ、さぬきのまへを龍女と見顕す所、大出来なり。夫より半四郎龍女の一念つきそいて名玉を奪んとする時、善次熊十郎武十郎鉄五郎との大だて見事。四人のものも大評判なり。

五立め、広右衛門邪法にていろ〳〵奇瑞をする所、上障子の内より団十郎見て居る所、きれいなり。夫より純右衛門左大将ニ而似せちよく使を見顕す所、手づよし。夫より忠見が赤染衛門にれんぼせしを、いけんすれ共もちいざるゆへ、門外へ逃出し、恋すてふの歌を吟し、忰春日丸の高麗蔵に術（ママ）立へ大文字にて壬生忠見とかゝせ、みづのへに生れて忠をあらわすといふなぞをかける所、大出来。夫より半四郎けいせい小の道ニ而忠文

が館へ来り、四年已前、一夜ちぎりし忠見にめぐり逢悦び、いろ〳〵の咄しの内、丙午の生れゆへ心がゝりといふをきいて、夫に命をもらいかけられ、三津五郎と両人席をわけて自害の所、見物皆〳〵袖をしぼる。両人共大出来なり。われ壬子の生れゆへ、さいぜん忠文がかけしなぞをときしと物がたり。両人の血汐をもつて純友が邪法のじゆつをくじき、忠義をたてんといふ所大出来なり。夫より団十郎出、両人が心をかんじ、弐人の首を貞盛と赤染の身がわりにする所、此狂言一体出来能、其うへ皆〳〵役がよくはまりしゆへ、大当り。大詰団十郎朱ぜうき、三甫右衛門鬼のつくり物、大出来也。

弐番目、幸四郎諸けい指南ニ而、鍬術、茶之湯、長半、女郎買の指南を一度におしへるおかしみ。三甫蔵こげぶちじよたんといふいしやニ而茶の湯をならふ。大五郎女郎買をならいに来る。善次きまりの喜兵衛といふ通りものニ而なげ長半を習ふ、大さわぎなり。半四郎さぬきの前ニ而尋来るゆへ、女房にかくし、しやくがおこりしとそら病をおこし、崎之助を無利に願がけにやる所、おかしみいろ〳〵なり。団十郎将門ニ而六部と成来り、暦学指南を頼む。幸四郎東のだいりに暦のはかせなき事をさみし、むねんがらせて将門と見顕す。此両人の出合、古今の大出来、大当りなり。

＊石山寺紅葉錦画

安永七戊戌年　中村座

戊正月七日　親雷蔵実子 初名市川雛蔵　病死　二代目市川雷蔵　行年廿五歳

正月十五日より

・**国色《かいどふいちや》和《わらぎ》曽《そ》我《が》**

一　井場の十蔵　沢村　長十郎
一　馬士の三吉　市川　こま蔵
一　近江小藤太　山科四郎十郎
一　わつぱの菊王　大谷広右衛門
一　岩永左衛門　大谷友右衛門
一　小林の朝比奈　中島三甫右衛門
一　人丸姫　岩井　半四郎
一　鬼王娘重の井　二やく　岩井　半四郎

一 そがの十郎介成　坂東三津五郎
一 同　五郎時宗　市川　門之助
・一 鬼王新左衛門　松本　幸四郎
・一 ちゝぶの重忠　二やく 松本　幸四郎
・一 工藤左衛門祐つね　市川　団十郎
・一 悪七兵衛かけ清　二やく 市川　団十郎

戌二月廿五日
病死 二代目市川海老蔵
行年六拾八歳

安永五申年秋
市村座ニ而一世一代口上有之、法体して随念法師

三月三日より
弐番目

一 男達夢の市郎兵衛
実ハ姉輪の平次　大谷友右衛門
一 三谷永楽やの樽ひろい三吉　市川　高麗蔵
一 山形屋義平次　中島　三甫蔵
一 男達くめんの十兵衛　沢村　喜十郎
一 同　とつこの小兵衛　宮崎　八　蔵
一 同　おとがいの長　花井　宇　蔵

一 大磯や若ィ衆喜介　松本　大五郎
一 仲の町若松や庄次郎　市川　小山三
一 鶏大臣慶政　市川純右衛門
一 けわい坂のせう〳〵　瀬川　吉　次
・一 あげはの長吉
実ハ五郎時宗　市川　門之助
一 黒雲武兵衛
実ハわつはの菊王　大谷広右衛門
一 けいせい喜世川　中村　粂次郎
一 鬼王娘おしげ
後ニ新造重の井　岩井　半四郎
一 梅堀の町人小五郎兵衛
実ハ京の次郎　坂東三津五郎
一 悪七兵衛かけ清　市川　団十郎

格子先の幕、門之助長吉ニ而、若衆の男達助六のやつし、広右衛門意休の思い入、友右衛門くわんへら門兵衛のやつし。

喜世川部屋の幕、粂次郎初舞台、上せうじの内にて花をいけて居るそばに、三津五郎両人の出端。

弐階座敷の幕、純右衛門鳥山けんぎやふニ而、幸四郎鬼王ニ而三味せんを引、斎宮太夫げいしやニ而、羽織袴ニ而出、長吉ころしの段をかたる。半四郎新造重の井ニ而、下座敷ニ而二階の浄る

りと合せて、高麗蔵を長吉ころしの所、大当り。
△下り　中村粂次郎

四月朔日より弐番め[中幕]
一　鬼子母神の十郎兵衛
　実ハ石田の三郎為久　中島三甫右衛門
一　刀鍛冶助成　沢村　長十郎
一　刀や半七
　実ハ本田次郎よし光　市川　門之助
一　げいこおはな
　実ハ朝日のまへ　中村　粂次郎
一　吉備宮大藤内
　実ハ備前平四郎成春　大谷友右衛門
・一　長作女房おあさ　岩井　半四郎
・一　柴苅長作　坂東三津五郎
一　鍛冶や下女おさつ
　実ハよし光姉ふじ波　芳沢　崎之助
一　おはる母われなべはゞア　市川　団十郎
一　浅草長兵衛
　実ハ樋口次郎兼光　二やく　市川　団十郎

浄瑠理
・好借川傍柳《すいたどしかわそいやなぎ》　常盤津兼太夫　同　左名太夫　同　仲太夫　中村粂次郎　市川門之助　岩井半四郎　坂東三津五郎
此狂言大当り〳〵、大評判。

五月五日より　弐番目大詰出る
一　二の宮太郎朝忠　尾上　紋三郎
一　奴八平次　沢村　沢蔵
一　同　八蔵　宮崎　八蔵
一　同　さま蔵　松本　大五郎
一　番場の忠太秀宗　尾上　政蔵
一　高綱娘小しま　松本　七蔵
一　千葉之助妹とこよ　中村　万代
一　狩野之介妹さごろも　岩井　繁八
一　のり頼公の妹君とこなつ姫　中村　粂次郎
一　うちわ売奴の小まん
　実ハひたちの介女房あら岡　岩井　半四郎
一　佐々木四郎高綱　坂東三津五郎
一　奴丹波与作
　実ハ菊池次郎朝景　大谷広右衛門
一　奴伊達の与作
　実ハ大津ひたちの介　松本　幸四郎
一　備前大藤内成景

実ハ夜叉御ぜんのぼふ霊　市川　団十郎

大切

こんがら童子　市川高麗蔵

成田不動の神霊　市川団十郎

せいたか童子　中村伝九郎

三番め五粒十三回忌追善狂言

景清牢破り　かけ清　市川団十郎　重忠　松本幸四郎　あこや　岩井半四郎　三人共大でき大当り

五月十五日より

・曽我後日狂言　**八百屋お七恋江戸染**　狂言作者故人　津打次兵衛

一　かまや武兵衛　中島三甫右衛門

一　荒井源蔵重国　大谷友右衛門

一　足軽団助　沢村　長十郎

一　吉祥寺上人　中島　三甫蔵

一　紅屋の長兵衛　大谷　徳　次

一　荒井藤太　市川純右衛門

一　千葉之助つねたね　尾上　紋三郎

一　八百やの後家　山科四郎十郎

一　五尺染五郎　市川　門之助

一　本田次郎近常　大谷広右衛門

一　小性吉三郎　中村　粂次郎

・一　八百屋お七　岩井　半四郎

一　団三郎女房おゆら　芳沢　崎之助

一　八百や下女お杉　芳沢　崎之助

一　仁田の四郎　松本　幸四郎

一　土左衛門伝吉　市川　団十郎

一　三河守のり頼　二やく　市川　団十郎

一　源のより朝公　中村　勘三郎

同廿二日より　**曽我祭り出る**

似哉《にたりや》似《にたり》菖蒲草摺《あやめのくさずり》　五郎時宗　市川高麗蔵　朝比奈　中村伝九郎

七月十五日より

・**伊達《だて》競《くらべ》阿国戯場《おくにかぶき》***　狂言作者　桜田次助

・一　官領山名宗全持豊　中島三甫右衛門

・一　井筒外記左衛門　大谷友右衛門

・一　仁木弾正直則　大谷広右衛門

一　大江づかふ鬼貫　市川純右衛門

一　豆腐やでつち徳次　大谷　徳　次

一　黒沢官蔵　中島和田右衛門

一　奴波平　中村　此　蔵

一　山伏奇命院　中島　三甫蔵

一　けいせい高雄　中村　粂次郎

一　井筒女之助　　市川　門之助
一　閻魔王の正像　　中島三甫右衛門
・一　兼若君のめのと月岡　　岩井　半四郎
・一　豆腐や三ふ妹かさね　　二やく　岩井　半四郎
一　中居おやす
　実ハ仁木弾正女房裏藤　　芳沢　崎之助
・一　南禅寺前の豆腐やの三ふ　　坂東三津五郎
・一　足利頼兼公　　二やく　坂東三津五郎
・一　角力取絹川谷蔵　　松本　幸四郎
・一　渡部民部早友　　二やく　松本　幸四郎
・一　荒獅子男之助重宗　　市川　団十郎
・一　官領細川修理太夫勝元　　二やく　市川　団十郎
一　三途川の婆々の正像　　市川　団十郎

此狂言、古今大当り。跡に人形芝居ニ而、此通りに義太夫に取組候程の大評判。然る所、八月下旬団十郎見物江向い、幸四郎が工ニ而兄弟不和に相成候趣を、三日の間申触、退座いたし候事より、一向に不入に相成、かんじんの対決の幕は抜く。是非なく二番目に、かさね絹川ニ而殺るゝ幕出、幸四郎与右衛門ニ而、半四郎かさね、友右衛門金五郎の狂言相続、評判はよく候へとも、入なくて早々千秋楽に成。

此節、江戸中団十郎ひいき多く、世上三升つなぎの織出し染にて流行し、何にもかにも三升の紋を付る時節ニ而、勘三の芝居は見る人なきと申程の事なり。勘三に居合せし役者は、立ものは勿論、中役者いなり町に至る迄、壱人も不残居成りニ而、千秋楽の時、切落し見物より、ぶたいへ玉をなげたるとて、惣座中居成りニ而顔見世初る。

＊伊達競阿国劇場

惣座中入替なし

霜月朔日より
胆《もとみ》雪《ゆき》栄《さかへ》鉢木《はちのき》＊　桜田治助作

一　秋田主税之助　　市川　こま蔵
一　赤星妹秋しの　　中村　粂次郎
一　北条時頼　　山科四郎十郎
一　浅原八郎　　大谷広右衛門
一　継橋御せん　　二やく　大谷広右衛門
一　大星太郎　　中島三甫右衛門
一　佐野の源藤太　　大谷友右衛門
一　青砥五郎　　市川　門之助
一　やどり木　　芳沢　崎之助
一　松ヶ枝三郎　　尾上　紋三郎
一　福徳豆右衛門　　中村　伝九郎
一　名月姫　　中村　勘三郎

一 けいせい勝山 中村 里好
一 はし場の小女郎狐 岩井 半四郎
・一 大くらの万作狐 坂東三津五郎
一 弓削大助 二やく 坂東三津五郎
・一 佐野の源左衛門 松本 幸四郎
一 女房白妙 二やく 岩井 半四郎

当秋狂言、九月晦日舞納之節、見物の中より造りものゝ狐をもらい、座中いなりの所へ稲荷の賜とは殊にいなり大明神の御しめしと、一座有がたくぬかつきて寿をうたひしを、桜田治助是を鉢の木の狂言に取組、発端に幸四郎右の口上を申、狐ニッを出し、夫より是業杜若夫婦の狐と顕れ、大倉の社に納有し藤巻の鎌紛失の事をかたりて入る、此幕明て、至極人の気をとりし趣向、桜田古今の珍作なりとの評判。

狂言の一体は、佐野源左衛門常世本領安堵して、富貴成さまを狂言の山とし、鎧、長刀、馬の道具、つかい方むだなく、二番め源藤太が宿をかりに来る所は、最明寺の雪の段をやつし、粟の飯をあつきめしにして、狐の性を顕はす趣向、大出来〱。しかしながら入は少し。

豊前太夫上るり**の幕、三津五郎万作狐ニ而、女形の所作、慶子が葛の葉の思れ(ママ)、ことの外の大出来〱。

波衣里好、さごろもあづま富五郎両人ニ而、まゝ母の継はし広右衛門と敵打之場、大でき。

*胆雪栄鉢樹
**色時雨紅葉玉籬

安永八己亥年 中村座

正月十五日より
・御摂《こひいき》年《ねん〱》曽我《そが》

一 近江の小藤太 中島三甫右衛門
一 梶原平三かけ時 二やく 中島三甫右衛門
一 二ノ宮太郎朝忠 尾のへ紋三郎
一 吉田のせう〱是さだ 山科四郎十郎
一 三浦の片貝 中村 粂次郎
一 大いそのとら 中村 里好
一 けわい坂のせう〱 岩井 半四郎
一 犬ぼう丸 市川 こま蔵
一 八わたの三郎 大谷広右衛門
一 松井の源吾定かげ 二やく 大谷広右衛門

・一 鬼王新左衛門　大谷友右衛門
・一 屋根子僧
　実ハそがの団三郎　市川　門之助
一 月さよ　二やく 岩井　半四郎
一 曽我十郎祐成　坂東三津五郎
一 同　五郎時宗　二やく 市川　門之助
・一 小ばやしの朝いな　二やく 坂東三津五郎
・一 工藤左衛門祐つね　松本　幸四郎

此対面、りつぱ二而大評判なり。

門之助雪の下無宿屋根小僧といふ盗人二而、本名は団三郎、鬼王が手にかゝりて、書置に忠臣を顕はす狂言、古今の大当り。対面の幕は、幸四郎祐つね二而、屋形を揚屋にしつらい、のり頼饗応のため、遊君を呼寄る趣向。大磯のとら里好けいせい姿、祐成上下二而傘をさしかけ、けわい坂のせう〳〵同新造の姿、半四郎是へ時宗二而、門之助傘をさしかけて、四人かけ合のせりふ大当り。

富士の裾二而時宗髪梳の幕、けわい坂のせう半四郎、時宗門之助、上るり二而鏡をふり上ると、朝比奈の顔移るゆへ、此鏡へうつりしかほは鬼かといふ。切まくの内二而朝比奈三津五郎、ウヽンにやアといふ、門之助人かといふ時、三津五郎ウンヱヽ和田が三男小ばやしの朝いなだもさといふ出、此所朝いなのせりふ、大出来〳〵。

此狂言は、十ヶ年已前明和七寅年木挽丁森田座二而致候。其節はせう〳〵金作、時宗半四郎、朝比奈三津五郎なり。猶又此度も評判よく大当り〳〵。

門之助、当春より格別立身スル。

三月廿三日より　第弐番目　中幕
　江戸太夫河東上るり

助六　廓庭桜《くるわのにわざくら》＊　河東 蘭洲 東佐 沙洲 東洲　山彦源四郎 同 河良 同 百次

一 かんへら門兵衛　中島　三甫蔵
一 朝がほせんべい　坂東　利根蔵
一 曽我の老母　山科四郎十郎
一 けいせいしら玉　瀬川　吉次
一 髭の意休　大谷広右衛門
・一 揚巻の介六　市川　門之助
一 けいせいあげ巻　岩井　半四郎
一 白酒うり粕兵衛
　実ハ京の次郎俊とし　松本　幸四郎

＊助六廓夜桜

四月十五日より
第弐番目　新清水の段　向島の段
一 郡領下部定平

実ハ松井源吾　大谷広右衛門
一入間郡領てる時　坂東三八
一よし田の息女さくら姫　中村粂次郎
一軍介女房おいへ　中村里好
一軍介母妙閑　尾のへ紋三郎
一新清水の満願上人　山科四郎十郎
一法界坊清玄　大谷友右衛門
一清水とのいの介清はる　岩井半四郎
一盛久女房清滝　芳沢あやめ
一吉田下部軍介
後ニ向ふ島の太郎兵衛　松本幸四郎

菅原伝授手習鑑　菅丞相　幸四郎　梅王　三津五郎　時平　三甫右衛門
松王　幸四郎　源蔵　三津五郎　桜丸　門之助

七月十五日より
敵討仇名かしく
一兵衛下部袖介　市川こま蔵
一かまだや太左衛門　中島三甫蔵
一捕人田毎の九蔵　坂東善次
一同　さらしな三太　坂東利根蔵
一同　もなかの平吉　市川小山三
一水右衛門下部鳫助　市川純右衛門

一深井政五郎
後ニ八剱けんぼう　大谷友右衛門
一かしく兄長庵　二やく　大谷友右衛門
一杣平女房おみや　中村粂次郎
一ゐぼし折六三郎
後ニ小柴ゆきへの介　市川門之助
一赤堀水右衛門　三やく　大谷友右衛門
一茶筌うり空也寺のお朝　中村里好
一牛飼いほ崎のおくめ
後ニ白人かしく　岩井半四郎
一あらき主水　坂東三津五郎
一深草焼人形うりでくろく六兵衛　松本幸四郎
一大石蔵人　二やく　松本幸四郎
一わたらへ大和之助　三やく　松本幸四郎
一大和之助一子かずへ　中村勘三郎

九月節句より
色附初玉章《いろづくやしよてのたまづさ》　兼太夫上るり
かしく　岩井半四郎
六三郎　市川門之助
茶せんうり　中村里好
ふかくさやきうり　松本幸四郎

此狂言評判よく、大当りなり。

森田座より 市川団十郎　市村座より 坂田半五郎　坂田国八改 仙国彦助
同 尾上松助　同 山下金作
同 中村助五郎
同 山下次郎三

霜月朔日より
・帰花英雄太平記《かへりはなゑいゆうたいへいき》　増山金八作

一 少納言きんむね　市川純右衛門
一 友づる姫　山下万菊
一 けいせい浮舟　中村粂次郎
一 小山田将監　山下次郎三
・一 楠おく方菊水御ぜん　山下金作
一 松本佐兵衛　坂田半五郎
一 楠正行　中村勘三郎
一 おんぢ左近　仙石彦助
一 ふぢべいがの守　ウケ 大谷広右衛門
一 大森彦七　ウケ 中村助五郎
一 高純親王　尾上松助
一 大館左馬之助　市川門之助
一 新田よし貞　坂東三津五郎

・一 しのづかいがの守　暫く 市川団十郎
・一 薬師寺次郎左衛門　二やく 市川団十郎

三立目暫らくの幕、高純親王ニ而尾上松助、親王かづら、金冠、白衣のしばらくの受、渕部いがの守大谷広右衛門、大森彦七中村助五郎、両人赤つら上下ニ而受、篠塚伊賀守貞綱ニ而市川団十郎暫く、例の柿の素おふ大当り。

四立め上るり　筒幹色水上《つゝいつゝいろのみなかみ》

ワキ 左名太夫　岸沢古式部　門之助　半四郎
常盤津兼太夫
ワキ 仲太夫　同 市次　万菊　三津五郎

友づる姫ニ而早咲売のやつし山下万菊、左馬之助ニ而鷹をすへ市川門之助、小山田妹賤はたニ而田舎娘のこしらへ岩井半四郎、大工番匠のやつし坂東三津五郎、士農工商四人のせり出し、見事〳〵。後に筒井筒のおし出しニ而、三津五郎半四郎両人、切禿うない子の所作事、大出来〳〵大当り。

此浄るり切れるとおくへ引、岩のまく下り、楠のおく方菊水御ぜんニ而山下金作、すをふるぼし太刀をはき、しやうぎにこしをかけて、菊水のはたを、おんぢさこん仙石彦介にもたせ立て、忰（ママ）へ正つらへ未来記をよみ聞せる所、大出来〳〵。

此上るりの幕明に、赤松筑後之助ニ而松助、錦の旗を奪い、中通り四人相手に見事成大だてアリ、大でき。

五立め、新田足利両家和ぼく、無礼構の趣向。

向ふ花道より、よし貞三津五郎、けいせい姿ニ而勾当内侍半四郎、若ィ者の姿ニ而升五郎挑灯を持禿両人連れ、大森彦七ニ而

助五郎上下大小ニ而、手ぬぐいニ而顔をつゝみ、やりての思ひ入。

本花道より、尊氏団十郎、けいせい姿ニ而浮舟粂次郎、若ィ者姿ニ而小山三挑灯を持禿両人連れ、渕部いがの守ニ而広右衛門、上下大小ニ而頭を手ぬぐいニ而包、やり手の思い入。

此人数両花道にならびて、中の町の思い入。殊の外花やかに取組たる趣向。夫より多々羅兵庫之助ニ而坂田半五郎、新田足利両家への上使成とて来り、今日の趣向に付て、城の島台を持参致せしとて、差出す。此出合、殊之外花やか成舞台なり。

次に、けいせい浮舟は本名かげゆ左衛門娘敷妙ニ而、よし貞に恋暮し、ふかき中をうらやみて、半四郎いろ〳〵の仕内。勾当の内侍はしっとによりて、三ッ鱗のあざ顕れ、かげゆ左衛門に高時の娘といふ事を聞て驚き、手水鉢の下にかくし有し宝剱を思はず手に入、よし貞へわたし自害する所、大当り〳〵。次に、鷹と秋津虫の争いを見て、団十郎尊氏ニ而出、半五郎兵庫之助ニ而出、両人の出合大出来〳〵。新田足利両家の中をさかんとはかり工ミ顕れ、高時がどくろに犬の血をそゝぐを見て無念がり、兵庫之助とは偽り、実は長崎勘解由左衛門となのり、内侍が自害を見て驚き、終に切腹する所大当り。

六立め、赤松筑後之助ニ而松助、上下ニ而錦のはたをうばい、塀を切やぶりての出端、若ィ衆虎右衛門、菊蔵、団八、島蔵四人を相手に見事のたて、此所松助大評判なり。

大詰、大塔の宮のぼふれいにて、薄衣をかぶりおんりやふ、尾のへ松助栗生左衛門ニ而赤つら、あら事ニ而、坂田半五郎おんりやふをおぶひてのおし出し、見事〳〵。

二番目序幕、宮川のわたし場ニ而、広右衛門と三津五郎、両人共浪人姿ニ而口論いたし、にんぢふ（ママ）に及ぶ所、菊水御ぜんニ而金作、両人をなだめ家来となし、三津五郎か本名小山田太郎ニ而小田平と名のる。広右衛門は栗右衛門と名のり、足軽奉公にかゝへられる。此女形の武道は、金作の外、当時仕手はなし。

薬師寺か宅の幕、薬師寺次郎左衛門ニ而団十郎、上下ニ而かわいのものやな〳〵、と云ながら出よし。夫より新参の小田平と、いろ〳〵咄して、寒きゆへ天徳寺をかぶり、両人物がたり。此紙ふすまの中より、女郎の文、かけ取の書出し、其外いろ〳〵むしり出しては、咄しのもやふにして、納太刀の出しに、親の敵とつめ寄、

　うしと見し世ぞ今は恋しき

といふ歌をなぞにかけて入所よし。此天徳寺の咄しの所、殊之外の大出来、江戸中の評判なり。

次に順礼の親仁ニ而、児子を抱《いたき》て雪ふりに難義して、半五郎の出よし。金作きく水ニ而此おやぢを見れば、杉本佐兵衛ゆへびつくりして、余所ながら湊川の軍物がたりに落涙する所、大によし。佐兵衛が抱し児子は、菊水が実の子なれ共、乳を呑する事もならず、木戸の外へ出して、わが子の雪にこゞゆるを見て驚き、盃へ乳をしぼり入て、鬼子母神をいのり、一心通ふじ

て其乳いてふの木へうめる趣向、半五郎は情なく木戸の外へおし出され、その身の寒さはいとわず児子のこゞゆるに驚き、はだかに成て、夫より行基ぼさつの作の薬師の霊像へきせいをかけ、此所半五郎金作両人のしうたん、誠のやふ二而諸万人の見物、いか成鬼のやふなものも、皆なかぬものはなし。夫より両人が一念とゞきて、いてふ木より乳の出るを、柄杓へうけて幼子にあたへ悦ぶ仕内、是は外に仕手はなし。夫より団十郎出、いてふの奇瑞、菊水杉本が心をかんじる所、大出来〳〵、大当り〳〵。

贔屓升評判もます入もます
合せて蔵に金は三ッ升

といふ狂歌を、ひいき連中より芝居へはりしとの評判。

此顔見世より　極上上吉　市川団十郎

安永九庚子年　中村座

正月十五日より

・初紋《はつもん》日《ひ》艶郷《くるわ》曽我《そが》

一 浅間山の御師浅間左衛門　大谷広右衛門
一 近江小藤太成家　二やく 大谷広右衛門
一 志賀台七　三やく 大谷広右衛門
一 梶原平三景時　中村 助五郎
一 けわい坂のせう〳〵　中村 粂次郎
一 大磯のとら　岩井 半四郎
一 しのぶ　二やく 岩井 半四郎
一 鬼王女房月さよ　山下 金作
一 宮城野　二やく 山下 金作
一 満江ごせん　三やく 山下 金作
一 浅間山の御師浅間左膳　大谷広右衛門
一 富士山の御師富士民部　坂東三津五郎
一 刀屋手代半七　市川 門之助
一 曽我十郎祐成　坂東三津五郎
一 同 五郎時宗　二やく 市川 門之助
一 京の次郎すけとし　二やく 坂東三津五郎
一 富士山の御師富士民部　三やく 坂東三津五郎
一 鬼王新左衛門　坂田 半五郎
一 小はやしの朝いな　二やく 坂田 半五郎
・一 工藤左衛門祐つね　市川 団十郎

・一 悪七兵衛かけ清　　二やく 市川　団十郎
浅間、富士をころして、女房花ぞの金作を返り討にして、妹
小雪にて半四郎敵討、大出来なり。

二月朔日より　弐番め中幕
一 三原角左衛門　　市川純右衛門
一 宅間元龍　　大谷広右衛門
一 志賀台七　　二やく 大谷広右衛門
一 けいせい宮ぎの　　山下　金　作
一 同　　しのぶ　　岩井　半四郎
一 雁金文七　　市川　門之助
一 安の平兵衛　　坂東三津五郎
一 雷庄九郎　　中村　助五郎
一 布袋市右衛門　　坂田　半五郎
一 極印千右衛門　　市川　団十郎

三月三日より　第弐番目大詰
一 瀬原甚内　　尾上　松　助
一 釣がね弥左衛門
　実ハ三国の九郎　　尾上　松　助
一 新清水はせ寺住僧ゑんだん和尚　　尾上　松　助
一 はんにや半兵衛　　市川　小山三

一 しゆもく五郎兵衛　　松本　鉄五郎
一 下女おさよ　　中村　まつ世
一 水茶やおきた　　山下　山　八
一 幸左衛門妹おたつ　　山下　万　菊
一 笠や三かつ　　中村　粂次郎
一 肴うり長蔵　　市川　門之助
一 あかねや半七　　二やく 市川　門之助
一 うつのみや弥三郎入道れんせい　　三やく 市川　門之助
・一 下人長太　　坂東三津五郎
・一 幸左衛門妹おたつぼうこん　　二やく 坂東三津五郎
一 菊岡幸左衛門　　市川　団十郎
一 熊谷入道蓮生　　二やく 市川　団十郎

曳《ひけや》各《てんでに》鐘《つりがね》贔屓《びいき》　市川　団十郎　坂東三津五郎　市川　門之助
此道成寺の所作事大当り、三津五郎大評判也。

五月節句より、道成寺を朝幕に廻し、弐番目操狂言。

十帖源氏物ぐさ太郎＊
一 奴おか平　　中村　助五郎
一 金魚や金八　　尾上　松　助
一 犬上団八　　坂東　三　八

一 金八娘小みつ　芳沢　吉十郎
一 よし丸　岩井　長　松
一 芦屋ひめ　袖崎　いせの
一 座頭すがいち　中島　三甫蔵
一 佐々木弾正　市川純右衛門
一 はせべの雲谷　大谷広右衛門
一 うたの介妹なでしこ　中村　粂次郎
一 利久娘さゐだ　山下　万　菊
一 狩野歌之助　市川　門之助
一 お国御ぜん　岩井　半四郎
一 かつらき　二やく 岩井　半四郎
一 名古や山三郎　坂東三津五郎
一 金八女房みやぎの　山下　金　作
一 利久女房しがらみ　二やく 山下　金　作
一 石塚玄蕃　坂田　半五郎
一 物ぐさ太郎　二やく 坂田　半五郎
・一 不破の伴左衛門　市川　団十郎

此狂言のうち、三津五郎帳元と金の出入ニ而もめ合有之、退座いたし候所、もはや六月暑に向ひ候に付、直に休。

＊物ぐさ太郎

夏祭り＊の狂言。団七、佐十郎。徳兵衛、門之助。三ふ、半五郎。

＊曽我祭浪花姿閲

七月廿六日より
妻迎《つまむかへ》越路《こしぢの》文月《ふみづき》＊

一 浅くら左衛門よしかげ　中村　助五郎
一 武智十兵衛光秀　大谷広右衛門
一 真光寺中納言基房卿　中島　三甫蔵
一 松永弾正久秀
　実ハ松ヶ根岩之進　二やく 中島　三甫蔵
一 三よし長慶
　実ハ石部金太夫　音羽　次郎三
一 萩原七郎　市川　升五郎
一 ゐもんひめ　瀬川　吉　次
一 足軽無事右衛門　仙石　彦　介
一 奴　蟻平　松本　鉄五郎
一 同　峰平　沢村　喜十郎
一 弾正妹菊ぞの　中村　粂次郎
一 長坂長閑　二やく 大谷広右衛門
一 みたけ悪五郎　尾上　松　助
一 武田よし信　市川　門之助
一 渡辺大炊之助　二やく 尾上　松　助
一 原隼人之助　二やく 市川　門之助

・一　七面大明神の神霊　岩井半四郎
一　弾正妻猶江　山下　金　作
・一　入間五郎左衛門
　　実ハ山本勘介春幸　坂田　半五郎
・一　奴あかん平
　　実ハ高坂弾正昌俊　市川　団十郎

其姿秋七種《そのすがたあきのなゝくさ》　岩井半四郎　ワキ　左名太夫　岸沢古式部
　市川門之助　常盤津兼太夫　同　市　次
　尾上松　助　ワキ　仲　太夫

兼太夫上るり、半四郎所作事。
振袖の娘姿、花桶をさげて出る。うかれ座頭、手遊売《てあそびう》り女商人、ばゞアの面をかぶりての所作、おたふく面の所作事、七面の神霊に成、蛇の姿に成て切り。

＊妻婦迎越路文月

八月十七日より　弐番目出る
一　米つき四斗兵衛　中村　助五郎
一　虫売忠七
　　実ハ跡辺大炊之助　尾上　松　助
一　せがみの三九郎　市川　綱　蔵
一　梶田寸平　鳴見五郎四郎
一　奴斧平　沢村　喜十郎
一　同蟻平　松本　鉄五郎
一　げいしやおすみ　袖崎　いせの

一　荒次郎妹おつゆ　山下　万　菊
一　武田四郎勝頼　中村　粂次郎
・一　長井山城女房あやぎぬ　岩井　半四郎
一　大炊之助妹おむつ　二やく　岩井　半四郎
・一　鑓弾正女房猶江　山下　金　作
一　大炊之助母おこう　坂田　半五郎
・一　百姓次郎作
　　実ハ三浦荒次郎　市川　団十郎

隣町市村座を退座いたし候尾上菊五郎、当秋京都へ登り候に付、団十郎世話を以名残狂言を当座ニ而いたし候。

九月九日より

仮名手本忠臣蔵＊
・一　大星由良之介　尾上　菊五郎
・一　本蔵女房となせ　二やく　尾上　菊五郎
一　鷺坂伴内　中島　三甫蔵
一　かほよ御ぜん　山下　万　菊
一　九太夫悴定九郎　中村　助五郎
一　小野九太夫　大谷広右衛門
一　薬師寺次郎左衛門　尾上　松　助
一　石堂右馬之丞　市川　門之助
一　早の勘平　中村　粂次郎

・一　勘平女房おかる　　岩井　半四郎
一　由良之介女房おいし　　山下　金　作
一　高師直　　坂田　半五郎
一　塩谷判官　　市川　団十郎
・一　加古川本蔵　　二やく 市川　団十郎

此忠臣蔵、古今珍敷大当り、大入。十月十四日誉詞、扇と升と玉づくし。鈴木亀次と申もの、ほめる。羅漢台の前へ、さゞい桟敷といふさじき出来る。口上書左之通り。

当狂言、たぐひ稀成大入大繁昌仕候に付、明け七ッ半時より札売始め、明六時には不残売切申候間、右之忠臣ニ而御見物に御出可被下候、已上。

すり物発句

小六月取上られし扇哉　梅幸

団十郎口上ニ而、梅幸上京の名残り狂言を、

取持は江戸市川の曽我ひいき
　団十郎と菊五郎かな

会稽の忠臣蔵は大当り
　朝の六ッからゑいや判官

隣村菊之丞ずもござれども
　こちのじまんの菊五郎じろ

古郷へはにしきとほめた由良之助
　稀もの成ときく五郎かな

見物はあかつきかけて鳴わたる
　尾のへの鐘のひゞく音羽屋

口上に、団十郎、菊五郎と中村座、金銀星と云。その頃江戸中、目出度星出ると沙汰したりしゆへ、見物のうけよし。

此狂言、見物は両側の桟敷土間切落に余り、舞台に六間桟敷をこしらへ、道具立、仕懸置所なく、平ぶたい同前にて狂言いたす。

十月十七日迄、さじき付込アリ。

尾のへ菊五郎、此度の上京に付、江戸新場小田原町より縮緬の引幕、市川団十郎ひいき連中よりと、染ぬきにして登せ候よし。其年の顔見世にて、菊五郎も上下へ三升の紋を付て出候由。

此年、京大坂芝居の入替り役者付を江戸ニ而売歩行。

やう〳〵、十月十八日千秋楽。その夜入替り役者附出る。寄初を尾上菊五郎宅ニ而集り、夫より楽屋の三階へ行し也。寄初迄興行の事、珍らしき事也。去れば元文五申年、市川海老蔵鎌五郎大当りニ而矢の根蔵と云蔵を立しと云。又此度修復して、忠臣蔵と呼也。

＊忠臣名残蔵

子十月

病死　坂田国八事改 浄瑠理太夫 仙国　彦　助
病死　常盤津兼太夫

○尾上菊五郎　上方登る
○尾上松　助　同断
○尾上丑之助　同断
○山下金　作　同断
○尾上多見蔵　同断
○音羽次郎三　同断
市村座より　沢村宗十郎　森田座より　中村仲　蔵
同　松本小次郎　同　市川八百蔵
同　中村里　好

霜月朔日より
・**極翻錦壮貌**《きせかへるにしきのわかやか》　河竹新七作
一　源のより朝公　中村　勘三郎
一　奴木曽平
　実ハ駒若丸　中村　伝九郎
一　難波の次郎　松本　小次郎
一　熊野御ぜん　瀬川　吉　次
一　平の清盛　大谷広右衛門
一　越中の次郎兵衛盛とし　沢村四郎五郎
一　樋口の次郎　沢村　宗十郎
一　平の宗盛　二やく　沢村　宗十郎
一　女非人おさん　山下　万　菊
一　けいせいあふはか　中村　里　好
一　小まん　岩井　半四郎
一　盛久妻久かた　芳沢　あやめ
一　斎藤実盛　中村　仲　蔵
・一　六十六部
　実ハ鎮西八郎為朝　中村　仲　蔵
・一　上総五郎兵衛忠光　市川　団十郎
・一　弥平兵衛むね清　市川　団十郎
一　伊勢平太
　実ハ手塚の太郎光盛　市川　団十郎

三立め、仲蔵六十六部ニ而本名為朝、上総五郎兵衛忠光とだんまりの幕、古今無類との評判、大当り。次に団十郎いせ平太の平敵、赤つら梶原ごしらへ、柿の素袍を片袖はねての出、悪ていの仕内。清盛の気に入、悪人の工みを見ぬき、手塚の太郎と成、実事の仕内、大でき。

四立め上るり　**色映紅葉章**《いろにいろもみぢのたまづさ》　むね盛宗十郎、仏御ぜんあやめ、池田の宿の朝がほ半四郎、上総七郎かけ清市川八百蔵、衛士の鶴平仲蔵、五人のせり上り所作事。後に仲蔵布袋、半四郎唐子、大でき。

二番め弥平兵衛ニ而団十郎、上下役、六部の仲蔵を為朝と見

出しの所、大当り。
石の不動団十郎、せいたか童子八百蔵、こんから童子宗十郎、
大詰、花やかなり。

安永十辛丑年 天明元年に成　中村座

当正月八日夜、芝居類焼、二月六日櫓上る。

丑二月二日
病死 常盤津文字太夫
行年七拾三歳

三月十五日より
色里透《くるわがよい》 小町曽我《こまちそが》

一 犬坊丸　尾上 丑之助
一 鬼王新左衛門　尾上 松助
・一 梶原平次かけ高　二やく 尾上 松助
一 曽我十郎祐成　沢村 宗十郎
一 同 五郎時宗　市川 八百蔵
一 大磯のとら　中村 里好
一 けわい坂のせう〳〵　岩井 半四郎
一 月さよ　岩井 半四郎
一 めのと八わた　中村 里好
一 同 あふみ　芳沢 あやめ
・一 小林の朝比奈　二やく 沢村 宗十郎
一 かけ清女房あこや　芳沢 あやめ
一 曽我団三郎　中村 仲蔵
一 源のり頼公　中村 仲蔵
・一 ういらふ売とらや藤兵衛
　実ハ七兵衛かけ清　市川 団十郎
一 工藤左衛門祐つね　二やく 市川 団十郎

四月三日より 弐番目中幕
・一 男達濡髪長五郎
　実ハそがの五郎時宗　市川 八百蔵
一 同 はなれ駒長吉
　実ハあそふの松若　尾上 松助
一 小野の小町　山下 万菊

一　相州日野の大臣春好
　実ハそがの二の宮　　芳沢　あやめ
一　かごかき伊達助
　実ハ条の平内　　大谷広右衛門
一　けいせいたき川　　中村　里　好
一　梅やしぶ売由兵衛
　実ハ粟津の七郎　　沢村　宗十郎
一　遍照阿舎利　　中村　仲　蔵

松助、宗十郎どろ仕合、大出来〳〵、大当り。

四月廿五日より、弐番目弐幕上るりの場出る。仲蔵あじやり二而、小町の色香に迷い、だらくして、若ィ者惣太と成。いろ〳〵悪工ミをし、半四郎を打擲して、小町を手ごめにし、思わず毒酒をのみて死す。此ぼふこん二而上るり。

千歳曳大振袖＊　常盤津兼太夫上るり

仲蔵振袖二而白拍子の出、金の立ゑぼし、こべいをうしろへさし所作事。次に座頭二而、いろ〳〵おかしみの所作事あり。祭りのだし売、浅黄頭巾やつし姿の所作事。

＊千代贔屓大振袖

五月五日より　弐番目大詰

お染久松　**菖蒲《せうぶ》酒《ざけ》婿《むこの》健《おとこぎ》**＊

一　油や手代太九郎　　大谷広右衛門

一　油や下女おうた　　沢村　歌　川
一　油や下男平六　　市川　登鯉蔵
一　野崎村のおさと　　中村　里　好
一　あぶらやの母　　松本　小次郎
一　油やでつち久松　　沢村　宗十郎
一　油や娘おそめ　　岩井　半四郎
・一　山家や佐四郎　　市川　団十郎

＊菖蒲酒婿健

大切　・**分身矢の根五郎**　市川団十郎　相勤る

五月廿五日より

倭《やまと》仮《か》名《な》在原《ありわら》系図《けいづ》

一　与茂作女房おりく　　中村　里　好
一　与茂作　　尾上　松　助
一　金貸し鉄九郎　　中島　三甫蔵
一　坪坂丹内兵衛　　坂東　又太郎
一　非人たびらこ　　松本　鉄五郎
一　同　どぶ六　　中村　儀十郎
一　かごかき七兵衛　　鳴見五郎四郎
一　金吾女房おかよ　　瀬川　吉　次
一　左大臣橘副純　　大谷広右衛門

一 非人象七　市川　八百蔵
一 中納言行平　沢村　宗十郎
一 在原の業平　岩井　半四郎
一 母おさち　芳沢　あやめ
一 かごかき又助　中村　仲　蔵
・一 奴蘭平　二やく 中村　仲　蔵
・一 井筒飛脚忠次
　実ハ惟高親王　市川　団十郎

此狂言中、仲蔵病気ニ而引込候ゆへ、無程休。

けいせい島原軍談

七種四郎と岸柳仲蔵、天竺徳兵衛と月本武者之助団十郎、けいせい島原半四郎、天満屋おはつ里好、ひらのや徳兵衛宗十郎。

閏五月七日より
恋《こい》女房《にやふぼう》染《そめ》分《わけ》手綱《たづな》

一 わし塚八平次　中島　三甫蔵
一 本田弥惣左衛門　二やく 中島　三甫蔵
一 伊達の与惣兵衛　松本　小次郎
一 わし塚官太夫　尾上　松　助
一 逸平母　二やく 尾上　松　助
一 伊達の与作　沢村　宗十郎
・一 座頭けい政　二やく 沢村　宗十郎

・一 重の井　岩井　半四郎
一 江戸兵衛　中村　仲　蔵
・一 竹村定之進　二やく 中村　仲　蔵
・一 鷺坂左内　市川　団十郎
一 逸平　二やく 市川　団十郎
一 ゆるぎ左衛門　三やく 市川　団十郎

六月六日より 土用休中稽古芝居として

操歌舞伎扇

東方　東金茂右衛門　一ノ谷　紙や次兵衛　極彩色　青柳硯
　　壇ノ浦　郭ノ色上　矢口渡　双蝶々
西方　関取千両幟　出世奴　布引滝　堀川夜討　五鳫金
　　傾城塚　本町育　三組盃　出入湊

沢村宗十郎　瀬川吉次　尾のへ丑之助　沢村福松　袖崎いせの　山下万菊　市川升蔵　尾上政蔵
尾上松　助　中島寅蔵　鳴見五郎四郎　花井宇蔵　中村此蔵　中村仲八　市川綱蔵　坂東三木蔵

右拾六人の役者共、毎日〳〵かわる〳〵、狂言取組は前日に触れ、稽古のためいたし候段、口上書を出し、評判よく大当り。

丑九月廿日
病死　上瑠理　江戸半太夫

八月十五日より
・**信田長者柱《しだてうじやばしら》**＊
一　髪結次郎吉　沢村　宗十郎
一　薩島兵庫　大谷広右衛門
一　信田の小太郎　尾上　丑之助
一　五尺染五郎　市川　八百蔵
一　千原左近　沢村　宗十郎
一　三ッ扇やうす雲　岩井　半四郎
一　弾正女房真木の戸　芳沢　崎之助
一　小山太郎　尾上　松　助
一　鹿島五郎　中村　仲　蔵
一　浮島弾正　二やく　中村　仲　蔵
一　おのゝ小通　中村　里　好
一　きね蔵　市川　団十郎
一　小山判官　二やく　市川　団十郎
一　さかなや日の出の五郎八　三やく　市川　団十郎
大詰、将門神霊団十郎大でき。
松本小次郎　市川八百蔵　沢村宗十郎　尾上松助　大谷広右衛門
中村仲蔵　市川団十郎　右七人の家老二而、花道へならぶ狂言。

＊信太長者柱

九月九日より
　故人岩井半四郎廿三回忌追善狂言　岩井半四郎　相勤る
色見艸四季染分《いろみくさしきのそめわけ》＊　文七　けいせい　汐汲　椀久　花笠おどり
一　いながき丹平次　鳴見五郎四郎
一　菊地次郎武広　松本　大　七
一　かしま三郎　市川　升　蔵
一　宗近娘おみわ　沢村　歌　川
一　信田小太郎　尾上　丑之助
・一　妻恋いなり末社白女　岩井　半四郎
一　妻恋いなりのみやうぶのしん　中村　仲　蔵
一　小鍛冶宗近　市川　団十郎

＊色見艸四の染分

市村座より　瀬川菊之丞　森田座より　坂東又太郎
同　瀬川乙　女
同　市川門之助

丑十一月朔日より
・**四天王宿直着綿《してんわうとのいのきせわた》**
一　源より信　中村　勘三郎
一　源の頼親　松本　小次郎
一　卜部季武　市川　門之助

一 碓井定光　尾上　松　助
一 雲純親王　中島　三甫蔵
一 田原ノ千晴　瀬川　吉　次
一 千はた姫　山下　万　菊
一 おざゝ　瀬川　乙　女
一 太郎作女房おさと　中村　里　好
・一 舞子つま菊
　実ハかつらき山土蜘の精霊　瀬川　菊之丞
一 三田ノ源太　坂東　又太郎
一 左衛門尉時明　大谷広右衛門
一 神田の与吉
　実ハ相馬よし門　尾上　松　助
一 修行者くわく山　市川　門之助
・一 源頼光　沢村　宗十郎
一 渡部綱　中村　仲　蔵
・一 袴垂保輔　中村　仲　蔵
一 坂田蔵人　市川　団十郎
一 坂田金時　市川　団十郎
・一 平井保昌　市川　団十郎

頼光に四天王都合五人、高欄の御殿の内に宿禰(ママ)の見へにせり下る、花やかなり。此所江菊之丞舞子妻きくにて、暫くじやわいなァと、鶴菱の振袖、太刀をはき、例の花道に居てせりふアリ。団十郎はじめ、四天王かわる〴〵引立のおかしみあり。妻菊誠はかつらき山の女郎蜘の精霊、頼光にせうげをなさんとして、ひざ丸のいとくにより、正体を顕す迄、拍子舞長唄の所作あり。此幕花やかにて、役者揃大当也。

三立めの口幕に、袴垂保輔にて仲蔵、木の洞より出。髭黒の左大将佐の川仲五郎を殺し、冠装束を奪取事あり。

五立めに贋勅使と成て来り、保昌団十郎を花道ニ而見て思ひ入有て、ヱヽ侭よと本舞台へ来所、手強し。夫より和泉式部里好が色に見とれ、次に花山の院兼仁の首を贋セ物成と足下にかけ、末武門之助、二の瀬宗十郎両人に見顕され、装束を引切れば、着込、小手すね当て、黒の大広袖に成、保輔と名のる所、大でき。団十郎が肩へ足をふみかけ、女房の和泉式部をとりもてと我侭を云て、先帝の御遺状を引さかんといふゆへ、たまして御遺状を、団十郎とるよりはやく、仲蔵が首を打落、大当り。此袴垂を討つ所、見物のどよみ暫くやまず、大々当り、大評判なり。

二番め、品川津の国やのおつな菊之丞、渡部綱仲蔵夫婦喧嘩の中へ、団十郎金時にて、赤合羽を着て出て、さい人に入所のおかしみ有。廻国修行者廓山門之助、六部ニ而出、渡部方へ一夜の宿を乞ふ。皮足袋売の荷かつぎ神田の与吉松助、荷つゞらに、よりみつといふ書付ゆへ、中を改んと云、此所三人の立廻り、大評判なり。門之助相馬のよし門と名のりはら切を、与

吉うしろに立ぎゝして様子を聞けば、誠は相馬の家臣常陸之助将文と名のるゆへ、左ありけるか、我こそ将軍太郎よし門成と、松助本名を明すと、遠寄せに成、門之助誠は五位之助忠家也。汝をたばかる計略也とて、周防の内侍菊之丞、渡部仲蔵両人に始終を語り、最期の所大でき。夫より松助引ぬき衣装、大勢とたてあり。栗の木又次広右衛門、三田源太又太郎、源の頼親小次郎、夢助孫左衛門若太夫伝九郎也。何れも大評判、当顔見世大当り大入なり。

天明二壬寅年　中村座

初舞台　市川徳蔵《市川団十郎悴》
　　生年五歳

寅正月十五日より
七種《なゝくさ》粧《よそほい》曽我《そが》

一　鬼王新左衛門　　松本　小次郎
一　曽我の団三郎　　中島　三甫蔵
一　大磯のとら　　中村　里　好
一　けわい坂のせう〳〵　　山下　万　菊
一　鬼王妹月さよ　　瀬川　菊之丞
一　座頭升都　　市川　徳　蔵
一　小林の朝比奈　　尾上　松　助
一　曽我十郎祐成　　沢村　宗十郎
一　同　五郎時宗　　市川　門之助
一　曽我の老母　　中村　仲　蔵
一　工藤左衛門祐経　　二やく　中村　仲　蔵
一　京の次郎助とし　　市川　団十郎

上るりの幕、宗十郎、菊之丞、祐成、月さよとの大ぬれ事、大評判。此時、団三郎ニ而三甫蔵、いろ〳〵おかしみあり、大出来〳〵。

対面の幕は、邯鄲の趣向ニ而、祐経うちわをかざし、寝て居るおし出し。松助朝比奈ニ而、琴をしらべる。声が能過て、朝いなにうつらぬとの評判。後に朝比奈のふところの中より、小座頭を出す。市川徳蔵五才ニ而初舞台、毎日祐つねより手遊びを遣る趣向。後に御馬やの徳升となのり、荒事あり。筋隈の坊主あたま、愛らしい事〳〵。

二月五日より
弐番目叔(ママ)幕出る

一 伊丹屋のでっちいそ松　中村 国三郎
一 箱根の別当行実　市川 綱蔵
一 やっこ角内　佐の川仲五郎
一 いせやのおそで
　実ハかけ清娘人まる　中村 七三郎
一 みなとやのおいせ　沢村 歌川
一 岩永左衛門宗つら　中島 三甫蔵
一 雷神門の三ぶ
　実ハ由利の八郎　坂東 又太郎
一 景清女房あこや　瀬川 乙女
一 地ごく谷の大日坊　尾のへ 松助
一 髪結かんざしの甚五郎
　実ハ三保ノ谷の四郎　市川 門之助
一 小まつやのおせん
　実ハするがの次郎妹賤はた　中村 里好
一 艾売三升や十兵衛
　実ハ悪七兵衛かけ清　市川 団十郎

三月三日より　弐番目中幕出る

一 作兵衛新田の庄や作左衛門　中村 伝九郎

一 番場の忠太　鳴見五郎四郎
一 かりうど千本松の郷太　松本 秀蔵
一 同　弥蔵　中村 儀蔵
一 さぬきの六郎　松本 鉄五郎
一 うさみの三郎　市川 升蔵
一 五郎蔵母山の神のおさん　中島 三甫蔵
一 狩野之介宗茂　市川 門之助
一 阿部法橋全成　松本 小次郎
一 五郎蔵妹おあさ　山下 万菊
一 千わら左近　沢村 宗十郎
一 曽我の十郎祐成　二やく 沢村 宗十郎
一 阿部の村のお菊狐　瀬川 菊之丞
一 猟人狐ヶ崎の五郎蔵
　実ハさつ島兵庫　中村 仲蔵

あけぼのや 殊に桃花の 鶏の声 **釣狐花掛罠《つりきつねはなのかけわな》**＊ 市川門之助 沢村宗十郎 瀬川菊之丞 所作事

＊釣狐花設罠

五月五日より弐番目大詰

・**助六曲輪名取草《すけろくくるわのなとりぐさ》**　江戸半太夫上るり

一 鬼王新左衛門　松本 小次郎
一 けいせいしら玉　沢村 歌川

一　朝がほせん平　中島　三甫蔵
一　地廻りおさすり長左衛門　坂田　時蔵
一　うどんやのかつぎ多八　中村　仲八
一　くわんへら門兵衛　尾上　松助
一　白酒うり粕兵衛
　実ハそがの十郎祐成　沢村　宗十郎
・一　けいせい三浦屋のあけ巻　中村　里好
・一　髭の意休
　実ハ大伴の一法師　中村　仲蔵
・一　あげ巻の介六
　実ハ京の次郎　市川　団十郎

五月廿五日より　第三番目新狂言

一　非人どろずねの八　坂東　又太郎
一　石田の三郎為久　松本　小次郎
一　下部つま介　瀬川　吉次
一　江間の小四郎　尾上　政蔵
一　やつこ土手平　中村　此蔵
一　堀の藤太ちかいへ　松本　大七
一　かのゝ介姉ときわ木　瀬川　乙女
一　高崎甚内　尾上　松助
一　より朝公の息女大姫君　二やく　尾上　松助
一　狩野之介宗茂　市川　門之助
一　こし元せきや
　実ハよし仲息女朝日のまへ　瀬川　菊之丞
一　因幡守大江の広元　市川　団十郎

松助高坂甚内ニ而浪人者、深編笠、ぶつさき羽織、馬乗ばかま、朱ざやの大小ニ而、花道より出、舞台の枝折戸の門に立て居る内ぬけて、二階作りの御殿より、大姫にて出る早代り。大姫君、障子を立切ると、以前の浪人、編笠をとると、やはり松介にて早き事目を驚す。

七月廿三日より

・**伊達《だて》染《ぞめ》仕《し》方《かた》講釈《こうしやく》** *

一　名和無理之助　松本　大七
一　荒獅子男之助　市川　門之助
一　うき世又平　市川　門之助
一　岩見太郎左衛門　大谷広右衛門
一　非人みけんじやくの三　大谷広右衛門
一　やつこ団平　坂東　又太郎
一　渡部民部早友　坂東　又太郎
一　佐次兵衛一子岩松　市川　とく蔵
一　なんと正庵　中島　三甫蔵
一　大江のつかふ鬼貫　松本　小次郎

一　山三女房かつらき　中村　里好
一　(重出)なんと正庵　中島　三甫蔵
一　荒浪なだ蔵　尾上　松　助
一　山名左衛門持豊　二やく　尾上　松　助
一　足利頼兼公　沢村　宗十郎
一　細川修理太夫勝元　二やく　沢村　宗十郎
一　けいせい高尾　瀬川　菊之丞
一　佐次兵衛女房おちか　二やく　瀬川　菊之丞
一　出雲のおくに　三やく　瀬川　菊之丞
一　不破伴左衛門重勝　中村　仲　蔵
一　赤松彦五郎教康　二やく　中村　仲　蔵
一　名古や山三元秋　市川　団十郎
一　豆腐や佐次兵衛　二やく　市川　団十郎
一　土手のどふてつ　三やく　市川　団十郎

富本豊前太夫上るり
新曲《しんきよく》高尾懺悔《たかをさんげ》　高尾ゆふこん　道哲　瀬川菊之丞　市川団十郎　相勤る
此狂言近年の大当り、大入大評判。

＊伊達染仕形講釈

九月九日より　第弐番目
一　みのや平左衛門　坂東　又太郎
一　でつち長蔵　沢村　福　松

一　下女おさの　中村　介太郎
一　かごかき新やしきの百　鳴見五郎四郎
一　島のうちの廻し新蔵　尾のへ　政蔵
一　かごかきいたち堀の庄八　中村　此　蔵
一　げいこ琴野　沢村　歌　川
一　半兵衛母妙かん　松本　小次郎
一　宮城野数馬　瀬川　吉　次
一　妹しのぶ　山下　万　菊
一　今市の善右衛門　尾上　松　助
一　あかねや半七　市川　門之助
一　かさや三かつ　瀬川　菊之丞
一　下人あざの権兵衛
　　実ハ志賀大膳　中村　仲　蔵
一　楠正勝　市川　団十郎

顔見世入替り
市村座より　芳沢　あやめ
同　岩井　半四郎
森田座より　市川　団　蔵
同　中島勘左衛門
市川徳蔵改
三代　市川　海老蔵
尾上政蔵改
市川　升五郎

市川春蔵改　市川　升蔵
芳沢太平次改　芳沢　五郎市
芳沢鶴松改　芳沢　吉十郎
今年狂言作者に成瀬川乙女改　瀬川　如皐

十一月朔日より

・五代源氏貢振袖

一　石塚角之丞　松本　大七
一　金の八郎為時　市川　升五郎
・一　鳥の海弥三郎　尾上　松助
・一　伊貝の十郎　本ハかな沢七郎（ママ）　二やく　尾上　松助
一　八釼の皇子　中島勘左衛門
一　越後入道鬼門　中島　三甫蔵
・一　ふじやの女房およし　芳沢　崎之助
・一　とりの海妹いと竹　岩井　半四郎
・一　勝田の次郎女房浜荻　瀬川　菊之丞
一　奴いせ海老あかん平　市川　海老蔵
一　天竺冠者　実ハさがみ太郎秀国　坂東　又太郎
・一　鎌倉権五郎景政　市川　門之助
・一　さへき蔵人　二やく　市川　門之助
・一　勝田の次郎　沢村　宗十郎
・一　八幡太郎よし家　二やく　沢村　宗十郎
・一　西国じゆんれい　本名荒川太郎　市川　団蔵
・一　松浦宗任　二やく　市川　団蔵
・一　廻国修行者鈍寮　本名貞任　市川　団十郎
・一　三浦平太夫国妙　二やく　市川　団十郎

上るり　**睦《むつまし》月《つき》恋《こいの》手《て》取《とり》**　富本斎宮太夫　豊前太夫　豊志太夫　同　名見崎徳次　連中

上るり、宗十郎、門之助、よし家と権五郎ニ而、万歳才蔵のせり出し、大当り。花道より春駒の娘姿ニ而、善知鳥妹やすかた菊之丞、宗任妹うたふ半四郎両人の出、大評判。此幕切に、団十郎と団蔵、六部と順礼の出合、大当り。団十郎国妙ニ而上下の暫く。

弐番目、門之助、宗十郎かごかき、大出来〳〵。

狂言の市紅がよいと三升づれ
　　訥子どし〳〵入はみち来る

五立め、門之助佐伯蔵人にて、琴を弾、団蔵宗任ニ而、雲上の雁を射る所、松助伊貝の十郎ニ而、腹切の処、団十郎不負国妙ニ而さばき、大当り。大詰、南都西大寺の愛染明王の霊像団十郎、大でき。

顔見世休居而出勤　飛入　市川八百蔵

天明三癸卯年　中村座

正月十五日より
・**江戸《ゑど》花《のはな》三升《みます》曽我《そが》**

一 近江の小藤太　中島勘左衛門
一 小ばやしの朝比奈　坂東 又太郎
一 八幡の三郎行氏　尾上 松 助
一 さくら姫　山下 万 菊
一 かまくらや伝兵衛
　実ハ二の宮太郎　市川 八百蔵
一 山田の三郎　二やく 市川 八百蔵
一 杉田むらのおせん　瀬川 菊之丞
一 けいせい八ッ橋ぼうこん　二やく 瀬川 菊之丞
・一 さくら姫　岩井 半四郎
一 清水寺の清玄　市川 門之助
一 八幡女房かさゝぎ　芳沢 あやめ
一 曽我十郎祐成　沢村 宗十郎
一 同 五郎時宗　市川 門之助
一 鬼王新左衛門　市川 団 蔵
一 舟頭十兵衛

　実ハ七兵衛かげ清　市川 団十郎
一 清玄のぼふこんがいこつ　二やく 市川 団十郎
一 工藤左衛門介つね　三やく 市川 団十郎
上るり **松に桜＊** 団十郎骸骨の所作有り
＊其面影松桜

二月初午より 第弐番目
一 かまくらや伝兵衛
　実ハ二ノ宮の太郎朝忠　市川 八百蔵
一 源のより家公　嵐 富五郎
一 平家公達保童丸　市川 鯉之助
一 本田の次郎近常　市川 升 蔵
一 くずみ十郎左衛門　市川 綱 蔵
一 奴 八内　市川富右衛門
一 市川や舟頭定　市川 升五郎
一 湯浅五郎兵衛
　実ハ猿しま惣太　坂東 又太郎
一 入間の郡領てる時　尾上 松 助

一　関取ばら門の三ぶ　　二やく 尾上　松　助
一　関取白藤源太　　市川　門之助
一　あつもりのみだい園生のまへ　　岩井　半四郎
一　げいこおしゆん
　実ハかけ清娘人丸　　二やく 岩井　半四郎
一　悪七兵衛かげ清　　市川　団十郎
富本豊前太夫上るり
花川戸身替りの段＊　おしゆん　半四郎　伝兵衛　八百蔵　白ふじ源太　門之助
大薩摩浄るり
日向勾当　実ハ七兵衛景清　市川団十郎相勤る
三月廿三日より　弐番目中幕出る
一　和泉の小次郎近平　　市川　団　蔵
一　花形隼人
　実ハいつみの小次郎　　二やく 市川　団　蔵
一　隼人一子かねまつ　　松本　米三郎
一　手習子おみつ　　市川　光　蔵
一　同　おべん　　市川　弁之助
一　けいせいきせ川　　岩井　八重八
一　山伏かく蔵院　　中島　三甫蔵

＊花川戸身替の段

一　糸屋小次兵衛　　松本　小次郎
一　いなげの入道重成　　中島勘左衛門
一　かのゝ助宗もち　　瀬川　吉　次
一　しづはた姫　　山下　万　菊
一　隼人女房ふじ波　　瀬川　乙　女
一　かしまの事ふれおやもさ茂佐八　　市川　八百蔵
一　仁田の四郎忠常　　二やく 市川　八百蔵
一　飛脚百里又六　　沢村　宗十郎
一　大友常陸之助頼国　　二やく 沢村　宗十郎
一　糸や娘小糸　　瀬川　菊之丞
一　政子御ぜん　　二やく 瀬川　菊之丞
一　まい鶴やの伝三
　実ハゐがらの平太　　中村　伝九郎
一　奴たね平
　実ハ江間の小四郎　　中村　勘三郎
富本豊前太夫上るり
柳糸恋苧環《やなきのいとこいのおだまき》　菊之丞　万菊　団蔵　八百蔵　宗十郎　相勤申候
四月七日より　弐番目大詰
再咲花娘道成寺《またさくはなむすめどうぜうじ》　住僧　松本小次郎　脇僧　市川門之助　同　沢村宗十郎　白拍子　瀬川菊之丞
右所作事

五月九日より

・仮名手本忠臣蔵
忠臣の由良意

一 石堂右馬之丞		市川　団　蔵
一 加古川本蔵	二やく	市川　団　蔵
一 寺岡平右衛門	三やく	市川　団　蔵
一 塩冶判官		市川　門之助
一 矢間十太郎	二やく	市川　門之助
一 桃井若狭之助		市川　八百蔵
一 天川や義平	二やく	市川　八百蔵
一 千崎弥五郎	三やく	市川　八百蔵
一 大星力弥		市川　光　蔵
一 鷺坂伴内		中島　三甫蔵
一 百性与市兵衛	二やく	中島　三甫蔵
一 原郷右衛門		松本　小次郎
一 与一兵衛女房	二やく	松本　小次郎
一 高師直		中島勘左衛門
一 薬師寺次郎左衛門	二やく	中島勘左衛門
一 太田了竹	三やく	中島勘左衛門
一 斧九太夫		坂東　又太郎
一 たいこ持三光		尾上　松　助
一 斧定九郎	二やく	尾上　松　助
一 早の勘平		沢村　宗十郎
一 かほよ御ぜん		岩井　半四郎
一 勘平女房おかる		瀬川　菊之丞
一 義平女房おその	二やく	岩井　半四郎
一 由良之助女房おいし	三やく	岩井　半四郎
一 本蔵女房となせ	二やく	瀬川　菊之丞
一 大星由良之助		市川　団十郎

五月十五日より

曽我祭浪花姿閲《なにわのすがたみ》 忠臣蔵九段め迄いたし、大切に此狂言いたし大当り

富士か根の神いさめに、伊達を駿河の二丁町、夜宮の曠も手際よき、かの釣舟の花生に、三婦が生たる浮牡丹、鏡にてらす五月やみ、一寸徳兵衛が恋中も、仇名にたちし女団七。

一 こつぱの権	松本　大　七
一 てつち仁太郎	仙石　彦　助
一 やつこ時平	市川　升　蔵
一 やつこ鉄平	松本　鉄五郎
一 三原有右衛門	沢村　喜十郎
一 けいしやおいと	山下　山　八
一 同　おぬい	瀬川　三喜蔵
一 同　おきん	瀬川　富三郎

一同　おまさ　　岩井　竹三郎
一同　おくら　　中村　まつよ
一非人なまの八　　大谷広右衛門
一裾野や義平次　　中島　三甫蔵
一折琴姫　　瀬川　吉　次
一白ぎく丸　　中村　粂次郎
一兵太夫女房おたつ　　尾上　松　助
一大鳥佐賀右衛門　　二やく　尾上　松　助
一うへ木うり一寸徳兵衛　　市川　門之助
一団七妹お中　　岩井　半四郎
一団十郎団七　　市川　団十郎
一助松三郎兵衛　　二やく　市川　団十郎

雀おどりの役人、三八、綱蔵、五郎四郎、喜十郎、小山三、宇蔵、秀蔵、村蔵、儀蔵、政蔵、右拾人ニ而相勤る。六月中いたす。

七月節句より　口上書

当五月九日より、忠臣蔵狂言由良之助役団十郎相勤、御意に相叶、大繁昌仕候段、団十郎身に余り難有奉存候。当節句より又々右忠臣蔵仕、曽我祭リを相止め、十段め天川屋の段、古人八百蔵相勤御評判に奉願候所、当年七回忌に相当候故、追善に取組、三代目当八百蔵相勤、十段め、十一段め迄、不残仕奉入御覧候、以上。

卯八月朔日より

双蝶々曲輪日記

一南与兵衛　　尾上　松　助
一手代権九郎　　中島　三甫蔵
一たいこ持佐渡七　　沢村　喜十郎
一倉岡幸左衛門　　中島勘左衛門
一三原有右衛門　　坂東　又太郎
一山崎屋与次兵衛　　松本　小次郎
一野手の三　　市川富右衛門
一下駄の市　　松本　大　七
一三原伝蔵　　松本　鉄五郎
一尼妙林　　大谷　徳　次
一けいせいみやこ　　中村　粂次郎
一井筒屋おゑん　　瀬川　乙　女
一山崎屋与五郎　　市川　八百蔵
一放駒長吉　　市川　門之助
一濡髪長五郎　　沢村　宗十郎
一長吉姉おせき　　岩井　半四郎
一けいせいあづま　　瀬川　菊之丞
一かごかき甚兵衛　　市川　団　蔵

一　橋本次部右衛門　　市川　団十郎

九月九日より
士花《ぶけのはな》娘《むすめの》仇討《あだうち》
一　小西助太郎　　市川　団蔵
一　あらいや娘おたま　　市川　弁之助
一　湯女小そよ　　瀬川　三代蔵
一　同　小さん　　岩井　春次郎
一　あらい屋手代勘八　　中島　三甫蔵
一　荒井やの後家おかな　　中島勘左衛門
一　松木佐忠太　　二やく　中島勘左衛門
一　柴田女房立田　　山下　万菊
一　足軽孫平　　坂東　又太郎
一　久松おく方飛鳥のまへ　　瀬川　乙女
一　伊藤要助　　市川　門之助
一　下部紋助　　二やく　市川　門之助
一　要助女房お秀　　岩井　半四郎
一　娘おせい　　二やく　岩井　半四郎
一　家ぬし作兵衛　　市川　団十郎
一　柴田左膳　　二やく　市川　団十郎

十月朔日より日数三日、瀬川乙女、道成寺所作事相勤る。是より舞台舞納候而、瀬川如皐と改、狂言作者と成る。十月四日千秋楽舞納。

○市川団蔵上方へ登る

卯十二月廿九日
病死　尾上菊五郎
行年六拾七歳
上方ニ而病死いたし候得共、四ヶ年已前、安永九子年秋、当座ニ而名残狂言忠臣蔵大当りニ而上京ゆへ、爰に記す。

顔見世入替り
市村座より　中村里好
△下り　嵐　音八
△下り　大谷広八
△仙台より　中島寅蔵
春狂言より宮崎八蔵改　宮崎十四郎
市川純右衛門改　市川宗三郎

卯十一月朔日より
花《はなと》三升《みます》雪《ゆきの》三吉野《みよしの》
右名題出候処へ、十月廿七日夜暁方、芝居類焼いたし候に付、普請に相掛り候ゆへ、春に成、此狂言名題を取かへ、春顔見世を致す。

天明四甲辰年　中村座

辰正月十五日より
・筆始《ふではじめ》 勧進帳《くわんじんてふ》

一 糟谷の藤太　松本 大七
一 平少納言時忠　中島 寅蔵
一 いしや三ヶ角銀あん　大谷 広八
一 敦賀の郡領かげ連　市川 宗三郎
一 金かし烏丸の五兵衛　嵐 音八
一 いの又の小平六　松本 小次郎
一 鈴木の三郎重いへ　市川 門之助
一 さかなや小六
　実ハかぢわら源太　二やく 市川 門之助
一 江田の源蔵　市川 八百蔵
一 源のよし経　二やく 市川 八百蔵
一 わしの尾三郎　市川 ゑび蔵
一 源蔵女房関の戸　中村 里好
一 御影堂の扇おりおかぢ　二やく 中村 里好
一 いせの三郎妹浜おぎ　岩井 半四郎
一 御影堂の娘おいわ　二やく 岩井 半四郎
一 しづか御ぜん　瀬川 菊之丞
一 鎌田兵衛娘はなぞの　二やく 瀬川 菊之丞
一 熊井太郎忠基　市川 団十郎
一 源八兵衛　二やく 市川 団十郎
一 富樫の左衛門　三やく 市川 団十郎

上るり名題
吾嬬街道《あつまくだり》 恋重荷《こいのおもに》 常盤津兼太夫連中

一 浄るりの幕、業平あつま下りのやつしの見へ。静ニ而菊之丞、冠せうぞく、ふり袖ニ而、馬のり、くつわづらに八百蔵よし経ニ而、白てふ、ゑぼし、同姿ニ而鈴木の三郎ニ而門之助、沓台を持、わしの尾ニ而ゑひ蔵、ゑぼし、はくてふ、くゝりばかまニ而太刀持の役、舞台一面のふじ山のかざり付、此所へ此四人をせり出し、きれい〳〵。花道より、団十郎壱人、ゑぼし、白てふ、長柄傘をかつぎて居て、ふじをなかめて居るせり出し、源八兵衛の赤つら、荒事なり。但し、門之助も下座の方ニ而、一人別に沓台を持、立てせり出し。

一 暫くの幕、時忠の公家悪、中島寅蔵。糟谷の藤太ニ而赤つら、

大七。いの又の小平六ニ而赤つら、弐番うけ小次郎。熊井太郎ニ而、角かつら、荒事、柿のすおふの暫く団十郎、大当り閏正月や、といふしやれアリ。

一　弐番目より、下り嵐音八、井戸へはいり候狂言。和孝ははだかで京下りとは、此狂言の事也。

一　大谷広八も、此弐番より出る。坂東又十郎といゝし中役者也。

一　江田の源蔵女房里好、身代りの所、上使富樫の左衛門鳥眼にて、鈴木の三郎門之助、敵を打。江田の源蔵八百蔵腹切り、よし経の身代り、愁歎大でき也。

追善狂言、景清牢破り。明和四亥の春、五粒初ていたし、夫より安永七戌の春、三升つとめ、又今年、親の追善に相勤る。

二月朔日より　弐番目弐幕出る

一　岩永左衛門　市川　宗三郎
一　かけ清娘人まる　岩井　半四郎
一　かけ清女房あこや　中村　里　好
一　園生のまへ　瀬川　菊之丞
一　ちゝぶの庄司重忠　市川　門之助
一　夢はんじ長兵衛
　　実ハ三保谷四郎　市川　門之助
一　井場の十蔵　市川　八百蔵
一　悪七兵衛かけ清　市川　団十郎

右六人ニ而、二代目市川海老蔵七回忌追善狂言として、景清牢やぶりの狂言、相勤る。

　叱られた顔もなつかし雉子の声　五代め三升

三月五日より　春狂言始る

曽我《そが》娘《むすめ》長者《てふじや》

一　梶原平三かけ時　中島　寅　蔵
一　曽我十郎祐成　市川　八百蔵
一　同　五郎時宗　市川　門之助
一　赤沢十内　松本　小次郎
一　鬼王女房月さよ　中村　里　好
一　大磯のとら　二やく　中村　里　好
一　大広袖のお六
　　実ハ京の小女郎　中村　里　好
一　けわい坂のせう〳〵　岩井　半四郎
一　和田の娘まい鶴　瀬川　菊之丞
一　そがの団三郎　市川　団十郎
一　鬼王新左衛門　二やく　市川　団十郎
一　工藤左衛門祐つね　三やく　市川　団十郎

妹背山のやつし。祐つね悴犬ほう丸半四郎の首を打、曽我満江御ぜんニ而里好、娘二の宮と犬ぼうの不義顕れ、朝忠へ云わけなく、二の宮菊之丞が首を打。

三月廿二日より　第弐番目

江戸太夫河東上るり

助六曲輪《くるわの》名《な》取草《とりぐさ》

一　くわんへら門兵衛　松本　小次郎

一　かむろあげは　市川　ゑび蔵

一　やり手くま手のお熊　中村　伝五郎

一　朝かほせん平　中村　音　三

一　あげ巻の助六　市川　八百蔵

一　けいせいしら玉　中村　粂次郎

一　白酒うり糟兵衛　市川　門之助

一　けいせいあげ巻　中村　里　好

一　髭の意休　市川　団十郎

一　鬼王新左衛門　二やく　市川　団十郎

此助六狂言大当り。団十郎、意休の評判甚よろし。

八百蔵江つみ物　蛇の目傘百本　せいろふ三拾荷　ひいき連中より

桜の大木へ、一ッ印篭を付る。

此時、団十郎意休ニ而、舞鶴の紋所を付て出る、口上あり。父海老蔵、幸四郎の節の替紋ゆへ、敵役の印に付ると申、又門弟八百蔵、私頭の上へ下駄を上け升るも狂言の儀故、私より御断を申上呉升るやふに申ました、との口上大当り〳〵。

四月八日より　弐番めせ□（わ）浄瑠理の幕出る

・褄重《つまがさね》袷《あわせ》羅衣《かたびら》　常盤津兼太夫　路考　杜若　薪車　相勤る

一　重井筒や長右衛門　市川　八百蔵

一　水茶やおたね　岩井　かるも

一　同　おそよ　岩井　春次郎

一　げいこおさの　瀬川　三代蔵

一　油や九平次　嵐　音　八

一　光岸寺のとう心和尚　大谷　広　八

一　平野や久右衛門　松本　小次郎

一　道具や娘おなか　瀬川　富三郎

一　道具やでつち清七　中村　粂次郎

一　紺屋町平のや徳兵衛　市川　門之助

一　重井筒の抱おふさ　岩井　半四郎

一　堤ばたのお作　瀬川　菊之丞

一　神女ゆふしで　二やく　瀬川　菊之丞

一　田舎むすめおはつ　三やく　瀬川　菊之丞

六月十八日より土用芝居

義経千本桜

団十郎　ゑひ蔵　八百蔵　小次郎、此四人休み

一　京の君　中村　粂次郎

一　横川のかくはん　市川　門之助

一 いかみの権太　二やく 市川 門之助
一 とかいや銀平　三やく 市川 門之助
一 しづか御ぜん　岩井 半四郎
一 権太女房　中村 里 好
一 よし経　尾上 紋三郎
一 すしや娘おさと　二やく 岩井 半四郎
一 すけの局　二やく 中村 里 好
一 佐藤忠信女房しのぶ　瀬川 菊之丞
一 狐忠信　二やく 瀬川 菊之丞

道行 常盤津大和太夫上るり
恋の花房*　菊之丞 半四郎 相勤る

*道行恋花房

瀬川菊之丞、市川門之助両人退座する。

右に付スケ飛入、沢村宗十郎、尾上紋三郎両人出勤スル。

七月十五日より同狂言をいたし、権太女房とすけの局二やく里好、川ごへ太郎音八、川連法眼小次郎、安徳天王ゑび蔵、忠信と狐二やく団十郎勤る。弥助と銀平二やく八百蔵。権太弁慶覚範、三やく団十郎勤る。

八月三日より
紙屋治兵衛 紀ノ国や小春 **天網島《てんのあみじま》**

千本桜四段め迄いたし、切狂言にいたし候との口上書
一 紙屋治兵衛　沢村 宗十郎
一 鉄屋五左衛門　市川 宗三郎
一 きのじまや伊兵衛　中島 寅 蔵
一 五貫や善六　松本 大 七
一 治兵衛伯母　市川 綱 蔵
一 でっち三五郎　中村 伝五郎
一 たいこ持豊八　中村 音 三
一 川庄のおあさ　岩井 八重八
一 江戸屋太兵衛　大谷 広 八
一 でん海坊　嵐 音 八
一 粉屋孫右衛門　市川 八百蔵
一 きの国や小春　岩井 半四郎
一 次兵衛女房おいわ　二やく 岩井 半四郎
一 村岡隼人　市川 団十郎

富本豊前太夫上るり
道行野辺書置《のべのかきおき》*　半四郎 宗十郎 相勤る

*道行のべの書置

八月十七日より
仮名手本忠臣蔵
一 大星由良之助　沢村 宗十郎

一 斧九太夫　嵐 音八
一 太田了竹　二やく 嵐 音八
一 桃井若狭之助　尾上 紋三郎
一 鷺坂伴内　大谷 広八
一 高師直　市川 宗三郎
一 定九郎　松本 小次郎
一 かほよ御ぜん　中村 粂次郎
一 由良之助女房おいし　二やく 中村 粂次郎
一 塩冶判官　市川 八百蔵
一 早の勘平　二やく 市川 八百蔵
一 寺岡平右衛門　三やく 市川 八百蔵
一 勘平女房おかる　岩井 半四郎
一 本蔵女房となせ　二やく 岩井 半四郎
一 加古川本蔵　市川 団十郎

九月廿一日より　岩井半四郎大坂登り名残狂言

・**芦屋道満大内鑑**　四段め
一 石川悪右衛門　嵐 音八
一 やかん平　尾上 紋三郎
一 与勘平　市川 八百蔵
一 阿部の保名　沢村 宗十郎
一 あべの童子　市川 ゑひ蔵
一 庄司娘くすの葉姫　岩井 半四郎
一 狐くすの葉　二やく 岩井 半四郎
一 芦屋の道満　市川 団十郎

十月十一日、千秋楽舞納。

○岩井半四郎大坂に登る。

市村座より　沢村宗十郎
同　山下万菊
森田座より　三枡徳次郎（中村粂次郎改）
同　佐野川市松
同　尾上紋三郎（市川三木蔵改）
市川伊達蔵
森田座より　中村助五郎
同　市川宗三郎
△下り　三条勘太郎（中村七蔵改）　去年中上方相勤、此度下り

十一月朔日より

大商《おふあきない》蛭《ひるが》小《こ》島《じま》
一 ゑひ名権の頭　市川 宗三郎
一 野々山次郎　沢村 淀五郎
一 下部六助　大谷 広八
一 源の頼朝公　尾上 紋三郎
一 政子のまへ　山下 万菊
一 箱王丸　市川 ゑび蔵

一 鬼王丸　中村　伝九郎
一 工藤金石丸　中村　勘三郎
一 伊藤入道　大谷広右衛門
一 頼朝五平次　中村　助五郎
一 股野妹たか袖　中村　助五郎
一 江間の小四郎よし時　佐野川　市松
一 ゑほし折お京　三桝　徳次郎
一 辰ひめ　三桝　徳次郎
一 真田の与市　市川　八百蔵
一 鬼王庄司　市川　八百蔵
一 けいせい風折　中村　里　好
一 川津三郎すけ安　沢村　宗十郎
一 又野の五郎かげ久　市川　団十郎

十一月廿五日、千秋楽舞納。

△三立め、伊藤入道の広右衛門、伊豆権現へ参詣の所へ、金石丸勘三郎、八わた尾上紋三郎を連出、契約之通り三ヶ庄を返し呉候様いふ。かへさずしていろ〳〵ぞう言し、そのうへ金かし与兵衛に打擲に逢ひ、むねんの余り、祐つかを遠矢にて射ころさんといゝ合す。今やふ丹ぜん所作事、よし時ニ而若衆草履取の見へ佐の川市松、祐のぶ妹なぎの葉三条勘太郎、丹ぜんすがた。此幕じり大薩摩ニ而、川津三郎宗十郎、又野の五郎団十郎、碁を打処、風折ニ而里好、うちかけ姿ニ而行司の見へ、是三千両の形なり。

△四立め、祐のぶ妻玉琴ニ而佐の川市松、百性長六尾上紋三郎に逢ひ、頼朝の守り本ぞんもとゞりの観音、石橋山にかくし有を聞、ともなはんと言を、長尾新六の松本大七、立聞して、市松と家臣ゑひ沢佐仲太の助五郎、両人をころす。夫より上るり、ゑぼし折烏丸のお京三桝徳次郎、真田にれんぼし、安徳帝の姿に成、股野が妹たが袖中村助五郎、岡崎が納しぎおん守をあやしみ、引おろさんとする所へ、真田の与市ニ而上下のしばらく市川八百蔵。

△五立め、祐のぶの館ニ而諸士寄合あり。川津はかりばへ出しゆへ、名代にまんこふ来り。三桝徳次郎、頼朝の木のうろにかくまい有を見て、祐のぶか名をさとる。百姓長六、頼朝の姿に成、かくれ居る。祐のふ団十郎、引返しニ而石橋山ニ而、長尾新吾広右衛門と、真田の与市八百蔵、組打あり。新吾を討敷、首を討んとして風折がゆびを切し血をぬぐわず、短刀をさしたるゆへぬけず、是にて打叩。血しほのけがれニ而、観音顕るゝ。

△六立め、川津の宗十郎、遠矢にいられ、祐のぶへ満江と兄弟の子供を頼、死す。鬼王庄司ニ而八百蔵物かたり、大当り。一万丸鯉之介、箱王ゑび蔵、対面のやつしあり。

二番め、頼朝宗十郎、手習師匠門覚の団十郎、義へいをすゝめ、鳥羽の恋塚の物かたり。

天明五乙巳年　中村座

正月十五日より
・初花《はつはな》覩《みます》曽我《そが》

一 鬼王一子乙市　　市川　ゑび蔵
一 伊豆の次郎　　沢村　淀五郎
一 梶原平三かけ時　　市川　宗三郎
一 番場の忠太　　大谷　広　八
一 大藤内成かげ　　松本　大　七
一 三浦の片貝　　三条　勘太郎
一 金貸し日参の小平次　　中村　勝五郎
一 満江御ぜん　　尾上　紋三郎
一 曽我の団三郎　　二やく 尾上　紋三郎
一 でつち久松　　佐の川　市松
一 仁田の四郎　　市川　升五郎
一 井筒や娘おはな　　山下　万　菊
一 金子の十郎　　中村　伝九郎
一 そがのせんじ坊　　座元　勘三郎
一 近江の小藤太　　大谷広右衛門
一 けわい坂のせう〳〵　　山下　万　菊

一 小林の朝比奈　　中村　助五郎
一 大磯のとら　　三枡　徳次郎
一 まつ屋のおまつ
　本名景清女房あこや　　二やく 三枡　徳次郎
一 鬼王女房月さよ　　中村　里　好
一 そがの五郎時宗　　市川　八百蔵
一 鬼王新左衛門　　二やく 市川　八百蔵
一 曽我十郎祐なり　　沢村　宗十郎
一 工藤左衛門祐つね　　二やく 沢村　宗十郎
一 八幡の三郎
　本名京の次郎　　市川　団十郎
一 くわいらい師
　実ハ三浦の平六兵衛　　二やく 市川　団十郎
一 油や九平次　　三やく 市川　団十郎
一 悪七兵衛かけ清　　四やく 市川　団十郎

二月四日より　弐番目新狂言
前髪男達ﾃの狂言出る。

一　はやぶさの佐四郎　市川　宗三郎
一　男達まぼろし長吉　沢村　淀五郎
一　同　金神の長五郎　尾上　紋三郎
一　てんまやおはつ　山下　万　菊
一　やとい禿大蔵　中島　三甫蔵
一　平野や徳兵衛　市川　八百蔵
一　おそめ　三条　勘太郎
一　けいせい東戸　佐の川　市松
一　うばの源兵衛
　　実ハ西木戸太郎　中村　助五郎
一　中の丁若松やのおまつ
　　実ハあこや　三桝　徳次郎
一　平野や長蔵　沢村　宗十郎
一　油屋九平次　市川　団十郎

おそめを引立の所へ、長吉長五郎出、蝶づくしのせりふ。油や九平次の安がたき二而、徳兵衛の八百蔵に殺され早代り、かけ清団十郎、此狂歌の通り也。

壱番め六立めより
忍恋柳桂男《しのふこひやなぎのかつらを》　富本豊前太夫　斎宮太夫連中
下河辺行平の娘白きく八百蔵、しのぶ売の所作事。大磯のとら三枡徳次郎、曽我の十郎祐成宗十郎、くわいらい師でくろく六兵衛実ハ京の次郎祐俊団十郎、右四人の所作事大でき。

二月十八日より　スケ市村羽左衛門　罷出る口上書
大将人形　ゑぼしひたゝれ金のざいを持て所作　切禿人形　面かぶり馬貝の所作事　大切猿の所作事
市川団十郎口上二而、市村羽左衛門所作事、一世一代相勤る。座元勘三郎も罷出る。此所作事大当り、大出来〳〵。

三月十八日より、三ッ人形の所作江、椀久と八挺鉦の所作を加へ、五ッ替り二而、一番目大詰へ、引上りていいたすとの口上書。
大切の猿の所作事は、花道より船にて、伝九郎勘三郎猿廻し二而、羽左衛門猿二而、鹿の子の振袖を着て、娘道成寺のふりをおどり、大切猿の荒事。
中村で猿とは出来た羽左衛門
　としはよつても所作は市村

（※三月）
室町殿桜花舞台《むろまちどのさくらのぶたい》＊

一　細川修理之助勝元　市川　八百蔵
一　足軽又平　二やく　市川　八百蔵
一　古手や八郎兵衛　三やく　市川　八百蔵
一　げいこ丹波やのおつま　中村　里　好
一　しかま塚の歌比丘尼　山下　万　菊
一　笹の才蔵長よし　尾上　紋三郎

一 井筒女之助　市川 升五郎
一 島村勘解由　市川 宗三郎
一 駿河の前司久国　大谷広右衛門
一 桃井はりまの守　尾上 紋三郎
一 ぜげんうぐるすの弥太七　中村 助五郎
一 けいせい遠山　佐の川 市松
一 山三女房かつらき　三枡 徳次郎
一 名古や山三郎　沢村 宗十郎
一 狩野介光信　二やく 沢村 宗十郎
一 不破の伴左衛門　市川 団十郎
一 山名宗全　二やく 市川 団十郎
富本豊前太夫上るり
心中おつま八郎兵衛＊＊ 里好 八百蔵 相勤る
＊室町桜舞台
＊＊坂町宵四辻

四月八日より 第弐番目
一 白井権八郎　市川 八百蔵
一 てう／＼売長吉　市川 ゐび蔵
一 白井権太夫　市川 宗三郎
一 けいせい小紫　山下 万 菊
一 本庄和多右衛門　大谷広右衛門

一 半時九郎兵衛　中村 助五郎
一 長兵衛女房おりつ　三枡 徳次郎
一 三崎村百性ばんずい長兵衛　沢村 宗十郎
一 植木うりかつしか十兵衛　市川 団十郎
一 荒川蔵人　二やく 市川 団十郎

五月五日より 弐番目中幕大切、水仕合迄出る
一 与作一子三吉　市川 ゐび蔵
一 馬士ふみ馬はね蔵　市川 幾 蔵
一 鷺坂佐五右衛門　中村 勝五郎
一 座頭けいまさ　市川 升五郎
一 与作女房小まん　山下 万 菊
一 馬士梅沢の小五郎兵衛　大谷広右衛門
一 馬士江戸兵衛　中村 助五郎
一 ふじ沢宿丹波や与作　沢村 宗十郎
一 馬士戻り馬の八蔵　市川 団十郎
富本豊前太夫上るり
道行 **諸《もろ》手綱《たづな》親子《おやこ》心中《しんぢう》**＊ 沢村宗十郎 市川団十郎 相勤る
＊道行諸手綱親子心中

巳七月廿九日
病死 九代目 中村勘三郎

行年廿壱歳

八月朔日より

菅原伝授手習鑑

一 判官代てる国　市川　八百蔵
一 桜丸　二やく　市川　八百蔵
一 ふじ原の時平　大谷広右衛門
一 白太夫　二やく　大谷広右衛門
一 梅王丸　尾上　紋三郎
一 梅王女房はる　佐の川　市松
一 源蔵女房戸波　山下　万　菊
一 桜丸女房やへ　二やく　山下　万　菊
一 松王女房千代　三枡　徳次郎
一 かくじゆ　二やく　三枡　徳次郎
一 菅せう〴〵　中村　里　好
一 武部源蔵　沢村　宗十郎
一 松王丸　市川　団十郎
一 菅丞相の神霊　二やく　市川　団十郎

稚《おさな》馴《な》染《じみ》累《かさね》詞《ことば》

一 羽生村与右衛門　後ニ山本勘助　八百蔵
一 女房かさねと高坂弾正　団十郎
一 武田かつより　宗十郎
一 村上よし清　助五郎
一 妹玉ぞの　里　好
一 けいせい田毎　徳次郎

日本出世鑑

一 木の下兵吉　市川　八百蔵
一 春永　沢村　宗十郎
一 武智光秀　市川　団十郎

九月十六日より切狂言四幕出る

織合襤褸錦《おりあわせつゞれのにしき》

浄瑠理　竹本家太夫　竹本諏訪太夫　三弦　野沢武次　野沢此八

道行対の花《はな》鱵《かいらぎ》　宗十郎　八百蔵　両人相勤る

一 高市武右衛門　市川　八百蔵
一 奴佐兵衛　二やく　市川　八百蔵
一 春藤求馬　市川　伊達蔵
一 彦坂甚六　市川　幾　蔵
一 佐兵衛女房おぬい　中村　里　好
一 おろく　岩井　かるも
一 新七　沢村　歌　川

一　猪の堀の仁介　　大谷　広八
一　須藤六郎右衛門　　沢村　淀五郎
一　次郎右衛門妻おはる　　佐野川　市松
一　加村宇多右衛門　　大谷広右衛門
一　伊兵衛女房おみよ　　三枡　徳次郎
一　奴伊兵衛　　沢村　宗十郎
一　春藤次郎右衛門　　二やく　沢村　宗十郎

桐座より　中村仲蔵改 中山小十郎　芳沢吉十郎改 中村仲蔵　瀬川吉次改 市川破魔蔵
同　小佐川常世

十一月朔日より
・**雪矯竹振袖源氏**《ゆきもつたけふりそでげんじ》
一　奴つる平　　中村　伝九郎
一　平宗盛　　市川　幾蔵
一　越中の次郎盛とし　　沢村　淀五郎
一　かづさ七郎　　市川　はま蔵
一　飛騨の左衛門　　坂東　又太郎
一　まくら売此はな　　三枡　徳次郎
一　菊池女房みつしほ　　中村　里好
一　くれ竹　　中山　富三郎
一　平清盛　　大谷広右衛門

一　狩野介妹初霜　　佐の川　市松
一　けいせいなにわづ　　小佐川　常世
一　悪源太よしひら　　市川　八百蔵
一　平重盛　　沢村　宗十郎
一　三浦の荒次郎　　大谷　広次
一　長田の太郎　　中山　小十郎
一　ほとけ御ぜん　　二やく　中山　小十郎
一　鎮西八郎為朝　　三やく　中山　小十郎

伊豆の順礼長兵衛実ハ長田の太郎小十郎、鎌倉の順礼太郎七実ハ悪源太よしひら八百蔵、熊野の順礼十作実ハ小松の重盛宗十郎、此三人の出合、大でき大評判。

小十郎誠は八丁礫の喜平次、祇園の火燈の姿にて花道へ行、跡より宗十郎重盛ニ而、烏帽子、狩衣の形ニ而、おだまきを持、衣のすそへ糸を付、ひかへゆく所、本ぶたいは広次三浦荒次郎にて、赤ぬりたて、上下の形にて出る。八百蔵悪源太ニ而忍びの形り、何れも闇の仕内、だんまりにて立廻りあり。八百蔵太刀をぬけば、雷鳴る。是ニ而四人見への拍子幕、大評判なり。

弐番目上るり　**風曲江戸妓**《げいしゃ》　富本豊前太夫連中

あんばいよし由兵衛八百蔵、神崎の遊女なにわづ常世にて、七ッ松の娘呉竹中山富三郎、小松の重盛宗十郎、奴つる平伝九郎、菊地が妹千どり後に鎮西八郎ためとも中山小十郎、六人の所作事、大でき評判よし。

此時仲蔵倅の万作、改名して中村仲蔵に成。

天明六丙午年　中村座

今年正月十五日より春狂言相始候所、同月廿一日神田旅篭町より出火ニ而類焼いたし、一体曽我物語狂言不評判に付、普請成願の上、狂言も取替、興行いたし候。

三月十五日より
さるわか万代《はんだい》舞台《ぶたい》＊

一　山崎与左衛門　大谷　広次
一　浮島大ぜん　大谷広右衛門
一　虎之助かつきよ　坂東　又太郎
一　北条氏直　坂東　三八
一　座頭さといち　嵐　音八
一　ふじやあづま　佐の川　市松
一　かつま娘おきく　中山　富三郎
一　荒木女房田畑　小佐川　常世
一　(重出)ふじやあづま　三枡　徳次郎
一　いわ井御ぜん　二やく　三枡　徳次郎
一　二条の家臣早苗之介　市川　八百蔵
一　なん与兵衛　二やく　市川　八百蔵
一　山崎与次兵衛　沢村　宗十郎
一　岩倉山の山賊手じろの猿又　中山　小十郎
一　花形数馬　二やく　中山　小十郎

富本豊前太夫上るり
道行色のいのじ　沢村宗十郎　佐野川市松　中山富三郎　相勤る

＊さるわか万代廈

(※五月)
忠臣蔵＊
天川や師直定九郎石堂四やく中山小十郎、判官本蔵二やく宗十郎、由良之助勘平母二やく八百蔵、勘平三枡徳次郎、おかる常世、平右衛門広治、九太夫広右衛門、此内枡徳の勘平、評判当り也。

＊仮名手本忠臣蔵

（※六月）

夏祭り

助松主計釣船の三ぶ二やく中山小十郎、一寸徳兵衛宗十郎、団七九郎兵衛広次、三河や義平次又太郎、おたつ枡徳、おかぢ市松、おなか富三郎、何れも評判よし。

八月九日より

貢《みつぎもの》 信田豊年《しだのできあき》

一 千原左近　大谷 広次
一 豆腐や三郎兵衛　二やく 大谷 広次
一 薩島兵庫　大谷広右衛門
一 荒浪梶平　嵐 音八
一 浮島大八　坂東 又太郎
一 信田の小太郎　大谷 徳五郎
一 鹿島五郎妹麻衣　市川 光蔵
一 数馬妹秋しの　岩井 かる茂
一 小山の判官　市川 幾蔵
一 信田千寿のまへ　中山 富三郎
一 三平女房きさかた　佐の川 市松
一 けいせい高尾　小佐川 常世
一 なにわやのおまつ　中村 里好
一 めのと政岡　三枡 徳次郎
一 足軽神南三郎　市川 八百蔵
一 くずの恨之助
　実ハ近原の左近狐　二やく 市川 八百蔵
一 浮田左金吾　沢村 宗十郎
一 藤原為相卿　二やく 沢村 宗十郎
一 信田左衛門行綱　中山 小十郎
一 強盗左衛門
　実ハ相馬の先生時門　二やく 中山 小十郎
一 釼術師匠島田岸柳　三やく 中山 小十郎
一 北条相模守よし時　四やく 中山 小十郎

（※十月）

祇園女御*

弥正平広次、平の忠盛宗十郎、平太郎八百蔵、おりう常世、和田四郎又太郎、池殿御ぜん市松なり。

＊祇園女御九重錦

中村座、大小の舞、三番叟*、志賀山に預り一統にて此度十代目寿に付、中山小十郎相勤申候と、当春口上の訳、昔の花を男舞ひ、乱曲の文字を改て、白拍子、昔男、今様風流、大小の舞、**寿世嗣三番叟**。大小の舞といふは、中村座寛永の頃、いにしへの白拍子、島の千歳、若の前舞かなでし男舞姿にて、一ト

さし舞ふて後、舞台において、紅を以て顔を隈取、釼烏帽子をかぶり、舌を出して三番叟を舞ふ。

堂上方ニ而は是を猿馬鹿と仰けるとぞ。去れば子供の翫びにも、団扇と見せてほふかふりして、昔はこしらへ売ける。今にも、べかつこふ風巾といふものあり。

扨又、志賀山一流とは、人には癖の有もの、夫をしがと云。其ふりをして真似るを、志賀白拍子也。人のしがから崎見へてと云ことの葉もあれば、かくは名付しとかや。所作は、諸人にかよふこと葉、士農工商何れも所作あればなり。出家の珠数をくるをも、所作をくるといふ願ひ也。

＊寿世嗣三番叟

午十月十一日　元中村松江と云、病死　中村里好

○三枡徳次郎上方へ登る

△下り　嵐村次郎

桐座より　尾上松助

（※十一月）

雲井花吉野荘士《くもいのはなよしのゝわかむしゃ》＊

上るり名題ニ番目也

袖振雪吉野拾遺＊＊　富本斎宮太夫連中

一　中務重国　　市川　幾　蔵

一　後醍醐天皇　　二やく　市川　幾　蔵

一　高橋九郎氏家　　松本　小次郎

一　須田次郎左衛門　　中島勘左衛門

一　渕部伊賀守　　坂東　又太郎

一　島寺のお袖　　佐の川　市松

一　大塔の宮の亡霊　　尾上　松　助

一　たが袖ひめ　　中山　富三郎

一　弁の内侍　　下り　嵐　村次郎

一　勘解由左衛門女房白たへ　　小佐川　常世

一　足利尊氏　　尾上　松　助

一　河内の国の男狐うらみの介　　市川　八百蔵

一　楠正行　　沢村　宗十郎

一　大森彦七　　大谷　広　次

足利尊氏に大塔の宮亡霊のりうつり、金冠白衣にて、大森彦七広次赤塗立にて、両人せり出し。次にふじべいがの守又太郎、高はし九郎小次郎、須田次郎左衛門勘左衛門、中務重国幾蔵、此四人東西両方の花道より、赤ぬり立対の上下衣装にて出て受なり。篠塚伊賀守貞綱ニ而市川八百蔵暫くなり。

楠正行宗十郎、八百蔵は狐ニ而二人楠大でき。杉本佐兵衛坊主実ハ宇都宮公綱にて、松助弁の内侍、信田の小女郎狐下り村

次郎四人、第二番め所作何れも大でき、大評判也。
＊雲井花芳野壮士

天明七未年　中村座

正月十五日より
大銀杏《おふいてふ》根元《こんげん》曽我《そが》
一　小林の朝比奈　尾上　松助
一　鬼王女房月さよ　佐の川　市松
一　けわい坂のせう〳〵　嵐　村次郎
一　工藤左衛門祐つね　二やく　尾上　松助
一　そがの五郎時宗　市川　八百蔵
一　大磯のとら　中山　富三郎
一　鬼王新左衛門　大谷　広次
一　曽我の十郎祐成　沢村　宗十郎

三月十五日より　第二番目新狂言出る
江戸半太夫上るり
助六名取《なとり》八重《やえ》桜《さくら》　四代目半太夫七回忌に付追善との口上書アリ。
一　けいせいおふさと　市川　光蔵

＊＊袖振雪芳野拾遺

一　同　みやこぢ　岩井　かるも
一　朝がほせん平　松本　大五郎
一　くわんべら門兵衛　中島勘左衛門
一　髭の意休　尾上　松助
一　三浦やのあげ巻　小佐川　常世
一　揚巻の介六
　　実ハ五郎時宗　市川　八百蔵
一　白酒うり粕兵衛
　　実ハ十郎祐成　沢村　宗十郎
一　鬼王新左衛門　大谷　広次

五月六日より
けいせい井出山吹《いでのやまぶき》＊
一　左大臣源兵衛　坂東　又太郎
一　小田治部太夫　松本　小次郎
一　修行者ばくれん　鳴見五郎四郎

一 一角妹しがらみ　岩井 かる茂
一 けいせいつま菊　岩井 春次郎
一 唐金軍次　市川 幾 蔵
一 梅津宰相の姫君ありこと姫　中山 富三郎
一 荷持こぶの伝兵衛　中島勘左衛門
一 きつじのけいせい大よど　佐の川 市松
一 横雲大ぜん　尾上 松 助
一 中居おさん　小佐川 常世
一 又作娘おいと　嵐 村次郎
一 筑波茂右衛門　市川 八百蔵
一 小田泉之助　沢村 宗十郎
一 筑波茂右衛門親又作　大谷 広 次
一 唐金茂右衛門　大谷 広 次

***けいせい井堤蒲**

八月十三日より
今川《いまがわ》本領《ほんりやふ》貢《みつきの》入船《いりふね》

一 わたなべ民部　坂東 又太郎
一 磯貝兵右衛門　松本 小次郎
一 大経師以春　市川 幾 蔵
一 実右衛門娘おゆき　中山 富三郎
一 けいせい和こく　小佐川 常世
一 大経師女房おさん　二やく 小佐川 常世
一 大経師妹おそで　嵐 村次郎
一 けいせいいこく　二やく 嵐 村次郎
一 御堂まへのおふと　中山 富三郎
一 名和無理之助　中島勘左衛門
一 磯貝藤介　佐の川 市松
一 下女おたま　二やく 佐の川 市松
一 今川多兵衛　尾上 松 助
一 さゝら三八　二やく 尾上 松 助
一 草履取友蔵　市川 八百蔵
一 井筒女之助　二やく 市川 八百蔵
一 今川仲秋　沢村 宗十郎
一 大経師手代茂兵衛　二やく 沢村 宗十郎
一 磯貝実右衛門　大谷 広 次
一 荒獅子男之助　大谷 広 次

○嵐村次郎上方へ登る。
桐座より 坂田半五郎　大谷春次改 大谷鬼次
森田座より 中村助五郎　三条勘太郎改 大谷国蔵

十一月朔日より
雪見《ゆきみ》月《つき》栄花《ゑいぐわ》鉢木《はちのき》*

一宗尊親王
一松下の禅尼
一最明寺時頼
一天女丸時宗
一さくら木
一梅が枝
一松がへ
一原田五郎時綱

三月十日より
けいせい吾妻鑑《あづまかゞみ》*
一本庄介太夫
一北条時政
一和田のよし盛
一岩井源之丞
一源之丞妹八重梅
一三うらやのけいこはなむらさき
一同　若むらさき
一赤堀源吾

中島和田右衛門
松本　小次郎
山科四郎十郎
松本　米三郎
岩井　春　次
中山　富三郎
佐の川　市松
尾上　松　助

一浅原八郎為頼　二やく尾上　松　助
一六条の左近狐　坂東　彦三郎
一赤星太郎武者　中村　助五郎
一足軽四茂五茂鍬右衛門　大谷　広　次
一三浦弾正よし澄　二やく大谷　広　次
一武部源左衛門常世　松本　幸四郎

*雪視月栄花鉢木

天明八申年　中村座

市川　幾　蔵
松本　小次郎
中島和田右衛門
沢村　淀五郎
中山　富三郎
嵐　村次郎
嵐　他　人
坂田　半五郎

一男達うづら権兵衛　中村　助五郎
一白井権八　沢村　宗十郎
一あかねや半七　沢村　宗十郎
一箱根の畑右衛門　大谷　広　次
一菊池兵庫成景　松本　幸四郎
一男達放駒四郎兵衛　二やく大谷　広　次
一男達幡随長兵衛　二やく松本　幸四郎
一和田平六　三やく大谷　広　次
一加茂の菊太夫長明　三やく松本　幸四郎

富本斎宮太夫上るり
一節草《ひとまぐさ》斎宮《いつき》が船《ふね》 中山富三郎 芳沢五郎市 沢村宗十郎 相勤る

＊傾情吾嬬鑑

五月五日より 第弐番目
四季評林夏の部

一 岩井源之丞 沢村 淀五郎
一 けいせい小むらさき
　実ハ源之丞妹八重梅 中山 富三郎
一 寺西閑心
　実ハ赤堀源吾 坂田 半五郎
一 本庄助三郎 大谷 徳五郎
一 白井権八 沢村 宗十郎
一 幡随長兵衛 松本 幸四郎
一 本田の次郎近常 坂田 佐十郎
一 御所の五郎丸 松本 小次郎
一 仁田の四郎忠常 大谷 鬼 次
一 曽我十郎祐成 沢村 宗十郎
一 同 五郎時宗 大谷 広 次
一 工藤左衛門祐経 松本 幸四郎

七月廿日より
・高尾《たかを》大明神《たいめうじん》 楓《もみぢの》 玉垣《たまがき》＊

一 足利鶴若丸 中村 七三郎
一 山名入道宗全 市川 幾 蔵
一 斯波左衛門義広 市川 幾 蔵
一 栗原峰右衛門 中島和田右衛門
一 仁木入道雷雲 鳴見五郎四郎
一 足利兵庫鬼貫 大谷 鬼 次
一 けいせい薄雲 中山 富三郎
一 めのと松ヶ枝 佐の川 市松
一 仁木弾正左衛門直則 坂田 半五郎
一 けいせい高尾 嵐 村次郎
一 赤松武者之介則兼 中村 助五郎
一 修げん我慢院 二やく 中村 助五郎
一 足利頼兼公 沢村 宗十郎
一 高尾のゆふこん 二やく 沢村 宗十郎
一 関取いかづち鶴之介 松本 幸四郎
一 浮田左金吾 二やく 松本 幸四郎
一 細川修理太夫勝元 三やく 松本 幸四郎
一 豆腐や仁平次 大谷 広 次
一 渡部民部早友 二やく 大谷 広 次
一 三浦屋徳右衛門 三やく 大谷 広 次

富本斎宮太夫上るり
女郎花《おみなへし》姿《すがた》の初秋《はつあき》
沢村宗十郎
大谷鬼次
松本幸四郎　相勤る

九月九日より
月《つき》の友《とも》宵《よ》宮《みやのい》五百《ほ》崎《ざき》＊　第弐番目切狂言

＊**高尾大明神楓籬**

一　なまの八　市川幾蔵
一　道具や伝八　中島和田右衛門
一　でつちふじ松　中島三甫蔵
一　下女おなか　鳴見五郎四郎
一　大鳥佐賀右衛門　佐の川仲五郎
一　芸子おいと　芳沢五郎市
一　こつぱの権　沢村淀五郎
一　玉島兵太夫　松本小次郎
一　団七女房おかぢ　中山富三郎
一　三河や義平次　坂田半五郎
一　けいこおたつ　嵐村次郎
一　瓦屋の徳兵衛　沢村宗十郎
一　さかな売団七　松本幸四郎
一　舟宿の三ぶ　大谷広次

＊**月友宵宮五百崎**

顔見世入替り
△下り　中村仲蔵
中村万作改　中山小十郎
桐座より　市川門之助
同　小佐川常世
同　市川高麗蔵
同　市川幾蔵

十一月朔日より
・**唐角《とうずまふ》花《はなの》江戸方《えどがた》**＊

一　雲井のまへ　市川幾蔵
一　渋川曽平　中島和田右衛門
一　島原のけいせい文車が禿たより　松本米三郎
一　にほてる姫　中山富三郎
一　下部早苗之介　市川こま蔵
一　足軽他人太兵衛　坂田半五郎
一　森蘭丸　市川こま蔵
一　武智光秀　坂田半五郎
一　めのとやどり木　小佐川常世
一　山中鹿之助　市川門之助
一　小田上総之助春永　二やく　市川門之助
一　あんばいよし丸や五郎兵衛
　　実ハ加藤虎之助　大谷広次
一　かごかき難波の次郎作

実ハ石川五右衛門　中村 仲蔵
一 同 あづまの与四郎
実ハ真柴久よし　松本 幸四郎
一 張飛の霊像　二やく 大谷 広次

一 関羽の霊像　二やく 中村 仲蔵
一 玄徳の霊像　二やく 松本 幸四郎
＊唐相撲花江戸方

天明九己酉年 寛政元年に成　中村座

正月十五日より
江戸《えどの》富士《ふじ》陽《わかやぎ》曽我《そが》
五節句五日替り 廿五番続 桜田治助作
常盤津文字太夫上るり
初 日 **曲輪の初髻** 万菊 高麗蔵
二日め **由縁の雛草** 米三郎 徳五郎
三日め **浮名の色粽** 常世 幸四郎
四日め **逢夜の文月** 富三郎 門之助
五日め **妹背の菊酒** 高麗蔵 門之助

一 万寿君頼家公　中村 七三郎
一 梶原平三景時　中島和田右衛門
一 同 源太景末　坂東 善次
一 同 平次景高　中村 此蔵
一 工藤犬ぼう丸　市川 弁之介

一 三浦の片貝　中山 富三郎
一 まんこふ御ぜん　松本 小次郎
一 伊豆の次郎祐兼　大谷 鬼次
一 近江の小藤太成いへ　松本 小次郎
一 八幡の三郎行氏　市川 幾蔵
一 曽我の団三郎　市川 こま蔵
一 御所の五郎丸　坂田 半五郎
一 そがの二の宮　山下 万菊
一 鬼王妹月さよ　小佐川 常世
一 そかの五郎時宗　市川 門之助
一 小ばやしの朝いな　大谷 広次
一 曽我十郎祐成　松本 幸四郎
一 工藤左衛門祐経　中村 仲蔵

二月十六日より　弐番目新狂言

一　古郡新左衛門　市川幾蔵
一　こし元およし　岩井春次郎
一　ごうはら権兵衛　坂東善次
一　岩渕軍太　沢村淀五郎
一　三之助女房おやつ　中山富三郎
一　実右衛門娘小雪　山下万菊
一　島川太兵衛　坂田半五郎
一　磯貝下部友平　市川こま蔵
一　磯貝実右衛門　松本幸四郎
一　おまむき三之助　二やく　松本幸四郎

三月三日より

荏《ゑ》柄《からの》天神《てんじん》利《り》生鑑《しやうかゞみ》

陽曽我続狂言、中村仲蔵正月中より病気に付、五節句五日替りの狂言残し置候所、壱番目江一日に取組、猶又富士浅間荏柄天神利生鑑弐番目江取組候口上。

一　荏柄の平太胤長　松本小次郎
一　岩永左衛門　中島和田右衛門
一　富士が下部雪平　市川弁之助
一　浅間が下部雲平　大谷鬼次
一　三浦の片貝　中山富三郎
一　千葉之助妹ときわ木　山下万菊
一　浅間大膳てる政　坂田半五郎
一　漁師五郎太　市川こま蔵
一　富士左近之進　二やく　市川こま蔵
一　かげ清女房あこや　小佐川常世
一　廻国修行者弥陀次郎　実ハ井場の十蔵　市川門之助
一　秩父庄司重忠　松本幸四郎

三月十七日より

一　おそめ母おつや　松本小次郎
一　半沢六郎下部志賀平　中山小十郎
一　三度飛脚一時三平　市川仙蔵
一　町げいしやおくめ　市川光蔵
一　油屋手代善六　市川幾蔵
一　同　善右衛門　坂東善次
一　油やでつち久松　市川こま蔵
一　女かみゆいおまさ　小佐川常世
一　いなり九蔵　市川門之助
一　油屋おそめ　二やく　市川門之助
一　片瀬村の久作　大谷広次
一　山家や佐四郎　松本幸四郎

常盤津文字太夫上るり
道行 花頃《うわきどし》 誓《ちかいの》 十七夜待《じうしちやまち》　市川門之助　市川こま蔵　大谷広次　相勤る
此門之助二役の狂言、大当り大評判。

五月五日より
一 横田丹平　大谷鬼次
一 大竹や伝兵衛　沢村淀五郎
一 行事千ン村要人　中山小十郎
一 同　勝ヶ橋千太郎　市川弁之助
一 まぼろし竹右衛門　松本小次郎
一 三之助女房おやつ　中山富三郎
一 げいこおしゆん
　実ハ実右衛門娘小雪　山下万菊
一 島川太平　坂田半五郎
一 かみゆい牛島の牛
　実ハ磯貝藤介　市川こま蔵
一 清兵衛女房おすみ　小佐川常世
一 関取放レ駒の長吉　市川門之助
一 関取ぬれ髪長五郎　大谷広次
一 おまむき三之助　松本幸四郎
一 大福や清兵衛　ニやく 松本幸四郎
右之通、第二番目大詰、むかふ島の段、むさしやの段、吉原福清の段、長五郎内の段、御堂前敵打の段迄、不残いたし候。

七月三日より
平家《へいけ》評判記《ひやうばんき》
中村仲蔵病気全快に付、盆狂言より出勤に付、元祖伝九郎七十七回忌、師匠二代目伝九郎、八代目勘三郎十三回忌、六代目杵や喜三郎三十七回忌、五代目中山小十郎三十七回忌、元祖中村伝九郎六十回忌、三代目中村伝次郎七回忌、右七人追善狂言として、島物がたり取組いたし候口上。
一 法性寺の俊寛僧都　中村仲蔵
一 主馬判官盛久　中村仲蔵
一 近藤判官景友　市川幾蔵
一 大政入道清盛　中島和田右衛門
一 井筒やのおはな　中山富三郎
一 清水坂の笠や三勝　山下万菊
一 俊寛郎党有王丸　坂田半五郎
一 遠江守宗盛公　市川こま蔵
一 刀屋半七　ニやく 市川こま蔵
一 亀王女房おやす　小佐川常世
一 祇園のおゆり　ニやく 小佐川常世
一 茜や半七　市川門之助
一 小松内府重盛公　ニやく 市川門之助

一 俊寛郎等亀王　大谷広次
一 武蔵左衛門有国　二やく 大谷広次
一 阿波民部重能　松本幸四郎
一 茜や次郎蔵　二やく 松本幸四郎
一 丹左衛門尉基安　三やく 松本幸四郎
今様風流 大小の舞 **寿《ことぶき》 世嗣《よつぎ》三番叟《さんばそう》** 白拍子 中村仲蔵
壱番目大詰に相つとめ申候。

八月六日より
一 日坂の今熊坂　中村仲蔵
一 今市の善右衛門　中島和田右衛門
一 馬かた横のりの八　坂東善次
一 同　ほてつぱらの権　中島勘蔵
一 同　ぞうやくの喜蔵　中山仲右衛門
一 いづゝやお花　中山富三郎
一 かさや三勝　山下万菊
一 小督の局　二やく 山下万菊
一 かうまん寺の蓮池法印　坂田半五郎
一 刀やの半七　市川こま蔵
一 あかねやの半七　市川門之助
一 金谷の馬かた六蔵　松本幸四郎

九月十六日より
常盤津文字太夫上るり
三勝半七 お花半七 **月友対道行《つきのともついのみちゆき》** 中山富三郎 市川高麗蔵 山下万菊 市川門之助 相勤る

△佐野川仲五郎改 沢村音右衛門 大坂江登る

市村座より 瀬川菊之丞 休居而出勤　瀬川富三郎
同 尾上松助 元服　市川弁之助改 市川男女蔵
姉川みなと改 瀬川三代蔵
自分芝居休に付 スケ 森田勘弥

十一月朔日より
・**小町村芝居正月《こまちむらしばいのしょうぐわつ》**
セリ出し初暫く
一 孔雀三郎　市川男女蔵
一 五位之助 実ハ助八　二やく 市川男女蔵
一 三笠村のおさく　瀬川富三郎
一 かとり姫　山下万菊
一 荒巻耳四郎　坂田半五郎
一 紀名虎　二やく 坂田半五郎
一 足軽三平 実ハ亀山蔵人　市川高麗蔵

一かげゆ妹みたらし　小佐川　常世
一関寺の大とぢばゞア　尾上　松　助
一大友真鳥黒主　二やく　尾上　松　助
一般若五郎てる政　市川　門之助
一深艸の少将　二やく　市川　門之助

一五位之助　三やく　市川　門之助
一茶せん売お庄
　実ハ真崎の小女郎狐　瀬川　菊之丞
一小野小町　二やく　瀬川　菊之丞
一五代三郎　松本　幸四郎

寛政二戌年　中村座

正月十五日より
・春錦伊達染曽我《はるのにしきだてぞめそが》

一漁師平河原の次郎蔵　森田　勘　弥
一小林の朝いな　市川　幾　蔵
一伊豆の次郎　沢村　淀五郎
一二の宮の太郎頼忠　佐の川　市松
一男だて日の出の五郎八　市川　男女蔵
一大磯のとら　山下　万　菊
一けわい坂のせう〳〵　瀬川　富三郎
一近江小藤太成いへ　坂田　半五郎
一八幡三郎行氏　二やく　森田　勘　弥
一油や九平次　二やく　坂田　半五郎
一いせ海道の願鉄　三やく　坂田　半五郎

一そがの十郎祐成　市川　こま蔵
一そがの五郎時宗　二やく　市川　男女蔵
一浮世小僧戸平
　実ハそがの団三郎　二やく　市川　こま蔵
一漁師阿漕平次　三やく　市川　こま蔵
一けいせい奴まんしゅ　小佐川　常世
一関取牛ヶ瀬幸左衛門　尾上　松　助
一いしや釼沢莫庵　二やく　尾上　松　助
一男達封し文の三五郎　市川　門之助
一工藤左衛門祐つね　二やく　市川　門之助
一けいせい高雄　瀬川　菊之丞
一鬼王女房月さよ　二やく　瀬川　菊之丞
一豆腐や三郎兵衛　松本　幸四郎

一　鬼王新左衛門　二やく　松本　幸四郎

二月七日より　第壱番目六立め大詰

一　閑坊ゆふこん　森田　勘　弥
一　小ばやしの朝いな　市川　幾　蔵
一　伊豆の次郎　沢村　淀五郎
一　そが五郎時宗　市川　男女蔵
一　曽我団三郎　市川　こま蔵
一　工藤左衛門祐つね　市川　門之助
一　三浦やの高尾
　　実ハ六代御ぜん　瀬川　菊之丞
一　鬼王新左衛門　松本　幸四郎

三月三日より

一　横雲大膳　松本　小次郎
一　長右衛門母おはや　市川　幾　蔵
一　中の町大こくやのお秀　佐の川　市松
一　長右衛門娘小なみ　小佐川竹次郎
一　関取牛ヶ瀬幸左衛門　尾上　松　助
一　長右衛門女房おきぬ　小佐川　常世
一　おきぬ妹おはん　瀬川　菊之丞
一　関取桂川長右衛門　松本　幸四郎

四月朔日より

一　片岡幸之進　森田　勘　弥
一　横雲大膳　松本　小次郎
一　根の井の次郎　中山　小十郎
一　よし盛娘しづはた　佐の川　市松
一　小ゆるぎ求馬之助　市川　男女蔵
一　源の大姫君　瀬川　富三郎
一　足軽今橋九平次　坂田　半五郎
一　清水冠者よし高　市川　こま蔵
一　つぼね岩ふじ　尾上　松　助
一　中老尾のへ　小佐川　常世
一　足軽曽根崎徳兵衛　市川　門之助
一　尾上召仕おはつ　瀬川　菊之丞
一　秩父の重忠　松本　幸四郎

五月五日より

一　平河原の次郎蔵　森田　勘　弥
一　岩永左衛門　市川　幾　蔵
一　山ぜげん権九郎　坂東　善　次
一　水茶やおきん
　　実ハ敦盛御だいそのをのまへ　山下　万　菊

一 大日坊願鉄　坂田 半五郎
一 舟頭阿漕の平次　市川 こま蔵
一 夜そば売平野町の徳兵衛　市川 門之助
一 西国巡礼観音七兵衛
　実ハ井場の十蔵　二やく 市川 門之助
一 舟君おふさ
　実(ママ)かけ清女房あこや　瀬川 菊之丞
一 講尺師杏林軒
　実ハ秩父の重忠　松本 幸四郎

戌四月廿三日
　病死 元祖中村仲蔵
　行年五拾七歳

五月廿四日より
伊達染曽我祭り＊

＊伊達染曽我まつり

七月十五日より
・忠孝両国織《ちうかうりやうごくおり》
一 塩冶判官高定　森田 勘弥
一 三河島の湯場とうの沢の風光　二やく 森田 勘弥

一 牧野の小太郎　森田 勘次郎
一 桃井播磨守　市川 幾蔵
一 利根の弾正　二やく 市川 幾蔵
一 真かべ八郎
　後ニおかべ数馬　沢村 淀五郎
一 孝行酒屋弥五郎　市川 こま蔵
一 斧定九郎　二やく 市川 こま蔵
一 石堂右馬之丞　市川 門之助
一 羽生村のかさね　瀬川 菊之丞
一 楠正儀奥方千はや　二やく 瀬川 菊之丞
一 一文字や才兵衛　松本 幸四郎
一 弥五郎母妙せい　二やく 松本 幸四郎

八月十六日より 弐番目 光明寺の段 貸座敷の段
一 矢間十太郎　森田 勘弥
一 奥田孫七　市川 幾蔵
一 木村次郎兵衛　沢村 淀五郎
一 富森常右衛門　松本 小次郎
一 下女おりん　佐の川 市松
一 大星力弥　市川 男女蔵
一 墨染のおりう　山下 万菊
一 千崎弥五郎　市川 こま蔵

一 高の師直　尾上 松助
一 八百や五郎兵衛　二やく 尾上 松助
一 大わし文吾　坂田 半五郎
一 さかなや吉五郎　二やく 坂田 半五郎
一 由良之助女房おいし　小佐川 常世
一 大館左馬之助　市川 門之助
一 寺岡平右衛門女房おくみ　瀬川 菊之丞
一 福島久右衛門
　実ハ大星由良之助　松本 幸四郎

△下り 中村粂太郎　市村座より 大谷 広次
△下り 市川八百蔵　同 岩井 半四郎
△下り 谷村虎 蔵　同 浅尾 為三郎
休居て出勤 中島和田右衛門

十一月朔日より
佐世中山《さよのなかやま》ひいきの鐘《かね》＊

一 六浦の松やにばゞア　中島和田右衛門
一 新参の団内　谷村 虎 蔵
一 横山次郎　浅尾 為三郎
一 横山三郎　嵐 音 八
一 横山娘小よし　岩井 粂三郎
一 横山前ぜふ　尾上 松助
一 道玄坂道玄坊　二やく 尾上 松助
一 池の庄司てる門　大谷 広次
一 小栗の判官　市川 八百蔵
一 下部八太平　市川 八百蔵
一 江州弁天霊像　岩井 半四郎
一 馬士関の小まん　二やく 岩井 半四郎
一 難波左衛門娘歌かた　瀬川 菊之丞
一 漁師五郎兵衛女房おとま　二やく 瀬川 菊之丞

＊狭夜中山寵釣鐘

寛政三亥年　中村座

正月廿五日より
・春《はるの》世《せ》界《かいに》賑《きわい》曽《そ》我《が》*
常盤津文字太夫上るり
百《もも》千《ち》鳥子《とりねの》日《ひ》ノ遊《あそび》**　小まつ引の所作事

一　近江の小藤太成家　沢村　淀五郎
一　八幡の三郎行氏　浅尾　為三郎
一　小林の朝いな　中島和田右衛門
一　梶原平三かけ時　中村　此蔵
一　同　平次かげ高　坂田　時蔵
一　小松引の賤の女おさの　佐の川　市松
一　同　おみ代　瀬川　見代蔵
一　同　おとき　中村　時三郎
一　同　おみつ　市川　光蔵
一　同　おみな　姉川　菊八
一　同　おとみ　瀬川　富三郎
一　同　おかな　中村　粂太郎
一　赤沢十内女房おさき　二やく　佐の川　市松
一　政子御ぜん　二やく　中村　粂太郎

一　大磯のとら　三やく　中村　粂太郎
一　けわい坂のせう〳〵　瀬川　富三郎
一　工藤の後室岩根御ぜん　尾上　松助
一　曽我の十郎祐成　市川　八百蔵
一　同　五郎時宗　二やく　市川　八百蔵
一　曽我の団三郎　三やく　市川　八百蔵
一　小松引の賤女
　実ハ手ごしのげいしやおてふ　岩井　半四郎
一　尾上下女はつ
　実ハ団三郎女房十六夜　二やく　岩井　半四郎
一　おもと人尾のへ
　実ハ京の小女郎　瀬川　菊之丞
一　小松引の賤女
　実ハ小磯のけいしやおとり　二やく　瀬川　菊之丞
一　鬼王新左衛門　大谷　広次
一　工藤左衛門祐つね　二やく　大谷　広次

*春世界花麗曽我
**百千鳥子日初恋

二月十七日より
第弐番目世話狂言二日替にいたし候口上書
常盤津文字太夫上るり
初日　三勝 半七　桜　浮名朧夜《かざしぐさうきなのおぼろよ》　市川八百蔵 岩井半四郎 瀬川菊之丞　相勤る

一　みのや三勝　瀬川　菊之丞
一　今市の善右衛門　中島和田右衛門
一　かし物や口くせ団兵衛　中村　此　蔵
一　あかねや番頭十兵衛　中村　勝五郎
一　同　手代長九郎　谷村　虎　蔵
一　同　手代九蔵　大谷　広　八
一　苅屋村おゆき　瀬川　富三郎
一　山伏大楽院　尾上　松　助
一　茜や荷かつぎ忠助　市川　八百蔵
一　あかねやでつち半七　岩井　半四郎
一　半七姉片瀬のおいと　二やく　岩井　半四郎
一　三勝父みのや平左衛門　大谷　広　次

常盤津文字太夫上るり
後日　お花 半七　柳　浮名春雨《かわそいぐさうきなのはるさめ》　尾上まつ助 瀬川菊之丞 岩井半四郎　相勤る

一　めつき喜兵衛女房島のおかん　瀬川　菊之丞
一　お針おりつ　佐の川　市松
一　刀や後家おくま　中島和田右衛門
一　うわばみ藤兵衛　中村　此　蔵
一　かるわざ師善太郎　中島　勘　蔵
一　野田新平　大谷　門　蔵
一　刀屋手代七郎左衛門　中村　伝五郎
一　おかん母　浅尾　為三郎
一　守山大蔵　嵐　音　八
一　町がゝへわにざめの伝　尾上　松　助
一　千葉の家臣吉岡甚三郎　市川　八百蔵
一　刀や娘おはな　岩井　半四郎
一　刀屋子がい半七　瀬川　菊之丞
一　家主丸や徳右衛門　大谷　広　次

三月十一日より　第弐番目
助六　縁　牡丹《すけろくゆかりのふかみぐさ》　江戸半太夫上るり
元祖八百蔵三十三回忌追善とし四代目八百蔵相勤る

一　白酒売おきく　瀬川　菊之丞
一　中の町松やのお市　佐の川　市松
一　くわんへら門兵衛　中島和田右衛門
一　朝かほせんべい　中島　勘　蔵
一　やりておむく　中村　此　蔵
一　けいせい常盤木　中村　粂太郎

一　髭の意休　尾上　松　助
一　あけ巻の助六　市川　八百蔵
一　三浦屋のあげ巻　岩井　半四郎
一　伊藤九郎祐清　大谷　広　次

亥五月十三日
病死　山下万菊

五月五日より　第三番目
艶容《はですがた》浪花《なにわ》姓《かたぎ》

一　喜兵衛女房おはま　佐の川　市松
一　高市数右衛門　大谷　広　八
一　はんじ物の喜兵衛　嵐　音　八
一　けいせい瀧川　中村　粂太郎
一　忠右衛門女房おかる　二やく　中村　粂太郎
一　ごくもんの庄兵衛　尾上　松　助
一　手代三九郎　二やく　尾上　松　助
一　かまくらや五郎八　市川　八百蔵
一　八木孫三郎　二やく　市川　八百蔵
一　やつこの小まん　岩井　半四郎
一　孫三郎妻清瀧　瀬川　菊之丞
一　黒船忠右衛門　大谷　広　次

大切　風流所作　**五月《さつき》菊《ぎく》名《なにし》大津《おほつ》絵《ゑ》**
ふじかつき女　おかめの面の所作　菊之丞
鑓おどり　若衆所作　半四郎　三人ニ而相勤る
鬼の念仏　うかれ座頭　八百蔵

五月十六日より
平《ひら》かな盛衰記《せいすいき》*　二段めの切　先陣問答の段　四段めの切　むけんの鐘の段　二幕

一　千年や八郎左衛門　中村　伝五郎
一　禿にほい　尾上　栄三郎
一　同　つぼみ　瀬川　吉三郎
一　こし元さなへ　瀬川　三代蔵
一　同　あやめ　中村　時三郎
一　同　さつき　市川　光　蔵
一　横須賀軍内　中島　勘　蔵
一　かぢわら平次かけ高　尾上　松　助
一　梶原源太かげ末　市川　八百蔵
一　景時女房ゑんじゆ　岩井　半四郎
一　姉おふで　二やく　岩井　半四郎
一　こし元千鳥　後ニ梅がへ　瀬川　菊之丞

*ひらがな盛衰記

八月十一日より
大和井筒里
河内生駒山
菊宴《きくのゑん》むかしの都《みやこ》

一　在原の業平　　　佐の川　市松
一　磯の上豆四郎　　二やく　佐の川　市松
一　惟喬親王　　　　中島和田右衛門
一　伴の中納言宗岡　沢村　淀五郎
一　惟仁親王　　　　大谷　徳五郎
一　堀川の大臣春宣公　浅尾　為三郎
一　どらのにやふ八　嵐　音八
一　井筒姫　　　　　瀬川　富三郎
一　藤太女房関の戸　中村　粂太郎
一　斑鳩藤太基国　　尾上　松助
一　紀ノ名虎ぼふ魂　二やく　尾上　松助
一　文字摺小よし　　三やく　尾上　松助
一　荒川宿禰春久　　市川　八百蔵
一　在原の行平　　　二やく　市川　八百蔵
一　紀ノ有常　　　　三やく　市川　八百蔵
一　伊勢の内侍　　　岩井　半四郎
一　宿禰女房通路　　瀬川　菊之丞
一　春日野しのぶ　　二やく　瀬川　菊之丞
一　孔雀三郎　　　　大谷　広次
一　大江音人時綱　　二やく　大谷　広次

顔見世入替り
森田座より　松本幸四郎　△下り　沢村玉柏
同　市川高麗蔵　休居て出勤　森田勘弥
同　中村助五郎　同　市川幾蔵

十一月朔日より
二代源氏《にだいげんじ》押強弓《おしのつよゆみ》

一　碓井の貞光　　　森田　勘弥
一　いばらきばゞア　二やく　森田　勘弥
一　土蜘の精霊　　　三やく　森田　勘弥
一　益田太郎　　　　谷村　虎蔵
一　源の頼親　　　　市川　幾蔵
一　官女常子　　　　沢村　玉柏
一　同　みたらし　　松本　米三郎
一　あやぎく　　　　佐の川　市松
一　坂田金時　　　　中村　助五郎
一　ト部季武　　　　市川　こま蔵
一　袴垂保輔　　　　二やく　市川　こま蔵
一　渡辺の綱　　　　市川　八百蔵
一　ばんずい長兵衛　松本　幸四郎

一　平井保昌　　松本　幸四郎

寛政四子年　中村座

正月十五日より

隅田川劇場縁日《すみだがわかぶきのゑんにち》

一　吉田の下部軍助　　森田　勘弥
一　雲介手拭の染五郎　　二やく　森田　勘弥
一　白拍子重の井　　三やく　森田　勘弥
一　吉田の梅若丸　　中村　七三郎
一　道成寺の住僧　　市川　幾蔵
一　釜や武兵衛　　中島和田右衛門
一　はんじよ御ぜん　　中村　粂太郎
一　けいせい奥州ゆふこん　　松本　米三郎
一　吉祥寺日乗上人　　中村　勝五郎
一　向野三哲　　谷村　虎蔵
一　雑司谷百姓出来作　　中村　助五郎
一　粂の平内長盛　　二やく　中村　助五郎
一　道成寺の同宿中将坊　　三やく　中村　助五郎
一　松井源吾定かげ　　市川　幾蔵
一　八百や久兵衛　　二やく　市川　幾蔵

一　同　娘お七　　二やく　松本　米三郎
一　小性吉三郎　　森田　勘次郎
一　惟定の息女牛の御ぜん　　沢村　玉柏
一　八百や下女お杉　　佐の川　市松
一　軍助女房奴万寿　　佐の川　市松
一　吉祥寺の納所弁長　　市川　高麗蔵
一　たへまの図幸鬼貫　　市川　高麗蔵
一　土左衛門伝吉　　松本　幸四郎
一　道成寺の同宿三位坊　　二やく　松本　幸四郎
一　関取松風瀬平　　三やく　松本　幸四郎
一　粟津六郎左衛門俊兼　　四やく　松本　幸四郎

都太夫一中上るり

けいせい浅間嶽　けいせい奥州ぼふこん　米三郎　小笠原巴之丞　高麗蔵　相勤申候

娘道寺(ママ)＊　所作事　森田勘弥相勤申候

＊道成寺花の面影

二月十六日より

第弐番め 木母寺の段 橋場村の段

一 松井源吾貞景　市川 幾蔵

一 小性吉三郎
　実ハ山田左門　森田 勘次郎

一 鹿島次郎道直　沢村 春五郎

一 坂東順礼おせん　坂東 小伝次

一 牛田村百姓九郎次　鳴見五郎四郎

一 山田三郎女房おあさ　佐の川 市松

一 じやくまくの善右衛門　中村 助五郎

一 山田の三郎兼友　市川 こま蔵

一 わたし守都鳥の次郎蔵　松本 幸四郎

一 粟津の六郎俊兼　二やく 松本 幸四郎

右之通、正月看板出し候得共、始り不申、二月に入、弐番目の看板を出し、二月十六日よりといたし候得共、是又始り不申、顔見世無人ニ而間に合せ、春狂言も又々、其内八百蔵勘弥虎蔵米三郎不出候故、此狂言は看板斗り出し初り不申候。

閏二月十六日より 仮狂言として

桜《さくら》鯛《だ》魚《い》一寸《ちよつと》釣船《つりふね》

一 東山よし政公　森田 勘弥

一 助松主計　二やく 森田 勘弥

一 同 一子要人　三やく 森田 勘弥

一 山名宗全　市川 幾蔵

一 大島佐賀右衛門　中島和田右衛門

一 品川狼之助　坂東 善次

一 三ぶ妹おたつ　沢村 玉柏

一 義平次娘おふさ　佐の川 市松

一 団七九郎兵衛　中村 助五郎

一 一寸徳兵衛　市川 こま蔵

一 釣舟の三ぶ　松本 幸四郎

一 細川勝元　二やく 松本 幸四郎

河原崎座より 大谷広次　休居て出勤 沢村春五郎

△大坂より下り 沢村宗十郎　同 坂東又太郎

市村座より 中山富三郎　河原崎座より 大谷徳五郎改 中村伝九郎

中村座より 嵐 音八

同 市川はま蔵

寛政五癸丑年　中村座／都座

正月十一日より
遇《さいくわい》曽我《そが》中村《なかむら》

一 小林の朝比奈　大谷 広次
一 吉田の軍助　二やく 大谷 広次
一 三浦平六兵衛　三やく 大谷 広次
一 近江小藤太成家　坂東 又太郎
一 八幡の三郎行氏　沢村 春五郎
一 蒲冠者のり頼　市川 破魔蔵
一 梶原平次景時　嵐 音八
一 粟津六郎女房花子　中山 富三郎
一 梶原平三かげ高　中村 助五郎
一 大磯のとら　山下 万菊
一 曽我十郎祐成　沢村 宗十郎
一 同 五郎時宗　中村 伝九郎
一 曽我満江御ぜん　市川 八百蔵
一 工藤左衛門祐経　二やく 市川 八百蔵

三月三日より

一 千葉の下部波平　大谷 広次
一 桜姫のめのと山路　佐の川 市松
一 清水の児妙法丸　中村 七三郎
一 同 妙喜丸　沢村 源之助
一 因幡の三郎　沢村 春五郎
一 茬柄の平太胤長　大谷友右衛門
一 北条奴そで介　沢村 寿之助
一 茬柄の下部灘平　嵐 音八
一 北条の息女桜ひめ　山下 民之助
一 千葉之助晴玄　瀬川 富三郎
一 北条の下部磯平　市川 八百蔵
一 新清水の清玄　沢村 宗十郎

此狂言切ニ而相休、櫓名題(ママ)替る。

私芝居之儀、元祖寛永年中於御当地始而興行仕候処、其後、年久敷相休罷有候。然る所今般、蒙(闕)御免於堺町歌舞妓狂言興行被為(闕)仰付誠に身に余り、冥賀至極、難有仕合に奉存候。何卒御ひいき厚御蔭を以、

繁昌仕、相続致候様、偏に奉願上候。吉例之通、霜月顔見世狂言取組、奉入御覧候。私芝居御取立与被思召、早朝より御賑々敷、御見物御来駕候様、奉希上候、以上。

根元 大芝居 歌舞妓続狂言 堺町 若太夫座元 都亀松 都伝内

先祖都伝内、寛永九申年蒙（闕）御免、明暦三酉年、於堺町に太鼓櫓を上、歌舞妓狂言興行仕候。当寛政五丑年迄之年数、凡百六拾弐年に相成申候。

市村座より 瀬川菊之丞　　河原崎座より 坂東三津五郎
同 市川団十郎　　同 岩井粂三郎
同 坂田半五郎　　同 山下民之助
同 嵐龍蔵 △下り　　大和山友右衛門

此節より、切落し不残土間に成。

当顔見世より都座に成。名代都伝内、仮芝居之内外とも、瀬川菊之丞世話致候趣、口上書出る。

十一月朔日より
・優軍配都陣取《やさぐんばいみやこのぢんどり》*
一 大郡坊覚明　大和山友右衛門
一 政房息女菊のまへ　山下民之助
一 権の頭兼遠　山科四郎十郎

一 諏訪五郎高定　市川団十郎
一 越中の次郎兵衛盛次　嵐竜蔵
一 白拍子梅がへ　岩井粂三郎
一 梶原源太かげすへ　市川団十郎
一 樋口女房いそなみ　佐の川市松
一 今井の四郎兼平　坂東三津五郎
一 備前守行家　坂田半五郎
一 判官友綱　大谷広次
一 樋口の次郎　二やく 大谷広次
一 手づか女房あやぎぬ　瀬川菊之丞
一 巴御ぜん　二やく 瀬川菊之丞
一 けいせいみや人 実ハ安房の侍従　三やく 瀬川菊之丞

*優美軍配都陣取

寛政六甲寅年　都座

飛入　沢村宗十郎 市川八百蔵　両人共顔見世休居て出勤

二月朔日より

初曙《はつあけぼの》顔見世《かほみせ》曽我《そが》＊

一 小ばやしの朝いな　大谷　広次
一 赤沢十内　二やく 大谷　広次
一 八幡の三郎行氏　坂東三津五郎
一 京の次郎　二やく 坂東三津五郎
一 そがの団三郎　大谷　徳次
一 大藤内成景　大和山友右衛門
一 政子御ぜん　山下　民之助
一 けわい坂のせう〳〵　二やく 山下　民之助
一 なぎの葉御ぜん　佐野川　市松
一 三浦の片貝　二やく 佐野川　市松
一 伊豆の次郎祐兼　市川　団十郎
一 近江小藤太　嵐　竜蔵
一 鬼王新左衛門　坂田　半五郎
一 曽我十郎祐成　沢村　宗十郎
一 同　五郎時宗　市川　八百蔵
一 鬼王女房月さよ　瀬川　菊之丞
一 大いそのとら　二やく 瀬川　菊之丞

＊初曙観曽我

富本豊前太夫上るり

浜鵆《はまちどり》色《いろの》菊蝶《きくてふ》　大谷広次 市川八百蔵 沢村宗十郎 瀬川菊之丞　相勤る

三月三日より第弐番目

草履打の段

一 相馬小三郎友春　坂東三津五郎
一 門番角兵衛　大谷　徳次
一 相沢弥五郎　市川富右衛門
一 結城の八郎直光　尾上　雷助
一 大杉友蔵　大和山友右衛門
一 狩野の息女蘭菊姫　瀬川　雄次郎
一 らんきく姫のかしづきはなまち　岩井　粂三郎
一 岩藤玄蕃重達　坂田　半五郎

一 おのへ下部初平　市川八百蔵
一 千原尾上之助政勝　沢村宗十郎
一 幸崎甚内　二やく 沢村宗十郎
一 甚内妹お菊　瀬川菊之丞

三月廿三日より 第三番目四幕
大門屋足揃の段　石原町兵術の段
油堀雁金屋の段　藤《かへし》の棚捕者の段

一 宅間玄龍　大谷広次
一 田中喜三兵衛　二やく 大谷広次
一 山川や権六　坂東三津五郎
一 布袋市右衛門　大谷徳次
一 びぜんや瀧川　瀬川富三郎
一 あんばいよし六兵衛　市川富右衛門
一 関口源蔵　荻野東蔵
一 備前や長右衛門　大和山友右衛門
一 びぜんやの清川　山下民之助
一 文七母妙恩　山科四郎十郎
一 庄九郎女房おみち　佐の川市松
一 野田角左衛門　嵐龍蔵
一 極印千右衛門　嵐龍蔵
一 雷庄九郎　坂田半五郎

一 雁金文七　市川八百蔵
一 安の平兵衛　沢村宗十郎
一 元龍娘おたか　瀬川菊之丞
一 文七女房おつき　二やく 瀬川菊之丞

五月五日より
花《はな》菖蒲《あやめ》文禄《ぶんろく》曽我《そが》
故人坂田半五郎十三回忌追善との口上

一 浅田や十右衛門　大谷広次
一 石井源蔵　坂東三津五郎
一 やつこ袖介　大谷徳次
一 蟹坂藤太　市川富右衛門
一 磯上正蔵　荻野東蔵
一 高木和助　尾上雷助
一 奥野三平　大和山友右衛門
一 女馬士日の出のお十　山下民之助
一 石井兵衛　山科四郎十郎
一 卜庵娘おさよ　瀬川雄次郎
一 石井半次郎　岩井粂三郎
一 祇園町の白人おなよ　佐の川市松
一 石井源之丞　市川団十郎
一 杉山卜庵　嵐龍蔵

一 金借し石部の金吉　二やく 嵐 龍蔵
一 藤川水右衛門　坂田 半五郎
一 田辺の文蔵　市川 八百蔵
一 大岸蔵人　沢村 宗十郎
一 源蔵妻千束　瀬川 菊之丞
一 文蔵女房おしづ　二やく 瀬川 菊之丞

七月廿五日より

けいせい三本傘

一 山三下部土佐又平　大谷 広次
一 東山義晴公　坂東三津五郎
一 百性深草の次郎作　坂東三津五郎
一 石塚玄蕃　荻野 東蔵
一 小田木主水之助　尾上 雷蔵
一 物部の次官友たる　大和山友右衛門
一 名古や三左衛門　山科四郎十郎
一 伴左衛門下部浮世又平　嵐 竜蔵
一 長谷部玄蕃頭純門　二やく 嵐 竜蔵
一 高島の娘いてふのまへ　岩井 粂三郎
一 遣り手みや　佐の川 市松
一 伴左衛門女房関の戸　二やく 佐の川 市松
一 不破の伴作　市川 団十郎

一 修行者子育の観音坊　坂田 半五郎
一 大膳てるつら　坂田 半五郎
一 不破伴左衛門重勝　市川 八百蔵
一 名古や山三元春　沢村 宗十郎
一 山三女房おくに　瀬川 菊之丞
一 けいせいかつらき　二やく 瀬川 菊之丞

富本豊前太夫上るり
鶏鐘筐衣々《とりとかねかたみのきぬ〳〵》　嵐 龍蔵　沢村 宗十郎　瀬川 菊之丞　相勤る

八月十七日より　弐番目

一 岩原嘉藤次　松本 国五郎
一 沖津川の川ごしよだれ坊の八　坂田 半蔵
一 尼妙貞　筒井 東九郎
一 尼妙三　市川富右衛門
一 下部定平　尾上 雷助
一 けいせい賤はた　山下 民之助
一 千種姫　瀬川 雄次郎
一 今川家めのと松がへ　佐の川 市松
一 今川伊予之助　市川 団十郎
一 阿波の十郎兵衛　坂田 半五郎
一 小野田良助　沢村 宗十郎
一 はたごやおかん　瀬川 菊之丞

九月九日より

・**義経千本桜** 序切より 二の口切 道行狐場迄

一 川ごへ太郎重頼　大谷 広 次
一 するがの次郎　中村 伝九郎
一 こし元秋しの　中村 七三郎
一 京のきみ　瀬川 富三郎
一 安とく天皇　沢村 鉄之助
一 土佐坊昌俊　市川富右衛門
一 川つら法眼　尾上 雷 助
一 相模五郎　大和山友右衛門
一 法眼女房あすか　瀬川 雄次郎
一 すけの局　佐野川 市松
一 亀井の六郎　市川 団十郎
一 武さし坊弁慶　嵐 龍 蔵
一 渡海や銀平 実ハ平知盛　坂田 半五郎
一 横川の覚範　二やく 坂田 半五郎
一 佐藤四郎兵衛忠信　市川 八百蔵
・一 源九郎狐　二やく 市川 八百蔵
一 源のよし経　沢村 宗十郎
一 しづか御ぜん　瀬川 菊之丞

切狂言

色競《いろくらべ》比翼塚《ひよくづか》 上中下三幕

一 若党大助　大谷 広 次
一 本庄助市　坂東三津五郎
一 でつちり清兵衛　大谷 徳 次
一 本庄典膳　市川富右衛門
一 たいへいの勘太　筒井 東九郎
一 こしもとおさへ　瀬川 三代蔵
一 羽根川源吾　荻野 東 蔵
一 犬垣頭平太　大和山友右衛門
一 けいしやおちか　山下 民之助
一 長兵衛母栄昌　山科四郎十郎
一 典膳むすめ八重梅　岩井 粂三郎
・一 絹売甚九郎　嵐 龍 蔵
・一 白井権八　市川 八百蔵
一 ばんずい長兵衛　沢村 宗十郎
一 長兵衛女房お時　瀬川 菊之丞
一 けいせい小むらさき　二やく 瀬川 菊之丞

△下り 片岡仁左衛門　河原崎座より 大谷鬼次改 坂東彦三郎
△下り 中村 野 塩　同 二代 中村仲 蔵

十一月朔日より
・閏訥子《うるふとし》名歌誉《めいかのほまれ》＊

一 荒巻耳四郎　中村　仲蔵
一 秦の大膳武とら　大谷　広次
一 武とら妹賎はた　佐の川　市松
一 衛士の五郎又　荻野　東蔵
一 惟喬親王　市川　破魔蔵
一 井筒のまへ　岩井　粂三郎
一 衛士の又六　嵐　竜蔵
一 大伴山主　二やく　嵐　竜蔵
一 はま主　山科四郎十郎
一 桂金吾　坂東三津五郎
一 五代三郎　坂東　彦三郎
一 紀の名虎　下り　片岡仁左衛門
一 孔雀三郎　沢村　宗十郎
一 貫之娘この花　下り　中村　野塩
一 大伴の黒主　二やく　沢村　宗十郎
一 黒主のおく方花ぞの御せん　瀬川　菊之丞

＊閏訥子名和歌誉

寛政七乙卯年　都座

正月十五日より
江戸砂子《えどすなご》慶曽我《きちれいそが》

一 八わたの三郎　大谷　広次
一 赤沢十内　二やく　大谷　広次
一 三浦の片貝　瀬川　雄次郎
一 近江の小藤太　中村　仲蔵
一 舞鶴や伝三　坂東三津五郎
一 箱根の別当行実　山科四郎十郎
一 けわい坂のせう〳〵　瀬川　富三郎
一 鬼王新左衛門　片岡仁左衛門
一 吉田や喜左衛門　二やく　片岡仁左衛門
一 そがの五郎時宗　坂東　彦三郎
一 大磯のとら　中村　野塩
一 けいせい夕霧　二やく　中村　野塩
一 そがの十郎祐成　沢村　宗十郎
一 ふじや伊左衛門

実ハそがの団三郎　瀬川　菊之丞

第弐ばんめ　世話狂言

一　出石宅左衛門　大谷　広　次
一　千しま千太郎　沢村　春五郎
一　奴たゝ平　荻野　東　蔵
一　多々羅佐十郎　片岡　角太郎
一　横川伴右衛門　中島勘左衛門
一　廻し男弥介　嵐　龍　蔵
一　笹の三五兵衛　片岡仁左衛門
一　家主六右衛門　大谷　徳　次
一　若党八右衛門　坂東三津五郎
一　ますやの娘おこの　中村　のしほ
一　さつま源五兵衛　沢村　宗十郎
一　げいしや小まん　瀬川　菊之丞

此弐番目、五人切り、初而いたし、宗十郎仁左衛門、評よく、大当り也。

三月九日より

一　神田与吉　大谷　広　次
一　やつこ折助　大谷　徳　次
一　大根畑の頓兵衛　坂東　善　次

一　小寺才兵衛　市川　浜　蔵
一　万字や高崎　岩井　粂三郎
一　多賀や庄右衛門　山科四郎十郎
一　城木や手代丈八　中村　仲　蔵
一　城木や後家おとら　嵐　龍　蔵
一　尾花才三郎　坂東三津五郎
一　城木や孫四郎　坂東　彦三郎
一　城木やおこま　中村　野　塩
一　多賀屋庄作　沢村　宗十郎
一　城木や下女おひさ　瀬川　菊之丞

富本豊前太夫
桃柳娘雛形《もゝやなぎむすめひなかた》　中村のしほ　岩井粂三郎　大谷広次　坂東三津五郎　中村仲蔵　中島勘左衛門　大谷徳次　相勤る

第弐ばん目大詰　二代目故人瀬川菊之丞廿三回忌追善所作事
三瀬川吾妻人形　三代目瀬川菊之丞相勤る
男舞　春駒　切禿

四月五日より

・**仮名手本忠臣蔵**

一　石堂右馬之丞　大谷　広　次
・一　高の師直　片岡仁左衛門
・一　斧九太夫　二やく　片岡仁左衛門

一 天川や義平　三やく 片岡仁左衛門
一 てつち伊吾　大谷 徳 次
一 千崎弥五郎　中村 伝九郎
一 百性与一兵衛　市川 宗三郎
一 大星力弥　岩井 粂三郎
一 かほよ御ぜん　佐の川 市松
一 早の勘平　坂東三津五郎
一 鷺坂伴内　沢村 東 蔵
一 桃井若狭之助　中村 仲 蔵
一 斧定九郎　中村 仲 蔵
一 寺岡平右衛門　あらし 龍蔵
一 太田了竹　二やく あらし 龍蔵
・一 大星由良之助　坂東 彦三郎
一 こし元おかる　中村 のしほ
一 本蔵女房となせ　二やく 中村 のしほ
一 塩冶判官　沢村 宗十郎
一 加古川本蔵　二やく 沢村 宗十郎
一 義平女房おその　瀬川 菊之丞
一 由良之助女房おいし　二やく 瀬川 菊之丞

五月五日より
十一段目敵討の場出る。

七月廿日より
遊女操吉原養育《きみがてゝよしわらそだち》*

一 鳴神峰右衛門　大谷 広 次
一 赤松満祐亡魂　二やく 大谷 広 次
一 才原勘解由　片岡仁左衛門
一 庄司甚右衛門　二やく 片岡仁左衛門
一 奥女中沖の井　大谷 徳 次
一 柳川源吾　中村 伝九郎
一 頼兼御台萩の方　佐の川 市松
一 足利兵庫　中村 仲 蔵
一 浮世戸平　あらし 龍蔵
一 秋月帯刀　坂東三津五郎
一 松枝関之助　坂東 彦三郎
一 細川勝元　二やく 坂東 彦三郎
一 めのと政岡　中村 のしほ
一 けいせい薄雲　二やく 中村 のしほ
一 しまつ重三郎　沢村 宗十郎
一 足利左馬之助頼兼　二やく 沢村 宗十郎
一 豆腐や娘お雪　瀬川 菊之丞
一 三浦の高尾　二やく 瀬川 菊之丞

＊遊君操吉原討覇

八月七日より切狂言

容《すがた》競《くらべ》出入《でいり》湊《みなと》

あし川の段　かまくらやの段

ひやうたん町の段　大江橋仕返しの段

新町橋出入の段　右五幕出る

一　黒船忠右衛門　片岡仁左衛門
一　はんじ物の喜兵衛　大谷　徳　次
一　舟頭の忠右衛門　市川　宗三郎
一　むじなの又六　大谷　門　蔵
一　しやりかふべの大六　中村　芳　蔵
一　おやまの多助　沢村　喜十郎
一　高市数右衛門　沢村　東　蔵
一　かまくらや手代三九郎　中島勘左衛門
一　うわばみ権兵衛　坂東　善　次
一　おしづの方　瀬川　雄次郎
一　けいせい瀧川　岩井　粂三郎
一　かまくらや仁右衛門　山科四郎十郎
一　喜兵衛女房おはま　佐の川　市松
一　獄門の庄兵衛　あらし　龍蔵
一　かまくらや五郎八　坂東三津五郎
一　奴の小まん　中村　のしほ
一　八木孫三郎　沢村　宗十郎
一　丹波や後家おあや　瀬川　菊之丞

八月十九日より

一谷嫩軍記

一　太五平　大谷　広　次
一　みだ六　二やく　大谷　広　次
一　堤の軍次　中村　伝九郎
一　平山武者所季重　市川　宗三郎
一　玉むしひめ　瀬川　雄次郎
一　無官の太夫あつもり　岩井　粂三郎
一　伊勢の三郎よし盛　中村　仲　蔵
一　さつまの守忠のり　坂東　彦三郎
一　九郎判官よし経　二やく　坂東　彦三郎
一　岡部の六弥太忠澄　沢村　宗十郎
一　熊谷の次郎直実　二やく　沢村　宗十郎
一　俊成卿の息女菊のまへ　瀬川　菊之丞

九月九日より

芦屋《あしや》道満《どうまん》大内《おふうち》鑑《かゞみ》

一　奴与勘平　大谷　広　次
一　やかん平　片岡仁左衛門

一　芦屋将監　　二やく　片岡仁左衛門
一　木綿買丈六
　　実ハゑがらの段八　　大谷　徳　次
一　さくら木親王　　中村　伝九郎
一　左大将橘の元方　　市川　宗三郎
一　好古の息女六の君　　岩井　粂三郎
一　加茂の後室　　沢村　東　蔵
一　信田の庄司　　山科四郎十郎
一　石川悪右衛門　　嵐　　龍　蔵
一　岩倉治部太夫　　二やく　嵐　　龍　蔵
一　左近太郎てる綱　　坂東三津五郎
一　芦屋兵衛道満　　坂東　彦三郎
一　榊のまへ　　中村　のしほ
一　庄司娘くずの葉　　二やく　中村　のしほ
一　信田葛の葉狐　　三やく　中村　のしほ
一　安部の保名　　沢村　宗十郎
一　道満女房つくばね　　瀬川　菊之丞

顔見世入替り
桐座より　市川八百蔵　　休居て出勤　中村助五郎
同　山下金　作　　△下り　山本京四郎
同　市川団十郎

十一月朔日より
帰花《かへりばな》雪《ゆきも》義経《よしつね》

一　由利の八郎　　片岡仁左衛門
一　守貞親王　　中村　仲　蔵
一　梶原平三かけ時　　中村　助五郎
一　出羽の判官　　大和山友右衛門
一　熊井太郎忠基　　市川　団十郎
一　八重はた　　山下　金　作
一　尾形の三郎　　山本　京四郎
一　五斗兵衛女房おとく　　中村　のしほ
一　尾形の三郎　　坂東　彦三郎
一　五斗兵衛　　市川　八百蔵

寛政八丙辰年　都座

正月十五日より
振分髪《ふりわけがみ》青柳《あをやぎ》曽我《そが》

一　和田のよし盛　片岡仁左衛門
一　京の次郎祐俊　大谷　徳　次
一　そがのまんこふ　山科四郎十郎
一　伊豆の次郎祐兼　市川　浜　蔵
一　蒲冠者のり頼　大谷　門　蔵
一　三浦の家臣六浦丹下　大和山友右衛門
一　小はやしの朝いな　沢村　東　蔵
一　大磯のとら　岩井喜代太郎
一　けわい坂のせう〳〵　岩井　粂三郎
一　工藤左衛門祐経　中村　仲　蔵
一　近江小藤太成いへ　中村　助五郎
一　八幡の三郎行氏　山本　京四郎
一　曽我の団三郎　市川　団十郎
一　鬼王新左衛門　坂東　彦三郎
一　鬼王女房月さよ　中村　のしほ
一　曽我十郎祐成　坂東　彦三郎
一　同　五郎時宗　市川　八百蔵
一　平家侍大将主馬判官盛久　二やく　市川　八百蔵

第弐番目世話狂言一日替り
常盤津文字太夫上るり
初日道行　**帯夫桂川水《おびのあやかつらのかわみづ》***　坂東彦三郎　中村のしほ　市川八百蔵　相勤る

一　片岡幸左衛門　片岡仁左衛門
一　非人ひやざけの権　中村　仲　蔵
一　お半母おいし　山本　京四郎
一　しなのやおはん　岩井　粂三郎
一　片岡幸之進　坂東　彦三郎
一　あんま米市　二やく　坂東　彦三郎
一　夜そばうりにうめんや宗兵衛　三やく　坂東　彦三郎
一　辻君おそで　中村　のしほ
一　長右衛門女房おきぬ　二やく　中村　のしほ
一　帯屋長右衛門　市川　八百蔵

常盤津文字太夫上るり
後日道行 **浮借吾妻森《ういたどしわがつまもり》**＊＊ 岩井粂三郎 市川団十郎 岩井喜代太郎 中村のしほ 市川八百蔵 相勤る

一 釼術指南野田幡龍　片岡仁左衛門
一 蛤町の船頭とらぎす五平次　二やく 片岡仁左衛門
一 刀屋岩見　山科四郎十郎
一 いせ四郎の手代善八　中村仲右衛門
一 げいこ鶴吉　山下　万　菊
一 五平次女房おかん　大和山友右衛門
一 げいこおはな　岩井　粂三郎
一 船頭いたこの三次　沢村　東　蔵
一 伝兵衛女房おりつ　岩井喜代太郎
一 金貸し地ごく清右衛門　中村　仲　蔵
一 刀屋半七　市川　団十郎
一 関取いかづち鶴之助　山本　京四郎
一 猿江町の与次郎　坂東　彦三郎
一 げいこおしゅん　中村　のしほ
一 肴売江戸ッ子伝兵衛　市川　八百蔵

＊道行　帯文桂川水
＊＊道行　浮借吾妻森

二月十五日より　第弐番目二幕
一 まなごやのお熊ばゞア　片岡仁左衛門

一 熊谷寺の満月上人　山科四郎十郎
一 番場の忠太　沢村　喜十郎
一 下女おなつ　山下　万　菊
一 義時の娘梅園姫　中村　槌之助
一 瀧口の白きく丸 実ハ平家の保童丸　岩井喜代太郎
一 菊池道龍 実ハ紀の九郎義兼　中村　仲　蔵
一 同宿せいたか坊　二やく 中村　仲　蔵
一 同宿こんがら坊　坂東　彦三郎
一 奉公人房州彦助 実ハ本田次郎近常　二やく 坂東　彦三郎
一 尾形三郎妹横笛　中村　のしほ
一 まなごや正作 実ハ尾形の三郎惟光　市川　八百蔵

京鹿子娘道成寺 坂東彦三郎 中村仲蔵 中村のしほ 相勤る

三月三日より
敵討雛磯貝《かたきうちひなのいそがい》 京鹿の子所作二番目に相勤る

一 島川太兵衛　片岡仁左衛門
一 やつこ関助　大谷　徳　次
一 太兵衛うばおかや　山科四郎十郎

一 近藤七国ひら　大和山友右衛門
一 島川下部雲平　中村　仲　蔵
一 彦惣女房小きん　岩井喜代太郎
一 磯貝東三郎　山本　京四郎
一 磯貝下部友蔵　坂東　彦三郎
一 田代のおく方弥生御ぜん　中村　のしほ
一 磯貝実右衛門　市川　八百蔵
一 大津の馬士彦惣　二やく 市川　八百蔵
一 関口蔵人　三やく 市川　八百蔵

四月八日より

祇園祭礼信仰記 道成寺所作事壹番にいたし候

一 松永大ぜん久秀　片岡仁左衛門
一 薬や是斎　二やく 片岡仁左衛門
一 是斎女房おさじ　山科四郎十郎
一 三好修理太夫存保　二やく 山科四郎十郎
一 火車の小次兵衛　大和山友右衛門
一 松永喜藤太　沢村　東　蔵
一 是斎娘おつゆ　岩井　粂三郎
一 けいせい花橘　岩井喜代太郎
一 春永御だいきてふの前　二やく 岩井喜代太郎
一 山口九郎次郎　中村　仲　蔵

一 狩野助直信　市川　団十郎
一 薬や下人新作　市川　団十郎
一 十河軍平
　　実ハ佐藤虎之助　山本　京四郎
一 足利義輝公　二やく 山本　京四郎
一 小田春永　坂東　彦三郎
一 狩野の雪姫　中村　のしほ
一 乳母人侍従　市川　八百蔵
一 此下東吉　二やく 市川　八百蔵

四月十六日より 故人中村仲蔵七回忌追善狂言

常盤津文字太夫上るり

戻《もどり》駕《か》籠《ご》 法《のりの》志《し》賀《が》山《やま》 中村仲蔵 岩井粂三郎 市川八百蔵 相勤る

七月十五日より

菅原伝授手習鑑

一 藤原の時平　片岡仁左衛門
一 覚じゅ　二やく 片岡仁左衛門
一 白太夫　三やく 片岡仁左衛門
一 似せ向ひ弥藤次　大谷　徳　次
一 天らんけい　山科四郎十郎
一 梅王女房はる　山下　万　菊

一　土師の兵衛　中村　助五郎
一　左中弁まれよ　大和山友右衛門
一　すくね太郎　沢村　東　蔵
一　桜丸女房やへ　岩井　粂三郎
一　源蔵女房戸波　岩井喜代太郎
一　立田のまへ　二やく　岩井喜代太郎
一　松王丸　中村　仲　蔵
一　くりから太郎　市川　団十郎
一　判官代てる国　山本　京四郎
一　菅丞相　坂東　彦三郎
一　さくら丸　中村　のしほ
一　松王女房千代　二やく　中村　のしほ
一　梅王丸　市川　八百蔵
一　武部源蔵　二やく　市川　八百蔵

八月十日より　切狂言三幕

新口村色出来秋

一　新口村百性忠三郎　大谷　とく次
一　高木与三右衛門　山科四郎十郎
一　質や手代勘六　沢村　喜十郎
一　座頭歌遊　大谷友右衛門
一　丹波や八右衛門　沢村　東　蔵

一　かめやでつち長蔵　市川　団十郎
一　新口村孫右衛門　坂東　彦三郎
一　つちやの梅川　中村　のしほ
一　かめや妙かん　市川　八百蔵
一　亀屋忠兵衛　二やく　市川　八百蔵

九月九日より

彦山権現誓助釼

一　京極内匠　片岡仁左衛門
一　若党左五平　大谷　徳　次
一　吉岡一味斎　山科四郎十郎
一　女房お幸　二やく　山科四郎十郎
一　杣斧右衛門　中村　よし蔵
一　ぬす人坊主義平　大和山友右衛門
一　春風藤蔵　沢村　東　蔵
一　内匠妹おたか　岩井　粂三郎
一　一味斎娘おきく　岩井喜代太郎
一　奴友平　中村　仲　蔵
一　異国人杢曽官　二やく　中村　仲　蔵
一　絹川弥三郎　市川　団十郎
一　真柴久吉　山本　京四郎
一　木村帯刀　坂東　彦三郎

一　一味斎娘おその　　中村　のしほ
一　絹川弥三左衛門　　市川　八百蔵
一　毛谷村の六助　　二やく　市川　八百蔵

第弐番目　常盤津文字太夫上るり
男江口
女西行　雅似《さるにても》富士《ふじ》の写画《うつしへ》　今様　唄比丘尼　中村野塩
富士太郎　坂東彦三郎　相勤る

○片岡仁左衛門上方へ登る

河原崎座より　市川鰕　蔵　　河原崎座より　大谷広右衛門
△下り　岩井半四郎
桐座より　森田勘　弥

辰十一月朔日より
・清和《せいわ》二代《にだい》群《おふよせ》源氏《げんじ》*
一　鳶の者釣鐘《つりかね》五郎　　大谷広右衛門
一　同　荒神の伊三　　森田　勘　弥
一　同　かなてこの三　　中村　仲　蔵
一　村雲の皇子　　二やく　中村　仲　蔵
一　源ノ頼光　　市川　団十郎
一　けいせいはつ花　　岩井　粂三郎
一　よし門娘七瀬　　中村　のしほ

一　岡崎の小女郎狐　　岩井　半四郎
一　ふじ原の仲光　　市川　八百蔵
一　わたなべの綱　　二やく　市川　八百蔵
暫一　碓井荒次郎貞光　　市川　鰕　蔵
一　廻国修行者快山
　　実ハ相馬太郎将門　　二やく　市川　鰕　蔵
市川鰕蔵、一世一代口上有之。

辰十一月七日
病死　二代目中村仲蔵
行年三拾八歳

*清和二代遨源氏

寛政九丁巳年　都座／中村座

江戸《ゑどの》春《はる》吉例《きちれい》曽我《そが》

一　工藤左衛門祐経	片岡仁左衛門
一　曽我の団三郎	大谷　徳　次
一　そがの禅師坊	山下　万　菊
一　伊豆の次郎祐兼	大谷　門　蔵
一　岩永左衛門宗連	中村　助五郎
一　赤沢十内	山本　京四郎
一　井場の十蔵重勝	沢村　喜十郎
一　近江の小藤太成家	大谷広右衛門
一　曽我満江御ぜん	山科四郎十郎
一　仁田四郎忠常	森田　勘　弥
一　奴谷平	二やく　森田　勘　弥
一　小林の朝比奈	三やく　森田　勘　弥
一　北条の息女さくら姫	中村　のしほ
一　けわい坂のせう〱	中村　のしほ
一　大いそのとら	岩井　半四郎
一　曽我の五郎時宗	二やく　岩井　半四郎
一　鬼王女房月さよ	三やく　岩井　半四郎

一　曽我の十郎祐成	市川　八百蔵
一　鬼王新左衛門	二やく　市川　八百蔵
一　新清水の清玄	三やく　市川　八百蔵

常盤津兼太夫上るり
初霞《はつかすみ》　廓《くるわの》　巣籠《すごもり》　森田勘弥　大谷徳次　中村野塩　岩井半四郎　相勤る

二月四日より　第二番目　両国御橋（ママ）の段　道具屋の段　道行の段

一　道具や手代団九郎	片岡仁左衛門
一　梅沢の三ぶ	大谷　徳　次
一　道具やでつち助松	市川　団　作
一　仲売弥市	大谷　門　蔵
一　大倉佐賀右衛門	中村　助五郎
一　道具や孫右衛門後家お幸	山村四郎十郎
一　河内や徳兵衛	森田　勘　弥
一　関本のおこと	中村　のしほ
一　道具や下女おなか	岩井　半四郎
一　道具や手代清七	市川　八百蔵

常盤津政太夫上るり
おなか清七　**梅《むめ》見《み》月《つき》恋《こひ》闇《のわざ》思君《くれ》**　市川八百蔵　岩井半四郎　相勤る

三月三日より
常盤津政太夫上るり
初桜《はつさくら》浅間《あさま》ヶ嶽《がたけ》＊　市川八百蔵　中村のしほ　相勤る
英《はなぶさ》執着《しうぢやくの》獅子《しし》　中村のしほ所作事相勤る

＊初桜浅間獄

四月九日より
御国《おくに》名物《めいふつ》花《はなの》菅笠《すけかさ》
一　茶道長玄　後ニ望月源蔵　片岡仁左衛門
一　局政尾　二やく　片岡仁左衛門
一　足軽権平　大谷　徳　次
一　けいせい花沢　山下　万　菊
一　多賀里次郎　山本　京四郎
一　仁木左京之進　沢村　喜十郎
一　蟹江惣太郎　大谷広右衛門
一　こし元おつゆ　岩井　粂三郎
一　谷沢求馬　市川　団十郎
一　若党喜兵衛　森田　勘　弥
一　栄多門之助　二やく　森田　勘　弥
一　大領の思ひものむめの方　中村　のしほ
一　中老尾のへ　二やく　中村　のしほ
一　尾上召仕おはつ　岩井　半四郎
一　大領の思ひもの千代のかた　二やく　岩井　半四郎
一　多賀大領　市川　八百蔵
一　舟頭又助　二やく　市川　八百蔵
一　谷沢頼母　三やく　市川　八百蔵

四月廿一日より切狂言二幕
いろは縁起　二段めの口　鷲の段
一　山中左衛門一子三之助　瀬川　吉五郎
一　山中左衛門女房こがう　岩井　半四郎
一　山中左衛門　市川　八百蔵

花扇《はなあふぎ》邯鄲《かんたんの》枕《まくら》
一　おろせ寿右衛門　大谷　徳　次
一　けいせい冬菊　山下　万きく
一　かごかきかしく侯介　大谷　門　蔵
一　同　　かしくと留介　中村　よし蔵
一　けいせい夏花　岩井　粂三郎
一　ろせい大臣　岩井　半四郎

一 たいこ持喜作　市川　八百蔵

△下り 中村金蔵　山本京四郎改 片岡京四郎

五月五日より

ひらかな盛衰記

一 かぢわら平次かげ高　片岡仁左衛門
一 舟頭権四郎　片岡仁左衛門
一 辻法印　大谷　徳　次
一 家主作左衛門　大谷　徳　次
一 山吹御ぜん　山下　万　菊
一 横須賀郡内　中村　よし蔵
一 内田の三郎　市川角右衛門
一 源のよし経公　山本　京四郎
一 梶原平三かげ時　中村　助五郎
一 番場の忠太　大谷広右衛門
一 鎌田隼人　山科四郎十郎
一 よし仲の思ひもの巴御ぜん　岩井　粂三郎
一 和田の小太郎よし盛　市川　団十郎
一 秩父の重忠　森田　勘　弥
一 松右衛門女房およし　中村　のしほ
一 こし元千どり

後ニけいせい梅がへ　二やく 中村　のしほ
一 梶原おく方ゑんじゆ　岩井　半四郎
一 駒若丸のめのとおふで　二やく 岩井　半四郎
一 かぢわら源太かげ季　市川　八百蔵
一 舟頭松右衛門
実ハ樋口の次郎兼光　二やく 市川　八百蔵

六月十五日より　夏狂言

大塔宮曦鎧　四幕

極彩色娘扇　五幕

千本桜*　第四段目弐幕

桟敷廿五匁　土間金壱歩弐百文　切落百文

一 横川の覚範　片岡仁左衛門
一 川つら法眼　山科四郎十郎
一 源のよし経　市川　団十郎
一 しづか御ぜん　中村　のしほ
一 源九郎狐　市川　八百蔵
一 佐藤四郎兵衛忠信　二やく 市川　八百蔵

＊義経千本桜

閏七月七日より

出《しゅっ》世《せ》握児《やっこ》軍配鑑《ぐんばいかゞみ》

一 柴田主馬之助勝重　片岡仁左衛門
一 あぶらや九平次　二やく 片岡仁左衛門
一 面受庄助国重　三やく 片岡仁左衛門
一 曽呂利新左衛門　大谷 徳 次
一 勝重妹しの巻　山下 万 菊
一 田熊玄蕃盛時　大谷広右衛門
一 小田大膳のぶ行　山本 京四郎
一 四方田但馬　中村 助五郎
一 正清女房ふみ月　岩井 粂三郎
一 加藤虎之助正清　市川 団十郎
一 油売五郎兵衛　森田 勘 弥
一 間宮助太夫　二やく 森田 勘 弥
一 官女しら浪の小侍従　中村 のしほ
一 石川五右衛門女房おりつ　二やく 中村 のしほ
一 女馬士掛川のおその　岩井 半四郎
一 天満やおはつ　二やく 岩井 半四郎
一 久吉おく方園きく　三やく 岩井 半四郎
一 小西弥十郎行長　市川 八百蔵
一 平野や徳兵衛　二やく 市川 八百蔵
一 真柴筑前守久吉　三やく 市川 八百蔵

八月朔日より

近江源氏先陣館《あふみげんじせんじんやかた》

一 北条時政　片岡仁左衛門
一 稲毛の前司　二やく 片岡仁左衛門
一 かごかき四斗兵衛
　実ハ和田兵衛国成　三やく 片岡仁左衛門
一 でっちぼん太　大谷 徳 次
一 盛綱女房はやせ　山下 万 菊
一 谷村けんもつ　山科四郎十郎
一 四の宮かげゆ　大谷広右衛門
一 春久娘住の江　岩井 粂三郎
一 時政の息女時ひめ　二やく 岩井 粂三郎
一 源の頼家公　市川 団十郎
一 三浦の介よし村　二やく 市川 団十郎
一 片岡造酒頭春久　森田 勘 弥
一 佐々木三郎盛綱　二やく 森田 勘 弥
一 宇治の方　中村 のしほ
一 高綱女房篝火　二やく 中村 のしほ
一 和田兵衛女房おまき　岩井 半四郎
一 高綱郎等荒岡源吾　市川 八百蔵
一 佐々木後家みゝやう　二やく 市川 八百蔵
一 佐々木四郎左衛門高綱　三やく 市川 八百蔵

姿花秋七種《すがたのはなあきのなゝくさ》 大切 岩井半四郎七変化所作事相勤る
官女 手習娘 けいせい 座頭 翁 切禿 石橋

八月十六日より切狂言
姫小松子日の遊 第三段め弐幕
一 深山の木蔵 片岡仁左衛門
一 有王丸 山本 京四郎
一 亀王娘小べん 市川 栗 蔵
一 小督の局 中村 槌之助
一 がけのどう六 大谷広右衛門
一 次郎九郎 山科四郎十郎
一 亀王丸 市川 団十郎
一 なめらの兵 森田 勘 弥
一 亀王女房お安 中村 のしほ
一 がんくつの来現
　実ハ俊寛僧都 市川 八百蔵

九月九日より
十帖源氏物ぐさ太郎＊
一 奴岡平 片岡仁左衛門
一 長谷部雲谷 山科 京四郎
一 不破伴蔵 大谷広右衛門
一 犬上段八 市川角右衛門
一 おくに御ぜん 中村 槌之助
一 歌之助妹なでしこ 二やく 中村 槌之助
一 佐々木よし賢 山科四郎十郎
一 利久娘さゑだ 岩井 粂三郎
一 狩野の歌之助 市川 団十郎
一 名古や山三元春 森田 勘 弥
一 利久女房しがらみ 岩井 半四郎
一 物ぐさ太郎 市川 八百蔵
一 山三女房かつらき 中村 のしほ

行平磯馴松
一 田井の畑の此兵衛 片岡仁左衛門
一 田井の畑の太夫 大谷 徳 次
一 むらさめ姫 岩井 粂三郎
一 山内雲平 中村 よし蔵
一 太夫女房お玉 山科四郎十郎
一 海士小ふじ 中村 のしほ
一 海士おなべ 市川 八百蔵
一 中納言行平 二やく 市川 八百蔵

丹州爺打栗 片岡仁左衛門大坂江登り候名残狂言

一 坂田の公時　片岡仁左衛門
一 源太丸　大谷春次
一 伊賀の入道雷雲　大谷門蔵
一 つかさの君　中村槌之助
一 御所女中小笹　中村万世
一 同　おりく　中村金蔵
一 いほはた　岩井半四郎
一 坂田の金平　市川八百蔵
＊物ぐさ太郎

中村勘三郎座、櫓再興。

河原崎座より 松本幸四郎　河原崎座より 坂東簑助　嵐龍蔵改 嵐七五郎
桐座より 坂東彦三郎　同 市川高麗蔵　市川仙蔵改 鎌倉平九郎
河原崎座より 尾上松助

十一月朔日より
・**会稽櫓錦木**《くわいけいこきやふのにしきゞ》
当顔見世より、中村座に成

一 直井三郎有時　市川団十郎
一 いほはた姫　岩井粂三郎
一 五位之助忠家　坂東簑助
一 荒川太郎　市川こま蔵
一 安部の宗任　二やく　市川こま蔵
一 安部の貞任　尾上松助
一 和田左衛門為宗　坂東彦三郎
一 八幡太郎よし家　二やく　坂東彦三郎
一 外ヶ浜の海士うとふ　中村のしほ
一 尾のへのまへ　岩井半四郎
一 三浦平太夫国妙　松本幸四郎

寛政十戊午年　中村座

△下り 富沢辰之助

三月三日より
若駒騳曽我《わかごまのりぞめそが》
一 小林の朝いな　大谷徳次

一 そがの十郎祐成　坂東 簑助
一 同　五郎時宗　市川 団十郎
一 そがの団三郎　二やく 坂東 簑助
一 赤沢又平　嵐 七五郎
一 大いそのとら　中山 富三郎
一 けわい坂のせう〳〵　岩井 粂三郎
一 工藤左衛門祐経　市川 高麗蔵
一 曽我の蛇足　尾上 松助
一 狩野之助宗茂　坂東 彦三郎
一 近江の小藤太成いへ　二やく 尾上 松助
一 鬼王新左衛門　二やく 坂東 彦三郎
一 狩野之助女房雪の戸
　実ハ京の小女郎　中村 のしほ
一 小藤太女房矢ばせ　二やく 岩井 半四郎
一 八わた女房まゆみ　二やく 中村 のしほ
一 景清女房あこや　二やく 岩井 半四郎
一 八わたの三郎行氏　松本 幸四郎
一 秩父庄司重忠　二やく 松本 幸四郎

弐番目女歌舞妓芝居の狂言
一 油や娘おそめ　中村 のしほ
一 おそめ母妙ぜん　二やく 中村 のしほ

一 江戸ッ子十吉　市川 団十郎
一 笠や千かつ　三やく 中村 のしほ
一 笠や万かつ　岩井 半四郎
一 芝居頭取南無右衛門　大谷 徳次
一 山家や佐四郎　嵐 七五郎
一 あかねや半七　市川 こま蔵
一 笠や三かつ　中山 富三郎
一 今市の善右衛門　尾上 松助
一 久松兄野崎の久作　坂東 彦三郎
一 油やでつち久松　岩井 半四郎
一 半七女房おその　二やく 岩井 半四郎
一 狂言作者近松門左衛門　松本 幸四郎

常盤津兼太夫上るり
おそめ久松 三かつ半七 **濡乙鳥《ぬれつばめ》塒《ねぐらの》傘《からかさ》***　岩井半四郎 中村のしほ 中山富三郎 市川こま蔵　相勤る

*濡乙鳥塒傘

四月九日より 弐番目大切 中村富十郎十三回忌追善狂言
妹背山婦女庭訓《いもせやまおんなていきん》*　三段目 四段目　三幕
一 後室さだか　中村 のしほ
一 酒や娘おみわ　二やく 中村 のしほ
一 だざい娘ひなとり　岩井 粂三郎
一 飛鳥の皇子　中島 和田右衛門

一 桜の局　坂東善次
一 紅葉の局　松本国五郎
一 萩の局　鎌倉平九郎
一 梅の局　市川染五郎
一 官女山路　富沢辰之助
一 入鹿の妹橘姫　中村七三郎
一 おきよ所のおむら　大谷徳次
一 でつち寝太郎　二やく 大谷徳次
一 酒屋の後家おたけ　沢村淀五郎
一 こし元小ぎく　中村槌之助
一 同　きゝやふ　山下万菊
一 久我之助清舟　坂東簑助
一 ふじ原のたんかい　二やく 坂東簑助
一 漁師ふか七　市川高麗蔵
一 蘇我の入鹿　尾上松助
一 大判事清澄　坂東彦三郎

＊妹背山

五月五日より
曽我後日
増補恋女房　敵討染分繮《かたきうちそめわけたづな》

一 関の小まん　中村のしほ
一 奴逸平　市川団十郎

一 げいこいろは　岩井粂三郎
一 花びしやのやりておなべ　中島和田右衛門
一 しねんじよのおさん　市川ゐび蔵
一 奴団介　鎌倉平九郎
一 庄や与茂八郎　二やく 鎌倉平九郎
一 由留木右馬之丞　市川浜蔵
一 竹村定之進　沢村淀五郎
一 伊達の与作　坂東簑助
一 馬士江戸兵衛　嵐七五郎
一 わしづか八平次　市川こま蔵
一 花びしやの重の井　中山富三郎
一 八蔵母およつ　尾上松助
一 わし塚官太夫　二やく 尾上松助
一 座頭けいまさ　坂東彦三郎
一 さぎ坂左内　二やく 坂東彦三郎
一 本田弥惣左衛門娘ふじなみ　岩井半四郎
一 馬士八蔵　松本幸四郎
一 伊達の与三兵衛　二やく 松本幸四郎

常盤津兼太夫上るり
道成寺伝授睦言《でんしゆのむつごと》　中村のしほ 市川団十郎 岩井半四郎　中島和田右衛門 坂東簑助　相勤る

八月十日より

入船《いりふね》信田《しだの》出来《でき》秋《あき》＊

一　網島の歌比丘尼小きん
　実ハ千原左近女房せきや　中村　のしほ

一　関屋妹おしつ　二やく　中村　のしほ

一　百姓四郎蔵
　実ハ七草四郎利定　市川　団十郎

一　さつしま兵庫　沢村　淀五郎

一　和田平太たね長　大谷　徳　次

一　信田の小太郎朝光　坂東　簑　助

一　赤ぼし内記　嵐　七五郎

一　江州手孕村五左衛門
　実ハ渡合五左衛門　二やく　嵐　七五郎

一　平親王将門の霊　市川　こま蔵

一　千原左近　二やく　市川　こま蔵

一　島原のけいせい萩原　中山　富三郎

一　北条の奥方桂御ぜん　二やく　中山　富三郎

一　小太郎乳母芝崎　尾上　松　助

一　石岸寺の転輪国師　二やく　尾上　松　助

一　江州の百姓万作　坂東　彦三郎

一　ふじ原の定家卿　二やく　坂東　彦三郎

一　島原の仲居おりか
　実ハ七くさ四郎娘七はた　岩井　半四郎

一　浮島女房つくばね　二やく　岩井　半四郎

一　米つき八兵衛
　実ハ小山田多門秀氏　松本　幸四郎

一　浮島弾正左衛門　二やく　松本　幸四郎

＊入船信田出来作

九月十二日より

太平記忠臣講釈

一　石屋娘おくみ　中村　のしほ

一　大星力弥　市川　団十郎

一　石堂縫之助　花井　才三郎

一　早野三左衛門　中村　勝五郎

一　由良之助女房おいし　山下　万　菊

一　けいせい浮はし　二やく　山下　万　菊

一　山名次郎左衛門　中村　助　次

一　乳貰太郎兵衛　沢村　淀五郎

一　万ざい徳又　坂東　簑　助

一　たいこ持次郎右衛門　嵐　七五郎

一　矢間喜内　二やく　嵐　七五郎

一　矢間十太郎　市川　こま蔵

一　石切五郎太　二やく　市川　こま蔵

一　十太郎女房おりへ　中山　富三郎
一　かほよ御ぜん　二やく　中山　富三郎
一　斧九太夫　尾上　松　助
一　九太夫後家おれい　二やく　尾上　松　助
一　大星由良之助　松本　幸四郎

弐番目切狂言
北条時頼記 雪の段
一　源左衛門女房白妙　中村　のしほ
一　浅原八郎　鎌倉　平九郎
一　白たへ妹玉づさ　中村　金　蔵
一　佐野の次郎左衛門　市川　団十郎
一　最明寺時頼　松本　幸四郎

九月廿二日より
芦屋道満大内鑑 物ぐるいの段 子わかれの段 道行の段　三幕
一　くずの葉姫　中村　のしほ
一　安部の保名　坂東　簑　助
一　石川悪右衛門　鎌倉　平九郎
一　木綿買　松本　国五郎
一　しがらき雲蔵　中村　助　次
一　こし元片そぎ　中村　金　蔵

一　庄司妻夕しで　沢村　淀五郎
一　安部の童子　市川　ゑび蔵
一　奴与勘平　市川　団十郎
一　同やかん平　市川　こま蔵
一　あしやの道満　尾上　松　助
一　信田の庄司　松本　幸四郎

顔見世入替り
桐座より　岩井喜代三郎
森田座より　中村　助五郎
桐座より　沢村　藤　蔵

十一月朔日より
・**花《はなと》三升《みます》吉野《よしのゝ》深雪《みゆき》**
一　楠一子多門丸　市川　ゑび蔵
一　揚名之助　中村　助五郎
一　けいせいみよし野　岩井喜代太郎
一　江の島弁才天女　二やく　岩井喜代太郎
一　山ぶし五合院　市川　高麗蔵
一　かつひと親王　二やく　市川　高麗蔵
一　神女さかき　中山　富三郎
一　新田よし貞　坂東　簑　助

一 楠木妻きく水　岩井　半四郎
一 三ヶ月おせん　岩井　半四郎
一 篠塚いかの守貞綱　市川　団十郎
一 ゑびざこの十　二やく 市川　団十郎
一 畑六郎左衛門　三やく 市川　団十郎

無人に付、顔見世中、市川白猿口上に出る。
天明六午年顔見世より、　午十一月五日
木挽丁へ嵐龍蔵と下り、　病死　嵐七五郎
寛政九巳年七五郎改名。　行年三拾七歳

寛政十一未年　中村座

二月十三日より
大《おふ》三《み》浦《うら》伊達《だての》根引《ねびき》＊
一 渡部民部女房沖の井　中山　富三郎
一 うへ木や娘おきね　二やく 中山　富三郎
一 足利頼兼公　沢村　淀五郎
一 高慢院願山　沢村　東　蔵
一 大江の鬼つら　市川　染五郎
一 福島三平　鎌倉　平九郎
一 仲居おつね　中山　常次郎
一 三浦やの高尾　中村　七三郎
一 浪人斎藤五郎兵衛　桐島儀右衛門
一 浮田左金吾　岩井　粂三郎
一 三浦や女房おきよ　岩井喜代太郎

一 仁木弁之助直則　市川　こま蔵
一 町がゝへ刎虫の吉　二やく 市川　こま蔵
一 豆腐やの姉おいわ　岩井　半四郎
一 めのと政岡　二やく 岩井　半四郎
一 安達与右衛門　市川　団十郎
一 荒獅子男之助　二やく 市川　団十郎

＊大三浦達寿

弐ばんめ世話狂言
常盤津兼太夫上るり
乱咲《みだれざき》縁《ゑにし》花笠《はながさ》　中山富三郎　坂東簔助　岩井粂三郎　岩井半四郎　相勤る
一 五百崎村のおとみ　中山　富三郎
一 但馬や手代清十郎　坂東　簔　助

一 但馬や太郎右衛門　大谷　とく次
一 但馬や娘おなつ　岩井　粂三郎
一 同　手代勘十郎　桐島儀右衛門
一 おなつ姉おまき　岩井喜代太郎
一 尾崎助三郎　市川　高麗蔵
一 女かみゆい島のおかん　岩井　半四郎
一 五百ざき村のおよし　二やく 岩井　半四郎
一 出来星の次郎吉　市川　団十郎

三月三日より　弐代目故人市川海老蔵廿三回忌追善狂言
江戸半太夫上るり
・**助六廓《くるわ》の花《はな》見《み》時《どき》**　六代目市川団十郎相勤る

一 伊藤九郎祐清　松本　幸四郎
一 白酒うり新兵衛　坂東　簑助
一 くわんへら門兵衛　大谷　とく次
一 朝かほせんべい　嵐　七蔵
一 福山のかつぎ才六　花井　才三郎
一 けいせいしら玉　岩井喜代太郎
一 けいせいあげ巻　岩井　粂三郎
一 髭の意休　市川　高麗蔵
一 いわ井やの下女おしつ　岩井　半四郎
一 あけ巻の助六　市川　団十郎

四月七日より
仮名手本忠臣蔵

一 石堂右馬之丞　松本　幸四郎
一 天川や義平　松本　幸四郎
一 塩冶判官　松本　幸四郎
一 斧定九郎　大谷　徳次
一 本蔵娘小なみ　中村　千之助
一 勘平女房おかる　岩井　粂三郎
一 高の師直　市川　こま蔵
一 大星由良之助　二やく 市川　こま蔵
一 早の勘平　岩井喜代太郎
一 かほよ御ぜん　中山　富三郎
一 本蔵女房となせ　二やく 中山　富三郎
一 おかる母　岩井　半四郎
一 由良之助女房おいし　二やく 岩井　半四郎
一 義平女房その　三やく 岩井　半四郎
一 桃井若狭之助　市川　団十郎
一 大わし文吾　二やく 市川　団十郎
一 寺岡平右衛門　三やく 市川　団十郎

四月廿日より

仮名手本忠臣蔵 切狂言

花菖蒲《はなせうぶ》曳手《ひくて》数多《あまた》 中山富三郎七変化所作事相勤る

官女 娘 業平 春駒 翁 切禿 石橋

未五月十三日

病死 六代目市川団十郎 行年廿壱歳

天明二寅年春より、当座初舞台初名徳蔵。同年顔見世より市川海老蔵と改、寛政三亥年顔見世より六代目団十郎に成。

未七月八日

二代目常盤津文字太夫

森田座より 市川団蔵　休居て出勤 松本 幸四郎

市村座より 尾上松助　市村座より 坂東簑助改 坂東三津五郎　市川筆五郎改 市川虎蔵

十一月朔日より

・**為朝《ためとも》弓矢《ゆみや》親船《おやふね》**＊

一 崇とく新院 尾上 松助
一 白拍子ぎをふ 山下 民之助
一 瀬の尾の太郎 中村 助五郎
一 祇園のおかぢ 岩井 粂三郎
一 白ひやうし祇女 中山 富三郎
一 多田蔵人 坂東 彦三郎
一 悪源太よしひら 市川 こま蔵
一 白拍子仏御ぜん 岩井 半四郎
一 粟民部 松本 幸四郎
一 鎮西八郎為朝 市川 団蔵

＊為朝射親舩

寛政十二庚申年　中村座

正月十五日より

富士見《ふじとみ》升《ます》 幸《さいわい》 曽我《そが》＊

一 小ばやしの朝比奈 中村 助五郎
一 工藤左衛門祐つね 尾のへ 松助
一 曽我の十郎祐成 坂東三津五郎
一 同 五郎時むね 二やく 坂東三津五郎

一　伊豆の次郎祐兼　市川　こま蔵
一　順礼しのぶ　中山　富三郎
一　町げいしや団十郎おしゆん　岩井　半四郎
一　鬼王女房月さよ　二やく　岩井　半四郎
一　京の次郎祐とし　松本　幸四郎
一　秩父の庄司重忠　二やく　松本　幸四郎
一　鬼王新左衛門　市川　団蔵
一　悪七兵衛かげ清　二やく　市川　団蔵

＊富士三升幸曽我

二月十五日より　弐番目　日本堤の段　仲の町の段　万字やのだん
一　船ばし新五兵衛　市川　八百蔵
一　ふじ岡多膳　尾上　松助
一　咄坊主文好　大谷　徳次
一　万字ややり手おたき　鎌倉　平九郎
一　蔦やの娘おなを　尾上　伊三郎
一　万字やのけいせいみやこ路　中村　七三郎
一　つたや女房おみの　山下　万菊
一　次郎左衛門女房おたに　岩井　粂三郎
一　中の町茶屋廻り日天清兵衛　坂東三津五郎
一　佐野の次郎左衛門　市川　こま蔵
一　万字やけいせい八ッ橋　中山　富三郎

一　蔦や太郎兵衛　松本　幸四郎

申二月廿六日
病死　岩井半四郎
辞世　思ひきや今こそ死出の旅衣
きつゝ南無妙法蓮華経

三月廿三日より
意計《こゝろばかり》高尾《たかをが》伊達《だて》染《ぞめ》
一　仁木弾正左衛門　尾上　松助
一　大場道益　二やく　尾上　松助
一　関取浮世戸平　三やく　尾上　松助
一　井筒女之助　市川　団三郎
一　大道寺久国　中島和田右衛門
一　荒なみ梶平　坂東　善次
一　当麻図幸鬼貫　鎌倉　平九郎
一　かつ元妹七あや　山下　民之助
一　あげや徳右衛門　大谷　とく次
一　けいせい高尾　岩井　粂三郎
一　足利左金吾頼兼　坂東三津五郎
一　汐沢丹三郎　市川　こま蔵
一　けいせい高尾の亡魂　二やく　市川　こま蔵

一 荒獅子男之助　三やく 市川 こま蔵
一 丹三郎妻おせき　中山 富三郎
一 豆腐や女房おちせ　二やく 中山 富三郎
一 山中鹿之助妹玉づさ　岩井 半四郎
一 豆腐やの三ぶ　松本 幸四郎
一 丹三郎母貞しゆん　二やく 松本 幸四郎
一 渡部民部政岡　三やく 松本 幸四郎

弐番目大切 三幕

・**俊寛双面影**《しゆんくわんふたつおもかげ》

一 小督の局　中村 七三郎
一 丹左衛門尉元やす　尾上 松助
一 瀬の尾の太郎　市川 友蔵
一 有王丸　二やく 市川 友蔵
一 次郎九郎　大谷 とく次
一 平判官やす頼　花井 才三郎
一 丹波の少将　尾上 雷助
一 同宿うんてつ　桐島儀右衛門
一 がけのどふ六　坂東 善次
一 徳寿丸　尾上 伊三郎
一 深山の木蔵　中村 助五郎
一 たくぼくの江吉　中島和田右衛門

一 亀王女房おやす　岩井 粂三郎
一 亀王丸　市川 こま蔵
一 きかいがしまの海士千どり　中山 富三郎
一 鬼界が島の俊寛僧都
後ニかんくつの来現　市川 団蔵

四月六日より **俊寛双面影**を壱番目へ廻し

非人敵討 **織合会稽錦**《おりあわせやまとにしき》

一 高市庄之助　市川 ゑび蔵
一 春藤新七　市川 団三郎
一 彦坂甚六　市川 友蔵
一 うき舟や三ぶ　大谷 とく次
一 須藤六郎右衛門　中村 助五郎
一 加村宇多右衛門　中島和田右衛門
一 はたごや娘おたみ　山下 民之助
一 おはる妹おろく　岩井 粂三郎
一 伊兵衛女房おみよ　岩井 粂三郎
一 若党伊兵衛　坂東三津五郎
一 春藤次兵衛　二やく 坂東三津五郎
一 若党佐兵衛　市川 こま蔵
一 佐兵衛女房おぬい　中山 富三郎
一 次郎右衛門女房おはる　二やく 中山 富三郎

一 高市武右衛門　松本 幸四郎
一 春藤次郎右衛門　市川 団蔵

五月五日より 市川八百蔵飛入

義経千本桜

一 佐藤四郎兵衛忠のぶ　市川 八百蔵
一 源九郎狐　二やく 市川 八百蔵
一 すしや弥介　三やく 市川 八百蔵
一 武さし坊弁慶　尾上 松助
一 弥左衛門女房おしゆん　二やく 尾上 松助
一 相模五郎　市川 友蔵
一 川連法眼　中村 助五郎
一 ふじ原朝方　中島和田右衛門
一 亀井の六郎　花井 才三郎
一 駿河の次郎　市川 雷蔵
一 若葉の内侍　山下 民之助
一 卿の君　岩井 粂三郎
一 すしや娘おさと　二やく 岩井 粂三郎
一 主馬の小金吾　坂東三津五郎
一 九郎判官よし経　二やく 坂東三津五郎
一 いがみの権太　市川 こま蔵
一 しづか御ぜん　中山 富三郎
一 すけの局　二やく 中山 富三郎
一 川越太郎　市川 団蔵
一 渡海や銀平　二やく 市川 団蔵
一 すしや弥左衛門　三やく 市川 団蔵
一 横川の覚範　四やく 市川 団蔵
一 梶原平三かけ時　松本 幸四郎

六代目故人市川団十郎、当五月十三日一周忌に付、七代目市川ゑひ蔵義、追善のため、千本桜三段目の口にて、ういらふ売の狂言相勤、市川一統座付いたし、松本幸四郎右追善の口上を申。

五月廿五日より切狂言

江戸花《ゑどのはな》五《ご》枚《まい》錦《にしき》絵《へ》 市川八百蔵五ッ人形所作事相勤る

振リ袖の娘 仙台座頭 山崎弥五郎男狂乱
いなか女 奴の鑓おどり

大切、大せいの奴をあいてに、大だてあり。

一 奴玉平　坂東 辰蔵
一 同豆平　尾上 斧蔵
一 同米平　市川 団兵衛
一 同酒平　市川 万蔵
一 同餅平　坂東 鶴蔵
一 奴鑓平　坂東 桃太郎

一 太秦の瀧夜叉　市川 貫 蔵
一 鳴川の鬼夜叉　鎌倉 平九郎
一 亀井の六郎　花井 才三郎
一 源九郎狐　市川 八百蔵

六月八日より夏狂言
出世太平記《しゆつせたいへいき》
桟敷拾七匁　六人詰 割合壱人弐百文
土間拾弐匁　切おとし 六拾四文札

一 うてなのまへ　中村 七三郎
一 武智十次郎光よし　市川 ゐび蔵
一 小西弥十郎行長　花井 才三郎
一 庄屋平次　鎌倉 平九郎
一 山熊太郎　市の川 貫蔵
一 小西如清　沢村元右衛門
一 林監物　市川 団兵衛
一 めうでん　中島 儀十郎
一 しゆんりやう　坂東 三名蔵
一 ぎだん　市川 宇之助
一 ちゐん　市川 万 蔵
一 さくら井小新五　坂東 三名蔵
一 松永弾正久秀　富士川 国蔵
一 森のらん丸　市の川 貫蔵
一 松下嘉平次　中村 勝五郎
一 小性金弥　中村 七 次
一 小野の小通　中山 常次郎
一 千もと姫　尾上 伊三郎
一 光秀妻さつき　岩井 粂三郎
一 小田春永公　坂東三津五郎
一 真柴久よし　二やく 坂東三津五郎
一 武智十兵衛光秀　市川 高麗蔵

弐番目世話狂言 三幕
庚申若櫓の太鼓*

一 土左衛門伝吉小僧　市川 ゐび蔵
一 花形隼人　花井 才三郎
一 釜屋武兵衛　鎌倉 平九郎
一 鷺の首太左衛門　市の川 貫蔵
一 八百や久兵衛　中村 勝五郎
一 八百やでつち弥さく　市川 宇之助
一 山田兵左衛門　富士川 国蔵
一 利倉十内　二やく 市の川 貫蔵
一 吉祥寺上人　中村 勝五郎
一 八百や久兵衛　沢村元右衛門

一 八百や下女おまつ　中山　常次郎
一 染井村お袖　尾上　伊三郎
一 半兵衛女房お千代　岩井　粂三郎
一 八百やむすめお七　二やく　岩井　粂三郎
一 八百や聟嘉十郎　坂東三津五郎
一 本郷のいさみ小性の吉　二やく　坂東三津五郎
一 非人湯島の三吉　市川　こま蔵
一 八百や半兵衛　二やく　市川　こま蔵

＊庚申若櫓鼓

七月十五日より

けいせい屛《びやう》風《ぶ》浦《がうら》

一 民谷内記　市川　八百蔵
一 民谷源八　二やく　市川　八百蔵
一 大村屋伝兵衛　三やく　市川　八百蔵
一 大村やでつち小吉　市川　ゑび蔵
一 六角弾正定頼
　実ハ一色八郎太夫永兼　尾上　松助
一 扇やの仲居梶のおてふ　二やく　尾上　松助
一 大村や伝兵衛　大谷　徳次
一 同　手代佐兵衛　花井　才三郎
一 船越弥藤次　鎌倉　平九郎

一 畠山左馬五郎　沢村　東　蔵
一 四の宮主税女房しがらみ　山下　万ぎく
一 四の宮主税妹千くさ　岩井　粂三郎
一 けいせい琴浦　二やく　岩井　粂三郎
一 裏河岸のげいしやおしゆん　三やく　岩井　粂三郎
一 畠山生駒之介　坂東三津五郎
一 四の宮主税　二やく　坂東三津五郎
一 猿廻し与次郎　三やく　坂東三津五郎
一 堀口佐仲太
　後ニ堀口源太左衛門　市川　高麗蔵
一 神田川の舟頭松　市川　高麗蔵
一 源八女房おみつ　中山　富三郎
一 祇園町げいこかしく　二やく　中山　富三郎
一 神田川の舟宿さぬきや伝兵衛　松本　幸四郎
一 柳川左島　二やく　松本　幸四郎

吾妻国太夫上るり
蛍双色夕月《ほたるふたついろといふつき》　岩井粂三郎　坂東三津五郎　市川八百蔵　相勤る

八月七日より　弐番目　両国の段　船宿の段　三囲の段　三幕

一 大村や伝兵衛　市川　八百蔵
一 同　でつち小吉　市川　ゑび蔵
一 梶のおてふ　尾上　松助

一　八人芸歌都　富士川　国蔵
一　手じまや金助　沢村　東　蔵
一　げいしやおしゆん　岩井　粂三郎
一　猿廻し与次郎　坂東三津五郎
一　神田川の舟頭まつ　市川　こま蔵
一　伝兵衛女房おやへ　中山　富三郎
一　神田川の船宿さぬきや伝兵衛　松本　幸四郎

九月九日より
赤松《あかまつ》玉兎《つき》見島台《みのしまだい》*
是迄の弐番目狂言、壱番目に廻し、弐番目狂言差出し候様口上書出る。

一　今川の下部三保平
　　実ハ赤松次郎則実　市川　八百蔵
一　三保平一子ふじ松　市川　ゑび蔵
一　今泉の百姓五郎太夫　尾上　松　助
一　村髪結荒獅子権兵衛　大谷　徳　次
一　足利義教公　花井　才三郎
一　馬士猿じりの又　鎌倉　平九郎
一　浮田民部　中村　勝五郎
一　名和監物　富士川　国蔵
一　足利次部太輔義嗣　市の川　貫蔵
一　安積大膳久国　沢村　東　蔵
一　大道寺新左衛門娘沖浪　山下　万きく
一　浜名息女小てふ姫　岩井　粂三郎
一　五郎作妹おゆき　二やく　岩井　粂三郎
一　今川伊予之助仲秋　坂東三津五郎
一　今泉の百姓五郎作
　　後ニ青砥五郎藤次　市川　高麗蔵
一　奴しつ平
　　実ハ荒川蔵人重行　二やく　市川　高麗蔵
一　しつ平女房おりく　中山　富三郎
一　今川左衛門貞世　松本　幸四郎

***赤松蟾兎見島台**

顔見世入替へ
△下り　市川男女蔵
市村座より　小佐川常世
森田座より　市川八百蔵
△下り　中村千之助改　瀬川菊之助
△下り　瀬川菊三郎
森田座より　沢村藤　蔵
△下り　嵐　音　八
作者　木村紅粉助改　木村ゑんふ　園夫

十一月朔日より
源氏《げんじ》雲《ぐも》黄《こ》金《がね》猥取《のくまどり》*

一 三田の源吾綱　市川 八百蔵
一 沼田主馬之助　沢村 東 蔵
一 平の政盛　二やく 沢村 東 蔵
一 坂田の金時　大谷 鬼 次
一 下早の内侍　山下 万 菊
一 奴袖介　市川 門三郎
一 源よりちか　市川 友 蔵
一 源頼のぶ　市川 荒五郎
一 なくねん坊　嵐 音 八
一 田舎娘おきく　瀬川 菊三郎
四暫く 一 瀧王荒夜叉　市川 男女蔵
一 良門女房七あや　小佐川 常世
一 袴垂保輔　市川 団 蔵

＊源氏慶雲金隈取

寛政十三辛酉年 享和元年に成　中村座

市川八百蔵
三人退座　小佐川常世
沢村藤　蔵

当春狂言、役者退座有之、無人ニ而出来兼。

三月廿三日より
・仮名手本忠臣蔵

一 石堂右馬之丞　市川 男女蔵
一 早の勘平　二やく 市川 男女蔵
一 山名次郎右衛門　沢村 東 蔵
一 寺岡平右衛門　二やく 沢村 東 蔵
一 鷺坂伴内　嵐 音 八
一 大星力弥　市川 団三郎
一 桃井若狭之助　市川 門三郎
一 本蔵娘小なみ　小佐川 七蔵
一 由良之助女房おいし　小佐川 常世
一 義平女房おその　二やく 小佐川 常世
一 かほよ御ぜん　瀬川 菊三郎
一 勘平女房おかる　二やく 瀬川 菊三郎
一 本蔵女房となせ　三やく 瀬川 菊三郎

一　高の師直　市川　団蔵
一　与市兵衛　二やく　市川　団蔵
一　斧定九郎　三やく　市川　団蔵
一　勘平母　四やく　市川　団蔵
一　天河や義平　五やく　市川　団蔵
一　かこ川本蔵　六やく　市川　団蔵
一　大星由良之助　七やく　市川　団蔵

此忠臣蔵、古今の大当り、御評判。

五月九日より
全盛鳴門噺《ぜんせいなるとばなし》　中山富三郎飛入出勤

一　船田四郎兵衛妹槙の戸　中村　七三郎
一　十郎兵衛娘おつる　市川　団三郎
一　粟島大炊之助義晴　市川　荒五郎
一　長柄重右衛門　二やく　市川　荒五郎
一　船木掃部　市川　門三郎
一　頼母妹ふじしろ　小佐川　七蔵
一　御侍人あさ沢　市川　おの江
一　めのとうたかた　山下　万菊
一　蜂塚けんもつ　沢村　東蔵
一　大将人ぽんぽこ官　嵐　音八
一　斯波左衛門娘千束姫　瀬川　菊三郎

一　足軽権平
　　実ハ別所小太郎　市川　男女蔵
一　菊地隼人　二やく　市川　男女蔵
一　けいせい蔦山　中山　富三郎
一　十郎兵衛女房お弓　小佐川　常世
一　阿波の十郎兵衛　市川　団蔵
一　平岡頼母　二やく　市川　団蔵

弐番目
辻花恋待合《つじがはなこいのまちあい》　五冊続

一　刀や半七　市川　荒五郎
一　家主作右衛門　二やく　市川　荒五郎
一　氏原勇蔵　市川　門三郎
一　お花母妙さん　松本　小次郎
一　太郎兵衛女房おりき　山下　万菊
一　横網のそばや手もりのお六　沢村　東蔵
一　泥の土手平　二やく　沢村　東蔵
一　げいこひな次　小佐川　七蔵
一　大黒千兵衛　嵐　音八
一　あふぎやの浜荻　瀬川　菊三郎
一　妙三娘おはな　二やく　瀬川　菊三郎
一　かなや金五郎　市川　男女蔵

一 よし原のげいこ額たわらやの小さん　中山　富三郎
一 大師河原真言の太郎兵衛　市川　団蔵

八月十三日より
・妹背山婦女庭訓《いもせやまおんなていきん》
一 天智天皇　中村　七三郎
一 猟人柴六　市川　荒五郎
一 大職冠かまたり　市川　門三郎
一 ふじ原のたんかい　市川　浜蔵
一 采女の方　中山　与三郎
一 柴六一子三作　市川　喜久蔵
一 同　杉松　瀬川　富之助
一 柴六女房おきじ　山下　万菊
一 そがのゑみじ　沢村　東蔵
一 入鹿の大臣　市川　男女蔵
一 久我の介清舟　二やく　市川　男女蔵
一 ひなとり　中山　富三郎
一 後室さだが　小佐川　常世
一 大判司清澄　市川　団蔵
弐番目狂言は、夏前の辻ヶ花の狂言に書足し、弐幕出る。

九月十八日より市川団蔵、并忰市川団三郎、大坂登り名残狂言
第壱番目
源平布引滝《げんぺいぬのひきのたき》　序中より三段目切迄　四幕
一 多田蔵人行綱　市川　荒五郎
一 平の重盛　市川　門三郎
一 なんばの六郎　松本　小次郎
一 矢橋の仁惣太　市川　わし蔵
一 葵御ぜん　市川　おの江
一 瀬の尾の十郎　沢村　東蔵
一 百姓九郎助　嵐　音八
一 小まん　瀬川　菊三郎
一 木曽の全盛よし賢　市川　団蔵
一 斎藤一郎実盛　市川　団蔵
弐ばんめ
振袖隅田川《ふりそですみだがわ》
一 隅田川の渡し守与五郎　市川　団三郎
一 永楽やでつち幸吉
　実ハ吉田の松若丸　市川　荒五郎
一 野ぶせり猿子橋の惣太　二やく　市川　荒五郎
一 道具屋甚三郎　市川　門三郎
一 沢田弥九郎　松本　小次郎

一 山上文次　市川 の 助
一 永楽や権左衛門　中村 助五郎
一 ことぶき姫　市川 おの江
一 山崎や勘十郎　沢村 東 蔵
一 永らくや娘おくみ　瀬川 菊三郎
一 道具や甚三郎女房おさの　小佐川 常世
一 山田三郎女房萩の戸　二やく 小佐川 常世
一 聖天町の法界坊　市川 団 蔵
一 山田の三郎兼氏　二やく 市川 団 蔵
一 ゆふこんしのぶ売　三やく 市川 団 蔵

常盤津綱太夫上るり
両顔月姿絵《ふたつおもてつきのすがたへ》 市川団蔵、しのぶ売所作事、相勤る。

十月六日より十五日迄と申断書二而
けいせい返魂香《はんごんかう》 又平吃《ども》のたん
一 狩野歌之助　市川 荒五郎
一 修理之助　小佐川 七蔵
一 土佐将監光信　市川 友 蔵
一 又平女房おとく　小佐川 常世
一 浮世又平　市川 団 蔵

河原崎座より 坂東彦三郎　坂東善次改 坂東彦左衛門

同 尾上松 助
同 中村大 吉
坂東桃太郎改 坂東 善 次
作者 河竹文治改 瀬川如皐

霜月
伊達道具対大鳥《だてどうぐついのおふとり》＊
一 ゐぞの大王　尾上 松 助
一 菊地判官　二やく 尾上 松 助
一 平少納言時忠　山科四郎十郎
一 わしの尾三郎　大谷 鬼 次
一 梶原源太　沢村 東 蔵
一 いせの三郎妹田むら　山下 万 菊
一 金売吉次　岩井喜代太郎
一 金剛兵衛　嵐 音 八
一 よし時妾こゆる木　中村 大 吉
一 しづか御ぜん　中山 富三郎
一 芝ゐびあかん平　市川 八百蔵
一 尾形の三郎　二やく 市川 八百蔵
一 源のよし経　坂東 彦三郎
一 北条よし時　二やく 坂東 彦三郎

＊伊達餝対鸖

享和二壬戌年　中村座

正月廿五日より
初《はつ》舞《ぶ》台《たい》陽向《わかやぎ》曽《そ》我《が》

一 工藤左衛門祐つね　尾上 松 助
一 曽我の団三郎　岩井喜代太郎
一 けわい坂のせう／＼　二やく 岩井喜代太郎
一 八わたの三郎行氏　沢村 東 蔵
一 小はやしの朝いな　大谷 鬼 次
一 伊豆の次郎　松本 小次郎
一 梶原源太かげすへ　坂東彦左衛門
一 冠者のり頼　市川 浜 蔵
一 梶原平次かけ高　沢村 寿之助
一 重忠妹巻きぬ　尾上 伊三郎
一 三浦の片貝　中山 与三郎
一 秩父の六郎重安　尾上 栄三郎
一 曽我のせんじ坊　二やく 尾上 栄三郎
一 曽我満江御せん　山科四郎十郎
一 八わたの三郎妹堅田　山下 万 菊
一 宇佐美の三郎　嵐 音 八

一 鬼王女房月さよ　中村 大 吉
一 大磯や新造十六夜　中山 富三郎
一 小藤太娘矢橋　二やく 中山 富三郎
一 大いそのとら　三やく 中山 富三郎
一 曽我の十郎祐成　坂東 彦三郎
一 同 五郎時宗　市川 八百蔵
一 鬼王新左衛門　二やく 市川 八百蔵
一 近江の小藤太成いへ　二やく 坂東 彦三郎

第弐番目*

一 下総八わた村のおはや　中村 大 吉
一 あづまやのみやこ　中山 富三郎
一 与五郎女房おしづ　中山 富三郎
一 山崎町の与五郎　市川 八百蔵
一 八幡の代官南方与兵衛　坂東 彦三郎
一 かごかき甚兵衛　嵐 音 八
一 平岡郷左衛門　松本 小次郎
一 ゐちごやの彦助　沢村 東 蔵

一　金神の長五郎　　岩井喜代太郎
一　三味線稽古所ぬれ髪のお関　　尾上　松　助

富本斎宮太夫上るり
霞袖春山寺《かすみのそではるのやまでら》　ワキ僧 岩井喜代太郎　住僧 尾上松助　同 中山富三郎　白拍子 市川八百蔵　所作事相勤る

＊**諷競艶仲町**

山下万菊改
山下万作

三月三日より
江戸半太夫上るり
助六廓《くるわ》**の江戸**《ゑど》**桜**《ざくら》

一　髭の意休　　尾上　松　助
一　けいせいしら玉　　岩井喜代太郎
一　朝がほせんべい　　松本　小次郎
一　福山のかつぎ二八　　市川　わし蔵
一　けいせい槙戸　　中山　与三郎
一　いせや若ィ者助八　　市川　浜　蔵
一　やりておたつ　　坂東彦左衛門
一　そがのまんこう　　山科四郎十郎
一　くわんへら門兵衛　　嵐　音　八
一　三浦やのあげ巻　　中山　富三郎
一　あけ巻の介六
　　実ハ五郎時むね　　市川　八百蔵
一　白酒売新兵衛
　　実ハ曽我の十郎祐成　　坂東　彦三郎

三月廿五日より　但、助六の狂言壱番目ニ立めにいたし候

菅原伝授手習鑑

一　ふし原の時平　　尾上　松　助
一　判官代てる国　　二やく　尾上　松　助
一　梅王丸　　岩井喜代太郎
一　たつ田のまへ　　二やく　岩井喜代太郎
一　春藤玄蕃　　沢村　東　蔵
一　すくね太郎　　二やく　沢村　東　蔵
一　土師の兵衛　　嵐　音　八
一　奴宅内　　坂東彦左衛門
一　さくら丸　　尾上　栄三郎
一　梅王女房はる　　山下　万　作
一　松王女房千代　　中村　大　吉
一　源蔵女房となみ　　中山　富三郎
一　さくら丸女房やへ　　二やく　中山　富三郎
一　後室かくじゅ　　市川　八百蔵
一　松王丸　　二やく　市川　八百蔵
一　武部源蔵　　坂東　彦三郎

一 百姓白太夫　二やく 坂東 彦三郎
一 菅原道実公　三やく 坂東 彦三郎

四月十一日より
想妻《おもひづま》袷《あわせ》小袖《こそで》
菅原の狂言大序より四段め迄いたし、大切リ世話狂言二幕

一 重井筒やの重兵衛　尾上 松 助
一 重兵衛女房おかぢ　岩井喜代太郎
一 わかいもの久七　松本 小次郎
一 同　佐兵衛　藤川 叶 助
一 水茶やおむめ　山下 国三郎
一 新造若うら　中山 与三郎
一 おこし売評判の六介　坂東彦左衛門
一 岸村や吉助　市川 浜 蔵
一 舟宿てんまや長右衛門　山科四郎十郎
一 げいしやおたみ　山下 万 作
一 馬渕数右衛門　嵐 音 八
一 芸者重井筒のおふさ　中山 富三郎
一 天満屋徳兵衛　市川 八百蔵
一 半艸庵薪水　坂東 彦三郎

五月廿三日より 夏狂言
・彦山権現《ひこさんごんげん》誓《ちかい》助釼《のすけだち》
桟敷代 廿五匁 土間 拾五匁 切落 百文

一 吉岡一味斎　山科四郎十郎
一 奴佐五兵衛　山科四郎十郎
一 同友平　松本 小次郎
一 春風藤蔵　市川 わし蔵
一 一味斎女房お幸　市川 はま蔵
一 衣川弥三郎　尾上 栄三郎
一 木村帯刀　二やく 尾上 栄三郎
一 一味斎娘おぎん　山下 万 作
一 京極内匠　嵐 音 八
一 一味斎娘おその　二やく 岩井喜代太郎
一 衣川弥惣左衛門　市川 八百蔵
一 毛谷村の六助　二やく 市川 八百蔵

弐ばんめ世話狂言
夏祭《なつまつり》団七縞《だんしちじま》

一 花やのおなか　中村 七三郎
一 助松主計　山科四郎十郎
一 大鳥佐賀右衛門　松本 小次郎
一 三河や義平次　市川 わし蔵

一 けいしやお琴　尾上 伊三郎
一 中間伝八　中島百右衛門
一 花や息子仙次　森田 勘 弥
一 道具や孫右衛門　市川 浜 蔵
一 道具や清七　尾上 栄三郎
一 仲居おたつ　山下 万 作
一 一寸徳兵衛　嵐 音 八
一 釣舟の三吉　岩井喜代太郎
一 団七女房おかぢ　二やく 岩井喜代太郎
一 肴や団七　市川 八百蔵

六月廿一日より

恋女房染分手綱

一 佐内女房ふじ波　中村 七三郎
一 官太夫女房小笹　坂東彦左衛門
一 逸平姉おさん　岩井喜代太郎
一 わし塚官太夫　中村 助五郎
一 江戸兵衛　二やく 中村 助五郎
一 伊達の与三兵衛　藤川 叶 介
一 由留木右馬之助　坂東 鶴十郎
一 しらべ姫　岩井 梅太郎
一 しねんじよ三吉　森田 勘 弥

一 げいこいろは　尾上 伊三郎
一 本田弥惣左衛門　坂東彦左衛門
一 伊達の与作　尾上 栄三郎
一 座頭けいまさ　二やく 尾上 栄三郎
一 わし塚八平次　嵐 音 八
一 お乳の人重の井　中村 大 吉
一 奴逸平　坂東 彦三郎
一 竹村定之進　二やく 坂東 彦三郎
一 鷺坂左内　三やく 坂東 彦三郎

弐ばんめ

姫小松子《ひめこまつね》の日遊《ひのあそび》＊ 第三段め口切　弐幕

一 小督の局　中村 七三郎
一 有王丸　岩井喜代太郎
一 深山の木蔵　藤川 叶 介
一 がけのどう六　市川 わし蔵
一 所化うんけつ　大谷 杣 蔵
一 たくぼくの江吉　中島百右衛門
一 小べん　岩井 梅太郎
一 なめらの兵　市川 浜 蔵
一 亀王丸　尾上 栄三郎
一 次郎九郎　嵐 音 八

一 亀王女房おやす　中村　大吉
一 俊寛僧都　坂東　彦三郎
＊姫小松子日の遊

八月九日より
伊賀越乗掛合羽《いがごへのりかけかつぱ》

一 足利息女弥生姫　中村　七三郎
一 沢井股五郎　尾上　松助
一 股五郎母なるみ　二やく　尾上　松助
一 俗医神野太市　三やく　尾上　松助
一 けいせい花むらさき　岩井喜代太郎
一 馬かた大八　沢村　東蔵
一 池ぞへ孫八　大谷　鬼次
一 近藤野守之助　松本　小次郎
一 呉服や十兵衛　藤川　叶助
一 和田志津摩　尾上　栄三郎
一 和田靫負　山科四郎十郎
一 桜井林左衛門　嵐　音八
一 丹右衛門女房笹尾　中山　富三郎
一 政右衛門女房お谷　二やく　中山　富三郎
一 沢井城五郎　市川　八百蔵
一 唐木政右衛門　二やく　市川　八百蔵

一 佐々木丹右衛門　坂東　彦三郎
一 石留武助　二やく　坂東　彦三郎
一 誉田内記　三やく　坂東　彦三郎

△下り
松本幸四郎改　男女川京十郎
休居て出勤　市川高麗蔵改　松本　幸四郎
市村座より　荻野　伊三郎
市川三太郎改　市川　高麗蔵
瀬川松之丞改　瀬川　浜次郎

河原崎より　坂東三津五郎
同　坂東　八十助
市村座より　市川　団十郎
市村座より　嵐　三八
同　瀬川　路三郎
同　元服して立役　藤川武左衛門
岩井喜代太郎

霜月
越路花御江戸狭《こしぢのはなおゑどのとりでき》 ＊

一 鬼児島弥太郎　市川　団十郎
一 勝浦中納言守藤卿　松本　小次郎
一 栗原八郎連宗　二やく　松本　小次郎
一 足軽跡部大炊之助　藤川武左衛門
一 長坂左衛門妹てり葉　山下　民之助
一 けいせいその原　瀬川　路三郎
一 村上郎等安中一藤太　嵐　三八
一 武田左京太夫信虎　二やく　嵐　三八

一 高坂弾正昌俊　坂東 八十助
一 原隼人之助　二やく 坂東 八十助
一 長貫女房小沢　荻野 伊三郎
一 長坂左衛門長貫　中山 富三郎
一 直江大和之助　二やく 荻野 伊三郎

一 武田冠者晴信　坂東三津五郎
一 長尾三郎景虎　松本 幸四郎
一 百姓山本勘助　二やく 松本 幸四郎

＊越路花御江戸侠

享和三癸亥年　中村座

正月十九日より
松春寿曽我《ふたばのはることぶきそが》

一 三浦の片貝　中村 七三郎
一 鬼王新左衛門　嵐 三八
一 弟 団三郎　松本 幸四郎
一 粟津の七郎兼秀　尾上 紋三郎
一 三崎丹平　松本 国五郎
一 とんだや権兵衛　松本 小次郎
一 よし田梅若丸　森田 勘弥
一 吉田の少将惟貞　尾上 雷助
一 よし田の下部軍介　坂東 八十助
一 工藤犬坊丸　市川 団十郎
一 曽我十郎祐成　坂東三津五郎

一 同 五郎時宗　尾上 栄三郎
一 小はやしの朝いな　二やく 坂東三津五郎
一 河津三郎ゆふこん　荻野 伊三郎
一 工藤左衛門祐つね　二やく 荻野 伊三郎
一 鬼王女房月さよ　中山 富三郎
一 蒲冠者範頼　二やく 松本 幸四郎
一 八ッ橋新造都路　中山 与三郎
一 船橋百姓五作　藤川武左衛門
一 船ばし次郎左衛門女房おまつ　瀬川 路三郎
一 佐野の次郎左衛門
　実ハ樋口の次郎兼光　三やく 荻野 伊三郎
一 けいせい八ッはし
　実ハ樋口女房浅衣　二やく 中山 富三郎

一 船はし次郎左衛門　三やく 松本 幸四郎
　実ハ石田の三郎為久
一 上総七兵衛かけ清　四やく 松本 幸四郎

富本斎宮太夫上るり
三重《みへ》霞《かすみ》嬉《うれし》顔鳥《がほとり》＊　朝比奈 坂東三津五郎　時宗 尾上 栄三郎　せうく 中山 富三郎　相勤る
顔見世も不評判、当春狂言も不評判ニ而不入故、相休。

＊三重霞嬉敷顔鳥

二月十日より
・**伊達《だて》染《ぞめ》仕《し》形《かた》講《こう》釈《しやく》**
一 山名入道宗全　嵐 三 八
一 町医者南都正庵　二やく 嵐 三 八
一 半兵衛母つや　三やく 嵐 三 八
一 島田平左衛門　四やく 嵐 三 八
一 山中鹿之助春行　尾上 紋三郎
一 石堂内記政国　尾上 雷 助
一 八百や仁右衛門　二やく 尾上 雷 助
一 大江の鬼貫　松本 国五郎
一 山名娘さかへ姫　中山 与三郎
一 小野のお通　市川 おの江
一 荒獅子男之介　尾上 栄三郎
一 関取荒波なだ右衛門　藤川武左衛門

一 民部女房萩の戸　山下 民之助
一 三浦やけいせい高尾　瀬川 路三郎
一 お千代娘のおかよ　瀬川 路三郎
一 足利頼兼公　坂東三津五郎
一 八百や半兵衛　二やく 坂東三津五郎
一 名古や山三元秋　三やく 坂東三津五郎
一 細川修理之介勝元　荻野 伊三郎
一 豆腐や佐次兵衛　二やく 荻野 伊三郎
一 半兵衛女房おちよ　中山 富三郎
一 山三妻かつらき　二やく 中山 富三郎
一 男達浮世又平　松本 幸四郎
一 八百屋の甥嘉十郎　二やく 松本 幸四郎
一 不破伴左衛門重勝　三やく 松本 幸四郎

富本斎宮太夫上るり
道行嫁菜露《よめなのつゆ》　中山 富三郎　坂東三津五郎　相勤る

三月廿九日より
仲蔵縞博多今織《なかぞうじまはかたのいまをり》
一 はかたのけいせい浮舟　中村 七三郎
一 舟頭義平次　嵐 三 八
一 雀踊の奴とぶろくやる平　二やく 嵐 三 八
一 同　手づくりのむ平　尾上 栄三郎

一 同 もろはくしめ平　尾上 紋三郎
一 同 あわもりいく平　坂東 八十助
一 同 しやうちういれ平　荻野 伊三郎
一 同 中くみきめ平　坂東三津五郎
一 海賊ちくら沖右衛門　坂東 龍蔵
一 同 じやがたら三蔵　嵐 新平
一 同 いぎりす弥平次　坂東 善次
一 同 浮洲の岩蔵　花井 才三郎
一 木津川蔵人　坂東 八十助
一 豊浦勘解由左衛門　二やく 坂東 八十助
一 志摩の代官森和仲太　小川 重太郎
一 家主助右衛門　中村 勝五郎
一 足軽甚五兵衛　松本 国五郎
一 小平次母妙寿　尾上 雷助
一 高浜五郎　尾上 栄三郎
一 小平次女房おなみ　瀬川 路三郎
一 小まつや惣七　坂東三津五郎
一 志摩の船頭ひがきの小平次　荻野 伊三郎
一 早川帯刀　二やく 荻野 伊三郎
一 はかたのけいせい小女郎　中山 富三郎
一 海賊の張本玄界灘右衛門
　実ハ呂高王季松錦　松本 幸四郎

四月十六日より 弐番目
一 げいしやおぶん　中村 七三郎
一 手代勘十郎　嵐 三八
一 料理人伝次　中村 助次
一 むさしや下女おくに　瀬川 国三郎
一 同 おたつ　富沢 辰之助
一 郡の家中江川林左衛門　松本 国五郎
一 但馬や清十郎　尾上 栄三郎
一 ざいごの源十　坂東三津五郎
一 げいしやおなつ　中山 富三郎
一 船頭松本やの次郎八　松本 幸四郎

富本斎宮太夫上るり
おなつ清十郎 **錦車縫裾卯《きんしやのぬいすそにう》の花《はな》** 中山富三郎 尾上栄三郎 相勤る
一体打続不評判ニ而、兎角不入に有之候処、役者病人多ニ而、五月節句狂言出来兼候由、直に夏狂言。

・仮名手本忠臣蔵
六月五日より
一 かほよ御ぜん　中村 七三郎
一 由良之介女房おいし　二やく 中村 七三郎
一 大星力弥　森田 勘弥

一 桃井若狭之助　花井　才三郎
一 おかる母　二やく 花井　才三郎
一 原郷右衛門　三やく 花井　才三郎
一 本蔵娘小なみ　中村　七　次
一 さぎ坂伴内　中村　助　次
一 山名次郎左衛門　二やく 中村　助　次
一 石堂右馬之丞　小川　重太郎
一 高野師直　坂東　龍　蔵
一 斧九太夫　二やく 坂東　龍　蔵
一 勘平女房おかる　山下　民之助
一 義平女房おその　二やく 山下　民之助
一 本蔵女房となせ　三やく 山下　民之助
一 塩冶判官　坂東三津五郎
一 早の勘平　二やく 坂東三津五郎
一 加古川本蔵　三やく 坂東三津五郎
一 斧定九郎　四やく 坂東三津五郎
一 寺岡平右衛門　五やく 坂東三津五郎
一 天川や義平　六やく 坂東三津五郎
一 大星由良之介　七やく 坂東三津五郎

六月廿八日より、十段め十一段め弐幕出る。此忠臣蔵、古今の大当り大入。

八月廿七日より
菅原伝授《すがわらでんじゅ》手《て》習鑑《ならひかゞみ》　第壱番目五幕
伝授の段 伏籠の段 車引の段 賀の祝の段 寺子屋の段

一 梅王女房はる　中村　七三郎
一 ふじ原の時平　坂東　八十助
一 くりから太郎　市川　団十郎
一 かりや姫　森田　勘　弥
一 かくじゅ　山科四郎十郎
一 白太夫　二やく 山科四郎十郎
一 さくら丸　尾上　栄三郎
一 宿禰太郎　二やく 尾上　栄三郎
一 春藤玄蕃　嵐　新　平
一 土師の兵衛　松本　国五郎
一 かんしやう〴〵の御台梅園御せん　瀬川　路三郎
一 松王女房千代　二やく 瀬川　路三郎
一 梅王丸　坂東三津五郎
一 武部源蔵　二やく 坂東三津五郎
一 菅原の道実　三やく 坂東三津五郎
一 さくら丸女房やへ　中山　富三郎
一 宿禰太郎妻立田　二やく 中山　富三郎
一 源蔵女房となみ　三やく 中山　富三郎
一 判官代てる国　松本　幸四郎

一 松王丸　二やく 松本 幸四郎

第弐番目
幡随長兵衛《ばんずいてうべい》精進俎板《せうじんまないた》
故松本幸四郎一周忌追善　五代め松本幸四郎相勤る

一 本庄介太夫　嵐 三八
一 本庄助八　森田 勘弥
一 園原左門　尾上 紋三郎
一 本庄介市　花井 才三郎
一 絹うり弥市　松本 国五郎
一 又平女房おはま　瀬川 路三郎
一 白井権八　坂東三津五郎
一 白井官左衛門　荻野 伊三郎
一 けいせい小紫　中山 富三郎
一 ばんずい長兵衛　松本 幸四郎

富本斎宮太夫上るり
萩薄露転寝　中山富三郎 坂東三津五郎 相勤る

九月廿二日より
姫小松子日《ひめこまつねのひ》の遊《あそび》　第三段め
島物がたりの段
一 有王丸　坂東 八十助

一 小督の局　中村 七三郎
一 なめらの兵　松本 小次郎
一 がけのどう六　市川 万蔵
一 たくぼくの江吉　坂東 利根蔵
一 深山の喜蔵　嵐 新平
一 小べん　中村 米蔵
一 かめ王丸　坂東三津五郎
一 亀王女房おやす　中山 富三郎
一 俊寛僧都　松本 幸四郎

市村座より 岩井粂三郎
河原崎座より 市川友蔵
同 市川荒五郎　中村助次改 中村助五郎
同 瀬川富三郎

霜月
梩花《かれきにはな》御利生《ごりせう》鉢木《はちのき》
一 赤星太郎武者　嵐 三八
一 八代軍次兵衛　二やく 嵐 三八
一 乞食坊主がれん坊
　本名城の九郎　三やく 嵐 三八
一 けいせい松がへ　中村 七三郎
一 同 さくら木　姉川 房次郎

一　同　むめの井
　　実ハ源左衛門女房白妙　瀬川　富三郎
一　鹿の子山馬右衛門　嵐　音　八
一　弓削大助　市川　荒五郎
一　伊貝の十郎　荻野半左衛門
一　最明寺時頼入道　山科四郎十郎
一　秋田城之助妻しがらみ　山下　民之助
一　佐野の源藤太　市川　友　蔵
一　三浦弾正　坂東　八十助
一　青砥五郎　二やく　坂東　八十助

一　龍宮乙姫　岩井　粂三郎
一　青砥孫三郎　坂東三津五郎
一　浦島太郎作　二やく　坂東三津五郎
一　入江大領下部波平　三やく　坂東三津五郎
一　佐野の源左衛門常世　四やく　坂東三津五郎
一　藤原為相卿　中村　勘三郎

此顔見世狂言、一体面白く出来候得共、金づかへ二而芝居出来兼、おそく始、はやく仕廻申候。翌春此狂言をいたし候得とも、不当り二而相仕廻候。

享和四甲子年　文化元年に成　中村座

正月九日より相始、矢張顔見世狂言を其侭いたし候所不入故、同月廿五日限り千秋楽舞納、口上書出る。
春狂言之儀、早速相談取掛り候へ共、何を申も無人の役者故、致方無之、内縁も有之候に付、市川八百蔵助ヶ相頼候得とも、去秋一世一代名残狂言いたし候儀故、難罷出相断候を、達而相頼、二月中スケに罷出候段、口上書出す。

スケ　市川八百蔵

二月九日より
罷出《まかりで》邑助《むらすけ》花《にきさらぎ》
一　鵜飼九十郎　嵐　三　八
一　玉屋新右衛門　二やく　嵐　三　八
一　水茶やお梅　中村　七三郎
一　町がゝへ産毛の金五郎　市川　荒五郎
一　玉屋手代三九郎　嵐　音　八

一　玉屋女房おつぎ　坂東　龍　蔵
一　八百や伊三郎　森田　勘　弥
一　いばらや藤兵衛　荻野半左衛門
一　鵜飼兵太夫　山科四郎十郎
一　くめ本の女房おかね　山下　民之助
一　くめ本の娘ぶんおわけ　瀬川　富三郎
一　玉屋新兵衛　坂東三津五郎
一　三国小女郎　岩井　粂三郎
一　玉や娘おゐん　（岩井粂三郎）
一　氏原勇蔵　坂東　八十助
一　出むら新兵衛　スケ　市川　八百蔵
一　ゐまや額うりたち花や太郎兵衛　二やく　市川　八百蔵

常盤津伊勢太夫上るり
三人花真《くがいのはなじつ》の道行《みちゆき》　市川八百蔵　坂東三津五郎　岩井粂三郎　相勤る

右狂言相応に繁昌いたし候所、岩井粂三郎は三月より木挽町河原崎を相勤候。兼而対談に付、退座。市川八百蔵義も退座いたし候故、無人の上に無人に相成、興行成かたく、三月節句狂言出来兼候所、故人坂東三津五郎当年廿三回忌に付、右追善狂言として、同人当座ニ而、廿五年已前安永九子年三月狂言にいたし置候、道成寺の所作事、当時坂東三津五郎相勤候段、口上書を出候。

三月十七日より
・一谷嫩軍記《いちのたにふたばぐんき》

一　俊成卿の息女花のまへ　中村　七三郎
一　無官の太夫あつもり　森田　勘　弥
一　熊谷一子小次郎　二やく　森田　勘　弥
一　太五平　嵐　音　八
一　九郎判官よし経　花井　才三郎
一　庄や孫作　中村　助五郎
一　玉むしひめ　中村　春　次
一　平山の武者所　荻野半左衛門
一　基経卿の御台ふじの方　市川　おの江
一　花のまへのうばはやし　山科四郎十郎
一　石や下女おさと　山下　民之助
一　岡部の六弥太忠澄　坂東三津五郎
一　熊谷の次郎直実　坂東三津五郎
一　さつまの守忠度　坂東三津五郎
一　石屋弥陀六
　　実ハ弥平兵衛宗清　坂東　八十助

弐番目
常盤津伊勢太夫上るり
道行面影草《おもかけぐさ》　坂東三津五郎相勤る

花筐《はなかたみ》鹿子《かのこ》道成寺《どうぜうじ》

故人坂東三津五郎二十三回忌　二代目坂東三津五郎追善相勤る

一　渋谷宗順娘なでしこ　中村　七三郎
一　柏木衣紋之助　嵐　音八
一　銀王丸家来旗ヶ井新平　花井　才三郎
一　鈎術指南淀橋団什　坂東　龍蔵
一　やぶいしや中野象あん　荻野半左衛門
一　黄金長者渋谷宗順　山科四郎十郎
一　円澄寺住侶浄観上人　二やく　山科四郎十郎
一　白金長者次男銀王丸　山下　民之助
一　銀王丸兄玉川主水　市川　荒五郎
一　市丸坊　二やく　市川　荒五郎
一　道玄坂の道玄　坂東三津五郎
一　白拍子さくら木　二やく　坂東三津五郎
一　喜幸坊　坂東　八十助
一　紙すき平尾の次郎蔵　二やく　坂東　八十助

寿狂言

五月十日より

敵討《かたきうち》蓟《しやうぶの》組帯《くみおび》

一　次郎右衛門妹おろく　中村　七三郎
一　誉田縫之助　森田　勘弥
一　次郎右衛門弟新七　二やく　森田　勘弥
一　彦坂甚六　嵐　音八
一　池鯉鮒馬士大八　二やく　嵐　音八
一　和田志津摩　花井　才三郎
一　いしや竹中ゆふたく　坂東　龍蔵
一　山添孫八　小川　重太郎
一　桜井林左衛門　荻野半左衛門
一　次郎右衛門女房おはる　市川　おの江
一　和田靫負　山科四郎十郎
一　股五郎母鳴見　二やく　山科四郎十郎
一　武助女房おぬい　山下　民之助
一　高市武右衛門　市川　荒五郎
一　助太夫若党佐兵衛　二やく　市川　荒五郎
一　沢井股五郎　坂東三津五郎
一　池鯉鮒馬士武介　二やく　坂東三津五郎
一　春藤次郎右衛門　三やく　坂東三津五郎
一　春藤助太夫　坂東　八十助
一　須藤六郎左衛門
　　後ニ加村宇田右衛門　二やく　坂東　八十助
一　唐木政右衛門　三やく　坂東　八十助

大切坂東三津五郎、道成寺所作事相勤る。

八月十三日より　スケ瀬川路三郎出勤

義経千本桜《よしつねせんぼんざくら》

一 すしや娘おさと　中村七三郎
一 すしや弥左衛門　嵐　音八
一 相模五郎　花井才三郎
一 左大臣朝方　坂東龍蔵
一 猪熊大之進　中村助五郎
一 土佐坊正俊　坂東大吉
一 六代御ぜん　岩井梅太郎
一 むさし坊弁慶　荻野半左衛門
一 若葉の内侍　山下民之助
一 権太女房おせん　二やく 山下民之助
一 川連法眼　山科四郎十郎
一 しづか御ぜん　瀬川路三郎
一 すけの局　二やく 瀬川路三郎
一 川越太郎重頼　坂東三津五郎
一 渡海や銀平　二やく 坂東三津五郎
一 梶原平三かげ時　三やく 坂東三津五郎
一 すしや弥介　四やく 坂東三津五郎
一 源九郎狐　五やく 坂東三津五郎
一 佐藤四郎兵衛忠信　六やく 坂東三津五郎
一 いがみの権太　坂東八十助

一 横川のかくはん
　実ハ能登守のりつね　坂東八十助

△下り 瀬川路考　岩井粂三郎改 岩井半四郎　市村座より 瀬川路三郎
△下り 中山文七　岩井喜代太郎改 市川八百蔵

(※十一月)

・**菊相撲爵定《きくすまふみくらいさだめ》**

一 いこま姫　中村七三郎
一 桂民部友行　尾上雷助
一 高安三郎道兼　森田勘弥
一 伴の左衛門健宗　荻野半左衛門
一 須磨塩くみ松風此兵衛　坂東善次
一 同　村雨松兵衛　花井才三郎
一 いかるか一藤太　尾上紋三郎
一 高安郡領岩金　坂東八十助
一 般若五郎時澄　市川八百蔵
一 五代三郎女房鵜の羽　瀬川路三郎
一 大江音人　中山文七
一 五代三郎　坂東三津五郎
一 女順礼熊野のおいわ　岩井半四郎
一 廻国修行者無量尼　瀬川路考

△下り　瀬川亀三郎出勤

二月四日より
・**全盛《ぜんせい》虎《とら》女《が》石《いし》**

一　鬼王妹十六夜　中村　七三郎
一　工藤犬坊丸　森田　勘　弥
一　曽我の満江　尾上　雷　助
一　大藤内成かけ　荻野半左衛門
一　近江小藤太成いへ　藤川　叶　介
一　八わたの三郎行氏　花井　才三郎
一　曽我十郎祐成　中山　文　七
一　同　五郎時宗　尾上　紋三郎
一　鬼王新左衛門　中山　文　七
一　弟　団三郎　尾上　紋三郎
一　京の次郎祐俊　嵐　音　八
一　三浦やの片貝　下り　瀬川　亀三郎
一　小林の朝いな　市川　八百蔵
一　祐つね奥方梛の葉　瀬川　路三郎

文化二乙丑年　中村座

一　大磯のとら　瀬川　路　考
一　けわい坂のせう〳〵　岩井　半四郎
一　工藤左衛門祐つね　坂東三津五郎
一　鬼王女房月さよ　瀬川　路　考

富本豊前太夫上るり
烏帽子《ゑぼし》紐《のひも》解《とけて》寝《ぬる》夜《よ》　坂東三津五郎　市川八百蔵　瀬川亀三郎　岩井半四郎　瀬川路考　相勤る

第弐ばんめ世話きやふげん

一　茂右衛門一子ちよこ平　岩井喜代太郎
一　うつらの次郎兵衛　荻野半左衛門
一　金かしいづみや善九郎　藤川　叶　介
一　茂右衛門下部そで助　花井　才三郎
一　横雲源内　嵐　音　八
一　粂本娘分おはま　瀬川　路三郎
一　筑波此母　市川　八百蔵
一　但馬やおなつ　瀬川　路三郎
一　姫路や清十郎　中山　文　七
一　ちよこ平乳母おみね　岩井　半四郎

一　東金の茂右衛門　坂東三津五郎
一　茂右衛門女房おげん　瀬川　路考

三月三日より第弐番目
二代目故人瀬川菊之丞三十三回忌に付、三代目当瀬川路考追善
狂言相勤る
法花《のりのはな》四《し》季台《きのうてな》
けいせい　鹿島おどり　おぼこ娘　黒木売　座頭
右五ッ替り。此内、黒木売と座頭とうしろ面の所作事、見事〱。

四月十日より後日狂言　下り嵐三八出勤
邌《ねり》供養《くやう》妹背《いもせの》縁日《ゑんにち》
一　五郎兵衛正宗　嵐　三八
一　来国行　尾上　雷助
一　秋月大膳　荻野半左衛門
一　秋月台太郎　藤川　叶助
一　園部の左衛門　尾上　紋三郎
一　うすゆきひめ　瀬川　亀三郎
一　正宗忰団九郎　市川　幾蔵
一　伊賀守おく方松ヶ枝　瀬川　路三郎
一　五平次女房小女郎　二やく　瀬川　路三郎

一　来太郎国とし　中山　文七
一　五平次妹おみつ　岩井　半四郎
一　引田村のおよし　二やく　岩井　半四郎
一　地蔵の五平次　坂東三津五郎
一　木津川舟頭長作　二やく　坂東三津五郎
一　幸崎伊賀守　三やく　坂東三津五郎
一　正宗娘おれん　瀬川　路考
一　園部の後室　二やく　瀬川　路考

富本豊前太夫上るり
道行　念《おもいの》玉蔓《たまかつら》　尾上紋三郎　瀬川亀三郎　岩井半四郎　坂東三津五郎　相勤る

五月五日より　弐番目三幕
一　仲丁井筒やのお中　中村　七三郎
一　助松造酒之進　森田　勘弥
一　大鳥佐賀右衛門　嵐　三八
一　男げいしや清七　花井　才三郎
一　料理人茶平　中村　助五郎
一　尾浜やの下女おたつ　藤川　叶介
一　佐賀右衛門下部団介　坂東　鶴十郎
一　京鉢屋の娘おはつ　瀬川　亀三郎
一　さかな売なまの八五郎　市川　八百蔵
一　まなの八妹おつぎ　瀬川　路三郎

一 ところてん売こつぱの権兵衛　中山　文七
一 女かみゆい釣舟のおさん　岩井　半四郎
一 京鉢屋一寸徳兵衛　坂東三津五郎
一 仲の町重井筒のお房　瀬川　路考

同月十六日より

曽我祭り 俄狂言 曽我夜討の場

一 近江小藤太成家　藤川　叶介
一 八わたの三郎行氏　花井　才三郎
一 曽我十郎祐成　中山　文七
一 同　五郎時宗　尾上　紋三郎
一 御所の五郎丸　嵐　音八
一 小ばやしの朝比奈　市川　八百蔵
一 和田のよし盛　嵐　三八
一 けわい坂のせう〳〵　岩井　半四郎
一 工藤左衛門祐つね　坂東三津五郎
一 大磯のとら　瀬川　路考

常盤津伊勢太夫上るり
姿花鳥居《すがたのはなとりい》が色彩《いろどり》 岩井半四郎 森田勘弥 瀬川路考 相勤る

七月廿日より

けいせい鏡台山《きやふだいさん》

一 浅山てつさん妹八しほ　中村　七三郎
一 二条の愛護の若　森田　勘弥
一 きた村の百性又兵衛 実ハ柳瀬民部春行　尾上　雷助
一 石堂家来田原九平太　荻野半左衛門
一 白洲賀六郎国則　小川　重太郎
一 三上弥太六貞景　中村　助五郎
一 御獄悪五郎高貞　坂東　鶴十郎
一 黒沢軍八長連　坂東　善次
一 高階弾正景連　藤川　叶介
一 焼物師瀬戸の藤兵衛　花井　才三郎
一 下部早苗之助　尾上　紋三郎
一 田畑之助妹松がへ　瀬川　亀三郎
一 五種香売とらや五郎八 実ハ赤松次郎則政　市川　八百蔵
一 鎌田又八秀春　二やく 市川　八百蔵
一 愛護の姉雲井御ぜん　瀬川　路三郎
一 船瀬園右衛門後家お幸　中山　文七
一 荒木左衛門近国　二やく 中山　文七
一 おりく妹おてる　岩井　半四郎
一 浅山兵庫之助兼光 後ニあさまやまてつさん

実ハ太宰の大弐梅丸　坂東三津五郎
一 船瀬園右衛門娘おりく　瀬川　路　考

三紅閨時酒《ひとつふたつねやのときざけ》　瀬川路三郎　坂東三津五郎　市川八百蔵　瀬川　路　考　相勤る

弐ばんめ世話狂言

一 中の町虫売都鳥の文吉　森田　勘　弥
一 関取鉄ヶ嶽陀多右衛門　嵐　三　八
一 角力取白馬眼九郎　中村　助五郎
一 女かるわざ師花本小りん　坂東　鶴十郎
一 かるわざの太鼓打勝三　藤川　叶　助
一 道具や北のや七兵衛　嵐　音　八
一 横網の若ィ者絞りの吉兵衛　市川　八百蔵
一 吉兵衛女房おはつ　瀬川　路三郎
一 関取岩川次郎吉　中山　文　七
一 てうじやのけいせい錦木
後ニ礼三郎女房おゆり　岩井　半四郎
一 鶴屋礼三郎　坂東三津五郎
一 岩川女房おとり
後ニけいせい竹川　瀬川　路　考

閏八月朔日より
月視月余慶讎討《つきみつきよけいのあだうち》

一 けいせい梅の井　中村　七三郎
一 小野寺主殿　森田　勘　弥
一 堀口伴右衛門　嵐　三　八
一 木津勘太夫　尾上　雷　助
一 与次右衛門女房おかつ　二やく　尾上　雷　助
一 佐伯助右衛門　荻野半左衛門
一 岩手軍平　中村　助五郎
一 水口の馬士太平次　坂東　龍　蔵
一 伴左衛門下部伴蔵　藤川　叶　助
一 佐市下部梶平　花井　才三郎
一 三浦左門之助　尾上　紋三郎
一 御影堂手代弥五七　嵐　音　八
一 三浦筆次郎　二やく　嵐　音　八
一 岡田佐市　市川　八百蔵
一 勘助妹おくに　瀬川　亀三郎
一 岡田内記　中山　文　七
一 勘介女房おさき　岩井　半四郎
一 木津勘助　坂東三津五郎
一 村上おく方操御ぜん　瀬川　路　考
一 御影堂女房おため　二やく　瀬川　路　考

同月十六日より 竹本河内太夫歌舞伎舞台一世一代

夕霧 伊左衛門 **太夫《たゆふ》暫《しばし》由縁月視《ゆかりのつきみ》** 岩井半四郎 坂東三津五郎 市川八百蔵 瀬川路考 相勤る

一 吉田や若ィ者長八　小川重太郎
一 同　喜六　坂東鶴十郎
一 同　三九郎　坂東善次
一 夕霧禿作弥　岩井梅太郎
一 同　文字□(の)　瀬川□(藤吉)
一 吉田や若ィ者清介　坂田半九郎
一 よし田や喜左衛門　市川八百蔵
一 喜左衛門女房おさか　岩井半四郎
一 藤や伊左衛門　坂東三津五郎
一 藤やの夕霧　瀬川路考

九月十六日より

姫《ひめ》小松《こまつ》子日《ねのひ》の遊《あそび》

一 常盤御ぜん　中村七三郎
一 武蔵の左衛門有国　嵐三八
一 なめらの兵
　実ハ主馬の判官盛久　尾上雷助
一 平相国清盛　荻野半左衛門
一 俊寛家来有王丸　二やく 荻野半左衛門
一 だくほくの江吉　中村助五郎

一 飛驒の左衛門景連　藤川叶助
一 丹波少将成経　花井才三郎
一 平判官康頼　尾上紋三郎
一 深山の木蔵
　実ハ越中の次郎兵衛　嵐音八
一 おやす親次郎九郎　二やく 嵐音八
一 重盛御台園生　瀬川亀三郎
一 亀王丸　市川八百蔵
一 小松内府重盛　中山文七
一 亀王女房おやす　岩井半四郎
一 丹左衛門尉基康　坂東三津五郎
一 がんくつの来現　二やく 坂東三津五郎
一 俊寛妻あづまや　瀬川路考

此狂言中、もめ合有之。三津五郎退座に付休。

河原崎座より 市川男女蔵　藤川叶介改 嵐龍蔵
△下り 大谷友右衛門
休居て出勤 荻野伊三郎

霜月
・**清和源氏《せいわげんじ》二代将《にだいのゆみとり》**

一 源頼親　嵐龍蔵

一 田原の千晴　尾上　雷　助
一 丹波太郎　荻野半左衛門
一 美女丸　森田　勘　弥
一 小式部の内侍　市川　瀧之助
一 鬼童丸　下り 大谷友右衛門
一 平井保昌　荻野　伊三郎
一 源よりのぶ公　尾上　紋三郎

一 ト部季武　市川　八百蔵
一 ふじ原仲光　中山　文　七
一 将軍太郎よし門　市川　男女蔵
一 快童丸　岩井　半四郎
一 足柄山の山姥　坂東三津五郎
一 紫式部　二やく 瀬川　路　考

文化三丙寅年　中村座

当春より坂東三津五郎、もめ合有之、退座。

正月十七日より
念力箭《ねんりきや》立椙《たてのすぎ》

一 近江の小藤太成家　大谷友右衛門
一 鬼王新左衛門　二やく 大谷友右衛門
一 蒲冠者範頼　尾上　雷　助
一 けいせいきせ川　瀬川　亀三郎
一 そがの団三郎　尾上　紋三郎
一 小はやしの朝いな　嵐　音　八
一 曽我満江御ぜん　中山　文　七

一 八幡の三郎行氏　二やく 中山　文　七
一 曽我十郎祐成　市川　八百蔵
一 同　五郎時宗　市川　男女蔵
一 箱根の修行者閉坊　二やく 市川　男女蔵
一 月さよ妹十六夜　岩井　半四郎
一 梅沢や小五郎兵衛
　実ハ伊豆の次郎祐とし　荻野　伊三郎
一 工藤左衛門祐経　二やく 荻野　伊三郎
一 鬼王女房月さよ　瀬川　路　考
一 三浦の片貝　二やく 瀬川　路　考
一 子乞の森椰葉狐　三やく 瀬川　路　考

富本豊前太夫上るり
我住里春曽我菊《わがすむさとはるのそがきく》*
瀬川路考　市川八百蔵　市川男女蔵　相勤る

*我栖里春承和菊

弐ばんめ世話狂言
初音歌祭文《はつねのうたさいもん》　三冊もの

一　あぶらや手代善六　大谷友右衛門
一　おそめ母ていりん　尾上雷助
一　大沢や半兵衛　市川弁蔵
一　あぶらやでっち房松　嵐音八
一　久松いゝなづけおのぶ　瀬川亀三郎
一　若党石浜半平　市川八百蔵
一　久作下人太郎助　中山文七
一　肴売ぶゑんの左四郎　市川男女蔵
一　あぶらや子飼久松　岩井半四郎
一　結城家中
　綾瀬源十郎妻おさち　二やく　岩井半四郎
一　尾崎村百姓久作　荻野伊三郎
一　山家や清兵衛　二やく　荻野伊三郎
一　あぶらや娘おそめ　瀬川路考
一　久松姉おざき村おまき　二やく　瀬川路考

二月六日より
富本豊前太夫上るり
おそめ久松　**道行柳朧夜**《みちゆきやなぎのおぼろよ》
岩井半四郎　瀬川路考　市川男女蔵　瀬川亀三郎　大谷友右衛門　相勤る

一　油や手代善六　大谷友右衛門
一　久作女房おつや　荻野半左衛門
一　でっち房松　嵐音八
一　尾崎村のおのぶ　瀬川亀三郎
一　さかなや佐四郎　市川男女蔵
一　油やでっち久松　岩井半四郎
一　山家や佐兵衛　荻野伊三郎
一　あぶらや娘おそめ　瀬川路考

七字《しちじ》**の花在姿絵**《はなありしすがたへ》
四代目故人岩井半四郎七回忌追善狂言
当岩井半四郎七変化所作事相勤る

一　千葉の介つねたね　市川八百蔵
一　武田太郎のぶよし　坂東善次
一　比企の次郎よし員　坂東鶴十郎
一　奴島平　桐島儀右衛門
一　三浦荒次郎よし澄　尾上紋三郎

七変化所作　岩井半四郎相勤る。
官女　手習子　座頭　田舎神女　人麿　草苅童　石橋

三月節句より、草履打の狂言出候積、看板出候所、三月四日昼時、芝車町より出火いたし、浅草迄焼、江戸大火に付、堺町葺屋町両座共、芝居不難に候へ共、世間騒々敷、其上二丁町ニ而、御救米之焚出し、両町茶屋ニ而被仰付候間、芝居暫く相休罷在候。

四月十四日より
・館結花行列《やのじむすびはなのぎやふれつ》*

一 高宮主膳　尾上雷助
一 ぼろんじ蘭蔵
　実ハ冠者丸　大谷友右衛門
一 さらしや勘吉　市川弁蔵
一 家老彦根丹下　市川の助
一 荒川左門之助　尾上紋三郎
一 樋爪の五郎妹おいわ　中村七三郎
一 竹原左近妹おうた　市川おの江
一 下座敷持孫助　南北丑左衛門
一 庄や与九郎兵衛　坂東大吉
一 百姓牛右衛門　坂東善次
一 同　土地平　坂東鶴十郎
一 奉公人口入眼兵衛　桐島儀右衛門
一 守山曽平太　嵐龍蔵
一 清水の冠者よし高　尾上紋三郎
一 岩藤弟瀬田主税　嵐音八
一 頼朝公の息女大姫君　瀬川亀三郎
一 大姫君の下部八尾平　市川八百蔵
一 菊地次郎高直　中山文七
一 大姫君の局二代目岩ふじ　市川男女蔵
一 尾上召仕おはつ　岩井半四郎
一 尺八指南竹原左近
　実ハ斎藤五郎　荻野伊三郎
一 西国巡礼のお百
　実ハ手塚太郎妹しのわら　瀬川路考
一 大姫君の中老尾上　二やく　瀬川路考

弐ばんめ大詰に、矢張岩井半四郎追善狂言、七変化所作相勤る。

＊館結花行列

○中山文七上方へ登る

当春より、もめ合有之、坂東三津五郎退座いたし、木挽丁河原崎座相勤候所、三月四日大火之節、木挽丁類焼に付、相休罷在候所、此度和睦いたし、又々当座江、坂東三津五郎出勤いた

し候。

五月七日より　曽我後日草履打狂言之弐番目切狂言に

姫小松子日の遊　三段め口切弐幕

一　がんくつの来現
　　実ハ俊寛僧都　坂東三津五郎
一　はへぬきの岩
　　実ハ有王丸　大谷友右衛門
一　たくぼくの江吉　小川　重太郎
一　なめらの兵　尾上　雷　助
一　がけのどふ六　坂東　文　蔵
一　納所うんけつ　坂東　大　吉
一　谷影のいし　坂東　善　次
一　岩間の松　坂東　鶴十郎
一　深山の木蔵　市川　弁　蔵
一　小べん
　　実ハ徳寿丸　市川　男　寅
一　おやす親次郎九郎　嵐　音　八
一　越中前司盛俊　市川　八百蔵
一　主馬判官盛久　市川　男女蔵
一　小督の局　岩井　半四郎
一　俊寛家来亀王丸　荻野　伊三郎
一　亀王女房おやす　瀬川　路　考

右狂言、思ひの外不評判ニ而無入、五月下旬より休。

六月朔日より　切狂言に

双蝶々曲輪日記

一　山崎与次兵衛　尾上　雷　助
一　与五郎　市川　八百蔵
一　けいせいあつま　瀬川　亀三郎
一　長吉姉おせき　岩井　半四郎
一　手代権九郎　嵐　音　八
一　はなれ駒長吉　大谷友右衛門
一　ぬれ髪長五郎　市川　男女蔵
一　南与兵衛　荻野　伊三郎

此狂言も無入ニ而、無間相休申候。

七月廿八日より

・**初紅葉《はつもみぢ》二木《ふたきの》仇討《あだうち》***

一　呉服や重兵衛　坂東三津五郎
一　磯貝下部友平　二やく　坂東三津五郎
一　祇園町の白人花野　中村　七三郎
一　近藤野守之助　大谷友右衛門
一　政右衛門女房おたね　市川　おの江

一 足軽左五平　市川 弁蔵
一 祇園町の茶や鯉万　坂東 鶴十郎
一 荒巻伴作　沢村 次之助
一 沢井下部団介　坂東 善次
一 星合銀四郎　嵐 龍蔵
一 安達藤馬　小川 重太郎
一 藪医今坂やうかん　桐島儀右衛門
一 桜井林左衛門　嵐 龍蔵
一 和田靫負　尾上 紋三郎
一 川こし丑右衛門　嵐 音八
一 磯貝兵助　瀬川 亀三郎
一 磯貝実右衛門　市川 八百蔵
一 沢井股五郎　二やく 市川 八百蔵
一 島川太平　市川 男女蔵
一 荒木政右衛門　二やく 市川 男女蔵
一 鯉万の仲居おいち　岩井 半四郎
一 兵助姉おそで　二やく 岩井 半四郎
一 梶川源五右衛門　荻野 伊三郎
一 佐々木丹右衛門　二やく 荻野 伊三郎
一 丹右衛門妾おみや　瀬川 路考
一 細川おく方園菊御ぜん　二やく 瀬川 路考

***初紅葉二樹讐討**

九月九日より
第弐番目 御堂前、伊賀上野敵討の段迄出る。

十月二日より
荻野伊三郎名残、十日之間
千本桜* 四段め

一 よし経　坂東三津五郎
一 川つら法げん　嵐 冠十郎
一 あすか　市川 おの江
一 鬼土佐坊　坂東 善次
一 薬医坊　沢村 次之介
一 荒法橋　桐島儀右衛門
一 するが次郎　尾上 雷助
一 亀井六郎　尾上 紋三郎
一 かくはん　市川 男女蔵
一 忠のぶ　荻野 伊三郎
一 源九郎狐　二やく 荻野 伊三郎
一 しづか御ぜん　瀬川 路考

***義経千本桜**

○荻野伊三郎 上方へ登る

○尾上紋三郎　同断

寅十月晦日

病死　隠居市川白猿　行年六拾六歳

市村座より　嵐冠十郎

同　市川門蔵改　坂東門蔵

霜月三日より

睦花雪陸奥《むつのはなゆきのみちのく》*

一　辰夜叉　坂東又蔵

一　虎夜叉　坂東鶴十郎

一　勝田の次郎　市川荒五郎

一　栗坂かげゆ　嵐龍蔵

一　あさかのまへ　瀬川亀三郎

一　春駒のおよし　実ハ平賀鷺精　岩井半四郎

一　おしやらく入道おてんば　二やく　岩井半四郎

一　安部の宗任　大谷友右衛門

一　河内の判官　嵐冠十郎

一　安部の貞任　市川男女蔵

五暫く
一　鎌倉権五郎景政　二やく　市川男女蔵

一　尊弘親王　坂東三津五郎

一　三浦平太夫国妙　二やく　坂東三津五郎

一　けいせいめうがやの奥州　瀬川路考

此顔見世狂言、霜月十三日夜五ッ時頃、吹屋町河岸より出火ニ而、両座共芝居類焼いたし、翌春三月より始る。然れ共、狂言不評判ゆへ、此狂言致さず春狂言初めじ。

*胆花雪陸奥

文化四丁卯年　中村座

早春より芝居普請に取かゝり候処、三月中旬迄に普請成就いたし候。

三月廿七日より

・さるわか栄《さかへ》曽《そ》我《が》

一　小林の朝比奈　市川男女蔵

一 そがの二の宮　中村　七三郎
一 伊豆の次郎祐兼　沢村　藤蔵
一 六浦道景　二やく　沢村　藤蔵
一 梶原源太景末　坂東　善次
一 同　平次かけ高　沢村　次之助
一 犬ほう丸祐友　市川　男寅
一 よりいへ公　坂東　簑助
一 三浦の片貝　小佐川　七蔵
一 曽我のせんし坊　市川　瀧之助
一 百足や金兵衛　嵐　龍蔵
一 近江の小藤太成いへ　嵐　冠十郎
一 そがの団三郎　森田　勘弥
一 八わたの三郎行氏　市川　荒五郎
一 そがの十郎祐成　坂東三津五郎
一 同　五郎時宗　市川　男女蔵
一 けわい坂のせう〳〵　岩井　半四郎
一 朝比奈妹まい鶴　二やく　岩井　半四郎
一 月さよ　三やく　岩井　半四郎
一 鬼王新左衛門　二やく　坂東三津五郎
一 工藤左衛門祐経　三やく　坂東三津五郎
一 大磯のとら　瀬川　路考

富本豊前太夫上るり
其俤《そのまゝに》娘《むすめ》七種《なゝくさ》　岩井半四郎　市川男女蔵　坂東三津五郎　相勤る

第弐ばんめ　江戸半太夫上るり

助六桜の二重帯

一 髭の意休　初日　市川　男女蔵
一 あけ巻の介六　後日　市川　男女蔵
一 くわんへら門兵衛　沢村　藤蔵
一 曽我のまんこう　尾上　雷介
一 けいせいしら瀧　中山　倉次郎
一 同　しら糸　瀬川　藤吉
一 同　巻絹　岩井　瀧次郎
一 同　巻里　瀬川　浜次郎
一 ふく山のかつぎ又八　沢村　次之助
一 半四郎道具やの娘おいわ　岩井　粂三郎
一 朝かほせん平　桐島儀右衛門
一 あけ巻新造巻筆　市川　瀧之助
一 けいせい白玉　小佐川　七蔵
一 仲の丁茶や廻しいさみの千太郎　森田　勘弥
一 白酒うり新兵衛　市川　荒五郎
一 けいせい三浦やのあけ巻　岩井　半四郎
一 あけ巻の介六　初日　坂東三津五郎

一　髭の意休　　　後日 坂東三津五郎

右、坂東三津五郎、市川男女蔵、二日替り大当り〳〵。

五月五日より　五節句の所作事出る

富士田千蔵長唄

正月　**子日の小松引**＊　岩井半四郎 市川男女蔵 坂東三津五郎　相勤る

常盤津綱太夫上るり

三月　**粟島に禿**＊＊　坂東三津五郎 岩井半四郎　相勤る

大さつま文太夫上るり

端午　**矢の根五郎**＊＊＊　市川男女蔵 坂東三津五郎　坂東善次　相勤る

富本豊前太夫上るり

七夕　**星合**＊＊＊＊　坂東三津五郎 岩井半四郎　相勤る

富久田（ママ）源吾長唄

重陽　**碪打**＊＊＊＊＊　岩井半四郎 市川男女蔵 坂東三津五郎　相勤る

＊男舞曲相生
＊＊禿紋日雛形
＊＊＊別家鏃五郎
＊＊＊＊夕莚星逢夜
＊＊＊＊＊色碪籬花娵

文化四年（一八〇七）堺町

七月廿日より
霊験《れいげん》かなへヶ嶽《たけ》＊

一　京極内匠　後ニみちん弾正　　市川男女蔵
一　郡左門之助重成　　中村七三郎
一　轟伝吾右衛門　　沢村藤蔵
一　衣川弥惣左衛門　　二やく 沢村藤蔵
一　吉岡一味斎　　尾上雷助
一　掘口曽平太　　坂東文蔵
一　弥三郎一子弥三松　　坂東簑助
一　伝五右衛門女房田町　　岩井喜代三
一　横田伴蔵　　嵐龍蔵
一　衣川下部佐五平　　桐島儀右衛門
一　春風藤蔵　　嵐冠十郎
一　衣川弥三郎妹おりつ　　市川瀧之助
一　おその妹おりく　　小佐川七蔵
一　片桐造酒之進　　森田勘弥
一　佐藤靫負之助　　市川荒五郎
一　一味斎妻お幸　　二やく 市川荒五郎
一　一味斎娘おその　　岩井半四郎

一 毛谷村六介　坂東三津五郎
一 郡音成　二やく 坂東三津五郎

弐ばんめ世話狂言
富本豊前太夫上るり
おしゅん伝兵衛 **八幡鐘《はちまんがね》更《ふ》行《かふなる》夜《よ》中**

一 菊地左衛門　市川 男女蔵
一 猿子橋の舟頭与次郎　二やく 市川 男女蔵
一 お花やの女おしな　中村 七三郎
一 おくまばゝアおしん　沢村 藤蔵
一 蘭原要助　尾上 雷助
一 水茶娘おかん　瀬川 浜次郎
一 おしゅん妹お玉　瀬川 多門
一 料理人次郎七　沢村 次之助
一 大村や後家おいく　桐島儀右衛門
一 大村や手代善九郎　嵐 冠十郎
一 松本やの娘おいよ　小佐川 七蔵
一 小あげあけぼの源七　市川 荒五郎
一 女げいしやおしゅん　岩井 半四郎
一 伝兵衛女房およつ　二やく 岩井 半四郎
一 大村や伝兵衛　坂東三津五郎

＊霊験鼎高嶺

瀬川路考儀、当春伊勢参宮いたし、下着より病気之所、此節全快に付、出勤いたし候と申口上書出る。

九月九日より

・仮名手本忠臣蔵

一 高の師直　市川 男女蔵
一 百姓与一兵衛　二やく 市川 男女蔵
一 加古川本蔵　三やく 市川 男女蔵
一 斧定九郎　四やく 市川 男女蔵
一 足利直よし公　中村 七三郎
一 桃井若狭之助　沢村 藤蔵
一 寺岡平右衛門　二やく 沢村 藤蔵
一 石堂右馬之丞　尾上 雷助
一 おかる母　二やく 尾上 雷助
一 原郷右衛門　坂東 龍蔵
一 千崎弥五郎　坂東 鶴十郎
一 本蔵娘小なみ　瀬川 藤吉
一 山名次郎左衛門　沢村 次之助
一 鷺坂伴内　嵐 龍蔵
一 斧九太夫　嵐 冠十郎
一 大星力弥　市川 瀧之助

一 塩冶判官　市川　荒五郎
一 こし元おかる　岩井　半四郎
一 由良之介女房おいし　二やく 岩井　半四郎
一 早野勘平　坂東三津五郎
一 大星由良之助　二やく 坂東三津五郎
一 かほよ御ぜん　瀬川　路　考
一 本蔵女房となせ　二やく 瀬川　路　考

九月廿三日より　十段め十一段め敵打迄出る

一 高師直　市川　男女蔵
一 立川甚兵衛　嵐　龍　蔵
一 でっち伊吾　桐島儀右衛門
一 義平一子よし松　岩井　松之助
一 大星瀬平　尾上　雷　助
一 大わし文吾　嵐　冠十郎
一 小野寺十内　市川　荒五郎
一 太田了竹　沢村　藤　蔵
一 義平女房おその　岩井　半四郎
一 天川や義平　坂東三津五郎

市村座より　坂東彦三郎　休居て出勤　大谷　鬼　次
居成　瀬川路考改 瀬川仙　女　市村座より　坂東彦左衛門

市村座より　瀬川路之助改 瀬川路　考　元服、立役に成　中村　七三郎

霜月十日より
・会稽雪木下《くわいけいゆきのこのした》

一 足利よしてる公　市山　七　蔵
一 はな山入道雷てつ　坂東彦左衛門
一 多賀の局　嵐　龍　蔵
一 鬼小島弥太郎　市川　瀧之助
一 田熊玄蕃　嵐　音　八
一 お通の方　瀬川　亀三郎
一 小田春忠公　中村　七三郎
一 木の下兵吉妹しづはた　瀬川　路　考
一 蘭まる姉おきみ　瀬川　路　考
一 斎藤龍興　市川　男女蔵
一 辻堂守麦南　市川　男女蔵
一 森蘭丸　市川　男女蔵
一 小田春永公　市川　男女蔵
一 武智左馬之助　坂東　彦三郎
一 惟任光秀　坂東　彦三郎
一 おすわきつね　瀬川　仙　女
一 白拍子瀬川采女　二やく 瀬川　仙　女
一 春永御台うてなの方　三やく 瀬川　仙　女

十二月朔日より弐ばんめ切狂言

北条時頼記*　雪の段女鉢木

一　佐野の源左衛門常世　　市川　男女蔵

一　白たへ妹玉づさ　　瀬川　路考

一　最明寺時頼　　坂東　彦三郎

一　源左衛門女房白妙　　瀬川　仙女

*女鉢木

文化五戊辰年　中村座

上方より下り役者呼下し口上、仮狂言之由、口上書を出す。

仮狂言

辰正月二日より

妹背山婦女庭訓《いもせやまおんなていきん》

一　太宰の後室さだか　　瀬川　仙女

一　柴六女房おきじ　　二やく　瀬川　仙女

一　猟師柴六　　市川　男女蔵

一　なにわ浦のふか七　　二やく　市川　男女蔵

一　鎌足のおく方ふじの方　　市川　おの江

一　[め]どの方　　二やく　市川　おの江

一　家主茂木兵衛　　大谷　鬼次

一　天智天皇　　瀬川　浜次郎

一　中納言兼秋　　中村　助五郎

一　おきよ所若葉　　坂東彦左衛門

一　官女もみぢの局　　嵐　音八

一　同　さくらの局　　嵐　龍蔵

一　大職冠鎌足公　　尾上　雷助

一　柴六一子三作　　市川　男寅

一　柴六一子杉松　　瀬川　多門

一　酒屋の後家おたか　　嵐　音八

一　入鹿の妹橘ひめ　　瀬川　亀三郎

一　久我之助清舟　　二やく　瀬川　亀三郎

一　太宰の息女ひな鳥　　瀬川　路考

一　杉酒やの娘おみわ　　二やく　瀬川　路考

一　蘇我入鹿大臣　　坂東　彦三郎

一　ゐぼし折求馬　　二やく　坂東　彦三郎

一　大判事清澄　　三やく　坂東　彦三郎

弐番目
女鉢の木* 雪の段
顔見世役割の通り。

*女鉢木

辰二月六日より
初便儀蓬莱曽我《はつたよりほうらいそが》*

一 大磯のとら御ぜん　瀬川仙女
一 妾奉公人おはま　二やく 瀬川仙女
一 政子御ぜんの中老月さよ　三やく 瀬川仙女
一 鬼王新左衛門　市川男女蔵
一 古市料理人喜助　二やく 市川男女蔵
一 □(はま弓)売観音の七兵衛
　実ハ悪七兵衛かげ清　三やく 市川男女蔵
一 八わたの三郎女房くれ竹　市川おの江
一 小ばやしの朝比奈　大谷鬼次
一 下田の下部林平　二やく 大谷鬼次
一 伊豆の次郎祐兼　市山七蔵
一 古市あんにやおしか　二やく 市山七蔵
一 梶原平三かげ時　坂東彦左衛門
一 御師正直庄太夫　嵐音八
一 御師猿田彦太夫　二やく 坂東彦左衛門
一 北条の四郎時政　尾上雷助
一 ふじ浪左膳　二やく 尾上雷助
一 近江小藤太成家　二やく 嵐音八
一 古市仲居まんの　三やく 嵐音八
一 孫太夫娘おかき　瀬川亀三郎
一 曽我の団三郎　中村七三郎
一 下田万次郎　二やく 中村七三郎
一 頼朝の息女大姫君　瀬川路考
一 古市の油やおこん　二やく 瀬川路考
一 けわい坂のせう〳〵　三やく 瀬川路考
一 曽我の十郎祐成　坂東彦三郎
一 同　五郎時宗　四やく 市川男女蔵
一 ふく岡みつぎ　二やく 坂東彦三郎
一 工藤左衛門祐経　三やく 坂東彦三郎
一 太神楽一万度角兵衛
　実ハ京の次郎祐とし　四やく 坂東彦三郎

富本豊前太夫上るり
梅柳《むめやなぎ》昔《むかし》画《ゑ》冊《ぞうし》
朝いな　大谷鬼次
大姫の侍女うさみ　市川瀧之助
同　久寿見　瀬川亀三郎
大姫君　瀬川路考
坂東彦三郎

三月上旬より休む。

*初便春盤飾曽我

大坂敵役 △下り 中村歌右衛門 △ 中村加賀右衛門
同 実事 △ 関 三十郎 △ 中村 蔦五郎
敵役 △ 中村 東蔵 市川男寅改 市川 伝蔵
実事 △ 荒木 照五郎

辰三月廿三日より
・頃病花児譜《ころもやよいはなごのけいづ》

一 けいせい大町 実ハ吉田の花子のまへ　瀬川 仙女
一 船頭さるしまの惣太 実ハ吉田の下部軍助　市川 男女蔵
一 山田の三郎兼次　大谷 鬼次
一 山田女房矢ばじ　市川 おの江
一 寺島十太夫後家折江　尾上 雷助
一 荒岡源太時光　市山 七蔵
一 足軽喜藤太　二やく 市山 七蔵
一 入間の下部照平　下り 荒木 照五郎
一 里見甚平　市川 弁蔵
一 人買石の枕の粂蔵　坂東 七蔵
一 都築兵藤太かげ国　坂田 半九郎
一 わにざめのどう八　市川 鷺蔵
一 荒岡源太妹友つる　市川 瀧之助
一 宮づと六太夫　中村 助五郎
一 山田三郎妹片田　瀬川 浜次郎
一 百姓牛島の権兵衛　坂東彦左衛門
一 入間郡領時門　嵐 龍蔵
一 戸沢典膳　嵐 音八
一 松井の源吾定□(か)げ　中村 東蔵
一 折江むすめおいと　瀬川 亀三郎
一 入間主水之助重春　下り 関 三十郎
一 堀川右内娘小ふじ　瀬川 路考
一 江文の宰相豊房公 実ハ大伴ひたち左衛門頼国　下り 中村歌右衛門
一 狮子がんの非人堀かねの伊三 実ハ粟津六郎左衛門とし兼　坂東 彦三郎
一 吉田の松若丸　中村 明石

弐番目世話狂言
出村新兵衛 玉屋新兵衛 艶色《はで》競廓操《くらべさとのみさほ》 三幕

一 奥女中いくの　瀬川 仙女

一　葛飾の賤女苗代のおよし	二やく	瀬川　仙　女
一　出村屋新兵衛		市川　男女蔵
一　ゐちぜんやの三ぶ		尾上　雷　助
一　堀の舟宿いさみの定		市川　わし蔵
一　地廻ﾘ竹門の吉		大谷　候兵衛
一　同　砂利場の岩		中村千代飛介
一　同　□（三）谷の三		中島　三甫松
一　□（いせ）やぜん八	下り	中村　蔦五郎
一　中やの荷せおひ喜介		松本　つる蔵
一　竹垣半次郎	男寅改	市川　伝　蔵
一　中やの手代太四郎	下り	中村加賀右衛門
一　茨藤兵衛		嵐　龍　蔵
一　沢田軍兵衛		嵐　音　八
一　やぶいしや足立文庵	下り	中村　東　蔵
一　玉屋新兵衛弟新七	下り	関　三十郎
一　玉屋新兵衛女房おゐん		瀬川　路　考
一　ゐちぜんや小女郎	二やく	瀬川　路　考
一　玉屋新兵衛	下り	中村歌右衛門
一　佐わら源十郎		坂東　彦三郎

富本豊前太夫上るり
小女郎 新兵衛　桜艸対《さくらさふつい》の靛《かゞもん》　瀬川仙女 中村歌右衛門 瀬川路考　関三十郎 中村東蔵　相勤る

当狂言、壱番目弐番め共評判よく、別而中村歌右衛門下りの評よく、大当り大入〳〵。

壱番目三立め幕際評よし。鬼次本名山田三郎ニ而、壱文奴のやつし振事あり。梅若に尋逢、大ぜいの悪者共に出合、大だてあり。わし蔵入間家の調宝鯉魚の一軸と吉田家の調宝都鳥の笛を持て谷へおちる。東蔵と鬼次、太刀打ニ而両人共大仕かけニ而上へ引上ると、岩のまく下り、大ざつま上るりニ而中村歌右衛門せり上り、大友左衛門ニ而、百日かづら、網じゆばん、黒の半切り姿にて、わし蔵をふまへてのせり上り、見へよく大出来〳〵。夫より両家の宝をばいとり、鷲蔵をころし、ゆかふとする所、非人小屋より弐人の非人、大谷候兵衛、松本鶴蔵両人かゝるを立廻りニ而弐人共当てる。弐人もんぜつする内、花道へゆかふとする。おくより非人の姿ニ而坂東彦三郎、ほふかぶりニ而顔をかくして、道をさゝへる。此引ぱり、近年の大出来〳〵。立廻りニ而彦三郎、歌右衛門を跡よりつく。歌右衛門ころびそふに成、右の手をつき、起上りながら刀をぬかふとする。彦三郎こじりを押上るゆへ、抜兼て、右へ身を引ながら、刀をぬき切かける。彦三郎面つうニ而あしらい、とゞ両家の宝をおとす。手ばやくとらふとして、都鳥のめいてきは彦三郎取、鯉魚の一軸は歌右衛門取と、いぜんの非人弐人共両人へかゝるを、両人共双方一所にぽんと首を切り、拍子幕。

五立め江文の宰相と成、入間の館へにせちよくし。是は石

川五右衛門の方也。松若を具足櫃へ入せをい、浜次郎、おの江、両人の女形を手にかける仕内、一向に身をうごかさづ、ずぶとい仕内。夫より実の弟ニ而関三十郎、いろ〳〵いさめて腹切るを、何共思わぬ仕内。仙女けいせい大町のにせあほふニ而、工みを顕わし、彦三郎六郎右衛門ニ而、歌右衛門をたばかり、鯉魚の一軸を取かへし、見出しの所大出来〳〵。

弐番目、玉屋新兵衛ニ而歌右衛門、実事のしんぼふ狂言。壱番目の大敵ほど見物のうけは無之候得共、一体の仕内は大によし。大ぜい相手に、傘のたても大出来〳〵。出村新兵衛と出合の所は、男女蔵の方、余程よく見へる也。大切心中の道行抔は、江戸仕内、大に評よく、浄るりの内に、仙女賤女のふり事あり。おふさ徳兵衛の上るりの方なれ共、又々格別おもしろき事也。

此節、吹屋町ニ而阿国歌舞妓の狂言、役割も皆よく、何れも親のいたし候役ゆへ、大出来なれ共、唯歌右衛門の評判ニ而、市村座入かいなく、堺町大入大当り也。

[四月十二日]より第弐番目大切

・[おしゅん 伝兵衛] **堀川の段** 竹本政子太夫 野沢藤吉 同 佐野八 中村歌右衛門

御土産狂言に相勤申候と申口上書。

一 いへぬし　坂東彦左衛門
一 古手や八兵衛　中村　東　蔵
一 米や義兵衛　嵐　龍　蔵
一 与次郎母　市山　七　蔵
一 となり長やのかゝア　市川　の　介
一 おしゅん　瀬川　亀三郎
一 伝兵衛　関　三十郎
一 さる廻し与次郎　中村歌右衛門

此猿廻しの与次郎の狂言大当り、江戸中大評判。壱人リものゝ世話事の仕内、古今の出来大当り也。

五月五日より

・**義経千本桜** スケ嵐三八罷出候。

一 すけの局　瀬川　仙　女
一 すしや娘おさと　二やく　瀬川　仙　女
一 川越太郎　市川　男女蔵
一 横川のか[く]はん　二やく　市川　男女蔵
一 わかばの内侍　市川　おのへ
一 権太女房小せん　市川　おのへ
一 [武蔵坊]弁慶　大谷　鬼　次
一 弥左衛門女房　尾のへ　雷助
一 [川]つら法眼　市山　七　蔵
一 渡海や銀平 実[八]平の知盛　中村歌右衛門

一　いがみの権太　二やく　中村歌右衛門
一　佐藤四郎兵衛忠のぶ　三やく　中村歌右衛門
一　源九郎きつね　四やく　中村歌右衛門
一　権太一子善太　中村　明石
一　土佐坊昌俊　坂東彦左衛門
一　さがみ五郎　嵐　龍蔵
一　入江の丹蔵　中村加賀右衛門
一　わしの尾三郎　市川　瀧之助
一　帰り坂の麦連坊　嵐　音八
一　梶原平三かげ時　中村　東蔵
一　京のきみ　瀬川　亀三郎
一　しゆめの小金吾　関　三十郎
一　すしや弥介
　　実ハ三位惟盛　二やく　関　三十郎
一　すしや弥左衛門　嵐　三八
一　しづか御ぜん　瀬川　路考
一　源のよしつね公　坂東　彦三郎

此操狂言、又々大当り。仙女すけの局、白髪かづらのさげがみ、二やくおさとのむすめ姿、顔までみづ〳〵と見ゆる仕内、大出来〳〵。三十郎小金吾、近年の大出来、評よし。歌右衛門四やくの内、わけて知盛評判よし。舟軍の出立、白装束ニ而男舞有之、姿よし。夫より謀のうらをかゝれて、矢背負ての出の時は、銀のゐぼしを半分切りはらい、みけんに疵、わらぢを片足はいて、長刀をついての手をひの出、見物のうけよし。いがみの権太の悪師の仕内、もちまへにてよし。狐忠信ニ而初音の皷に姿を顕し、狐の仕内大出来〳〵。三四尺も高き高らんの二重ぶたいへちよいと手をかけると、ひらりと上る仕内きめう〳〵。夫より静、刀をぬきはなすと飛のき、柴垣のうへをとび〳〵狐の仕内、大出来〳〵。六月九日迄いたし、引続大当り、夫より休。

此節、吹屋町役者揃ひニ而忠臣蔵操狂言初候所、一向無入ニ而わづか十日程いたし休。

此狂言の最中、三津五郎びいきの者、そねみ申合、歌右衛門へ無体に口論仕かけ、面体へ疵付候へ共、やすまずいたし、猶又評判よし。

六月廿二日より夏狂言　浅尾工左衛門　市川団三郎　桟敷三十匁　高土間廿四匁　平土間拾匁

暑中休候者は、仙女、路考、彦三、男女蔵、三十郎の五人、相休申候。

源平布引瀧　三段め切迄

一　斎藤市郎実盛　中村歌右衛門
一　やつこ折平
　　実ハ多田蔵人行綱　中村　七三郎
一　九郎助娘小まん　市川　おのへ

一 百姓九郎助　あらし 龍蔵
一 小万一子太郎吉　市川 金 太
一 高はし判官　市川 わし蔵
一 長田の太郎　松本 鶴 蔵
一 あほへ御ぜん　瀬川 亀三郎
一 木曽のぜんぜふよしかた　市川 団三郎
一 瀬の尾十郎兼氏　浅尾工左衛門

染模様妹背門松 三幕

一 山家や清兵衛　中村歌右衛門
一 あぶらや太三郎　中村 七三郎
一 おそめ母おかの　市川 おの江
一 [京]むらやいと　瀬川 浜次郎
一 平山[の]権太夫　坂東彦左衛門
一 松や源右衛門　中村 東 蔵
一 あぶらやおそめ　瀬川 亀三郎
一 でつち久松　市川 団三郎
一 野崎村の久作　浅尾工左衛門
一 あぶらや手代善[（六）]　二やく 浅尾工左衛門

倭仮名在原系図 四段め蘭平物ぐるひの段

一 やつこ蘭平　中村歌右衛門
一 与茂作女房おりく　市川 おのへ
一 伴のよしずみ　中村 蔦五郎
一 みだい皆瀬御ぜん　瀬川 吉三郎
一 百性与茂作　市山 七 蔵
一 在原の行平　市川 団三郎
一 蘭平一子しげ蔵　中村 明 石
一 関白道経公　中村 勘三郎

此夏狂言も又々評よし。中にも工左衛門瀬の尾、わけて評よし。

七月十七日より
増補《ぞうほ》 蹇《いざりの》 仇討《あだうち》

一 新左衛門女房しげ町　瀬川 仙 女
一 筆助女房お弓　二やく 瀬川 仙 女
一 やつこ筆助　市川 男女蔵
一 柾桐市之丞　[中村] 七三郎
一 飯沼山[（三）]郎　市川 団三郎
一 三左衛門女房しづ波　市川 おの江
一 やつこ団助　大谷 鬼 治
一 [（三左）]衛門母よせ波　尾上 雷 助
一 つゝみ佐五右衛門　二やく 尾上 雷 助
一 [（沢田）]甚平　中山 七 蔵

一 佐藤郷助
　後ニ瀧口　浅尾工左衛門
一 庄屋徳右衛門　二やく　浅尾工左衛門
一 徳右衛門娘おしな　市川　伝　蔵
一 飯沼三左衛門　中村歌右衛門
一 飯沼勝五郎　二やく　中村歌右衛門
一 けいせい青柳　松本　国三郎
一 同　みちのく　瀬川　吉三郎
一 森丹蔵　中村　助五郎
一 やつこかゞ平　中村加賀右衛門
一 岸田半左衛門　二やく　中村加賀右衛門
一 こし元もしほ　瀬川　浜次郎
一 こし元おみを　二やく　瀬川　浜次郎
一 道心者行成　坂東彦左衛門
一 北条氏政　あらし　龍蔵
一 お弓はゝおくま　二やく　あらし　龍蔵
一 非人あんこふの次郎　三やく　あらし　龍蔵
一 やつこ熊平　嵐　音　八
一 徳右衛門下女おさよ　二やく　嵐　音　八
一 林丈右衛門　中むら　東蔵
一 代官溝口源左衛門　二やく　中むら　東蔵
一 非人あんこふの八　三やく　中むら　東蔵

一 けいせいかつうら　瀬川　亀三郎
一 飯沼三平　関　三十郎
一 新左衛門娘はつ花　瀬川　路　考
一 九十九新左衛門　坂東　彦三郎

八月十日より切狂言二幕

行平磯馴松　第三段め四段め

一 太郎七女房おせん　瀬川　仙　女
一 破軍太郎　市川　男女蔵
一 田井の畑の太夫　尾上　雷　介
一 □(高松)左衛門　市山　七　蔵
一 太郎七母おたく　浅尾工左衛門
一 早見の忠太　市川　の　助
一 下女おいわ　瀬川　銀次郎
一 同　おいと　瀬川　国三郎
一 同　おしほ　瀬川　吉三郎
一 此兵衛妹おくみ　瀬川　浜次郎
一 あがた主かげ広　中村　東　蔵
一 むらさめひめ　瀬川　亀三郎
一 庄や角之丞　桜山　連　蔵
一 百姓源太郎　中村千代飛介
一 同　万九郎　中島　三甫松

一 はつ日の宮　瀬川　多門
一 田井の畑の此兵衛　中村歌右衛門
一 下女おなべ　関　三十郎
一 中納言行平　二やく 関　三十郎
一 まつ風姫　瀬川　路考
一 小ふじ　二やく 瀬川　路考
一 鍛治屋太郎七　坂東　彦三郎

形見忍夫摺《かたみのしのぶずり》　中村歌右衛門　瀬川路考　大切に相勤申候　上るり 竹本政子太夫 竹本扇太夫 竹本和泉太夫　三味線 野沢藤吉 野沢佐の八

此狂言評よく、中にも関三十郎おなべ評よく、二やく行平の早がわり大出来〳〵。路考病気に付、松風娘の狂女の所作、仙女代り相勤、殊外評判よく大当り〳〵。路考全快出勤いたし候へとも、始終仙女相勤候。八月廿三日千秋楽。

八月廿八日より

・菅原伝授手習鑑

一 [松王]女房千代　瀬川　仙女
一 さくら丸　二やく 瀬川　仙女
一 [判官代]てる国　市川　男女蔵
一 梅王丸　二やく 市川　男女蔵
一 斎世の宮　中村　七三郎

一 舎人□(瀧)王　市川　伝蔵
一 御台梅園御ぜん　[市]川　おの江
一 たつたのまへ　市川　おの江
一 こし元かつの　市川　瀧之助
一 よだれくり　市山　七蔵
一 みよしの清つら　中村　蔦五郎
一 菅秀才　瀬川　多門
一 かくじゆ　中村歌右衛門
一 松王丸　二やく 中村歌右衛門
一 ふじ原の時平　浅尾工左衛門
一 百姓白太夫　二やく 浅尾工左衛門
一 左中将希世　浅尾工左衛門
一 にせ迎ひ築島前司　坂東彦左衛門
一 春藤玄蕃　嵐　龍蔵
一 土師の兵衛　中村　東蔵
一 伊予の内侍　瀬川　浜次郎
一 かりやひめ　瀬川　亀三郎
一 梅王女房はる　二やく 瀬川　亀三郎
一 宿禰太郎　関　三十郎
一 源蔵女房戸波　瀬川　路考
一 桜丸女房やへ　二やく 瀬川　路考
一 菅原の道実　坂東　彦三郎

一　武部源蔵　　二やく　坂東　彦三郎
一　松王一子小太郎　　中村　あかし
右菅原、格別之当りには無之大体也。併、何れも持前の役割故、非難はなし。中にも仙女が千代、彦三がかんせう〳〵は勿論、源蔵共よし。歌右衛門が松王、覚寿共よし。工左衛門が白太夫よし。三十郎がすくね太郎大に評よし。東蔵が土師の兵衛もよし。

九月廿四日より弐番め狂言　浅尾工左衛門名残り

恋女房染分手綱　十段め十一段め弐幕　はたごやの段　雪ふりの段

一　馬かた八蔵　　中村歌右衛門
　　本名逸平
一　□（白子や）佐次右衛門　　市川　の　助
一　おしやれおよし　　瀬川　国三郎
一　同　小女郎　　瀬川　浜次郎
一　ひぬかの八蔵
　　本名江戸兵衛　　浅尾工左衛門
一　しねんじよの三吉　　瀬川　ぎん太
一　わし塚官太夫　　中村　東　蔵
一　馬かた与作
　　本名伊達の与作　　関　三十郎
一　関の小まん　　瀬川　路　考

一　由留木左衛門　　中村　勘三郎
此狂言名残にて如何成狂言なれ共、工左衛門が雲介の仕打はかろく、大出来。

十月二日より
切狂言として坂東彦三郎葺屋町へ顔見世へ往候名残、瀬川仙女と顔合初のよし口上書。

夕ぎり伊左衛門　**廓文章**　上るり遊湖齊素柳　ワキ竹本繁太夫　三弦　野沢重五郎

一　あふきや夕霧　　瀬川　仙　女
一　かぶろ春野　　せ川　長五郎
一　同　しげの　　せ川　平次郎
一　わかいものきね八　　松本　鶴　蔵
一　同　みつ八　　市川　男の蔵
一　同　たつ八　　中村千代飛助
一　同　とも八　　桜山　連　蔵
一　仲居おなみ　　せ川　政之助
一　同　おとり　　せ川　銀次郎
一　同　おくみ　　せ川　吉三郎
一　阿波の平大臣　　市川　弁　蔵
一　吉田屋女房おさよ　　瀬川　亀三郎
一　よし田や喜左衛門　　市川　男女蔵
一　ふじや伊左衛門　　坂東　彦三郎

此狂言評よく候へ共、格別入りは無之。十月十日頃に千秋楽。

市村座より　沢村四郎五郎改　助高屋高　助　休より出る　嵐　三　八

△大坂和事下り　小川　吉太郎　同　大谷　広　八

同座より　桐島儀右衛門　沢村東蔵改　沢村四郎五郎　改名の沙汰計にて下り間合不申

染井綱右衛門改敵役　松本　大　七

霜月朔日より

・御《ご》摂恩賀仙《ひいきおんがのしまだい》

一 建霊門院侍女まつよい　瀬川　仙　女

一 宗清女房八条　二やく　瀬川　仙　女

一 左馬守源のよし朝　市川　男女蔵

一 鎮西八郎為とも　二やく　市川　男女蔵

一 粂の平内左衛門　三やく　市川　男女蔵

一 太夫の進朝長　中村　七三郎

一 長田の庄司　嵐　三　八

一 志内の六郎女房矢橋　市川　おの江

一 軍陀利入道桐島　桐島儀右衛門

一 宗清下部紋内　二やく　桐島儀右衛門

一 頼長息女玉琴姫　市川　瀧之助

一 りやうし岩松　市川　伝　蔵

一 今若丸　助高屋金五郎

一 乙若丸　瀬川　多　門

一 はやざき　中山　倉次郎

一 樽井の藤太出国　大谷　広　八

一 猪の熊九郎雲遠　松本　大　七

一 難波の次郎経遠
実ハ悪源太よし平　中村歌右衛門

一 廻国修行者紋道
実ハ八まきの判官　二やく　中村歌右衛門

一 安芸守平の清盛　三やく　中村歌右衛門

一 瀧口勘解由之丞光よし　市山　七　蔵

一 丹波のすけより盛　二やく　市山　七　蔵

一 とふぞくわしづの玄光　嵐　龍　蔵

一 平馬之丞時もり　二やく　嵐　龍　蔵

一 悪右衛門の督のぶより　中村　東　蔵

一 大島のりやうしなだ七　二やく　中村　東　蔵

一 官女よこぶへ　瀬川　亀三郎

一 かまだ女房小まき　二やく　瀬川　亀三郎

一 宗清娘しがらみ　三やく　瀬川　亀三郎

一 平の重盛　関　三十郎

一 鎌田次郎政家　二やく　関　三十郎

一　志内の六郎友春　三やく　関　三十郎
一　女ト見通しのお百
　実ハけいせい小やり　瀬川　路考
一　大島の蜑小いそ　二やく　瀬川　路考
一　友切丸守護神はふりの神女　三やく　瀬川　路考
一　ときわ御ぜん　四やく　瀬川　路考
一　長田の太郎　助高屋　高助
一　山がつ斧右衛門
　実ハ加藤次かげ門　二やく　助高屋　高助
一　弥平兵衛宗清　三やく　助高屋　高助
一　人王七十八代二条の院　中村　明石
弐番目上瑠理
色和倭院宣《いろやつしかなのいんぜん》　和泉太夫改 富本大和太夫　富本豊前太夫　富本安和太夫　三弦　三保崎善助　名見崎喜惣次
一　黒木売の賤女
　実ハ藤九郎盛長女房榊葉　瀬川　仙女
一　大場の三郎妹また野　市川　男女蔵
一　源のよりとも　小川　吉太郎
一　□（河津）三郎妹たつひめ　瀬川　亀三郎
一　石橋山合戦女はたもちお六
　実ハはふりの神女　瀬川　路考
一　鹿島の事ふれ茂左衛門
　実ハ八牧の判官　中村歌右衛門
一　茶せん売
　実ハ加藤次景門　助高屋　高助

当顔見世、堺町一の当り。中にも清盛ニ而歌右衛門、入日を招返す所、大評判。其道具建を引上ると、藪畳を切破、二やく廻国修行者ニ而江戸風の六部、歌右衛門大出来。山賤ニ而助高屋の押もどし、春の彦三よりは又格別能いとの評判。

四立め、伊豆大島ニ而、男女蔵為ともの荒事、評よし。

五立め、弥平兵衛に助高や、伊賀平内左衛門男女蔵是は川越太郎の仕内、上使実悪よし、難波の六郎実ハ悪源太よしひらニ而、歌右衛門も上使。三人の出合、大出来〳〵。

六建め、関三十郎志内の六郎ニ而、よし平と成、生捕られ入込、仕内よし。助高屋と、歌右衛門上下ニ而、両人のたて、大出来。大詰メ、見出しの所迄、大出来〳〵。

弐番目上瑠理も、三座一の大出来。歌右衛門かしまの事ふれニ而、きやりおんど。豊前太夫上るりニ而大出来。此時、歌右衛門がきやりおんどを、よいといふもの半ぶん、悪いといふもの半ぶんニ而大さわぎ。先は大当り〳〵。

文化六己巳年　中村座

曽我物語狂言看板出し候所、正月元日夜六ッ半時頃より佐内町出火。西南風はげしく、暫時に四日市小網町堺丁辺類焼。両座共、茶屋々々迄不残、類焼いたし候。

但、早速両座共普請に取掛り候所、場所替之御内沙汰も有之哉、普請御差留に相成、一同殊外不安堵の所、御見分等有之、芝居塗家にいたし建由、随分ひきく相建可申段被仰付、高さ壱丈ひきく相成候。尤瓦葺にいたし候。

是は古来、瓦葺被仰付候所、いつとなく是まて柿屋根にいたし来候よし。塗家造り被仰付印に表がゝりふせがわら、なまこかべにいたし置候は、其節の形をのこし候事のよし。

二月中より普請に取掛り、何れ三月節句前より初日いたし候由、専ら評判いたし候得共、普請にひまどり、三月下旬より相始候。

巳三月廿四日より

花似《はなあいにたり》想《おもかげ》曽我《そが》　△下り　中村仲助

一　鬼王女房月さよ　瀬川　仙　女
一　蓬莱やのけいせい舞鶴　二やく　瀬川　仙　女
一　曽我の団三郎　市川　男女蔵
一　箱根の閉防丸　二やく　市川　男女蔵
一　小はやしの朝いな　桐島儀右衛門
一　曽我十郎祐成　小川　吉太郎
一　同　五郎時宗　関　三十郎
一　工藤左衛門祐つね　中村歌右衛門
一　蒲の冠者のり頼　若太夫　中村　七三郎
一　伊豆の次郎祐兼　嵐　龍　蔵
一　比企判官頼貞　中村　友　蔵
一　けわい坂のせう〱　瀬川　亀三郎
一　大磯のとら　瀬川　路　考
一　鬼王新左衛門　助高や　高助

狐釣の対面、狂言の山に候所、是は明和七寅年春、当座ニ而**鏡ヶ池俤曽我***に中村仲蔵初工藤、兄弟は当時ならびなき高麗蔵、八百蔵、江戸きつすい、ひいきの多い三人をならべてみせ候桜田治助の思ひ付ニ而、古今大当り。其後も此狂言、度々いたし候得共、最初三人の致候程には迚も至らず、右江戸きつすいの狂言を、上方役者三人に致させ候は作者の大あやまり。しかし関三の時宗は、大に評よし。是は男女蔵に江戸風の五郎の

仕打を、ならい候よし。こしらへ、かつこふ、取廻し共、大に評よし。歌右衛門は、仲蔵の狂言を聞伝へ、気もち等すいりやふにいたし候ゆへ、見物の受どつとせず。見物の方ニ而も、先秀鶴を見ぬものは、あのやふかと思ふばかりなり。秀鶴を見し見物は、がてんせず。よつて不評判。

弐番目世話狂言 **八百屋お七物語** 京伝馬琴のゑいりよみ本 戯作のきやふげん

一 神田与吉女房お杉		瀬川 仙女
一 釜谷武平		市川 男女蔵
一 染井の百姓土左衛門伝吉	二やく	市川 男女蔵
一 関取花かご与市	下り	中村 仲助
一 八百や久兵衛		尾のへ 雷助
一 浅岡将監	二やく	尾のへ 雷助
一 大倉吉三郎		中村歌右衛門
一 前髪左兵衛	二やく	中村歌右衛門
一 八百やの下女おたま		桐しま儀右衛門
一 藪いしや笠森随安		嵐 龍蔵
一 吉祥寺の住僧		中村 東蔵
一 湯しま水茶やおなみ		瀬川 亀三郎
一 吉祥寺の弁長		関 三十郎
一 安森甚五郎		小川 吉太郎
一 八百やお七		瀬川 路考
一 神田の与吉		助高や 高助

浄瑠理 **艶詞《ことかいな》錦《にしき》画姿《へすがた》**＊＊ 中村歌右衛門 関 三十郎 瀬川 路考 富本大和太夫 富本豊前太夫 富本安和太夫 三弦 三保崎兵助 名見崎徳次 鳥羽や里長

此弐番め、八百やお七を書替候狂言。此節上方ニ而江戸戯作のよみ本を狂言にいたし、殊之外当り候よし。夫より思ひ付候狂言の趣向なれ共、よみ本ニ而見ると狂言とは思ひ違ふゆへ、見物のうけよろしからず。先第一、吉三を悪にいたし、前髪左兵衛といふ悪ルものゝ狂言也。吉祥寺の和尚に成、お七をかたり連てゆく所を、釜谷武平男女蔵に見顕され、しらのかたり、悪党に成、大丈ふの仕内。当時の高麗やの通り、仕打はいつれも宜候へ共、一体の狂言、見物の気に合ず残念。仙女はもと吉原の勤上りニ而、お杉といふお七が兄よめ、助高やは八百やの久兵衛悴ニ而通りものと成、神田の与吉が折悪い眼病。是を直さんとて、仙女男女蔵兄弟ニ而自害して、盃へ合せ呑する。浄るりの幕ニ而は、小性吉三郎ニ而歌右衛門若衆、紫ちりめんの□、袖を羽織と対に若衆ふり袖の姿。路考お七小娘のこしらへ、三十郎ちよぼくれ、大出来なれ共、不当りニ而休。

＊鏡池俤曽我
＊＊艶容錦画姿

四月十七日より曽我後日
秋《あき》葉《は》権現《ごんげん》廻船語《くわいせんばなし》

一 きはのおさい 瀬川 仙女

一 玉島逸当　市川 男女蔵
一 津守孫三郎　中村 七三郎
一 誉田六之進　桐しま儀右衛門
一 笹の才蔵　市山 七 蔵
一 飯塚又九郎　嵐 龍 蔵
一 日本駄右衛門　中村歌右衛門
一 月本祐明　二やく 中村歌右衛門
一 川ごし長六　中村 東 蔵
一 足かるごん内　中村 仲 助
一 けいせい花月　瀬川 亀三郎
一 徳島五兵衛　関 三十郎
一 月本始之助　小川 吉太郎
一 月本奥方みさほ御ぜん　瀬川 路 考
一 月本円秋　助高や 高助
一 玉島幸兵衛　二やく 助高や 高助

弐番目追善狂言 二代目故人瀬川路考三十七回忌

四季折〳〵手向の風流 邯鄲園菊蝶《かんたんそのゝきくてふ》 四代め瀬川路考 瀬川仙女 相勤申候

一 女だてと山姥の二やく　仙 女
一 かむろ　多 門
一 けいせい
一 子もり
一 白拍子
一 金太郎　此四やく 路 考

右七変化の出唄所作事、当月晦日迄相勤候段、口上書出し有之候得共、評よく候はゝ、いつ迄もいたし可申所、兎角吹屋町狂言評よく、不入ゆへ、節句前に相休申候。

五月七日より

・仮名手本忠臣蔵

一 かほよ御ぜん　瀬川 仙 女
一 義平女房おその　二やく 瀬川 仙 女
一 桃井若狭之助　市川 男女蔵
一 斧九太夫　二やく 市川 男女蔵
一 早の勘平　三やく 市川 男女蔵
一 大ぼし力弥　中村 七三郎
一 高の師直　中村歌右衛門
一 千崎弥五郎　二やく 中村歌右衛門
一 斧定九郎　三やく 中村歌右衛門
一 おかる母　四やく 中村歌右衛門
一 天川や義平　五やく 中村歌右衛門
一 本蔵女房となせ　六やく 中村歌右衛門
一 大星由良之助　七やく 中村歌右衛門
一 原郷右衛門　尾のへ 雷助

一　百姓与一兵衛　市川　の　助
一　太田了竹　桐しま儀右衛門
一　足利直よし公　市山　七　蔵
一　石堂右馬之丞　二やく　市山　七　蔵
一　山名次郎左衛門　嵐　龍　蔵
一　鷺坂伴内　中村　東　蔵
一　大わし文吾　中村　仲　助
一　本蔵娘小なみ　瀬川　亀三郎
一　堀部弥次兵衛　関　三十郎
一　塩冶判官　二やく　関　三十郎
一　てつち伊吾　小川　吉太郎
一　矢さま十太郎　二やく　小川　吉太郎
一　こし元おかる　瀬川　路　考
一　由良之助女房おいし　二やく　瀬川　路　考
一　寺岡平右衛門　助高屋　高助
一　加古川本蔵　二やく　助高屋　高助

此忠臣蔵大当大入也。大序、師直塩谷桃井三人共、大紋ゑぼし也。仙女、かぶと改甚よし、幕。

二段め三段め四段めニ而幕、五段め六段め七段めニ而幕、八段めなく、九段め十段め大切也。

高助本蔵、松切の所、主人の刀できらず、わか刀で切る。直に花道へ欠て入る。下より門をせり上け、登城先に成。師直へまいないの所、若し音物受ずは、討捨んといふ気味也。此門せりおろすと、師直休足部や、所々より来る音物を改る所、此仕かけ引てとる。御殿に成、饗応使判官上下ニ而出る。皆〳〵大紋ゆへ驚き、花道ニ而大紋ゑぼしに改る。又々長上下といふゆへ、うろたゆる場、大によし。夫より例之通喧嘩に成、上より裏門をおろす。勘平欠付け、伴内とたてあり。用水桶へ打込む。勘平おかる花道へ行。判官のやしき座敷に成、判官切ふく。何もいわず、九寸五分を由良之介へかたみと計ニ而腹切る。夫より扇ヶ谷の下やしきの門に成、大勢の家中を由良之介せいし、九寸五分の血なめ、ほぞをかためる仕内よし。此門を引てとる。遠く見ゆる大手の上のやしきの仕かけに成、由良之介花道ニ而見かへる。又々ばつたりにて、ちいさきやしきの仕かけを遠く見せる。夜あけの趣向ニ而、由良之助挑灯をたもとへ取入てまく。

五段め、うしろ黒まく。辻堂いなぶらおくより、与市兵衛いとだてを着て出る。花道より猟人三人出、ゆき合、わかれて両方へはいる。夫より大木の松をせり上る。此松の根に、勘平、みのかさにて雨をしのいで居る見へ。花道より、弥五郎ニ而歌右衛門、せいしつの桐油にて出る。勘平と物がたり、両方へわかれてはいる。花道より与市兵衛出る。つゞいて歌右衛門、定九郎ニ而出る。仲蔵こしらへ。与市兵衛をころし、金をとり、ゆこふとする向より、しゝ出る。松の木へあがる。しゝはおくへゆく。松よりとびおりる、てつほふの音。やれあぶない

とよけると、又一ってつほふ来り、定九郎がはらをうちぬく。勘平火なわをふり出て、しゝと思ひの外、人ゆへ驚く。懐中の薬をさがし、金ざいふをとり出し、悦びていさんにかけて花道へはいる。定九郎の死がい、板がへし二而下へはいる。黒まく切ておとす。与市兵衛の宅の仕かけ。路考おかるよし。花道へ歌右衛門、母二而出る。才兵衛来り、おかるをかこにのせ行所へ、勘平出る。いつもの通り、とゞ言わけなく切ふくすると、勘平が定九郎へ鉄ほふを打、舅の敵打たるわけたち、石碑料の金子を郷左衛門持帰る。勘平はたをるゝ。母とりすがりなく。其侭下へせり下る。向ふの仕かけをはね上ると、天井に成。下より七段めの道具建をせり上る大仕かけ。是よりいつもの通り。九太夫へ蛸をはさむ。九太夫判官のたいや成とてくはぬゆへ、由良之助くふ。此所いろ〳〵有て、皆〳〵おくへ行。由良之介寝て居る。力弥使に来る。切戸を明ると直に扇二而、向ふへとさしずする。力弥が手のひらへ書て見せる。力弥は引返し帰る。文箱を懐中してはいる。二かいよりおかる出る。由良之介出て、燈籠の火二而文をよむ。垣の内より九太夫のぞく。遠いゆへ椽の下をくゞりて近く来る。おかるかんさし落る音にびつくり手をはづし、巻たる文をおろす。九太夫引さく。是より椽の下へ、心をつける仕内よし。とゞ連判状を庭へなげる。九太夫はい出る所を、刀を持そへおかるにつかせる。三人の侍あやまるを、平右衛門連れの客そふな、酒によわれたそふだと、羽織を打かけ、加茂川の水ぞふすいと例のせりふ計二而、又々なまゑいの仕内、大出来〳〵、是二而幕。

九段めとなせ二而、うちかけの上に、鼠こはくの合羽、尤黒びろふどのゑり、供を連れ出、案内して、夫より手まねきをする。のり物をかつぎ出る。内よりこなみ、おくより路考おいし、大出来〳〵。本蔵こむそふ二而出、となせをやしきへ、順礼の状をもたせ帰す、のり物にのる。夫よりいつもの通り。九段めが惣出来なり。此仕かけ引てとる。天川やの段、歌右衛門義平もよし。仙女が□《(おその)》の仕内、しうたんかくべつの仕内、大出来〳〵。

歌右衛門七やく　一　師直　二　定九郎　七　弥五郎　六　義平

五　由良之助　四　おかる母　三　となせ

しかし世間の評判は、となせ第一の評判、つゞいて由良之介なり。

六月七日迄致候。天王祭礼に付、相休。夏中土用休いたし候。

七月十五日より

高尾《たかを》丸《まる》貼《みうけ》之《の》纜《ともづな》 *

一　けいせい高尾　瀬川　仙女

一　井筒平四郎女房おまき　二やく　瀬川　仙女

一　荒獅子男之助　市川　男女蔵

一　関取雷鶴之助　二やく　市川　男女蔵

一 片桐才蔵長可　中村 七三郎
一 山名持豊入道宗全　市川 友蔵
一 新ぞう高むら　市川 おの江
一 能太夫今若左京娘まがき　市川 瀧之助
一 佐々良三八　市川 伝蔵
一 [大場]道益　市川 わし蔵
一 奴稲妻峰平　松本 大七
一 [　]（同荒波）岡平　中村 蔦五郎
一 仁木弾正左衛門直則　中村歌右衛門
一 浮世戸平　二やく 中村歌右衛門
一 足利左金吾頼兼　三やく 中村歌右衛門
一 大江伊達五郎時貫　山村儀右衛門
一 大場道益母いばら　市山 七蔵
一 大江首幸鬼貫　嵐 龍蔵
一 白川靫負　尾のへ 雷助
一 渡会銀兵衛　中村 東蔵
一 高慢院願山　中村 仲助
一 斯波の息女八千代姫　瀬川 亀三郎
一 渡辺帯刀道友　関 三十郎
一 今川伊予之介仲秋　小川 吉太郎
一 政岡のつぼね　瀬川 路考
一 戸平女房おるい　二やく 瀬川 路考

一 足軽井筒平四郎
　後ニ平四郎和尚道哲　助高屋 高助
一 細川修理之介勝元　二やく 助高屋 高助

色楓縁辻[駕]《いろもみぢゑにしのつぢかご》　中村歌右衛門　瀬川 路 考　助高屋高 助　ワキ大和太夫　富本[豊]前太夫　ワキ常太夫

右之通、看板出し、番付も売出し候所、助高や高助病気に付、初日延引いたし候に付、病気快気之内、**恋女房染分手綱**、初段より十段め迄いたし、第弐番めに、**姫小松子日遊**、三段め口切二幕いたし候段、口上書出る。

＊高尾丸賀觴

七月十九日より

恋女房染分手綱

一 竹村定之丞女房桜木　瀬川 仙女
一 こし元重の井　瀬川 路考
一 後御乳の人重の井　二やく [瀬川] 仙女
一 左内弟[鷺坂]右内　中村 七三郎
一 わし[塚官太夫]　市川 友蔵
一 本多弥惣左衛門　二やく 市川 友蔵
一 左内[女房]ふじ波　市川 おの江
一 [伊達]の与惣兵衛　尾上 雷助
一 [こ]めや善八　市川 弁蔵

一 □（馬士次郎）助　松本　大七
一 逸平母おさん　市山　七蔵
一 古手や藤七　桐島儀右衛門
一 官太夫女房おざゝ　二やく 桐島儀右衛門
一 しらべのひめ　瀬川　兼五郎
一 奴逸平　市川　男女蔵
一 由留木左衛門　二やく 市川　男女蔵
一 山形や義平次　市川（市山）わし蔵
一 やつこ団助　□富士蔵
一 しねんじよの三吉　瀬川　多門
一 わし塚八平次　中村　東蔵
一 江戸兵衛　中村　仲助
一 けい子いろは　瀬川　亀三郎
一 伊達の与作　小川　吉太郎
一 由留木右馬之丞　関　三十郎
一 座頭けい政　中村歌右衛門
一 鷺坂左内　二やく 中村歌右衛門

第弐番目

姫小松子日遊＊

一 有王丸　市川　男女蔵
一 次郎九郎　尾上　雷助
一 同宿うんけつ　市川　の助
一 ぬす人ぬされのかん次　大谷　連蔵
一 同　かきがね半平　中村千代飛介
一 同　にげ水早助　沢村　喜多八
一 山びこの音　中村　蔦五郎
一 むさゝびの彦　大谷　広八
一 がけのどう六　松本　大七
一 たくぼくの江吉　市川　わし蔵
一 亀王娘小べん　瀬川　多門
一 小ごうの局　市川　瀧之助
一 なめらの兵　市山　七蔵
一 深山の木蔵　中村　仲助
一 亀王丸　関　三十郎
一 俊寛僧都　中村歌右衛門
一 亀王女房おやす　瀬川　路考

壱番め、歌右衛門けいまさ、仙女お乳の人、此評判よく、弐番めしゆんくわん、おやす大評判なれ共、残暑つよく、格別の入これなく、相応の当り也。

＊姫小松子日の遊

八月七日より 助高や高助全快に付、出勤の口上書出候。

・近江源氏先陣館

一宇治の方　瀬川仙女
一四斗兵衛女房おまき　二やく　瀬川仙女
一かこ舁四斗兵衛
　実ハ和田右衛門秀盛　市川男女蔵
一四の宮五郎　二やく　市川男女蔵
一芦田の三郎　中村七三郎
一北条時政　市川友蔵
一盛つな女房早瀬　市川おの江
一臼杵主水　尾上雷助
一古郡新左衛門　市川弁蔵
一比企の判官　市川わし蔵
一鬼山曽平　松本大七
一八ッふじ軍次　中村蔦五郎
一□（白びやう）しわかさ　瀬川浜次郎
一盛綱一子小三郎盛清　松本徳之助
一高綱一子小四郎高盛　市川伝蔵
一佐々木三郎盛綱　中村歌右衛門
一谷村小藤次　二やく　中村歌右衛門
一でつちかん太　桐島儀右衛門
一望月左源太　市川の助
一花田園部之助　中村東蔵
一大江広元入道　中村仲助

一北条の息女時ひめ　瀬川亀三郎
一造酒の頭娘住の江　二やく　瀬川亀三郎
一三浦之助よし村　関三十郎
一片岡主計　二やく　関三十郎
一源のより家公　小川吉太郎
一高つな女房かゞり火　瀬川路考
一片岡造酒之進　助高や高助
一佐々木の後室びみやう　二やく　助高や高助
一佐々木四郎左衛門高綱　三やく　助高や高助

（第弐）□番目

ワキ同　大和太夫
浄るり　富本豊前太夫
ワキ同　常太夫
三　三保崎兵助
弦　鳥羽や里長

（物哉思ふ）□（名所の月の）□かけ二ツ
葱例跡色歌《しのぶれどいろのことのは》
中村歌右衛門
関三十郎
小川吉太郎
瀬川路考
相勤申候

一土橋の文遣ひ日参のおせん　瀬川仙女
一仲丁の髪結うぶ毛の万吉　市川男女蔵
一山さきや勘十郎　桐島儀右衛門
一下女おかね　市川の助
一手遊びうり八重菊のおてふ　瀬川多門
一虫うり子宝のつち松　助高や金五郎
一山上文次　市川弁蔵

一 永楽や権左衛門　尾のへ 雷助
一 野わけひめ　市川 瀧の助
一 聖天町の法界坊　中村歌右衛門
一 のわけゆふこん　二やく 中村歌右衛門
一 手代庄八　中村 東 蔵
一 あほう太郎作　中村 仲 助
一 渡し守新兵衛　関 三十郎
一 手代要助　小川 吉太郎
一 永楽やのおくみ　瀬川 路 考
一 道具屋甚三郎　助高や 高助

此狂言評判よく、大当り。近江源氏の早打、谷村小藤次大評判也。しのぶ売所作、やわらか成仕打、鞠唄の拍子事、野塩の身ぶり大出来〳〵。歌右衛門当り也。九月十三日迄いたし、始終大入也。神田御祭礼に付休。

市川友蔵改
市川邑右衛門

九月十七日より
大和に筒井筒 河内に生駒山 競《すがたくらべ》伊勢《いせ》物語《ものがたり》 全部五冊

一 春日□（のしのぶ）　瀬川 仙 女
一 孔雀三郎成平　市川 男女蔵
一 惟仁親王　中村 七三郎

一 惟喬親王　市川邑右衛門
一 どらのにやう八　二やく 市川邑右衛門
一 □（藤太女）房関の戸　市川 おの江
一 井筒ひめ　市川 瀧之助
一 舎人秀丸　市川 伝 蔵
一 川島典膳　市川 弁 蔵
一 玉水の出茶や五作　市川 わし蔵
一 大宅の鷹取　中村 蔦五郎
一 仕丁五郎作　大谷 広 八
一 同 又次　市川 の 助
一 忍ぶずりの小よし　中村歌右衛門
一 紀の名虎の霊魂　二やく 中村歌右衛門
一 中納言行平　三やく 中村歌右衛門
一 春日野里の賤女おさき　中山 倉次郎
一 なぎさの局　瀬川 浜次郎
一 早風左門　桐島儀右衛門
一 伴の宗岡　市山 七 蔵
一 堀川の大臣照定公　尾上 雷 助
一 鞠岡龍太仲武　中村 東 蔵
一 磯上藤内　中村 仲 助
一 二条の后高子　瀬川 亀三郎
一 いかるが藤太基国　関 三十郎

一　仕丁和田作　　二やく 関　三十郎
一　磯の上豆四郎　　小川　吉太郎
一　在原の業平朝臣　　二やく 小川　吉太郎
一　宿禰女房かよひぢ　　瀬川　路考
一　荒川宿禰春久　　助高屋　高助
一　紀の有常　　二やく 助高屋　高助

切狂言
夕霧伊左衛門 **廓文章** 瀬川路考 中村歌右衛門 助高屋高助 瀬川仙女 相勤申候

一　喜左衛門女房おさよ　　瀬川　仙女
一　阿波の平大じん　　松本　大七
一　わかいもの源八　　市川　の助
一　同　新八　　中村千代飛介
一　禿辰三郎　　市川　平次郎
一　同大吉　　瀬川　長五郎
一　ふじや伊左衛門　　中村歌右衛門
一　わかいもの長蔵　　沢村　喜太八
一　同　徳蔵　　桜山　れん蔵
一　藤屋手代三郎兵衛　　関　三十郎
一　扇や夕ぎり　　瀬川　路考
一　吉田屋喜左衛門　　助高屋　高助

此壱番め狂言、拾九年已前、寛政三亥年八月当座ニ而、此座組ニ而、歌右衛門の役は松助いたし、琴をしらべる狂言。面白き狂言なれ共、不入。此度も兎角不入ゆへ、九月廿八日迄いたし、直に翌九月廿九日より

男一疋娵入献立* 全部五冊
弐番目は矢張夕霧伊左衛門の狂言

一　忠右衛門女房おまき　　瀬川　仙女
一　浜地源左衛門　　市川　男女蔵
一　手代三九郎　　市川邑右衛門
一　入江奥方おしづの方　　市川　おのへ
一　源左衛門女房おしう　　市川　瀧之助
一　ごく門の庄兵衛　　中村歌右衛門
一　八木孫三郎　　二やく 中村歌右衛門
一　鎌倉や仁右衛門　　尾上　雷助
一　馬渕和平太　　中村　東蔵
一　八木孫市　　中村　仲助
一　けいせい瀧川　　瀬川　亀三郎
一　はんじ物喜兵衛　　関　三十郎
一　鎌倉や五郎八　　小川　吉太郎
一　奴の小まん　　瀬川　路考
一　黒船忠右衛門　　助高屋　高助

***男一疋嫁入献立**

弐ばんめ切狂言には、やはり夕霧伊左衛門をいたし候。
□入うすく、十月十日千秋楽いたし候事。

其頃わる口　狂言座

歌右衛門　三十二

其方義、敵役身分として、折〳〵実事和事を専にいたし、重々不届に付、江戸中不評判のうへ、こくもんの庄兵衛に申付るもの也。
はやく大坂へたちませい。

森田座より　坂東彦三郎　　市村座より　坂東彦左衛門
市村座より　沢村源之助　　同座より　沢村次之助

巳十一月朔日より

・奥州牧雪驪《おふしうだちゆきのくろごま》

一　平太夫女房雄しま　　瀬川仙女
一　北岩倉一ッ家の女あるしおはま
　　実ハ中将実方の奥方おのへの前　　二やく　瀬川仙女
一　廻国修行者蟠龍
　　実ハ権五郎景政　　市川男女蔵
一　外ヶ浜の□（南兵衛）　　二やく　市川男女蔵

一　大国師正徳とし国　　三やく　市川男女蔵
一　南宮□（五郎）太夫娘おまつ　　瀬川亀三郎
一　□（金の）八郎為時　　中村仲助
一　国妙妹敷しま　　市川瀧之助
一　□（かけ政）弟長尾丸　　市川伝蔵
一　河内判官頼任　　市山七蔵
一　最上軍蔵鬼ずみ　　沢村次之助
一　実方の家来後藤内則経　　市川弁蔵
一　坂戸の九郎のりかけ　　市川わし蔵
一　星川六郎時ずみ　　坂東大五郎
一　大沼八郎雲ずみ　　中村蔦五郎
一　小美津勇之進かれ是　　坂東大吉
一　か茂の次郎よしつな　　中村七三郎
一　棚倉久馬　　桐島儀右衛門
一　本宮本陣天津やおくろ　　二やく　桐島儀右衛門
一　国妙下部築平　　坂東彦左衛門
一　□（福正）寺下男なべつる八右衛門　　市川の助
一　伊貝の十郎長ひら　　中村歌右衛門
一　厨川次郎太夫安部の貞任　　二やく　中村歌右衛門
一　町かゝへ目たまのうた　　三やく　中村歌右衛門
一　善知鳥文次安方　　四やく　中村歌右衛門
一　みたけ悪五郎為次　　五やく　中村歌右衛門

一ゑんのふ鏡のせい霊
あさか沼のおし鳥　六やく 中村歌右衛門
一鬼柳権蔵盛つら　中村 東 蔵
一沼岡の女商人おい□（ろ）　市川 おの江
一かけ政女房てり葉　二やく 市川 おの江
一赤むらの介為とり　市川邑右衛門
一佐伯蔵人定国　関 三十郎
一荒川太郎照門　二やく 関 三十郎
一おわりや三郎助　三やく 関 三十郎
一八幡太郎よし家　沢村 源之助
一安部の三郎松浦宗任　二やく 沢村 源之助
一白山つき米やの庄九郎
実ハ御館権太郎清ひら　三やく 沢村 源之助
一新羅三郎よし光　四やく 沢村 源之助
一平太夫国妙娘あさか　瀬川 路考
一楽官豊原の時光娘千束のまへ　二やく 瀬川 路考
一正徳よし国娘おとり　三やく 瀬川 路考
一あさか沼のおし鳥　四やく 瀬川 路考
一正三位中将実方朝臣　坂東 彦三郎
一三浦平太夫国妙　二やく 坂東 彦三郎
一ふくべの入道炭取　三やく 坂東 彦三郎
一和田左衛門為景　四やく 坂東 彦三郎

○三建目、実方ニ而彦三郎、島の仕内評よし。幕尻、伊貝十郎歌右衛門、とこよ姫路考、御館権の太郎清ひら源之助、三人だんまりの拍子幕、大に評よし。
○四建目、男女蔵修行者本名景政ニ而大荒事、大出来〱。
○五建目、よし家の館によし家源之助、女ぎらひの仕内。悪人の□をよけかへる。女ずきに成て、路考とのぬれ事、大出来〱。
○六建め、非人の姿ニ而本名貞任歌右衛門、よし家館へ入込、毒酒をもつて皆ごろしの仕内、大当り。夫より妖術やぶれ、捕人を相手に星を操ての仕内、大評判。
弐番め上るり舞台、よし光源之助、千束のまへ路考、悪五郎歌右衛門せり上り、彦三郎なまず坊主ニ而、すた〱坊主の仕内。

大切、仙女尾のへの前ニ而女のむほん人、歌右衛門路考両人、おし鳥の身ぶり所作事大評判、古今の大出来〱。

文化七庚午年　中村座

午正月十七日より
江戸春《ゑどのはる》御《ご》贔屓《ひいき》曽我《そが》*

一　頼朝公の息女大姫君　瀬川　仙　女
一　八わたの三郎行氏　市川　男女蔵
一　曽我□(のぜんじ坊)　中村　七三郎
一　けわい坂のせう〳〵　瀬川　亀三郎
一　工藤犬坊丸　中村　仲　助
一　□(手)づか太郎妹しのぶ　市川　瀧之助
一　満江御ぜん　市山　七　蔵
一　むかでや金兵衛　中村　東　蔵
一　箱根の閉坊丸　桐島儀右衛門
一　鬼王新左衛門　中村歌右衛門
一　大姫君の侍女花町　市川　おの江
一　和田のよし盛　市川邑右衛門
一　曽我の団三郎　関　　三十郎
一　小林朝いな三郎よし秀　二やく　関　　三十郎
一　曽我十郎祐成　沢村　源之助
一　同　五郎時宗　二やく　市川　男女蔵

一　近江小藤太成いへ　二やく　沢村　源之助
一　鬼王女房月さよ　瀬川　路　考
一　大姫君の侍女二ノ町　二やく　瀬川　路　考
一　大磯のとら　三やく　瀬川　路　考
一　工藤左衛門祐つね　坂東　彦三郎

二番目世話狂言

一　菊本中居おたに　瀬川　仙　女
一　男達島の勘兵衛　市川　男女蔵
一　関口甚三郎　中村　七三郎
一　井筒や下女おさき　瀬川　亀三郎
一　小あけ吉五郎　中村　仲　助
一　古手や勘助　桐島儀右衛門
一　井筒や手代せん六　中村　東　蔵
一　鹿の子勘兵衛　中村歌右衛門
一　猿まわし与次郎　二やく　中村歌右衛門
一　やつこ関助　関　　三十郎
一　落穂藤四郎　二やく　関　　三十郎

一 井筒や伝兵衛　沢村 源之助
一 稲野谷半十郎　二やく 沢村 源之助
一 井筒や娘おつる　瀬川 路考
一 げいしやおしゆん　二やく 瀬川 路考
一 家老浅山兵部　坂東 彦三郎
一 小笹半兵衛　二やく 坂東 彦三郎

壱番目三立め、路考月さよ二而辻君、忠臣口釈のやつし、評よし。関三団三郎二而、歌右衛門鬼王、拍子幕。小藤太源之助、実悪の仕内、大出来。鬼王一子鬼市へ、小藤太一子小弥太、源平風巾のけんくわより事起り疵付候を、鬼王ころしてゆすりに掛り候仕内。小藤太が亡妻は、十内が娘二而、忠義の事を言つげ死せしゆへ、逆沢瀉の鎧を鬼王へわたし腹切、大出来〱。極楽寺の八ツの時を七ツに打て、祐のぶへ難義をかける工ミの状をひろい、坊主を七人ころし、壱人ツ、ごん〱と打ゆへ、閉坊をころして八ツ時の数に合せる仕内、歌右衛門早わざ、石檀のたて大出来〱。

浄瑠理、祐成万歳二而源之助、時宗才蔵二而男女蔵、関三朝いな二而春駒をかつぎ、大盃をかざしてのせり上け、三十郎評よく大出来。路考扇売二而、花道より出る。よし原のやつし所作事。切リ、くさずり引大出来〱。大切、対面行烈、仙女大姫二而一通り行列有之。祐経二而彦三郎、行列有之。途中の対面大出来〱。

弐番目、関三落穂藤四郎の敵やく。茶入をぬすみ、樋の口の出、彦三郎半兵衛二而、無言の拍子まく大出来。茶屋の幕、廻り道具二而雨ふり。橋際二而、関三と源之助のたて、大に評よし。此狂言、出入の湊を書替の仕内。男女蔵評よし。路考そらばかの仕内。大切、猿廻し与次郎歌右衛門、前々辰年いたし候通り、相手も皆〱同し役廻り二而、おしゆん路考、伝兵衛源之助ゆへ、一入大出来〱。

二月廿八日迄いたし候。当座は壱番目当り也。

＊江戸春御摂曽我

三月三日より曽我後日狂言

・楼門《さんもん》五《こ》三桐《さんのきり》＊

一 細川の奥方越の戸　瀬川 仙女
一 やつこ弥太平　市川 男女蔵
一 真柴金吾久秋　中村 七三郎
一 けいせい花橘　瀬川 亀三郎
一 岸田兵馬　中村 仲助
一 けいせい九重　市川 瀧之助
一 瀬川求馬　市山 七蔵
一 石川五右衛門　中村歌右衛門
一 筒井順慶　坂東彦左衛門
一 同 玄蕃　中村 東蔵

一 園生の方　市川　おの江
一 蛇こつばゝア　市川村右衛門
一 真柴久次　関　三十郎
一 早川高景　沢村　源之助
一 大江之助女房呉竹　瀬川　路考
一 此村大江之助　坂東　彦三郎
一 真柴久よし　二やく　坂東　彦三郎

第弐番め世話狂言
・**隅田春芸女容性《すだのはるげいしやかたぎ》****

一 米や娘おきみ　瀬川　仙女
一 源兵衛堀の源兵衛　市川　男女蔵
一 けいしや額の小さん　瀬川　亀三郎
一 米や手代喜助　市山　七蔵
一 米や仁右衛門　市川　弁蔵
一 ゐしや久あん　桐島儀右衛門
一 大こくやの下男彦助　坂東彦左衛門
一 関取赤手ぬぐひの長五郎　中村歌右衛門
一 下女おたけ　市川　おの江
一 かなや金兵衛　関　三十郎
一 同　金五郎　二やく　関　三十郎
一 梅の由兵衛　沢村　源之助
一 同女房小むめ　瀬川　路考
一 でっち長吉　二やく　瀬川　路考
一 しがらき勘十郎　坂東　彦三郎

此狂言、大当り。

＊楼門五山桐
＊＊隅田春妓女容性

四月十四日より切狂言一幕
女鉢の木＊　雪の段　浄瑠理 遊湖齊素柳　三弦 大西東蔵　大坂登り名残

一 白たへ妹玉章　瀬川　路考
一 佐野源左衛門常世　沢村　源之助
一 源左衛門女房白妙　瀬川　仙女
一 最明寺時頼　坂東　彦三郎

＊女鉢木

五月五日より
敵討相合袴《かたきうちあいあいばかま》

一 よし岡野腰元おりく　瀬川　仙女
一 斧右衛門女房おろく　二やく　瀬川　仙女
一 吉岡民右衛門　市川　男女蔵
一 やつこ佐五平　二やく　市川　男女蔵
一 錺間弥生之助　中村　七三郎

一 民右衛門娘おはる　瀬川 亀三郎
一 吉岡下部繁蔵　中村 仲 助
一 武者之助妹おさい　市川 滝之助
一 木村鳴戸之助　市川 伝 蔵
一 絹川弥三郎　市山 七 蔵
一 毛谷村の斧右衛門　中村歌右衛門
一 京極内匠
　後ニ佐々木岸柳　二やく 中村歌右衛門
一 やつこはつ平　桐島儀右衛門
一 足軽九平次　坂東彦左衛門
一 鞠屋与六　中村 東 蔵
一 斧右衛門母おくま　三やく 中村 東 蔵
一 民右衛門女房おくら　市川 おの江
一 外料山井本復　市川村右衛門
一 夏賀大蔵大輔　関 三十郎
一 大坂町人森田孫兵衛　二やく 関 三十郎
一 佐々木官次郎　沢村 源之助
一 轟源五右衛門　二やく 沢村 源之助
一 民右衛門娘おゆき　瀬川 路 考
一 官次郎妹おその　二やく 瀬川 路 考
一 吉岡一味斎　坂東 彦三郎
一 月本武者之助　二やく 坂東 彦三郎

五月廿日、おらくの方様御停止、廿九日迄。晦日上野へ御出棺有之候。□琳院様御死去に付、鳴物御停止被仰出候に付、相休。

六月朔日より切狂言

道行 恋飛脚　同 大和太夫　富本 豊前太夫　同 常太夫　同 多見太夫　名見崎徳次　三保崎久次　鳥羽屋里長　沢村源之助　瀬川路考　坂東彦三郎　相勤る

一 亀や忠兵衛　沢村 源之助
一 中の島□（八右衛門）　中村 東 蔵
一 大こくや庄八　中島 三甫松
一 神崎屋庄六　沢村 紀 次
一 中居おぎん　瀬川 銀次郎
一 同 おくに　松本 国三郎
一 同 おくら　中山 倉次郎
一 同 おはま　瀬川 浜次郎
一 槌屋次右衛門　坂東 大 吉
一 手代伊兵衛　坂東 国 蔵
一 馬渕軍平　桐島儀右衛門
一 桜川新七　関 三十郎
一 槌屋梅川　瀬川 路 考
一 忠兵衛姉おみち　二やく 瀬川 路 考
一 新口村孫右衛門　坂東 彦三郎

大坂下り　狂言作者奈川篤助

七月十五日より

・道中娘管笠《かゞがさ》＊

一 けいせい重の井　瀬川 仙女
一 由留木左衛門　市川 男女蔵
一 じねんじよの三吉　二やく 市川 男女蔵
一 今川伊予之助　中村 七三郎
一 げいこいろは　瀬川 亀三郎
一 由留木右馬之助　中村 仲助
一 百姓次郎吉　二やく 中村 仲助
一 まいこ松野　市川 瀧之助
一 座頭けい政　市川 伝蔵
一 沓かけのおさん　市山 七蔵
一 山形や義平次　沢村 次之助
一 竹村定之進　市川 弁蔵
一 奴 逸平　中村歌右衛門
一 家主佐次兵衛　桐島儀右衛門
一 非人こなからの権　坂東彦左衛門
一 鷺坂左内　中村 東蔵
一 唐崎与八　二やく 中村 東蔵
一 由留木奥方ふじ波　市川 おの江
一 白子やおみつ　二やく 市川 おの江
一 わし塚官太夫　市川村右衛門
一 足軽小笹団助　関 三十郎
一 かつぎの小まん　二やく 関 三十郎
一 伊達の与作　沢村 源之助
一 わし塚八平次　二やく 沢村 源之助
一 ひぬかのおはつ　瀬川 路考
一 関の小まん　二やく 瀬川 路考
一 江戸屋平右衛門　坂東 彦三郎
一 本田弥惣左衛門　二やく 坂東 彦三郎

此狂言大当り、大入也。

＊道中娘菅笠

八月十七日より弐番目弐幕

奉掛色浮世図画

ワキ 同大和太夫
富本豊前太夫
ワキ 同安和太夫
三弦 名見崎徳次
同 喜惣次
鳥羽屋里長

長唄 富士田千蔵
岡安喜三郎
同 喜八
富士田半次
松永彦次郎
三弦 杵屋六左衛門
同 勝五郎
同 善太郎
同 万吉
同 喜三郎

一 船頭梶蔵
　実ハ大館左馬之助てる門　市川 男女蔵
一 房州の海士かるも　市川 瀧之助
一 長谷部の太郎雲連　桐島儀右衛門

一房州の猟師日蓮上人　市川　わし蔵
一同　猟師俊寛僧都　市川　の　助
一船頭波作　坂東　熊　蔵
一山名の家来銀藤次　中村千代飛助
一同　金藤次　沢村　紀　次
一房州の猟師鎮西八郎為朝　坂東　大五郎
一同海士松風むらさめ　坂東彦左衛門
一いてふの前の侍女ふじばかま　瀬川　亀三郎
一三位式部卿曽我蛇足　沢村　源之助
一曽我蛇足の筆勢女猿引　瀬川　仙　女
一同　おそめざる　瀬川　多　門
一同　小原女　中村歌右衛門
一同　武内宿直　二やく　中村歌右衛門
一同　神功皇后　瀬川　路　考
一同　廓のかむろ　二やく　瀬川　路　考
一同　平惟茂　沢村　源之助
一同　戸隠山の鬼女　坂東　彦三郎

九月九日より

・伊達《だて》遊《あそび》花街《くるわ》風俗《ふうぞく》

一鶴喜代君のめのと政岡　瀬川　仙　女
一荒獅子男之助重光　市川　男女蔵

一井筒女之助　中むら七三郎
一けいせい薄雲　瀬川　亀三郎
一地廻り荒浪の磯　中村　仲　助
一けいせい清滝　市川　瀧之助
一小性浪川数馬　市川　伝　蔵
一笹の才蔵　市山　七　蔵
一道益女房小まき　二やく　市山　七　蔵
一代官葉山喜藤次　沢村　治之助
一修験者寄明院　市川　わし蔵
一地廻り鳴神の権　坂東　大五郎
一馬士六蔵　桐島儀右衛門
一（神主鈴）□太夫　坂東彦左衛門
一仁木弾正左衛門直則　中村歌右衛門
一赤松（彦次郎則政）□　二やく　中村歌右衛門
一大江の図幸鬼貫　中村　東　蔵
一舟頭だゝ八　二やく　中村　東　蔵
一銀兵衛女房八しほ　三やく　中村　東　蔵
一三浦屋女房おかつ　市川　おの江
一山名宗全　市川村右衛門
一奥方さかへ御ぜん　二やく　市川村右衛門
一浮田十三郎　関　三十郎
一頼兼の下部浮世渡平　二やく　関　三十郎

一　渡部民部兼行　三やく　関　三十郎
一　足利左金吾頼兼　沢村　源之助
一　細川修理太夫勝政　二やく　沢村　源之助
一　けいせい高尾　瀬川　路考
一　豆腐や娘おかち　二やく　瀬川　路考
一　為村奥方沖の井　三やく　瀬川　路考
一　豆腐や三郎兵衛　坂東　彦三郎
一　渡部外記左衛門　二やく　坂東　彦三郎

市村座より　尾上松　助　　森田座より　尾上紋三郎
同　尾上松　緑　　△下り　芳沢稲三郎
同　沢村田之助
同　坂東鶴十郎

午十一月朔日より
・雪月花黒主《ゆきとつきはなのくろぬし》

一　女衛士そのふ　瀬川　仙女
一　染殿の女官伊勢侍従　二やく　瀬川　仙女
一　小野の小町　沢村　田之助
一　[　](須磨の蜑)むら雨　[二やく]　[沢]村　田之助
一　女馬士おなべ　実ハ小町桜の精霊　三やく　沢村　田之助

一　[　](基経の息女)おみなへし　瀬川　亀三郎
一　どら[やき](入道みめより)　坂東彦左衛門
一　大福の守あもふ十ヲくふ　中村　東蔵
一　[荒]巻耳四郎　中村　仲助
一　五代三郎女房鵜の羽　市川　おの江
一　[惟]仁親王　中村　七三郎
一　須磨大領後室檜垣老女　尾上　松緑
一　良峰寺の僧正遍照　二やく　尾上　松緑
一　五代三郎照光　坂東　彦三郎
一　大伴の山主　二やく　坂東　彦三郎
一　鈴鹿山賊立ゑぼし　尾上　松助
一　女郎花のゆふこん　二やく　尾上　松助
一　仕丁和田作　実ハ孔雀三郎　三やく　尾上　松助
一　事ふれ豊作　実ハ磯馴松の精霊　四やく　尾上　松助
一　大伴の宿禰黒主　沢村　源之助
一　大伴の宿禰黒主　中村歌右衛門
一　下河辺の行平　二やく　沢村　源之助
一　炭焼宗五郎　三やく　沢村　源之助
一　紀の播磨守有常　四やく　沢村　源之助
一　須磨の蜑松風　瀬川　路考

一女六部むりやふ尼　二やく　瀬川　路　考
一女衛士しのぶ
　実ハ黒主の愛女照□（葉）　三やく　瀬川　路　考
一深艸の駄六　二やく　中村歌右衛門
一山城之助貞蔭　三やく　中村歌右衛門
一山賤須磨の関兵衛　四やく　中村歌右衛門

午十二月四日
　瀬川仙女死
　　行年五拾八歳

文化八辛未年　中村座

未正月廿日より
・銀杏《さかいてふ》　鶴《まいつる》　曽我《そが》

一畠山庄司次郎重忠　坂東　彦三郎
一行氏妹十六夜
　（ママ）後大磯のとら　沢村　田之助
一工藤家奥女中なす野　二やく　沢村　田之助
一赤沢十内娘みさき　瀬川　亀三郎
一曽我満江御せん　市山　七　蔵
一閉坊法印　坂東　鶴十郎
一非人大日の胴六　市川　わし蔵
一近江の小藤太　沢村　次之助
一梶原平次かけ高　坂東　大五郎
一□（大）磯やの伝三　坂東彦左衛門

一工藤左衛門藤原祐つね　尾上　松　緑
一小はやしの朝いな　中村　東　蔵
一ゐがらの平太妹紅梅　市川　おのへ
一和田のよし盛　市川村右衛門
一仁田の四郎忠常　中村　七三郎
一箱根無宿鬼王坊主新左衛門　尾上　松　助
一曽我十郎祐成　沢村　源之助
一同　五郎時宗　二やく　尾上　松　助
一梅沢の小五郎兵衛
　実ハ八幡の三郎　二やく　沢村　源之助
一行氏乙の妹月小夜　瀬川　路　考
一工藤家奥女中三原　二やく　瀬川　路　考
一御所の五郎丸　中村歌右衛門

一　悪七兵衛景清　　中村歌右衛門

二番め世話狂言
東都名物錦絵始《おゑどめいぶつにしきへのはしまり》

一　亀の井弥惣兵衛　　坂東彦三郎
一　城木や娘おこま　　沢村田之助
一　ひし川の息女千くさ　　瀬川亀三郎
一　□原千次郎（荻）　　尾上紋三郎
一　金比羅参りの伝　　沢村次之助
一　松田軍兵衛　　沢村鶴十郎
一　城木手代丈六　　市川わし蔵
一　高木伴蔵　　坂東大五郎
一　佐藤銀平　　尾上斧蔵
一　城木や庄兵衛　　市山七蔵
一　城木やむこ木蔵　　中村東蔵
一　やつこ豆助　　中村仲助
一　粂本の女房おい□（と）　　市川おのへ
一　古筆見六浦良助　　中村七三郎
一　和こく橋の髪結才三　　尾上松助
一　西方寺の名月院　　沢村源之助
一　金江金五郎　　二やく　沢村源之助
一　仲丁のけいしやがくの小さん　　瀬川路考

一　秋月一角　　中村歌右衛門
一　神田の与吉　　二やく　中村歌右衛門

未二月十五日より　第弐ばんめ上るり
払暁鐘浅艸《あかつきのかねはあさくさ》＊
瀬川路考　沢村田之助　尾上松助
富本安和太夫　富本豊前太夫　富本多見太夫
三弦　名見崎とく次　同　長治　鳥羽や里長
向島の段　道行の段

一　荻原去来　　坂東彦三郎
一　城木やおこま　　沢村田之助
一　高木伴蔵　　坂東大五郎
一　髪結才三　　尾上松助
一　金江金五郎　　沢村源之助
一　額の小さん　　瀬川路考
一　綾瀬村のおりく　　二やく　瀬川路考
一　神田与吉　　中村歌右衛門

＊払暁鐘浅草

閏二月七日より
草履打の狂言

一　中老尾のへ　　沢村田之助
一　奥女中せきや　　瀬川亀三郎
一　奴江戸平　　尾上紋三郎
一　奥女中横ふへ　　坂東久五郎
一　同　かしわ木　　沢村次之助

一同　ゑあわせ　市山　七蔵
一同　わか菜　中村　東蔵
一奥女中蓬生　中村　春之助
一同　さわらび　瀬川　浜次郎
一同　うき舟　市川　おのへ
一五百崎要人　中村　七三郎
一局岩ふじ　尾上　松助
一足軽国平　沢村　源之助
一尾のへ召仕はつ　瀬川　路考
一足軽歌平　中村歌右衛門

草履打三幕相残し、行烈之場より惣座中罷出候と申口上。

三月五日より
年《ねん〳〵》歳《さい〳〵》砂《まさこの》石川《いしかわ》*

一千の利久　坂東　彦三郎
一侍女瀧川　沢村　田之助
一けいせい九重　瀬川　亀三郎
一下女おくま　二やく　瀬川　亀三郎
一馬川瀬平　沢村　次之助
一片山左近　坂東　鶴十郎
一片田の小雀　坂東　大五郎
一道具や善五郎　尾上　斧蔵

一百姓五作　市川　の助
一侍女呉竹　瀬川　浜五郎
一此村大江之助　尾上　松緑
一侍女はつ瀬　中村　春之助
一奴矢田平　市山　七蔵
一長老惣慶　坂東彦左衛門
一猪の熊門兵衛　中村　東蔵
一薗生の方　市川　おのへ
一真柴久秋　中村　七三郎
一築紫の権六　尾上　松助
一片岡造酒之頭　沢村　源之助
一関白久次公　二やく　沢村　源之助
一利久娘あや女　瀬川　路考
一石川五右衛門　中村歌右衛門
一五右衛門悴五郎市　中村　明石

＊年々歳々沙石川

病死　瀬川亀三郎

三月十五日より　弐番目
浮名《うきな》種《のたね》艶油《あぶら》

・おそめ久松　花曇《はなくもり》傘《ひがさの》相合《あいあい》　瀬川路考　沢村田之助　上るり　ワキ大和太夫　富本豊前太夫　ワキ安和太夫　三弦　名見崎徳次　鳥羽や里長

一　油やでつち久松　沢村　田之助
一　おそめ姉おはる　二やく　沢村　田之助
一　げいこおいと　瀬川　亀三郎
一　油や多三郎　尾上　紋三郎
一　とぶ六の源太　坂東　鶴十郎
一　黒塚弥忠太　坂東　大五郎
一　江戸桜の手代太助　市川　の　助
一　武蔵や亭主権次　坂東彦左衛門
一　下人与助　中村　東　蔵
一　おそめ母おたみ　市川　おのへ
一　肴屋太吉　尾上　松　助
一　油屋清兵衛　沢村　源之助
一　油屋むすめおそめ　瀬川　路　考
一　野崎村百姓久作　中村歌右衛門

大詰　御ひいきにすがる 花の兼題　遅桜《おそざくら》手《て》爾《に》葉《は》七字《のなゝもじ》

中村歌右衛門七変化所作事
けいせい　田舎座頭　業平　越後獅子　橋弁慶　海士　朱じやうき
此狂言大当り。別而田之助久松幷姉弐やく共評判よく、四月廿九日迄いたし候。

五月五日より

花菖蒲佐野八橋

一　秋田城之助　坂東　彦三郎
一　白妙大助　二やく　坂東　彦三郎
一　源左衛門妻玉笹　沢村　田之助
一　万字や新造舟橋　二やく　沢村　田之助
一　新助妹おさよ　瀬川　亀三郎
一　大工与五作　尾のへ紋三郎
一　手代宗八　二やく　尾のへ紋三郎
一　藪田毒庵　沢村　次之助
一　佐野の源藤太　二やく　沢村　次之助
一　三浦弾正義村　尾上　松　緑
一　鉄輪切豆吉　二やく　尾上　松　緑
一　万や禿しげり　瀬川　多　門
一　げいしやおいね　芳沢　稲三郎
一　太郎作娘おとよ　岩井　粂三郎
一　新造かほよ　中村　春之助
一　下女おはま　瀬川　浜次郎
一　三浦奥方萩の井　市川　おの江
一　大助妹さがわ　二やく　市川　おの江
一　北条小四郎　中村　七三郎
一　香川滝之助　二やく　中村　七三郎

一　舟ばし勇助　　尾上　松　助
一　佐野の次郎左衛門　　二やく　尾上　松　助
一　熊田軍八　　中村　東　蔵
一　下女おかめ　　坂東　鶴十郎
一　衣笠造酒之進　　市川　わし蔵
一　花かた一蝶　　坂東　大五郎
一　原田六郎　　市山　七　蔵
一　源左衛門うばおこう　　二やく　市山　七　蔵
一　玉渕眼之進　　坂東彦左衛門
一　□（飯焚）彦左衛門　　二やく　坂東彦左衛門
一　きの国や文蔵　　沢村　源之助
一　佐野の源左衛門常世　　二やく　沢村　源之助
一　万字やけいせい八ッ橋　　瀬川　路　考
一　勇助女房お袖　　二やく　瀬川　路　考
一　三浦荒次郎　　中村歌右衛門
一　伝逸坊　　二やく　中村歌右衛門
一　佐野の兵衛政常　　三やく　中村歌右衛門
五月十七日より切狂言二番め大切出る
一　秋□（田城之助義）景　　坂東　彦三郎
一　源左衛門妻玉笹　　沢村　田之助
一　原田六郎　　市山　七　蔵

一　佐野の源藤太　　沢村　次之助
一　源左衛門一子梅太郎　　□（尾上）栄三郎
一　舟橋勇助　　尾上　松　助
一　二階堂信濃之助　　沢村　源之助
一　勇助女房お袖　　瀬川　路　考
一　伝一坊
　　後ニ二代目三浦荒次郎　　中村歌右衛門

此狂言大当り。田沼に佐野を作り入、紀文、佐野次郎左衛門、八ッ橋を持込し狂言。わけて歌右衛門佐野の兵衛の親仁役、大出来〳〵。六月上旬御差留ニ而休み。直に土用休にいたし候。

七月十五日より盆狂言　坂東彦三郎一世一代　一日替り
初日
菅原伝授手習鑑
一　菅丞相　　坂東　彦三郎
一　白太夫　　二やく　坂東　彦三郎
一　桜丸女房やへ　　沢村　田之助
一　源蔵女房となみ　　二やく　沢村　田之助
一　かりやひめ　　三やく　沢村　田之助
一　くりから太郎　　尾上　紋三郎
一　土師の兵衛　　沢村　次之助
一　伴の兼次　　坂東　鶴十郎

一 わし塚平馬		市川 わし蔵
一 奴宅内		坂東 大五郎
一 よだれくり	二やく	坂東 大五郎
一 天蘭慶		尾上 斧蔵
一 三よしの清貫		市山 富士蔵
一 菅秀才		沢村 源平
一 左大臣時平		尾上 松緑
一 松王一子小太郎		（中島）□ 勘蔵
一 安楽寺住僧		市山 七蔵
一 似せ向ひ弥藤次		坂東彦左衛門
一 左中弁まれ世		中村 東蔵
一 みだい所園生のまへ		市川 おの江
一 梅王女房はる	二やく	市川 おの江
一 斎世親王		中村 七三郎
一 さくら丸		尾上 松助
一 春藤玄蕃	二やく	尾上 松助
一 判官代てる国	三やく	尾上 松助
一 覚寿		沢村 源之助
一 松王丸	二やく	沢村 源之助
一 立田のまへ		瀬川 路考
一 松王女房千代	二やく	瀬川 路考
一 梅王丸		中村歌右衛門

一 宿禰太郎	二やく	中村歌右衛門
一 武部源蔵	三やく	中村歌右衛門

後日

仮名手本忠臣蔵

一 大星由良之助		坂東 彦三郎
一 勘平はゝ	二やく	坂東 彦三郎
一 桃井若狭之助	三やく	坂東 彦三郎
一 勘平女房おかる		沢村 田之助
一 由良之助女房おいし	二やく	沢村 田之助
一 千崎弥五郎		尾上 紋三郎
一 石堂右馬之丞	二やく	尾上 紋三郎
一 奥島孫七		沢村 次之助
一 狸の角兵衛		中島 三甫松
一 下女りん		市山 富士蔵
一 義平一子よし松		尾上 栄三郎
一 本蔵娘小なみ		岩井 粂三郎
一 高師直		尾上 松緑
一 斧九太夫	二やく	尾上 松緑
一 大星力弥		瀬川 銀次郎
一 原郷右衛門		市川 七蔵
一 山名次郎左衛門		坂東彦左衛門

一 太田了竹　二やく 坂東彦左衛門
一 鷺坂伴内　中村 東 蔵
一 一もんじや徳兵衛　二やく 中村 東 蔵
一 一力やの花車おとみ　市川 おの江
一 足利直義公　中村 七三郎
一 早野勘平　尾上 松 助
一 矢間十太郎　二やく 尾上 松 助
一 天川屋義平　三やく 尾上 松 助
一 竹森喜太八　沢村 源之助
一 不破数右衛門　二やく 沢村 源之助
一 塩谷判官　三やく 沢村 源之助
一 かほよ御ぜん　瀬川 路 考
一 本蔵女房となせ　二やく 瀬川 路 考
一 義平女房おその　三やく 瀬川 路 考
一 寺岡平右衛門　中村歌右衛門
一 斧定九郎　二やく 中村歌右衛門
一 加古川本蔵　三やく 中村歌右衛門

此名残狂言、近年の大当り。わけて菅原の日は、殊之外大入ニ而、茶屋もこまり候程ニ而、八月十五日よりは、菅原の狂言計りにいたし、九月節句休もいたし不申、九月十五日迄いたし、千秋楽舞納候。

九月十七日より

一谷嫩軍記

一 熊谷次郎妻さかみ　沢村 田之助
一 俊成息女花のまへ　二やく 沢村 田之助
一 時忠の息女玉折ひめ　三やく 沢村 田之助
一 平山武者所末重　沢村 次之助
一 百姓丹兵衛　坂東 鶴十郎
一 梶原平次かけ高　市川 わし蔵
一 成田の五郎　坂東 大五郎
一 大館玄蕃　尾上 斧 蔵
一 うばはやし　尾上 松 緑
一 石屋弥陀六　尾上 松 緑
一 石屋娘小ゆき　岩井 粂三郎
一 摺針太郎　沢村 熊 蔵
一 瀧の三郎　中島 三甫松
一 参議経盛　市山 七 蔵
一 一世一代男　坂東彦左衛門
一 庄屋孫作　中村 東 蔵
一 経盛御台ふじの方　市川 おの江
一 無官の太夫あつもり　尾上 松 助
一 熊谷一子小次郎　二やく 尾上 松 助
一 売原の田五平　三やく 尾上 松 助

一 源のよし経公　沢村 源之助
一 岡部の六弥太　二やく 沢村 源之助
一 建礼門院　瀬川 路考
一 さつまの守忠のり　中村歌右衛門
一 熊谷次郎直実　二やく 中村歌右衛門

弐番め上るり

枝鶴紅葉賀　ワキ大和太夫 富本豊前太夫 ワキ安和太夫　名見崎八五郎 鳥羽や里長

一 けいせい琴鶴　沢村 田之助
一 こんがら童子　瀬川 多門
一 せいたか童子　中村 明石
一 栄屋才兵衛　中村 東蔵
一 仲居おてる　市川 おの江
一 馬士胴吉　尾上 松助
一 帯刀先生太郎　沢村 源之助
一 仲居おゆめ　瀬川 路考
一 鳥さし勘八　中村歌右衛門
一 平の惟茂　坂東 彦三郎
一 掛想文売お高　二やく 坂東 彦三郎
一 戸隠山の不動明王　三やく 坂東 彦三郎

此狂言、菅原程にはなく候へ共評判よく、十月十三日迄いたし、千秋楽舞納候。

△下り女形 嵐 富三郎　休より 荻野 伊三郎
市村座より 岩井 半四郎　市村座より 坂東 善次
森田座より 助高屋高助　中島百右衛門
市川 市蔵　中島三甫松改 松本 徳之助
関 三十郎　坂東 伝三郎
桐島儀右衛門
藤川 官吉

霜月朔日より

吾嬬《あづまの》花《はな》岩井《いわゐの》内裡《だいり》

一 平親王相馬の将門　中村歌右衛門
一 舟橋中納言八兵衛卿　二やく 中村歌右衛門
一 ちよこのちよこ平豆成
　実ハ御厨の六郎公連　三やく 中村歌右衛門
一 伊予の尉純友　市川 市蔵
一 回国修行者月山　二やく 市川 市蔵
一 大宅の次官惟広　三やく 市川 市蔵
一 けいせい逢坂
　実ハ将門妹敷たへ　藤川 官吉
一 真奈古の大学夏風　桐島儀右衛門
一 島田はりまの助惟元　市山 七蔵

一　茶道頓斎　中村　東　蔵
一　八坂の浄蔵貴所　大谷　門　蔵
一　信楽刑部信秋　二やく　大谷　門　蔵
一　参議藤原の忠文　荻野　伊三郎
一　田原の千晴　尾上　紋三郎
一　太郎丸めのと呉竹　市川　おの江
一　武蔵五郎貞世　関　三十郎
一　下部関平　二やく　関　三十郎
一　忠平卿の息女玉水姫　下り　嵐　富三郎
一　逆髪の皇子　尾上　松　助
一　強盗袈裟太郎　二やく　尾上　松　助
一　上平太貞盛　三やく　尾上　松　助
一　東宮之助重頼　中村　七三郎
一　相馬の女官手古奈の内侍　岩井　半四郎
一　瀬多の龍女　二やく　岩井　半四郎
一　松ヶ崎兵衛が娘千代　三やく　岩井　半四郎

一　粟島の出来作　助高屋　高助
　実ハ近江の押領使俵藤太秀郷
一　将門の御乳人継橋　二やく　助高屋　高助

三立め、海賊船の所、市蔵大出来。無言市蔵関三松助三人、同引続、歌右衛門に半四郎大当り。

四立め上るり、**鄙都艶玉簾**小文字太夫、兼太夫、喜代太夫、歌右衛門、松助、三十郎、富三郎、半四郎大当り。

五立め、歌右衛門一寸法師の狂言、大出来大評判。市蔵上使の所、大当り。助高や乳母継橋大出来。

弐番め、半四郎道楽者女房ニ而、左官松助、武士市蔵、隠居伊三郎、能役者関三、酒や歌右衛門、□此五人女房約束をし顕るゝ仕内、夫〱の言葉之挨拶の仕内大出来。

当顔見世上るりは当座、大に評よし。歌右衛門、半四郎大当り。最初は葺屋町評判よろしき処、一体狂言の出来当座よく、幷にいづれも当り狂言也。当顔見世共両座、無勝負五格の大入也。

文化九壬申年　中村座

正月十五日より
仰高《なにたかき》富士根《ふじがね》曽我《そが》*

一　小林朝比奈　中村歌右衛門
一　箱根雲助閉坊の三　二やく　中村歌右衛門

一 大磯のとら　藤川 官吉
一 けわい坂のせう〱　嵐 富三郎
一 鬼王妹月小夜　二やく 藤川 官吉
一 曽我の禅師坊　尾上 紋三郎
一 本田の次郎近常　坂東 鶴十郎
一 足軽運平　坂東 善次
一 梶原平三景高　桐島儀右衛門
一 工藤犬坊丸　助高や金五郎
一 満江御ぜん　荻野 伊三郎
一 伊豆の次郎祐かね　二やく 荻野 伊三郎
一 岩永左衛門宗連　中村 東蔵
一 金貸地獄谷清左衛門　大谷 門蔵
一 井場十蔵女房呉竹　市川 おの江
一 蒲の冠者のり頼　市川 市蔵
一 近江小藤太成家　中村歌右衛門
一 八幡の三郎行氏　関 三十郎
一 鬼王新左衛門　二やく 市川 市蔵
一 曽我の団三郎　二やく 関 三十郎
一 八磯の丁抱かなてこの十　尾上 松助
一 曽我十郎祐成　二やく 尾上 松助
一 同 五郎時宗　岩井 半四郎
一 鬼王妹十六夜　二やく 岩井 半四郎

一 赤沢十内　助高屋 高助
一 工藤左衛門祐つね　二やく 助高屋 高助

＊名高富士根曽我

同 弐番め世話狂言

台頭霞彩幕《のいろまく》

一 あかねや半七　中村歌右衛門
一 厚倉次郎太夫　二やく 中村歌右衛門
一 筑波茂右衛門　市川 市蔵
一 野花や女房おぬい　藤川 官吉
一 有松源之丞　尾上 紋三郎
一 中間吉平　市川 鶴三郎
一 笠松角太郎　中村 東蔵
一 中間雁助　坂東 鶴十郎
一 今市や善右衛門　二やく 中村 東花
一 浪人横井丹蔵　桐島儀右衛門
一 あかねや女房おいま　二やく 桐島儀右衛門
一 あかねや下人弥八　中村 七三郎
一 余瀬村の百姓次郎作　市山 七蔵
一 みのや庄助　荻野 伊三郎
一 三勝娘おづう　市川 助蔵
一 青柳御ぜん　市川 おの江

一　田宮右内　関　三十郎
一　野花や勝次郎　二やく　関　三十郎
一　半七云号おその　嵐　富三郎
一　東金や茂右衛門　尾のへ　松助
一　みのや三かつ　岩井　半四郎
一　花陽庵の妙貞　二やく　岩井　半四郎
一　部や頭腕の喜三郎　助高や　高助
一　美濃や平左衛門　二やく　助高や　高助

此春狂言壱番め、関三、歌右衛門、近江八幡ニ而、石檀のたて評よし。弐番めは大当り。半四郎、歌右衛門、両人共、親子狂言の早がわり、大出来、大入ニ而三月節句迄致す。

三月五日より

清水清玄面影樓*

一　清水の清玄法師　中村歌右衛門
一　白拍子糸ゆふ　二やく　中村歌右衛門
一　奴淀平　市川　市蔵
一　同宿無縁坊　二やく　市川　市蔵
一　甚五郎娘おつる　藤川　官吉
一　直宿之助清はる　二やく　藤川　官吉
一　山名右門之助　尾上　紋三郎
一　藪いしや鵜殿泰ト　坂東　鶴十郎
一　酔ヶ井兵太　坂東　善次
一　桂の局　市川　弁蔵
一　黒谷平馬　桐島儀右衛門
一　足利鶴満丸　市川　助蔵
一　細川勝元　荻野　伊三郎
一　同宿かくれん坊　二やく　桐島儀右衛門
一　清水寺の敬月国師　市山　七蔵
一　細川悪五郎　中村　東蔵
一　同宿正覚坊　二やく　中村　東蔵
一　山名宗全　大谷　門蔵
一　めのと平野　市川　おの江
一　奴壬生平　関　三十郎
一　彫物師新助　二やく　関　三十郎
一　さくら姫　嵐　富三郎
一　奴鳥羽平　尾上　松助
一　大館八郎てる光　二やく　尾上　松助
一　水茶や祇園の梶　岩井　半四郎
一　同宿有縁坊　助高や　高助
一　左リ甚五郎　二やく　助高や　高助

似□（紫鹿子）道成寺　中村歌右衛門所作事　助高や高助　中村東蔵　市川市蔵　桐島儀右衛門

此狂言、又々大当り大入。三月十二日、十三日両日、壱番組之鳶の者、喧嘩いたし騒動ニ而、見物□矢張大当り

大入。

＊清水清玄面影桜

四月八日より

亀山染読切講釈

弐番目は、清玄庵室の幕と道成寺所作事、相勤申候。

一 大岸蔵人　中村歌右衛門
一 藤川水右衛門　市川 市 蔵
一 蔵人女房やどり木　藤川 官 吉
一 石井半次郎　松本 徳之助
一 杉本木庵　荻野 伊三郎
一 石井兵衛　市山 七 蔵
一 金かし金吉　中村 東 蔵
一 奥野三平　大谷 門 蔵
一 木庵娘おさよ　嵐 富三郎
一 十右衛門女房おとみ　嵐 富三郎
一 石井円蔵　関 三十郎
一 浅田や十右衛門　二やく 関 三十郎
一 石井源之丞　二やく 嵐 富三郎
一 田辺文蔵　尾上 松 助
一 石井の養女千束　岩井 半四郎
一 文蔵女房おしづ　二やく 岩井 半四郎

一 磯上亘　助高や 高助
一 兵衛女房岩瀬　二やく 助高や 高助

此敵打、亀山にいざりのあだ打、お八ッの太鼓、巌柳島、伊賀越を取組候狂言。評判よく打続大入ニ而、四月廿八日迄いたし千秋楽。

五月五日より

皐連歌《さつきれんか》恋《こひの》白浪《しらなみ》＊

一 此木東吉　中村歌右衛門
一 髪結かまくらやの五郎八　二やく 中村歌右衛門
一 山口九郎次郎　市川 市 蔵
一 高瀬問屋黒船の忠右衛門　市川 市 蔵
一 こし元きてふ　藤川 官 吉
一 けいせい瀧川　二やく 藤川 官 吉
一 武智左馬五郎　尾上 紋三郎
一 野島藤内　坂東 鶴十郎
一 槽屋助十郎　市川 鶴三郎
一 水口丹下　坂東 善 次
一 波多野後室橋立　市川 弁 蔵
一 森の力丸　岩井喜代太郎
一 武智十次郎　助高や金五郎
一 三法師丸　尾上 栄三郎

一　柴田女房越路　荻野　伊三郎
一　順安太子　市山　七蔵
一　おやまの九介　中村　東蔵
一　ふじや才兵衛　二やく　市山　七蔵
一　山口組下山田山助　二やく　中村　東蔵
一　山口組下山川山蔵　二やく　大谷　門蔵
一　小にし行永女房若菜　市川　おの江
一　夜番こく門の庄兵衛　関　三十郎
一　小田上総介春永　二やく　関　三十郎
一　こし元花町　嵐　富三郎
一　早枝犬喜代　尾上　松助
一　八木や孫三郎　二やく　尾上　松助
一　古鉄買三上や百助　三やく　尾上　松助
一　東吉女房おたけ　岩井　半四郎
一　島原の中居おまつ　二やく　岩井　半四郎
一　武智日向守光秀　助高屋　高助
一　団扇売はんじ物喜兵衛　二やく　助高屋　高助

此狂言、壱番目太閤記之時代狂言、二番め世話狂言に出入湊を取組、かみゆい五郎八は、本名は石川五右衛門か一子五郎市、黒船問屋の忠右衛門本名築紫の権六、島原の中居おまつは本名五郎市が妹、八木や孫三郎本名瀬川求馬、至極面白く取組候狂言。半四郎、歌右衛門、三門のやつしを、揚屋の二階座敷の仕内有之、評よく六月上旬迄いたし休。

*皐連歌恋句白浪

土用休をいたし
七月十五日より盆狂言

太平記忠臣講釈

一　高の師直　中村歌右衛門
一　矢間重太郎　二やく　中村歌右衛門
一　たいこ持次郎右衛門　三やく　中村歌右衛門
一　百姓弥作　四やく　中村歌右衛門
一　万歳土地右衛門　五やく　中村歌右衛門
一　九太夫娘おくみ　六やく　中村歌右衛門
一　大星由良之助　七やく　中村歌右衛門
一　斧九太夫　市川　市蔵
一　鹿間宅兵衛　二やく　市川　市蔵
一　けいせい浮はし　藤川　官吉
一　弥作女房おかよ　二やく　藤川　官吉
一　平右衛門女房おきた　三やく　藤川　官吉
一　石堂縫之助　尾上　紋三郎
一　大わし新五　市川　鶴三郎
一　渡し守《(おき)》鵜の牙蔵　坂東　鶴十郎
一　辻君□み　坂東　善次

一 同 おひやく　尾上 斧蔵
一 佐々木左膳　市川 わし蔵
一 倉岡伝五右衛門　市川 弁蔵
一 喜内女房おはし　荻野 伊三郎
一 石堂右馬之丞　二やく 荻野 伊三郎
一 天川や義平　三やく 荻野 伊三郎
一 中居おこう　岩井 梅蔵
一 鷺坂伴内　桐島儀右衛門
一 蔦村伝次　二やく 桐島儀右衛門
一 早野三左衛門　市山 七蔵
一 斧定九郎　中村 東蔵
一 入間丑兵衛　二やく 中村 東蔵
一 山名次郎左衛門　大谷 門蔵
一 乳貰善助　二やく 大谷 門蔵
一 由良之助女房おいし　市川 おの江
一 塩谷判官　関 三十郎
一 千崎弥五郎　二やく 関 三十郎
一 大ほし力弥　尾上 松助
一 石切五郎太 本名勘平　二やく 尾上 松助
一 こし元侍従　岩井 半四郎
一 重太郎女房おりへ　二やく [岩井] 半四郎

一 かほよ御ぜん　三やく [岩井] 半四郎
一 矢間喜内　助高や 高助
一 九太夫後家おれい　二やく 助高や 高助
一 諏訪数右衛門　三やく 助高や 高助
一 足利直義公 若太夫　若太夫 中村 明石

此狂言大当り二而、殊に葺屋町休、木挽丁も休候に付大入二而、
八月中いたし、九月上旬より千秋楽。

九月九日より 壱番め二建目に

寿三番叟* 上るり 富本斎宮太夫改豊後路清海太夫 長歌 芳村伊十郎　中村歌右衛門 中村七三郎 中村明石 相勤る

ひらかな盛衰記** 三段め切迄

一 船頭松右衛門 実ハ樋口の次郎　中村歌右衛門
一 かぢわら平次景高　市川 市蔵
一 秩[父の庄司]重忠　二やく [市]川 市蔵
一 松右衛門女房[およ]し　藤川 官吉
一 [（水主梶助）]　市川 鶴三郎
一 同 [九]郎作　坂東 鶴十郎
一 同 又六　坂東 善次
一 駒若丸　中村 清次郎
一 松右衛門一子槌松　尾上 栄三郎

一 鎌田隼人　荻野　伊三郎
一 家主太郎作　桐島儀右衛門
一 横須賀軍内　中村　東　蔵
一 水主綱蔵　二やく　中村　東　蔵
一 番場の忠太　大谷　門　蔵
一 水主富蔵　二やく　大谷　門　蔵
一 山吹御ぜん　市川　おの江
一 梶原源太かげすへ　尾上　松　助
一 こし元千どり　岩井　半四郎
一 姉おふで　二やく　岩井　半四郎
一 ゐんじゆ　助高屋　高助
一 船頭権四郎　二やく　助高屋　高助

＊再春菘種蒔
＊＊ひらがな盛衰記

弐番目　中村歌右衛門大坂登り名残狂言

嫗《こもち》山姥　二幕

一 沢瀉ひめ　藤川　官　吉
一 山だち洞六　三枡　三代蔵
一 同　なだ七　市川　団　七
一 同　ぐれ蔵　関　三　平
一 同　だく六　坂東　伝三郎
一 こし元十六夜　松本　徳之助
一 同　秋しの　松本　八十八
一 同　春風　岩井　瀧次郎
一 同　更科　岩井　亀次郎
一 同　歌江　岩井　梅　蔵
一 源の頼光　尾上　紋三郎
一 大沼軍藤　市川　の　助
一 卜部の季武　市川　他　蔵
一 太田の十郎　桐島儀右衛門
一 わたなべの綱　市山　七　蔵
一 こし元小笹　中村　東　蔵
一 碓井貞光　大谷　門　蔵
一 こし元白ぎく　市川　おの江
一 怪童丸　関　三十郎
一 たばこや源七　二やく　関　三十郎
一 八重桐
　後ニ足柄の山姥　中村歌右衛門
一 杣切株の斧右衛門
　実ハ三田の仕　二やく　中村歌右衛門

此度、歌右衛門相勤候**寿世嗣三番叟**の所作事は、廿四年已前、寛政元酉年秋当座ニ而、中村仲蔵相勤候志賀山一流のよし。其節の番付に、白拍子中村仲蔵と名前を出し候□所作ニ而候。

此名残狂言、大当大入ニ而、十月十七日千秋楽舞納。歌右衛門去る辰年春より下り、当申九月狂言迄、百拾壱役いたし候評判記出る。役者附にいたし候一枚摺、角力番付にいたし候一枚摺に出る。古今の誉れ。江戸土産狂言に、大坂ニ而助六をいたし候由、小田原町新場より餞別として、紫縮緬、緋ちりめん、廿疋。桐のまさの下駄、弐百足。市川団十郎より、餞別として蛇の目傘弐百本遣し候由、十八日江戸出立。

○中村歌右衛門大坂江登る

市村座より　坂東三津五郎　同　沢村金平　休より　村右衛門改 市川友　蔵
同　瀬川　路　考　同　坂東熊平　休より　山下八尾蔵
同　沢村　田之助　同　沢村熊蔵
三条わか野改 嵐和歌野　此女形翌酉年顔見世同座ニ而改名あり

十一月朔日より

江戸桜恩潤高徳《めぐみのたかのり》

一　新田左中将よし貞　坂東三津五郎
一　児島備後三郎高徳　坂東三津五郎
一　八尾の別当娘渚　沢村　田之助
一　勾当の内侍　沢村　田之助
一　忠顕卿息女千種姫　山下　八尾蔵

一　五大院右衛門宗重　沢村　金　平
一　天津乙女之丞　坂東　大　吉
一　佐山八郎則高　坂東　伝三郎
一　名張の八郎氏宗　市山　富士蔵
一　大淀禿たより　仙石　彦　助
一　義すけ下部ちさ平　尾上　栄三郎
一　長崎勘解由左衛門為春　市川　市　蔵
一　足利次部太夫尊氏　市川　市　蔵
一　鳥山七郎国春　市川　鶴三郎
一　千種姫のかしづきやとり木　瀬川　浜次郎
一　平戸の太郎春吉　市山　七　蔵
一　舟田入道宗政　中村　東　蔵
一　大塔の宮かしづき皆瀬　市川　おの江
一　坊門宰相清忠　市川　官　蔵
一　脇屋次郎よしすけ　中村　七三郎
一　渕辺伊賀守景純　尾上　松　助
一　あだし野の熊手婆ァ　尾上　松　助
一　小山田太郎妹磯浪　瀬川　路　考
一　伊賀の局　瀬川　路　考
一　八尾の別当顕幸　助高や　高助
一　畑六郎左衛門　助高や　高助

文化十酉年　中村座

正月十一日より

春駒勢曽我

一工藤左衛門祐つね　坂東三津五郎
一曽我の満江　二やく 坂東三津五郎
一舞つるや伝三　三やく 坂東三津五郎
一八わたの三郎　中村　七三郎
一近江の小藤太　市山　七　蔵
一工藤の奥女中くすみ　山下　八尾蔵
一同　うさみ　市川　おの江
一犬坊丸　坂東　簑　助
一非人まむしの五太　市川　市　蔵
一赤沢十内　二やく 市川　市　蔵
一伊豆の次郎祐兼　三やく 市川　市　蔵
一蒲の冠者のり頼　市川　鶴三郎
一曽我の団三郎　中村　東　蔵
一曽我十郎祐成　尾上　松　助
一同　五郎時宗　二やく 尾上　松　助
一小林の朝比奈　三やく 尾上　松　助

一せう〳〵の禿こてふ　瀬川　多　門
一大磯のとら　沢村　田之助
一けわい坂せう〳〵　二やく 沢村　田之助
一工藤の娘敷たへ姫　三やく 沢村　田之助
一鬼王新左衛門　助高や　高助
一北条時政　二やく 助高や　高助

初便廓玉章　弐番め世話狂言

一亀屋忠兵衛　坂東三津五郎
一二ノ口村孫右衛門　二やく 坂東三津五郎
一舟頭かしわやの鉄　中村　七三郎
一つちやけいせい鳴戸瀬　山下　八尾蔵
一亀屋手代利兵衛　沢村　金　平
一つちや禿たより　沢村　源　平
一同　みどり　仙石　彦　助
一髪ゆいすけ三　助高や金五郎
一丹波や八右衛門　市川　市　蔵
一針立腐登井道安　中村　東　蔵

一 亀や番頭徳八　二やく 中村 東 蔵
一 忠三郎女房おたけ　市川 おの江
一 つちや次右衛門　尾上 松 助
一 げいしやしげ吉　瀬川 多 門
一 つちやけいせい梅川　沢村 田之助
一 亀屋娘おすわ　二やく 沢村 田之助
一 古手買忠三郎　助高屋 高助
一 忠兵衛母妙かん　二やく 助高屋 高助
一 千葉家老五百崎甚内　三やく 助高屋 高助

当春狂言、三座共無入。三津五郎、孫右衛門評判はよけれ共、不入。

二月五日より 弐番め切狂言

娘景清八島日記 三段め口切

一 手ごしの口入佐次　坂東三津五郎
一 花びしや女房おつめ　沢村 金 平
一 土屋甚内　尾上 小の蔵
一 飯たき久三　中島百右衛門
一 草苅三太　坂東 伝三郎
一 同 五吉　沢村 釻 蔵
一 やりておよく　沢村 歌五郎
一 草苅七六　助高や 吟八
一 同 八兵　坂東千代飛助
一 下女おたま　市川 他 蔵
一 禿吉弥　市川 助 蔵
一 草苅千次　沢村 源 平
一 けいせい若草　瀬川 銀次郎
一 お針おぬい　中山 常次郎
一 天野の四郎　市川 鶴三郎
一 けいせい青柳　瀬川 浜次郎
一 花びしやの長　中村 東 蔵
一 かけ清娘ひと丸　沢村 田之助
一 上総七兵衛景清　助高屋 高助

二月十一日より弐番目切狂言 日数十七日相勤候旨口上書

未咲花契言《まださかぬはなにかねごと》 道行上るり 小文字太夫 兼太夫

沢紫鹿子道成寺 沢村田之助

一 石山寺満月上人　市山 七 蔵
一 同宿文珠坊　市川 市 蔵
一 同 普賢坊　助高屋 高助
一 白拍子ふよふ　沢村 田之助
一 石場の源五郎　坂東三津五郎
一 家主甚五兵衛　市川 鶴三郎

一　源五郎母おしほ　　市川　の　助
一　結城の息女久方姫　　瀬川　銀次郎
一　小山の子息多門之助　　市川　伝　蔵
一　八百や娘おさの　　瀬川　多　門
一　源五郎妹おたつ　　沢村　田之助

是迄兎角不入ニ而、二月下旬より休。

三月五日より

其面影伊達写絵

一　細川修理之助勝元　　坂東三津五郎
一　めのと政岡　　二やく　坂東三津五郎
一　片桐弥十郎　　三やく　坂東三津五郎
一　大場宗益　　沢村　金　平
一　弥十郎弟片桐弥市　　坂東　簑　助
一　足利鶴喜代丸　　尾上　栄三郎
一　井筒女之助　　助高や金五郎
一　角力取浮世川戸平　　市川　市　蔵
一　仁木弾正左衛門姉浜多　　二やく　市川　市　蔵
一　荒獅子男之助　　三やく　市川　市　蔵
一　大江の図幸鬼貫　　市山　七　蔵
一　浮田重三郎　　尾上　松　助
一　三浦屋高尾　　尾上　松　助
一　仁木弁之助
　　後ニ弾正直則　　尾上　松　助
一　三ぶ妹おたに　　瀬川　多　門
一　足利頼兼公　　沢村　田之助
一　げいしや鳴神のお梶　　二やく　沢村　田之助
一　細川の奥方岩くら　　三やく　沢村　田之助
一　渡部民部逸知　　助高屋　高助
一　山名の奥方栄御ぜん　　二やく　助高屋　高助
一　豆腐や三郎兵衛　　三やく　助高屋　高助

弐番目、十二ヶ月の所作事、坂東三津五郎相勤る

四季詠寄三大字《しきのながめよせてみつだい》

□富本豊前太夫　○常盤津小文字太夫　△竹本政子太夫　△富士田千蔵　松永兼五郎　右浄るり　長唄

△正月吉書始のけいせい　△二月初午の半田いなり
□三月雛祭の業平　□四月初鰹のいさみ商人
△五月鍔兜の正清公　○六月祭礼の台所唐人
○七月躍の田舎瞽女　△八月亀戸のかしまおどり
△九月月の木賊苅　○十月爐開使の雁奴
□△十一月雪の鷺娘　△十二月豆蒔の金太郎

此狂言当春中之大当りニ而伊達の狂言。廓の幕、喧嘩の幕、豆腐やの幕、船の幕ニ而大入。四月五日より御殿場、女評定の幕出る。役割前に出有之候間略す。四月下旬千秋楽。

五月六日より

十帖源氏 **物ぐさ太郎**

一 物ぐさ太郎	坂東三津五郎
一 長谷部の雲谷	沢村 金 平
一 犬上団八	坂東 熊 平
一 金八娘小みつ	沢村 源 平
一 こし元なでしこ	市川 伝 蔵
一 金八女房おみや	市川 おの江
一 石塚玄蕃	中村 東 蔵
一 山三郎下部岡平	市川 市 蔵
一 不破伴左衛門	二やく 市川 市 蔵
一 座頭すが市	坂東 大 吉
一 あしやひめ	山下 八百蔵
一 狩野の歌之助	尾上 松 助
一 金魚屋金八	尾上 松 助
一 日吉の神女かしわで	瀬川 多 門
一 義賢の奥方お国御ぜん	沢村 田之助
一 利久娘さへだ	二やく 沢村 田之助
一 けいせいかつらき	三やく 沢村 田之助
一 利久女房しがらみ	助高屋 高助
一 名古や山三郎春平	二やく 助高屋 高助

弐番め世話狂言

封文其名顕《そのなもごぞんじ》

一 土左衛門伝吉	坂東三津五郎
一 荒井の八郎	二やく 坂東三津五郎
一 釜や武兵衛	沢村 金 平
一 吉祥寺上人	市川 弁 蔵
一 荒井の藤太	坂東 熊 平
一 八百や後家おたけ	市山 七 蔵
一 仁田の四郎忠常	市川 市 蔵
一 小姓吉三郎	市川 伝 蔵
一 紅粉や長兵衛	中村 東 蔵
一 ゐび名の軍蔵	二やく 中村 東 蔵
一 八百や下女お杉	市川 おの江
一 五尺染五郎	尾上 松 助
一 筆や娘おしづ	瀬川 多 門
一 八百や娘お七	沢村 田之助
一 赤沢十内	助高屋 高助

此狂言、壱番めは評判よく、中にも市蔵伴左衛門、大によし。物くさ太郎も、大体当時外に仕手も有之間敷、田之助三やくの内、さへだ評よし。お国御ぜんは若過るとの評、かつらきも今少し。松助二やくの内、歌之助は大によし、金八は今少し有た

し。弐番めお七はさして評判なし。兎角無入なれ共壱軒芝居ゆへ、やう〳〵六月上旬迄いたす。

七月十五日より

太平記菊水の巻 大序より三段め迄 第壱番めに致、弐番め三日替り

一 紺屋勇助 後ニ宇治常悦　坂東三津五郎
一 足利侍従之助　中村 七三郎
一 けいせい玉川　山下 八尾蔵
一 黒塚源吾　沢村 金 平
一 うばお幸　市川 弁 蔵
一 男達あら八　坂東 大 吉
一 山名主計　尾上 小の蔵
一 浮須賀寸平　坂東 熊 平
一 奴丹助　沢村 熊 蔵
一 高の師泰　中村 東 蔵
一 奴歩蔵　二やく 中村 東 蔵
一 刎川主膳 実ハ鞠ヶ瀬秋夜　市川 市 蔵
一 けいせいみちのく　瀬川 浜次郎
一 めのと沖浪　市川 おの江
一 足利息女葉末姫　山下 八百蔵

一 正行奥方秋しの　下り 芳沢 いろは
一 楠帯刀正行　尾上 松 助
一 奴照平 実ハ楠次郎正義　二やく 尾上 松 助
一 小山の息女小笹　瀬川 多 門
一 石堂妻よせ浪　沢村 田之助
一 勇助女房おせん　二やく 沢村 田之助
一 石堂勘解由　助高や 高助
一 夢はんじ在兵衛 実ハ佐々目の憲法　二やく 助高や 高助
一 和田四郎照時　中村 あかし

弐番め世話狂言

初日 **短夜 仇散書《うきなのちらしかき》**
ワキ 兼太夫　常盤津小文字太夫　ワキ 喜美太夫　三弦 岸沢小式部　同 式佐
沢村田之助　瀬川多門　尾上松助 相勤る道行

一 舟こし重右衛門　坂東三津五郎
一 かぶき役者少長（同頭取）　中村 七三郎
一 □園車　市川 弁 蔵
一 大工平助　坂東 大 吉
一 家主茂九郎兵衛　尾上 おの蔵
一 大工猪之助　坂東 熊 平
一 いさみ山姥の権　中村千代飛助

一　同　　はんにやの弥五　　坂東　伝三郎
一　梶川長兵衛　　市川　市　蔵
一　かぶき役者露鶴　　市川　伝　蔵
一　俗医若林七郎助　　中村　東　蔵
一　ふく島や後家おかぢ　　下り　芳沢　いろは
一　大工町の六三郎　　尾上　松　助
一　かしくおばアおまつ　　二やく　尾上　松　助
一　関屋の田舎娘おわた　　瀬川　多　門
一　福島やおその　　沢村　田之助
一　ふく島や清兵衛　　助高や　高助

二日目
娫月《ふみつき》恨鮫鞘＊　常盤津連中前の通り　沢村田之助　市川市蔵　相勤る道行

一　香具屋弥兵衛　　坂東三津五郎
一　丹波や惣兵衛　　坂東　大　吉
一　岩田や勘兵衛　　尾上　おの蔵
一　古手や太平次　　坂東　熊　平
一　わかいもの□次（喜助）　　坂東　伝三郎
一　かごかき六　　沢村　熊　蔵
一　同　　三　　中村千代飛助
一　□（粂本女房おいよ）　　山下　八尾蔵
一　古手や八郎兵衛　　市川　市　蔵

三日目
三重《みへ》襷《だすき》賄《せたいの》曙《あけぼの》　ワキ大和太夫　富本豊前太夫　ワキ安和太夫　三絃　鳥羽や里夕　名見崎前蔵　沢村田之助　坂東三津五郎　相勤る道行

一　梶岡軍蔵　　沢村　金　平
一　粂本下女おわか　　嵐　わか野
一　矢島勇蔵　　市川　鶴三郎
一　けいしやおさい　　市川　伝　蔵
一　利倉や佐次兵衛　　中村　東　蔵
一　かごかき弥助　　尾上　松　助
一　丹波やおつま　　沢村　田之助
一　船頭ふじ元清八　　助高屋　高助

＊文月恨鮫鞘

一　八百や半兵衛　　坂東三津五郎
一　下女おたけ　　山下　八百蔵
一　山脇十蔵　　市山　七　蔵
一　講中銀兵衛　　市川　の　助
一　同　　五郎助　　沢村　熊　蔵
一　同　　時八　　沢村　歌五郎
一　八百や後家おたま　　市川　市　蔵
一　雇人足雲助　　中村千代飛助
一　講中百郎兵衛　　中島百右衛門

一 おちよ姉おかよ　市川　おの江
一 八百や甥嘉十郎　尾上　松助
一 半兵衛女房お千代　沢村　田之助
一 家主六郎兵衛　助高や　高助
一 島田平左衛門　二やく　助高や　高助

此三日替り、随分相応之評判ニ而入も有之候へ共、壱番め菊水の巻の評判、どつとせず残念。二番めも、おつま八郎兵衛ははやく抜け候。初日のおその六三郎評よし。

八月廿三日より

碁太平記白石噺

七ッ目迄壱番めいたし、二番めは是迄三日替りの内、初日のおその六三郎の世話狂言致す。

一 大ふくや惣六　坂東三津五郎
一 たいこ持五可　中村　七三郎
一 新造宮梅　山下　八尾蔵
一 志賀台七　沢村　金平
一 どぜう太夫　坂東　大吉
一 唐崎松兵衛　尾のへ　斧蔵
一 新造宮の戸　瀬川　浜次郎
一 百姓与茂作　市山　七蔵
一 新造宮里　市川　伝蔵

一 宇治の常悦　市川　市蔵
一 ぜげん観九郎　中村　東蔵
一 与茂作女房おさよ　市川　おの江
一 新造宮琴　山下　八百蔵
一 けいせい大槌　芳沢　いろは
一 恩地左近　尾上　松助
一 宮城野妹しのぶ　瀬川　多門
一 けいせい宮城野　沢村　田之助
一 金江谷五郎　二やく　沢村　田之助
一 庄や七郎兵衛　助高屋　高助
一 鞠ヶ瀬秋夜　二やく　助高屋　高助

此狂言不当りニ而、間もなく休。

九月九日より 沢村田之助、大坂登り名残狂言として

芦屋道満大内鑑　竹本政子太夫　竹本扇太夫　竹本生駒太夫　三弦　野沢藤吉　野沢佐の八

一 あべの保名　坂東三津五郎
一 やかん平　二やく　坂東三津五郎
一 桜木親王　中村　七三郎
一 こし元糸ゆふ　山下　八尾蔵
一 加茂の後室　沢村　金平
一 石川悪右衛門　二やく　沢村　金平
一 信田の庄司　市川　弁蔵

一 こし元若菜	坂東　大吉
一 いぬい平馬	尾上　斧蔵
一 落合藤次	坂東　熊平
一 膏薬売（銀太）兵衛	市川　の助
一 奴与勘平	市川　市蔵
一 あべの童子	沢村　宗の助
一 舎人栄丸	尾上　栄三郎
一 橘八郎	市川　鶴三郎
一 こし元早枝	瀬川　浜次郎
一 庄司女房	市山　七蔵
一 こし元若芝	市川　伝蔵
一 岩倉治部太夫	中村　東蔵
一 道満妹筑波根	市川　おの江
一 こし元小ふじ	山下　八百蔵
一 こし元初花	芳沢　いろは
一 左近太郎	尾上　松助
一 庄司娘葛の葉姫	沢村　田之助
一 保のり娘榊のまへ	二やく　沢村　田之助
一 あしや将監	助高屋　高助
一 芦屋道満	二やく　助高屋　高助

富本豊前太夫連中
常盤津小文字太夫連中

御名残尾花の留袖*

かん菊の
はゞかりながら
わたくしも

安部の草苅童	沢村　田之助
御所使のはした女	沢村　田之助
信田社いなり神霊	沢村　田之助
葛の葉狐	沢村　田之助
照綱女房花町	同　人
友狐の変化奴	助高や金五郎
同断	坂東　簑助
信田社の神童	沢村　源平
同断	瀬川　多門

＊御名残尾花留袖

九月十五日より上るり所作事追加

梅の由兵衛	沢村　田之助
汐くみ	沢村　田之助
小むめ	瀬川　多門

此名残狂言、不評判ニ而無入。十月上旬迄いたし千秋楽。

沢村田之助大坂江登る

△大坂より下り　中村松江（中村三光事）

是迄大坂ニ而中村三光と云女形。歌右衛門の弟子に成候よし。

森田座より 藤川友吉

森田座より 嵐和歌野改 市川熊太郎

大坂小芝居ニ而、市川熊太郎と云しもの。去申顔見世より大芝(ママ)へ出、

△大坂下り 篤助改 奈河一洗

十一月朔日より

群客《おくとふしや》坂東頌《ばんどふじゆんれい》

一 桂中納言教氏卿　助高屋 高助

一 三浦平太夫□(不負国妙)　二やく 助高屋 高助

一 鎌倉権五郎景政　三やく 助高屋 高助

一 加茂の次郎よし綱　中村 七三郎

一 鹿島の事ふれおやもさおはま　瀬川 多門

一 頼義の北の方敷島御ぜん　芳沢 いろは

一 周防の内侍妹名月姫　市川 伝蔵

一 勝田民部　市山 七蔵

一 秦の八郎貞景　坂東 大五郎

一 奥州の新関守瓜割四郎　坂東 大吉

一 義家の御伽込合坊　仙石 彦助

一 浅香姫の小性信夫主水　市川 助蔵

一 同 白坂要人　尾上 栄三郎

一 奥山紅葉之助照政　市川 男熊

一 浅香姫の下部宇田平　坂東 簑助

一 猟人谷影の鹿六
　実ハ悪五郎為次　市川 市蔵

一 松島けんぎやふ
　実ハ厨川次郎太夫安部貞任　二やく 市川 市蔵

一 平検仗直方　嵐 竜蔵

一 足軽藤九兵衛　中村 東蔵

一 志鹿﨑生駒之助　尾上 紋三郎

一 三春やのお針おしげ　市川 おの江

一 景政の妹てり葉　藤川 友吉

一 はなし鳥売武隈のお松　二やく 藤川 友吉

一 中将実方卿の息女浅香姫　下り 中村 松江

一 浅香姫の中老尾上の前　二やく 中村 松江

一 八幡太郎よし家　尾上 松助

一 修げんじや三朝院了海　二やく 尾上 松助

一 尾のへの前下女はつ　三やく 尾上 松助

一 女蜑小磯
　実ハ観自在菩薩化現　四やく 尾上 松助

一 猟師善知鳥安方
　実ハ実方ぼふこん　坂東三津五郎

一 浅香姫の側老女岩手御ぜん　二やく 坂東三津五郎

一　鳥の海三郎太夫安部宗任　三やく　坂東三津五郎
一　荒川左衛門清原真人武則　四やく　坂東三津五郎
一　さきがけ金兵衛　五やく　坂東三津五郎

此狂言、評判大体ニ而、銘々仕内は申分なく、草履打も三人共能候へ共、兎角不入ニ而、十一月下旬より休。行烈を東の桟敷の前を通し、向ふ張出しより、揚幕際へおりる仕かけ。二階桟敷前の手摺を打返し、歩行に成る大仕かけなり。

閏十一月朔日より、狂言更替りの積りに候所、十一月廿九日夜、難波町より出火類焼。

酉十二月中より、芝居普請に取掛り、早春より興行之積に候所、梁木間に合兼、表方楽屋は大方出来いたし候。猶又春早々取掛り、正月下旬より興行致す。

文化十一甲戌年　中村座

祇園守　市川熊太郎改　中村熊太郎

正月廿三日より

御贔屓延年曽我

常盤津兼太夫　ワキ綱太夫　ワキ津賀太夫　岸沢小式部　同　九蔵

咲分枕土俵　坂東三津五郎　藤川　友吉　尾上松助　中村松江　相勤候

一　鬼王新左衛門　助高屋　高助
一　蒲の冠者範頼　中村　七三郎
一　大磯のとら　芳沢　いろは
一　けわい坂のせう〳〵　市川　伝蔵
一　そがの二の宮　二やく　市川　伝蔵
一　百足屋金兵衛　尾上　斧蔵
一　大磯や伝三　坂東　熊平
一　梶原平馬之丞景之　市川　他蔵
一　箱根の閉坊丸　沢村　歌五郎
一　梶原源太景末　沢村　紀次
一　同　平次景高　沢村　鈌蔵
一　新貝の荒次郎　坂東　富五郎
一　愛甲の三郎　尾上　岩五郎
一　うんの〻太郎　二やく　沢村　歌五郎
一　相沢弥五郎　関　三平
一　工藤左衛門ふじ原の祐経　市川　市蔵
一　犬坊丸　市川　助蔵

一 犬坊丸のかしつきみはる		市川　熊太郎
一 同　わか葉		瀬川　長五郎
一 同　若艸		瀬川　銀次郎
一 大藤内成景 実ハ非人小磯の次蔵		嵐　龍蔵
一 地ごく谷家主清左衛門		中村　東蔵
一 小藤太女房あふみ	二やく	中村　東蔵
一 行氏妹八わた		市川　おの江
一 けいせい舞つる		藤川　友吉
一 水茶や十六夜おいさ	二やく	藤川　友吉
一 同　月さよおさよ		中村　まつ江
一 三うらの片貝	二やく	中村　まつ江
一 屋根葺の次郎 実ハそがの団三郎		尾上　松助
一 曽我の十郎祐成		坂東三津五郎
一 同　五郎時宗	二やく	尾上　松助
一 かみゆい梅沢の小五郎兵衛 実ハ赤沢十内	三やく	坂東三津五郎
一 久上のぜんじ坊		中村　明石

弐番め世話狂言
色情曲輪蝶花形《わけふたつくるわのてふはながた》　□幕

道行若菜の重褄《かさねつま》　富本豊前太夫連中　瀬川多門　中村まつ江　助高屋高助　尾上松助　相勤申候

一 □（八わた村の百姓）かごの甚兵衛		助高や　高助
一 □（千葉の家中葛の葉新十郎）		中村　七三郎
一 幻手下おやま（九）郎		中村　七三郎
一 □（甚兵衛孫）むすめおもと		瀬川　多門
一 幻妾梅ヶ辻の小むめ		よし沢いろは
一 山崎や与五郎		市川　伝蔵
一 千葉の家老橋本次部右衛門		市山　七蔵
一 十次兵衛母岡の谷	二やく	市山　七蔵
一 千葉の家中倉岡郷助		坂東　伝三郎
一 同　三島友蔵		坂東　熊平
一 山崎やでつち長吉		坂東　簑助
一 幻竹右衛門 実ハ金神長五郎		市川　市蔵
一 有右衛門忰三はら伝蔵	二やく	市川　市蔵
一 山崎や手代利助		市川　鶴三郎
一 ふじやけいせい似せむらさき	二やく	市川　鶴三郎
一 ふじや女房お才		瀬川　浜次郎
一 ふじやのけいせいあづま		坂東　三津三
一 八わたの金かし鷺や善六		嵐　龍蔵
一 桐の木のお勘ばゞア	二やく	嵐　龍蔵
一 山崎や番頭爪長の権九郎		中村　東蔵

一　小町茶やの尼妙林　二やく　中村　東　蔵
一　幻妾柳わら小りやう　市川　おの江
一　山崎や姉娘おせき　藤川　友　吉
一　次部右衛門娘おてる　二やく　藤川　友　吉
一　けいせい都
　　後ニ十次兵衛女房おはや　中村　まつ江
一　十次兵衛弟南与兵衛　尾上　松　助
一　南方十次兵衛　坂東三津五郎
一　三原庄三郎　中村　あかし

三月七日より
花《はなの》雲《くも》霑《やよひの》花衣《はなごろも》＊

一　物種新左衛門俊長　助高屋　高助
一　左中将よし晴　中村　七三郎
一　こし元小てふ　瀬川　多　門
一　桜町中将息女桜姫　市川　伝　蔵
一　(局)かつらき　市山　七　蔵
一　小栗宗丹　坂東　大五郎
一　教月国師　市川　弁　蔵
一　同宿あめん坊　坂東　大　吉
一　山奥屋治作　尾上　斧　蔵
一　小栗下部岡平　坂東　熊　蔵

一　こし元のわけ　坂東　伝三郎
一　同　わかな　沢村　紀　次
一　安房の十郎兵衛　市川　市　蔵
一　野島の蜑真弓　中村　松　江
一　順礼おすて　尾上　栄三郎
一　こし元さかき　瀬川　浜次郎
一　局仲川　坂東　三津三
一　細川主計　市川　鶴三郎
一　長谷寺雲谷僧都　嵐　竜　蔵
一　犬上団八　中村　東　蔵
一　野島の蜑もしほ　市川　おの江
一　清水の冠者清玄　藤川　友　吉
一　桜姫のこし元妻木　中村　松　江
一　清はる下部淀平　尾上　松　助
一　清水の清玄僧都　坂東三津五郎

大切　坂東三津五郎三十三回忌追善　所作　**寄《よせて》三津《みつ》再《またの》十二支《じうにし》**
富本連中 常盤津連中　長唄　坂東三津五郎相勤る
子　小松引　丑　小原女　寅　ういらう売
卯　かち〳〵山の爺　辰　乙姫　巳　江の島座頭
午　王子参りのいさみ　未　紙きぬたの老女
申　猿田彦　酉　鶏娘

戌　かみくずひろい／四ッ竹ぶし　　亥　仁田の四郎

此狂言、清玄の仕打評判よく、所作も評判よく候へ共、無入
に付同月十六日十七日両日休。

＊花雲病色衣

三月十八日より中幕出る

一　土佐の又平　　助高屋　高助
一　たいこ持鶴吉　　中村　七三郎
一　又平娘おみつ　　瀬川　多　門
一　さくら姫　　市川　伝　蔵
一　土佐の将監　　市山　七　蔵
一　上林や徳右衛門　　坂東　大五郎
一　浮世床の又平　　市川　市　蔵
一　粂本の仲居おむら　　瀬川　浜次郎
一　猪の熊門兵衛　　嵐　竜　蔵
一　粟手らんちく　　中村　東　蔵
一　又平女房おとく　　藤川　友　吉
一　清水清はる　　二やく　藤川　友　吉
一　上林やおみや　　中村　松　江
一　金魚や金八　　尾上　松　助
一　吃の又平　　坂東三津五郎

此狂言、三津五郎吃の又平大に評よく候へ共、兎角無入に付、

四月三日千秋楽休。

四月六日より

仮名手本忠臣蔵　竹本政子太夫　竹本米太夫　竹本生駒太夫　野沢妻吉　野沢佐の八

一　足利直よし公　　助高屋　高助
一　石堂右馬之丞　　二やく　助高屋　高助
一　千崎弥五郎　　三やく　助高屋　高助
一　御伽あんま原田安福　　四やく　助高屋　高助
一　斧九太夫　　五やく　助高屋　高助
一　大館左馬之助　　六やく　助高屋　高助
一　天川屋義平　　七やく　助高屋　高助
一　小野寺十内　　中村　七三郎
一　仲居おもん　　瀬川　多　門
一　大星力弥　　市川　伝　蔵
一　原郷右衛門　　市山　七　蔵
一　盗人多陀九郎　　尾上　小の蔵
一　同　頭陀六　　坂東　熊　平
一　塩谷判官　　市川　市　蔵
一　太田了竹　　二やく　市川　市　蔵
一　斧定九郎　　三やく　市川　市　蔵
一　百姓与市兵衛　　四やく　市川　市　蔵
一　おかる母　　五やく　市川　市　蔵

一大星瀬平　六やく　市川　市蔵
一加古川本蔵　七やく　市川　市蔵
一めつほふ弥八　坂東　伝三郎
一種か島の六　中村千代飛助
一一力やてい主清兵衛　坂東　大吉
一矢間十太郎　市川　鶴三郎
一小山田丈右衛門　嵐　竜蔵
一鷺坂伴内　中村　東蔵
一下女りん　二やく　中村　東蔵
一本蔵妹みなせ　市川　おの江
一かほよ御ぜん　藤川　友吉
一由良之助女房おいし　二やく　藤川　友吉
一こし元おかる　中村　松江
一義平女房おその　二やく　中村　松江
一桃井若狭之助　尾上　松助
一早野勘平　二やく　尾上　松助
一山名次郎左衛門　三やく　尾上　松助
一本蔵娘小なみ　四やく　尾上　松助
一堀部安兵衛　五やく　尾上　松助
一夜そば売夜中の庄兵衛　六やく　尾上　松助
一寺岡平右衛門　七やく　尾上　松助
一高の師直　坂東三津五郎
一本蔵女房となせ　二やく　坂東三津五郎
一竹森喜太八　三やく　坂東三津五郎
一一もんじや才兵衛　四やく　坂東三津五郎
一師直の門番可内　五やく　坂東三津五郎
一でつち伊吾　六やく　坂東三津五郎
一大星由良之助　七やく　坂東三津五郎

此狂言、つなきのため出し候所、思ひの外入有之。五月節句前迄いたし、節句後致候ても、随分可宜筈の処、歌右衛門下り候積に付、節句切に休。

五月七日より

夏祭浪花鑑

一釣ふねの三ふ　助高屋　高助
一けいせい琴浦　市川　伝蔵
一玉島兵太夫　市山　七蔵
一道具や孫右衛門　二やく　市山　七蔵
一三河や義平次　市川　市蔵
一助松主計　二やく　市川　市蔵
一大鳥佐賀右衛門　嵐　龍蔵
一道具や手代伝八　中村　東蔵
一団七女房おかぢ　藤川　友吉
一道具やおなか　中村　まつ江

一 徳兵衛女房おたつ　二やく 中村 まつ江
一 玉島磯之丞　尾上 松 助
一 手代清七　二やく 尾上 松 助
一 一寸徳兵衛　三やく 尾上 松 助
一 団七九郎兵衛　坂東三津五郎

弐番め 常盤津兼太夫上るり二而

戻駕色相肩 所作事

一 かごかき難波の次郎作　中村歌右衛門
一 禿たより　瀬川 多 門
一 かごかき東の与四郎　坂東三津五郎

右看板出し候所、江戸中大評判。にしきへ抔も夥敷出候処、歌右衛門大坂下り間に不合、毎日〳〵迎ひの者出候へ共、下り不申候に付、五月十六日頃より、看板引申候。

今時は油断がならぬ
看板にいつわり有

歌右衛門が戻り駕籠とはいつわりじや
それ三津五郎といふて多門な

夫より三津五郎、市蔵、松助なども湯治に行。歌右衛門迎ひの者は、追々に道中へ出候所、兎角当着なく相待候所、五月下旬に成、やう〳〵芝翫当着いたし候へ共、外役者共所々へ散り居候間、又々是へ迎ひを出し、其内土用に成、山王御祭礼に相成、空敷六月中旬迄相休候。六月中旬より初日之所、松助暑気当り二而、出勤難相成に付、狂言を取替。

六月十八日より　大坂下り 中村門三郎　竹本政子太夫 同 兼太夫 同 生駒太夫　三絃 野沢藤吉 同 佐の八

双蝶々曲輪日記

一 幻瀧右衛門　助高屋 高助
一 与兵衛母お弓　助高屋 高助
一 山崎屋与五郎　中村 七三郎
一 幻娘おとら　市川 伝 蔵
一 山崎与次兵衛　市山 七 蔵
一 三原伝蔵　坂東 大五郎
一 下駄の市　坂東 熊 平
一 野手の三　坂東 伝三郎
一 引舟外山　瀬川 浜次郎
一 長吉姉おせき　市川 市 蔵
一 南与兵衛　二やく 市川 市 蔵
一 たいこ持佐渡七　市川 鶴三郎
一 笛売与三郎　△下り 中村 門三郎
一 倉岡幸左衛門　嵐 龍 蔵

一　井筒やおゑん　市川　おの江
一　手代権九郎　中村　東　蔵
一　三原有右衛門　二やく　中村　東　蔵
一　尼妙林　三やく　中村　東　蔵
一　ふじやあつま　藤川　友　吉
一　ふじやみやこ　中村　松　江
一　与兵衛女房おはや　二やく　中村　松　江
一　濡髪長五郎　坂東三津五郎
一　行司志村粂之助　中村　明　石
一　放駒の長吉　下り　中村歌右衛門

弐番目大切に△下り中村歌右衛門、瀬川多門、坂東三津五郎、
戻駕籠＊浄る理所作事常盤津連中
此狂言、古今大入大当り大評判。尤夏祭りの狂言可致所、尾上松助病気之由休候間、此狂言に成、大仕合也。七月節句も休不申、七月十二日迄いたし盆休。

＊戻駕色相肩

七月十五日より
尾上松助病気全快出勤之旨口上書出し、壱番め是迄之**双蝶々**をいたし
弐番め
伊勢音頭恋寝釼　三幕出し

大切戻り駕上るりいたし候
七月廿七日、常盤津兼太夫病死。

一　藤浪左膳　助高屋　高助
一　下田万次郎　中村　七三郎
一　黒上主鈴　市山　七　蔵
一　神女さよぢ　坂東　大　吉
一　銅録金兵衛　尾上　小の蔵
一　小島屋次郎助　二やく　尾上　小の蔵
一　同　喜多六　坂東　熊　平
一　構頭万七　市川　の　助
一　入方佐助　市川　他　蔵
一　栗原丈五郎　坂東　伝三郎
一　比丘尼小かん　沢村　紀　次
一　同　小ぎん　市川　銀　太
一　相の山おだん　沢村　歌五郎
一　同　みね松　坂東　新　作
一　同　おたま　瀬川　長五郎
一　杉山大蔵　市川　市　蔵
一　相の山おすぎ　瀬川　銀次郎
一　古市油屋おゆき　中村　熊太郎
一　中居よしの　中山　常次郎
一　奴林平　市川　鶴三郎

一 中居せんの　瀬川　浜次郎
一 古市油やおきし　坂東　三津三
一 熊木角太郎　下り 中村　門三郎
一 正直正太夫　嵐　竜　蔵
一 古市油やおしか　二やく 嵐　竜　蔵
一 猿田彦太夫　中村　東　蔵
一 仲居万の　二やく 中村　東　蔵
一 油屋女房おきぬ　市川　おの江
一 古市油やおこん　藤川　友　吉
一 孫太夫娘さかき　中村　松　江
一 福岡貢　尾上　松　助
一 料理人喜介　坂東三津五郎
一 郷士兵助女房お栄　下り 中村歌右衛門

八月六日より

伊賀越乗掛合羽　休より 市川友蔵出勤

一 和田靫負　助高屋　高助
一 股五郎母なるみ　二やく 助高屋　高助
一 松尾金助　三やく 助高屋　高助
一 上杉春太郎　中村　七三郎
一 伏見や娘おきし　瀬川　多　門
一 石盛□（慶安）　市山　七　蔵

一 小山□（伝兵衛）　市川　弁　蔵
一 □（竹の内）ぜいたく　坂東　大　吉
一 沢井股五郎　市川　市　蔵
一 沢井城五郎　二やく 市川　市　蔵
一 がいこつらい病　おのへ　斧蔵
一 長谷部五郎次　坂東　熊　平
一 政右衛門一子巳之助　市川　助　蔵
一 ごふくや十兵衛　市川　鶴三郎
一 けいせい大はし　坂東　三津三
一 池添孫八　下り 中村　紋三郎
一 荒巻伴作　嵐　龍　蔵
一 いし奥山寒木　二やく 嵐　龍　蔵
一 近藤野守之助　中村　東　蔵
一 鳥さし大八　二やく 中村　東　蔵
一 川角源内　三やく 中村　東　蔵
一 細川奥方浜町御ぜん　市川　おの江
一 桜井林左衛門　市川　友　蔵
一 志津摩云号おそで　藤川　友　吉
一 けいせい花むらさき　二やく 藤川　友　吉
一 丹右衛門女房笹尾　中村　松　江
一 股五郎云名号おそで　二やく 中村　松　江
一 政右衛門女房お谷　三やく 中村　松　江

一　和田志津摩　尾上　松助
一　上松右内　坂東三津五郎
一　唐木政右衛門　二やく　坂東三津五郎
一　細川主税之助　若太夫　明石
一　誉田内記　中村歌右衛門
一　佐々木丹右衛門　二やく　中村歌右衛門
一　柘榴武助　三やく　中村歌右衛門

右狂言、又々大当り、打続古今の大入、大評判。然る所、八月廿四日竹千代様御逝去ニ而鳴物御停止に付、相休。九月五日迄御停止に成。

九月九日より
八陣守護城《はちじんしゅごのほんぜう》 * 五幕
四代め市川団蔵七回忌追善、門弟市川市蔵相勤申候
五年以前、文化七午年正月木挽丁へ下りし時、市蔵当り狂言也。

一　千島の冠者よし弘　助高屋　高助
一　早枝左門　中村　七三郎
一　こし元小萩　瀬川　多門
一　佐藤主水　市川　伝蔵
一　□(片岡)造酒頭　市山　七蔵
一　□(荒)川□(数馬)　市川　弁蔵

一　局八十瀬　坂東　大吉
一　横雲兵馬　尾上　小の蔵
一　坪坂雲八　坂東　熊平
一　赤川主膳　市川　の助
一　宅間軍次　市川　他蔵
一　奴達助　坂東　伝三郎
一　横須賀軍八　沢村　紀次
一　奴丸平　関　三平
一　同角助　沢村　鈌蔵
一　舟頭渕右衛門
　　実ハ後藤政兵衛定次　中村歌右衛門
一　佐藤肥田頭正清　市川　市蔵
一　後室三浦のまへ　二やく　市川　市蔵
一　局高川　坂東　三津三
一　足軽門平　中村　紋三郎
一　三保崎大蔵　嵐　龍蔵
一　鞠川玄蕃　中村　東蔵
一　山左衛門妻しがらみ　市川　おの江
一　北畠春雄公　市川　友蔵
一　南厳寺の和尚　二やく　市川　友蔵
一　山左衛門娘ひなぎぬ　藤川　友吉
一　田舎娘おとき　中村　松江

一 北畠の息女手車君　二やく 中村　松　江
一 此村隼人之助　尾上　松　助
一 森山左衛門義成　坂東三津五郎
一 桂之助秀春　若太夫　明石
一 早枝利之公　中村　勘三郎

＊八陣守護城

弐番め世話狂言

惣一座色の世界 三幕

富ヶ岡屏風八景 常盤津連中 松江 三津五郎 相勤候

一 高宮佐五平　助高屋　高助
一 小浜屋娘おちか　瀬川　多門
一 仲居おやす　市川　伝　蔵
一 稲野屋半右衛門　市山　七　蔵
一 中居おむく　坂東　大　吉
一 鼻唄権助　尾上　小の蔵
一 天狗の高八　坂東　熊　平
一 桐生の杢兵衛　市川　の　助
一 廻し太助　市川　他　蔵
一 黒沢伝八　坂東　伝三郎
一 稲野屋半十郎　中村歌右衛門
一 まむしの次兵衛　市川　市　蔵

一 大崎大蔵　中村千代飛助
一 升音屋千六　市川　鶴三郎
一 けいしや松次　瀬川　浜次郎
一 関口団次　嵐　龍　蔵
一 盗賊耳切の三　中村　東　蔵
一 御町御ぜん　市川　おの江
一 関口弥源次　市川　友　蔵
一 半兵衛云名づけおとみ　藤川　友　吉
一 けいしや小いな　中村　松　江
一 小浜屋庄次郎　尾上　松　助
一 稲野屋半兵衛　坂東三津五郎

大切 **壇浦兜軍記** 琴責の段

竹本歌代太夫　同　政子太夫　同　生駒太夫　三絃　野沢藤吉　同　佐の八

一 半沢六郎　中村　門三郎
一 けいせいあこや　中村　松　江
一 岩永左衛門宗連　中村歌右衛門
一 秩父庄司重忠　坂東三津五郎

此狂言、又々大当大入。わけて琴ぜめの場、大評判。人形座の通りにいたし評よく、松江三曲共名人と申沙汰。わけて故弓宜く有之候。歌代太夫と申太夫、珍敷声に有之、三人出がたり、重忠は政子太夫、岩永は生駒太夫、あこや歌代太夫、三人かけ

合大出来〳〵。十月十四日千秋楽、舞納いたし候。十六日より新役者附出る。

△下り女形大坂 中村大吉 改名 尾上松助改 尾上梅幸 銀次郎改 瀬川路之助
市村座より 岩井喜代太郎 子やく 栄三郎改 尾上松助 浜次郎改 瀬川富三郎
子やく 明石改 中村伝九郎 長五郎改 瀬川扇之助
狂言作者奈川一洗改 一洗堂
坂東伝三郎改 尾上伝三郎

十一月朔日より

二人婿畏定《むこみくらいさだめ》＊

一 高安左衛門直村 中村歌右衛門
一 狩人岩根のがけ蔵 実ハ伴の良雄丸 二やく 中村歌右衛門
一 須磨の汐くみおなべ 実ハ金剛兵衛娘小いそ 三やく 中村歌右衛門
一 花又村どらのによふ八 四やく 中村歌右衛門
一 在五中将在原業平卿 尾上梅幸
一 旅虚無僧□ 実ハ桂金吾 二やく 尾上梅幸
一 八□（瀬の百姓豆四郎） 三やく 尾上梅幸
一 □（鏡とぎ）地がねの幸助 尾上梅幸

一 惟仁親王 中村七三郎
一 二条の后高子の君 市川伝蔵
一 藪医しやれ坂瑞庵 坂東大吉
一 旅虚僧青山 坂東熊平
一 同 龍山 沢むら紀次
一 同 慶山 沢むら釻蔵
一 川島典膳 尾上伝三郎
一 飛脚一時五里平 中村千代飛助
一 岩渕玄藤 関三平
一 芹生の次郎兼よし 瀬川扇之助
一 旅虚無僧月山 実ハ刀かぢ宝寿国重 市川市蔵
一 孔雀三郎 実ハ伴の良澄 二やく 市川市蔵
一 龍田山盗賊天竺太郎 市川鶴三郎
一 大原太郎信行 岩井喜代太郎
一 有常のこし元夕ばへ 瀬川路の助
一 同 糸萩 瀬川富三郎
一 金岡むすめ巻ふて 坂東三津三
一 真貝次官としつら 中村門三郎
一 かつら蔵人重貞 市山七蔵
一 鞠岡龍太丸河 中村東蔵

一　少納言宗岡　　二やく　中村　東蔵
一　有常妹関の戸　　市川　おの江
一　左大臣橘の広継　　市川　友蔵
一　小原の黒木うりしのぶ　　中村　まつ江
一　かつら金吾妹よせ波　　中村　まつ江
一　有常息女井筒姫　　中村　まつ江
一　太郎作女房おたつ
　　実ハ三巡りの小女郎狐　　中村　大吉
一　伊勢の侍従　　中村　大吉
一　破軍太郎友長　　坂東三津五郎
一　藤の森左近狐　　二やく　坂東三津五郎
一　正三位紀の有常　　三やく　坂東三津五郎
一　刀かぢ太郎七
　　実ハ三条小鍛冶宗近　　四やく　坂東三津五郎
一　有常の近臣金剛太郎末国　　中村　伝九郎

右狂言不評判ニ而不当り不入に付、十一月中旬より休。十一月廿一日より弐番目狂言のよし。壱番目是迄之狂言いたし候旨、口上書出し、

＊二人婿座定

恋女房染分手綱

三段めより十一段め迄いたし、大切夕霧伊左衛門いたし候口

上書出る。

一　鷺坂左内　　中村歌右衛門
一　伊達の与作　　尾上　梅幸
一　けいまさ　　二やく　尾上　梅幸
一　こし元重の井　　市川　伝蔵
一　古手や八兵衛　　市川　鶴三郎
一　山形屋義平　　坂東　熊平
一　じねんじよの三吉　　沢村　宗之助
一　しらべの姫　　中島　勘蔵
一　鷲塚官太夫　　市川　市蔵
一　ひぬかの八蔵　　二やく　市川　市蔵
一　奥方岬御ぜん　　坂東　三津三
一　伊豆の与惣兵衛　　市山　大蔵
一　米や小左衛門　　中村　東蔵
一　官太夫女房小笹　　二やく　中村　東蔵
一　与之助乳母おさん　　市川　おの江
一　本田弥惣左衛門　　市川　友蔵
一　わしづか八平次　　二やく　市川　友蔵
一　左内女房ふじ波　　中村　松江
一　御乳の人重の井　　中村　大吉
一　馬士八蔵　　坂東三津五郎
一　由留木右馬之丞　　中村　伝九郎

廓文章　常盤津小文字太夫　同 綱太夫　三味線 岸沢小式部
豊竹 歌代太夫　三味線 野沢藤吉

一 吉田や喜左衛門　市川 市蔵
一 同　女房おまつ　中村 まつ江
一 若イもの十八　岩井喜代太郎
一 阿波大臣　中村 伝九郎

一 ふじや伊左衛門　初日 中村歌右衛門
一 扇や夕霧　坂東三津五郎
一 ふじや伊左衛門　後日 坂東三津五郎
一 扇や夕霧　中村歌右衛門
右狂言、一日替りに歌右衛門、三津五郎両人ニ而相勤る。

文化十二亥年　中村座

亥正月十一日より
伊達《だて》彩《もやふ》曽我《そがの》雛形《ひながた》

一 六浦左金吾頼兼　中村歌右衛門
一 家老泉外記左衛門政岡　二やく 中村歌右衛門
一 曽我の五郎時宗　三やく 中村歌右衛門
一 高館沖の正為村　尾上 梅幸
一 曽我の十三郎祐成　二やく 尾上 梅幸
一 秩父の庄司重忠　三やく 尾上 梅幸
一 角力取八幡竹三郎助　中村 七三郎
一 けわい坂のせう〳〵　市川 伝蔵
一 奴荒浪かぢ平　市川 鶴三郎
一 豆腐やでつち豆太　二やく 市川 鶴三郎

一 大場道益　市川 弁蔵
一 箱根の別当行実　坂東 大吉
一 雪の下道具や利兵衛　尾上 おの蔵
一 忍ひ岩浪郷助　坂東 熊平
一 伊豆の次郎祐兼　尾上 伝三郎
一 六浦刑部少輔秀勝　市川 市蔵
一 大江の広元　二やく 市川 市蔵
一 雪の下のいさみ百足の金五郎　四やく 尾上 梅幸
一 頼兼の嫡子鶴千代丸　市川 助蔵
一 外記左衛門孫千松　尾上 松助
一 熊田源吾　岩井喜代太郎
一 与右衛門母妙栄　市山 七蔵

一　角力取近江鐺小平太　中村　東　蔵
一　六浦奥女中沖の井　市川　おの江
一　渡会軍兵衛　市川　友　蔵
一　ひたち坊海尊　二やく　市川　友　蔵
一　けいせい高尾　中村　松　江
一　外記左衛門娘松がへ　二やく　中村　松　江
一　与右衛門女房かさね　中村　大　吉
一　いせ参り岩手村弁之助
　　後ニ仁木戸弾正左衛門直則　坂東三津五郎
一　とうふや与右衛門　二やく　坂東三津五郎
一　工藤左衛門祐経　三やく　坂東三津五郎
一　松倉弥十郎重光　中村　伝九郎
一　小林の朝比奈　二やく　中村　伝九郎

此春狂言、はじめは不評成しが、正月廿九日より対決の幕を扣へ置しを出し候所、殊之外評判よく大当りに成、尤番附を売不申、壱幕出し申候。

三月五日より
五大力艶湊《ごだいりきいろのみなと》

一　大島町の侠客獄門の庄兵衛　中村歌右衛門
一　座頭はでの市　二やく　中村歌右衛門
一　仲の町げいしや廻し弥助　尾上　梅　幸

一　奴の小まん　二やく　尾上　梅　幸
一　千島万太郎　中村　七三郎
一　かまくらやでつち五郎八　市川　伝　蔵
一　□(小山)の九助　市川　鶴三郎
一　代官川辺□(与惣次)　市川　弁　蔵
一　けいしや千てふ　坂東　大　吉
一　神職伊織　尾のへおの蔵
一　三五平下部土手助　坂東　熊　蔵
一　市塚佐十郎　尾のへ伝三郎
一　千島の家中笹の三五兵衛　市川　市　蔵
一　八木や孫三郎　二やく　市川　市　蔵
一　さかなや太郎吉　沢村　紀　次
一　千島千太郎　岩井喜代太郎
一　高市数右衛門　中村　門三郎
一　出石宅左衛門　市山　七　蔵
一　家主はんじ物喜平　中村　東　蔵
一　弥助母おかう　市川　おの江
一　長谷部雲八　市川　友　蔵
一　弥助女房おはま　中村　松　江
一　けいしやさくらやの小まん　二やく　中村　松　江
一　奥方瀧川御ぜん　中村　大　吉
一　かまくらや後家おせつ　二やく　中村　大　吉

一　白魚舟頭黒船町の忠右衛門　坂東三津五郎
一　千島家中勝良源五兵衛　二やく　坂東三津五郎
大切　**其九絵彩四季桜**　常盤津小文字太夫　同　綱太夫　同　長門太夫　長唄　富士田千蔵　芳村幸次郎
春　文使の娘　老女の花見　酒屋の丁稚
夏　雨乞小町　夕　立　雷
秋　鐺持奴　月の辻君
冬　江口の君　牡丹石橋
九化　中村歌右衛門相勤る。

亥四月十八日より
ひらかな盛衰記　弐の切　一幕
一　こし元なでしこ　尾上　けい蔵
一　同　わかば　瀬川　富三郎
一　同　うらふじ　坂東　三津三
一　横須賀郡内　中村　東　蔵
一　梶原平次景高　中村歌右衛門
一　こし元千鳥　中村　松　江
一　母ゑんじゆ　中村　大　吉
一　梶原源太景季　坂東三津五郎
右壱幕出し、大切は矢張九変化所作、中村歌右衛門相勤る。
四月晦日千秋楽。

（五月五日）□より
祇園祭礼信仰記　三段め切迄
一　此下藤吉　中村歌右衛門
一　三よし主馬之助存保　尾上　梅　幸
一　加藤虎之助正清　二やく　尾上　梅　幸
一　狩野之介直信　中村　七三郎
一　けいせい花橘　市川　伝　蔵
一　柴田権六　市川　鶴三郎
一　茶道珍斎　坂東　大　吉
一　庄や持兵衛　尾のへ　斧蔵
一　雲助勘太　尾上　伝三郎
一　日雇市助　中村千代飛助
一　山口九郎次郎　市川　市　蔵
一　くすりや是斎　二やく　市川　市　蔵
一　足利よしあき　坂東　三津三
一　後室慶寿院　市山　七　蔵
一　どすの木蔵　中村　東　蔵
一　永秀妹常夏　市川　おの江
一　是斎女房おさじ　市川　おの江
一　松永鬼藤太　市川　友　蔵
一　火車小次兵衛　二やく　市川　友　蔵

一 是斎娘おつゆ　中村 松江
一 几帳のまへ　中村 松江
一 東吉女房おその　中村 大吉
一 乳人侍従　二やく 中村 大吉
一 薬や下人新作　坂東三津五郎
一 小田春永　二やく 坂東三津五郎
一 足利義輝公　中村 伝九郎
竹本政子太夫 竹本須摩太夫 竹本仮名太夫 竹本生駒太夫
野沢藤吉 鶴沢大助

弐番め世話狂言
由兵衛が使や朝の菖粽
長吉が使や暮て笹粽

句兄弟菖蒲帷子

一 木わたやでつち長吉　中村歌右衛門
一 舟頭金神の長五郎　尾上 梅幸
一 若党加川和源次　中村 七三郎
一 げいしやふじ村のおたつ　市川 伝蔵
一 藪いしや三里久庵　市川 鶴三郎
一 木わたや佐次兵衛　市川 弁蔵
一 よしむらや伊八　坂東 大吉
一 研屋左助　尾上 斧蔵
一 木わたや聟甚太郎　坂東 熊平
一 曽根段五郎　尾のへ伝三郎

一 源兵衛堀の源兵衛　市川 市蔵
一 けいしやよし村のおかね　瀬川 富三郎
一 青柳の女房おさみ　坂東 三津三
一 辻八卦新柳　市山 七蔵
一 小わたや手代伴七　中村 東蔵
一 香取の奥女中妻木　市川 おの江
一 佐次兵衛女房おはな　市川 友蔵
一 木わたや娘おきみ　中村 松江
一 由兵衛女房小梅　中村 大吉
一 梅の由兵衛　坂東三津五郎
一 鳶の者おさき三次　中村 伝九郎
此狂言、梅のよし兵衛不評判不入。六月上旬より土用休。

七月十五日より

男作女吉原《いろもよしわら》

一 一寸徳兵衛　尾上 梅幸
一 油屋清七　中村 七三郎
一 油屋娘お仲　市川 伝蔵
一 まつひら長蔵　市川 鶴三郎
一 玉しまや兵左衛門　市川 弁蔵
一 大鳥佐賀右衛門　坂東 熊平
一 手代伝八　尾上 伝三郎

一　油屋九平次　市川　市　蔵
一　釣舟の三ぶ　（二やく）市川　市　蔵
一　助松主計　中村歌右衛門
一　こつぱの権　中村千代飛助
一　なまの八　沢村　紀　次
一　けいせい琴浦　坂東　三津三
一　浅田宗次　市山　七　蔵
一　油屋母妙林　中村　東　蔵
一　天満や女房おせい　市川　おの江
一　徳兵衛女房おたつ　中村　まつ江
一　天満やのおはつ　（二やく）中村　まつ江
一　三ふ女房おつぎ　中村　大　吉
一　上州館林の団七　坂東三津五郎

弐番め　**大塔宮曦鎧**　三段め口切

竹本政子太夫　同江戸太夫　野沢東吉　同左野八

一　斎藤太郎左衛門　中村歌右衛門
一　右馬之頭一子鶴千代　尾上　松　助
一　おとりこかね松　中島　勘　蔵
一　八才の宮　市川　助　蔵
一　松井右膳　沢村　紀　次
一　茶道頓才　市川　他　蔵

一　こし元野わけ　瀬川　扇之助
一　同　秋しの　瀬川　路之助
一　常盤するがの守　中村　東　蔵
一　三位の局　市川　おの江
一　馬之頭妻花ぞの　中村　大　吉
一　永井右馬之頭宣明　坂東三津五郎

此歌右衛門一世一代名残狂言、大々当り。

同月廿八日より

寿靫猿《ことぶきうつぼざる》　第一番目　序開

ワキ綱太夫　岸沢右和左　八幡大名　中村　東　蔵
常盤津小文字太夫　　太郎冠者　市山　七　蔵
ワキ喜美太夫　同　式佐　猿曳　中村歌右衛門

相勤申候

弐番め引替

けいせい返魂香　吃の段

一　[土]佐の将監　市川　市　蔵
一　[娘]おむめ　市川　伝　蔵
一　下女お百　市川　の　助
一　百姓出来作　尾上　伝三郎
一　同　米作　坂東　熊　平
一　同　稲作　尾上　□（小の蔵）
一　主馬之助　市山　七　蔵
一　百姓五作　市川　友　蔵

一同　入蔵　　中村　東　蔵
一又平女房おとく　　中村　大　吉
一浮世又平　　中村歌右衛門
一狩野之助　　中村　伝九郎

亥八月十一日より

義経千本桜　道行の段　狐忠信の段　二幕

二番め序幕にいたし、寿靱猿の所作　第一番　序の幕にいたし、
大切には吃の又平の狂言いたし候段口上。

一源のよしつね　　尾上　梅　幸
一するがの次郎　　岩井喜代太郎
一無動峠の利運坊　　坂東　熊　平
一比良ヶ峰の野干坊　　尾上　小の蔵
一梅本の鬼佐渡坊　　坂東　大　吉
一川運法眼　　市山　七　蔵
一(歌)□入坂の薬医坊　　中村　東　蔵
一川つら女房飛鳥　　市川　おの江
一山科の荒法橋　　市川　友　蔵
一静御ぜん　　中村　まつ江
一佐藤四郎兵衛忠信　　中村歌右衛門
一源九郎狐　　二やく　中村歌右衛門
一横川の覚範　　三やく　中村歌右衛門

一亀井の六郎　　中村　伝九郎

上るり　**道行初音旅**　富本安和太夫　豊前太夫　綱太夫　三絃　鳥羽屋里夕　名見崎亀次

同九月九日より

織合襤褸錦　五幕

道行対の花かいらぎ　坂東三津五郎　中村歌右衛門　相勤申候

一春藤次郎右衛門　　中村歌右衛門
一若党佐兵衛　　二やく　中村歌右衛門
一春藤次兵衛　　尾上　梅　幸
一木村徳三郎　　中村　七三郎
一春藤新七　　市川　伝　蔵
一奴千代平　　中村千代飛助
一同きじ平　　沢村　紀　次
一春藤助太夫　　市山　七　蔵
一加村宇多右衛門　　市川市蔵改　市川　鰕十郎
一須藤六郎右衛門　　中村　東　蔵
一お六召仕おまき　　市川　おの江
一彦坂甚六　　市川　友　蔵
一次郎右衛門娘おろく　　中村　まつ江
一次郎右衛門女房おはる　　中村　大　吉
一若党伊兵衛　　坂東三津五郎
一高市武右衛門　　二やく　坂東三津五郎

一 奴佐五郎　中村　伝九郎

切狂言

妹背山婦女庭訓　四段目

一 入鹿の大臣　中村歌右衛門

一 酒屋の娘おみわ　二やく　中村歌右衛門

一 官女さくらの局　尾のへ小野蔵

一 同　梅の局　尾のへ伝三郎

一 御所女中おむら　中村　東　蔵

一 宮越玄蕃　二やく　中村　東　蔵

一 猟師ふか七
　実ハ金輪五郎今国　市川　鰕十郎

一 荒巻弥藤次　市川　友　蔵

一 たちばな姫　中村　まつ江

一 ゑほし折求馬
　実ハ藤原淡海　坂東三津五郎

一 玄上太郎　中村　伝九郎

一 大職冠鎌足　中村　勘三郎

道行恋のおだまき
ワキ内匠太夫　富本豊前太夫　同　駒太夫　三弦　鳥羽や里夕　同　里清　中村歌右衛門　中村まつ江　坂東三津五郎　相勤る

同十月六日より

鬼一法眼三略巻　弐だんめ切一幕出る

一 乳母あすか　中村　大　吉

一 性慶阿舎利　市川　弁　蔵

一 市原段平　坂東　熊　平

一 同宿快斎　中村千代飛助

一 喜次郎　市山　七　蔵

一 岩千代　中村　東　蔵

一 榊のまへ　市川　おの江

一 鬼若丸　中村歌右衛門

右中村歌右衛門大坂登り名残一世一代口上、狂言引続大当り大入ニ而、十月十七日千秋楽。

○中村歌右衛門　大坂江登る　△下り　若女形　沢村田之助

○市川鰕十郎　同断

居成改名　尾上梅幸改　尾上菊五郎　河原崎座より　市川三　蔵

河原崎座より　松本幸四郎　松本小次郎

同座より　市川団十郎　市川団兵衛

河原崎座より　片岡松助改　片岡我　長　市川米　蔵

休より　吾妻藤　蔵　市村座より　松本秀十郎

河原崎座より　中山亀三郎　松本虎　蔵

市川門　助

亥十一月朔日より

四天王御《お》江《ゑ》戸《と》鏑《のかぶらや》

二《ふた》重《へ》衣《ぎぬ》恋《こひの》占《うらかた》 五立め

鳶の者綱五郎 坂東三津五郎 上るり 鶴賀若狭太夫 三弦 中村里暁
中根や花売 尾上 菊五郎 同 新内 鶴賀枡六

一 西国巡礼長作　実ハ渡部源次綱　坂東三津五郎
一 龍宮館八大龍王　実ハ美女御ぜん　尾上 菊五郎
一 下村買物使新助　実ハ田原千晴　二やく 尾上 菊五郎
一 摂津守源頼光　三やく 尾上 菊五郎
一 弁の内侍の侍女此はな　吾妻 藤蔵
一 防門の太郎景成　中村 東蔵
一 伊賀の九郎時澄　松本 小次郎
一 幾の〆藤次重行　市川 弁蔵
一 髭黒左少弁とし頼公　坂東 大吉
一 坂戸の九郎則遠　松本 とら蔵
一 星鮫入道かまほこ　坂東 熊平
一 橋立次郎まさとし　尾上 伝三郎
一 岩黒七郎宗景　松本 秀十郎
一 修験者石雲法印　中村千代飛助

一 八大龍王奴大波入平　沢村 紀次
一 貞光一子荒童丸　初座 市川 こま蔵
一 藤原の仲光　市山 七蔵
一 三田の源太広綱　片岡 我長
一 高明卿の息女はつ花姫　中山 亀三郎
一 物の部平太有風　市川 友蔵
一 淡路守源頼親　中村 七三郎
一 奥女中浪花　下り 沢村 田之助
一 唐土養由基娘枡花女の霊　二やく 沢村 田之助
一 廻国修行者大当　実ハ将軍太郎良門　松本 幸四郎
一 花売いばらき婆々ア　二やく 松本 幸四郎
一 大江の左衛門政時　三やく 松本 幸四郎
一 碓井荒太郎定光　市川 団十郎
一 袴垂保輔　二やく 市川 団十郎
一 丹波守平井の保昌　三やく 市川 団十郎
一 頼国奴日の出鶴平　中村 伝九郎

弐番目 大切上るり

極彩色山路の曙 上は富本豊前太夫連中 下は常盤津小文字太夫連中

山賎ねつこの杢右衛門（実ハ三田）の仕　坂東三津五郎
栗の木又次女房おしづ　中村 松江

池田の息女花園姫　沢村　田之助
田原の助千晴と快童丸　二やく　尾上　菊五郎
頼信奴三津平　坂東　簑助
頼信と山姥　二やく　市川　団十郎
此顔見世、不評判ニ而候得共、一軒芝居に付、入は相応也。

沢村田之助、病気の所、為取昇切ふくいたし候へ共、命つゝがなく、右ニ而不揃体の病ひも平癒いたし、春狂言二の替り、弥生より出勤いたし候。

文化十三子年　中村座

片岡我長改
坂東又重郎

正月十五日より
比《ひ》翼《よくの》蝶《てふ》春《はるの》曽《そ》我《か》菊《きく》

一 鬼王新左衛門　坂東三津五郎
一 男達梶の長兵衛　坂東三津五郎
一 舟越重右衛門　坂東三津五郎
一 八わたの三郎行氏　坂東三津五郎
初 一 工藤左衛門祐経　尾上　菊五郎
一 白柄重右衛門　尾上　菊五郎
一 けいせい三浦屋小紫　尾上　菊五郎
一 本庄助市　尾上　菊五郎
一 奥女中妻木　吾妻　藤蔵
一 梶原平三景時　中村　東蔵
一 宇佐美太夫祐持　松本　小次郎
一 箱根別当行実　市川　弁蔵
一 やり手のおまつ　坂東　大吉
一 うさみの七郎　松本　とら蔵
一 梶原源太景すへ　坂東　熊平
一 本庄奴春平　尾上　伝三郎
一 久須美の禅師助国　松本　秀十郎
一 中間のぎ助　中村千代飛助
一 辻君宵月のおてる
　実ハ鬼王女房月さよ　中村　松江
一 梅沢村のおその　中村　松江
一 和田息女まひ鶴　中村　松江

一御馬屋の徳升　市川　男　熊
一犬ぼふ丸　尾のへ　松助
一景清一子あざ丸　市川　こま蔵
一御所の五郎丸　坂東　簑　助
一けいせい三浦やの初舟　中山　亀三郎
一北条四郎時政　市川　友　蔵
一勝原弥市　市川　友　蔵
一阿野全成　中村　七三郎
一蒲冠者のり頼　松本　幸四郎
一箱根寺西閑心　松本　幸四郎
一大工ごうの六三　松本　幸四郎
一男達幡随長兵衛　松本　幸四郎
一曽我十郎祐成　市川　団十郎
一同　五郎時宗　市川　団十郎
一白井権八　市川　団十郎
一伊豆次郎祐兼　中村　伝九郎

浄瑠璃　**其《その》小《こ》唄《うた》夢《ゆめ》廓《もよしわら》**　尾上菊五郎　市川団十郎　ワキ同理喜太夫　清元延寿太夫　ワキ同宮路太夫　三弦　清沢万吉　清元順三

此狂言、最初は不評成しが、追々評判出て大入に成、二月下旬迄いたし、千秋楽。

木挽丁より、松本よね三飛入。

三月五日より
梅《むめ》桜《さくら》松《あいおい》双紙《ぞうし》

一宿禰太郎　坂東三津五郎
一つくしの猟師梅六　坂東三津五郎
一白太夫女房小汐　坂東三津五郎
一塩焼五郎作　市山　七　蔵
一判官代輝国　尾上　菊五郎
一奴宅内　尾上　菊五郎
一菅原道真卿　尾上　菊五郎
一源蔵女房となみ　吾妻　藤　蔵
一かりやひめ　中山　亀三郎
一みよしの清貫　中村　東　蔵
一荒島ちから　松本　小次郎
一百姓与太夫　市川　弁　蔵
一奴与太平　松本　とら蔵
一星坂源吾　坂東　熊　平
一安楽寺納所欲念　坂東　大　吉
一わし塚平馬　尾上　伝三郎
一立田のまへ　中村　松　江
一松兵衛女房千代　中村　松　江
一中納言ふじ原国経　坂東　又重郎
一勘ヶ由次官国景　坂東　又重郎

一ゐい山法性坊　坂東又重郎
一斎世親王　松本よね三
一右大弁まれよ　市川友蔵
一秦の兼竹　中村七三郎
一舎人さくら丸　沢村田之助
一さくら丸女房やへ　沢村田之助
一後室覚寿　沢村田之助
一天らんけい　松本幸四郎
一筑紫白焼白太夫　松本幸四郎
一同　りやうし松兵衛　松本幸四郎
一春藤玄蕃之丞　松本幸四郎
一舟のり荒木の杢蔵　市川団十郎
一土師の兵衛　市川団十郎
一武部源蔵　市川団十郎
一左大臣時平　市川団十郎
一くりから太郎　中村伝九郎

二番目切狂言　**京鹿子娘道成寺**　坂東三津五郎相勤申候

白ひようしさくら木　三津五郎
道成寺住僧　七蔵
こんから坊　菊五郎
せいたか坊　団十郎

成田の八郎春久　団十郎

右壱番目狂言は、世界は菅原伝授、趣向は菜種の御供。此菜種の御供の狂言は、十五ヶ年以前、亨和二戌年三月市村座ニ而致候節、菅せう〴〵仙女、覚寿同人、てる国源之助、時平と荒藤太二やく幸四郎、土師の兵衛嵐三八、宿禰太郎猟師浪蔵二やく伊三郎、何れも中くらいの出来に候。

此度之**梅桜松草紙**は大に評よく、惣体の役廻りよく、大評判也。此狂言中に幸四郎、団十郎、聟舅之間柄に内々もめ合有之、出合場所は成丈ヶ抜、無是非顔合候所は、代りを用ひ候へ共、全体之当り狂言にて、ます〳〵大入に有之。菊五郎菅せう〴〵、大に評よく、四月下旬迄いたし千秋楽。

五月五日より

時鳥貞操噺《みさほばなし》*　竹本政子太夫　竹本生駒太夫　三弦　野沢藤吉　野沢佐の八

一駒沢主膳　坂東三津五郎
一宮城阿曽次郎　二やく　坂東三津五郎
一磯貝藤介　尾上菊五郎
一実右衛門女房おさど　あつま藤蔵
一正木勇蔵妹ふじ江　二やく　あつま藤蔵
一松本の女房おふじ　三やく　あつま藤蔵
一かごや娘おやす　中山亀三郎
一岩代瀧太　中村東蔵

一荻野ゆふせん　二やく 中村東蔵
一宿引喜助　松本小次郎
一けいしや太十　坂東大吉
一飛脚とら八　松本虎蔵
一築沢丹六　坂東熊平
一芦守伴蔵　尾上伝三郎
一□（岩渕）軍八　松本秀十郎
一奴段平　中村千代飛助
一舟頭浪六　沢むら紀次
一主膳こし元おまつ　中村まつ江
一仲丁げいしや小ぎく　中村まつ江
一主膳家来曽平次　市川米蔵
一沼田官吾　沢村歌五郎
一真かべ藤内　関松三郎
一雲介かん太　沢村鈫蔵
一高津大八　市川純五郎
一高見甚五右衛門　市川の助
一小性ゆきへ　市川三蔵
一大伴百合之助　沢むら源平
一磯貝実右衛門　市山七蔵
一仲丁けいしや小富　松もと米三
一かごや後家おたく　市川友蔵

一正木勇蔵　中村七三郎
一実右衛門娘みゆき　沢村田之助
一ごぜあさがほ　沢村田之助
一舟頭だいばの仁助　松本幸四郎
一灸点所大島本立　松本幸四郎
一島川太兵衛　松本幸四郎
一呉服屋半兵衛　市川団十郎
一菊地権之守　市川団十郎
一菊地治部之助　中村伝九郎
六立め上るり　**糸の五月雨**　市川団十郎　中村松江　清元延寿太夫　同　己三次郎　三弦　清元順三　清沢万吉

右狂言、京都ニ而、沢村田之助大評判大当りの狂言。当地ニ而も相応に当り候へ共、上方の評判程には無之候。京都ニ而は、町も京も皆、朝かほのもやふ付ぬものはなかりしと申。

＊時鳥貞婦噺

六月上旬より土用休。

七月十七日より
仮名手本忠臣蔵　初段より十一段め迄　幕なし大道具
一加古川本蔵　坂東三津五郎
一寺岡平右衛門　二やく 坂東三津五郎
一塩谷判官　尾上菊五郎

一 早野勘平　二やく 尾上 菊五郎
一 由良之助女房おいし　吾妻 藤蔵
一 太田了竹　松本 小次郎
一 小寺十内　市川 弁蔵
一 百姓与一兵衛　中村 大吉
一 てつち伊吾　二やく 中村 大吉
一 鷺坂伴内　坂東 熊平
一 山名次郎左衛門　尾上 伝三郎
一 義平一子よし松　中村 西蔵
一 義平女房おその　中村 松江
一 本蔵女房となせ　二やく 中村 松江
一 大星力弥　坂東 簑助
一 原郷右衛門　市山 七蔵
一 おかる母　二やく 市山 七蔵
一 本蔵娘小なみ　松本 よね三
一 斧九太夫　市川 友蔵
一 石堂右馬之丞　中村 七三郎
一 かほよ御ぜん　沢村 田之助
一 こし元おかる　二やく 沢村 田之助
一 高の師直　松本 幸四郎
一 斧定九郎　二やく 松本 幸四郎
一 天川屋義平　三やく 松本 幸四郎

一 桃井若狭之助　市川 団十郎
一 一文字や才兵衛　二やく 市川 団十郎
一 大星由良之助　三やく 市川 団十郎
一 大わし文吾　中村 伝九郎

右大仕掛大当り二而、五十日余いたし、初段より十一段め迄、不残いたし候後、二幕出し候。

閏八月七日より

国性爺合戦 三段め口切 楼門の段 紅粉ながしの段

一 伍将軍甘輝　坂東三津五郎
一 老一官　市川 弁蔵
一 ちくりかん　沢村 紀次
一 なんぶんすい　沢村 歌五郎
一 すんほうらい　関 松三郎
一 かうろくはい　沢村 鈇蔵
一 やうなんどう　市川 純五郎
一 うんていれん　市川 団兵衛
一 てれめんたい　仙国 彦介
一 ちんわいし　市川 杢蔵
一 ずんなんし　市川 新作
一 ぶんりんし　市川 西蔵
一 こし元ふやう　市川 門助

一　同　海菫　　松本　国三郎
一　同　紫莚　　松本　八十八
一　同　芝蘭　　瀬川　路之助
一　和藤内母　　市山　七　蔵
一　錦軫女　　中村　松　江
一　和藤内三官　　市川　団十郎

八月廿三日より一ッ橋様御逝去に付、鳴物御停止有之、休。
同月廿九日迄七日御停止。

九月十二日より

源平布引滝　大序より三の切迄　三幕

一　斎藤次郎実盛　　坂東三津五郎
一　主馬判官盛久　　尾上　菊五郎
一　葵御ぜん　　中山　亀三郎
一　飛騨の左衛門　　松本　小次郎
一　九郎助女房小よし　　市川　弁　蔵
一　矢橋の仁惣太　　松本　とら蔵
一　高はし判官　　坂東　熊　平
一　長田の太郎　　尾上　伝三郎
一　汐見の忠太　　中村千代飛助
一　九郎助娘小まん　　中村　松　江
一　小まん一子太郎吉　　尾上　松　介

一　侍女衣川　　坂東　三津三
一　百姓九郎介　　市川　友　蔵
一　平の重盛　　中村　七三郎
一　待宵姫　　沢村　田之助
一　木曽の先生義賢　　松本　幸四郎
一　瀬の尾の十郎　　二やく　松本　幸四郎
一　奴折平
　　実ハ多田蔵人　　市川　団十郎
一　難波の六郎　　中村　伝九郎

弐番め世話狂言
棲重噂菊月《つまかさねかねてきくつき》
おさん茂兵衛　**由縁暦歌**《ゆかりのこよみうた》*　尾上菊五郎　沢村田之助　清元延寿太夫　ワキ宮路太夫　ワキ四季太夫　清沢万吉　名見崎喜惣次

一　佃屋喜蔵　　坂東三津五郎
一　肴売腕の喜三郎　　二やく　坂東三津五郎
一　大経師茂兵衛　　尾上　菊五郎
一　城木や娘おこま　　二やく　尾上　菊五郎
一　尾花六郎右衛門　　三やく　尾上　菊五郎
一　大黒や娘おつま　　あつま　藤蔵
一　日雇取善助　　松本　小次郎
一　家主杢左衛門　　坂東　大　吉
一　座頭梅龍　　坂東　熊　平

一 富屋利左衛門　尾上　伝三郎
一 舟頭橋場の牛　松本　秀十郎
一 中間鴈助　中村千代飛助
一 かごかき六蔵　沢村　歌五郎
一 喜三郎妹おたま　中村　松　江
一 城木やてつち次郎吉　尾上　松　助
一 同　下女おりく　瀬川　路之助
一 向しま植木やおみつ　坂東　三津三
一 笹田勇蔵　市山　七　蔵
一 お駒妹おつね　松本　よね三
一 城木や庄兵衛　市川　友　蔵
一 医師岐阜谷養順　中村　七三郎
一 芸者額のおさん　沢村　田之助
一 髪結才三　松本　幸四郎
一 城木や手代丈八　市川　団十郎
一 萩原左膳　二やく　市川　団十郎
一 秋月角太郎　中村　伝九郎

当十月、故人尾上松緑一周忌に付、追善として尾上菊五郎怪談の狂言いたし、猶又故人二代め坂東彦三郎五十回忌に付、是又追善差加相勤候段口上書有之。

＊由縁の暦歌

九月廿四日より　第弐ばんめ大切浄瑠璃長唄所作事

七小町容彩四季　中村松江大坂登名残　清元延寿太夫連中　芳村幸次郎連中

一 文使早助　市山　七　蔵
一 舟頭景清の六　坂東　熊　平
一 同　さかなの八　中村千代飛助
一 禿まつの　いわ井松之助
一 新造松の戸　瀬川　路之助
一 けいせい七浦　中村　松　江
一 いてふ大尽　中村　伝九郎

けいせい　田舎娘　鳥さし　女達　老女　鳥追　石橋
右七変化所作　中村松江相勤候

右は当顔見世大坂において、中村歌右衛門一世一代名残狂言相勤候に付、師弟之義に付、無拠坂地へ上坂いたし候旨之口上書ニ而、名残所作相勤申候。右狂言大当り大入ニ而、十月十五日千秋楽ニ而、同月十八日より極附出る。

○中村松江大坂へ登る
市村座より　関　三十郎　河原崎座より　沢村金　平
山科甚　吉　市村亀三郎改　坂東彦三郎
市川宗三郎

十一月朔日より

不破名古屋《ふわなごや》雪橝《ゆきのだてがさ》 ＊

一 国阿上人　松本　幸四郎
一 不破伴左衛門重勝　二やく 松本　幸四郎
一 赤松彦次郎則秋　三やく 松本　幸四郎
一 足利左馬頭頼兼　尾上　菊五郎
一 細川修理介勝元　二やく 尾上　菊五郎
一 夜そば売風鈴松五郎　三やく 尾上　菊五郎
一 土佐の又平　中村　七三郎
一 足軽岡平　沢村　金　平
一 沖の井　中山　亀三郎
一 足利鶴寿丸　中村　西　蔵
一 松枝男之助　中島　勘　蔵
一 井筒女之助　沢村　源　平
一 いかつち鶴右衛門　尾上　伝三郎
一 渡会女房やしほ　二やく 尾上伝三郎
一 荒獅々男太夫　坂東　熊　平
一 佐々木六角時門　二やく 坂東　熊　平
一 民部妹松島　岩井　梅　蔵
一 新造てりは　坂東　三津三
一 さゝら三八　尾のへ　松助
一 三井寺の修験道三僧都　市川　宗三郎
一 三浦やのやりておつめ　二やく 市川　宗三郎
一 渡部民部之助早友　市山　七　蔵
一 高島家の息女いてふの前　松本　よね三
一 ひながたの娘およし　二やく 松本　よね三
一 狩野の歌之助直信　坂東　簑　助
一 鮫ヶ橋大和床の巳の　二やく 坂東　簑　助
一 山名奥方お国御ぜん　市川　友　蔵
一 石塚玄蕃　二やく 市川　友　蔵
一 鮫ヶ橋辻君薄雲のお辻　山科　甚　吉
一 鶴寿丸乳人政岡　二やく 山科　甚　吉
一 大江之助図幸鬼貫　関　三十郎
一 色商人人形や金八　二やく 関　三十郎
一 鮫ヶ橋家主りちぎ作兵衛　三やく 関　三十郎
一 三浦やけいせい高尾太夫　沢村　田之助
一 山三女房かつらき　二やく 沢村　田之助
一 豆腐や三ふ妹おみや　三やく 沢村　田之助
一 頼兼の抱角力犬上段八　坂東三津五郎
一 名古や山三元春　二やく 坂東三津五郎
一 糀町の井戸や堀抜の兼　三やく 坂東三津五郎
一 頼兼奴浮世戸平　中村　伝九郎

当顔見世不当りニ而、其上役者と金主のもめ合有之。十一月廿五日切ニ而、千秋楽いたし候。

*不破名護屋雪欇

文化十四丁丑年　中村座

正月
今朝春《けさのはる》曽《そ》我《が》湊《のみなと》 *

一 工藤左衛門祐経　坂東三津五郎
一 曽我十郎祐成　尾上菊五郎
一 同　五郎時宗　二やく 尾上菊五郎
一 近江小藤太成家　松本幸四郎
一 小林朝比奈　坂東彦三郎
一 八幡三郎行氏　関　三十郎
一 鬼王娘十六夜　沢村田之助

右之通、曽我の役割に出入之湊を取交、黒船町の忠右衛門幸四郎、獄門の庄兵衛三津五郎、奴の小まん二やく三津五郎、右狂言看板出し候所、正月十二日夜乗物町より出火に付、類焼いたし候処、金元今助義、去暮切ニ而芝居の金主相止め可申積の所、顔見世不当りに付、当春狂言一ト当ていたし、手を引可申と存候所、早春芝居焼失いたし候間、類焼に付芝居掛りを止め候様に評判も如何と、早速本ン普請に取掛り、二月下旬迄に新舞台普請成就いたし候。

*今朝春曽我澪湊

河原崎座より スケ　中村大吉

正月廿八日
病死　沢村田之助
三十三歳

三月五日より
頃《ころも》桜《さくら》曽《そ》我《が》湊《のみなと》

一 上総七兵衛景清　松本幸四郎
一 近江小藤太成家　二やく 松本幸四郎
一 雇中間権助
実ハ赤沢十内　三やく 松本幸四郎
一 高市数右衛門　四やく 松本幸四郎
一 黒舟忠右衛門　五やく 松本幸四郎
一 曽我十郎祐成　尾上菊五郎

文化十四年（一八一七）　堺町

一同　五郎時宗　二やく　尾上菊五郎
一清水丁の清玄坊　三やく　尾上菊五郎
一かまくらや五郎八　四やく　尾上菊五郎
一八木孫太夫娘おつる　五やく　尾上菊五郎
一若党小山九助　中村七三郎
一小林の朝比奈　坂東彦三郎
一三浦の息女小ざくら　中山亀三郎
一箱根の閉坊丸　沢村金平
一道具や畑右衛門　松本小次郎
一北条家の老女岡野　市川弁蔵
一宮の下ノ瞽女おため　坂東大吉
一車力なげやり藤六　松本とら蔵
一梶原平三景時　松本秀十郎
一海老名の源八広継　尾上伝三郎
一大藤内成景　坂東熊平
一孫太夫こし元おつね　中山常次郎
一八百千代の仲居お杉　岩井梅蔵
一仁田の四郎妹初瀬　坂東三津三
一新清水の轟坊　市川宗三郎
一御所の五郎丸　中村伝九郎
一かまくらや仁右衛門　市山七蔵
一けわい坂のせう／＼　松本よね三

一曽我の団三郎　坂東簑助
一荏柄の平太種長　市川友蔵
一かまくらや手代三九郎　市川友蔵
一鬼王女房月さよ　山科甚吉
一八百千代女房おちよ　山科甚吉
一八わた三郎行氏　関三十郎
一町抱はんじ物喜兵衛　二やく　関三十郎
一鬼王新左衛門　三やく　関三十郎
一工藤奥方梛の葉御ぜん　中村大吉
一三浦の奥女中小まん　中村大吉
一景清女房あこや　二やく　中村大吉
一八木孫太夫　坂東三津五郎
一獄門の庄兵衛　二やく　坂東三津五郎
一三浦の下部鳥羽平　三やく　坂東三津五郎
一秩父庄司重忠　四やく　坂東三津五郎
一工藤左衛門祐経　五やく　坂東三津五郎

大切　**六玉川秀歌姿見**　鶴賀新内ぶし　鶴賀須摩太夫　三弦　鶴賀九蔵　同　升六

清元延寿太夫　ワキ宮路太夫　ワキ政太夫　三弦　清沢万吉　名見崎喜長　名見崎喜惣次　長唄　芳村幸次郎　尾形幸蔵　三味線　杵屋勝五郎　杵屋惣次郎

井出の玉川　俊成卿　かうけいし
擣衣の玉川　曲馬奴
野路の玉川　切廓女郎

調布の玉川　勇ミ商人
高野の玉川　勧化坊主
野田の玉川　狂女
　右所作事、坂東三津五郎相勤申候。
　勧化坊主を抜き為朝に代る。
　当狂言不評判。分けて六玉川の所作、不評ニ而不入に付、三月下旬より相休申候。

四月八日より
奥州安達ヶ原* 大序より三段め迄
一　権中納言　実ハ貞任　　松本　幸四郎
一　八幡太郎よし家　　尾上　菊五郎
一　加茂の次郎よしつな　　中村　七三郎
一　庄や正右衛門　　二やく　中村　七三郎
一　生駒之助　　坂東　彦三郎
一　大江の雅時　　沢むら　金平
一　伊貝の十郎　　松本　小次郎
一　勝田の次郎　　市川　弁蔵
一　非人六　　坂東　大吉
一　けいせい恋絹　　岩井　梅蔵
一　八重はた姫　　坂東　三津三
一　栗坂判官　　市川　宗三郎
一　鎌仗妻浜夕　　市山　七蔵
一　よし家奥方敷妙　　松本　よね三
一　新羅三郎　　坂東　簑助
一　鎌仗直方　　市川　友蔵
一　安方女房おたに　　山科　甚吉
一　善知鳥文次安方　　関　三十郎
一　鎌仗娘袖萩　　中むら　大吉
一　外浜南兵衛　実ハ宗任　　坂東三津五郎

弐番め世話狂言
青楼詞合鏡
一　唐ものや小兵衛　　松本　幸四郎
一　佐野の次郎左衛門　　尾のへ菊五郎
一　万字や八ッはし　　中山　亀三郎
一　沢井丈右衛門　　沢村　金平
一　手代善六　　松本　小次郎
一　料理人八五郎　　市川　弁蔵
一　遣り手おすぎ　　松本　とら蔵
一　医しや道益　　松本　秀十郎
一　たいこ持彦八　　関　三平

一　同　　升八　　沢むら　紀次
一　けいせい浪の戸　　坂東　三津蔵
一　半田いなり　　坂東　熊　平
一　みどりやのおやす　　岩井　梅　蔵
一　下女おみよ　　坂東　三津三
一　大木場の三ぶ　　市川　宗三郎
一　でつち与茂太　　坂東　みの助
一　中戸屋又左衛門　　市川　友　蔵
一　文蔵伯父源右衛門　　二やく　市川　友　蔵
一　万字やの高崎　　山科　甚　吉
一　越谷の伊平次　　関　　三十郎
一　文蔵女房お賤　　中村　大　吉
一　木屋文蔵　　坂東三津五郎
一　山口巴屋清蔵　　若太夫　中むら伝九郎

右狂言不当不入に付、四月廿三日迄いたし相休。

＊奥州安達原

五月五日より

忠孝菖蒲刀

一　赤堀水右衛門　　松本　幸四郎
一　鳥井弥十郎　　尾上　菊五郎
一　石井兵助　　二やく　尾上　菊五郎

一　斯波左京之進　　中村　七三郎
一　石井半次郎　　坂東　彦三郎
一　藤兵衛女房おりつ　　中山　亀三郎
一　野田藤四郎　　沢村　金　平
一　磯田八兵衛　　松本　小次郎
一　曽根治太夫　　市川　宗三郎
一　奥女中みのを　　坂東　三津三
一　十左衛門悴千松　　市川　西　蔵
一　多門妹染きぬ　　坂東　三津蔵
一　飯田由兵衛　　市山　七　蔵
一　兵衛娘おとせ　　松本　よね三
一　奴関助　　坂東　簑　助
一　神原兵治　　市川　友　蔵
一　百姓又四郎　　二やく　市川　友　蔵
一　十左衛門妻岡野　　山科　甚　吉
一　鎊磨多門之助　　関　　三十郎
一　中野藤兵衛　　二やく　関　　三十郎
一　石井兵衛　　三やく　関　　三十郎
一　兵衛妾おらい　　中むら　大吉
一　十左衛門妾おくら　　二やく　中むら　大吉
一　三木十左衛門　　坂東三津五郎
一　若党大倉瀬平　　中村　伝九郎

大井川の川ごし、小次郎、大吉、虎蔵、秀十郎、紀次、三平、五知蔵、純五郎、松三郎、鈥蔵、門助、新作、の助、熊平、宗三郎、金平、弁蔵、已上十八人也。

此狂言、名題は違候へ共、文化二丑年四月廿七日より葺屋町二而いたし、大評判大当也。十三ヶ年に成、五日程いたし候得共、鳴物御停止に付、直に休、土用休に成、右狂言七月節句よりいたし候看板断書［彼是］いたし、尾上菊五郎駿河へ参り候所、着遅候成。七月十五日より、右始候所、拍子抜いたし候故や、評判薄く、同月下旬千秋楽いたし候。

八月朔日より

追善累《かさね》扇子《あふぎ》

一　薩島宗観　松本　幸四郎
一　羽生屋助四郎　松本　幸四郎
一　天竺徳兵衛　尾上　菊五郎
一　葛飾の正作　尾上　菊五郎
一　浮島多門の頭　尾上　菊五郎
一　座頭とく市　尾上　菊五郎
一　けいしや重井筒の累　尾上　菊五郎
一　木下川の与右衛門　尾上　菊五郎
一　千原左近　尾上　菊五郎
一　信田の小太郎　中村　七三郎
一　廻し男金五郎　坂東　彦三郎
一　げいしや小さん　中山　亀三郎
一　小山の息女千寿のまへ　中山　亀三郎
一　馬士六蔵　沢村　金平
一　重井筒のおふさ　松本　小次郎
一　庄屋沖右衛門　松本　大吉
一　返魂丹売長井長助　松本　とら蔵
一　但馬屋利右衛門　松本　秀十郎
一　舟頭小松やの音松　尾のへ　松助
一　小山靫負之助　市川　こま蔵
一　下女おみつ　坂東　三津蔵
一　こし元まがき　松本　八十八
一　同　のわき　松本　国三郎
一　熊川伊平太　坂東　熊平
一　下女おさの　中山　常次郎
一　こし元袖垣　岩井　梅蔵
一　藤六妹おかね　坂東　三津三
一　鍬術指南鎌倉門兵衛　市川　宗三郎
一　足軽宗兵衛　市川　宗三郎
一　桂源吾　市山　七蔵
一　けいせい小萩　松本　よね三
一　里見の息女渚ひめ　松本　よね三

一 奴磯平　坂東 簑助
一 見せ物師藤六　市川 友蔵
一 与五郎女房おきく　山科 甚吉
一 乳母やとり木　山科 甚吉
一 里見左京之進　関 三十郎
一 若党良助　関 三十郎
一 宗観妻夕浪　中村 大吉
一 かつしかのお十　中村 大吉
一 浮島多門の頭　坂東三津五郎
一 渡守曲がねの与五郎　坂東三津五郎
一 小山時五郎　中村 伝九郎

右狂言、水船を用ひいたし候へ共、是又兎角無入に付、同月下旬より休。

九月九日より
連歌月光秀《ことばのはなつきもみつひで》

一 武智十兵衛光秀　松本 幸四郎
一 真柴大領久よし　尾上 菊五郎
一 中尾弥太郎俊国　中村 七三郎
一 武智左馬之助政清　坂東 彦三郎
一 山渕九郎次郎　沢村 金平
一 福富平馬　松本 小次郎
一 本能寺日和上人　市川 弁蔵
一 庄屋茂作　松本 虎蔵
一 武智郎等進次五郎　松本 秀十郎
一 三宅源内　中村千代飛助
一 勝浦左司馬　沢村 紀次
一 足軽瀬平　沢村 鈲蔵
一 百姓門作　市川 門助
一 同 新六　市川 新作
一 武智重次郎光秀　関 松三郎
一 小性森力丸　市川 こま蔵
一 堂守雛念　坂東 熊平
一 又市妹魚住　中山 常次郎
一 宅間左衛門信盛　市川 宗三郎
一 浅山多惣重満　市山 七蔵
一 光秀妹みのうら　松本 よね三
一 連歌師紹巴　市川 友蔵
一 園生の局　山科 甚吉
一 森の蘭丸　関 三十郎
一 光秀女房さつき　中村 大吉
一 小田春永　坂東 彦三郎
一 安田作兵衛智綱　中村 伝九郎

弐番め世話狂言
旨《まんまと》首尾《しゅび》鳴戸《なると》白浪《しらなみ》

一 順礼おつるばゞア　松本 幸四郎
一 隠岐の丈助　尾上 菊五郎
一 肴屋伊更子や大助　中村 七三郎
一 いよ松や三幸　坂東 彦三郎
一 山名屋浦里　中山 亀三郎
一 盗人金山佐渡七　松本 小次郎
一 勝村主計　市川 弁蔵
一 山名や若ィ者藤七　坂東 大吉
一 両替屋四郎兵衛　松本 虎蔵
一 舟頭三次　松本 秀十郎
一 ぜげんぶた六　中村千代飛助
一 刀屋佐七　市川 純五郎
一 質屋勘左衛門　市川 宗三郎
一 村居縫之丞　市山 七蔵
一 水茶やおよね　松本 よね三
一 安松時次郎　坂東 簑助
一 小野村郡兵衛　市川 友蔵
一 高輪鯛屋お吉　山科 甚吉
一 安松靫負　関 三十郎
一 さくら井主膳　関 三十郎

一 十郎兵衛女房お弓　中村 大吉
一 鳴戸銀十郎
　実ハ阿波の十郎兵衛　坂東三津五郎
一 栗山造酒之進
　実ハ海賊七郎兵衛　二やく 坂東三津五郎
一 目黒飴屋柏屋兵吉　中村 伝九郎

右狂言、大当りには無之候へ共、相応に入有之、十月上旬迄いたし千秋楽舞納。

河原崎座より 市川 団十郎　同 岩井 松之助
同 瀬川 菊之丞　惣領 甚六
同座より 大谷 馬十　中島 勘蔵
同 市川茂々太郎　沢村源平改 沢村 源之助
同座より 津打 門三郎　熊平改 坂東三津右衛門
市川 小団次　八十八改元祖 松本 五郎市
休より 岩井 半四郎　沢村淀五郎改 坂東 秀助
其他門弟

十一月朔日より
花雪《はなとゆき》和合《わがふ》太平記《たいへいき》

一 長崎勘解由左衛門為基　松本 幸四郎
一 鍋いかけ喜世留の鴈九郎

　実ハ渕部伊賀守　二やく 松本　幸四郎
一弁のないし　瀬川　菊之丞
一いづみの千枝狐　二やく 瀬川　菊之丞
一けいせいおふよど　瀬川　菊之丞
一楠正行妹玉琴　岩井　松之助
一足利左馬頭直義　大谷　馬　十
一相模次郎妹夕栄　松本　よね三
一恩地左近正秀　市山　七　蔵
一脇屋次郎よしすけ　沢村　源之助
一路地番あごつき次郎　松本　小次郎
一安芸の三郎弘有　市川茂々太郎
一切見世ちいさおかね　坂東　大　吉
一鳥山六郎敦時　津打　門三郎
一足軽奈良美岡平　市川　小団次
一高橋九郎秀国　松本　秀十郎
一須田次郎国光　沢村　鈌　蔵
一普門太郎利清　松本　五郎市
一芦原藤次　坂東　秀　助
一勘解由左衛門一子為若　市川　高麗蔵
一畑六郎左衛門時能　坂東三津五郎
一大塔宮護良親王亡霊　坂東三津五郎
一相模次郎一子万寿　市川　男　熊

一切見世のちよくらお松　坂東三津右衛門
一長国妹楓　坂東　三津三
一湯浅孫六入道成仏　惣領　甚　六
一五代院の十郎宗重　市川　宗三郎
一村上よし照妹夕しで　中山　亀三郎
一大館左馬之助氏明　坂東　簑　助
一都屋頭辰右衛門　市川　友　蔵
一竹沢左仲　中村　七三郎
一赤松次郎則村　関　三十郎
一新田よし貞　関　三十郎
一彦六女房およし　岩井　半四郎
一次郎蔵女房お雪　岩井　半四郎
一切見世三ヶ月おせん　岩井　半四郎
一大塔宮のかしづき呉羽の方亡霊　岩井　半四郎
一楠帯刀正行　市川　団十郎
一衛士の又五郎
　本名葛の恨之助　市川　団十郎
一笠置寺の坊主小平次
　実ハ渕部太郎友光　市川　団十郎
一肴売ゑびざこの十
　後ニ亘新左衛門逸勝　市川　団十郎
一篠塚伊賀守定綱　市川　団十郎

一　片桐弥七宗清　　若太夫　中村　伝九郎

壱番め三立目上るり
恋山路《こひのやまぢ》奇釣《てくだつり》夜着《よぎ》
岩井松之助　瀬川菊之丞
沢村源之助　市川団十郎
関　三十郎
ワキ豊志太夫　富本豊前太夫　ワキ吾妻太夫
鳥羽屋里夕　鳥羽屋里長
相勤候

弐番め大切上るり
仇略《あだにやつし》積《つもる》睦言《むつごと》
坂東三津五郎　岩井半四郎　市川団十郎
ワキ同綱太夫　常盤津小文字太夫　ワキ同鳴門太夫
岸沢式佐　岸沢右和左
相勤候

右狂言、三立め上るり**吉野拾遺**の作替。四立め切見世、五立め新田の館、前々仕来の通り。大詰、幸四郎長崎勘解由左衛門の見顕し。弐番め序幕、半四郎、三津五郎、夫婦中直り、幸四郎、団十郎親子の中直り。大切かごかきの上るり、都而狂言不評判なれ共、大入ニ而大当り。右礼のよしニ而、

十二月朔日より
姫小松子の日遊*　亀王内の段　洞ヶ嶽の段　弐幕出る

一　有王丸　　松本　幸四郎
一　小督の局　　瀬川　菊之丞
一　がけのとふ六　　大谷　馬　十
一　盗人ぬれいたちの三太　　市川　三　吉
一　同　どぶ鼠の仁太　　関　松三郎
一　谷かげの六　　坂東　秀　助
一　小べん　　市川　才　蔵

一　洞ヶ嶽の来現
　　実ハ俊寛僧都　　坂東三津五郎
一　山風の権　　坂東三津右衛門
一　所化うんけつ　　惣領　甚　六
一　たくぼくの江吉　　市川　宗三郎
一　次郎九郎　　市川　友　蔵
一　なめらの兵
　　実ハ主馬の判官盛久　　関　三十郎
一　亀王女房お安　　岩井　半四郎
一　亀王丸　　市川　団十郎
一　深山の木蔵
　　実ハ越中の次郎盛俊　　若太夫　中村　伝九郎

十二月十二日迄いたし、千秋楽。

＊**姫小松子日の遊**

正月十五日より
年《ねんく》曽我《そが》曲輪《くるわ》日記《にっき》

一　工藤左衛門すけつね　　松本　幸四郎
一　上総七兵衛かけ清　　二やく　松本　幸四郎
一　傘古骨買源兵衛堀の源兵衛　　三やく　松本　幸四郎
一　鬼王女房月さよ　　瀬川　菊之丞
一　妹十六夜　　二やく　瀬川　菊之丞
一　仲丁のけいしやてる吉　　三やく　瀬川　菊之丞
一　景清娘人丸　　岩井　松之助
一　甚兵衛娘おせき　　二やく　岩井　松之助
一　大日坊　　大谷　馬　十
一　平岡郷左衛門　　大谷　馬　十
一　奥女中久須美　　松本　よね三
一　けいしやひな次　　二やく　松本　よね三
一　曽我の満江　　市山　七　蔵
一　橋本治部右衛門　　二やく　市山　七　蔵
一　本田次郎近経　　沢村　源之助
一　半沢六郎成清　　市川茂々太郎

文化十五寅年　五月文政と改元　中村座

一　早野や彦助　　坂東　大　吉
一　万才徳太夫　　津打　門三郎
一　才蔵太郎作　　岩井　鉄之助
一　梶原源太景すへ　　松本　秀十郎
一　同　平次景高　　沢村　鈇　蔵
一　同　三郎景茂　　市川　小団次
一　車力権助　　中村千代飛助
一　同　金六　　関　三　平
一　同　大四郎　　関　松三郎
一　同　九八　　市川　新　作
一　うばおさよ　　市川　三　吉
一　子守りおかつ　　市川　門　助
一　いさみ芋蛸の安　　市川　団兵衛
一　同　こしあんの馬　　市川　長太郎
一　新開の荒四郎　　市川　純五郎
一　曽我十郎祐成　　坂東三津五郎
一　山崎与四兵衛　　坂東三津五郎
一　秩父庄司重忠　　坂東三津五郎

一 近江八幡之助成行　坂東三津五郎
一 景清一子あざ丸　市川 こま蔵
一 万寿君頼家公　市川 左団次
一 こし元わか葉　坂東 三津蔵
一 粂本の娘分おしげ　岩井 芳の介
一 鳥追おとり　松本 とら蔵
一 仲居おとめ　岩井 亀次郎
一 御所五郎丸　芳沢 五郎市
一 番場忠太　坂東三津右衛門
一 中間佐渡七　二やく 坂東三津右衛門
一 山崎や母妙閑　坂東 三津三
一 日雇取畑右衛門　惣領 甚 六
一 研や佐助　二やく 惣領 甚 六
一 大藤内成景　市川 宗三郎
一 手代権九郎　二やく 市川 宗三郎
一 奥女中宇佐美　中山 亀三郎
一 井筒屋女房おはや　二やく 中山 亀三郎
一 三原屋専蔵　坂東 簑 助
一 百足屋金兵衛　市川 友 蔵
一 野手のおさんばゞア　二やく 市川 友 蔵
一 赤沢十吉　中村 七三郎
一 赤沢十内　関 三十郎

一 南方十次兵衛　二やく 関 三十郎
一 かごかき甚兵衛　三やく 関 三十郎
一 小袋坂の番人割竹のおとわ　岩井 半四郎
一 子もりおとら
　後ニ羽織げいしや長吉　二やく 岩井 半四郎
一 与四兵衛女房小梅　三やく 岩井 半四郎
一 曽我の五郎時宗　市川 団十郎
一 曽我の団三郎　二やく 市川 団十郎
一 鬼王新左衛門　三やく 市川 団十郎
一 関取ぬれ髪の長五郎　四やく 市川 団十郎
一 伊豆の次郎すけ兼　中村 伝九郎
一 昼鳶下駄の市　二やく 中村 伝九郎

去丑八月中、当芝居金主今助願人ニ而、大坂表江罷在候中村歌右衛門義、去る戌年より五ヶ年相勤候約束ニ而抱置候所、三ヶ年相勤、病身に付、家業出来がたし旨ニ而達而相歎き候に付、暇遣し、尤大坂表壱ヶ年相勤候へは、直に家業相止候旨申候に付、任其意に候所、引続き大坂表相勤候に付、対談違変出入に付、対談之通り、残り弐ヶ年相勤候様、御呼下し被下度旨、北御番所へ奉願上、御判物出候所、去丑五月中より、大坂表芝居ニ而、右歌右衛門ひいき之連中より、天鵞絨之幕に金糸ニ而、舞鶴縫の幕を貰、芝居へ掛候義に付、一件五十人程御咎め受、芝居も相休、歌右衛門義も御吟味中御預に相成居候に付、当座へ

御掛ヶ合に相成、右一件去冬落着いたし、歌右衛門義、三貫文之過料被仰付、相済候に付、旧冬押詰め当座へ下り、御番所へ罷出候所、取扱を以右極之通り。相勤候積りに相成、御吟味願下け、二月三日に右一件、内済相整済候証文差上候に付、翌四日より出勤す。

寅二月四日より

鎌倉三代記 六段め 七段め 二幕　当狂言壱番め弐番めの間江差出候

一　時政息女時姫　瀬川菊之丞
一　三浦の介母鳴戸　市山七蔵
一　古郡新左衛門俊宗　松本小次郎
一　児玉八郎定種　津打門三郎
一　小性林弥　市山富五郎
一　同　金才　岩井松之助
一　佐賀の局　岩井亀次郎
一　安和の局　瀬川富三郎
一　百姓東三
　　実ハ佐々木四郎高綱　下り 中村芝翫
一　土肥弥五郎兼近　坂東秀助
一　富田の六郎兼純　坂東三津右衛門
一　高綱女房かゞり火　坂東三津三
一　在所嗅おらち　惣領甚六
一　東三女房おくま　中山亀三郎
一　北条時政　市川友蔵
一　三浦之助よし村　市川団十郎

中村歌右衛門義、内々込入候無余義訳合有之、此節罷下り候に付、早速出勤致候様相談及び候所、三ヶ年已前、御当地一世一代名残狂言仕、又々出勤致候義、ひたすら免し呉候様、達而辞退致候を、惣一座引受申訳可致旨、是非相勤候様に相進め出勤為致候に付、此度罷下り候、歌右衛門に其侭成双子之弟、中村芝翫と申役者と被思召、歌右衛門同様に御ひいき願上候口上書。

下り 浅尾友蔵　下り 中村芝六　沢村鉄蔵改 松本染五郎

同三月十一日より

東山殿戯場段幕《ひがしやまどのかぶきのだんまく》*

一　名古や山三元春　中村芝翫
一　物ぐさや太郎兵衛　中村芝翫
一　小栗宗丹　中村芝翫
一　けいせいかつらき　瀬川菊之丞
一　おくに御ぜん　瀬川菊之丞
一　将監娘いてふのまへ　岩井松之助
一　犬上段八　大谷馬十
一　又平妹ふじなみ　松本よね三

一 土佐将監光信　市山　七　蔵
一 奴岡平　浅尾　友　蔵
一 足軽三上官蔵　中村　芝　六
一 佐々木采女之助　沢村　源之助
一 笹野才蔵　市川茂々太郎
一 仁木左京　津打　門三郎
一 おさらぎ修理　市川　小団次
一 遠山兵庫　松本　染五郎
一 石塚瀬平　二やく　松本　染五郎
一 山名典膳　松本　秀十郎
一 細川右馬之頭　坂東　秀　助
一 池上図書　坂東三津右衛門
一 足軽小田平　松本　五郎市
一 斯波多門丸　市川　高麗蔵
一 不破伴左衛門重勝　松本　幸四郎
一 土佐又平光興　坂東三津五郎
一 岩倉梅丸　中村　才　蔵
一 花車おつち　坂東　大　吉
一 伴左衛門門弟馬渕軍蔵　市川　団兵衛
一 同　黒沢丹吾　松本　三　吉
一 同　浅原次郎　市川　長太郎
一 山三門弟堀井佐五郎　関　三　平

一 同　杉坂杢兵衛　松本　鉄之助
一 同　島本喜六太　関　松三郎
一 茶や女おつゆ　坂東　三津蔵
一 けいせいまつ岡　岩井　亀次郎
一 けいせい千代ぎく　瀬川　富三郎
一 佐々木の後室しがらみ　坂東　三津三
一 花形や曽平　惣領　甚　六
一 けいせい遠山　中山　亀三郎
一 長谷部雲谷　市川　友　蔵
一 わかい者五兵衛　中村　七三郎
一 佐々木左衛門頼賢　関　三十郎
一 金魚や金八　二やく　関　三十郎
一 中居おはや　本名山三女房　岩井　半四郎
一 又平弟鹿蔵　市川　団十郎
一 佐々木桂之助よし方　二やく　市川　団十郎
一 土佐左馬次郎光定　若太夫　中村　伝九郎

右弥生節句より可初め所、中村芝翫相手取、吹屋町都座帳元より相願候手附金出入御吟味中に付、芝翫休候はゝ不入に成候に付見合罷在、右一件三月九日内済相整、来卯五月七月弐月丸々貸し候積りニ而願下けに成。翌十一日より初日の所、大当り。

此狂言、世界は東山不破名古屋ニ而、**三十石艠初**（ママ）を書替不申、

作りし狂言、三十年已前寛政元酉年市村座ニ而いたし候通り也。

弐番目

幡随長兵衛精進俎板 二幕

錦江十七回忌に付相勤候口上書出候。

一 三浦やの小むらさき　瀬川菊之丞
一 絹売の弥市　松本小次郎
一 家主太郎右衛門　坂東大吉
一 三浦や若ィ者喜七　松本染五郎
一 ぜげん三九郎　松本秀十郎
一 雲介よたん坊次郎　津打門三郎
一 同 やみくも三次　市川小団次
一 同 木鼠の吉　中村千代飛助
一 同 げんこの辰　市川団兵衛
一 同 やけのみの八　関三平
一 同 地ごくの又　市川七太郎
一 雲助関の慈蔵　関松三郎
一 極樂十三　坂東簑助
一 飛脚芝右衛門　岩井鉄之助
一 やつこ土手助　松本三吉
一 長兵衛一子長松　市川こま蔵
一 石塔半助　松本とら蔵

一 雲助六蔵　松本五郎市
一 中間鉄平　坂東三津右衛門
一 うづら権兵衛　市川宗三郎
一 幡随長兵衛　松本幸四郎
一 本庄の若党助八　坂東三津五郎
一 白井権八　岩井半四郎
一 長兵衛女房おちか　二やく 岩井半四郎
一 寺西閑心　市川団十郎

＊東山殿劇場段幕

同四月五日より

其姿花図絵《そのすがたはなのうつしへ》 大切狂言所作事

一 丹前男浮世与之助　坂東三津五郎
一 けいせい香久山　岩井半四郎
一 丹前奴大助　中村芝翫
一 矢取娘おいわ　岩井半四郎
一 子守でつち太郎吉　中村芝翫
一 手妻江戸蔵　坂東三津五郎
一 石橋役人富貴三郎　中村芝翫
一 同 花房太郎　坂東三津五郎
一 同 花ぞの　岩井半四郎

右三立（ママ）の所作事、長唄芳沢伊十郎連中、はやし方連中、大当り。

五月五日より

妹背山婦女庭訓《いもせやまおんなていきん》　二段め口より四段め切迄

一　漁師ふか七
　　実ハ金輪五郎今国　　中村　芝翫
一　太宰後室定高　　二やく　中村　芝翫
一　芝六女房おきし　　瀬川　菊之丞
一　太宰の息女ひな鳥　　二やく　瀬川　菊之丞
一　官女さくらの局　　大谷　馬十
一　同　梅の局　　浅尾　友蔵
一　同　桃の局　　松本　小次郎
一　同　ぬるでの局　　津打　門三郎
一　同　楓の局　　市川　宗三郎
一　米や新左衛門　　二やく　浅尾　友蔵
一　宮城玄蕃　　中村　芝六
一　家主茂木兵衛　　二やく　中村　芝六
一　官女萩の局　　市川　三吉
一　素人上るり三右衛門　　岩井　鉄之助
一　官女藤の局　　松本　秀十郎
一　房崎の臣　　市川茂々太郎
一　入鹿の大臣　　松本　幸四郎
一　其原求馬
　　実ハ藤原淡海　　坂東三津五郎
一　大判事清澄　　二やく　坂東三津五郎
一　芝六一子三作　　市川　男寅
一　同　弟杉松　　中村　才蔵
一　万才福太夫　　沢村　源之助
一　こし元きゝやふ　　岩井　亀次郎
一　こし元小ぎく　　瀬川　富三郎
一　荒巻弥藤次　　坂東三津右衛門
一　お清所おむら　　惣領　甚六
一　中納言兼秋　　二やく　惣領　甚六
一　入鹿妹たちばな姫　　中山　亀三郎
一　酒屋後家おなる　　市川　友蔵
一　天智天皇　　中村　七三郎
一　猟師芝六
　　実ハ弦上太郎利綱　　関　三十郎
一　でつち寝太郎　　二やく　関　三十郎
一　酒屋の娘お三輪　　岩井　半四郎
一　久我之助清舟　　市川　団十郎
一　大職冠鎌足　　二やく　市川　団十郎

弐番め

仕入染雁金五紋《しいれぞめかりがねごもん》*

一けいせい岩崎　瀬川　菊之丞
一山川やおくめ　岩井　松之助
一やつこ眼助　大谷　馬　十
一手代十兵衛　市川　宗三郎
一ひぜんや大次郎　坂東　簑　助
一弓削角左衛門　市川　友　蔵
一山川屋権六　関　三十郎
一けいせい清川　岩井　半四郎
一雁金文七　市川　団十郎
一案の平右衛門　坂東三津五郎
一雷庄九郎　松本　幸四郎
一極印千右衛門　二やく　関　三十郎
一布袋市右衛門　中村　芝　翫
一大野家中林丈助　中村　伝九郎

＊仕入染鴈金五紋

七月十五日より
敵討揃達者《かたきうちどれもわざもの》

一絹川弥三左衛門　中村　芝　翫
一吉岡一味斎　二やく　中村　芝　翫
一毛谷村六助　三やく　中村　芝　翫
一一味斎娘おきく　瀬川　菊之丞

一春風東蔵　大谷　馬　十
一津川求馬　沢村　源之助
一奥女中糸萩　瀬川　富三郎
一安達甚八　坂東　秀　助
一辻新右衛門　坂東三津右衛門
一轟伝五右衛門　坂東三津五郎
一鐺持佐五平　二やく　坂東三津五郎
一京極内匠
　後ニみぢん弾正　松本　幸四郎
一こし元おひく　惣領　甚　六
一いしや岩倉宗哲　市川　宗三郎
一こし元おりき　中山　亀三郎
一郡修理之助元春　坂東　簑　助
一渡辺勘解由　市川　友　蔵
一江崎丹三郎　中村　七三郎
一杣斧右衛門　関　三十郎
一一味斎娘おその　岩井　半四郎
一絹川弥三郎　市川　団十郎
一奴友平　中村　伝九郎
沢村鈫蔵改
松本染五郎

八月十日より

伊達《だて》競《くらべ》阿国《おくに》戯場《かぶき》

一　山名次部太夫持豊　　中村　芝　翫
一　羽生村百姓金五郎　　二やく　中村　芝　翫
一　左馬之助妻沖の井　　瀬川　菊之丞
一　鹿之助妻此はな　　岩井　松之助
一　栄御ぜん　　大谷　馬　十
一　菊若のかしづき尾崎　　松本　よね三
一　鳶嘉藤次　　浅尾　友　蔵
一　大場道益　　松本　染五郎
一　岩渕運八　　市川　小団次
一　汐沢丹三　　松本　幸四郎
一　けいせい高尾　　中山　亀三郎
一　とふふや三ぶ　　松本　幸四郎
一　仁木弾正左衛門直則　　二やく　松本　幸四郎
一　足利菊若丸　　市川　高麗蔵
一　関取絹川谷蔵
　　後ニ羽生村与右衛門　　坂東三津五郎
一　当摩図幸鬼貫　　市川　宗三郎
一　賤の女おこの　　坂東　三津三
一　所化祐海　　坂東　簑　助
一　道益姉小まき　　市川　友　蔵
一　笹の才蔵長よし　　中村　七三郎
一　渡部民部早友　　関　　三十郎
一　局政岡　　岩井　半四郎
一　三郎兵衛妹かさね　　二やく　岩井　半四郎
一　細川修理太夫勝元　　市川　団十郎
一　足利左金吾頼兼　　二やく　市川　団十郎
一　仁木妹八しほ　　三やく　市川　団十郎
一　荒獅子男之助　　四やく　市川　団十郎
一　山中鹿之助　　中村　伝九郎

九月九日より

太平記忠臣講釈

一　矢間喜内　　中村　芝　翫
一　かほよ御ぜん　　瀬川　菊之丞
一　九太夫娘おくみ　　二やく　瀬川　菊之丞
一　山名次郎左衛門　　大谷　馬　十
一　喜内女房およし　　市山　七　蔵
一　斧定九郎　　浅尾　友　蔵
一　そうかおひやく　　中村　芝　六
一　同　　おきみ　　坂東　大　吉
一　大星力弥　　市川茂々太郎
一　足利直よし公　　沢村　源之助

一 椎津一角　松本 小次郎
一 陶山兵庫　松本 三 吉
一 重太郎一子太市　市川 こま蔵
一 高の師直　松本 幸四郎
一 斧九太夫　二やく 松本 幸四郎
一 大星由良之助　坂東三津五郎
一 矢間重太郎　二やく 坂東三津五郎
一 曲本久之進　松本 五郎市
一 由良之助女房おいし　坂東 三津三
一 入馬丑兵衛　坂東三津右衛門
一 三田村伝次　惣領 甚 六
一 早の山左衛門　市川 宗三郎
一 けいせい浮はし　中山 亀三郎
一 千崎弥五郎　坂東 簑 助
一 乳もらい善助　市川 友 蔵
一 石堂右馬之丞　中村 七三郎
一 塩谷判官高貞　関 三十郎
一 九太夫後家おれい　岩井 半四郎
一 重太郎女房おりへ　二やく 岩井 半四郎
一 石工五郎太
実ハ早野勘平　市川 団十郎
一 天川や義平　二やく 市川 団十郎

一 万才福太夫　中村 伝九郎

弐番め

北条時頼記* 女鉢の木 雪の段

一 白妙妹玉菊　岩井 松之助
一 佐野源左衛門常世　関 三十郎
一 最明寺時頼　坂東三津五郎
一 源左衛門女房白妙　中村 芝 翫

同 大切所作事 豊前太夫受領 富本豊前掾連中 長唄 芳村伊十郎連中 囃子方

一 米搗 生酔町人 あつもり 三やく 市川団十郎
一 狂女 柴苅女 玉むし 三やく 瀬川菊之丞
右両人ニ而相勤申候

最初、富本豊前掾上るりニ而、菊之丞狂女、花道より出る。暫く有て、奥より舟頭三太郎ニ而、団十郎能狂言の相方の出。両人所作済と、狂女はおくへ行、舟頭は花道へ入。長唄に成、団十郎花道より舂屋ニ而臼をころかして出る。跡より菊之丞苅柴を持て田舎女、両人ニ而所作事済と、うしろ面に成、団十郎が後ろは座頭、菊之丞の後ろは瞽女ニ而、所作済と両人奥へ入る。又々豊前掾上るりニ而、団十郎あつもり、菊之丞玉むし姫、両人のせり上、夫より上るりと唄のかけ合に成、両人奥へはいると、花道へ二所切穴。刎ぶたを上ると、団十郎、菊之丞両人、

蝶々の所作、おし鳥の所作の形なり。いろ〳〵ふり事有て、四人の詰役者出てたてに成て打出し也。

都座より 中村大吉　山科甚吉　浅尾為十郎
中村才蔵改 中村駒之助
改名 中村芝六改 中村東蔵
松本三吉改 桐島儀右衛門
陽助改 松島半二
作者 篠田金次改 並木五瓶

＊女鉢木

十一月朔日より
伊勢平氏《いせへいじ》摂油風《ひいきのかほみせ》＊
浄瑠理 **誰双色和事《たれもみをいろにやつし》**＊＊ 常盤津小文字太夫連中　芝翫 半四郎 三津五郎 相勤る

一 安芸守平清盛　中村芝翫
一 清水坂堂守破笠法橋坊　二やく 中村芝翫
一 鉢たゝき五郎作
　実ハ上北面上総之助広光　三やく 中村芝翫
一 八丁礫の喜平次　四やく 中村芝翫
一 加賀の国白山産熊坂太郎長範　五やく 中村芝翫
一 清盛の乳人八条局　中村大吉
一 白拍子仏御せん　二やく 中村大吉

一 飛騨の左衛門高家　浅尾為十郎
一 浜崎高志灘六
　実ハ伊賀平内　浅尾為十郎
一 越中の次郎妻歌町　中山亀三郎
一 難波の六郎常俊　浅尾友蔵
一 松ヶ岡の庄や杢郎兵衛　坂東大吉
一 高橋判官惟道　坂東秀助
一 伴の太郎国門　桐島儀右衛門
一 奴宇多平　中村千代飛助
一 大網七郎信昌　関三平
一 りやうし鮫八　関松三郎
一 関の次郎宗重　岩井鉄之助
一 松浦太郎早成　浅尾鬼右衛門
一 御曹子牛若丸　中村駒之助
一 宗清妹呉羽　坂東三津蔵
一 五条坂のぜげん当呑の権　坂東三津右衛門
一 瀬の尾の太郎兼康　中村東蔵
一 上総五郎兵衛妻置霜　坂東三津三
一 関原与市清元　市山七蔵
一 左近之助重度　坂東簑助
一 長田の庄司忠宗　市川友蔵
一 八坂の水茶や常盤やのおまつ　岩井松之助

一但馬守経正　中村七三郎
一吉野のりやうし鹿蔵
　実ハ多田蔵人行綱　関三十郎
一朱雀野の野ぶせり野さらしの三　二やく　関三十郎
一安房の民部重賜　三やく　関三十郎
一常盤御ぜん　岩井半四郎
一田舎娘下野那須野のおさと
　実ハ殺生石の石魂　二やく　岩井半四郎
一桜町中納言息女雲井前　三やく　岩井半四郎
一小松内府重盛　坂東三津五郎
一面打出目古作
　実ハ上北面三浦之助義澄　二やく　坂東三津五郎
一崇徳新院　三やく　坂東三津五郎
一美濃国青墓の住熊坂太郎長範　四やく　坂東三津五郎
一永井一郎別当実盛　五やく　坂東三津五郎
一渋谷金王丸昌俊　中村伝九郎
一庭作出村新兵衛
　実ハ上総之助広光　中村芝翫
一出村新兵衛女房おさく
　実ハ上総之助女房いほはた　中村大吉
一百姓花又村五作　中村七三郎
一藪いしや寒井閑仲　中村東蔵
一三国小女郎
　実ハ殺生石の石魂　岩井半四郎
一夜そば売玉屋新兵衛
　実ハ三浦の助よしずみ　坂東三津五郎

*伊勢平氏摂神風
**誰身色和事

文政二卯年　中村座

卯正月十五日より
曽我《そが》綉《もやふ》妹背組帯《いもせのくみおび》
浄瑠理　**道行《みちゆき》思《し》案外《あんのほか》***　清元延寿太夫連中　関三十郎　岩井松之助　坂東三津五郎　相勤る

一鬼王新左衛門　中村芝翫
一日雇取竹の塚の孫八　二やく　中村芝翫
一片岡幸左衛門　三やく　中村芝翫
一曽我五郎時宗　四やく　中村芝翫
一結城の家中本間五六郎　浅尾為十郎

一 しなのやでつち長吉　二やく 浅尾　為十郎
一 曽我の二ノ宮　山科　甚　吉
一 しなのや後家おかや　二やく 山科　甚　吉
一 箱根の閉坊　浅尾　友　蔵
一 石部や庄兵衛　中村　大　吉
一 足軽兵内　桐島儀右衛門
一 箱根の児菊石丸　中村千代飛助
一 紀の九郎友則　関　三　平
一 大藤内成景　中村　東　蔵
一 工藤の奥女中木ずへ　中山　亀三郎
一 片岡幸之進　市山　七　蔵
一 香具屋才次郎　坂東　簑　助
一 針の惣兵衛　市川　友　蔵
一 近江の小藤太　二やく 市川　友　蔵
一 けわい坂のせう〳〵　岩井　松之助
一 信濃やおはん　二やく 岩井　松之助
一 けいしや雪野　三やく 岩井　松之助
一 八わたの三郎行氏　中村　七三郎
一 曽我の団三郎　関　三十郎
一 舞鶴や伝三　二やく 関　三十郎
一 座頭歌市　三やく 関　三十郎
一 若党段助　四やく 関　三十郎

一 伊豆の次郎祐兼
　実ハ京の次郎祐俊　五やく 関　三十郎
一 鬼王女房月さよ　中村　大　吉
一 工藤奥女中守尾　二やく 中村　大　吉
一 長右衛門女房おきぬ　三やく 中村　大　吉
一 曽我の十郎祐成　坂東三津五郎
一 大磯のとら　二やく 坂東三津五郎
一 梶原源太景末　三やく 坂東三津五郎
一 帯屋長右衛門　四やく 坂東三津五郎
一 工藤左衛門祐経　五やく 坂東三津五郎
一 小林の朝比奈　中村　伝九郎

＊道行思案余

三月三日より
病花女雛形《やよひのはなおんなひながた》

一 下河辺大江之助　中村　芝　翫
一 尾上召仕はつ　二やく 中村　芝　翫
一 金沢のおうら　岩井　粂三郎
一 相模川のわたし守段八
　実ハ稲毛の三郎兵衛　浅尾　為十郎
一 北条奥方牧の方　山科　甚　吉
一 江本丹蔵　浅尾　友　蔵

一野島林平　坂東秀助
一奥女中桐島　桐島儀右衛門
一修験者宗光院　中村千代飛助
一紀の九郎友則　関三平
一足軽数右衛門　関松三郎
一同　鉄右衛門　岩井鉄之助
一小性琴治　市山富五郎
一北条の息女真鶴姫　市川米次郎
一庭作木作
実ハ江間の小四郎よし時　尾上菊五郎
一奥女中浜町　坂東三津右衛門
一奥女中元芝　中村東蔵
一同　関屋　坂東三津三
一夜そば売市　市山七蔵
一奥女中はつね　中山亀三郎
一汐綾求馬　坂東簑助
一天城軍次兵衛　市川友蔵
一数平妹とこ世　岩井松之助
一半沢六郎成清　中村七三郎
一増田数平　関三十郎
一北条家の中老尾上　中村大吉
一秩父庄司重忠　坂東三津五郎

一北条家の局岩ふじ　二やく　坂東三津五郎
一大島主膳　中村伝九郎

弐番目
助六曲輪菊《くるわのもゝよぐさ》　江戸半蔵　江戸半太夫　江戸門蔵　ワキ　江戸半十郎　江戸半治郎　江戸半四郎　江戸半之丞　三弦　江戸美野吉　江戸亭十郎　江戸春次　江戸秋治

一髭の意休
実ハ伊賀平内左衛門　中村芝翫
一三浦屋のけいせいあげ巻　岩井粂三郎
一けいせい巻里　山科甚吉
一ふく山のかつぎ又八　尾上伝三郎
一けいせいしら玉　中山亀三郎
一朝かほせん平　坂東三津右衛門
一花川戸の助六　尾上菊五郎
一けいせい巻柴　坂東三津三
一曽我の満江　市山七蔵
一（重出）けいせいしら玉　中山亀三郎
一くわんぺら門兵衛　市川友蔵
一山口巴や太七　中村七三郎
一白酒や粕兵衛
実ハそか十郎祐成　坂東三津五郎

右狂言大当り大入ニ而、四月下旬迄いたす。廿五日千秋楽舞納。わけて壱番草履打大評判也。

閏四月二日より

菅原伝授手習鑑

一　左大臣時平　中村芝翫
一　百姓白太夫　二やく　中村芝翫
一　武部源蔵　三やく　中村芝翫
一　桜丸女房八重　岩井粂三郎
一　宿禰太郎　浅尾為十郎
一　立田のまへ　山科甚吉
一　春藤玄蕃　二やく　浅尾為十郎
一　左中弁希世　浅尾友蔵
一　よだれくり　坂東大吉
一　天蘭慶　坂東秀助
一　みよしの清貫　桐島儀右衛門
一　さくら丸　尾上菊五郎
一　菅丞相　二やく　尾上菊五郎
一　菅秀才　中村駒之助
一　松王女房はる　坂東三津蔵
一　わし塚平馬　坂東三津右衛門
一　やつこ宅内　二やく　坂東三津右衛門
一　にせ迎ひ弥藤次　中村東蔵
一　安楽寺の住僧　市山七蔵
一　御台花ぞの御ぜん　中山亀三郎
一　下男三介　坂東簑助
一　土師の兵衛　市川友蔵
一　かりやひめ　岩井松之助
一　源蔵女房戸波　二やく　岩井松之助
一　斎世親王　中村七三郎
一　梅王丸　関三十郎
一　判官代輝国　関三十郎
一　松王女房千代　中村大吉
一　覚寿　坂東三津五郎
一　松王丸　二やく　坂東三津五郎
一　笠見蔵人　若太夫　中村伝九郎

五月五日より　二番目

夏祭浪花鑑＊

住吉の場　長町裏の場
釣舟内の場　団七内の場　四幕出る

一　魚屋団七　中村芝翫
一　釣舟女房おくに　岩井粂三郎
一　三河や義平次　浅尾為十郎
一　大鳥佐賀右衛門　浅尾友蔵
一　団七一子市松　中村駒之助
一　代官堀江弥源次　坂東秀助
一　徳兵衛女房おたつ　尾上菊五郎

一 玉島磯之丞　坂東 簑助
一 けいせい琴浦　岩井 松之助
一 梅沢掃部　中村 七三郎
一 釣舟の三ふ　関 三十郎
一 団七女房おかぢ　中村 大吉
一 一寸徳兵衛　坂東三津五郎
一 助松順蔵　中村 伝九郎

＊夏祭宵宮訳

同月十九日より **曽我祭リ**＊出る。

はやし太鼓 簑助 粂三郎 大吉　三味線 関三 七三郎 亀三郎　小鼓 三津五郎 芝翫

警固大せい出、唄ニ而あわせもの、東西両花道ニ而有之。大吉若衆姿、馬士のこしらへ、黒天鵞絨の馬を引出る。此人数両花道向花道廻り、舞台へねこ（ママ）むと、黒幕切ておとす。清元延寿太夫連中袴計りニ而立かゝりて浄るり、ねり物、神功皇后三津五郎、武内宿禰芝翫、両人押出し所作事有之。両人共奴姿に成、三津五郎鑓リ、芝翫床几を持ておどり、両人共手拭をかむり、かげぼふしのおどり珍敷ふり事也。［此］所作済と女形六人男舞の所作事あり。夫より雀おどり、東の花道へ拾弐人、西の花道へ拾弐人、双方一所に舞台ニ而踊り有之、打出し也。**曽我祭リ**、近年無之珍敷也。評判よく、六月十一日迄いたす。

＊曽我両社御祭礼

六月十四日より
綴入《とぢあわせ》 操《あやつり》 見台《けんだい》
夏狂言之内　桟敷代三拾匁 平土間廿匁　高土間廿五匁 六人割末迄同断

義経腰越状 三の口切 弐幕

一 源のよし経　中村 七三郎
一 錦戸太郎　浅尾 友蔵
一 伊達の次郎　中村 東蔵
一 五斗兵衛娘とく女　□（中村）米次郎
一 五斗兵衛女房関女　中村 大吉
一 いつみの三郎女房高野屋　中山 亀三郎
一 和泉の三郎　関 三十郎
一 亀井六郎　中村 伝九郎
一 五斗兵衛　中村 芝翫

本朝廿四孝 三の切 壱幕

一 百姓横蔵 後ニ山本勘助　中村 芝翫
一 勘助母　市山 七蔵
一 杣戸助　浅尾鬼右衛門
一 同正五郎　中村 儀十郎

一 慈悲蔵女房おたね　中山 亀三郎
一 百姓慈悲蔵
後ニ直□(江)大和守　関 三十郎
一 高坂弾正妻唐織　中村 大吉
一 長雄三郎景勝　中村 伝九郎

関取千両幟　三幕

一 つるや礼三郎　中村 七三郎
一 手代善九郎　浅尾 友蔵
一 村岡団右衛門　坂東 秀助
一 娘おさい　中山 倉次郎
一 なまり山銀八　関 三平
一 ひよろが峰高右衛門　浅尾鬼右衛門
一 市原九平太　中村 東蔵
一 つるや浄久　市山 七蔵
一 にしき木太夫　中山 亀三郎
一 大野や七郎兵衛　関 三十郎
一 岩川次郎吉　中村 大吉
一 鉄ヶ嶽駄々右衛門　中村 芝翫
一 岩川女房おとわ　ニやく 中村 芝翫

大切浄瑠理
再夕暮雨《またとゆふぐれあめ》の鉢木《はちのき》　常盤津小文字太夫連中　中村芝翫 関三十郎 中村大吉 相勤候

一 佐野の源左衛門経世　中村 芝翫
一 弟　源次経俊　関 三十郎
一 松下の禅尼　中村 大吉
一 百姓太郎作　中村 伝九郎
一 佐野の源藤太経景　ニやく 中村 伝九郎

右狂言、三段め尽しニ而、上手の三人故面白く、評判も能候得共、大暑ニ而入少く、思敷無之。七月三日千秋楽。

七月十七日より

新薄雪物語＊

一 幸崎伊賀守　中村 芝翫
一 こし元まがき　岩井 粂三郎
一 刀鍛冶団九郎　浅尾 為十郎
一 秋月大膳　市川 友蔵
一 奥方松ヶ枝　山科 甚吉
一 勿川兵蔵　坂東 秀助
一 こし元きゝやふ　中山 倉次郎
一 渋川東馬　中村 東蔵
一 刀鍛冶来国行　市山 七蔵
一 園部の左衛門　坂東 簑助

一　薄雪ひめ　岩井　松之助
一　来太郎国俊　中村　七三郎
一　奴妻平　関　三十郎
一　葛木民部之助　二やく　関　三十郎
一　園部奥方梅の方　中村　大　吉
一　園部の兵衛　坂東三津五郎
一　常盤するが之助　中村　伝九郎
大詰浄瑠理　大和《やまと》文字《もじ》恋《こひ》の歌《ことのは》　常盤津連中　改名　小文字太夫改 文字太夫　岸太夫改 兼太夫
薄雪姫　松之助
わたし守五平次　芝翫
鳥さし吉助　三津五郎
三人ニ而相勤候。
弐番め
千種《ちくさ》結《むすひ》色《いろの》出《で》来《き》秋《あき》
一　佐藤定七　中村　芝　翫
一　門付ヶ吃りの伝三　二やく　中村　芝　翫
一　勇助妹小きく
　後ニ半兵衛女房おきく　岩井　粂三郎
一　かゞや手代惣八　浅尾　為十郎
一　三味せん指南杵やおもん　山科　甚　吉

一　町医浅井良軒　浅尾　友　蔵
一　下男茂作　坂東　大　吉
一　でっちいわ松　桐島儀右衛門
一　道具や善九郎　中村千代飛助
一　千代村の喜助　関　三　平
一　開帳世話役藤兵衛　市川　の　助
一　神田川の舟頭千吉　坂東　簑　助
一　山しろや宣徳　中村　東　蔵
一　加賀や与兵衛　市山　七　蔵
一　栗本伴蔵　坂東三津右衛門
一　多賀の後室賤の方　中山　亀三郎
一　篠原三太夫　市川　友　蔵
一　定七娘おつゆ　岩井　松之助
一　篠原勇助　中村　七三郎
一　菊酒やの幸助　関　三十郎
一　定七女房かゞのお千代　中村　大　吉
一　高島半兵衛
　後ニ道具ややまとや半兵衛　坂東三津五郎
一　多賀大三郎　中村　伝九郎
此狂言、壱番めは勿論無申分、二番めも粟の十郎兵衛を持込、面白き出来方に候所、如何してか、不入に付、八月十三日千秋楽。

八月十八日より

いろは仮名《かな》随筆《きゝがきぞうし》

一 高師直 中村芝翫
一 寺岡平右衛門 二やく 中村芝翫
一 天川屋義平 三やく 中村芝翫
一 勝右衛門女房おまち 岩井粂三郎
一 斧定九郎 浅尾為十郎
一 太田了竹 二やく 浅尾為十郎
一 由良之助女房おいし 山科甚吉
一 鷺坂伴内 浅尾友蔵
一 神主斎宮 坂東大吉
一 原郷右衛門 坂東秀助
一 真名次郎左衛門 桐島儀右衛門
一 尼貞心尼 中山倉次郎
一 尼光林尼 中村七三郎
一 尼清光尼 岩井亀次郎
一 衣笠姫 坂東三津右衛門
一 大わし文吾 中村東蔵
一 参議公道卿 市山七蔵
一 早野三左衛門 二やく 市山七蔵

＊新うすゆき物語

一 かほよ御ぜん 中山亀三郎
一 早野勘平 坂東簑助
一 斧九太夫 市川友蔵
一 こしもとおかる 岩井松之助
一 桃井若狭之助 中村七三郎
一 塩谷判官 関三十郎
一 早野和助 二やく 関三十郎
一 小寺十内 三やく 関三十郎
一 浅沢庵主春月尼 中村大吉
一 義平女房おその 二やく 中村大吉
一 不破勝右衛門 坂東三津五郎
一 大星由良之助 二やく 坂東三津五郎
一 天川やでつち伊吾 中村伝九郎

弐番め名残狂言

小栗判官車街道 三段め

一 横山太郎 中村芝翫
一 星川雲八 二やく 中村芝翫
一 門番寝ず兵衛 浅尾為十郎
一 横山三郎 浅尾友蔵
一 桜井新吾 桐島儀右衛門
一 照天の姫 中村米次郎

一　横山大膳
一　太郎女房あさか
一　結城持朝

市川　友　蔵
中村　大　吉
中村　伝九郎

明和元甲申年　市村座

正月十五日より

・**江戸《ゑど》染《ぞめ》曽我《そがの》雛形《ひながた》**

一　鬼王新左衛門　坂田　半五郎
一　小林朝比奈　二やく　坂田　半五郎
一　工藤左衛門祐経　沢村　宗十郎
・一　曽我十郎祐成　市村羽左衛門
一　同　五郎時宗　二やく　市村羽左衛門

座元祐成ニ而、路考大磯のとら。浅間嶽*の上るり大当り。

*留袖浅間嶽

五月五日より

平仮名盛衰記《ひらかなせいすいき》*

一　源よし経　坂東　亀蔵
一　畠山重忠　富沢　辰十郎
一　延寿のまへ　二やく　富沢　辰十郎
一　家主杢兵衛　嵐　音八
・一　辻法印　二やく　嵐　音八
一　鎌田隼人　中村　伝五

一　駒若丸　坂東　宇根次
一　およし　藤村　半太夫
一　梶原平次かげ高　坂田　半五郎
一　梶原平三かげ時　坂田　左十郎
一　佐々木忠綱　沢村　宗十郎
一　おふで　吾妻　藤蔵
一　権四郎　二やく　坂田　半五郎
一　船頭松右衛門
　実ハ樋口次郎　二やく　沢村　宗十郎
一　巴御ぜん　瀬川　菊之丞
・一　こし元千鳥　二やく　瀬川　菊之丞
一　和田よし盛　市村羽左衛門
一　梶原源太　二やく　市村羽左衛門

*ひらかな盛衰記

七月廿日より

恋女房染分手綱

一　げいこいろは　坂東　愛蔵

一わし塚八平次　坂田左十郎
一わし塚官太夫　山中平九郎
一座頭けいまさ　嵐音八
一本田弥惣左衛門　二やく　嵐音八
一ゆる木馬之丞　三やく　嵐音八
一伊達与惣兵衛　富沢辰十郎
一じねんじよの三吉　市村吉五郎
一逸平　沢村宗十郎
一鷺坂左内　二やく　沢村宗十郎
一江戸兵衛　坂田半五郎
一逸平母　二やく　坂田半五郎
一こし元重の井　瀬川菊之丞
・一伊達の与作　市村羽左衛門
一竹村貞之進　二やく　市村羽左衛門

○坂東三八　上方へ登る。　嵐与三八改 中村富次　沢村亀十郎改 沢村和田蔵

十一月顔見せ
若木花《わかきのはな》須磨初雪《すまのはつゆき》
一越中次郎盛綱　中村仲蔵
一あつもり　中村富次

一きくのまへ　沢村菊松
一京の君　坂東愛蔵
一にごり酒売八兵衛
　実ハ梶原源太　富沢辰十郎
一わしの尾三郎　坂東彦三郎
一白拍子おだまき　尾のへ松助
一舞子小はぎ　嵐ひな次
一源のよし経　市村羽左衛門
・一さつまの守忠度　二やく　市村羽左衛門
一岡部六弥太　大谷広次
一飛騨左衛門　中村島五郎
一牛黒丹兵衛　坂田佐十郎
一平の時忠　沢村音右衛門
一桜咲兵衛　嵐音八
一猪の又小平六　中村助五郎
一花売おすへ　芳沢崎之助
一むさし坊弁慶　坂田半五郎
一花かご与一兵衛
　実ハ尾形三郎　尾上菊五郎
・一熊谷の次郎直さね　二やく　尾上菊五郎

梅幸熊谷ニ而、座元さつまの守へ崇徳院の霊のりうつり、楓江に大ざつまかけ合の所作*、大出来大当り。

*鞭桜宇佐幣

明和二乙酉年　市村座

正月十五日より
・**色上戸《いろぜうご》三組《みつぐみ》曽我《そが》**
一　鬼王新左衛門　　嵐　音八
一　小林朝比奈　　大谷　広次
一　曽我十郎祐成　　市村羽左衛門
一　同　五郎時宗　　坂東　彦三郎
・一　工藤左衛門祐経　　尾上　菊五郎
・一　ひたち小はぎ　　二やく　尾上　菊五郎
髪梳めり安*　嵐雛次 大谷広次
行司　彦三郎　広次 助五郎　角力あり
梅幸ひたち小はぎ三而、半五郎に七艸のなぞ、大当り。
座元奴軍助二而、**江戸名所都鳥追**文字太夫上るり所作大出来。
菊五郎松井源水、大出来。
*十寸鏡
坂東彦三郎、四月元ぶくいたす。

あつま与次兵衛　**根引門松***
一　彦助　　坂田　左十郎
一　与次兵衛女房　　中村　富次
一　江戸右衛門　　富沢　辰十郎
一　けいせいあつま　　尾上　松助
一　母　　中村　仲蔵
一　南与兵衛　　尾上　菊五郎
一　浄閑　　二やく　尾上　菊五郎
一　山崎与次兵衛　　市村羽左衛門
*ねびきの門松

△下り　松本友十郎　市村座江下る。

霜月朔日より
・**降積花《ふりつむはな》二《に》代源氏《だいげんじ》**
一　舞子九のへ　　荻野　惣吉
一　美女御ぜん　　尾のへ　松助

一 太郎作　嵐 音八
一 多田満仲　富沢 辰十郎
一 ふじ原仲光　尾上 菊五郎
一 小かぢ宗近　二やく 尾上 菊五郎
一 物ぐさ太郎　市村羽左衛門
一 ゆきへの介　宮崎 きく松
一 足軽早介
　本名平井保輔　下り 松本 友十郎
一 奴出来助　沢村 喜十郎

一 源よりちか　中村 仲蔵
一 あづまや　芳沢 崎之助
一 坂田金時　大谷 広次
一 わたなべの綱　坂東 彦三郎
一 将軍太郎よし門　坂田 佐十郎
・一 かつらき山土蜘の精霊　市村羽左衛門
文字太夫上るり＊二而、切禿其外いろ〳〵所作事、大当り。
＊蜘蛛糸梓弦

明和三丙戌年　市村座

正月十五日より
咲《さき》増《ます》花《はな》相《あい》生《をひ》曽《そ》我《が》
一 小林朝比奈　沢村 喜十郎
一 曽我十郎祐成　坂東 彦三郎
一 同　五郎時宗　大谷 広次
一 鬼王新左衛門　尾上 菊五郎
一 工藤左衛門祐経　市村羽左衛門

七月十五日
児模様近江八景《はっけい》
常盤津文字太夫上るり
鳰照月恋の最中
一 高阪弾正　坂田 左十郎
一 御嶽悪五郎　中村 仲蔵
一 重井筒のおふさ　尾上 松助
一 紺屋とく兵衛　坂東 彦三郎
一 木賊かりの翁

実ハ石山観音の化身　市村羽左衛門
一　坂本山王の化現　二やく　市村羽左衛門

八月朔日より
・仮名手本忠臣蔵
一　与一兵衛　佐川　新九郎
一　鷺坂伴内　坂田　国八
一　義平一子よし松　瀧中　甚之助
一　かほよ御ぜん　中村　富次
一　でつち伊五　嵐　音八
一　おその　荻野　惣吉
一　大星力弥　瀬川(沢村)　菊次
一　薬師寺次郎左衛門　市川(沢村)　今蔵
一　由良之助女房おいし　中村　秀松
一　こし元おかる　尾のへ　松助
一　加古川本蔵　富沢　辰十郎
一　与一兵衛女房　二やく　富沢　辰十郎
一　高師直　松本　友十郎
一　太田了竹　二やく　松本　友十郎
一　小野九太夫　坂田　佐十郎
一　寺岡平右衛門　沢村　喜十郎
一　原郷右衛門　二やく　沢村　喜十郎

・一　小野定九郎　中村　仲蔵
一　早勘平　坂東　彦三郎
一　天川屋義平　大谷　広次
一　塩谷判官　二やく　大谷　広次
・一　大星由良之助　尾上　菊五郎
・一　女房となせ　二やく　尾上　菊五郎

梅幸名残狂言ニ而大当り。

○尾上菊五郎上方江登る　△下り　大坂より　坂東三八
大坂より　市川団蔵

霜月朔日より
・東山殿劇朔《ひがしやまどのかぶきのついたち》
一　梅津のかもん　富沢　辰十郎
一　ましば久吉　市川　八百蔵
一　島村弾正　中村　助五郎
一　渡辺民部　大谷　広次
一　荒獅子男之助　坂東　三八
一　武智日向守　坂田　半五郎
一　不破の伴左衛門　市川　団蔵
一　けいせいかつらき　瀬川　菊之丞
一　東山よし照　中島三甫右衛門
一　いてふのまへ　坂東　愛蔵

一 から琴　　あつま 藤蔵
一 やへさと　　三条 亀太郎
一 不破の伴作　　市村 吉五郎
一 名古や小山三　　市村 亀蔵
一 いつものお国　　瀬川 菊之丞

一 名古や山三郎　　市村羽左衛門

当顔見世、市川団蔵は京都より下り、坂東三八は大坂より下り、瀬川菊之丞は江戸ニ而、此三人の出合を、三ヶ津の出会と申、大評判、大出来、大当り〳〵。

明和四丁亥年　市村座

正月より
曽我 和《やわらぎ》 曽我《そが》*
一 小ばやしの朝いな　　中村 助五郎
一 鬼王新左衛門　　市川 団蔵
一 工藤左衛門祐経　　坂田 半五郎
一 曽我五郎時宗　　市川 八百蔵
一 同　十郎祐成　　市村羽左衛門
此春狂言不当り。
***曽我和そが**

二月十三日より*
一 九太夫後家おれい　　富沢 辰十郎
一 大星力弥　　坂東 愛蔵

一 けいせい浮はし　　あつま 藤蔵
一 平右衛門女房　　二やく あつま 藤蔵
一 薬師寺次郎左衛門　　中島 三甫蔵
一 小野九太夫　　二やく 中島 三甫蔵
・一 矢間十太郎　　大谷 広次
一 義平女房　　瀬川 菊之丞
一 九太夫娘おくみ　　瀬川 菊之丞
・一 十太郎女房おりへ　　瀬川 菊之丞
一 たいこ持次郎右衛門　　坂東 三 八
一 天川や義平　　二やく 坂東 三 八
一 塩谷判官　　市川 八百蔵
一 早の勘平　　二やく 市川 八百蔵
一 高師直　　中村 助五郎

一　小野定九郎　二やく　中村　助五郎
一　大星由良之助　市川　団　蔵
・一　矢間喜内　坂田　半五郎
一　寺岡平右衛門　坂田　半五郎
一　石堂縫之助　市村羽左衛門

＊太平記忠臣講釈

右続狂言

おはつ徳兵衛 おちよ半兵衛　**世大坂《よにあふさか》二《に》対女夫《ついめうと》**

一　下女お玉　中村　助五郎
一　薬師寺次郎左衛門　中島　三甫蔵
一　平野や徳兵衛　市川　八百蔵
一　天満やおはつ　瀬川　菊之丞
一　油や九平次　中島　三甫蔵
・一　鬼切丸精霊　市村羽左衛門
一　畑六郎左衛門霊魂　市村羽左衛門
一　栗生左衛門霊魂　市村羽左衛門
一　主馬の判官　富沢　辰十郎
一　わつぱの菊王　坂田　半五郎
一　八百や半兵衛　大谷　広　次
一　女房おちよ　あつま　藤蔵
一　八百や手代嘉十郎　市村羽左衛門

一　鬼切丸精霊　市村羽左衛門
一　亘理新左衛門霊魂　市村羽左衛門
・一　篠塚伊賀守霊魂　市村羽左衛門

常盤津文字太夫上るり

道行初日庚申＊

道行後日曽根崎

右、二日替りにいたし、座元羽左衛門化身、新田四天王の四やくを、二日替りにいたし候。

＊道行初日宵庚申

七月廿五日より

・**義経千本桜**

一　左大将朝方　中島　三甫蔵
一　土佐坊昌俊　二やく　中島　三甫蔵
一　梶原源太　中村　助五郎
一　川越太郎娘衣笠　坂東　愛　蔵
一　むさし坊弁慶　坂東　三　八
一　すしや弥左衛門　二やく　坂東　三　八
一　源よし経　市川　八百蔵
一　すけの局　あつま　藤蔵
・一　主馬の小金吾　大谷　広　次
一　すしや娘おさと　瀬川　菊之丞

一　しづか御ぜん　瀬川　菊之丞
一　川つら法眼　坂田　半五郎
・一　いがみの権太　坂田　半五郎
・一　とかいや銀平
　　実ハ平の知盛　市川　団　蔵
一　横川のかくはん　市川　団　蔵
一　惟盛　市村羽左衛門
一　佐藤忠信　市村羽左衛門
・一　源九郎狐　市村羽左衛門

当顔見世六年ぶり△下り　坂田藤十郎
沢村金平改　沢村四郎五郎
坂東愛蔵改　佐野川市　松

霜月朔日より
・鵺重藤咲分勇者《ぬへしげどうさきわけゆふしや》
一　月若　市村　吉五郎
一　花わか　市村　亀　蔵
一　菊若　沢村四郎五郎
一　ふじわか　沢村　田之助
一　田原の又太郎　坂東　又太郎
一　佐々木源蔵　坂田　藤十郎
一　丁七唱　坂東三津五郎

一　平清盛　坂東　三　八
一　伊賀の平内　中村　伝　吾
一　長田太郎　坂田　佐十郎
・一　あやめのまへ　あつま　藤蔵
一　景清　大谷　広　次
一　難波の次郎　沢村　宗十郎
一　源三位頼政　二やく　沢村　宗十郎
・一　まこものまへ　市村羽左衛門
一　西念坊　二やく　市村羽左衛門

今年顔見世、三芝居共大当り。当座は三の当り。座元羽左衛門、まこものまへのゆふこん変化大出来。吾妻藤蔵、枕丹前＊大出来。

＊六出花吾嬬丹前

明和五戊子年　市村座

正月十五日より
・**酒宴《しゆゑん》曽我《そが》鸚鵡返《あふむがへし》**

一　鬼王新左衛門　坂田　佐十郎
一　曽我十郎祐成　坂東三津五郎
一　同　五郎時宗　坂東　又太郎
・一　工藤左衛門祐経　大谷　広次
一　小林の朝比奈　市村羽左衛門
・一　分身五郎時宗　市村羽左衛門
一　分身あさいな　坂東　三八

広次が工藤を褒言葉アリ。町づくしニ而ほめる。大谷五丁(ママ)。
大薩摩上るりニ而
・**念力矢の根五郎*** 座元羽左衛門
・**同　くさずり引**** （坂東　三八 市村羽左衛門

五月五日より、弐番目大詰三番目序幕。
宗十郎一ッ家の姥、広次夏祭リのやつし、しうところし。

*念力鏃五郎
**蘼引鸚鵡盃

古羽左衛門七回忌追善
花紫形見扇　あつま藤蔵 市山七蔵 坂田佐十郎 市村吉五郎 市村亀蔵 市村羽左衛門　相勤る
常盤津若太夫　隅田川渡し守の所作。

八月廿日より
菅原伝授手習鑑

一　春藤玄蕃　坂東　又八
一　まれよ　中村　伝吾
一　土師兵衛　二やく　中村　伝吾
一　すくね太郎　坂東　三八
一　源蔵女房戸波　佐の川　市松
一　桜丸　二やく　佐の川　市松
一　梅王丸　坂東　又太郎
・一　松王丸　沢村　宗十郎
一　藤原の時平　坂田　佐十郎
一　白太夫　坂田　藤十郎
一　武部源蔵　坂東三津五郎
一　たつ田　小佐川　七蔵

一　判官代てる国　大谷　広　次
一　千代　あつま　藤蔵
一　はる　中村　秀　松
一　八重　沢村四郎五郎
一　鶴寿　沢村　宗十郎
一　菅せう〴〵　市村羽左衛門

九月九日より
姫小松子ノ日遊《ひめこまつねのひのあそび》　三段目

一　次郎九郎　中村　伝　吾
一　有王丸　坂田　佐十郎
一　亀王丸　大谷　広　次
一　おやす　あつま　藤蔵
・一　俊寛　沢村　宗十郎

△下り　亀屋虎蔵改 市川友蔵　中村伝吾改 富沢半　三　小佐川七蔵改 小佐川常世

霜月朔日より
・**男山弓勢競**《おとこやまゆんぜいくらべ》

一　さいき蔵人　三升や助十郎
一　加茂の次郎　二やく　三升や助十郎

一　みやこ案内　市川　友　蔵
一　けいせい国妙　中村　まつ江
一　八重はた姫　山下　京之助
一　新羅三郎　佐の川　市松
一　せいじゆ丸　沢村　田之助
一　尾のへのまへ　沢村四郎五郎
一　小狐丸　市村　亀　蔵
一　一本左衛門　嵐　音　八
一　みさごの皇子　中島三甫右衛門
一　小平太
　　実ハ和田左衛門　坂東　三　八
一　荒川太郎　坂東　又太郎
一　阿部宗任　大谷　広　次
一　うとふ　あつま　藤蔵
一　あべの貞任　沢村　宗十郎
一　こふせきこう　二やく　沢村　宗十郎
一　鎌倉権五郎かけ政　市川　団　蔵
一　三浦平太夫　二やく　市川　団　蔵
一　張良　三やく　市川　団　蔵
一　市村　吉五郎
一　八幡太郎よし家　市村羽左衛門

景政ニ而団蔵、暫く。天幸公家悪、平久赤つら、十四郎なま

ず、宗十郎貞任ニ而六部の姿、さいき蔵人の手負をかいほうしての実悪大当り。国妙団蔵宅へ来り、両人出合大出来〳〵。

楓江唄ニ而 **尾花の袖*** 亀蔵に四郎五郎

同 **五色丹前**** 羽左衛門 藤蔵 京之助 広次 又太郎

藤蔵、京之助は女獅子男獅子をもち、広次又太郎は紅白の牡丹の石台、中に座元、八幡太郎、五人のせり出し所作大当り。

二番目 **吉原雀***** 所作 藤蔵 座元 大詰 張良 黄石公 大当り

*置霜尾花袖
**冬牡丹五色丹前
***教草吉原雀

明和六己丑年 市村座

丑の正月廿五日

病死 二代目宮崎十四郎

正月十五日より

・**江戸花陽向曽我《ゑどのはなわかやぎそが》**

一 和田よし盛
一 小林朝比奈
一 梶原平二かけ高
一 けわい坂せう〳〵
一 曽我五郎時宗
・一 工藤左衛門祐つね
一 曽我十郎祐成
・一 鬼王新左衛門

富沢 半三
坂東 三八
中島三甫右衛門
山下 京之助
市川 団蔵
沢村 宗十郎
市村羽左衛門
大谷 広次

一 近江の小藤太　二やく 富沢 半三
一 そがの団三郎　坂東 又太郎
一 信田の左衛門　二やく 大谷 広次
・一 小山の判官 実ハかけ清　二やく 市川 団蔵
一 畠山重忠　二やく 沢村 宗十郎
・一 主馬判官盛久　二やく 市村羽左衛門

宝船七福神の対面、大当り。

一 寿老神 よし盛　一 布袋 朝いな
一 毘沙門 梶原　一 弁天 せう〳〵
一 福禄寿 工藤　一 恵比寿 祐成
一 大黒 時宗

広次鬼王ニ而、借金のさいそくに逢、いせふ大小をわたし、

はだかに成て居る所を工藤にこわれ、こまりて角力の物がたり大出来也。花道ニ而壱人角力の物かたり。宗十郎工藤、広次鬼王、近年の当り。宗十郎工藤、団蔵似せ小山、広治信田左衛門、三人上下ニ而出合、大当り。広次切腹評判よし。

座元羽左衛門、道成寺*の所作大当り。宗十郎ワキ僧、鐘へ入てすじ隈取の顔に成、主馬判官盛久ニ而、頼朝をうらみんと、かげ清の思ひ入、大出来なり。

弐番目、男達広次放駒の四郎兵衛、三甫右衛門根津の四郎兵衛、大当り。又太郎宵の口の千太郎、町がゝへ革羽織の出、始終大出来なり。

かさもりおせんニ而松江、広次が髪梳**あり。

山下京之助うしろ面***の所作、大出来なり。

三番目、団蔵非人景清、宗十郎重忠、百姓の姿両人大当り。

*其霞撞鐘頭
**春の袖
***旅柳二面鏡

五月五日より

仮名手本忠臣蔵

一 かほよ御ぜん　中村　秀松
一 若狭之助　坂東　又太郎
一 下女りん　沢村　和田蔵
一 義平一子よし松　大谷　谷次
一 太田了竹　富沢　半三
一 薬師寺次郎左衛門　坂東　又八
一 てつち伊吾　中村　伝五郎
一 千崎弥五郎　三升や助十郎
一 与一兵衛女房　二やく　三升や助十郎
一 鷺坂伴内　中村　島五郎
一 原郷右衛門　市川　友蔵
一 本蔵娘小なみ　沢村四郎五郎
一 大星力弥　市村　亀蔵
一 高師直　中島三甫右衛門
一 小野九太夫　二やく　中島三甫右衛門
一 由良之助女房おいし　佐の川　市松
一 こし元おかる　中村　松江
一 天川や義平　大谷　広次
・一 早の勘平　二やく　大谷　広次
一 百姓与一兵衛　坂東　三八
一 寺岡平右衛門　二やく　坂東　三八
一 本蔵女房となせ　あつま　藤蔵
一 義平女房おその　あつま　藤蔵
一 小野定九郎　沢村　宗十郎
一 大星由良之助　二やく　沢村　宗十郎

・一 加古川本蔵　市川 団 蔵
一 塩谷判官　市村羽左衛門

七月廿日より
・一富《いちのとみ》清《せい》和《わ》年代《ねんだい》記《き》
座元羽左衛門、浦島太郎ニ而翁の所作*。玉手箱の威徳ニ而慈童に成、子供遊びの所作**。大詰、大蛸に乗てせり出し、大出来〳〵。

*八千代釣竿
**鞠小弓稚遊

九月十六日より
小野《おのゝ》道風《とうふう》青柳《あをやぎ》硯《すゞり》
一 陽成院　沢村 権十郎
一 つくばの宮　大谷 谷 治
一 関白基経卿　坂東 兵 蔵
一 出臍の又九郎　坂東 又 八
一 橘の早成　富沢 半 三
一 たつ木仁介　佐川 新九郎
一 さゝ鶴　沢村 淀五郎
一 おぬい　沢村四郎五郎
一 とつこの駄六　坂東 又太郎

一 おみなへし　佐の川 市松
一 おく霜　中村 松 江
一 法りん尼　大谷 広 次
一 小野の良実　二やく 大谷 広 次
一 岩瀧岸右衛門　坂東 三 八
一 菊のうへ　吾妻 藤 蔵
一 おまち　吾妻 藤 蔵
一 小野の道風　沢村 宗十郎
一 小のゝ頼風　市村羽左衛門

名残狂言也
○沢村宗十郎、悴田之助を連れ上方へ登。
△下り 尾上 菊五郎　△下り 尾上 民 蔵
△下り 中村喜代三郎　△下り 大谷友右衛門 四人下る

霜月朔日より
・雪《むつのはな》 梅《むめの》顔《かほ》見勢《みせ》
一 錦戸太郎　富沢 半 三
一 しづか御ぜん　尾上 松 助
一 わしの尾三郎　佐の川 市松
一 源八兵衛　坂東 又太郎
一 とがしの左衛門　坂田 佐十郎

一錦木　下り 尾上　民　蔵
一奴谷平　下り 大谷友右衛門
一里のわらべ太郎松　あつま富五郎
一同　米松　市村　亀　蔵
・一忠信女房しのぶ　下り 中村喜代三郎
一みやぎの　吾妻　藤　蔵
一那須の与市　大谷　広　次
一伊達の次郎　坂田　半五郎
一すが右衛門
　実ハわつはの菊王　二やく 坂田　半五郎
・一泉の三郎　下り 尾上　菊五郎

・一佐藤忠のぶ　二やく 尾上　菊五郎
一奴舎那助
　実ハ源よし経　市村羽左衛門
・一武蔵坊弁慶　二やく 市村羽左衛門

座元弁慶ニ而、安宅の関*の所作。楓江出唄ニ而大当り。梅幸いづみの三郎ニ而、長上下ニ而出、和事、小鞁を打仕内、大出来。弐番目、喜代三郎引越し女房ニ而、その夜六十六部をとめ、見ればわが夫忠信ゆへ、言わけをする仕内、大出来。あけていわれぬゆへ、雪の中へ銚子の口より酒を出し、かいて見せる。六部本名忠のぶ梅幸と、杉暁との出合、大当り。

＊隈取安宅松

明和七庚寅年　市村座

正月十五日より
富士雪会稽曽我《ふじのゆきくわいけいそが》

一そがの団三郎　坂東　又太郎
一大磯のとら　尾上　松　助
一ちどりのまへ　尾上　民　蔵
一月さよ　あつま　藤蔵
一鬼王新左衛門　大谷　広　次

一三浦の片貝　中村喜代三郎
一朝比奈の三郎　中島三甫右衛門
一曽我五郎時宗　佐の川　市松
一近江小藤太　大谷友右衛門
一宇佐美三郎　坂田　佐十郎
一工藤左衛門祐経　坂田　半五郎
一大伴常陸之助　尾上　菊五郎

一　曽我十郎祐成　　市村羽左衛門
髪梳めりやす＊　中村喜代三郎　大谷広次

＊かほよ鳥

寅正月十一日
病死　坂東三八

五月五日より＊
三番目大詰四番目迄　坂東彦三郎三回忌追善、尾上菊五郎相勤る。
一　秩父小六郎重安　　市村亀蔵
一　工藤犬坊丸　　市村吉五郎
一　八幡の小文次　　沢村淀五郎
一　本田の次郎　　坂東吉蔵
一　宇佐美左衛門　　大谷友右衛門
一　馬士五郎蔵　　坂田半五郎
　後ニお馬やの五郎丸
一　京の次郎祐俊　　尾上菊五郎
一　箱根駒形の一角　　市村羽左衛門
　実ハ大友の一法師
富士の裾野、十番切のやつし。座元羽左衛門、半五郎と両人角かづら二而、馬かたの出合、大出来。菊五郎京の次郎二而、物ぐるひの所作、大当り。

＊角前髪狩場姿視

寅五月三日
病死　坂田佐十郎　行年三十六歳

八月朔日より
一《いち》の谷《たに》嫩《ふたば》軍記《ぐんき》＊
一　平の時忠　　富沢半三
一　平山の武者所　　大谷友右衛門
一　弥陀六　　二やく　大谷友右衛門
一　玉折ひめ　　尾上民蔵
一　さかみ　　中村喜代三郎
一　岡部弥太郎　　市村吉五郎
一　熊谷一子小次郎　　沢村淀五郎
一　あつもり　　二やく　沢村淀五郎
一　小雪　　佐の川市松
一　おいわ　　尾上松助
一　庄屋次郎作　　大谷広次
一　薩摩守忠度　　二やく　大谷広次
一　菊のまへ　　あつま藤蔵

一 太五平　坂田 半五郎
・一 熊谷の次郎直実　尾上 菊五郎
・一 岡部六弥太　市村羽左衛門
一 源のよし経　市村羽左衛門

＊一谷嫩軍記

寅八月晦日

病死 三代目沢村宗十郎　行年五十一歳

京都ニ而病死致候得共、去丑年秋当座ニ而名残狂言をいたし上京故、此所へ記す。

○坂東又太郎上方へ登る。

△下り初座 嵐 三五郎

中村座より来る　瀬川 菊之丞　中村 助五郎

市村吉五郎改 坂東彦三郎

瀬川よし松改 瀬川吉次

森田座より来る　中島勘左衛門

尾上松助元服、立役に成。

霜月朔日より

・女男《めうと》菊《ぎく》伊豆《いづの》着綿《きせわた》

一 八巻の判官　大谷友右衛門
一 入道雷雲　中島 三甫蔵
一 長尾新吾　中島勘左衛門
一 伊藤入道　中島三甫右衛門
一 ひなづる姫　瀬川 吉次
一 さなだの与市　佐の川 市松
一 八幡の三郎　尾上 松助
一 なぎの葉　あつま 藤蔵
一 きぬがさ　中村喜代三郎
・一 股野五郎景久　中村 助五郎
・一 川津の三郎祐安　大谷 広次
一 工藤金石丸　坂東 彦三郎
一 北条五郎　市村 亀蔵
一 近江の小藤太　富沢 辰十郎
・一 源より朝　下り 嵐 三五郎
・一 辰ひめ　瀬川 菊之丞
一 曽我太郎祐信　尾上 菊五郎
・一 梶原源太景すへ　市村羽左衛門

今年、尾上松助元服して立役に成。男よろしく評判よし。藤蔵とたて、大当り。広次、助五郎角力、菊五郎行司ニ而大当り。菊之丞、助五郎、広次、三番叟＊の拍子唄、大当り。三五郎、菊之丞、雪ふりの仕内。羽左衛門、梶原二度のかけの仕内、大

当り。瀬川吉次を狂言ニ而、吾妻藤蔵褒言葉あり。

＊翁草霜舞女

明和八辛卯年　市村座

正月十五日より
・**和田《わだ》酒盛《さかもり》納《おさめの》三組《みつぐみ》**

一　似せ朝比奈　坂東　又　八
一　横山三郎　大谷友右衛門
一　小栗の判官　大谷　広　次
一　池の庄司　中村　助五郎
一　小林の朝比奈　中島三甫右衛門
一　工藤左衛門祐経　尾上　菊五郎
一　曽我の十郎祐成　嵐　三五郎
一　同　五郎時宗　市村羽左衛門

三月廿三日
嵐三五郎、祐成の和事と猪之助の半道、二やく大当り。此仕内を橋尽しにて褒言葉。

吉原仲の町
　中島忠八
三五郎、直に舞台ニ而、船づくしにて礼口上アリ。

松本友十郎出勤いたし、横山権頭、星坂新五、弐やく相勤る。

お七吉三　路考ふり袖娘　民蔵ふり袖若衆　両人共美しき事大評判。

いつれもとわけておらまし梅の花
　枝もたわゝにかほる花の香

当春狂言に一番目に鬼王不出、二番目、黒船屋と申舟宿忠右衛門実ハ鬼王新左衛門、大谷広次。

四月十三日より
都鳥春錦絵　菊之丞、民蔵、三五郎、羽左衛門、所作事大当り。
同月廿日頃より、路考病気ニ而引込、代り常世いたし大出来也。
・松助釈迦嶽雲右衛門のこしらへ、古今の大評判大出来なり。先ッ花道よりの出端、花道の両方へ腰切の幕を引、此まくねり塀也。そのねりべいの上へ、こしより上江のり出て見ゆる思ひ付、大当り。夫よりすべて、取廻し立居ともとんと釈迦ヶ嶽の懸りニ而、顔も似て居るゆへ、大評判なり。
　卯の花や八日ころばぬ釈迦ヶ嶽

五月節句より 第三番目序幕、中の幕出。

羽左衛門日向勾当の景清ニ而、菊五郎重忠、上下ニ而琴をしらへる仕内、大当り。夫より大仏供養の景清、重忠の出合、両人共大当り。広次、友右衛門、黒船忠右衛門と今市善右衛門ニ而、水仕合。鯉を遣ひての大だて、両人共大当り。

八月朔日より

・**けいせい名古屋帯《なごやがさ》***

一 むれいの一角　市村亀蔵
一 山中鹿之助　大谷広次
一 奴又平　大谷広次
一 土佐の将監　尾上菊五郎
一 今川仲秋　尾上菊五郎
一 小きん　尾上民蔵
一 彦惣　市村羽左衛門

上るり** こきんほうし売、彦惣頭巾うり、羽左衛門民蔵。

今井のおかねにて大力の女、尾のへ松助大出来なり。

・広次又平ニ而師匠の勘当をうけ、わが身を真木わり台にのこし置て、切ふくせんとする時、筆せい通りしゆへ、勘当ゆるさるゝ所、大出来〳〵。

・大津絵の所作事

猿つかいの若衆 藤かつぎの娘　民蔵　鬼の念仏 弁慶　羽左衛門

松助おしやりの伝といふ仕事師、鳶の者の見へ大当り。是を深川仲町のげいしや、小網町横丁中村和吉褒詞。訥子、杜若、崎之助、勘左衛門、松介、五人かけ合のこわいろニ而、ほめる姿は、松助と同しやふなる形なり。

＊けいせい名越帯

＊＊都見物彩色紅葉

九月廿六日より 喜代三名残り

・**恋女房染分手綱** 十段め道中双六の場

一 じねんじよの三吉　大谷永助
一 しらべの姫　市川富三
一 本多弥惣左衛門　佐川新九郎
一 御乳の人重の井　中村喜代三郎

・此富三、父は市川染五郎、此度元十郎と改名いたし、富三事は喜代三門弟にいたし、中村松次郎と改名いたし、皆〳〵一同大坂江登り候よし口上アリ。

三五郎、広次、助五郎、友右衛門、菊五郎、其外座中上下ニ而、座付アリ。名残の口上引合せは梅幸いたし、夫より喜代三郎重の井の役ニ而、身のうへの口上、しうたんの名人ゆへ大出来也。

○中村喜代三郎、上方江登る。明和六丑年顔見世に当座へ下り、三ヶ年同座に居成ニ而、当秋名残狂言いたし、上方へ登り切。

△下り 坂東又太郎

△下り 中村粂　助

卯十一月朔日より

梅《このはな》世嗣《よつぎ》鉢木《はちのき》

一 原田六郎　坂東　又太郎
一 ゐんじゆのまへ　瀬川　吉　次
一 青砥五郎　市村　亀　蔵
一 民部之助　坂東　彦三郎
一 松が枝　嵐　ひな次
一 さくら木　尾のへ　民蔵
一 はつ梅　中村　粂　助
一 白妙　あつま　藤蔵
一 佐野の源左衛門　尾上　菊五郎
一 沼田五郎　大谷友右衛門
一 赤星太郎　尾のへ　松助
一 沼田左衛門　坂田　藤十郎
一 甲賀の三郎　大谷　広　次
一 北条時頼　嵐　三五郎
一 若狭禅司泰村の怨念　市村羽左衛門
一 かうかけ山の悪鬼の霊　市村羽左衛門

紅葉狩《もみぢがり》猩々丹前《せうぐたんぜん》　猩々丹前 羽左衛門 民蔵　時頼実ハ悪鬼 雛次 広次

広次甲賀の三郎、座元羽左衛門、変化ニ而同じ出立、対のいせふ、対の赤つら、弓矢をもつての仕内、三五郎時頼、座元羽左衛門時頼の姿ニ而、対の出立、誠は変化也。

三五郎大助、雛次雪の戸の所を、茶やの家名づくしニ而褒言葉あり。十二月廿二日、中村和吉　ゐん。

明和九辰年 安永元年に成　市村座

正月二日より二月十日切

菅原伝授手習鑑

一 松王丸　大谷　広　次
一 梅王丸　坂東　又太郎
一 桜丸　嵐　三五郎
一 白太夫　大谷友右衛門

一　武部源蔵　　二やく　嵐　三五郎
一　すくね太郎　　二やく　大谷友右衛門
一　覚寿　　尾のへ　松助
一　よだれくり　　二やく　尾のへ　松助
一　はる　　嵐　小式部
一　八重　　尾のへ　民蔵
一　ちよ　　吾妻　藤　蔵
一　たつた　　吾妻　藤　蔵
一　菅相丞　　尾上　菊五郎
一　藤原時平　　市村羽左衛門
一　てる国　　坂田　藤十郎
一　土師の兵衛　　中島勘左衛門
一　稀世　　中島　三甫蔵

右菅原の狂言、二月十日切ニ而千秋楽。翌十一日より名題看板出し、瀬川菊之丞罷出候に付、春狂言に顔見世仕候として、路考の紋看板を出し、来る廿日よりといたし、毎もの十月晦日の如し。櫓下番附を顔見世極付の絵組にいたし、梅幸工藤ニ而うしにのりて、路考牛の綱を引て、大振袖ニ而鶴の丸の大もやふ。其外座中役者、夫〱の役ニ而、すき間なしに絵をかく。上のおやま、若女形、やつしなどゝ書所江、二やく三やくの役割をかく。都而入替役者附の通り、茶屋より配る。

茶屋の配りは、二月十六日ニ而、翌十七日より羽左衛門櫓下、菊之丞顔見世の番附と申し、売歩行。

二月十九日、茶屋の軒江紅梅枝に、青き丸挑灯に、菊蝶とゆひわたの紋をちらし、芝居のまへに蒸籠三拾三、上に宝船、引幕の進上、同断、酒樽三拾三、上に富士をかざり、白木の台に鰹節、太鼓櫓の所江、紙あかくして、結わたの紋ちらしの大き成角風巾へ、太筆に大入とかひて、尻尾と糸を付、かざり置、殊之外賑やか成。

翌廿日初日には、尾張米五拾俵積、見物はきつしりとはいり、表はめをはづす大当り。

出羽守様十九日の夜、二文字屋江御泊ニ而、夜九つ迄三階ニ而稽古を御見物ニ而、初日、七軒つゞきの桟敷ニ而又々御見物有之候よし。

辰二月廿日より

・振袖衣更着《きさらぎ》曽我《そが》

一　朝比奈　　坂東　三　八
一　鬼王新左衛門　　坂田　藤十郎
一　同　団三郎　　尾上　松　助
一　大磯のとら　　佐の川　市松
一　せう〱　　嵐　ひな次
一　近江小藤太　　大谷友右衛門
一　八わた三郎　　坂東　又太郎

・一　和田の舞鶴姫　瀬川　菊之丞
・一　工藤左衛門祐つね　尾上　菊五郎
一　曽我十郎祐成　嵐　三五郎
一　同　五郎時宗　市村羽左衛門

対面は、梅幸羽織工藤ニ而牛に乗り、路考舞鶴ニ而、うしの綱を引せり出し。地黒に鶴の丸の縫のいせふ、あい着緋ちりめん、帯白りんず、わか松の縫、大ふり袖なり。本花道より、藤蔵、藤十郎、雛次、松助、向花道より、市松、友右衛門、民蔵、又太郎、三五郎と羽左衛門、春駒を持て兄弟の出。はなやか成対面なり。

此狂言、殊之外大当りの所、間もなく二月廿九日大火。翌晦日の朝、芝居類焼ニ而休。やう〳〵十月六日棟上ニ而、直に霜月顔見世に成。

三年ぶり△下り　市川友蔵改 市川団三郎　森田座より来る 瀬川　雄次郎
山科四郎十郎

辰十一月朔日より
江戸《ゑど》容儀《かたぎ》曳《ひけや》綱《つな》坂《ざか》
一　源より親　坂田　半五郎
一　田原の千晴　坂東　彦三郎
一　美女御ぜん　瀬川　雄次郎
一　わかさのまへ　嵐　ひな次
一　こし元増花　尾のへ　民蔵
一　仲光女房おく霜　吾妻　藤蔵
一　三田の五郎　市村　亀蔵
一　はかまだれ保輔　尾上　松助
一　卜部のすへ武　山科四郎五郎
一　うすいの定光　市川　団三郎
一　渡辺の綱　尾上　菊五郎
一　坂田の金時　大谷　広次
一　番匠　市村羽左衛門
一　藪いしや　二やく　市村羽左衛門
一　切かむろ　三やく　市村羽左衛門
一　土蜘の精霊　四やく　市村羽左衛門

此顔見世、不当りなれ共、座元の所作は殊之外の評判。中にも切禿ニ而馬貝の所作、拍子事は変化に少しも相違なし。人間業とは見へぬといふ評判也。

上の巻　**稚《おさな》結《むすび》蜘《く》蛛《も》線《のいとすじ》**
豊名賀志妻太夫　同春　太夫　三弦　佐々木古流　団三郎
豊名賀造酒太夫　同富士太夫　同　市四郎　羽左衛門　四郎十郎

下の巻　**来《くべき》宵《よひ》月《つきの》浮雲《うきくも》**
富士岡若太夫　同曽根太夫　同三和太夫　同都名太夫　同湊太夫　佐々木幸八　同　藤蔵　座本羽左衛門　尾上民蔵

安永二巳年　市村座

当春狂言出来兼候に付、正月二日より顔見（ママ）の狂言を又々いたし、七日より弐番を出し、一向不入ゆへ、正月廿日切仕廻。

坂田半五郎、上方より下り乗込、春狂言の相談出来、二月七日よりと看板出し、六日に看板残らす引込し、路考大病なり。

△下り　坂田半五郎

三月十二日より

江戸春名所曽我《ゑどのはるめいしよそが》

一　八百やお七　　瀬川　雄次郎
一　小性吉三郎　　尾上　民　蔵
一　かけ清女房あこや　　吾妻　藤　蔵
一　三河守のり頼　　市川　団三郎
一　白山の伝吉　　尾上　松　助
一　朝ひな　　二やく　尾上　松　助
一　湯島の三吉　　大谷　広　次
一　神田の与吉　　坂田　半五郎

一　工藤左衛門祐経　　尾上　菊五郎
一　五郎時宗　　市村羽左衛門
一　大磯のとら　　嵐　　小式部
一　けわい坂のせう〱　　嵐　ひな次
一　曽我の十郎祐成　　尾上　菊五郎
一　鬼王新左衛門　　市村羽左衛門
一　弟　団三郎　　市川　団三郎
一　近江小藤太　　中島勘左衛門
一　八わたの三郎　　坂東　三　八

此狂言の趣向ニ而、羽左衛門を、中村松江天満やおはつの役ニ而、染物づくしニ而褒言葉アリ。尾上民蔵、瀬川雄次郎両人を、小網町平内横丁東や長次郎、桜づくしニ而褒言葉あり。

三月廿一日より、弐番目中幕新狂言出し候得共、兎角不入ニ而、閏三月千秋楽。

巳閏三月十三日

病死 二代目瀬川菊之丞 行年三拾三歳

辞世

一行の文と成てや帰る雁

四月五日より

五月五日より

御所《ごしょ》桜《さくら》堀川《ほりかわ》夜討《ようち》 操狂言始る　豊竹折太夫　豊竹盛太夫　豊竹要太夫　鶴沢幸七　鶴沢政蔵

一 時忠の姫卿の君　あづま富五郎
一 源八兵衛　坂東熊十郎
一 梶原平次景高　富沢半三郎
一 鳥羽の車力かん八　尾上叶助
一 釜の座金四郎　尾上政蔵
一 やつこてつ平　坂東吉ぞう
一 すてぶちの三蔵　中島国四郎
一 矢ばせの太郎助　二やく 中島国四郎
一 池のはたの針右衛門　鎌倉長九郎
一 卿の君のはゝ君　松本秀十郎
一 かんぬしこのも　佐川新九郎
一 こし元しのぶ　瀬川吉次
一 いせの三郎女房　嵐小式部
一 いせの三郎母　市川団三郎
一 いその弥藤太　二やく 市川団三郎
一 侍従太郎女房花の井　嵐ひな次
一 いせの三郎よし盛　尾上松助
一 いそのぜんじ　二やく 尾上松助
一 しづか御せん　中村松江
一 むさし坊弁慶　大谷広次
一 女房おわさ　二やく 中村松江
一 土佐坊昌俊　坂田半五郎
一 侍従太郎もりくに　二やく 坂田半五郎
一 するがの次郎清重　市村亀蔵
一 佐藤忠信　尾上菊五郎
一 九郎判官よし経　市村羽左衛門

八月七日より

三 **天王寺幟《のぼり》供養《くやふ》*** 金井三笑作

一 聖徳太子　尾上民蔵
一 跡見のいち位　坂田半五郎
一 秦の川勝　尾上菊五郎
一 守屋大臣　市村羽左衛門
一 鳥取りの熊人　坂東熊十郎
一 渋川軍記鬼すみ　中島国四郎
一 そうり取いも平　坂東うね次

一 東のあやの直駒　中島勘左衛門
一 右大弁小野の大丸　中島三甫右衛門
一 秦の次郎丸辰顕　瀬川　雄次郎
一 大炊輔中臣の勝海　尾上　松　助
一 本田小太郎よし光　大谷　広　次
一 木の実売下市のおしつ　吾妻　藤　蔵
一 片岡山達摩の化現　市村羽左衛門
一 閻浮檀金如来尊像　市村羽左衛門

今年三芝居太子伝狂言の内、当座は三番也。不当り。

＊四天王寺幟供養

九月九日より　◯尾上菊五郎大坂登り名残狂言

・仮名手本忠臣蔵

一 高師直　中島勘左衛門
一 原郷右衛門　山科四郎十郎
一 塩谷判官　市川　団三郎
一 小野定九郎　鎌倉　長九郎
一 百姓与一兵衛　富沢　半　三
一 かほよ御せん　嵐　　雛　次
一 大星力弥　坂東　彦三郎
一 与一兵衛女房　尾上　松　助
・一 鷺坂伴内　二やく　尾上　松　助
一 こし元おかる　中村　松　江
一 由良之助女房おいし　吾妻　藤　蔵
一 本蔵娘小なみ　尾上　民　蔵
一 桃井若狭之助　大谷　広　次
一 寺岡平右衛門　二やく　大谷　広　次
一 小野九太夫　坂田　半五郎
一 加古川本蔵　二やく　坂田　半五郎
一 早の勘平　尾上　菊五郎
・一 本蔵女房となせ　二やく　尾上　菊五郎
・一 大星由良之助　三やく　尾上　菊五郎
一 石堂右馬之丞　市村羽左衛門

此忠臣蔵、大当りなり。

森田座より来る　嵐　三五郎
同　富沢　辰十郎　　三代め　市川団蔵（市川団三郎改）
同　中村　助五郎　　坂東三八（坂東又八改）
中村座より来る　中島三甫右衛門　　松本小次郎（松本秀十郎改）
同　小佐川常　世　　△下り　嵐　三四郎

霜月朔日より
帰《かへり》木《き》曽《そ》樹《き》毎《ごとの》初物《はつもの》　中村重助作

一 海野平四郎　坂東　三　八

一駒わか丸　荻野いせ松
一蔵人行つな　松本小次郎
一樋口の次郎　中村助五郎
一げいしや山咲　尾上民蔵
一しづか　小佐川常世
一あふひ御ぜん　嵐ひな次
一よしつね　市村亀蔵
一高明親王　中島三甫右衛門
一今井の四郎兼平　市川団蔵
一中納言基房卿　富沢辰十郎
一巴御ぜん　嵐三五郎
一和田のよし盛　坂田半五郎
一木曽よし仲　市村羽左衛門

三甫右衛門高明親王公家悪のうけ、助五郎樋口の次郎ニ而赤つら、団蔵今井の四郎ニ而暫く。浄るり、羽左衛門よし仲ニ而馬にのり、三五郎巴御ぜんニ而ふり袖、馬の口をとり、半五郎赤つら荒事、げいしや山咲ニ而民蔵とりもち。堺町、吹屋町とも同しやふなる見への浄るりなり。此顔見世、不当り。

錦敷色の義仲*

佐名太夫
ワキ同兼太夫　岸沢古式部
常盤津文字太夫　同吉蔵
ワキ同岡太夫

よし仲　羽左衛門　山吹　民蔵
ともへ　三五郎　大弥太　半五郎

△京下り　瀬川富三郎　弐拾弐歳　宝暦三酉年の出生

*錦敷色義仲

安永三甲午年　市村座

正月十五日より
・**結鹿子伊達染曽我**《ゆひがのこだてぞめそが》
一梶原源太景末　中島三甫右衛門
一岩永左衛門　松本小次郎
一いわきの郡領　鎌倉長九郎
一ばんばの忠太　市山伝五郎
一小林の朝比奈　坂東三八
一けいせいあふみ　嵐ひな次
一八幡之助　坂東彦三郎
一北条の四郎時政　富沢辰十郎

一 二ノ宮太郎朝忠　嵐 三四郎
一 鬼王新左衛門　中村 助五郎
一 女あふみ　瀬川 七蔵
一 女やわた　あつま 藤蔵
一 三河守のり頼　大谷 徳次
一 大和田要之助　嵐 三四郎
一 男達赤浦安兵衛　中島三甫右衛門
一 だての与作　市村 亀蔵
一 梶の佐市　中村 助五郎
一 夢の市郎兵衛　嵐 三五郎
一 らいでん源八　坂田 半五郎
一 そかの五郎時宗　市川 団蔵
一 大磯のとら　尾上 民蔵
一 けわい坂のせう〳〵　下り 瀬川 富三郎
一 工藤一郎別当祐つね　嵐 三五郎
一 そかの十郎祐成　嵐 三五郎
一 そがの団三郎　嵐 三五郎
一 くわい国大日坊　坂田 半五郎
一 箱根の畑右衛門　坂田 半五郎
一 工藤左衛門祐つね　坂田 半五郎
一 そがの五郎時宗　市村羽左衛門
一 日向こふとふあざ丸　市村羽左衛門

一 分身小林の朝比奈　市村羽左衛門

此春狂言、大当り。勘三につゞいての大入なり。対面三度あり。初而の対面は、箱根の角力の所、時宗ニ而団蔵、向座（ママ）敷の見物の中より、花道へ飛おりて、舞台へかけて行。半五郎畑右衛門ニ而工藤の見へ、助五郎鬼王ニ而十郎の場をいたす。三五郎羽左衛門角（ママ）アリ。

中の対面は、三五郎工藤ニ而、とら、せう〳〵の対面あり。羽左衛門分身朝いな。

切の対面、三甫右衛門工藤ニ而、三五郎祐成、時宗羽左衛門ニ而対面あり。

下り富三郎、はじめての出端。右に三五郎祐成ニ而、春駒のつなを持居る。左に三甫右衛門梶原ニ而、同しく春駒の手づなをもつて、ゑぼしを着て、袖なし羽織、猿の思ひ入。中にたちて富三郎せう〳〵ニ而、春駒をもちて、意馬心猿のせり上り。上障子上ると三人の見へ、此所大評判。

三月七日より、二代目瀬川菊之丞、一周忌追善狂言。三甫右衛門六部本名錦戸太郎ニ而、富三郎をころす。団蔵、三甫右衛門をころす。此首しかけニ而、土手の上より下まで、三甫右衛門が誠の首を、おとして見せるしかけ。此富三郎のぼふこん、道成寺の所作になる。

花形見風折烏帽子*　白拍子 瀬川富三郎　蓮生坊 市村羽左衛門　西行坊 嵐三五郎

此所作、殊之外評よく、大当り。

*花信風折烏帽子

四月朔日より 三五郎文七、半五郎源八ニ而橋杭のたて、大出来なり。

八代目羽左衛門、十三回忌に付、追善狂言。

其面影二人椀久 羽左衛門 富三郎 両人ニ而いたし候

此狂言、日数十日の間と申、断書ニ而出し候。

五月五日より

・**夏祭《なつまつり》浪花《なには》鑑《かゞみ》**

一 三川や義平次　中島三甫右衛門
一 玉しま兵太夫　市川 団蔵
一 大島佐賀右衛門　松本 小次郎
一 道具や手代伝八　坂東 三八
一 中買弥市　市山 伝五郎
一 けいせい琴浦　あつま富五郎
一 助松主計　嵐 三四郎
一 道具や孫右衛門　富沢 辰十郎
一 三ぶ妹おつね　小佐川 常世
一 団七女房おかぢ　瀬川 七蔵
一 道具やおなか　尾上 民蔵
一 徳兵衛女房おたつ　瀬川 富三郎
一 下女おその　あつま 藤蔵
一 釣舟の三ぶ　中村 助五郎
一 一寸徳兵衛　嵐 三五郎
一 団七九郎兵衛　坂田 半五郎
一 道具や清七　市村羽左衛門

五月十五日より

曽我祭り* 角力、座中取組アリ。

*染挙祭礼幟

八月朔日より 竹本久太夫 竹本力太夫 竹本民太夫 野沢夏市 大西繁蔵 野沢栄次 道行 ワキ曽根太夫 富士岡若太夫 ワキ名尾太夫 佐々木東蔵 同 吉蔵

・**義経千本桜** 二代目市川団蔵、三回忌追善狂言。

一 武さし坊弁慶　中島三甫右衛門
一 横川のかくはん　二やく 中島三甫右衛門
一 すしや娘おさと　尾上 民蔵
一 川つら法眼　富沢 辰十郎
一 京の君　小さ川 常世
一 いがみの権太　中村 助五郎
一 権太女房　嵐 雛次
一 若葉の内侍　あつま富五郎
一 すけの局　吾妻 藤蔵

一　しづか御せん　瀬川　富三郎
一　かじ原源太　嵐　三四郎
・一　平の知盛　市川　団　蔵
一　すしや弥左衛門　坂田　半五郎
一　川越太郎　二やく　坂田　半五郎
一　佐藤忠信　嵐　三五郎
・一　源九郎狐　二やく　嵐　三五郎
一　源のよし経　市村羽左衛門

此狂言、評判よし。

午八月廿四日
病死　坂田藤十郎
行年七拾四歳

仙台の芝居相勤、病死致候へ共、安永元辰年迄、当座相勤候に付爰に記す。

九月廿四日より
報恩日蓮記《ほうおんにちれんき》*　龍の口　石引　勘作場　山之段　四幕
一　東条左衛門かげのぶ　坂東　三　八
一　北条時頼　松本　小次郎
一　本間六郎左衛門重忠　富沢　辰十郎
一　勘作女房　瀬川　富三郎

一　鵜飼の勘作　嵐　三四郎
一　七里ひめ　瀬川　富三郎
一　経一丸　後ニ日朗上人　坂田　半五郎
一　薬王丸　後ニ日蓮上人　嵐　三五郎

＊日蓮記児硯・いろは日蓮記

中村座より来　芳沢　崎之助　三代瀬川菊之丞（瀬川富三郎改）
同　大谷友右衛門　△下り　市山伝五郎
同　瀬川　雄次郎　森田座より来る　市川八百蔵
同　佐野川市　松

午十一月顔見世
児桜十三鐘《ちござくらぢうさんがね》　壕越菜陽作　鼠嫁入　舌切雀　桃太郎　猿と蟹　四番続
一　二条の蔵人　嵐　三四郎
一　雲井御ぜん　佐野川　市松
一　信田の大領　富沢　辰十郎
一　荒木の八郎　坂東　三　八
一　おそで　芳沢　崎之助
一　二十山弾正　坂田　半五郎
一　あいごのわか　瀬川　菊之丞

一春の戸　瀬川雄次郎
一歌きぬ　小佐川常世
一定ずみ　市村亀蔵
一ほうかい坊　大谷友右衛門
一八王丸荒虎　市川八百蔵
一かごかき大津の喜六
　実ハ田畑之助　嵐三五郎

一同　近江の源五郎
　実ハ手白のさる　市村羽左衛門

八百蔵八王丸ニ而せり出しの暫く、菊之丞と両人評よし。
浄るりの二人かごかき、大出来〳〵、富本豊前太夫。此浄るりの内に、三五郎おたふく面ニ而神子のおどり、大当り。

色《いろ》勝《まさる》日《ひ》吉《よし》幣《のみてぐら》　富本豊前太夫　富本豊太夫　富本伊津喜太夫　名見崎徳次　同　喜惣次

安永四未年　市村座

正月十五日より
栄《さかへ》曽《そ》我《が》神楽《かぐら》太鼓《たいこ》

一梶原平三かげ時　宮崎八蔵
一かちわら平次　中島三甫蔵
一伊豆の次郎　坂東三八
一あねわの平次　松本小次郎
一そがの二ノ宮　あつま富五郎
一けいせい舞鶴　小佐川常世
一御所の五郎丸　佐の川市松
一八わた女房雪の戸　瀬川雄次郎
一けわい坂のせう〳〵　瀬川菊之丞

一大磯のとら　芳沢崎之助
一鬼王新左衛門　三やく　坂田半五郎
一本田の次郎　富沢辰十郎
一うさみ十内　嵐三四郎
一浅間左衛門　大谷友右衛門
一富士左京　市川八百蔵
一小林の朝いな　坂田半五郎
一そが十郎介成　二やく　市川八百蔵
一五郎時宗　嵐三五郎
一近江小藤太　二やく　坂田半五郎
一八幡の三郎　二やく　嵐三五郎

一　そがの団三郎　　市村羽左衛門
一　工藤左衛門祐経　　二やく　市村羽左衛門
上るり　**楪馴染五郎**　富本伊津喜太夫　崎之助　菊之丞　亀蔵　三五郎　八百蔵　羽左衛門　いせ松　吉五郎
三月三日より　二代目路考三回忌追善狂言、晦日限り仕候也。
廓の花葛城鐘*　瀬川菊之丞、無間の鐘、不当り。　*郁花葛城鐘
三月廿六日より　二番目、半太夫上るり出。
梅の雪後の曙*　羽左衛門景清ニ而、熱田詣能掛り、きれい事なり。　*道行桜雪後黎明
四月七日より　三番目、三五郎老母ニ而、八百蔵時宗ニ而、足洗の仕内。半五郎朝いなニ而、**東鑑御狩巻**の仕内、三五郎佐々木盛綱ニ而、二挺つゞみ評判よし。菊之丞月さよ、鬼王半五郎ニ而、生肝の狂言大当り。
五月五日より
祇園祭礼信仰記《ぎおんさいれいしんこふき》
一　木の下兵吉　　市川　八百蔵
一　けいじゆ院　　富沢　辰十郎

一　源よしてる公　　尾上　政　蔵
一　若君てるわか丸　　よし沢吉十郎
一　けいせい花たちばな　　小さ川　常世
一　兵吉女房おその　　佐の川　市松
一　山口九郎次郎　　大谷友右衛門
一　狩野雪姫　　瀬川　菊之丞
一　春永のおく方きてふのまへ　　瀬川　菊之丞
一　ぜいさい女房おさじ　　芳沢　崎之助
一　てるわかめのとじじう　　二やく　芳沢　崎之助
一　松永大膳久秀　　坂田　半五郎
一　薬屋ぜさい　　二やく　坂田　半五郎
一　小にし弥十郎　　市村　亀　蔵
一　ぜさい下人新作　　市村羽左衛門
一　狩野之助直信　　二やく　市村羽左衛門
八月朔日より
飜《ひるがへす》　軍配紅葉《ぐんばいもみぢ》*
一　猶江大和之助時綱　　市川　八百蔵
一　花わか丸　　二やく　市川　八百蔵
一　高坂弾正昌とし　　三やく　市川　八百蔵
一　足利よしてる公　　尾上　政　蔵
一　村上左衛門　　松本　小次郎

一 猶栄河内之助時てる　佐の川　市松
一 望月大膳秋長　大谷友右衛門
一 勘介母　二やく 大谷友右衛門
一 さくら姫　瀬川　菊之丞
一 勘介女房おかつ　二やく 瀬川　菊之丞
一 けいせい九重　三やく 瀬川　菊之丞
一 信玄御台白糸御ぜん　芳沢　崎之助
一 小沢源蔵友房　嵐　三五郎
一 安田左衛門友春　二やく 嵐　三五郎
一 山本勘介　坂田　半五郎
一 中尾けんしん　二やく 坂田　半五郎
一 竹田かつより　市村　亀　蔵
一 竹田式部卿信玄　市村羽左衛門

＊**飄軍配紅葉**

九月九日より 壱番目大詰、弐番目新狂言出る。

一 望月来太郎　大谷友右衛門
一 望月大ぜん　二やく 大谷友右衛門
一 安田左衛門女房しからみ　瀬川　菊之丞
一 安田左衛門　嵐　三五郎
一 奴文字平　二やく 嵐　三五郎

友右衛門、親子弐やく共敵役、三五郎安田ニ而うたれて、文字平ニ而敵打、大当り。

・**芦屋道満大内鑑** 芳沢崎之助、大坂登り名残狂言。
九月十九日より
四段め 子わかれの段

一 石川悪右衛門　宮崎　八　蔵
一 きねうり与六　大谷　徳　次
一 与勘平　中村　助　次
一 やかん平　大谷　仙　次
一 あべの童子　芳沢　吉十郎
・一 阿部の保名　市川　八百蔵
・一 葛の葉　芳沢　崎之助
一 芦屋の道満　坂田　半五郎

○芳沢崎之助 大坂江登る。

去年一ヶ年相休 此度出勤 市川海老蔵
森田座より 松本　幸　四　郎
同 中村　の　し　ほ
同 坂東　又　太　郎
同 岩井　半　四　郎
中村座より 中島三甫右衛門

霜月朔日より
・親船太平記《おやふねたいへいき》

一 わきや次郎	市村　亀　蔵
・一 ぼうもんの宰相	中島三甫右衛門
一 村上彦四郎	佐の川　市松
一 小ゆき	小さ川　常世
一 楠女房きく水	瀬川　雄次郎
・一 備後の三郎妹さくら木	岩井　半四郎
・一 龍女玉なみ	中村　のしほ
一 大森彦七	坂東　又太郎
一 左馬之助	富沢　辰十郎
一 揚名之助広有	坂田　半五郎
・一 さかみ次郎時行	市川　八百蔵
・一 備後の三郎	松本　幸四郎
・一 篠塚いかの守	市川　海老蔵
・一 栗生左衛門	二やく　市川　海老蔵
・一 亘新左衛門	三やく　市川　海老蔵
・一 畑六郎左衛門	四やく　市川　海老蔵

一 ぼう門の宰相清忠ニ而三甫右衛門、公家悪大当り。揚名之助広有ニ而坂田半五郎、呼出しニ而花道より出、赤つら。一の字の額をはづさんとする所へ、ゐひ蔵篠塚ニ而の暫く。

一 ゐび蔵畑六郎左衛門ニ而、揚名之助半五郎と出合、大当り。

咄の内にせきこませて、半五郎があたまへ水をかける、白髪に成、園部いがの守と顕るゝ所大当り。

一 大詰メ、帆かけ舟を背負て、赤松円心坂田半五郎、舟の中にゐひ蔵篠塚ニ而、たばこをのんで居るおし出し。

一 又太郎大森彦七ニ而大塔の宮のほう霊、三甫右衛門をおぶいせり出し、大当り。

一 弐番目、橋の上に幸四郎、上下いせふ、野塩と相合傘ニ而おし出し、舟の中に八百蔵舟頭ニ而、半四郎をのせてのせり上け。次に隣合の世たいを持、女房を互に取かへるおかしみ。夫婦げんくわに、鍋ぶたと釜のふたニ而、新田足利の争ひ大当り。

今年十二月、閏アリ。二番大詰出る。

十二月朔日より

海老蔵亘利新左衛門、半道の大力大出来〳〵。栗生左衛門ニ而、半五郎と卒都婆引、大当り。

安永五丙申年　市村座

正月十五日より
・**冠言葉《かむりことば》曽我由縁《そがのゆかり》**

一　八幡の三郎　　佐の川　市松
一　大磯のとら　　小佐川　常世
一　女かみゆひお才　　瀬川　雄次郎
・一　鬼王女房月さよ　　岩井　半四郎
一　三浦の片貝　　中村　のしほ
一　廻らいし　　市川　桃太郎
・一　小林の朝比奈　　中島三甫右衛門
一　赤沢十内　　坂東　又太郎
一　源よりとも公　　富沢　辰十郎
一　梶原平次かけ高　　二やく　中島三甫右衛門
一　そがの団三郎　　市川　八百蔵
一　曽我十郎祐成　　松本　幸四郎
・一　同　五郎時宗　　二やく　市川　八百蔵
・一　畠山重忠　　二やく　松本　幸四郎
・一　鬼王新左衛門　　坂田　半五郎
・一　悪七兵衛かけ清　　市川　ゑひ蔵
・一　工藤左衛門祐つね　　二やく　市川　ゑひ蔵
・一　物くさ太郎　実ハ京の次郎　　市村羽左衛門

当春狂言、大当り。
浄るり　**元服翠男柳**　常盤津兼太夫　同左名太夫　同岡太夫　岸沢小式部　同市次
座元物艸太郎、のしほ文売、雄次郎女髪結お才。
桃太郎初舞台、くわいらい師でくろく六兵衛、千葉妙見大出来〳〵。

此上るりの跡、ゑび蔵人形売ニ而、はりこの冠を浅黄頭巾の上にのせて、本名かげ清ニ而、鶴ヶ岡より鎌倉を見おろすせり下け、将門ゑひ山のやつし、下は松原を大名の行列通り、半五郎かしまの事ふれニ而、ゑぼし白張、すみ友の思ひ入、両人大当り。幸四郎重忠ニ而、茶の湯の所、大評判。ゑひ蔵非人かけ清ニ而、客八百蔵、団三郎をせめる琴ぜめ、常世琴唄をうたひ、花道より半五郎らいびやふやみの鬼ニ而車にのり、是を半四郎月さよニ而車の綱を引出る。綱手車のめりやす、古今の大当り。弐番目、ゑひ蔵景清ニ而変身、千葉之助辰十郎が姿に成、身

ぶり。中居お玉のしほ、又此身ぶりをする所大当り。座元三保の谷が見出し、肴屋団七幸四郎、平のや徳兵衛八百蔵、かごかき義平次半五郎、油や義平次三甫右衛門、天満やおはつ雄次郎、団七女房おかち半四郎、いつれも大出来大当り。

三月七日より

・助六所縁 **はつ桜**　江戸太夫河東上るり

一　かんへら門兵衛　中島三甫右衛門
一　朝かほせん平　坂東　三　八
一　けいせい白玉　嵐　小式部
一　そがの老母　富沢　辰十郎
一　けいせいあげ巻　岩井　半四郎
一　揚巻の介六
　　実ハそがの五郎　市川　八百蔵
一　白酒売かす兵衛
　　実ハそがの十郎　松本　幸四郎
一　髭の意休
　　本名伊賀平内左衛門　坂田　半五郎

此狂言、古今無類の大当り。惣体大出来大当り。外に芝居はなきやふなり。毎日桟敷のもめ合に、茶屋共大めいわくいたし候。此狂言、五月下旬迄いたす。長き内ゆへ、八百蔵、半五郎病気ニ而引、かわりを助六に座元羽左衛門、意休に市川ゑび蔵、是ニ而又々再び見られぬ狂言迚大入なり。

七月十五日より

・**菅原伝授手習鑑**

此菅原、前代未聞と申評判、大当り、大入なり。

・一　藤原の時平　中島三甫右衛門
一　土師兵衛　二やく　中島三甫右衛門
一　すくね太郎　坂東　又太郎
一　てんらんけい　富沢　辰十郎
一　たつ田のまへ　佐の川　市松
一　源蔵女房外波　二やく　佐の川　市松
一　斎世親王　坂東　彦三郎
一　苅屋姫　瀬川　雄次郎
一　判官代てる国　市川　八百蔵
一　かくじゅ　市村羽左衛門
・一　松王女房千代　中村　のしほ
・一　梅王女房はる　小佐川　常世
・一　桜丸女房やへ　岩井　半四郎
・一　桜丸　二やく　市川　八百蔵
・一　武部源蔵　坂田　半五郎
・一　白太夫　二やく　坂田　半五郎
・一　菅相丞　松本　幸四郎

・一 松王丸　市川　海老蔵
・一 菅相丞化身　二やく 市川　海老蔵
・一 梅王丸　市村羽左衛門

八月朔日より、天配山と寺子屋弐幕出る。

九月節句より 二番目狂言
・楓　錦　亀山　通《もみぢのにしきかめやまかよひ》　新狂言三幕
・市川海老蔵、一世一代口上有之。

一 にし山友右衛門　市川純右衛門
一 釼鳩軍太　坂東　善　次
一 岩倉大蔵　坂東　熊十郎
一 奴谷平　松本　鉄五郎
一 石井重蔵妹玉なぎ　瀬川　吉　次
・一 ぞうり取筆介　瀬川　雄次郎
一 蔵人女房あやぎぬ　中村　のしほ
・一 草履取袖介　岩井　半四郎
一 石井源次郎　二やく 岩井　半四郎
一 石井右内　松本　幸四郎
・一 関口蔵人　二やく 松本　幸四郎
・一 赤堀源吾　坂田　半五郎

森田座より　市川団十郎
中村座より　瀬川菊之丞
同　中村助五郎　三年ぶり也
△下り　芳沢崎之助

申十月五日
病死　五代目団十郎悴　市川桃太郎
行年八歳

霜月朔日より
・姿　花　雪　黒主《すがたのはなゆきのくろぬし》　桜田治助作

一 惟仁親王　佐の川　市松
一 かすが野　小佐川　常世
一 此花姫　瀬川　雄次郎
一 小野の小町　瀬川　菊之丞
一 五代三郎女房なにわず　芳沢　崎之助
一 関取乱髪　中村　助五郎
一 小野よし実　富沢　辰十郎
・一 四位少将　市川　八百蔵
・一 紀名虎　坂田　半五郎
・一 般若五郎　市川　団十郎
・一 五代三郎　二やく 市川　団十郎
一 大伴黒主　市村羽左衛門

浄るりの跡、無言、してふやぶり 団十郎 半五郎 両人大当り。
団十郎、暫く・五代三郎・ひがき婆々、三役共大当り。

安永六丁酉年　市村座

正月十五日より
・常盤春《つきせぬはる》羽衣《はごろも》曽我《そが》＊
雲浮気《くものうわき》千鳥《の》通路
団十郎　崎之助　豊志太夫改　富本豊前太夫
半五郎　菊之丞
八百蔵　羽左衛門　豊太夫改　久米太夫

一 そがのせんじ坊　市村亀蔵
一 鬼王新左衛門　大谷広右衛門
一 大日坊　二やく 大谷友右衛門
一 大磯のとら　佐の川市松
一 けわい坂のせうく　小佐川常世
一 鬼王女房月さよ　瀬川雄次郎
一 梶原源太景すへ　中村助五郎
一 景清女房あこや　芳沢崎之助
・一 天津乙女　瀬川菊之丞
一 そがの五郎時宗　市川八百蔵
一 猟師あこぎの平次
　実ハ梶原平次景高　二やく 市川八百蔵
一 猟師はりやふ
　実ハ三保の谷四郎　坂田半五郎
・一 梶原平三かげ時　二やく 坂田半五郎
・一 猟師うとふ
　実ハ京の次郎　市川団十郎
・一 工藤左衛門祐つね　二やく 市川団十郎
・一 悪七兵衛景清　三やく 市川団十郎
一 ちゝぶの重忠　市村羽左衛門
・一 小林の朝比奈　二やく 市村羽左衛門
一 曽我十郎祐成　三やく 市村羽左衛門

此春狂言、大当り。団十郎、半五郎、八百蔵三人の猟師、舟ニ而せり出し、菊之丞天人羽衣の所作事、大当り。広右衛門鬼王、大出来。鶴の丸のすわふをかけて、対面の呼出し大当り。羽左衛門、半五郎、朝いな梶原ニ而、万歳の仕内大当り。梶原の十類だんぜつの狂言、おもしろき取組なり。

百夜菊色の世中
菊之丞　八百蔵　富本豊志太夫　富本伊津喜太夫　名見崎徳次
助五郎　羽左衛門　富本豊太夫　同 秀之助

＊常磐春羽衣曽我

三月十六日より　弐番目

三浦屋長吉半五郎、梅の由兵衛八百蔵、駒留石の前ニ而長吉を殺し、漢武帝の鯉のかけ物をとる所、向ふに首尾の松、大川端の仕かけゆへ大でき。広右衛門大日坊ニ而、あこや崎之助をとらへ、景清が行衛をとへどもいわざるゆへ、人丸姫とあこやをてふちやくし、とゞあこやにころさるゝ。団十郎ういらふ売本名かけきよ、羽左衛門蝶々売本名しげ忠、此出合両人とも大出来なり。切に羽左衛門重忠ニ而、土橋を馬上ニ而通る時、馬いなゝきてうごかぬゆへあやしみ、家来に云つけ、橋の下をからせる。団十郎菰をかぶり非人かげ清、此両人の出合大当り。

四月七日より　弐番目後日狂言

一　小原の万兵衛　　中村　助五郎
一　小性　　坂東　彦三郎
一　こし元　　沢村　歌　川
一　小野の左衛門　　富沢　辰十郎
一　にし木のまへ　　瀬川　名嘉尾
一　小野の春風　　市川　八百蔵
一　八剱玄蕃　　坂田　半五郎
・一　粂寺弾正　　市川　団十郎

五月五日より

・奥州《おふしう》安《あ》達ヶ原《だちがはら》＊　竹本志家太夫　志渡太夫　久太夫　野沢金吾　野沢時蔵　野沢文四郎

一　くしげの内侍　実ハ新羅三郎　　佐の川　市松
一　男海士長太　　中島　国四郎
一　女海士おなべ　　市川　百合蔵
一　非人ごろ三　　大谷　大　八
一　磯貝段蔵　　坂田大右衛門
一　志賀崎軍次　　尾上　政　蔵
一　おきみ　　市川　市　蔵
一　庄や庄右衛門　　市山　伝五郎
一　八重はた姫　　瀬川　なかを
一　瓜割四郎　　坂田　国　八
一　非人の六　　松本　大　七
一　よし家北ノ方敷たへ御ぜん　　嵐　小式部
一　権の守兼遠　　松本　小次郎
一　志賀崎生駒之助　　坂東　彦三郎
一　袖はぎ　　小佐川　常世
一　文次女房おたに　　瀬川　雄次郎
一　けんじやう直方　　大谷広右衛門
一　恋ぎぬ　　瀬川　菊之丞
一　浜夕御ぜん　　芳沢　崎之助

・一　八幡太郎よし家　　市川　八百蔵
・一　うとふ文次安方　　二やく　市川　八百蔵
・一　安部宗任　　坂田　半五郎
一　権中納言
　　実ハあべの貞任　　市川　団十郎
・一　あたちがはら黒塚ばゝア　　二やく　市川　団十郎
一　鎌倉権五郎景政　　市村羽左衛門

此狂言、大当り。中にも団十郎貞任と、あたちが原のばゝア大出来。半五郎鶴ころしの南兵衛の所、大出来。八百蔵よし家きれい、安方も大出来。広右衛門直方、崎之助浜ゆふ、常世袖はぎ、雪の段は別而大評判なり。

＊奥州安達原

七月十五日より
難波潟《なにわがた》妹背《いもせ》入船《いりふね》

一　手代伝八　　中村　助五郎
一　娘おなか　　瀬川　雄次郎
一　米や孫右衛門　　松本　小次郎
一　玉島主水　　坂東　彦三郎
一　かしわや白人琴浦　　小佐川　常世
一　はり物や妹おせう　　佐の川　市松
一　無宿団七　　大谷広右衛門
一　三ぶ女房おとみ　　瀬川　菊之丞
一　はり物やおこん　　芳沢　崎之助
一　三河や甚三郎　　市川　八百蔵
一　一寸徳兵衛　　二やく　市川　八百蔵
一　釣舟の三ぶ　　坂田　半五郎
一　玉島主計　　市川　団十郎
一　米や清七　　市村羽左衛門

此狂言のうちに、市川八百蔵病死いたす。

酉七月三日　病死　二代目市川八百蔵
　　行年四拾四歳

八月朔日より
・**仮名手本忠臣蔵**　竹本家太夫　同　万里太夫　同　猶太夫　野沢金吾　同　時蔵　同　太八

一　小野九太夫　　中村　助五郎
一　悴　定九郎　　二やく　中村　助五郎
・一　早の勘平　　瀬川　雄次郎
一　与一兵衛　　富沢　辰十郎
一　原郷右衛門　　松本　小次郎
一　小なみ　　瀬川　名嘉尾
一　大星力弥　　沢村　歌川
一　義平女房おその　　小佐川　常世

一　桃井若狭之助　坂東　彦三郎
一　ゆらの介女房おいし　佐の川　市松
一　かほよ御ぜん　瀬川　菊之丞
・一　こし元おかる　二やく　瀬川　菊之丞
一　鷺坂伴内　坂田　国八
一　でつち伊吾　二やく　坂田　国八
一　太田了竹　松本　大七
一　千崎弥五郎　尾上　政蔵
一　薬師寺次郎左衛門　坂東　熊十郎
一　本蔵女房となせ　芳沢　崎之助
・一　高師直　坂田　半五郎
・一　大星由良之助　二やく　坂田　半五郎
・一　天川や義平　三やく　坂田　半五郎
一　塩谷判官　市川　団十郎
・一　寺岡平右衛門　二やく　市川　団十郎
・一　石堂右馬之丞　市村　亀蔵
・一　かこ川本蔵　市村羽左衛門

此操狂言、大当り。雄次郎勘平若衆ニ而いたす。中車〳〵と声かゝり、是より立役のきざしなり。七段め、菊之丞おかる、団十郎平右衛門ニ而、まだびつくりする事があるといふ所ニ而、八百蔵追善のしうたん、両人大当り。

顔見世入替り

中村座より　中村富十郎
同　大谷広次
同　中村里好
同　尾上民蔵
同　坂東彦三郎
森田座より　中村　仲蔵
同　中島勘左衛門
瀬川雄次郎改　沢村四郎五郎

酉の八月十九日

病死　富沢辰十郎

酉十一月朔日より

・児華表飛入阿紫《ちごとりいとびいりぎつね》　中村重助作

一　みたらし妹袖おか　あつま富五郎
一　秦野の次郎　佐川　新九郎
一　難波の三郎　中島勘左衛門
一　長田の太郎　松本　小次郎
一　佐々木源三　佐の川　市松
一　かぢわら源太　市村　亀蔵
一　うし若丸　坂東　彦三郎
一　れいぜい　尾上　民蔵
一　十五夜　中村　里好
一　秩父の重忠　瀬川雄次郎改　元服　沢村四郎五郎

一 しづか御ぜん　瀬川　菊之丞
一 奴吉平　実ハ五郎兵衛忠光　大谷　広次
一 尾形の三郎　中村　仲　蔵
一 御馬やの喜三太　二やく 中村　仲　蔵
一 熊坂てふはん　坂田　半五郎
・一 姥か嶽の女狐　中村　富十郎
・一 山田ヶ原の男狐　市村羽左衛門

勘左衛門難波の三郎ニ而船より出、秦野の次郎をてつほふニ而打とめ、白鳥の鏡を奪とり、立のかんとする時、白狐にさゝへられ、かれ是する内、秩父の小太郎重忠ニ而沢村四郎五郎元ぶくの初顔見せ、勘左衛門と両人たて見事。夫より仲蔵悪源太よしひらにて、六部と成来かゝり、両人があらそふ名鏡をうばいとり、妖術ニ而姿をかくす所よし。

上るりの場、広次奴金うり吉平ニ而馬にのり、民蔵、里好、三人のせり出し。仲蔵尾形の三郎ニ而、平家よりの上使に来り、うし若の人形を持、矢はぎの長者が方へ、牛若せん義のため来る。れいせい民蔵、十五夜里好、長者が娘の上るり御ぜん菊の丞、琴をしらべ、仕女官弦の所、都而十二段のやつし也、はなやか成趣向。矢はぎの長者半五郎ニ而、尾形へいもりの血の入し酒をすゝめんとする時、広治琴をしらべ、琴唄ニ而毒酒といふ事を知らせる仕内、仲蔵心得て、呑まねをして、そらなまゑひと成、十五夜とのぬれ事にゆびを切、夫より十五夜が顔の牛若に似たるといふ時、半五郎十五夜が顔へ焼がねをあてる。此悪殊に手つよし。夫より尾形、蛇返しの笛をふくと、女狐あらわれ出、物がたりをきいて笛をあたへる。長者が娘上るり御ぜん、牛若にれんぼして、十五夜といふ仕女にしたて、かくまいおくゆへ、半五郎は娘の愛におぼれて、牛若をたすける仕内なり。尾形もその心をかんじ、袖岡が首をうつて、牛若の身代りとして立帰る所よし。夫より半五郎熊坂の姿に成出、里好も牛若の姿と成出、熊坂を手にかける。半五郎、わざと牛若の手にかゝり、山中の宿にて、ときわ御ぜんを討たる物がたりし、本心に立かへり、しうたんあり、娘を頼む仕内、菊之丞、父熊坂のなさけのわかれをかなしみ、夫より長刀をもらい、其長刀を以て父を切れといふに、菊之丞なきしづみ、手向ひせぬゆへ、あせつて熊坂長刀を我手にとつて腹を切る。此心ざしをかんじて、母のかたきながらもあつぱれ、ゆゝしきいたしかた、是迄牛若もかくまわれし恩あれば、敵はかたき恩はおんと、是より上るり御ぜんの名を静とあらため、そば近く召仕わんと云を聞て、うれいの中に悦びの実悪のしうたん、此やくは半五郎にとゞめたる役なり。

大詰、富十郎日向国うばヶ嶽の女狐ニ而、親狐をよし朝にたすけられし恩返しに、悪源太の子をそだて、産神参りの所、羽左衛門伊勢山田の原の男狐ニ而禰宜の姿と成、両人互に花道を行逢ふ事、三四度あり。此じやらくらの仕内は、手に入たもの。

名人同士ゆへ、なんでもなき事ながら、殊外おもしろき事なり。夫より両人共、尾形に見顕わされて、性体をあらわし物がたりの所、大出来〳〵。

二番目、広次いせの三郎ニ而大谷村のいが蔵と成、その所へ仲蔵悪源太ニ而六部と成出。此家に泊り、いが蔵女房おさとはよし平が妹ゆへ、互に驚くを見てあやしみ、夫より広次熊手を持、仲蔵柄杓ニ而たて、大出来〳〵。勘左衛門御師の龍太夫と成、お里が兄といつわり、あつたのまへをころし、里好にころさるゝ。菊之丞しづかニ而いが蔵妹と成、身をしのぶを難波の三郎にくどかれ、心にしたがわぬゆへ、雪の中ニ而せめらるゝ。広次妹玉づさを静と見出されいゝわけなく、難波の三郎にてつぽうニ而取まかれ、ぜひなく静と云。夫より牛若をころされしと聞て、菊之丞狂気と成、長刀をかつぎて物ぐるひニ而かけ出してゆく。広次跡をあふてゆく。

富本上るりの幕 **夫婦酒《めうとざけ》替《かわらぬ》中仲《なかなか》***　富本豊前太夫　同　斎宮太夫

しづか菊之丞、物ぐるひの所作、雌狐富十郎、雄狐羽左衛門、両人やつし商人、仲蔵お馬や喜三太ニ而太神楽、獅子の角兵衛ニ而出。四人の所作、見事〳〵。

*夫婦酒替奴中仲

安永七戊戌年　市村座

二月十八日より

濃交《こきまぜて》高尾《たかを》曽我《そが》*

一 小はやしの朝いな　松本 小次郎
一 川津三郎ゆふこん　市村羽左衛門
一 工藤左衛門祐つね　中村 仲 蔵
一 曽我十郎祐成　沢村四郎五郎
一 同　五郎時宗　坂東 彦三郎
一 分身竹ぬき五郎　中村 富十郎

一 喜左衛門女房　尾上 民 蔵
一 虎王　大谷 広 次
一 牛王　坂田 半五郎
一 けいせい夕霧　瀬川 菊之丞
一 ふじや伊左衛門 実ハそがの団三郎　中村 富十郎
一 井筒や喜左衛門 本名鬼王新左衛門　市村羽左衛門

此春狂言、世界は伊達騒働記を、曽我に取組たる趣向、鬼王、牛王、虎王と三人を趣向の題にして、一体面白き狂言なり。鬼王の忠義を伊達安芸にして、虎王の荒事を松まへ鉄之助にし、牛王の本逆を原田甲斐に取組たる狂言なり。

＊穠木雑高尾曽我

三月三日より

一番目五立め、六立め、大詰迄出る。尤壱番目へ弐番目の趣向を取組、こきまぜて春のにしきと云口上書。

文紙子風やとくらん　ワキ照太夫　富本大和太夫　ワキ津根太夫　宮崎忠五郎　同　秀次郎

一 ふじや伊左衛門　本名曽我の団三郎　中村富十郎

一 けいせい夕霧　瀬川菊之丞

一 喜左衛門　本名鬼王新左衛門　市村羽左衛門

一 女房月さよ　尾上多見蔵

女竹《めだけ》男竹《おたけ》勢《ふんじん》五郎　第壱番め大詰に相勤申候。

富十郎、大ざつま上るりニ而竹ぬき五郎の荒事。川津ゆふこんに座元羽左衛門、大出来〳〵。しかしながら、八ヶ年已前、木挽丁ニ而いたし候竹ぬき五郎程には、珍ら敷なきゆへか、評判うすし。仕内は此時が大に宜候。

四月廿三日より　操狂言

・**伊賀《いが》越《ごへ》乗掛合羽《のりかけかつぱ》**

一 おく方ときわ木　中村里好

一 けいせい花紫　尾上多見蔵

一 渡部志津摩　坂東彦三郎

一 細川女房浜町　佐野川市松

一 宿や女房おりき　松本小次郎

一 荒巻伴作　二やく　松本小次郎

一 いしや竹の内ぜいたく　坂田国八

一 川上源内　二やく　坂田国八

一 沢井城五郎　中島勘左衛門

一 桜井林左衛門　二やく　中島勘左衛門

一 若党孫八　沢村四郎五郎

一 まい子ふじへ　瀬川菊之丞

一 丹右衛門女房さゝを　二やく　瀬川菊之丞

一 おそで　三やく　瀬川菊之丞

・一 沢井股五郎　中村仲蔵

・一 誉田内記　二やく　中村仲蔵

一 沢井後室なるみ　三やく　中村仲蔵

一 佐々木丹右衛門　大谷広次

一 石留武助　二やく　大谷広次

・一 唐木政右衛門　坂田半五郎

・一 わたなべゆきへ　二やく 坂田 半五郎
一 政右衛門女房おたね　中村 富十郎

五月五日より
亀山城下敵討の段出る。

五月十八日より
・家橘花《かきつばた》男《おとこ》道成寺《どうぜうじ》
五月七日 故人市村羽左衛門十七回忌に付、追善狂言所作事
一 月輪殿息女いとたけ姫　尾上 多見蔵
一 めのと花の戸　中村 里好
一 同　雪の戸　瀬川 菊之丞
一 ゆるぎ丹前之助　市村羽左衛門
長唄 中村兵次 重井新七 坂田藤次郎 中村山次　三味線 杵屋正次郎 西川金次郎 杵屋巳太郎 杵屋万吉
本田弥生女夫順礼＊に、やよいのまへ菊之丞、かつらきの山人仲蔵、実蔵に半五郎。切に**富士管笠**＊＊、常盤津兼太夫上るりニ而、富士太郎羽左衛門、唄比丘尼富十郎、以前の通り也。
＊**本田病妻夫順礼**
＊＊**夢似而富士白妙**
八月朔日より 此切狂言に中村仲蔵俊寛＊アリ、おやす里好也。
恋女房染分手綱

一 だての与作　沢村四郎五郎
一 関の小女郎　中村 里好
一 左内弟左近　坂東 彦三郎
一 荒岡男之助　大谷 永介
一 まご次郎作　中島 国四郎
一 じねんじよふの三吉　坂田 賢次郎
一 しらべの姫　瀬川 とく次
一 奴だん助　大谷 大八
一 ゆるぎ右馬之助　市川 瀧蔵
一 本田与惣左衛門　坂田 国八
一 ひぬかの八蔵　中島勘左衛門
一 八平次　中島勘左衛門
一 左内女房ふじ波　尾上 多見蔵
一 関の小まん　二やく 尾上 多見蔵
一 御乳の人重の井　瀬川 菊之丞
一 逸平　中村 仲蔵
一 ゆるぎ左衛門　二やく 中村 仲蔵
一 鷺坂左内　大谷 広次
一 座頭けいまさ　坂田 半五郎
一 わしつか官太夫　二やく 坂田 半五郎
・一 貞之進後家さくら木　中村 富十郎
一 八蔵母おさん　市村羽左衛門

＊姫小松子日の遊

九月九日より中村富十郎上京に付、名残狂言として七変化所作事＊
官女　春駒　けいせい　振袖娘　翁　切禿　石橋
此七変化の所作事ニ而、古今の大入大当り。

＊繰返七容鏡

○中村富十郎上方へ登る
△下り　尾上菊五郎　森田座より　中村助五郎
△下り　尾上丑之助　同　山下金作
△下り　音羽次郎三　同　沢村宗十郎
同　藤井花咲改　生島大吉

霜月朔日より

・**開増梅愷楽**《さきますやむめのかちどき》　増山金八作

一　源のさね朝公　坂東彦三郎
一　ゐがら女房歌はし　佐野川市松
一　奴筆平　沢村四郎五郎
一　比企の判官　音羽次郎三
一　猟師梶右衛門　中島勘左衛門
一　鹿島の事ふれ　市村羽左衛門
一　木津甚平　坂田半五郎

一　けいせいなにわづ　生島大吉
一　ちゝぶの六郎　市村亀蔵
一　すがふのまへ　山下金作
一　ういらふ売とらや藤吉　尾上丑之助
一　荒井の藤太　中村助五郎
一　ゐがらの平太　大谷広次
一　百姓万作　沢村宗十郎
一　てりはのまへ　瀬川菊之丞
一　源の頼家公　坂田半五郎
一　あだち左衛門　尾上菊五郎
一　荒岡源太　市村羽左衛門

上るり　**角文字最愛鳳姿**《つのもじやいとしとのぶり》
菊之丞　巳之助　富本久米太夫　ワキ春太夫　三弦　満枝豊次
宗十郎　羽左衛門　ワキ巻太夫　満枝繁八
此久米太夫を、世に三升艾屋と云。

鹿島の事ふれ羽左衛門、切に龍王の化現に成、冠者太郎宗十郎、てりはのまへ菊之丞、ういらふ売とらや藤吉丑之助、はや事のせり［ふ大］でき。

壱番目弐立め、栗小川ニ而釣り所、半五郎流人の姿ニ而川へひざだけ入り立て釣りをして居る。土手の上に編笠をかぶり、菊五郎おかづりをして居る所へ、状箱流れ来りしを、両人釣りざほにてかきよせ、半五郎下部豆平を〆ころして、状箱を引上る

時、土手と川とにて、編笠の内より顔を見合て、拍子幕。

羽左衛門荒岡源太ニ而角かづら、栢延風のくまどりニ而柿の素おふの暫く。うづ巻を三升にしていたす。板額八郎にて、うけ坂田半五郎。

菊五郎安達左衛門かげ盛ニ而、宝紛失によつて、女之助と改名して、櫛かんざしを差、女の業をなしてたらいをかゝへ、上下ニ而出。宝の袋に血のかゝりしゆへ、実朝難儀の所へ、あらいおとして、夫よりとほし火をけし、岩はしの歌を吟しさせ、其女を引出し見れば、けいせいなにわづゆへ当惑して、次に頼家の不行跡を諫れ共、聞入なきゆへ、上使のよし時に梅の花のなぞをかけて入所、大出来〳〵。半五郎頼家ニ而、悪逆不道ニ而、数多の人を手討にして、酒色におぼれて、ほしいまゝの行ひゆへ、安達左衛門かげ盛いさむれども聞入なく、菅生にれんぼし、終にかげ盛の手にかゝり、夫より逆心をすゝめられて、かねてうばいとりし神鏡を、かげ盛に渡せば、かげ盛本名能登守のりつねと名のり、頼家を悪口する時、無念のこなし有て、夫よりのりつねが手だてにのりしと見せて、義時といゝ合せ、頼家の本名は木津甚平と名のり、菅生と兄妹のなのりして、のりつねを見顕す所。此狂言半五郎実事ニ而、梅幸に敵やくをさせたる趣向なれ共、思ひ付わるし。

安永八己亥年　市村座

正月二日より
潤色江戸紫　豊竹民太夫　鶴沢吾四郎　豊竹湊太夫　野沢元吉　豊竹久太夫　大西繁蔵
薄にちらす恋のいろはは
お七吉三が馴染の松竹梅
四番続に仕候
初春の御慰のため、**江戸紫**操狂言、入御覧候と云口上書。
第壱　花に寄るふり袖は
　とめて床しき　町人の大小
第弐　鳥に寄る相惚は
　ひよくと契る　出家の手枕
第三　風に寄る桜木は
　さかりあらそふ　傾城の色直
第四　月に寄隠家は
　みの笠着たる　武士の丸腰
一　吉祥院同宿くわいでん　中村　助五郎
一　戸倉十内　沢村四郎五郎

一　小性吉三郎　坂東　彦三郎
一　貝づくし女商人　瀬川　名嘉尾
一　名主弥三右衛門　佐の川仲五郎
一　宿老権兵衛　沢村　喜十郎
一　いしや玄伯　松本　鉄五郎
一　久兵衛女房　佐川　新九郎
一　八百や久兵衛　松本　小次郎
一　釜屋武兵衛　中島勘左衛門
一　源次兵衛妹おさの　佐野川　市松
一　八百やお七　瀬川　菊之丞
一　八百や下女お杉　山下　金　作
一　与五蔵女房きそ　二やく　山下　金　作
一　湯島の三吉　大谷　広　次
一　樋守り与五蔵　坂田　半五郎
一　吉祥院　二やく　坂田　半五郎
一　安森源次兵衛　尾上　菊五郎
一　たばこ売新七　市村　亀　蔵
一　木村左近　市村羽左衛門

切に市村羽左衛門三ッ人形*の所作事アリ、広次相手ニ而いたす。

*三人形手妻からくり

亥二月八日より

・**蝶《てふ》千《ち》鳥《とり》若栄《わかやぎ》曽我《そが》**

一　曽我の団三郎　中村　助五郎
一　近江の小藤太　中島勘左衛門
一　ちゝぶの六郎　坂東　彦三郎
一　小はやしの朝比奈　松本　小次郎
一　十内女房おさの　佐野川　市松
一　辻君おつや　瀬川　菊之丞
一　けわい坂のせう〳〵　瀬川　菊之丞
一　大磯のとら　山下　金　作
一　二条家臣大道寺早苗之助
　　後ニ八わたの三郎　沢村四郎五郎
・一　那須右衛門　坂田　半五郎
一　工藤左衛門祐経　尾上　菊五郎
一　曽我十郎祐成　二やく　尾上　菊五郎
一　同　五郎時宗　市村羽左衛門
一　曽我の満江御ぜん　二やく　市村羽左衛門
一　鬼王新左衛門　大谷　広　次

富本豊前太夫上るり

浅間嶽*　所作事　沢村四郎五郎　瀬川　菊之丞　相勤る

大でき也。

相生獅子　石橋所作事　瀬川菊之丞　相勤る

*其俤浅間嶽

四月十五日より
第三番目
・**根元矢根《こんげんやのね》五郎《ごろう》** 上るり 大薩摩右扇太夫 薩摩小源太夫 三味線 杵屋巳太郎
そかの十郎祐なり 尾上 菊五郎
同 五郎時宗 座元羽左衛門

八月朔日より
新薄雪物語＊
中の巻腹切の場、金作、半五郎、菊五郎三人愁歎、古今の大でき大評判なり。
一 月光の久蔵 中村 助五郎
一 来太郎国とし 坂東 彦三郎
一 与茂作娘お幸 尾上 丑之助
一 黒木はゞおくま 坂東 熊十郎
一 渋川藤馬 坂田 国 八
一 薄雪姫 山下 金太郎
一 秋月大せん 中島勘左衛門
一 幸崎おく方みさほ 佐の川 市松
一 奴つま平 沢村四郎五郎
一 そのべの左衛門 沢村 宗十郎
一 こし元まがき 瀬川 菊之丞
一 正宗娘おれん 瀬川 菊之丞
一 かつらき民部 大谷 広 次
一 地蔵の五平次 ニやく 大谷 広 次
・一 兵衛妻お梅の方 山下 金 作
一 五平次女房小女郎 ニやく 山下 金 作
一 かぢや団九郎 坂田 半五郎
・一 幸崎いがの守 ニやく 坂田 半五郎
・一 園部の兵衛 尾上 菊五郎
一 刀鍛冶正宗 ニやく 尾上 菊五郎
一 桂兵庫之助 市村羽左衛門
歌枕《うたまくら》恋《こひの》初旅《はつたび》 上るり 豊前太夫 金太郎 四郎五郎 宗十郎 菊之丞

＊新うすゆき物語

九月九日より 切狂言
大内鑑 三幕 物ぐるひの段 子別れの段 しのだ森の段
一 もめんかい五介 実ハゐから団八 大谷 徳 次
一 庄司女房まつなみ 松本 小次郎
一 しのだの庄司 音羽 次郎三
一 石川悪右衛門 中島勘左衛門
一 あべの安名 沢村 宗十郎
一 しのだの葛の葉 瀬川 菊之丞

一　狐くづの葉　二やく　瀬川　菊之丞
一　与勘平　大谷　広　次
一　あしやの道まん　尾上　菊五郎
一　やかん平　市村羽左衛門
中村座より　松本　幸　四　郎　森田座より　尾上民蔵改　尾上多見蔵
同　中島三甫右衛門　△下り　瀬川七蔵改　瀬川おとめ
同　大谷　友右衛門

十一月朔日より
吾嬬森栄楠《あづまのもりさかへくすのき》　桜田治助作

一　佐渡の判官　中島三甫右衛門
一　揚名之助　坂東　彦三郎
一　脇や次郎よしすけ　佐の川　市松
一　大塔のみや　尾上　多見蔵
一　足利尊氏　松本　小次郎
一　楠正つら　市川　こま蔵
一　名輪又太郎　市村　亀　蔵
一　新田よし貞　二やく　坂東　彦三郎
一　小原巫女
　実ハ女三の宮のから猫のほうれい　市村羽左衛門
一　勾当の内侍　瀬川　菊之丞

一　よし貞　沢村　宗十郎
一　渕部いがの守　大谷友右衛門
一　げいこおはま　瀬川　おとめ
一　小山田太郎　二やく　沢村　宗十郎
一　土岐蔵人　大谷　広　次
一　栗生左衛門　二やく　大谷　広　次
一　けいせいさくら木　二やく　瀬川　菊之丞
一　長浜新左衛門　松本　幸四郎
一　備後の三郎　尾上　菊五郎
一　篠塚五郎　市村羽左衛門
一　関羽の霊像　市村羽左衛門

上るり　**色仕立紅葉段幕**《いろじたてもみぢのだんまく》
胡てふ　菊之丞　栗生左衛門　広　次
よし貞　宗十郎　くわいらい師実ハ化猫　羽左衛門
ワキ斎宮太夫　名見崎徳　次
富本豊前太夫
ワキ安和太夫　同　喜惣次

大詰　関羽　家橘
孔明　梅幸　大でき
張飛　天幸

二番め
けいこ此はま　下り　瀬川　乙　女
座元羽左衛門、今年も暫く、かちんの素おふに、三升のうづ巻、天幸受。

安永九庚子年　市村座

正月十五日より
梅暦《むめごよみ》　曙《あけぼの》　曽我《そが》

正月上旬つちのへつちのとの対面の土器
二月初午かのへかのとのけいせいの身の代
三月節句きのへきのとの髪梳のさし櫛
四月八日みづのへみつのとの絹川紅葉ながし
五月下旬ひのへひのとの夜討の松明

一　さつしま兵庫　　大谷友右衛門
一　近江の小藤太　　大谷友右衛門
一　石田の三郎為久　　二やく　大谷友右衛門
一　かさね兄金五郎　　三やく　大谷友右衛門
一　そかの団三郎　　市川　高麗蔵
一　曽我十郎祐成　　沢村　宗十郎
一　同　五郎時宗　　坂東　彦三郎
一　いかづち鶴之助　　□（松本）幸四郎
一　雷でん源八　　□（中島）三甫右衛門
一　羽生村与右衛門　　大谷　広　次
一　鬼王新左衛門　　大谷　広　次

一　羽生村かさね　　瀬川　菊之丞
一　月さよ　　瀬川　乙　女
一　大磯のとら　　二やく　瀬川　菊之丞
一　けわい坂のせう〱　　三やく　瀬川　菊之丞
一　千原左近　　松本　幸四郎
一　八わたの三郎　　二やく　松本　幸四郎
一　工藤左衛門祐経　　尾上　菊五郎
一　八わたの三郎　　二やく　松本　幸四郎
一　小林の朝比奈　　中島三甫右衛門
一　かわつ三郎ゆふこん　　市村羽左衛門

第二番目中幕

一　非人狼ばゝア　　大谷友右衛門
一　とゞろ木軍藤太　　大谷　徳　次
一　風見兵藤次　　大谷　春　次
一　千わら左近妹つくはね　　あつま　藤蔵
一　鹿島三郎　　坂田　時　蔵
一　信田の家臣千原左近　　松本　幸四郎

一 千葉の執権八剱玄蕃　松本　小次郎
一 はくうんぼふ　尾のへ多見蔵
一 こくうんぼふ　瀬川　おとめ
一 千原のしつけん香取頼母女房松がへ　二やく　瀬川　おとめ
一 千葉左衛門の介つねのぶ　沢村　宗十郎
一 鳴神比丘尼
　実ハ三浦の片貝娘　瀬川　菊之丞

女鳴神瀬川帽子　上るり　豊前太夫　乙女　多見蔵　宗十郎　菊之丞

三月三日より　弐番目　羽生村の段
一 羽生村金五郎
　実ハ斎藤吾国武　大谷友右衛門
一 石田三郎為久　坂東　熊十郎
一 百姓市之丞　宮崎　八　蔵
一 同　五郎太　佐の川仲五郎
一 はくれん坊　中島　国四郎
一 与右衛門娘おきく　尾上　丑之助
一 千葉左衛門常信　沢村　宗十郎
一 与右衛門妹かさね　瀬川　菊之丞
一 鳴神ぼふこん　二やく　瀬川　菊之丞
一 羽生村与右衛門
　実ハ手塚の太郎みつもり　大谷　広　次

五月五日より
女伊達浪花帷子《なにわかたびら》
一 かまくらや手代三九郎　松本　小次郎
一 はんじ物の喜兵衛　大谷　徳　次
一 ごくもんの庄兵衛　大谷友右衛門
一 けいせい瀧川　尾上　多見蔵
一 鎌倉や五郎八　沢村　宗十郎
一 忠右衛門女房おなか　瀬川　乙　女
一 奴の小まん　瀬川　菊之丞
一 黒船忠右衛門　松本　幸四郎
一 八木孫三郎　尾上　菊五郎

此狂言、路考、梅幸、錦考三人当りの所、芝居もめ合出来て、興行中梅幸八木孫三郎ニ而黒船へ金財布を打付け、夫より見物へ、幸四郎致方甚悪敷、其上菊之丞、友右衛門も私世話して、御当地江下り、御ひいきに成候所、皆々幸四郎さふだんいたし、私壱人を退けものにいたし候段、残念に存候とて□退座する。

夜討曽我 **裾野の正夢**　市村羽左衛門　第壱番目ニ建目に相勤候。
豊名賀造酒太夫　豊名賀文賀　佐々木市四郎
一 あたち弥五郎もり国　市川　綱　蔵

一　ひきの九郎より氏　佐の川仲五郎
一　宝平の雲夜叉　坂東　善　次
一　足がる団八　坂田　時　蔵
一　やつこ角内　大谷　小十郎
一　馬士とろたの三　玉川　大　八
一　たかゞ岡の住僧真誓　市川　文　蔵
一　弥五郎妹しのぶ　吾妻　藤　蔵
一　三沢の次郎友勝　市川　高麗蔵
一　北条四郎時政　尾上　菊五郎
一　御所の五郎丸宗重　市村　亀　蔵
一　曽我の十郎祐成ゆふこん　市村羽左衛門
一　同　五郎時宗ゆふこん　市村羽左衛門

尾上菊五郎退座いたし候に付、もめ合、芝居相休候。

七月十五日より
聰《かねてきく》浄瑠璃《じやうるり》坂《さか》

上の巻　吾嬬の玉菊が伝
一　東山若殿頼かね公　松本　米三郎
一　仁木入道雷雲　坂東　熊十郎
一　けいせい三むろ　瀬川　名嘉尾
一　斯波治部太夫義郷　松本　小次郎
一　羅生門の三ふ　坂東　熊十郎

一　斯波数馬之助　松本　幸四郎
一　同　采女之助　市川　高麗蔵
一　まんじや太平次　二やく　松本　幸四郎
一　斯波兵藤太　大谷友右衛門
一　下人権助　二やく　大谷友右衛門
一　権助妹おつゆ　山下　松之丞
一　定平母でいざん　市川　瀧　蔵
一　根本やの娘おまん　吾妻　藤　蔵
一　井筒女之助　佐の川　市松
一　数馬女房むら萩　瀬川　乙　女
一　治部太夫下部定平　中島三甫右衛門
一　むら萩妹小萩
　後ニまんじやけいせい玉きく　瀬川　菊之丞
一　荒獅々男之助　市村　亀　蔵
一　渡部民部之助早友　市村羽左衛門
一　自然居士　二やく　市村羽左衛門

中の巻　浪花の梅川が伝
一　かめや妙かん　松本　小次郎
一　百姓忠右衛門　市川　瀧　蔵
一　つるかけ藤次兵衛　坂東　善　次
一　かごかきおれこみの六　宮崎　八　蔵

一　同　がつくりの三　　佐の川仲五郎
一　かめや手代太兵衛　　沢村　沢　蔵
一　でつち長蔵　　市川　高麗蔵
一　かめや忠兵衛　　松本　幸四郎
一　二の口村孫右衛門　　大谷友右衛門
一　けいこ小とよ　　吾妻　藤　蔵
一　やりておみや　　佐の川　市松
一　かめや下女おさん　　瀬川　乙　女
一　中の島八右衛門　　中島三甫右衛門
一　つちや梅川　　瀬川　菊之丞

下の巻　洛陽の葛城が伝

一　なごや山三郎元春　　松本　幸四郎
一　大津絵師土佐の又平　　大谷友右衛門
一　小柴かもん友秋　　二やく　大谷友右衛門
一　狩野の歌之助　　市川　こま蔵
一　大道寺久国　　松本　小次郎
一　いてふのまへ　　佐の川　市松
一　土佐将監娘にしき木　　瀬川　乙　女
一　山名左衛門持豊　　中島三甫右衛門
一　小野のお通　　瀬川　菊之丞
一　けいせいかつらき　　二やく　瀬川　菊之丞

一　荒獅子男之助　　市村　亀　蔵
一　不破伴左衛門重勝　　市村羽左衛門
一　東山よし政公　　二やく　市村羽左衛門

斯波数馬之助幸四郎、門弟采女之助こま蔵、斯波兵藤太友右衛門、敵ニ而両人ねらふ。数馬女房むら萩乙女、まんじや玉ぎく菊之丞、渡部民部早友羽左衛門、三人所作事。

上るり　**操返廓文月**　富本豊前太夫　　＊道行恋飛脚

同中の巻の梅川の道行＊、評判よし。

九月節句より　元祖菊之丞三十三回忌追善狂言として

・**山姥《やまうば》四季《しき》英《はなぶさ》**　三代目瀬川菊之丞相勤申候。山姥と金太郎を相勤る。

菊づくしの誉詞、坂東三津五郎出て誉る。

櫓下へ出し候口上書。

当狂言、役者三拾三人相休、残り拾九人ニ而、当七月十八日より相始候所、歌舞伎初り候而已来、稀成大入大繁昌仕候。

坂東三津五郎休居て、当座へ誉言葉に出る。其節三津五郎、浜村や大明神さま〳〵と云し言葉、切落に残る。

△下り　市川幾　蔵　先年当座ニ而市川松兵衛改　　中村座より　中村　助五郎　　沢村沢蔵改　沢村平右衛門
△下り　中山富三郎　同　　市川　門之助　　下り　市川純右衛門改　市川　宗三郎

同　坂東三津五郎
同　沢村　淀五郎

霜月朔日より
群高松雪旛《むれたかまつゆきのしらはた》　桜田治助作

一　佐藤庄司　　沢村　長十郎
一　山口左衛門　　市川　幾　蔵
一　斎藤次すけいへ　　市川　宗三郎
一　江田の源蔵　　沢村　淀五郎
一　菊地次郎　　坂東　熊十郎
一　岩手姫　　佐野川　市松
一　熊王丸　　市川　こま蔵
一　源のよしつね　　市村　亀　蔵
一　田代の冠者　　市川　こま蔵
一　次のふ一子つる若
　　丹前*の所作事相勤る　　坂東　三田八
一　花売おきく
　　実ハ大和国小女郎狐　　瀬川　菊之丞
一　京のきみ　　下り　中山　富三郎
一　次信妻にし木ゞ　　瀬川　おとめ
一　由利の八郎　　大谷友右衛門
一　飛騨の左衛門　　中村　助五郎

一　熊井太郎忠基　　市川　門之助
一　よし経　　二やく　市川　門之助
一　尾形妹八重はた　　瀬川　菊之丞
一　尾形の三郎　　坂東三津五郎
一　佐藤忠のぶ　　二やく　坂東三津五郎
一　伊勢の三郎　　松本　幸四郎
一　佐藤次のぶ　　二やく　松本　幸四郎
一　黒塚御ぜん　　市村羽左衛門
一　武さし坊弁慶　　二やく　市村羽左衛門

上るり　**十二段君色音****　富本豊前太夫連中

二番め、伊勢の三郎幸四郎、尾形の三郎三津五郎、由利の八郎友右衛門、尾形妹八重垣［菊之丞］、嫉妬の所よし。小溝の地獄はゞア市川宗三郎也。

*松六花雛鶴丹前
**十二段君が色音

安永十丑年 天明元年に成　市村座

二月廿一日より
・戯場花万代《かぶきのはなばんたい》曽《そ》我《が》＊

一 曽我の太郎祐のぶ　沢村　長十郎
一 鬼王新左衛門　大谷友右衛門
一 大磯のとら　佐の川　市松
一 けわい坂のせう〳〵　中山　富三郎
一 かけ清娘人まる　瀬川　菊之丞
一 秩父庄司重忠　松本　幸四郎
一 八わたの三郎　沢村　喜十郎
一 団三郎　市川　こま蔵
一 近江小藤太　市川　宗三郎
一 椰の葉ごせん　佐野川　市松
一 あこや　瀬川　乙　女
一 小ばやしの朝いな　中村　助五郎
一 曽我の十郎祐成　坂東三津五郎
一 同　五郎時宗　市川　門之助
一 工藤左衛門祐つね　二やく 松本　幸四郎
一 悪七兵衛かけ清　市村羽左衛門

一 面打かごぜ赤右衛門　二やく 市村羽左衛門
一 犬ぼう丸　市川　弁之助
一 保童丸　坂東　三田八

＊劇場花万代曽我

（※四月）
弐番目三日替り
初日　おなつ清十郎　道行比翼《ひよく》の菊蝶《きくてふ》

一 島田平右衛門　大谷友右衛門
一 かまくらや手代勘十郎　大谷友右衛門
一 さいごうの源十郎　坂東三津五郎
一 但馬や手代清十郎　市川　門之助
一 松本や舟頭次郎八　松本　幸四郎
一 但馬や娘おなつ　瀬川　菊之丞

二日め　おちよ半兵衛　道行垣根の結綿

一 おちよ姉　瀬川　乙　女
一 下女おたけ　佐野川　市松

一 八百や手代嘉十郎　市川　門之助
一 家主太郎兵衛　松本　幸四郎
一 八百や半兵衛　坂東三津五郎
一 八百や後家おつま　大谷友右衛門
一 半兵衛女房おちよ　瀬川　菊之丞

三日め　おはん長右衛門　**道行瀬川の仇浪**

一 けいこ小ゆき　中山　富三郎
一 紅屋才次郎　市川　こま蔵
一 片岡幸之進　大谷友右衛門
一 同　幸左衛門　二やく　大谷友右衛門
一 足軽団助　市川　門之助
一 帯や長右衛門　松本　幸四郎
一 おはん母妙さん　坂東三津五郎
一 信濃や娘おはん　瀬川　菊之丞
一 長右衛門女房おきぬ　瀬川　乙　女

此三日替りの狂言、古今無類の大当り大入〱。

五月十六日より

曾我祭り＊始る。

＊劇場花万代曾我まつり

七月十五日より

初日　**室町殿《むろまちどの》栄花《ゑいぐわ》舞台《ぶたい》**

一 白井権八　坂東三津五郎
一 三二五郎兵衛　中村　助五郎
一 やとい禿きよ次　松本　米三郎
一 足利義視公　市川　弁之助
一 きぬ売の弥市　市川　宗三郎
一 本庄左門　市川　門之助
一 本庄右門　市川　こま蔵
一 おせつ　瀬川　乙　女
一 むすめおとみ　吾妻　藤　蔵
一 やつこ土佐平　市川　門之助
一 うづら権兵衛　大谷友右衛門
一 三浦やの小紫　瀬川　菊之丞
一 ばんずい長兵衛　松本　幸四郎
一 切こどふらう売　市村羽左衛門

後日　**〽連理《れんり》の橘《たちばな》**　富本武前太夫上るり　瀬川菊之丞　坂東三津五郎　座元羽左衛門

爾今虫売といふて、流行さる。

一 足利九代の武将よし尚公　市川　門之助
一 長のゝ弥次郎　市川　瀧　蔵
一 松田の次郎　市川　小山三

一 はりの宗兵衛　中村　助五郎
一 片岡幸之進　大谷友右衛門
一 同　幸左衛門　二やく 大谷友右衛門
一 おはん母妙さん　坂東三津五郎
一 しなのやおはん　瀬川　菊之丞
一 帯屋長右衛門　松本　幸四郎
一 せいたかどうじ　市川　門之助
一 こんがらどうじ　市村　亀　蔵
一 荒沢不動の霊像　市村羽左衛門

おはん長右衛門 **道行瀬川の仇浪** 富本武前太夫上るり　瀬川菊之丞 松本幸四郎

右の狂言、時代と世話狂言を二日替りにして、後日は当春評判の能きおはん長右衛門の狂言、是も大当り。然る所、此狂言中に大谷友右衛門病気ニ而引込、終に病死いたし候。うづら権兵衛の役、沢村喜十郎致候。

九月十六日より　大谷友右衛門追善狂言として

道行 **契情《けいせい》恋《こひの》飛脚《ひきやく》** 武前太夫上るり　忠兵衛 梅川 孫右衛門　三津五郎 菊之丞 幸四郎

丑八月十六日

病死 大谷友右衛門

顔見世入替

中村座より 芳沢あやめ　森田座より 尾上紋三郎
同 岩井半四郎　吾妻富五郎改 吾妻藤蔵
下り 坂田半五郎　佐野川市松改 松本山十郎
△下り 市山助十郎　是は大谷友右衛門実伯父也。

十一月朔日より

むかし男《おとこ》雪《ゆきの》雛形《ひながた》

市川高麗蔵、初暫くなり。

一 なにわの助市　下り 市山　助十郎
一 惟喬親王　松本　山十郎
一 かつら金吾　尾上　紋三郎
一 あづま　吾妻　藤蔵
一 馬をひ小六　市川　こま蔵
一 大江岩戸左衛門　中村　助五郎
一 浅間左衛門奴つま平　市村　亀蔵
一 女占住吉のおまつ　岩井　半四郎
一 盤若五郎照門　二やく 市川　こま蔵
一 粟しま姫　中山　富三郎
一 ぼだいばゝア　沢村　長十郎
一 むとうじのそんれい坊　市川　幾蔵
一 なぎの葉御ぜん　芳沢　あやめ
一 ふじが娘の梅がへ　岩井　半四郎

一 伊勢の浅間左衛門　下り 坂田　半五郎
一 信濃の浅間左衛門　松本　幸四郎
一 奴また平　市村羽左衛門

此顔見世狂言、十一月十日よりはじめ候所、兎角金づかへ二而日数十六日致、十一月廿五日切二而相仕廻申候。こま蔵、初暫く也。

天明二寅年　市村座

当春狂言、役者無人に付、猶又新役者抱入新狂言取組候内、仮狂言として、座元羽左衛門、五役の所作、弐番目に仕り、日数廿日之間仕候と申口上書出る。

正月十日より

菅原伝授手習鑑

一 左大臣時平　中島三甫右衛門
一 判官代てる国　坂東　彦三郎
一 梅王女房はる　あつま　藤蔵
一 さくら丸女房やへ　松山　小式部
一 松王女房千代　中山　富三郎
一 土師の兵衛　沢村　長十郎
一 梅王丸　尾上　紋三郎

松本幸四郎、芳沢あやめ（芳沢崎之助改）、岩井半四郎、市川高麗蔵、中村助五郎、松本山十郎、市川幾蔵、此七人退座。

飛入は、坂東彦三郎、中島三甫右衛門、松本大五郎、此三人飛入。

一 さくら丸　市山　助十郎
一 白太夫　坂田　半五郎
一 松王丸　市村羽左衛門
一 菅せう〴〵　二やく 市村羽左衛門
一 武部源蔵　二やく 坂田　半五郎

二月五日より

蜘蛛糸梓弦　切禿　巫女　山伏の所作事
鳰照月恋最中＊　豊名賀造酒太夫上るり

市村羽左衛門所作事、吾妻藤蔵相勤申候。

一 社人とほふも内記　宮ざき　八蔵
一 こし元ことぢ　よし沢　升吉
一 同　はまぢ　たき中みね松

一 同　さわよ　松本 大五郎
一 たへまの太郎早ずみ　坂東 国五郎
一 うらべのすへ武　坂東 彦三郎
一 うすいの貞光　市村 亀蔵
一 土くものせいれい　市村羽左衛門

＊鳰照月恋の最中

寅二月十八日より
隅田川《すみだがわ》 柳《やなぎの》 伊達衣《だてぎぬ》

退座の役者、此狂言より皆〳〵出勤する。伊達競の書替狂言なり。

一 比企の判官よしかづ　中島三甫右衛門
一 松井源吾さだかげ　松本 山十郎
一 よし田の松若丸　せ川 つる松
一 じんづう坊ばん山　坂東 国五郎
一 よし田左馬之介これあき　尾上 紋三郎
一 粂の平内左衛門長もり　市川 幾蔵
一 粟津の七郎としかど　市川 こま蔵
一 野がみ女之助よしゆき　市山 助十郎
一 島原きゝやふやの太夫高雄　中山 富三郎
一 山田庄司左衛門娘くれ竹　岩井 半四郎
一 三ぶ妹かさね　二やく 岩井 半四郎
一 山田の三郎後家やばせ　芳沢 あやめ
一 豆腐や三郎兵衛　坂田 半五郎
一 山田庄司左衛門てるしげ　二やく 坂田 半五郎
一 角力取衣川谷蔵
　実ハ奴ぐん介　松本 幸四郎
一 都の守護職大江の広元　二やく 松本 幸四郎
一 粟津六郎右衛門俊兼　市村羽左衛門

蜘蛛糸の浄るりの幕、壱番目三立にいたし候。

三月五日より弐番目

一 山田三郎てる光　坂東 彦三郎
一 舟頭長五郎　松本 山十郎
一 今戸焼もの師三右衛門　沢村 長十郎
一 佐間養安　松本 大五郎
一 何でも清兵衛　宮崎 八蔵
一 錦大じん女遊　市川 小山三
一 だいばの仁蔵　市川 幾蔵
一 舟頭久八　市川 こま蔵
一 水茶や娘おこう　中山 富三郎
一 八ッ橋やのおしゅん　岩井 半四郎
一 伝兵衛女房おりう　芳沢 あやめ
一 さるや町のおくげ伝兵衛　松本 幸四郎

近頃《ちかごろ》恋《こひの》世語《よがたり》 常盤津兼太夫上るり　おしゆん　半四郎／伝兵衛　幸四郎

切狂言 面打がごぜ赤右衛門 市村羽左衛門

○坂東彦三郎上方へ登る。

三月廿三日より、**亀山染**＊の敵討出し候所不評に付、四月上旬休。赤堀水右衛門半五郎、石井右内幸四郎也。

＊紅粉躑躅亀山染

四月十五日より、お夏清十郎、喧嘩《けんくわ》や五郎右衛門の狂言の看板出し候所、無程看板を引。

四月廿一日より

信田《しだ》館《やかた》世継《よつぎ》の引船《ひきふね》＊ 七幕続と看板出し候。

一 信田の小太郎　瀬川　つる松
一 小山の太郎　松本　山十郎
一 鹿島三郎　市山　助十郎
一 みつはた娘　中山　富三郎
一 露のまへ　中山　富三郎
一 小山の判官　中島三甫右衛門
一 千わら左近　尾のへ紋三郎
一 おく方なぎの葉　芳沢　あやめ
一 桃ぞの御せん　二やく 芳沢　あやめ
一 千原左近妹敷たへ　岩井　半四郎
一 常盤井　二やく 岩井　半四郎
一 薩島兵庫　坂田　半五郎
一 小山の判官　二やく 坂田　半五郎
一 信田家臣浮島弾正　松本　幸四郎
一 信田の左衛門　二やく 松本　幸四郎

＊信田館代継引船

寅五月十七日

病死 二代目坂田半五郎　行年五拾九歳

五月五日より 弐番目狂言

助六《すけろく》所縁《ゆかりの》江戸《ゑど》桜《ざくら》 江戸太夫河東連中

開帳場の見へ、助六守り本尊大当大明神霊宝、総角縁結の鉢巻と申建札を出候。

一 くわんへら門兵衛　市川　幾蔵
一 あさがほ千平　大谷　徳次
一 男だて小半丁団平　沢村　喜十郎
一 同　蛇の目の六左衛門　宮ざき　八蔵
一 やり手熊たかのおとめ　松本　大五郎

一　けいせいかげろふ　瀬川　升吉
一　同　はつ風　岩井　春次
一　けいせいしら玉　中山　富三郎
一　同　きせ川　あつま　藤蔵
一　けいせいあげ巻　岩井　半四郎
一　そがの二の宮の姉　よし沢あやめ
一　ひげの意休
　実ハいがの平内左衛門　坂田　半五郎
一　白酒うり粕兵衛
　実ハそがの十郎祐成　松本　幸四郎
一　あげ巻のすけ六
　実ハそがの五郎時宗　市村羽左衛門

五月十一日、吉原の禿五十人見物。柳橋迄舟、夫より歩行ニ而巴屋へ参る。揃ひの手拭五十筋。

五月廿日に、巴屋の二階へ鎊り物。紫縮緬の与作頭巾、裏白練ニ而、数三百。何れも吉原女郎屋家々の紋、河東の紋を付、家々の女郎の名を縫にいたす。

六月朔日より

羽左衛門義、此度助六狂言の一世一代にして、右助六の役を舞台ニ而松本幸四郎へゆづり、白酒売をこま蔵へ譲り、曽我祭りのかわりに、江戸河東上るりニ而、市村羽左衛門義、**丹前里かぐら**の所作いたし候様、口上書を出候。

介六本名京の次郎　松本幸四郎　助六の役相勤候。
白酒うり本名団三郎　市川高麗蔵　白酒売の役相勤候。
意休は市川幾蔵相勤候。日数十日いたし候。

江戸太夫河東上るり
丹前さとかくら　丹前　市村羽左衛門　奴　吾妻藤蔵　奴　中山富三郎

盆後、芝居又々もめ合、岩井半四郎、市山介十郎、中島三甫右衛門、市川瀧蔵、中村喜代三、沢村長十郎、同喜十郎、惣役者五拾三人の内、三拾四人不出。残り拾九人ニ而始る。

坂東彦三郎、大谷徳次、両人は上方江登る。
坂田半五郎は、五月十七日病死。

九月十九日より
浜《はまの》真《ま》砂《さご》御《お》伽《とぎ》艸《ぞう》紙《し》*
一　釼沢弾正左衛門　市川　幾蔵
一　いしやばく庵　二やく　市川　幾蔵
一　肴売小鮒の源五郎　市川　こま蔵
一　隼人女房萩の戸　芳沢　あやめ
一　女非人せり川村のおりつ
　実ハ五右衛門女房おさき　二やく　芳沢　あやめ

一　五郎蔵妹おかよ　中山　富三郎
一　相模五郎　二やく　市川　こま蔵
一　五右衛門母妙かん　尾上　紋三郎
一　下部袖助　二やく　尾上　紋三郎
一　豆腐や五郎蔵
　　実ハ石川五右衛門　松本　幸四郎
一　六十六部
　　実ハ石川五右衛門　二やく　松本　幸四郎
一　浪人石川五右衛門　三やく　松本　幸四郎
一　細川勝元　市村羽左衛門
一　向見物なし。十月六日千秋楽舞納。

中村座より　中村仲蔵　休居て出勤　中村助五郎
同　中村里好

去春、中村助五郎一世一代のすりもの。
　渡りよき世とは成けり春の水　魚楽
当夏仙台ニ而安達ヶ原の南兵衛大当りのよし。
此度より又々出勤。

此節のらくし、
　糸切れてとんとうごかぬ吹屋町
　　からくり事も出来ぬ顔見世

＊浜真砂御伽双紙

十一月十五日より
伊《い》勢《せ》源《げん》氏《じ》栄《えい》花《ぐわ》暦《ごよみ》＊

一　難波の次郎　坂東　熊十郎
一　平の宗盛
　　本名百性五郎作　市川　幾蔵
一　武蔵の左衛門　山科四郎十郎
一　かつさ七郎かげ清　市川　こま蔵
一　股野の五郎かけ久　中村　助五郎
一　藤九郎盛長　中村　助五郎
一　百合の八郎　二やく　市川　こま蔵
一　にしき木　吾妻　藤蔵
一　小松三位重盛　松本　幸四郎
一　斎藤吾国竹　尾上　紋三郎
一　ときわ御ぜん　中村　里好
・一　けさ御ぜん　二やく　中村　里好
一　けんれい門院侍女雪の戸　中山　富三郎
・一　奴仲平　中村　仲蔵
・一　廻国修行者　二やく　中村　仲蔵
・一　遠藤武者盛遠　三やく　中村　仲蔵
・一　わたなべわたる　二やく　松本　幸四郎

一　身代り不動霊像　　　市村羽左衛門

上総七郎にて、こま蔵暫く。うけは宗盛、武蔵、股野ニ而助五郎、難波の次郎熊十郎也。此顔（ママ）見狂言の評判もよく、仲蔵、幸四郎、里好三人の出合大出来なれ共、とかく幕づかへニ而、丸々狂言いたし候日は少く、夫故不入ニ而猶々差つかへ、十二月三日見物を入て置て打出し候。夫故相休申候。

寅十二月十七日
病死　二代目中島三甫右衛門
行年五拾九歳

＊伊勢平氏栄花暦

天明三癸卯年　市村座

大谷徳次、今年瀬戸物丁江せんべい見世を出し、芝居ニ而披露有之。

正月は、一向に芝居始る景色もなく、二月末頃より、芝居の修復いたし候由ニ而、仕切場、其外屋根等直し、大工、屋根屋大勢入込。

其節のらくし、

はじめずに家作するのも狂言か

芝居は普請人も不審す

休居て　飛入　大谷広次

卯三月十五日より

・寿《ことぶき》万歳《ばんぜい》曽我《そが》

一　伊豆の次郎　　　松本　三十郎
一　大藤内成かけ　　　山中　平九郎
一　大日坊　　　坂東　熊十郎
一　近江の小藤太成いへ　　　市川　幾蔵
一　そがの家臣団三郎　　　尾上　紋三郎
一　曽我の十郎祐成　　　二やく　尾上　紋三郎
一　同　五郎時宗　　　市川　こま蔵
一　小はやしの朝比奈　　　中村　助五郎
一　松井の源吾　　　二やく　中村　助五郎
一　京の小女郎　　　中村　里好

一 十内女房おさと　中村 里 好
一 八わた女房うさみ　芳沢 あやめ
一 かげ清女房あこや　芳沢 あやめ
一 悪七兵衛かけ清　中村 仲 蔵
一 辻八卦神崎甚内　中村 仲 蔵
一 鬼王新左衛門　大谷 広 次
一 赤沢十内　大谷 広 次
一 秩父の重忠　松本 幸四郎
一 工藤左衛門祐つね　松本 幸四郎
一 粟津六郎左衛門　市村羽左衛門
島田の八蔵 仲蔵実ハ粂の平内 かなやの金五郎 幸四郎実ハ軍助 両駕舁大でき。

四月十一日、江戸中町々江、百五拾年の寿狂言いたし候旨を申、表に寿の字を書候団扇、壱丁江拾本宛摺物にそへて配る。此うちわの裏に発句。

十三日より、葺屋町惣茶屋の軒江、丸挑灯に赤く寿の字を付出す。

積もの 酒五樽 福田屋見世より
市村羽左衛門組
帳元次兵衛組
鰹節弐連 路考 乙女 万菊 瀬川の色子中
蒸籠拾九荷 市紅 薪車 東山 是好 三朝 男松 中車 訥子
其外中役者共、都合拾七人より。

木戸幷に桟敷の入口へ笹を立、寿の字を出す。木戸番、皆寿の字小紋。

百五十年の寿狂言 惣役者麻上下ニ而松本幸四郎口上

寿万歳 太夫 市村亀蔵 才蔵 九代市村羽左衛門

紅葉狩リの仕舞 大谷広次悴、中村仲蔵悴、市川瀧蔵悴三人ニ而いたす。

うかれ座頭と鑓おどりの人形 市川高麗蔵 市川幾蔵 両人ニ而つかふ

街道下り **かひどふ下り**
二代長者　吾妻 藤 蔵
太郎冠者　市村 亀 蔵
伯母　市村羽左衛門

狂言 **乱レ猩々**
右寿狂言、晦日迄日延に成。
寿の字の引幕、地空色、文字白上り、紋橘とうづ巻付け、進上家橘丈江ひいき連中。

此寿狂言済と、仲蔵景清ニ而、無言の行をいたし居る所へ、大日坊ニ而熊十郎出、いろ〳〵仲蔵を打擲し、終に殺るゝ仕内大当り。幸四郎重忠ニ而、非人小屋江来り、仲蔵非人景清ニ而茶之湯の所、大出来〳〵。焼塩壺を茶入にしての仕内大当り。
　五月五日より十一日迄、日数七日ニ而寿狂言日延。

同日より、新狂言弐幕出る。

一　家主角左衛門　　大谷　大八
一　奉公人もとの杢介　　大谷　徳次
一　金五郎母妙てい　　山科四郎兵衛
一　樽ひろい長太　　市川　幾蔵
一　小柴かもん家来大介　　市川　高麗蔵
一　かみゆひあけぼの源六　　中村　助五郎
一　柳橋の惣嫁かくの小さん
　　実ハかもん娘花子　　中村　里好
一　辻八卦神崎甚内
　　実ハ粂平内左衛門　　中村　仲蔵
一　そば切うりふうりん五郎八　　大谷　広次
一　町がゝへ金谷金五郎
　　実ハ吉田の軍介　　松本　幸四郎

五月廿日より
曽我祭り出る
　万度、囃子やたい、雀おどり、其外いろ〳〵俄の思ひ入、花やかにいたし候。大切角力あり。
　評判よく候所、幸四郎、里好、両人大病に付、引込候ゆへ、
五月晦日千秋楽舞納。

六月廿三日より
・仮名手本忠臣蔵

一　足利直よし公　　市川　瀧蔵
一　石堂右馬之丞　　松本　山十郎
一　薬師寺次郎左衛門　　坂東　熊十郎
一　与市兵衛　　中山　清次郎
一　天川やてつち伊吾　　大谷　徳次
一　太田了竹　　二やく　大谷　徳次
一　義平一子よし松　　大谷　大蔵
一　大星力弥　　芳沢　三木蔵
一　塩冶判官　　尾上　紋三郎
一　原郷右衛門　　山科四郎十郎
一　勘平母　　山科四郎十郎
一　鷺坂伴内　　市川　幾蔵
一　桃井若狭之助　　市川　こま蔵

一 千崎弥五郎　二やく 市川 こま蔵
一 斧九太夫　中村 助五郎
一 勘平女房おかる　中村 里好
一 由良之助女房おいし　二やく 中村 里好
一 本蔵女房となせ　芳沢 あやめ
一 高の師直　中村 仲蔵
一 斧定九郎　二やく 中村 仲蔵
一 加古川本蔵　三やく 中村 仲蔵
一 寺岡平右衛門　大谷 広次
一 天川屋義平　二やく 大谷 広次
一 早の勘平　松本 幸四郎
一 大星由良之助　二やく 松本 幸四郎

七月七日より
九段め十段め出る。広次天川屋義平、評判よし。

八月八日より
・けいせい帷子辻《かたびらかつぢ》*
一 道具や清七　尾上 紋三郎
一 大鳥佐賀右衛門　市川 幾蔵
一 八重櫛の才三　市川 こま蔵
一 道具や孫右衛門　大谷 とく次
一 娘おなか　中山 富三郎
一 三河や義平次　中村 助五郎
一 団七女房おかぢ　芳沢 かほよ
一 徳兵衛忰岩松　芳沢 吉十郎
一 道具や手代伝八　坂東 熊十郎
一 徳兵衛女房おたつ　芳沢 あやめ
一 釣舟の三ぶ　中村 助五郎
一 団七九郎兵衛　大谷 広治
一 天竺徳兵衛　中村 仲蔵

佐賀右衛門、浮牡丹の香爐を盗来り、びんだらいかくして取らるゝおかしみ。天竺徳兵衛が旅人をころし、一軸を奪取たるを、団七髪結床の内ニ而見て居て、両人打果さんと切合ふ所、三ぶ出て、開帳札にて押へとゞめる仕打、大できなり。義平次、伝八に頼れ、替せの金の間違を、清七が咎なりと打擲さる。次に助五郎、広治、泥仕合あり。小舅殺し大でき。徳兵衛忰岩松、誠は三韓の太子ゆへ、金閣寺の亭へとりこにして、男禁制の札を建し所へ、白拍子姿ニ而仲蔵、出来り。道成寺の所作アリ。所作事済て鐘おりると、いざよい坊、夕月坊、両人祈あり。鐘上ると、唐いせふにて、天竺徳兵衛とは仮リの名、寔は唐土の臣下、相夫官と名のり、先帝の太子をいたき、顕れ出る。うろこの揃ひの捕手、蛇形にならび、花やか成詰メにて見へよく、大でき評判よし。

八月廿一日より　弐番目大詰　＊けいせい羅衣辻

江戸鹿子娘道成寺＊

日高川道行＊＊　常盤津兼太夫上るり　長唄　松永忠五郎

白拍子　中村　仲蔵

白雲坊　大谷　広次

黒雲坊　松本　幸四郎

九月晦日切ニ而、千秋楽舞納め。

＊東鹿子娘道成寺

＊＊道行　媚千種錦絵

○市山助十郎上方へ登る。

△下り大坂より　坂東彦三郎　三代坂田半五郎（坂東熊十郎改）

中村座より　中村仲蔵　中村音三（市川小山三改）

同　沢村宗十郎

同　尾上松　助

同　山下万　菊

同　坂東又太郎

森田座より　小佐川常世

顔見世名題

車懸《くるまがゝり》奇《てくだの》軍配《ぐんばい》

此名題看板出候所、十月廿七日暁方、類焼いたし候処、早速仮リ建に普請いたし候に付、

十一月廿三日より

同し名題ニ而始る。

一　鬼小島弥太郎　沢村　淀五郎

一　友鶴姫　山下　万　菊

一　照わかめのとうば玉　沢村　歌　川

一　長閑娘九のへ　吾妻　藤　蔵

一　板垣兵部　山科四郎十郎

一　直江大和之助　坂東　彦三郎

一　青柳みどり之助　坂田　半五郎

一　長沼小金吾　沢村　宗十郎

一　武田四郎勝頼　二やく　沢村　宗十郎

一　浮世之助　実ハ弥三郎のりしけ　三やく　沢村　宗十郎

一　村上典膳貞村　坂田　半五郎

一　長坂長閑　中島勘左衛門

一　すわ明神のつかはしめ白狐の神　尾上　松　助

一　村上左衛門　二やく　尾上　松　助

一 大和之助女房はつはな　小佐川 常世
一 高坂弾正　大谷 広次
一 武田春信　ニやく大谷 広次
一 永尾照虎　中村 仲蔵
一 山本勘助　ニやく中村 仲蔵
一 諏訪明神の神霊　市村羽左衛門

松助白狐ニ而振袖むすめ、しのた妻の所作、慶子との評判大当り。

半五郎、宗十郎、みどりの介と小金吾ニ而、敵打の所大出来〳〵。

富本上るりニ而羽左衛門、仲蔵、丹前と奴の所作事、奇妙〳〵。つり髭を仲蔵江ゆづり候との、座元の口上アリ。

天明四辰年　市村座／桐座

正月七日より仮リ狂言

伊賀越道中双六

一 桜井林左衛門　沢村 淀五郎
一 宿や女房おまき　山科四郎十郎
一 おく方ときわ木　あつま 藤蔵
一 細川主計　坂東 彦三郎

晴信と照虎、対面の趣向、広次琴、常世三味せんニ而唄をうたひ、藤蔵小弓のあしらひ、此あわせもの大評判〳〵。

晴信は時宗の再来といふにより、顔見世に春趣向なり。

初髭奴丹前 上るり、富本連中。白狐の神松助、諏訪明神羽左衛門、よし照仲蔵三人所作。

卯十二月四日

病死 三甫蔵事 中島三甫右衛門　行年四拾八歳

始志賀蔵、後三甫蔵に成、当顔見世師匠の名を継、三甫右衛門と改名いたし候計ニ而、舞台出勤無之。

一 荒巻伴作　坂田 半五郎
一 沢井城五郎　中島勘左衛門
一 わたなべ志津摩　沢村 宗十郎
一 佐々木丹右衛門　ニやく沢村 宗十郎
一 沢井股五郎　尾上 松助
一 丹右衛門女房笹尾　小佐川 常世

一 石留武助　大谷　広　次
一 若党孫八　大谷　広　次
一 唐木政右衛門　中村　仲　蔵
一 渡辺靫負　二やく 中村　仲　蔵
一 誉田内記　市村羽左衛門

閏正月廿三日より
けいせい皐月《さつきの》富士《ふじ》*

一 工藤左衛門祐経　尾上　松　助
一 伊豆の次郎すけかね　沢村　淀五郎
一 まんこう御せん　山科四郎十郎
一 そがの団三郎　大谷　徳　次
一 けわい坂のせう〳〵　山下　万　菊
一 大磯のとら　小佐川　常世
一 近江の小藤太　中島勘左衛門
一 和田のよし盛　坂田　半五郎
一 二ノ宮の太郎朝忠　市村　亀　蔵
一 小林の朝いな　坂東　又太郎
一 曽我五郎時宗　坂東　彦三郎
一 八幡の三郎　中村　仲　蔵
一 曽我の十郎祐成　沢村　宗十郎
一 鬼王新左衛門　二やく 沢村　宗十郎

一 仁田の四郎　大谷　広　次
一 番場の忠太　二やく 大谷　広　次
一 川津のゆふこん　二やく 中村　仲　蔵
一 悪七兵衛かげ清　三やく 中村　仲　蔵
一 面打かごぜ赤右衛門　市村羽左衛門

○羽左衛門はんにや面 ○奴の面は友右衛門似顔 ○いきうの面は杉暁似面 ○公家悪の面は天幸似面 ○五郎の面は故人栢延の似面。

この五ッの面を、羽左衛門壱人ニ而仕わけて見せる狂言、大当り。

豊前太夫上るり
道行 千鳥掛恋《ちどりがけこひ》の玉鉾《たまぼこ》 常世 徳次 藤蔵 宗十郎 相勤る

此浄瑠理の次に、樋の口より仲蔵景清ニ而忍びの姿の出、広次番場の忠太ニ而非人、両人の出合大出来〳〵。

*けいせい皐富士

二月十四日より 切狂言
一 粉や孫右衛門　大谷　広　次
一 次兵衛伯母　沢村　淀五郎
一 次兵衛一子勘太郎　大谷　徳五郎
一 てつち三五郎　大谷　徳　次

一　江戸や太兵衛　　坂田　半五郎
一　きの国や小春　　山下　万　菊
一　てん海坊　　坂東　又太郎
一　次兵衛女房おいわ　　小佐川　常世
一　紙屋次兵衛　　沢村　宗十郎
一　宵寝の新作　　中村　仲　蔵

富本豊前太夫上るり
道行　野辺《のべ》の書置《かきおき》　紙や次兵衛 きの国や小はる　宗十郎 万　菊　相勤る

三月廿四日夜、仲蔵と宗十郎、喧嘩いたす噂有之。芝居は相休居申候。仲蔵乱心のよしを申。

四月三日より
相生獅子＊之所作事　仲蔵相勤る。
同月十五日切ニ而日数十二日致し、千秋楽舞納め、芝居相休。

＊相生獅子石橋所作

五月中旬より、段々芝居を取崩し、六月上旬は明地に成。

天明四年辰十月十八日、於(闕)御内寄合に桐長桐仮リ芝居願之通被仰付、板囲いたし、長谷川 白子屋 桐座の幟を立て、同月廿日より、職人大勢入込み、大に賑ひ候。

東の口に市村座暫く相休候内、仮リ芝居興行仕候と、書付出る。
西の口に来る霜月朔日より、顔見世狂言仕候と、書付出る。
真中に蒙(闕)御免　仮芝居興行仕候　桐長桐座
外に口上書有之候、略す。

桐長桐

抑桐氏家系を尋るに、先祖は越前の国幸岩之弟子ニ而、幸若与太夫と云、夫より五代相続して男子なく、娘長桐江相伝へ、是より代々女ニ而相続す。犬桐　坂桐　千桐に至りて、御当地ニ而大芝居興行御願ひ申上、桐大内蔵座と改て、初而寛文年中に木挽丁において興行有之と云。夫より中絶して、関東筋在々江罷出、芝居を相勤、今長桐江伝へて、元祖より当年迄、凡弐百四拾五年におよぶ。その家伝来の宝物に、今伝ふと申、元祖与太夫三州ニ而舞扇拝領せし事有之由。又家の芸は、**馬揃ひ、那須の与市**と申謡もの也。此度、市村座暫く相休候内、右之跡ニ而、仮芝居興行蒙(闕)御免、芝居を興行する。
初日、式三番の翁は市村羽左衛門相勤る。
天文九庚子年より元祖与太夫、今年天明四辰年迄、凡弐百四拾五年におよぶ也。

桐座家譜

一先祖幸岩与太夫　越前国幸若小八郎弟子ニ而伊豆国大場村に住す
　子　与惣太夫――忠八　与太夫弟 後法体して真楽と申
　子　五右衛門――重右衛門　五右衛門弟 此重右衛門男子無之
　娘　長桐　是より代々女子ニ而相続す
　大桐――坂桐――大内蔵　初名は千桐と申
　大内蔵より当長桐まで十一代

十月廿二日、櫓上る。同廿八日、表通りは建揃。
同廿七日より、役者附配る。
翌廿八日、役者附売出す。
十一月朔日、名題看板を出し、七日棟上ニ而、同日看板不残出す。

那須の与市　翁 スケ 市村羽左衛門　千歳 大熊宇多右衛門　三番叟 吾妻藤蔵 スケ 市村亀蔵
桜木大おどり

△下り　坂東彦三郎　中村座より　瀬川菊之丞
森田座より　松本幸四郎　同　市川門之助
同　嵐音八

森田座より　市川高麗蔵
同　中山富三郎（松本山十郎改）
同　坂東愛蔵

十一月十三日より
・**重重《やへ》人重《ひとへ》小町桜《こまちさくら》**
桐座に成

一じやくまくそうづ　中村此蔵
一かつら金吾　坂東愛蔵
一瀬戸の与次兵衛　山科四郎十郎
一大筆八郎　市川こま蔵
一小野の頼風　坂東三津五郎
一あがたの俊成　三代 坂田半五郎
一伴のこわ宗　嵐音八
一よもぎふ　小佐川常世
一はかた小女郎　吾妻藤蔵
一玉章　市川弁之助
一おみなへし　中山富三郎
一小野の小町　瀬川菊之丞
一大江の岩戸左衛門　坂東又太郎
一文屋の秋津　尾上松助
一橘の早成ぼふ霊　二やく 尾上松助
一般若五郎時定　市川門之助

一 下部和歌平 実ハ秦の大ぜん　大谷　広　次
一 出羽郡司よし実　中村　仲　蔵
一 舟頭灘蔵　二やく 中村　仲　蔵

此狂言、大当り大入大繁昌なり。十二月十六日千秋楽。じやくまく僧都此蔵、早成の塚をうがちて、骸骨を祈り、蘇生させる。松助亡者の形ニ而、大ざつま上るりにて、舞台ニ而髪はへ、橘の早成に成、細工の仕かけ、見物目を驚かす。夫より暫くの受に成、大江岩戸左衛門、赤塗たて、上下、大小ニ而坂東又太郎、県のとしなりニ而坂田半五郎、百日かづら、大小、上下ニ而立ならび、立役女形の首を討んとする所へ、しばらく〳〵盤若五郎市川門之助。

弐番め、南無地蔵のぽん八半五郎、牛飼追分のまた松助、町いしや山井養仙大谷とく次、灸てんゑんまの長右衛門本名小野の篁広次、小原の黒木売おたき弁之助、八瀬の黒木売およめ瀬川富三郎。

上るり　**積恋雪関扉**　常盤津兼太夫連中

けいせい墨染実ハ小町桜の精菊之丞、四位のせう〳〵宗貞門之助、関守関兵衛実ハ小伴黒主仲蔵、何れも大評判大当り。近年の大入なり。

天明五巳年　桐座

△下り　中村十蔵

巳正月十五日より

重《や》重《へ》人《ひと》重《へ》　歌《ことのは》　曽《そ》我《が》

一 刀屋半七　瀬川　吉　次
一 宇佐美の三郎　坂東　三　八
一 ぜげん直八　山中　平九郎
一 備前大藤内　中村　仲　八

一 北条の四郎　山科四郎十郎
一 伊豆の次郎　坂東　愛　蔵
一 鬼王新左衛門　坂田　半五郎
一 そがの団三郎　市川　こま蔵
一 贋セ時宗　坂東　彦三郎
一 八幡の三郎 実ハ京の次郎　中村　重　蔵
一 曽我の満江　二やく 中村　重　蔵

一　梶原平次　大谷　徳　次
一　舞鶴やのお秀　小佐川　常世
一　大磯のとら　小佐川　常世
一　鍔師梅忠忠右衛門　大谷　広　次
一　ちりつかの権　中村　仲　蔵
一　曽我のせんじ坊　瀬川　富三郎
一　三浦の片貝　瀬川　菊三郎
一　鬼王女房月さよ　吾妻　藤　蔵
一　けわい坂のせう〳〵　中山　富三郎
一　梶原平三　坂東　又太郎
一　小はやしの朝比奈　あらし　音八
一　工藤犬坊丸　尾上　松　助
一　宿屋中間とつき権助
　本名粂の平内　二やく　尾上　松　助
一　そがの二ノ宮　瀬川　菊之丞
一　げいこおみや
　実ハ五郎時宗　二やく　瀬川　菊之丞
一　曽我の十郎祐成　市川　門之助
一　吉野や酒楽
　実ハ吉田の軍助　二やく　市川　門之助
一　かけ清女房あこや　三やく　小佐川　常世
一　近江小藤太成いへ

　実ハ赤沢十内　大谷　広　次
一　工藤左衛門祐つね　松本　幸四郎
一　悪七兵衛かけ清　二やく　松本　幸四郎

此狂言の内、松介犬坊丸ニ而、犬と女がきつい好きニ而、げいしや女を目見奉公に抱候仕内。去る屋敷へ一度被呼て、その殿様のくせ身ぶりを呑込、其侭にいたし候迚、其屋敷の家中より皆見物に行。にくい程よく真似候迚、評判。その屋敷の殿様の耳へ入て、已来屋敷へ呼事無用と沙汰有之候よし。目見へのげいしや菊之丞本名五郎時宗ニ而、大出来〳〵。今半五郎鬼王、高麗蔵団三郎、藤蔵月さよ、此三人評判よし。

　正月やいさみにいさむ半五郎
　　鬼王つけてほめるはつ役

二月八日より弐番目出る。
尾上菊五郎一周忌追善狂言として
○松本幸四郎上方へ登る

一　梅川の忠右衛門　大谷　広　次
一　こむそう
　実ハ粂の平内　尾上　松　助
一　忠右衛門女房つね　小佐川　常世
一　八木孫三郎　坂東　彦三郎
右四人ニ而相勤る。

二代目瀬川菊之丞十三回忌追善狂言として、三代目当菊之丞所作事。
唐女　女助六　揚巻　羽子いたかぶろ　女白酒売　五役を相勤る。此内、禿一番評判よし。

相生獅子所作事

大切リ長唄　春昔所縁英《はるむかしゆかりのはなぶさ》＊　瀬川菊之丞 中村仲蔵　両人ニ而相勤る
此所作事の内、路考禿ニ而羽子板を持ての所作、わけて評判よし。

つく羽根の峰よりはやく浜村や
　十三回忌当る羽子板

切の相生獅子の所作、十日程いたして、仲蔵菊之丞もめ合有之。仲蔵引こみ候に付、かわり高麗蔵いたし候所、殊之外評よし。

＊春昔由縁英

三月三日より

一　秩父の重忠　中村　十　蔵
一　大まつや次郎兵衛
　　実ハ京の次郎　二やく　中村　十　蔵
一　高松ゆきゑ　坂東　愛　蔵
一　舟頭源太郎　瀬川　吉　次
一　つたや忠太郎
　　実ハ鬼王新左衛門　坂田　半五郎
一　千葉家の姫君千つかのまへ　中山　富三郎
一　女中頭ふじへ　吾妻　藤　蔵
一　ゆふ女ちどりゆふこん　二やく　吾妻　藤　蔵
一　富よしや又兵衛
　　実ハ神崎甚内　坂東　又太郎
一　淀や辰五郎
　　実ハよし田の松わか丸　市川　門之助
一　女小性あづま　瀬川　菊之丞
一　島屋勘左衛門
　　実ハ島の冠者為朝　中村　仲　蔵
一　鎮西八郎為朝の神霊　二やく　中村　仲　蔵

常盤津兼太夫上るり
嬌柳妹背的《たをやなぎいもせのまと》　藤蔵 菊之丞 門之助 仲蔵　相勤る
千葉之介館奥方の幕
富永丁四季庵の幕
八丈島の幕、上るりニ而為朝、千鳥のほふ霊所作。夫より隅田川に成、淀や辰五郎狂人、路考、秀鶴、薪車、三人の所作事。又八丈島に成、仲蔵為朝の姿を顕し、景清と矢の根五郎との思ひ入の仕打ニ而打出し。三月十七日切ニ而休。

三月廿四日より

江戸仕立団七島＊

一　舟田岡右衛門　大谷広次
一　やつこ徳平　二やく　大谷広次
一　かみゆい幸吉　市川こま蔵
一　松田良介　坂東愛蔵
一　はりまや弥市　坂東三八
一　大鳥佐賀右衛門　中村此蔵
一　三川やむすめおなか　中山富三郎
一　浜田郡領　坂田半五郎
一　家主の三ぶ　二やく　坂田半五郎
一　三河や義平次　山科四郎十郎
一　玉しま式部大輔　二やく　山科四郎十郎
一　やつこわに平　坂東又太郎
一　三川やでん八　嵐音八
一　浜田ちからの介　坂東彦三郎
一　（重出）奴わに平　坂東又太郎
一　石津郷兵衛　尾上松助
一　義平次女房おでん　二やく　尾上松助
一　浜田のおく方きさがた　小佐川常世
一　けいせい琴浦　二やく　小佐川常世
一　玉しま磯之丞　市川門之助
一　徳兵衛　二やく　市川門之助
一　浜田左衛門　中村十蔵
一　助松主計　二やく　中村十蔵
一　浜田左衛門おもいものみゆき　瀬川菊之丞
一　徳兵衛女房おたつ　二やく　瀬川菊之丞
一　団七女房おかぢ　三やく　瀬川菊之丞
一　六浦実兵衛　中村仲蔵
一　同　笹右衛門　二やく　中村仲蔵
一　団七　三やく　中村仲蔵

四月十二日より、十四日迄三日の間、仲蔵広次を誉詞あり。
小網町中村春吉、杵屋きく両人ニ而ほめる。

＊江戸仕立団七縞

四月廿日より弐番目新狂言出る

式三番　千歳　市川弁之助　翁　吾妻藤蔵　三番叟　瀬川菊之丞　笛　市川高麗蔵　小鼓　坂東彦三郎　同　尾上小の蔵　同　大谷徳次　大鼓　市川門之助

一　戸倉十内　大谷広次
一　油や太左衛門　坂東三八
一　高島左門之助　瀬川吉次
一　吉祥寺日玄上人　山科四郎十郎
一　でつち千太郎　瀬川富三郎
一　星崎軍右衛門　坂田半五郎

一　吉祥寺の同宿弁長　　坂東　又太郎
一　非人ひつじの九介　　二やく　坂東　又太郎
一　八百や下人弥介　　大谷　徳　次
一　かまや武兵衛　　嵐　音　八
一　八百や下女お杉　　小佐川　常世
一　小性吉三郎　　市川　門之助
一　湯島の三吉　　市川　門之助
一　十内そうり取友八　　中村　十　蔵
一　八百やお七　　瀬川　菊之丞
一　土左衛門伝吉　　中村　仲　蔵
江戸太夫河東上るり　**乱髪夜編笠**　瀬川富三郎　大谷徳次　瀬川菊之丞　相勤る
五月五日より　弐番目　水仕合の幕　八百屋の幕　太鼓櫓の段
一　五尺染五郎　　坂東　彦三郎
一　渡部官次郎　　市川　こま蔵
一　安森源次兵衛　　坂東　愛　蔵
一　源次兵衛妹おひな　　瀬川　菊三郎
一　けいせい大淀　　中山　富三郎
一　八百や母妙しう　　山科四郎十郎

市川門之助、今年四拾七歳也。小性吉三の若衆形、やはり美敷、十七、八歳の若衆のやふ成との評判。女形ニ而娘のあとけなき仕内、促有之候へ共、若衆ニ而美敷見せ候は、奇妙と云べし。六月十六日、千秋楽舞納。

・七月廿一日より　**千代《ちよ》始《のはじめ》音頭《おんどの》瀬《せ》渡《ど》**
一　島村弾正　　尾上　松　助
一　侍きやく花岡和田右衛門　　大谷　広　次
一　田中の巴六
　　実ハ今川巴之助　　市川　こま蔵
一　いつちく太左衛門　　山中　平九郎
一　角大師の八　　宮崎　八　蔵
一　するがや下女おふじ　　岩井　春次郎
一　兵助娘おたね　　中山　富三郎
一　鬼ヶ嶽丈八　　嵐　音　八
一　柴売彦三　　坂東　彦三郎
一　五郎兵衛　　坂田　半五郎
一　小松や宗七　　市川　門之助
一　角力取黒雲峰右衛門　　尾上　松　助
一　染木大臣
　　実ハみさほ御ぜん　　小佐川　常世
一　角力取いかづち鶴之助　　市川　門之助
一　手習師匠二かい堂兵助　　中村　十　蔵
一　ちもりのけいせい井筒やのおふしう　　瀬川　菊之丞

一 けんかいのなだ右衛門　中村仲蔵
雀踊、高麗蔵、半五郎、四郎十郎、徳次、右四人。
八月朔日より 弐番目迄出る。役割壱番目に同し故、略す。
一 舟頭五郎兵衛
実ハ荒獅子男之助　大谷広次
一 かつらきまゆの介　市川こま蔵
一 今川万徳丸　大谷徳五郎
一 尾さきもんど　尾上小の蔵
一 多川弥藤次　坂田佐十郎
一 角力呼出し晴天八助
実ハ尤道理之助　大谷徳次
一 柳川早枝之助　大谷春次
一 つゞきけんもつ　坂田半五郎
一 粂寺いわをの介　市川門之助
一 荒川蔵人　中村十蔵
一 はかた小女郎　瀬川菊之丞
一 げん海の灘右衛門
実ハ三かん王李栄仲　中村仲蔵
中村座より 市川団十郎　同 尾上紋三郎改 坂東三津五郎
同 瀬川富三郎　同 大谷広八
同 山下万菊

巳八月廿五日
病死 九代目市村羽左衛門
行年六拾壱歳
巳八月廿六日
病死 坂東愛蔵
行年四拾弐歳
当春二月中、中村座ニ而、一世一代三ッ人形所作事、大当り。

霜月朔日より
・男山《おとこやま》娘《ふりそで》源氏《げんじ》
一 花山院第一皇子夕霧の大臣　尾上松助
一 三議紀ノおも長　大谷徳次
一 忠文か一子小君壬生次郎忠郷　市川ゑび蔵
一 仕丁又六　大谷広八
一 加藤太夫近忠　市川宗三郎
一 花ぞの姫　山下万菊
一 仲光女房ふせや　あつま藤蔵
一 伊予の大掾広国　坂田半五郎
一 卜部のすへ武　市川こま蔵

一 揚名之助広有　坂田　半五郎
一 平井の保昌　市川　門之助
一 わたなべ妹まがき　瀬川　富三郎
・一 いばらき左衛門　尾上　松　助
・一 源頼光　坂東三津五郎
・一 快童丸　市川　門之助
・一 足柄山の山姥　瀬川　菊之丞
・一 わたなべの綱　中村　十　蔵

・一 碓井の貞光　暫く　市川　団十郎
・一 ふじ原仲光　二やく　市川　団十郎
一 山賤五郎左衛門
　実ハ足柄山の山神の霊　三やく　市川　団十郎

四天王大江山入　常盤津兼太夫連中

箕田源吾広綱ニ而団十郎暫く。受は夕霧の大臣松助、揚名之助広有半五郎也。当顔見世、四方の狂歌連より、団十郎江幕一張貫ふ。花やか成顔見世也。

天明六午年　桐座

正月十七日より

大飾《おふかざり》　慶《ことぶき》　曽我《そが》

一 近江の小藤太成いへ　中村　十　蔵
一 八幡の三郎行氏　山科四郎十郎
一 箱根の妙法丸　市川　弁之助
一 大日坊　市川　宗三郎
一 梶原平三かけ時　中島和田右衛門
一 箱根の閉坊丸　大谷　広　八
一 てゝのわんの五介　大谷　徳　次
一 工藤犬ぼう丸　市川　ゑひ蔵

一 雪の下の神女おきの　あづま　藤蔵
一 けわい坂のせう〳〵　瀬川　富三郎
一 鬼王女房月さよ　山下　万　菊
一 小林の朝比奈　坂田　半五郎
一 曽我十郎祐成　坂東三津五郎
一 同　五郎時宗　市川　こま蔵
一 鬼王新左衛門　尾上　松　助
一 同　団三郎　市川　門之助
一 三浦屋のけいせい片貝　瀬川　菊之丞
一 景清女房あこや　二やく　瀬川　菊之丞

一 うゐらふ売とらや藤兵衛　　市川　団十郎
　実ハかげ清
一 工藤左衛門祐経　　市川　団十郎

此曽我物語狂言、大当りの所、五日め同月廿一日、神田旅籠町より出火ニ而芝居類焼いたし、直に普請に取掛り、三月十六日より右狂言を、評判宜故、其侭いたし大入也。

壱番目、団十郎うゐらふ売の景清ニ而、大日坊宗三郎にいろ〳〵せびられ、其上かげ清が保童丸をかくまいて居ると、大声ニ而云ゆへ、無是悲伯父なれ共忠義にはかへられぬと、宗三郎をころして行ふとすると、大日坊の死骸むつくとおきて、かげ清をうしろがみに引もどす仕内。団十郎ふりかへり見て、しやこしやくな、日本無双の景清が、引もどされてつまるものか、いで勇力の程を見せん、化ものめ、おれといつしよにうしやあがれと、力足をふみ花道へはいる。宗三郎は右の片手をのばして、うしろ髪を引く姿ニ而、ひよろ〳〵〳〵と景清に引れて行仕内、古今めづら敷趣向。此仕内は団十郎にかぎるとの大評判、古今の大当り。

常盤津兼太夫上るり
若菜摘野路手段《わかなつみのじのてくだ》　大谷徳次　あつま藤蔵　坂田半五郎　山下万菊　市川門之助　瀬川菊之丞　相勤る
白柄の十右衛門　　松　助
あげはの長吉　　こま蔵
釣鐘弥左衛門　　半五郎

五月五日より、松本幸四郎飛入ニ而、団十郎と義絶已来初而の出合にて、此狂言又々大当り。男達荒五郎茂兵衛市川団十郎、かくれがの茂兵衛に松本幸四郎、両人の出入の所、門之助商人姿ニ而取扱ひ狂言にて、中直りいたし候趣向、大当り大出来〳〵。

午八月三日
病死　中村富十郎
　行年七拾壱歳

京都ニ而病死いたし候得共、安永七戌年秋、当座ニ而名残所作事大当りニ而上京に付、此所へ記す。

辞世
　案じなよむねの真如の月の隈　慶子

七月十八日より
室町婦文章《むろまちおんなぶんしやう》
一 斯波けんもつ　　中村　十　蔵
一 細川かつ元　　二やく 中村　十　蔵
一 不破のばん作　　市川　ゑひ蔵
一 今川仲秋　　坂東三津五郎
一 黒塚団平　　大谷　広　八
一 蔵人女房初波　　吾妻　藤　蔵

一 小性久米之助　山下 万菊
一 いとや喜左衛門　山科四郎十郎
一 大内之介よし広　坂田 半五郎
一 赤松左衛門正則　尾上 松助
一 井筒左門　市川 こま蔵
一 六角勘解由　二やく 尾上 松助
一 淀や辰五郎　市川 門之助
一 畠山家臣片桐丈助　二やく 市川 門之助
一 淀や手代新七　松本 幸四郎
一 名古や山三郎　二やく 松本 幸四郎
一 いとや娘お梅　瀬川 菊之丞
一 けいせいかつらき　二やく 瀬川 菊之丞
一 局きよ瀬　市川 団十郎
一 不破伴左衛門　二やく 市川 団十郎

九月九日より　第壱番目大詰メ

常盤津兼太夫上るり

高麗菊浮名色入《こうらいきくうきなのいろざし》　三津五郎 松助 菊之丞 幸四郎　相勤る

一 淀屋手代新七　松本 幸四郎
一 新七弟正九郎　坂東三津五郎
一 鳥羽や十右衛門　坂田 半五郎
一 新七母おくら　尾上 松助

一 片桐丈助　市川 門之助
一 新七女房おさめ　瀬川 菊之丞
一 局清瀬　市川 団十郎

△下り 岩井半四郎　中村座より 大谷広右衛門
△下り 浅尾為三郎

霜月朔日より

雪《みつぎのはな》 伊豆幡揚《いづのはたあげ》

一 小督の局　瀬川 富三郎
一 平の宗盛　大谷 徳次
一 工藤金石丸　市川 ゑび蔵
一 平の清盛　市川 宗三郎
一 辰ひめ　山下 万菊
一 大江の広元　下り 浅尾 為三郎
一 かめ王女房おやす　あつま 藤蔵
一 大場の三郎景近　大谷広右衛門
一 伊藤入道祐近　大谷広右衛門
一 多田蔵人　市川 こま蔵
一 亀王　二やく 市川 こま蔵
一 股野の五郎景久　坂田 半五郎
一 有王　二やく 坂田 半五郎

一 川津の三郎祐安　市川　門之助
一 深山の木蔵　中村　十　蔵
一 かの丶介もちみつ　中村　十　蔵
一 勅使桜町の中将
　本名わたなべ瀧口　二やく　中村　十　蔵
一 かの丶助妹敷たへ　岩井　半四郎
一 竜女おなみ　二やく　岩井　半四郎
一 平の時忠　中村　仲　蔵
一 しゆんくわん僧侶　二やく　中村　仲　蔵
一 三浦の荒次郎　市川　団十郎
一 白ますばゝア　二やく　市川　団十郎
一 北条の四郎時政　三やく　市川　団十郎
一 けだ物売六兵衛
　実ハ鎮西八郎為朝　四やく　市川　団十郎
一 なめらの兵　五やく　市川　団十郎

二番目上るり名題
祝月閏帯解　常盤津兼太夫連中
半五郎、門之助、半四郎三人の所作、大当り。
平の時忠ニ而仲蔵、秦の始皇の装束、唐冠ニ而うけ。大場の三郎広右衛門赤つら、股野の五郎半五郎も赤つら也。三浦荒次郎にて団十郎しばらく、大当り也。
此時、団十郎白升ばゝアにておくへ入、其首を切て、上下花やか成形ニ而、北条時政の早代り。
がくやの三階へは、女中を上る事を禁ずれ共、時として上る事あり。又舞台とちがひて裸に成、見苦しき支度も有事を述て、
　三階はかたく女中を禁ずべし
　　生死流転の早替りして
　　　花道のつらね
◎中山小十郎改 中村仲蔵大坂江登る。名残狂言として、当座ニ而顔見世中、俊寛島物がたり大出来なり。

天明七未年　桐座

正月十五日より
雪薺《ゆきなづな》 幸《さいわい》 曽我《そが》*

一 小林の朝比奈　大谷　徳　次
一 伊豆の次郎祐兼　市川富右衛門

一　梶原平三かけ高　　中島和田右衛門
一　近江の小藤太　　市川　宗三郎
一　大磯のとら　　山下　万　菊
一　けわい坂のせう〳〵　　瀬川　富三郎
一　鬼王新左衛門　　坂田　半五郎
一　同　団三郎　　市川　こま蔵
一　そがの十郎祐成　　浅尾　為三郎
一　同　五郎時宗　　市川　こま蔵
一　工藤左衛門祐つね　　市川　門之助
一　悪七兵衛かけ清　　市川　団十郎

＊雪齊禔曽我

三月五日より

都鳥弥生渡《やよひのわたし》

一　大友ひたちの介　　中村　十　蔵
一　よし田の梅若丸　　市川　ゑひ蔵
一　関屋のせき介　　浅尾　為三郎
一　いしや浦波一仙　　大谷　徳　次
一　山田軍次秀次　　市川　升五郎
一　奴波平　　中村　此　蔵
一　同峰平　　市川　仙　蔵
一　同沢平　　あつま　文蔵

一　田辺造酒之進清はる　　瀬川　富三郎
一　はんじよ御ぜん　　あつま　藤蔵
一　よし田の息女さくら姫　　山下　万　菊
一　奴岩平　　坂田　半五郎
一　猿しま惣太
　　実ハ粂の平内左衛門　　二やく　坂田　半五郎
一　清水寺の清玄　　市川　こま蔵
一　常陸の大掾百連　　大谷広右衛門
一　夢の小てふ　　岩井　半四郎
一　するがの国きつねがさきのお玉　　二やく　岩井　半四郎
一　はねわなの弥蔵
　　実ハ粟津六郎左衛門　　市川　団十郎
一　左リ甚五郎　　二やく　市川　団十郎
一　三浦権之助よし澄　　三やく　市川　団十郎

常盤津兼太夫上るり

花来時色鶏《はなにきたりねぐらのいろどり》　市川門之助　岩井半四郎　市川団十郎　相勤る

四月十八日より　第弐番め

一　猿沢の五兵衛　　大谷広右衛門
一　浪人ゆきへ
　　実ハ吉田の松若丸　　浅尾　為三郎
一　代官横川文平　　大谷　団　八

一　五兵衛娘おくに　瀬川　富三郎
一　十作女房おふじ　あつま　藤蔵
一　北条修理之介国時　市川　こま蔵
一　尼ヶ辻の五郎吉
　実ハ吉田の下部軍助　市川　門之助
一　けいせいはつ糸　岩井　半四郎
一　あめうり十作　市川　団十郎

・岩井半四郎七変化の所作事＊
官女　はる駒　けいせい　座頭　関寺小町　草苅童
大切ﾘ石橋　大当り〳〵、七役共大出来〳〵。

＊七襲東雛形

五月十一日より

恋女房染分手綱

一　しねんじよの三吉　市川　ゐひ蔵
一　本田弥惣左衛門　大谷　徳　次
一　ゆるぎ右馬之助　二やく　大谷　徳　次
一　透平母　市川　升五郎
一　官太夫女房小笹　山中　平九郎
一　左内女房ふじ波　あつま　藤蔵
一　関の小まん　山下　万　菊
一　わしづか八平次　坂田　半五郎
一　伊達の与作　市川　こま蔵
一　座頭けい政　二やく　市川　こま蔵
一　わしづか官太夫　大谷広右衛門
一　鷺坂左内　市川　門之助
一　奴透平　二やく　市川　門之助
一　重の井　岩井　半四郎
一　江戸兵衛　市川　団十郎
一　竹村定之進　二やく　市川　団十郎

八月朔日より

・仮名手本忠臣蔵

一　石堂右馬之丞　浅尾　為三郎
一　鷺坂伴内　大谷　徳　次
一　原郷右衛門　市川　升五郎
一　薬師寺次郎左衛門　中島和田右衛門
一　与市兵衛　市川　綱　蔵
一　高師直　坂田　半五郎
一　かこ川本蔵　二やく　坂田　半五郎
一　おの寺十内　市川　こま蔵
一　桃井若狭之助　二やく　市川　こま蔵
一　はやの勘平　三やく　市川　こま蔵
一　おいし　あつま　藤蔵

一 斧九太夫　大谷広右衛門
一 寺岡平右衛門　市川 門之助
一 塩冶判官　二やく 市川 門之助
一 天川や義平　三やく 市川 門之助
一 おかる　岩井 半四郎
一 となせ　二やく 岩井 半四郎
一 おその　三やく 岩井 半四郎
一 足利直義公　市川 団十郎
一 斧定九郎　二やく 市川 団十郎
一 大星由良之助　三やく 市川 団十郎
此忠(ママ)臣評判よく、大当り。

九月九日より
・天竺徳兵衛《てんぢくとくべい》故《こ》郷《きやふ》取絶《のとりかぢ》
一 からいのぜんてい太子　市川 ゑび蔵
一 足利よしてる公　浅尾 為三郎
一 みのや平左衛門　大谷 徳 次
一 今市の善右衛門　中島和田右衛門
一 こびんの長九郎　市川富右衛門
一 三よし長慶　市川 宗三郎
一 あげは姫　瀬川 増 吉
一 よしてる公みだいあさか御せん　瀬川 富三郎

一 徳兵衛女房おふね　あつま 藤蔵
一 みのやの三勝　山下 万 菊
一 奴春平　坂田 半五郎
一 あかねや半七　市川 こま蔵
一 桃井播磨之助　市川 こま蔵
一 舟頭又作　大谷広右衛門
一 あかねや半兵衛　二やく 大谷広右衛門
一 細川修理太夫勝元　市川 門之助
一 宵寝の仁助　二やく 市川 門之助
一 百性長作　三やく 市川 門之助
一 あかねや半兵衛女房おさい　岩井 半四郎
一 よめおその　二やく 岩井 半四郎
一 長作女房おいわ　三やく 岩井 半四郎
一 座頭升都　市川 団十郎
一 舟人徳兵衛　二やく 市川 団十郎

常盤津兼太夫上るり
・紅葉実能中《いろみぐさほんによいなか》　半七 三かつ　高麗蔵 万きく　長作 女房　門之助 半四郎　相勤る

○吾妻藤蔵上方へ登る。
森田座より　瀬川 菊之丞
同　坂東三津五郎

同　嵐　龍蔵

十一月朔日より
・三庄睦花娵《さんがのせうむつのはなよめ》
一 北条天女丸　市川　ゑび蔵
一 桜町中納言よしもと公　坂東三津五郎
一 伊具の次郎　二やく　坂東三津五郎
一 住吉の楽人ふじ左近　中村　十　蔵
一 青砥五郎ふじ次　市川　弁之助
一 秋田三郎妹たが袖　岩井　粂三郎

正月十五日より
・けいせい優曽我《なとりそが》
一 源二位より朝公　中村　十　蔵
一 そがのまん江　二やく　中村　十　蔵
一 十内妹片貝　中山　富三郎
一 小はやしの朝いな　沢村　喜十郎
一 そがの十郎祐成　坂東三津五郎
一 同　五郎時宗　市川　こま蔵

天明八申年　桐座／市村座

一 佐野の源藤太　嵐　龍　蔵
一 ゆげ大助　市川　こま蔵
一 浅原八郎為頼　大谷広右衛門
一 三浦前司安むら　二やく　大谷広右衛門
一 北条時頼　浅尾　為三郎
・一 二階堂信濃之助　市川　門之助
・一 桃園家そく女そのをのまへ　岩井　半四郎
・一 富士左近娘梅がへ　瀬川　菊之丞
・一 天王寺の楽人浅間左衛門てる国　市川　団十郎
・一 佐野の源左衛門常世　二やく　市川　団十郎
一 鬼王女房月さよ　あつま　藤蔵
一 近江の小藤太　嵐　竜　蔵
一 八幡の三郎行氏　市川　門之助
一 ういらふ売とらや藤吉
　実ハかげ清一子あざ丸　市川　ゑひ蔵
一 ちゝぶの六郎重安　市川　門之助
一 鬼王新左衛門　二やく　市川　門之助
一 けわい坂のせう〳〵　岩井　半四郎

一　景清女房あこや　　二やく　岩井　半四郎
一　大いそのとら　　瀬川　菊之丞
一　重忠おく方きぬ笠御ぜん　　二やく　瀬川　菊之丞
一　工藤左衛門祐つね　　市川　団十郎
一　悪七兵衛かげ清　　二やく　市川　団十郎

二月廿日より　弐番目一日替り
富本豊前太夫上るり
・初日　お染 久松　浮名の初霞＊
一　あぶらやおそめ　　瀬川　菊之丞
一　でっち久松　　岩井　半四郎
一　津田庄介　　市川　こま蔵
一　尺八指南森竜山　　大谷広右衛門
一　山家や清兵衛　　市川　門之助
一　久松姉いわ瀬　　岩井　半四郎
一　あら物や佐四郎　　市川　団十郎

＊浮名の初かすみ

富本豊前太夫上るり
・後日　お梅 粂之助　世《よの》噂《うわさ》翌《あすの》雪解《ゆきとけ》
一　源次兵衛妹お梅　　岩井　半四郎
一　小性久米之助　　瀬川　菊之丞

一　八木門九郎　　市川　こま蔵
一　わたち弥五右衛門　　大谷広右衛門
一　さかわの甚五郎　　市川　門之助
一　さいかやおすま　　瀬川　菊之丞
一　荒川源次兵衛　　市川　団十郎

三月十五日より追善狂言出る
故人吾妻藤蔵十三回忌追善狂言
・藤《ふじ》しのだ吾妻《あづま》紫《むらさき》　しのだ妻 狩人 同　あつま藤蔵 市川こま蔵 大谷広次　相勤る
故人坂東三津五郎七回忌追善狂言
・初夢《はつゆめ》姿《すがたの》富士《ふじ》　時宗 せう〳〵 朝いな　市川門之助 岩井半四郎 坂東三津五郎　相勤る
上るり　大薩摩文太夫　三味線　杵屋喜三郎
長唄　芳村　伊三郎　三味線　杵屋正次郎 錦屋惣次

四月十六日より　第弐番目新狂言
一　奴三津平　　坂東三津五郎
一　ゐもん太郎長はる　　浅尾　為三郎
一　鞠がせ村の百姓万右衛門　　市川　宗三郎
一　田代の後室とみの方　　市川　升五郎
一　名越の次郎　　市川　弁之助
一　しづの女おふね　　あつま　藤蔵

一 宮城野妹しのぶ　　瀬川　富三郎
一 けいせい宮城野　　山下　万　菊
一 伊賀大七　　嵐　龍　蔵
一 別木玄蕃　　二やく 嵐　龍　蔵
一 田代の冠者よし氏　　市川　こま蔵
一 楠田不伝　　大谷広右衛門
一 まりがせ秋夜　　市川　門之助
一 万右衛門娘おしま　　岩井　半四郎
一 こし元関屋　　瀬川　菊之丞
一 宇治兵庫之介常悦　　市川　団十郎

五月五日より　敵討の幕　秋夜討手屋根仕合の幕　常悦露顕の幕

一 秋夜一子亀太郎　　市川　ゑび蔵
一 弓師兵四郎　　松本　鉄五郎
一 初瀬寺のかくでん　　市川　宗三郎
一 おしま娘おくめ　　岩井　粂三郎
一 しのぶ　　瀬川　富三郎
一 宮城野　　山下　万ぎく
一 伊賀大七　　あらし　龍蔵
一 今井谷五郎　　市川　こま蔵
一 柴田官之進　　大谷広右衛門
一 鞠ヶ瀬秋夜　　市川　門之助

一 諸芸指南毛利おしま　　岩井　半四郎
一 玉水の仲居おわた　　瀬川　菊之丞
一 草履取かぢ蔵　　市川　団十郎
一 宇治兵庫之助常悦　　二やく 市川　団十郎

七月十五日より

菅原伝授手習鑑

市川門之助病気に付全快仕候迄、仮リ狂言との口上書出るなり

一 菅秀才　　市川　ゑび蔵
一 判官代てる国　　坂東三津五郎
一 さくら丸　　二やく 坂東三津五郎
一 みよしの清つら　　松本　鉄五郎
一 左中将まれよ　　大谷　徳　次
一 土師の兵衛　　市川　宗三郎
一 春藤玄蕃　　二やく 市川　宗三郎
一 梅王女房はる　　あつま　藤蔵
一 源蔵女房戸なみ　　山下　万　菊
一 たつ田　　二やく 山下　万　菊
一 すくね太郎　　嵐　龍　蔵
一 白太夫　　二やく 嵐　龍　蔵
一 梅王丸　　市川　こま蔵
一 武部源蔵　　市川　こま蔵

一 左大臣時平　大谷広右衛門
一 さくら丸女房八重　岩井 半四郎
一 菅せうぐ〳〵　二やく 岩井 半四郎
一 かくしゆ　瀬川 菊之丞
一 松王女房千代　二やく 瀬川 菊之丞
一 松王丸　市川 団十郎

八月十六日より
・高雄宮本地開帳《たかをのみやほんぢのかいてふ》

一 足利鶴わか丸　市川 ゐび蔵
一 浮田左金吾　坂東三津五郎
一 関取いかづち鶴之助　大谷 徳 次
一 足利大炊之助鬼貫　市川 升五郎
一 渡部民部妹秋しの　あつま 藤蔵
一 熊田源五兵衛女房もじすり　山下 万 菊
一 修げん万海　嵐 龍 蔵
一 山名宗全　二やく 嵐 龍 蔵
一 細川修理之助勝元　市川 こま蔵
一 羽生の与五郎　二やく 市川 こま蔵
一 仁木弾正将教　大谷広右衛門
一 熊田源五兵衛　市川 門之助
一 井筒女之助　二やく 市川 門之助

一 政岡の局　岩井 半四郎
一 羽生のおきく　二やく 岩井 半四郎
一 大場道益娘きくの井　瀬川 菊之丞
一 けいせい高尾　二やく 瀬川 菊之丞
一 足利頼兼公　市川 団十郎
一 片桐弥十郎　二やく 市川 団十郎
一 荒獅子男之助　三やく 市川 団十郎

九月九日より 弐番目 ひもん谷仁王の幕 浄るりの幕

一 雷つる之助　大谷 徳 次
一 馬かた喜蔵　岩井 眼 平
一 百姓杢蔵　市川 仙 蔵
一 岩渕平馬　宮崎 十四郎
一 大江之助鬼つら　市川 升五郎
一 いかづち女房おいち　吾妻 藤 蔵
一 豆腐や戸平　嵐 龍 蔵
一 羽生の与五郎　市川 こま蔵
一 玉ぞの御ぜん　瀬川 菊之丞
一 はなし鳥売雀の忠兵衛　市川 団十郎

常盤津文字太夫上るり
秋色姿菊蝶《あきのいろすがたのきくてふ》 嵐 龍蔵・市川こま蔵・瀬川菊之丞 相勤る

市村休座之内、去る天明四辰年より当申年迄五ヶ年之内、仮芝居桐長桐興行いたし候所、羽左衛門諸借金片付、櫓再興に付、桐座名残狂言として、半四郎相頼、所作事いたし候段、口上書出る。

九月廿日より

乱菊枕慈童　所作事　岩井半四郎　相勤る

市村羽左衛門櫓再興の、口上看板も出る。

顔見世入替り

△下り　浅尾　為十郎　　森田座より　尾上　松　助

中村座より　坂東　彦三郎　　同　岩井喜代三郎

同　佐野川市　松　　休居而出勤　瀬川　富三郎

同　坂東　又太郎

十一月朔日より

・**源氏《げんじ》再興《さいこふ》黄金《こがねの》　橘《たちばな》**

当顔見世より、市村座に成

一手柄の太郎　嵐　龍　蔵

一馬士わしの尾三蔵　市川　ゑひ蔵

一木こりあられのばら助　大谷　徳　次

一川越太郎重房　浅尾　為三郎

一石田の三郎為久　坂東　又太郎

一斎藤吾国武　佐の川　市松

一白拍子糸はぎ　岩井喜代太郎

一まさごのまへ　瀬川　富三郎

一山伏かつらきの行満院　下り　浅尾　為十郎

一左大臣諸広卿　尾上　松　助

一権の頭かね遠　大谷広右衛門

一木曽よし仲　坂東　彦三郎

一かゞみ山のけいせい山ふき　岩井　半四郎

一順礼だんの浦のおいわ　二やく　岩井　半四郎

一巴御ぜん　瀬川　菊之丞

一順礼八しまのおふね　二やく　瀬川　菊之丞

一鈴木の三郎重家　市川　団十郎

一修行者みちのくの快山
　実ハ樋口の次郎　二やく　市川　団十郎

一三浦荒次郎よし澄　三やく　市川　団十郎

天明九酉年
寛政元年に成　市村座

正月十五日より

・**恋《こひの》便《よすが》仮《か》名《な》書《がき》曽《そ》我《が》**

一 小林の朝日丸　市川　ゑひ蔵
一 近江小藤太成家　大谷広右衛門
一 八幡の三郎行氏　中村　吉三郎
一 そがの団三郎　沢村　宗十郎
一 曽我の十郎祐成　二やく　沢村　宗十郎
一 源のり頼公　三やく　沢村　宗十郎
一 鬼王新左衛門　浅尾　為十郎
一 北面の武士岩倉大膳　二やく　浅尾　為十郎
一 あの〻禅定よし方　尾上　松　助
一 仁田の四郎忠常　坂東　彦三郎
一 女順礼おくに　岩井　半四郎
一 曽我五郎時宗　二やく　岩井　半四郎
一 けいせい舞鶴　瀬川　菊之丞
一 鬼王娘月さよ　二やく　瀬川　菊之丞
一 工藤左衛門祐経　市川　団十郎
一 悪七兵衛かけ清　二やく　市川　団十郎

一 荒五郎茂兵衛　三やく　市川　団十郎

富本豊前太夫上るり
誓《ちかいて》文《し》色《いろ》謂《といふ》謎《なぞ》　岩井半四郎　沢村宗十郎　瀬川菊之丞　相勤る

三月三日より

一 てつへき武兵衛　浅尾　為十郎
一 うけち村の庄六　沢村　宗十郎
一 あげはの長吉　市川　ゑび蔵
一 夢の市郎兵衛　大谷　徳　次
一 奴袖平　市川　升五郎
一 やりてお十　宮崎　十四郎
一 わかつたやのおみな　あつま　藤蔵
一 笠原新五左衛門　嵐　龍　蔵
一 坂田の次郎惟高　中村　吉三郎
一 じやりばのおはくろばゝア　大谷広右衛門
一 けいせい大よど　岩井　半四郎
一 あら五郎茂兵衛　市川　団十郎

富本豊前太夫上るり
其俤《そのおもかげ》　浅間嶽《あさまがたけ》　沢村宗十郎　瀬川菊之丞　相勤る

二代目故人瀬川菊之丞十七回忌追善として、
石橋＊の所作事　三代目瀬川菊之丞相勤る

＊相生獅子

四月五日より

一　新口村孫右衛門　浅尾　為十郎
一　亀屋忠兵衛　沢村　宗十郎
一　番頭伊兵衛　大谷　徳　次
一　忠兵衛母妙閑　浅尾　為三郎
一　井筒やおきよ　岩井喜代太郎
一　新町つちやおたつ　あつま　藤蔵
一　亀屋利兵衛　嵐　龍　蔵
一　中の島八右衛門　尾上　松　助
一　ゐしや木津玄宅　大谷広右衛門
一　忠兵衛女房おすわ　岩井　半四郎
一　けいせい梅川　瀬川　菊之丞
一　浪人梅川忠兵衛　市川　団十郎

富本豊前太夫上るり
艶容《はですがた》　垣根雪《かきねのゆき》　浅尾為十郎　沢村宗十郎　瀬川菊之丞　相勤る

五月五日より
三拾石《さんじつこく》　艠《よふね》　始《のはじまり》

一　小山の判官朝政　浅尾　為十郎
一　関口平太　二やく　浅尾　為十郎
一　神道源八　沢村　宗十郎
一　鹿島甚三郎　二やく　沢村　宗十郎
一　たいこ持小市　市川　升五郎
一　岩倉宰相　宮崎　十四郎
一　石橋三位　市川富右衛門
一　音川侍従　坂田　時　蔵
一　信田の小太郎信行　浅尾　為三郎
一　今様役人甚作　市川　ゑひ蔵
一　帯刀妹小いそ　岩井　粂三郎
一　けいせい九重　瀬川　富三郎
一　栗坂権平　嵐　龍　蔵
一　桃山郷左衛門　尾上　松　助
一　官龍軒要阿弥　大谷広右衛門
一　千原帯刀　坂東　彦三郎
一　源八女房みふね　岩井　半四郎

一 御影堂のおくみ　二やく 岩井　半四郎
一 信田左衛門おく方まゆみ　瀬川　菊之丞
一 つくばのおたね　二やく 瀬川　菊之丞
一 信田左衛門春行　市川　団十郎
一 浜左近之助　二やく 市川　団十郎

六月八日より
・**太平記《たいへいき》忠臣講釈《ちうしんかうしやく》**

一 矢間喜内　浅尾　為十郎
一 天川や義平　二やく 浅尾　為十郎
一 近江や次郎右衛門　三やく 浅尾　為十郎
一 鹿間宅兵衛　四やく 浅尾　為十郎
一 塩冶判官　沢村　宗十郎
一 早の勘平　二やく 沢村　宗十郎
一 石堂ぬいの介　三やく 沢村　宗十郎
一 矢間十太郎　四やく 沢村　宗十郎
一 大星力弥　市川　ゑび蔵
一 万歳徳助　市川　升五郎
一 入間牛兵衛　市川　わか蔵
一 斧定九郎　市川富右衛門
一 喜内女房　尾上　松　助
一 九太夫娘おくみ　瀬川　増　吉

一 石堂右馬之丞　浅尾　為三郎
一 かほよ御ぜん　岩井喜代太郎
一 けいせいうきはし　二やく 岩井喜代太郎
一 高の師直　二やく 尾上　松　助
一 斧九太夫　三やく 尾上　松　助
一 後家おれい　岩井　半四郎
一 おりゑ　二やく 岩井　半四郎
一 平右衛門女房おきた　三やく 岩井　半四郎
一 桃の井おく方みちとせ　瀬川　菊之丞
一 大星由良之助　市川　団十郎

八月五日より
姿《すがたの》伊達《だて》契情容儀《けいせいかたぎ》

一 仁木弾正直則　浅尾　為十郎
一 神並三左衛門　二やく 浅尾　為十郎
一 足利左金吾頼兼　沢村　宗十郎
一 名和無理之助忠継　二やく 沢村　宗十郎
一 頼兼公の草履とりだて助　市川　ゑび蔵
一 荒獅子男之助重光　大谷　徳　次
一 大江の鬼つら　松本　鉄五郎
一 むれいの一角　浅尾　為三郎
一 白川主水女房関の井　瀬川　富三郎

一 角力取鳴神峰右衛門　嵐　龍蔵
一 桃の井播磨の守安国　尾上　松助
一 山名入道宗全　大谷広右衛門
一 白川主水のりかつ　坂東　彦三郎
一 片桐下部勇助　二やく　坂東　彦三郎
一 関取いかづち妹おたに　岩井　半四郎
一 しづのめおつゆ
　実ハ山鳥のせいれい　二やく　岩井　半四郎
一 けいせい三浦やの高雄　瀬川　菊之丞
一 しづの女おみや　二やく　瀬川　菊之丞
一 浮世豆腐や戸平　市川　団十郎
一 細川勝元　二やく　市川　団十郎

九月九日より　弐番目切狂言

一 快童丸　浅尾　為十郎
一 旅人佐次兵衛　宮崎　十四郎
一 おもだか姫　瀬川　増吉
一 源のより光　岩井喜代太郎
一 しらきく　瀬川　富三郎
一 碓井の荒童丸　嵐　龍蔵
一 一ッ子ゆきへ　尾上　松助
一 けんべの熊武　大谷広右衛門

一 わたなべの綱　坂東　彦三郎
一 山姥　瀬川　菊之丞

富本豊前太夫上るり
泹《さへたり》 山路菊月《やまぢのきくづき》　浅尾為十郎 瀬川菊之丞　相勤る

中村座より　大谷広次　同　市川升五郎
同　中山富三郎

十一月朔日より
・花《はなの》御《お》江《ゑ》戸《ど》将門《まさかど》祭《まつり》

一 若ィ者忠七　市川　升五郎
一 勘解由の次官すへ国　大谷広右衛門
一 鉢たゝき十町坊　大谷　広次
一 まきの荒太郎　二やく　大谷　広次
一 忠文奥方くれは　中山　富三郎
一 三くりやの三郎　嵐　龍蔵
一 六孫王経基　坂東　彦三郎
一 うでのほりもの師一心伊介
　実ハ正平太貞盛　沢村　宗十郎
一 漢武帝筆りうやふ童子　二やく　沢村　宗十郎
一 けいせい七あや　岩井　半四郎
一 純友妻しづなみ　二やく　岩井　半四郎

一　黒木売お賤　三やく　岩井　半四郎
一　藤原純友　浅尾　為十郎
一　参議忠文　市川　団十郎

一　平親王将門　二やく　市川　団十郎
一　漢武帝の筆ふくろく寿　三やく　市川　団十郎

寛政二戌年　市村座

正月十五日より
うれしく存曽我
一　一万丸　岩井　粂三郎
一　箱王丸　市川　ゑひ蔵
一　岩永左衛門　中島和田右衛門
一　けいせい三ッ扇　岩井喜代太郎
一　鬼王女房月さよ　中山　富三郎
一　石田の三郎　嵐　龍　蔵
一　猟師やらず弥左衛門　大谷広右衛門
一　佐々木の四郎　坂東　彦三郎
一　京の次郎　沢村　宗十郎
一　工藤左衛門祐つね　二やく　沢村　宗十郎
一　けいこかしく　岩井　半四郎
一　山ぶき姫
　　後ニはんがく　二やく　岩井　半四郎

一　菊地権の頭　浅尾　為十郎
一　鬼王新左衛門　二やく　浅尾　為十郎
一　近江八幡之助
　　実ハ七兵衛かけ清　市川　団十郎
一　巴御ぜん　二やく　市川　団十郎
一　かくれがの茂兵衛　三やく　市川　団十郎
二月朔日より　弐番め
一　曽我の団三郎　大谷　広　次
一　小びくに小でん　大谷　徳　次
一　奥村治部太夫　市川　宗三郎
一　田町のせいりん比丘　市川富右衛門
一　けいせい八しま　中山　富三郎
一　野田金兵衛　嵐　龍　蔵
一　関取明石志賀の助　沢村　宗十郎

一　女房おさよ　岩井　半四郎
一　新造うた里　二やく　岩井　半四郎
一　鬼王新左衛門　浅尾　為十郎
一　丹波や介太郎　市川　団十郎
一　百姓観音の十七兵衛
　　実ハかげきよ　二やく　市川　団十郎

二月十五日より　弐番目大詰
四代め故人市川団十郎十三回忌追善狂言
鳴神《なるかみ》雲《くもの》絶間《たへま》＊

一　こく雲坊　大谷　徳　次
一　はく雲坊　嵐　龍　蔵
一　金剛太郎　大谷　広　次
一　雲のたへま　岩井　半四郎
一　鳴神上人　市川　団十郎

＊鳴神不動北山桜

三月十五日より
花贈《はながたみ》木母寺《もくぼじ》由来《のゆらい》＊

一　加茂の近臣宮城一学　大谷　広　次
一　よし田の下部軍介　大谷　広　次
一　山田小太郎乙石　市川　ゑび蔵

一　鳥さし瀬戸右衛門　大谷　徳　次
一　吉田の後室牛の御ぜん　市川　宗三郎
一　粟津七郎俊門　市川　升五郎
一　野上の花子　岩井喜代太郎
一　吉田の松わか丸　中山　富三郎
一　山田刑部左衛門　嵐　龍　蔵
一　道楽和尚入弁　二やく　嵐　龍　蔵
一　高村主膳行村　坂東　彦三郎
一　隅田川山や佐介　二やく　坂東　彦三郎
一　入間の郡領てる時　大谷広右衛門
一　舎人之助よし春　沢村　宗十郎
一　一学が下部勇介　二やく　沢村　宗十郎
一　手代与兵衛　三やく　沢村　宗十郎
一　はん女御ぜん　岩井　半四郎
一　わたし守おぎん　二やく　岩井　半四郎
一　柳村のおしづ　三やく　岩井　半四郎
一　粂の平内長盛　浅尾　為十郎
一　さるしま惣太　二やく　浅尾　為十郎
一　牛島の五兵衛　三やく　浅尾　為十郎
一　かつしかの十　市川　団十郎
一　粟津六郎左衛門とし兼　二やく　市川　団十郎

常盤津文字太夫
浄瑠理　都鳥《みやこどり》男《おとこ》浅妻《あさづま》　第一番目三立め　龍蔵　徳次　宗十郎　富三郎　半四郎　相勤る
嬌柳《たをやなぎ》朧《おぼろの》黒髪《くろかみ》　第二番目序幕　団十郎　宗十郎　龍蔵　広次　半四郎　相勤る
吾妻鳥《あづまどり》娘《むすめ》道成寺《どうぜうじ》**
こんがら坊　大谷広次
おしづぼうこん　岩井半四郎
せいたか坊　市川団十郎
相勤る

*花簪木母寺由来
**吾嬬鳥娘道成寺

四月十一日より　第弐番め
一 戸田杢之進　嵐　龍　蔵
一 八百やでっち松　大谷　徳　次
一 島田平右衛門　市川　宗三郎
一 八百や舅嘉兵衛　中村　よし蔵
一 山脇半次郎　浅尾　為三郎
一 飛団子うりうまい団六　大谷　鬼　次
一 玉水のおかる　岩井喜代太郎
一 団六女房おいく　中山　富三郎
一 伊右衛門女房お百　嵐　龍　蔵
一 八百や半兵衛　沢村　宗十郎
一 女ぼうお千代　岩井　半四郎
一 岡田主計之助　市川　団十郎

常盤津文字太夫上るり
おちよ
半兵衛　染躑躅《そめつゝじ》敷寝毛氈《しきねのもふせん》
岩井半四郎
大谷鬼次
中山富三郎
沢村宗十郎
相勤る

五月十一日より　団十郎病気全快迄と申口上書出る
有職《ゆふしよく》鎌倉山《かまくらやま》
一 舟橋勇介　大谷　広　次
一 二階堂かづまの介　市川　ゑび蔵
一 由解新左衛門　大谷　徳　次
一 あら木玄蕃　市川　宗三郎
一 原田六郎　市川　升五郎
一 おく女中夏花　中村　よし蔵
一 泰村下部けんびじつぶ平　大谷　門　蔵
一 宗尊親王　大谷　徳五郎
一 源左衛門母　浅尾　為三郎
一 三浦荒次郎　大谷　鬼　次
一 いしやどくあん　中島和田右衛門
一 与五作女房おとわ　岩井喜代太郎
一 源左衛門妻玉さゝ　中山　富三郎
一 三浦前司泰村　嵐　龍　蔵
一 てんいつ坊　二やく　嵐　龍　蔵
一 北条時頼　坂東　彦三郎
一 大工与五作　二やく　坂東　彦三郎

一 佐野の源左衛門常世　沢村　宗十郎
一 秋田城之助よし景　二やく　沢村　宗十郎
一 城之助奥方こしぢ　岩井　半四郎
一 勇介女房おそで　二やく　岩井　半四郎

五月廿四日より　夏狂言　桟敷代廿匁　土間代拾匁　切落札壱匁

四季風流釈色扇《しきふうりうさいしきあふぎ》＊

春　**いろは縁起**　堤のだん　わしの段

一 渡辺内蔵之助　市川　松　蔵
一 星合梶之助　沢村　宗太郎
一 東条右京之進　宮崎　十四郎
一 山中市の正　市川　つな蔵
一 左衛門一子三之助　瀬川　万　蔵
一 小がう　中山　富三郎
一 山中左衛門　沢村　宗十郎

夏　**染分手綱**　涼のだん　詮義の段

一 官太夫女房小笹　沢村　宗太郎
一 江戸兵衛　市川　わか蔵
一 わし塚宮太夫　市川　わか蔵
一 山形や義兵衛　宮崎　十四郎
一 わし塚八平次　市川富右衛門

一 伊達の与作　沢村　春五郎
一 奴一平　二やく　沢村　春五郎
一 伊達の与三兵衛　市川　つな蔵
一 こし元重の井　瀬川　ます吉
一 鷺坂左内　沢村　宗十郎

秋　**平治合戦**　やしろの段　おどりの段

一 源の牛若丸　瀬川　万　蔵
一 根の井の大弥太　市川　松　蔵
一 なんばの次郎　沢村　宗太郎
一 古市伊藤吾　市川　わか蔵
一 瀬の尾の太郎　市川富右衛門
一 主馬の判官　沢村　春五郎
一 妹とこよ　瀬川　ます吉
一 悪源太よしひら　沢村　宗十郎

冬　**夕霧恋の鳴門**＊＊

常盤津兼太夫上るり

夕ぎり 伊左衛門　**其扇屋浮名恋風《そのあふぎやうきなのこひかぜ》**

一 あわの大じん　市川　松　蔵
一 手代佐兵衛　市川　わか蔵
一 吉田や喜左衛門　市川富右衛門

一 女房おりつ　瀬川 ます吉
一 けいせい夕霧　中山 富三郎
一 藤や伊左衛門　沢村 宗十郎
一 とくしま左膳　市村羽左衛門

＊四季風流彩色扇
＊＊夕ぎり恋の鳴門

六月十五日より　夏狂言当り候に付、猶又二の替り

ひらがな盛衰記　弐段め切

一 源のよしつね公　市川 松 蔵
一 横すか郡内　市川 和歌蔵
一 源太母えんじゅ　沢村 春五郎
一 梶原平次かげ高　大谷 鬼 次
一 こし元千どり　中山 富三郎
一 梶原源太かげすへ　沢村 宗十郎

極彩色娘扇

一 兵助一子ふで松　瀬川 万 蔵
一 大松屋手代喜蔵　中村 よし蔵
一 家主作兵衛　市川 松 蔵
一 大松屋手代段八　市川富右衛門
一 兵助女房おまき　中山 富三郎

一 眼兵衛　嵐 龍 蔵
一 朝比奈藤兵衛　二やく 嵐 龍 蔵
一 手跡指南の兵助　沢村 宗十郎
一 けんくわや五郎右衛門　二やく 沢村 宗十郎

七月十九日より

仮名手本忠臣蔵

一 加古川本蔵　大谷 広 次
一 天川や義平　二やく 大谷 広 次
一 与市兵衛　大谷 徳 次
一 一文字や才兵衛　二やく 大谷 徳 次
一 千崎弥五郎　中村 よし蔵
一 原郷右衛門　市川 わか蔵
一 大星力弥　沢村 春五郎
一 小なみ　瀬川 増 吉
一 塩冶判官　浅尾 為三郎
一 与一兵衛女房　二やく 浅尾 為三郎
一 高ノ師直　大谷 鬼 次
一 斧定九郎　二やく 大谷 鬼 次
一 斧九太夫　中島和田右衛門
一 かほよ御ぜん　岩井喜代太郎
一 由良之助女房おいし　二やく 岩井喜代太郎

一 義平女房おその　三やく 岩井喜代太郎
一 本蔵女房となせ　中山 富三郎
一 こし元おかる　三やく 中山 富三郎
一 山名次郎左衛門　嵐 龍蔵
一 寺岡平右衛門　二やく 嵐 龍蔵
一 桃井若狭之助　坂東 彦三郎
一 石堂右馬之丞　二やく 坂東 彦三郎
一 早の勘平　沢村 宗十郎
一 大星由良之助　二やく 沢村 宗十郎

九月九日より 浅尾為十郎大坂登り名残狂言

・**義経腰越状**《よしつねこしこへでふ》

三段目の口 生酔《なまゑい》三番叟の段 同切 五斗鉄砲《ごとうてつほふ》の段

一 岩治兵太　大谷 徳次
一 松島弥惣　中村 よし蔵
一 白川郷助　市川富右衛門
一 ふじ田彦六　浅尾 為三郎
一 亀井の六郎　二やく 浅尾 為三郎
一 しづか御ぜん　瀬川 増吉
一 伊達の次郎　大谷 鬼次
一 金山丹蔵　二やく 大谷 鬼次
一 五斗兵衛娘とく女　岩井 粂三郎

一 いづみの三郎女房高の谷　岩井喜代太郎
一 五斗兵衛女房関女　中山 富三郎
一 錦戸太郎　嵐 龍蔵
一 黒塚逸平　二やく 嵐 龍蔵
一 源のよしつね　坂東 彦三郎
一 いづみの三郎忠ひら　沢村 宗十郎
一 五斗兵衛　浅尾 為十郎

◯浅尾為十郎大坂江登る

中村座より 瀬川菊之丞　休居て出勤 中島勘左衛門
同 市川門之助
同 市川男女蔵
同 坂田半五郎
同 大谷鬼 次

戌九月十四日
病死 二代目大谷広右衛門

十一月朔日より
巌《いわほの》**花峰**《はなみね》**野**《の》**楠**《くすのき》 *

一 しのづか伊賀平　市川 門之助

一　二位の局　大谷　徳次
一　日本廻国願成　坂田　半五郎
一　深山の雲夜叉　大谷　鬼次
一　守邦親王　中島勘左衛門
一　仁木三郎左衛門　二やく　坂田　半五郎
一　村上彦四郎よしてる　市川　男女蔵
一　勾当の内侍　岩井喜代太郎

一　坊門宰相清忠　嵐　龍蔵
一　呉葉のまへ　中山　富三郎
一　多治見米次郎　坂東　彦三郎
一　梓うらお弓　瀬川　菊之丞
一　小野天神の霊　二やく　瀬川　菊之丞
一　大塔の宮　沢村　宗十郎

＊岩磐花峰楠

寛政三辛亥年　市村座

正月十五日より

春色《しゆんしよく》江戸《ゑど》絵《ゑ》曽我《そが》

一　工藤左衛門祐つね　坂田　半五郎
一　ねの井の大弥太　二やく　坂田　半五郎
一　二の宮の太郎朝忠　大谷　徳次
一　蒲冠者のり頼　市川富右衛門
一　そがの太郎祐のぶ　下り　沢村　元十郎
一　朝比奈三郎よし秀　大谷　鬼次
一　近江の小藤太成家　中島勘左衛門
一　伊豆の次郎祐兼　市川　男女蔵
一　そがの団三郎　二やく　市川　男女蔵

一　大磯のとら　岩井喜代太郎
一　三浦の片貝　二やく　岩井喜代太郎
一　朝日丸ゐびやつき出し新造まいづる　下り　沢村　国三郎
一　けわい坂のせう／＼　中山　富三郎
一　鬼王女房月さよ　二やく　中山　富三郎
一　梶原平三かげ時　嵐　龍蔵
一　鬼王新左衛門　二やく　嵐　龍蔵
一　八わたの三郎行氏　坂東　彦三郎
一　曽我の五郎時宗　市川　門之助
一　京の次郎　二やく　市川　門之助
一　三浦の家臣鹿原軍兵衛

実ハ赤沢十内　三やく　市川　門之助
一　そがのまんこふ　沢村　宗十郎
一　三浦平六兵衛よし村　二やく　沢村　宗十郎
一　曽我十郎祐成　三やく　沢村　宗十郎

富本豊前太夫上るり
百千鳥《もゝちどり》蝶《てふの》羽《は》根書《ねがき》　大谷徳次　沢村国三郎　大谷鬼次　市川門之助　岩井喜代太郎　中山富三郎　沢村宗十郎　相勤る

二月十六日より　第弐番目
一　隅田川のわたし守五郎蔵
　実ハ御厨の喜三太　大谷　徳　次
一　油屋太郎兵衛　二やく　大谷　徳　次
一　兼房の娘若艸　瀬川　増　吉
一　山家や佐四郎　大谷　鬼　次
一　町がゝへわしの長吉　市川　男女蔵
一　でつち久松　岩井喜代太郎
一　あぶらやお染　中山　富三郎
一　聖天町の快了　市川　門之助
一　若艸ゆふこん　二やく　市川　門之助
一　そば切売次郎作
　実ハ御厨の喜次郎　沢村　宗十郎

富本豊前太夫上るり
褄《つまからげ》裹《ほ》跿振袖《だしのふりそで》　大谷徳次　岩井喜代太郎　中山富三郎　市川門之助　門之助しのふ売所作事

三月三日より　弐番中幕三幕
一　片岡幸左衛門　坂田　半五郎
一　信濃や母妙さん　沢村　元十郎
一　奴土手平　中村　よし蔵
一　針の惣兵衛　中島勘左衛門
一　香具屋才次郎　市川　男女蔵
一　しなのやおはん　沢村　国三郎
一　げいこ雪野　岩井喜代太郎
一　長右衛門女房おきぬ　中山　富三郎
一　片岡幸之進　嵐　龍　蔵
一　足かる団助　坂東　彦三郎
一　北こくや舟頭甚五郎　市川　門之助
一　帯屋長右衛門　沢村　宗十郎

上るり富本斎宮太夫
おはん　長右衛門　桂川連理柵《かつらがわれんりのしがらみ》　沢村宗十郎　沢村国三郎　相勤申候

三月十七日より　弐番目大詰
一　船頭六浦の瀬戸兵衛

実ハ熊井太郎　坂田　半五郎
一　弁宰相かね友公
実ハゑぞ国の康梁太子　沢村　元十郎
一　鬼柳兵庫
実ハゑぞ国の臣下李旦　大谷　鬼　次
一　上総郡領貞広　中島勘左衛門
一　江間の小四郎　市川　男女蔵
一　瀬戸兵衛妹小雪
実ハゑぞ国の姫宮かよふきみ　沢村　国三郎
一　左門之助妹粧姫　岩井喜代太郎
一　中居おなみ　中山　富三郎
一　海ぞくいなばの松
実ハ百合の八郎長則　嵐　龍　蔵
一　千葉左門之助　坂東　彦三郎
一　奴伊達平
実ハよし経公達冠者太郎義種　市川　門之助
一　秩父の重忠　沢村　宗十郎

四月二日より
一　関へら門兵衛　中島勘左衛門
一　朝がほせん平　市川富右衛門
一　げいこ八百吉　岩井喜代太郎

一　けいせいしら玉　瀬川　増　吉
一　白酒うり七兵衛
実ハそがのせんじ坊　大谷　徳　次
一　けいせいあげ巻　中山　富三郎
一　伊藤九郎祐清　坂東　彦三郎
一　揚巻の介六　初日　市川　門之助
一　ひげの意休　沢村　宗十郎
一　髭の意休　市川　門之助
一　あげ巻の助六　後日　沢村　宗十郎

上るり江戸太夫河東
助六《すけろく》花街《くるわの》二葉《ふたば》艸《ぐさ》＊　市川門之助　中山富三郎　沢村宗十郎　二日替り相勤る

五月五日より
伊賀越《いがごえ》乗掛合羽《のりかけがっぱ》
一　沢井城五郎　坂田　半五郎
一　沢井又五郎　二やく　坂田　半五郎
一　池ぞへ孫八　大谷　徳　次
一　俗医猿沢采女　二やく　大谷　徳　次
一　政右衛門一子巳之助　沢村　源之助
一　上杉春太郎　沢村　ふく松
一　馬士大八

＊助六花街二葉草

実ハ柏木善右衛門　中島勘左衛門
一 桜田林左衛門　大谷 鬼 次
一 渡辺志津摩　市川 男女蔵
一 じゆんれいお袖　沢村 国三郎
一 はま町御ぜん　（岩井喜代太郎）
一 武助女房おため　二やく 岩井喜代太郎
一 丹右衛門女房さゝを　中山 富三郎
一 政右衛門女房おたね　二やく 中山 富三郎
一 石留武助　あらし 龍蔵
一 又五郎母鳴見　二やく あらし 龍蔵
一 上杉右内少輔　坂東 彦三郎
一 佐々木丹右衛門　市川 門之助
一 誉田内記　二やく 市川 門之助
一 唐木政右衛門　沢村 宗十郎

六月十二日より 夏狂言 桟敷代壱分弐朱 土間壱分 切落八拾文

義経千本桜

一 むさし坊弁慶　坂田 半五郎
一 いかみの権太　二やく 坂田 半五郎
一 横川の覚はん　三やく 坂田 半五郎
一 すしや弥左衛門　大谷 徳 次
一 土佐坊昌俊　大谷 徳 次
一 弥左衛門女房　沢村 元十郎
一 川ごへ太郎　大谷 鬼 次
一 平の時忠　中島勘左衛門
一 主馬の小金吾　市川 男女蔵
一 卿のきみ　沢村 国三郎
一 江田源蔵女房　岩井喜代太郎
一 すしや娘おさと　中山 富三郎
一 しづか御ぜん　二やく 中山 富三郎
一 すけの局　三やく 中山 富三郎
一 ひたち坊かいぞん　嵐 龍 蔵
一 源のよしつね　坂東 彦三郎
一 鈴木の三郎重家　市川 門之助
一 とかいや銀平　沢村 宗十郎
一 四郎兵衛忠のぶ　二やく 沢村 宗十郎
一 すしや弥介　三やく 沢村 宗十郎
一 源九郎狐　四やく 沢村 宗十郎

八月朔日より

・仮名書室町文談《かながきむろまちぶんだん》

一 武智肥後守光秀　坂田 半五郎
一 日の岡の非人丹波の助太郎　二やく 坂田 半五郎
一 河内の百姓若江の太郎作　大谷 徳 次

一 姫路やの娘おなつ　二やく 大谷 徳次
一 四方天政兵衛　市川富右衛門
一 春永の御伽小性萩丸　沢村 寿之助
一 同　荻丸　沢村 源之助
一 弥介妾おふね　瀬川 増吉
一 佐藤虎之助清正　沢村 元十郎
一 神戸悪五郎春孝　大谷 鬼次
一 足軽しがらき郷内　中島勘左衛門
一 真柴小市郎久永　市川 男女蔵
一 光秀女房さつき　岩井喜代太郎
一 兵吉女房おしづ　中山 富三郎
一 久吉妹たが袖　中山 富三郎
一 宅間玄蕃成正　嵐 龍蔵
一 姫路や手代勘十郎　二やく 嵐 龍蔵
一 丹波百姓福地村彦三　坂東 彦三郎
一 森の蘭丸　市川 門之助
一 御伽法師堺の曽呂利　二やく 市川 門之助
一 真柴筑前守久吉　三やく 市川 門之助
一 小田上総之介春永　沢村 宗十郎
一 姫路や手代清十郎　二やく 沢村 宗十郎
一 石川五右衛門　三やく 沢村 宗十郎

九月九日より
・**竹春吉原雀**《たけのはるよしわらすゞめ》
沢村宗十郎、十五ヶ年ぶり二而大坂江、芸道修行に相登り候名残狂言との口上書出る。

一 当麻太郎鬼つら　大谷 鬼次
一 亘理丹平　市川 弁蔵
一 きめう法印　市川富右衛門
一 けいせい千代はた　瀬川 増吉
一 荒瀧梶右衛門　大谷 鬼次
一 松並鉄之助　市川 男女蔵
一 浮田女房おしづ　岩井喜代太郎
・一 三浦の高尾　中山 富三郎
一 大館左馬之助　坂東 彦三郎
・一 浮田十三郎重勝　市川 門之助
一 土手の道哲　沢村 宗十郎
・一 足利左門の正頼兼　二やく 沢村 宗十郎

富本斎宮太夫上るり
好色懺《こうしょくさん》**悔**《げ》**色葉襠**《いろはのうちかけ》　沢村宗十郎 中山富三郎 市川男女蔵 大谷鬼次　相勤る
もののゝふの女に懲《こり》ず紅葉かな
題三派月
名残惜しあくことしらぬ月をみつ

また来る秋の空をたのみて

大坂へ登る

〇沢村宗十郎上方へ登る

五代市川団十郎改 四代市川鰕蔵　三代市川海老蔵改 六代市川団十郎

中村座より 瀬川菊之丞

上上吉△下り 中山楯蔵

十一月朔日より

・金目貫源家角鍔《きんめぬきげんけのかくつば》＊

一 真田の与市　市川 団十郎

一 工藤金石丸　坂東 彦三郎

一 平の清盛　中島勘左衛門

一 いがの平内左衛門　坂田 半五郎

一 八郎為朝　二やく 坂田 半五郎

一 武蔵の左衛門有国　嵐 龍蔵

一 宗清娘白妙　岩井喜代太郎

一 ときわ御ぜん　中山 富三郎

一 奴たゝ平　市川 男女蔵

一 多田蔵人行綱　下り 中山 楯蔵

一 伊藤九郎祐清　市川 門之助

・一 鈴木の三郎重いへ　二やく 市川 門之助

一 悪源太よしひら　三やく 市川 門之助

・一 かぶき見物のお安　瀬川 菊之丞

・一 まつ宵の侍従　二やく 瀬川 菊之丞

・一 渋谷土佐次郎昌俊　市川 鰕蔵

・一 高雄の文学　二やく 市川 鰕蔵

＊金護鐔源家角鐔

寛政四子年　市村座

正月廿三日より

・若紫《わかむらさき》 江戸子曽我《ゑどつこそが》

一 くがみのぜんじ坊　市川 団十郎

一 畠山庄司重忠　坂東 彦三郎

一 小林の朝比奈　二やく 坂東 彦三郎

・一 伊豆の次郎祐兼　二やく 坂田 半五郎

一八わたの三郎行氏　二やく　坂田　半五郎
一鬼王新左衛門　大谷　徳　次
一三河守のり頼　市川　升五郎
一鋺沢弾正左衛門　中島勘左衛門
・一そがの十郎祐成　市川　門之助
・一同　五郎時宗　市川　男女蔵
一三浦の片貝　中山　富三郎
一曽我の十郎
　実ハ団三郎　中山　楯　蔵
一備前大藤内　市川　門之助
一井場の十蔵重勝　二やく　市川　門之助
一大磯のとら　瀬川　菊之丞
・一鬼王女房月さよ　二やく　瀬川　菊之丞
一祐つね息女お犬御ぜん　三やく　瀬川　菊之丞
・一近江小藤太成いへ　市川　鰕　蔵
・一工藤左衛門祐経　二やく　市川　鰕　蔵
一悪七兵衛かけ清　三やく　市川　鰕　蔵

富本豊前太夫上るり
小《こ》室節《むろぶし》浜村《はまむら》千鳥《ちどり》　団十郎　半五郎　富三郎　門之助　菊之丞　相勤る

二月十六日より　弐番目

一肴や九郎兵衛　坂田　半五郎
一あんばいよし市兵衛　二やく　坂田　半五郎
一げいしやたるぬきのおせん　大谷　徳　次
一大島佐賀右衛門　市川　わか蔵
一秩父の小六郎重安　市川　団十郎
一馬渕和平太　沢村　宗太郎
一石屋の五郎太　市川富右衛門
一きやりの弁　市川　升五郎
一井出の伝右衛門　中島勘左衛門
一釣りふねやの清七　市川　男女蔵
一雷のおせう　岩井喜代太郎
一岸柳娘おたか　二やく　岩井喜代太郎
一安ゝのおやす　中山　富三郎
一けいせい清川　二やく　中山　富三郎
一釣り舟の三ぶ　嵐　龍　蔵
一宅間玄龍　二やく　嵐　龍　蔵
一極印のおせん　中山　楯　蔵
一元結やの文七　二やく　中山　楯　蔵
一ほたいのおいち　市川　門之助
一平野や徳兵衛　二やく　市川　門之助
一雁かねのおぶん　瀬川　菊之丞
一重井づゝのおふさ　瀬川　菊之丞

一　本田角左衛門　　市川　鰕　蔵
一　あぶらや九平次　二やく　市川　鰕　蔵

三月十六日より　弐番目中幕
一　かざりや才兵衛　　市川　升　蔵
一　ひぜんや源次　　坂田　時　蔵
一　材木や金兵衛　　坂東　桃太郎
一　大工長八　　坂東　辰　蔵
一　油屋手代五介　　中島百右衛門
一　天満やおはつ　　岩井喜代太郎
一　宅間玄龍　　嵐　　龍　蔵
一　江戸や文七　　中山　楯　蔵
一　ひらのや徳兵衛　　市川　門之助
一　徳兵衛女房おふさ　　瀬川　菊之丞

四月三日より　弐番目大詰
一　本所曽平次　　坂東　彦三郎
一　三河や義平次　　大谷　徳　次
一　紺屋重右衛門　　宮崎　十四郎
一　天満やのお玉ばゝア　　大谷広右衛門
一　天満やおはつ　　岩井喜代太郎
一　けいせい清川　　中山　富三郎

一　釣舟やの三ぶ　　嵐　　龍　蔵
一　極印のおせん　　中山　楯　蔵
一　平野や徳兵衛　　市川　門之助
一　雁かねおぶん　　瀬川　菊之丞
一　油や九平次　　市川　ゑひ蔵

五月六日より
・**花揚櫨《はなうつぎ》白髪《しらが》岸柳《がんりう》**
一　よし岡民之助　　市川　団十郎
一　吉岡民右衛門　　坂東　彦三郎
一　石黒軍次兵衛　　坂田　半五郎
一　やつこべく介　　大谷　とく次
一　足軽須賀内　　大谷　門　蔵
一　生駒内記　　市川　升五郎
一　浜田友之進　　沢村　元十郎
一　ふじ倉玄蕃　　中島勘左衛門
一　荒加賀伊織之助　　市川　男女蔵
一　染井のおたか　　岩井喜代太郎
一　民右衛門妹お秀　　中山　富三郎
一　宅間玄龍　　嵐　　龍　蔵
一　鶴木官次郎　　中山　楯　蔵
一　下部与五郎　二やく　中山　楯　蔵

一 月元武者之介　市川 門之助
一 女講尺師岸柳文栄　瀬川 菊之丞
一 佐々木岸柳　市川 ゑひ蔵

八月五日より
・むかし〱掌《て》白猿《じろのさる》

一 大道寺早苗之助勝重　市川 団十郎
一 もち月源蔵　坂東 彦三郎
一 角力取鬼ヶ島　坂田 半五郎
一 みたけ悪五郎　二やく 坂田 半五郎
一 二条の愛護の若　大谷 徳 次
一 いちこおいち　中村 よし蔵
一 高宮三郎興世　市川 升五郎
一 百姓へそ村の欲兵衛　中島勘左衛門
一 後室雲井御ぜん　二やく 中島勘左衛門
一 二条の梅まる　市川 男女蔵
一 荒木の八郎てる門　二やく 市川 男女蔵
一 荒木が思ひものわくらば　中山 富三郎
一 穴生村の百姓福兵衛　嵐 龍 蔵
一 小□（道具）屋南京忠兵衛　中山 楯 蔵
一 穴生村の桃太郎　市川 門之助
一 大道寺田畑之助勝当　二やく 市川 門之助

一 けいせいにほてる　瀬川 菊之丞
一 穴生の里毛むしばゝア　市川 鰕 蔵
一 荒木左衛門近国　二やく 市川 鰕 蔵

（※寛政四年九月十五日興行の記事は寛政五年七月十五日に誤って記載されている。その条を見よ）

九月十六日より 瀬川菊之丞七変化所作事
七瀬川《なゝせがわ》最中《もなかの》桂女《かつらめ》
翁 三番叟 呉服 雲林院 檜垣 龍田 祝言加茂
右之番組を不残所作に取組、相勤る。

一 檜垣三郎もろかた　坂東 彦三郎
一 鳥羽庄太郎　大谷 徳 次
一 玉松ゐをり　中島勘左衛門
一 もろかた女房浅衣　岩井喜代太郎
一 高階大膳景連　嵐 龍 蔵
一 多賀織部之助友春　中山 楯 蔵
一 古曽部左京之進女ほう遠里　瀬川 菊之丞

中村座より 谷村 虎 蔵　河原崎座より 尾上雷 助
河原崎座より 山科四郎十郎　瀬川増吉改 瀬川雄次郎
△下り上上 荻野 東 蔵

十一月朔日より
菊《こがねきく》　伊達《だて》大門《のおふきど》

一　閻魔王　中島勘左衛門
一　二種同名倶生神　市川　和歌蔵
一　同　尾上　雷　助
一　庄司娘しのぶ　瀬川　雄次郎
一　長沼五郎　谷村　虎　蔵
一　佐藤庄司　山科四郎十郎
一　藤原の秀ひら　嵐　龍　蔵
一　わしの尾三郎　市川　団十郎
一　元よし四郎　中山　楯　蔵
一　秀ひら後室せき屋　二やく　中山　楯　蔵
一　伊達の次郎　市川　門之助
一　武蔵坊弁慶　二やく　市川　門之助
一　しづか御ぜん　瀬川　菊之丞
一　こし元糸萩　二やく　瀬川　菊之丞

十一月廿七日より　弐番目新狂言　坂田半五郎病気平癒に付出勤。

一　小ゆる木玄蕃宗澄　坂田　半五郎
一　浦賀の小源太　荻野　東　蔵
一　足軽瀬戸兵衛　中村　よし蔵
一　こし元小いそ　姉川　きく八
一　宇都宮弥三郎忠綱　山科四郎十郎
一　遠かげ娘夕浪　瀬川　雄次郎
一　稲毛の三郎重成　中島勘左衛門
一　遠かげおく方みさき御ぜん　中山　富三郎
一　塩海民部はる友　市川　高麗蔵
一　足軽七さと浜平　市川　門之助
一　民部女ほうかな沢　瀬川　菊之丞

寛政五丑年　市村座／桐座

二月朔日より
貢《みつぎ》曽我《そが》富士《ふじ》着綿《のきせわた》

一　伊豆の次郎祐兼　市川　こま蔵
一　鬼王新左衛門　坂田　半五郎
一　近江八幡之助成氏　大谷　とく次
一　小はやしの朝いな　市川富右衛門

一 蒲冠者のり頼　尾上　雷　助
一 曽我のまんこふ　山科四郎十郎
一 そがの五郎時宗　坂東　彦三郎
一 和田のよし盛　中島勘左衛門
一 鬼王妹月さよ　中山　富三郎
一 けわい坂のせう〳〵　二やく 中山　富三郎
一 鬼王庄司左衛門　嵐　龍　蔵
一 曽我家臣団三郎　市川　団十郎
一 京の次郎祐とし　中山　楯　蔵
一 曽我の十郎祐成　市川　門之助
一 工藤左衛門祐経　二やく 市川　門之助
一 大いそのとら　瀬川　菊之丞
一 祐経おく方なぎの葉御ぜん　二やく 瀬川　菊之丞

富本豊前太夫上るり
おきく幸助 名酒《なさけ》盛色《ざかりいろ》の中汲《なかぐみ》
一 てつち幸助　三やく 市川門之助
一 菊酒や娘おきく　三やく 瀬川菊之丞
相勤る

富本豊前太夫上るり
新曲《しんきよく》神楽獅子《かぐらしし》＊
坂東彦三郎
大谷徳次
中島勘左衛門
中山富三郎
市川門之助
相勤る

＊新曲かぐら獅子

三月十五日より　第弐番目　中の町の段　三浦屋の段

一 町がゝへ朝皃千太郎　松本　幸四郎
一 万屋すけ六
　実ハ井場の十蔵　市川　こま蔵
一 くわんへら門兵衛
　実ハ三保の谷四郎　坂田　半五郎
一 千太郎子ぶんやきもちの馬十　大谷　とく次
一 三浦やのけいせいしら玉
　実ハ忠のりの息女しがのまへ　松本　米三郎
一 岩永左衛門　坂田　時　蔵
一 山形や手代金助　市川富右衛門
一 中の町するがや七兵衛　尾上　雷　助
一 けいせい花里　瀬川　雄次郎
一 白酒うり新兵衛
　実ハ上総太夫忠つね　中島勘左衛門
一 三浦やけいせいあげ巻
　実ハ盛久妹歌かた　中山　富三郎
一 足軽石浜甚平　坂東　彦三郎
一 意休大臣
　実ハ秩父の重忠　市川　門之助
一 三浦やのやり手おさき
　実ハかけ清女房あこや　瀬川　菊之丞

四月十五日より　山谷裏町の段　浅茅ヶ原の段

一 朝皃の千太郎　松本　幸四郎
一 井場の十蔵　市川　こま蔵
一 太五平　大谷　徳　次
一 しがのまへ　松本　米三郎
一 廻国修行者西順　荻野　東　蔵
一 沼田の大日坊　中島勘左衛門
一 三保ノ谷の四郎　坂田　半五郎
一 岡部の六弥太　坂東　彦三郎
一 秩父の庄司重忠　市川　門之助
一 かげ清女房あこや　瀬川　菊之丞

五月十三日より

仮名手本忠臣蔵

一 大星由良之助　松本　幸四郎
一 天川や義平　二やく　松本　幸四郎
一 桃井若狭之助　市川　こま蔵
一 寺岡平右衛門　二やく　市川　こま蔵
一 かこ川本蔵　坂田　半五郎
一 斧定九郎　二やく　坂田　半五郎
一 本蔵娘こなみ　松本　米三郎
一 さき坂伴内　市川富右衛門
一 原郷右衛門　山科四郎十郎
一 かほよ御ぜん　瀬川　雄次郎
一 早のかん平　坂東　彦三郎
一 高の師直　中島勘左衛門
一 由良之助女房おいし　中山　富三郎
一 こし元おかる　二やく　中山　富三郎
一 斧九太夫　嵐　龍　蔵
一 大星力弥　市川　団十郎
一 塩冶判官　中山　楯　蔵
一 大館左馬之助　市川　門之助
一 本蔵女房となせ　瀬川　菊之丞
一 義平女房おその　二やく　瀬川　菊之丞

七月十五日より

妹《いも》背《せ》山《やま》婦女《おんな》庭訓《ていきん》

一 久我之助清舟　市川　団十郎
一 あら巻弥藤次　坂田　時　蔵
一 宮こし玄蕃　市川富右衛門
一 阿部中納言行ぬし　市川　わか蔵
一 芝六一子三作　瀬川　金次郎
一 橘ひめ　瀬川　雄次郎
一 藤原鎌足　市川　男女蔵

一 綱田の勝麿　坂東 彦三郎
一 鞍作山田のむらじ　坂田 半五郎
一 でっち寝太郎　大谷 徳 次
一 おきよ所のおむら　二やく 大谷 徳 次
一 太宰の娘ひな鳥　中山 富三郎
一 入鹿のおく方めどの方　岩井喜代太郎
一 蘇我の蝦夷子　嵐 龍 蔵
一 猟師芝六　中山 楯 蔵
一 ふじ原の淡海　二やく 中山 楯 蔵
一 蘇我の入鹿　市川 門之助
一 大判事清澄　二やく 市川 門之助
一 芝六女房おきぢ　瀬川 菊之丞
一 おみわ　二やく 瀬川 菊之丞
一 後室さだか　三やく 瀬川 菊之丞
一 猟師ふか七　市川 鰕 蔵

（※以上、寛政五年七月十五日興行の記事は、寛政四年九月十五日興行の記事が誤って記載されている）

休居て出勤 松本幸四郎　坂東勘次郎改 坂東簑助
同 森田勘 弥
同 市川錦 次
中村座より 中山富三郎
同 中村助五郎

十一月十五日より

松《まつは》太夫雪《たゆふゆきの》伊《だ》達《て》染《ぞめ》

当顔見世より桐長桐座に成

一 荒獅子男之助　森田 勘 弥
一 山名宗全　二やく 森田 勘 弥
一 井筒女之助　坂東 簑 助
一 梅津かもん　二やく 坂東 簑 助
一 山中鹿之助　市川 錦 治
一 芦屋の息女きさかた姫　中村 粂太郎
一 名古や山三郎　三やく 森田 勘 弥
一 仁木弾正左衛門　中村 助五郎
一 足利頼兼公　市川 こま蔵
一 赤松彦次郎　二やく 市川 こま蔵
一 不破の伴作　三やく 市川 こま蔵
一 いづものお国　中山 富三郎
一 けいせい高雄　二やく 中山 富三郎
一 細川勝元　松本 幸四郎
一 豆腐や三郎兵衛　二やく 松本 幸四郎
一 渡部民部早友　三やく 松本 幸四郎

寛政六寅年　桐座

正月十一日より
舞台花若栄曽我《ぶたいのはなわかやぎそが》

一　鬼王新左衛門　森田　勘弥
一　工藤左衛門祐つね　尾上　松助
一　松井の源吾　尾上　松助
一　山田の三郎　森田　勘弥
一　伊豆の次郎祐兼　市川　錦次
一　箱根閉坊丸　中島　勘蔵
一　大磯のとら　中村　粂太郎
一　けわい坂のせう〳〵　山下　万菊
一　近江の小藤太　中島和田右衛門
一　八わたの三郎　中村　勝五郎
一　小林の朝いな　中村　助五郎
一　十郎祐成　市川　こま蔵
一　五郎時宗　坂東　簑助
一　鬼王女房月さよ　中山　富三郎
一　吉田下部軍助　松本　幸四郎
一　主馬の判官盛久　二やく　松本　幸四郎

二月九日より

一　大いそや伝三　森田　勘弥
一　大坂どんす大臣
　実ハ松井の源吾　尾のへ　松助
一　あだちばゝア　中村　助五郎
一　やり手おくま　中島和田右衛門
一　けいせいきてふ
　実ハ盛久妹あや歌　中山　富三郎
一　髪結簪甚五郎
　実ハ京の次郎　市川　こま蔵
一　粟津六郎左衛門　松本　幸四郎
一　紀文大臣
　実ハ主馬の判官盛久　二やく　松本　幸四郎

三月三日より

一　奴壬生平　森田　勘弥
一　同鳥羽平　尾上　松助

一 太郎兵衛母　中村　勝五郎
一 御手いしや東西南北　二やく 中村　勝五郎
一 舟頭飛乗の喜六　市川　仙　蔵
一 清水の住職　市川　錦　治
一 渋川藤内　中島和田右衛門
一 北条のそく女さくらひめ　松本　米三郎
一 清水の清はる　山下　万　菊
一 久米の平内長盛　中村　助五郎
一 さくら姫のこし元つま木　中村　粂太郎
一 太郎兵衛女房おとみ　中山　富三郎
一 新清水の清玄　市川　こま蔵
一 向島中田や太郎兵衛
　実ハよし田下部軍介　松本　幸四郎

三月十五日より
第弐番目、中村富十郎いたし候道成寺所作事、中山富三郎に相勤候との口上書
贔曳花鐘入《ひけやひけはなのかねいり》　中山富三郎 森田勘弥 松本幸四郎　相勤る
道成寺の所作事

四月八日より　第三番目新狂言
大坂生玉《いくたま》のだん　勝曼坂《せうまんざか》のだん　かさね井筒《いづゝ》のだん　三幕出る

一 与右衛門娘おきく　中村　千之助
一 千葉の家臣岡田左近　森田　勘　弥
一 雲介かなやの金五郎　二やく 森田　勘　弥
一 かさね井筒の後家おるい　尾上　松　助
一 玉縄左仲太　市川　和歌蔵
一 羽生村百姓土浦大蔵　中島和田右衛門
一 重井筒のおふさ　山下　万　菊
一 与右衛門女房おしづ　中村　粂太郎
一 町いしや堂野幸祐　中村　助五郎
一 がく風呂の小さん　中山　富三郎
一 かさね井筒の徳兵衛　市川　こま蔵
一 関取絹川の与右衛門　松本　幸四郎
此松助がかさね、後に顔のこわく成しかけ、大出来〳〵。

五月五日より
敵討乗合話《のりあいばなし》
一 信田の左衛門俊光　森田　勘　弥
一 佐々木岸柳　尾上　松　助
一 松下造酒之進　尾上　松　助
一 岸柳娘浪の戸　中村　粂太郎
一 金かし火の車の五兵衛　中村　助五郎
一 造酒之進娘宮城野　中山　富三郎

一 同　妹しのぶ　松本 米三郎
一 塩やき藤太夫　中村 助五郎
一 鬼王新左衛門　森田 勘弥
一 鬼王女房月さよ　中山 富三郎
一 女かみゆひすきぐしのお六　二やく 中山 富三郎
一 かごかき時鳥の五郎蔵
　実ハ志賀大七　市川 こま蔵
一 信田の下部つた平　二やく 市川 こま蔵
一 佐々木三郎盛綱　松本 幸四郎
一 山谷肴や五郎兵衛　二やく 松本 幸四郎
一 月元武者之助　三やく 松本 幸四郎
常盤津兼太夫上るり
花菖蒲《はなせうぶ》 思笄《おもひのかんざし》　森田勘弥 中山富三郎 市川こま蔵　相勤る

五月廿七日より
若栄曽我祭り＊
松ヶ枝おどり 雀おどり 女夫おどり 住吉おどり 角力おどり 其外いろ〳〵有之。

＊若栄曽我まつり

八月十五日より
神霊矢口渡 第二段め口切 第三段め口切

一 新田よし貞　市川 錦次
一 一子徳寿丸　市川 新之助
一 江田の判官　市川 和歌蔵
一 雲助願斎坊　中村 助次
一 笹目の兵太　市川 仙蔵
一 馬士ねぼけの長蔵　中島 勘蔵
一 竹沢けんもつ　中島和田右衛門
一 篠塚八郎しげとら　坂東 簑助
一 兵庫女房みなと　中村 粂太郎
一 義興御代つくば御ぜん　中山 富三郎
一 南瀬の六郎宗ずみ　市川 こま蔵
一 由良兵庫之助信忠　森田 勘弥
大切 **故郷旅路**＊
一 新口村忠三郎　中村 勝五郎
一 忠兵衛女房おすわ　山下 万菊
一 丹波や八右衛門　中島和田右衛門
一 長作女房おしづ　松本 米三郎
一 引田村百姓長作　坂東 簑助
一 かめや手代清七　坂東 簑助
一 新町のけいせい梅川　中山 富三郎
一 亀屋忠兵衛　市川 こま蔵

一　忠兵衛母妙閑　　松本　幸四郎
一　大和のやぼ大じん
　実ハ新口村孫右衛門　　二やく　松本　幸四郎
常盤津芳太夫上るり
梅川 忠兵衛　月眉恋《つきのまゆこいの》最中《もなか》　松本米三郎 坂東簑　助 中山富三郎 市川高麗蔵　相勤る
＊四方錦故郷旅路

八月廿四日より　切狂言
姫子松子日の遊＊
高麗蔵外座へ退座、粂太郎大坂登り、右両人名残狂言。
一　おやす娘小弁　　中村　千之助
一　越中の次郎兵衛盛次　　森田　勘　弥
一　亀王丸　　坂東　簑　助
一　有王丸　　中島　勘　蔵
一　深山の木蔵　　中島　磯十郎
一　なめらの兵　　坂東　三木蔵
一　小ごうの局　　松本　米三郎
一　亀王女房おやす　　中村　粂太郎
一　法性寺の修行俊寛　　市川　こま蔵
一　主馬判官盛久　　松本　幸四郎
＊姫小松子日の遊

河原崎座より　市川　鰕　蔵
△下り　山下　金　作
都座より　市川　八百蔵
河原崎座より　市川　男女蔵
△下り　榊山　三　五　郎
△下り　荻野　半左衛門
都座より　大和山友右衛門
大谷国蔵改　大谷広右衛門
中島勘蔵改　松本　小次郎

十一月朔日より
・**男山《おとこやま》御《お》江《ゑ》戸礎《どのいしづへ》**＊
一　倉橋左少弁　　松本　国五郎
一　赤村之助常光　　大和山友右衛門
一　行成卿の息男　　市川　団十郎
一　鳥の海弥三郎　　坂田　半五郎
一　松浦左衛門宗任　　二やく　坂田　半五郎
一　安達藤太　　下り　荻野半左衛門
一　荒川太郎　　市川　男女蔵
一　折鶴ひめ　　下り　榊山　三五郎
一　うしかいおふで　　中山　富三郎
一　平賀の鷹の精　　二やく　中山　富三郎
一　龍雲の皇子　　森田　勘　弥
一　阿舎利玄清　　二やく　森田　勘　弥

一　仙台座頭
　　実ハ実方のほふ霊　市川　八百蔵
一　八幡太郎よし家　二やく　市川　八百蔵
一　中居ゑひ蔵おかね
　　実ハ貞任女房　下り　山下　金　作
暫く
一　鎌倉権五郎景政　市川　鰕　蔵
一　阿部の貞任　二やく　市川　鰕　蔵
一　廻国修行者良山　三やく　市川　鰕　蔵
＊男山御江戸盤石
閏十一月朔日より　弐番目出　山下金作延着之断、口上書出る。
一　郡山の馬士あぶみすりの岩蔵

一　修行者空月
　　実ハ栗坂太郎友則　坂田　半五郎
一　大国やのたまくら
　　実ハ常盤三郎よし政　市川　団十郎
一　けいこ兼とみ　山下　万　菊
一　二本松の馬士沓掛の九蔵　中山　富三郎
一　佐伯蔵人経のり
　　実ハ八木岡八郎為長　森田　勘　弥
一　大国屋の中居ゑび蔵おかね　市川　八百蔵
一　郡山のきをい金作次郎
　　実ハ貞任女房岩手　山下　金　作
　　実ハ右舎人清原武則　市川　鰕　蔵

寛政七乙卯年　桐座

正月十五日より
・再魁罧《にどのかけかついろ》曽我《そが》
一　大磯や禿千どり　中村　千之助
一　近江の小藤太　坂田　半五郎
一　大日坊　大谷広右衛門
一　のり頼公　尾上　雷　助

一　小林の朝いな　大和山友右衛門
一　けわい坂のせう〳〵　榊山　三五郎
一　大磯のとら　中山　富三郎
一　伊豆の次郎祐俊　森田　かん弥
一　曽我の団三郎　二やく　森田　かん弥
一　曽我五郎時宗　市川　団十郎

一　鬼王新左衛門　市川　八百蔵
一　曽我の十郎祐成　二やく　市川　八百蔵
一　鬼王女房月さよ　山下　金　作
一　花園中納言時広　二やく　山下　金　作
一　工藤左衛門祐経　市川　鰕　蔵
一　梶原源太かげ末　二やく　市川　鰕　蔵
一　悪七兵衛かけ清　三やく　市川　鰕　蔵

常盤津兼太夫上るり
浪花衛　別墅《なみのはなちどりのかくれが》　森田勘　弥　中村千之助　中山富三郎　市川八百蔵　相勤る

八百蔵祐成と柴苅の翁、千日参りの僧、富三郎せう〳〵と神女、勘弥人形うりの商人、千之助かむろ、所作事大出来〳〵。

二月朔日より　弐番め渕(ママ)崎塩浜の段　仲町茶屋の段　屋根仕合場

一　舟頭市川や与之介　市川　団十郎
一　野村又次兵衛　荻野半左衛門
一　中居おみの　山下　民之助
一　中居おこよ　山下　万　菊
一　げいしやおいと　榊山　三五郎
一　丹波屋おつま　中山　富三郎
一　やらずの仁兵衛　森田　かん弥
一　古手や八郎兵衛　市川　八百蔵
一　千葉の奥方いほはた　山下　金　作

一　香具屋弥兵衛　市川　鰕　蔵

常盤津兼太夫上るり
おつま　八郎兵衛　**八十八夜**《わかれじも》**　恨　鮫鞘**《うらみのさめざや》　中山富三郎　市川八百蔵　相勤る

二月十三日より

・曽我　後日　**八百屋お七　恋　江戸染**《こひのゑどぞめ》

一　八百やでつち富松　中村　千之助
一　五尺染五郎　市川　団十郎
一　海老名軍蔵　大谷広右衛門
一　吉祥寺上人　市川　弁　蔵
一　釜や武兵衛　松本　国五郎
一　八百や後家おこう　尾上　雷　助
一　小性吉三郎　榊山　三五郎
一　八百屋お七　中山　富三郎
一　戸倉十内　森田　勘　弥
一　仁田の四郎忠常　市川　八百蔵
一　八百や下女お杉　山下　金　作
一　土左衛門伝吉　市川　鰕　蔵

常盤津兼太夫上るり
筆茅針　恋　字《ふでつばなこひといふじ》　中山富三郎　榊山三五郎　市川団十郎　山下金作　市川鰕蔵　相勤る

三月十一日より
時今廓花道《ときはいまくるわのはなみち》

一 武智十次郎光はる　中村 千之助
一 武智十兵衛光秀　坂田 半五郎
一 小西弥十郎行長　市川 団十郎
一 六角民部左衛門　大和山友右衛門
一 修検者強力院　荻野半左衛門
一 勝家妹長しの　山下 万きく
一 小ぶなの源五郎　大谷広右衛門
一 森の蘭丸　市川 男女蔵
一 けいせい高尾　榊山 三五郎
一 若狭の侍従
　実ハ五右衛門女房おたき　中山 富三郎
一 小田城之助春永　森田 勘弥
一 真柴大領久吉　市川 八百蔵
一 うき世豆腐や又平
　実ハ栗から八郎てる光　二やく 市川 八百蔵
一 局長政　山下 金作
一 光秀女房さつき　二やく 山下 金作
一 加藤虎之助正清　市川 鰕蔵
一 石川五右衛門　二やく 市川 鰕蔵

第弐番め中幕に市川八百蔵所作事相勤る。
江戸《ゑど》**桜**《さくら》**娘**《むすめ》**道成寺**《どうぜうじ》

一 花山寺の文珠坊　市川 団十郎
一 同　ふげん坊　市川 男女蔵
一 白拍子花その　市川 八百蔵

四月十五日より
・仮名手本忠臣蔵

一 斧定九郎　市川 団十郎
一 山名次郎左衛門　大谷広右衛門
一 太田了竹　大谷広右衛門
一 矢間十太郎　市川 錦 次
一 下女りん　市川 わか蔵
一 義平一子よし松　市川 栗 蔵
一 本蔵娘小なみ　中村 七三郎
一 鷺坂伴内　松本 国五郎
一 原郷右衛門　尾上 雷 助
一 でつち伊吾　大和山友右衛門
一 百姓与一兵衛　二やく 大和山友右衛門
一 斧九太夫　荻野半左衛門
一 大星力弥　山下 万 菊
一 石堂右馬之丞　市川 男女蔵

一 桃の井若狭之助　二やく 市川　男女蔵
一 かほよ御ぜん　榊山　三五郎
一 こし元おかる　中山　富三郎
一 由良之助女房おいし　二やく 中山　富三郎
一 塩冶判官　森田　勘弥
一 寺岡平右衛門　二やく 森田　勘弥
一 大星由良之助　市川　八百蔵
一 早の勘平　二やく 市川　八百蔵
一 本蔵女房となせ　山下　金作
一 義平女房おその　二やく 山下　金作
一 おかる母　三やく 山下　金作
一 高の師直　市川　鰕蔵
一 加古川本蔵　二やく 市川　鰕蔵
一 堀部弥次兵衛　三やく 市川　鰕蔵
一 天川屋義平　四やく 市川　鰕蔵

五月五日より
蓬葺軒玉水《よもぎふくのきのたまみづ》
一 かごかきまいらせ候兵衛　市川　団十郎
一 同　めし度嘉兵衛　市川　男女蔵
一 沼津杢之進　大谷広右衛門
一 南条定七　坂東　桃太郎

一 戸田卜斎　尾上　雷　助
一 島田平左衛門　大和山友右衛門
一 八百や下女お袖　山下　民之助
一 半兵衛女房おちよ　中山　富三郎
一 家主太郎兵衛　森田　勘弥
一 八百屋半兵衛　市川　八百蔵
一 おちよ姉おかや　山下　金作
一 八百屋後家おつま　市川　鰕蔵
一 山根千蔵　二やく 市川　鰕蔵

常盤津兼太夫上るり
おちよ半兵衛 **五月**《いわた》**帯**《おび》**縁**《ゑん》**の短夜**《みじかよ》 市川団十郎 市川男女蔵 中山富三郎 市川八百蔵 山下金作 相勤る

五月十二日より 山下万菊追善狂言一幕出る
染分手綱 **道中双六の段**
一 じねんぢよの三吉　山下　金五郎
一 本田弥惣左衛門　市川　わか蔵
一 入沼喜惣次　坂東　桃太郎
一 岩瀬権平　坂東　亀　蔵
一 しらべの姫　松本　八十八
一 こし元若竹　中村　七三郎
一 こし元なでしこ　大和山友右衛門
一 こし元さつき　山下　民之助

一 こし元わかば　市川 男女蔵
一 こし元とこなつ　榊山 三五郎
一 御乳の人重の井　山下 金作

故人山下万菊義、五ヶ年已前木挽丁ニ而、富士太郎の歌比丘尼の役を名残と相成。右万菊幼年金太郎と申節、子役初ぶたいにて、じねんぢよの三吉相つとめ評よく、夫より段々出世いたし候所、今年ニ而五ヶ年に相成、旧冬不計罷下り候。金作、逆縁ながら悴の追善をいたし、七ヶ年に取越、則当時幼年之金太郎に三吉をつとめさせ、金作重の井相勤候段、口上書出る。

六月四日より 夏狂言
三浦《みうらの》 大助《おふすけ》紅梅《こうばい》靮《たづな》
一 青貝師六郎太夫　大和山友右衛門
一 大場の三郎かげちか　市川 団 作
一 六郎太夫娘木ずへ　榊山 三五郎
一 股野の五郎景久　森田 勘 弥
一 梶原平三かげ時　市川 八百蔵

平家《へいけ》女《にやうご》 護島《のしま》 二段目の切
一 丹左衛門基康　市川 団十郎
一 平判官康頼　坂東 三木蔵
一 丹波少将成経　市川 弁 蔵
一 瀬の尾太郎兼康　大和山友右衛門
一 あま千どり　中山 富三郎
一 俊寛僧都　市川 八百蔵

藍桔《あいぎ》 梗《ゝやう》 雁金《かりがね》五紋《ごもん》
一 山川屋権六　市川 団十郎
一 鶴木主水　二やく 市川 団十郎
一 野田甚之丞　坂東 辰 蔵
一 野田角左衛門　大和山友右衛門
一 極印千右衛門　大和山友右衛門
一 けいせい岩崎　榊山 三五郎
一 けいせい清川　中山 富三郎
一 文七女房おつた　二やく 中山 富三郎
一 林丈助　森田 勘 弥
一 多川喜三兵衛　二やく 森田 勘 弥
一 安の平兵衛　三やく 森田 勘 弥
一 雷庄九郎　四やく 森田 勘 弥
一 雁金文七　市川 八百蔵

七月十七日より
妹背《いもせ》山《やま》婦女《おんな》庭訓《ていきん》
一 太宰の娘ひな鳥　市川 団十郎

一 そがの蝦夷子　大谷広右衛門
一 さくらの局　大谷広右衛門
一 柴六忰三作　山下 金太郎
一 天智天皇　中村 七三郎
一 こし元小ぎく　中村 富 瀧
一 荒巻弥藤次　市川 わか蔵
一 宮越玄蕃　大和山友右衛門
一 こし元きゝやふ　山下 民之助
一 采女の局　二やく 山下 民之助
一 ふじ原の淡海　市川 男女蔵
一 久我之助清舟　榊山 三五郎
一 お三輪　中山 富三郎
一 めどの方　二やく 中山 富三郎
一 蘇我の入鹿　森田 勘 弥
一 猟師芝六　二やく 森田 勘 弥
一 大判事清澄　市川 八百蔵
一 漁師ふか七　二やく 市川 八百蔵
一 大職冠鎌足　三やく 市川 八百蔵
一 芝六女房おきじ　山下 金 作
一 太宰の後室さだか　二やく 山下 金 作

切に常盤津兼太夫上るり
糸薄《いとすゝき》色《いろの》苧環《おだまき》
一 入鹿妹橘ひめ　榊山 三五郎
一 さかやの娘お三輪　中山 富三郎
一 藤原淡海　市川 男女蔵
一 さる廻し与次郎　二やく 市川 男女蔵
一 歌比丘尼玉笹　市川 八百蔵
一 鹿島の事ふれ権太夫　二やく 市川 八百蔵
此狂言大当り。団十郎三五郎の入替役、両人共わけて大出来〳〵。

○山下金作上方へ登る
都座より 瀬川 菊之丞　中島甚左衛門改 島野勘左衛門
同 沢村 宗十郎
休居て出勤 大谷 広 次
都座より 坂東三津五郎
同 嵐 龍 蔵
河原崎座より 谷村虎蔵改 大谷友右衛門

十一月朔日より
源平《げんへい》柱礎暦《はしらごよみ》
一 おきく　瀬川 菊之丞

一近藤判官　松本　国五郎
一太夫の進朝長　山下　民之助
一よし平妻みさほ　松本　米三郎
一長田の太郎　嵐　龍　蔵
一飛騨の左衛門　大谷友右衛門
一悪源太よしひら　坂東三津五郎

一藤九郎盛永　市川　男女蔵
一藤の森の小女郎狐　中山　富三郎
一源のよし朝　大谷　広　次
一常盤御ぜん　瀬川　菊之丞
一平相国清盛　沢村　宗十郎

寛政八辰年　桐座

正月廿七日より
・**曽我大福帳**《そがだいふくてふ》

一鴫立沢のお鶴　瀬川　菊之丞
一米やでつち長吉　二やく　瀬川　菊之丞
一由兵衛女房小梅　三やく　瀬川　菊之丞
一いしや三里の久庵　中村　歌　七
一八幡の三郎行氏　尾上　雷　助
一米や仁右衛門　二やく　尾上　雷　助
一近江の小藤太成いへ　大谷友右衛門
一赤手ぬいの長五郎　二やく　大谷友右衛門
一大磯のとら　中山　富三郎
一げいしや額の小さん　松本　米三郎

一けわい坂のせう〳〵　二やく　松本　米三郎
一小はやしの朝いな　坂東　善　次
一源兵衛堀の源兵衛　嵐　龍　蔵
一曽我の団三郎　二やく　嵐　龍　蔵
一信楽勘十郎　坂東三津五郎
一鬼王新左衛門　二やく　坂東三津五郎
一鬼王女房月さよ　二やく　中山　富三郎
一米や娘おきみ　三やく　中山　富三郎
一曽我の五郎時宗　市川　男女蔵
一かなや金五郎　二やく　市川　男女蔵
一工藤左衛門祐経　大谷　広　次
一かなや金兵衛　二やく　大谷　広　次

一　曽我の十郎祐成　　沢村　宗十郎
一　梅の由兵衛　　二やく　沢村　宗十郎
富本豊前太夫上るり
文枕閨初恋　瀬川菊之丞　坂東善次　市川男女蔵　松本米三郎　中山富三郎　大谷広次　沢村宗十郎　相勤る
此狂言、梅の由兵衛、長吉ころし大評判大当り。

四月八日より
・**江戸《ゑど》花《のはな》赤《あ》穂《この》塩竈《しほがま》**
一　かほよ御ぜん　　瀬川　菊之丞
一　由良之助女房おいし　　二やく　瀬川　菊之丞
一　四条歌舞伎役者中むら千之助　　中村　千之助
一　田代安兵衛　　市川　男女蔵
一　大星力弥　　二やく　市川　男女蔵
一　四条の歌舞伎役者岡しま竹十郎　　中村　歌　七
一　桃井若狭之助　　中村　伝九郎
一　四条歌舞伎役者中むら伝九郎　　二やく　中村　伝九郎
一　四条の歌舞伎役者上むら源之助　　沢村　源之助
一　山名次郎左衛門　　松本　国五郎
一　鷺坂伴内　　中島勘左衛門
一　勘平母　　尾上　雷　助
一　四条歌舞伎座元布袋屋梅之丞　　山下　民之助

一　百姓与一兵衛　　大谷友右衛門
一　斧定九郎　　二やく　大谷友右衛門
一　本蔵娘小浪　　松本　米三郎
一　高の師直　　嵐　龍　蔵
一　早野和助　　二やく　嵐　龍　蔵
一　塩冶判官　　坂東三津五郎
一　早野勘平　　二やく　坂東三津五郎
一　たばこや次郎作
　　実ハ千崎弥五郎　　三やく　坂東三津五郎
一　こし元おかる　　中山　富三郎
一　弥五郎女房おはや　　二やく　中山　富三郎
一　四条歌舞妓頭取花井才三郎　　大谷　広　次
一　寺岡平右衛門　　二やく　大谷　広　次
一　不破初右衛門　　沢村　宗十郎
一　大星由良之助　　二やく　沢村　宗十郎

五月五日より
恋闇《こいのやみ》皐《さ》月《つき》嫐《のうわなり》
一　羽生村のかさね　　瀬川　菊之丞
一　在所娘おりん　　中村　千之助
一　千原左近　　市川　男女蔵
一　大鳥平馬　　松本　国五郎

一 浮島大八　中島勘左衛門
一 たいこ持要助　坂東 善次
一 信田の左衛門　尾上 雷助
一 げいこはる野　山下 民之助
一 小山悪五郎　大谷友右衛門
一 浮島女房花ぞの　松本 米三郎
一 小山の判官　嵐 龍蔵
一 与右衛門女房おたね　二やく 嵐 龍蔵
一 安達東馬　坂東三津五郎
一 浮島隼人　二やく 坂東三津五郎
一 けいせい菊町　中山 富三郎
一 舅与右衛門　大谷 広次
一 羽生村与右衛門　沢村 宗十郎

切狂言

兜軍記＊ 琴ぜめの段
一 かけ清女房あこや　瀬川 菊之丞
一 半沢六郎成清　市川 男女蔵
一 岩永左衛門宗連　嵐 龍蔵
一 秩父の庄司次郎重忠　沢村 宗十郎

＊檀浦兜軍記

五月廿日より 付狂言

国性爺合戦《こくせんやかっせん》 鴫蛤のだん 楼門の段 紅流の段 右三幕出る
一 錦枡女　瀬川 菊之丞
一 和藤内三官　市川 男女蔵
一 侍女あさみ　坂東 桃太郎
一 同 とう花　中村 七三郎
一 同 ふやう　中村 弥八
一 せんだん皇女　山下 民之助
一 和藤内女房小むつ　松本 米三郎
一 老一官　大谷友右衛門
一 一官女房　坂東三津五郎
一 五城軍かんき　沢村 宗十郎

七月廿七日より

時花唄《はやりうた》**比翼**《ひよくの》**三紋**《みつもん》＊
一 東金女房おさき　瀬川 菊之丞
一 油屋おそめ　二やく 瀬川 菊之丞
一 仲の丁茶や京村やおちへ　中村 千之助
一 虫売秋草の長蔵　市川 男女蔵
一 山家やの仕事師わしの久五郎　二やく 市川 男女蔵
一 馬道のおてうばゝア　中村 歌七
一 願人鉄玄　松本 国五郎

一　秦三伯　坂東　善　次
一　関本弥太夫　尾上　雷　助
一　けいせい初ふね　山下　民之助
一　油や手代善六　大谷友右衛門
一　油やでつち久松　松本　米三郎
一　多川武左衛門　嵐　龍　蔵
一　筑波茂右衛門　二やく　嵐　龍　蔵
・一　高木源十郎　坂東三津五郎
一　燈篭うりかげ絵のおせん　中山　富三郎
一　けいせい浅妻　二やく　中山　富三郎
一　油や太郎兵衛　大谷　広　次
一　矢島左五平　二やく　大谷　広　次
一　山家や佐四郎　沢村　宗十郎
一　東金茂右衛門　二やく　沢村　宗十郎

富本豊前太夫上るり
菊花　嘘　仇夢《ちぎりぐさながれのあだゆめ》＊＊　大谷友右衛門　松本　米三郎　坂東三津五郎　中山富三郎　瀬川菊之丞　相勤る

＊時花唄比翼三紋
＊＊菊花嬢仇夢

九月九日より　切狂言
・**彦山権現　誓　助釼**《ひこさんごんげんちかいのすけだち》
山口八幡の段　出立の段　返り討の段

其嫁の段　毛谷村の段　敵討の段

一　一味斎娘おその　瀬川　菊之丞
一　轟伝五右衛門　市川　男女蔵
一　奴友平　二やく　市川　男女蔵
一　絹川弥三郎　中村　伝九郎
一　春風藤蔵　松本　国五郎
一　堤曽平太　坂東　善　次
一　狼谷の所化栄山　二やく　坂東　善　次
一　一味斎女房お幸　尾上　雷　助
一　絹川弥三左衛門　大谷友右衛門
一　京極大之進　二やく　大谷友右衛門
一　おその妹おきく　松本　米三郎
一　京極内匠　嵐　龍　蔵
一　奴佐五平　坂東三津五郎
一　吉岡一味斎　大谷　広　次
一　毛谷村六介　沢村　宗十郎
一　郡音成　二やく　沢村　宗十郎

故人市川門之助、十月十九日三回忌に付、市川男女蔵追善の口上アリ。

九月廿五日より　切狂言
物ぐさ太郎　四段め一幕

一園生の方　瀬川　菊之丞
一佐々木国丸　中村　千之助
一金魚や金八　市川　男女蔵
一こし元さかき　中村　弥　八
一同　まゆみ　中村　七三郎
一よし丸　沢村　鉄之助
一金八娘小みつ　尾上　紋三郎
一金八女房宮ぎの　山下　民之助
一石塚玄蕃　大谷友右衛門
一名古や山三　坂東三津五郎
一おくに御ぜん　中山　富三郎
一不破の伴左衛門　沢村　宗十郎
此狂言、大出来〱。

都座より　坂東彦三郎
尾上松次郎改　尾上伊三郎
荻野東蔵改　沢村藤　蔵

十一月朔日より
・銀積《ぎんせかい》松《まつに》行平《ゆきひら》
一高松左衛門妾千枝　瀬川　菊之丞
一こし元やよひ　松本　米三郎
一高松おく方くれ竹　岩井喜代太郎

一山上玄蕃　坂東　善　次
一かつらのまへ　瀬川　雄次郎
一岩橋丹下　嵐　龍　蔵
一須磨の此兵衛　二やく　嵐　龍　蔵
一県景広　大谷友右衛門
一帯刀次郎　坂東三津五郎
一高松左衛門　坂東　彦三郎
一板東太郎　二やく　坂東　彦三郎
一惟喬親王　沢村　宗十郎
一名虎妾老女むらじ　二やく　沢村　宗十郎
一中納言行平　三やく　沢村　宗十郎

寛政九巳年　桐座

正月十七日より

・大注連《おふかざり》曽我《そが》門松《のかどまつ》

大磯化地蔵の段　箱根権現の段　権現鐘供養の段
曽我中村屋敷の段　祐経行列の段　義盛館の段
和田酒盛対面の段　都而無幕

一番め無幕

一　和田の息女とら御ぜん　瀬川　菊之丞
一　きせ川の亀ぎく　中村　千之助
一　曽我の五郎時宗　市川　男女蔵
一　そがの団三郎　中村　伝九郎
一　吉備宮大藤内　松本　国五郎
一　国上のせんじ坊　坂東　善　次
一　箱根の別当行実　尾上　雷　助
一　団三郎女房十六夜　瀬川　雄次郎
一　伊豆の次郎祐兼　沢村　東　蔵
一　鬼王新左衛門　大谷友右衛門
一　鬼王女房月さよ　松本　米三郎
一　けわい坂のせうく　岩井喜代太郎

一　近江の小藤太　嵐　龍　蔵
一　八わたの三郎　坂東三津五郎
一　小林の朝いな　二やく　坂東三津五郎
一　そがのまんこう　坂東　彦三郎
一　工藤左衛門祐つね　二やく　坂東　彦三郎
一　そがの十郎祐成　沢村　宗十郎

富本豊前太夫上るり
雛《ひなの》睦《めうと》月《つきの》三引《みつびき》　岩井喜代太郎　市川男女蔵　坂東三津五郎　瀬川菊之丞　沢村宗十郎　相勤る

弐番目世話狂言
青楼《さと》詞《ことば》合《あわせ》鏡《かゞみ》　聞書三冊物

一　万字やの八ッはし　瀬川　菊之丞
一　文蔵女房おしづ　二やく　瀬川　菊之丞
一　中の町みどりや松蔵　市川　男女蔵
一　下人与茂太　中村　伝九郎
一　沢井数右衛門　松本　国五郎
一　半田丹介　坂東　善　次
一　大きばの三ぶ　大谷友右衛門

一 唐物や茂兵衛　嵐　龍蔵
一 文蔵親善右衛門　二やく　嵐　龍蔵
一 万字やの高崎　松本　米三郎
一 越谷の百姓伊平次　坂東三津五郎
一 佐野の次郎左衛門　坂東　彦三郎
一 紀の国や文蔵　沢村　宗十郎
一 文蔵一子文吉　沢村　鉄之助

此狂言、壱番目曽我は幕なしニ而珍敷、大出来〳〵。
弐番目、宗十郎大評判、大当り〳〵。

四月六日より
けいせい時雨《しぐれ》桜《さくら》

一 義政公の御台みゆき御ぜん　瀬川　菊之丞
一 中居おそで　二やく　瀬川　菊之丞
一 若狭妹おみち　三やく　瀬川　菊之丞
一 げいこ花野　中村　千之助
一 若とう瓜生門作　市川　男女蔵
一 桃井弥生之助　中村　伝九郎
一 朝倉兵庫　沢村　東蔵
一 沓屋の後家おたく　大谷友右衛門
一 沓屋若狭女房お浦　松本　米三郎
一 けいせい此はな　岩井喜代太郎

一 山名宗全　嵐　龍蔵
一 沓屋の聟太平次　二やく　嵐　龍蔵
一 東山義政公　坂東三津五郎
一 奴在平　二やく　坂東三津五郎
一 野々宮大位之助　坂東　彦三郎
一 萩原式部
　実ハ赤松彦二郎　沢村　宗十郎
一 曲輪の夜番徳介　二やく　沢村　宗十郎
一 沓屋若狭
　実ハ尾形三郎　三やく　沢村　宗十郎

江戸《ゑど》紫《むらさき》娘《むすめ》道成寺《どうぜうじ》　白拍子さくら木　瀬川菊之丞　同宿阿仏坊　坂東彦三郎　同宿陀仏坊　沢村宗十郎　相勤る

当春狂言、正月中旬より三月中、新狂言出し不申、大当り。
もはや古めかしく成候に付、狂言仕替候との口上、并大切瀬川菊之丞道成寺の所作事、**さなきだ道成寺**は、是迄古人菊之丞より伝来に候へ共、**京鹿の子道成寺**は初而致候との口上。

四月十七日より　切狂言
太平記《たいへいき》菊水《きくすい》之巻《のまき》　二段め口切　三段め口切　四幕

一 楠正行おく方秋しの　瀬川　菊之丞
一 石堂女房よせ波　二やく　瀬川　菊之丞
一 やつこ照平　市川　男女蔵
一 足利侍従之介氏満　中村　伝九郎

一 和田新兵衛　松本 国五郎
一 八尾の半六　坂東 善 次
一 けいせい玉川　瀬川 雄次郎
一 刎川主膳
　実ハまりがせ秋夜　大谷 広 次
一 山名一角　沢村 東 蔵
一 やつこ歩蔵　大谷友右衛門
一 勘解由妹ちつか　松本 米三郎
一 勇介女房おせん　岩井喜代太郎
一 夢はんじ在兵衛　嵐 龍 蔵
一 楠正行　坂東三津五郎
一 石堂勘解由　坂東 彦三郎
一 宇治の常悦　沢村 宗十郎

五月十七日より

藍《あい》桔《き》梗《きやふ》 雁金《かりがね》五《ご》紋《もん》 仕入七反

一 文七女房おつた　瀬川 菊之丞
一 平兵衛女房おつぎ　二やく 瀬川 菊之丞
一 げいこ小糸　中村 千之助
一 布袋市右衛門　市川 男女蔵
一 山川や権六　中村 伝九郎
一 道具や八兵衛　松本 国五郎

一 山川や権左衛門　大谷 広 次
一 極印千右衛門　大谷友右衛門
一 けいせい岩崎　松本 米三郎
一 けいせい清川　岩井喜代太郎
一 野田角左衛門　沢村 東 蔵
一 雷庄九郎　嵐 竜 蔵
一 本庄曽平次　坂東三津五郎
一 安の平兵衛　坂東 彦三郎
一 雁金文七　沢村 宗十郎

六月廿四日より 夏狂言 桟敷代拾七匁 土間代拾匁 切落八拾文

・太平記忠臣講釈

一 矢間喜内　大谷友右衛門
一 近江や次郎右衛門　二やく 大谷友右衛門
一 鹿間宅兵衛　三やく 大谷友右衛門
一 天川や義平　四やく 大谷友右衛門
一 高の師直　沢村 東 蔵
一 斧九太夫　二やく 沢村 東 蔵
一 乳もらい杢作　坂東 善 次
一 けいせい浮はし　瀬川 雄次郎
一 九太夫娘おくみ　中村 七三郎
一 塩冶判官　中村 伝九郎

一 早の勘平　　二やく 中村 伝九郎
一 万歳徳助　　三やく 中村 伝九郎
一 塩冶縫之助　　四やく 中村 伝九郎
一 十太郎女房おりへ　　岩井喜代太郎
一 後家おれい　　二やく 岩井喜代太郎
一 平右衛門女房　　三やく 岩井喜代太郎
一 大星由良之助　　市川 男女蔵
一 矢間十太郎　　二やく 市川 男女蔵
一 大星力弥　　中村 千之助

常盤津伊勢太夫上るり
切狂言 **積恋《つもるこひ》雪《ゆきの》関扉《せきのと》** 市川男女蔵 中村伝九郎 岩井喜代太郎 相勤る

七月十五日より
月《つきは》武蔵野《むさしの》秋狂言《あきのせわごと》

一 浜田の後家磯町　　瀬川 菊之丞
一 娘こいな　　二やく 瀬川 菊之丞
一 けいせい田毎　　中村 千之助
一 けいせい若くら　　瀬川 雄次郎
一 荒川万作　　沢村 東 蔵
一 岩城弥源次　　大谷友右衛門
一 堅田の雁介　　二やく 大谷友右衛門
一 けいせい三浦やの柏木　　松本 米三郎

一 瀧平女房おさき　　岩井喜代太郎
一 半十郎妹おしな　　二やく 岩井喜代太郎
一 久利勘解由　　嵐 龍 蔵
一 唐崎松兵衛　　二やく 嵐 龍 蔵
一 若とう友次　　坂東三津五郎
一 半兵衛母おさぢ　　二やく 坂東三津五郎
一 長尾内蔵之進　　坂東 彦三郎
一 稲野谷半十郎
　後ニ大津の半兵衛　　沢村 宗十郎
一 稲野谷三左衛門　　二やく 沢村 宗十郎

富本豊前太夫上るり
道行《みちゆき》恋《こひの》重荷《おもに》 瀬川菊之丞 沢村宗十郎 相勤る

九月九日より
菅原伝授手習鑑

一 菅相丞　　瀬川 菊之丞
一 桜丸女房八重　　二やく 瀬川 菊之丞
一 苅屋姫　　中村 千之助
一 梅王丸　　市川 男女蔵
一 桜丸　　中村 伝九郎
一 三好の清つら　　坂東 善 次
一 みだいにしきのまへ　　瀬川 雄次郎

一 春藤玄蕃　沢村　東　蔵
一 土師の兵衛　二やく 沢村　東　蔵
一 宿禰太郎　大谷友右衛門
一 源蔵女房戸波　松本　米三郎
一 梅王女房はる　二やく 松本　米三郎
一 立田のまへ　岩井喜代太郎
一 松王女房ちよ　二やく 岩井喜代太郎
一 左大臣時平　嵐　龍　蔵
一 判官代てる国　坂東三津五郎
一 覚寿尼　坂東　彦三郎
一 武部源蔵　二やく 坂東　彦三郎
一 松王丸　沢村　宗十郎

都座より 市川八百蔵　大谷門蔵改 桐の谷門蔵
△下り 嵐　三　八

十一月朔日より
雪女《ゆきおんな》譜《けいづ》鉢木《はつのき》

一 天女丸　中村　千之助
一 千種のたね平　沢村　東　蔵
一 千賀の浦平　桐の谷　門蔵
一 城之助妹みゆき　松本　米三郎
一 浅原八郎為頼　下り 嵐　三　八
一 沼田五郎　市川　男女蔵
一 千しまの波平　大谷友右衛門
一 千どりの友平　二やく 市川　男女蔵
一 千とせの鶴平　坂東三津五郎
一 船頭かぢ六　実ハ青砥左衛門　市川　八百蔵
一 馬士むち蔵　実ハ佐野の源左衛門　沢村　宗十郎
一 御乳の人園菊　瀬川　菊之丞

寛政十午年　桐座／市村座

正月十五日より
・**着始《きそはじめ》小袖《こそで》曾我《そが》***

一 祐つねおく方なぎの葉　瀬川　菊之丞
一 新造喜世川の亀ぎく　下り 瀬川　菊三郎

一 近江小藤太成家　市川　幾　蔵
一 蒲冠者のり頼　沢村　東　蔵
一 曽我箱王丸　岩井喜代太郎
一 鬼王女房月さよ　二やく　岩井喜代太郎
一 曽我の十郎祐成　中村　伝九郎
一 順礼おとら　松本　米三郎
一 曽我の団三郎　市川　男女蔵
一 小林の朝比奈　二やく　市川　男女蔵
一 鬼王新左衛門　坂東三津五郎
一 近江八幡之助　市川　八百蔵
一 工藤左衛門祐経　沢村　宗十郎

富本豊前太夫上るり
髭業平《ひげなりひら》廓《さとの》文車《ふぐるま》＊＊　瀬川　菊三郎　中村　伝九郎　岩井喜代太郎　松本米三郎　市川男女蔵　相勤る

＊着衣始小袖曽我
＊＊髭豆男廓の文車

富岡恋山開《とみがおかこひのやまびらき》　弐番目世話狂言　四幕
一 仲町三国やの小女郎　瀬川　菊之丞
一 玉屋の嫁おゑん　二やく　瀬川　菊之丞
一 神明の水茶やお梅　下り　瀬川　菊三郎
一 新橋の八百や伊三郎　中村　伝九郎
一 茨の藤兵衛　沢村　東　蔵

一 玉屋手代三四郎　大谷友右衛門
一 梅本の女房おかね　岩井喜代太郎
一 氏原勇蔵　市川　男女蔵
一 町がゝへうぶけの金太郎　坂東三津五郎
一 鵜飼九十郎　嵐　三　八
一 玉屋新右衛門　二やく　嵐　三　八
一 玉屋新兵衛　市川　八百蔵
一 出村新兵衛　沢村　宗十郎

三月三日より
澪標浪花眺《みをつくしなにわのながめ》　第弐番め　三筋町　三冊
一 扇やの夕霧　瀬川　菊之丞
一 げいこ若艸　中村　千之助
一 同　こずへ　瀬川　菊三郎
一 三崎弥十郎　中村　伝九郎
一 もくさんの杢兵衛　市川　幾　蔵
一 すゞ木鯛庵　中むら　歌七
一 ふじや了哲　尾上　雷　助
一 けいせいはつ花　瀬川　雄次郎
一 安達丹兵衛　大谷友右衛門
一 丈助妹おこの　松本　米三郎
一 丈助女房おりく　岩井喜代太郎

一　吉田や喜左衛門　市川　男女蔵
一　俳諧師伊丹の鬼貫　坂東三津五郎
一　ふじや手代文六　嵐　三　八
一　伊藤丈助　市川　八百蔵
一　藤屋伊左衛門　沢村　宗十郎
富本豊前太夫上るり
道行菜種裳《なたねのもすそ》　瀬川菊之丞　沢村宗十郎　相勤る
四月十六日より　第三番目四幕
島原出口の場　祇園二軒茶屋の場　伏見関所の場
大仏前鍛冶屋の場　伏見京橋水じやいの場迄
一　伊助女房おりつ　瀬川　菊之丞
一　みなせ姫　中村　千之助
一　けいせい都路　瀬川　菊三郎
一　浅利鳴門の介　中村　伝九郎
一　伊助妹おたき　松本　米三郎
一　爪の多九郎　沢村　東　蔵
一　稲毛外記次郎　大谷友右衛門
一　宗左衛門女房おりう　岩井喜代太郎
一　山崎新平　市川　男女蔵
一　馬かた心見の長蔵　嵐　三　八
一　大館源五右衛門　二やく　嵐　三　八

一　里見伊助　市川　八百蔵
一　高松宗左衛門　沢村　宗十郎
五月五日より
一　五郎兵衛女房おつゆ　瀬川　菊之丞
一　但馬や清十郎　中村　伝九郎
一　曽我十郎祐成　二やく　中村　伝九郎
一　浮島村のとく作　市川　幾　蔵
一　梶原源太かげすへ　坂東　桃太郎
一　浮しま村のお百　瀬川　雄次郎
一　戸沢瀬平　沢村　東　蔵
一　御所の五郎丸重宗　二やく　沢村　東　蔵
一　五郎兵衛弟畔六　大谷友右衛門
一　げいしやおなつ　松本　米三郎
一　曽我の五郎時宗　岩井喜代太郎
一　曽我の団三郎　市川　男女蔵
一　井田清太夫　坂東三津五郎
一　鬼王新左衛門　坂東三津五郎
一　五郎兵衛母おたに　嵐　三　八
一　正木主計　市川　八百蔵
一　浮島村百姓五郎兵衛　沢村　宗十郎

五月廿一日より　切狂言　二幕
蘭奢待《らんじゃたい》新田《にった》系図《けいづ》　三段め　口切

一　助市女房おそね　瀬川菊之丞
一　百姓太郎介　市川八助
一　早川兵太　坂東辰蔵
一　百姓作兵　坂東桃太郎
一　同　五兵　坂田時蔵
一　ひなのみや　松本八十八
一　幸内女房　尾上雷助
一　勾当の内侍　岩井喜代太郎
一　弥太郎女房いそなみ　二やく　岩井喜代太郎
一　助市　坂東三津五郎
一　弥太郎　実ハ新田よし貞　市川八百蔵
一　脇の浜幸内　沢村宗十郎

大坂ニ而病死いたし候得共、十年已前寛政元酉年顔見世、当座より上坂に付爰に記す。

午六月十九日
病死　三代目吾妻藤蔵　行年四十三歳

六月七日より　新狂言二幕

一　手代長蔵　中村伝九郎
一　たいこ持伝助　坂東伝吉
一　節季候権蔵　市川角右衛門
一　つちや娘おさの　瀬川七蔵
一　新口村孫右衛門　大谷友右衛門
一　丹波や八右衛門　二やく　大谷友右衛門
一　けいせい梅川　松本米三郎
一　忠兵衛母妙閑　市川男女蔵
一　かめや忠兵衛　二やく　市川男女蔵
一　中居おせん　中村千之助

梅川忠兵衛　**道行恋《こひの》飛《ひ》脚《きやく》**　松本米三郎　大谷友右衛門　市川男女蔵　相勤る

七月廿九日より
・**智《ち》仁《じん》勇《ゆふ》三面《さんめんの》大黒《だいこく》**

一　介作女房お袖　瀬川菊之丞
一　妙国寺蘇鉄の精　二やく　瀬川菊之丞
一　御そば女中さらしな　中村千之助
一　春孝の妾お通の方　瀬川菊三郎
一　瀬川采女之助　中村伝九郎
一　仲人千秋万兵衛　大谷門蔵
一　片岡介太夫　尾上雷介

一　三法師の乳人やどり木　瀬川　雄次郎
一　宅間玄蕃　沢村　東　蔵
一　三輪五郎永秀　大谷友右衛門
一　春孝の侍女おきく　松本　米三郎
一　柴田おく方小谷　二やく　松本　米三郎
一　真柴おく方園生　岩井喜代太郎
一　曽呂利新左衛門　坂東三津五郎
一　真柴久吉　二やく　坂東三津五郎
一　柴田勝重　嵐　三　八
一　斎藤龍興　二やく　嵐　三　八
一　小田春孝　市川　男女蔵
一　七本鑓の一人片岡介作　市川　八百蔵
一　三振り刀の一人桜井左七　沢村　宗十郎

富本豊前太夫
十《ぢう》二《に》段《だん》月《つきの》　粧《よそおひ》　瀬川菊三郎　瀬川　三代蔵　市川　男女蔵　小佐川七蔵　中村　千之助　坂東三津五郎　瀬川雄次郎　大谷友右衛門　瀬川　菊之丞　相勤る

八月十六日より
新うすゆき物語
兵法の段　清水の段　詮義の段　腹切の段　第壱番目にいたし候
一　兵衛おく方常盤井　瀬川　菊之丞
一　五郎兵衛妹おれん　中村　千之助
一　うすゆきひめ　瀬川　菊三郎

一　そのべの左衛門　中村　伝九郎
一　来国俊　嵐　富五郎
一　こし元みゆき　小佐川　七蔵
一　同　のわけ　松本　八十八
一　来国行　尾上　雷　助
一　刎川兵蔵　二やく　尾上　雷　助
一　こし元さかき　瀬川　雄次郎
一　渋川藤馬　沢村　東　蔵
一　団九郎　大谷友右衛門
一　こし元まがき　松本　米三郎
一　伊賀守おく方萩の方　岩井喜代太郎
一　下部妻平　市川　男女蔵
一　桂木民部之丞　坂東三津五郎
一　秋月大膳　嵐　三　八
一　幸崎いがの守　市川　八百蔵
一　園部の兵衛　沢村　宗十郎

弐番目
のべの書残《かきおき》
浮瀬の場　蜆川の場　紙屋の場　道行の場　第弐ばんめにいたし候
一　きのくにや小春　瀬川　菊之丞
一　次兵衛女房おいわ　二やく　瀬川　菊之丞

一 五貫や善五郎　大谷　門蔵
一 五左衛門女房おいち　尾上　雷助
一 下女おたま　瀬川　雄次郎
一 鉄屋五左衛門　沢村　東蔵
一 江戸屋太助　大谷友右衛門
一 でんかい　嵐　三八
一 粉や孫右衛門　市川　八百蔵
一 紙屋次兵衛　沢村　宗十郎

富本豊前太夫上るり
道行恋の橋つくし 瀬川菊之丞 市川八百蔵 沢村宗十郎 相勤る

九月九日より 元祖菊之丞五十回忌追善狂言

富本豊前太夫上るり
其俤《そのおもかげ》 浅間嶽《あさまがたけ》 瀬川菊之丞 沢村宗十郎 相勤る

一 けいせいおうしうゆふこん　瀬川　菊之丞
一 おとわのまへ　瀬川　菊三郎
一 ふげんゐん　尾上　雷助
一 こし元玉ざゝ　瀬川　雄次郎
一 こし元松がへ　松本　米三郎
一 同　千しま　岩井喜代太郎
一 かごかき作兵衛 実ハ和田次郎　市川　男女蔵
一 駕籠かき七兵衛 実ハ巴之丞　沢村　宗十郎

大切 石橋の所作事＊ 三代め瀬川菊之丞相勤る

＊英相生獅子

◯沢村宗十郎大坂江登る

市村座、再興の口上書出る。

御当地ニ而、数年来芝居興行仕候所、六ヶ年已前丑年、休座仕候。然る所、此度櫓再興願之通被仰付難有、興行之儀は、顔見世狂言より仕候、已上。

寛政十午年正月 葺屋町大芝居座元
十代目市村羽左衛門

寛永十一甲戌年、葺屋町ニ而、初而大芝居狂言蒙（闕）御免、凡百六拾五年相続興行仕候。

顔見世入替り
中村座より 尾上松助
同 中村伝九郎

十一月朔日より
・**花《はな》櫓《やぐら》 橘《たちばな》 系図《けいづ》**

当顔見世より市村座に成

一 中間鴈平　実ハ摩那兵衛　嵐　三八
一 新田よし貞　中村　伝九郎
一 湯女おみや　松本　米三郎
二暫く 一 村上彦四郎　市川　男女蔵
一 児島備後の三郎　坂東三津五郎
一 足利治部太夫　尾上　松助
一 町がゝへ千本の松　二やく 尾上　松助
一 備後の三郎若党八ッ兵衛　市川　八百蔵
一 楠正行　二やく 市川　八百蔵

一 十津川のおしづ　瀬川　菊之丞

三立め、松助尊氏、又太郎渕部いがの守赤つらニ而受、男女蔵村上彦四郎の暫く、大出来也。

四立め、八百蔵座頭ニ而、酉のとしとの生れゆへ、大塔の宮の薬に成。二やく正行ニ而、妙薬を以平癒の所、大出来〳〵。

五立め、さこね祭り神社いと打の場。

六立め、高徳館の場、三津五郎高徳、八百蔵若党、三八奴三人の見へ、大当り。

弐番め、十津川、大切浄るり。

富本豊前太夫連中
恋相撲闇の取組　三八 八百蔵 男女蔵 菊之丞　相勤る

寛政十一未年　市村座

正月十五日より
・**大紋《おふもん》日《ひ》曲輪《くるわ》曽我《そが》***

一 大磯のとら　瀬川　菊之丞
一 かごかき殿さま蛇《じゃ》の介　実ハ伊豆の次郎　嵐　三八
一 梶原平次かけ高　坂東　又太郎

一 小いその亀ぎく　瀬川　菊三郎
一 曽我のまんこふ　尾上　雷助
一 近江小藤太成家　松本　国五郎
一 曽我の団三郎　中村　伝九郎
一 小林の朝比奈　二やく 中村　伝九郎
一 八幡の三郎行氏　市川　浜蔵

一 けわい坂のせう〳〵　松本 米三郎
一 鬼王新左衛門　市川 男女蔵
一 曽我の五郎時宗　二やく 市川 男女蔵
一 曽我の太郎介のぶ　坂東三津五郎
一 工藤左衛門祐つね　尾上 松助
一 鬼王女房月さよ　小佐川 常世
一 曽我の十郎祐成　市川 八百蔵

富本豊前太夫
六玉川 衛柵《ちどりのしがらみ》　松本米三郎 瀬川菊之丞 尾のへ伊三郎 坂東三津五郎 中村伝九郎 市川八百蔵 相勤る

＊大紋日花街曽我

弐番目世話狂言
・花姿詠千金《はなのすがたひとめせんきん》

一 荒尾惣左衛門女房小わた　瀬川 菊之丞
一 三田や手代与兵衛　嵐 三八
一 惣左衛門娘おくの　瀬川 菊三郎
一 大野甚右衛門　尾上 雷助
一 下女おりん　市川 浜蔵
一 柳田武太夫　桐の谷 門蔵
一 蒲原文平　松本 国五郎
一 むさしやのおたつ　瀬川 雄次郎
一 三田や源次郎　中村 伝九郎

一 三田や娘おなか　松本 米三郎
一 関取男女川浪五郎　市川 男女蔵
一 三田やてつち音吉　坂東三津五郎
一 深見十右衛門　尾上 松助
一 勘介母お幸　二やく 尾上 松助
一 木津勘助　市川 八百蔵
一 勘助女房おりつ　小佐川 常世

未二月十五日
病死 十代目市村羽左衛門
九代目羽左衛門実子。初名七十郎、後亀蔵。天明五巳年より羽左衛門と改名。

三月三日より 行列の段 草履打の段 仕返しの段
一 北条家の息女時ひめ　瀬川 菊之丞
一 尾のへ召仕はつ　二やく 瀬川 菊之丞
一 足軽ずぶ平　嵐 三八
一 奥女中関屋　瀬川 菊三郎
一 同 はつ音　小佐川 七蔵
一 牛島玄蕃　松本 小次郎
一 五百崎求馬　中村 伝九郎
一 奥女中浮ふね　松本 米三郎

一 足軽磯平　市川　男女蔵
一 局岩ふじ　尾上　松　助
一 中老尾のへ　小佐川　常世
一 北条家臣待乳造酒之進　市川　八百蔵

四月八日より
袷小袖血汐染色《ちしほのそめいろ》 第三番目　四幕

一 浜屋おつま　瀬川　菊之丞
一 八郎兵衛女房おさよ　二やく　瀬川　菊之丞
一 小笹助之進　嵐　三　八
一 古手や仁兵衛　二やく　嵐　三　八
一 げいしやひな吉　瀬川　菊三郎
一 ぜげんめつた半兵衛　尾上　雷　助
一 藤井貢　中村　伝九郎
一 野田新十郎　市川　男女蔵
一 浜や次郎兵衛　坂東三津五郎
一 香具屋弥兵衛　尾上　松　助
一 次郎兵衛女房おせん　小佐川　常世
一 橘屋八郎兵衛　市川　八百蔵

富本豊前太夫上るり
おつま 八郎兵衛 **道行比翼袖屏風《ひよくのそでびやうぶ》** 瀬川菊之丞 市川八百蔵 相勤る

五月五日より
本朝廿四孝 四段め竹本錦太夫出がたり

一 こし名弾正女房入江　瀬川　菊之丞
一 山本勘助母　瀬川　菊之丞
一 こし元濡衣　三やく　瀬川　菊之丞
一 越名弾正　嵐　三　八
一 板垣兵部　二やく　嵐　三　八
一 賤の方　瀬川　菊三郎
一 北条相模守氏時　坂東　又太郎
一 かごかき四郎蔵　尾上　雷　助
一 たをやめ御ぜん　瀬川　雄次郎
一 百姓蓑作　中村　伝九郎
一 武田四郎勝頼　中村　伝九郎
一 八重垣ひめ　松本　米三郎
一 長尾三郎兵衛　市川　男女蔵
一 村上左衛門義清　二やく　市川　男女蔵
一 直江山城之助　坂東三津五郎
一 長尾入道謙信　二やく　坂東三津五郎
一 斎藤道三　尾上　松　助
一 武田信玄　二やく　尾上　松　助
一 慈悲蔵女房おたね　小佐川　常世
一 常盤井御ぜん　小佐川　常世

一 高坂弾正　市川　八百蔵
一 山本勘助晴之　二やく 市川　八百蔵

七月廿六日より
女《おんな》文字《もじ》筆陸《ふでのみちのく》

一 楠原不伝娘菊水　瀬川　菊之丞
一 吉岡幸内妹しのぶ　瀬川　菊之丞
一 志賀台七　嵐　三八
一 藤岡平馬　坂東　又太郎
一 逆井村の正助　尾上　雷助
一 おじやれおいと　瀬川　雄次郎
一 寺本陸太郎　中村　伝九郎
一 下男与助　二やく 中村　伝九郎
一 寺本帯刀　坂東三津五郎
一 菊池兵庫　尾上　松助
一 松酒や清助　二やく 尾上　松助
一 幸内女房宮城野　小佐川　常世
一 吉岡幸内　市川　八百蔵
一 村井伝蔵 実ハ志賀谷五郎　二やく 市川　八百蔵

未八月廿八日
病死 四代目中村伝九郎
初名大谷徳五郎、安永八亥年当座初舞台、寛政五丑年中村伝九郎と改名。

八月十七日より　切狂言
増補《ぞうほ》千両幟《せんりやうのぼり》

一 岩川女房おとき　瀬川　菊之丞
一 姫つる姉おつち　二やく 瀬川　菊之丞
一 鉄ヶ嶽峰五郎　嵐　三八
一 つるや浄元　尾上　雷助
一 村岡丈右衛門　市川角右衛門
一 市原伊平太　松本　国五郎
一 新造岩つる　瀬川　雄次郎
一 けいせい姫つる　松本　米三郎
一 岩川次郎吉　市川　男女蔵
一 つるや礼三郎　市川　八百蔵

富本豊前太夫上るり
浮名《うきなの》夜月《よつき》洩《もる》世帯《せたい》　尾上伊三郎 松本米三郎 瀬川菊之丞 市川八百蔵　相勤る

九月九日より
義経千本桜　二の口　二の切　道行　四の切

一佐藤忠信　瀬川菊之丞
一源九郎狐　二やく　瀬川菊之丞
一川越太郎　嵐三八
一さかみ五郎　二やく　嵐三八
一卿のきみ　瀬川菊三郎
一川連法眼　尾上雷助
一土佐坊昌俊　松本国五郎
一駿河の次郎　桐の谷門蔵
一亀井の六郎　市川浜蔵
一川つら女房あすか　瀬川雄次郎
一しづか御ぜん　松本米三郎
一武蔵坊弁慶　市川男女蔵
一源九郎よし経　坂東三津五郎
一横川の覚範　尾上松助
一典侍の局　小佐川常世
一渡海や銀平
　実ハ平知盛　市川八百蔵

富本豊前太夫上るり
差《さしも》実《げ》爾《に》初音色鳥《はつねのいろとり》
たゞのぶ　瀬川菊之丞
しづか　松本米三郎
鳥さし十兵衛　市川八百蔵
相勤る

弐番目三幕
江戸《ゑど》紫男鑑《むらさきおとこかゞみ》

一けいせい小むらさき　瀬川菊之丞
一本庄助市　嵐三八
一大文字や八重梅　瀬川菊三郎
一本庄助太夫　坂東又太郎
一兵庫や女房おくみ　松本米三郎
一高木正蔵　市川男女蔵
一白井権八　坂東三津五郎
一絹売法花長兵衛　尾上松助
一長兵衛女房おりき　小佐川常世
一幡随長兵衛　市川八百蔵

未九月十二日
病死　山下金作　行年六拾七歳
大坂表ニ而病死致し候へ共、去る寛政七卯年、当座より上坂いたし候に付、爰に記す。

△下り　嵐雛助
森田座より　坂東彦三郎
坂東三津五郎改　荻野伊三郎
坂東鯛蔵改　坂東鶴十郎
△下り　嵐松之丞
嵐七蔵改　市山七蔵
△下り　嵐他蔵
中村千之助改　瀬川菊之助

十一月朔日より
婧睢《うつくしきゆきの》 雪世界《せかい》

一 若狭の局　瀬川菊之丞
一 赤星太郎武者　嵐三八
一 宗尊親王　沢村淀五郎
一　瀬川菊三郎
一 豊玉姫　瀬川菊之助
一 青砥左衛門女房しがらみ　小佐川常世
一 原田六郎　荻野伊三郎
一 秋田城之助よし景　下り 嵐雛助
一 青砥五郎ふじ綱　坂東彦三郎
一 北条時頼　二やく 坂東彦三郎

寛政十二申年　市村座

正月十五日より
梅薫《むめかほる》 誉曽我《ほまれそが》

一 三浦の片貝　瀬川菊之丞
一 鬼王妹十六夜　二やく 瀬川菊之丞
一 祐経おく方なぎの葉　小佐川常世
一 由井の長者近江小藤太　嵐三八
一 八幡の三郎行氏　中山七蔵
一 伊豆の次郎祐兼　坂田熊十郎
一 蒲の冠者のり頼　市川染五郎
一 曽我の太郎祐のぶ　尾上雷助
一 けいせい手ごし　瀬川雄次郎
一 けわい坂のせう〳〵　瀬川菊之助
一 大磯のとら　瀬川菊三郎
一 鬼王新左衛門　荻野伊三郎
一 曽我の五郎時宗　二やく 荻野伊三郎
一 扇ヶ谷の野ぶせり閉坊次郎
　実ハ京の次郎祐とし　嵐雛助
一 工藤左衛門祐経　二やく 嵐雛助
一 小藤太悴小弥太
　実ハ曽我の団三郎　坂東彦三郎
一 曽我の十郎祐成　二やく 坂東彦三郎

弐番目 世話狂言 **仇《あだ》競《くらべ》恋《こいの》姿《すがた》見《み》**

一 深川仲町げいしや小いな　瀬川 菊之丞
一 仲丁尾張やのおいち　小佐川 常世
一 新川田島や番頭武右衛門　嵐 三 八
一 市村座頭取坂東又太郎　坂東 又太郎
一 大江家中花巻弥源次　松本 国五郎
一 吹屋町万や娘おため　瀬川 菊三郎
一 麦飯売勘吉　荻野 伊三郎
一 男げいしや半兵衛　嵐 雛 助
一 半兵衛母妙順　坂東 彦三郎
一 高城半十郎　二やく 坂東 彦三郎

富本豊前太夫上るり
色ふかき花の錦画*　瀬川菊之丞 嵐雛助 相勤る
*いろふかき花錦画

二月十二日より
・**楼門《さんもん》五《ご》三桐《さんのきり》***
一 峰田兵庫おく方しづはた　瀬川 菊之丞
一 久よし御台園生の方　小佐川 常世
一 五右衛門女房おりつ　二やく 小佐川 常世
一 奴弥太平 実ハ異こく人順喜観　嵐 三 八
一 加藤とらの介正清　二やく 嵐 三 八
一 真柴金吾久秋　市川 荒五郎
一 金貸し小次兵衛　松本 国五郎
一 けいせい九重　瀬川 菊之助
一 大仏餅や惣右衛門　沢村 淀五郎
一 けいせい花橘　瀬川 菊三郎
一 瀬川求馬　荻野 伊三郎
一 羽根川高景　二やく 荻野 伊三郎
一 真柴久次　嵐 雛 助
一 石川五右衛門　二やく 嵐 雛 助
一 此村大炊之助　坂東 彦三郎
一 真柴大領久よし　二やく 坂東 彦三郎
*楼門五山桐

弐番目 富本豊前太夫上るり
おはん 長右衛門 **瀬川の仇浪** 瀬川菊之丞 嵐雛助 相勤る
一 しなのやおはん　瀬川 菊之丞
一 長右衛門女房おきぬ　小佐川 常世
一 片岡幸左衛門　嵐 三 八
一 足軽段助　市川 荒五郎
一 針の宗兵衛　坂東 又太郎
一 げいこ雪の　小佐川 七蔵

一 おきぬ弟才次郎　市山 七蔵
一 おはん母　荻野 伊三郎
一 帯屋長右衛門　嵐 雛助
一 片岡幸之進　坂東 彦三郎

三月三日より 第壱番目六建目桃山御所の場

一 峰田兵庫おく方賤はた　瀬川 菊之丞
一 久よし御台園生方　小佐川 常世
一 五右衛門女房おりつ　二やく 小佐川 常世
一 百姓霧畑村の与茂九
　実ハ佐藤虎之助　嵐 三八
一 真柴久秋　市川 荒五郎
一 けいせい九の重　瀬川 菊之助
一 五右衛門妹おきく　瀬川 菊三郎
一 瀬川求馬　荻野 伊三郎
一 石川五右衛門
　実ハ惟任左馬五郎光則　嵐 雛助
一 真柴大領久よし　坂東 彦三郎

四月二日より

化粧六歌仙

一 官女卯のはな　松本 国五郎
一 仕丁五作　坂田 時蔵
一 同 島作　中島勘左衛門
一 官女はつ音　瀬川 松之丞
一 同 うき艸　中村 富瀧
一 仕丁又次　市川 染五郎
一 同 只次　尾上 雷助
一 同 又六　沢村 淀五郎
一 深草の少将　市山 七蔵
一 右大弁国つね　坂田 熊十郎
一 官女その花　瀬川 千代蔵
一 同 みゆき　瀬川 雄次郎
一 仕丁当作
　実ハ五代三郎近忠　嵐 雛助
一 六歌仙之内在原の業平　嵐 雛助
一 同 僧正遍照　嵐 雛助
一 同 文屋の康秀　嵐 雛助
一 同 喜撰法師　嵐 雛助
一 同 大伴の黒主　嵐 雛助
一 小野の小町　瀬川 菊之丞
一 孔雀三郎成平　坂東 彦三郎

四月十四日より　十代目故人市村羽左衛門一周忌追善狂言
富本豊前太夫上るり
蜘糸曳渦巻《くものいとひけやうづまき》
切禿　座頭　猿　坂東彦三郎所作相勤る

一　二の瀬の源吾　　嵐　三八
一　坂田の金時　　市川　荒五郎
一　丹波太郎鬼住　　松本　国五郎
一　樋爪の運八　　市川　団作
一　忠文娘小桜姫　　瀬川　富之助
一　碓井の貞光　　沢村　淀五郎
一　小桜姫のかしづき敷しま　　瀬川　菊三郎
一　箕田の源吾　　荻野　伊三郎
一　かつらき山土蜘の化身　　坂東　彦三郎
一　日吉山王末社の神　　二やく　坂東　彦三郎

閏四月二日より
・**男券誓立願**《おとこむすびちかいのりうぐわん》＊

一　印南十内妻お民
　　後ニ三浦やのけいせい大岸　　瀬川　菊之丞
一　印南志津摩　　二やく　瀬川　菊之丞
一　仁木多門之助おく方しけ波　　小佐川　常世
一　治作女房おさへ　　二やく　小佐川　常世

一　横山外記　　嵐　三八
一　横山大蔵　　二やく　嵐　三八
一　井筒や下女お仲　　嵐　松之丞
一　けいせい夏きく　　瀬川　雄次郎
一　中の町井筒やおさよ　　二やく　瀬川　雄次郎
一　三浦や新造きしの戸　　瀬川　菊之助
一　おさへ妹おみつ　　二やく　瀬川　菊之助
一　田上丈八　　沢村　淀五郎
一　浦和の後家おつや　　二やく　沢村　淀五郎
一　福田金兵衛　　三やく　沢村　淀五郎
一　三浦やの新造きし里　　瀬川　菊三郎
一　文治女房おきの　　二やく　瀬川　菊三郎
一　印南十内　　荻野　伊三郎
一　白坂文次　　二やく　荻野　伊三郎
一　仁木主計頭　　三やく　荻野　伊三郎
一　浦和のかごかき治助
　　実ハ宮城伝助　　嵐　雛助
一　大高主殿　　坂東　彦三郎
一　仁木多門正　　二やく　坂東　彦三郎

＊男券盟立願

五月十日より

ひらかな盛衰記《せいすいき》

一 こし元千鳥　瀬川 菊之丞
　のちニけいせい梅がへ
一 松右衛門女房およし　二やく 瀬川 菊之丞
一 隼人娘おふで　小佐川 常世
一 舟頭権四郎　嵐 三八
一 源のよし経　市川 荒五郎
一 梶原平三かけ時　坂東 又太郎
一 鎌田隼人　尾上 雷助
一 内田の三郎　嵐 他蔵
一 横須賀郡内　沢村 淀五郎
一 山吹御ぜん　瀬川 菊之助
一 巴御ぜん　瀬川 菊三郎
一 和田のよし盛　荻野 伊三郎
一 母ゑんじゅ　二やく 荻野 伊三郎
一 畠山重忠　三やく 荻野 伊三郎
一 梶原平次かけ高　嵐 雛助
一 樋口の次郎兼光　二やく 嵐 雛助
一 梶原源太かけ末　坂東 彦三郎

五月廿一日より 景事一幕

艸閨鳥《くさにやどるとり》の庵《ひとつや》 嵐雛助相勤る

一 頼朝公御だい政子御ぜん　瀬川 菊之丞
一 江間の小四郎よし時　市川 荒五郎
一 三浦荒次郎よしずみ　坂東 鶴十郎
一 杣木鼠の茂作　坂田 時蔵
一 同のぶすま谷蔵　坂東 藤次郎
一 そまがうてふの長六　市川 竹五郎
一 同 山あらしの官八　嵐 直蔵
一 石田の三郎為久　坂田 熊十郎
一 白拍子さくら子　瀬川 菊三郎
一 宇都の山守　嵐 雛助
　実ハ蔦の精霊

六月十八日より 夏狂言
桟敷 拾七匁 割合六人詰壱人弐匁
土間 拾弐匁 切落代 六十四文

源平布引滝 第三段め切迄

一 瀬の尾の十郎兼氏　嵐 三八
一 飛騨の左衛門　坂東 又太郎
一 小野原村の九郎介　松本 国五郎
一 難波の六郎　市川 団作

一　高橋判官　　沢村　竹五郎
一　小まつの重盛　　市山　七　蔵
一　小まん　　瀬川　菊之助
一　葵御ぜん　　瀬川　菊三郎
一　斎藤いち郎実盛　　嵐　雛　助

・五大力恋緘《ごたいりきこひのふうじめ》

一　笹の三五兵衛　　嵐　三　八
一　廻し男弥介　　松本　国五郎
一　出石宅左衛門　　米山　連　蔵
一　多々羅佐十郎　　市川　団　作
一　横川軍蔵　　嵐　豊　蔵
一　若党八右衛門　　市山　七　蔵
一　千しま千太郎　　二やく　市山　七　蔵
一　升やの娘おこの　　瀬川　菊之助
一　けいしやきくの　　瀬川　菊三郎
一　さつま源五兵衛　　嵐　雛　助

七月十六日より

十帖源氏　**物ぐさ太郎**

一　おくに御ぜん　　瀬川　菊之丞
一　山三郎女房かつらき　　二やく　瀬川　菊之丞
一　利久妻しがらみ　　小佐川　常世
一　金八女房おみや　　二やく　小佐川　常世
一　石塚玄蕃　　嵐　三　八
一　奴岡平　　二やく　嵐　三　八
一　狩野歌之助　　市川　荒五郎
一　歌之助妹なでしこ　　瀬川　菊之助
一　長谷部の雲谷　　沢村　淀五郎
一　利久娘さへだ　　瀬川　菊三郎
一　金魚や金八　　荻野　伊三郎
一　不破伴左衛門重勝　　嵐　雛　助
一　物ぐさ太郎　　坂東　彦三郎
一　名古や山三元春　　二やく　坂東　彦三郎

八月十五日より

仮名手本忠臣蔵

一　本蔵女房となせ　　小佐川　常世
一　高の師直　　嵐　三　八
一　斧九太夫　　二やく　嵐　三　八
一　桃井若狭之助　　市川　荒五郎
一　斧定九郎　　二やく　市川　荒五郎
一　鷺坂伴内　　松本　国五郎
一　大星力弥　　尾上　栄三郎

一本蔵娘小なみ　瀬川菊之助
一かほよ御ぜん　二やく　瀬川菊之助
一こし元おかる　瀬川菊三郎
一由良之助女房おいし　二やく　瀬川菊三郎
一塩冶判官　荻野伊三郎
一加古川本蔵　嵐雛助
一寺岡平右衛門　二やく　嵐雛助
一早野勘平　坂東彦三郎
一大星由良之助　二やく　坂東彦三郎

八月廿三日より　切狂言
富本豊前太夫上るり
沍　山路菊月《さへよしややまぢのきくづき》　山姥　瀬川菊之丞　快童丸　嵐雛助　相勤る

一伊豆国足柄の山姥　瀬川菊之丞
一碓井荒童　嵐三八
一卜部靫負　市川荒五郎
一山賊蛇の子八兵衛　市川団作
一物部の平太　嵐他蔵
一源の頼光　市山七蔵
一渡辺の綱　市川染五郎
一めのと白ぎく　瀬川雄次郎
一沢瀉ひめ　瀬川菊之助
一印部の熊武　沢村淀五郎
一快童丸　嵐雛助
一平井保昌　坂東彦三郎

九月九日より　市川団蔵飛入出勤

・菅原伝授手習鑑

一源蔵女房戸波　瀬川菊之丞
一桜丸女房八重　二やく　瀬川菊之丞
一松王女房千代　小佐川常世
一左中将まれよ　嵐三八
一すくね太郎　二やく　嵐三八
一判官代てる国　市川荒五郎
一斎世親王　尾上栄三郎
一苅屋ひめ　嵐松之丞
一安楽寺住僧　尾上雷助
一春藤玄蕃　坂田熊十郎
一奴宅内　松本国五郎
一わし塚平馬　中島勘左衛門
一菅家みだい花園御前　瀬川雄次郎
一梅王女房はる　瀬川菊之助
一土師の兵衛　沢村淀五郎
一立田のまへ　瀬川菊三郎

一 梅王丸　荻野 伊三郎
一 松王丸　嵐 雛助
一 さくら丸　坂東 彦三郎
一 菅相丞　二やく 坂東 彦三郎
一 ふし原の時平　市川 団蔵
一 後家かくじゅ　二やく 市川 団蔵
一 百姓白太夫　三やく 市川 団蔵
一 武部源蔵　四やく 市川 団蔵

先祖百年忌に付顔見世計り勤 市川白猿
△大坂より下り 沢村 宗十郎　七代市川海老蔵改 市川 団十郎
△下り 沢村 源之助　中村座より 瀬川 菊之助
△下り 藤川武左衛門　森田座より 岩井喜代太郎
△下り 嵐 冠十郎
△下り 沢村 鉄之助

十一月朔日より
生茂《おいしける》波《なみの》渦渦《うねうね》*

一 五代三郎女房鵜の羽　瀬川 菊之丞
一 盤若五郎てる綱　市川 団十郎
一 小野の小町　瀬川 菊之助
一 荒藤太　嵐 冠十郎
一 真弓御ぜん　岩井喜代太郎
一 八重垣かずへ　荻野 伊三郎
一 孔雀三郎　二やく 荻野 伊三郎
一 大伴の黒主　沢村 宗十郎
一 五代三郎　二やく 沢村 宗十郎
一 大伴の山主　市川 白猿

＊生茂波溶渦

寛政十三辛酉年 享和元年に成　市村座

正月十五日より 市川八百蔵飛入出勤
通《かよひ》花街《くるわ》馴染《なれそめ》曽我《そが》*

一 鬼王女房月さよ　瀬川 菊之丞
一 箱根のちご箱王丸　瀬川 菊之丞
一 大磯や新造まい鶴　瀬川 菊之丞
一 北条五郎時宗　市川 団十郎

一　箱根の閉坊丸　嵐　冠十郎
一　梶原平次景高　松本　国五郎
一　小林の朝日丸　沢村　鉄之助
一　曽我のせんじ坊　沢村　源之助
一　梶原平三かけ時　坂田　熊十郎
一　八幡三郎行氏　市川　染五郎
一　鬼王妹十六夜　瀬川　雄次郎
一　北条四郎時政　山科四郎十郎
一　大いそのとら　岩井喜代太郎
一　けわい坂のせう〳〵　瀬川　菊之助
一　曽我の団三郎　岩井喜代太郎
一　近江小藤太成家　藤川武左衛門
一　鬼王新左衛門　荻野　伊三郎
一　伊豆の次郎祐兼　二やく　荻野　伊三郎
一　曽我十郎祐成　市川　八百蔵
一　工藤左衛門祐経　二やく　市川　八百蔵
一　京の次郎祐俊　沢村　宗十郎

富本豊前太夫上るり
戀《おもわく》百人一首《ひやくにんいっしゅ》　瀬川雄次郎　嵐松之丞　尾上紋三郎　嵐他蔵　松本国五郎　藤川武左衛門　瀬川菊之丞　市川八百蔵　相勤る

＊通花街馴初曽我

第弐番目世話狂言
恋《こひの》いろは 匊書始《てくだのかきぞめ》
一　仲の町げいしやいろは　瀬川　菊之丞
一　高岡郡助　嵐　冠十郎
一　つんぼう伴助　松本　国五郎
一　若党惣八　市川　染五郎
一　板橋の七兵衛　嵐　他　蔵
一　建長寺の権　坂田　熊十郎
一　けいせい八重梅　瀬川　雄次郎
一　橘屋新右衛門　山科四郎十郎
一　けいせい花妻　瀬川　菊之助
一　妻木彦太郎　岩井喜代太郎
一　升や武左衛門　藤川武左衛門
一　伊藤源十郎　荻野　伊三郎
一　鮫鞘の新助　市川　八百蔵
一　男達初花伝七　沢村　宗十郎

右狂言、沢村宗十郎病気差重り、出勤無之故、隣町中村座より弟市川八百蔵スケ相勤候得共不当りニ而、二月上旬より休む。

酉三月廿九日
四代目　病死　沢村宗十郎
行年四拾九歳

辞世
あぢきなや浮世の人にわかれ霜
無台出勤凡四拾三年勤る

三月三日より
比良嶽雪見陣立《ひらがたけゆきみのぢんだて》 第壱番目にいたし候

一 政左衛門娘深雪姫　瀬川　菊之丞
一 佐藤虎之助政清　市川　団十郎
一 瀧川将監　嵐　冠十郎
一 馬渕五太夫　松本　国五郎
一 三木主水　市川　染五郎
一 松下嘉平次　山科四郎十郎
一 瀬平女房お仲　岩井喜代太郎
一 けいせい田毎　二やく　岩井喜代太郎
一 春忠御台蘭の方　三やく　岩井喜代太郎
一 毛受勝助　荻野　伊三郎
一 真柴筑前守久吉　二やく　荻野　伊三郎
一 百姓瀬平　市川　八百蔵
一 足利政左衛門　二やく　市川　八百蔵
一 小田春孝　三やく　市川　八百蔵

弐番目世話狂言
桃桜雛世帯《もゝさくらひなのせたい》

一 油やでつち久松　瀬川　菊之丞
一 おそめ姉岩城　二やく　瀬川　菊之丞
一 久作娘おみつ　三やく　瀬川　菊之丞
一 けいせい久米川　嵐　冠十郎
一 津田良助　市川　染五郎
一 曲馬奴くら八　嵐　他蔵
一 京村やお糸　瀬川　雄次郎
一 油屋後家おかや　山科四郎十郎
一 あふらやお染　瀬川　菊之助
一 油屋手代久七　藤川武左衛門
一 野崎村久作　二やく　藤川武左衛門
一 山家や清兵衛　荻野　伊三郎
一 荒物や佐四郎　市川　八百蔵

富本豊前太夫上るり
道行恋蝶菜花盛《こひすてふなのはなさかり》 瀬川　菊之助 あらし他蔵 藤川武左衛門 瀬川菊之丞 市川八百蔵 相勤る
此狂言も、不評判ニ而不当り。

三月十七日より　三幕
富本豊前太夫上るり
今様《いまやう》**雌雄**《いもせ》**双**《の》**石橋**《しやつきやふ》* 瀬川菊之丞 市川八百蔵 相生獅子所作事相勤る

一　友光妾高窓　　瀬川　菊之丞
一　奴　雲内　　嵐　冠十郎
一　同　花介　　松本　国五郎
一　同　月蔵　　嵐　他　蔵
一　同　鳥作　　富士川　国蔵
一　安田の三郎　　坂東　鶴五郎
一　こし元ひな次　　瀬川　菊之助
一　同　早枝　　岩井喜代太郎
一　小山判官友景　　藤川武左衛門
一　同　太郎時景　　二やく　藤川武左衛門
一　奴雪平
　　実ハ結城七郎弟二郎友春　　市川　八百蔵
一　結城の七郎友光　　二やく　市川　八百蔵

右狂言差出し候所、兎角不評判ニ而不当り故、間もなく芝居相休、此内沢村宗十郎病死す。　＊今様雌雄霓石橋

(重出)酉三月廿九日
　病死　沢村宗十郎
　　行年四拾九歳

辞世
あぢきなや浮世の人に別れ霜

舞台出勤、凡四拾二年相勤る

スケ　市川　高麗蔵
　　坂東三津五郎　両人飛入
下り　嵐　新平　出勤

四月十四日より
全盛《ぜんせい》伊達曲輪《だてのくるわ》入《いり》

一　三浦やけいせい高尾　　瀬川　菊之丞
一　荒獅子男之介　　市川　団十郎
一　豆腐や庄兵衛　　市川　こま蔵
一　浮世戸平　　二やく　市川　こま蔵
一　仁木弾正左衛門正則　　三やく　市川　こま蔵
一　足利頼兼公　　坂東三津五郎
一　いしや飛田強敵　　嵐　冠十郎
一　斯波外記左衛門　　山科四郎十郎
一　三浦やけいせい薄雲　　瀬川　菊之助
一　角力取さゞ波勝之介　　岩井喜代太郎
一　頼兼姉姫橋立御せん　　二やく　岩井喜代太郎
一　山名宗全　　藤川武左衛門
一　豆腐や三ぶ　　荻野　伊三郎
一　細川勝元　　二やく　荻野　伊三郎

一 浮田左金吾　市川 八百蔵
　後ニ土手の道哲
一 石堂兵庫近成　二やく 市川 八百蔵

富本豊前太夫上るり
茂懺悔睦語《なつこだちさんげのむつごと》　瀬川菊之丞 市川高麗蔵 市川八百蔵 相勤る

弐ばん目 沢村宗十郎病死に付追善狂言

一 由兵衛女房小梅　瀬川 菊之丞
一 三島勇蔵　市川 こま蔵
一 町がゝへほん八　嵐 冠十郎
一 在所かゝおゆく　沢村元右衛門
一 さかみや吉兵衛　坂東 桃太郎
一 勇蔵下部筆介　沢村 鉄之助
一 米やのでつち長吉　沢村 源之助
一 磯島伴七　坂田 熊十郎
一 矢的やのおよふ　瀬川 雄次郎
一 勝田幸助　嵐 新平
一 けいしやおきく　瀬川 菊之助
一 古手や源兵衛　藤川武左衛門
一 勝田幸右衛門　荻野 伊三郎
一 梅の由兵衛　市川 八百蔵

此梅の由兵衛の狂言、大当り。七年已前、当座ニ而沢村宗十郎相勤め、大評判の狂言ゆへ、追善として出し候所、又々此度も大当り大入。

其節、舞台へ張出し候書付。

当春狂言之儀、殊之外御意に相叶、大繁昌仕り、四月十四日より同廿五日迄、日数十二日の間、

桟敷売高 千三百拾間
土間売高 千七百拾五間

右之通、近年稀成大入大繁昌仕候段、誠に御ひゐき厚き御影故と、別而難有仕合に奉存候、以上。

五月節句、替りなしに此狂言ニ而、土用休前迄続く。

七月十九日より
・敵討躵雁的《かたきうちねらひのがんまと》

一 いよや娘おいく　瀬川 菊之丞
一 古市の局女郎稲木
　実ハ大八女房おさく　二やく 瀬川 菊之丞
一 千原十左衛門妾おきみ　三やく 瀬川 菊之丞
一 信田の小性三よし岩次郎　市川 団十郎
一 信田家中薩島伝蔵　市川 こま蔵
一 羽州の家中象潟喜三次　二やく 市川 こま蔵
一 信田の家中浮島甚七郎　坂東三津五郎
一 浮島家中下部大助　二やく 坂東三津五郎

一　いよやの手代義兵衛　　嵐　　冠十郎
一　玄蕃下部磯平　　市の川　貫蔵
一　けいせい松しま　　瀬川　雄次郎
一　いせや娘お糸　　二やく　瀬川　雄次郎
一　小山伴之丞　　市川　染五郎
一　信田の一男氏太郎　　下り　嵐　　新　平
一　小道具や善右衛門　　山科四郎十郎
一　月岡中納言秋里卿　　二やく　山科四郎十郎
一　古市千束や女郎竹川　　瀬川　菊之助
一　甚太夫妾おるい　　岩井喜代太郎
一　熱湯の嘉兵衛　　藤川武左衛門
一　富岡玄蕃　　二やく　藤川武左衛門
一　信田家老浮島甚太夫　　荻野　伊三郎
一　重右衛門母みつぎ　　二やく　荻野　伊三郎
一　浮島家下部大八　　三やく　荻野　伊三郎
一　いよや次兵衛　　市川　八百蔵
一　信田の家中千原重右衛門　　二やく　市川　八百蔵

八月九日より

壱番目大切三幕　萩塚門前の場　同亭座敷の場　奥庭敵討の場

一　いよや治兵衛娘おいく　　瀬川　菊之丞
一　薩島伝蔵　　市川　こま蔵

一　浮島甚七郎　　坂東三津五郎
一　玄蕃下部磯平　　市の川　貫蔵
一　岩城平馬　　坂東　伝　吉
一　勘解由下部沖平　　坂東　辰　蔵
一　勘解由下部岩平　　坂東　桃太郎
一　玄蕃下部段平　　嵐　　他　蔵
一　甚太夫妾おるい　　岩井喜代太郎
一　富岡玄蕃　　藤川武左衛門
一　甚太夫下部大八　　荻野　伊三郎
一　望月勘解由
　　実ハ千原重左衛門　　市川　八百蔵

瀬川菊之丞改
瀬川路考
瀬川菊之助改
瀬川路之助
瀬川菊三郎改
瀬川路三郎

同廿七日より　弐番目狂言　三幕

堂島田実　畳《どうじまたのみのつみこみ》

一　忠右衛門女房おまさ　　瀬川　路　考
一　獄門の庄兵衛　　市川　こま蔵
一　浜地源左衛門　　二やく　市川　こま蔵
一　馬渕和平太　　松本　国五郎
一　地廻りうんのみの□（八）　　坂東　辰　蔵

一同　なかれの岩　坂東　伝吉
一米や手代久七　沢村元右衛門
一中居おとみ　坂東　富之助
一げいこおさよ　山下　国三郎
一鎌倉や五郎八　嵐　新　平
一けいせい瀧川　瀬川　雄次郎
一忠右衛門母貞林　山科四郎十郎
一八木勝三郎娘おしう　瀬川　路之助
一はんじ物の喜兵衛　荻野　伊三郎
一黒船忠右衛門　市川　八百蔵

松本幸四郎改　男女川京十郎　河原崎座より　嵐　三八
市川高麗蔵改　松本　幸四郎　同座より　尾上雷助
瀬川松之丞改　瀬川浜次郎
坂東桃太郎改　坂東善　次
市川三太郎改　市川高麗蔵

(※十一月)
・男哉婦将門《おとこなりけりおんなまさかど》

一伊賀寿太郎　嵐　三　八
一三上の夜叉丸　市川　団十郎
一みゆきひめ　瀬川　雄次郎
一松崎千代野　瀬川　路之助
一重頼　沢村　源之助
一みくりやの三郎　松本　国五郎
一権の守興世　坂田　熊十郎
一将門めのと越路　藤川武左衛門
一海道三郎　荻野　伊三郎
一六郎公連　二やく　荻野　伊三郎
一平親王将門　松本　幸四郎
一俵藤太秀郷　二やく　松本　幸四郎
一将門妾岩波　瀬川　路　考
一秀郷おく方松しま　二やく　瀬川　路　考

享和二壬戌年　市村座

正月十九日より
三国一纈盃《さんごくいちいもせのさかづき》 *

一秩父庄司重忠　男女川京十郎
一鬼王新左衛門　嵐　三　八

一小林の朝比奈　市川　団十郎
一瀬川が新造かわなみ　嵐　冠十郎
一伊豆の次郎祐兼　坂田　熊十郎
一蒲冠者のり頼　市の川　貫蔵
一曽我の団三郎　あらし　音吉
一曽我の五郎時宗　尾上　紋三郎
一富士右京之進　尾上　雷　助
一曽我の十郎祐成　沢村　源之助
一大いそのとら　瀬川　路之助
一鬼王女房月さよ　瀬川　路三郎
一松葉やつき出し市川　二やく　瀬川　路三郎
一外科長崎幡楽　藤川武左衛門
一近江の小藤太成いへ　二やく　藤川武左衛門
一八わたの三郎行氏　荻野　伊三郎
一富士右京女房千枝　二やく　荻野　伊三郎
一浅間左衛門照政　松本　幸四郎
一望月左衛門直貞　二やく　松本　幸四郎
一工藤左衛門祐経　三やく　松本　幸四郎
一かぶとや文五郎　四やく　松本　幸四郎
一富士右京娘おせい　瀬川　路　考
一松葉やの瀬川　二やく　瀬川　路　考

富本豊前太夫上るり
花恋月夜里《はなにこひつきよのさと》　瀬川路三郎　沢村源之助　瀬川路考　相勤る

＊三国一纈蓋

三月十八日より
天満宮《てんまんぐう》**菜**《な》**種**《たねの》**御供**《ごくう》

一紀長谷雄　男女川京十郎
一土師の兵衛　嵐　三　八
一舎人峰丸　市川　団十郎
一春藤玄蕃　嵐　冠十郎
一清原広純　富士川　国蔵
一斎世親王　瀬川　浜次郎
一奴池平　嵐　新　平
一平まれよ　松本　国五郎
一紅梅ひめ　瀬川　雄次郎
一百姓白太夫　尾上　雷　助
一判官代てる国　沢村　源之助
一小さくら　瀬川　路之助
一太郎女房松ヶ枝　瀬川　路三郎
一三好の清貫　藤川武左衛門
一宿禰太郎　荻野　伊三郎
一漁師浪蔵　二やく　荻野　伊三郎

一　左大臣時平　松本　幸四郎
一　漁師荒藤太　二やく　松本　幸四郎
一　後室覚寿　瀬川　路考
一　汐くみおしほ　二やく　瀬川　路考
一　菅丞相道実　三やく　瀬川　路考

富本豊前太夫上るり
松梅色結綿《まつむめいろとゆひわた》　松本幸四郎　瀬川路之助　荻野伊三郎　瀬川路考　相勤る

第弐番目世話狂言
江戸《ゑど》**八景**《はつけい》**恋**《こひ》**訳里**《のわけざと》

一　井筒や伴頭忠七　嵐　三八
一　さる廻し与次郎　二やく　嵐　三八
一　伴野数右衛門　市の川　貫蔵
一　わちがいや八兵衛　市川　瀧五郎
一　さるや町の家主四郎兵衛　嵐　新平
一　瀧口主計　市山　七蔵
一　春田やむすめおたみ　瀬川　雄次郎
一　井筒や伝右衛門　尾上　雷助
一　伝右衛門悴伝兵衛　沢村　源之助
一　仲丁のげいしやおしゆん　瀬川　路三郎
一　春田屋おかく　藤川武左衛門

一　中間左吾助　荻野　伊三郎
一　正木甚三郎　松本　幸四郎
一　与次郎娘おきぬ　瀬川　路考

瀬川路考、病気の由ニ而四月中旬より休。

五月十九日より
役者無人に付　桟敷代三拾匁　高土間廿五匁　並土間廿匁
太平記忠臣講釈《たいへいきちうしんこうしやく》

一　足利直義公　男女川京十郎
一　寺岡平右衛門　嵐　三八
一　天川や義平　二やく　嵐　三八
一　矢間喜内　三やく　嵐　三八
一　佐藤与茂七　市川　団十郎
一　大星力弥　尾上　紋三郎
一　由良之助女房おいし　瀬川　雄次郎
一　けいせいうきはし　二やく　瀬川　雄次郎
一　桃井播摩守　尾上　雷助
一　塩冶判官　沢村　源之助
一　石堂縫之助　二やく　沢村　源之助
一　九太夫娘おくみ　瀬川　路之助
一　平右衛門女房おきた　二やく　瀬川　路之助
一　九太夫後家おれい　瀬川　路三郎

一　重太郎女房おりへ　　二やく　瀬川　路三郎
一　斧九太夫　　藤川武左衛門
一　大星由良の助　　荻野　伊三郎
一　近江や次郎右衛門　　二やく　荻野　伊三郎
一　高師直　　松本　幸四郎
一　矢間重太郎　　二やく　松本　幸四郎
一　石切五郎太　　三やく　松本　幸四郎

弐ばんめ
新艘本朝丸《しんぞうほんてふまる》　大切水仕合

一　桐生の次左衛門　　富士川　国蔵
一　糸や手代平八　　市川　瀧五郎
一　下女おみき　　瀬川　初蔵
一　舟頭八三郎　　市山　七蔵
一　同　六介　　嵐　新平
一　淡島権兵衛　　嵐　三八
一　守口伴右衛門　　松本　国五郎
一　糸屋娘小糸　　瀬川　路之助
一　けいせい花咲　　瀬川　路三郎
一　糸屋伴頭佐七　　藤川武左衛門
一　本朝丸綱五郎　　荻野　伊三郎
一　半時九郎兵衛　　松本　幸四郎

戌六月廿七日
四代目
松本幸四郎事　男女川京十郎病死

八月朔日より
棹歌恋白浪《さほのうたこひのしらなみ》

一　浜名左団次　　嵐　三八
一　奴升平　　市川　団十郎
一　見寿院　　嵐　冠十郎
一　かし物や太助　　市の川　貫蔵
一　黒崎伴内　　富士川　国蔵
一　けいせい二の町　　瀬川　雄次郎
一　内海隼人　　尾上　雷助
一　百姓太郎作　　沢村　源之助
一　小ひな姫　　瀬川　路之助
一　蘭の方　　瀬川　路三郎
一　十郎兵衛女房お才　　二やく　瀬川　路三郎
一　浜名兵部　　藤川武左衛門
一　順礼次郎作　　二やく　藤川武左衛門
一　進藤内蔵之介　　荻野　伊三郎
一　阿波の十郎兵衛　　松本　幸四郎
一　桃井多門頭　　二やく　松本　幸四郎

瀬川路考、四月中旬より病気の所全快いたし、兼而心願に付、讃州金比羅へ参詣いたし候に付、名残狂言、第弐番目に子別いたし候。

信《しの》田《た》妻《つま》名《な》残《ごりの》狐《こ》別《わかれ》

富本豊前太夫上るり

道行爰《こゝに》双《ふたり》吾妻菊《わがつまぎく》　沢村源之助　市川高麗蔵　瀬川路考

一 信田の庄司　嵐　冠十郎
一 石川悪右衛門　松本　国五郎
一 庄司女房　尾上　雷　助
一 あべのどうじ　市川　高麗蔵
一 こし元きく町　瀬川　雄次郎
一 与勘平　嵐　三　八
一 阿部の保名　沢村　源之助
一 やかん平　藤川武左衛門
一 芦屋の道満　松本　幸四郎
一 くずの葉姫　瀬川　路　考
一 葛の葉狐　二やく　瀬川　路　考

○瀬川路考上方江登る

中村座より　市川八百蔵　河原崎座より　岩井粂三郎
同　中山富三郎　同　小佐川常世
河原崎より　市川男女蔵　中村座より　尾上松　助

霜月朔日より

・**当《ときに》奥州《おふしう》壺《つぼの》硯《いしぶみ》***

一 鍬杖直方　嵐　冠十郎
一 厨川二郎家任　沢村　藤　蔵
一 けいせい千しま　瀬川　路之助
一 国妙若党石巻勇蔵　岩井喜代太郎
一 頼義妾衣手御ぜん　小佐川　常世
一 貞任女房こし路　二やく　小佐川　常世
一 天平法字より二百九十七才翁仁成王　尾上　松　助
一 桂中納言則氏卿
　　実ハ阿部の貞任　二やく　尾上　松　助
一 尾のへの前　岩井　粂三郎
一 廻国修行者蟠龍
　　実ハあべの宗任　市川　男女蔵
一 夜そば売三五郎
　　実ハ善知鳥安方　二やく　市川　男女蔵
一 清原真人武則　市川　八百蔵
一 三浦平太夫国妙　二やく　市川　八百蔵

***当奥州壺碑**

享和三癸亥年　市村座

閏正月朔日より
歳男《としおとこ》恵方《ゑほう》曽我《そが》*

一 赤沢十内後家おさわ　小佐川 常世
一 鬼王妹十六夜　岩井 粂三郎
一 曽我の五郎時宗　二やく 岩井 粂三郎
一 大磯のとら　瀬川 路之助
一 鬼王女房月さよ　二やく 瀬川 路之助
一 三うらの片貝　山下 万作
一 こし元八千代
実ハ六代御ぜん　瀬川 雄次郎
一 けわい坂のせう〳〵　尾上 伊三郎
一 鬼王娘おしげ　市川 男寅
一 工藤犬坊丸祐友　市川 喜久蔵
一 伊豆の次郎祐兼　大谷 鬼次
一 箱根の閉坊丸　市川 瀧五郎
一 足軽箱根畑右衛門　嵐 冠十郎
一 二ノ宮太郎朝忠　市川 門三郎
一 鬼王新左衛門　沢村 東蔵

一 蒲冠者のり頼　岩井喜代太郎
一 小林の朝比奈　二やく 岩井喜代太郎
一 曽我の十郎祐成　沢村 源之助
一 そがの団三郎　二やく 沢村 源之助
一 近江の小藤太成いへ　尾上 松助
一 六浦道庵　二やく 尾上 松助
一 箱根の愛染明王　市川 男女蔵
一 工藤左衛門祐経　二やく 市川 男女蔵
一 八わたの三郎行氏　市川 八百蔵
一 京の次郎祐とし　二やく 市川 八百蔵

＊歳男徳曽我

二月七日より
第弐番目世話狂言
二人椀久 二人松山 **江戸《ゑど》紫由縁十徳《むらさきゆかりのじつとく》**
富本豊前太夫上るり
乱候柳黒髪《みだれそろやなぎのくろかみ》 岩井粂三郎 瀬川路之助 沢村源之助 市川男女蔵 市川八百蔵 相勤る
一 椀や久兵衛女房おまつ　小佐川 常世

一 寿とく娘おしづ　岩井　粂三郎
一 げいしや湯島のおかん　二やく 岩井　粂三郎
一 けいせいまつ山　瀬川　路之助
一 会津や作兵衛　富士川　国蔵
一 手代伊八　市山　七　蔵
一 小泉大蔵　嵐　冠十郎
一 田川寿とく　市川　門三郎
一 手代清九郎　沢村　東　蔵
一 うへ木や文蔵　岩井喜代太郎
一 椀屋久五郎　沢村　源之助
一 八谷三五右衛門　尾上　松　助
一 八谷五郎四郎　二やく 尾上　松　助
一 もくづの三平　市川　男女蔵
一 鳥さし目白の九八　二やく 市川　男女蔵
一 安獄甚平　市川　八百蔵
一 椀屋久兵衛　二やく 市川　八百蔵

三月五日より　三囲行列の段　草履打の場　仕返しの場　三幕

一 中老尾のへ　小佐川　常世
一 尾上召仕はつ　岩井　粂三郎
一 右大将家女大姫君　瀬川　路之助
一 奥女中浮ふね　山下　万　作

一 同　蓬生　瀬川　雄次郎
一 同　関屋　尾上　伊三郎
一 菜種や権兵衛　坂東　辰　蔵
一 牛島主税　沢村　藤　蔵
一 五百崎求馬　市山　七　蔵
一 寺島右近　市川　門三郎
一 奴江戸平　岩井喜代太郎
一 綾瀬数馬　沢村　源之助
一 局岩ふじ　尾上　松　助
一 足軽瀧平　市川　男女蔵
一 大江の太夫広元　市川　八百蔵
一 奴伊達平　二やく 市川　八百蔵

四月十四日より　第三番目

小はる次兵衛 **のべの書残《かきおき》**　故人沢村宗十郎三回忌追善

一 きのくにや小春　岩井　粂三郎
一 次兵衛女房おいわ　二やく 岩井　粂三郎
一 同　むすめおすへ　市川　男　寅
一 丸屋新兵衛　大谷　鬼　次
一 五貫や善六　桐島儀右衛門
一 鉄屋五左衛門　富士川　国蔵
一 江戸屋太左衛門　嵐　冠十郎

一 五左衛門女房お幸　市川 門三郎
一 ちよんかれ伝海　沢村 藤　蔵
一 かみや次兵衛　沢村 源之助
一 でつち三太郎　市川 男女蔵
一 粉屋孫右衛門　市川 八百蔵
富本大和太夫上るり
道行《みちゆき》誓《ちかいの》網島《あみじま》　岩井粂三郎 沢村源之助　相勤る

六月八日より
・**太平記《たいへいき》忠臣《ちうしん》講釈《こうしやく》**
栈敷金壱分弐朱　平土間壱分
夏狂言之内　高土間壱分弐百文　切落八拾文

一 十太郎女房おりへ　瀬川 路之助
一 九太夫娘おくみ　二やく 瀬川 路之助
一 やまと万歳おはる　三やく 瀬川 路之助
一 由良之助女房おいし　瀬川 雄次郎
一 けいせい浮はし　二やく 瀬川 雄次郎
一 本蔵娘小なみ　三やく 瀬川 雄次郎
一 桃井若狭之助　大谷 鬼　次
一 斧定九郎　沢村 寿之助
一 山名次郎左衛門　坂東 辰　蔵
一 斧九太夫　富士川 国蔵

一 石堂右馬之丞　市山 七　蔵
一 入間牛兵衛　嵐 冠十郎
一 九太夫後家おれい　市川 門三郎
一 矢間喜内　二やく 市川 門三郎
一 塩冶判官　沢村 源之助
一 大星力弥　二やく 沢村 源之助
一 塩冶縫之助　三やく 沢村 源之助
一 早の勘平　四やく 沢村 源之助
一 高師直　市川 男女蔵
一 矢間十太郎　二やく 市川 男女蔵
一 大星由良之助　三やく 市川 男女蔵

第弐ばんめ
五大力《ごだいりき》恋《こひの》緘《ふうじめ》
一 けいしや小まん　瀬川 路之助
一 松本や娘お此　瀬川 雄次郎
一 はなや女房おみき　二やく 瀬川 雄次郎
一 げいこ浜吉　瀬川 浜次郎
一 出石宅右衛門　大谷 鬼　次
一 亭主伊兵衛　市川 の　助
一 下女おそろ　大谷 候兵衛
一 多々羅左十郎　市川 団兵衛

一　横川軍蔵　　坂東　伝　吉
一　鹿島十次兵衛　　沢村　寿之助
一　賤ヶ谷伴右衛門　　坂東　辰　蔵
一　家主徳右衛門　　市川　瀧五郎
一　下部土手平　　富士川　国蔵
一　千島千太郎　　市山　七　蔵
一　廻しの弥介　　嵐　　冠十郎
一　足軽八右衛門　　市川　門三郎
一　さつま源五兵衛　　沢村　源之助
一　笹の三五兵衛　　市川　男女蔵

七月十五日より　新狂言
常盤津喜代太夫上るり
積恋雪関扉《つもるこひゆきのせきのと》
一　良峰の宗貞　　沢村　源之助
一　小の〻小町　　瀬川　路之助
一　小町さくらの精　　瀬川　路之助
一　関守関兵衛
　　実ハ大伴黒主　　市川　男女蔵
今年の夏狂言、大当り〳〵。さるによつて盆狂言延引いたし、七月中いたし続け候。

八月七日より
市川八百蔵一世一代と申、口上書を出候。
生年申ニ而当年五拾弐歳に成
義経千本桜《よしつねせんぼんざくら》
四段め迄壱番目といたし、弐番目は世話狂言を致候
一　すけの局　　小佐川　常世
一　卿の君　　岩井　粂三郎
一　しづか御ぜん　　瀬川　路之助
一　川つら女房あすか　　瀬川　雄次郎
一　安とく天皇　　市川　男　寅
一　亀井の六郎　　大谷　鬼　次
一　しぶや土佐坊　　桐島儀右衛門
一　早見の藤太　　市川　瀧五郎
一　あらほつきやふ　　坂東　辰　蔵
一　やくい坊　　富士川　国蔵
一　入江の丹蔵　　嵐　　冠十郎
一　するがの次郎　　市山　七　蔵
一　川つら法眼　　市川　門三郎
一　相模五郎　　沢村　藤　蔵
一　源のよし経　　沢村　源之助
一　むさし坊弁慶　　尾上　松　助
一　河越太郎重頼　　市川　男女蔵

一　横川の覚範　　二やく　市川　男女蔵
一　渡海や銀平　　市川　八百蔵
一　源九郎狐　　二やく　市川　八百蔵
一　佐藤四郎兵衛忠信　　三やく　市川　八百蔵

弐ばん目
富本大和太夫上るり
おはん長右衛門　**恋菜萩玉鉾**《こひのしほりはぎのたまぼこ》*　岩井粂三郎 市川八百蔵　相勤る

一　長右衛門女房おきぬ　　小佐川　常世
一　しなのやおはん　　岩井　粂三郎
一　お半母おかや　　山下　万作
一　けいこ雪野　　尾上　伊三郎
一　香具や才次郎　　市山　七蔵
一　針の宗兵衛　　嵐　冠十郎
一　清渕求馬　　岩井喜代太郎
一　片岡幸左衛門　　尾上　松助
一　片岡幸之進　　二やく　尾上　松助
一　筆売団助　　市川　男女蔵
一　帯屋長右衛門　　市川　八百蔵

＊恋栞萩玉鉾

九月九日より　八百蔵一世一代、名残狂言の日延有之、口上。
妹背山婦女庭訓《いもせやまおんなていきん》　三段め　四段め　四幕

一　太宰の後室さだか　　小佐川　常世
一　杉さかやの娘おみわ　　岩井　粂三郎
一　久我之助清舟　　二やく　岩井　粂三郎
一　太宰の娘ひなとり　　瀬川　路之助
一　こしもと小ぎく　　瀬川　雄次郎
一　同　　きゝやう　　山下　万作
一　入鹿の妹橘ひめ　　尾上　伊三郎
一　荒巻弥藤次　　坂東　辰蔵
一　酒屋のにごりばゞア　　松本　国五郎
一　官女梅の局　　二やく　松本　国五郎
一　官女もみちの局　　市山　七蔵
一　てつち寝太郎　　二やく　市山　七蔵
一　官女さくらの局　　嵐　冠十郎
一　猿廻し五六　　市川　門三郎
一　三上太郎てるずみ　　岩井喜代太郎
一　ふじ原の淡海　　沢村　源之助
一　大伴連諸門　　尾上　松助
一　入鹿の大臣　　市川　男女蔵
一　大判事清澄　　市川　八百蔵
一　猟師ふか七

実ハ金輪五郎　　　　　　二やく 市川　八百蔵

九月十六日より　飛入　坂東彦三郎
　　　　　　　　　　　中村大　吉　大坂江登り候、名残狂言

富本斎宮太夫上るり

月《つきの》名《な》残《ごり》誓祈《ちかひの》石山《いしやま》*

一　御嶽泰五郎　　　　　　　　　　桐島儀右衛門
一　二条家の奴浪平　　　　　　　　市山　七　蔵
一　飛井家の奴磯平　　　　　　　　市川　門三郎
一　白川太郎虎文　　　　　　　　　嵐　　冠十郎
一　二条の息女みちとせひめ　　　　中村　大　吉
一　いなか順礼おじゆん　　　二やく 中村　大　吉
一　石山寺観音の霊像　　　　三やく 中村　大　吉
一　飛鳥井中納言雅世卿　　　　　　坂東　彦三郎
一　とくさかりの尉　　　　　二やく 坂東　彦三郎
一　田舎順礼彦太　　　　　　三やく 坂東　彦三郎
一　坂本山王のつかわしめ手白の猿の化身　坂東　彦三郎

***月名残誓約石山**

九月廿四日より

仮名《かな》手本《でほん》忠臣蔵《ちうしんぐら》

是迄の狂言不当り二而、見物不入ゆへ、市川八百蔵一世一代と申、且又坂東彦三郎義、大坂表へ登り候名残に候得は、右両人共江戸出生のものに候得は、顔合せ候狂言いたさせ度よしの口上書出る

一　由良之助女房おいし　　　　　　小佐川　常世
一　義平女房おその　　　　　二やく 小佐川　常世
一　本蔵女房となせ　　　　　　　　岩井　粂三郎
一　こしもとおかる　　　　　　　　瀬川　路之助
一　かほよ御ぜん　　　　　　　　　山下　万　作
一　大星力弥　　　　　　　　　　　尾上　伊三郎
一　でっち伊吾　　　　　　　　　　大谷　鬼　次
一　鷺坂伴内　　　　　　　　　　　桐島儀右衛門
一　もの只九郎　　　　　　　二やく 桐島儀右衛門
一　百性与一兵衛　　　　　　　　　富士川　国蔵
一　千崎弥五郎　　　　　　　　　　市山　七　蔵
一　太田了竹　　　　　　　　　　　嵐　　冠十郎
一　斧九太夫　　　　　　　　二やく 嵐　　冠十郎
一　大星由良之助　　　　　　　　　坂東　彦三郎
一　原郷右衛門　　　　　　　　　　市川　門三郎
一　高の師直　　　　　　　　　　　沢村　藤　蔵
一　山名次郎左衛門　　　　　　　　沢村　藤　蔵
一　大館左馬之助　　　　　　　　　岩井喜代太郎
一　早野勘平　　　　　　　　　　　沢村　源之助

一　桃井若狭之助　市川　男女蔵
一　石堂右馬之丞　市川　男女蔵
一　斧定九郎　市川　男女蔵
一　寺岡平右衛門　市川　男女蔵
一　塩冶判官　市川　八百蔵
一　加古川本蔵　市川　八百蔵
一　おかる母　市川　八百蔵
一　天川や義平　市川　八百蔵

◎坂東彦三郎
◎中村大　吉　両人大坂へ登る

中村座より松本幸四郎　△下り浅尾工左衛門
△下り松本米三郎　中村座より瀬川　路三郎

霜月
初雪物見松《むつのはなものみのまつ》

一　女修行者
　　実ハ忠盛姉しづはた　小佐川　常世
一　盛久女房さゞ波　二やく　小佐川　常世
一　平の忠盛　沢村　源之助
一　主馬の小金吾　二やく　沢村　源之助

一　御馬やの喜三太　市川　団十郎
一　瀬の尾の太郎　富士川　国蔵
一　左馬五郎　沢村　藤　蔵
一　渋谷の庄司　市川　門三郎
一　長田の太郎　下り　浅尾工左衛門
一　白拍子千代づる　瀬川　路之助
一　官女玉むし姫　瀬川　路三郎
一　烏帽子売お大　松本　米三郎
一　よこぶへ　松本　米三郎
一　主馬判官盛久　市川　男女蔵
一　鎌田次郎正種　二やく　市川　男女蔵
一　馬士正作　三やく　市川　男女蔵
一　壬生の小ざるばゝア　松本　幸四郎
一　熊坂太郎長範　二やく　松本　幸四郎

正月廿日より

・梅桜松《はなきやふだいあいをひ》曽《そ》我《が》

一　祐経おく方梛葉御ぜん　小佐川　常世
一　鬼王女房月さよ　二やく　小佐川　常世
一　曽我の十郎祐成　沢村　源之助
一　そがの団三郎　二やく　沢村　源之助
一　近江の小藤太成いへ　松本　小次郎
一　久須美の四郎　桐島儀右衛門
一　蒲の冠者のり頼　嵐　新　平
一　梶原おく方ゐびら　松本　国五郎
一　右大将家大姫君　瀬川　雄次郎
一　八わたの三郎行氏　市川　太刀蔵
一　曽我の老母　市川　門三郎
一　京の次郎祐俊　二やく　市川　門三郎
一　伊豆の次郎祐兼　市川　団十郎
一　八わたの三郎妹呉竹　尾上　伊三郎
一　近江小藤太妻片田　沢村　藤　蔵
一　けわい坂せう〳〵　瀬川　路之助

享和四甲子年　文化元年に成　市村座

一　三浦の片貝　瀬川　路三郎
一　大いそのとら　二やく　瀬川　路三郎
一　朝比奈妹舞鶴　松本　よね三
一　鬼王新左衛門　浅尾工左衛門
一　畠山庄司重忠　市川　男女蔵
一　赤沢十内　二やく　市川　男女蔵
一　小はやしの朝いな　三やく　市川　男女蔵
一　工藤左衛門祐つね　四やく　市川　男女蔵
一　箱根の同宿閉坊丸　松本　幸四郎
一　曽我五郎時宗　二やく　松本　幸四郎
一　悪七兵衛かけ清　三やく　松本　幸四郎

壱番め大詰、幸四郎、男女蔵草摺引、大出来〳〵。

弐番目世話狂言　四幕宛　二日替り

初日

・四花菱《よつはなびし》比《ひ》翼《よくの》吉原《よしわら》

一　桐生の織殿や女房おきぬ　小佐川　常世
一　香取の家中本庄綱五郎　沢村　源之助

一　いのほりの船宿おさんばゝア　松本　小次郎
一　堤伴之進　桐島儀右衛門
一　小仏小介　嵐　新　平
一　願人どうらくいん　松本　国五郎
一　山本のけいせい深山路　瀬川　雄次郎
一　浅草やうじや娘おまつ　尾上　伊三郎
一　津田金太夫　市川　門三郎
一　寺島平馬　沢村　藤　蔵
一　唐崎甚之進娘おいち　瀬川　路之助
一　山本のけいせい花咲　瀬川　路三郎
一　あつさみこさかき　二やく　瀬川　路三郎
一　山本のけいせいかつ山　松本　よね三
一　男達唐犬権兵衛　浅尾工左衛門
一　織殿や支配人与平次　二やく　浅尾工左衛門
一　鳶のものだいばの仁三　市川　男女蔵
一　男達白柄重右衛門　二やく　松本　幸四郎

富本豊前太夫上るり
道行其妹背《そのいもせ》花朧《はなのおぼろ》　松本よね三　瀬川路三郎　松本幸四郎　相勤る

後日
・**四紅葉思恋深川《よつもみぢおもひのふかがわ》**
一　此村長之助女房おりき　小佐川　常世

一　岩はしや弥三郎　沢村　源之助
一　佐原佐五右衛門　松本　小次郎
一　たいこ持玉園　桐島儀右衛門
一　夷隅角太郎　嵐　新　平
一　京屋嘉七　松本　国五郎
一　鶴やおつる　瀬川　雄次郎
一　源太云なつけおかつ　尾上　伊三郎
一　年寄杢右衛門　市川　門三郎
一　岩はしや手代文六　沢村　藤　蔵
一　土ばしかゞやの小ひな　瀬川　路之助
一　鹿島の事ふれおいし　二やく　瀬川　路之助
一　弥三郎女房おきの　瀬川　路三郎
一　土橋かゞやのおしゅん　松本　よね三
一　笹田友軒　浅尾工左衛門
一　けんひしや伝兵衛　二やく　浅尾工左衛門
一　角力取白ふじ源太　市川　男女蔵
一　行事此村長之助　松本　幸四郎

富本豊前太夫上るり
妻夫事雨柳《めをとことあめにやなぎ》＊　松本よね三　瀬川路之助　市川男女蔵　相勤る

右二日替りの狂言評判よく、両日とも当り。中にも桐生縫殿《（ママ）》の幕、わけて評判よし。

＊道行妻夫事雨柳

四月五日より　弐番目四幕　新狂言出る

卯花恋中垣《うのはなこひのなかがき》　浜松の場　親里の場　八百屋の場　浄瑠理の場

一　おちよ姉おかよ　小佐川　常世
一　八百や嘉十郎　沢村　源之助
一　講中佐次兵衛　中島百右衛門
一　金かし金八　富士川　国蔵
一　荒川主税　市山　七　蔵
一　こし元小雪　尾上　伊三郎
一　雲介やみの三　沢村　藤　蔵
一　沼津杢之進　二やく　沢村　藤　蔵
一　八百や仁右衛門　市川　門三郎
一　山脇の下女およつ　瀬川　路之助
一　浜松家おく方さよの方　瀬川　路三郎
一　半兵衛女房おちよ　松本　よね三
一　八百や後家おふさ　浅尾工左衛門
一　島田平左衛門　二やく　浅尾工左衛門
一　山脇十蔵　市川　男女蔵
一　八百や半兵衛　松本　幸四郎

富本豊前太夫上るり

おちよ 半兵衛　**道行時鳥夢生玉**《ほとゝきすゆめのいくたま》　松本よね三 沢村藤蔵 沢村源之助 松本幸四郎　相勤る

六月十六日より

ひらかな盛衰記《せいすいき》　大序より三段め迄

夏狂言の内　桟敷　壱分弐朱　平土間　壱分　同割合　弐百八拾文
高土間　拾八匁

一　巴御ぜん　瀬川　路之助
一　こし元千どり　二やく　瀬川　路之助
一　姉おふで　三やく　瀬川　路之助
一　横須賀郡内　桐島儀右衛門
一　内田の三郎　二やく　桐島儀右衛門
一　番場の忠太　坂東　辰　蔵
一　山吹御ぜん　岩井　梅　蔵
一　鎌田隼人　市山　七　蔵
一　源のよし経　二やく　市山　七　蔵
一　母ゑんじゆ　市川　門三郎
一　佐々木四郎高つな　市川　門三郎
一　梶原平次かけ高　沢村　藤　蔵
一　樋口の次郎兼光　二やく　沢村　藤　蔵
一　梶原源太かけすへ　沢村　源之助
一　和田小太郎よし盛　二やく　沢村　源之助
一　ちゝぶの重忠　三やく　沢村　源之助
一　船頭権四郎　浅尾工左衛門

弐ばんめ世話狂言
・**青楼《せいらふ》詞合《あわせ》鏡《かゞみ》**

一 万字や八ッはし　瀬川 路之助
一 文蔵女房おしづ　二やく 瀬川 路之助
一 大木場の三ぶ　桐島儀右衛門
一 沢井数右衛門　中島百右衛門
一 手代善六　沢村 次之助
一 半田いなりの代参り　坂東 辰蔵
一 文蔵伜文吉　南北丑左衛門
一 新造はつ梅　大谷 千代次
一 やりておすぎ　市川 勇蔵
一 禿ふじの　市川 平次郎
一 下女およし　岩井 梅蔵
一 みとりや松蔵　市山 七蔵
一 下人与茂太　二やく 市山 七蔵
一 万字やの高崎　瀬川 雄次郎
一 越ヶ谷の伊平次　市川 門三郎
一 道具や与兵衛　沢村 藤蔵
一 伯父源右衛門　二やく 沢村 藤蔵
一 佐野の次郎左衛門　沢村 源之助
一 紀の国や文蔵　二やく 沢村 源之助

七月十五日より 夏狂言の二ばんめ
富本豊前太夫上るり
其俤《そのおもかげ》 浅間嶽《あさまがたけ》 瀬川路之助 沢村源之助 相勤る

一 けいせい奥州ゆふこん　瀬川 路之助
一 局なぎさ　桐島儀右衛門
一 代官喜藤次　中島百右衛門
一 朱雀の兵藤　市川 勇蔵
一 鳥羽の権藤　沢村 次之助
一 出口の龍藤　坂東 辰蔵
一 こし元玉笹　大谷 千代次
一 こし元松ヶ枝　岩井 梅蔵
一 おとわのまへ　瀬川 雄次郎
一 かごかき作兵衛
　実ハ和田次郎　沢村 藤蔵
一 かごかき源兵衛
　実ハ巴之丞　沢村 源之助

七月廿六日より
碁《ご》太平《たいへい》記《き》白石噺《しらいしばなし》

一 与茂作女房おさよ　小佐川 常世
一 奴伊達助　沢村 源之助

一 大野やの熊　松本 小次郎
一 ぜげん勘九郎　桐島儀右衛門
一 どぜふ太夫　松本 国五郎
一 唐崎松兵衛　嵐 新平
一 常悦妻おせつ　瀬川 雄次郎
一 百性与茂作　市川 門三郎
一 鞠ヶ瀬秋夜　沢村 藤蔵
一 楠原普伝　二やく 沢村 藤蔵
一 宮城野妹しのぶ　瀬川 路之助
一 石堂後室寄浪　瀬川 路三郎
一 けいせい宮城野　松本 よね三
一 伊賀台七　浅尾工左衛門
一 庄や七郎兵衛　二やく 浅尾工左衛門
一 金江谷五郎　市川 男女蔵
一 大ふくや惣六　松本 幸四郎
一 楠正成のぼう霊　二やく 松本 幸四郎
一 宇治兵部之助常悦　三やく 松本 幸四郎

九月九日より

漢人韓文《かんじんかんもん》手《て》管始《くだのはじまり》

一 千木伝七姉おさち　小佐川 常世
一 千木伝七　沢村 源之助

一 太宰左五郎　松本 小次郎
一 喜田伴作　桐島儀右衛門
一 小田主税之助　市川 団十郎
一 若党四ッ平　嵐 新平
一 佐賀良弾正　市山 七蔵
一 長崎丸山けいせい明山　瀬川 雄次郎
一 下男久六　市川 門三郎
一 伴僧快典　沢村 藤蔵
一 長崎丸山けいせい高雄　瀬川 路之助
一 相良の奥方てりはのまへ　松本 よね三
一 清徳寺住僧教善　浅尾工左衛門
一 沼津千島守　二やく 浅尾工左衛門
一 大通辞幸才典蔵　松本 幸四郎
一 浜田幸十郎　二やく 松本 幸四郎

弐ばんめ

吉原《よしわら》俄《にわかの》番附《ばんつけ》

富本豊前太夫上るり

全盛《ぜんせい》操《みさほの》花車《はなぐるま》

一 舟宿竹やのおはる　小佐川 常世
一 浜名や半七　沢村 源之助
一 道具や太助　松本 小次郎

一 男げいしやしつと谷平　桐島儀右衛門
一 うわばみの金兵衛　富士川 国蔵
一 大国や才兵衛　市山 七 蔵
一 男げいしや都羽六　嵐 新 平
一 にしのや九兵衛　松本 国五郎
一 げいしやおちか　瀬川 雄次郎
一 桜井新左衛門　市川 門三郎
一 どふげんのおきち　沢村 藤 蔵
一 水茶やのおはな　瀬川 路之助
一 吉原のけいしやおたか　松本 よね三
一 青柳鮓やの嘉七　浅尾工左衛門
一 吉原けいしや折江弥市　松本 幸四郎

九月十五日より
・**義経腰越状**《よしつねこしごへでふ》 第三段目口切 弐幕
一 五斗兵衛女房関女　瀬川 路之助
一 伊達の次郎　桐島儀右衛門
一 石黒団平　市川 勇 蔵
一 石巻鴈平　沢村 次之助
一 錦戸太郎　坂東 辰 蔵
一 五兵衛娘徳女　大谷 千代次
一 源のよしつね　市山 七 蔵
一 いづみの三郎おく方高の谷　瀬川 雄次郎
一 亀井の六郎　市川 門三郎
一 泉の三郎　沢村 藤 蔵
一 五斗兵衛　浅尾工左衛門
一 源の頼家公　市村羽左衛門

○浅尾工左衛門上方へ登る
市村座より　市川八百蔵改 助高屋高助　市川瀧五郎改 桐山紋 次
河原崎座より　嵐 冠十郎　市川久喜蔵改 市川瀧之助

霜月朔日より
・**顔**《み》**鶵**《し》**玉簾**《たまだれ》**雪**《ゆきの》**故郷**《ふるさと》*
一 飛騨内匠　嵐 冠十郎
一 石塚玄蕃　富士川 国蔵
一 中納言長良卿　市山 七 蔵
一 大筆八郎　嵐 新 平
一 猿田彦兵衛　桐島儀右衛門
一 長谷部雲藤次　桐山 紋 次
一 足軽里平　二やく 市山 七 蔵
一 岩戸左衛門妹歌町　瀬川 雄次郎
一 奴不破の伴作　市川 門三郎
一 よし実息女藻姫　二やく 嵐 冠十郎

一　五代三郎妹桜木　山下　万作
一　小野の郡司よし実　沢村　藤蔵
一　破軍太郎　二やく　沢村　藤蔵
一　小まち姫　瀬川　路之助
一　内匠娘おまち　二やく　瀬川　路之助
一　般若五郎貞時　市川　団十郎
一　きもいり十太　二やく　市川　団十郎
一　深艸四位の少将　沢村　源之助
一　奴名古や三平　二やく　沢村　源之助
一　小野宿禰良光　三やく　沢村　源之助
一　物ぐさひめ　松本　よね三
一　五代三郎女房鵜の羽　二やく　松本　よね三
一　回国修行者善龍　助高屋　高助

一　廻国修行者蟠龍　松本　幸四郎
一　五代三郎照光　二やく　助高屋　高助
一　木こり志賀蔵　二やく　松本　幸四郎
一　大伴の黒主　三やく　松本　幸四郎
一　九条のけいせい玉なへ　三やく　松本　よね三
一　孔雀三郎成平　三やく　助高や　高助
一　秦の大膳武虎　四やく　松本　幸四郎

壱番目三立め、紙張やぶり、助高やに高麗屋、廿九年已前、当座ニ而団十郎、半四郎いたし候形也。弐番め上るり、米三行司ニ而、高助、幸四郎菊相撲。先年堺町ニ而仲蔵、三五郎いたし候形。仙台座頭、黒木売評よし。

＊顔観玉簾雪故郷

文化二乙丑年　市村座

二月十五日より
花雲《はなのくも》曙《あけぼの》曽《そ》我《が》

一　工藤左衛門祐経　助高や　高助
一　赤沢十内　二やく　助高や　高助
一　梶原平三かげ時　富士川　国蔵

一　箱王丸　市川　団十郎
一　かけ清一子あざ丸　二やく　市川　団十郎
一　箱根の別当行実　桐島儀右衛門
一　曽我の満江　山下　万作
一　伊豆の次郎祐兼　嵐　冠十郎

一 近江の小藤太成いへ　沢村　藤　蔵
一 曽我の十郎祐成　沢村　源之助
一 八わたの三郎行氏　松本　幸四郎
一 鬼王女房月さよ　松本　よね三
一 鬼王新左衛門　二やく 松本　幸四郎
一 京の次郎祐とし　三やく 松本　幸四郎

三月三日より　沢村源之助病気全快出勤いたす

一 銑間や長右衛門　助高や　高助
一 ふく島長蔵　沢村　源之助
一 藤田靫負　嵐　新　平
一 四九田の伝　坂東　辰　蔵
一 新兵衛娘おなを　南北丑左衛門
一 下女おはな　中山　岩次郎
一 岩瀬林右衛門　市山　七　蔵
一 でつち仙太郎　沢村　東　蔵
一 天満の清吉　二やく 沢村　東　蔵
一 げいこしげの　瀬川　路之助
一 長右衛門女房おつな　松本　よね三
一 淀屋新兵衛　松本　幸四郎

四月十七日より弐番め

伊達《だて》姿《すがた》花見《はなみ》御殿《ごてん》　五幕

小佐川常世弐番目より出勤

一 秋田帯刀宗常　助高や　高助
一 片桐弥十郎　二やく 助高や　高助
一 安達主膳奥方稲浦御ぜん　小佐川　常世
一 めのと政岡　二やく 小佐川　常世
一 左中将源の頼兼　沢村　源之助
一 土手の道哲　二やく 沢村　源之助
一 島田重三郎　三やく 沢村　源之助
一 大江の伊達五郎　嵐　新　平
一 磯上丹左衛門　桐島儀右衛門
一 蛇ばらの市兵衛　富士川　国蔵
一 汐沢丹三郎　市山　七　蔵
一 局いわなみ　桐山　紋　次
一 奥女中田むら　瀬川　雄次郎
一 豆腐や三郎兵衛　市川　門三郎
一 大江の兵庫宗光　嵐　冠十郎
一 直則妻小ゆるぎ　山下　万　作
一 松岡てきの介　沢村　東　蔵
一 比企の判官頼貞　二やく 沢村　東　蔵
一 三浦やけいせい高尾　瀬川　路之助

一　荒浪梶之助　　市川　団十郎
一　片桐妻関の戸　　松本　よね三
一　原小次郎直則　　松本　幸四郎
一　浮世戸平　　二やく　松本　幸四郎

富本斎宮太夫上るり
二世《にせ》の縁青葉楓《ゑんあおばのかへで》　沢村源之助　瀬川路之助　相勤る
此狂言、四月下旬千秋楽舞納。

四月廿七日より
・花菖蒲浮木亀山《はなせうぶうきゝのかめやま》

一　石井兵衛　　助高や　高助
一　三木十左衛門　　二やく　助高や　高助
一　石井兵衛妻おらい　　小佐川　常世
一　女かみゆいおせん　　二やく　小佐川　常世
一　鎊磨左門之助　　沢村　源之助
一　石井兵助　　二やく　沢村　源之助
一　石井下部関介　　三やく　沢村　源之助
一　大倉瀬平　　嵐　新平
一　道具や八九郎　　二やく　嵐　新平
一　大井川の川ごし大津の八　　三やく　嵐　新平
一　同　うばか餅の三　　桐島儀右衛門
一　斯波左京之進　　市川　門三郎

一　磯田八兵衛　　嵐　冠十郎
一　奥女中みのを　　山下　万作
一　手代与助　　沢村　東蔵
一　八ッ橋村百性又四郎　　二やく　沢村　東蔵
一　十左衛門妻おかの　　瀬川　路之助
一　さらしなや娘おしづ　　二やく　瀬川　路之助
一　又四郎娘おくら　　三やく　瀬川　路之助
一　石井半次郎　　市川　団十郎
一　多門之助奥方園生のまへ　　松本　よね三
一　中野藤兵衛　　松本　幸四郎
一　赤堀水右衛門　　二やく　松本　幸四郎

此狂言、大井川のまく評よし。

五月十三日より
弐番目富本斎宮太夫上るり
橘《とこよのはな》　古巣玉垣《ふるすのたまがき》　沢村源之助　瀬川路之助　助高や高助　相勤る

一　名酒うり樽介　実ハつの国の三四郎狐　　沢村　源之助
一　品川狼之助　　嵐　新平
一　名和無理之助　　桐島儀右衛門
一　土子泥之助　　市山　七蔵
一　夫婦まんぢう売およね

　実ハ山城のおたつ狐　瀬川　路之助
一鹿島の事ふれ豊作　助高や　高助
一釣狐白蔵主　二やく　助高や　高助
一奴橘かん平　三やく　助高や　高助
一ゑびらの武者人形
　実ハ大倉の与五郎狐　四やく　助高や　高助

右狂言、五月廿日限り、千秋楽舞納。

丑六月十一日
　病死　松本よね三
　　行年三十壱歳

六月十二日より
双蝶々曲輪日記《ふたつてふくくるわにっき》＊
　桟敷代　廿五匁　平土間　壱分弐百文
　高土間　廿匁　土間割合六人詰　壱人　三百文ツヽ
夏狂言之内
一かごかき仁介　中島百右衛門
一平つか丹平　沢村　文蔵
一水茶や五介　桜山　連蔵
一下駄の市　坂東　伝吉
一三原伝蔵　市川　万蔵
一平塚郷左衛門　桐山　紋次
一三原有右衛門　桐島儀右衛門
一山崎与五郎　市山　七蔵
一長五郎はゝ　市川　門三郎
一山崎浄閑　嵐　冠十郎
一ふじやのあづま　山下　万作
一放駒の長吉　沢村　東蔵
一橋本治部右衛門　二やく　沢村　東蔵
一ぬれ髪の長五郎　沢村　源之助
一長吉姉おせき　小佐川　常世
一与兵衛女房おはや　二やく　小佐川　常世
一かごかき甚兵衛　助高や　高助
一南方与兵衛　二やく　助高や　高助

姫小松子日の遊《ひめこまつねのひのあそび》
一こべん　市川　平次郎
一盗人ぶつさらへの徳　中島百右衛門
一同　ふくとくの三　桜山　連蔵
一所化うんけつ　沢村　文蔵
一かけのどぶ六　市川　わし蔵
一たくぼくの江吉　桐山　紋次
一おやす親次郎九郎　桐島儀右衛門

＊双蝶蝶曲輪日記

一 なめらの兵　市川 門三郎
一 深山の木蔵　嵐 冠十郎
一 小督の局　山下 万作
一 有王丸　沢村 東蔵
一 亀王丸　沢村 源之助
一 亀王女房おやす　小佐川 常世
一 俊寛僧都　助高や 高助

七月十五日より
源平布引瀧《げんへいぬのびきのたき》 三段め口切二まく
夏狂言の内　桟敷 廿五匁 平土間 壱分弐百文
高土間 廿匁 割合 壱人三百文ツヽ

一 小まん一子太郎吉　南北丑右衛門
一 塩見忠太　沢村 文蔵
一 矢橋の仁惣太　坂東 辰蔵
一 あをひ御ぜん　松本 国三郎
一 小まんはゝ　市山 七蔵
一 百性九郎助　嵐 冠十郎
一 九郎助娘小まん　山下 万作
一 瀬の尾の十郎兼氏　沢村 東蔵
一 斎藤市郎実盛　沢村 源之助
一 上総五郎兵衛忠光　助高や 高助

閏八月朔日より
小室節《こむろぶし》 **錦**《にしきの》 **江戸入**《ゑどいり》

一 鷺坂左内　助高や 高助
後ニ重の井新左衛門
一 伊達の与さく　沢村 源之助
一 やつこ八蔵　嵐 新平
一 本田弥惣左衛門　桐島儀右衛門
一 女馬士じねんじよのおさん　松本 徳之助
一 しらべひめ　市川 猪三郎
一 井筒娘おまき　市川 瀧之助
一 こし元やよひ　中村 春之助
一 久須美伝五右衛門　富士川 国蔵
一 由留木右馬之助　市山 七蔵
一 奴逸平　市川 門三郎
一 わし塚八平次　嵐 冠十郎
一 お乳の人なぎさ　山下 万作
一 わし塚官太夫　沢村 東蔵
一 川ごし江戸兵衛　二やく 沢村 東蔵
一 こし元重の井　瀬川 路之助
一 高島のおく方真弓御ぜん　瀬川 路三郎
一 げいこいろは　二やく 瀬川 路三郎

一 伊達の与八郎　市川 団十郎
一 馬かた丹波与作　松本 幸四郎
一 高島主計頭　二やく 松本 幸四郎

松本米三郎病死に付、忰徳之助を重の井の娘にして、重の井新左衛門ニ而助高や高助、追善の口上、大出来大当り。

弐ばんめ
茲来《こゝへ》着綿《きせわた》菊《きくの》嫁入《よめいり》＊ 三幕

一 黒船町の舟宿忠右衛門　助高や 高助
一 鎌倉河岸米や五郎八　沢村 源之助
一 二本ぼうの仁蔵　嵐 新平
一 おやま九介　桐島儀右衛門
一 九介母お十　二やく 桐島儀右衛門
一 家主百兵衛　松本 [国三郎]
一 下女おいわ　中山 岩次郎
一 げいこおたに　松本 国三郎
一 高市数右衛門　富士川 国蔵
一 水汲の伊介　市山 七蔵
一 八木孫三郎　市川 門三郎
一 関口源次兵衛　二やく 市川 門三郎
一 米や手代文六　嵐 冠十郎
一 ふじやのおふじ　山下 万作

一 はんじ物の喜兵衛　沢村 東蔵
一 仲の町げいこおたき　瀬川 路之助
一 鳶のもの十吉　市川 団十郎
一 獄門の庄兵衛　松本 幸四郎

富本豊前太夫上るり
いの字とろの字 **女郎花《おみなへし》 桂曙《かつらのあけぼの》** 瀬川路之助 沢村源之助 相勤る

九月九日より
・**木下陰狭間合戦《このしたかげはざまかつせん》**＊

一 木の下藤吉郎久吉　助高や 高助
一 竹中官兵衛重照　二やく 助高や 高助
一 蓮葉与六　沢村 源之助
一 左枝犬清　二やく 沢村 源之助
一 大垣三郎　嵐 新平
一 三上の助作　二やく 嵐 新平
一 玉渕利金太　桐島儀右衛門
一 足柄金蔵　二やく 桐島儀右衛門
一 四の宮源吾　桐山 紋次
一 愛知郡の猿之助　市川 瀧之助
一 垂井の藤太　市川 門三郎
一 斎藤義龍　嵐 冠十郎

＊茲来着綿菊娵入

一石川村次左衛門　二やく　嵐　冠十郎
一大内家の侍女波路　山下　万　作
一おしづの方　二やく　山下　万　作
一さいがけの来作　沢村　東　蔵
一加藤虎之助正清　二やく　沢村　東　蔵
一みよし長慶　三やく　沢村　東　蔵
一官兵衛娘千さと　瀬川　路之助
一義照御台綾の台　二やく　瀬川　路之助
一来作娘おそま　瀬川　路三郎
一官兵衛女房関路　二やく　瀬川　路三郎
一けいせいふやう　三やく　瀬川　路三郎
一石川村の友市　市川　団十郎
一大沢七郎　二やく　市川　団十郎
一小田上総之助春永　松本　幸四郎
一石川五右衛門　二やく　松本　幸四郎

＊木下蔭狭間合戦

河原崎座より　中山富三郎　同　市川染五郎改　松本武十郎　富士川国蔵改　市川宗三郎
同　尾上松　助　中村座より　瀬川路三郎

霜月朔日より
・けいせい吉野鐘《よしのゝかね》

一和田新左衛門　助高や　高助
一新田小太郎よし貞　沢村　源之助
一篠塚五郎貞綱　市川　団十郎
一栗生左衛門　沢村　東　蔵
一大館三郎　松本　武十郎
一大仏太郎　市川　宗三郎
一小山田太郎高家　尾上　栄三郎
一小山田女房千束　瀬川　路三郎
一立田山の老女むらし　尾上　松　助
一白拍子島寺の袖
　実ハ小女郎狐　中山　富三郎
一相模次郎時行　松本　幸四郎
一篠塚女房おてる　瀬川　路　考

錦着色乗合《にしききていろとのりあい》　富本豊前太夫連中
小山田太郎やつし奴姿ニ而船頭栄三郎
勾当の内侍田舎娘の姿ニ而やつし路之助
よし久番匠の姿にて源之助
小山田女房ニ而屋敷女のやつし路三郎
小女郎狐にて神女のやつし富三郎

文化三丙寅年　市村座

正月廿一日より
・**梅柳《むめやなぎ》魁《さきがけ》曽我《そが》**

一 畠山重忠　助高や　高助
一 足力あんま釼沢麦庵
　実ハ近江の小藤太　松本　幸四郎
一 八わたの三郎行氏　助高や　高助
一 曽我の十郎祐成　沢村　源之助
一 沼田の大日坊　沢村　東　蔵
一 大磯や伝三　沢村　東　蔵
一 工藤家の女中頭伊豆の局　嵐　新　平
一 蒲の冠者のり頼　花井　才三郎
一 小林の朝比奈　松本　武十郎
一 鬼王新左衛門　嵐　冠十郎
一 曽我の団三郎　尾上　栄三郎
一 曽我の五郎時宗　尾上　栄三郎
一 鴫立沢のおつる　瀬川　路之助
一 大磯のとら　瀬川　路三郎
一 けわい坂のせう〳〵　瀬川　路之助

一 月さよ妹十六夜　瀬川　路三郎
一 工藤左衛門祐つね　尾上　松　助
一 女髪結荒櫛のお六
　実ハ祐経のおく方梛の葉　中山　富三郎
一 鬼王女房月さよ　中山　富三郎
一 由利の八郎長範　松本　幸四郎
一 上総七兵衛かげ清　松本　幸四郎
一 重忠奥方衣笠御ぜん　瀬川　路　考

富本豊前太夫
其画《そのうつしへ》寅《とらの》試筆《かきぞめ》　瀬川路三郎　瀬川路之助　沢村東蔵　尾上栄三郎　沢村源之助　相勤る

弐ばんめ世話狂言二日替り
初日
・**略《かきなをして》三五《さんご》大切《たいせつ》**

一 鹿児島十次兵衛　助高や　高助
一 笹野三五兵衛　沢村　源之助
一 廻し弥介　沢村　東　蔵
一 家主徳右衛門　嵐　新　平

一やつこ土[手]平　二やく 嵐　新平
一升や惣吉　市川　団十郎
一はなや娘分おさい　花井　才三郎
一千しま千太郎　市山　七蔵
一賤ヶ谷伴右衛門　松本　武十郎
一井関門平　市川　門三郎
一出石宅左衛門　嵐　冠十郎
一はなやおさき　山下　万作
一わかなや勝右衛門　尾上　栄三郎
一三五兵衛云号なぎさ　瀬川　路之助
一ますやお此　瀬川　路三郎
一げいしや小まん　中山　富三郎
一昨間源五兵衛　松本　幸四郎

常盤津綱太夫上るり
仇枕夢玉鉾《あだまくらゆめのたまぼこ》　助高や高助　中山富三郎　松本幸四郎　相勤る

後日
・**河原噂京諺**《かわらのうわさきやふのせわごと》

一黒木や番頭半兵衛　助高や　高助
一筒井重三母おたか　二やく 助高や　高助
一山ぶし寄妙院　三やく 助高や　高助
一黒木や彦三　沢村　源之助

一筒井や手代金六　沢村　東蔵
一松の尾新兵衛　嵐　新平
一たいこ持勘九郎　嵐　冠十郎
一彦三女房おみち　瀬川　路之助
一筒井重三郎　尾上　栄三郎
一黒木や大隅　尾上　松助
一井筒や小きん　瀬川　路三郎
一半兵衛女房おりく　中山　富三郎
一扇九仲居おとみ　中山　富三郎
一坊主小兵衛　松本　幸四郎
一小和田や又助　二やく 松本　幸四郎

常盤津綱太夫上るり
比翼鳥部山《ひよくのとりべやま》　沢村源之助　瀬川路之助　瀬川路三郎　助高や高助　松本幸四郎　相勤る

三月三日より　第弐番目大詰

一奴淀平　助高や　高助
一清水宿直之助清玄　沢村　源之助
一奴鳥羽平　沢村　東蔵
一渋川東内　市川　宗三郎
一清水の住僧　市川　門三郎
一あねわの平次　嵐　冠十郎
一奴壬生平　尾上　栄三郎

一　さくら姫　瀬川　路三郎
一　こし元妻木　中山　富三郎
一　清水の清玄　松本　幸四郎

右新狂言、看板出し候迄ニ而、三月四日芝車町よりの出火ニ而、江戸大火。芝居無難に候得共、世間騒々敷、相始不申候。其上、御救小屋の焚出し、堺町葺屋町両町の茶屋江被仰付、混雑いたし、暫く相休罷在候。

高の字遠慮に付、助高や高助の改名、助高や四郎五郎と成。

四月十四日より

・**仮名手本忠臣蔵**

一　石堂右馬之丞　助高や四郎五郎
一　堀部弥次兵衛　二やく　助高や四郎五郎
一　寺岡平右衛門　三やく　助高や四郎五郎
一　大星由良之助　沢村　源之助
一　でっち伊五　嵐　新　平
一　太田了竹　松本　小次郎
一　原郷右衛門　市川　門三郎
一　鷺坂伴内　嵐　冠十郎
一　塩冶判官　尾上　栄三郎
一　早の勘平　二やく　尾上　栄三郎
一　本蔵娘小なみ　瀬川　路之助
一　こし元おかる　二やく　瀬川　路之助
一　由良之助女房おいし　瀬川　路三郎
一　かほよ御ぜん　二やく　瀬川　路三郎
一　斧九太夫　尾上　松　助
一　一文字や才兵衛　二やく　尾上　松　助
一　本蔵女房となせ　中山　富三郎
一　義平女房おその　二やく　中山　富三郎
一　高の師直　松本　幸四郎
一　加古川本蔵　二やく　松本　幸四郎
一　斧定九郎　三やく　松本　幸四郎
一　天川や義平　四やく　松本　幸四郎

五月五日より、十段め、十一段め弐幕出る。

敵打の幕、両国の仕掛け、当春対面の行列にいたし候橋を用、又々此所ニ而橋のせり出し有之。切落と中の間の間より桟敷迄、橋をせり上る大仕かけ、此狂言大当り〳〵。

六月十八日より

・**波枕韓聞書**《なみまくらいこくのきゝがき》

夏芝居中　桟敷代廿匁　平土間代拾弐匁
高土間代拾五匁　土間割合六人詰　弐百文宛

一 児島左近之進　市川 団十郎
一 やつこ嵯峨平　二やく 市川 団十郎
一 町がゝへ琴浦の金　三やく 市川 団十郎
一 大鳥佐賀右衛門　松本 小次郎
一 家主杢右衛門　二やく 松本 小次郎
一 こし元なでしこ　中山 岩次郎
一 月若丸　市川 男寅
一 天竺徳兵衛女房おかつ　中山 常次郎
一 宗観娘おふさ　中村 春之助
一 吉岡宗観
　実ハ木曽官　市川 宗三郎
一 斯波采女之助義直　花井 才三郎
一 玉島磯之丞
　後ニ一寸徳兵衛　尾上 栄三郎
一 六角兵庫之助義行　二やく 尾上 栄三郎
一 昼鳶宿なし団七　三やく 尾上 栄三郎
一 大内之助義隆　四やく 尾上 栄三郎
一 田舎座頭徳都　尾上 松助
一 りよとふびんがま仙人
　実ハ尼子三郎勝久　二やく 尾上 松助
一 月若丸のめのと五百崎　三やく 尾上 松助
一 大仏坊主の三ぶ　四やく 尾上 松助

一 播州の船頭天竺徳兵衛
　実ハ崇観一子大日丸　五やく 尾上 松助

此夏狂言、一昨年木挽丁ニ而尾上松助いたし候通なれ共、ゆふ霊抔は格別に増補いたし、都而衣装にも宜敷候故、猶以此度は宜大評判、又々大当り〳〵。大切、鯉をつかい候水仕合、松助、栄三郎親子ニ而いたし候、大出来〳〵。

右狂言大当りニ而九月上旬迄いたし候所、冷気に相成、水仕合等出来兼候に付、九月五日限ニ而千秋楽舞納。

九月九日より

湖月照天松《いりへのつきてるてのまつ》

一 細川勝元　助高や 四郎五郎
一 小栗判官兼氏　沢村 源之助
一 横山三郎国廉　沢村 東蔵
一 宗樹禅林の所化覚山　嵐 新平
一 同　覚栄　松本 小次郎
一 片岡喜次郎春広　市山 七蔵
一 山名持豊　松本 武十郎
一 後藤兵庫高次　花井 才三郎
一 後藤左衛門助兼　市川 門三郎
一 山名の奥方真弓御ぜん　山下 万作
一 門番ねづ兵衛　尾上 栄三郎

一　照天の姫　瀬川　路之助
一　池の庄司左衛門俊兼　尾上　松　助
一　山名の息女常陸ひめ　中山　富三郎
一　横山太郎女房小萩　二やく　中山　富三郎
一　横山三郎信国　松本　幸四郎

尾上松助、毒酒に当り、いろ〳〵くるしみ、人に喰付き候得は、血の出る仕かけ、わがでに髪をむしり毛ぬける、跡より血のながれ出る仕かけ等、めづらしき工夫あり。夫よりがきやみ二而、熊野本宮の瀧の所、瀧の落る仕かけ、ぬのをさげて下二而巻とるゆへ、とんと瀧のおちるやふなり。是又評判よし。

九月十七日より
花兄幡随長兵衛《はなのあにばんずいてふべい》
一　石堂隼人　助高や四郎五郎
一　上州絹売本庄の弥市　沢村　源之助
一　うづら権兵衛　沢村　東　蔵
一　本庄助市　嵐　新　平
一　居候念仏の六　松本　武十郎
一　本庄助八　市山　七　蔵
一　新造八重梅　中村　春之助
一　奴里平　市川　門三郎
一　白井権八　尾上　栄三郎

一　けいせい小紫　瀬川　路之助
一　龍野惣右衛門　尾上　松　助
一　中の町いくせやおりき　中山　富三郎
一　尺八指南随龍軒　松本　幸四郎
一　幡随長兵衛　二やく　松本　幸四郎

富本安和太夫上るり
宝結露菊蝶《たからむすびつゆのきくてふ》＊　瀬川路之助　尾上栄三郎　相勤る

＊恋結露菊蝶

九月廿七日より
織合襤褸錦《おりあわせつゞれのにしき》
一　高市武右衛門　沢村　源之助
一　加村宇多右衛門　沢村　東　蔵
一　彦坂甚六　嵐　新　平
一　須藤六右衛門　松本　小次郎
一　伊兵衛女房おみよ　中山　常次郎
一　春藤新七　市川　団十郎
一　奴与平兵衛　市川　宗三郎
一　若徒佐兵衛　松本　武十郎
一　春藤助太夫　市川　門三郎
一　春藤次兵衛　尾上　栄三郎
一　お春妹おろく　瀬川　路之助

一 次郎右衛門女房おはる　中山　富三郎
一 春藤次郎右衛門　松本　幸四郎
△下り　坂東彦三郎　生年戌ニ而、当年五十三才に成。
△下り　市川団之助　河原崎座より　小佐川常世
△下り　嵐　平九郎　同　尾上栄三郎

霜月
壮平家物語《わかざかりへいけものがたり》
一 上総七郎かけ清　市川　団十郎
一 八木下八郎国連　坂東彦左衛門
一 瀬の尾の太郎　下り　嵐　平九郎
一 白拍子仏御ぜん　下り　市川　団之助
一 藤九郎盛長　尾上　栄三郎
一 真田与市姉いわ瀬　小佐川　常世
一 兵衛佐源頼朝　沢村　源之助
一 政子ひめ　瀬川　路之助
一 平の清盛　尾上　松助
一 梶原源太景末　下り　坂東　彦三郎
一 じやこつばゝア　松本　幸四郎
一 鎮西八郎為朝　二やく　松本　幸四郎

当顔見世、吹屋町の方評よく、当芝居当りに御座候所、同月十三日夜、町内より出火ニ而類焼いたし、両座共焼失いたし候。然る所当芝居は、正月早々普請に取かゝり、当り狂言故、春狂言前に此狂言に弐番目を付け、二月より相始る。

文化四丁卯年　市村座

二月五日より
・壮盛平家物語＊　弐ばんめ壱幕新狂言

＊壮平家物語

三月七日より
橘《とこよのはな》盤代《ばんだい》曽我《そが》
一 工藤左衛門祐つね　坂東　彦三郎
一 日雇取彦助
　実ハ京の次郎　二やく　坂東　彦三郎

一 大いそのとら　芳沢　円次郎
一 けわい坂のせう〳〵　市川　団之助
一 鬼王新左衛門　坂東彦左衛門
一 箱根の同宿閉坊　嵐　新　平
一 曽我太郎祐のぶ　市川　門三郎
一 奥女中久須美　山下　万　作
一 伊豆の次郎祐兼
　実ハそがの団三郎　尾上　栄三郎
一 曽我十郎祐成　沢村　源之助
一 同　五郎時宗　二やく　尾上　栄三郎
一 団三郎妹十六夜　瀬川　路之助
一 朝比奈妹まひ鶴　瀬川　路之助
一 箱根水茶や月さよおばア　尾上　松　助
一 小ばやしの朝いな　二やく　尾上　松　助
一 近江の小藤太成家　三やく　尾上　松　助
一 八わたの三郎行氏　松本　幸四郎

富本斎宮太夫上るり
其庵《そのいほり》模様《もやふ》五節句《ごせつく》　市川団十郎 市川団之助 芳沢円次郎 坂東彦三郎 沢村源之助 尾上栄三郎 瀬川路之助　相勤る
対面也。

弐ばんめ
往昔《むかしく》元吉原《もとのよしわら》

一 雛や次郎左衛門　坂東　彦三郎
一 次郎左衛門母貞栄　坂東　彦三郎
一 四郎兵衛女房おゑん　芳沢　円次郎
一 百千万平　嵐　新　平
一 浅山九郎兵衛　嵐　平九郎
一 遠州や吉六　松本　小次郎
一 正木新五右衛門　沢村　春五郎
一 斧谷為次郎　市川　宗三郎
一 けいしやの木ずへ　瀬川　路之助
一 地車の卯八　松本　武十郎
一 角力の札売儀平次　市川　門三郎
一 末広やのおそで　山下　万　作
一 寺西甚蔵　尾上　栄三郎
一 関取明石志賀之助　沢村　源之助
一 関取仁王山仁太夫　尾上　松　助
一 夢の市郎兵衛　松本　幸四郎
一 三浦や四郎兵衛　二やく　松本　幸四郎

四月五日より
追善《ついぜん》丸《まるに》伊左衛門《いざへもん》
一 女俳諧師園女　小佐川　常世
一 丈助妹お此　芳沢　円次郎

一 もくさんの杢兵衛　坂東彦左衛門
一 鈴木鯛庵　嵐　新平
一 左久間佐源太　大谷候兵衛
一 やりておすぎ　松本小次郎
一 安達丹兵衛　市川宗三郎
一 三島弥十郎　花井才三郎
一 ふしや了哲　市川門三郎
一 吉田や喜左衛門　尾上栄三郎
一 ふしや伊左衛門　沢村源之助
一 扇や夕霧　瀬川路之助
一 伊藤丈助　松本幸四郎

富本斎宮太夫上るり
道行《みちゆき》菜《な》種裳《たねのもすそ》　沢村源之助　瀬川路三郎　相勤る

五月五日より
陌頭《ふりわけがみ》岸柳島《がんりうじ》（ママ）

一 月本武者之助　坂東彦三郎
一 関東や繁蔵　二やく　坂東彦三郎
一 佐保五郎重綱　三やく　坂東彦三郎
一 繁蔵女房お雪　芳沢円次郎
一 けいせい浅妻　二やく　芳沢円次郎
一 白拍子れんり　三やく　芳沢円次郎

一 猿がばん場のお鳴ばゝア　坂東彦左衛門
一 潮田佐仲太　二やく　坂東彦左衛門
一 松浦軍次兵衛　嵐　新平
一 若党曽平次　沢村春五郎
一 中間可介　市川宗三郎
一 六角治部太夫　松本武十郎
一 大江の左衛門政元　花井才三郎
一 深江与惣次　市川門三郎
一 武者之助女房鵜の葉　山下万作
一 奴与五郎　尾上栄三郎
一 六角靫負之助　二やく　尾上栄三郎
一 曽我石の手代長次郎　沢村源之助
一 威徳坊　二やく　沢村源之助
一 民右衛門娘おてる　瀬川路之助
一 よし岡民右衛門　尾上松助
一 補陀落寺住僧　二やく　尾上松助
一 金剛坊　松本幸四郎
一 高島官次郎　二やく　松本幸四郎
後ニ佐々木岸柳

中村富十郎廿三回忌
京《きやふ》鹿《がの》子《こ》娘《むすめ》道成寺《どうせうじ》　芳沢円次郎
尾上松介　沢村源之助　松本幸四郎　相勤る

六月廿日より

・三国妖狐伝《さんごくやうこでん》*

夏芝居之内　桟敷廿五匁　平土間拾五匁
高土間廿匁　割合六人詰　壱人分弐百五拾文

天竺の場

一　天竺はんぞく太子の臣たさとさたんのふ　中島百右衛門
一　同　がうりんどふ　沢村紀次
一　同　せんきやふどう　尾上十右衛門
一　はんぞく太子の臣下かんきよくどう　坂東熊蔵
一　同　どくばいせんじゆ　大谷候兵衛
一　天竺の修験の僧摩かふら　坂東彦左衛門
一　天竺華陽夫人の霊　尾上松助

唐土の場

一　燕山の雷震　市川団十郎
一　殷の紂王　市川宗三郎
一　殷の臣下斎気円　中島百右衛門
一　同　うさいゑん　坂東熊蔵
一　同　呑南子　坂東文蔵
一　同　雲玄斎　尾上斧蔵
一　千遊童子　松本勘蔵
一　侍女花紅女　中村吉次郎
一　同　木琴女　市川栗蔵
一　皇后殷柳女　中山岩次郎
一　伯邑妻錦花連　中村春之助
一　飛仲官　松本小次郎
一　伯邑好　花井才三郎
一　殷の妲妃　尾上松助

日本の場

一　坂部行綱息女藻女　後ニ玉藻のまへ　市川団之助
一　越後座頭とく都　坂東彦左衛門
一　衛士又六　松本小次郎
一　若党文平　嵐直蔵
一　神職榊右内　大谷候兵衛
一　やつこ富平　尾上斧蔵
一　木わた弾正　市川宗三郎
一　播磨守阿部の泰時　花井才三郎
一　上総之助広道　尾上栄三郎
一　木わた左衛門佐光隣　沢村源之助
一　三浦之助義あきら　二やく　沢村源之助
一　足軽わし塚金藤次　尾上松助

一 玉藻のまへ　　　　　　二やく 尾上　松　助
　　実ハ金毛白面九尾の狐

弐ばんめ

一 いとや娘小糸　　　　　市川　団之助
一 町げいしやおふさ　　　二やく 市川　団之助
一 年代記売十兵衛　　　　坂東彦左衛門
一 糸や手代小介　　　　　松本　小次郎
一 山住五平太　　　　　　大谷　候兵衛
一 中間倉八　　　　　　　沢村　紀　次
一 糸や後家おいわ　　　　市川　宗三郎
一 松井田隼人　　　　　　花井　才三郎
一 半時坊主九郎兵衛　　　尾上　栄三郎
一 本朝丸綱五郎　　　　　二やく 尾上　栄三郎
一 糸や聟左七　　　　　　沢村　源之助
　　実ハ神原佐五郎
一 三味線指南石塚弥三兵衛　尾上　松　助

此夏狂言、古今大評判大当り〱。

＊三国妖婦伝

八月廿二日より

金龍山《きんりうざん》創《まくらの》砞《いしづへ》 ＊

一 月の輪帯刀　　　　　　坂東　彦三郎
一 帯刀妾千枝　　　　　　芳沢　円次郎
一 賤の女おゆふ　　　　　二やく 芳沢　円次郎
一 汐入村の庄屋与久作　　坂東彦左衛門
一 山添衛守之助　　　　　嵐　　新　平
一 坂本段八　　　　　　　大谷　候兵衛
一 奴隅田平　　　　　　　沢村　春五郎
一 漁師ぼら右衛門　　　　市川　宗三郎
一 久住貞右衛門　　　　　松本　武十郎
一 広瀬源吾　　　　　　　花井　才三郎
一 若党門平　　　　　　　市川　門三郎
一 浜成の御だい園生の方　山下　万　作
一 海上の次官武成　　　　尾上　栄三郎
一 中臣の進浜成　　　　　沢村　源之助
一 月の輪采女　　　　　　二やく 沢村　源之助
一 一ッ家の娘小磯　　　　瀬川　路之助
一 正木主計頭　　　　　　尾上　松　助
一 武州浅草一ッ家のうばおだい　二やく 尾上　松　助
一 漁師檜熊の友成　　　　松本　幸四郎
一 秦の左衛門景連　　　　二やく 松本　幸四郎

富本斎宮太夫上るり
魂棲結《たまむすび》千種《ちくさの》朝露《あさつゆ》　芳沢円次郎　瀬川路之助　岩井粂三郎　市川団之助　松本徳之助　沢村源之助　相勤る

弐ばんめ
一　寺島の構頭正直杢兵衛　坂東　彦三郎
一　吉六女房おいね　芳沢　円次郎
一　ぜげん高慢小兵衛　坂東彦左衛門
一　質や利助　嵐　新　平
一　町いしや柳川弁庵　嵐　平九郎
一　吉六妹おあさ　市川　団之助
一　やといお針おその　小佐川　常世
一　やうじや娘おきぬ　中村　春之助
一　同　おたか　岩井　梅　蔵
一　松井門弟勘五郎　松本　小次郎
一　開帳の立番五七　松本　武十郎
一　万寿や嘉介　花井　才三郎
一　石岡左膳　市川　門三郎
一　刀や半七　尾上　栄三郎
一　紅屋半蔵　沢村　源之助
一　やうじやおはな　瀬川　路之助
一　松井源水　尾上　松　助
一　しぼりの吉六　松本　幸四郎

＊金龍山創磐

九月十二日より　弐ばんめ
富本斎宮太夫上るり
桂川連理柵《かつらがわれんりのしがらみ》　尾上栄三郎　沢村源之助　相勤る
一　片岡幸之進　坂東　彦三郎
一　おきぬ弟才次郎　市川　団十郎
一　若党権平　市川　宗三郎
一　中居おさか　中山　岩次郎
一　けい子雪野　中村　春之助
一　足軽段助　花井　才三郎
一　片岡幸左衛門　尾上　栄三郎
一　しなのやおはん　二やく　尾上　栄三郎
一　帯屋長右衛門　沢村　源之助
一　長右衛門女房おきぬ　瀬川　路三郎
一　おはん母おかや　尾上　松　助
一　針の宗兵衛　松本　幸四郎

十月二日より　第弐番目大詰切狂言
けいせい返魂香《はんごんこう》
一　修理之助光澄　市川　団十郎
一　下女おつぎ　坂東彦左衛門

一 奴桃栗三平　嵐　新平
一 同枝柿渋内　松本　小次郎
一 道犬が手の者熊山郡八　坂東　弁蔵
一 同　虎谷兵内　沢村　紀次
一 又平女房おとく　小佐川　常世
一 高島家の息女いてふのまへ　瀬川　路之助
一 歌之助妹敷しま　中山　岩次郎
一 狩野の歌之助　花井　才三郎
一 将監光国　市川　門三郎
一 浮世又平　坂東　彦三郎
一 ふじかつぎおやま　二やく　坂東　彦三郎
一 せんだい座頭　三やく　坂東　彦三郎
一 坂本山王神霊　四やく　坂東　彦三郎

休居て出勤　助高屋高助改　助高屋四郎五郎　元服初暫く　市川団十郎
中村座より　坂東　三津五郎
同　岩井　半四郎

霜月三日より
・雪《きごとのはな》八島《やしま》凱陣《かいぢん》
一 鞍馬山僧正坊　尾上　松助
初暫く　一 熊井太郎　市川　団十郎

一 きさかた　芳沢　円次郎
一 忠のぶ女房しのぶ　市川　団之助
一 武蔵坊弁慶　坂東三津五郎
一 尾形の三郎　尾上　栄三郎
一 岡部六弥太　二やく　尾上　栄三郎
一 佐藤四郎兵衛忠信　沢村　源之助
一 源よしつね公　沢村　源之助
一 玉むしひめ　岩井　半四郎
一 熊坂むすめ麻生　二やく　岩井　半四郎
一 菊とぢ源吾　二やく　坂東三津五郎
一 佐藤三郎兵衛次信　三やく　坂東三津五郎
一 主馬判官成久　助高や　高助
一 菊地兵庫成景　松本　幸四郎
一 能登守のりつね　二やく　松本　幸四郎

十二月二日より弐番目切狂言
常盤津小文字太夫上るり
御ひいきの戻りかごを其俤に　相肩《あいがた》添《そへて》商人《あきうど》
一 かごかき与四郎　実ハ直江左衛門家国　助高屋四郎五郎
一 禿たより　岩井　松之助
一 大和名酒売おせん

一 餅売米六
　実ハ成春妹にしきゞ　岩井　半四郎
　実ハ元吉四郎高ひら　坂東三津五郎

一 かごかき次郎作
　実ハ由利の八郎長範　松本　幸四郎

文化五戊辰年　市村座

辰正月十三日より
・**月《つきの》梅《むめ》和《やわらぎ》曽我《そが》**

一 小林の朝比奈　助高や四郎五郎
一 鬼王新左衛門　二やく 助高や四郎五郎
一 そがの団三郎　松本　幸四郎
一 むかでや金兵衛　沢村　源之助
一 そがの十郎祐成　二やく 沢村　源之助
一 同　五郎時宗　尾上　栄三郎
一 和田家のおすへわか菜　芳沢　円次郎
一 大いそのとら　二やく 芳沢　円次郎
一 けわい坂のせう〲　市川　団之助
一 刀鍛冶相州五郎政宗　市川　宗三郎
一 工藤家の奥女中久寿美　坂東　鶴十郎
一 梶原源太かけすへ　坂東　善　次
一 茶道釼沢ばく庵　桐島儀右衛門

一 伊豆の次郎祐俊　花井　才三郎
一 半沢六郎成清　市川　門三郎
一 和田家の中老まい鶴
　実ハ三浦の片貝　二やく 市川　団之助
一 そがの二の宮　山下　万　作
一 蒲冠者のり頼　市川　団十郎
一 かげ清一子あざ丸　二やく 市川　団十郎
一 久賀見のぜんじ坊　二やく 尾上　栄三郎
一 そがの満江御ぜん　尾上　松　助
一 手ごしの亀ぎく　岩井　半四郎
一 鬼王女房月さよ　二やく 岩井　半四郎
一 京の次郎祐とし　坂東三津五郎
一 工藤左衛門祐経　二やく 坂東三津五郎
一 近江の小藤太成いへ　二やく 松本　幸四郎
一 八わたの三郎行氏　三やく 助高や四郎五郎

富本斎宮太夫上るり
解初《とけそむる》霞《かすみの》帯曳《おびひき》　市川団之助　助高や四郎五郎　芳沢円次郎　岩井半四郎　沢村源之助　相勤る

弐番目世話狂言
春商《はるあきない》恋《こひの》山崎《やまざき》

一 橋本次部右衛門　助高や四郎五郎
一 かごかき甚兵衛　二やく　助高や四郎五郎
一 山崎や手代与五郎　沢村源之助
一 南方十次兵衛　二やく　沢村源之助
一 ふじやあづま　芳沢円次郎
一 平岡郷左衛門　嵐　新平
一 女非人野手のお三　市川宗三郎
一 非人御所柿の辰　坂東鶴十郎
一 三原や有右衛門　坂東善　次
一 薬種や手代佐渡七　桐島儀右衛門
一 子もりおてる　市川団之助
一 髪結金神の長吉　市川団十郎
一 わしの長六　尾上栄三郎
一 長崎いしやまぼろし浄閑　尾上松　助
一 女非人下駄のお市　岩井半四郎
一 ぬれ髪のおしづ　二やく　岩井半四郎
一 与次兵衛女房おはや　三やく　岩井半四郎

一 八わたや与次兵衛　坂東三津五郎
一 盗人引窓与兵衛　松本幸四郎
一 放駒の四郎兵衛　二やく　松本幸四郎

三月三日より
・**伊達《だて》競《くらべ》阿国《おくに》戯場《かぶき》**

一 井筒外記左衛門　助高や四郎五郎
一 浮世渡平　二やく　助高や四郎五郎
一 細川修理太夫勝元　沢村源之助
一 土手の道哲　二やく　沢村源之助
一 けいせい高尾　芳沢円次郎
一 奴梶平　嵐　新平
一 大江図幸鬼貫　市川宗三郎
一 鳶嘉藤太　坂東鶴十郎
一 足利兼若丸　坂東簑　助
一 料理人塩沢丹三郎　坂東善　次
一 大場道益　坂東大五郎
一 山中鹿之助　花井才三郎
一 土子泥之助女房礒野　山下万　作
一 弾正妹河内　市川団之助
一 荒獅子男之助　市川団十郎
一 井筒女之助　尾上栄三郎

一 羽生村百性金五郎　二やく 尾上栄三郎
一 山名左衛門持豊　尾上松助
一 仁木弾正姉八しほ　二やく 尾上松助
一 兼若めのと政岡　岩井半四郎
一 三郎兵衛妹かさね　二やく 岩井半四郎
一 足利左金吾頼兼　坂東三津五郎
一 とうふや三郎兵衛　二やく 坂東三津五郎
一 渡辺民部早友　三やく 坂東三津五郎
一 角力取絹川谷蔵　松本幸四郎
一 羽生村与右衛門　二やく 松本幸四郎
一 仁木弾正直則　三やく 松本幸四郎

常盤津小文字太夫上るり
恨衣棣棠累《うらみのきぬやまぶきがさね》　よし沢円次郎　尾上栄三郎　沢村源之助　岩井半四郎　相勤る

此狂言、三十一年已前、安永七戌年秋狂言、中村座ニ而大当り。何れも親のいたし候役割ニ而、又々今年も大に評判よく、大当り。

四月九日より　弐ばんめ　三幕
一 油屋九平次　助高や四郎五郎
一 平野や徳兵衛　沢村源之助
一 平野や下女おたま　よし沢円次郎
一 道具や弥介　嵐新平

一 教光寺の錦蘭坊　坂東善次
一 吉文字や道得　桐島儀右衛門
一 平野や久左衛門　山中平九郎
一 天満やけいしやおはつ　市川団之助
一 井筒やの舟頭房　尾上栄三郎
一 ゐんまの小兵衛　尾上松助
一 四ッ木村題目講中おたつ　岩井半四郎
一 平野や娘おきた　二やく 岩井半四郎
一 平野町京紺屋徳兵衛　坂東三津五郎
一 平野や甥長蔵　松本幸四郎

上るり
おはつ徳兵衛 **道行初時鳥**　ワキ綱太夫　常盤津小文字太夫　ワキ喜代太夫　沢村源之助　市川団之助　岩井半四郎　坂東三津五郎　尾上栄三郎　松本幸四郎　相勤る

此狂言、甚不評判。かへつて壱番目ニ而もち合候やふす也。
四月下旬迄いたし、相休。

五月五日より
仮名手本忠臣蔵
一 大星由良之助　助高や四郎五郎
一 塩冶判官　沢村源之助
一 加古川本蔵　二やく 沢村源之助
一 かほよ御ぜん　よし沢円次郎
一 由良之助女房おいし　二やく よし沢円次郎

一 鷺坂伴内　嵐　新平
一 山名次郎左衛門　市川　宗三郎
一 千崎弥五郎　市川　団十郎
一 桃の井若狭之助　尾上　栄三郎
一 斧定九郎　二やく　尾上　栄三郎
一 斧九太夫　尾上　松　助
一 おかる母　二やく　尾上　松　助
一 勘平女房おかる　岩井　半四郎
一 本蔵女房となせ　二やく　岩井　半四郎
一 早の勘平　坂東三津五郎
一 石堂右馬之丞　二やく　坂東三津五郎
一 寺岡平右衛門　松本　幸四郎
一 高の師直　二やく　松本　幸四郎
一 天川や義平　三やく　松本　幸四郎

甚不当りニ而、日数六七日いたし、相休申候。

五月十六日より

本朝廿四孝

此操狂言、壱番目にいたし候。

一 板垣兵部　助高や四郎五郎
一 山本勘助母　二やく　助高や四郎五郎
一 百性箕作　尾上　栄三郎

一 武田四郎勝頼　二やく　尾上　栄三郎
一 高坂女房からあや　芳沢　円次郎
一 北条氏時　市川　宗三郎
一 長尾三郎かけ勝　花井　才三郎
一 長尾謙信　市川　門三郎
一 村上左衛門よし晴　市川　団十郎
一 常盤井御ぜん　市川　団之助
一 賤のかた　中村　春之助
一 こし元なでしこ　中山　岩次郎
一 斎藤道三　尾上　松　助
一 武田信玄　二やく　尾上　松　助
一 百姓慈悲蔵　実ハ直江山城之助　沢村　源之助
一 こし元ぬれ衣　岩井　半四郎
一 慈悲蔵女房おたつ　二やく　岩井　半四郎
一 高坂弾正　坂東三津五郎
一 越名弾正　松本　幸四郎
一 百姓横蔵　実ハ山本勘介　二やく　松本　幸四郎

弐番目坂東三津五郎追善狂言

一 中田や太郎兵衛

実ハ鈴木三郎重家　助高や四郎五郎
一　刀や手代半七
実ハ冠者二郎義基　沢村　源之助
一　下部隅田平　嵐　新　平
一　刀や石見　桐島儀右衛門
一　忠基の息女野わけ　山下　万　作
一　刀やおはな
実ハ教経の息女錦のまへ　市川　団之助
一　北条五郎時国　市川　団十郎
一　そば売
実ハ井場十蔵　尾上　栄三郎
一　中田や下女おまつ
実ハ景清娘人丸　岩井　半四郎
一　隅田川わたし守かぢつかのおとり　二やく　岩井　半四郎
一　修行者聖天町の大日ぼふ　坂東三津五郎
一　のわけぼふこん　二やく　坂東三津五郎
一　本田次郎近常　松本　幸四郎

上るり
垣衣艸手向発心《しのぶぐさたむけのほつしん》　常盤津小文字太夫　坂東三津五郎
ワキ　綱太夫　沢村源之助
同　喜代太夫　市川団之助
岩井半四郎

此しのぶ売所作事、三津五郎評判よろしからず。やう〳〵日数廿二三日もいたし、六月七日より相休候。

とかく、堺町歌右衛門評判におされ候様子ニ而、夏狂言もおそく初め、六月中は相休。

閏六月八日より　夏狂言
・彩《いろ》（ママ）入《いり》御伽艸《おとぎぞうし》
桟敷廿五匁　高土間廿匁　平土間拾五匁　六人詰弐百廿文

一　細川多門之介政基　市川　団十郎
一　廻国修行者快全
実ハ牟礼次一学照光　二やく　市川　団十郎
一　舟頭桑名や茂蔵
実ハ大伴宗鑑　市川　宗三郎
一　馬士多九郎　二やく　市川　宗三郎
一　後平次妹おまき　桐島儀右衛門
一　大伴三郎よし長　花井　才三郎
一　奴三木平
実ハ別所小三郎　二やく　花井　才三郎
一　菊地の息女おさかべ姫　市川　団之助
一　こし元おりく　二やく　市川　団之助
一　弥陀次郎時つな　尾上　栄三郎
一　手こし三平　二やく　尾上　栄三郎
一　盗賊おさかべ太郎
実ハ赤松次郎則政　三やく　尾上　栄三郎

一 山城の小幡後平次　尾上　松　助
一 小平次女房おとわ
　実ハ鉄山妹浅香　二やく 尾上　松　助
一 茂山将監鉄山　三やく 尾上　松　助
一 三平姉幸崎　四やく 尾上　松　助
一 十六羅漢のその一
　なりたいな尊者　五やく 尾上　松　助
一 舟頭天竺徳兵衛
　実ハ大友大日丸　六やく 尾上　松　助

右は、小幡後平次の怪談、幡州皿屋敷の怪談。第壱番め新狂言二日替りにいたし、尾上松助水中の早替りいたし候段、口上書出す。

弐番目
一 小旦那伊太郎　市川　団十郎
一 坂間新藤次　市川　宗三郎
一 馬渕伴五郎　坂東　善　次
一 つんぼばん七　桐島儀右衛門
一 廻し男小みづ小助　松本　小次郎
一 丹波や源吉　花井　才三郎
一 丹波やおつま　市川　団之助
一 鰻屋江戸子八郎兵衛　尾上　栄三郎
一 鮫鞘新助　二やく 尾上　栄三郎
一 香具屋弥兵衛　尾上　松　助

此狂言、大入大評判、無類の大入。然る所、松助老年ニ而水中の勤出来兼、腰立がたき事抔、度々有之。是非なく、悴栄三郎かわり相勤候所、是又評判よく□を少し計松助相勤、こばた小平次、同女房の弐やく共、栄三郎いたし候所、却而うつりよく、大当り〳〵。

○発端、十六羅漢本名天竺徳兵衛ニ而、赤松次郎□蛙の術を授与する。高砂の浦、幡州清華山の場、岩を打砕き、手のうちニ而蛙となし、其蛙釣り糸ニ而徳兵衛術をはたらく仕かけあり。またてつはつの内より、水を出し、小龍を顕し、此龍糸仕かけニ而花道の中程、切穴へ行おちる仕かけ。直に蛙になりて、花道江顕るゝ仕かけ。

○二幕目高砂の浦、天竺徳兵衛が隠れ家を、大勢に取囲れ候時、既にあやうく成と家をおしたをして、其屋根の上に大蛙顕れ居る。此蛙の背に松助天竺徳兵衛ニ而乗り居る。大蛙眼を光らし、口より火をふき出す仕かけ。此見へ、殊外よろしき仕かけ、新手也。

○三幕目、小平次廻国より帰り、自分の在所、木幡の里近き宇治郡蛍が沼ニ而、密夫の為に殺さるゝ仕内。馬士太九郎市川宗三郎、小平次が女房と留主の内密通してはかり、小平次をぬまニ而殺す仕かけニ而、かづらとからだは宗三郎が手に残り、水の

中ニ而ぬけ、早替り。花道より、小平次女房ニ而栄三郎出て来て、倶〳〵に夫トをころす仕内、大出来〳〵。

○四番目、小平次女房おとは、密夫太九郎と申かわし、思ふ侭に小平次を殺し、太九郎はおとわが所へ来り、竈をたき、水を汲ふと柄杓を持と、水瓶の向より小平次がゆふれい出る。是を見て恐れて、仏だんの鉦をとり、ひらぶたいニ而念仏を申居ると、又そのそばの切穴よりゆふれい出る。又是に恐れ門口へ出よふとする。門口ニ而もふ火燃る。是ニ而気絶する。早替りニ而小平次女房おとわに成、おくより出て蚊屋をつり、太九郎を見付、引おこす。又ゆふれいと心得、逃ておくへ行。栄三郎頭痛のするこなしにて、あせをとらんとて、蚊屋の内にはいり、夜着をかぶりて寝る。はやがはりニ而ゆふれいに成、蚊屋の脇へ出、その蚊屋の中へついと這る仕かけ、大によし。弥陀次郎ニ而花井才三郎、是を見て観世音の尊像を蚊屋の外ニ而おし当る。是ニ而ゆふれいきゆる。又早がわりニ而夜着をあけて、おとわニ而栄三郎、顔を出す。又寝る。才三郎ひろいし状の文言に、小平次が女房おとわが本名は浅山鉄山が妹ニ而、浅香と云もの也。雄龍の印は、馬士の太九郎が、かくし所持するといふ事を、あんどふの際ニ而ひそかによむ。そのあんどふの際へ、早がわりゆふれいニ而出、才三郎に、雄龍の印をわたしてきへる。又早がわりニ而おとわ、蚊屋の内より出、月若丸の顔へ焼がねを当る。観音身代りにて、月若につゝがなし。其内ゆふれい、蚊屋のうちへ入て、おとわが首をくわへ、東の花道より、中の間のあゆみを折廻し、例の一本鉄物にて引てとる仕内、大出来〳〵。

○五幕目大詰室明神陳所の場、栄三郎赤松次郎ニ而ちよくしと成出て、団十郎細川政元ニ而是を見出し、本名顕れ、蛙の怪術ニ而その身をかくす。此道具引てとる。樋の口に成、是に米蔵、紀次、百右衛門、斧蔵、四人共組子ニ而、半切り四てんの姿ニ而取囲ひ、樋の口より蛙飛出、毒気をふくゆへ、組子たをるゝ。其内、此大蛙、水船へとびこむ。水中を働き花道へ上り、中程に止り、例の引抜きニ而蛙の背割れ、中より赤松次郎ニ而栄三郎出る。此所、壱番目大詰。

△弐番目世話狂言序幕、古手や八郎兵衛ニ而、うなぎや聟養子に成、どふらく息子の仕内。おつま団之助ニ而、むつましく商ひする所、おつまが兄の源吉才三郎ニ而、主人の忰さめざや新助とよび、はい名を扇朝といふ。此扇蝶、千葉家の調宝鷹の一軸をぬすみ出し持居るゆへ、だましとりて、元主人坂間新藤次へ渡さんと受合しゆへ、いろ〳〵思案する内、かのわるもの、扇朝おつまにほれて居るゆへ、わざとおつまと八郎兵衛が中をさいて、扇蝶へとりもつと云ゆへ、扇朝一軸を源吉へわたす。是を八郎兵衛は少しも知らず、たゞ一すじにつき出されしと心得、おつまを殺さんと、うなぎ庖丁を持てかけ出す。此二やく共、栄三郎大出来大当り。

△中幕、本所石原榛木馬場ニ而、八郎兵衛ニ而栄三郎出、木かげに身をかくす。花道より四手かごにおつまをのせて、是に善次幷扇蝶ニ而栄三郎、早替りニ而ついて出る。扇朝、酒に酔たるゆへ、途中あぶなき侭、おつまとあいごしにかごにのれと、善次すゝむる。悦びてかごにのる。たれをおろすと、たわいなく寝入しゆへ、そのかごをそつとぬけて、おつまはひとりにげて行。是を伺ひ又早替り、八郎兵衛栄三郎、木かげより出、てふちんを切払。かごかきはにげる。善次と立廻り有り。善次を見事になげて、おつま思ひ知れと、うなぎ庖丁にてかごをつく。つかれてふきかへの扇朝、脇差をぬかふとするを、八郎兵衛ひつたくり、其さめざやの刀ニ而扇朝をころし、くらやみゆへ頭をなで廻し、おつま見へざるゆへ、むねんのこなし。なんでもおつまと扇朝、四ッに仕よふと思ひしに、扇朝は手にかけたが、おつまは取逃せしか残念な、との思ひ入ニ而まく。

△大切両国まなべ河岸の場、やし香具屋弥兵衛宗三郎、そこひやみニ而八郎兵衛が父ゆへ、新助を殺せしは、八郎兵衛成とゆふ取沙汰ニ而、町内より弥兵衛が家に宅番付き、心遣ひの思ひ入。此所綱太夫上るりニ而、栄三郎古手や八郎兵衛ニ而、父の宅へ余所ながらいとまごひに来る。団十郎も、小旦那伊太郎といふはんかのいさみニ而、まなべ河岸をそゝりあるく見へ。おつまも、此所へにげて来かゝり、思はず八郎兵衛に逢、いゝわけせんとすれ共聞入ず、栄三郎切てかゝるゆへ、いろ〳〵わけのある事也と云きかせしゆへ、八郎兵衛とくしんなれ共、何をいふも人を殺せしゆへ、迚もいきては居られずと、自害をせんといふゆへ、おつまも倶に死なふといふこなし。親の弥兵衛は目の見へぬを幸ひ、心中の事はかくす思ひ入。弥兵衛も元トはさむらいニ而、其子の八郎兵衛なれば、人をころして咎人にならんよりは、いさぎよく切ふくせいとかくごの思ひ入。すでに栄三郎、腹きらんとする所へ、団十郎鷹の一軸を持ちてかけてきて、此一軸手に入れば死ぬには及ぬ、新助は盗賊ゆへ、殺しても苦ふないと納る。是ニ而打出し。

七月五日より
後日皿屋敷の場　界川辻堂の場　二幕新狂言出し

一　牟礼の一角　市川　団十郎
一　浅山将監鉄山　市川　宗三郎
一　いしや小佐保南天　坂東　善次
一　飛脚くり平　市川　粟蔵
一　同　弥太平　沢村　紀次
一　同　多々平　坂東　熊平
一　印南郡八　中島百右衛門
一　菊若丸　尾上　栄助
一　賤の女おたね　岩井　亀次郎
一　浅山藤内景信　松本　小次郎

一　舟越三平　花井　才三郎
一　こし元おりく　市川　団之助
一　三平姉幸崎　尾上　栄三郎
一　赤松次郎則政　二やく　尾上　栄三郎
一　天竺徳兵衛　尾上　松　助

栄三郎ゆふれいにて、丸あんどうの中より出て、少し横に切れる見へ評よし。松助病気全快に付、罷出候と申口上書出る。
右狂言、盆休彼是少しの内いたし、評よく大入なれ共、七月廿日切に千秋楽いたし候。尾上栄三郎腫病ニ而、引込み候よし。

七月廿五日より
時桔梗《ときもきゝやう》出世《しゆつせ》請状《のうけぜふ》

一　松下嘉平次行綱　助高屋四郎五郎
一　百姓太郎助　二やく　助高屋四郎五郎
一　小田上総之助春永　沢村　源之助
一　福島石松則政　二やく　沢村　源之助
一　陣中のうかれ女高松　芳沢　円次郎
一　園生の局　二やく　芳沢　円次郎
一　百姓小袋の玉蔵　嵐　新　平
一　宅間左衛門信盛　市川　宗三郎
一　桶屋長助　二やく　市川　宗三郎
一　矢代条助春行　坂東　鶴十郎
一　三宅源内国次　坂東　善　次
一　尼ヶ崎の馬士とぶ六　二やく　坂東　善　次
一　料理人□（大沢）九郎次郎　嵐　平九郎
一　浅山多三妹湯あさ　中村　春之助
一　光秀妹きゝやふ　中山　岩次郎
一　今川又市妹岩波　岩井　瀧　次
一　咄坊主御伽亭曽呂里　桐島儀右衛門
一　桶屋吉六　二やく　桐島儀右衛門
一　諏訪飛脚之助直盛　松本　小次郎
一　福岡平馬貞景　松本　小次郎
一　中尾弥太郎とし国　花井　才三郎
一　浅山多山重満　市川　門三郎
一　大内蔵女房みのうら　山下　万　作
一　光秀女房さつき　市川　団之助
一　嘉平次娘千歳　二やく　市川　団之助
一　佐藤虎之助清正　市川　団十郎
一　八尾田作兵衛知綱　二やく　市川　団十郎
一　森の蘭丸　尾上　栄三郎
一　小西弥十郎行長　二やく　尾上　栄三郎
一　入江長兵衛娘おまさ　岩井　半四郎
一　柴田修理之助勝家　尾上　松　助
一　久よし妻八重機　二やく　岩井　半四郎

一　武智左馬之助光晴　坂東三津五郎
一　真柴大領久吉　二やく　坂東三津五郎
一　鳥羽の町人鶴見源五郎　松本　幸四郎
一　水尾正兵衛茂朝　二やく　松本　幸四郎
一　武智十兵衛光秀　三やく　松本　幸四郎

此狂言不当りニ而、十五日めに弐番目追善狂言出る。蘭丸の役嵐新平代り相勤候よし、不評。

八月十日より
是篋残《これがかたみ》高麗《かうらい》屋《や》縞《じま》　錦紅七回忌追善
剃て直心涼しや法の旅
三幕　両国のだん　福清内のだん　浄瑠理の段

一　小梅の瓦師源兵衛　助高や四郎五郎
一　小間ものや六三郎　沢村　源之助
一　かしく兄長庵　市川　宗三郎
一　しちや利兵衛　坂東　万蔵
一　家ぬし太次右衛門　坂東　利根蔵
一　飛脚源八　市川　才蔵
一　ふる着やぜん助　坂東　熊平
一　かし本や庄介　坂東　熊蔵
一　糸屋嘉七　沢村　紀次
一　あわ餅手伝喜介　市川　栗蔵

一　堤弥藤次　中島百右衛門
一　下女おくら　松本　八十八
一　けい□（こおまつ）　岩井　亀次郎
一　でつち源太郎　市川　こま蔵
一　げいこおかね　松本　徳之助
一　生玉や定八　桐島儀右衛門
一　かまだや太左衛門　松本　小次郎
一　小柴兵衛　市川　門三郎
一　福清女房おかぢ　市川　団之助
一　奴そで助　市川　団十郎
一　げいこかしく　岩井　半四郎
一　百姓太郎作娘おその　二やく　岩井　半四郎
一　百姓舟こし十右衛門　坂東三津五郎
一　中川の筏乗七郎介　松本　幸四郎
一　ふく島や清兵衛　二やく　松本　幸四郎

上るり　沢村源之助　岩井半四郎　坂東三津五郎　松本幸四郎　相勤申候

富本連中の浄るり、かしく六三郎道行、宗十郎半四郎相勤候。二やく百姓太郎作娘おその半四郎、振袖ニ而引舟に世帯道具を入、百姓舟越十右衛門ニ而三津五郎、此舟をこぎて合方。中川の筏乗七郎助ニ而幸四郎、やつしいかだに乗ての仕内。

辰九月九日より

鳴《なり》響《ひゞく》御未刻《おやつの》太鼓《たいこ》

一　香川帯刀	助高や四郎五郎
一　桔梗屋文右衛門	二やく　助高や四郎五郎
一　大森頼母之助	沢村　源之助
一　きの国や源七	二やく　沢村　源之助
一　いろは茶やおゆふ	芳沢　円次郎
一　稲葉四郎次郎	嵐　新平
一　横田丹兵衛	市川　宗三郎
一　蜂山須蔵	坂東　鶴十郎
一　築山佐部右衛門	坂東　善次
一　行成義八郎	坂東　大五郎
一　肴売かん八	市川　団兵衛
一　猿しま権六	市川　栗蔵
一　茶道紀次斎	沢村　紀次
一　鶴屋米蔵	市川　米蔵
一　砂や利根右衛門	坂東　利根蔵
一　昼とんびがん張の熊	沢村　熊蔵
一　中間杢助	坂東　熊平
一　さくら風呂の喜作	尾上　斧蔵
一　鳴戸波之進	鎌倉　平九郎
一　おやま秋しの	岩井　亀次郎

一　けいこ琴次	中山　岩次郎
一　奴丸助	桐島儀右衛門
一　願人小助坊主	松本　小次郎
一　大森の後室千鳥の方	花井　才三郎
一　大森入道宗波	市川　門三郎
一　磯貝下女おしも	山下　万作
一　音松女房おりつ	二やく　山下　万作
一　実右衛門娘おゆき	市川　団之助
一　大森専次郎	市川　団十郎
一　成田屋長兵衛	二やく　市川　団十郎
一　磯貝下部友蔵	尾上　栄三郎
一　鳶の者音松	尾上　松助
一　三田村兵左衛門	二やく　尾上　松助
一　帯刀妹おなみ	岩井　半四郎
一　島の内河作の仲居おさご	二やく　岩井　半四郎
一　磯貝藤助	坂東三津五郎
一　若党八内	二やく　坂東三津五郎
一　磯貝実右衛門	松本　幸四郎
一　島川太兵衛	二やく　松本　幸四郎

此敵討の狂言、沢村源之助頼母之助ニ而放埒ゆへ勘当うけ、次男専次郎ニ而団十郎家督いたし、右専次郎を産候お湯どの、出世して後室に成、千どりの方と申。新抱入の島川太兵衛と密

通いたし、非道のはからいいたし、領分の騒動を勘当の身ニ而、頼母之助静め候ゆへ、伯父宗波ニ而門三郎、大国のあるじたる器量を見定め、再び家督をつがせ、島川太兵衛を改易いたし、其外役替を申付け、団十郎切ふく、才三郎自害いたさせ候。此さばき、源之助大出来、幸四郎、実右衛門と太兵衛の二やくも、大出来〳〵。

松助、当夏病死の旨ニ而、追善売歩行候を、狂言に取組、全快出勤ニ而大笑ひいたし候趣向。三津五郎磯貝藤助ニ而、殿の目がねニ而一騎の騒動をしづめる仕内、半四郎おさごニ而、女の釼術の仕内、大出来。狂言の出来よく、評判はよく候へ共、堺町の菅原の評判におされ、入すくなく、又々半四郎かしく狂言を出し候。

九月廿二日より、三代目岩井半四郎五十回忌追善狂言として、

三ッ変化所作

行秋やもて来た風は置ながら　**三扇法絵合**　五代目岩井半四郎相勤申候

一 笹の才蔵長よし　嵐 新平
一 道三下部雲平　坂東 鶴十郎
一 同 峰平　坂東 善次
一 今川伊予之介仲秋　松本 幸四郎
一 女三のみや　岩井 半四郎
一 田舎瞽女　二やく 岩井 半四郎

一 けいせい 実ハ梁恵帝文珠ほさつの化身　三やく 岩井 半四郎

中村座より 坂東彦三郎　同座より 坂東彦左衛門 瀧中歌川改
下り△ 沢村田之助　休より 中村 里好

霜月朔日より
松《いろそゆる》二《に》代源氏《だいげんじ》

一 藤原仲光　坂東 彦三郎
一 市原の鬼童丸　二やく 坂東 彦三郎
一 かづらき山の土蜘　三やく 坂東 彦三郎
一 源の頼光　沢村 源之助
一 わたなべの綱　二やく 沢村 源之助
一 ゐほし売ふく作　市川 こま蔵
一 貞光妹初雪　松本 八十八
一 はつ瀬次郎妹あやせ　岩井 亀次郎
水せん売おふゆ　中山 岩次郎
一 今様役人はつ花　岩井 梅蔵
一 貞世妹八重はた　中村 春之助
一 所化かくれん坊　市川 栗蔵
一 丹波太郎鬼住　坂東 善次
一 丹波屋助太郎　坂東 鶴十郎

一 綱か下部冬平　松本　小次郎
一 いの熊の入道雷雲　坂東彦左衛門
一 物のべ平太有国　沢村　治之助
一 伊予の太郎有信　嵐　新平
一 大宅太郎光遠　市川　宗三郎
一 常陸の介平正盛　花井　才三郎
一 権の頭貞世　市川　門三郎
一 袴だれの女房岩こし　山下　万作
一 坂田の金時　市川　団十郎
一 碓井の貞光　尾上　栄三郎
一 北条之助雅光
　実ハ仲光一子光寿丸　二やく　尾上　栄三郎
一 渡辺女房春雨　中村　里好
一 雇婆々いばらきのおつめ　尾上　松助
一 西宮左大臣高明公　二やく　尾上　松助
一 戻り橋の女やもめおまさ
　実ハ将門娘七あや　岩井　半四郎
一 満仲の息女美女御せん　二やく　岩井　半四郎
一 田わらのちはる　坂東三津五郎
一 平井左衛門保昌　二やく　坂東三津五郎
一 髭黒の左大将
　実ハ袴たれ保輔　松本　幸四郎
一 将軍太郎よし門　二やく　松本　幸四郎
一 卜部のすへ武　三やく　松本　幸四郎

此狂言、不出来ニ而評わるし。併役者能きゆへ、相応に見物は入る。
　三立め幕切に、宗三郎、新平、両人六部姿ニ而、春之助、梅蔵をころし行所へ後ろより両人かゝる。取てなげる。起上りて、宗三を三津五郎、新平を幸四郎首を切り、だんまりの幕不出来〱。

四立め上るり
童遊色《おさなあそびいろ》の夕顔《ゆふがを》＊
富本松寿斎　富本斎宮太夫　富本里喜太夫
三弦　名見崎徳次　同　安次

一 源より光　沢村　源之助
一 小式部　中村　里好
一 よそほひ姫　沢村　田之助
一 黒木売おのぶ
　実ハ栟花女　二やく　沢村　田之助
一 坂田の金時　市川　団十郎
一 雅光
　実ハ幸寿丸　尾のへ栄三郎
一 草苅鬼童丸　坂東　彦三郎
一 十太丸ノ蜘の精　二やく　坂東　彦三郎
五立め、半四郎かこい物ニ而、七人の□有計

□を、貰ふ狂言。とゞ将門の姫七あやと成、松助、栄三郎、源之助にはかられ、むほんの顕はるゝ仕内、おもしろからず、不出来〳〵。

六立め、古物買ニ而幸四郎髭黒の左大将と成、実ハ袴だれ保輔、此仕内はよし。美女御ぜんの身がわりに、幸寿丸切ふくの場、彦三郎謡をうたい、鼓をうつ仕内。田之介粧姫の仕内、あわれうすし。

大詰、綱源之介、金時団十郎、定光栄三郎、季武幸四郎、四人共四神のはたを持、大荒事。土蜘の精霊ニ而彦三郎、此見へ花やかにてよし。

弐番目、彦左衛門たどん屋ニ而、ぼた餅とたどんを取ちがへ、あんを付て人に喰せる仕内、おかしくてよし。

上るり　**色岩屋《いろのいわや》大江山入《おふへやまいり》**　常盤津綱太夫　常盤津小文字太夫　常盤津喜代太夫　三弦　岸沢古式部　同　式佐

美女御ぜん半四郎、旅こむそふ本名田原の千晴ニ而三津五郎、ほういん実ハ相馬のよし門幸四郎、所作事よし。

＊**童遊色夕顔**

文化六己巳年　市村座

曽我物語、名題看板出候所、巳正月元日の夜六ッ半時頃より、日本橋佐内町より出火。折ふし西南風はげしく、暫時に小網町へ飛火いたし、堺町、葺屋町、両座幷茶屋とも、不残類焼いたし候所、普請御さし留に付、若し場所替之御内沙汰も有之哉と、不安堵の処、芝居塗家造りに被仰付、建地もひきく致可申段被仰付、御見分等有之。惣体ニ而壱丈ひきく相成候間、一棟ニ而は軒いたし方なく、横に五軒ほどにいたし、瓦葺に相成候。古来、瓦葺被仰付候所、其後いつとなく是迄のこけらぶきに成候よし。其時の姿は、表に飾り看板かけ候所、ふせがわらになまこかべにいたし有之候。則古来塗家被仰付候節のかたちを残し候由、

両座共二月中より、普請もつはらいたし候所、堺町の方いきほひよく、はやく出来、三月下旬より新芝居興行いたし候得共、当座は半四郎、木挽丁へ助ヶに出居候訳の事ニ而手廻し悪く、普請はかどり不申所、やう〳〵四月五日より初日の所、大当り。

森田座より　沢村四郎五郎

巳四月五日より

・**霊験《れいげん》曽《そ》我籬《がのたまがき》**

一　小林の朝いな　　坂東　彦三郎

一 曽我十郎祐成　沢村　源之助
一 けわい坂のせう〳〵　沢村　田之助
一 梶原平三かげ時　坂東彦左衛門
一 久須美かげ光　松本　小次郎
一 狩野之助宗茂　坂東　鶴十郎
一 二ノ宮太郎朝忠　嵐　新　平
一 宇佐美の庄司　市川　宗三郎
一 宇佐美の七郎　花井　才三郎
一 北条の四郎時政　市川　門三郎
一 八わたの三郎行氏　沢村四郎五郎
一 工藤左衛門祐つね　市川　団十郎
一 曽我の五郎時宗　尾のへ栄三郎
一 大磯のとら　中村　里　好
一 蒲の冠者のり頼　尾上　松　助
一 手ごしのせう〳〵　岩井　半四郎
一 近江小藤太成家　松本　幸四郎
上るり　**元《もと》為《み》見《し》花所《はなしより》 領《やうの》 椎《しいのき》**　岩井半四郎　沢村田之助　坂東彦三郎　尾上栄三郎　沢村源之助　富本松寿斎　富本斎宮太夫　富本美喜太夫

・弐番目世話狂言
一 田辺文太夫　坂東　彦三郎
一 本庄助市　沢村　源之助
一 角左衛門娘おつま　沢村　田之助

一 けいせい小紫　二やく　沢村　田之助
一 唐犬の権兵衛　松本　小次郎
一 水右衛門下部鉄平　坂東　善　次
一 近藤沼五郎　沢村四郎五郎
一 女かみゆひお大　山下　万　作
一 まむしの次兵衛　市川　団十郎
一 寺西閑心　尾上　栄三郎
一 本庄助太夫　尾上　松　助
一 白井権八　岩井　半四郎
一 藤川水右衛門　松本　幸四郎
一 ばんずい長兵衛　二やく　松本　幸四郎

此春狂言、壱番目弐番め共評よく、大当り。然る所、四月下旬より岩井半四郎病気ニ而引込候ゆへ、春之助代り相勤、又々団十郎代り役相勤候得共、やはり大入に有之、五月五日より半四郎、病気全快出勤いたし候。

五月節句より　第二番め
山谷堀返り討の場　花川戸の場　亀山敵討の場
一 二見十左衛門　坂東　彦三郎
一 田辺文蔵　沢村　源之助
一 けいせい小紫　沢村　田之助
一 浜松やおなる　坂東彦左衛門

一　堀の船頭仙六　坂東　鶴十郎
一　船頭いなばやの助八　沢村四郎五郎
一　藤川ト庵　市川　宗三郎
一　石井下部袖介　花井　才三郎
一　大岸主水　市川　団十郎
一　石井源之丞　尾上　栄三郎
一　長兵衛女房お時　中村　里　好
一　大内娘八重梅　二やく　中村　里　好
一　白井権八　岩井　半四郎
一　げいしやおまつ　二やく　岩井　半四郎
一　船宿浜松やの松　松本　幸四郎
一　藤川水右衛門　二やく　松本　幸四郎
一　幡随長兵衛　三やく　松本　幸四郎

此狂言、大当り大入、近頃の評判也。

三建め、権八ニ而半四郎、若衆ふりそでニ而しなへめんほふをかつぎ、けいこ帰りの出、古今の出来。きれいいふはかりなし。四郎五郎と、しなへのたて大出来。夫より助太夫をころし、塀を切やぶりての出、大によし。鈴ヶ森のまく有之。大せいを合手に、半四郎壱人の太刀打大によく、大出来〳〵。捨し辻かこの中より、幸四郎長兵衛ニ而見て居し此引はりよし。二やく水右衛門ニ而幸四郎、右内を討、そら〳〵敷仕内、大出来〳〵。此倹使に本庄助市ニ而源之助、大出来〳〵。源之助嫁ころしの仕内、五人切のかたなれ共、大に評よし。

弐番め、舟頭の松と水右衛門の二やく幸四郎、大出来〳〵。おまつの半四郎を、はやがわりニ而返り打の所、評よし。花川戸のまく、亀山敵討の場迄、大当り。

評判は、第一半四郎、二番幸四郎、三番源之助、右[三]人の当り也。

此狂[言]、[始終][大]入、五月下旬迄いたし、[六月朔]日二日頃千秋楽。

日[本]振袖始

六月[十二日より]

夏狂言之内　桟敷[　](弐拾五匁)　高土間　[二拾匁]　平土間　拾五匁

一　蘇民将来　沢村　源之助
一　稲田ひめ　沢村　田之介
一　巨旦女房五百機　二やく　沢村　田之介
一　鰐香背の臣　嵐　新　平
一　足摩乳　二やく　嵐　新　平
一　天稚彦　坂東　鶴十郎
一　大山根の臣　坂東　大五郎
一　ちう風の神　二やく　坂東　大五郎
一　わうだんの神　市川　万　蔵
一　風の神　沢村　熊　蔵

一 てうまんの神　　市川 栗 蔵
一 せんきの神　　中島百右衛門
一 蘇民一子宇賀名　　沢村 源 平
一 巨旦一子みたま　　沢村 文 吉
一 岩長姫
　後ニ八枝の大蛇　　沢村四郎五郎
一 木の花咲やひめ　　中村 春之介
一 手摩乳長者　　沢村 治之助
一 うけもちの長　　市川 門三郎
一 天津児屋根の臣　　二やく 市川 門三郎
一 素盞嗚の尊　　市川 団十郎
一 巨旦将来　　松本 幸四郎

第二番目
御祭礼端午帷子《そろいのかたびら》

一 道具や手代清七　　沢村 源之助
一 三河や義平次　　二やく 沢村 源之助
一 げいこ琴浦　　沢村 田之介
一 磯之丞姉おたつ　　二やく 沢村 田之介
一 団七女房おかぢ　　三やく 沢村 田之介
一 道具や手代伝八　　嵐 新 平
一 角力取大島佐賀右衛門　　坂東 大五郎

一 質や松兵衛　　沢村 熊 蔵
一 かやうり金介　　市川 栗 蔵
一 わかいもの喜平次　　中島百右衛門
一 釣舟やの三ぶ　　沢村四郎五郎
一 肴や娘おいわ　　中山 岩次郎
一 道具や娘おなか　　中村 春之介
一 家主なまの八兵衛　　沢村 治之助
一 道具や孫右衛門　　市川 門三郎
一 助松主計　　市川 団十郎
一 冷水売一寸徳兵衛　　二やく 市川 団十郎
一 魚屋団七　　松本 幸四郎

此狂言、二番め夏祭りは相応に候へ共、一番目不評判ニ而不入ゆへ、程なく夏祭りは残して、壱番めへ廻し、新きやふげん出る。

六月廿四日より
芦屋道満大内鑑 第四段め迄
道行信田二人妻 ワキ鳴戸太夫 富本斎宮太夫 ワキ綱太夫　三弦 名見崎徳次 同 東三　沢村源之助 岩井松之助 沢村田之助 相勤る

一 阿部の安名　　沢村 源之助
一 榊の前　　沢村 田之介
一 葛の葉姫　　二やく 沢村 田之介
一 くずの葉狐　　三やく 沢村 田之介

一 石川悪右衛門　嵐　新平
一 乾平馬　中島百右衛門
一 落合藤内　坂東　吉次郎
一 こし元よね浦　市川　米蔵
一 同　うた野　沢村　歌五郎
一 同　月の輪　沢村　熊蔵
一 庄司女房　市川　栗蔵
一 阿部のどうじ　岩井　松之助
一 奴与勘平　沢村四郎五郎
一 こし元きゝやふ　松本　八十八
一 同　小はぎ　中山　岩次郎
一 同　なでしこ　中村　春之介
一 岩倉治部太夫　坂東　大五郎
一 木めんか安六
　実ハゑからの段八　坂東　鶴十郎
一 加茂の後室　沢村　次之助
一 信田の庄司　市川　門三郎
一 野かん平　市川　団十郎
一 左近太郎　松本　幸四郎
一 芦屋道満　二やく　松本　幸四郎
浄瑠理豊竹和佐太夫　三弦　野沢庄之助

七月十五日より　弐番目出
魂祭《たままつり》お七の追善《ついぜん》
吉祥寺の段　八百屋の段　詮義の段　浄留理の段
一 仁田の四郎忠常　沢村　源之助
一 小性吉三郎　沢村　田之助
一 荒井の藤太　嵐　新平
一 八百や下女お杉　市川　団之助
一 荒井文蔵　沢村四郎五郎
一 海老名の軍蔵　二やく　沢村四郎五郎
一 釜や武兵衛　沢村　次之助
一 八百や後家おたけ　市川　門三郎
一 五尺染五郎　市川　団十郎
一 八百やお七　岩井　半四郎
一 土左衛門伝吉　松本　幸四郎
一 赤沢十内　二やく　松本　幸四郎
上るり　常盤津小文字太夫連中
新暖《あらせ》房《たい》雛《ひなの》世《せ》話《わ》事《こと》＊　沢村田之助　岩井半四郎　市川団之助　松本幸四郎
当春、木挽丁ニ而いたし候其侭を、又々いたし候事。
道行手向の花曇　岩井半四郎　遊湖斎素柳　三弦　大西東蔵

＊新煖房雛世話事

八月十七日より

ひらかな盛衰記　第三段目迄

一　梶原源太景すへ　　沢村　源之助
一　こし元千どり　　沢村　田之助
一　横須賀郡内　　松本　小次郎
一　舟頭富蔵　　坂東　鶴十郎
一　同　九郎作　　坂東　善　次
一　番場忠太　　坂東　大五郎
一　松右衛門一子つち松　　松本　勘　蔵
一　義仲公達駒若丸　　沢村　源　平
一　舟頭又六　　嵐　　新　平
一　松右衛門女房およし　　芳沢　いろは
一　舟頭権四郎　　沢村四郎五郎
一　山吹御ぜん　　岩井　梅　蔵
一　家主作左衛門　　市川　宗三郎
一　鎌田隼人　　市川　門三郎
一　和田小太郎よし盛　　市川　団十郎
一　梶原平次かげ高　　尾上　栄三郎
一　梶原奥方ゐんじゆ　　尾上　松　助
一　秩父庄司重忠　　尾上　栄三郎
一　隼人娘おふで　　岩井　半四郎
一　舟頭松右衛門
　　実ハ樋口の次郎兼光　　松本　幸四郎

第二番目

・**富ヶ岡恋山開***　四幕

一　出村新兵衛　　沢村　源之助
一　玉や娘おゐん　　沢村　田之助
一　舟宿つるやの三太郎　　坂東　鶴十郎
一　三国や才兵衛　　坂東　善　次
一　神明前水茶やお梅　　岩井　梅　蔵
一　玉や手代（三四）太郎　　沢村四郎五郎
一　久米本のおかい（ね）　　よし沢いろは
一　玉やお大　　市川　宗三郎
一　八百や伊三郎　　花井　才三郎
一　氏原勇蔵　　市川　門三郎
一　町がゝへうぶけの金太郎　　市川　団十郎
一　玉や新兵衛　　尾上　栄三郎
一　仲町三国やの小女郎　　岩井　半四郎
一　鵜飼九十郎　　松本　幸四郎
一　玉や新左衛門　　二やく　松本　幸四郎

＊富岡恋山開

九月十六日より

・**高麗《こま》大和《やまと》雲《くも》井白波《いのしらなみ》**＊

一 瀬川采女　　沢村　源之助
一 山賊築紫の権六　　二やく 沢村　源之助
一 御台宇治の方　　沢村　田之助
一 小西是斎娘あやめ
　　実ハ芙蓉の皇女　　二やく 沢村　田之助
一 筒井悪五郎国景　　松本　小次郎
一 天狗武者官八　　坂東　鶴十郎
一 波川瀬平　　坂東　善　次
一 小西てつち与三吉　　岩井　粂三郎
一 堀口治太夫　　沢村　次之助
一 修行者学連　　嵐　新　平
一 新町のげいこ此江　　芳沢　いろは
一 兵衛女房浜町　　二やく 芳沢　いろは
一 福島典膳
　　実ハ三上佐渡介　　沢村四郎五郎
一 医者是和道庵　　二やく 沢村四郎五郎
一 小鳥売三二五郎兵衛　　三やく 沢村四郎五郎
一 兵衛娘敷しま　　中村　春之助
一 中老槙の尾　　二やく 中村　春之助
一 小にし是斎　　市川　宗三郎
一 若とう佐仲太　　二やく 市川　宗三郎
一 佐竹左五郎　　花井　才三郎
一 早野弥藤次　　市川　門三郎
一 真柴久次　　市川　団十郎
一 田舎座頭升都
　　実ハ鈴木田隼人照光　　市川　団十郎
一 岸田式部之介景成　　尾上　栄三郎
一 小鮒うり源五郎
　　実ハ岩木藤馬之丞　　二やく 尾上　栄三郎
一 岸田妻てり葉　　中村　里　好
一 岩木兵衛　　尾上　松　助
一 奥女中瀧川　　岩井　半四郎
一 堅田の小雀　　二やく 岩井　半四郎
一 五右衛門女房おりつ　　三やく 岩井　半四郎
一 南禅寺龍山国師　　松本　幸四郎
一 浦辻良助　　二やく 松本　幸四郎
一 石川五右衛門　　三やく 松本　幸四郎

此狂言大当り、十月十五日迄致す。

石川五右衛門悴五郎市と岩井兵衛方へ押込め置、五右衛門行衛尋る狂言。五右衛門、禅僧に身をやつし、かたりをいたし候を、女房、奥女中瀧川と成見顕し、姫の難義をすくひ、親元へ送り来り恩をかけて、五郎市を盗み出す狂言。つゞらの内へ五

郎市を入、樋の口より半四郎出る仕内、兵衛は其事をさとり、わざとぬすませ切ふくする。実は庚申の夜の生れゆへ、女子なれ共人知れずすてし□は半四郎成。夫とは知らず親の所へ□、親の切ふくを聞てしうたんわりか□様に知る、狂言のすじ也。

一 小西是斎、本名唐の里唐天ニ而、ふやう女□娘にしてかくまひ置。金を□をいた□浪人の姿ニ而源之助、旅宿して金のあるていを見せるゆへ、是斎悦び逗留させる内、娘源之助にほれる。源之助はつくしの権六と云盗賊の頭にて、手はずをして是斎がたくわへ金を取て、是斎はころされる。此金をもつて、身のあやまりをつくのひ、瀬川求馬が忠義をあらわす。

一 権六は塔の五重目に住て、田之助を女房にして居る。一重めの塔へ六部とまり合せて、つくし琴とらんじやたいの名香のかほりをふ□て後、六部本名五右衛門幸四郎ニ而、源之助と出合、田之助は唐婦人の姿を顕し、五右衛門は理唐天が忰ゆへ、本国へ姫を連ゆかんと云、姫は采女にわかれをおしみ、あやまつて鈎をつかむ。手判ならざるゆへ、軍ぜいさいそく出来ぬ事をなげき居る内、源之助姫の首打、其身も瀬川采女と名のり、せつふくする仕内。

一 五右衛門浪人良介と成、半四郎と五郎市三人、かくれ家へ養父四郎五郎尋来り、姫に夫をそにんせよといふゆへ、同心せしやふに見せ、手にあまらば打とれと有るゆへ、てつほふニ而うたんといふゆへ、五右衛門はこよいせそんじ中納言といつわり、かすがの神宝うばいとるゆへ、其時あいずはかむりせふぞくをしるしに、せうじかけうつらば打とり、かやふにとしめし合せ、後に半四郎夫トにかわり、其身冠せふぞくをして、つゞらをせをひ、せうじへかげをうつすを合ずに、鉄砲にあたりさいご。幸四郎は茶之湯をする。此仕内、鳥羽の恋塚袈裟御ぜんの仕内なり。

＊高麗大和皇白浪

中村座より 助高屋高 助
松助改 尾上松緑
中村座より 松本大七
森田座より 坂東三津五郎
栄三郎改 尾上松助
同座より 市川 団之助
下り 中村 次郎三

霜月朔日より

・貞操花《みさほのはな》鳥羽恋塚《とばのこひづか》

一 源三位兵庫頭頼政　助高屋　高助
一 足軽長谷平 実ハ長谷部長兵衛のぶ連　二やく 助高屋　高助
一 まつよひの侍従　沢村　田之助
一 淡路島の女蜑小磯　二やく 沢村　田之助

一伊賀平内左衛門長盛　沢村四郎五郎
一武蔵の左衛門有国　二やく　沢村四郎五郎
一奴野間平
　実ハ橘七郎　三やく　沢村四郎五郎
一松浦太郎高俊　嵐　新　平
一難波の六郎近遠　松本　小次郎
一築地の善藤　坂東　善　次
一のたまく入道　松本　大　七
一伴の九郎宗澄　中島　磯十郎
一新院の若宮重仁親王　尾上　栄三郎
一頼政下部今参の灘平　下り　中村　次郎三
一小督の局　よし沢いろは
一香川軍藤　坂東　鶴十郎
一渡辺丁七唱　花井　才三郎
一淡路守平教盛　市川　宗三郎
一三井寺の所化願山　二やく　市川　宗三郎
一渡辺靫負常久　市川　門三郎
一高倉宮侍女ふせや　山下　万　作
一頼政息女千束ひめ
　実ハ高倉宮　小佐川　七蔵
一頼政妾まこものまへ　市川　団之介
二暫
一しぶ谷の金王丸　市川　団十郎

一猪の早太忠澄　二やく　市川　団十郎
一団十郎喜三
　実ハ八丁礫喜平次　三やく　市川　団十郎
一崇徳新院　尾上　松　介
一物かわの蔵人満貞　二やく　尾上　松　介
一うへ木売御縁日の松
　実ハ太夫の進朝長　三やく　尾上　松　介
一梓巫女真弓　尾上　松　緑
一左馬頭よしともの霊　二やく　尾上　松　緑
一安芸守平の清盛　三やく　尾上　松　緑
一白拍子袈裟御前　岩井　半四郎
一梅津川の舟君大和やの小まつ　二やく　岩井　半四郎
一三ッ扇やのけいせい常盤木
　実ハ為朝娘あわ島ひめ　三やく　岩井　半四郎
一梅津川の舟頭手取の与次　坂東三津五郎
一渡辺左衛門源の亘　二やく　坂東三津五郎
一弥平兵衛宗清　三やく　坂東三津五郎
一遠藤武者盛遠　松本　幸四郎
一実相坊頼豪阿闍梨　二やく　松本　幸四郎
一駕舁いだてんの太郎八
　実ハ長田太郎かけ宗　三やく　松本　幸四郎

○弐建目暫く、松緑清盛ニ而金冠白衣、四郎五郎平内左衛門

二而赤つら、団十郎渋谷金王二而暫く。
○三建め上るり、常盤津連中舞台のせり上り。田之助待宵侍従、松介物かわ蔵人二而、浅妻船の見へ。花道のせり上り、半四郎舟まんぢう、三津五郎船頭二而苫船のせり上け、評よし。此幕尻二而幸四郎頼豪あじやり荒行の所へ、高助頼政二而尋来り、恨をうくる仕内、評よし。
○四建め、新松助崇徳院二而、隠岐島天狗に成る仕内。捕人、新平、小次郎、善次、鶴十郎、大出来。松介悴栄三郎、当年弐才二而初ぶたい、愛らしい事。乳母付居、狂言いたし候事、前代未聞。此所、拾弐年已前中村座二而、先松介いたし候仕内の通り、為朝弓矢肥船の狂言の通り、少しも違なし。
○五建目頼政館の幕、田之助おふくの面をかぶり、すあいの能がゝりの出、人は見目よりの唄評よし。伯父頼政に、はじめ廻り逢しといふ狂言。互にしうたん有り、評よし。
○六建目鳥羽石檀の幕、幸四郎盛遠、三津五郎亘、半四郎けさ御ぜん、大出来〳〵。廿九年已前天明二寅年顔見世、当座二而、秀鶴、錦江、里好三人二而初而いたし、其後、寛政八辰年霜月木挽丁二而、こま蔵、簑助、富三郎二而いたし候は、拾五年已前也。其節も評よし、此度は格別の評判二而、大入成しも尤也。当時の利物ぞろい、大出来。
弐番め、二幕有之。弥平兵衛宗清二而、矢屏風のいせふ二而やつしの仕打、半四郎けいせい二而紙合羽を着て、雪ふりにはんぞふを禿にひかせて、くるわをかけ落、すべて常盤御ぜんの仕打。松緑いちこにて口よせの仕打、幸四郎長田二而水をむければ、よし朝より来り恨をいふ仕打、大出来〳〵。

文化七庚午年　市村座

午正月十五日より
・春栄《はるのさかへ》松《ときわぎ》曽我《そが》

一　鬼王新左衛門　助高や　高助
一　曽我団三郎　沢村四郎五郎
一　井場重蔵しげ勝　助高や　高助
一　鬼王妹月さよ　沢村　田之助
一　長谷の堂守大日坊　沢村四郎五郎
一　箱根のかご舁畑右衛門　嵐　新平
一　岩永左衛門宗連　松本　小次郎
一　梶原平次かけ高　松本　大七

一同　三郎かけ茂　　市川　万蔵
一大いそのとら　　市川　団之助
一伊豆次郎祐兼　　市川　団十郎
一中納言藤原よしのり公　　尾上　松介
一赤沢十内　　尾上　松介
一曽我十郎祐成　　坂東三津五郎
一同　五郎時宗　　尾上　松助
一和田のよし盛　　尾上　松緑
一犬坊のかしつき近江　　岩井　半四郎
一同　　八わた　　沢村　田之助
一三浦の片貝　　岩井　半四郎
一京の次郎祐とし　　坂東三津五郎
一工藤左衛門祐つね　　松本　幸四郎
一箱根山伏閉法印　　松本　幸四郎

弐番め世話狂言
心謎解色糸《こゝろのなぞとけたいろいと》

一安野や重兵衛　　助高や　高助
一深川仲町けいしや小糸　　沢村　田之助
一糸や手代佐五兵衛　　沢村四郎五郎
一信濃すみ売杢助　　嵐　新平
一百川東林　　松本　小次郎

一糸や後家おりの　　芳沢　いろは
一糸や下女およし　　中山　岩次郎
一久米本の娘分おまさ　　中村　春之助
一赤城家の奥女中川竹　　岩井　梅蔵
一糸やでつち与茂吉　　坂東　鶴十郎
一山住五平太　　市川　宗三郎
一さかなやふゑんの勝　　花井　才三郎
一松本女房おつた　　小佐川　七蔵
一重兵衛女房おらい　　市川　団之助
一糸や聟左五郎　　市川　団十郎
一町かゝへお祭り左七　　尾上　松介
一鳶頭風の神五左衛門　　尾上　松緑
一糸や姉娘おいと
　後ニ次郎兵衛女房おとき　　岩井　半四郎
一糸や妹娘おふさ　　二やく　岩井　半四郎
一赤城の家中本庄綱五郎　　坂東三津五郎
一半時次郎兵衛　　松本　幸四郎

壱番目、伊豆の次郎ニ而団十郎、非人のやつし。□五郎伊豆の次郎と成、か□をする也。団十郎、□巻上られ、車井戸の大たて。栗蔵、熊平両人奴ニ而たて、大出来〳〵。今松助ちよく使ニ而、二やく赤沢十内の敵役に、遠矢ニ而射られ、のり物の内の早がわり。対面、釣狐のせり上り。四拾壱年已前、

明和七寅年堺町ニ而、大当りの形、秀鶴錦江中車。拾五年已前、寛政八辰年同座ニ而、**振分髪青柳曽我**にまさつや仲蔵彦三郎八百蔵、是も評よし。五年已前、文化三寅年同座、**念力箭立之椙**に路考榊の葉狐七代目八百蔵男女蔵、不評。去巳春同座、**花似想曽我**に歌右衛門小川吉太郎関三十郎、是も不評。此度五度目、幸四郎三津五郎松助、三人共当時名負の役者なれ共、不評。何れ最初にて不叶。

弐番目、本町育の書替。三津五郎、幸四郎、半四郎、松助、何れも大出来〳〵、二番目当り也。

三月六日より　曽我後日狂言

・**楼門《さんもん》五《ご》三桐《さんのきり》**＊

一　真柴久よし　助高屋　高助
一　此村大江之助　実ハ宋蘇卿　二やく　助高屋　高助
一　けいせい九重　沢村　田之助
一　奴弥太平　実ハ順喜観　沢村四郎五郎
一　左藤虎之助正清　二やく　沢村四郎五郎
一　黒崎喜藤太　松本　小次郎
一　稲見平馬　松本　大七
一　腰元榊葉　実ハ高景娘岩浪　芳沢　いろは
一　けいせい萩の戸　岩井　梅蔵
一　篠井順慶　市川　宗三郎
一　瀬川采女　花井　才三郎
一　けいせい花橘　小佐川　七蔵
一　此村女房呉竹　市川　団之助
一　真柴久次　市川　団十郎
一　真柴久秋　尾上　松助
一　非人蛇骨ばゝ　実ハ岩瀬の局　尾上　松緑
一　五右衛門女房おりつ　岩井　半四郎
一　久吉御台園生方　二やく　岩井　半四郎
一　早川高景　坂東三津五郎
一　石川五右衛門　松本　幸四郎

＊楼門五山桐

第弐番目世話狂言

勝相撲《かちすまふ》浮名花触《うきなのはなふれ》

一　石浜下部勇助　助高屋　高助
一　田舎娘梅田村のお咲　沢村　田之助
一　潮田伴之進　沢村四郎五郎
一　成田屋の船頭長助　嵐　新平
一　箱持善八　坂東　善次

一 中間又助　松本大七
一 若党佐五平　市川栗蔵
一 番人作右衛門　尾上斧蔵
一 すみ売三五郎　坂東鶴十郎
一 おしゆん母おかや　市川門三郎
一 権助女房おとり　市川宗三郎
一 大のし為八　花井才三郎
一 東金宿のお沢　小佐川七蔵
一 津川勝次郎　市川団十郎
一 津川主水　尾上松助
一 真猿屋与次郎兵衛　尾上松緑
一 江戸芸者おしゆん　岩井半四郎
一 角力取白ふじ源太　坂東三津五郎
一 足駄の歯入岩渕の権助　松本幸四郎
一 米問屋坂間伝兵衛　二やく　松本幸四郎

上るり
おしゆん 白ふじ　**風誘鐘四竹**《かぜさそふかねもよつだけ》　富本 多見太夫 斎宮太夫 里喜太夫　鳥羽や里長 鳥羽や万吉　坂東三津五郎 岩井半四郎 松本幸四郎　相勤る

四月十二日より弐番目新狂言
沢紫鹿子《さわむらさきかのこ》**道成寺**　故人　沢村宗十郎追善　助高屋高助 沢村田之助 松本幸四郎　相勤る

一 日雇頭石場の源五郎
　実ハ簗川隼人之助　助高屋高助
一 同宿文珠坊　二やく　助高屋高助
一 源五郎妹おみつ　沢村田之助
一 釼術指南武藤外記右衛門　沢村四郎五郎
一 源五郎母おしほ　松本小次郎
一 家主甚五兵衛　中村次郎三
一 八百や娘おきの　市川照之助
一 はなや娘おさき　中村春之助
一 肴やむすめお大　岩井梅蔵
一 下女おたけ
　実ハ大友の息女歌かた姫　小佐川七蔵
一 荒川主税之助　市川団十郎
一 召仕栄吉
　実ハ菊地左門之助　尾上松介
一 石山寺住僧満月上人　尾上松緑
一 同宿普賢坊　松本幸四郎

五月五日より
・**絵本合法衢**《ゑほんがつぽうがつぢ》

一 鏡山大守多賀俊行公　助高や高助
一 高橋瀬左衛門　二やく　助高や高助
一 ふく屋料理人助八　三やく　助高や高助
一 鏡の宿の舞子紅梅　沢村田之助

一 笹山万兵衛　沢村四郎五郎
一 百姓左五右衛門　二やく 沢村四郎五郎
一 奴八内　嵐 新平
一 道具や手代伝三　二やく 嵐 新平
一 飛脚与五七　松本 小次郎
一 守山軍蔵　坂東 善次
一 蛇つかい奴次郎　二やく 坂東 善次
一 奴権内　松本 大七
一 関口多九郎　坂東 鶴十郎
一 松浦玄蕃　市川 宗三郎
一 福屋五左衛門　市川 宗三郎
一 下部曽平　花井 才三郎
一 太平次女房おみち　小佐川 七蔵
一 道具や娘おかめ　市川 団之助
一 小島林平　市川 団十郎
一 山伏升法印　二やく 市川 団十郎
一 女非人うんざりおまつ　尾上 松助
一 道具や与兵衛
　実ハ高橋孫三郎　二やく 尾上 松助
一 道具や後家おりよ　尾上 松緑
一 里見文五右衛門　二やく 尾上 松緑
一 左五右衛門娘およね　岩井 半四郎

一 弥十郎女房さつき　二やく 岩井 半四郎
一 問屋人足与五郎　坂東三津五郎
一 高橋弥十郎
　後ニ修行者合法　二やく 坂東三津五郎
一 くらがり峠立場の太平次　松本 幸四郎
一 早枝大学之助　二やく 松本 幸四郎

六月廿二日より

・閏扇黒染桜＊

夏狂言　桟敷廿五匁　高土間廿匁　平土間拾五匁

一 新清水の納所清玄坊　尾上 松助
一 盗賊張本天竺冠者兼遠　二やく 尾上 松助
一 吉田の息女さくら姫　三やく 尾上 松助
一 隅田川の諸白うり新作
　実ハ山田三郎兼次　四やく 尾上 松助
一 松井源吾定景　市川 宗三郎
一 粂の平内長盛　二やく 市川 宗三郎
一 吉田家臣猿島惣太　坂東 善次
一 隅田川の舟頭太郎助　二やく 坂東 善次
一 同　五郎蔵　松本 大七
一 奴鳥羽平　二やく 松本 大七
一 清水の住僧上誉上人　尾上 斧蔵

一 奴壬生平　市川栗蔵
一 清水造酒之丞清玄　花井才三郎
一 潮田太郎政国　二やく 花井才三郎
一 天竺冠者女房桟　小佐川七蔵
一 都鳥女商人お琴
　実ハ粧姫のかしつき妻木　二やく 小佐川七蔵
一 吉田下部軍助　市川団十郎
一 粟津六郎俊兼　二やく 市川団十郎
一 北条時五郎政武　三やく 市川団十郎
一 両鉦塚の聖源律師　尾上松緑
一 吉田後家斑女御ぜん　二やく 尾上松緑
一 白拍子花子
　実ハ斑女の霊魂　二やく 尾上松緑
一 北条四郎時政　四やく 尾上松緑

尾上の鐘忍夜語　ワキ喜代太夫　常盤津兼太夫　ワキ綱太夫　岸沢式佐　同吉次郎　尾上松助　小佐川七蔵　尾上松緑　相勤る

＊閨扇墨染桜

七月十五日より　弐番目二幕
関屋の里隠家の場　牡丹燈篭古寺の場
一 山田の三郎兼秋　尾上松助
一 白拍子花子　二やく 尾上松助
一 久米の平内長盛　市川宗三郎

一 舟頭太郎助　坂東善次
一 石浜丹蔵　坂東富蔵
一 奴鳥羽平　松本大七
一 こし元あやせ　市川米蔵
一 同　まつち　坂東吉次郎
一 医者生垣寒竹　尾上斧蔵
一 奴壬生平　市川栗蔵
一 こし元唐崎　岩井亀松
一 同　せきや　市川照之助
一 清水造酒之進清玄　花井才三郎
一 粟津七郎俊国　二やく 花井才三郎
一 粟津六郎とし兼　市川団十郎
一 吉田後室斑女御せん　尾上松緑

松緑相勤候上るり所作、倅松助江相譲為、稽古相勤させ候と申口上書出る。入無之候に付、七月廿六日千秋楽。

八月十七日より
・当秋《できあき》八幡《やわた》祭《まつり》
一 山崎や与次兵衛　助高屋高助
一 行徳堀江の船頭笘六　二やく 助高屋高助
一 げいしやふじやのあづま　沢むら田之助
一 北新町の通ひお針おてふ　二やく 沢むら田之助

一　山崎や浄閑　　沢村四郎五郎
一　あづま兄鷲の長吉　　二やく　沢村四郎五郎
一　三原有右衛門　　嵐　新平
一　倉岡下部丹平　　松本　小次郎
一　質屋善六　　坂東　善次
一　男げいしや都慶仲　　二やく　坂東　善次
一　佐倉郡八　　松本　大七
一　米や仁右衛門　　市川　門三郎
一　葉山彦助　　坂東　鶴十郎
一　男げいしや千登門助　　二やく　坂東　鶴十郎
一　山崎や手代権九郎　　市川　宗三郎
一　倉岡新三郎　　花井　才三郎
一　昼鳶佐渡七　　二やく　花井　才三郎
一　竹右衛門娘おとら　　小佐川　七蔵
一　ふじや娘おつね　　二やく　小佐川　七蔵
一　鴻野の後室継はし御ぜん　　市川　団之助
一　げいしやみやこ
　　実ハ甚兵衛女房ぬれかみのおしづ　　二やく　市川　団之助
一　足駄の歯入権助悴下駄の市　　市川　団十郎
一　三原伝蔵　　二やく　市川　団十郎
一　山崎や与五郎　　尾上　松助

一　野手の三　　二やく　尾上　松助
一　角力年寄幻竹右衛門　　尾上　松緑
一　十次兵衛乳母おかや　　二やく　尾上　松緑
一　次部右衛門娘おてる　　岩井　半四郎
一　奥女中関屋　　二やく　岩井　半四郎
一　甚兵衛いもとおはや　　三やく　岩井　半四郎
一　南方十次兵衛　　坂東三津五郎
一　夜そば売南与兵衛　　二やく　坂東三津五郎
一　倉岡丈左衛門　　松本　幸四郎
一　かごかき甚兵衛　　二やく　松本　幸四郎
一　橋本次部右衛門　　三やく　松本　幸四郎

九月十五日より　弐番目
浄瑠理道行の場　倉岡丈左衛門閑居の場

千種の花色夜盛＊

常盤津小文字太夫
同　組太夫
同　組太夫

半四郎
田之助
松之助
みの助
三津五郎

一　三原有右衛門　　嵐　新平
一　小見川左仲太　　坂東　善次
一　幸崎藤馬　　市川　団兵衛
一　なめ川観六　　坂東　富蔵
一　印幡沼平　　市川　仙蔵

一 葛飾伴七　坂東熊平
一 難蛇門八　沢村川蔵
一 奴枝柿しぶ平　市川栗蔵
一 二葉巫女小まつ　岩井松之助
一 みばへ法印簑坊　坂東簑助
一 海上源内　中村次郎三
一 入間彦助　坂東鶴十郎
一 ふじやあづま　沢村田之助
一 山崎や与五郎　尾上松助
一 三五郎女房およし　岩井半四郎
一 大和団子うり月見の三五郎　坂東三津五郎
一 南方十次兵衛　二やく 坂東三津五郎
一 倉岡丈左衛門　松本幸四郎

＊道行千種の花色夜盛

△下り 山下八尾蔵　森田座より 三条浪江　市川万蔵改 松本虎蔵
坂東鳴右衛門改 荒木与次兵衛　吾妻藤蔵
大谷門蔵
沢村淀五郎

午十一月三日より

四天王櫓礎＊

一 平井の保昌　助高屋高助
一 廻国修行者当山 実ハ六郎公連　二やく 助高屋高助
一 物部平太有風 実ハ熊尾新六　沢村四郎五郎
一 保昌妻和泉式部　市川団之助
一 常陸之助国春　花井才三郎
一 平の正盛　市川宗三郎
一 部や頭伴右衛門　市川宗三郎
一 奴伊達平　花井才三郎
一 奴鴨平 実ハ姫室孫九郎鬼住　沢村淀五郎
一 香堂前切見せちよ〳〵らお松　市川栗蔵
一 同 ちいさおかね　坂東大吉
一 小鍛冶宗近妻白ゆふ　三条浪江
一 淡路守よりちか　大谷門蔵
一 けいせい若松 実ハ純友娘玉琴　中村里好
一 小性梅津左門之助　坂東簑助
一 同 菊川主水之助　岩井松之助
一 やつこ里平　松本虎蔵
一 舟頭泥亀の胴九郎　中村次郎三

一　大宅の太郎近遠　　嵐　新　平
一　侍女みたらし　　吾妻　藤　蔵
一　敦賀郡司為時　　荒木与次兵衛
一　市原の鬼胴丸　　市川　団十郎
一　桜町中将
　　実ハ将軍太郎　　二やく　市川　団十郎
一　頼忠の息女粧ひ姫　　岩井　半四郎
一　香堂前切見せ三ヶ月おせん　　二やく　岩井　半四郎

一　継仲の息女周防の内侍　　三やく　岩井　半四郎
一　肴売三田の源
　　実ハ箕田源太広綱　　坂東三津五郎
一　源の頼光　　二やく　坂東三津五郎
一　室津権の頭時澄　　松本　幸四郎
一　伊賀寿太郎成信　　二やく　松本　幸四郎

＊四天王櫓礬

文化八辛未年　市村座

未正月十七日より
・**睦《むつましつき》　蓬莱《ほうらい》曽我《そが》**

一　近江八幡之助
　　本名十内　　沢村四郎五郎
一　中老二のみや　　市川　団之助
一　近江弥太夫成国　　市川　宗三郎
一　質や手代善八　　嵐　新　平
一　曽我のまんこう　　三条　なみへ
一　大藤内成景　　中村　次郎三
一　月さよ　　岩井　半四郎

一　そがの団十郎　　市川　団十郎
一　大ひめぎみ　　山下　八尾蔵
一　曽我十郎祐成　　坂東三津五郎
一　同　五郎時宗　　二やく　市川　団十郎
一　鬼王新左衛門　　二やく　坂東三津五郎
一　工藤左衛門祐つね　　松本　幸四郎
一　浪人関の畑右衛門　　二やく　松本　幸四郎

弐番目世話狂言
仕立莅《ばへ》昔八丈＊

一 城木や後家おつね　沢村四郎五郎
一 下部要助　花井才三郎
一 手代丈八　市川宗三郎
一 富岡やのおせい　吾妻藤蔵
一 ふく田や五左衛門　中村次郎三
一 けいしやおたか　山下八尾蔵
一 中売伝助　市川団十郎
一 津田弥一郎　二やく 市川団十郎
一 城木や娘おこま　岩井半四郎
一 手代次郎兵衛
　実ハ小はな甚三郎　坂東三津五郎
一 佃屋喜蔵　松本幸四郎

＊仕立莅昔綺

二月十八日より

・**助六所縁江戸桜**　四代め市川海老蔵三十七回忌　五代め市川白猿七回忌　六代め市川団十郎十三回忌　追善狂言

江戸太夫河東
一 福山のかつき伊八　花井才三郎
一 やり手おたつ　坂東大吉
一 曽我のまん江　三条浪江
一 けいせいまき柴　山下八百蔵
一 同　巻絹　吾妻藤蔵
一 同　巻の戸　中村里好
一 同　巻しの　岩井梅蔵
一 朝がほせんべい　市川栗蔵
一 けいせいしら玉　市川団之助
一 くわんべら門兵衛　沢村四郎五郎
一 あげ巻介六
　実ハ時宗　市川団十郎
一 三うらやの揚まき　岩井半四郎
一 白酒うり新兵衛
　実ハ介なり　坂東三津五郎
一 髭の意休
　実ハいが平内左衛門　松本幸四郎

三月六日より

・**時代《じだい》世話《せわ》水滸伝《すいこでん》**＊

一 中川隼人　沢村四郎五郎
一 淡路法印　二やく 沢村四郎五郎
一 玄蕃養女八重町　市川団之助
一 駄右衛門女房おれん　二やく 市川団之助
一 浜名主税之助　花井才三郎
一 借本や与之助　二やく 花井才三郎
一 荒川玄蕃　市川宗三郎

一升本杓子太夫　二やく 市川宗三郎
一駄右衛門手下小猿伝七　市川栗蔵
一茶道沢木息才　岩井喜代太郎
一非人法体坊　中村次郎三
一鬼殺官八　嵐　新平
一新町遠州やの東路　吾妻藤蔵
一倉野仁大夫　荒木与次兵衛
一掛川の百性新谷仁蔵　大谷門蔵
一神崎やのおそで　三条浪江
一浜名の奥方真弓御ぜん　中村里好
一新町の中居おやす　山下八尾蔵
一大塔宮守良の霊　市川団十郎
一若党五郎八　二やく 市川団十郎
一浜名左門之頭　三やく 市川団十郎
一浜名家の奥女中豊浦　岩井半四郎
一やつこの小まん　二やく 岩井半四郎
一玉島庄兵衛
　実ハ中川多膳　坂東三津五郎
一鎮宅霊府北斗の精　二やく 坂東三津五郎
一杉原内蔵之進　松本幸四郎
一二本駄右衛門
　実ハ岩見太郎景純　二やく 松本幸四郎

七枚続花の姿絵

弐番目、常盤津小文字太夫、ワキ兼太夫上るりと、芳村伊十郎連中長唄両方ニ而、七変化所作事。

女三宮　源太　汐汲　猿廻し　願人坊　老女　関羽　右七やく坂東三津五郎、所作事相勤申候。

＊盌話水滸伝

四月八日より二番め後日狂言

一日金屋藤兵衛　沢村四郎五郎
一刀や娘お花　市川団之助
一家主杢左衛門　市川宗三郎
一鳶の者嘉六　坂東大吉
一同　太郎七　市川栗蔵
一居候仁三　市川団兵衛
一樽ひろい甚太　市川成蔵
一口入はゞおはや　中島磯十郎
一そばや惣兵衛　中島百右衛門
一小ゆるぎ左京　荒木与次兵衛
一よみ売平六　大谷門蔵
一古龍軒女房おたみ　三条浪江
一刀や下女おさき　山下八尾蔵
一研や手代半七　市川団十郎

一　女髪ゆひおつゆ　　岩井　半四郎
一　香川源十郎　　坂東三津五郎
一　鳶頭五郎兵衛　　松本　幸四郎

大切に、七変化所作いたし候趣の口上書出る。此二番め狂言不評ニ而入無之、四月廿日頃より休。

五月朔日より

伊賀越乗掛合羽

一　和田靫負　　沢村四郎五郎
一　桜木林左衛門　　二やく　沢村四郎五郎
一　けいせい花紫　　市川　団之助
一　丹右衛門女房笹尾　　二やく　市川　団之助
一　上杉春太郎　　花井　才三郎
一　池添孫八　　二やく　花井　才三郎
一　医者南都正庵　　市川　宗三郎
一　川角源内　　二やく　市川　宗三郎
一　荒井金兵衛　　市川　団兵衛
一　大倉善平　　坂東　熊　平
一　かいこつのらいびやふ　　坂東　大　吉
一　川風や妙貞　　市川　栗　蔵
一　近藤野守之助(貞)　　あらし　新平
一　石森□安　　二やく　あらし　新平

一　かゞ田娘おそで　　吾妻　藤　蔵
一　松野金助　　荒木与次兵衛
一　かゞ田茂右衛門　　二やく　荒木与次兵衛
一　上杉右内　　大谷　門　蔵
一　浜町御ぜん　　三条　浪　江
一　けいせい大はし　　山下　八尾蔵
一　和田志津摩　　市川　団十郎
一　沢井城五郎　　二やく　市川　団十郎
一　柘榴武助　　三やく　市川　団十郎
一　内記奥方真弓　　岩井　半四郎
一　政右衛門女房お谷　　二やく　岩井　半四郎
一　佐々木丹右衛門　　坂東三津五郎
一　唐木政右衛門　　二やく　坂東三津五郎
一　沢井股五郎　　松本　幸四郎
一　又五郎母鳴見　　二やく　松本　幸四郎
一　誉田内記　　三やく　松本　幸四郎

此狂言、不評判に付、五月五日より敵討の場、大仕かけを出し候へ共、一向入無之に付、同月十二日千秋楽いたし、わづか日数五六日いたし相仕廻申候。

五月十七日より更代り

御注文仕入茜染*

一 とぎや佐助　沢村四郎五郎
一 げいしや小梅　市川団之助
一 下部高蔵　花井才三郎
一 小山重右衛門　市川宗三郎
一 千葉利根五郎　沢村淀五郎
一 ほうらいや長四郎　坂東大吉
一 てつち卯之助　市川栗蔵
一 石浜仙八　松本虎蔵
一 千葉家中神谷四郎三　市川弁蔵
一 町芸者枡繁　嵐新平
一 高蔵妹おまき　吾妻藤蔵
一 医者佐瀬茂俊　坂東善次
一 福田や太郎兵衛　荒木与次兵衛
一 古鉄買源八　大谷門蔵
一 二藤女房お八重　三条浪江
一 在所娘おとみ　山下八尾蔵
一 千葉司之助　市川団十郎
一 梅や渋売市兵衛　二やく 市川団十郎
一 福田やてつち長吉　岩井半四郎
一 長五郎女房梅のおよし　二やく 岩井半四郎
一 町髪結金神長五郎　坂東三津五郎
一 里見主計　二やく 坂東三津五郎

一 根津の四郎兵衛　松本幸四郎
一 田島帯刀　二やく 松本幸四郎

此狂言も不当りニ而、水仕合抔も不評判ニ而、五月下旬より休、
直に土用休いたし候。

＊御註文仕入茜染

七月十八日より盆狂言

玉藻前尾花錦繍《にしき》

五ヶ年已前卯の年、当座ニ而いたし候狂言

天竺の場

一 馬忠子　市川宗三郎
一 柳枝軒　沢村淀五郎
一 きよひけんかん　市川団兵衛
一 けんびろりん　市川純五郎
一 ほうたろはん　坂東谷蔵
一 がびつろん　沢村東三郎
一 ふいしやむかん　中島磯十郎
一 ヱケセテかん　中島百右衛門
一 きんみろ婦　松本八十八
一 追都権　大谷門蔵
一 林如呂婦　山下八尾蔵
一 斑足太子　市川団十郎

一 花陽夫人　岩井 半四郎
一 金毛九尾白面妖狐　松本 幸四郎

唐土の場

一 崇侯虎仲官　沢村四郎五郎
一 殷の帝后姜皇女　市川 団之助
一 官人きてんぜう　坂東 熊平
一 同　しやくばつらい　市川 米蔵
一 同　やばしん　市川 成蔵
一 典薬丸西医　坂東 大吉
一 女官葉蘭女　市川 栗蔵
一 太夫梅柏　市川 弁蔵
一 築池館左保夫　坂東 善次
一 南山の雷震　市川 団十郎
一 紂王后妲妃　岩井 半四郎
一 西伯好
　後ニ周武王　坂東三津五郎
一 殷の紂王　松本 幸四郎
一 金毛九尾白面の妖孤　二やく 松本 幸四郎

日本の場

一 鷲塚金藤次秀国　沢村四郎五郎

一 上総之助妹常盤井　市川 団之助
一 安部采女之助泰清　花井 才三郎
一 やつこ奈須平　市川 宗三郎
一 こし元小萩　岩井 瀧次郎
一 岩倉忠太　市川 栗蔵
一 黒瀬判官時澄　嵐 新平
一 秦の弾正妹白あや　吾妻 藤蔵
一 通忠の息女初花姫　山下 八尾蔵
一 坂部和田五郎重連　市川 団十郎
一 道春娘玉藻
　後三玉藻のまへ　岩井 半四郎
一 上総之助広綱　坂東三津五郎
一 三浦之助よし明　松本 幸四郎
一 金毛九尾白面の妖孤　二やく 松本 幸四郎

弐番め世話狂言

謎帯一寸徳兵衛

一 足軽なまの八内
　後ニ三川や義平次　沢村四郎五郎
一 奥女中琴浦　市川 団之助
一 下部中野弥市　花井 才三郎
一 八内女房おさん　市川 宗三郎

一 徳兵衛いもとおなか　松本 徳之助
一 団七娘おいち　岩井 松之助
一 兵太夫若党左仲太　坂東 大吉
一 ゆかんば五郎　市川 栗蔵
一 石塔金助　松本 虎蔵
一 道具や手代喜兵衛　市川 弁蔵
一 備中や手代伝八　嵐 新平
一 けいしやおいそ　吾妻 藤蔵
一 玉島兵太夫　荒木与次兵衛
一 大鳥佐賀右衛門　大谷 門蔵
一 こし元おつき　三条 浪江
一 道具や清七
　後ニ釣舟三吉　市川 団十郎
一 兵太夫娘おかぢ　岩井 半四郎
一 徳兵衛女房おたつ　二やく 岩井 半四郎
一 一寸徳兵衛　坂東三津五郎
一 大島団七　松本 幸四郎

九月十六日より

義経千本桜

一 むさし坊弁慶　沢村四郎五郎
一 すしや弥左衛門　二やく 沢村四郎五郎
一 すけの局　市川 団之助
一 若葉の内侍　二やく 市川 団之助
一 亀井の六郎　花井 才三郎
一 駿河の次郎　嵐 新平
一 梶原平三かげ時　市川 宗三郎
一 山科の荒法橋　二やく 市川 宗三郎
一 早見の藤太　市川 団兵衛
一 川つら法眼　荒木与次兵衛
一 権太女房小せん　吾妻 藤蔵
一 入江の丹蔵　市川 栗蔵
一 相模五郎　大谷 門蔵
一 弥左衛門女房おつぢ　三条 浪江
一 主馬の小金吾　市川 団十郎
一 渡海や銀平　二やく 市川 団十郎
一 佐藤忠のぶ　三やく 市川 団十郎
一 源九郎狐　四やく 市川 団十郎
一 横川の覚はん　五やく 市川 団十郎
一 すしや娘おさと　岩井 半四郎
一 しづか御せん　二やく 岩井 半四郎
一 すしや弥介
　本名三位つね盛　坂東三津五郎
一 源のよし経　二やく 坂東三津五郎

一 いがみの権太　松本　幸四郎
一 川越太郎　二やく 松本　幸四郎

道行初音旅

上るり 小文字太夫 若竹太夫 喜代太夫　三味線 岸沢小式部 同 式佐　岩井半四郎 市川団十郎　黒木売おまき 松本徳之助　座頭千弥 岩井喜代太郎　米三郎 七回忌追善

此狂言も、評判よろしからす。尤皆〳〵得手物の役なれ共、不入也。十月上旬迄いたし、千秋楽舞納。

中村座より 瀬川路考
源之助改 沢村宗十郎
沢村田之助
岩井粂三郎
次之助改 沢村金平
坂東大五郎
休より 尾上雷助
森田座より 嵐龍蔵
中山富三郎
市川伝蔵
勝俵蔵改 鶴屋南北
市川鰐蔵改 休より 市川常十郎
翌春三月狂言より 市ノ岡常十郎と改名いたし
〇〇の紋付る

当年中村座より、入替来候源之助改沢村宗十郎、実父宗十郎十七ヶ年当座にていたし候、**源平柱建暦**＊の狂言、清盛の役をいたし大出来〳〵。其頃は千人禿の内に、源之助、田之助、寿之助、千之助、紋三郎など皆〳〵出候。宗十郎当年廿九歳に成。

＊源平柱礎暦

霜月朔日より
厳島雪官幣《いつくしまゆきのみてくら》

一 左馬守源よし朝　沢村　宗十郎
一 八丁礫喜平次　二やく 沢村　宗十郎
一 平の清盛　三やく 沢村　宗十郎
一 美濃の国いなば山賤の女横笛　沢村　田之助
一 宝作妹小女郎　二やく 沢村　田之助
一 伊賀平内左衛門長則　沢村四郎五郎
一 稲葉山の老女八雲　二やく 沢村四郎五郎
一 百姓宝作 後ニ七ッ松左衛門国春　三やく 沢村四郎五郎
一 よし朝公達今若丸　坂東　簑助
一 瀬の尾太郎兼康　市川　宗三郎
一 長田庄司忠政　二やく 市川　宗三郎
一 よし朝の公達乙若丸　瀬川　多門
一 侍女むめの井　芳沢　稲三郎
一 難波の六郎常俊　嵐　新平
一 小猿が手下いがぐりの権　市川　栗蔵
一 高橋九郎直連　松本　虎蔵

一 近藤判官景知		坂東　大五郎
一 越中の前司盛俊		市川　常十郎
一 足軽常平 実ハ浜田の七郎	二やく	市川　常十郎
一 飛騨の左衛門経景		嵐　龍蔵
一 八坂の藤六	二やく	嵐　龍蔵
一 鎌田兵衛正清		尾上　雷助
一 基実の息女歌かた姫 実ハ高倉の宮以仁親王		吾妻　藤蔵
一 館の太郎貞泰		沢村　金平
一 源のより朝		岩井　粂三郎
一 長田の太郎妹やどり木		市川　団之助
一 宗清女房白妙	二やく	市川　団之助
一 渋谷金王丸昌俊		市川　団十郎
一 悪源太よし平	二やく	市川　団十郎
一 頼政の妻あやめのまへ		瀬川　路考
一 喜平次女房おみつ	二やく	瀬川　路考
一 よし朝の御台常盤御ぜん	三やく	瀬川　路考
一 渡辺瀧口競		坂東三津五郎
一 源三位頼政	二やく	坂東三津五郎
一 舟頭早瀬の五六 実ハ壬生の小猿		松本　幸四郎
一 長田の太郎景宗	二やく	松本　幸四郎
一 後白川第一の皇子守仁親王	三やく	松本　幸四郎

三立め、団十郎暫く。受は幸四郎、赤つら四郎五郎、宗三郎、龍蔵、金平、常十郎五人。賑やか成うけなり。

四立め、よし朝風呂やの打死。幸四郎長田の実悪、得手もの大出来〱。

五立め、美濃の国強盗川の渡し場、三津五郎瀧口ニ而旅こむそふ、田之助との仕内評よし。

六立め、六はらの幕、清盛にて宗十郎大出来。路考ときわ御ぜん、仙女のいたし候仕打、大に評よし。

弐番め上るり **浜千鳥夢の睦言** 富本豊前太夫、大和太夫、安和太夫出がたり。塩がま桜の高札、高館のみすの内に路考、下より塩くみ娘田之助、りやうしの姿にて三津五郎、宗十郎、三人のせり上り。内幕よりかしまをどりにて簑助、田舎女房にて多門、両人取もちの所作事。坂［　　　］の仕打大出来〱なれ共、上るりは、堺丁の方評よし。当顔見世は両座共無勝負との評判なり。

文化九壬申年　市村座

正月十五日より
初松《はつわかな》鶯《うくひす》曽我《そが》*

一 工藤左衛門祐つね　沢村 宗十郎
一 京の小女郎　沢村 田之助
一 曽我の十郎祐成　沢村 宗十郎
一 阿野全盛法橋　沢村四郎五郎
一 小藤太下部十内　市川 宗三郎
一 御所の五郎丸　嵐 新平
一 梶原平三景時　嵐 龍蔵
一 犬坊丸
　実ハそがの団三郎　市川 伝蔵
一 鬼王女房月さよ　中山 富三郎
一 小山の判官　市川 常十郎
一 曽我の太郎祐のぶ　尾上 雷助
一 三浦の片貝　吾妻 藤蔵
一 吉備宮大藤内　沢村 金平
一 曽我の五郎時宗　市川 団十郎
一 祐つね奥方梛の葉　市川 団之助

一 大磯のとら　沢村 田之助
一 けわい坂のせう〳〵　瀬川 路考
一 小林の朝比奈　坂東三津五郎
一 八幡の三郎　二やく 坂東三津五郎
一 近江の小藤太　松本 幸四郎
一 鬼王新左衛門　二やく 松本 幸四郎

壱番め狂言、評よし。対面上るり二而、とら、せう〳〵角力の人形を持、朝いな行司三津五郎、見へよく、大に評判よし。

＊初菘鶯曽我

弐番め世話狂言
色一座《いろいちさ》梅椿《むめとしらたま》

一 遠山甚三郎　沢村 宗十郎
一 かつしかのお賤　沢村 田之助
一 油や九平次　沢村四郎五郎
一 犬上団右衛門　市川 宗三郎
一 市川やの舟頭とら吉　市川 伝蔵
一 万やのおた[も]　瀬川 多門

一　質屋沢や金兵衛　　嵐　新平
一　小道具や小みづ七五郎　　市川常十郎
一　盗人遠州九助　　嵐　龍蔵
一　巌随寺の念誉上人　　尾上　雷助
一　万や女房おふじ　　吾妻　藤蔵
一　長谷部運太夫　　沢村　金平
一　仲町の芸者お粂　　岩井　粂三郎
一　町げいしやおはつ　　市川　団之助
一　木場の文蔵　　市川　団十郎
一　与兵衛女房半ぎらおつる　　瀬川　路考
一　十右衛門女房おりく　　二やく　瀬川　路考
一　かつしか十右衛門　　坂東三津五郎
一　小松菜売曲がねの仁太　　松本　幸四郎
一　木屋徳兵衛　　二やく　松本　幸四郎

此弐番め、本所の喧咜を取組候狂言ニ而、二幕ぬき候故分り兼、不評判。無入ニ而二月中旬相仕廻候。

三月九日より
姿花江戸伊達染《すがたのはなあづまのだてぞめ》
一　足利頼兼公　　沢村　宗十郎
一　角力取鳴神勝之助　　二やく　沢村　宗十郎
一　道哲娘小萩　　沢村　田之助
一　めのと政岡　　二やく　沢村　田之助
一　山名左衛門持豊　　沢村四郎五郎
一　渡井女房八しほ　　二やく　沢村四郎五郎
一　豆腐や戸平　　三やく　沢村四郎五郎
一　大江の図幸鬼つら　　市川　宗三郎
一　足利鶴喜代丸　　瀬川　多門
一　仲居お六
　　実ハ片桐女房きさかた　　中山　富三郎
一　民部忰千松　　坂東　簑助
一　鬼門の喜兵衛　　市岡　常十郎
一　ほうらいや才兵衛
　　実ハ汐沢丹下　　尾上　雷助
一　奥女中松しま　　吾妻　藤蔵
一　名和無理之助　　沢村　金平
一　新造うす雲　　岩井　粂三郎
一　奥女中沖の井　　市川　団之助
一　けいせい高尾　　二やく　市川　団之助
一　荒獅子男之助　　市川　団十郎
一　細川勝元　　二やく　市川　団十郎
一　豆腐や娘おたに　　瀬川　路考
一　角力取いかづち鶴之助　　坂東三津五郎
一　渡部民部逸知　　二やく　坂東三津五郎

一　堤道哲　松本　幸四郎
一　仁木弾正左衛門直則　二やく 松本　幸四郎
弐番目富本上るり
其俤浅間嶽　瀬川路考 沢村宗十郎
瀬川仙女一周忌追善
深見艸相生獅子　瀬川路考所作事
　此狂言は大入。わけて壱番、宗十郎、三津五郎両人の角力取、大に評よし。
　弐番め所作事は、甚不出来ニ而評悪し。
三月廿八日迄石橋所作事いたし、路考病気ニ而押而勤候よし。
石橋を休、**浅間嶽**計り四月十日迄いたし、是も抜き。
四月十一日より　弐番め
嫗山姥《こもちやまうば》　二幕
豊竹生駒太夫　野沢藤吉
一　荻野や八重桐　沢村　田之助
一　太田の十郎　松本　とら蔵
一　こし元歌浦　中山　岩次郎
一　さらしな　芳沢　稲三郎
一　こし元おうた　市川　栗　蔵
一　こし元春風　瀬川　浜次郎
一　沢瀉ひめ　岩井　粂三郎
一　めのと白あや　吾妻　藤　蔵
一　坂田快童丸　市川　団十郎
一　たばこや源七　沢村　宗十郎
此狂言、不評判ニ而入無之、四月廿三日千秋楽。

五月五日より＊
一　荻生左司馬　沢村　宗十郎
一　但馬や清十郎　二やく 沢村　宗十郎
一　神奈川千代倉のお品　沢村　田之助
一　堀口むすめ小富　二やく 沢村　田之助
一　岩渕郡兵衛　沢村四郎五郎
一　構頭さぬきや金助　二やく 沢村四郎五郎
一　うちわ売縁日の五郎吉　坂東　簑　助
一　若党嘉藤次
　　後ニ景坂梅宗　市川　宗三郎
一　日雇取長八　市川　団兵衛
一　神奈川千代倉才兵衛　坂東　熊　平
一　久間田郷八　沢村　熊　蔵
一　鳥沢団蔵　沢村　紀　次
一　かごかき野馬の八　市川　成　蔵
一　同　鼻の市　沢村　宗太郎
一　民谷坊太郎　沢村　源　平

一　堀口女房竹川　中山　富三郎
一　但馬やでつち清吉　市川　伝蔵
一　多度津の息女光姫　瀬川　多門
一　辻岡林平　嵐　新平
一　若党丹下　二やく　嵐　新平
一　下部土手平　松本　とら蔵
一　中間四方助　坂東　大吉
一　神奈川千代倉のおさき　坂東　大五郎
一　女奉公人おその　瀬川　浜次郎
一　山部官六　市ノ川常十郎
一　但馬や手代源十郎　嵐　龍蔵
一　但馬や九右衛門　尾上　雷助
一　五郎右衛門娘おきし
　　後ニ羽根沢やおとめ　吾妻　藤蔵
一　鐺持権平　沢村　金平
一　浅間下のおくめ　岩井　粂三郎
一　桃井家の後室蘭の方　市川　団之助
一　源八女房お辻　二やく　市川　団之助
一　桃井生駒之助　市川　団十郎
一　野風の朝七　二やく　市川　団十郎
一　讃州象頭山相模坊　三やく　市川　団十郎
一　左司馬奥方柳川　瀬川　路考

一　但馬や娘おなつ　二やく　瀬川　路考
一　讃州杣早川藤兵衛　坂東三津五郎
一　民谷源八郎　二やく　坂東三津五郎
一　狩人長峰の五郎右衛門　松本　幸四郎
一　堀口源太左衛門　二やく　松本　幸四郎

此狂言、沢村宗十郎急病に付、相休候旨ニ而、不致。

＊菖蒲太刀利生鑑

五月十一日より

妹背山婦女庭訓

一　入鹿娘橘ひめ　沢村　田之助
一　久我之助清舟　二やく　沢村　田之助
一　お清所おむら　沢村四郎五郎
一　伴の兼伴　二やく　沢村四郎五郎
一　酒屋後家おなる　市川　宗三郎
一　宮こし玄蕃　市川　団兵衛
一　荒巻弥藤次　坂東　熊平
一　官女紅葉の局　嵐　新平
一　入鹿の思ひものめどの方　中山　富三郎
一　蘇我のゑみじ　市ノ川常十郎
一　官女さくらの局　嵐　龍蔵
一　阿部中納言行主　尾上　雷蔵

一 采女の局　吾妻　藤蔵
一 家主もさ兵衛　沢村　金平
一 太宰の後室さだか　市川　団之助
一 漁師ふか七　市川　団十郎
一 太宰の娘ひなとり　瀬川　路考
一 酒屋娘おみわ　二やく　瀬川　路考
一 大判事清澄　坂東三津五郎
一 ふじ原のたんかい　二やく　坂東三津五郎
一 蘇我の入鹿　松本　幸四郎

弐番世話狂言

誂繻子帯屋　ワキ大和太夫　富本豊前太夫　ワキ安和太夫　三弦　鳥羽屋里夕　鳥羽や里長　沢村田之助　松本幸四郎　相勤る

一 しなのやおはん　沢村　田之助
一 片岡幸之進　沢村四郎五郎
一 同　幸左衛門　二やく　沢村四郎五郎
一 針の宗兵衛　市川　宗三郎
一 おはん母おかや　中山　富三郎
一 芸子雪野　市川　照之助
一 香具や才次郎　吾妻　藤蔵
一 筆売段助　市川　団十郎
一 長右衛門女房おきぬ　瀬川　路考
一 帯屋長右衛門　松本　幸四郎

此狂言、団之助、田之助評よく、併兎角入無之、五月廿八日千秋楽、日数十八日致す。

六月十六日より

京詣雷神桜　壱番目三幕

夏狂言之内　桟敷代廿五匁　土間代拾五匁
高土間廿匁　切落札百文

一 笠木の賤の女綾羽　沢村　田之助
一 女衛士とこよ
実ハみぞろか池の龍女　二やく　沢村　田之助
一 八剱玄蕃　市川　宗三郎
一 黒塚丹平　市川　団兵衛
一 小野の春風　市川　米蔵
一 八剱大蔵　市川　成蔵
一 小性花形主税　沢村　新作
一 民部妹巻きぬ　市川てる之助
一 秦の民部　嵐　新平
一 小性花形主水　二やく　嵐　新平
一 同宿うん竹　市川　成蔵
一 同　どん斎　嵐　此五郎
一 同　たんさい　市川　芳三郎
一 同　てんけい　沢村　歌五郎

一　同　ゑんかく　市川　米　蔵
一　小原の百姓万兵衛　坂東　大五郎
一　こし元小磯　中山　岩次郎
一　桂団之丞　嵐　龍　蔵
一　小野の左衛門春道　二やく　嵐　龍　蔵
一　小原の万兵衛
　　実ハ雲助五六　沢村　金　平
一　小野の息女にしきのまへ　岩井　粂三郎
一　笠木の賤の女呉服　市川　団之助
一　女衛士かまわ
　　実ハみそろが池の龍女　二やく　市川　団之助
一　早雲の皇子　市川　団十郎
一　阿部の春行　二やく　市川　団十郎
一　粂寺弾正　三やく　市川　団十郎
一　同宿ゆふてつ　坂東　熊　平
一　同　杢山　市川　団兵衛
一　黒雲坊　坂東　大五郎
一　白雲坊　あらし　新平
一　雲のたへま　沢村　田之助
一　鳴神上人　市川　団十郎

弐番目世話狂言　二日代り
初日　其姿ゟ
一　けいせい小むらさき　沢村　田之助
一　白井権八　二やく　沢村　田之助
一　野ぶせりにらみの松　市川　団兵衛
一　同　さめづの石　坂東　熊　平
一　男達石塔半助　市川　成　蔵
一　同　ゆかんば九兵衛　嵐　此五郎
一　絹売弥市　嵐　新　平
一　新造此いと　市川　照之助
一　奴うづら権平　坂東　大五郎
一　本庄助八　沢村　金　平
一　新造八重むめ　岩井　粂三郎
一　長兵衛女房おとき　市川　団之助
一　女筆指南沢田おゆり　二やく　市川　団之助
一　奥沢主計　市川　団十郎
一　寺西閑心　二やく　市川　団十郎
後日　散書仇名りし
一　芸子かしく　沢村　田之助
一　大祐寺の花売かゝアおりく　二やく　沢村　田之助
一　廻し男七郎助　市川　宗三郎

一 家主徳右衛門　市川 団兵衛
一 堀野や藤次郎　嵐 新平
一 松本や新兵衛　坂東 大吉
一 芸子小ゆる　市川てる之助
一 おりく母妙三　嵐 龍蔵
一 梶の長庵　沢村 金平
一 ほうづき売おまつ　岩井 粂三郎
一 富市の仲居おその　市川 団之助
一 大工六三郎　市川 団十郎
一 ふくしまや清兵衛　二やく 市川 団十郎

此狂言も、評判は相応に候へとも無入ニ而、六月下旬迄いたし相休。引続不当に付、盆狂言出来兼、相休申候。宗十郎は矢張病気ニ而不出。田之助も、もめ合有之不出。

九月朔日より

菅原伝授手習鑑

一 御台梅園御ぜん　中山 富三郎
一 たつ田のまへ　二やく 中山 富三郎
一 藤原の時平　沢村四郎五郎
一 百性白太夫　二やく 沢村四郎五郎
一 春藤玄蕃　三やく 沢村四郎五郎
一 土師の兵衛　市川 宗三郎
一 荒島主税　坂東 熊平
一 菅秀才　沢村 金平
一 松王一子小太郎　坂東 新作
一 似せ迎喜藤次　嵐 新平
一 斎世親王　市川 照之助
一 奴宅内　市川 栗蔵
一 下人三介　松本 虎蔵
一 みよしの清つら　坂東 大五郎
一 わし塚平馬　二やく 坂東 大五郎
一 左中弁まれ世　嵐 龍蔵
一 安楽寺住僧　尾のへ 雷助
一 てんらんけい　二やく 尾のへ 雷助
一 梅王女房はる　吾妻 藤蔵
一 かりやひめ　岩井 粂三郎
一 桜丸女房八重　二やく 岩井 粂三郎
一 菅丞相　市川 団之助
一 松王女房千代　二やく 市川 団之助
一 梅王丸　市川 団十郎
一 判官代てる国　二やく 市川 団十郎
一 さくら丸　瀬川 路考
一 源蔵女房となみ　二やく 瀬川 路考
一 後家覚寿　坂東三津五郎

一　武部源蔵　二やく　坂東三津五郎
一　宿禰太郎　松本　幸四郎
一　松王丸　二やく　松本　幸四郎

此狂言、役割相応に候得共無入。粂三郎やへの評悪し。四郎五郎時平白太夫不評判。団之助菅丞相、評判よし。九月下旬千秋楽。当座打続き不当ニ而、当[興行]出来兼候に付、中芝居に座組いたし、廿二日役者[出る]。

口上

一　御江戸根生の者共は、誠に是迄菅原の狂言の、梅は飛桜も松も在所の眺めと相成不調法之段、奉恐入候木々の花には、及なきと御座候へ共、茶山花、水仙の草花、めだし柳のやう〳〵揃わぬ花の顔見世も、何卒御取立と被思召、冬至梅、冬椿とも御ひいきを、八千代迄もと願上候。四季折々の花の宴、暑中を寒に早替り、桟敷、土間、直段引下け、入御覧候間、栄当御来駕奉願候。

中村座より　関　三十郎　森田座より　花井才三郎　初座　市村竹三郎
森田座より　浅尾勇次郎　同　中山門三郎（照之助改）　坂田半之助
中村座より　藤川友　吉　市川瀧三郎
△下り　中村歌　蔵

十一月朔日より
御《こ》摂《ひいき》恵《めくみの》雨乞《あまこい》

一　市原小町寺の玉苗　市川　団之助
一　女六部本願のお文　市川　団之助
一　五代三郎女房鵜の羽　市川　団之助
一　黒主のめのと檜ばゝア　花井　才三郎
一　文屋の宮田丸秋津　花井　才三郎
一　秦の大膳武虎　坂東　大五郎
一　荒川宿禰　尾上　雷　助
一　鈴鹿山盗賊立ゑほし　中村　歌　蔵
一　女院の女のわらは小まつ　坂田　半之助
一　小野の寵臣橘の登児代丸　市村　竹三郎
一　大江の岩戸左衛門　嵐　龍　蔵
一　炭焼惣五郎
　　実ハ高安左衛門　嵐　龍　蔵
一　小野照崎の小女郎狐　吾妻　藤　蔵
一　惟高親王　浅尾　勇次郎
一　孔雀三郎業平　浅尾　勇次郎
一　喜撰法師　浅尾　勇次郎
一　玉造小町
　　実ハ大伴黒主　浅尾　勇次郎
一　在五中将業平　藤川　官　吉

一　在原の井筒姫　藤川官吉
一　小まち桜の精霊　藤川官吉
一　西国巡礼千手のおせん　岩井粂三郎
一　小まち姫　岩井粂三郎
一　般若五郎仲則　関三十郎
一　紀の武任　関三十郎
一　壬生の野ぶせり此兵衛　関三十郎
一　五代三郎照宗　関三十郎

一　小野照崎の千束狐　関三十郎

申十一月廿九日
四代め瀬川路考死す
三十一歳
同十二月八日
四代め沢村宗十郎死す
三十一歳

文化十癸酉年　市村座

△下り　嵐雛助
飛入　尾上紋三郎
△下り　中村歌蔵

正月十五日より不初、二月朔日より初日

花挿《はつかし》俤《きおもかけ》曽我《そが》

一　祐つね奥方梛の葉ごぜん　市川団之助
一　鬼王女房月さよ　二やく　市川団之助
一　三浦の片貝　三やく　市川団之助
一　伊豆の次郎祐兼　下り　嵐雛助

一　主馬判官盛久　二やく　嵐雛助
一　曽我の十郎祐成　尾上紋三郎
一　本多の次郎近常　尾上紋三郎
一　六浦ひめ　吾妻藤蔵
一　工藤左衛門祐つね　中村歌蔵
一　曽我の団三郎　花井才三郎
一　近江の小藤太　二やく　花井才三郎
一　京の次郎祐とし　浅尾勇次郎
一　梅沢の梅やしき守小五郎兵衛　二やく　浅尾勇次郎
一　朝比奈妹舞つる　藤川官吉

一 大いそのとら　二やく 藤川 官吉
一 曽我の箱王丸　岩井 粂三郎
一 けわい坂のせう〳〵　二やく 岩井 粂三郎
一 鬼王新左衛門　関 三十郎
一 小ばやしの朝比奈　二やく 関 三十郎
一 河津の三郎ゆふこん　三やく 関 三十郎
一 大磯化地蔵堂守閉坊　四やく 関 三十郎

弐番め世話狂言
花昏《はなのゆふべ》待乳山《まつちの》清欖《すかゞき》

一 越前屋の小女郎　市川 団之助
一 玉屋乳母おだい　二やく 市川 団之助
一 氏原勇蔵　嵐 雛助
一 料理人伊太郎　尾上 紋三郎
一 町げいしやおふじ　吾妻 藤蔵
一 茨藤兵衛　坂東 大五郎
一 わか菜や半吉　市川 芳三郎
一 そばやのかつぎぶつかけ二八　松本 秀十郎
一 松尾新兵衛　中村 歌蔵
一 爐渕如丹　尾上 雷助
一 鵜飼九十郎　中山 門三
一 玉屋新右衛門　二やく 中山 門三
一 玉屋手代三四郎　嵐 龍蔵
一 髪結産毛の金太　花井 才三郎
一 玉屋新兵衛　浅尾 勇次郎
一 玉屋おゑん　藤川 官吉
一 越ぜんや諸こし　岩井 粂三郎
一 出村新兵衛　関 三十郎
一 深江杢右衛門　二やく 関 三十郎

三月十二日より
添削《そへけづり》信仰記《しんこうき》

一 輝若のめのと侍従　市川 団之助
一 光秀の女房みさほ　二やく 市川 団之助
一 松永大膳久秀　嵐 雛助
一 火車の小次兵衛　二やく 嵐 雛助
一 小田上総之助春永　三やく 嵐 雛助
一 狩野之助直信　尾上 紋三郎
一 くすりや下人新作　二やく 尾上 紋三郎
一 小田の侍女阿野の局　吾妻 藤蔵
一 直信下部鬼藤太　坂東 大五郎
一 足利公達輝若君　坂田 半之助
一 嘉平次孫嘉市　二やく 坂田 半之助
一 藤吉女房おその　藤川 官吉

一 武智十次郎　二やく 藤川 官吉
一 小にし是斎　中村 歌蔵
一 岩成主税　中村 次郎三
一 上しま主計　中山 門三
一 四王天但馬　二やく 中山 門三
一 女院のかしつき弁の局　嵐 龍蔵
一 赤松左衛門正則　花井 才三郎
一 森のらん丸　二やく 花井 才三郎
一 光秀母さつき　浅尾 勇次郎
一 真柴久よし　二やく 浅尾 勇次郎
一 雪村娘雪ひめ　岩井 粂三郎
一 九郎次郎妹おつゆ　二やく 岩井 粂三郎
一 十次郎云号はつ花　三やく 岩井 粂三郎
一 武智十兵衛光秀　関 三十郎
一 福島吉松　二やく 関 三十郎

弐番目世話狂言

心中嫁菜露

一 半兵衛女房お千代　市川 団之助
一 山脇や十蔵　嵐 雛助
一 鳶の者善太　尾上 紋三郎
一 古市千束やのおつま　吾妻 藤蔵
一 同 おだい　松本 大五郎
一 馬士二見の三　松本 秀十郎
一 古市千束やのおなべ　藤川 官吉
一 天野岩太夫　中村 歌蔵
一 古市千束やのおいわ　中山 岩次郎
一 正直正太夫　中村 次郎三
一 八百や母おてう　中山 門三
一 浜松や嘉十郎　嵐 龍蔵
一 八百やでつち与茂太　花井 才三郎
一 八百や半兵衛　浅尾 勇次郎
一 古市千束やのおくめ　岩井 粂三郎
一 八百や甥佐兵衛　関 三十郎

爰咲似山桜《ここにさくにたやまさくら》 七変化所作事 大切に関三十郎相勤る

去々未年堺丁ニ而、中村歌右衛門相勤候通り、瀬川路考追善として、長唄ニ而相勤る。
けいせい 田舎座頭 業平 越後獅子 橋弁慶 海士 朱じやうき

右狂言相応ニ而、評判は能候へ共、兎角無入ニ而、三月下旬より休。

四月五日より

仮名手本忠臣蔵 大序より幕なし大道具大仕かけ

一 本蔵女房となせ　市川 団之助

一 かほよ御ぜん　二やく 市川 団之助
一 義平女房おその　三やく 市川 団之助
一 高の師直　嵐 雛助
一 でつち伊吾　二やく 嵐 雛助
一 桃井若狭之助　尾上 紋三郎
一 千崎弥五郎　二やく 尾上 紋三郎
一 由良之助女房おいし　吾妻 藤蔵
一 斧九太夫　坂東 大五郎
一 義平一子よし松　金太郎
一 こし元おかる　藤川 官吉
一 本蔵娘小なみ　二やく 藤川 官吉
一 加村左京　中村 歌蔵
一 百性与一兵衛　中村 次郎三
一 鷺坂伴内　中山 門三
一 石堂右馬之丞　花井 才三郎
一 斧定九郎　二やく 花井 才三郎
一 山名次郎左衛門　嵐 龍蔵
一 加古川本蔵　浅尾 勇次郎
一 勘平母　二やく 浅尾 勇次郎
一 塩谷判官　三やく 浅尾 勇次郎
一 大星力弥　岩井 粂三郎
一 寺岡平右衛門　関 三十郎

一 天川屋義平　二やく 関 三十郎
一 早野勘平　三やく 関 三十郎
一 大星由良之助　四やく 関 三十郎

弐番目切狂言、関三十郎七変化所作事相勤る。桟敷代三拾匁、高土間廿五匁、平土間廿匁。

評判は相応に能候へ共、一向無入ニ而、四月下旬より相休む。然る所、芝居打続困窮に付、当顔見世抱込みの役者へ手附打候義不行届、葺屋町両側之茶屋共、不残戸をさし罷在候。日数六十日程、右之通いたし罷在、六月下旬より茶屋見世を開く。

六月廿四日より 夏狂言

ひらかな盛衰記＊ 二の口切 三の口切

関三十郎 市川団之助 岩井粂三郎 浅尾勇次郎右四人相休

座敷(ママ)代壱分 高土間拾弐匁 平土間弐朱

一 梶原平次景高　中村 歌蔵
一 秩父の次郎重忠　嵐 ひな助
一 母ゑんじゅ　花井 才三郎
一 鎌田隼人　嵐 此五郎
一 舟頭又六　坂東 吉次郎
一 同 九郎作　浅尾 円蔵
一 同 富蔵　関 三平
一 番場忠太　松本 秀十郎

一 松右衛門一子つち松　沢村弥寿次郎
一 こし元梅の井　市川 瀧三郎
一 松右衛門女房およし　ニやく 市川 瀧三郎
一 駒若丸　中山 栄 吉
一 こし元うつぼ　中山 岩次郎
一 山吹御ぜん　ニやく 中山 岩次郎
一 舟頭権四郎　中山 門 三
一 横須賀軍内　ニやく 中山 門 三
一 梶原源太景末　尾上 紋三郎
一 舟頭松右衛門　ニやく 尾上 紋三郎
一 こし元千どり　藤川 官 吉
一 隼人娘おふで　ニやく 藤川 官 吉
一 秩父六郎重保　市村 竹三郎
一 和田の太郎よし盛　市村羽左衛門

＊ひらがな盛衰記

七条河原 **釜渕双級巴**《ふたつともえ》 藤の森の段 釜煎のだん

一 早助家来此平　嵐 此五郎
一 同 ちこ平　関 三 平
一 同 松平　関 松三郎
一 同 ゑん平　浅尾 円 蔵
一 同 吉平　坂東 吉次郎
一 同 よし平　嵐 叶 助
一 同 秀平　松本 秀十郎
一 岩木兵部　中村 歌 蔵
一 岩木当馬之丞　花井 才三郎
一 五右衛門一子五郎市　沢村 源 平
一 五右衛門女房おりつ　中山 岩次郎
一 石川五右衛門　嵐 雛 助
一 早野弥藤次忰弥太郎　市村 竹三郎

おしゅん伝兵衛 **近頃河原の達引** 大切猿廻の段

竹本伊三太夫 竹本鶴太夫 三弦 野沢九の八 竹沢吾三郎

一 猿廻し与次郎　中村 歌 蔵
一 家主杢右衛門　花井 才三郎
一 与次郎母　嵐 此五郎
一 横渕九平太　浅尾 円 蔵
一 親方才兵衛　嵐 叶 助
一 弟子娘おきぬ　沢村 源 平
一 古手や権兵衛　松本 秀十郎
一 米や八兵衛　中山 門 三
一 井筒や伝兵衛　尾上 紋三郎
一 げいしやおしゅん　藤川 官 吉
一 大津や竹吉　市村 竹三郎

此狂言も一向無入ニ而、間もなく休。兎角芝居出来兼候処、木挽丁より尾上松緑、市川団十郎、其外木挽丁ニ而、夏狂言いたし候中役者共、不残当座へ頼み、スケに呼。全体は金元改り、越前屋茂兵衛、森田座金主に候所、此度当座も同人持に成候に付、如此。

八月十五日より

累渕扨其後《さてもそのうち》　壱番目ろくろ首也

木挽丁ニ而、当夏狂言、**尾上松緑洗濯噺***増補

一　筑紫蔦ヶ嶽の蝦蟇仙人　尾上　松　緑
一　仲居おかぢ
　実ハめのと岩瀬の局　二やく　尾上　松　緑
一　新造歌町
　実赤(ママ)松息女遠里姫　松本　米三郎
一　斯波主水之助正信　花井　才三郎
一　禿髪結の甚五郎　二やく　花井　才三郎
一　石室玄蕃景国　坂東　善　次
一　山城や才兵衛　松本　秀十郎
一　奴すま蔵　坂東　吉次郎
一　細川左京之進頼元　市川　米　蔵
一　中納言朝ふさ卿　坂東　国　蔵
一　山名次部之助持広　松本　小次郎
一　奴士手助　松本　とら蔵

一　桃の井播摩之助光清　岩井　梅　蔵
一　かごかき眼兵衛　桐島儀右衛門
一　けいせい玉川　中山　亀三郎
一　又平妹おゆり　二やく　中山　亀三郎
一　今川伊予之助仲秋　市川　門三郎
一　吃又平　市川　団十郎
一　中納言朝房
　実ハ石見太郎左衛門　二やく　市川　団十郎

第弐番め序幕　応永廿九年大和国龍田越古戦之場

一　絹川羽生之助正累霊　尾上　松　緑
一　旅の所化祐念　市川　団十郎

此間廿三年

一　与右衛門女房累　尾上　松　緑
一　与右衛門娘きく　松本　米三郎
一　累母お[か]や　花井　才三郎
一　羽生村定使長太　坂東　善　次
一　六浦官兵衛　沢村　川　蔵
一　山伏男松院良山　松本　小次郎
一　入聟金五郎　岩井喜代太郎
一　泣女龍が崎のおとら　松本　とら蔵
一　金五郎姉おきし　岩井　梅　蔵

一　羽生村物頭念仏杢兵衛　桐島儀右衛門
一　四の宮郡司妻秋しの　中山　亀三郎
一　堪通和尚　市川　門三郎
一　祐念上人　市川　団十郎
一　羽生村梁田与右衛門　二やく　市川　団十郎

大切、市川団十郎八景の所作事＊＊、木挽丁の通り。此狂言大に評よく、入も有之、九月節句前迄いたし申候。夫より皆〱木挽丁へ帰り候に付休。

＊尾上松緑洗濯話
＊＊閏茲姿八景

木挽丁より　尾上松　緑　同　沢村四郎五郎　同　坂東　鶴十郎
松本幸四郎　市川　門三郎　市川　栗　蔵
岩井半四郎　桐島儀右衛門　岩井喜代太郎
市川団十郎　坂東　善　次　其外中役者
てる世改　市川　三　蔵
竹三郎改　市村　亀三郎

十一月十一日より
戻《もどり》り橋《はし》背《せなに》御《こ》摂《ひいき》＊

一　髭黒の左大将道純　尾上　松　緑
一　頼光の北ノ方
実ハ袴垂女房雄島　市川　団之助
一　栗の木又次か娘おうら　二やく　市川　団之助
一　藤原常俊卿の娘鶴のまへ　松本　よね三
一　廻国修行者
実ハ大江郡領匡衡　中村　歌　蔵
一　栗の木の又次　沢村　金　平
一　熊尾新六景道　桐島儀右衛門
一　常陸之助正盛　松本　小次郎
一　樋爪の九郎　松本　虎　蔵
一　足軽鬼住山平　松本　秀十郎
一　橋立三郎成春　市川　米　蔵
一　雲助山犬九郎七　沢村　川　蔵
一　同　とふ板の三　市川　成五郎
一　坂東太郎　関　松三郎
一　のぶせり大ぎやふの八　市川　団兵衛
一　伊予の太郎有風　沢村四郎五郎
一　猪の熊入道雷雲　市川　栗　蔵
一　簗島左少弁長連卿　坂東　善　次
一　加藤豊後の次郎忠正　坂東　鶴十郎
一　物部平太有風　嵐　新　平
一　丹波太郎鬼住　中山　門　三
一　堤弥惣俊次　市川　門三郎

一 多田の満仲　二やく 市川 門三郎
一 河内の冠者頼信　吾妻 藤 蔵
一 美女丸
　本名小式部の内侍　岩井 粂三郎
一 猟師深山の五郎蔵
　実ハト部秀武　関 三十郎
一 大宅太郎光任　二やく 関 三十郎
一 袴垂保輔　松本 幸四郎
一 市はらの野ぶせりつゞれの次郎蔵
　実ハ箕田の源太広綱　二やく 松本 幸四郎
一 将門の娘七綾ひめ　岩井 半四郎
一 賤の女お岩
　実ハかつらき山女郎蜘の精　二やく 岩井 半四郎
一 碓井荒太郎貞光　市川 団十郎
一 箱たばこや酒むしのおよし　二やく 市川 団十郎
一 箕田の源太広綱
　実ハ将軍太郎　三やく 市川 団十郎
一 二の瀬の源六近忠　四やく 市川 団十郎
一 摂津国源頼光　五やく 市川 団十郎
一 頼光奴橘花平　市村 亀三郎

＊戻橋背御摂

第弐番め
一 中間よひ助　桐島儀右衛門
一 山奥や勘五右衛門　松本 小次郎
一 いしや張臂道安　沢村四郎五郎
一 舟頭木津の三吉　岩井喜代太郎
一 かしものや金六　嵐 新 平
一 肴売ゐひざこの十　市川 団十郎
一 羅生門がし□ひしおいろ　松本 虎 蔵
一 同　足ぶとおてふ　市川 栗 蔵
一 小ぢよく塩ばなおとめ　市川 平次郎
一 茨木や居候鬼子喜之助　坂東 善 次
一 三日月おせん　岩井 粂三郎
一 鬼七女房おつな
　実ハ純友の思ひもの笘や　岩井 半四郎
一 茨木や鬼七五郎
　実ハ伊賀寿太郎　松もと幸四郎
上るり 親《おや》子《こ》連《づれ》枝《ゑだの》鶯《うぐいす》　ワキ同喜代太夫 常盤津小文字太夫 ワキ同喜美太夫　三弦 岸沢小式部 岸沢式佐
一 池田中納言の息女花園姫　松本 よね三
一 時行一子快童丸　岩井 松之助
一 箱根の賤の女おふじ　吾妻 藤 蔵
一 同　おさか　坂東 鶴十郎

一 馬士とぶ六　実ハ氷上夜叉太郎国秀　沢村四郎五郎
一 山賤根子の釿蔵　実ハ市原鬼童丸　松本　幸四郎
一 花園姫の侍女此いと　岩井　半四郎
一 山賤切株の斧右衛門　実ハ三田の仕　市川　団十郎

三立め暫く、うけは松緑が酒呑童子の見へ、赤つら儀右衛門、新平、四郎五郎三人、団十郎貞光の暫く、大でき。

同引返しむごん、袴垂幸四郎、将門団十郎、土蜘の女郎蜘半四郎、かつらき山古御所の場、大でき。

四立めふごおろし、関三、団十郎両人、団之助力のある女の仕打、馬のふみとめ有り。万作、米蔵両人どし打。

五立め、二人の上使、幸四郎、団十郎見出し、関三大宅の太郎の腹切、大でき。

六立め大詰迄よし。

二番め切見世の仕内、裏を見せたる勝手の仕内、大でき。大切足柄山の浄るりなり。

此顔見世、大に評判よく、近年の大入。当顔見世一の当り。然る所、十一月二十九日夜、類焼ニ而休に成。

文化十一戌年　市村座

当春より類焼跡普請に掛り候得共、三月頃に無之候ては興行致かたく、右之内抱の役者共を木挽丁へ貸し出候。是は同し金元ゆへ普請出来迄之内、かよふに相対いたし候よし。

戌二月下旬迄に、ゆる／＼芝居普請出来いたし候に付。

戌三月三日より

隅田川花御所染

一 入間家中老尾の上　市川　団之助
一 扇ヶ谷賤女綱女　二やく　市川　団之助
一 入間の妹姫さくら姫　松本　よね三
一 判人勘六　沢村　金　平
一 道心者むえん坊　桐島儀右衛門
一 かりかねや若ィ者権七　松本　小次郎
一 庄や杢郎兵衛　松本　とら蔵
一 石浜官蔵　松本　秀十郎
一 牛島郡次　沢村　川　蔵

一　葛西太郎亀成　市川　粟蔵
一　堀の藤太　坂東　善次
一　同宿いつちく坊　市川　平次郎
一　小比丘尼妙林　岩井喜代太郎
一　北条小四郎よし時　助高や金五郎
一　吉田の近達梅若丸　岩井　松之介
一　松井源吾定かげ　沢村四郎五郎
一　奴隅田平　二やく　沢村四郎五郎
一　清水平馬之助清はる　坂東　鶴十郎
一　荒川鬼藤太鬼澄　嵐　新平
一　奴戸田平　中山　門三
一　新清水の住僧轟坊　市川　門三郎
一　大友常陸之助頼国　吾妻　藤蔵
一　かりがねや新造采女　岩井　粂三郎
一　久米の平内長盛　松本　幸四郎
一　忍か岡の辻番猿島惣太　二やく　松本　幸四郎
一　尾上召仕はつ　岩井　半四郎
一　入間の姉姫花子のまへ
　　後ニ新清水の清玄尼　二やく　岩井　半四郎
一　吉田の松若丸　市川　団十郎
一　入間家の局岩ふじ　二やく　市川　団十郎
一　吉田の下部軍助　三やく　市川　団十郎
一　新清水所化さくらん坊　市村　亀三郎
一　大友一法師丸　二やく　市村　亀三郎

此狂言、大当り大入ニ而、浄るり所作は出し不申候得共、近頃の大入なり。
四月三日より、所作の上るり出し候所、其内半四郎病気ニ而引込、おはつ清玄尼を粂三郎代りいたし、上るりの所作も代りニ而相勤候へ共、夢の幕は半四郎押而相勤候。夫ゆへ入薄く成候に付、誉詞を出し、女の子、芸者、役者名前尽し。四月十八日より廿二日迄五日之内、誉詞有之候。廿三日切ニ而千秋楽、夫より休。

五月十九日より
復再《またぞろ》松緑《せうろく》刑部《おさかべ》話《ばなし》
夏狂言の趣向ニ而、直下げ芝居相勤候
桟敷代壱分弐朱　高土間拾八匁　平土間壱分宛

一　谷沢多仲
　　実ハ南蛮寺万海　尾上　松緑
一　真芝の侍女早百合　二やく　尾上　松緑
一　大倉刑部俊高　三やく　尾上　松緑
一　姫百合が城之妖怪おさかべ姫　四やく　尾上　松緑
一　蟇仙人画像之筆勢　五やく　尾上　松緑
一　駒木太郎娘なでしこ　松本　よね三

一 筒井悪五郎　松本 小次郎
一 手代勘十郎　坂東 善次
一 まぐろのお市　市川 栗蔵
一 隠亡肩骨勘右衛門　沢村 川蔵
一 同 骨仏の三ふ　二やく 市川 栗蔵
一 但馬やでつち岩松　岩井喜代太郎
一 長楽寺満月和尚　中山 門三
一 千の利休　市川 門三郎
一 利久娘床夏
　後ニ但馬やおなつ　岩井 粂三郎
一 与次郎女房おちやぴいおいわ　二やく 岩井 粂三郎
一 深尾清十郎　市川 団十郎
一 猿廻し与次郎　二やく 市川 団十郎
一 羽根川高景　三やく 市川 団十郎
一 天竺徳兵衛　四やく 市川 団十郎
一 別所小三郎長治　五やく 市川 団十郎
一 姫路笠売源十郎　市村 亀三郎

弐番目 **倣《まねて》三《み》升《ます》四季《しきの》俳優《わざおぎ》**

名見太夫改 富本斎宮太夫　富本豊前太夫　富本綱太夫　三味線 鳥羽や里夕　鳥羽や里朝

長唄 芳村幸次郎　芳村伊四郎　芳村幸三郎　芳村伊久太郎　三味線 杵や六三郎　鳥羽や三五郎　杵屋勘九郎　杵屋和助

正月 官女 初若菜　二月 雇駕 いなり詣　三月 藪入の御殿結

四月 初鰹のうかれ奴　五月 裾野の夢見艸　六月 天王の御守配り
七月 斎日のゑんま王　八月 白むくの揚屋入　九月 山路のかぶろぎく
十月 夷講のよたんぼう　十一月 男舞のかぐらうた　十二月 おふやらいの多聞天

此狂言、大仕かけニ而いたし候所、思ひの外評判悪く、余り見物無之候。六月七日切ニ而休。

六月十六日より後日狂言

桂川縁《ゑにし》仇浪

一 堀尾帯刀　尾上 松緑
一 芸子岸野ゆふこん　二やく 尾上 松緑
一 長右衛門妹お雪　松本よね三
一 幸左衛門若党段助　松本 小次郎
一 しなのやおはん　市川 三蔵
一 帯屋下男与五助　沢村 川蔵
一 おきぬ弟才次郎　岩井喜代太郎
一 帯やおきぬ　芳沢 稲三郎
一 しなのやでつち長太　市川 栗蔵
一 医者針野宗庵　坂東 善次
一 片岡幸左衛門　中山 門三

一 しなのや後家おいく　市川 門三郎
一 帯屋下女おしん　岩井 粂三郎
一 帯屋長右衛門　市川 団十郎
一 片岡幸之進　二やく 市川 団十郎

弐番め大切、市川団十郎十二月の所作事いたし候所、隣町大当り二而、当芝居一向入無之、十日計いたし、六月下旬休。

七月廿四日より
新織博多縞《はかたの》入船《いりふね》*

一 博多小女郎　市川 団之助
一 小町屋母お沢　二やく 市川 団之助
一 田子の浦汐汲およね　松本 よね三
一 博多廻船頭とんくり市五郎　沢村 金 平
一 唐使珍花慶　松本 小次郎
一 博多廻舟頭□《（きやまん）》九八　松本 虎 蔵
一 同 やつてこ三蔵　嵐 新 平
一 馬士宇津谷五郎右衛門　沢村四郎五郎
一 倉橋大膳　二やく 沢村四郎五郎
一 唐使呉斎官　中山 門 三
一 大常卿尚進　市川 門三郎
一 博多の仲居おふじ　吾妻 藤 蔵
一 小町屋娘おさと　岩井 粂三郎

一 小町屋宗七　関 三十郎
一 関戸村久次兵衛　二やく 関 三十郎
一 大通辞十木伝七　松本 幸四郎
一 関東同者二合半蔵　二やく 松本 幸四郎
一 いせ参りお市
　実ハ琳聖太子の姫宮玉蘭女　岩井 半四郎
一 李栄君昇龍　市川 団十郎
一 博多廻船頭浮洲の岩
　実ハ玄界灘右衛門　二やく 市川 団十郎
一 清水勝次郎　市村 亀三郎

*新織転多縞入船

弐ばんめ
もとゐちるりし文月《のふみつき》

一 ふくしまや女房おかち　市川 団之助
一 けいしや三代吉　松本 よね三
一 堀の弥藤次　桐島儀右衛門
一 いさみかなてこの音　市川 米 蔵
一 同 さけなわの熊　市川 団兵衛
一 樽ひろい与太　市川 平次郎
一 神崎や女房おいく　山下 万 作
一 けいしや春吉　市川 三 蔵

一 男けいしや嘉蔵　岩井喜代太郎
一 廻し男佐助　市川　栗　蔵
一 石川や七郎助　沢村四郎五郎
一 判人長津や彦左衛門　坂東　善　次
一 昼鳶真虫の仁三　坂東　鶴十郎
一 富田や太左衛門　中山　門　三
一 神崎や甚右衛門　市川　門三郎
一 舟こし十右衛門　関　三十郎
一 按摩取梶の長庵　松本　幸四郎
一 ふく島や清兵衛　二やく　松本　幸四郎
一 神崎や娘おその
　後ニけいしやかしく　岩井　半四郎
一 長蔵女房おまつ　二やく　岩井　半四郎
一 大工町の六三　市川　団十郎

八月十一日より

廓文章

切狂言出る 一世一代　遊湖斎素柳

一 扇や夕霧　市川　団之助
一 禿もじの　市川　三　吉
一 同さく弥　市川　升三郎
一 吉田や女房おさか　岩井　粂三郎

一 ふじや伊左衛門　岩井　半四郎
一 吉田屋喜左衛門　市川　団十郎

此節より東側の高土間の前、土間二側に成。

兎角隣リの評判に被押、入無之、別而夕霧は大不評判。半四郎の伊左衛門、白井権八との噂ニ而、取沙汰あしく何分無入故、やう〳〵九日いたし、十九日切ニ而休。廿六日より新狂言初日の看板を出し候所、廿四日より鳴もの御停止に付、九月節句前迄相休。

戊九月九日より

染纏竹春駒《そめたづなたけのはるこま》

一 由留木奥方岬御ぜん　市川　団之助
一 こし元ふじ波　二やく　市川　団之助
一 由留木息女しらべの姫　松本　よね三
一 女小性小露　二やく　松本　よね三
一 口入白子や佐次兵衛　沢村　金　平
一 本多弥惣左衛門　桐島儀右衛門
一 いしや生垣寒竹　二やく　桐島儀右衛門
一 坂の下米やひね右衛門　松本　小次郎
一 石部金六　松本　とら蔵
一 大山郷助　松本　秀十郎
一 足軽横田庄兵衛　沢村　川　蔵

一山形や下男藤六　市川団七
一小性花垣左門　助高や金五郎
一笹山伝五右衛門　市川団兵衛
一小ざしそこ豆の仁太　市川平次郎
一奴園助　大谷門蔵
一あんまとり藤庵　市川栗蔵
一わし塚官太夫　沢村四郎五郎
一ひぬかの八蔵　二やく　沢村四郎五郎
一庄野の六蔵　坂東善次
一百性岡崎村の与之助　坂東鶴十郎
一古手や十郎兵衛　二やく　坂東鶴十郎
一羽根川馬之丞　中山もん三
一見せ物師与茂四郎　中山もん三
一伊達の与三兵衛　市川門三郎
一逸平母おくら　二やく　市川門三郎
一こし元いろは　岩井粂三郎
一女小性小よし　二やく　岩井粂三郎
一三度飛脚江戸兵衛　関三十郎
一伊達新左衛門　二やく　関三十郎
一丹波屋与作　松本幸四郎
一座頭けい政
　実ハわし塚八平次　二やく　松本幸四郎

一鷺坂左内　三やく　松本幸四郎
一奥女中重の井　岩井半四郎
一女馬士じねんじよのお三　二やく　岩井半四郎
一関の小まん　三やく　岩井半四郎
一伊達の与作　市川団十郎
一奴逸平　二やく　市川団十郎
一山形屋義兵衛　三やく　市川団十郎
一由留木左衛門　四やく　市川団十郎
一伊達下部駒平　市村亀三郎
一入間式部太夫　市村羽左衛門

又々隣の大当りに被押無入に付、六日程いたし弐番目出る。

四代め市川団蔵、当月七回忌に付、忰団之助追善狂言所作事相勤申候。

九月十四日より＊
春　**池田湯谷花見車**《いけたのゆやがはなみぐるま》　秋　**都祇王紅葉御幣**《みやこぎわうがもみぢのみてぐら》
夏　**仏**《ほとけ》**御ぜんガ扇獅子**《おふぎしし》＊＊　冬　**俊寛僧都雪姿視**《しゆんくわんそうづゆきのすがたみ》

一たくぼくの江吉　沢村金平
一がけの勘六　市川門三郎
一俊寛僧都　市川団之助
一亀王娘小べん　市川清子
一小督の局　市川秀之助

一　深山の木蔵　沢村四郎五郎
一　なめらの兵　関　三十郎
一　有王丸　松本　幸四郎
一　亀王女房おやす　岩井　半四郎
一　亀王丸　市川　団十郎

右団之助所作事幷俊寛、評判よく候得共、兎角無入ニ而やう〱十月四日迄いたし候。

＊四季写記念紅筆
＊＊仏御前扇子獅子

中村座よりスケ　助高屋高助
下り△京　嵐　三五郎　江戸下り△作者　奈河九二助
△同　嵐山三　郎　中村座より　瀬川多　門
△同　嵐　馬太郎　休より出る　坂東大五郎改　大谷広右衛門
△同　嵐　来　蔵　富本斎宮太夫改　清元延寿太夫
△同　嵐　東十郎
△同　中村鬼　丸
△大坂　中山舎　柳

十月廿六日役者附出る。此顔見世大に当り。

十一月九日より
世界花菅原伝授《せかいのはなすがわらでんじゅ》

一　左中弁三好の清貫　助高屋　高助
一　百姓出来作（ママ）実判官代てる国　二やく　助高屋　高助
一　侍女さくら木　瀬川　多　門
一　瀧口官人東条兼俊　大谷広右衛門
一　星坂典膳重門　二やく　大谷広右衛門
一　贋迎ひ古実慶八　松本　小次郎
一　弁ノ宰相菅根　松本　秀十郎
一　左大弁定国　松本　虎　蔵
一　舟頭豆蟹平太　沢村　川　蔵
一　舎人友竹　助高や金五郎
一　菅秀才淳茂　岩井　松之助
一　都之助紀よし香　下り　嵐　三五郎
一　桜飴うり五作　二やく　嵐　三五郎
一　竹部源蔵　三やく　嵐　三五郎
一　侍女みどり　市川　秀之助
一　唐僧裴文藉　坂東　善　次
一　伊予の内侍　坂東　鶴十郎
一　わし塚平馬景宗　中山　門　三
一　中納言藤原高藤　市川　門三郎
一　菅原息女紅梅姫　松本　よね三
一　斎世親王　二やく　松本　よね三

一今参りの奴宅内　下り 中山　舎　柳
一士師の兵衛之助兼武　二やく 中山　舎　柳
一白太夫娘松がへ　市川　団之助
一国経の後室立田のまへ　二やく 市川　団之助
一右中弁平の希世　松本　幸四郎
一舎人松王丸　二やく 松本　幸四郎
一菅原の息女かりや姫　岩井　半四郎
一やとわれ雑式おいわ　二やく 岩井　半四郎
一本院ノ左大臣時平公　三やく 岩井　半四郎
一白太夫娘八重はた　四やく 岩井　半四郎
一百姓堤ばた十作
　実ハ宿禰太郎時景　市川　団十郎

一右大臣菅原道真公　二やく 市川　団十郎
一舎人くりから太郎　市村　亀三郎
弐番め上るり
御摂花吉野拾遺《みぐみのはなよしのしうい》　清元延寿太夫 同 宮路太夫 同 佐喜太夫 三弦 清沢万吉 同 鉄三
一衛士又五郎
　実ハ塚本野狐葛の恨之助　嵐　三五郎
一寒念仏杉本坊　中山　舎　柳
一弁の内侍　市川　団之助
一和泉の国楠の千枝狐　二やく 市川　団之助
一楠帯刀正行　市川　団十郎

文化十二亥年　市村座

亥正月十五日より
増《ぞう》補《ほ》富《ふ》士《じ》見《み》西行《さいぎやう》　三の切迄　豊竹駒太夫 竹本喜代太夫 三弦 鶴沢大助 野沢吉蔵
一うつし絵姫　瀬川　多　門
一樋口の次郎　市川　三　十
一皷の判官　大谷広右衛門
一楯の六郎　二やく 大谷広右衛門

一家主徳右衛門　松本　小次郎
一仲居おとら　松本　とら蔵
一小間物や伝八　松本　秀十郎
一安達藤九郎　尾上　助三郎
一幾瀬屋勘吉　板東　鶴十郎
一日なし貸六郎兵衛　坂東　善　次

一 手塚の太郎　嵐　三五郎
一 西行法師　二やく 嵐　三五郎
一 ゆきへ一子里石　沢村　東蔵
一 鼓の十郎　中山　門三
一 揚屋才兵衛　桐島儀右衛門
一 源の頼家公　市川　門三郎
一 根の井の小弥太　助高屋金五郎
一 仲居おまつ　岩井　松之助
一 同　おたけ　松本　よね三
一 斎藤吾国武　中山　舎柳
一 石黒左衛門
　実ハ瀬の尾の太郎　二やく 中山　舎柳
一 靫負女房お六　市川　団之助
一 けいせい逢坂山　二やく 市川　団之助
一 うつしへ姫　岩井　半四郎
一 松波靫負　市川　団十郎
一 木曽義仲　二やく 市川　団十郎
一 今井小文次　市村　亀三郎

弐番目世話狂言
其盞色三組《そのさかつきいろのみつくみ》　五幕

一 相沢の家中浅田宗次　助高屋　高助

一 あいざわの息女みつひめ　瀬川　多門
一 神奈川の舟頭大助　大谷広右衛門
一 岩渕和平太　松本　小次郎
一 料理人新八　松本　とら蔵
一 羽根沢や若ィ者九助　松本　秀十郎
一 おしやりの弁　坂東　鶴十郎
一 家主てんぷら太郎四郎　中山　門三
一 神奈川の女郎お玉　桐島儀右衛門
一 平野や手代徳兵衛　嵐　三五郎
一 舟頭猪牙の仙吉　助高や金五郎
一 重井筒箱持善八　坂東　善次
一 羽根沢や娘お市　岩井　松之助
一 あぶらや娘おきた　松本　よね三
一 香具屋弥兵衛　中山　舎柳
一 てんまやおはつ　市川　団之助
一 古手買湯かん場八郎兵衛　松本　幸四郎
一 八郎兵衛女房おつま　岩井　半四郎
一 江戸げい者重井筒おふさ　二やく 岩井　半四郎
一 柴又村の菜うり長蔵　市川　団十郎
一 油屋九平次　二やく 市川　団十郎
一 油やでつち卯之松　市村　亀三郎

此一番目、来芝西行法師、上方ニ而当り狂言の評判ニ而、当春

評判よく初めは入有之候へ共、一体あやつり故淋敷、しだいに不入に付。

二月八日より　大詰　浄瑠理出る

御存江戸絵風流《ごぞんじのゑどへふうりう》　ワキ同喜代太夫　常盤津小文字太夫　ワキ同喜見太夫　三弦　岸沢小式部　岸沢九蔵

一　女かごかき山本のお杉　瀬川　多　門

一　逢坂山の馬士どろたの九助　松本　小次郎

一　同　ぼうだら又六　坂東　鶴十郎

一　けいせい墨染　実ハ小町桜のせい　市川　団之助

一　関守の関兵衛　実ハ大伴黒主　松本　幸四郎

一　女かごかき山かけのおまつ　実ハ高松左衛門娘此花　岩井　半四郎

一　四位少将宗貞　市川　団十郎

木挽丁よりスケ　関三十郎　飛入

岩井半四郎病気ニ而不出。代り役木挽丁より飛入、岩井粂三郎相勤候。

三月三日より

義経千本桜

一　川越太郎重頼　助高屋　高助

一　すしや弥左衛門　二やく　助高屋　高助

一　女房おしゆん　市川　門三郎

一　相模五郎　中山　門　三

一　入江の丹蔵　松本　小次郎

一　土佐坊昌俊　桐島儀右衛門

一　川連法眼　市川　門三郎

一　亀井六郎　坂東　鶴十郎

一　するがの次郎　大谷広右衛門

一　武さし坊弁慶　中山　舎　柳

一　梶原平三かけ時　関　三十郎

一　主馬の小金吾　二やく　関　三十郎

一　舟頭浮洲の沖蔵　嵐　三五郎

一　すしや弥助　二やく　嵐　三五郎

一　佐藤四郎兵衛忠信　三やく　嵐　三五郎

一　源九郎狐　四やく　嵐　三五郎

一　京のきみ　松本　よね三

一　わか葉の内侍　市川　団之助

一　しづか御ぜん　二やく　市川　団之助

一　すけの局　三やく　市川　団之助

一　横川の覚範　松本　幸四郎
一　いがみの権太　二やく　松本　幸四郎
一　渡海や銀平　三やく　松本　幸四郎
一　すしや娘おさと　岩井　半四郎
一　源よし経　市川　団十郎

同月十七日より　岩井半四郎病気全快に付、壱番めに出勤の段書付出候。

八重霞《やへかすみ》桜花掛合《はなにかけあい》　嵐三五郎所作事相勤申候。

融大臣詠歌陸奥　紙衣《かみこ》男草履長刀
川太郎雨夜酒買　京女郎御庭桜見
智恩院軒場古傘＊　堕落雷《おつこち》八挺太鼓
夕霧由縁の月待　狂浮《うかれ》布袋唐児遊

＊智恩院軒端古傘

（※**千本桜**　後日二番目）

一　熊坂一子大伴次郎　関　三十郎
一　大伴次郎女房おしな　岩井　粂三郎
一　冠者太郎朝氏　嵐　三　十
一　賤の女おつゆ　芳沢　稲三郎
一　長田の太郎景宗　中山　門　三
一　西国巡礼眼六　桐島儀右衛門

一　長田後家内海　中山　舎　柳
一　尾形三郎惟義　市川　団十郎
一　男山八幡使鳥の精　嵐　三五郎

所作事　清元延寿太夫連中上るり　芳村伊十郎連中長唄二而相勤候。

四月十二日より　**千本桜**　後日狂言
郭公《ほとゝぎす》色《いろ》夜話《のよがたり》　三幕　あかねやの段　みの屋の段　柳ばしの段

一　みのや平左衛門　助高屋　高助
一　あかねや手代十兵衛　関　三十郎
一　同　手代九蔵　松本　小次郎
一　同　手代長九郎　中山　門　三
一　同　立まへ小八　沢村　川　蔵
一　かし物や善六　坂東　善　次
一　中間権内　市川　団兵衛
一　奥女中桐しま　桐島儀右衛門
一　今市の善右衛門　中山　舎　柳
一　みのや三かつ　市川　団之助
一　山伏随楽院　松本　幸四郎
一　あかねやでつち半七　岩井　半四郎
一　半七あね片瀬のお岩　二やく　岩井　半四郎
一　茜屋荷かつぎ忠助　市川　団十郎

右狂言、三幕、中幕に出候。大切は嵐三五郎矢張所作事二而、

四月下旬迄、千秋楽。

五月十九日より

箱根霊験躄仇討 全部九冊

一 飯沼勝五郎　嵐 三五郎
一 奴筆助　関 三十郎
一 おゆみ母おくま　嵐 来蔵
一 非人なまこの八　二やく 嵐 来蔵
一 奴団助　三やく 嵐 来蔵
一 茶道弁才　沢村 川蔵
一 三太夫下部折平　市川 米蔵
一 田上曽平　沢村 此五郎
一 岸田半之丞　嵐 五智蔵
一 こし元おゆき　瀬川 兼五郎
一 同 おとき　市川 秀之助
一 けいせい勝うら　二やく 市川 秀之助
一 溝口源左衛門　中山 門三
一 北条氏政　桐島儀右衛門
一 道心者教清　二やく 桐島儀右衛門
一 下女およし　三やく 桐島儀右衛門
一 あんこふの次郎　四やく 桐島儀右衛門
一 飯沼三太夫　市川 門三郎
一 後室岩はし　二やく 市川 門三郎
一 徳右衛門娘おまつ　岩井 松之助
一 早川主水之助　助高や金五郎
一 佐藤郷助
　後ニ瀧口上野　中山 舎柳
一 新左衛門娘はつ花　岩井 粂三郎
一 筆助女房おゆみ　市川 団之助
一 新左衛門妾おてい　二やく 市川 団之助
一 九十九新左衛門　助高や 高助
一 三太夫後家寄浪　二やく 助高や 高助
一 庄屋徳右衛門　三やく 助高や 高助
一 柾桐主膳　市村 亀三郎

浄瑠理 竹本富士太夫 同 岸太夫 同 芳太夫 三弦 鶴沢笑男 野沢吉蔵

大切 **今様須磨写絵**＊

所作事 清元延寿太夫 同宮路太夫 同佐喜太夫 三弦 伊藤東三郎 清沢兼五郎

一 今様まつ風　市川 団之助
一 同 村雨　岩井 粂三郎
一 中納言行平卿　嵐 三五郎
一 須磨の浦汐焼此兵衛　二やく 嵐 三五郎

木挽丁、河原崎座再興に付、幸四郎、半四郎、団十郎其外共、貸遣候間、無人に付、直段左之通り。

桟敷代廿八匁　高土間代金壱分弐朱　平土間拾八匁
六月七日千秋楽。

＊須磨の写絵

六月十二日より

蘭著待新田系図＊

浄瑠理　竹本富士太夫　竹本岸太夫　竹本芳太夫　三弦　鶴沢笑男　野沢吉蔵

一　小山田助市　後ニ妻鹿孫三郎長宗　嵐　三五郎
一　庄屋可兵衛　二やく　嵐　三五郎
一　新田よし貞　関　三十郎
一　大森彦七盛長　二やく　関　三十郎
一　足利尊氏　嵐　来蔵
一　七種齊四郎　二やく　嵐　来蔵
一　黒川軍太　沢村　川蔵
一　山路玄蕃　市川　米蔵
一　百姓与之七　坂東　吉次郎
一　同　久作　市川　芳三郎
一　同　仁蔵　関　松三郎
一　同　半三　沢村　尾之助
一　同　甚之丞　嵐　五智蔵
一　織部の姫　瀬川　兼五郎
一　こし元歌きぬ　市川　秀之助
一　上かんやがま六　桐島儀右衛門
一　小山田太郎高家　市川　三平
一　幸内女房おかや　市川　門三郎
一　下部里平　市川　門三郎
一　楠帯刀正行　助高屋金五郎
一　渕部伊賀守　中山　舎柳
一　勾当の内侍　岩井　粂三郎
一　弥太郎妻磯浪　二やく　岩井　粂三郎
一　助市女房おそね　市川　団之助
一　寺子や娘おこの　二やく　市川　団之助
一　女筆指南玉置　助高や　高助
一　小山田幸内　二やく　助高や　高助
一　大塔宮護良親王　市村　亀三郎

＊蘭奢待新田系図

弐番め

其噂色聞書　世話狂言三幕

桟敷代廿五匁　高土間廿匁　平土間拾五匁

一　梶川新十郎　嵐　三五郎
一　里見伊助　関　三十郎
一　中間でく助　嵐　来蔵

一　岩瀬十平次　沢村川蔵
一　淀川の舟頭九蔵　市川米蔵
一　同　長六　坂東吉次郎
一　同　九八　沢村尾之助
一　同　八八　沢村此五郎
一　下女おまき　嵐五智蔵
一　でつち長太　市川芳三郎
一　若党小弥太　関松三郎
一　水茶やおみつ　瀬川兼五郎
一　同　おまつ　市川秀之助
一　番頭庄九郎　桐島儀右衛門
一　鷹津佐市郎　市川三十
一　扇折おまつ　岩井松之助
一　多賀や娘おせん　岩井粂三郎
一　おせん姉おちへ　市川団之助
一　有田文蔵　助高や高助

大切**須磨の写絵**所作事、清元延寿太夫連中、矢張相勤候と申口上アリ。

右狂言一向見物無之、同月廿日切ニ而相休申候。日数十日程ならてはいたし不申候。是より相休候に付、嵐三五郎も田舎芝居へ廻り、いつとなく上方へ登り候よし。顔見世も出来不申、相休罷在候。

文化十三子年　桐座

子三月願済ニ而江戸歌舞妓大芝居根元桐長桐に成

此度葺屋町ニ而先規之通り、歌舞妓櫓取立興行仕候儀、全く元祖幸岩が、盤石朽ざる礎に柱立仕候。中興の大内蔵が、観音開き大悲の網戸もらす事なく、枯たる桐座に花さき候事、唯々御江戸御ひいき様の、加護広大の御恵故と、難有仕合に奉存候。猶追々番付を以御披露可申上候間、閏年のおりにかへる十三葉の桐の樹の、いやしけり候やふ、御評判偏に奉希上候以上。

別看板口上

寛永元甲子年於神田明神門前町、初而大鼓櫓上け歌舞妓芝居興行仕候所、明暦三丁酉年葺屋町江引移り、其後寛政五癸丑年堺町ニ而興行仕、今般猶又、於葺屋町に蒙御免、当子年より桐長桐興行仕、来る辰霜月より五ヶ年の

間、私名題（ママ）を以、興行仕候間、不相替御ひいき被成下候様、
偏に奉希上候以上。

月　日　都伝内

河原崎座より　助高屋高助　　当時休より　花井　才三郎
市川団之助　　市川　宗三郎
岩井粂三郎　　大谷広右衛門
浅尾勇次郎　　市川　三　十
中村座より　坂東又太郎　　大谷　候兵衛
市川おの江

子三月十九日より

賜助御贔屓《たすけたまへかみのまにまに》

一　菅原道真公　　市川　団之助
一　白太夫娘小さくら　　二やく　市川　団之助
一　こし元たつ田　　三やく　市川　団之助
一　灘六女房おみち　　四やく　市川　団之助
一　源蔵女房となみ　　五やく　市川　団之助
一　くりから太郎　　市村　亀三郎
一　堤畑の十作　　花井　才三郎
一　衛士の又六　　二やく　花井　才三郎
一　高橋七郎光俊　　三やく　花井　才三郎

一　中納言清つら　　大谷　候兵衛
一　わし塚平馬　　二やく　大谷　候兵衛
一　左少弁希世　　沢村　川　蔵
一　藤原の菅根　　坂東　吉次郎
一　仕丁百郎兵衛　　中島百右衛門
一　菅秀才　　沢村　東　蔵
一　判官代てる国　　坂東　又重郎
一　威徳坊　　二やく　坂東　又重郎
一　こし元早わらひ　　岩井喜代太郎
一　同　弥生　　岩井　徳次郎
一　たつちく坊　　市川　松太郎
一　いつちく坊　　浅尾　万　吉
一　御台梅園御ぜん　　瀬川　富三郎
一　かりやひめ　　市川　瀧三郎
一　河内の郡領　　大谷広右衛門
一　斎世親王　　市川　三　十
一　紀の長谷雄　　市川　三　十
一　春藤玄蕃　　市川　宗三郎
一　天蘭敬　　二やく　市川　宗三郎
一　松王女房千代　　市川　おの江
一　武部源蔵　　浅尾　勇次郎
一　奴宅内

実ハ宿禰太郎　二やく　浅尾　勇次郎
一　梅ヶ浜の灘六　三やく　浅尾　勇次郎
一　覚寿のまへ　岩井　粂三郎
一　しづのめおなる　二やく　岩井　粂三郎
一　白太夫娘八重　三やく　岩井　粂三郎
一　法性坊の阿舎梨　助高や　高助
一　藤原の時平公　二やく　助高や　高助
一　山ふし松王院　三やく　助高や　高助
一　土師の兵衛　四やく　助高や　高助
一　博多の舟頭白太夫　五やく　助高や　高助

大切　**道行縁結柏**《ゑにしのむすひかしわ》
清元延寿太夫
同　宮路太夫
同　富士太夫
名見崎喜惣次
三弦　清元　順三

及なき深山さくらや龍頭まで　**京鹿子娘道成寺**　所作事　市川団之助　浅尾勇次郎　坂東又重郎　相勤申候

右狂言、堺町と同狂言ニ而仕込の評判は能候へ共、何分無人ニ而中村座大入故、後日狂言壱番め仕替へ、操狂言に成。

大坂下り　女形　△嵐　福松　　△嵐　三左衛門
同　△山科甚吉　　敵役　△中村村右衛門

四月六日より
有職鎌倉山　七ッ目迄　弐番め**道成寺**所作事

一　月さよ姫　市川　団之助
一　原田六郎　市村　亀三郎
一　足軽勇蔵　花井　才三郎
一　下部四方平　大谷　候兵衛
一　荒木玄蕃　沢村　川蔵
一　熊田運八　坂東　吉次郎
一　天逸坊　下り　中村村右衛門
一　佐野源藤太　下り　嵐　三左衛門
一　赤星太郎　大谷広右衛門
一　藪田毒庵　市川　宗三郎
一　三浦□（前司）泰村　二やく　市川　宗三郎
一　北条時頼　市川　三十
一　与五作女房おとわ　市川　おの江
一　大工与五作　坂東　又重郎
一　三浦荒次郎　二やく　坂東　又重郎
一　源左衛門母しからみ　三やく　坂東　又重郎
一　弓削大助　浅尾　勇次郎
一　佐野の源左衛門　二やく　浅尾　勇次郎
一　源左衛門女房玉笹　下り　あらしふく松
一　弓削新左衛門　助高屋　高助
一　舟橋勇助　二やく　助高屋　高助
一　秋田城之助　三やく　助高屋　高助

右狂言、仕替候へ共、兎角不繁昌に付相休、五月狂言初日には祈禱いたし相始可然旨、評義一決いたし、浅艸善立寺の地中《ジチウ》本寿院江相頼、衆僧拾人ニ而、五月三日朝五ッ時より千巻陀羅尼修行可致と、桐長桐舞台に荘厳を鋳、百匁掛之蝋燭に火を点し、読経可相勤処に風も吹不申候所、右百匁掛けの蝋燭之燈火不斗消へ、家鳴いたし、芝居の梁おどり動き候に付、一同に外へ欠出し候所、舞台より弐本目の梁、中程より折落、屋根六拾坪程崩落候。尤逃出し候に付、壱人も怪我人は無之候へ共、類焼後間も無之、誠に不思義成事有之候。全く神の祟りと申。

但右梁松材木は、武州久羅岐郡程ヶ谷在、日蓮宗[　　]と申境内、杉山大明神の山門の木に有之。切出し候節、右宮崩し候へ共、追而造営可致約束に候へ共、打続芝居不繁昌ゆへ、不行届、殊に代金も払残有之、旁々神の祟りならんと、世間一同の評判也。

右折れ候材木は、樹木谷覚林寺の清正公へ奉納いたし候事。

右に付、其後普請に取掛り、丈ふに出来いたし、飛入助ヶ役者共有之。

木挽丁河原崎座よりスケ　瀬川菊之丞　　休より　花井才三郎
大谷門蔵　　大谷候兵衛
坂東善次
関　三十郎

六月廿六日より

太平記忠臣講釈

一　かほよ御ぜん　　瀬川　菊之丞
一　重太郎女房おりへ　　二やく　瀬川　菊之丞
一　弥作女房おかよ　　山科　甚　吉
一　小寺十内　　関　三　平
一　入間丑兵衛　　大谷　候兵衛
一　早野三左衛門　　沢村　川　蔵
一　近松半六　　嵐　三左衛門
一　大星力弥　　市川　瀧三郎
一　桃井若狭之助　　中村村右衛門
一　蔦村伝次　　二やく　中村村右衛門
一　塩谷判官　　花井　才三郎
一　重太郎母　　二やく　花井　才三郎
一　千崎弥五郎　　三やく　花井　才三郎
一　由良之助女房おいし　　市川　おの江
一　九太夫後家おれい　　市川　おの江
一　石堂右馬之丞　　坂東　又重郎
一　天河や義平　　二やく　坂東　又重郎
一　矢間喜内　　三やく　坂東　又重郎
一　早野勘平　　四やく　坂東　又重郎
一　高の師直　　関　三十郎

一　矢間十太郎　二やく　関　三十郎
一　たいこ持次郎左衛門　三やく　関　三十郎
一　万歳とち兵衛　四やく　関　三十郎
一　百姓弥作　五やく　関　三十郎
一　九太夫娘おくみ　六やく　関　三十郎
一　大星由良之助　七やく　関　三十郎

弐番め世話狂言

御ぞんじ五大力　封文三通

一　げいしゃ小まん　瀬川　菊之丞
一　花屋女房おみき　山科　甚吉
一　出石宅左衛門　大谷門蔵
一　廻し弥介　坂東　善次
一　家主徳右衛門　大谷　候兵衛
一　賤ヶ谷伴右衛門　沢村　川蔵
一　鹿島十次兵衛　坂東　吉次郎
一　升や娘お此　市川　瀧三郎
一　千島千太郎　中村村右衛門
一　足軽八右衛門　花井　才三郎
一　升屋女房おせん　市川　おの江
一　笹の三五兵衛　坂東　又重郎
一　さつま源五兵衛　関　三十郎

右関三十郎、七役大に評よく、今年中の見物の入方と申評判、盆迄いたす。夫より休。上方江役者の相談にかゝり候所、八朔狂言の間に合不申候。

下り　△浅尾工左衛門　休より　市川男女蔵
△三枡　大五郎　中山舎　柳
△浅尾龍左衛門　浅尾勇次郎
△浅尾　豊五郎

閏八月十五日より

報讎《かたきうち》殿《でん》下《か》茶屋《ちやゝ》村《むら》*

桟敷代三拾匁　高土間廿五匁　平土間弐拾匁宛

一　千島の冠者景春　市川　男女蔵
一　京屋万助　二やく　市川　男女蔵
一　本田靫負　三やく　市川　男女蔵
一　早瀬源次郎　市村　亀三郎
一　岡舟妾お才　山科　甚吉
一　幸右衛門女房おかつ　二やく　山科　甚吉
一　内田中将秀秋　坂東　又重郎
一　幸右衛門母小槙　二やく　坂東　又重郎
一　奥田十平次　花井　才三郎
一　堤団右衛門　大谷　候兵衛

一　岩渕平馬　下り 浅尾　豊五郎
一　滝山城平　沢村　川　蔵
一　小性右門　市川　松太郎
一　本田常次郎　浅尾　万　吉
一　けいせい葉末太夫　市川　滝三郎
一　広見伝之丞　大谷広右衛門
一　医者坂部三的　二やく 大谷広右衛門
一　岡舟岸之頭　市川　宗三郎
一　弥介女房おりき　市川　おの江
一　東馬三郎右衛門　中山　舎　柳
一　馬かた官八　二やく 中山　舎　柳
一　早瀬伊織　浅尾　勇次郎
一　東馬橋蔵　下り 三枡　大五郎
一　人形屋幸右衛門　二やく 三枡　大五郎
一　早瀬左伝次　下り 浅尾工左衛門
一　安達弥介　二やく 浅尾工左衛門
一　宇治の方　市川　団之助

右狂言、下り工左衛門幷市川男女蔵、評判よく入出可申候所、閏八月廿三日より、水戸様御逝去、引続一ッ橋様御逝去に付、廿三日より廿九日迄七日、鳴物御停止有之候に付、相休申候。

*報讎殿下茶屋聚

九月十一日より　第弐番め

道行恋飛脚　三幕出る

一　槌屋次右衛門　市川　男女蔵
一　けいせい梅川　山科　甚　吉
一　問屋あるき小兵衛　浅尾　豊五郎
一　田舎大じん猪山　沢村　川　蔵
一　井筒や中居おかん　坂東　吉次郎
一　槌屋女房おりつ　市川　団之助
一　禿吉弥　沢村　東　蔵
一　かつくり栃《トチ》右衛門　嵐　三左衛門
一　井筒やおゑん　市川　おの江
一　亀屋忠兵衛　浅尾　勇次郎
一　丹波屋八右衛門　三枡　大五郎
一　つるかけの藤次兵衛　浅尾工左衛門
一　忠三女房おきよ　二やく 浅尾工左衛門
一　針立の道庵　三やく 浅尾工左衛門
一　荷持瘤の伝が母　四やく 浅尾工左衛門
一　馬かた六蔵　五やく 浅尾工左衛門
一　在所男達源五郎　六やく 浅尾工左衛門
一　新口村孫右衛門　七やく 浅尾工左衛門

道行　**梅川忠兵衛恋の飛脚***　ワキ斎宮太夫　富本豊前太夫　ワキ駒太夫　宮崎忠四郎　鳥羽や里長
上るり竹本司馬太夫　三弦　野沢富次郎

○浅尾工左衛門大坂江登る

下り △片岡仁左衛門・　　下り ㇏姉川大吉
同 △坂東重太郎・　　下り △片岡長太夫
同 △中山舎柳・　　同 △中村里好
同 △片岡小六郎・　　同 ㇏中村吉蔵
同 △佐の川花妻

*道行恋飛脚

河原崎座より 助高屋高助
下り △中村京十郎・　　下り △坂東国五郎・
同 ㇏△坂東久女助　　同 △大谷藤次郎・
同 ㇏△坂東岩四郎　　同 △桐山紋次・
同 △大谷杉蔵・
同 △片岡長十郎・

右之通下り役者有之積り、浅尾工左衛門居成ニ而役者附出候処、下り役者間に合不申旨ニ而、顔見世出来不申、休。

文化十四丁丑年　桐座／都座

下り役者春に至り到着いたし候旨ニ而、春狂言、早速初日いたし候様、口上書差出候処、正月十二日夜、乗物町より出火に付、芝居類焼いたし相休候。然る処、追々下り役者着いたし候に付、仮普請ニ而早速興行の積り取掛候へ共、去冬顔見世相休候義に付、金主に差支、初日延引いたし候。

下り役者拾五人有之。去冬相談之内、姉川大吉、中村吉蔵、右両人は当春不来候。●印拾人下る。

嵐此五郎改 松本武五郎

三月七日より
新舞台《しんぶたい》仁礎《めぐみのいしづへ》

一　真柴大領久吉　　助高屋　高助
一　勝谷助左衛門　　二やく 助高屋　高助
一　淀町の方　　中村　里好
一　此村常陸重行　　中山　舎柳
一　三ぶ女房おかね　　市川　おの江
一　小早川高景　　中村　京十郎
一　花守五郎蔵　　坂東　久米助

一 兵庫妻槙の戸　大谷　候兵衛
一 岩倉丹平　沢村　川　蔵
一 勝間の宰相　助高屋　吟八
一 郡右馬之助　坂東　岩四郎
一 筒江順慶　坂東　杉　蔵
一 赤山左近女房　片岡　長十郎
一 小田弾正信頼　坂東　国五郎
一 不破伴作　大谷　友次郎
一 世尊寺中納言公成　桐山　紋　次
一 孫兵衛妻園菊　坂東　花　妻
一 真柴金吾久秋　片岡　小六郎
一 岸田娘早瀬　片岡　長太夫
一 岸田娘瀧川　岩井　粂三郎
一 鰻屋下女おひさ　二やく 岩井　粂三郎
一 小西弥十郎行長　坂東　重太郎
一 関白久次公　二やく 坂東　重太郎
一 岸田の局　片岡仁左衛門
一 石川五右衛門　二やく 片岡仁左衛門
一 御台菊町御ぜん　市川　団之助

中狂言
東都《あづま》鑑《かゞみ》曽我世話《そがのせわごと》＊

上るり竹本弦太夫　竹本扇太夫　三弦　野沢藤吉　野沢万蔵

一 大藤内成景　助高屋　高助
一 曽我の満江　市川　門三郎
一 大磯や伝三　中村　京十郎
一 同宿斎林坊　市川　武五郎
一 同　笹林坊　坂東　吉次郎
一 海野の次郎　大谷　杉　蔵
一 山形屋金兵衛　片岡　長十郎
一 米や太郎兵衛　大谷　友次郎
一 海野の太郎　桐山　紋　次
一 大藤内女房榊　坂東　花　妻
一 曽我の片貝　片岡　長太夫
一 曽我五郎時宗　岩井　粂三郎
一 大藤内妹乙女の前　二やく 岩井　粂三郎
一 仁田の四郎忠常　坂東　重太郎
一 朝比奈三郎義秀　片岡仁左衛門

二番め
朝桜《あささくら》隅田川《すだの》八景《はつけい》　世話狂言三幕

一 稲野谷半十郎　助高屋　高助
一 半兵衛妻おさわ　中村　里　好
一 八わた屋八兵衛　中山　舎　柳

一 丸本女房おいし　市川　おの江
一 百姓太作　中島百右衛門
一 若ィもの藤介　市川　武五郎
一 質屋手代利助　坂東　岩四郎
一 佐々木源四郎　助高屋金五郎
一 仲居おしげ　市川　瀧三郎
一 呉服や庄三郎　坂東　久女助
一 座頭須磨都　桐山　紋　次
一 堤弥源次　片岡　小六郎
一 けいしや八重次　片岡　長太夫
一 けいしや小いな　岩井　粂三郎
一 稲野谷半兵衛　坂東　重太郎
一 本庄主税　片岡仁左衛門
一 ふじ間門弟友吉　都　朝太郎

右狂言大に評よく、相応に入候。中にも**東都鑑**の仁左衛門朝比奈評よく、一日も休不申候而、右**東都鑑**の曽我残し置て、

＊東都鑑曽我世語

四月八日より

本朝廿四孝　三段め口切　弐幕

一 越名弾正　助高屋　高助
一 山本勘助母　二やく　助高屋　高助

一 越名妻入江　中村　里　好
一 奴宅内　沢村　川　蔵
一 同沓蔵　花井□㊎才
一 同百内　沢村　みね蔵
一 同千平　市川　子之助
一 百姓戸助　坂東　吉次郎
一 同　正五郎　松本　武五郎
一 長雄景勝　片岡　小六郎
一 高坂妻唐織　片岡　長太夫
一 慈悲蔵女房おたね　岩井　粂三郎
一 百姓慈悲蔵　坂東　重太郎
一 百姓横蔵　片岡仁左衛門
一 高坂弾正　二やく　片岡仁左衛門

二番目

猿廻し門出の一節

一 非人願鉄坊　中山　舎　柳
一 井筒やおたつ　市川　おの江
一 与次郎母　市川　門三郎
一 井筒屋伝兵衛　坂東　久米助
一 岩渕小平太　助高屋　吟八
一 わかい者久七　沢村　川　蔵

一 雇かゝアおさん　坂東　武五郎
一 質屋源兵衛　坂東　吉次郎
一 手代嘉七　坂東　岩四郎
一 野口半次郎　助高屋金五郎
一 米や八兵衛　大谷　候兵衛
一 親方義兵衛　片岡　長十郎
一 岩渕官左衛門　坂東　国五郎
一 井筒屋四郎三郎　大谷　友次郎
一 番頭長九郎　桐山　紋　次
一 家主権兵衛　桐山　紋　次
一 古手屋五兵衛　片岡　小六郎
一 白人おしゆん　片岡　長太夫
一 井筒や娘おゆき　岩井　粂三郎
一 猿廻し与次郎　坂東　重太郎
一 本国屋仙太郎　片岡仁左衛門
一 松山家若殿千代若　若太夫 幸若　朝太郎

大切 **三人形紅の彩色** 所作事
須磨の雪 其原の月 東山の花
しほ汲女 木賊苅翁 子もり娘　市川団之助病気全快に付相勤候
長唄 岡安喜三郎 芳村源太郎 岡安勝次郎 岡安瀧三郎 富士田勇蔵
三弦 杵屋伊右衛門 同浅吉 同錦次郎 同勝三郎 同弥右衛門

五月九日より

鬼一法眼三略巻

一 一条大内蔵太夫信光　助高屋　高助
一 福井の里の又作　二やく 助高屋　高助
一 かげゆ女房なるせ　中村　里　好
一 乳人おむら　二やく 中村　里　好
一 八剱勘解由　中山　舎　柳
一 吉岡鬼次郎　二やく 中山　舎　柳
一 弁真女房槙の尾　市川　おの江
一 鎌田次郎姉浅香　市川　おの江
一 性慶阿舎利　市川　門三郎
一 亀井の六郎　坂東　久米助
一 市原団平　大谷　候兵衛
一 堀川丹下　沢村　川　蔵
一 足軽郷助　助高や　吟八
一 児竹丸　坂東　岩四郎
一 鎌田次郎　助高や金五郎
一 笠原淡海　大谷　杉　蔵
一 坂上文藤次　片岡　長十郎
一 播摩大掾広盛　坂東　国五郎
一 鈴木三郎　大谷　友次郎
一 郡代平太諸賢　桐山　紋　次

一 広盛一子岩千代丸　二やく 桐山 紋 次
一 鬼次郎妻お京　佐野川 花妻
一 平相国清盛　片岡 小六郎
一 皆鶴ひめ　片岡 長太夫
一 常盤御ぜん　岩井 粂三郎
一 賤の女小いそ　二やく 岩井 粂三郎
一 下部とら蔵
　実ハ牛若丸　三やく 岩井 粂三郎
一 下部智恵内
　実ハ吉岡喜三太　坂東 重太郎
一 福井の里の歌町　二やく 坂東 重太郎
一 鬼若丸　片岡仁左衛門
一 吉岡鬼一法眼　二やく 片岡仁左衛門

第弐番に、坂東重太郎猿廻しの狂言、大切市川団之助三人形所作は、矢張いたし候積り口上書。

五月八日より、一ッ橋様御内証様御逝去に付、廿一日迄鳴物御停止に付、五月廿二日より初日ニ而大出来〳〵。尤団之助病気再発ニ而、三人形所作いたし不申候。五月廿九日より、淑姫君様御逝去に付、又々鳴物御停止、六月九日迄に付休。同月十日より右狂言いたし候。

六月十六日より狂言壱幕出る

花上野誉の石碑《いしぶみ》 志渡寺のだん

一 槌谷内記　助高屋 高助
一 門弟刎川重蔵　大谷 杉 蔵
一 同 堀江勘蔵　沢村 川 蔵
一 同 関山数馬　瀬川 扇之助
一 同宿念才　助高屋 吟八
一 同 雲竹　坂東 吉次郎
一 内記女房管の谷　市川 おの江
一 志渡の方丈　片岡 長十郎
一 守口源太左衛門　中山 舎 柳
一 乳母おつぢ　坂東 重太郎
一 坊太郎　若太夫 幸若 与太郎

右狂言出し候へ共、はきと評判もなく、六月下旬より休。坂東重太郎は上方へ登る。助高や高助は休。片岡仁左衛門、舎柳其外上方役者の分、木挽丁へ出勤いたし、永休に成。

同年九月中、願ひ相叶、都座に成。

寛永元甲子年、初而神田明神門前町ニ而太鼓櫓上け、歌舞妓芝居興行仕候所、明暦三丁酉年、葺屋町へ引移り、其後寛政五癸丑年堺町ニ而興行仕、今般尚又於葺屋町に蒙（ママ）（闕）御免、当丑年霜月朔日より、私名題を以、興行仕候。寛永元子年

より今、文化十四年丑年迄、凡及百九拾四年に。

座元　都　伝内
若太夫　都　伝之助

中村座より　尾上　菊五郎　　河原崎座より　桐山紋　次
山科　甚　吉　　坂東善　次
坂東　彦三郎　　中山紋三改　嵐　三　八
中村　大　吉　　中島勘蔵改　松本金　吾
休より　荻野　伊三郎　下り　大坂一年勤　尾上伝三郎
沢村四郎五郎　　瀬川長五郎改　尾上幸　蔵
荻野　仙　花
浅尾　勇次郎

丑十一月七日より

恵咲《むろの》梅《むめ》判官《はうぐわん》贔屓《びいき》

一　安徳天皇のかしつき典侍の局　中村　大　吉
一　鹿ヶ谷の賤山だちのおしな　中村　大　吉
一　一ノ谷軍場新地福原やのおせい　中村　大　吉
一　新吉原奥州やのみちのく太夫　中村　大　吉
一　蝦夷国しやいしや大王の姫宮錦典皇　中村　大　吉
一　猟師浦作
　　実ハわつぱの菊王　沢村四郎五郎

一　長田の後家内海御ぜん　沢村四郎五郎
一　角力取壇の浦浪右衛門　沢村四郎五郎
一　飴うり吉次
　　実ハ錦戸三郎　桐山　紋　次
一　わしの尾三郎よし久　坂東　彦三郎
一　軍場新地男げいしや利十　尾上　伝三郎
一　関ヶ原与市重宗　松本　錦　吾
一　金子の次郎近忠　尾上　助三郎
一　有松玄蕃　大谷　候兵衛
一　大物河岸の舟宿八島や善八　坂東　善　次
一　猪の股の小平六　嵐　三　八
一　内大臣平の宗盛　荻野　仙　花
一　軍場新地福原やのお針おゆく　市川　おの江
一　鈴木の三郎妹雪の戸　山科　甚　吉
一　福わらやのかゝへ組打のおやま　山科　甚　吉
一　大物や勇七
　　実ハ江田の源次弘次　浅尾　勇次郎
一　百姓はま六
　　実ハ鎌田次郎正清　浅尾　勇次郎
一　鈴木の三郎重家　荻野　伊三郎
一　西国武士里遊　荻野　伊三郎
一　梅基妹小雪

実ハ時忠息女卿の君　岩井粂三郎
一義経の妾しづか御ぜん　岩井粂三郎
一信濃国の賤の女おやま
実ハ山城国藤の森小女郎狐　岩井粂三郎
一長田の太郎女房牛王の前　岩井粂三郎
一唐崎松の庵梅基　尾上菊五郎
一佐藤四郎兵衛忠のぶ　尾上菊五郎
一越後同者音作
実ハ大和国の源九郎狐　尾上菊五郎
一榛の次郎娘朝皃　尾上菊五郎

一山賊三上の夜叉丸
実ハ平の宗盛　尾上菊五郎
一長田の太郎景宗　尾上菊五郎
一九郎判官よし経公　尾上菊五郎
一御厨の喜三太　若太夫　都伝之助

壱番目 三立目　上るり　睦《むつまし》女夫《めうと》義経《きつね》
岩井粂三郎　尾のへ松助　尾上菊五郎
清元巳三次郎　清元延寿太夫　ワキ同　宮路太夫　ワキ同　理喜太夫
三弦　清沢万吉　名見崎栄三郎

弐番め 大切　上るり　夢《まさゆめ》妹背《いもせの》抱柏《だきかしわ》
尾上菊五郎　岩井粂三郎
鶴賀新内　鶴賀江戸太夫
三弦　吉田伊左衛門　上てうし　同　英子

文化十五寅年 五月より文政元年に成　都座／玉川座

二月十日より
曽我《そが》梅菊《きやうだい》念力《おもいの》弦《はりゆみ》

一工藤左衛門祐経　中村大吉
一芸者雪野
後ニ六三郎女房おきぬ　二やく　中村大吉
一近江小藤太成家　沢村四郎五郎
一見せ物師梶の長兵衛　二やく　沢村四郎五郎
一下部団助　坂東彦三郎

一石部やでつち勘吉
実ハぜんじ坊　二やく　坂東彦三郎
一工藤犬坊丸　尾上松助
一石部や忰才次郎　桐山紋次
一鬼王女房月さよ　二やく　桐山紋次
一湯や番頭平助　三やく　桐山紋次
一山姥の権九郎　尾上伝三郎
一糸や手代勘蔵　松本錦吾

一 梶原平三かげ時　沢村　川蔵
一 同　源太かげ季　大谷　候兵衛
一 箱根の閉坊丸　市川　新蔵
一 いしや下女おそて　市川　新蔵
一 質や石部や金左衛門　嵐　三八
一 千葉の家中堤幸左衛門　嵐　三八
一 工藤のかしづき宇佐美　市川　おの江
一 町がゝへ七郎助　荻野　仙花
一 片岡幸之進　山科　甚吉
一 福島や女房おかぢ　山科　甚吉
一 八わたの三郎行氏　荻野　仙花
一 お半母おかや　荻野　伊三郎
一 福島屋清兵衛　二やく　荻野　伊三郎
一 おその妹稲野谷お半
　後ニめでた若松やのかしく　岩井　粂三郎
一 すけ経の娘犬ひめ　岩井　粂三郎
一 曽我十郎祐成　尾上　菊五郎
一 同　五郎時宗　二やく　尾上　菊五郎
一 曽我団三郎
　後ニ大工の六三郎　三やく　尾上　菊五郎
一 盗人新藤徳次郎　四やく　尾上　菊五郎
一 帯や長右衛門
　後ニ針の長庵　五やく　尾上　菊五郎
一 御所の五郎丸　都　伝之助

此狂言大に評判よく、わけて大吉工藤の大出来。弐番め、巴丈儀太夫ぶし、路之助三味せん大出来。鶴や南北、狂言作者の壱人と云評判。此節、都座に過たるものが二ッ有、延寿太夫に鶴や南北と云。

上るり　帯《おび》の文雪空解《あやゆきのそらとけ》＊
岩井粂三郎　尾上菊五郎　清元延寿太夫　ワキ同巳三次郎　ワキ同理喜太夫　三弦　清沢万吉　清元安治　大入也

＊道行　帯文雪空解

三月七日より切狂言、七変化所作事＊出る
春　けいせいろくろ首　座頭の木琴　小袖物ぐるい　夏　がま仙人　秋　玉藻のまへ　鷹の者　冬　振袖娘骸骨
右七変化、珍敷早替り所作事、大評判大出来ニ而、隣之大当りにまけぬ大入は、梅幸壱人の大働との評判也。

＊深山桜及兼樹振

四月八日より
伊勢音頭《いせおんど》恋寝釼《こひのねたば》
一 貢伯母おみの　中村　大吉
一 杉山大蔵　沢村四郎五郎
一 下田万次郎　坂東　彦三郎
一 油やおしか　桐山　紋次

一　正直正太夫　　二やく　桐山　紋　次
一　安達丹蔵　　尾上　伝三郎
一　小島屋喜多六　　二やく　尾上　伝三郎
一　禰宜徳太夫　　松本　錦　吾
一　黒上主膳　　沢村　川　蔵
一　馬士げんこの八　　沢村　紀　次
一　入方佐介　　松本　幸　蔵
一　百姓とく作　　市川　門三郎
一　奴林平　　市川　新　蔵
一　隈木角太郎　　大谷　候兵衛
一　桑原条四郎　　坂東　善　次
一　中居まんの　　嵐　三　八
一　猿田彦太夫　　二やく　嵐　三　八
一　油や女房おさき　　市川　おの江
一　料理人喜助　　荻野　仙　花
一　孫太夫娘榊　　山科　甚　吉
一　ふし浪左膳　　荻野　伊三郎
一　油やおこん　　岩井　粂三郎
一　福岡貢　　尾上　菊五郎
大切　七変化所作事、尾上菊五郎相勤申候。

四月十五日より
双蝶々曲輪日記＊　角力場の段　米屋の段　難波浦の段　三幕
一　ぬれ髪長五郎　　中村　大　吉
一　長吉姉おせき　　二やく　中村　大　吉
一　放レ駒長吉　　岩井　粂三郎
一　八わた百姓杢作　　沢村四郎五郎
一　山崎や与五郎　　坂東　彦三郎
一　ふじやあづま　　瀬川　路之助
一　三原有右衛門　　坂東　善　次
一　倉岡郷左衛門　　桐山　紋　次
一　材木や嘉七　　荻野　仙　花
一　浮瀬のお大　　山科　甚　吉
一　茶や伊四郎　　荻野　伊三郎
一　京屋みやこ　　岩井　粂三郎
一　行司雪守正三郎　　尾上　菊五郎

五月五日より
松竹梅東鑑《せうちくばいあつまかゞみ》
下り浅尾為十郎
一　宅間市之進妻粉川　　中村　大　吉
一　安森の老母なぎさ　　中村　大　吉

＊双蝶蝶曲輪日記

一 釜や艾の武兵衛　沢村四郎五郎
一 高野山ばくぞふ院覚山　二やく 沢村四郎五郎
一 大友三郎よし長　坂東彦三郎
一 灸点の下部弥作　二やく 坂東彦三郎
一 宮川町の芸子きくの　尾上松助
一 室住嘉太夫　市川門三郎
一 つの国や手代由兵衛　桐山紋次
一 おんぼう土左衛門　二やく 桐山紋次
一 海老名軍蔵　尾上伝三郎
一 所化弁長　松本錦吾
一 医者湖水勇的　沢村川蔵
一 馬士酒手の八　沢村紀次
一 吉原宿富士ヶ根や権七　大谷候兵衛
一 高野や抱若衆兼松　二やく 大谷候兵衛
一 鷺の首太左衛門　坂東善次
一 丸山和平太　嵐三八
一 宅間こし元おうら　市川おの江
一 大伴常陸之助頼国　荻野仙花
一 芸子高野やの琴野　山科甚吉
一 三河島の賤の女およね　二やく 山科甚吉
一 八百や久兵衛
実ハ安森の若党久平　荻野伊三郎

一 宅間市之進娘お梅　岩井粂三郎
一 伊勢参り吉三郎　二やく 岩井粂三郎
一 久平娘おすぎ　三やく 岩井粂三郎
一 安森染五郎　尾上菊五郎
一 宮川町高野やの抱久米之助　二やく 尾上菊五郎
一 吉原宿飯もり小夜衣お七　三やく 尾上菊五郎
浄瑠理 **文月笹一夜**《ふみつきさゝのひとよ》 清元延寿太夫連中　尾上菊五郎 岩井粂三郎 相勤候
延寿斎十七回忌追善の口上アリ。

七月十七日より

義経千本桜

一 白拍子しづか御ぜん　中村大吉
一 すしや娘おさと　中村大吉
一 権太女房小せん　中村大吉
一 すけの局　中村大吉
一 いかみの権太　中村大吉
一 源よし経　坂東彦三郎
一 すしや弥介　二やく 坂東彦三郎
一 卿の君　市川瀧三郎
一 川連女房飛鳥　瀬川路之助
一 弥左衛門女房およし　市川門三郎
一 川連法眼　市川門三郎

一 相模五郎　浅尾為十郎
一 鮓屋弥左衛門　二やく　浅尾為十郎
一 佐藤忠信　中村大吉
一 川越太郎　中村大吉
一 源九郎狐　中村大吉
一 渡海や銀平　中村大吉
一 横川の覚範　中村大吉
一 梶原平三景時　沢村四郎五郎
一 猪の熊大之進　坂東善次
一 安徳天皇　中村西蔵
一 武蔵坊弁慶　坂東善次
一 若葉の内侍　市川おの江
一 入江の丹蔵　都伝之助
一 亀井の六郎　市川子之助
一 土佐坊正俊　松本武五郎

弐番め

堀川の段＊

一 釣かねや権兵衛　沢村四郎五郎
一 井筒や伝兵衛　坂東彦三郎
一 米や八兵衛　沢村川蔵
一 雇かゝアおさん　市川子之助

一 古手や五兵衛　市川門三郎
一 砂村玄伯　松本武五郎
一 横渕官左衛門　沢村川蔵
一 白じんおしゅん　市川瀧之助
一 はゞおくま　浅尾為十郎
一 猿廻しおとく　中村大吉

此狂言大当り。千本桜別而大評判に有之候所、狂言中残暑強く、大吉病気ニ而暫く相休。又々相始候所、又々不快ニ而相休申候。夫より長く休に成。

＊増補猿曳諷

九月廿七日願済ニ而、玉川座に成。

承応元壬辰年、初而於葺屋町太鼓櫓上、歌舞妓芝居興行仕、元禄元戊辰年迄、年数三十七年之間興行、今般猶又葺屋町ニ而、蒙御免、当寅霜月朔日より私名題(ママ)を以興行仕候。

座元　玉川彦十郎

承応元辰年より文政元戊寅年迄、凡百六拾七年におよぶ。

中村座より　市川団十郎　スケ　岩井半四郎
松本幸四郎
瀬川菊之丞
市川宗三郎

松本　小次郎
市川茂々太郎
惣領　甚　六
松本　よね三
大谷　馬　十

十一月朔日より
四天王産湯玉川《してんわううぶゆのたまがわ》

一　卜部次官すへ武　松本　幸四郎
一　大江山童子長や店頭鉄門喜兵衛
　実ハ相馬六郎公連　松本　幸四郎
一　伊豆国足柄山分身山姥　松本　幸四郎
一　九条のけいせいいばら木や小蝶
　実ハかつらき山女郎蜘の精　瀬川　菊之丞
一　江州鏡山住かへ女郎むかでのお百
　実ハ秀郷妹千はる　瀬川　菊之丞
一　みくりや三郎正頼　坂東　彦三郎
一　長井藤助
　実ハ二の瀬源五　坂東　彦三郎
一　山伏黒川のけんちん　市川　宗三郎
一　丹州夜たか川の郷士あなごの庄司娘千代姫　惣領　甚　六
一　居合の受太刀万吉　市川　松太郎

一　大原太郎時連　助高屋　吟八
一　八瀬の権藤兼則　沢村　長太郎
一　源のよりのぶ　市川茂々太郎
一　野ふせり熊手のおつめ　松本　小次郎
一　保昌娘小式部　松本　よね三
一　ふし原の仲光　市川　門三郎
一　常陸之助平正盛　大谷　馬　十
一　市原の女非人こもだれお安
　実ハよし門
　誠ハ純友娘きゝやふの前　スケ　岩井　半四郎
一　摂津守源頼光　市川　団十郎
一　坂田兵庫之助金時　市川　団十郎
一　わたなべの源次綱　市川　団十郎
一　七人芸の座頭猿島歌遊
　実ハ将軍太郎よし門　市川　団十郎
浄瑠理　**巍峨宿道嘶《やまたやまおよづめばなし》**＊　富本豊前掾連中　松本幸四郎　瀬川菊之丞　市川団十郎　相勤候
弐番目　市川白猿十三回忌追善狂言
一　栗の木又次
　実ハ伊賀寿太郎成のぶ　松本　幸四郎
一　三田の仕奥女中袖崎

実ハいか寿太郎娘たま琴　瀬川　菊之丞
一大明の臣下駄やうかん玉眼　市川　宗三郎
一市川玉かしわ
実ハ美女御ぜん　山科　甚　吉
一料理人長吉　沢村　源之助
一つきせぬや下女おふさ　瀬川　路之助
一大通辞馬渕東馬

実ハ大宅太郎近遠　大谷　馬　十
一浜村や路考　瀬川　菊之丞
一高麗や錦升　松本　幸四郎
一成田や三升　市川　団十郎
一碓井の定光　市川　団十郎
＊魏嵬宿直噺

文政二卯年　玉川座

卯正月廿一日より
恵方《ゑほふ》曽我《そが》万《よろづ》吉原《よしわら》

一梶原平三景時　松本　幸四郎
一鈒沢一学　二やく　松本　幸四郎
一鬼王坊主願山
後ニ喜蔵院　三やく　松本　幸四郎
一梛の葉御ぜん
実ハ梶原娘ゑびら　瀬川　菊之丞
一けいこ所きねやおらい
後ニ万寿や新造舟ばし　二やく　瀬川　菊之丞
一隅田村在所娘おわた　三やく　瀬川　菊之丞

一工藤の家中松井田条助　坂東　彦三郎
一阿野の法橋全成　市川　宗三郎
一城木や女房おさん　二やく　市川　宗三郎
一工藤の家中尾花六郎右衛門　三やく　市川　宗三郎
一比企の判官能員　松本　小次郎
一城木や手代常七　二やく　松本　小次郎
一小はやしの朝比奈　市川茂々太郎
一新吉原の判人お情金六　津打　門三郎
一伊豆の次郎祐兼　市川　小団治
一御所の五郎丸重宗　松本　染五郎
一山伏町の居候六部藤兵衛　市川　団兵衛

一稲毛三郎重成　沢村川蔵
一八わた三郎妹矢ばせ　瀬川路之助
初夢の場
一人王六十六代の女帝孝謙天皇　岩井半四郎
一弓削道鏡　松本幸四郎
一女帝の官女男へしの局　津打門三郎
一同　苅萱の局　瀬川富三郎
一同　撫子の局　中山常次郎
一同　きゝやふの局　瀬川路之助
一恵美の左大臣押勝　市川団十郎
一浅艸材木町城木や庄兵衛　惣領甚六
一番場の忠太夫　惣領甚六
一越川若ィもの弥介　松本五郎市
一よし原のけいしやおうた　松本よね三
一曽我の老臣赤沢十内　市川門三郎
一久須美禅定景光　大谷馬十
一いしや甘縄卜庵　大谷馬十
一曽我の十郎祐成　市川団十郎
一同　五郎時宗　坂東彦三郎
一宿場女郎三ヶ月おさよ
　実ハ十内娘月さよ　岩井半四郎

一月さよ妹十六夜　岩井半四郎
一箱根さいのかわら庵閉坊比丘　岩井半四郎
一よし原万字やのけいせい八ッはし　岩井半四郎
一喜蔵院女房四六屋たいのお熊　岩井半四郎
一和田よし盛娘舞鶴　岩井半四郎
一工藤左衛門藤原祐つね　市川団十郎
一玉川湯の流しあかぎれ三助　市川団十郎
一工藤の家中佐野の次郎左衛門　市川団十郎
一伊豆国みやけ島無宿丈八　市川団十郎
一悪七兵衛かけ清　市川団十郎

浄瑠理　色表紙《いろひやうし》蔦屋正本《つたやのせうほん》　富本豊前掾連中　瀬川菊之丞　岩井半四郎　市川団十郎　相勤る

此上るり、お駒才三の道行。路考弁天勧化の田舎娘ニ而、ふり事アリ。終にお熊才三身をなげんとする所へ、幸四郎子を負ひ出て、間夫見付たとおさへる。云合せにて、半四郎眉毛をふきおとし、髪の入子をとりて、ゆすりに成。団十郎も本名は無宿の丈八ゆへ、其手はくわぬと人わるの仕内。両人共、色情をうしないて、不物ずきなり。此まへ幕、湯屋の場も珍らしからぬゆへ哉、とかく不入也。二月下旬迄いたす。菊之丞五人切り評判よく、草履打のやつし有之。

三月三日より
㾮花千人禿《やよいのはなせんにんかむろ》

一傘屋手間取古骨長九郎　松本　幸四郎
一長田の太郎景宗　二やく　松本　幸四郎
一よし朝の妻ときわ御ぜん　瀬川　菊之丞
一厳島宮島やのかゝへときわのおまつ　二やく　瀬川　菊之丞
一主馬の判官盛久　坂東　彦三郎
一瀬尾の太郎兼康　市川　宗三郎
一あんま取了勝
　実ハ三条の衛門　三やく　市川　宗三郎
一大場の平太景親　松本　小次郎
一平の宗盛　市川茂々太郎
一円実阿闍利　津打　門三郎
一たいこ持才助　二やく　津打　門三郎
一中納言兼顕
　実ハ舎人官竹　市川　小団次
一武田太郎のぶ方　松本　染五郎
一近藤八郎秀国　市川　団兵衛
一紀の九郎友ずみ　沢村　川　蔵
一いつくしま宮島のかゝへすてきのおとく　瀬川　富三郎
一同　やつこおべん　松本　とら蔵
一同　お針おため　中山　常次郎
一よし朝公達うし若丸　市川　男　熊
一清水の茶や女おたき　吾妻　藤　蔵

一衛士の五郎又　松本　武五郎
一男けいしや喜三八　市川　子之助
一有馬の四郎国広　坂東　国　蔵
一さぬきの七郎景定　松本　五郎市
一侍女敷たへ　瀬川　路之助
一はおりけいしや兼吉　二やく　瀬川　路之助
一軽業師小猿七兵衛
　実ハ壬生の小ざる　坂東　善　次
一築地のいさみ客善好　二やく　坂東　善　次
一関原与市貞国　惣領　甚　六
一池田少納言息女朝がほ姫　松本　よね三
一ぎおん扇九の娘おつる　二やく　松本　よね三
一高橋三郎長常　市川　門三郎
一狼谷の女非人すりはりばゝア　大谷　馬　十
一難波の六郎常俊　二やく　大谷　馬　十
一傘張法橋娘笠や三勝　岩井　半四郎
一いつくしま常盤や女房おたみ　二やく　岩井　半四郎
一こし元若菜
　実ハ鎌田政清女房白妙　三やく　岩井　半四郎
一都五条の茜や半七
　実ハ熊坂太郎長範　市川　団十郎
一忠度家来今市善右衛門　二やく　市川　団十郎

一　安芸守平の清盛　　三やく　市川　団十郎

弐番め

助六所縁《すけろくゆかりの》江戸《ゑど》桜《さくら》

江戸太夫河東　隠居　東雲　十寸見沙洲　東川　山彦新次郎　同　小源次
蘭洲　東暁　同　文次郎　同　河良
河洲　同　良波

一　仲の丁巴屋伊兵衛　　坂東　彦三郎
一　茶や廻り伊太郎　　市川茂々太郎
一　ふく山のかつぎ二八　　坂東　善　次
一　朝かほせん平　　惣領　甚　六
一　けいせいしら玉　　吾妻　藤　蔵
一　新造巻柴　　松本　よね三
一　髭の意休　　松本　幸四郎
一　三浦やのけいせいあげ巻　　瀬川　菊之丞
一　曽我の満江　　市川　門三郎
一　くわんへら門兵衛　　大谷　馬　十
一　白酒売勘吉
　　実ハそがの団三郎　　岩井　半四郎
一　揚巻の助六
　　実ハ曽我の五郎時宗　　市川　団十郎

右狂言、壱番目は四ヶ年已前、文化十三丙年河原崎座顔見世にいたし候狂言ニ而、珍らしからぬゆへや、不評判。

弐番め助六、評判は相応に有之候得共、兎角入少く、よって壱番めを取かへて、

四月四日より

お染久松色読販《いろのよみうり》

一　松本や佐四郎　　松本　幸四郎
一　たばこ切鬼門喜兵衛　　二やく　松本　幸四郎
一　佐四郎女房おふみ　　瀬川　菊之丞
一　三ます飴七兵衛女房おむら　　瀬川　菊之丞
一　山家や清兵衛　　坂東　彦三郎
一　門ト付さつまぶしの源太　　市川　宗三郎
一　鈴木弥忠太　　松本　小次郎
一　油屋多三郎　　市川茂々太郎
一　京村や廻し太助　　津打　門三郎
一　髪結中の郷の亀　　市川　小団次
一　歌舞妓役者松本錦橋　　松本　染五郎
一　同　　市川こま蔵　　市川　高麗蔵
一　同　　松本文糸　　松本　五郎市
一　歌舞妓役者市村亀之丞　　市村　亀之助
一　高麗やうばおちよ　　坂東　村　蔵
一　巴や新八　　松本　とら蔵
一　久米本二階廻しおちか　　瀬川　路之助
一　あふらや若ィ者九助　　坂東　善　次

一　油やでっち久太郎　惣領　甚　六
一　げいしや京村やおいと　松本　よね三
一　油や伯父太郎七　市川　門三郎
一　あぶらや手代善六　大谷　馬　十
一　油や娘のおそめ　岩井　半四郎
一　油屋子飼の久松　二やく　岩井　半四郎
一　久松姉奥女中竹川　三やく　岩井　半四郎
一　喜兵衛女房土手のお六　四やく　岩井　半四郎
一　庵崎の賤の女おさく　五やく　岩井　半四郎
一　久松云号寺島村のおみつ　六やく　岩井　半四郎
一　おそめ母貞昌　七やく　岩井　半四郎
一　百姓庵崎の久作　市川　団十郎
一　三升飴の商人成田屋七兵衛　二やく　市川　団十郎

浄瑠理　**心中翌日噂**《あすのうわさ》　常盤津小文字太夫連中　半四郎　菊之丞　団十郎　相勤候

此半四郎七やくの狂言も、七年已前、文化十酉年春狂言森田座ニ而大当り成しが、此度は不珍候故、矢張入少く、二番め**助六**をいたし、四月下旬迄いたし千秋楽舞納。

卯閏四月二日より

仮名手本忠臣蔵

一　高の師直　松本　幸四郎
一　かこ川本蔵　二やく　松本　幸四郎
一　太田了竹　三やく　松本　幸四郎
一　堀部弥次兵衛　四やく　松本　幸四郎
一　寺岡平右衛門　五やく　松本　幸四郎
一　こし元おかる　瀬川　菊之丞
一　由良之助女房おいし　二やく　瀬川　菊之丞
一　千崎弥五郎　坂東　彦三郎
一　原郷右衛門　市川　宗三郎
一　おかる母　二やく　市川　宗三郎
一　鷺坂伴内　松本　小次郎
一　大星力弥　市川茂々太郎
一　山名次郎左衛門　松本　染五郎
一　義平一子よし松　市川　こま蔵
一　かほよ御せん　吾妻　藤　蔵
一　足利直よし公　市川　男　熊
一　矢さま重太郎　市川　小団次
一　竹森喜太八　松本　五郎市
一　中居おはま　瀬川　富三郎
一　中居おぎん　瀬川　路之助
一　でっち伊吾　坂東　善　次
一　一文字や才兵衛　惣領　甚　六
一　本蔵むすめ小なみ　松本　よね三
一　石堂右馬之丞　市川　門三郎

一　百姓与一兵衛　二やく　市川　門三郎
一　斧九太夫　大谷　馬　十
一　義平女房おその　岩井　半四郎
一　塩谷判官　市川　団十郎
一　桃井若狭之助　市川　団十郎
一　早野勘平　市川　団十郎
一　本蔵女房となせ　市川　団十郎
一　斧定九郎　市川　団十郎
一　天川や義平　市川　団十郎
一　大星由良之助　市川　団十郎

弐番目、半四郎七やくいたし候口上書。
右忠臣蔵、幕なし、古今珍敷大道具にいたし候段、口上書出し候所、是も不入。閏四月下旬切。

五月五日より

梅柳若葉加賀染

一　長玄寺の望月
　　後ニ望月帯刀　松本　幸四郎
一　若党鳥居又助　二やく　松本　幸四郎
一　盗人筑紫の権六　三やく　松本　幸四郎
一　泉の小次郎（親）□衛　四やく　松本　幸四郎
一　長玄寺の尼松林比丘　瀬川　菊之丞

一　紅屋の娘島のおかん　二やく　瀬川　菊之丞
一　水仕女おまつ
　　実ハ道房の娘淀の方　三やく　瀬川　菊之丞
一　花房求女　坂東　彦三郎
一　蟹江一学　市川　宗三郎
一　紅粉や手代勘八　二やく　市川　宗三郎
一　安達昌伯　松本　小次郎
一　多賀犬清　市川茂々太郎
一　奴権平　津打　門三郎
一　姫川勇蔵　市川　小団次
一　村井正助　松本　五郎市
一　奥女中千はや　瀬川　富三郎
一　同　あやめ　瀬川　路之助
一　片瀬村の弥五兵衛　坂東　善　次
一　軽業口上八八　二やく　坂東　善　次
一　紅粉屋後家おくま　惣領　甚　六
一　軽業師早雲長五郎　二やく　惣領　甚　六
一　紅粉や下女およし　松本　よね三
一　奥女中梅田　二やく　松本　よね三
一　花房主膳　市川　門三郎
一　谷沢頼母　二やく　市川　門三郎
一　車力丑五兵衛　大谷　馬　十

一　福田屋金六　二やく　大谷　馬　十
一　大江の息女紅梅姫　岩井　半四郎
一　町げいしやかゞやの千代　二やく　岩井　半四郎
一　女曲持浅妻小しゆん　三やく　岩井　半四郎
一　鎌田又八娘阿左尾　四やく　岩井　半四郎
一　多賀大領　市川　団十郎
一　湯島の三吉　二やく　市川　団十郎
一　長谷部重左衛門　三やく　市川　団十郎
一　木屋辰五郎
　　実ハ人吉□（邦）太郎　四やく　市川　団十郎
一　冠者太郎経之　五やく　市川　団十郎

此狂言、鶴屋南北作ニ而面白く、評判能候へ共、一向無入に付、五月廿日頃より休。

七月十七日より　スケ尾上菊五郎飛入

蝶鶼山崎踊《てふもひよくやまざきおどり》

一　倉岡郷左衛門　松本　幸四郎
一　高麗屋錦升　二やく　松本　幸四郎
一　若党幻竹右衛門
　　後ニかごの甚兵衛　三やく　松本　幸四郎
・　橋本次部右衛門娘おてる
　　後ニ新丸本のみやこ　瀬川　菊之丞
一　浜村や路考　二やく　瀬川　菊之丞
一　新丸本の女あるじおとら　三やく　瀬川　菊之丞
一　三宅順蔵　坂東　彦三郎
一　閑蓮寺の同宿竹林坊　二やく　坂東　彦三郎
一　三原有右衛門　市川　宗三郎
一　新丸本の仁右衛門　二やく　市川　宗三郎
一　判人指切権九郎　松本　小次郎
一　若党源次　市川茂々太郎
一　倉岡下部鴈助　市川　小団次
一　盗人御所柿猪の松　松本　染五郎
一　若党運八　市川　団兵衛
一　医者生垣寒竹　沢村　川　蔵
一　家主葉や彦助　坂東　善　次
一　猟人地ごく谷の地蔵　二やく　坂東　善　次
一　花やしきのいんきよ五百崎浄閑　惣領　甚　六
一　盗人地もぐり佐渡七　二やく　惣領　甚　六
一　三作母おくら　市川　門三郎
一　手代庄八　二やく　市川　門三郎
一　野手が兄下駄の市助　尾上　菊五郎
一　音羽や梅幸　二やく　尾上　菊五郎
一　南与兵衛悴濡髪長五郎　三やく　尾上　菊五郎
一　菊地兵庫頭　四やく　尾上　菊五郎

一 菊地多門之助　尾上 松助
一 肴売鰕ざこの十　市川 高麗蔵
一 田舎ごぜおほの　瀬川 路之助
一 山崎与次兵衛　大谷 馬十
一 庄や念仏六兵衛　二やく 大谷 馬十
一 三原丹平　三やく 大谷 馬十
一 幻竹右衛門娘おはや　岩井 半四郎
一 大和屋杜若　二やく 岩井 半四郎
一 山崎与次兵衛娘おせき　三やく 岩井 半四郎
一 芸者あつま　四やく 岩井 半四郎
一 菊地の家中山崎与五郎　市川 団十郎
一 成田や三升　二やく 市川 団十郎
一 百姓野手の三作　三やく 市川 団十郎
一 南方十次兵衛忰生駒長吉　四やく 市川 団十郎
一 菊地二男八千代丸　玉川 朝太郎
一 町げいしやおまつ　松本 よね三
一 新丸本のかゝへ山の井　瀬川 富三郎
一 花やしきのおせん　瀬川 路之助
一 東山よし政公　玉川 彦十郎

八月十二日より
細工物《さいくもの》籠轎評判《かごのうわさ》＊

常盤津文字太夫　ワキ兼太夫　ワキ秀太夫
三弦　岸沢式佐　岸沢宇和佐

一 駕舁与四郎　尾上 菊五郎
一 せんたく女房おなみ　瀬川 菊之丞
一 せんたく女房およし　岩井 半四郎
一 駕舁次郎作　市川 団十郎

＊細工物籃轎評判

明和元甲申年 森田座

二月朔日より
・誰袖《たかそで》粧《よそほひ》曽我《そが》

一 鬼王新左衛門　大谷　広　次
一 小林の朝比奈　坂東　三　八
一 曽我十郎祐成　尾上　菊五郎
一 同　五郎時宗　坂東　彦三郎
・一 工藤左衛門祐経　二やく 尾上　菊五郎
坂田藤十郎、道成寺やつし*有り。

＊鐘桜黄昏姿

八月十一日より
小野道風青柳硯

一 おく霜　三条　亀太郎
・小野のよし実　大谷　広　次
一 おまち　小佐川　常世
一 頼風　坂東　彦三郎
一 とつこの駄六　坂東　三　八
一 菊のうへ　森田　勘　弥

一 法林尼　中村　仲　蔵
一 おみなへし　嵐　雛　次
一 仁介　沢村　喜十郎
一 橘の早成　桐山　紋　次
一 小野道風　尾上　菊五郎

当顔見世より
坂東吉之丞改
坂東大助

申十一月朔日より
御製《きよせい》哉《かな》民《たみの》恵《めぐみ》

一 別当のふけん　沢村　宇十郎
一 いかづちの皇子　中村　伝　吾
一 もなか　亀屋　十次郎
一 法橋ゆふぜん　桐山　紋　次
一 かなわ五郎　沢村　喜十郎
一 とゞろ木軍太　鎌倉　平九郎
・一 山上源内　大谷広右衛門

一 浦島四郎　二やく 大谷広右衛門
一 たけ野　三条 亀太郎
一 ぬれ衣　沢村 国太郎
一 女馬士およし　二やく 沢村 国太郎
一 金輪五郎女房わかさ　小佐川 常世

明和二乙酉年　森田座

正月廿三日より
・**分身《ふんじん》鏡《かゞみ》曽我《そが》**
一 鬼王新左衛門　大谷広右衛門
・一 曽我十郎祐成　沢村 宗十郎
・一 同 五郎時宗　二やく 沢村 宗十郎
・一 工藤左衛門祐つね　三やく 沢村 宗十郎
一 小林の朝比奈　中村 伝九郎

此対面の趣向は、はじめ宗十郎祐成ニ而出る。伝九郎朝比奈ニ而、今日、祐つねに逢せん間、此木の上に上り居て、かならず物をいふなと云。木のうへに上ると、ふきかへの祐成に金平成て、ほふかふりをして居る。はやがわりニ而宗十郎、時宗ニ而かけて来る。朝比奈おしとゞめ、さいぜん祐成が来りしゆへ、あの木の上へかくして、余所ながら祐つねを見覚させて、やが

一 助高屋高助　沢村 宗十郎
一 揚名之助　中村 伝九郎
一 ふじ原のたんかい　坂東 大助
一 大職冠鎌足　森田 勘弥

て敵をうたせる、われも親のかたきが討たくは、今日はずいぶんおとなしく祐つねを見覚て、兄と一所にやがて本望をとげよとて、椽の下へしのばせ、かならず物をいふなといふ。此うち、ふきかへの時宗に田之助成て、椽の下へしのび居る。夫より祐つねニ而宗十郎出、いろ〳〵曽我をさみして、鬼王をあつこふするゆへ、木の上と椽の下にて口おしき思ひ入。その時、工藤鏡をふり上ると、椽の下の時宗移る、庭の手水鉢へ木の上の祐成うつるを見て、宗十郎壱人ニ而曽我兄弟、工藤三人の対面の趣向、大当り、大出来〳〵。金平、田之助も、身ぶり殊の外宜き評判なり。

霜月朔日より
勝時《かちどき》栄《さかへ》源氏《げんじ》

一平の清盛　中村　島五郎
一むさし坊弁慶　坂東　又太郎
一股野の五郎　大谷広右衛門
一うし若丸　沢村　金　平
一座頭ともいち　沢村　田之助
一辰ひめ　嵐　雛　次
一園生のまへ　坂東　愛　蔵
一おぬい　吾妻　藤　蔵

・一奴あかん平　奴暫く有り　市川　雷　蔵
一源頼朝公　二やく　市川　雷　蔵
一源三位頼政　中村　伝九郎
・一鬼一法眼　二やく　中村　伝九郎
一田原の又太郎　沢村　宗十郎
一熊坂長はん　二やく　沢村　宗十郎
一金売吉次　森田　勘　弥
一同　吉六　二やく　森田　勘　弥

明和三丙戌年　森田座

正月十三日より
義経《よしつね》千本《せんぼん》桜《ざくら》

一主馬の小金吾　沢村　金　平
一すしや娘おさと　嵐　雛　次
一すしや弥左衛門　大谷広右衛門
一川越太郎　二やく　大谷広右衛門
一武さし坊弁慶　坂東　又太郎
一しづか御せん　坂東　愛　蔵
一土佐坊昌俊　坂東　又　八
一渡海や銀平
　実ハ平の知盛　市川　雷　蔵
一すけの局　あつま　藤蔵
・一佐藤忠信　あつま　藤蔵
一源九郎狐　あつま　藤蔵
・一いがみの権太　沢村　宗十郎
一横川のかくはん　中村　伝九郎
一源のよし経　森田　勘　弥

四月五日より
五月《さつき》待《まつ》卯花《うのはな》曽我《そが》

一　鬼王新左衛門　　大谷広右衛門
一　小林の朝いな　　中村　島五郎
一　そが十郎祐成　　沢村　宗十郎
・一　同　五郎時宗　　市川　雷　蔵
一　工藤左衛門祐つね　　中村　伝九郎
一　大磯のとら　　あつま　藤蔵
一　けわい坂のせう〱　　坂東　愛　蔵
髪梳　宗十郎　愛蔵　藤蔵　雷蔵
△下り　竹田巳之助改　坂東三津五郎　△下り　中村秀松

戌十一月朔日より
・**角文字伊豆入船**《つのもじいづのいりふね》
一　いがの平内左衛門　　沢村　大　次
一　真田の与市　　市川　染五郎

一　さなだ小文次　　沢村　淀五郎
一　下駄はしりの権　　松本　友十郎
一　伊藤九郎　　市川　染五郎
一　奴友助　　下り　坂東三津五郎
一　源頼朝公　　二やく　坂東三津五郎
一　政子のまへ　　下り　中村　秀　松
・一　けいせい成たき　　尾上　松　助
一　ゐぼし折大太郎　　坂田　佐十郎
一　北条時政　　沢村　宗十郎
一　これもち弥介　　沢村　宗十郎
一　時政坊　　沢村　宗十郎
一　　森田　勘　弥
尾上松助、道成寺のやつし所作*大出来。今年顔見世、役者無人のいゝわけ、座元勘弥、座付口上有り。

*花外太夫位

明和四丁亥年　森田座

二月三日より
皆目覚百合若大臣《みなめざめゆりわかたいじん》*
一　本田よし光　　坂東三津五郎
一　今市善右衛門　　坂田　左十郎
一　奴の小まん　　尾上　松　助
一　島の勘左衛門　　沢村　宗十郎

一　おまつ　森田勘弥

九月三日より

芦屋道満大内鑑

＊皆寤百合若大臣

一　あべの童子　坂田富五郎
一　石川悪右衛門　鎌倉平九郎
一　阿部の保名　坂東三津五郎
一　やかん平　二やく　坂東三津五郎
一　与勘平　坂田佐十郎
・一　くずの葉姫　尾上松助
一　芦屋の道満　沢村宗十郎

当顔見世

△下り　山下京之助
坂東愛蔵改　佐野川市松
中山勘五郎改　市山金吾
三条亀太郎改　三升屋助十郎
中島勘六改　中島勘左衛門

亥十月廿四日

病死　二代目鎌倉平九郎

亥十一月朔日より

・**真田与市《さなだのよいち》盤《ばんじゃく》土産《いへつと》＊**

一　源の頼朝公　三枡や助十郎
一　辰ひめ　山下京之助
一　山木判官　鳴川三左衛門
一　伊藤入道　中島勘左衛門
一　かぢ原源太　佐の川市松
一　江間小四郎　中村勝五郎
一　政子のまへ　宮崎菊松
一　大場の三郎　中島三甫右衛門
一　岡崎四郎　富沢辰十郎
一　まんこう　尾上松助
一　けいせい乱菊　中村松江
一　お房狐　二やく　中村松江
一　股野五郎　坂田半五郎
・一　鬼王新左衛門　二やく　坂田半五郎
一　さなだ文蔵　市川団蔵
・一　真田与市　二やく　市川団蔵

当年顔見世、三芝居共評判よく大当り。中にも中村座壱番の当り、弐番は当座、坂田半五郎鬼王のしうたん、雪ふりに子供両人をいだきて、ぎやくをふるふ仕内、大出来大当り。其外、団蔵暫く、天幸のうけ大当り。

＊真田与市磐土産

明和五戊子年　森田座

正月廿三日より

都鳥《みやこどり》東《あづま》小町《こまち》

一 大磯のとら　中村 まつ江
一 けわい坂のせう〱　山下 京之助
一 工藤左衛門祐つね　坂田 半五郎
一 白雲坊　三升や助十郎
一 黒雲坊　中島勘左衛門
・一 雲のたへま　中村 まつ江
・一 鳴神上人　市川 団蔵

四月朔日より

・出世《しゆっせ》太平記《たいへいき》

一 武智十次郎　中村 松之助
一 権六　三升や助十郎
一 小西弥十郎　二やく 三升や助十郎
一 松下嘉平次　富沢 辰十郎
一 小にし如清　二やく 富沢 辰十郎
一 武智左馬之助　中島三甫右衛門
一 松永大ぜん　二やく 中島三甫右衛門
一 お通の方　中村 まつ江
一 権六女房　山下 京之助
一 光秀女房さつき　森田 勘弥
・一 武智光秀　坂田 半五郎
一 竹阿弥　坂田 半五郎
・一 小田春永　市川 団蔵
一 真柴久吉　市川 団蔵

七月十五日より

・伊達《だて》模様《もやふ》雲《くもに》稲妻《いなづま》

一 そば切売なごや二六　沢村 宇十郎
一 品川狼之助　中島 国四郎
一 与右衛門娘おきく　山下 京之助
一 こし元かほる　二やく 山下 京之助
一 羽生村金五郎　鳴川三左衛門

一 名古や山三郎　三枡や助十郎
一 名古や三郎左衛門　坂田 半五郎
・一 羽生村与右衛門　二やく 坂田 半五郎
一 だるまの霊　三やく 坂田 半五郎
一 不破伴左衛門　市川 団蔵
・一 関取いな妻　二やく 市川 団蔵
一 せうき大臣の霊　三やく 市川 団蔵
一 かつらき御ぜん　森田 勘弥
一 与右衛門女房かさね　二やく 森田 勘弥

九月九日より
古戦場鐘掛松《こせんぜふかねかけまつ》 二段め二幕
一 源蔵母　富沢 辰十郎
一 おはぎ　中村 伝五郎
一 番場忠太　中島三甫右衛門
一 源蔵女房　中村 まつ江
一 源蔵　坂田 半五郎
一 鬼づみ　大谷 大八
一 三位中将重衡　三升や助十郎
一 千寿のまへ　山下 京之助
一 後藤兵衛　市川 団蔵

霜月朔日より
陸奥鵆名歌猥取《むつちどりめいかのくまどり》*
一 ころ右衛門　沢村 宇十郎
一 那須の七郎　市川 染五郎
一 さどの騨次　市川照右衛門
一 六部了昌　鳴川三左衛門
一 鎌倉権の守　中島勘左衛門
一 敷たへ御ぜん　嵐 小式部
一 尾のへのまへ　岩井 半四郎
・一 辻君つたやのおまつ　尾上 松助
一 八幡太郎　坂東三津五郎
一 鳥の海弥三郎　大谷広右衛門
一 あべの宗任　坂田 佐十郎
一 よりよし　富沢 辰十郎
一 あべの貞任　坂田 半五郎
・一 かまくら河岸の権五郎　二やく 坂田 半五郎

＊陸奥鵆名歌猾取

丑二月朔日より
関取千両幟《せきとりせんりやうのぼり》

	一 礼三郎	嵐　小式部
	一 げいこ錦木	尾上　松　助
	一 およつ	二やく 尾上　松　助
	一 浄久	中島勘左衛門
	一 錦木親	富沢　辰十郎
	一 団右衛門	大谷広右衛門
	一 沢田ばん竜	二やく 大谷広右衛門
	一 弥太夫	坂田　佐十郎
・	一 関取岩川	坂東三津五郎
	一 良助	二やく 坂東三津五郎
・	一 岩川女房	岩井　半四郎
	一 鉄ヶ嶽	坂田　半五郎
	一 千羽川	二やく 坂田　半五郎
	一 将監	森田　勘　弥

明和六己丑年　森田座

五月五日より
奥州《おふしう》安達ヶ原《あたちがはら》 二段め 三段め 四段め 三幕

	一 八幡太郎	市川　染五郎
	一 生駒之助	坂東三津五郎
	一 新羅三郎	尾上　松　助
	一 お谷	二やく 尾上　松　助
	一 けんぜふ直方	富沢　辰十郎
	一 袖はぎ	岩井　半四郎
・	一 外ヶ浜南兵衛	大谷広右衛門
	一 岩手	坂田　半五郎
	一 則氏	坂田　半五郎
	一 文次安方	坂田　半五郎
	一 浜ゆふ	森田　勘　弥

当芝居は、座元共に都合廿六人の所、此度もめ合有之。立役、三津五郎、広右衛門、勘左衛門、染五郎、照右衛門、広七、国四郎、鳴川大十郎、中村森五郎、女形、瀧井又三郎、佐の川吉松、中村瀧三郎、坂東いろは、右拾三人不出。いとゞ無人の所、猶又無人に成、忠臣蔵をはじめ大当り。

今年、三芝居忠臣蔵の所、木挽丁一の評判。中にも半四郎当り。是より半四郎出世の小口なり。

八月朔日より

・仮名手本忠臣蔵

一 足利直義公　坂東 定十郎
一 鷺坂伴内　中村 大太郎
一 太田了竹　二やく 中村 大太郎
一 桃井若狭之助　嵐 小式部
一 由良之助女房おいし　二やく 嵐 小式部
一 かほよ御ぜん　亀屋 重次郎
一 大星力弥　二やく 亀屋 重次郎
一 小野定九郎　鳴川三左衛門
一 薬師寺次郎左衛門　二やく 鳴川三左衛門
・原郷右衛門　富沢 辰十郎
一 寺岡平右衛門　二やく 富沢 辰十郎
一 早の勘平　尾上 松助
一 義平女房おその　二やく 尾上 松助
・一 加古川本蔵　坂田 佐十郎
一 小野九太夫　二やく 坂田 佐十郎
一 百性与一兵衛　沢村 宇十郎
一 でつち伊五　二やく 沢村 宇十郎
一 本蔵娘小なみ　岩井 半四郎
・一 こし元おかる　二やく 岩井 半四郎
・一 天川屋義平　坂田 半五郎
・一 与一兵衛女房　二やく 坂田 半五郎
・一 高師直　三やく 坂田 半五郎
・一 大星由良之助　四やく 坂田 半五郎
一 本蔵女房となせ　森田 勘弥
一 塩谷判官　二やく 森田 勘弥

当顔見世

△下り 山下 金作
△下り 笠屋 又九郎
△下り 中村四郎五郎

此両人延着に付、春より出る。

丑十一月朔日より

名高雲井弦《なにたかしくもいのゆみはり》

一 舞子しづはな　嵐 小式部
一 ぬへのやふくわい　岩井 半四郎
一 せの尾の太郎　中村 大太郎
一 平の忠政　大谷広右衛門
一 源三位より政　坂東三津五郎

一　官女あやめ
一　猪の早太忠澄
一　宇治橋姫の霊魂
一　夜叉太郎忠国
一　平清盛

山下　金　作
沢村　喜十郎
富沢　辰十郎
二やく　坂東三津五郎
大谷広右衛門

一　鎮西八郎為朝　　二やく　沢村　喜十郎
一　宇治左大臣朝長　　二やく　富沢　辰十郎

当顔見世、木挽丁六ヶ敷、やう〳〵霜月廿六日より初る。下り役者、一向に間に合不申、金作も十二月に至り罷出、座付計。定而だました金作と答ませふといふ口上アリ。

明和七庚寅年　森田座

正月十五日より

・繰返曽我䚈《くりかへしそがのおだまき》

一　箱根の別当
一　石田の次郎
一　京の次郎
一　そがの団三郎
一　梶原妹ゐびら
一　鬼王新左衛門
・一　小林の朝比奈
一　佐々木の三郎
一　近江八幡之助
一　そかの十郎祐成
・一　同　五郎時宗

沢村　宇十郎
下り　藤川　半五郎
下り　中村四郎五郎
下り　笠屋　又九郎
中村　大太郎
大谷広右衛門
坂東三津五郎
富沢　辰十郎
沢村　喜十郎
三升屋助十郎
岩井　半四郎

・一　女工藤
　実ハ鬼王女房月さよ　　山下　金　作

此春狂言、大当り。金作女工藤、大当り。半四郎五郎時宗、大出来。三津五郎朝比奈、大に評よし。広右衛門鬼王ニ而どもの又平の仕内、大当り。

対面の幕、京人形といふ箱をやぶり、朝比奈くわいらい師の出、その後富士の裾野ニ而金作せう〳〵、半四郎時宗、髪梳*の上るり。五郎鏡をふり上ると、朝比奈のかほうつる。鬼か人かの、上るりの文句あり。

なぞをかけて、朝比奈の所持の道具を、初春の品々になぞらへる思ひ入、朝いなまけて禿両人に、すわふ大太刀を取上られ、舞台へ来て三人の所作、大当り。

金作の女工藤を、糸づくしニ而褒る。芝金杉の鍛冶吉。

（岩井半四郎 山下金作 両人　時宗せう〳〵を升づくしニ而褒る　瀬川庄五郎
坂東三津五郎 山下金作 朝いなとせう〳〵を娘づくし奴づくしニ而褒る　坂東定吉

＊馴初思の鏃

続狂言　**女鳴神**

一　白雲坊　三升や助十郎
一　黒雲坊　坂東三津五郎
一　曽我のせんじ坊　岩井半四郎
一　五郎時宗　二やく　岩井半四郎
・一　鳴神尼　山下金作

金作三浦の片貝ニ而、祐成と虎のしつとに寄、尼に成、友切丸を滝壺へ封じこめて置狂言也。

此前の幕に、中村四郎五郎のり頼ニ而むほん顕れ、つめばら切る。そのもふしう金作江のり移りし趣向なり。

金作半四郎仕内、大出来〳〵。

大切、半四郎簑笠足駄ニ而大竹をつき、時宗荒事アリ。

五月五日より
夏祭《なつまつり》浪華鑑《なにわかゞみ》

一　大鳥佐賀右衛門　下り　藤川半五郎
一　手代伝八　中村大太郎
一　三河や義平次　市川照右衛門
一　娘おなか　山下京之助
一　姥　下り　中村四郎五郎
一　道具や孫右衛門　富沢辰十郎
一　手代清七　三升や助十郎
一　釣舟の三ぶ　沢村喜十郎
一　団七九郎兵衛　下り　笠や又九郎
一　おたつ　山下金作
一　一寸徳兵衛　坂東三津五郎
一　団七女房　二やく　山下金作

五人男

東金茂右衛門 三津五郎　村雨行平 助十郎　放駒長吉 又九郎　業平橋の成平 四郎五郎　鬼門喜平次 喜十郎
向ふづらは松風行平 照右衛門　瓦師源兵衛 同 藤川半五郎なり　女達奥州 山下金作

中村四郎五郎、七種天の四郎ニ而召捕れ、中村勝五郎供まゝ出、笹藪の所ニ而駕籠を破り出る。蛙の術にて六十六部に身をやつし、花道中程よりせり上る。勝五郎其跡をつけて這入る狂言アリ。

一　粂の平内　富沢辰十郎
一　やり手熊たかのお長　姉川京七
一　油や手代太七　中村勝五郎
一　舟頭六蔵　笠や又九郎

一同　ちよき蔵　中村　大太郎
一油屋おそめ　岩井　半四郎
一てつち久松　山下　京之助
一梅わかの姉しらべ姫　二やく　山下　京之助
一須田兵衛　大谷広右衛門
一すだ兵衛娘おたけ　岩井　半四郎

七月廿一日より　弐ばんめ
一八百や嘉十郎　沢村　喜十郎
一かごかき又助　笠屋　又九郎
一八百や姑ばゝア　大谷広右衛門
一舅徳左衛門　富沢　辰十郎
・一八百や半兵衛　坂東三津五郎
・一半兵衛女房おちよ　山下　金　作

常盤津文字太夫上るり

浄瑠璃*の上は、業平、二条の后の姿ニ而、三津五郎、金作をおぶひてのせり出し。喜十郎又九郎やつしかごかきニ而、両人角力の合方ニ而、たてまじりの所作アリ。夢さめると、半兵衛とおちよニ而、辻堂に三津五郎金作まどろみ、両人同し夢を見る。

下の巻は、達引の所へ、舅ニ而辰十郎尋る。目がみへぬゆへ、知らずに異見をいふ所、梅川忠兵衛孫右衛門の仕内、大当り。

＊杜鵑花空解

山下金作 岩井半四郎　両人　堺町へ参る、名残狂言出る。

九月九日より

芦屋道満大内鑑《あしやのどふまんおふうちかゝみ》

一あべの童子　山下　正次郎
一石川悪右衛門　中村四郎五郎
一信田の庄司　富沢　辰十郎
一庄司女房　坂東三津五郎
一与勘平　笠や　又九郎
一阿部の保名　三升や助十郎
一くずの葉　山下　金　作

日高川入相華王＊道行現在鱗

一舟頭梶蔵　市川照右衛門
一飛脚　沢村　宇十郎
一田舎坊主　坂東三津五郎
一百姓長作　中村　大太郎
一構尺師　大谷広右衛門
一まなごの庄司　富沢　辰十郎
一清ひめ　岩井　半四郎

＊入相花王

△下り　拾弐年ぶり　中村富十郎　　大谷広蔵改　大谷国蔵

△下り　初座　中村野塩　市村座より来る　坂田半五郎・嵐　雛　次・富沢半　三

霜月朔日より

都染妓王被《みやこぞめぎわうかつぎ》

一　奴たご平　　坂田　国　八

一　難波の次郎　　沢村　喜十郎

一　しぶや金王丸　　沢村　淀五郎

一　藤原よりのぶ　　中村四郎五郎

一　おさだの太郎女房　　あらし　雛次

一　ほとけ御ぜん　　下り　中村　のしほ

一　平の清盛　　坂田　半五郎

一　近江源五郎　　森田　勘　弥

一　藤戸藤太夫　　富沢　半　三

一　長田の庄司　　大谷広右衛門

一　平の重盛　　三升や助十郎

一　長田の太郎　　坂東三津五郎

一　梶原源太　　二やく　坂東三津五郎

一　田原又太郎　　坂田　半五郎

一　源のよしとも　　二やく　坂田　半五郎

一　金王姉さくら木　　中村　富十郎

一　白拍子ぎおふ　　二やく　中村　富十郎

桜木ニ而慶子女暫く。二やくぎほふニ而赤合羽を着て、三津五郎相手に化ヶ物の仕内、大出来。

明和八辛卯年　森田座

正月十五日より

・恵方《ゑほう》曽我《そが》年《ねん》々暦《ごよみ》＊

一　鬼王新左衛門　　坂田　半五郎

一　小はやし朝日丸　　中村　伝九郎

一　曽我十郎祐成　　沢村　淀五郎

一　同　五郎時宗　　嵐　雛　次

一　工藤左衛門祐経　　坂東三津五郎

一　朝比奈　本名今井の四郎　　沢村　喜十郎

・一　竹抜五郎

本名団三郎　中村　富十郎
一　鬼王女房月さよ　二やく　中村　富十郎
一　蒲の冠者範頼　中村四郎五郎
一　山上源内左衛門
本名うんそふ　大谷広右衛門
一　太職冠鎌足　森田　勘弥

広右衛門うんそふ、大当り。富十郎ふじや伊左衛門、のしほ夕霧大当り。富十郎竹ぬき五郎、大評判大当り。

＊回方曽我紀年暦

△下り　山科四郎十郎下る　△下り　松本秀十郎

三月節句替り、弐番目序幕より出る。舟宿山田や九郎兵衛実ハ鎌足家臣力士三郎ニ而団七の仕内。

天和二戌年より今年まで、八百やお七九十年忌のよし。

四月朔日より
八百やお七 八百やお千よ　**封文浮名毛氈**
一　八百やお七　中村　のしほ
一　鎌屋武兵衛　坂田　半五郎
一　のり頼　二やく　坂田　半五郎
一　熊谷入道　三やく　坂田　半五郎

一　土左衛門伝吉女房お杉　中村　富十郎

五月五日より
・**義経千本桜**
一　土佐坊昌俊　中村　伝五郎
一　さがの尼　三升や助十郎
一　梶原源太　二やく　三升や助十郎
一　すしや娘お里　瀬川　雄次郎
一　権太女房およし　嵐　雛　次
一　弥左衛門女房　中村四郎五郎
一　川越太郎　二やく　中村四郎五郎
一　武さし坊弁慶　沢村　喜十郎
一　横川のかくはん　二やく　沢村　喜十郎
一　源のよし経　山科四郎十郎
一　すしや弥左衛門　大谷広右衛門
一　主馬の小金吾　坂東三津五郎
一　すしや弥助　二やく　坂東三津五郎
一　しづか御せん　中村　のしほ
・一　とかいや銀平
実平（ママ）の知盛　坂田　半五郎
・一　いがみの権太　二やく　坂田　半五郎
・一　すけの局　中村　富十郎

・一 佐藤忠信　二やく 中村 富十郎
・一 源九郎狐　三やく 中村 富十郎
卯六月十日
病死 坂東定十郎
卯六月二日
病死 岸田東太郎

八月朔日より
艸錦《くさにしき》打掛《なまめく》使者《つかい》
一 きく酒や幸助　坂東三津五郎
一 桂木民部　山科四郎十郎
一 きく酒やの娘おきく　中村 のしほ
一 仙台座頭　沢村 喜十郎
一 うしぶち九蔵　大谷広右衛門

此狂言、富十郎、女の毛ぬき弾正の仕内。毛ぬきのかわり、鋏ニ而いたし候。八剱玄蕃は大谷広右衛門、将軍太郎坂東三津五郎、雀おどり、たて有。

九月九日より 切狂言
菊八重《きくはやへ》七人化粧《けせふ》
一 官女　中村 富十郎
一 春駒　中村 富十郎
一 若衆の丹前　中村 のしほ
一 けいせい　中村 富十郎
一 柴苅翁　中村 富十郎
一 布さらし　中村 のしほ
一 鑓おどり　中村 富十郎

此七変化の所作事を、艸花づくしニ而褒言葉アリ。芝金杉鍛冶吉。

△下り 中村十蔵　中村座より来る 市川団十郎
　　　　　　　　　　　　　　　 山下金 作
△下り 中村柏木　市村座より来る 瀬川雄次郎
　　　　　　　　　　　　　　　 中村助五郎

卯十一月朔日より
・**葺換《ふきかへて》月《つき》吉原《もよしわら》**
一 頭取権兵衛　沢村 宇十郎
一 たいこ持千みつ千六　富沢 半 三
一 土子泥之助　中村四郎五郎
一 けそふ文売長吉　瀬川 雄次郎
一 千わら左近　中村 柏 木
一 藤原の道長卿　富沢 辰十郎

一　女三の宮　　中村野塩
一　こし元むつはな　　山下金作
一　なごや小さん　　中村富十郎
一　名輪無理之助　　松本大七
一　品川狼之助　　大谷広右衛門
一　いかづち親王　　沢村喜十郎
一　赤松武者之助　　中村助五郎
・一　柏木の衛門　　坂東三津五郎
一　不破の伴左衛門　　中村重蔵
・一　荒獅子男之助　　市川団十郎
・一　地ごく谷のやうちん　　二やく　市川団十郎
・一　梅津のかもん　　三やく　市川団十郎

いかづち親王の命を受て、品川狼之助、牡丹花の石だいを、うちこわさんとする所へ、荒獅子男之助ニ而団十郎暫く、大当り。

三津五郎、羽織着ながしニ而鞠を持立身、助五郎赤奴ニ而右の方に居る、金作、文箱を梅の枝に付て持、左の方に居る。三人鞠場のせり出し、大当り。

野塩女三の宮、人がらよくうつくし。金作恋のとりもちするふりにて、かしわ木の衛三津五郎へ、れんぼの思ひ入。女三の宮の目にかゝり、のしほはらたちて、硯のすみをなげつければ、金作のいせふぶちに成、猫のつまといふめりやすにて、しうたん大当り。団十郎梅津のかもんにて、柏木の衛門を鞠沓をもつて打所、不破名古やの草履打の思ひ入、両人大当り。

団十郎、はやがわりニ而、地ごく谷のやうちん、願人坊子大当り。

当顔見世は、三芝居の内、木挽丁一の当りなり。

明和九辰年　安永元年に成　森田座

正月十五日より

・**初曙《はつあけぼの》鶏《にわとり》曽我《そが》**

一　八幡の三郎　　松本大七
一　赤沢十内　　沢村喜十郎
一　小林の朝いな　　山科四郎十郎
一　主馬判官盛久　　中村重蔵
一　景清女房あこや　　山下金作
一　死人土左衛門　　市川団十郎

一　悪七兵衛かけ清　　二やく　市川　団十郎
一　近江小藤太　　大谷広右衛門
一　曽我団三郎　　中村　助五郎
一　鬼王新左衛門　　坂東三津五郎
一　曽我五郎時宗　　中村　重　蔵
一　鬼王女房月さよ　　二やく　山下　金　作
一　曽我十郎祐成　　三やく　市川　団十郎
・一　工藤左衛門祐つね　　中村　富十郎

辰四月十日より

・恋女房染分手綱

一　由留木左衛門　　富沢　辰十郎
一　同　右馬之丞　　沢村　宇十郎
一　わし塚八平次　　中村四郎五郎
一　伊達の与惣兵衛　　沢村　喜十郎
一　逸平母　　二やく　沢村　喜十郎
一　馬かた三吉　　山下　金太郎
一　本多弥惣左衛門　　坂田　国　八
一　わし塚官太夫　　大谷広右衛門
一　関の小まん　　中村　のしほ
一　伊達の与作　　坂東三津五郎
一　江戸兵衛　　中村　助五郎

一　八蔵　　中村　十　蔵
一　座頭けい政　　市川　団十郎
・一　鷺坂左内　　市川　団十郎
・一　重の井　　山下　金　作
・一　貞之進女房　　中村　富十郎

此狂言、大当り。山下金太郎三吉の所を、道中五十三次ニ而褒言葉あり。里虹、杜若、両人かけ合の声色ニ而山下介次ほめる。

七月十五日より

・けいせい紅葉裄《もみぢのうちかけ》 *

一　信田の左衛門　　中村四郎五郎
一　鶴若丸　　中村　助　次
一　鹿島五郎　　中村　茂十郎
一　浮島大蔵　　坂東　利根蔵
一　薩島兵庫　　松本　大　七
一　信田大領公　　富沢　半　三
一　こし元萩の戸　　岩井　重　八
一　やつこ八田平　　中村　助五郎
一　荒浪梶之助　　沢村　喜十郎
一　信田次部の太夫　　大谷広右衛門
一　千原左近　　中村　のしほ
一　けいせい高尾　　二やく　中村　のしほ

・一 清玄比丘尼　山下 金作
一 帯刀妹浅香　二やく 山下 金作
一 清玉ひめ　山下 三八
一 千原帯刀　富沢 辰十郎
一 山屋豆腐山三　中村 十蔵
一 片桐弥十郎　中村 十蔵
・一 松ヶ枝関之助　市川 団十郎
・一 沢田縫殿　市川 団十郎

此狂言、都而伊達騒動記なり。団十郎、沢田縫殿の実悪大当り。のしほ千原左近ニ而若衆、扇売のやつし、団十郎関之助荒事奴ニ而、両人のせり出し、大当り。

金作清玄比丘尼ニ而、清玉姫と近原左近が密通をかばひ、其身にうけて、悪人のけいりやくにて、玉子酒をのみて多年の行法をやぶり、思わず左近がやふしよくに迷ひ、だらくする所、大当り。しだひに執着して、十蔵にこさるれ(ママ)、恨らみをなす所、大出来。

＊けいせい紅葉襠

八月朔日より
のしほ高尾ニ而舞扇＊の所作事出る。

＊舞扇名取月

九月九日より
其写絵松楓＊
富士岡若太夫上るりにて
高尾のぼふこん 清玄のぼうこん　中村のしほ 市川団十郎　合方　坂東三津五郎
両人、わく火鉢の中より、同じけいせいの姿にて出る所作、大当り。のちに団十郎骸骨の所作、古今の大当り。

＊其図画松楓

市村座より来る　嵐 三五郎
中村座より来る　笠屋 又九郎
山下三八改　山下 吉三郎
沢村喜十郎改　沢村 長十郎
中村四郎五郎改　三国富士五郎
沢村鯛蔵改　沢村 喜十郎
中村吉太郎改　中村 茂十郎
藤川半十郎改　藤川 判五郎
岩井繁松改　金村 幾蔵

霜月朔日より
・**伊豆《いせ》暦《ごよみ》芝居《しばいの》元日《ぐわんじつ》＊**
一 源より朝公　沢村 淀五郎
一 越中のぜんじ　三国富士五郎

一　長田ぜんぜふ　　大谷広右衛門
一　門学上人　　富沢　辰十郎
一　あやぎく　　中村　のしほ
一　万こふ　　山下　金　作
一　おさが　　中村　富十郎
一　北条時政　　沢村　長十郎
一　うさみの十内　　笠屋　又九郎
一　股野の五郎　　中村　助五郎
一　八幡の三郎　　坂東三津五郎
一　曽我の太郎　　中村　十　蔵
・一　伊藤九郎　　嵐　三五郎
一　工藤金石丸　　市川　団十郎

・当顔見世、暫くなし。鎮西八郎為朝ニ而、団十郎大綱ニ而つながれ出る。荒事景清ろうやぶりの仕内、大当り。

富十郎と金作、魂入りかわりて、慶子は金作が身ぶりをし、里虹は富十郎が身ぶりをして、女業の世話事大当り。

十蔵梶原ニ而、伊藤九郎が館へ上使に来り、子を切れといわぬ計や梅の花、といふ発句ニ而頼朝の若君の身がわりの仕内、大当り。

長十郎北条ニ而、夢中にいの字をさずかりしは、正しく立役は助高屋高助ならんといふ狂言に取くみて、改名の口上あり。

助五郎股野ニ而赤くぬり、土俵の中に団十郎金石丸と両人立てのせり出し。切おとしより、笠や又九郎十内ニ而出、角力の所、大出来。

大詰、団十郎ぶかんせんじ、助五郎又九郎仁王のせり出し。

＊伊豆暦劇館

安永二癸巳年　森田座

正月十五日より

・**色蒔絵**《いろまきへ》**曽我觴**《そがのさかづき》　＊

上るり　**梅柳二人售**《あきんど》

同　津　根太夫　　三弦　宮崎秀五郎　　あこや　中村富十郎
富本家満登太夫　　同　庄五郎　　京の次郎　嵐　三五郎
同　志　摩太夫

一　吉田松若丸　　沢村　淀五郎
一　うさみの十内　　沢村　長十郎
一　吉田の少将　　富沢　辰十郎
一　曽我の五郎時宗　　中村　のしほ
一　重忠奥方きぬがさ　　山下　金　作
一　かけ清女房あこや　　中村　富十郎

・一 小林の朝比奈　嵐 三五郎
一 京の次郎祐俊　二やく 嵐 三五郎
一 曽我十郎祐成　坂東三津五郎
一 近江小藤太成家　大谷広右衛門
一 鬼王新左衛門　中村 十 蔵
・一 ういらふ売とらや藤右衛門
　実ハ七兵衛かけきよ　市川 団十郎
・一 工藤左衛門祐つね　二やく 市川 団十郎

対面、五郎十郎のしほ三津五郎、かけ合万歳のせりふ大出来〳〵。三五郎朝比奈ニ而所作事、大当り。
団十郎工藤ニ而、友切丸紛失ゆへ、云わけなく切腹に極り、水上下ニ而はだをぬき、小藤太広右衛門かいしやくせんとする時、蜜書をおとし、団十郎ひろい、広右衛門をとってなげ、曽我の一番目に、祐つねが切腹してつまるものか、といふつめひらき、大当り。
富十郎あこやにて、公家の姿にやつし、重忠の館へちよく使に来り、重忠留主ゆへ、金作きぬ笠ニ而、留主を守り出向ひ、見顕す所、両人大当り。富十郎保童丸をふところに入て子持のたて、大出来なり。

*色蒔絵曽我羽觴

二月初午より
三五郎富十郎、こいな半兵衛国太夫ぶしの上り（ママ）、大出来。団十郎ういらふ売せりふ、大当り。

三月廿三日より
卯花姿雪曙 富本大和太夫上るり
三五郎富十郎、浅間ヶ嶽の所作事、大当り。
今年葺屋町ニ而、瀬川菊之丞病死に付、路考追善として、三十五日の間、相勤候よし口上書ニ而、
英執着獅子* 中村富十郎石橋の所作
近年の大当り。

*英風流石橋

五月五日より
・**十帖源氏物ぐさ太郎***
一 佐々木よし方　三国富士五郎
一 石塚玄蕃　笠屋 又九郎
一 犬上団八　坂田 国 八
一 狩野歌之助　中村 柏 木
一 長谷部雲谷　大谷広右衛門
一 金八女房　中村 のしほ

一 利久娘さへだ　二やく 中村 のしほ
・一 おくに御ぜん　山下 金作
一 山三郎母　富沢 辰十郎
一 利久女房しがらみ　二やく 山下 金作
一 名古や山三郎　坂東三津五郎
一 金魚や金八　中村 十蔵
・一 物ぐさ太郎
　後ニ千の利休　嵐 三五郎
一 奴岡平　市川 団十郎
・一 不破伴左衛門　市川 団十郎
・一 山三郎女房かつらき　中村 富十郎

＊物ぐさ太郎

森田座、普請有之。芝居、新敷建直し、

七月十五日より

・**宮柱《みやばしら》巌《いわをの》舞台《ぶたい》**　壕越菜陽作

一 聖徳太子　中村 柏木
一 せりつみのきさき　坂田 幸之助
一 小野うまこの大臣　富沢 辰十郎
一 豊国禅師　三国富士五郎
一 唐使遠達　笠屋 又九郎
一 いかる田のますら　松本 大七
一 金剛太郎　中村 助五郎
一 奴鴈助　大谷広右衛門
一 若党江村文内
　実ハ大津のさで彦　嵐 三五郎
一 秦の川勝　坂東三津五郎
一 仕丁雪の戸　中村 のしほ
一 仕丁月ます　山下 金作
一 仕丁花ます　中村 富十郎
一 守屋の大臣　市川 団十郎
一 あとみの一位　市川 団十郎

○団十郎守屋ニ而時平の仕内、富十郎花ますニ而松王の見へ、金作月ます梅王、のしほ雪の戸ニ而さくら丸、車引の所、大当り。大ざつま上るりニ而大出来、江戸中の評判なり。

○三芝居共、太子伝の狂言なれ共、木挽丁壱番の当り。

○三津五郎川かつニ而上下の出、三五郎若党の姿、広右衛門草履取、此三人花道ニ而、舞台の雲気を見てわたりぜりふあり、大当り。

○団十郎跡見のいちゐニ而赤すじ隈荒事、三津五郎川かつ、両人出合、大当り。

八月十五日より弐番目出

三五郎老女の物がたり、扇ニ而仕方の仕内、大当り。

九月節句より

雷子吹屋丁へ行名残狂言。

すが次郎豊勝ニ而三五郎、二挺つゞみを打。大七、利根蔵、淀五郎、茂十郎、四人を相手のたて、大仕かけニ而大当り。

同断

市川団十郎堺町へ行名残狂言

一 小のゝ左衛門　富沢　辰十郎
一 同　春風　沢村　淀五郎
一 八剱玄蕃　大谷広右衛門
一 にしきのまへ　中村　徳三郎
一 こし元ながとら　山下　正次郎
一 同　柴の戸　坂田　富五郎
一 同　巻ぎぬ　坂田　幸之助
一 桜町中将清房　中村　茂十郎
一 八剱求馬　中村　歌　次
一 白塚軍太　松本　大　七
一 秦秀太郎　中村　柏　木
一 小原の万兵衛　三国富士五郎
一 秦民部　笠や　又九郎
一 粂寺弾正　市川　団十郎

同十九日より

・楓錦鳴神桜《もみぢのにしきなるかみざくら》　長唄　中村兵次　大ざつま　木村源蔵　三弦　杵屋巳太郎　杵屋七十郎

一 鳴神上人　市川　団十郎
一 大江八力正虎　中村　十　蔵
一 黒雲坊　二やく　中村　十　蔵
一 雲の当麻　山下　金　作
一 白雲坊　中村　富十郎

富十郎白雲坊ニ而大黒舞、十蔵黒雲坊ニ而ちよんがれ、両人大出来。金作色仕かけニ而、団十郎檀上より落ての仕内、大当り。

巳十一月十四日

病死　女形亀屋重次郎　行年廿八歳

△下り　山下　秀　菊　中村滝三郎改　中村国三郎
△下り　中村津多右衛門　中村歌次改　中村万　世
中村座より来　市川　八百蔵
市村座より来　尾上　松　助
同　中島　三甫蔵

霜月朔日より

・嫱初雪世界《おんなあるじはつゆきのせかい》＊　壕越菜陽作

一 野島太郎　笠屋 又九郎
一 鬼夜叉　沢村 淀五郎
一 白拍子折琴　山下 秀菊
一 三浦弾正　三国富士太郎
一 六浦入道　中島 三甫蔵
一 三位の局　沢村 長十郎
一 北条民部　坂田 幸之助
一 秋田主税之助　森田 又次郎
一 赤星太郎武者　大谷広右衛門
一 鳶の者一本松の松 実ハ南ぼふ太郎　尾上 松助
一 白拍子春菊 実ハ神女　中村 のしほ
一 秋田城之助よしかげ　中村 十蔵

安永三甲午年　森田座

正月十五日より

・**着衣始初買曽我**

一 小性吉三郎　中村 のしほ
一 八百やでつち三吉　二やく 中村 のしほ

一 北条時頼　坂東三津五郎
一 難波の三郎　市川 八百蔵
一 青砥孫三郎藤綱　二やく 市川 八百蔵
一 御台蘭の方　山下 金作
一 源左衛門女房白妙　中村 富十郎

長十郎三位局ニ而白髪の悪官女、広右衛門赤つら、三甫蔵なまずニ而、八百蔵難波三郎の暫く大当り。

色見艸相生丹前 野塩 三津五郎 八百蔵 大出来〳〵。

松助、野塩、両人石橋のたて大当り。

弐番目 **雪の段**** 富十郎 のしほ 三津五郎 竹本民太夫出がたり

大出来〳〵大当り。

*橋初雪世界

**杪皆本領花

一 おしほ狐　三やく 中村 のしほ
一 舟橋次郎左衛門　大谷広右衛門
一 陸尺太郎八　尾上 松助
一 太神楽

実ハ三保の谷四郎　尾上　松　助
一　小林の朝比奈　沢村　長十郎
一　工藤左衛門祐つね　中村　十　蔵
一　八百やでつち弥介　坂東三津五郎
一　曽我十郎祐成　坂東三津五郎
一　同　五郎時宗　市川　八百蔵
一　佐野の次郎左衛門　二やく　市川　八百蔵
一　八百や下女お杉　山下　金　作
一　重忠奥方きぬ笠　二やく　山下　金　作
一　八百や娘お七　中村　富十郎
一　悪七兵衛かけ清　二やく　中村　富十郎

八百蔵佐野の次郎左衛門ニ而、息子の女郎かい、生酔の仕内、大当り。

二月初午より

・**乱髪夜編笠**　江戸河東上るり　お七　富十郎　三吉　のしほ　弥助　三津五郎

富十郎当年六拾壱歳ニ而、振袖の八百屋お七大当りは、誠に奇たいの名人なり。

三月節句より

櫓太皷を打仕内を出し、五間程の竹梯子のしない口を、上りてはすべり落、いろ〳〵仕内、大当り。

四月五日より　曽我後日狂言

・**仮名手本忠臣蔵**

古人沢村長十郎十七回忌追善として、由良之助役相勤る口上書。

一　足利直義公　金村　幾　蔵
一　早の勘平　市川　八百蔵
一　寺岡平右衛門　市川　八百蔵
一　原郷右衛門　山科四郎十郎
一　薬師寺次郎左衛門　中村津多五郎
一　百姓与一兵衛　山下　門四郎
一　小野定九郎　三国富士五郎
一　大星由良之助　沢村　長十郎
一　同悴力弥　森田　又次郎
一　石堂右馬之丞　笠や　又九郎
一　与一兵衛女房さわ　尾上　松　助
一　高の師直　二やく　尾上　松　助
一　小野九太夫　大谷広右衛門
一　こし元おかる　中村　のしほ
一　塩谷判官　坂東三津五郎
一　天川屋義平　中村　十　蔵
一　加古川本蔵　二やく　中村　十　蔵

一 義平女房おその　山下　金　作
一 本蔵女房となせ　二やく 山下　金　作
一 由良之助女房おいし　中村　富十郎

七段め、由良之助ニ而長十郎、曲三味線アリ大出来。盃又は玉子ニ而弦。

九段め、となせおいしニ而富十郎金作、江戸と上方のはなし。慶子は金作が上方ニ而の当り狂言をいふ。里虹は富十郎が江戸ニ而当り狂言をいふ。此入れ事、古今の大当り。

十蔵病気ニ而本蔵の役、津多右衛門替り相勤、大出来なり。

五月七日より
新薄雪物語リ《しんうすゆきものがたり》*

一 幸崎伊賀守　中村　十　蔵
一 奴妻平　二やく 中村　十　蔵
一 園部兵衛　沢村　長十郎
一 渋川藤馬　中村津多右衛門
一 来国行　三国富士五郎
一 月光の久蔵　笠屋　又九郎
一 団九郎　尾上　松　助
一 刀鍛冶正宗　大谷広右衛門
一 秋月大膳　二やく 大谷広右衛門
一 正宗娘おれん　中村　のしほ
一 うす雪ひめ　二やく 中村　のしほ
一 園部の左衛門　坂東三津五郎
一 来国とし　市川　八百蔵
一 地蔵の五平次　二やく 市川　八百蔵
一 こし元まがき　山下　金　作
一 園部の奥方　二やく 山下　金　作
一 五平次女房小女郎　中村　富十郎
一 幸崎の奥方　二やく 中村　富十郎

道行浄瑠理 **明桜旅思出** 常盤津兼太夫　三津五郎 十蔵 野塩 金作

＊新うす雪物語

八月三日より
累二代月浪《かさねふたよのつきなみ》*

一 羽生村与右衛門　中村　十　蔵
一 池の庄司時門　森田　又次郎
一 横山次郎　大谷広右衛門
一 玉造左衛門　沢村　長十郎
一 横山大ぜん　中村津多右衛門
一 ばらもんの三ぶ　三国富士五郎
一 奴なみ平　笠や　又九郎
一 少納言信実　尾上　松　助
一 もくずの三平　二やく 尾上　松　助

一 けいせいひたち　中村 野塩
一 伊勢新九郎　坂東三津五郎
一 小栗の判官　市川 八百蔵
一 波平女房おせき　山下 金作
一 与右衛門女房かさね　中村 富十郎
此狂言の切ﾘに、富十郎かさねニ而、びつこのたて。野塩を相手、片足へ下駄をはくと、本途に成、此仕内大出来〳〵。

＊累二世月浪

九月九日より

容顔黒船頭巾＊

竹本民太夫　同 千歳太夫　同 太夫　竹本袖太夫　野沢文四郎　野沢富三郎

一 かまくらや手代三九郎　三国富士五郎
一 はんじ物の喜兵衛　尾上 松助
一 ごくもんの庄兵衛　大谷広右衛門
一 けいせい滝川　中村 のしほ
一 鎌倉や五郎八　坂東三津五郎
一 黒船の忠右衛門　中村 十蔵
一 忠右衛門女房おかる　山下 金作
一 奴の小まん　中村 富十郎
一 八木孫三郎　市川 八百蔵

＊容貌花黒船頭巾

十月二日より

姫小松子ノ日遊＊ 三段め

中村十蔵大坂登り名残狂言

一 有王　中村津多右衛門
一 小ごふの局　坂田 幸之助
一 小べん　山下 金太郎
一 なめらの兵　笠や 又九郎
一 四郎九郎　沢村 長十郎
一 亀王　尾上 松助
一 亀王女房おやす　山下 金作
一 俊寛　中村 重蔵

＊姫小松

同日より

篠原合戦《しのわらかつせん》 二の切

尾上松助京都へ登り名残狂言

一 高はし判官　坂東 利根蔵
一 奴利根助　二やく 坂東 利根蔵
一 同喜多平　沢村 喜十郎
一 同善内　坂東 善 次
一 同淀平　沢村 淀五郎

一 よし仲　山科四郎十郎
一 おかね母　三国富士五郎
一 今井のおかね　尾上 松 助
四人の中役者を相手に、松助ぬのさらし、壱枚歯の足駄ニ而、ぬのさらしのたて見事。切に壱人を片手にてさして、足駄のまゝにて花道へはいる。見物目をおどろかす。

今年顔見世入替り
△下り 中村新五郎
○中村十蔵大坂江登る
○尾上松助京へ登る
中村座より来る 市川団十郎
同 松本幸四郎
同 岩井半四郎
同 坂東又太郎
市村座より来る 吾妻藤 蔵
津打門三郎改 山下里 大
隠居 森田勘弥改 森田八十助

午十一月顔見世
・一 富《いちのとみ》玉盤顔《つきのかほ》見世《みせ》* 増山金八作
一 たつた今平　下り 中村 新五郎

一 平の時忠　三国富士五郎
一 亀井の六郎　笠や 又九郎
一 けいせいよし野　中村 のしほ
一 しづか御ぜん　岩井 半四郎
一 松浦女房おたまき　二やく 岩井 半四郎
一 宮城野　中村 富十郎
一 座付口上 飛入　あつま 藤蔵
・一 女弁慶　中村 富十郎
一 わしの尾三郎　若太夫 坂東 又九郎
一 安つね　沢村 長十郎
一 かすやの藤太　坂東 又太郎
一 備前の守行いへ　大谷広右衛門
一 源のよしつね　坂東三津五郎
・一 松浦左衛門
本名尾形の三郎　松本 幸四郎
・一 片岡八郎照秀　市川 団十郎
・一 鈴木の三郎重家　二やく 市川 団十郎
・一 どんぐりのお三はゞア　三やく 市川 団十郎
一 鞍馬山僧正坊化身　四やく 市川 団十郎
左大将朝方の公家おやじ広右衛門、かすやの藤太又太郎赤つら、片岡八郎団十郎暫く大当り。松浦左衛門幸四郎と、鈴木の三郎ニ而団十郎、両人上下の出合大当り。

弐番目、関所ニ而、文箱を取かへて富十郎は弁慶の身ぶり。

幸四郎は静の身ぶり有之。おかしみのある拍子舞、大当り。

安永四乙未年　森田座

正月十五日より
信《し》田《だ》楪《ゆづりは》蓬莱《ほうらい》曽《そ》我《が》

一梶原源太かけ末　坂東　善　次
一伊豆次郎祐兼　沢村　淀五郎
一三島権藤　松本　大　七
一高間三郎　三国富士五郎
一小野のおづう　中村　野　塩
一けわい坂のせう〳〵　坂田　幸之助
一鬼王女房月さよ　吾妻　藤　蔵
一千寿のまへ　岩井　半四郎
一小山の判官　大谷広右衛門
一いばの十蔵　沢村　長十郎
一小林の朝いな　笠屋　又九郎
一曽我の五郎時宗　坂東　又太郎
一曽我十郎祐成　坂東三津五郎
一千原左近　松本　幸四郎

＊一富玉盤顔見勢

・一そがの団三郎　市川　団十郎
・一工藤左衛門祐経　市川　団十郎
一仙台座頭　中村　富十郎
一大伴の道主　中村　富十郎
・一平親王将門の霊　中村　富十郎
一善次梶原ニ而、柿のすおふに矢はづの紋、東ぐわんすいかんの喰せはとんとおなじからず、といふせりふ、大当り。

一対面は七人上下ニ而、花道へならぶ。殊の外賑やか成。

一浄るり＊富十郎変化ニ而、公家　座頭　将門大当り。

一団十郎病人の団三郎、祐経に似て兄弟にいやがられ、切腹、大当り。

＊其彩色七折扇子

二月初午より　弐番目
一かごかきけん[まく]の三ぶ　坂東　又太郎
一箱根山の秋月坊　市川　こま蔵

一　黒雲武兵衛　大谷広右衛門
一　曽我の十郎　坂東三津五郎
一　大磯のとら　中村　野塩
一　梅沢の由兵衛　坂東三津五郎
一　けいせい薄雲　岩井　半四郎
一　梅か谷の由兵衛　松本　幸四郎
一　悪七兵衛かけ清　市川　団十郎
一　三津五郎肴売の由兵衛、大出来〳〵。
一　幸四郎半四郎両人ニ而、高麗蔵をころして金をとる仕内、長吉ころしの仕内なり。
一　又太郎かごかき悪たいの所、大当り。
一　団十郎かけ清、百姓のやつし、大出来〳〵。

三月三日より
幸四郎、広右衛門、どろ仕合大当り。

同月五日より　弐番目大詰
一　いばら左衛門　中村　友十郎
一　人丸姫　市川　こま蔵
一　井場の郡司　沢村　長十郎
一　介太郎女房おゆふ　あづま　藤蔵
一　そがのぜんじ坊　中村　のしほ
一　いもの師介太郎
　実ハ斎藤吾　市川　団十郎
一　いばの十蔵　ニやく　市川　団十郎
一　景清女房あこや　中村　富十郎
一　団十郎井場の十蔵ニ而、編笠をかぶり、辻卜者いばら左衛門に見とがめられ、是非なくいばら左衛門を〆ころし、いせふをぬぎかへて上下を着る。うしろへせんじ坊ニ而野塩、若衆の馬士すかたニ而来かゝり、袴ごしをそつとあてる。団十郎びつくりする思ひ入。一向ふりむきもせず、のさ〳〵と花道へ行。野塩声かけて、おさむらい様御け名は、といふ。その時団十郎ふりむいて見て、わいらに名乗る名はもたねへは、とかまわず行、拍子幕、大当り。
一　其次に鋳物師の内へ、いばら左衛門といつわり入込、のしほに見顕わさるゝ、景清の仕内なり。
一　鋳物師介太郎半道ニ而、大勢のとり手におそれて、かなへをかぶる。大ぜいよつてかなへをとると、団十郎すじ隈の荒事、大当り。
一　長十郎からくりをかつぎあるき、人丸姫に此娘うりものと、札をゑりにかけてつれて出る。
一　富十郎辻君、大当り、忠臣講尺の仕内なり。切にふじ棚のたて、大当り。

四月朔日より

・**恋桜返魂香**《こいさくらはんごんこう》　上るり河東　松本幸四郎／中村富十郎　浅間嶽也

一　刀や佐四郎　三国富士五郎
一　同宿願西坊　大谷広右衛門
一　刀や娘お花　岩井　半四郎
一　刀や半七
　　実ハ頼朝の長男千かく丸　坂東三津五郎
一　下河辺の行平　松本　幸四郎
一　古郡新左衛門　市川　団十郎

広右衛門願西坊ニ而、お花をしばりて大日坊の仕内、古郡新左衛門にころさるゝ。幸四郎鞆の小六の男気違、大出来〳〵。半四郎無間のかねのやつし。

四月十五日より

・**天竺徳兵衛古郷取摂**《てんぢくとくべいこきやふのとりかじ》

一　御台浅香御ぜん　吾妻　藤　蔵
一　半七姉　吾妻　藤　蔵
一　あかねや平左衛門　沢村　長十郎
一　奴春平　坂東　又太郎
一　同夏助　大谷　国　蔵
一　同秋内　中村　友十郎
一　同冬蔵　市川　団太郎
一　金沢七郎　市川　染五郎
一　宵寝の仁介　三国富士五郎
一　小山判官　大谷広右衛門
一　笠や三かつ　中村　野　塩
一　徳兵衛女房おふね　岩井　半四郎
一　あかねや半七　坂東三津五郎
一　ちゝぶ重忠　松本　幸四郎
一　天竺徳兵衛　市川　団十郎

五月節句より

・**菅原伝授手習鑑***

前狂言に　友十郎／喜十郎　角力行事　春蔵

一　白太夫　沢村　長十郎
一　たつ田のまへ　吾妻　藤　蔵
一　すくね太郎　坂東　又太郎
一　天らんけい　山下　里　大
一　時世親王　中村　万　世
一　菅秀才　大谷　かね次
一　小太郎　笠や　又　蔵
一　かりや姫　坂田　幸之助
一　まれよ　笠や　又九郎

一 春藤玄蕃　三国富士五郎
一 土師の兵衛　大谷広右衛門
一 菅丞相のみだい　中村野塩
一 松王女房千代　中村野塩
一 桜丸　岩井半四郎
一 源蔵女房戸波　二やく 岩井半四郎
一 梅王女房はる　三やく 岩井半四郎
一 梅王丸　坂東三津五郎
一 武部源蔵　二やく 坂東三津五郎
一 かくじゅ　松本幸四郎
一 松王丸　二やく 松本幸四郎
一 時平大臣　市川団十郎
一 判官代照国　二やく 市川団十郎
一 菅丞相の化身　三やく 市川団十郎
一 桜丸女房やへ　中村富十郎
一 菅丞相道実　二やく 中村富十郎

此狂言大当り。
　にくまれよ扇の竹べ源蔵に
　　又九郎してみじめ三津五郎
曽我祭り、直に天神祭りあり。

＊菅原伝授手習鑑

八月十五日より
・けいせい月《つき》の都《みやこ》

一 御台萩の方　あつま藤蔵
一 磯貝実右衛門　沢村長十郎
一 渡辺民部はや友　坂東又太郎
一 土子泥之助　中村新五郎
一 島川多膳　大谷広右衛門
一 仁木弾正左衛門　二やく 大谷広右衛門
一 けいせいかつらき　中村のしほ
一 かのゝ歌之助　二やく 中村のしほ
一 けいせい遠山　中村富十郎
一 出雲のおくに　岩井半四郎
一 山名妹文月　二やく 岩井半四郎
一 奴又平　坂東三津五郎
一 今川伊予之助　二やく 坂東三津五郎
一 山名左衛門　松本幸四郎
一 名古や山三郎　二やく 松本幸四郎
一 不破伴左衛門　市川団十郎
一 荒獅子男之助　二やく 市川団十郎
一 細川勝元　三やく 市川団十郎

九月節句より
常盤津兼太夫上るり
置土産因幡山松＊ 中納言行平 幸四郎 まつかぜ 野塩 村雨 半四郎
右三人共、吹屋町へ参り候に付、名残。
長唄ニ而四季の所作＊＊ 中村野塩相勤る
春 石橋　夏 団扇売　秋 盆おどり　冬 蟻通し
＊鞢稲葉山松
＊＊袖模様四季色歌

霜月朔日より
・**菊《きく》慈《じ》童《どう》酒《しゆ》宴《ゑん》屈《のいわや》**＊ 中村重助作
一 源頼のぶ　市川 門之助
一 ふし原の仲光　沢村 長十郎
一 二ノ瀬の源五　中村 新五郎
一 物部の平太　笠や 又九郎
一 ためひら親王　沢村 淀五郎
一 よそほひ姫　下り 芳沢 いろは
一 いほはた　あつま 藤蔵
一 女ト方あべのお清　中村 富十郎
一 渡辺女房さよ風　坂東三津五郎
一 茨木左衛門　大谷広右衛門
一 源頼光　二やく 坂東三津五郎
一 渡辺の綱　大谷 広次
一 足柄の山姥　市川 団十郎
一 酒田の金時　二やく 大谷 広次
一 樽ひろい
本名孝寿丸　二やく 市川 団十郎
一 相馬太郎よし門　三やく 市川 団十郎

樹花恋浮船 富十郎 いろは 門之助 常盤津文字太夫 兼太夫 左名太夫 岸沢古式部 同 九蔵
＊菊慈童酒宴岩屈

今年閏十二月有之、二番を出す。
十二月朔日より
京 大坂 江戸 三ヶ津の顔見世 三幕
京の顔見世 翁 藤蔵 千歳 いろは 三番叟 富十郎 ・
大坂の顔見世 惣座中上下座附手打連中
手を打、拍子木ニ而はやす。広右衛門、広次、宝船をあらそふ。
江戸の顔見世 暫らくの幕
公家悪 団十郎 赤つら 広右衛門 暫く 門之助
太刀下 三津五郎 親王 淀五郎

△下り　芳沢いろは　美人也　　中村座より来る　大谷広　次
△下り　中村新五郎　生年拾九歳　　同　市川門之助
此顔見世入替り、当座に罷在候、幸四郎、のしほ、半四郎、
又五郎、市村座へ行しゆへ、
　森田座でいらぬいろはをよびよせて
　　ひいきの役者脇へちりぬる

安永五丙申年　森田座

正月十五日より
其《その》兄弟《きやふだい》富士《ふじの》姿《すがた》視《み》

一　近江の小藤太　　松本　大　七
一　赤沢十内　　笠や　又九郎
一　門覚上人　　沢村　長十郎
一　伊豆の次郎　　沢村　淀五郎
一　せう〳〵　　芳沢　いろは
一　月さよ　　あつま　藤蔵
一　大磯のとら　　中村　富十郎
一　衣笠御せん　　中村　富十郎
一　梶原源太かけ末　　大谷広右衛門
一　曽我十郎祐成　　坂東三津五郎
一　同　五郎時宗　　市川　門之助
一　小林の朝比奈　　坂東三津五郎
一　八わたの三郎　　大谷　広　次
一　鬼王新左衛門　　二やく　大谷　広　次
一　工藤左衛門祐つね　　市川　団十郎
一　悪七兵衛かけ清　　市川　団十郎

巣篭門行蝶＊　豊名賀造酒太夫　同　富士太夫　佐々木市四郎　同　津摩太夫　同　吉蔵

二月十八日より　弐番目
一　鷺の頭太左衛門　　中島　三甫蔵
一　八百や久兵衛　　沢村　長十郎
一　八百や娘お七　　芳沢　いろは
一　釜屋武兵衛　　大谷広右衛門
一　小性吉三郎
　　実ハそがのせんじ坊　　市川　門之助
一　髪結勘吉　　坂東三津五郎
一　土左衛門伝吉　　市川　団十郎

＊巣罩門行蝶

一 八百や下女お杉　中村富十郎

三月十四日より

平仮名盛衰記＊ 操狂言

一 よしつね　森田又次郎
一 ゐんじゆ　沢村長十郎
一 巴御ぜん　市川門之助
一 山吹御ぜん　坂田幸之助
一 内田三郎　市川和歌蔵
一 佐々木三郎　市川春蔵
一 番場忠太　大谷大八
一 横須賀軍内　坂東利根蔵
一 家主可兵衛　大谷徳次
一 船頭富蔵　中村又太郎
一 松右衛門女房およし　山下三八
一 和田のよし盛　沢村淀五郎
一 鎌田隼人　山下又五郎
一 おふで　芳沢いろは
一 こし元千どり　二やく 芳沢いろは
一 船頭権四郎　大谷広右衛門
一 梶原源太　坂東三津五郎
一 樋口の次郎　大谷広次
一 梶原平次　市川団十郎
一 畠山重忠　二やく 市川団十郎

＊ひらかな盛衰記

申四月十一日

病死　吾妻藤蔵

五月節句より

牧返《まきかへす》苗《みかり》曽我《そが》

曽我十番切り 附狂言 五人男

文七 時宗　門之助
安の平兵衛 井場十蔵　団十郎
雷庄九郎 難波の次郎　広右衛門
極印千右衛門 主馬小金吾　三津五郎
布袋市右衛門 鬼王　広次

造酒太夫上るり所作事＊

お駒　富十郎
才三　門之助
柴かり　団十郎
　広次

＊白菖蒲花空

七月十五日より

・桔梗染女ト笠《ききやうぞめおんなうらかた》＊ 豊竹民太夫 野沢文四郎 豊竹年太夫 野沢熊吉 豊竹浅太夫 野沢富三郎

一 あしや将監　沢村 長十郎

一 後室　中村 大太郎

一 岩倉次部太夫　大谷広右衛門

一 左近太郎　市川 門之助

一 榊のまへ　芳沢 いろは

一 あべの保名　坂東三津五郎

一 やかん平　二やく 坂東三津五郎

一 与勘平　大谷 広次

一 芦屋道満　市川 団十郎

一 くずの葉　中村 富十郎

附狂言 豊名賀志妻太夫三回忌追善

ワキ富士太夫 佐々木市四郎 造酒太夫 同 吉蔵 同 津摩太夫 相勤る

上るり 花吹雪富士菅笠 富士太郎 坂東三津五郎 勧進比丘尼 中村 富十郎

＊桔梗染女占

八月朔日より 子別れの段出る。

九月節句より しのだ妻の段出る。

市村座より 松本幸四郎　中村座より 中村 仲蔵

同 岩井半四郎　同 山下 金作

同 中村野 塩　同 大谷友右衛門

同 市川高麗蔵　同 中崎勘左衛門

同 市川純右衛門

同 嵐 音 八

申霜月顔見世

〔弓+委〕知太平記《ひきつれてやこへたいへいき》 中村重助作

上るり名題

袖傘楓手段《そでがさもみぢのてくだ》 ワキ富士太夫 佐々木市四郎 豊名賀造酒太夫 同 吉蔵 ワキ津摩太夫 中村野塩 中村仲蔵 市川高麗蔵 松本幸四郎 岩井半四郎 相勤る

一 芝ゑびあかん平　市川 こま蔵

一 さがみ入道　市川純右衛門

一 志貴の門兵衛　大谷友右衛門

一 渕部いがの守　中島勘左衛門

一 こし元みよし　山下 三 八

一 さかみ次郎　中村 大太郎

一 てふせんのこうけいし

実ハおんぢ左近　嵐 音 八

一 足利尊氏　坂東 又九郎

一 小山田太郎

実ハ勾当内侍　中村 のしほ

一 太郎作

本名小山田太郎　市川門之助
一 小女郎狐　岩井半四郎
一 六郎左衛門女房しのづか　山下金作
一 長崎勘解由左衛門　中村仲蔵
一 畑六郎左衛門　二やく 中村仲蔵
一 はかた露左衛門　松本幸四郎
一 楠正成　二やく 松本幸四郎
浄るりの幕、舞台は野塩若衆形丹前、いか栗はね平 仲蔵赤奴ニ而
のせり出し、同時に切落と中の間の境よりセリ出し、傘売六郎助
幸四郎、しのふ□おいし 半四郎両人やつし商人ニ而ホメ言葉、大
出来〳〵。
非人景清 仲蔵 女房あこや 金作 大でき
当春狂言 尾張町布袋屋呉服店見世開の趣向
一 ほたいや手代九郎八　中村此蔵
一 同　手代源七　市川染五郎
一 ほたいや後家おてい　山下門四郎
一 同　娘おきぬ　坂田幸之助

安永六丁酉年　森田座

当春曽我、堺町工藤三五郎、葺屋町工藤団十郎、木挽丁工藤
幸四郎、三人之内幸四郎一のできとの評判なり。

正月十五日より
江《ゑ》戸《と》縫《じたて》小袖《こそで》曽我《そが》*
一 吉田の少将　山科四郎十郎
一 箱根の別当　市山伝五郎
一 もくづの三平　中村大太郎
一 ほふかいぼふ　嵐音八
一 そがの団三郎　大谷友右衛門
一 近江小藤太　中島勘左衛門
一 大磯のとら　坂田幸之助
一 せう〳〵　山下金太郎
一 そがの十郎祐成　尾上紋三郎
一 そがの五郎時宗　市川門之助
一 けいせい八ッ橋　中村のしほ
一 さくら木　岩井半四郎
一 梅やしぶ売およし　山下金作

一　八幡の三郎　　中村　仲　蔵
　　本名山田の三郎
一　工藤左衛門祐つね　　松本　幸四郎
一　鬼王新左衛門　　二やく　松本　幸四郎
幸四郎工藤途中の対面。門之助箱王丸行列の供先を割、近江勘左衛門、八幡仲蔵下れひかへろの途中の対面、大出来。
仲蔵神酒のへいじへ右のゆびを入れ、ぬけず左り扇ニ而所作事、大出来なり。

＊江戸綉小袖曽我

二月初午より　弐番目
一　座頭こま市　　市川　こま蔵
一　曽我十郎介成　　尾上　紋三郎
一　同　五郎時宗　　市川　門之助
一　男達佐野の次郎左衛門　　大谷友右衛門
一　けいせい八ッ橋　　中村　野　塩
一　梅のおよし　　山下　金　作
一　男達梅堀の小五郎兵衛　　松本　幸四郎
　　実ハ鬼王新左衛門
祐成くるわの揚代たまり、桶ぶせの難義を幸四郎引うけ、こま蔵座頭にて、佐野の次郎左衛門が金をぬすみ、長吉ころしのやつし狂言なり。

三月節句より　弐番目中幕大詰
一　牛島の五兵衛　　中島勘左衛門
　　実ハ三保の谷四郎
一　菊酒やの後家　　市川純右衛門
一　でっち幸助　　市川　門之助
　　実ハ保童丸
一　きく酒や娘おきく　　岩井　半四郎
一　幸助受人与助　　中村　仲　蔵
　　実ハ上総の五郎兵衛
一　式部卿清玄　　二やく　中村　仲　蔵
上るり　**初花雪入相**　豊名賀造酒太夫　富士岡若太夫　中入より　おきく幸助の道行　仲蔵清玄の物狂ひ道成寺のやつし所作
よし経千本桜、忠信と狐幸四郎、志づか半四郎、評判よし。
又、伊賀越のやつし狂言アリ。

酉六月十五日
　病死　坂田幸之助

七月十五日より
奉納《ほうのふ》新田《にった》大明神《だいめうじん》
一　大館主税之助　　坂東　又九郎

一 和田右衛門為広　大谷友右衛門
一 いとや番頭佐七　大谷友右衛門
一 竹沢四郎太夫のぶ種　中島勘左衛門
一 矢口のからすばゞア　二やく 中島勘左衛門
一 よし貞御台松がへ御ぜん　中村 のしほ
一 大たからや花咲
　実ハいとやの姉おふさ　二やく 中村 のしほ
一 相模二郎妹小ゆき　岩井 半四郎
一 いとや娘小糸　二やく 岩井 半四郎
一 新田小太郎よし峰　市川 門之助
一 十よせ三郎左衛門女房玉萩　山下 金作
一 いとや後家おその　二やく 山下 金作
一 細川靫負　尾上 紋三郎
一 半時九郎兵衛　中村 仲蔵
一 十よせ三郎左衛門景明　二やく 中村 仲蔵
一 江戸湊三庄太夫　三やく 中村 仲蔵
一 本朝丸の綱五郎　松本 幸四郎
一 篠塚八郎　二やく 松本 幸四郎
一 新田よし貞　三やく 松本 幸四郎

此狂言不当りなれ共、一体は面白き狂言なり。勘左衛門大出来。仲蔵三庄太夫、不出来。のしほ御台ニ而狂乱の所作*、粟の鳥を追ふ鳴子の縄を引所作、仲蔵四国廻り、佐次兵衛の順礼の所作、大出来。
此狂言中にのしほ病気ニ而引、病死。

*女倍芝粟の一夜

△大坂より下り　沢村田之助改 沢村宗十郎
中村座より　市川 団蔵
同　芳沢 いろは
同　市川 雷蔵
同　中村津多右衛門
市村座より　中村 助五郎
同　坂田幸之助改 小佐川常世
同　山口 菊の井

酉十一月朔日より
従韓貢入船《ひとのくによりみつぎのいりふね》 壕越二三次作

一 さゝの才蔵　坂東 又九郎
一 茶道じゆんけい　市山 伝五郎
一 山中鹿之助　沢村 淀五郎
一 茶うりおちか　山下 金太郎
一 岩見太郎左衛門　中村津多右衛門
一 名和無理之助　三国富士五郎
一 東山よしてる公　中村津多右衛門
一 不破の伴作　市川 雷 蔵

一 男之助女房からいと　小佐川　常世
一 いてふのまへ　芳沢　いろは
一 名古や山三郎　沢村　宗十郎
一 渡部民部早友　中村　助五郎
一 奴団助　二やく　中村　助五郎
一 真柴久よし　市川　団　蔵
一 惟任日向之助娘たけち　山下　金　作

金作竜女ニ而、霞ヶ谷ニ而忍びの者鏡をぬすみおるを取かへし、谷水ニ而洗わんとする時、団蔵久よしニ而上下の暫く。夫より鏡をうけ取、竜女があたへし馬にのりて入る。

団蔵いてふのまへのめのと森野といふ老女。此やくは松介の所、不出ゆへ、団蔵いたし評判よし。金作日向守娘たけちニ而、若君をおろかに仕立、部や子のやどり木を愛して男の芸をおしゑるゆへ、森野あやしみ、砥石をまたがせて、こゝろ見る所よし。いろは春永の息女いてふのまへニ而、たけちに恋の取持を頼、宗十郎名古や山三郎ニ而、身持ほふらつゆへ、親の勘当うけ、いてふのまへにほれられ、めいわくする。金作たけちニ而姫の恋人を見れば、去年已前三日ちぎりし我夫トゆへ驚き、恋の取持のふりニ而、わが恋暮を姫に見咎められ、姫のいゝつけ成とて、森野に下駄にてうたれ、姫君をうらみて、時は今天が下しるさつきかなと、傘へ書く。

団蔵大館左馬之助ニ而、大ざつま上るり、生酔の出端、片桐弥七のやつし也。女房がまへの夫の去り状に、恐惶頓首と書し文字をさとりて、武智に身がわりのなぞをかける所よし。金作、若君とわが子を入かへ置しといふて、やどり木が首をうつて、赤松へわたす。夫より本心をあかし、やどり木はやつはり十二年已前、三日契りし夫ト山三郎と我が中に出来し子なりといふてしうたんの所、大出来〳〵。

実悪の仕内を女形でするとは、金作にとゞめる也。武智の悪を女形で見せ、三日契りし夫婦とは、おもしろき作り方。是は菜陽が手がら也。

酉十一月十九日　中村富十郎実子
病死　中村新五郎
行年三拾弐歳

同月同日両人共病死いたし候

酉十一月十九日　中村富十郎門弟
病死　中村野塩
行年弐拾六歳

安永七戊戌年　森田座

二月十七日より
妹背山婦女庭訓《いもせやまおんなていきん》
　狂言作者壕越二三次病気に付、操狂言いたし候段、断書口上有之。

一 猟師ふか七　中村 助五郎
一 曽我のゑみじ　二やく 中村 助五郎
一 采女の局　山下 金太郎
一 中納言かね秋　市川 染五郎
一 柴六一子三作　市川 満蔵
一 ひなとり　芳沢 いろは
一 めどの方　小佐川 常世
一 おみわ母　中村津多右衛門
一 芝六女房　二やく 小佐川 常世
一 猟師柴六　沢村 宗十郎
一 久我之助清ふね　二やく 沢村 宗十郎
一 だざいの後室さだか　山下 金作
一 大判事清ずみ　市川 団蔵
一 入鹿の大臣　二やく 市川 団蔵

　此狂言、山の段大出来〳〵。
豊竹民太夫　野沢文四郎
同　浅太夫　同　栄蔵
同　元太夫　同　富三郎

四月より
壇浦兜軍記《かぶとぐんき》

一 太五平　沢村 淀五郎
一 岩永左衛門　中村 大太郎
一 平山武者所　藤川 半十郎
一 玉おり姫　坂田 菊の井
一 菊のまへ　沢村 歌川
一 ゆふくんあこや　小佐川 常世
一 八百やおちよ　二やく 小佐川 常世
一 八百や半兵衛　沢村 宗十郎
一 熊谷次郎直実　二やく 沢村 宗十郎
一 さつまの守忠のり　三やく 沢村 宗十郎
一 畠山重忠　四やく 沢村 宗十郎

一　半沢六郎　　坂東　又九郎
一　岡部六弥太　　二やく　坂東　又九郎
一　おかる　　森田　八十助

五月五日より

五鴈金＊の狂言出る

一　雷庄九郎　　沢村　淀五郎
一　安ノ平兵衛　　坂東　又九郎
一　大鳥佐賀右衛門　　中村　大太郎
一　極印千右衛門　　二やく　中村　大太郎
一　布袋市右衛門　　山下　又太郎
一　けいせい滝川　　小佐川　常世
一　雁金文七　　沢村　宗十郎

＊江戸苙浪花帷子

六月九日より

茜染浮名伊達形
仮名手本忠臣蔵

右之名題ニ而土用中相休不申、沢村長十郎、中村大太郎、芳沢いろは、沢村宗十郎、坂東又九郎、右之役者ニ而、日々役割を入替いたし候段、三段めづくしの狂言いたし候口上。

六月廿三日より

女非人意錦《こゝろのにしき》

一　高市武右衛門　　沢村　淀五郎
一　彦坂甚六舅須藤六郎右衛門　　中村　大太郎
一　そうかおやかた四文銭の六兵衛　　藤川　半十郎
一　かむら宇多右衛門　　二やく　藤川　半十郎
一　くつわや才兵衛　　坂東　三木蔵
一　奴入平　　中村　熊五郎
一　おしゆん弟新七　　坂田　菊の井
一　伊兵衛女房おみよ　　沢村　歌　川
一　佐兵衛女房おぬい　　小佐川　常世
一　非人おしゆん　　二やく　小佐川　常世
一　やつこ伊兵衛　　沢村　宗十郎
一　やつこ佐兵衛　　坂東　又九郎

△下り　尾上松助

七月七日より

江戸苙難波帷子と云名題ニ而、
祇園祭礼信仰記　弐番め迄

一　柴田権六　　山下　又太郎
一　浅倉　　藤川　判十郎

一 市助　坂東 三木蔵
一 森蘭丸　大谷 仙次
一 信長　沢村 宗十郎
一 此下兵吉　坂東 又九郎

双蝶々曲輪日記

一 長五郎母　市川 染五郎
一 権九郎　中村 大太郎
一 南与兵衛　沢村 淀五郎
一 与五郎　沢村 宗十郎
一 はなれ駒長吉　中村 助五郎
一 ぬれ髪長五郎　尾上 松 介
一 まぼろし竹右衛門　坂東 又九郎

八月七日より

花襷巌流島《はなだすきがんりうじま》

一 与五郎　沢村 宗十郎
一 菅沼与右衛門　沢村 淀五郎
一 やっこ伊達平　中村 大太郎
一 三よし縫之助　坂田 菊の井
一 岩崎源右衛門　坂東 三木蔵
一 やっこ杢平　二やく 坂東 三木蔵
一 やっこ右内　中村 熊五郎
一 やっこ伝内　坂東 嘉十郎
一 伴の五平　藤川 判十郎
一 つの国や太右衛門　富沢 半三郎
一 吉兵衛母妙玄　二やく 富沢 半三郎
一 およそ　沢村 歌 川
一 おくみ　小佐川 常世
一 おすて　二やく 小佐川 常世
一 かねの吉兵衛　尾上 松 助
一 月本武者之助　二やく 尾上 松 助
一 佐々木がんりう　中村 助五郎
一 永井助十郎　坂東 又九郎

八月廿五日より

沢村宗十郎、葺屋町市村座へ参候に付、名残狂言との口上。

菊慈童の所作事。

中村座より 市川団十郎　中村座より 沢村長十郎
市村座より 中村仲 蔵　同 坂東又太郎
同 尾上民 蔵

十一月朔日より
・伊達錦対将《だてにしきついのゆみとり》　河竹新七作

・一　高弘親王	中村　仲　蔵
・一　善知鳥安方	二やく　中村　仲　蔵
・一　廻国修行者快山 　本名阿部の貞任	三やく　中村　仲　蔵
一　加茂の次郎	沢村　淀五郎
一　伊予の弾正	中村津多右衛門
一　めのと糸萩	尾上　多見蔵
一　新羅三郎	坂東　又九郎
一　白糸娘	坂田　菊の井
一　和田右衛門為宗	沢村　長十郎
一　金の八郎	坂東　又太郎
一　みたけ悪五郎	尾上　松　助
・一　尾のへの前	小佐川　常世
・一　さい国じゆんれい 　実ハ国井蔵人政清	市川　団　蔵
・一　鎌倉権五郎景政	二やく　市川　団　蔵
・一　荒川太郎不負	市川　団十郎
・一　三浦平太夫国たへ	二やく　市川　団十郎
・一　八幡太郎よし家	三やく　市川　団十郎

当顔見世、団十郎木挽丁江来りしは、秋狂言に、堺町ニ而幸四郎ともめ合の訳。見物へ披露して引込、退座。已後、団十郎、仲蔵、団蔵三人共、当座にての顔見世、大当り。

但し幸四郎は一件をこしらへ置、一同申合、事をはかり候ゆへ、団十郎壱人つき出しものに成候と申事を、しばらくのせりふにも入れて申せしなり。

仲蔵は木場の海老蔵に世話に成候恩をわすれず、此節仲蔵計り万事団十郎へ深切にいたし候由。此節三升が狂歌に、

　便りなき身と成てこそ世の中の
　　人の情の知れるものかな

此狂歌を、仲蔵へおくりしとの評判なり。仲蔵もかねて江戸中に三人といふ役者の数に成たき願ひニ而、先達而より、替紋卜卜卜かよふの紋を付しは、香の図のやふニ而、左にあらず。卜《ひと》といふ文字三つよせし紋なり。此節、大願成就せしと、悦びしとの評判也。

三立め暫くの幕

後朱雀院の弟、五の宮高弘親王ニ而、中村仲蔵金冠白衣ニ而の公家悪のうけなり。金の八郎てるよしニ而、坂東又太郎赤つらかま髭ニ而、上下大小ニ而のうけ。八幡太郎の随身荒川太郎まけずと名のり、角かづらすじ隈どり、例の柿のすをふニ而の暫く、大当り。此時のせりふ、しきの本ぎを略せしつらね、自作、大出来。

四立め上るり　紅葉傘色糸錦木《もみじがさいとのにしきゞ》*

常盤津兼太夫　ワキ左名太夫　岸沢古式部　ワキ沖太夫　同　九蔵

尾のへのまへ二而、小佐川常世ふり袖二而、ぬれ事の相手。仲蔵うとふ安方のほうこんにて、兼太夫上るり二而、能がゝりの出、古今の大出来〱。名香のかほりをしたい来り、主人貞任と尾のへの前の恋を、とりもたんといふ時、尾のへの前は八幡太郎を恋し、さだとふへはなびきがたき返事とて、水せんをわたし、此水仙の花の顔はむつ、むつはみちのく、

陸奥のおだへのはしのいかなれば
　ふみたがへては心迷はす

と云古歌を以て返事といふゆへ、うとふかなしみ、しうたんの所、大出来〱。夫より地ごくのせめに成、諸鳥にせめられくるしむてい。仲蔵壱人二而の所作。名釼のいとくに恐れ、ぅとふが姿きへうせると、花道より団十郎八幡太郎のやつし大将すがた、松助赤奴二而供の出。夫より二やく仲蔵、しのぶ摺の絹うりの姿二而、浅黄頭巾、布の荷をかつぎての出、尾のへの前と、よし家の恋のとり持とて、松助と両人いろ〱おかしみ有。中にも仲蔵、塩ふき面かぶりての所作事は、奇妙〱。夫より布さらしに成、とゞ松助がよし家をねらふをさゝへて、団十郎、仲蔵、松助、常世、四人の見へよく、上より黒幕下り、奥州外ヶ浜の道具建に成、廻国修行者快山実ハ貞任二而、仲蔵鼠布子笈仏をせをひ、しゆ杖をつき立て居る下に、順礼姿二而団蔵管笠をかぶり、竹つへをつきて休み居る見へにてせり出し、此所大ざつま上るり二而大評判の所なり。是は故人市紅と五粒との出合のかたなり。誠に江戸狂言なり。

五立め

桂中納言のり氏二而、小佐川常世勅使に来り。付ヶ人として鳥の海弥三郎にて、尾のへ松助上下二而付添来る。鎌倉権五郎景政二而、すりたてすじくまどり、柿の上下二而よし家の供にて、団蔵よし家、団十郎ちよくしを迎ひ、後に桂中納言は女と見顕し、笄の片われにて云号の女房と知り、わざとじやらくらする仕内。此所団蔵、大出来〱。夫より似せちよく使を顕し、鳥の海弥三郎と申来りしは、阿部の宗任と見顕し、よし家の墨付を乞受、味方に付け松浦宗任と名のらする所、大当り〱。夫より団十郎、地ごく谷のわんてつといふ悪坊主二而、いが栗あたま二而出、敵役にたのまれ、よし家のおく方萩原尾のへ民蔵を、姉といゝかけて恥をあたへ、夫より金をゆすり、其上髭切の名釼をうばひとりて、猶又おくへ忍び入り、よし家を害せんとする所を、景政二而団蔵見つけ、此所団蔵柿の上下股立二而、手しよくを口にくわへての見へ。団十郎は名釼のかくし所なく居りながら、足の下へかくしての拍子幕、大出来〱。

六立め

団十郎同じわんてつの役二而、当宮のめのとをしばり手ごめにせし時、岩間小次郎さゝへるゆへ、毒薬をもつて殺し、民蔵が色に事よせて、付よるをあやしみ、われとわが身へ疵を付け、

人殺し〳〵といふゆへ、是悲なく民蔵、わんてつをころす所、大出来〳〵。

大詰

不動尊の霊像ニ而こんから童子　坂田菊の井　せいたか童子　坂東又九郎団十郎、栢莚風の作り方大出来〳〵。

弐番目

三浦平太夫国たへニ而団十郎実事の武道、大出来〳〵。修行者仲蔵をとめて、貞任とさとり、色〳〵と心を引仕内、此所団十郎、仲蔵、両人ニ而大出来〳〵。夫より国たへは、妾のお雪を見て互にびつくりし、国妙にあやしめられ、両人ともにもじ〳〵する仕内、面白し〳〵。夫より頼時がどくろの盃ニ而、酒をすゝめ、此頃かゝへし子持の妾お雪は、阿部の貞任が妻のみさきならんと存せしゆへ、わざとかゝへしが、此雪を幸ひ、貞任が有家をせん義して、雪酒のさかなにして、まれ人へのきやふおふにせんと、お雪と千代童子を雪の中へ追出して、両人ともにこらゆる体を見せる仕内。仲蔵はいろ〳〵悪口せられ、無念をこらゆる仕内。此引ぱり、なか〳〵言葉にはつくしがたし。左によつて三芝居の内、壱番の大当り、大入〳〵。夫より国妙が妹錦木、新羅三郎にれんぼし、跡をおふてゆくをいましめ、おくへ入。夫より仲蔵、妻子を介抱して、無念をこらへ兼、はた上けせんと、わがでに阿部の貞任と名のる時、上障子の内ニ而、

年を経し糸の乱れのくるしきに
衣のたてはほころびにけり

と吟じ、国たへにて団十郎出、一子国わかにいゝつけ、仲蔵に縄かける所、大当り大出来〳〵。

＊紅葉傘糸錦色木

安永八己亥年　森田座

正月十五日より
江戸《ゑど》名所《めいしよ》緑《みどり》曽我《そが》

一　うさみの十内　沢村長十郎
一　曽我の十郎祐成　沢村淀五郎
一　よし田松若丸　尾上多見蔵
一　けわい坂のせう〳〵　坂田菊の井
一　大磯のとら　小佐川常世
一　景清女房あこや　尾上松助

一 近江小藤太　市川　団蔵
一 朝いな奴豆平　坂東　三田八
一 伊豆の次郎　中村津多右衛門
一 曽我団三郎　坂東　又太郎
一 奴軍助　市川　団蔵
一 鬼王新左衛門　二やく　市川　団蔵
一 秩父の庄司重忠　中村　仲蔵
一 小はやしの朝比奈　二やく　中村　仲蔵
一 工藤左衛門祐つね　市川　団十郎
一 悪七兵衛かけ清　市川　団十郎
一 曽我の十郎祐成　沢村　淀五郎
一 同　五郎時宗　坂東　又九郎
一 近江(重出)の小藤太　市川　団蔵
一 八幡の三郎　山下　又太郎

二月十五日より 弐番目中幕

・尾のへ松助、あこやと番場の忠太の二やく。度々の早がわり。仲蔵重忠、団十郎岩永ニ而、松助あこや三曲の所、大出来〳〵。

三月三日より

お染　常世
軍助　団蔵
久松　多見蔵
あこや　松助

・仲蔵しのぶ売*、兼太夫上るりニ而、所作事大当り。団蔵井場の重蔵ニ而、大日坊仲蔵をころして、後江髪を引かれ、刀をぬいて持たるなりニ而、うしろへ中がへりをいたし、見物目をおどろかす。

*垣衣恋写絵

四月朔日より 大(ママ)弐番目大詰メ

一 人丸姫　菊の井
一 井場の十蔵　団　蔵
一 三保の谷四郎　仲　蔵
一 かけきよ　団十郎

団十郎日向勾当の景清、大ざつま上るりの道行ニ而、団蔵人丸姫をともない来る所、大出来。後ニ仲蔵三保の谷ニ而、三人の出合、大当り。

夏祭り* 団七 仲蔵　徳兵衛 団十郎　三ぶ 団蔵 大当り

***夏祭浪花鑑**

七月十五日より

・仮名手本忠臣蔵

一 鷺坂伴内　尾上松助
一 勘平母　二やく 尾上松助
一 原郷右衛門　沢村長十郎
一 薬師寺次郎左衛門　中村津多右衛門
一 塩谷判官　沢村淀五郎
一 由良之助女房おいし　尾上多見蔵
一 かほよ御ぜん　二やく 尾上多見蔵
一 大星力弥　坂田菊の井
一 千崎弥五郎　坂東又九郎
一 桃井若狭之助　坂東又太郎
一 本蔵女房となせ　小佐川常世
一 勘平女房おかる　二やく 小佐川常世
一 大星由良之助　市川団蔵
一 寺岡平右衛門　中村仲蔵
一 斧定九郎　二やく 中村仲蔵
一 高師直　三やく 中村仲蔵
一 早の勘平　市川団十郎
一 加古川本蔵　二やく 市川団十郎

此忠臣蔵大当り。仲蔵三やく共得手物。団蔵由良之助評よし。団十郎本蔵は得手物。勘平を隈どり二而いたし、柿上下もぐさのいせふ二而、荒事二而いたし。大出来〱。淀五郎判官、常世おかるも評よく、夫ゆへ大入二而、秋狂言是二而納。

中村座より 中村里好　市村座より来る 市川八百蔵（沢村四郎五郎改）
同 尾上紋三郎　同 中島勘左衛門
同 生島大吉

霜月五日より

倭歌《うた》競《くらべ》当世《とうせい》模様《もやう》 河竹新七作

一 大原八郎　坂東又九郎
一 破軍太郎　坂東又太郎
一 出羽の郡司よし実　山科四郎十郎
一 須磨の兵衛　中島勘左衛門
一 かつら民部之助　尾上紋三郎
一 小野頼風　沢村淀五郎
一 小野の小町　生島大吉
一 侍女おみなへし　小佐川常世
一 黒主のおく方岩瀬のまへ　中村里好
一 般若五郎　市川八百蔵
一 五代三郎　中村仲蔵
一 秦の大ぜん武虎　市川団蔵
一 盤若五郎　市川八百蔵

一 四位の少将　二やく 市川八百蔵
一 惟高親王　尾上紋三郎
一 柴苅お仲　中村里好
一 大伴の黒主　市川団蔵
一 柴苅栄作　中村仲蔵

富士太夫改 豊名賀造酒太夫　後見 造酒太夫改 文賀
ワキ佐賀太夫　三弦 佐々木市四郎
同 富太夫　同 吉蔵
二番め、市川八百蔵、関寺門番与助と、しなの〻助、よし峰の四やく共、大でき。

安永九庚子年　森田座

正月十三日より
菅原伝授手習鑑
一 左大臣時平　中島勘左衛門
一 菅秀才　市川満蔵
一 まれよ　中村熊五郎
一 法性坊　山下又太郎
一 土師の兵衛　二やく 中島勘左衛門
一 武部源蔵　市川団蔵
一 梅王丸　坂東又太郎
一 菅せう〴〵　中村里好
一 桜丸　市川八百蔵
一 白太夫　市川団蔵
一 松王丸　中村仲蔵

一 菅丞相　二やく 中村仲蔵
此首じつけんの所、大評判。
切狂言
今様の釣狐
一 曽我の十郎祐成　坂東又九郎
一 同 五郎時宗　市川団蔵
一 工藤左衛門祐つね　中村仲蔵
二月朔日より
青柳硯* 三の口
一 道風　中島勘左衛門
一 早なり　富沢半三

一 おまち　生島 大吉
一 よし実　市川 八百蔵
＊小野道風青柳硯

源平布引滝＊二の口

一 高橋判官　中島勘左衛門
一 葵御ぜん　岩井 重八
一 小まん　坂田 菊の井
一 多田蔵人　沢村 淀五郎
一 木曽せんぜふよし方　市川 八百蔵
＊源平布引瀧

由良の湊＊三段めの口

一 山岡　中島勘左衛門
一 要之助　沢村 淀五郎
一 あんじゆ姫　松本 七蔵
一 つし王丸　市川 満蔵
一 山庄太夫　山科四郎十郎
一 女房　市川 染五郎
一 娘おさん　市川 八百蔵
＊由良湊千軒長者

曽根崎もやふ＊

一 片岡幸左衛門　中島勘左衛門
一 油屋九平次　沢村 淀五郎
一 箱根の三ぶ六　富沢 半三
一 けいせい小春　坂田 菊の井
一 平野や久兵衛　市川 染五郎
一 片岡幸之進　山科四郎十郎
一 てんまやおはつ　生島 大吉
一 平野や徳兵衛　市川 八百蔵
＊曽根崎模様

四月朔日より

・碁太平記白石噺＊

竹本家太夫　豊竹町太夫　野沢文四郎　豊竹浅太夫　同 金蔵

一 伊賀台七　中島勘左衛門
一 吉野や伊平次　坂東 嘉十郎
一 けんぼふ娘染衣　岩井 しげ八
一 百姓与茂作　山下 又太郎
一 常悦妾おせつ　中村 国太郎
一 楠判官正成　市川 染五郎
一 楠原普伝　山科四郎十郎
一 とぢやう太夫　坂東 又太郎

一　鞠ヶ瀬秋夜　二やく　坂東　又太郎
一　与茂作女房おしづ　小佐川　常世
一　けいせいみやぎの　二やく　小佐川　常世
一　奴だて介　市川　八百蔵
一　宮城野妹しのぶ　二やく　市川　八百蔵
一　山吹御ぜん　中村　里好
一　庄屋七郎兵衛　市川　団蔵
一　大黒や惣六
　本名島田三郎兵衛　二やく　市川　団蔵
一　宇治常悦
　本名楠正之　中村　仲蔵
一　金江谷五郎　坂東　又九郎

＊碁太平記白石噺

五月五日より　九段め、十段め出る。
一　紺屋弥左衛門　中島勘左衛門
一　召仕八尾六　山下　又太郎
一　下女おたけ　沢村　歌川
一　高の師安　中島　勘十郎
一　熊川三平　市川　友蔵
一　金井谷五郎　坂東　又九郎
一　紺屋娘おその　小佐川　常世

一　召仕吉六
　実ハ新田よし興　市川　八百蔵
一　宇治常悦　中村　仲蔵
中村里好病気に付、久々相休候所、此節全快仕、出勤仕候段、口上書出る。

五月廿日より　碁太平記江付狂言

姫小松子日遊＊

一　なめらの兵　中島勘左衛門
一　深山の木蔵　山科四郎十郎
一　かげのどふ六　坂東　兵蔵
一　たくぼくの江吉　富沢　半三郎
一　小督の局　中村　万世
一　とくじゅ丸　中村　よし蔵
一　同宿うんけつ　坂東　龍蔵
一　次郎九郎　中村　此蔵
一　亀王丸　尾上　紋三郎
一　有王丸　坂東　又太郎
一　おやす　中村　里好
一　かんくつの来現
　実ハしゆんくわん僧都　市川　団蔵

＊姫小松子日の遊

初、瀧中重の井と中女形、延享三寅年沢村小伝次と改名、宝暦元酉（ママ）年、五代め森田勘弥弟子に成、勘弥と改名、座元相勤、立役兼帯相勤、安永四未年隠居八十助と改名。

子五月十九日
病死 六代め勘弥事森田八十助

八月朔日より

紅白粉四季染分

一 佐々木の家臣山上源内左衛門　中島勘左衛門
一 六ッぱ島の同心者がんてつ　二やく 中島勘左衛門
一 坂東監物　山科四郎十郎
一 歌之助直信　沢村　淀五郎
一 三上の十郎　尾上　紋三郎
一 三すじや門兵衛　市川　染五郎
一 細川将監　山下　又太郎
一 京橋お万が兄左七　二やく 山下　又太郎
一 目くぼ伝右衛門　中村　此　蔵
一 けいしやおなを　坂田　菊の井
一 男達てつぺき武兵衛
　実ハ幸崎甚内　坂東　又太郎
一 山上源内女房矢ばせ　小佐川　常世

一 京ばしのおまん　二やく 小佐川　常世
一 佐々木よし賢嫡子さゝ木主計之助　市川　八百蔵
一 紅屋手代茂吉　二やく 市川　八百蔵
一 中ばしのおまん　中村　里　好
一 荒五郎茂兵衛女房おつや　二やく 中村　里　好
一 佐々木の家中桃の井隼人　市川　団　蔵
一 六ッぱ島のなけ込婆々　二やく 市川　団　蔵
一 主計之助奴仲平　中村　仲　蔵
一 男達荒五郎茂兵衛　二やく 中村　仲　蔵
一 荒岡八郎照則　坂東　又九郎

九月十八日より 後日狂言

源平布引滝 大序より三段め迄

一 安芸守平清盛　中島勘左衛門
一 瀬の尾の十郎兼氏　中島勘左衛門
一 後白河の院　中島　勘　蔵
一 大納言成忠　山下　又太郎
一 平の宗盛　市川　赤　蔵
一 飛田の左衛門　坂東　嘉十郎
一 長田の太郎　中村　仲　八
一 九郎助女房　二やく 山下　又太郎
一 あをひ御ぜん　中村　国太郎

一 奴折平　尾上 紋三郎
一 百姓九郎助　山科四郎十郎
一 高橋判官　坂東 又太郎
一 小まん　小佐川 常世
一 木曽のせんじやうよし方　市川 団蔵
一 斎藤別当実盛　二やく 市川 団蔵

在原系図 四段目口切

一 在原中将行平卿　尾上 紋三郎
一 ふじ原のよし房　市川 染五郎
一 奴しけ蔵　市川 満蔵
一 行平御台所　中村 国太郎
一 伴のよしずみ　坂東 兵蔵
一 孔雀三郎成平　坂東 米五郎
一 百姓介作　富沢 半三
一 坪坂丹内兵衛　市川 友蔵
一 金貸鉄九郎　中村 此蔵
一 百姓与茂作
　実ハ跡見の音人　坂東 又太郎
一 与茂作女房おりく　小佐川 常世
一 奴蘭平
　実ハ伴義雄　市川 団蔵

一 金剛太郎よし兼　坂東 又九郎

△下り 嵐 雛助
中村座より 中村 粂次郎
同 大谷 徳次
市村座より 坂東 彦三郎
同 中島三甫右衛門
中村国太郎改 中村 富瀧

○生島大吉、上方へ登る。

江戸方の関取中より雛介に引幕壱張、地空色ニ而、紅梅を染、源氏雲。

十一月朔日より
時萌《ときめきて》於《お》江戸初雪《ゑどのはつゆき》* 壕越二三治作

一 平の清盛　中島三甫右衛門
一 しん蔵人　山科四郎十郎
一 尾形の三郎　坂東 又九郎
一 田原の又太郎　坂東 彦三郎
一 難波の次郎　坂東 又太郎
一 もじ兵衛　大谷 徳次
一 瀬の尾太郎　中島勘左衛門

一 つゝみの判官　尾上　紋三郎
一 猪の早太忠純　市川　団蔵
一 越中次郎入道　中島三甫右衛門
一 奴三平　尾上　紋三郎
一 丁七女房あやきぬ　中村　粂次郎
一 いつくしま弁才天　小佐川つね世
一 おせき　二やく　小佐川つね世
一 けいせいおふよど　中村喜代三郎
一 崇徳院　市川　団蔵
一 丁七唱　下り　嵐　雛助
一 菊地惟広　嵐　ひな助

下り雛助、毛抜弾正の狂言の趣向なれ共、団蔵ともめ合、一幕代りに出るゆへ、一向に出合なし。扇子の所作事、評判はよけれ共不入ニ而、十一月廿二日切ニ而休。十一月廿七日より又々始る。切狂言に**恋女房染分手綱**、六段め、七段め、十段め、三幕出し、雛助馬かたの八蔵と、こし元重の井の役より、御乳の人に成、女形の役大当り。十二月十三日迄の所、日延有之。同十七日千秋楽納舞、雛介上方へ上る。

○嵐雛助、顔見世切ニ而上方へ登る。

＊時萌於江都初雪

安永十辛丑年　四月廿五日より天明元年に成

森田座

正月十二日より

春告曽我細見《はるつげそがのさいけん》＊

一 近江小藤太成いへ　中島勘左衛門
一 八幡の三郎行氏　山科四郎十郎
一 大磯のとら　中村　粂次郎
一 そがの十郎祐成　尾上　紋三郎
一 同　五郎時宗　坂東　彦三郎

一 土左衛門伝吉　中島三甫右衛門
一 八百やお七　中村　粂次郎
一 鬼王新左衛門　中島勘左衛門
一 そかの団三郎　坂東　又太郎
一 朝比奈　坂東　熊十郎
一 かけ清女房あこや　小佐川　常世
一 小性吉三郎　小佐川　常世

一 月さよ　小佐川 常世
一 鬼王新左衛門　市川 団 蔵
一 悪七兵衛かけ清　二やく 市川 団 蔵
一 工藤左衛門祐つね　市川 団 蔵

此春狂言、二月四日にやう／＼初日いたし候所、一向に不入
ニ而、日数十六日いたし、同月十九日限りに相仕廻、休申候。

＊陽春告曽我細見

三月十一日より

・仮名手本忠臣蔵

一 加古川本蔵　中島勘左衛門
一 鷺坂伴内　大谷 徳 次
一 薬師次郎左衛門　市川 友 蔵
一 本蔵娘小なみ　中村 万 世
一 おかる　中村 粂次郎
一 由良之助女房おいし　二やく 中村 粂次郎
一 かほよ御ぜん　三やく 中村 粂次郎
一 寺岡平右衛門　坂東 又太郎
一 石堂右馬之丞　坂東 彦三郎
一 義平女房おその　小佐川 常世
一 高師直　中島三甫右衛門
一 斧九太夫　中島三甫右衛門
一 同定九郎　市川 団 蔵
一 与一兵衛　市川 団 蔵
一 天川屋義平　市川 団 蔵
一 大わし文吾　市川 団 蔵
一 本蔵女房となせ　市川 団 蔵
一 塩谷判官　市川 団 蔵
一 大星由良之助　市川 団 蔵
一 桃井若狭之助　坂東 又九郎

四月朔日より 十段め出る

一 太田了竹　大谷 徳 次
一 千崎弥五郎　坂田 佐十郎
一 大星力弥　小佐川松之丞
一 小寺十内　市川 赤 蔵
一 竹森喜太八　中村 村 蔵
一 矢間十太郎　坂東 三木蔵
一 富堀助右衛門　市川 友 蔵
一 義平一子よし松　坂東 藤次郎
一 てつち伊吾　二やく 大谷 徳 次
一 原郷右衛門　山科四郎十郎
一 義平女房おその　中村 粂次郎
一 天川屋義平　市川 団 蔵

嵐雛助伝に曰、嵐三右衛門迚、大坂根生古来の太夫元株、六法は家の芸。是を江戸ニ而丹前と申也。元摂州西崎新平と云者の子にして、三右衛門、或時小夜嵐と云狂言ニ而当りを取しより、嵐〳〵と呼ければ、自然と苗字と成。今世上に嵐と名のる者、此家より出さるはなし。宝井其角も、

　諸人や嵐芝居を冬こもり

又二代め三右衛門を称美して、

　うぐひすの子は子也けり三右衛門

是五元集にアリ。

五月五日より

牡丹分身容《ふかみぐさふんじんすがた》

一 釣舟の船頭三ぶじまの三ふ　中島勘左衛門
一 天満やおはつ　大谷徳次
一 ぜげんこわめしの利八　富沢半三
一 たんこぶの十　坂東龍蔵
一 てんがふの八　坂東三木蔵
一 但馬や徳兵衛　松本大五郎
一 目黒大島村の佐賀右衛門　市川友蔵
一 平野や召仕長蔵　尾上紋三
一 平野や女房おはつ　中村粂次郎
一 三河や九平次　坂東又太郎

一 玉島兵太　中島三甫右衛門
一 さかい堀の団七坊　市川団蔵
一 助松主計
　本名井場重蔵　二やく 市川団蔵
一 獅子丸の精霊　三やく 市川団蔵
一 半時九郎兵衛　坂東又九郎
一 平野や徳兵衛　二やく 坂東又九郎

市川団蔵、石橋の所作事相勤る。

八月八日より

義経千本桜

団蔵、三甫右衛門、紋三郎、徳次、出不申休。

一 むさし坊弁慶　中島勘左衛門
一 横川のかくはん　中島勘左衛門
一 源のよし経　沢村淀五郎
一 しづか御ぜん　中村粂次郎
一 佐藤忠のぶ　坂東又九郎
一 狐忠のぶ　坂東又九郎

△下り 尾上小三郎　中村座より 市川八百蔵
△下り 尾上小吉　市村座より 坂東三津五郎
△下り 嵐此松　同 市川宗三郎

同　沢村　淀五郎

十一月朔日より
荘雪三吉野《さきかへせゆきのみよしの》
八日より弐番め出る。金づかへニ而十六日切休。廿三日より始る。廿七日限ニ而休。尤広次三津五郎、病気ニ而不出。

一　しんぞう太郎　実ハ鳥の精霊	沢村　淀五郎
一　長崎次郎	坂東　又九郎
一　瓜生判官	市川　宗三郎
一　ふじ房卿	山科四郎十郎
一　勾当の内侍	尾上　小　吉
一　新平女房おしな	尾上　小三郎
一　けいせい白あや	中村　粂次郎
一　面打妻鹿孫三郎	坂東三津五郎

小佐川常世出座、紋看板出る。

一　大森彦七	中島勘左衛門
一　新田よし貞	市川　八百蔵
一　よりゆき	坂東三津五郎
一　五位之助　実ハ鷺の精霊	二やく　坂東三津五郎
一　奴宣新平	大谷　広　次
一　篠塚五郎	二やく　大谷　広　次
一　相模次郎時行	市川　団　蔵
一　跡部大炊之助	二やく　市川　団　蔵

麦臼の所よし。夫より三面の所作、生酔の処よし。よし貞八百蔵より兜を受取入る。次に気比の宮司五位之助実ハ白鷺精ニ而所作。河内の兵衛娘妻木、下り嵐此松、勾当の内侍、下り尾上小吉、上るり常盤津兼太夫と四人所作、大でき。六角大炊之助実ハ相模次郎時行、二やく栗生左衛門也。

天明二寅年　森田座

三月七日より
春寿常曽我《はるをことぶくときわそが》

一　清水寺の住僧	山科四郎十郎

一 あねわの平次　坂東 三八
一 足軽団平　中島勘左衛門
一 ともへの介　森田 勘弥
一 鬼王新左衛門　二やく 森田 勘弥
一 松井の源吾
　本名由利の八郎　二やく 中島勘左衛門
一 鬼王女房月さよ　中村 粂次郎
一 八わたの三郎　沢村 淀五郎
一 近江小藤太　坂東 熊十郎
一 大磯のとら　小佐川 常世
一 さくらひめ　二やく 中村 粂次郎
一 めのと常盤木　二やく 小佐川 常世
一 清水寺の清玄　坂東三津五郎
一 奴軍助　市川 団蔵
一 曽我十郎祐成　二やく 坂東三津五郎
一 工藤左衛門祐経　二やく 市川 団蔵
一 曽我五郎時宗　三やく 市川 団蔵

団蔵松井源吾ニ而、三津五郎山田の三郎とどろ仕合有之。

三立め、大津絵の所作*、若衆と座頭三津五郎、藤荷女、鬼念仏団蔵。

三月廿七日、廿八日、廿九日、三日の内、誉詞。常世を船尽し、団蔵を川づくし、三津五郎を橋づくしニ而、中村春吉、富士田若次兄弟ニ而ホメル。四月朔日切ニ而休む。

四月十日より、弐番目大詰四幕出る。

清玄の幕ニ而、三津五郎初日に頓死スル。翌日は休。又々十二日より始め、三、四日ニ而休。

*京偶昔絵容

寅四月十日
　病死　坂東三津五郎
　　行年三拾八歳

辞世
　順道に行や此世を帰る雁

四月廿一日より　三津五郎追善狂言
残花記念贈《のこんのはなかたみおくり》　三幕出る
　むかし思へば兄弟が、としも五つや三津五郎、時宗と祐成が、俤うつすかほよばな、江戸紫の御ひいきは、御恩も高き富士詣、裾野にそめる色もやふは、梅若塚に今の世迄も常念仏の追善供養。

一 鬼王庄司左衛門　市川 団蔵
一 悪七兵衛かけ清　二やく 市川 団蔵
一 井場の十蔵　三やく 市川 団蔵

一 祐成一子祐若　坂東 巳之助
一 同弟　時若　坂東 三 平
一 小間物や官次　沢村 淀五郎
一 石田の三郎　坂東 熊十郎
一 千鳥のまへ　市川 満 蔵
一 山宿隼人　坂東 三 八
一 おかん母さつ　山科四郎十郎
一 重忠おく方きぬかさ御ぜん　中村 粂次郎
一 牛島の勘左衛門
　本名三保の谷四郎　中島勘左衛門
一 三河島のおかん　小佐川 常世
一 庄司娘おしつ　二やく 小佐川 常世
一 はんにや忠五郎　坂東 又九郎
一 曽我の団三郎　二やく 坂東 又九郎

五月九日より　同月十六日切ニ而休

安達ヶ原＊ 二段め三段め四幕出る

一 生駒之助　沢村 淀五郎
一 恋ぎぬ　中村 粂次郎
一 浜ゆふ　市川 染五郎
一 八幡太郎よしいへ　坂東 又九郎
一 けんぜう直方　山科四郎十郎

一 袖はぎ　小佐川 常世
一 阿部のむねとふ　中島勘左衛門
一 権中納言
　実ハ阿部貞任　市川 団 蔵

五月中旬より、団蔵、常世退座いたし、無人の上、猶々無人に成興行不相成休候所、盆後に成、京都より中村十蔵参り、三津五郎とは兄弟同様にいたし候に付、仏参に参候由に付、スケ相頼候得共、辞退いたし候を、達而相頼、興行いたし候旨之口上書ニ而、上方の風の、入替役者附をいたし、茶屋々々より配る。此時の噂に、

木挽丁築地へ近ひ芝居とて
秋顔見世のおとりこしかな

京下り　坂東国五郎改　坂東又十郎

八月廿五日より

爰男達引所《こゝがおとこのたてひきどころ》＊

一 宅間玄龍　山科四郎十郎
一 おなる　坂田 菊の井
一 義平次女房およし　中村 粂次郎
一 龍庵娘おたか　二やく 中村 粂次郎

＊奥州安達原

一　山川や義平次　　坂東　熊十郎
一　雁金文七　　坂東　又九郎
一　布袋市右衛門　　沢村　淀五郎
一　雷庄九郎　　中島勘左衛門
一　極印千右衛門　　下り　坂東　又十郎
一　安の平兵衛　　中村　十　蔵

役者なく無人男の木挽丁
　借り金をして秋の顔見世

十月朔日、千秋楽舞納いたし候。　　＊茲男仕引所

○○尾上小三郎
　　尾上小　吉　両人共上方へ登る。

△下り　江戸坂京右衛門
明和八卯冬、京へ初而出て山下新五郎弟子ニ而山下いせ蔵、安永元年より山下幸四郎、其後江戸坂京右衛門と改名。

△下り　嵐　七三郎

△下り　芳沢かほよ
中村野塩弟子ニ而、中村銀蔵と云し子役也。

十一月朔日より
時花雪高館《ときのはなゆきのたかだち》

一　ふじ原の秀ひら　　沢村　喜十郎
一　庄司娘しのぶ　　山下　松之丞
一　平山武者所　　坂東　善　次
一　土佐坊昌俊　　嵐　七三郎
一　しつか御ぜん　　小佐川　常世
一　亀井の六郎　　坂東　又九郎
一　源のよし経　　二やく　坂東　又九郎
一　御馬やの喜三太　　三やく　坂東　又九郎
一　富樫の六郎　　下り　江戸坂京右衛門
一　錦戸太郎　　二やく　江戸坂京右衛門

十一月十二日喧嘩有之。其上、帳元いたし方、宜しからすとて、芝居掛りのもの一統立腹して、芝居十二日切ニ而相休む。

天明三卯年　森田座

正月紋看板、左之通り出る。

中村仲　蔵　小佐川常世　沢村歌　川　中村粂次郎　沢村淀五郎
沢村長十郎　沢村喜十郎　市川宗三郎　長唄　富士田音蔵
京四条 実事 武道 やつし 中村勝五郎　京 公家悪 中村寅　蔵　已上拾壱枚

去年より休、此度出勤　小佐川常　世
右同断　中村　粂次郎
四五年休、此度より出勤　三国富士五郎

二月朔日　名題看板　来る九日より
飛馬《ひめ》始《はじめ》射《い》哉《るや》矢《や》屏風《びやうぶ》
絵は仲蔵来現の姿、壱人書出し候所、此看板無程引、何之沙汰もなし。

四月三日より
・**鏡山《かゞみやま》旧《こ》郷《きやふの》錦《にしき》絵《へ》***　作者　容楊黛　竹本可太夫　大西藤次郎

一　足利縫之助　嵐　七三郎
一　片瀬村五郎作　江戸坂京右衛門
一　けいせい雪の戸　小佐川　常世
一　みつぎぬ　山下　松之丞
一　高木十内　中村　勝五郎
一　下女おはつ　二やく　小佐川　常世
一　中老おのへ　中村　粂次郎
一　局岩ふじ　三国富士五郎
一　松井弾正　二やく　三国富士五郎
一　大杉源蔵　二やく　江戸坂京右衛門

此狂言大に当り。最初桟敷金弐朱、切落札六拾四文宛の所、八拾文に成、百拾六文に成、桟敷代金壱分迄に成、大入なり。一統に評判よし。わけて富士五郎岩ふじ、大評判大当り。

*かゝ見山旧錦絵

五月五日より
契情《けいせい》恋《こいの》飛《ひ》脚《きやく》　富本豊志太夫上るり

一　かむろたそや　坂東　藤次郎
一　中の島八右衛門　市川　宗三郎
一　梅川忠兵衛　沢村　淀五郎

一　たいこもち君蔵　坂東三木蔵
一　同　千吉　中村秀五郎
一　太田や佐介　大谷団八
一　つちや次右衛門　中村勝五郎
一　新ノ口村孫右衛門　〔二やく〕中村勝五郎
一　亀や利兵衛　坂東善次
一　亀やてつち大松　嵐市五郎
一　牛かたどう六　市川とり蔵
一　井筒のお清　山下松之丞
一　忠兵衛母妙閑　嵐七三郎
一　糸や娘おすわ　中村粂次郎
一　けいせい梅川　小佐川常世
一　亀屋忠兵衛　坂東又九郎
道行　小佐川常世　中村勝五郎　坂東又九郎

八代め〔坂東又九郎改〕森田勘弥に成、座元相勤候口上書出る。

九月十一日より

仮名手本忠臣蔵

一　斧九太夫　市川宗三郎
一　桃井若狭之助　嵐七三郎
一　鷺坂伴内　坂東善次
一　勘平女房おかる　中村粂次郎
一　本蔵女房おいし　〔二やく〕中村粂次郎
一　義平女房おその　〔三やく〕中村粂次郎
一　早の勘平　小佐川常世
一　本蔵女房となせ　〔二やく〕小佐川常世
一　寺岡平右衛門　江戸坂京右衛門
一　高の師直　三国富士五郎
一　加古川本蔵　中村勝五郎
一　塩冶判官　沢村淀五郎
一　斧定九郎　〔二やく〕江戸坂京右衛門
一　勘平母さわ　〔三やく〕江戸坂京右衛門
一　天川や義平　〔四やく〕江戸坂京右衛門
一　由良之助　森田勘弥

九月廿六日、千秋楽舞納る。

〔中村座より〕芳沢あやめ　〔休座より出る〕松本山十郎　〔坂東三田八改〕坂東勘次郎
〔市村座より〕中山富三郎

十一月朔日より

小《お》野《の》照崎《てるさき》雪《ゆきの》明晨《あけぼの》

一　惟高親王　松本山十郎
一　般若五郎時定　市川高麗蔵

一 大江岩戸左衛門　中村 助五郎
一 力士三郎　中村 助五郎
一 伴の左衛門重宗　市川 幾 蔵
一 惟仁親王　嵐 七三郎
一 猿廻し三作
実ハ五代三郎　尾上 紋三郎
一 大伴の黒主　森田 勘 弥
一 惟仁の舎人百夜丸　坂東 勘次郎
一 土器師丸太夫
本名紀名虎　松本 幸四郎
一 額彫長右衛門　松本 幸四郎
一 出羽の郡司　三国富士五郎

一 四位の少将　芳沢 かほよ
一 有つね娘井筒姫　芳沢 あやめ
一 おてる狐　岩井 半四郎
一 文屋康秀　松本 幸四郎
一 小野のよし貞　二やく 松本 幸四郎
一 風流斎
実ハ孔雀三郎　松本 幸四郎
堺町芝居類焼に付、顔見世中、岩井半四郎助け相勤る。
○嵐 七 三 郎 上京いたす
○江戸坂京右衛門 同断
○山下 松 之 丞 同断

天明四辰年　森田座

△下り 大坂 若女形三枡徳次郎

二月十二日より
初暦《はつごよみ》閙《にぎわひ》曽《そ》我《が》
一 曽我団三郎　松本 山十郎
一 岩永左衛門　市川 幾 蔵

一 小ばやしの朝ひな　二やく 市川 幾 蔵
一 八幡の三郎　尾上 紋三郎
一 けわい坂のせう〱　中山 富三郎
一 祐つね奥かたなきの葉　三枡 徳次郎
一 けいせい夕霧　三枡 徳次郎
一 遊くんあこや　芳沢 あやめ

一　扇や女房おかな　芳沢　あやめ
一　曽我十郎祐成　二やく　尾上　紋三郎
一　同　五郎時宗　市川　こま蔵
一　ゑんま小兵衛　中村　助五郎
一　うさみの十内　二やく　中村　助五郎
一　鬼王新左衛門　松本　幸四郎
一　ふじや伊左衛門　二やく　松本　幸四郎
一　悪七兵衛かけ清　三やく　松本　幸四郎
一　工藤左衛門祐経　四やく　松本　幸四郎

祐経梶原の工ニ而、おし鳥の血をのみ唖に成しゆへ、十内□（腹）切、あふむの血と合のませ、平癒させる。敵と名のらせる仕内。

三月三日より
二日替り
初日　梅川忠兵衛　**恋《こいの》飛脚《ひきやく》**　梅川　三枡徳次郎　孫右衛門　市川幾蔵　忠兵衛　松本幸四郎
道行上るり
後日　おさん茂兵衛　**情《なさけの》水上《みなかみ》**＊　おさん　三枡徳次郎　茂兵衛　松本幸四郎
富本斎宮太夫連中
此狂言、両日共大出来大当り。

＊情の水上

四月三日より
座元勘弥、清玄の狂言出し候所、不出来ニ而、十日程相勤、芝居休。

同月廿日より
花かいらぎ対の奴＊
松本幸四郎、三枡徳次郎相勤候所、不当りニ而、廿五日切ニ而休。

＊道行対の花鑓

五月五日より
非人敵討意錦《こころのにしき》＊
一　奴佐兵衛　尾上　紋三郎
一　佐兵衛女房おぬい　中山　富三郎
一　おしゆん弟新七　市川　こま蔵
一　奴伊兵衛　二やく　市川　こま蔵
一　彦坂甚六　市川　幾　蔵
一　加村宇多右衛門　中村　助五郎
一　女非人おしゆん　三枡　徳次郎
一　高市武右衛門　松本　幸四郎

＊新狂言襤褸の錦

同月廿三日より
曽我祭り出る。

七月十七日より

恋女房染分手綱

一 わし塚官太夫　中村　助五郎
一 ひぬかの八蔵　二やく 中村　助五郎
一 わし塚八平次　市川　幾　蔵
一 伊達の与作　尾上　紋三郎
一 透平　市川　こま蔵
一 座頭けい政　二やく 市川　こま蔵
一 関の小まん　中山　富三郎
一 重の井　三桝　徳次郎
一 竹村貞之進　松本　幸四郎
一 鷺坂左内　松本　幸四郎

不当り二而、同月廿八日切休。日数十二日いたす。

稲妻今年の入船

仲蔵飛入二而伴左衛門、かつらき三枡徳次郎、伊達を持込たる狂言、伽羅の下駄を枕にする事あり。山三郎幸四郎、大できなり。

九月十七日より

○松本幸四郎大坂江登り候名残狂言として桂川の道行*上るり出る。

おはん　中山　富三郎
長右衛門　松本　幸四郎

*桂の川水

福清に　幸四郎
かしく　徳次郎

孰袖《たかそで》二《ふたつ》錦《にしき》紅《へ》

○右大坂登り候に付、三国富士五郎義も、同道いたし登候と口上アリ。

桐座より　中島勘左衛門　△下り　市川吉太郎　中村富瀧改 中瀧国三郎
中村座より　松本　小次郎　△下り　袖崎いせの

十一月朔日より

曙艸峰天女嫁入《さくらがみねてんにょのよめいり》

当顔見世無人に付、両座よりスケ。市村羽左衛門、市川八百蔵、佐の川市松、右三人、弐番目出勤有之。

一 力士三郎行政　松本　小次郎
一 碓井定光　森田　勘　弥
一 大友皇子　中島勘左衛門

一　坂田金時　松本　小次郎
一　外山の内侍　中瀧　国三郎
一　清見原天皇　袖崎　いせの
一　かつらき手かけたかね　市川　吉三郎
一　碓井定光（重出）　森田　勘弥
一　松岡三郎　スケ　市川　八百蔵
一　金輪五郎　スケ　佐野川　市松
一　かつら木の綱太照宗　スケ　市川　八百蔵
一　今様の時宗　森田　勘弥
一　今様の朝比奈　スケ　市村羽左衛門
一　うかれ座頭　二やく　市村羽左衛門
一　切禿
　後二土蜘の精霊　三やく　市村羽左衛門
十一月廿九日、千秋楽舞納め。
同十二月廿六日夜、芝居類焼いたし候。

老若松千歳　蘼《くさずり》

信田今様館*
上るり　**蜘蛛糸幼稚問答**

*信太今様館

天明五巳年　森田座

巳二月十七日より　普請に取掛り、てふな初いたし候。

同六月廿六日　表櫓上る。

　全　かづさや　△　石川　𠆢さ　相模屋
南北の端に、森田座と申幟を建る。都合幟五本建る。此侭ニ而、普請の沙汰もなく止む。

同八月中旬より、又々普請に取かゝり十月中旬にて、南北の板羽目をいたし候。

同十月廿二日頃、表江口上書出す。

　普請手おくれに罷成、役者無人故、上方表より役者共、呼下し、新板役者附出来次第、入御覧可申候、已上。

同月廿八日に、櫓の幕も口上書も取仕廻、普請相止む。

天明六丙午年　森田座

辰十二月廿六日夜、芝居類焼後、興行相休、罷在候処、此度普請成就いたし、顔見世より相始る。

当顔見世、当座役者不人の所、大評判大当り、ひとへに路考の手柄なり。今年顔見世役者附より、富本豊前太夫鶴の丸の紋を如此改る。世の人、さくら艸といふ。

桐座より　瀬川菊之丞　△下り　中村吉三郎
同　坂東三津五郎　△下り　嵐龍蔵
同　大谷広八
同　中村助五郎

十一月朔日より
・**女《おんな》武《む》者《しや》菊《きくの》千《せん》葉《よ》騎《き》**＊

前上るり、義太夫ぶし。戦場の所、兜にて飯を焚事アリ。勘弥、菊之丞、龍蔵、此三人にて、**龍頭嫐源氏**＊＊豊竹越後太夫　三弦　野沢庄蔵相勤る。

後上るり　**雪《しなのわた》容形《すがたの》麻衣《あさぎぬ》**　富本豊前太夫　三弦　名見崎徳次相勤る。

一　花わか丸　森田勘次郎
一　新宮の蔵人行いへ　下り　嵐龍蔵
一　はや打龍平
　　実ハ石田の三郎為久　二やく　嵐龍蔵
一　武田太郎のぶ光　中村勝五郎
一　権の頭かね遠　山科四郎十郎
一　今井の庄司　二やく　山科四郎十郎
一　百姓ふく作　坂東三津五郎
一　樋口の次郎兼光　中村助五郎
一　斎藤吾国武　坂東三津五郎
一　近江のおかね　中村助五郎
一　木曽よし仲　下り　中村吉三郎
一　巴御ぜん　瀬川菊之丞
一　しの原村のおはま
　　実ハ妹山ぶき　二やく　瀬川菊之丞
一　手塚の太郎光盛　森田勘弥

＊女武者菊千余騎

天明七未年　森田座

二月十五日より
花庵《はなのいほり》初会《はつくわい》曽我《そが》＊

一鬼王新左衛門　坂東三津五郎
一近江小藤太成家　嵐　竜　蔵
一八幡の三郎行氏　中村　吉三郎
一工藤左衛門祐経　中村　助五郎
一曽我の十郎祐成　二やく　中村　吉三郎
一同　五郎時宗　森田　勘　弥

対面の幕、今様道成寺ニ而、森田勘弥白拍子の振袖ニ而、娘道成寺の所作事＊＊。慶子、路考両やふのふりをいたし、京鹿子《かの》と江戸がの子を、相の手の間〳〵にはだぬき、矢車とゆひわたを、たがい違ひに着ての所作事、大出来〳〵。脇僧は、三津五郎に、吉三郎相勤る。住僧ニ而、工藤を助五郎相勤、対面に成。

＊花入庵初会曽我
＊＊京鹿子娘道成寺

三月十八日より　弐番目出る

＊＊龍頭嫩源氏

一あんの平兵衛　坂東三津五郎
一宅間源蔵　沢村　喜十郎
一道具や宇兵衛　花井　宇　蔵
一下女おふく　沢村　福　蔵
一尾花や伝兵衛　坂東　三木蔵
一非人切もちの紋　坂田　時　蔵
一あんばいよし六兵衛　坂東　善　次
一源蔵妹おたか　藤村　半太夫
一下女おまん　中村　万　代
一源蔵下部定助　尾上　雷　助
一柳川角左衛門　中村　勝五郎
一けいせい瀧川　滝中　岩之丞
一雷庄九郎　嵐　竜　蔵
一雁文七　中村　吉三郎
一ほてい市右衛門　中村　助五郎
一平兵衛女房おこん　瀬川　菊之丞
一こくい千右衛門　森田　勘　弥

四月十七日より　弐番目大詰

一　兵助一子市松　森田　勘次郎
一　真田左金吾国春　坂東三津五郎
一　百姓杢兵衛　大谷　広　八
一　庄屋才兵衛　大谷　大　八
一　けいせいみさ山　瀬川　菊三郎
一　百姓五助　坂東　栄五郎
一　杢兵衛妹おさゝ　松本　七　蔵
一　兵助女房おいわ　瀧中　岩之丞
一　百姓又助
　実ハ永井の新六　嵐　音　八
一　真田文蔵国安　中村　吉三郎
一　相模国三浦ヶ崎のおたま狐　瀬川　菊之丞
一　百姓兵助
　実ハ三浦の荒四郎　森田　勘　弥

五月五日より

行平《ゆきひら》磯馴松《そなれまつ》

一　あわた口のかぢや太郎七　坂東三津五郎
一　はや見の忠太　坂田　時　蔵
一　あかたぬしかけ広　坂東　善　次

一　太夫女房おのへ　尾上　雷　助
一　田井の畑の太夫　中村　勝五郎
一　須磨の海士千とり　松本　七　蔵
一　こし元うたかた　中村　万　代
一　初ひのみや　中村　松次郎
一　村さめ　瀬川　錦　吾
一　松かぜ　瀬川　菊三郎
一　むれの兵衛　山科四郎十郎
一　太郎七母おくま　嵐　竜　蔵
一　須磨のあまおなべ　中村　吉三郎
一　中納言行平　二やく　中村　吉三郎
一　しほやき久兵衛
　実ハあまやの皇子　中村　助五郎
一　太郎七女房おうた　瀬川　菊之丞
一　音人女房里の井　二やく　瀬川　菊之丞
一　破軍太郎　森田　勘　弥
一　大江の音人　二やく　森田　勘　弥

富本豊前太夫上るり

形見忍夫摺《かたみのしのぶずり》　田井の畑の此兵衛　嵐　竜　蔵
須磨の海士小ふじ　瀬川菊之丞　相勤る

八月朔日より

仮名手本忠臣蔵

一 由良之助女房おいし　瀬川　菊三郎
一 原郷右衛門　山科四郎十郎
一 鷺坂伴内　嵐　竜　蔵
一 寺岡平右衛門　坂東三津五郎
一 塩谷判官　二やく　坂東三津五郎
一 早の勘平　二やく　中村　吉三郎
一 高師直　中村　助五郎
一 斧九太夫　二やく　中村　助五郎
一 勘平女房おかる　瀬川　菊之丞
一 本蔵女房となせ　二やく　瀬川　菊之丞
一 大星由良之助　森田　勘　弥

八月廿一日より
摸露菊数品《そめなすつゆきくのいろ〳〵》
瀬川菊之丞　七変化の所作事
楊貴妃　座頭　あげ巻　助六　禿　白酒売　黒木売

中村座より　沢村　宗十郎　沢村長十郎改　沢村亀右衛門　同　嵐　音八
同　市川　八百蔵　同　大谷門蔵
同　尾上　松　助
同　岩井かるも改　岩井喜代太郎

十一月朔日より
・**兄弟枝群高松**《つらなるゑだむれたかまつ》＊
一 岡部の六弥太　大谷　門　蔵
一 八ぐりの七郎　市川富右衛門
一 平大納言時忠　沢村亀右衛門
一 八条の局　大谷　広　八
一 紀の九郎友づみ　嵐　音　八
一 きさかた　岩井喜代太郎
一 瀧口三郎　中村　吉三郎
一 源九郎よし経　二やく　中村　吉三郎
一 玉むし御ぜん　尾上　松　助
一 能登守のり経　二やく　尾上　松　助
一 那須の与市　市川　八百蔵
一 佐藤四郎忠信　二やく　市川　八百蔵
一 同　三郎次のぶ　沢村　宗十郎

＊兄弟群高松

天明八申年　森田座

正月二日より
伊《い》賀《が》越《ごへ》乗掛《のりかけ》合羽《かつぱ》

一 政右衛門一子巳之助　森田勘次郎
一 近藤野守之助　坂東嘉十郎
一 荒枝伴之丞　坂東善次
一 池ぞへ孫八　尾上雷助
一 けいせい志賀崎　藤村半太夫
一 和田志づま　沢村春五郎
一 桜田林左衛門　嵐音八
一 股五郎女房おその　瀧中岩之丞
一 政右衛門女房おたね　瀧中岩之丞
一 しつま女房お袖　岩井喜代太郎
一 けいせい若紫　二やく 岩井喜代太郎
一 丹右衛門女房さゝを　三やく 岩井喜代太郎
一 上杉民部ノ正　中村吉三郎
一 隅田正庵　尾上松助
一 沢井股五郎　二やく 尾上松助
一 股五郎母鳴見　三やく 尾上松助

一 細川のおく方浜まち御ぜん　小佐川常世
一 佐々木丹右衛門　市川八百蔵
一 誉田内記　二やく 市川八百蔵
一 上杉春太郎　沢村宗十郎
一 唐木政右衛門　二やく 沢村宗十郎
一 下部武助　森田勘弥
一 和田ゆきへ　二やく 森田勘弥
一 沢井城五郎　三やく 森田勘弥

二月廿一日より
雛形稚《ひながたおさな》曽我《そが》

一 畠山小六郎重安　森田勘次郎
一 北条四郎時政　山科四郎十郎
一 稲毛の三郎重成　尾上雷助
一 梶原娘ゑびら　岩井喜代太郎
一 汐やき藤五郎　大谷広八
一 佐々木三郎盛綱　中村吉三郎
一 五兵衛娘おさん　小佐川常世

一　佐々木おく方ふじ戸のまへ　　二やく　小佐川　常世
一　いかづち鶴之助　　森田　勘弥
一　荒岡源太　　二やく　森田　勘弥

三月九日より
曽我後日
仮名手本忠臣蔵

一　石堂右馬之丞　　山科四郎十郎
一　鷺坂伴内　　坂東　善次
一　斧九太夫　　大谷　広八
一　薬師寺次郎左衛門　　嵐　音八
一　高の師直　　嵐　音八
一　由良之助女房おいし　　岩井喜代太郎
一　早の勘平　　中村　吉三郎
一　大星由良之助　　二やく　中村　吉三郎
一　勘平女房おかる　　小佐川　常世
一　本蔵女房となせ　　二やく　小佐川　常世
一　塩谷判官　　森田　勘弥
一　加古川本蔵　　二やく　森田　勘弥
一　寺岡平右衛門　　三やく　森田　勘弥

中村座より　中村　助五郎　　休居而出勤　三国富士五郎
休居而出勤　中島勘左衛門

十一月十八日より
人呼雪《ひとよぶゆき》　主《あるじ》　待受《まちうけ》＊

一　赤星太郎　　嵐　音八
一　赤星次郎　　大谷　門蔵
一　八ッ橋の局　　三国富士五郎
一　青砥五郎てる綱　　中村　助五郎
一　下部袖介　　二やく　中村　助五郎
一　青砥左衛門藤綱　　三やく　中村　助五郎
一　中納言教祐公　　中島勘左衛門
一　北条光時　　中島勘左衛門
一　弓削大助　　市川　八百蔵
一　源左衛門女房つねよ　　山下　金作
一　女こむそふ松世　　山下　金作
一　佐野の源左衛門　　嵐　雛助
一　佐野の次郎左衛門　　森田　勘弥

嵐雛助、山下金作、両人共下り不申、残りの役者ニ而相始め候所、一向不入ニ而、十日計りもいたし相休み、夫より一向、休み切に成。

＊人呼雪主迎

天明九酉年 寛政元年に成　是迄森田座

○市川八百蔵上方へ登る。

今年中、芝居不出来。相休居る。

寛政二戌年　河原崎座

戌二月、河原崎権之助櫓名前、蒙（闕）御免、普請に取掛り候。享保二十卯年より興行いたし、延享元子年切に相休、当天明二戌年迄、四拾六ヶ年相休罷在、森田勘弥座相休候内、仮芝居興行致候旨、口上書を出す。

座元　河原崎権之助
若太夫　同　長十郎
若太夫　同　国次郎

市村座より　市川　団十郎
中村座より　小佐川常世
休居て出勤　中村　助五郎
休居て出勤　山下万　菊
同　坂東三津五郎
△下り　尾上雷　助

十一月二日より
・大俟観進帳《だいだんなくわんじんてふ》
一　今花山の金ほりゐんぎの吉次
一　堀川基経公
一　三国のとち法印
一　篠田の七郎
一　牛王のまへ
一　わしの尾三郎
一　備前の守行いへ
一　京のきみ
一　鈴木の三郎女房花ぞの
一　源のよし経

当顔見世より河原崎座
市川　ゐび蔵
山科四郎十郎
市川　松兵衛
尾上　雷　助
山本　岩之丞
市川　升五郎
市川　宗三郎
山下　万　菊
小佐川　常世
坂東三津五郎

一 いの又の小平六　中村　助五郎
一 旅こむそふてつげん　二やく 中村　助五郎
一 熊井太郎忠基　市川　団十郎
一 旅こむそふけんぜふ　二やく 市川　団十郎

寛政三亥年　河原崎座

下り役者間違候に付、顔見世より休居て、
飛入　松本幸四郎
同　市川高麗蔵

二月七日より
初緑《はつみどり》　幸《さいわい》曽我《そが》

一 大磯のとら　小佐川　常世
一 けわい坂のせう〳〵　山下　万　菊
一 鬼王新左衛門　市川　幾　蔵
一 八幡三郎行氏　松本　小次郎
一 近江の小藤太成いへ　中村　助五郎
一 曽我十郎祐成　坂東三津五郎
一 同　五郎時宗　市川　こま蔵
一 そがの団三郎　二やく 市川　こま蔵
一 鬼王女房月さよ　小佐川　常世
一 景清女房あこや　二やく 小佐川　常世
一 梅が茶やの由兵衛　松本　幸四郎
一 工藤左衛門祐経　二やく 松本　幸四郎
一 粟津六郎左衛門　市川　団十郎
一 悪七兵衛かげ清　二やく 市川　団十郎

三月三日より　弐番め　油屋の段　庵室の段　浄るりの段

一 山家や佐四郎
　実ハ猿島惣太　中村　助五郎
一 町がゝへ鬼門の喜兵衛　松本　小次郎
一 さめづ七郎高浪　坂東　善　次
一 八ッ山軍太沖遠　市川　仙　蔵
一 油や娘おそめ　松本　米三郎
一 てつち久松　山下　万　菊
一 大崎兵藤近村　松本　秀　蔵
一 大森太郎風早　尾上　岩五郎
一 油屋太郎右衛門　山科四郎十郎

一 (重出)油屋おそめ　松本 米三郎
一 (重出)てつち久松　山下 万菊
一 目黒の大日坊宗玄　市川 高麗蔵
一 しらきくゆふこん　二やく 市川 高麗蔵
・一 吉田の軍介　松本 幸四郎
一 かけ清女房あこや　小佐川 常世
一 工藤左衛門すけ経　松本 幸四郎

常盤津芳太夫上るり
過《およばぬ》恋《こひ》深山《みやま》桜《さくら》　市川こま蔵 松本米三郎 山下万きく 小佐川常世　相勤る しのぶ売の所作事

四月十五日より 弐番目三幕
一 菊池兵庫成かげ　市川 幾蔵
一 菊池次郎かげ友　市川 仙蔵
一 江間の小四郎よし時　尾上 雷助
一 成景下部長谷蔵　坂東 善次
一 篠田左衛門信晴　松本 小次郎
一 篠田娘なでしこ　松本 米三郎
一 長兵衛女房ねんぶつお六　山科四郎十郎
一 漁師法花長兵衛　中村 助五郎
一 篠田の下部瀬戸平　市川 こま蔵
一 篠田の娘とこなつ　小佐川 常世

一 漁師正直正作　松本 幸四郎
一 佐々木三郎盛綱　二やく 松本 幸四郎
花吹雪富士管笠*　富士太郎 市川こま蔵　唄比丘尼 山下万菊
＊席書墨絵の富士

五月十七日より
・**女達《おんなだて》高麗《こうらい》屋島《やじま》***
上の巻 東山殿時代狂言に　品川の神輿洗
中の巻 清水詣の御家狂言に　魚籃の四万六千日
下の巻 双蝶々の世話狂言に　田町八幡の放生会
一 東山よし政公　尾上 雷助
一 山名宗全　松本 小次郎
一 品川大かみの介　坂東 善次
一 金かしなまの八右衛門　松本 小次郎
一 同手代こつはの権九郎　市川 幾蔵
一 釣舟妹おたつ　沢村 玉柏
一 細川宿直之助清はる　二やく 沢村 玉柏
一 宗全息女さくら姫　松本 米三郎
一 八右衛門娘おたつ　二やく 松本 米三郎
一 助松主計　二やく 市川 幾蔵
一 かごかき甚兵衛　坂東 善次
一 かむろあづま　市川 大蔵

一同　なには　小佐川竹次郎
一勝元あしがる壬生平　尾上　雷　助
一長五郎母妙貞　山科四郎十郎
一京こんや義平次　二やく 山科四郎十郎
一左リ甚五郎　市川　こま蔵
一一寸徳兵衛　二やく 市川　こま蔵
一団七九郎兵衛　中村　助五郎
一奴鳥羽平　二やく 中村　助五郎
一ぬれ髪長五郎　三やく 中村　助五郎
一はなれ駒長吉　三やく 市川　こま蔵
一義平次娘おふさ　小佐川　常世
一釣舟の三ぶ　松本　幸四郎
一清水清玄尼　二やく 小佐川　常世
一京やのみやこ　三やく 小佐川　常世
一南与兵衛　二やく 松本　幸四郎
一細川勝元　三やく 松本　幸四郎

右狂言、暑中いたし、七月十五日より引続、水仕合迄いたし候。

初段　清玄尼館の段
二段め 八ッ山髪結床の段
三段め 鮫頭団七内の段
四段め 浜川天王祭の段
五段め 徳兵衛水仕合の段迄、道具衣装改いたし候との口上書出る。

＊女達高麗屋経緯

八月朔日より 中の巻 三幕
清玄清玄初恋の段
左リ甚五郎隠家の段
斎宮太夫上るりの段

一さくら姫の下部鳥羽平　中村　助五郎
一清はるの下部壬生平　尾上　雷　助
一清玄尼のめのと長まち　坂東　善　次
一同　こし元浜田　坂田　佐十郎
一同　玉しま　市川　仙　蔵
一同　磯野　尾上　岩五郎
一同　琴浦　松本　秀　蔵
一家主道具や清七　坂東　善　次
一さくらひめ　松本　米三郎
一きよはる　沢村　玉　柏
一せんじ茶うり　実ハ赤松次郎　市川　幾　蔵
一左リ甚五郎　市川　こま蔵
一京人形うかれ座頭　二やく 市川　こま蔵

一　同　坂田の金太郎　三やく　市川　こま蔵
一　同　女三の宮　四やく　市川　こま蔵
一　一寸徳兵衛　五やく　市川　こま蔵
一　重井筒のおふさ　小佐川　常世
一　清玄尼　二やく　小佐川　常世
一　細川勝元　松本　幸四郎

富本斎宮太夫上るり
細工《さいく》業《わざ》雛《ひなの》出《で》来《き》秋《あき》　松本米三郎　市川こま蔵　沢村玉　柏　市川幾　蔵　相勤る

九月九日より
一　柳瀬喜内　尾上　雷　助
一　平岡郷左衛門　坂東　善　次
一　まぼろし竹右衛門　三国富士五郎
一　斯波左衛門　山科四郎十郎
一　宿直之助清はる　沢村　玉　柏
一　山名の息女桜姫　松本　米三郎
一　長五郎母妙貞　山科四郎十郎
一　ぬれ髪長五郎　中村　助五郎
一　はなれ駒長吉　市川　こま蔵
一　長吉姉おせき　小佐川　常世
一　玄海のでの三　松本　幸四郎
一　長吉母妙栄　二やく　松本　幸四郎

九月廿二日より　下の巻
縄手月見の段
新宿京屋の段
一　三原有右衛門　松本　小次郎
一　奴壬生平　尾上　雷　助
一　山崎や長吉　市川　仙　蔵
一　坂口や次郎吉　沢村　宇十郎
一　禿もなか　小佐川竹次郎
一　同まつよ　市川　大　蔵
一　釣舟妹おたつ　沢村　玉　柏
一　さくら姫　松本　米三郎
一　新造あづま　二やく　松本　米三郎
一　こつはの権九郎　市川　幾　蔵
一　ぬれ髪長五郎　中村　助五郎
一　わかいもの与五郎　市川　こま蔵
一　けいせい京やのみやこ　小佐川　常世
一　南与兵衛　松本　幸四郎

九月廿七日より　切狂言二幕出る
俊寛島物語
一　なめらの兵　市川　幾　蔵

一　主馬判官盛久　山科四郎十郎
一　百姓与九郎　松本　小次郎
一　小ごふの局　沢村　玉　柏
一　小べん　小佐川竹次郎
一　有王　中村　助五郎
一　亀王丸　尾上　雷　助
一　亀王女房おやす　小佐川　常世
一　俊寛　市川　こま蔵

中村座より　岩井半四郎　△下り　山下万　菊
同　大谷広　次　△下り　山下民之助
同　大谷徳五郎
市村座より　大谷鬼　次

一　猟師弥三郎　大谷　広　次
一　げいこや元吉　岩井　粂三郎
一　波木井の奥方玉波　小佐川　常世
一　玉ぞの御ぜん　二やく　小佐川　常世
一　七里法花題目のおせん　三やく　小佐川　常世
一　金沢の女げいしやおちよ　岩井　半四郎
一　勘作女房おたい　二やく　岩井　半四郎
一　薬王丸
　　後ニ日蓮上人　三やく　岩井　半四郎

市川八百蔵、役者附迄乗り候へ共、間違不出候に付、暫くに差支候所、岩井半四郎筋隈ニ而の暫く、大出来〳〵。広次赤つらニ而受け、云合せニ而宝物をうばい返し、手を打と切おとしより姉ニ而、小佐川常世、見物の姿ニ而出、半四郎にいけんをいふて、舞台ニ而顔を洗ひおとす趣向、大評判大当り〳〵。

十一月二日より
・御影講《おめいこう》法《のり》鉢木《のはちのき》*

一　北条時頼　三国富士五郎
一　信濃入道　嵐　音　八
一　吉祥丸　大谷　徳五郎
一　山伏道楽院　坂東三津五郎
一　波木井の庄司　山科四郎十郎
一　東条左衛門景信　大谷　鬼　次

*御影講法の鉢樹

寛政四子年　河原崎座

正月廿三日より

・けいせい金秤目《こがねのはかりめ》

一 斯波三郎　　嵐　音八
一 島田十三郎　　浅尾　為三郎
一 仁木弁之助　　大谷　鬼次
一 山名宗全持豊　　三国富士五郎
一 浮世戸平　　大谷　広次
一 荒獅子男之助　　二やく 大谷　広次
一 楊枝屋のおりう　　瀬川　富三郎
一 豆腐や佐市　　坂東三津五郎
一 わたなべ民部はや友　　二やく 坂東三津五郎
一 豆腐やの姉おつね　　小佐川　常世
一 政岡のつぼね　　岩井　半四郎
一 渡部民部女房沖の井　　二やく 岩井　半四郎

三月三日より　弐番目三幕出る

一 月の輪の武兵衛　　大谷　鬼次
一 けいしやのおとり　　瀬川　光蔵

一 そうり取伴助　　尾上　岩五郎
一 西田屋源右衛門　　中山仲右衛門
一 東山のかく山坊　　中島　勘蔵
一 奥田助太夫　　松本　鉄五郎
一 料理人ぼらの十兵衛　　大谷　広次
一 非人よごればゝア　　三国富士五郎
一 高山蔵人　　山科四郎十郎
一 町がゝへのふてんの吉　　沢村　淀五郎
一 木屋の彦惣　　坂東三津五郎
一 さかな売甚五郎　　坂東三津五郎
一 奥女中しづはた　　小佐川　常世
一 甚五郎女房やへ櫛のお六　　岩井　半四郎

四月六日より　弐番目弐幕

一 大道寺けんもつ
　実ハ菊地三郎たけ国　　大谷　広次
一 大だち玄蕃　　沢村　淀五郎
一 鳴神侍女まつがへ　　姉川　菊八

一同　梅がへ　　市川　光　蔵
一白雲坊　　大谷　広五郎
一黒雲坊　　小佐川竹次郎
一石村左膳　　尾上　雷　助
一難波主計之助よし春　　浅尾　為三郎
一あつた神女はつ花　　瀬川　富三郎
一鳴神比丘尼　　小佐川　常世
一斯波采女之助よし久ゆふこん　　岩井　半四郎
一かつもとおく方まゆみ御せん　　二やく　岩井　半四郎

常盤津文字太夫上るり
恋衣《こひごろも》縁《ゑにしの》初桜《はつざくら》　姉川きく八　大谷　広五郎　岩井半四郎
市川光　蔵　小佐川竹次郎　小佐川常世　相勤る

四月十八日より　弐番目大詰
杜若《かほよばな》七重《なゝへ》の染衣《そめきぬ》　長唄松永鉄五郎外四人　岩井半四郎七変化所作事
官女　手習娘　汐汲　うかれ座頭　浦島　切禿　石橋

一犬上権藤とら岩　　中島　勘　蔵
一岩倉源吾雲わし　　松本　鉄五郎
一熊川太郎文時　　尾上　雷　助

五月五日より
・**忠臣伝《ちうしんでん》仕形《しかた》講釈《こうしやく》**
一大星由良之助　　大谷　広　次
一寺岡平右衛門　　二やく　大谷　広　次
一矢間喜内　　三やく　大谷　広　次
一高師直　　大谷　鬼　次
一天川屋義平　　二やく　大谷　鬼　次
一万歳徳又　　三やく　大谷　鬼　次
一大星力弥　　大谷　徳五郎
一けいせいうき橋　　市川　光　蔵
一山名次郎左衛門　　三国富士五郎
一石堂右馬之丞　　山科四郎十郎
一九太夫娘おくみ　　瀬川　富三郎
一乳貰おやぢ　　二やく　山科四郎十郎
一斧九太夫　　沢村　淀五郎
一大竹や小十　　二やく　沢村　淀五郎
一桃井若狭之助　　尾上　雷　助
一塩冶縫殿之助　　浅尾　為三郎
一喜内女房　　二やく　浅尾　為三郎
一塩冶判官　　坂東三津五郎
一矢間十太郎　　二やく　坂東三津五郎
一九太夫女房おれい　　小佐川　常世
一かほよ御ぜん　　岩井　半四郎
一早野勘平　　二やく　岩井　半四郎
一十太郎女房おりへ　　三やく　岩井　半四郎

弐番め
常盤津文字太夫上るり
富貴《ふつき》曽我《そが》裾野睦《すそのゝむつごと》　浅尾為三郎　坂東三津五郎　瀬川富三郎　岩井半四郎　相勤る

一　本田の次郎近常　　坂田　佐十郎
一　宇佐美の達平　　大谷　連蔵
一　久須美の七郎　　市川　団作
一　曽我十郎祐成　　浅尾　為三郎
一　同　五郎時宗　　坂東三津五郎
一　けわい坂のせう〳〵　　瀬川　富三郎
一　大いそのとら　　岩井　半四郎

盆狂言、無人ニ而延引之口上書を出候。

八月廿三日より
・神明祭礼女団七《しんめいまつりおんなだんしち》*

一　芝浦釣舟の三ぶ　　大谷　広次
一　肴売の団七　　大谷　鬼次
一　紺屋後家おこう　　三国富士五郎
一　大鳥佐賀右衛門　　松本　鉄五郎
一　手代源七　　中島　勘蔵
一　道具や孫兵衛　　尾上　雷助
一　助松主計　　山科四郎十郎
一　重井筒の義平次　　沢村　淀五郎
一　手代伝八　　二やく　沢村　淀五郎
一　京紺屋徳兵衛　　坂東三津五郎
一　重井筒のおふさ　　小佐川　常世
一　主計娘中川　　岩井　半四郎
一　手習指南おかぢ　　二やく　岩井　半四郎

弐番め　中村富十郎七回忌追善として*

一　奴与勘平　　大谷　鬼次
一　あべの童子　　大谷　千之助
一　石川悪右衛門　　市川　団作
一　荏柄の段八　　尾上　岩五郎
一　信田の庄司　　山科四郎十郎
一　庄司女房　　沢村　淀五郎
一　やかん平　　坂東三津五郎
一　安部の保名　　二やく　坂東三津五郎
一　庄司娘くずの葉　　岩井　半四郎
一　信田葛の葉狐　　二やく　岩井　半四郎

常盤津文字太夫上るり
花信《はながたみ》時雨森《しぐれのもり》　坂東三津五郎　大谷鬼次　岩井半四郎　相勤る

*神明祭祀女団七
*芦屋道満大内鑑

市村座より 市川　鰕蔵
同 市川　男女蔵
中村座より 中島和田右衛門
同 坂東　善次
松本鉄五郎改 松本国五郎

十一月二日より
・大船盛《おふふなもり》 鰕《ゑびの》 顔見世《かほみせ》*

一地廻りあごつきの次郎　坂東　善次
一部や頭磯右衛門　中島和田右衛門
一猟師立蔵　大谷　鬼次
一足利直義　二やく 大谷　鬼次

一揚名之助　市川　男女蔵
一村上彦四郎（二の切迄初暫く）　二やく 市川　男女蔵
一けいせいみよし野　岩井喜代太郎
一新田よし貞　坂東三津五郎
一六郎右衛門妻しがらみ　小佐川　常世
一蜑女波　岩井　半四郎
一三ヶ月おせん　岩井　半四郎
一廻国修行者快山
　実ハ相模次郎　市川　団十郎
一ゑびざこの十　二やく 市川　団十郎
一畑六郎右衛門　三やく 市川　団十郎

＊大船盛鰕顔見勢

寛政五丑年　河原崎座

正月十五日より
・御前掛《ごぜんかゝり》 相撲曽我《すまふそが》*

一本庄助市　坂東三津五郎
一八幡三郎行氏　沢村　淀五郎
一伊豆次郎祐兼　松本　国五郎
一けいせい八重梅　岩井　粂三郎

一小ばやしの朝いな　大谷　鬼次
一白柄十右衛門　二やく 大谷　鬼次
一曽我十郎祐成　二やく 坂東三津五郎
一同　五郎時宗　市川　男女蔵
一本庄助市下部袖助　二やく 市川　男女蔵
一三浦やの小むらさき　岩井喜代太郎

一 けわい坂のせう〳〵　二やく 岩井喜代太郎
一 大磯のとら　小佐川 常世
一 中老尾のへ　小佐川 常世
一 鬼王女房月さよ　岩井 半四郎
一 白井権八　二やく 岩井 半四郎
一 下女はつ　三やく 岩井 半四郎
一 局岩ふじ　市川 団十郎
一 幡随長兵衛　二やく 市川 団十郎
一 工藤左衛門祐経　三やく 市川 団十郎

＊御前懸相撲曽我

二月朔日より 弐番目
荏柄天神の段 本庄屋敷の段 鈴ヶ森の段 三幕

一 本庄助市　坂東三津五郎
一 きぬ売弥市　沢村 淀五郎
一 本庄助太夫　三国富士五郎
一 うわばみ弥蔵　中島和田右衛門
一 やつこ谷平　大谷 鬼次
一 こし元せきや　岩井喜代太郎
一 女太夫明ぼのお国　小佐川 常世
一 白井権八　岩井 半四郎
一 ばんずい長兵衛　市川 団十郎

三月三日より 弐番目六幕
水茶やの段 揚屋の段　中の町のだん
浄瑠理の段 中田甫の段 花川戸の段

一 白つか十右衛門　大谷 鬼次
一 水茶や娘おゆり　岩井 粂三郎
一 うわばみ弥蔵　中島和田右衛門
一 醒ヶ井兵太　松本 国五郎
一 らんみやく藤兵衛　坂東 善次
一 本庄助市　坂東三津五郎
一 けいせい小紫　岩井喜代太郎
一 たばこ売おつね　小佐川 常世
一 白井権八　岩井 半四郎
一 左膳妹おつゆ　二やく 岩井 半四郎
一 ばんずい長兵衛　市川 団十郎
一 豊島左膳光春　二やく 市川 団十郎

常盤津文字太夫上るり
桜花《さくらばな》恋《こいの》巣《す》籠《ごもり》
里の子とら太　中村弥八　百姓三作　三津五郎
かむろゆかり　中村千之助　女房おくに　常世
同 ゐにし　歌川喜三郎　権八　半四郎
おつゆ　半四郎
相勤る

四月二日より
植木やの段 浜座敷の段 矢の根五郎の段

一　いなのや半兵衛　坂東三津五郎
一　ごぜの手引小助　沢村　淀五郎
一　島部玄蕃　中島和田右衛門
一　同　五平太　坂東　善　次
一　ぢごく谷の大日坊　大谷　鬼　次
一　河津三郎ぼうこん　市川　男女蔵
一　奥女中小いな　岩井喜代太郎
一　重忠おく方きぬ笠御ぜん　小佐川　常世
一　大根売大井村のおいわ
　　実(ママ)かげ清女房あこや　岩井　半四郎
一　分身矢の根五郎　市川　団十郎
一　うへ木や十兵衛
　　実ハかげ清　二やく　市川　団十郎

大さつま平太夫上るり
英名《ゑいめい》鏃《やのね》五郎《ごろう》　市川鰕蔵　相勤

五月五日より
・潤色《しゆんしよく》八百屋《やをや》お七《おしち》
一　仁田の四郎　坂東三津五郎
一　べにや長兵衛　沢村　淀五郎
一　八百や後家おこう　三国富士五郎
一　海老名軍蔵　坂東　善　次

一　荒井の藤太　松本　国五郎
一　鷺の首太左衛門　中島和田右衛門
一　荒井源蔵　大谷　鬼　次
一　五尺染五郎　市川　男女蔵
一　小性吉三郎　岩井喜代太郎
一　下女お杉　小佐川　常世
一　八百やお七　岩井　半四郎
一　土左衛門伝吉　市川　団十郎

文字太夫上るり
時鳥《ほとゝぎす》夢路恋《ゆめじのこい》　常世　喜代太郎　半四郎　男女蔵　団十郎　相勤る
八百やお七百拾三回忌追善との口上
此狂言大当り二而土用休いたし、又々七月十五日より、此狂言に、二番目三まくそへていたし候。
一　阿佐利与市義遠　坂東三津五郎
一　三河守のり頼　沢村　淀五郎
一　足立左衛門かげ盛　三国富士五郎
一　家主五左衛門　坂東　善　次
一　平太女房糸はぎ　岩井喜代太郎
一　鳥さし大蛇の大六　大谷　鬼　次
一　荏柄の平太たね長　市川　男女蔵
一　よし時おく方㊧波　小佐川　常世

一 手習師匠瀧もとおまつ
実ハいつみ小次郎女房しづはた　岩井　半四郎
一 こむそうらくほんじ
実ハ秩父の重忠　市川　団十郎

八月七日より

姫小松子日の遊

一 丹左衛門尉基康　坂東三津五郎
一 平判官康頼　沢村　淀五郎
一 飛騨左衛門　二やく 沢村　淀五郎
一 平相国清盛　三国富士五郎
一 あづまや母無量　二やく 三国富士五郎
一 お安おや次郎九郎　坂東　善　次
一 なめらの兵　三やく 沢村　淀五郎
一 深山木蔵　三やく 三国富士五郎
一 がけの働六　尾上　岩五郎
一 たくぼくの江吉　坂東　桃太郎
一 小べん
実ハ徳寿丸　小佐川　七蔵
一 はへぬきの岩　大谷　鬼　次
一 長田の太郎　二やく 大谷　鬼　次
一 丹波少将成経　市川　男女蔵

一 俊寛家来亀王丸　二やく 市川　男女蔵
一 まつのまへ　岩井喜代太郎
一 ときわ御ぜん　二やく 岩井喜代太郎
一 俊寛女房あづまや　小佐川　常世
一 小督の局　二やく 小佐川　常世
一 鶴のまへ　岩井　半四郎
一 亀王女房お安　二やく 岩井　半四郎
一 がんくつの来現
実ハ俊寛僧都　市川　団十郎
一 小松内府重盛　二やく 市川　団十郎

八月廿四日より　弐番目

一 太田やの聟源五郎　坂東三津五郎
一 太田や弥次兵衛　沢村　淀五郎
一 家ぬし五左衛門　坂東　善　次
一 どく虫太四郎
実ハおさだの太郎　大谷　鬼　次
一 よし平御台玉ぞの御せん　岩井喜代太郎
一 太田やのおじやれおしま　小佐川　常世
一 弥次兵衛娘おたね　岩井　半四郎
一 はせべ長兵衛のぶつら　市川　団十郎

九月十七日より　弐幕出る
大津役所の段　石山寺の段
一　こんがら坊　坂東三津五郎
一　せいたか坊　大谷　鬼　次
一　石山寺住僧　三国富士五郎
一　井上九郎　沢村　淀五郎
一　家主五左衛門　坂東　善　次
一　野分の三郎　市川　男女蔵
一　鎌田が妻萩の戸　小佐川　常世
一　白拍子野分
　　実ハおたねぼふこん　岩井　半四郎
一　筑後の左衛門貞綱　市川　ゑび蔵
一　宇治橋姫ぼふれい　二やく　市川　ゑひ蔵
江戸《ゑど》 紫《むらさき》 娘《むすめ》 道成寺《とふせうじ》　岩井半四郎　坂東三津五郎　大谷　鬼　次　相勤る
桐座より　市川　門之助　休居て出勤　坂東彦三郎
同　岩井喜代太郎
同　谷村　虎　蔵
丑十一月
病死　中島勘左衛門

十一月二日より
・賑《にぎはい》 源氏《けんじ》花咲門《はなさくかど》＊
一　髭黒の皇子　中島勘左衛門
一　源のより親　沢村　淀五郎
一　粧ひひめ　岩井喜代太郎
一　二ノ瀬の源吾　谷村　虎　蔵
一　鬼童丸　大谷　鬼　次
一　粟田民部友光　市川　男女蔵
一　梅ヶ茶やのおきよ　二やく　岩井喜代太郎
一　ふし原仲光　坂東　彦三郎
一　お祭五郎女房お秀　小佐川　常世
暫一　碓井荒太郎定光　市川　門之助
一　源のよりのぶ　二やく　市川　門之助
一　歌あやひめ　岩井　半四郎
一　女髪ゆいおさき　二やく　岩井　半四郎
一　物部の平太有風　市川　ゑび蔵
一　酒とうじ茨木七兵衛
　　実ハ相馬の太郎　二やく　市川　ゑび蔵

＊花麗源氏花咲門

寛政六寅年　河原崎座

正月十三日より

・御《ご》曳《ひいきの》花《はな》愛敬《あいきやう》曽我《そが》

一工藤左衛門祐つね　坂東　彦三郎
一そがのまんこふ御ぜん　二やく　坂東　彦三郎
一梶原平三かけ時　中島勘左衛門
一小林の朝比奈　坂東　善　次
一伊豆の次郎祐兼　大谷　門　蔵
一近江の小藤太　大谷　鬼　次
一鬼王新左衛門　二やく　大谷　鬼　次
一そがの団三郎　市川　男女蔵
一けわい坂のせう〳〵　岩井喜代太郎
一八わたの三郎　谷村　虎　蔵
一大磯のとら　小佐川　常世
一三浦の片貝　二やく　小佐川　常世
一そかの十郎祐成　市川　門之助
一同　五郎時宗　二やく　市川　男女蔵
一秩父の重忠　二やく　市川　門之助
一鬼王女房月さよ　岩井　半四郎
一かけ清女房あこや　二やく　岩井　半四郎
一赤沢十内　市川　ゑひ蔵
一悪七兵衛かけ清　二やく　市川　ゑひ蔵

三月三日より　弐番目　中幕

一金貸夜明ヶの善九郎　三国富士五郎
一山谷のばくれん坊　中島勘左衛門
一田町のかうやく売地丹坊　坂東　善　次
一のばたらきはきだめ小僧　大谷　鬼　次
一箕輪のきをいわしの長吉　市川　男女蔵
一けいせい奥州やの花扇　岩井喜代太郎
一次郎左衛門女房おせい　小佐川　常世
一かたなや半七　市川　門之助
一刀や下女お花　岩井　半四郎
一砂利場のきをいまぐろの市　市川　ゑひ蔵

四月二日より　弐番目三まく

浅草廿軒の段　三囲土手の段　隅田川上るりの段

一 油や太郎兵衛　谷村　虎　蔵
一 半沢六郎　坂田　佐十郎
一 山家や佐四郎　坂東　善　次
一 そば切売ふうりん次郎吉　大谷　鬼　次
一 油やでつち久松　市川　男女蔵
一 油やおそめ　岩井喜代太郎
一 かみゆい水ぐしのおつゆ　小佐川　常世
一 山の宿の大日坊　市川　門之助
一 のわけぼふこん　二やく 市川　門之助
一 兼房娘野分　岩井　半四郎

常盤津文字太夫上るり
色垣衣《いろしのぶ》娘售《むすめあきんど》　大谷鬼次　市川男女蔵　岩井喜代太郎　市川門之助　相勤る

五月五日より
恋女房染分手綱
十段め双六の段いたし、切狂言**千本桜**二幕。

一 鷺坂左内　坂東　彦三郎
一 伊達の与三兵衛　沢村　淀五郎
一 わし塚八平次　谷村　虎　蔵
一 本田弥惣左衛門　坂東　善　次
一 しらべひめ　中村　喜三郎
一 じねんじよの三吉　大谷　春　次

一 ゆるぎ左衛門　三国富士五郎
一 わし塚官太夫　大谷　鬼　次
一 江戸兵衛　二やく 大谷　鬼　次
一 奴一平　市川　男女蔵
一 左内女房ふじ波　岩井喜代太郎
一 一平姉おさん　小佐川　常世
一 伊達の与作　市川　門之助
一 座頭けい政　二やく 市川　門之助
一 重の井　岩井　半四郎
一 竹村定之進　市川　ゐひ蔵

切狂言
義経千本桜　四段め口切

一 源のよし経　坂東　彦三郎
一 川つら法眼　沢村　淀五郎
一 やくい坊　谷村　虎　蔵
一 鬼佐渡坊　坂東　善　次
一 亀井の六郎　市川　弁　蔵
一 どろ川たつ平　中村　よし蔵
一 つち田のがん蔵　あづま　文蔵
一 あらほつきやふ　大谷　門　蔵
一 するがの次郎　坂田　佐十郎

一 法眼女房あすか　瀬川 七之助
一 しづか御ぜん　小佐川 常世
一 佐藤忠信　岩井 半四郎
一 源九郎狐　二やく 岩井 半四郎
一 横川の覚範　市川 ゑひ蔵

常盤津文字太夫上るり
道行 時鳥《ほとゝぎす》 花有里《はなあるさと》* 岩井半四郎 小佐川常世 相勤る

*風流道行時鳥花有里

七月七日より
二本松陸奥生長《にほんまつみちのくそだち》

一 渡部民部政秋　坂東 彦三郎
一 帯屋長右衛門　二やく 坂東 彦三郎
一 土手の道哲　三やく 坂東 彦三郎
一 足利左金吾頼兼公　沢村 淀五郎
一 片岡幸之進　二やく 沢村 淀五郎
一 富田助太夫　谷村 とら蔵
一 片岡幸左衛門　二やく 谷村 とら蔵
一 大場道益　坂東 善 次
一 大江の鬼貫　大谷 門 蔵
一 和田金兵衛妻八しほ　中村 よし蔵
一 荒浪梶右衛門　三国富士五郎

一 山名入道宗全　二やく 三国富士五郎
一 川島次部五郎　大谷 鬼 次
一 浮世戸平　二やく 大谷 鬼 次
一 関取雷鶴之助　市川 男女蔵
一 三浦やの高尾　岩井喜代太郎
一 長右衛門女房おきぬ　小佐川 常世
一 めのと政岡　二やく 小佐川 常世
一 修験者奇妙院　市川 門之助
一 荒獅子男之助　二やく 市川 門之助
一 しなのやおはん　岩井 半四郎
一 勝元妹いてふのまへ　二やく 岩井 半四郎
一 仁木弾正左衛門正則　市川 ゑひ蔵
一 豆腐や三郎兵衛　二やく 市川 ゑひ蔵
一 細川修理之助勝元　三やく 市川 ゑひ蔵

常盤津文字太夫上るり
おはん 長右衛門 桂川月思出 坂東彦三郎 岩井半四郎 相勤る

八月九日より 弐番目弐幕
市川ゑひ蔵葺屋町江参る名残口上書。

一 秦の民部　沢村 淀五郎
一 小原の万兵衛　坂東 善 次
一 小のゝ春道　市川 弁 蔵

一さくら町の中将　坂田　佐十郎
一玄蕃悴求馬　坂東　桃太郎
一にしきのまへ　大谷　瀧次郎
一こし元もみぢ　瀬川　七之助
一民部弟秀太郎　小佐川　七蔵
一八剱玄蕃　大谷　鬼　次
一小野の春風　市川　男女蔵
一こし元巻絹　岩井喜代太郎
一粂寺弾正　市川　ゑひ蔵

鳴神
雲絶間　**紅葉《もみぢ》褟《ごろも》錦《にしきの》瀧《たき》**

一白雲坊　沢村　淀五郎
一黒雲坊　大谷　鬼　次
一粂の八郎　市川　男女蔵
一雲のたへま　岩井　半四郎
一鳴神上人　市川　ゑひ蔵

九月廿一日より

仮名手本忠臣蔵

一塩冶判官　坂東　彦三郎
一加古川本蔵　二やく　坂東　彦三郎
一桃井若狭之助　沢村　淀五郎
一斧九太夫　二やく　沢村　淀五郎
一おかる母　三やく　沢村　淀五郎
一鷺坂伴内　谷村　とら蔵
一山名次郎左衛門　坂東　善　次
一千崎弥五郎　坂田　佐十郎
一本蔵娘小なみ　小佐川　七蔵
一原郷右衛門　大谷　鬼　次
一斧定九郎　大谷　鬼　次
一寺岡平右衛門　大谷　鬼　次
一おかる　岩井喜代太郎
一大星力弥　二やく　岩井喜代太郎
一本蔵女房となせ　小佐川　常世
一由良之助女房おいし　岩井　半四郎
一かほよ御ぜん　二やく　岩井　半四郎
一早の勘平　三やく　岩井　半四郎
一高の師直　市川　ゑひ蔵
一大星由良之助　二やく　市川　ゑひ蔵

寅十月十九日
病死　市川門之助

顔見世入替り

桐座より 松本幸四郎　桐座より 市川高麗蔵
同 尾上松　助　同 坂東簑　助
初舞台 市川新之助（市川鰕蔵娘の倅）　同 市川幾　蔵

十一月二日より
松《まつは》貞《みさほ》婦女《おんな》楠《くすのき》

一 高師直　市川　幾　蔵
一 八才の宮　市川　新之助
一 高橋九郎　谷村　とら蔵
一 渕部伊賀守　中島和田右衛門
一 藤房卿　沢村　淀五郎

一 六郎右衛門女房みなせ　小佐川　常世
一 足利尊氏　尾上　松　助
一 湯浅孫六入道　二やく 尾上　松　助
一 木辻のけいせいみよしの　松本　米三郎
一 勾当の内侍　岩井喜代太郎
一 土岐蔵人　坂東　簑　助
一 新田よし貞　市川　こま蔵
一 篠塚五郎　二やく 市川　こま蔵
一 楠妻菊水　岩井　半四郎
一 江の島弁才天神霊　二やく 岩井　半四郎
一 長崎勘解由左衛門　松本　幸四郎
一 楠判官　二やく 松本　幸四郎

寛政七卯年　河原崎座

正月十五日より
住連《しめ》餝《かざり》吉例《きちれい》曽我《そが》

一 小林の朝比奈　中島和田右衛門
一 蒲冠者のり頼　沢村　淀五郎
一 鬼王新左衛門　二やく 沢村　淀五郎
一 大磯のとら　岩井喜代太郎

一 けわい坂のせう〳〵　松本　米三郎
一 曽我十郎祐成　市川　こま蔵
一 同　五郎時宗　坂東　簑　助
一 曽我の団三郎　市川　こま蔵
一 近江の局　尾上　松　助
一 中老八わた　小佐川　常世

一 鬼王女房月さよ　二やく 小佐川 常世
一 平井権八　岩井 半四郎
一 長兵衛女房おかん　二やく 岩井 半四郎
一 八わた召仕のはつ　三やく 岩井 半四郎
一 幡随長兵衛　松本 幸四郎
一 工藤左衛門祐経　二やく 松本 幸四郎

三月三日より 第弐番目
龍の口仕置場の段 花川戸の段

一 箕輪の親方うつら権兵衛　市川 幾蔵
一 本庄助太夫　二やく 市川 幾蔵
一 唐犬の十　中島和田右衛門
一 足軽郷内　松本 小次郎
一 金貸からす金右衛門　沢村 淀五郎
一 本庄助市　坂東 簑助
一 長兵衛妹おうた　岩井喜代太郎
一 座頭絹市　市川 高麗蔵
一 助太夫下部八助　二やく 市川 高麗蔵
一 平井権八　岩井 半四郎
一 長兵衛女房おちへ　二やく 岩井 半四郎
一 幡随長兵衛　松本 幸四郎

四月十六日より 弐番目

非人敵討

一 彦坂甚六　尾上 松助
一 高市武右衛門　沢村 淀五郎
一 加村宇田右衛門　谷村 虎蔵
一 須藤六郎右衛門　松本 小次郎
一 甚六妹おろく　松本 米三郎
一 春藤新七　坂東 簑助
一 春藤次郎右衛門　市川 高麗蔵
一 次郎右衛門女房おはる　小佐川 常世

五月五日より

仮名手本忠臣蔵

故人尾上菊五郎十三回忌追善

一 高の師直　市川 幾蔵
一 斧九太夫　中島和田右衛門
一 同定九郎　谷村 虎蔵
一 鷺坂伴内　松本 小次郎
一 早の勘平　坂東 簑助
一 大星由良之助　尾上 松助
一 大星力弥　小佐川 七蔵
一 本蔵娘小なみ　松本 米三郎

一 かほよ御ぜん　岩井喜代太郎
一 由良之助女房おいし　二やく 岩井喜代太郎
一 塩冶判官　市川　こま蔵
一 寺岡平右衛門　二やく 市川　こま蔵
一 こし元おかる　岩井　半四郎
一 加古川本蔵　松本　幸四郎

此追善狂言、尾上松助、由良之助と本蔵女房となせ、二やく早がわり。評判よし。

八月朔日より
・全盛《ぜんせい》 東《あつま》 伽羅《のきやら》

一 足利産千代君　市川　新之助
一 仁木弾正左衛門　尾上　松　助
一 関取鳴神谷右衛門　二やく 尾上　松　助
一 今川仲秋　市川　幾　蔵
一 斯波外記左衛門　谷村　虎　蔵
一 太秦のがうじやく法印　松本　小次郎
一 土佐将監光のぶ　中村　勝五郎
一 角力取立波梶右衛門　中島和田右衛門
一 当麻の図幸鬼貫　沢村　淀五郎
一 三浦の新造ぬれ衣　松本　米三郎
一 民部妹政岡　二やく 松本　米三郎

一 足利頼兼公　坂東　簑　助
一 井筒女之助　二やく 坂東　簑　助
一 けいせい薄雲　岩井喜代太郎
一 仁木弾正妹田むら　二やく 岩井喜代太郎
一 奴浮世戸平　市川　こま蔵
一 燈篭売四季の庄兵衛　二やく 市川　こま蔵
一 頼兼公妹君橘立御ぜん　小佐川　常世
一 豆腐や後家おきた　二やく 小佐川　常世
一 草花売おしづ　岩井　半四郎
一 けいせい高尾　二やく 岩井　半四郎
一 浮田左金吾　松本　幸四郎
後ニ西法寺道哲
一 重井筒徳兵衛　二やく 松本　幸四郎
一 細川修理太夫勝元　三やく 松本　幸四郎

常盤津文字太夫上るり
色懺悔《いろさんげ》野辺《のべの》花道《はなみち》　岩井半四郎 市川こま蔵 松本幸四郎　相勤る

九月九日より　弐番目
御所八幡社内の段　重井筒徳兵衛内の段　二幕

一 釣舟の三ぶ　市川　幾　蔵
一 大島佐賀右衛門　中島和田右衛門
一 金貸三河や義平次　松本　小次郎

一 助松主計　中村勝五郎
一 地廻りこつぱの権　市川仙蔵
一 同　なまの八　吾妻文蔵
一 佐賀右衛門下部岩平　尾上岩五郎
一 けいこおちか　大谷瀧次郎
一 刀や娘おはな　松本米三郎
一 町髪結の半七　坂東簑助
一 重井筒のげいこお初　岩井喜代太郎
一 肴売団七　市川こま蔵
一 団七女房おふさ　小佐川常世
一 勝元奥方岩井御ぜん　岩井半四郎
一 重井筒の徳兵衛　松本幸四郎

桐座より　市川鰕蔵
同　大谷広右衛門
久々休居て出勤 市川満蔵改　市川染五郎

十一月朔日より
・福《ふく》牡丹《ぼたん》吾妻《あづま》内裏《だいり》＊

一 逆髪の皇子　尾上松助
一 鳥さし才兵衛　二やく 尾上松助
一 山柄山の山姥　三やく 尾上松助
一 純友権平　大谷広右衛門
一 正平太貞盛　市川高麗蔵
一 浄ぞう貴しよ　沢村淀五郎
一 夜叉太郎　中島和田右衛門
一 田原藤太秀郷　松本幸四郎
一 碓井貞光　坂東簑助
一 八重はた　小佐川常世
一 秀郷女房矢ばせ　岩井半四郎
一 坂田の金時　二やく 岩井半四郎
一 参儀衛門尉忠文　市川鰕蔵
一 渡辺の綱　二やく 市川鰕蔵
一 平親王将門　三やく 市川鰕蔵

○顔見世計相勤 岩井半四郎 上方へ登る
顔見世計相勤休 松本幸四郎

＊福牡丹吾妻内裡

寛政八辰年　河原崎座

二月二日より

・柳桜《やなぎさくら》曽我《そが》幗《のうつしへ》

一　岩永左衛門宗連　中島和田右衛門
一　舟頭あげ汐の九郎次　二やく　中島和田右衛門
一　近江の小藤太成家　三やく　中島和田右衛門
一　八幡の三郎行氏　大谷広右衛門
一　番場の忠太　大谷　広八
一　小林の朝比奈　市川　和歌蔵
一　けわい坂のせう〳〵　瀬川　雄次郎
一　三浦の片貝　二やく　瀬川　雄次郎
一　曽我の団三郎　沢村　淀五郎
一　そがの十郎祐成　二やく　沢村　淀五郎
一　そがの五郎時宗　佐の川　市松
一　月さよ妹十六夜　二やく　佐の川　市松
一　町医者四方山残雪　尾上　松助
一　鬼王新左衛門　二やく　尾上　松助
一　三河守範頼公　三やく　尾上　松助
一　鬼王女房月さよ　小佐川　常世
一　大いそのとら　二やく　小佐川　常世
一　重忠おく方きぬ笠　三やく　小佐川　常世
一　工藤左衛門祐つね　市川　鰕蔵
一　町がゝへしやちほこ次郎　二やく　市川　鰕蔵
一　悪七兵衛かけ清　三やく　市川　鰕蔵

常盤津兼太夫上るり

仇恋名画《あだなこいめいぐわ》の通路《かよいぢ》　尾上松助　瀬川雄次郎　沢村淀五郎　小佐川常世　佐の川市松　市川ゑひ蔵　相勤る

休居て出勤　松本幸四郎

三月二十五日より

太平記忠臣講釈　壱番目七段め迄

一　近藤次郎左衛門　中島和田右衛門
一　北村伝次　大谷　広八
一　九太夫女房おれい　佐の川　市松
一　娘おくみ　瀬川　雄次郎
一　大星力弥　市川　升次郎
一　喜内女房　沢村　淀五郎

一 斧九太夫　二やく 沢村 淀五郎
一 重太郎女房おりへ　二やく 佐の川 市松
一 矢間重太郎　市川 こま蔵
一 石や五郎太
　実ハ早の勘平　二やく 市川 こま蔵
一 平右衛門女房おきた　小佐川 常世
一 矢間喜内　松本 幸四郎
一 大星由良之助　二やく 松本 幸四郎

亀屋島裏山富貴《かめやじまうらやまぶき》＊ 弐番め四幕

一 泉岳寺開帳のとりもちたいこもちこくり　大谷 広八
一 二ノ口村百姓忠三郎　市川 和歌蔵
一 亀や手代善六　松本 小次郎
一 丹波や八右衛門　中島和田右衛門
一 けいせい梅川　佐の川 市松
一 亀屋忠兵衛　市川 こま蔵
一 古手買八郎兵衛　松本 幸四郎
一 忠兵衛母妙かん　二やく 松本 幸四郎
一 新口村孫右衛門　三やく 松本 幸四郎

常盤津兼太夫上るり
梅川忠兵衛 道ゆき **燕鳥《つばくらめ》故《こ》郷《きやふの》軒《のき》** 佐の川市松 市川こま蔵 松本幸四郎 相勤る

＊亀屋縞裏山富貴

八月五日より

・けいせい水故伝《すいこでん》＊

一 月の岬の月本武蔵　松本 幸四郎
一 百姓三太夫　中島和田右衛門
一 大野道犬　二やく 中島和田右衛門
一 堅田の小すゞめ　大谷 広八
一 三韓の下官てれめんてい　中村 此蔵
一 同　ちりめんてい　市川 和歌蔵
一 小鮒の源五郎　松本 小次郎
一 木村庄司右衛門　中村 勝五郎
一 仙石軍兵衛　大谷広右衛門
一 大仏餅や娘おふみ　瀬川 雄次郎
一 主計の介下部名古や三平
　実ハけいこます吉　瀬川 雄次郎
一 内大臣真柴久つぐ　沢村 淀五郎
一 森宗意軒　二やく 沢村 淀五郎
一 木村主計之介　坂東 簑助
一 稲毛村百姓六助　二やく 坂東 簑助
一 小西弥十郎行長　三やく 坂東 簑助
一 文吾下部不破伴作
　実ハげいこ巻きぬ　佐の川 市松

一 月本武蔵女房待宵　二やく 佐の川 市松
一 久つぐの小性谷川文吾
　実ハ石川五右衛門　市川 こま蔵
一 佐々木巌流　二やく 市川 こま蔵
一 廻船問屋小松や宗七　三やく 市川 こま蔵
一 島原のけいせい瀧川　小佐川 常世
一 久よしの御台賤の方　二やく 小佐川 常世
一 檜垣の船頭与次兵衛　二やく 松本 幸四郎
一 千の利久　三やく 松本 幸四郎
一 此下藤吉
　後ニ真柴大領久吉公　四やく 松本 幸四郎

常盤津兼太夫上るり
丹前《たんぜん》出《で》口《ぐち》楊柳島《やなぎしま》　坂東簑助　瀬川雄次郎　佐の川市松　市川高麗蔵　小佐川常世　相勤る

桐座より　中山富三郎
尾上直次郎改　尾上　伊三郎
小佐川十五郎改　小佐川重右衛門

霜月朔日より
・**厳島雪顔鏡《いつくしまゆきのかほみせ》**＊
一 平清盛　尾上 松助
一 崇とく院　二やく 尾上 松助

＊けいせい水許伝

一 平宗盛　沢村 淀五郎
一 熊野御ぜん　山下 民之助
一 渡部左衛門源の亘　坂東 簑助
一 白拍子けさ御ぜん　中山 富三郎
一 奴さんごじゅ伊達平　市川 こま蔵
一 遠藤武者成遠　二やく 市川 こま蔵
一 廻国女修行者　小佐川 常世
一 岡崎のお辰狐　二やく 小佐川 常世
一 石切の五郎太　松本 幸四郎
一 小松内府重盛　二やく 松本 幸四郎

＊厳島雪姿見

寛政九巳年　河原崎座／森田座

正月廿日より

・**富士見里《ふじみるさと》和《やわらぎ》曽我《そが》**

一小林の朝いな　尾上　松　助
一松井の源吾定かげ　二やく　尾上　松　助
一吉田の少将惟定　三やく　尾上　松　助
一吉田の下部文平　大和山友右衛門
一伊豆の次郎祐兼　松本　小次郎
一蒲の冠者のり頼　吾妻　文　蔵
一そがの団三郎　坂東　簑　助
一八百や下人弥介　二やく　坂東　簑　助
一曽我の十郎祐成　三やく　坂東　簑　助
一同　五郎時宗　市川　こま蔵
一近江の小藤太成いへ　中島和田右衛門
一八わたの三郎行氏　市川　染五郎
一吉祥寺の納所弁長　二やく　市川　こま蔵
一戸倉十内　三やく　市川　こま蔵
一人買牛島の惣太　四やく　市川　こま蔵
一鬼王女房十六夜　中山　富三郎
一八百やお七　二やく　中山　富三郎
一きぬ笠御ぜん　三やく　中山　富三郎
一かけ清女房あこや　小佐川　常世
一班女御ぜん　小佐川　常世
一鬼王新左衛門　松本　幸四郎
一釜や武兵衛　二やく　松本　幸四郎
一粟津六郎左衛門俊兼　三やく　松本　幸四郎
一工藤左衛門祐経　四やく　松本　幸四郎

思誓娘《こしやくむすめ》嬌巳年《それとみのとし》＊　中山富三郎　坂東簑助　市川こま蔵　相勤る

三月三日より　弐番目

助六《すけろく》廓《くるわの》桜人《さくらど》

江戸太夫河東上るり

一髭の意休　尾上　松　助
一かんぺら門兵衛　中島和田右衛門
一朝がほせん平　市川　仙　蔵
一中の町松やのおやへ　佐の川　市松

＊思春娘嬌巳年

一 松や若ィ者七介　市川 染五郎
一 かぶろこのも　尾上 栄三郎
一 同　かのも　尾上 伊三郎
一 曽我のまん江　沢村 淀五郎
一 けいせいしら玉　山下 民之助
一 揚巻の介六　市川 こま蔵
一 けいせいあげ巻　中山 富三郎
一 白酒うり新兵衛　松本 幸四郎

四月九日より
一 三浦平六兵衛義村　尾上 松　助
一 めのと真柴　佐の川 市松
一 助平新田の百姓五作　中島和田右衛門
一 折つる姫　山下 民之助
一 阿舎利法橋全成　大和山友右衛門
一 白雲坊　沢村 淀五郎
一 黒雲坊　坂東 簑　助
一 鳴神上人　市川 こま蔵
一 雲のたへま　中山 富三郎
一 北条の執権桂民部左衛門　松本 幸四郎

五月五日より
・**関取《せきとり》菖蒲《せうぶ》綿《かたびら》**＊
一 関取ぬれ髪の長五郎　尾上 松　助
一 千葉家中橋本次部右衛門　二やく 尾上 松　助
一 おつま兄やらずの仁三　三やく 尾上 松　助
一 千葉のおく方かとり御ぜん　佐の川 市松
一 仲居おりき　二やく 佐の川 市松
一 角力取まぼろし竹右衛門　中島和田右衛門
一 千葉の家中三原有右衛門　松本 小次郎
一 げいこあづま　山下 民之助
一 千葉の家中寺岡郷左衛門　沢村 淀五郎
一 山崎与五郎　坂東 簑　助
一 放レ駒の長吉　市川 高麗蔵
一 古手や八郎兵衛　二やく 市川 高麗蔵
一 三田魚藍前の浪人小田瀬左衛門　三やく 市川 高麗蔵
一 女達ぬれかみのお静　中山 富三郎
一 甚兵衛女房お袖　二やく 中山 富三郎
一 げいこおつま　三やく 中山 富三郎
一 長吉姉おせき　小佐川 常世
一 関取放駒の四郎兵衛　松本 幸四郎
一 かごかき甚兵衛　二やく 松本 幸四郎
一 総州八わたの南与兵衛　三やく 松本 幸四郎

＊関取菖蒲絎

七月（※閏七月）廿日より
時今蓮花魁《ときはいまはちすのさきがけ》
常盤津兼太夫上るり
お菊幸助 道行　望月花若 敵討
詩和歌分根牡丹《じだいせわわけねのぼたん》
市川高麗蔵 坂東簑助 中山富三郎 相勤る

一 斎藤道三　尾上　松　助
一 石川五右衛門　二やく 尾上　松　助
一 久よし妻川淀　佐の川　市松
一 牡丹花肖柏下女おくに　二やく 佐の川　市松
一 養老瀧右衛門　中島和田右衛門
一 小田城之助春忠　市川　染五郎
一 安田の庄司昌俊　中村　勝五郎
一 浪川曽平　大和山友右衛門
一 龍興妹いなば　山下　民之助
一 小田常陸之介春永　沢村　淀五郎
一 森野蘭丸　坂東　簑　助
一 養老酒やの幸助　二やく 坂東　簑　助
一 武智十兵衛光秀　市川　高麗蔵
一 神田の与吉
実ハ望月太郎秋永　二やく 市川　高麗蔵

一 武智光秀妻さつき　中山　富三郎
一 与吉妹おきく　二やく 中山　富三郎
一 小野のお通　小佐川　常世
一 安田庄司足軽中沢与平次　松本　幸四郎
一 与吉母昌寿　二やく 松本　幸四郎
一 牡丹花肖柏
実ハ真柴久よし　三やく 松本　幸四郎

八月十五日より
・とくゐゐお初天神《はつてんじん》

一 菅家の家臣舟越重右衛門　尾上　松　助
一 かしくおばア　二やく 尾上　松　助
一 ふく清女房おかぢ　佐の川　市松
一 けいこおみつ　二やく 佐の川　市松
一 かしく兄うわばみ市兵衛　中島和田右衛門
一 浜田や藤兵衛　市川　染五郎
一 けいこつるじ　中島　とら七
一 同　かめじ　市川　喜三郎
一 同　たけじ　尾上　伊三郎
一 同　まつじ　尾上　栄三郎
一 同　むめじ　市川　ゑひ蔵
一 けいこおきぬ　中村　吉太郎

一 男げいしや義八　あつま 文蔵
一 道具や弥介　松本 小次郎
一 島の内の家主六右衛門　大和山友右衛門
一 げいこおその　山下 民之助
一 平野や六三郎　沢村 淀五郎
一 あぶらや九平次　坂東 簑 助
一 たいこ持徳兵衛　市川 こま蔵
一 げいこおはつ　中山 富三郎
一 豊長の侍女松がへ　小佐川 常世
一 福しまや清兵衛　松本 幸四郎
一 菅原大納言豊長公　二やく 松本 幸四郎

常盤津兼太夫上るり
全盛《ぜんせい》操《みさおの》花車《はなぐるま》　中山富三郎 中村吉太郎 山下民之助 佐の川市松
壱番目四立め、俄の段にて相勤る

九月三日より
貢物《みつぎもの》志《し》賀《がの》入《い》込《り》船《ふね》
一 山名宗全　尾上 松 助
一 肴売雷権次　二やく 尾上 松 助
一 あぶらや九平次　中島和田右衛門
一 こし元宮ぎの　佐の川 市松
一 天満や下女おはま　二やく 佐の川 市松

一 道具や伝八　沢村 淀五郎
一 局なるみ　二やく 沢村 淀五郎
一 藤沢の留女およね　山下 民之助
一 料理人木津藤兵衛　坂東 簑 助
一 平野や徳兵衛　二やく 坂東 簑 助
一 日本廻国願鉄　市川 こま蔵
一 渡辺左京早友　二やく 市川 こま蔵
一 志賀台七　三やく 市川 こま蔵
一 三ぶ女房おつぎ　中山 富三郎
一 細川の奥方浪尾　小佐川 常世
一 木津藤兵衛母　松本 幸四郎
一 豆腐や三郎兵衛　二やく 松本 幸四郎
一 細川勝元　三やく 松本 幸四郎

森田座再興
万治三庚子年木挽丁ニ而初而
大芝居狂言座奉蒙
大芝居根元 御免、百三拾壱ヶ年相続、夫より
今年迄九ヶ年之間休座の所、此度
櫓再興に相成候　八代目森田勘弥
然る所、当顔見世は下り役者間違候に付休。

寛政十戊午年　森田座

△下り役者　坂東龍　蔵
△下り役者　市川筆五郎

鏡《かほみせ》万代《ばんだい》曽我《そが》
是は、名題看板出し候計り。下り役者、今以延着に付、

二月朔日より
市川団蔵待請噺《まちうけばなし》　大坂名残狂言の役名　不取敢　全部七冊もの

一　大星由良之助　　市川　団　蔵
一　桃の井若狭之助妹玉琴　　山下　民之助
一　石堂右馬之丞　　山科四郎十郎
一　高の師直　　下り　坂東　龍　蔵
一　金かしからすばゝア　　二やく　坂東　龍　蔵
一　尊氏息女久かた姫　　瀬川　富三郎
一　勘平女房おはつ　　二やく　瀬川　富三郎
一　判官奥方おのへ御ぜん　　小佐川　常世
一　師直妹岩ふじの局　　森田　勘　弥
一　　二やく　小佐川　常世

一　久かた娘こしもと白妙　　三やく　小佐川　常世
一　由良之助女房おいし　　四やく　小佐川　常世
一　江戸家老斧九太夫　　大谷　広　次
一　人足受負天川や義平　　二やく　大谷　広　次
一　奴さゝら三八　　三やく　大谷　広　次
一　奴さゝの才蔵　　二やく　森田　勘　弥
一　斧定九郎　　三やく　森田　勘　弥
一　足軽寺岡平右衛門　　四やく　森田　勘　弥
一　赤穂の塩問屋播磨や与一兵衛　　五やく　森田　勘　弥

富本安和太夫上るり
東下《あつまくだり》花《はなの》関札《せきふだ》　瀬川富三郎　山下民之助　中村吉太郎　佐の川市松　小佐川常世　大谷広次　森田勘　弥　相勤る

此狂言、三月節句過迄興行いたし候。夫より暫らく相休沙汰なし。然る所、六月頃下り役者到着いたし候。

△下り　市川団　蔵　休居て出勤　中村助五郎
△同　市川団三郎　同断　大谷広　次
△同　市川友　蔵　都座より　片岡京四郎

△同　中山猪　八
△同　坂田熊十郎
△同　市川徳之助

七月十五日より
・桂男刃大鈖《かつらおとこやいばのおふだち》

一　当今一条の院　森田　又　吉
一　田畑早苗之助　下り　市川　団三郎
一　ゐい山の児梅丸　佐の川　市松
一　古曽部大進国春　中村　助五郎
一　みかみ山雷法印　片岡　京四郎
一　二条の足軽荒木権平　山科四郎十郎
一　堅田の次郎元氏　市川　筆五郎
一　にほてる姫の侍女はつ汐　下り　市川　徳之助
一　矢ばせの七郎　坂田　佐十郎
一　白川太郎虎文　下り　坂田　熊十郎
一　古曽部息女鳰照姫　山下　民之助
一　古曽部の奴袖介　下り　中山　猪　八
一　みたけ悪五郎　下り　市川　友　蔵
一　満政息女千くさのまへ　瀬川　富三郎
一　二条の奥方榊ノ葉御ぜん　小佐川　常世
一　ひわ湖の守護神たつ姫　小佐川　常世

一　源の満政　大谷　広　次
一　大道寺田畑之助　下り　市川　団　蔵
一　荒木左衛門近国　二やく　市川　団　蔵
一　白川弘文　森田　勘　弥
一　高階治部太夫景連　二やく　森田　勘　弥

第弐番目
非人敵討　織合襤褸錦《おりあわせつゞれのにしき》　五幕

一　高市庄之助　森田　又　吉
一　伊兵衛女房おみよ　佐の川　市松
一　須藤六郎右衛門　片岡　京四郎
一　春藤助太夫　山科四郎十郎
一　加村宇太右衛門　下り　坂田　熊十郎
一　お春妹おろく　山下　民之助
一　春藤次兵衛　下り　中山　猪　八
一　彦坂甚六　市川　友　蔵
一　佐兵衛女房おぬい　小佐川　常世
一　次郎右衛門女房おはる　二やく　小佐川　常世
一　春藤次郎右衛門　市川　団　蔵
一　若党佐兵衛　二やく　市川　団　蔵
一　同　伊兵衛　森田　勘　弥
一　高市武右衛門　二やく　森田　勘　弥

八月十六日より
源平布引瀧 三段めの切
故人市川団蔵廿七回忌追善狂言
一 小まん一子太郎吉　森田 又 吉
一 百姓九郎助　中村 助五郎
一 九郎助女房小よし　山科四郎十郎
一 矢走の仁惣太　あつま 文蔵
一 葵御ぜん　市川 徳之助
一 小まん　山下 民之助
一 瀬の尾の十郎兼氏　市川 友 蔵
一 斎藤太郎実盛　市川 団 蔵

九月九日より
妹《いも》背《せ》山《やま》婦女《おんな》庭訓《ていきん》 大序より三段め切迄四幕
一 柴六一子三作　市川 団三郎
一 同　杉松　森田 又 吉
一 柴六女房おきじ　佐の川 市松
一 蘇我のゑみじ　片岡 京四郎
一 ふじ原のたんかい　市川 筆五郎
一 舟頭権左衛門　宮崎 十四郎
一 だざいの息女ひなとり　市川 徳之助
一 入鹿みだいめどの方　中村 吉太郎
一 久我之助清舟　山下 民之助
一 大職冠かまたり　中山 猪 八
一 そがの入鹿　市川 友 蔵
一 太宰の後室さだか　小佐川 常世
一 大判事清澄　市川 団 蔵
一 猟師柴六　森田 勘 弥

弐番目
振袖隅田川
一 松浦五郎直秀　市川 団三郎
一 永楽やでつち幸吉
　実ハ吉田の松若丸　佐の川 市松
一 中がい市兵衛　片岡 京四郎
一 永楽や権左衛門　山科四郎十郎
一 同　てつち長吉　市川 筆五郎
一 沢田弥九郎　坂東 龍 蔵
一 山崎や勘十郎　坂田 熊十郎
一 永楽や娘おくら　山下 民之助
一 道具や甚三郎
　実ハ吉田下部軍助　中山 猪 八
一 永楽や手代庄八　市川 友 蔵

一 隅田川の渡し守都鳥のおしづ　小佐川　常世
一 山田の三郎兼氏　市川　団蔵
一 聖天町の法界坊　二やく　市川　団蔵
一 ぼふこんしのぶ売　三やく　市川　団蔵
大切 常盤津文字太夫上るり
両顔《ふたつおもて》月《つきの》姿《すがた》絵《へ》 市川団蔵
しのぶ売所作事相勤る

顔見世入替り
中村座より　坂東彦三郎
佐野川市松改　市川荒五郎
木村園次改　木村紅粉助
同　中村野塩
中山猪八改　市川門三郎
吾妻文蔵改　市川鰭蔵

霜月朔日より
・太平記《たいへいき》御貢《みつぎ》船諷《のふなうた》
一 五大院の三郎　中島和田右衛門
一 里見次郎　市川　門三郎
一 白拍子たが袖　山下　民之助
一 脇屋次郎よしすけ　市川　荒五郎
一 賤の女おしほ　中村　野塩
一 勾当の内侍　二やく　中村　野塩
一 栗生女房白妙　小佐川　常世
一 新田左中将義貞　坂東　彦三郎
一 小山田太郎　二やく　坂東　彦三郎
一 畑六郎左衛門　三やく　坂東　彦三郎
一 志の塚伊賀守　市川　団蔵
一 廻国修行者快てつ
　実ハ長崎かげゆ左衛門　二やく　市川　団蔵

寛政十一未年　森田座

三月十一日より
・伊達《だて》衣装《いせう》曲輪《くるわ》好《このみ》*
一 足利鶴わか丸　森田　又吉
一 松ヶ枝関之助　市川　荒五郎
一 浮世戸平　中島和田右衛門
一 大場宗益　坂東　善次

一 曽根の悪夜叉　市川 鰭蔵
一 関之助妹そで浦　山下 民之助
一 六角主計氏勝　市川 門三郎
一 大江図幸鬼貫　市川 友蔵
一 非人山牛房の三　二やく 市川 友蔵
一 高尾の禿紅葉　市川 団三郎
一 けいせい高尾　中村 のしほ
一 岩見太郎左衛門女房青柳　二やく 中村 のしほ
一 足利頼兼公　坂東 彦三郎
一 菅谷小助　二やく 坂東 彦三郎
一 細川修理之介政基　三やく 坂東 彦三郎
一 政岡の局　市川 団蔵
一 足軽亘理三平　二やく 市川 団蔵
一 土手の道哲　三やく 市川 団蔵
一 三うらや寝ず番茂介　四やく 市川 団蔵
一 浪人島田十左衛門
　実ハ岩見太郎左衛門　五やく 市川 団蔵
一 仁木弾正左衛門直則　森田 勘弥
一 東山よし政公　二やく 森田 勘弥

常盤津要太夫上るり
八重《やへ》単《ひとへ》操《みさほ》の桜戸《さくらど》　市川団三郎 中村野塩 市川団蔵 相勤る

＊伊達衣裳曲輪好

四月六日より
京鹿子娘道成寺 所作事 中村のしほ相勤る
一 満月上人　山科四郎十郎
一 居候房州小八　市川 筆五郎
一 松戸の五左衛門　中村 此蔵
一 横ふへ下女おはつ　中村 万代
一 むめ園ひめ　中村 紀之助
一 瀧口白菊丸　山下 民之助
一 まなごやのお鳴ばゝア　市川 友蔵
一 尾形妹よこぶへ　中村 のしほ
一 三浦平六兵衛よし村　坂東 彦三郎
一 まなごや庄九郎
　実ハ尾形の三郎　市川 団蔵
一 こんがら坊　二やく 市川 団蔵
一 せいたか坊　森田 勘弥

五月七日より
菅原伝授手習鑑
一 菅秀才　森田 又吉
一 さくら丸　市川 荒五郎
一 時平の大臣　中島和田右衛門

一 土師の兵衛　坂田　熊十郎
一 かりやひめ　中村　金　蔵
一 たつ田のまへ　市川　おのへ
一 菅丞相のみだい　二やく 市川　おのへ
一 白太夫　山科四郎十郎
一 源蔵女房戸波　山下　民之助
一 さくら丸女房やへ　二やく 山下　民之助
一 梅王丸　市川　門三郎
一 宿禰太郎　市川　友　蔵
一 春藤玄蕃　二やく 市川　友　蔵
一 松王女房ちよ　中村　のしほ
一 武部源蔵　坂東　彦三郎
一 菅相丞　二やく 坂東　彦三郎
一 かくじゆ　市川　団　蔵
一 松王丸　二やく 市川　団　蔵
一 判官代てる国　森田　勘　弥

盆狂言もめ合有之、出来兼、市川団蔵は堺町勘三郎座へスケに出候に付、残り候役者ニ而やう〳〵、

九月九日より
元祖坂東彦三郎 五十回忌　故人尾上菊五郎 十七回忌　右追善狂言として
仮名手本忠臣蔵
大序より九段め迄。

一 原郷右衛門　山科四郎十郎
一 斧九太夫　坂東　善　次
一 高師直　坂田　熊十郎
一 小なみ　中村　金　蔵
一 かほよ御ぜん　市川　おの江
一 由良之介女房おいし　山下　民之助
一 塩冶判官　市川　門三郎
一 こし元おかる　中村　のしほ
一 本蔵女房となせ　二やく 中村　のしほ
一 早の勘平　坂東　彦三郎
一 大星由良之助　二やく 坂東　彦三郎
一 石堂右馬之丞　森田　勘　弥
一 寺岡平右衛門　二やく 森田　勘　弥
一 加古川本蔵　三やく 森田　勘　弥

其内二段め五段め六段め相除き弐番目梅川忠兵衛世話狂言三幕
富本延寿斎　一世一代上るり
三度笠《さんどがさ》恋《こい》の乗掛《のりかけ》　坂東彦三郎 中村のしほ　相勤る

一中の島八右衛門　中島和田右衛門
一馬渕軍次兵衛　坂東善次
一よみ売評判の伴六　坂東大吉
一忠三郎女房おらち　中村槌之助
一かめや娘おすわ　市川おの江
一忠兵衛母妙かん　中村のしほ
一つちや梅川　二やく 中村のしほ
一かめや忠兵衛　坂東彦三郎
一新口村孫右衛門　二やく 坂東彦三郎
一町使梅川新七　森田勘弥

市村座より 市川八百蔵　中村座より 沢村藤蔵　市川角右衛門改 市川わし蔵
同 市川男女蔵　大谷広五郎改 大谷鬼次　片岡角太郎改 市川の助
同 松本米三郎

霜月朔日より
・八百八町《はつひやくやてふ》瓢笄《ひさごのかんざし》＊

一柴田勝家　森田勘弥
一松永弾正　市川友蔵
一四王天又兵衛　沢村東蔵
一光秀女房さつき　岩井喜代太郎
一井筒のうない子　松本米三郎
三暫く 一森の蘭丸　市川男女蔵
一足利政右衛門　二やく 市川男女蔵
一武智光秀　三やく 市川男女蔵
一織田春永公　市川八百蔵
一真柴久よし　二やく 市川八百蔵

＊八百八町瓢単笄

寛政十二庚申年　河原崎座

去未の顔見世切ニ而、春狂言出来兼、相休。又々河原崎再興に成。

申三月廿日
病死 二代目中村野塩
行年四拾弐歳

四月中
○市川男女蔵
○松本米三郎　両人共上方へ登る

顔見世入替
市村座より　坂東彦三郎　△下り　中村大吉
同　嵐　雛　助
同　嵐　三　八　△下り　藤川叶助
中村座より　尾上松　助

十一月
戻橋《もどりはし》綱《つなの》顔《かお》見世《みせ》*

一　足柄山の山姥　尾上　松　助
一　田原の千晴　二やく　尾上　松　助
一　袴垂保輔　嵐　三　八
一　卜部季武　二やく　嵐　三　八
一　丹波太郎　大谷　徳　次
一　快童丸　岩井　粂三郎
一　渡辺妻春雨　二やく　岩井　粂三郎
一　源の頼光　嵐　ひな助
一　碓井貞光　二やく　嵐　雛　助
一　地斗丸為ひら　坂東　彦三郎
一　渡辺源次綱　二やく　坂東　彦三郎

＊戻橋綱顔鏡

寛政十三辛酉年　享和元年に成

河原崎座

正月十三日より
・**的当歳《あたりどし》初寅《はつとら》曽我《そが》**

一　曽我の満江御ぜん　尾上　松　助
一　小林の朝いな　二やく　尾上　松　助
一　河津三郎ゆふこん　三やく　尾上　松　助
一　曽我の五郎時宗　尾上　栄三郎
一　雪の下呉服や金兵衛　富士川　叶介
一　箱根の閉坊丸　坂東　鶴十郎
一　梶原平三かけ時　宮崎　十四郎
一　大藤内成かげ　坂東　龍　蔵
一　のり頼公　坂田　左十郎
一　八わたの三郎行氏　嵐　三　八

一 鬼王新左衛門　二やく 嵐 三八
一 北条の四郎時政　三やく 嵐 三八
一 犬坊丸祐友　尾上 伊三郎
一 近江小藤太成いへ　桐の谷 門蔵
一 梶原源太かげ末　坂東 善次
一 曽我の二の宮　山下 民之助
一 そがの団三郎　大谷 徳次
一 なぎの葉御ぜん　中村 大吉
一 けわい坂のせう〳〵　二やく 中村 大吉
一 大磯のとら　岩井 粂三郎
一 鬼王女房月さよ　二やく 岩井 粂三郎
一 釼沢弾正左衛門　嵐 雛助
一 井場の十蔵景勝　二やく 嵐 雛助
一 京の次郎祐とし　三やく 嵐 雛助
一 曽我十郎祐成　坂東 彦三郎
一 工藤左衛門祐経　二やく 坂東 彦三郎

富本延寿上るり
奇花文渦巻《てくだのはなふみのうづまき》 中村大吉 尾上栄三郎 坂東彦三郎 岩井粂三郎 相勤る

△大坂 立役 ぬれ事 やつし 下り 嵐新平

二番目世話狂（ママ）二日替り
初日
お七 吉三 **花鳥朧乗掛**《はなとりおぼろののりかけ》 坂東彦三郎 岩井粂三郎 相勤

一 土左衛門伝吉　尾上 松助
一 湯島の三吉　尾上 栄三郎
一 かまや武兵衛　桐の谷 門蔵
一 吉三道心栄山　嵐 三八
一 七面坂のおきく　山下 民之助
一 八百や久兵衛　大谷 徳次
一 下女お杉　中村 大吉
一 八百やお七　岩井 粂三郎
一 吉三郎兄戸倉十内　嵐 雛助
一 駒込の夜番人弥作　坂東 彦三郎

後日
おふさ 綱五郎 **月梅思春雨**《つきにむめおもひのはるさめ》 嵐雛助 岩井粂三郎

一 山住五平太　尾上 松助
一 半時九郎兵衛　嵐 三八
一 糸や佐五右衛門　尾上 雷助
一 下女おさき　山下 民之助
一 おぢい十兵衛　大谷 徳次
一 糸や娘小いと　中村 大吉

一 げいしや糸やのおふさ　岩井 粂三郎
一 町髪結本町綱五郎　嵐 雛助
一 糸や手代佐七　坂東 彦三郎
一 石塚弥惣兵衛　二やく 坂東 彦三郎

三月三日より 二番目三幕

一 局岩ふじ　尾上 松助
一 秩父の重忠　尾上 栄三郎
一 北条の四郎時政　嵐 三八
一 阿野法橋全成　坂東 龍蔵
一 大姫君　尾上 伊三郎
一 楯悪五郎親秀　桐谷 門蔵
一 百姓権内　坂東 善次
一 中老おのへ　中村 大吉
一 尾上召仕おはつ　岩井 粂三郎
一 工藤左衛門祐つね　坂東 彦三郎

酉二月四日 舞台 わづかに十六年勤る
病死 二代目嵐雛助
行年廿八歳

辞世
深川浄心寺
東風にちる難波の梅にうくいすの
ほふ法花経の声のみぞきく

三月廿五日より
・小梅 小よし 江《ゑ》の島奉納見台《しまほうなふけんだい》 坂東彦三郎 中村大吉 岩井粂三郎 相勤る

一 北条の家来下山丈左衛門　尾上 松助
一 梅田やでっち長吉　尾上 栄三郎
一 とぎや左助　藤川 叶助
一 梅沢や五郎兵衛　嵐 三八
一 新網の古鉄買源八　桐谷 門蔵
一 麻布薮いしや古川森月　坂東 善次
一 宇田川町福田や四郎兵衛　尾上 雷助
一 佐倉井の女房おやへ　山下 民之助
一 梅やしぶ売由兵衛　大谷 徳次
一 町げいしや枡しげ　二やく 大谷 徳次
一 同 小むめ　中村 大吉
一 甚五郎女房梅のおよし　岩井 粂三郎
一 かみゆいかんざしの甚五郎　坂東 彦三郎
一 里見外記　二やく 坂東 彦三郎

五月五日より

皐月花吉岡染《さつきのはなよしおかぞめ》＊

一 東意軒肖柏　　尾上　松　助
　実ハひたち坊海尊
一 熊谷やの三ぶ　　二やく 尾上　松　助
一 玉川検校　　三やく 尾上　松　助
　実ハ汐田左近兵衛繁義
一 大伴常陸之助頼国　　尾上　栄三郎
一 鞠ヶ瀬秀夜　　嵐　三　八
　実ハ泉の小次郎近ひら
一 鰐ぶち弥藤次　　桐の谷　門蔵
一 菊地家の局沢田　　坂東　善　次
一 秀夜が母折江　　尾上　雷　助
一 蔵人女房豊浦　　山下　民之助
一 志賀台七　　嵐　三　八
一 庄や七郎兵衛　　大谷　徳　次
一 秀夜女房あさか　　中村　大　吉
一 与太夫娘宮城野　　二やく 中村　大　吉
一 同　妹しのぶ　　岩井　粂三郎
一 亀井民五郎　　二やく 岩井　粂三郎
一 あやうた姫　　岩井　粂三郎
一 三浦蔵人俊綱　　坂東　彦三郎
一 駿州ふじ郡の百姓三左衛門　　二やく 坂東　彦三郎
一 富士の常悦　　三やく 坂東　彦三郎
　実ハ冠者太郎恒雪

＊皐花吉岡染

七月十五日より

・**妹背山婦女庭訓《いもせやまおんなていきん》**

一 蘇我の入鹿　　尾上　松　助
一 久我之助清舟　　尾上　栄三郎
一 杉の局　　藤川　叶　助
一 梅の局　　坂東　鶴十郎
一 萩の局　　桐の谷　門蔵
一 酒や後家おとら　　坂東　龍　蔵
一 采女の内侍　　尾上　伊三郎
一 荒巻弥藤次　　桜山　連　蔵
一 ふじ原の鎌足　　坂東　彦三郎
一 蘇我のゑみじ　　嵐　三　八
一 漁師ふか七　　嵐　三　八
一 紅葉の局　　坂東　善　次
一 綱田てる宗　　尾上　雷　助
一 入鹿奥方めどの方　　山下　民之助
一 でつち寝太郎　　大谷　徳　次

一 おきよ所おむら　二やく 大谷 徳次
一 立花ひめ　中村 大吉
一 太宰の後室さだか　二やく 中村 大吉
一 太宰の娘ひなとり　岩井 粂三郎
一 酒や娘おみわ　二やく 岩井 粂三郎
一 藤原の淡海　坂東 彦三郎
一 大判司清澄　二やく 坂東 彦三郎

八月十三日より

富本斎宮太夫 後見延寿上るり

其紫《そのむらさき》四季《しき》の家橘《かきつ》*　坂東彦三郎 中村大吉 相勤る

一 石山伴蔵　藤川 叶助
一 瀧夜叉丸　坂東 鶴十郎
一 衛士初米駄五平　坂東 三木蔵
一 同 さや豆ゆで蔵　中島 磯十郎
一 同 枝柿しぶ内　市川 団兵衛
一 同 いが栗はね平　尾上 小の蔵
一 同 どだれ江五七　市川 団作
一 矢橋の喜藤太　桐の谷 門蔵
一 雅世卿の下部志賀平　尾上 雷助
一 二条の息女みちとせ姫　中村 大吉
一 歌比丘尼小しゅん
実ハ石山観音の霊　二やく 中村 大吉
一 飛鳥井中将雅世卿　坂東 彦三郎
一 木賊苅の尉　二やく 坂東 彦三郎
一 田舎順礼彦六　三やく 坂東 彦三郎
一 坂本山王つかわしめ手白の猿の化身　四やく 坂東 彦三郎

右は、九代目故人市村羽左衛門、十七回忌追善狂言也。
市川男女蔵、堺町に罷在候所、此度当座スケに出る。

＊厥紫四季の家橘

九月十五日より

仮名手本忠臣蔵

一 高の師直　尾上 松助
一 大星由良之助　二やく 尾上 松助
一 おかる母　三やく 尾上 松助
一 千崎弥五郎　尾上 栄三郎
一 百姓与一兵衛　藤川 叶介
一 足利直義公　坂東 鶴十郎
一 下女りん　坂東 大吉
一 大わし文吾　嵐 升蔵
一 斧九太夫　坂東 龍蔵
一 大星力弥　岩井 喜三郎
一 寺岡平右衛門　嵐 三八

一桃の井若狭之助　スケ 市川男女蔵
一早の勘平　二やく 市川男女蔵
一本蔵娘小なみ　尾上伊三郎
一斧定九郎　桐の谷門蔵
一山名次郎左衛門　坂東善次
一原郷右衛門　尾上雷助
一かほよ御ぜん　山下民之助
一鷺坂伴内　大谷徳次
一由良之介女房おいし　中村大吉
一義平女房おその　中村大吉
一こし元おかる　岩井粂三郎
一本蔵女房となせ　岩井粂三郎
一塩冶判官　坂東彦三郎
一加古川本蔵　坂東彦三郎
一石堂右馬之丞　スケ 市川男女蔵
一天川や義平　四やく 市川男女蔵

顔見世無人に付スケ　市川白猿
○顔見世斗相勤　市川団蔵
△下り　中島和田右衛門（坂東善次改）
上方へ登る　坂東彦左衛門

霜月朔日より
・**名歌徳《めいかのとく》三《み》升玉垣《ますのたまがき》**

一惟高親王　桐の谷門蔵
一孔雀三郎　市川荒五郎
一荒巻耳四郎　中島和田右衛門
一伴の左衛門重宗　市川友蔵
一大伴山主　坂東龍蔵
一五代三郎女房鵜の羽　山下民之助
一小野のよし実　市川門三郎
一仕丁太郎又
　実ハ大江の太郎　大谷徳次
一仕丁次郎又
　実ハ大筆五郎　坂東八十助
一仕丁五郎又
　実ハ四位の少将　坂東三津五郎
一小野の小町　岩井粂三郎
一西国巡礼よし兵衛
　実ハ土岐蔵人　市川団蔵
一廻国修行者快山
　実ハ大伴黒主　市川白猿

当顔見世大当り。三立め白猿般若五郎ニ而暫く。粂三郎、和田右衛門受。

四立め、幕際に、白猿六部、団蔵順礼のせり上け。近年の大当り。

二番めに、白猿口上、大当り。是は別に口上之書留めアリ。

享和二壬戌年　河原崎座

小佐川常世
市川男女蔵　両人飛入出勤

正月廿九日より
・**初紋日柳銹曽我**《はつもんびよそおいそが》＊

一　鬼王新左衛門　市川　男女蔵
一　梶原平次景高　二やく　市川　男女蔵
一　三保谷四郎　三やく　市川　男女蔵
一　曽我十郎祐成　坂東三津五郎
一　同　五郎時宗　四やく　市川　男女蔵
一　秩父の庄司重忠　五やく　市川　男女蔵
一　小林の朝いな　大谷　徳　次
一　そがの団三郎　桐の谷　門蔵
一　比企の判官頼貞　坂東　龍　蔵
一　曽我のまんこう　市川　門三郎
一　近江の小藤太成いへ　市川　友　蔵
一　伊豆の次郎祐兼　市川　荒五郎
一　三浦平六兵衛よし村　坂東三津五郎
一　大磯のとら　岩井　粂三郎
一　けわい坂のせう〳〵　岩井　粂三郎
一　かけ清娘人まる　岩井　粂三郎
一　景清女房あこや　小佐川　常世
一　鬼王女房月さよ　小佐川　常世
一　工藤左衛門祐経　市川　白　猿
一　悪七兵衛景清　市川　白　猿

吾妻国太夫上るり
三浦《みうら》**の片貝**《かたかい》**操**《みさほ》**車**《ぐるま》　坂東三津五郎　大谷　徳　次　市川男女蔵　岩井粂三郎　相勤る
大切、景清牢破り、市川白猿大当り。

三月三日より　弐番目　故人岩井半四郎三回忌追善狂言
結倣鹿《ゆいならいかの》**子**《こ》**道成寺**《どうぜうじ》　岩井粂三郎相勤る

＊初紋日扮飾曽我

一 漁師灘六
　実ハ尾形三郎惟義　市川　男女蔵
一 金剛坊　市川　男女蔵
一 威徳坊　坂東三津五郎
一 雇中間宮六　大谷　徳　次
一 由比ヶ浜の喜蔵　桐の谷　門蔵
一 六浦の漁師畑蔵
　実ハ半沢六郎成清　市川　荒五郎
一 片瀬の牛飼おいそ　小佐川　七蔵
一 花園姫　市川　おの江
一 めのと玉波　山下　民之助
一 補陀落寺住僧頼基　市川　門三郎
一 釼術師範柳瀬伴平
　実ハ菊池兵庫成景　市川　友　蔵
一 大伴舎人之助頼国　坂東三津五郎
一 灘六妹おしづ　岩井　粂三郎
一 海老名の源八照綱　市川　白　猿

市川白猿、当二月晦日迄スケ相勤候積の所、右半四郎追善に付、命日三月廿九日に付、三月晦日迄罷出、追善口上を申候。

四月五日より
弐番目新狂言七幕
郭公《ほとゝぎす》相宿《あいやど》話《ばなし》 道成寺所作事壱番目に相勤る

一 佐々木家中島川太平　市川　男女蔵
一 里見家中唐木政右衛門　二やく 市川　男女蔵
一 石留武介　大谷　徳　次
一 でつち伊太郎　二やく 大谷　徳　次
一 桜井林左衛門　中島和田右衛門
一 町いしや今坂やうかん　桐島儀右衛門
一 磯貝実右衛門　坂東　八十助
一 沢井股五郎　二やく 坂東　八十助
一 和田志津摩　市川　荒五郎
一 松木主計　二やく 市川　荒五郎
一 あら巻伴作　桐の谷　門蔵
一 磯貝兵助　小佐川　七蔵
一 松木主計妾おみや　山下　民之助
一 政右衛門妻おたね　二やく 山下　民之助
一 和田靫負　市川　門三郎
一 箱根馬士地ごくの九蔵　市川　友　蔵
一 ごふくや十兵衛　坂東三津五郎
一 下部友平　二やく 坂東三津五郎
一 実右衛門娘おそで　岩井　粂三郎

一 お針のおいち　二やく 岩井 粂三郎
一 佐々木奥方真弓御ぜん　小佐川 常世

五月五日より 二番目
一 浪人野の山大蔵
　実ハ島川太平　市川 男女蔵
一 唐木政右衛門　市川 男女蔵
一 和田志津摩　市川 荒五郎
一 柏木弥藤次　坂田 左十郎
一 奴団介　嵐 他蔵
一 桜井林左衛門　中島和田右衛門
一 馬士いきだをれの八　桐島儀右衛門
一 四条のお鳴ばゝア　坂東 八十助
一 沢井股五郎　二やく 坂東 八十助
一 鯉や万兵衛　桐の谷 門蔵
一 祇園町の白人花野　市川 おの江
一 池添孫八　市川 門三郎
一 ごふくや十兵衛　坂東三津五郎
一 鯉万の仲居おいち　岩井 粂三郎
一 真弓御ぜん　小佐川 常世

六月廿日より 夏狂言 桟敷廿匁 土間拾三匁 切落し六拾四文

夏祭《なつまつり》浪花《なには》鑑《かゞみ》

一 道具や娘おなか　岩井 粂三郎
一 徳兵衛女房おたつ　二やく 岩井 粂三郎
一 釣舟の三ぶ　大谷 徳次
一 道具や手代伝八　二やく 大谷 徳次
一 大島佐賀右衛門　桐島儀右衛門
一 道具や孫右衛門　嵐 升蔵
一 玉島兵太夫　市川 十蔵
一 山名持房　坂東 三木蔵
一 三河や義平次　桐島儀右衛門
一 団七一子市松　坂田 富吉
一 道具や乳母お才　岩井 登代蔵
一 釣舟女房おつぎ　二やく 岩井 登代蔵
一 団七女房おかぢ　小佐川 七蔵
一 玉島磯之丞　市川 荒五郎
一 一寸徳兵衛　二やく 市川 荒五郎
一 肴や団七　市川 男女蔵

中村座より 坂東彦三郎　同 市川荒五郎
同 中村大吉　同 市川友蔵

霜月
義経千本桜

一 いがみの権太　市川 荒五郎
一 すしや弥左衛門　市川 友蔵
一 武さし坊弁慶　坂東彦左衛門
一 主馬の小金吾　小佐川 七蔵
一 権太女房小せん　二やく 小佐川 七蔵
一 すけの局　中村 大吉
一 すしや娘おさと　二やく 中村 大吉
一 しづか御ぜん　三やく 中村 大吉

一 川越太郎　坂東 彦三郎
一 渡海や銀平 実ハとも盛　坂東 彦三郎
一 すしや弥介 実ハ平の惟盛　坂東 彦三郎
一 横川の覚範　坂東 彦三郎
一 源九郎狐　坂東 彦三郎
一 佐藤四郎兵衛忠のぶ　坂東 彦三郎
一 源頼朝公　坂東 彦三郎

享和三癸亥年　河原崎座

閏正月十一日より
世響音羽桜《よにひゞけおとわのさくら》

一 清水左門之助清玄　市川 荒五郎
一 奴だて平 実ハ井場の十蔵　二やく 市川 荒五郎
一 同宿金剛坊　三やく 市川 荒五郎
一 稲妻三郎重成　藤川 叶助
一 浅利の冠者義遠　坂東 鶴十郎

一 阿野の法橋全盛　坂田 左十郎
一 本田の次郎近常　山科四郎十郎
一 岩永左衛門　市川 友蔵
一 半沢六郎成清　市の川 門蔵
一 奥家老渋川軍次兵衛　坂東彦左衛門
一 さくら姫　小佐川 七蔵
一 かけ清娘人丸　二やく 小佐川 七蔵
一 桜姫のかしづき宮城　中村 大吉

一　五条坂のあこや　二やく　中村　大　吉
一　絹笠御ぜん　三やく　中村　大　吉
一　清水の清玄律師　坂東　彦三郎
一　秩父の重忠　二やく　坂東　彦三郎
一　釣鐘建立の講頭正直庄作　三やく　坂東　彦三郎
一　白拍子さくら木　四やく　坂東　彦三郎
一　上総七兵衛かけ清　五やく　坂東　彦三郎

道行上るり竹本河内太夫
娘形外《はなのほか》　媚《ふりそで》　道成寺《どうぜうじ》　金剛坊　市川荒五郎　威徳坊　市川友蔵　白拍子　坂東彦三郎　所作事相勤る

二月二日より
姫小松《ひめこまつ》子日《ねのひ》の遊《あそび》*　三段め口切
第壱番目にいたし、

一　亀王丸　市川　荒五郎
一　所化うんけつ　坂東　三五郎
一　たくぼくの江吉　市川　団　作
一　かけのどう六　坂東　倉　蔵
一　たかのめの長六　市川　文　蔵
一　有王丸　市川　友　蔵
一　深山の木蔵　坂田　左十郎
一　小弁　坂田　富　吉
一　なめらの兵　藤川　叶　介

一　次郎九郎　坂東彦左衛門
一　小督の局　小佐川　七蔵
一　亀王女房おやす　中村　大　吉
一　がんくつの来現　実ハしゆんくわん　坂東　彦三郎

***姫小松子の日遊**

第弐番目
・**伊勢音頭《いせおんど》　恋《こひ》　寝釼《ねたば》**　五幕

一　古市油やの料理人喜介　市川　荒五郎
一　安達大蔵　藤川　叶　介
一　油やの女郎おきぬ　二やく　藤川　叶　介
一　相の山のお杉　坂東　文　蔵
一　同　お玉　中村　能　蔵
一　いせ参り捨松　坂東　桃太郎
一　今田万次郎　岩井　かるも
一　藤浪左膳　山科四郎十郎
一　孫太夫娘さかき　岩井　かるも
一　正直庄太夫　市川　友　蔵
一　下部林平　桐谷　門　蔵
一　猿田彦太夫　坂東彦左衛門
一　油やの仲居万野　三やく　坂東彦左衛門

一　古市の女郎お岸　　小佐川　七蔵
一　古市油やのおこん　　中村　大吉
一　貢伯母おみね　　二やく　中村　大吉
一　御師福岡貢　　坂東　彦三郎
◯坂東彦三郎
◯中村大　吉　両人上方へ登る
役者無人ニ而興行相成兼、堺町、葺屋町へ相頼、両座より助け役者有之、やう〳〵興行いたし候との口上書出る。

（※八月）
花櫓《はなやぐら》飛入《とびいり》助相撲《ずもう》*
一　鉄ヶ嶽陀多右衛門　　市川　友蔵
一　村岡団右衛門　　二やく　市川　友蔵
一　つるや浄久　　藤川　叶介
一　刀や源六　　二やく　藤川　叶介
一　三島弥市郎　　坂東　鶴十郎
一　行事喜太郎　　市川　雷蔵
一　市原九平太　　坂東彦左衛門
一　角力の呼出し善八　　二やく　坂東彦左衛門
一　けいせいにし木ぎ　　小佐川　七蔵
一　千羽川女房およつ　　二やく　小佐川　七蔵
一　行事庄九郎　　市川　荒五郎
一　津田良助　　二やく　市川　荒五郎
両座よりスケ役者替名
一　岩川女房おとわ　　瀬川　富三郎
一　与太夫娘お才　　中山　与三郎
一　鶴や礼三郎　　尾上　栄三郎
一　昼かせぎ関東小僧定　　二やく　尾上　栄三郎
一　岩川次郎吉　　尾上　松助
一　新町のげいこ影絵の藤江　　二やく　尾上　松助
一　千羽川吉兵衛　　三やく　尾上　松助
常盤津綱太夫上るり
色揚《いろあげ》古《ふる》手《て》屋《や》仕込《じこみ》　小佐川七蔵 尾上栄三郎　相勤る

＊花櫓助飛入相撲

後日狂言
常盤津綱太夫上るり
紅葉《こうよふ》瀬《せ》川月《がわのつき》　瀬川菊三郎 尾上松助　相勤る
一　三浦やの高尾のぼうこん　　瀬川　富三郎
一　土手の道哲　　尾上　松助
中村座より　荻野　伊三郎　　中村座より　藤川武左衛門
同　中山　富三郎　　市村座より　嵐　冠十郎

顔見世計り勤　岩井　粂三郎　当顔見世両座勤る

同　尾上　松助

市村座より　岩井喜代太郎

（※十一月）

大和錦吉野内裏《やまとにしきよしのだいり》＊

一　大塔の宮もりよし親王　尾上　松助

一　渕部伊賀の守　二やく　尾上　松助

一　ろじ番さぼてん次郎　坂東彦左衛門

一　部や頭伴右衛門　中島和田右衛門

一　仁木次郎為虎　尾上　紋三郎

一　大館五郎　坂田　左十郎

一　本間五郎左衛門　藤川武左衛門

一　五代院の十郎　嵐　冠十郎

一　村上彦四郎よし照　岩井喜代太郎

一　伊賀の局　岩井　粂三郎

一　三ヶ月おせん　二やく　岩井　粂三郎

一　けいせいはつ瀬　中山　富三郎

一　にしきのまへ　二やく　中山　富三郎

一　赤松次郎のり定　荻野　伊三郎

一　宇津の宮弥三郎　二やく　荻野　伊三郎

一　相模次郎時行　三やく　荻野　伊三郎

一　畑六郎左衛門　四やく　荻野　伊三郎

＊大和錦吉野内裡

享和四甲子年　文化元年に成

河原崎座

二月十五日より

春花女絵曽我《はるのはないろへそが》＊

一　工藤左衛門祐つね　尾上　松助

一　けわい坂のせう〳〵　小佐川　七蔵

一　赤沢十内　嵐　冠十郎

一　小林の朝いな　坂東彦左衛門

一　そがの五郎時宗　尾上　紋三郎

一　近江の小藤太成いへ　藤川武左衛門

一　そがの十郎祐成　岩井喜代太郎

一　大磯のとら　岩井　粂三郎

一　鬼王女房月さよ　中山　富三郎

一　鬼王新左衛門　荻野　伊三郎

＊戯場花女絵曽我

三月十一日より 弐ばんめ
常盤津綱太夫上るり
恋衣《こいごろも》 俤《おもかげ》 花王《ざくら》 中山富三郎 山下万作 岩井粂三郎 嵐冠十郎 相勤る
拾三ヶ年已前、寛政四子年四月中、小佐川常世鳴神ニ而、故人岩井半四郎若衆形、当座ニ而大当りの狂言故、粂三郎へ達而相進候と申口上書。

一 菊池兵庫成景　尾上 松助
一 鳴髪弟子黒雲尼　嵐 冠十郎
一 菊池郎等山住権蔵　藤川 叶介
一 同　谷川運平　坂東 善次
一 鳴髪弟子白雲尼　山下 万作
一 尾形采女之助義久　岩井 粂三郎
一 北岩倉鳴髪比丘　中山 富三郎
一 尾形の三郎惟義　荻野 伊三郎

此狂言、評判よく、又々大当りいたし候事。

四月十五日より
・おやま紅粉《べに》対《ついの》伊達《はで》者《もの》＊
一 五百崎半蔵　尾上 松助
一 児玉の後室その崎

実ハ相川島の音羽おばア　二やく 尾上 松助
一 ぜげんせうき半兵衛　尾上 松助
一 けいせい滝川　小佐川 七蔵
一 かし物や紙子勘六　嵐 冠十郎
一 八人芸籠島花ゆふ　二やく 嵐 冠十郎
一 中間定平　坂東彦左衛門
一 梅沢や後家おいろ　二やく 坂東彦左衛門
一 大江の勘解由　桐の谷 門蔵
一 荒川官蔵　藤川 叶介
一 刀鍛冶吉広弥市　坂東 鶴十郎
一 石浜武太夫　中島和田右衛門
一 花形左門　尾上 紋三郎
一 勇助女房おちへ　山下 万作
一 わかいもの大坂清八　藤川武左衛門
一 牛島嘉田右衛門　二やく 藤川武左衛門
一 隅田勇介　岩井喜代太郎
一 中橋紅粉や娘やつこの小まん　岩井 粂三郎
一 伏見京ばしやつこの小まん　中山 富三郎
一 ふし見の商人人形権介　荻野 伊三郎
一 梅沢や五郎兵衛
実ハ綾瀬官平　二やく 荻野 伊三郎
一 大江の広元　三やく 荻野 伊三郎

＊おやま紅対艶姿

七月三日より

夏狂言の初・天竺徳兵衛《てんぢくとくべい》韓噺《いこくばなし》　水狂言　暑中の間

桟敷　拾五匁　土間割合六人つめ　百七拾弐文

土間　拾弐匁　切落　六十四文

一 瀧川左京正勝　市川　門蔵
一 よし岡宗観
　実ハ朝せん臣下木曽館　藤川　叶介
一 北条時五郎氏連　坂東　善次
一 大伴左賀二郎義延　嵐　ひな蔵
一 川上雲平　中島　磯十郎
一 徳兵衛娘おしほ　坂田　富五郎
一 大伴家の公達月わか丸　岩井　岩太郎
一 瀧川左京妹折枝姫　岩井　亀次郎
一 折枝姫のめのと袖垣　中山　常次郎
一 徳兵衛女房お綱　二やく　中山　常次郎
一 桂源吾国次　坂田　佐十郎
一 足軽梶田彦左衛門　坂東彦左衛門
一 舟頭作太夫　二やく　坂東彦左衛門
一 柳ヶ浦の海士もしほ　小佐川　七蔵
一 高砂の船頭徳兵衛
　実ハ尾形の十郎重清　岩井喜代太郎
一 此村大炊之介俊春　二やく　岩井喜代太郎
一 真柴久次　三やく　岩井喜代太郎
一 月若丸のめのといほざき　尾上　松助
一 田舎座頭徳都　二やく　尾上　松助
一 幡州舟頭天竺徳兵衛
　実ハ宗観一子大日丸　三やく　尾上　松助

此夏狂言、古今の大当り大評判ニ而、九月頃迄いたし候。尤追々弐番目を付候得共、一体此狂言ニ而見物多く有之候。尾上松助大手柄なり。

初手には難風に逢候船頭徳兵衛ニ而出、父宗観よりかわづ丸の太刀を受取、父がむほんを受つぎ、がまの術を行ひ、大勢に取かこまれ姿をかくし、樋の口より大蛙に成、首をくわへて出る。夫より花中（ママ）程ニ而、蛙の背中われて、中より百日糸かづら、半切の姿ニ而立姿、見物目を驚し候。此時の太刀、くじらのはじきニ而、蛙の中ニ而は三つに折れて有之候所、しやんと真すぐに成仕かけ、めづらしき工風なり。

四立め、弐やくめのといほざきの女形ニ而、若君をともない出て、相手に取まかれて難義し、苫舟の内へ月若をかくし、大勢を追ちらし手負に成、苫船へ立寄ると苫船のうちより、一ト刀切られ、舟へばつたりとすわると、苫《とま》の中より天竺徳兵衛ニ而松助、はやがわり。ふきかへの死骸を海へけこみ、若君を

つゞらの中へ入、せをひて行。うしろ髪ニ而引戻す。刀をぬき切はらい、花道の中程迄行と、松助にづらの人形へ、白せふぞくニ而、壱丈ばかり高くゆふれいの引あげ、松助くわ中《マヽ》より御鏡を出し、此光りに恐るゝうち、つゞらを背負て切まくへ入、拍子まく。

　五立め、船頭徳兵衛が宅へ、松助四立めの船頭姿ニ而、つゞらを背負来り、いほざきがおん念のたましい、付来る。船頭の松助、其家へ落付く。二やく松助ゆふれいの出端、やぶの中より、ぶつかぶり長がみニ而の出、物すごし。此時格子戸仕かけニ而、くゞりを明けずに、内へはいる。夫より妹に逢ひて、人手にかゝりころされし物がたりをして、若君の事を頼み、うしろのかべ仕かけあり、かべの中へきへて仕廻ふ。古今めづらしき工風なり。大当り。

　六立め大切り、松助田舎座頭ニ而出。いろ〳〵おかしみあり。所持之木琴をのぞまれ、ゑちごぶしを唄ひながら木琴をうつ。此所大評判〳〵大当り。夫よりあやしめられ、ぜひなく前の池へとびこむと、ふき水にて水気あがる。其内、切まくより上使とよぶ。松助はやがわり、百日かづら、上下、大小にて出、水船へ入し座頭《ザトウ》の松助、花道より二やく上使ニ而はやがわりの出。見物皆〳〵きもをつぶす。古今めづらしき工風なり。夫ゆへ大ひやうばんニ而、九月中旬迄いたし候得共、冷気に成、水中のわざ成かね候ゆへ、九月十五日迄いたし候。

此頃、叶ふく助と申げほふに、上下を着せて、すわらせたる人形殊の外はやり、此人形を商人のかんばん、壱枚絵、その外何にもかにもいたし、是をあいすれば、仕合せよく、吉事来ると、いゝふらしてはやりし也。

　　仕合をかさね扇にたきがしわ
　　　　叶福助尾上松助

八月十五日より　弐ばんめ二幕

色取名画家土産《いろどりめいぐわのいへづと》

中山富三郎病気全快に付出勤

一宅間のお谷ばゝア　尾上松助
一犬上団八　中島和田右衛門
一お谷ばゝアの甥丹蔵　藤川叶助
一品川狼之助　二やく　藤川叶助
一名和無理之助　坂東鶴十郎
一下人又平　二やく　坂東鶴十郎
一土子泥之助　坂東善次
一尤道理之助　大谷候兵衛
一金魚うり金八　大谷候兵衛
一田舎娘おくろ　中村のふ蔵
一画の門弟おとみ　坂田富五郎
一名古や小山三　大谷鬼次

一 渡部民部早友　二やく 大谷 鬼 次
一 けいせい遠山　小佐川 七蔵
一 高島狩野の助　岩井喜代太郎
一 宅間娘おみや　中山 富三郎

七種秋錦絵《なゝくさあきのにしきへ》 中山富三郎七変化の所作事、大詰に相勤る。
官女 春駒 娘 翁 業平 切禿 石橋

九月十五日より
恋手取相撲番附《こいのてとりすまふのばんづけ》

一 南方十次兵衛　尾上 松 助
一 角力取幻竹右衛門　二やく 尾上 松 助
一 縁日のあめうり引窓与兵衛　三やく 尾上 松 助
一 げいしやふじやあづま　小佐川 七蔵
一 平岡郷左衛門　坂東彦左衛門
一 町づかいかごや甚兵衛　二やく 坂東彦左衛門
一 三原伝蔵　市川 門 蔵
一 みやこや佐渡七　二やく 市川 門 蔵
一 山崎や手代権九郎　藤川 叶 助
一 諏訪島主計　大谷 鬼 次
一 幻娘おとら　中島 三甫松
一 五明楼の下女おみよ　坂田 富 吉
一 幻女房おはや　中山 常次郎

一 橋場次部右衛門　市川 雷 蔵
一 角力頭取いかづち東九郎　坂田 佐十郎
一 山崎や後家おかん　中島和田右衛門
一 角力取がなり駒長吉　二やく 中島和田右衛門
一 角力取金神長五郎　岩井喜代太郎
一 女髪結ぬれがみのお関　中山 富三郎

九月廿九日より 弐番目切狂言
仮名手本忠臣蔵 五段め六段め七段め九段め 四幕

一 大星由良之助　尾上 松 助
一 加古川本蔵　二やく 尾上 松 助
一 百姓与一兵衛　三やく 尾上 松 助
一 斧定九郎　四やく 尾上 松 助
一 一文字や清兵衛　坂東彦左衛門
一 原郷右衛門　市川 門 蔵
一 斧九太夫　藤川 叶 介
一 鷺坂伴内　坂東 善 次
一 下女りん　大谷 候兵衛
一 堀部弥兵衛　市川 雷 蔵
一 おかる母おかや　中山 常次郎
一 由良之助女房おいし　二やく 中山 常次郎
一 千崎弥五郎　大谷 鬼 次

一　本蔵娘小なみ　小佐川　七蔵
一　早の勘平　岩井喜代太郎
一　寺岡平右衛門　二やく　岩井喜代太郎
一　勘平女房おかる　中山　富三郎
一　大星力弥　二やく　中山　富三郎
一　本蔵女房となせ　三やく　中山　富三郎
五段め　松　助　定九郎と与一兵衛の早かわり
七段め　富三郎　おかると力弥の早がわり
九段め　松　助　本蔵と由良之助の早替り
　富三郎　となせと力弥の早替り

市村座より　市川男女蔵
同　尾上栄三郎
同　小佐川常世

霜月二日より

・**四天王《してんわふ》紅葉《もみぢの》江戸《ゑと》猥取《ぐま》***

一　辰夜叉御ぜん　尾上　松　助
一　かつらき山土蜘のせい　二やく　尾上　松　助
一　保昌妻和泉式部　小佐川　常世
一　よし門娘七あや　二やく　小佐川　常世
一　修験石蜘法印　松本　国五郎

一　左大臣高明公　中島和田右衛門
一　猪の熊入道雷雲　坂東彦左衛門
一　平井保昌　山科四郎十郎
一　新参筑羽根段平　下り　嵐　団　八
一　源の頼光　尾上　栄三郎
一　はかまだれの安　二やく　尾上　栄三郎
一　けいせいにしきゝ　中山　富三郎
一　足柄山の山姥　二やく　中山　富三郎
一　ふじの森小女郎狐　三やく　中山　富三郎
一　わたなべの綱　市川　男女蔵
一　坂田の金時　二やく　市川　男女蔵
一　碓井の貞光　三やく　市川　男女蔵
一　卜部の季武　四やく　市川　男女蔵

＊四天王楓江戸粧

文化二乙丑年　河原崎座

正月
・御《お》江《ゑ》戸《ど》花《のはな》賑《にぎわひ》曽我《そが》

一 工藤左衛門祐経　　尾上　松　助
一 川津三郎ぼうこん　　二やく　尾上　松　助
一 石丁のかわたびや半時九郎兵衛　　三やく　尾上　松　助
一 小糸乳母鐘つき堂のお時　　四やく　尾上　松　助
一 近江の小藤太成いへ　　松本　国五郎
一 箱根馬士閉坊源八　　二やく　松本　国五郎
一 奥女中袖浦　　中山　常次郎
一 工藤犬ぼう丸　　市川　男　寅
一 常盤津文字とら　　二やく　市川　男　寅
一 蒲の冠者のり頼　　坂田　佐十郎
一 八わたの三郎行氏　　市川　門　蔵
一 三浦の片貝　　中村　松　江
一 曽我のまんこふ　　山科四郎十郎
一 小はやしの朝比奈　　尾上　栄三郎
一 鬼王新左衛門　　市川　男女蔵
一 同弟団三郎　　二やく　尾上　栄三郎

一 曽我の十郎祐成　　三やく　尾上　栄三郎
一 同　五郎時宗　　二やく　市川　男女蔵
一 小間物や糸や佐七　　四やく　尾上　栄三郎
一 大磯のとら　　中山　富三郎
一 けわい坂のせう〳〵　　二やく　中山　富三郎
一 綱五郎女房おふさ　　三やく　中山　富三郎
一 篠田幸兵衛娘小糸　　四やく　中山　富三郎
一 祐経の奥方梛の葉
　実ハ鬼王女房月さよ　　五やく　中山　富三郎
一 伊豆の次郎祐兼　　三やく　市川　男女蔵
一 本朝丸の綱五郎　　四やく　市川　男女蔵
一 上州商人もみの甚三　　㊄やく　市川　男女蔵
一 悪七兵衛かけ清　　㊅やく　市川　男女蔵

常盤津綱太夫上るり
初《はつ》霞《かすみ》由縁《ゆかりの》蝶《てふ》　中山富三郎 尾上栄三郎 市川男女蔵　相勤る

三月廿一日より
曽我後日狂言第壱番目　草履打　三幕

一　中老おのへ　小佐川　常世
一　局岩ふじ　尾上　松助
一　頼朝息女大姫君　小佐川　七蔵
一　奥女中ふじ倉　松本　国五郎
一　同　竹かわ　松本　小次郎
一　同　より尾　市川　弁蔵
一　丑島主税　市川　門蔵
一　奥医者橋場道安　坂東彦左衛門
一　奥女中関屋　下り小佐川　松三
一　今戸九郎次　山科四郎十郎
一　花形求馬　尾上　栄三郎
一　尾上召仕おはつ　中山　富三郎
一　足軽荒川隅田平　市川　男女蔵
一　奥小性浅づま　市川　男寅

弐ばんめ
江戸太夫河東上るり
助六由縁《ゆかりの》江《ゑ》戸《ど》桜《さくら》 *
六代目市川団十郎七回忌追善狂言として、市川男女蔵相勤る。
一　髭の意休
　実ハ伊賀平内左衛門　尾上　松助
一　けいせいしら玉　小佐川　七蔵
一　朝がほせん平　松本　国五郎
一　新造小の巻　市川　男寅
一　けいせい巻の尾　中島　三甫松
一　同　巻絹　中山　倉次郎
一　同　巻の戸　中山　常次郎
一　かつぎ三之助　市川　門蔵
一　かんぺら門兵衛　坂東彦左衛門
一　けいせい巻紫　小佐川　松三
一　そがのまんこう　山科四郎十郎
一　白酒うり新兵衛
　実ハそがの十郎祐成　尾上　栄三郎
一　三浦のけいせいあげ巻　中山　富三郎
一　あげ巻の助六
　実ハ京の次郎祐とし　市川　男女蔵

右狂言評判よく、四月廿五日千秋楽舞納、夫より芝居相休み罷在候。

六月十日より
仮名手本忠臣蔵
夏狂言之内　桟敷拾七匁　土間割合六人詰弐百文宛
　土間拾弐匁　切落六拾四文

*助六廓花道

一加古川本蔵　山科四郎十郎
一おかる母　二やく　山科四郎十郎
一山名次郎左衛門　松本　国五郎
一太田了竹　二やく　松本　国五郎
一鷺坂伴内　松本　小次郎
一原郷右衛門　市川　弁　蔵
一でっち伊吾　大谷　候兵衛
一義平一子よし松　坂田　金　蔵
一ぬす人宵寝の権　大谷　広　八
一一文字や才兵衛　二やく　大谷　広　八
一由良之介女房おいし　中山　常次郎
一石堂右馬之丞　坂田　佐十郎
一かほよ御ぜん　下り　嵐　　玉　柏
一塩冶判官　尾上　栄三郎
一早の勘平　二やく　尾上　栄三郎
一寺岡平右衛門　三やく　尾上　栄三郎
一大星瀬平　四やく　尾上　栄三郎
一千崎弥五郎　市川　男女蔵
一高師直　二やく　市川　男女蔵
一百姓与一兵衛　三やく　市川　男女蔵
一斧定九郎　四やく　市川　男女蔵
一天川や義平　五やく　市川　男女蔵
一本蔵女房となせ　六やく　市川　男女蔵
一大星由良之助　七やく　市川　男女蔵

七月十五日より
十段め天川やの段出る。
右狂言、七月下旬千秋楽舞納、夫より芝居休。

△下り　中山来　助
△下り　中村慶　子
顔見世計スケ　沢村源之助
同　沢村藤　蔵
中村座より　市川荒五郎

霜月
蝶花形恋婿源氏《てふはながたこひむこげんじ》

一権藤六国連　松本　国五郎
一景政妹千枝　小佐川　松三
一勝田の七郎　市川　荒五郎
一三かんのてつかん大王　坂東彦左衛門
一源頼義　山科四郎十郎
一武内のすく禰　中山　来　助
一松浦三郎宗任　沢村　藤　蔵

一新羅三郎　下り　嵐　秀之助
一尾のへの前　小佐川　七蔵
一うたあや姫　下り　中村　慶子

一八幡太郎よし家　スケ　沢村　源之助
一神功皇后　小佐川　常世

文化三丙寅年　河原崎座

正月廿二日より
・三誉《みつのほまれ》会稽《くわいけい》曽我《そが》*

一八わたの三郎女房くれ竹　小佐川　常世
一五条坂のあこや　二やく　小佐川　常世
一鬼王女房月さよ　三やく　小佐川　常世
一重忠おく方衣笠　四やく　小佐川　常世
一曽我のせんし坊　嵐　秀之助
一伊豆の次郎祐とし　市川　荒五郎
一八幡の三郎行氏　中山　来助
一赤沢十内　二やく　中山　来助
一曽我の太郎祐のぶ　山科四郎十郎
一近江の小藤太成いへ　坂東　八十助
一京の次郎祐とし　二やく　坂東　八十助
一上総七兵衛かけ清　三やく　坂東　八十助
一大磯のとら　中村　ゆふし

一月さよ妹十六夜　中村　ゆふし
一頼朝の息女大姫君　中村　ゆふし
一和田のよし盛　嵐　三八
一蛇ヶ谷の閉坊　嵐　三八
一三保の谷の四郎国とし　嵐　三八
一工藤左衛門祐つね　坂東三津五郎
一曽我の十郎祐成　二やく　坂東三津五郎
一同　五郎時宗　三やく　坂東三津五郎
一小ばやしの朝比奈　四やく　坂東三津五郎
一曽我の団三郎　五やく　坂東三津五郎
一そがのまんこふ御ぜん　六やく　坂東三津五郎
一曽我の家臣鬼王新左衛門　七やく　坂東三津五郎

常盤津伊勢太夫上るり
睦《むつましき》屠《と》蘓猿隈《そのさるくま》　芳沢　友之　小佐川七蔵　坂東三津五郎　相勤る

*三津誉会稽曽我

弐ばんめ

一 山本仲居おみや　小佐川 常世
一 百足や金兵衛　坂東彦左衛門
一 但馬や太郎右衛門　山科四郎十郎
一 けいしや小いな　中村 ゆふし
一 関取花かご与市　中山 来 助
一 いなのや半兵衛　坂東三津五郎

三月三日より
京鹿子娘道成寺 所作事 中村ゆうし相勤る

一 あぶつ坊　嵐 三 八
一 陀ぶつ坊　中村 来 助
一 道成寺住僧　山科四郎十郎
一 白拍子横笛　中村 ゆふし
一 三浦之助義澄　坂東三津五郎

右所作事、相応に評判よろしき所、節句一日いたし、翌三月四日芝車町より出火有之、芝居類焼いたし、夫切ニ而明地に成、休。

文化四丁卯年　河原崎座

夏頃より芝居普請にかゝり候得とも、一向に始る沙汰もなく、やう〳〵顔見世十一月下旬より始る。

市村座より 小佐川常世　下り 瀧中歌 川
中村座より 市川荒五郎　下り 中山他三郎
市村座より 松本武十郎
中村座より 沢村藤 蔵
中村座より 嵐 冠十郎

霜月廿日より
万代《ばんだい》不《ふ》易戯場 始《ゑきしばいのはじまり》

一 名古や山三郎　市川 荒五郎
一 狩野四郎次郎　二やく 市川 荒五郎
一 尼子三郎　三やく 市川 荒五郎
一 秋月志摩五郎　松本 武十郎
一 不破伴左衛門　二やく 松本 武十郎

一けいせいしのゝめ　中村まつ江
一山三女房かつらき　小佐川七蔵
一赤松次郎　嵐冠十郎
一浮世又平　二やく 嵐冠十郎
一山中鹿之助　沢村藤蔵

一大内之助　二やく 沢村藤蔵
一六郎左衛門女房おかね　小佐川常世
一祇園のおかぢ　二やく 小佐川常世
一廻国修行者妙智尼 実ハ敷しま　三やく 小佐川常世

文化五戊辰年　河原崎座／森田座

スケ 大坂下り 市川団三郎

正月廿七日より
ひらかな盛衰記 三段め迄
桟敷代廿五匁 高土間廿匁 平土間金壱分弐百文

一梶原源太かげ末　市川団三郎
一源のよしつね　市川荒五郎
一かぢわらおく方ゑんじゆ　二やく 市川荒五郎
一畠山次郎重忠　三やく 市川荒五郎
一隼人娘おふで　小佐川七蔵
一和田のよし盛　松本武十郎
一さゝ木の四郎　坂田佐十郎
一番場忠太　沢村文蔵

一鎌田隼人　小川重太郎
一山ぶき御ぜん　小佐川松三
一横須賀軍内　嵐冠十郎
一舟頭権四郎　二やく 嵐冠十郎
一こし元千とり　瀧中歌川
一松右衛門女房およし　二やく 瀧中歌川
一かぢわら平次景高　沢村東蔵
一樋口の次郎かね光　二やく 沢村東蔵
一時政妾玉なわ　小佐川常世

弐番目世話狂言
染《そめ》模様《もやふ》妹背《いもせ》門松《のかどまつ》

一あぶらやおそめ　市川団三郎

一　山家や清兵衛　　市川　荒五郎
一　でっち久松　　小佐川　七蔵
一　油屋□(太三郎)　　中山　他三郎
一　手代善六　　嵐　冠十郎
一　あぶらや女房おかの　　瀧中　歌川
一　まやじの源六　　沢村　東　蔵
一　のざき村の久助　　二やく　沢村　東　蔵

常盤津伊勢太夫上るり
おそめ久松　翠恋《あだなこひ》柳《やなぎの》朧《おぼろ》夜《よ》　市川団三郎　小佐川七蔵　相勤る

二月十三日より
右狂言、弐番目中幕大切浄理(ママ)の段迄、不残いたし候。二月下旬より休。

小佐川常世、顔見世より病気ニ而引、春中引込候所、全快に付、此度出勤。

三月十七日より
菅原《すがわら》伝授《でんじゅ》手《て》習《ならい》鑑《かゞみ》

一　武部源蔵　　市川　団三郎
一　舎人さくら丸　　二やく　市川　団三郎
一　同　梅王丸　　市川　荒五郎

一　宿禰太郎　　二やく　市川　荒五郎
一　桜丸女房八重　　小佐川　七蔵
一　源蔵女房戸波　　二やく　小佐川　七蔵
一　藤原の時平　　松本　武十郎
一　判官代てる国　　松本　武十郎
一　土師の兵衛　　沢村　次之助
一　よだれくり　　坂東　大　吉
一　斎世のみや　　中山　他三郎
一　右大弁まれよ　　松本　国五郎
一　梅王女房はる　　小佐川　松三
一　宿禰太郎女房立田　　二やく　小佐川　松三
一　春藤玄蕃　　嵐　冠十郎
一　かくじゅ　　沢村　東　蔵
一　舎利松王丸　　二やく　沢村　東　蔵
一　松王女房ちよ　　小佐川　常世
一　女白太夫後家みき　　小佐川　常世
一　菅原道実公　　二やく　小佐川　常世

右操狂言、わづか四五日いたし相休。尤、櫓名代森田座に被仰付候段申取沙汰。

四月廿三日売出し　森田座再興番付

歌舞妓　万治三庚子年木挽町ニ而、初而大芝居蒙
御江戸大芝居根元　御免、当文化五辰年迄凡百四拾九年、夫より
続狂言　御憐愍御慈悲を以、櫓再興被為仰付、
難有仕合に奉存上候。

千歳　坂東　八十助
翁　森田　勘　弥
三番叟　坂東三津五郎　木挽町大芝居座本 九代目森田勘弥

吹屋町市村座、夏休之内、坂東三津五郎スケ相勤候段、口上書出る。

閏六月朔日より
時得花栄森田《ときへしはなさかへもりた》*

壱番め操狂言
一谷嫩軍記

桟敷三拾匁　高土間廿五匁　平土間廿匁

一　源のよしつね　市川　荒五郎
一　岡部六弥太　二やく　市川　荒五郎
一　石屋の娘小ゆき　瀬川　政之助
一　ふじのかた　中山　常次郎
一　うばはやし　山科四郎十郎
一　みだいはなのまへ　瀧中　歌川
一　いしや下女おいわ　二やく　瀧中　歌川
一　熊谷妻さがみ　三やく　瀧中　歌川
一　いしやみだ六　嵐　三八
　　実ハ弥平兵衛むね清
一　旗もち田子平　二やく　嵐　三八
一　平少納言時忠　坂東　八十助
一　熊谷の次郎直家　森田　勘　弥
一　むくわんの太夫あつもり　二やく　森田　勘　弥
一　熊谷次郎直実　坂東三津五郎
一　薩摩守忠のり　二やく　坂東三津五郎

弐番目
垣衣昔雛形《しのぶぐさむかしひながた》　三幕

坂東八十助一世一代所作事、しのぶ売名残に相勤候口上書あり。

一　麦飯うり二六　坂東三津五郎
　　実ハ井場十蔵重勝
一　町がゝへ小りきみ三次　市川　荒五郎
一　肴売夕がしの定　荻野半左衛門
一　斎藤吾国武　あらし　音吉

一 女じゆんれいおきた　中山　常次郎
一 半沢六郎成清　坂田　佐十郎
一 刀屋石見　山科　四十郎
一 刀や娘おはな　瀧中　歌　川
一 岩永左衛門宗つら　嵐　　三　八
一 聖天町大日坊　坂東　八十助
一 刀や手代半七
　実ハ三位中将惟盛　森田　かん弥
一 菊地五郎高直　二やく 森田　かん弥

上るり **褄揉《つまからげ》恋《こひの》賤女《あきうと》**＊＊　常盤津伊勢太夫　ワキ 君太夫　同 久太夫　坂東八十助　嵐 音吉　滝中歌川　森田勘弥　相勤候

此狂言不当りニ而、やう〳〵閏六月中旬迄いたし候所、大喧吒有之。是を幸ひに芝居相休申候。

＊時為得花栄森田
＊＊褄揉恋販女

閏六月廿二日より
二番目、しのぶ売を仕廻、**姫小松**＊三段め口切二まく出る。
一 なめらの兵　市川　荒五郎
一 有王丸　あらし　音吉
一 同宿うんけつ　坂東　大　吉
一 がけのどう六　坂東　豊　蔵

一 ふもとの石　坂東綱右衛門
一 とうげの松　坂東　富　蔵
一 ぬす人宵のぞきの三　坂東　はつ蔵
一 同　あきすの又　坂東　熊　平
一 たくぼくの江吉　坂東　文　蔵
一 小弁　中むらてるよ
一 小ごふの局　中山　常次郎
一 お安親次郎九郎　山科四郎十郎
一 亀王女房おやす　瀧中　歌　川
一 深山の木蔵　嵐　　三　八
一 しゆんくわん僧都　坂東三津五郎
一 亀王丸　森田　勘　弥

此狂言も不当りニ而、間もなく相仕廻候。夫より永々相休候所、

＊姫小松子日の遊

九月廿一日より
双蝶々曲輪日記
一 山崎与次兵衛　山科四郎十郎
一 はなれ駒長吉　嵐　　音　吉
一 けいせいあづま　岩井　梅　蔵
一 南与兵衛女房おはや　二やく 岩井　梅　蔵

一 同行太郎兵衛　坂東 大吉
一 下駄の市　坂東 三木蔵
一 三原有右衛門　沢村 文蔵
一 三わら伝蔵　坂東 桃太郎
一 でっち久太　二やく 坂東 桃太郎
一 野手の三　市川 初蔵
一 平岡丹平　市川 初蔵
一 水茶や長介　嵐 豊蔵
一 尼妙りん　二やく 嵐 豊蔵
一 こし元おはな　沢村 長五郎
一 橋本次部右衛門　坂東 文蔵
一 与五郎云号おてる　坂東 重の井
一 平岡郷左衛門　嵐 冠十郎
一 長五郎母　二やく 嵐 冠十郎
一 駕の甚兵衛　三やく 嵐 冠十郎
一 山崎与五郎　市川 団三郎
一 長吉姉おせき　二やく 市川 団三郎
一 南与兵衛　三やく 市川 団三郎
一 ぬれ髪長五郎　森田 かん弥

第弐番目切狂言

平家女護島 二だんめ切

上るり 竹本秀太夫 竹本叶太夫　三弦 野沢八十七 野沢六蔵

桟敷代拾五匁 高土間拾匁 平土間金弐朱

一 あまちどり　岩井 梅蔵
一 丹波少将成経　坂東 文蔵
一 平判官康頼　大谷 才次
一 瀬の尾太郎兼安　嵐 冠十郎
一 俊寛僧都　市川 団三郎
一 丹左衛門基保　森田 かん弥

市村座より　坂東三津五郎（壱番目をスケ 弐番めをスケ）　作者 二代目 桜田治助（松島半次改）
同座より　尾上 栄三郎
△下り　荻野 伊三郎
△同　尾上 紋三郎
下り　芳沢 いろは（芳沢円次郎改）
市村座より　市川 団之助
沢村 淀五郎（坂東文蔵改）
休より　山下 民之助
市村座より　松本 武十郎
同　大谷 鬼次
同　嵐 平九郎

霜月四日より

・花《はな》兼《と》見雪《みつゆき》楠《のくすのき》

一 児島備後の三郎高徳　荻野　伊三郎
一 大館次郎妹松の戸　山下　民之助
一 当今の皇子八才の宮　嵐　万　吉
一 大館庄司としかけ　嵐　豊　蔵
一 足軽おたくら百六　二やく　嵐　豊　蔵
一 やつこむき内　沢村　文　蔵
一 込山兵藤　嵐　角太郎
一 金岡十郎　坂東　峰　蔵
一 関屋八郎　坂東　三木蔵
一 下部もん内　小川　十太郎
一 新田よし貞　尾上　紋三郎
一 笹山てんぜん　山科四郎十郎
一 石堂かげゆとし国　市川　荒五郎
一 恩地左五郎光行　二やく　市川　荒五郎
一 水茶や女おいろ　坂東　大　吉
一 やつこ出来平　坂東　父母蔵
一 八才の宮のめのと早咲　中山　常次郎
一 盗賊辻風の春夜叉　沢村　淀五郎
一 阿曽判官師純　荻野半左衛門
一 大館次郎宗氏　大谷　鬼　次

一 奴いそ平
　実ハ渕部伊賀守　嵐　冠十郎
一 盗賊いわみ太郎　二やく　嵐　冠十郎
一 九条のけいせいいほはた　よし沢いろは
一 新田よし貞妹みゆきのまへ　市川　団之助
一 千くさ中将忠顕卿
　実ハ相模次郎時行　坂東三津五郎
一 北斗名玉の霊形　二やく　坂東三津五郎

壱番目大詰所作事
倭《やまと》仮《が》名《な》色七《いろのなゝ》文字《もじ》

官女　そとは小町
猿廻し　桃太郎
かぢわら　いなかむすめ
三番叟　坂東三津五郎　相勤る

常盤津綱太夫　常盤津小文字太夫　常盤津伊勢太夫　三弦　岸沢小式部　同　里夕　長唄　芳沢伊三郎　岡安喜三郎　三弦　杵屋六三郎　錦や金蔵

弐番め
一 月のみさき親分たて入仁三
　実ハうつのみや金綱　荻野　伊三郎
一 いへぬし五左衛門
　実ハ隅田の次郎宗純　大谷　鬼　次
一 金かし溜りや金兵衛
　実ハ高橋四郎景時　沢村　淀五郎
一 いかけや十九郎
　実ハふじべ伊賀守　嵐　冠十郎

一　月のみさきかゝアたばこやおよし
　実ハ公綱女房花その　芳沢　いろは
一　甚五郎女房お六
　実ハ小山田太郎女房かけはし　市川　団之介
一　非人しかばねの権
　実ハ大仏太郎定直　尾上　栄三郎
一　金杉の船頭甚五郎　二やく　尾上　栄三郎
一　小山田太郎高家　三やく　尾上　栄三郎

一　月のみさきのいさみ中の字の忠
　実ハ村上彦四郎よしてる　森田　勘弥

此狂言、評判はよくて不入なり。序まく五立めよりいたす。三津五郎山伏にて、狐を遣ひ、あて物のおかしみ。夫より千くさ中将の勅使、本名相模次郎に成、実悪評よし。大詰、常盤津と長唄かけ合ニ而七変化、大に評よし。弐番め、いろは女房付の売すへ、栄三郎早替りは古今はやし。非人坊主より小山田太郎の上下役、大出来〳〵。

スケ　岩井半四郎　スケ　沢村四郎五郎
同　小佐川七蔵　同　嵐　新平
同　坂東　善次
同　花井　才三郎

文化六己巳年　森田座

巳正月廿五日より
・御贔屓新玉曽我《ごひいきあらたまそが》
一　鬼王新左衛門　荻野　伊三郎
一　そがの団三郎　尾上　紋三郎
一　大磯のとら　市川　団之助

一　けわい坂のせう〳〵　小佐川　七蔵
一　のり頼公　嵐　新平
一　鬼王女房月さよ　二やく　市川　団之助
一　箱根地蔵堂の閉坊　沢村四郎五郎
一　近江の小藤太成家　二やく　沢村四郎五郎
一　八わたの三郎行氏　二やく　荻野　伊三郎
一　とらが禿ちどり　坂東　簑助
一　伊豆の次郎祐兼　花井　才三郎
一　梶原平三かけ時　嵐　冠十郎
一　曽我十郎祐成　尾上　栄三郎

一 同 五郎時宗　尾上 紋三郎
一 三うらの片貝　岩井 半四郎
一 朝いな妹まい鶴　二やく 岩井 半四郎
一 小ばやしの朝いな　坂東三津五郎
一 工藤左衛門祐つね　二やく 坂東三津五郎

上るり **御慶《ぎよけい》仮《かな》初音《はつね》の 鶯《うぐいす》** ＊
岩井 半四郎　坂東みの助
坂東三津五郎　尾上栄三郎
常盤津綱太夫　常盤津小文字太夫　常盤津喜代太夫
岸沢小式部　岸沢里夕

＊御慶候初音の鶯

弐番め世話きやふげん
花暦《はなごよみ》 開《あけて》紀行《みちのき》

一 足がる猪瀬文平　荻野 伊三郎
一 以春女房お幸　二やく 荻野 伊三郎
一 高木要次郎　尾上 紋三郎
一 仲町のけいしやおはな　市川 団之助
一 刀や手代半七　尾上 栄三郎
一 山伏高慢院　二やく 尾上 栄三郎
一 刀屋手代助左衛門　嵐 冠十郎
一 大経師以春　二やく 嵐 冠十郎
一 赤松伴蔵　嵐 新 平
一 仲丁のけいしやお玉　小佐川 七蔵

一 刀や娘おふじ　中村 七 次
一 めくぼ伝兵衛　沢村四郎五郎
一 大経師手代新六　沢村 淀五郎
一 石岡左膳　花井 才三郎
一 大経師娘おさん　岩井 半四郎
一 かくれがの茂兵衛　坂東三津五郎

当春は、堺町葺屋町両座共、類焼に付、芝居珍敷候ゆへ、相応に入有之候得共、格別の大当りにて無之候。

二月十八日より 壱番めの上るりをぬき 弐番め上るり
道行《みちゆき》 柳《やなぎの》 春雨《はるさめ》
岩井 半四郎　市川 団之助　尾上 栄三郎　坂東三津五郎
ワキ同 常盤津綱太夫　常盤津小文字太夫　ワキ同 喜代太夫
三弦 岸沢小式部　岸沢里夕
スケ 市川門三郎

其外、役割は壱番目の通り。

三月三日より 曽我後日
・**其《その》往昔《むかし》 恋《こひの》 江《ゑ》戸《ど》染《ぞめ》**

一 仁田四郎忠常　荻野 伊三郎
一 赤沢十作　尾上 紋三郎
一 釜や武兵衛　嵐 新 平
一 吉祥寺上人　小川 重太郎

一　花やの娘おきぬ　小佐川　七蔵
一　長沼六郎　坂東　善　次
一　荒井源蔵　沢村四郎五郎
一　紅粉や長兵衛　二やく　沢村四郎五郎
一　荒井の藤太　花井　才三郎
一　八百や後家おたけ　市川　門三郎
一　海老名の軍蔵　嵐　冠十郎
一　八百や下女お杉　市川　団之助
一　小性吉三郎　尾上　栄三郎
一　五尺染五郎　二やく　尾上　栄三郎
一　八百やお七　岩井　半四郎
一　白酒うり喜之助　坂東三津五郎
一　土左衛門伝吉　二やく　坂東三津五郎
一　秩父六郎重安　森田　かん弥

此狂言大当り二而、外に芝居は無之、長閑に被成、宿下りの時分、大繁昌二而、既に桟敷五匁宛の直上け、内々二而いたし、夫二而も大入二而有之候所、三月下旬より、スケ役者、元座へ帰り候に付、相休。夫より一向出来不申、暫く相休申候。

五月下旬より、暑中狂言いたし候旨の、看板出る。尤松助親子出勤いたし候。

六月十一日より

・**阿国《おくに》御前《ごぜん》化粧《けせうの》鏡《すがたみ》**　七幕

尾上松介、夏狂言の一世一代

夏狂言之内　桟敷廿五匁　高土間廿匁　平土間拾五匁

一　天竺徳兵衛
　実ハ大日丸　尾上　栄三郎
一　座頭徳都
　実ハ岩倉の夜叉丸　二やく　尾上　栄三郎
一　土佐又平重興　三やく　尾上　栄三郎
一　不破伴左衛門重勝　四やく　尾上　栄三郎
一　木津川の与右衛門　五やく　尾上　栄三郎
一　かさね井筒（の）かさね　六やく　尾上　栄三郎
一　名古屋山三元春　七やく　尾上　栄三郎
一　世つぎ瀬平　坂東彦左衛門
一　門ばん彦左衛門　二やく　坂東彦左衛門
一　見世物師藤六　三やく　坂東彦左衛門
一　するがのぜんじ久国　松本　小次郎
一　かさね母妙りん　二やく　松本　小次郎
一　いしや生垣寒竹　尾上　斧　蔵
一　茨木逸当　二やく　尾上　斧　蔵
一　こし元小さぼ　坂東　桃太郎
一　馬士駄荷蔵　坂東　善　次

一 犬上団八　二やく 坂東善次
一 藤六妹おかね　岩井亀次郎
一 侍女なでしこ　二やく 岩井亀次郎
一 こし元花野
　実ハいてふのまへ　岩井梅蔵
一 与右衛門妹おみや　二やく 岩井梅蔵
一 小栗宗丹　市川宗三郎
一 羽生や助四郎　二やく 市川宗三郎
一 矢橋良介　花井才三郎
一 狩野四郎次郎元信　二やく 花井才三郎
一 田舎娘おたま
　実ハ勝元のおく方遠山　小佐川七蔵
一 山三妻かつらき　二やく 小佐川七蔵
一 額風呂の小さん　三やく 小佐川七蔵
一 十六羅漢の一体なかさいな尊者
　実ハ竹抜外道　尾上松助
一 佐々木の後室おくに御ぜん　二やく 尾上松助
一 名古や小山三元近　森田かん弥
一 かなや金五郎　森田かん弥

此狂言、大当り大入。松介らかんのこしらへよく、おくにごぜん大病ニ而しつとの無念、かみのぬけるかづら、ぬけ毛より血出るしかけ、明き御てんの仕かけ大評判。がいこついつもより又々よし。栄三郎座頭、もつきんよし、かいるも大出来、蛇をつかふ所大出来。かさねニ而湯上りの出、ぶたいニ而化粧する仕内。おくに御前のしやりこつ、ほうへ付てあざに成仕かけ。かさね与右衛門の早がわり、水中より出るゆふれいよし。丸あんどうより出るゆふれい、かべのうちへきへる所も大出来〳〵。大切、与右衛門ニ而鯉のつかい方、大出来〳〵大当り〳〵。七月節句頃、大喧咤有之候へ共、一両日休、又々相始め、七月盆後も引続き同し狂言ニ而、八月五日迄いたし千秋楽。夫より相休。

八月十六日より　坂東彦三郎罷出申候

義経千本桜　不評無入

浄瑠理　竹本和佐太夫　竹本扇太夫　三弦　野沢庄之助　野沢三次

一 源のよしつね公　坂東彦三郎
一 すしや弥左衛門　二やく 坂東彦三郎
一 すしや弥介
　実ハ三位中将惟盛　尾上紋三郎
一 主馬の小金吾　二やく 尾上紋三郎
一 六代御ぜん　坂東簑助
一 権太一子善太　二やく 坂東簑助
一 土佐坊正俊　坂東彦左衛門
一 くり坂の薬医坊　坂東大吉

一 山科の荒法橋　坂東熊平
一 梅本の鬼佐渡坊　坂東仙蔵
一 駿河の次郎　坂東綱五郎
一 亀井の六郎　坂東文蔵
一 猪の熊大之進　二やく 坂東文蔵
一 川つら法眼　小川重太郎
一 すしや弥左衛門女房おつぢ　二やく 小川重太郎
一 百姓出来作　坂東角太郎
一 若葉のないし　中村七次
一 よし経御台卿の君　小佐川七蔵
一 すしや娘おさと　二やく 小佐川七蔵
一 武蔵坊弁慶　嵐冠十郎
一 しづか御ぜん　市川団之助
一 梶原平三かげ時　荻野伊三郎
一 源九郎狐　坂東三津五郎
一 川越太郎重頼　二やく 坂東三津五郎
一 いがみの権太　三やく 坂東三津五郎
一 佐藤四郎兵衛忠信　四やく 坂東三津五郎
一 横川のかくはん　五やく 坂東三津五郎
一 熊井太郎忠基　森田かん弥

第壱番目（ママ）

けいせい返魂香

吃の又平のだん 大津絵のだん

一 修理之助　尾上紋三郎
一 下女おさん　坂東彦左衛門
一 雲谷が郎等山上逸平　坂東長五郎
一 同 石山川平　小川十太郎
一 土佐の将監　嵐冠十郎
一 又平女房おとく　市川団之助
一 大津画のけいせい　二やく 市川団之助
一 浮世又平　坂東彦三郎
一 大津画の仙台座頭　二やく 坂東彦三郎
一 同 ふじの花の娘　三やく 坂東彦三郎
一 同 鬼の念仏　四やく 坂東彦三郎
一 同 弁けい　五やく 坂東彦三郎
一 やつこ岡平　森田かん弥
一 大津画のうし若丸　二やく 森田かん弥

浄瑠理 筆に家橋のそのむかし **有《ありし》土佐《とさ》絵《ゑ》容形《すがたの》写絵《うつしへ》**＊

坂東彦三郎
市川団之助
森田かん弥　相勤候

ワキ同喜代太夫
常盤津綱太夫
ワキ同組太夫

三弦 岸沢古式部
岸沢九蔵

＊有土佐容形写絵

九月九日より　けいせい返魂香
三幕第壱番めにいたし入御覧候。
・**関取《せきとり》二《に》代《だいの》勝負《せうぶ》附《づけ》**　第弐番め
天満宮社内のだん　秋津島腹切のだん　すまふ場のだん
右三幕
豊竹和左太夫　竹本扇太夫　三弦　野沢庄之助

一　高倉隼人　　坂東彦三郎
一　六角要之助　　尾上紋三郎
一　秋津島一子国松　　坂東簑助
一　角力取鳴岩九平次　　坂東彦左衛門
一　同　土蜘丸蔵　　坂東熊平
一　同　□(籠石)波八　　沢村文蔵
一　水茶やおみよ　　岩井瀧次郎
一　けいせい大淀　　中村七次
一　六角伊達五郎　　沢村淀五郎
一　住半の仲居おきの　　小佐川七蔵
一　関取鬼ヶ嶽洞右衛門　　嵐冠十郎
一　秋津島女房おさと　　市川団之助
一　行事庄九郎　　荻野伊三郎
一　関取秋津島国右衛門　　坂東三津五郎

切狂言　壱幕
扇や夕霧 藤や伊左衛門　**廓文章《くるわのぶんせう》**　坂東三津五郎 沢村田之助 小佐川七蔵 荻野伊三郎　相勤候　浄瑠理 遊湖斎素柳 三弦 大西東蔵

一　吉田屋喜左衛門　　荻野伊三郎
一　禿　弥作　　嵐万吉
一　同　仲之丞　　坂東寛之助
一　吉田や女房おせん　　小佐川七蔵
一　あふぎやの夕霧　　沢村田之助
一　ふじや伊左衛門　　坂東三津五郎

当顔見世、大坂表より呼下し候役者、間に合兼候に付、是非〳〵当年中に呼寄せ、来春早〳〵狂言興行いたし候得共、夫迄之所、大勢の者共難義に付、取続のため仮芝居興行いたし候趣、口上書出る。

巳十一月十二日より
四天王《してんわう》嫩《ふたばの》功《いさほし》

一　多田満仲　　嵐音吉
一　百姓次郎蔵　実ハ碓井定光　　二やく　嵐音吉
一　快童丸　　三やく　嵐音吉
一　茨木法印　実ハ市わら鬼童丸　　四やく　嵐音吉
一　源の頼親　　沢村淀五郎

文化七庚午年　森田座

一 坂戸の九郎かげつら　二やく 沢村淀五郎
一 わたなべ女房舎り木　中山常次郎
一 けいせいなにわず　二やく 中山常次郎
一 奴梶平 実ハ伊賀寿太郎　坂東辰蔵
一 黒崎八郎　二やく 坂東辰蔵
一 丹波太郎鬼澄　坂東三木蔵
一 衛士の又平　尾上仙蔵
一 橋立次郎としかつ　嵐角太郎
一 印部の兵太熊行　坂東桃太郎
一 平井の保昌　筒井蔵五郎
一 荒井次郎光成　坂東冠蔵
一 源の頼のぶ　中山他三郎
一 和田次郎　小川重太郎
一 箱崎頼母しげ成　二やく 小川重太郎
一 足がら山の山姥　尾上紋三郎

一 強盗張本平井保輔　二やく 尾上紋三郎
一 馬かた六蔵　三やく 尾上紋三郎
一 橘の隼人 実ハ平井保昌　四やく 尾上紋三郎
一 渡辺の源次綱　五やく 尾上紋三郎
一 三田の源太広綱　森田かん弥
一 浪人八十島多仲 実ハ平の正盛　二やく 森田かん弥
一 碓井荒太郎定光　三やく 森田かん弥
一 坂田兵庫の介公時　四やく 森田かん弥
一 西ノ宮左大臣高明卿　五やく 森田かん弥

上るり
山又山雲彩色《やまたやまくものいろどり》＊
常磐津兼太夫　ワキ 喜代太夫　ワキ 組太夫
三弦 岸沢式佐　上てうし 同 安次
快童丸 嵐音吉　山うば 尾上紋三郎　坂田公時 森田勘弥
相勤申候

＊山又重山雲彩色

下り△市の川市蔵　下り△坂東鳴右衛門
下り△大谷門蔵　下り△市の川鶴三郎

下り△山村儀右衛門（藤川勝次郎改）　下り△浅尾勇次郎
下り△藤川官吉　休より あらし龍蔵

同 △叶 三右衛門　同 大谷 候兵衛
同 △三条 浪江　吾妻 藤蔵

午正月廿三日より
・八陣守護城《はちちんしゆごのほんじやう》

一 千島の冠者義広　荻野 伊三郎
一 郡丹左衛門よし成　二やく 荻野 伊三郎
一 佐藤主計之助　尾上 紋三郎
一 こし元はる野　岩井 芳之助
一 同　青やぎ　岩井 亀次郎
一 同　いとゆふ　中山 常次郎
一 小田春高　市川 鶴三郎
一 まり川玄蕃　山村儀右衛門
一 後室三浦　三条 浪江
一 佐藤奥方菓末　二やく 三条 浪江
一 此村隼人之助　浅尾 勇次郎
一 小田春雄　大谷 門蔵
一 舟頭灘右衛門
　実ハ児島元兵衛政親　大谷 門蔵
一 八十瀬のまへ　叶 三左衛門
一 丹左衛門女房しがらみ　二やく 叶 三左衛門
一 小田春姫　藤川 官吉
一 田舎娘おとき　二やく 藤川 官吉
一 丹左衛門娘ひなぎぬ　三やく 藤川 官吉
一 佐藤肥前頭正清　市ノ川 市蔵
一 佐々木四郎高綱　二やく 市ノ川 市蔵

二番目
刀屋半七浮名の深川　四幕

一 はつ花伝七　荻野 伊三郎
一 小梅村の六兵衛　二やく 荻野 伊三郎
一 大ふく餅売福蔵　尾上 紋三郎
一 升や武兵衛　嵐 龍蔵
一 三上丈助　沢村 淀五郎
一 刀や喜右衛門　下り 坂東鳴右衛門
一 高松新次郎　浅尾 勇次郎
一 刀やでつちつる吉　市ノ川鶴三郎
一 角力取千力勝五郎　山村儀右衛門
一 仲町のけいしや藤野　吾妻 藤蔵
一 久米本女房おりの　三条 浪江
一 (重出)高松新次郎　浅尾 勇次郎
一 刀や女房おくま　大谷 門蔵
一 半七女房おりう　叶 三右衛門
一 六兵衛娘おさい　二やく 叶 三右衛門

一 仲町のけいしやお花　藤川　官　吉
一 かたなや半七　市ノ川　市蔵
一 見てくれの弥八　二やく 市ノ川　市蔵

三月三日より 壱番目 八陣の狂言は差置、弐番め計取替る。

・**隅田《すみだ》川《がわ》続《つゞく》俤《おもかげ》** 五幕

一 道具屋甚三郎（実ハ吉田の下部筆）平　荻野　伊三郎
一 舟頭金吉
　実ハ秦金吾常里　尾上　紋三郎
一 手代庄八　嵐　龍　蔵
一 山崎屋勘十郎　沢村　淀五郎
一 永楽や権左衛門　小川　重太郎
一 でつち太郎作　中山　他三郎
一 淡路の七郎俊兼　坂東鳴右衛門
一 沢田弥九郎　大谷　候兵衛
一 講中妙かん　坂東　三木蔵
一 浅山若党下司丹平　市ノ川鶴三郎
一 花園息女野分姫　吾妻　藤　蔵
一 甚三郎女房おさく　三条　浪　江
一 手代要助
　実ハ吉田宿禰之助清春　浅尾　勇次郎

一 渡し守おかん
　実ハ七郎女房早枝　叶　三右衛門
一 永らくや娘おくみ　藤川　官　吉
一 聖天町の法界坊　市ノ川　市蔵
一 浅山主膳
　実ハ山田三郎武貞　二やく 市ノ川　市蔵
一 野分のゆふこん　三やく 市ノ川　市蔵
一 百済荒太郎　森田　かん弥

浄瑠理 **鐘鳴朧写絵《かねがなるおぼろのうつしへ》**
兼太夫 常盤津小文字太夫 喜代太夫　岸沢小式部 岸沢九蔵　浅尾勇次郎 叶三右衛門　藤川官吉 市ノ川市蔵　相勤る
しのぶ売の所作事。

四月五日より
・**柵門《やえむすび》 自来也《じらいや》物語《ものかたり》リ***

一 摂津市之正国久　荻野　伊三郎
一 名越七兵衛　二やく 荻野　伊三郎
一 馬士才吉　三やく 荻野　伊三郎
一 中邑普蔵　四やく 荻野　伊三郎
一 足利左門之助　尾上　紋三郎
一 織殿屋新三郎　二やく 尾上　紋三郎
一 小性朝（妻歌之）助　嵐　龍　蔵

一 （仲仕）嘉八　二やく 嵐　龍蔵
一 吉川帯刀　坂東鳴右衛門
一 松杉主計　市ノ川鶴三郎
一 破魔之助妹なぎさ　吾妻　藤蔵
一 白山団之丞　山村儀右衛門
一 庄屋頓兵衛　二やく 山村儀右衛門
一 白山大学　三やく 山村儀右衛門
一 源五郎女房おそへ　三条　浪江
一 普蔵女房おさわ　二やく 三条　浪江
一 百姓源五郎　浅尾　勇次郎
一 八ッ橋村伝兵衛　二やく 浅尾　勇次郎
一 惣阿主水　三やく 浅尾　勇次郎
一 五十嵐郡八
　実ハ（鬼薊祐軒）　大谷　門蔵
一 けいせい三千照　嵐　三右衛門
一 同　代々うら　藤川　官吉
一 長兵衛娘美鳥　二やく 藤川　官吉
一 座頭徳市　市ノ川　市蔵
一 万里の破魔之助　二やく 市ノ川　市蔵
一 速見雅次郎　三やく 市ノ川　市蔵
一 盗賊首領自来也
　実ハ尾形周馬良行　四やく 市ノ川　市蔵

一 飛脚いだてん早助
　実ハ天眼義兵衛　森田　かん弥

此狂言、評判よくて入無之。やう／＼四月廿日過迄いたし、夫より相休。

＊柵自来也談

五月十一日より

太平記忠臣講釈

当狂言中　桟敷代 三拾匁　平土間 廿匁
　高土間 廿五匁　切おとし百文

一 大星由良之助　荻野　伊三郎
一 近江や次郎右衛門　二やく 荻野　伊三郎
一 矢間喜内　三やく 荻野　伊三郎
一 石堂縫之助　尾のへ紋三郎
一 万ざい歳若　二やく 尾のへ紋三郎
一 家主太郎兵衛　嵐　龍蔵
一 三ッ井太郎助　二やく 嵐　龍蔵
一 斧定九郎　沢村　淀五郎
一 早野三左衛門　小川　十太郎
一 喜内女房　二やく 小川　十太郎
一 やっこ関内　坂東　辰蔵
一 入間牛兵衛　大谷　候兵衛

一 原郷右衛門　坂東　三木蔵
一 刀屋仁助　二やく 坂東　三木蔵
一 石堂右馬之丞　坂東鳴右衛門
一 堀部弥次兵衛　沢村　喜多八
一 ぞめき権吉　二やく 沢村　喜多八
一 千ざき弥五郎　市の川鶴三郎
一 けいせいうき橋　あつま　藤蔵
一 北村伝次　山村儀右衛門
一 乳もらい九郎助　二やく 山村儀右衛門
一 由良之助女房おいし　尾上　民の助
一 後家おれい　三条　浪江
一 塩谷判官　浅尾　勇次郎
一 天川や義平　二やく 浅尾　勇次郎
一 高師直　大谷　門蔵
一 斧九太夫　二やく 大谷　門蔵
一 かほよ御ぜん　嵐　三右衛門
一 平右衛門女房おきた　二やく 嵐　三右衛門
一 石屋娘おくみ　藤川　官吉
一 十太郎女房おりへ　二やく 藤川　官吉
一 早野勘平　市の川　市蔵
一 矢ざま十太郎　二やく 市の川　市蔵
一 鹿間宅兵衛　三やく 市の川　市蔵

一 大星力弥　森田　かん弥

五月廿日より、お楽之方様御死去、鳴物御停止に付、廿九日迄休。

六月三日より弐番め狂言

お千代 半兵衛 **世話料理八百屋献立**（浜松半十郎）

一 □　荻野　伊三郎
一 甥太兵衛　嵐　竜蔵
一 講中六兵衛　坂東　三木蔵
一 同　喜次兵衛　浅尾　為蔵
一 同　次郎助　市川　団作
一 同幸助　大谷　千蔵
一 八百や仁右衛門　小川　重太郎
一 千場小平太　沢村　喜太八
一 八百や下女およし　岩井　亀次郎
一 ばゞおくま　山村儀右衛門
一 八百や半兵衛　浅尾　勇次郎
一 同　女房ちよ　嵐　三右衛門
一 姉おいく　藤川　官吉
一 八百屋でつち与茂太　市の川　市蔵

六月十五日、千秋楽ニ而土用休。

六月廿四日より

男盛浪花鑑*

竹本常盤太夫　野沢嘉七
竹本房太夫　野沢銀次

夏狂言の内　桟敷代　拾三匁　高土間　拾匁　平土間　七匁五分

一　獄門の庄兵衛　　大谷門蔵
一　忠右衛門母貞休　　二やく 大谷門蔵
一　八木孫三郎　　三やく 大谷門蔵
一　浜地源左衛門　　四やく 大谷門蔵
一　はんじ物喜兵衛　　山村儀右衛門
一　かまくらや仁右衛門　　坂東三木蔵
一　手代三九郎　　戸川為蔵
一　高市権右衛門　　沢村喜多八
一　米や手代太八　　坂田甚吉
一　忠右衛門娘およね　　坂田金蔵
一　源左衛門云名号おしう　　岩井芳之助
一　けいせい滝川　　岩井亀次郎
一　船頭忠右衛門　　小川重太郎
一　喜兵衛女房おはま　　三条浪江
一　黒船忠右衛門　　浅尾勇次郎
一　やつこ小まん　　叶三右衛門
一　かまくらや五郎八　　森田勘弥

切きやふげん

おしゅん伝兵衛　**堀川のだん**

一　弟おまつ　　坂田金蔵
一　同　おきぬ　　坂東音平
一　井筒や五郎兵衛　　坂東代三郎
一　わちがいや八兵衛　　戸川為蔵
一　与次郎母　　小川十太郎
一　つりかねや権兵衛　　山村儀右衛門
一　猿廻し与次郎　　浅尾勇次郎
一　けいこおしゅん　　叶三右衛門
一　井筒や伝兵衛　　森田かん弥

此夏狂言、評よし。わけて猿廻し沙汰よし。

*男盛浪花姓

七月五日より　右きやふげん添て一幕

一　高市武右衛門女房みさほ　　三条浪江
一　同　　悴庄之助　　坂東音平
一　やつこ官平　　坂東代三郎
一　同　元介　　沢村喜多八
一　彦坂甚六　　戸川為蔵
一　順礼娘おろく　　岩井亀次郎

一　加村宇多右衛門女房滝野　山村儀右衛門
一　女非人おはる　叶　三右衛門
評判はよきよふなれ共、とかく見物すくなく、無入に付はやく仕廻、夫より休。七月廿日頃迄いたし、千秋楽。

九月三日より
今昔小栗栖文談

一　小田春永公　荻野　伊三郎
一　真柴大領久よし　二やく　荻野　伊三郎
一　小田春忠公　尾上　紋三郎
一　同　弾正信常　嵐　龍蔵
一　武智左馬五郎　沢村　淀五郎
一　同　十次郎　市川　てる世
一　局呉竹　中山　常次郎
一　柴田帯刀　市ノ川鶴三郎
一　四王天又八　山村儀右衛門
一　帯刀姉しがらみ　山下　民之助
一　久よし奥方逢橋　三条　浪江
一　森蘭丸　浅尾　勇次郎
一　松下嘉平次
　実ハ増尾茂助　大谷　門蔵
一　百姓九郎次
　実ハ四王天又兵衛　二やく　大谷　門蔵
一　光秀奥方関の戸　嵐　三右衛門
一　おづう姫　藤川　官吉
一　与五郎女房お沢　二やく　藤川　官吉
一　小栗栖の馬士与五郎　市ノ川　市蔵
一　武智判官光秀　二やく　市ノ川　市蔵
一　左久間小金吾　森田　かん弥

不来下り　尾上　新七　市村座より　助高屋高助
○　〃　中山　富三郎　市川　門三郎
○　中山　亀三郎　松本　大七
中村座より　市川　男女蔵　休より　文蔵改　松本　国五郎
関　三十郎　同座より　坂東富蔵改　沢村　川蔵
市川　伝蔵　同　小佐川亀松改　松本　秀十郎
桐島儀右衛門　三条　わかの
市川　瀧之助

午十一月朔日より
暫く
・物見車雪高楼《ものみくるまゆきのたかとの》*

一　磐若五郎仲則　市川　男女蔵
一　廻国修行者龍山　二やく　市川　男女蔵
一　紀の有恒　三やく　市川　男女蔵

一　小町ひめ　藤川　官　吉
一　炭焼惣五郎　関　三十郎
一　関白良房息女初音姫　叶　三右衛門
一　大伴典膳山風　松本　小次郎
一　大伴勘解由次官山主　松本　国五郎
一　芝口初音入道早かご　山村儀右衛門
一　五位之助良岑宗貞　浅尾　勇次郎
一　二条后高子姫　中山　亀三郎
一　在五中将業平　尾上　新　七
一　惟喬親王　市川　市　蔵
一　深草かわらけ師丸太郎
　　実ハ伴の善男　二やく　市川　市　蔵
一　山賤市原の牛蔵　三やく　市川　市　蔵
一　五代三郎女房あやまき　中山　富三郎
一　女順礼清水のおまち　二やく　中山　富三郎
一　五代三郎照秀　助高や　高助

一　三立め暫く、公家悪市蔵惟喬親王実ハ土器師丸太郎、小町姫実ハ丸太郎妹小ゆき官吉、赤つら三人、小次郎桐島儀右衛門、荒巻耳四郎跡より別に呼出し、大江岩戸左衛門ニ而竜蔵、右三人受ニ而、般若五郎仲則ニ而男女蔵暫く。
一　四立め、丸太郎ニ而市蔵やつし、乳母毒之土器を拵へ、丸太郎難義に付自害いたし、門三郎相果、此物がたりニ而実ハ伴《トモ》のよし純の子なる事を知り、文徳天皇につかへ、ざん言ニ而父の無叛と云たてられ、四神門之内、玄武の守護たりし時、悪風起り炎上に付、若、叛逆の者の仕業にもやと、軍出立いたせし事、あやまりニ而申訳たゝず、度々言開け共、帝げきりんつよく、終に相果のさいごせしゆへときゝて、この無念をはらさんと、伴《トモ》の善雄と自ら名づけ、乳母がいさめ、妹がいさめも不用、両人を見ごろしにしての叛逆、引ぬきニ而孔雀三郎関三十郎、取かこみ大出来。此道具廻りて、六部本名黒主男女蔵、天の岩雪を取て行ふとする所へ、中山富三郎五代三郎の女房ニ而出合ひ、猪小屋の内より名虎ニ而市蔵出、三人の拍子幕、大当り。
一　五立め、紀の有恒家形、男女蔵歌書を見ての上け障子の出。上使として市蔵来り、三種の神宝を受取に来て、孔雀三郎こと三十郎、五位之助宗貞こと勇次郎つめかけ、有恒男女蔵見出しニ而、立別れの場、壱番めの大詰也。
一　弐番め序幕、羅城門の山門ニ而、玉造姫富三郎、かつら丸官吉をくどく仕打。山門之下より有恒ニ而男女蔵、上下ニ而傘をさし、短尺をひろいてのせり上け。しゆり釼を打てまく。
一　同中幕、五代三郎家形へ雪ふりニ而、六部男女蔵、こむそふ市蔵、玉造姫富三郎、三人入来り、五代三郎高助、女房二やく富三郎ニ而、惟仁の身替り、かつら丸の官吉が首を打、高子姫の身替り、五代三郎娘てり葉が首を打、しうたん。高助茶之湯の場、黒主しゐだの蜜法ニ而姿をかくし、市蔵惟高親王ニ而わざ

とむほんと見せ、神宝を集め惟仁へ位をゆづる仕内。小町本名惟仁親王官吉、若衆形のたて大出来。引幕の外へ花道より男女蔵せり上け、引ぬきニ而黒主の姿大出来。

一同大切、芥川の見へにて、下り亀三郎をおぶい惟仁ニ而官吉、月の上り候下より出る。三十郎勇次郎せり上、上るり所作、布売富三郎、枕売高介、両人取もちの仕内。此所夢ニ而、此道具ぶん廻す。御殿に成、山村儀右衛門、桐島儀右衛門両人とのいして、扨は今の夢は武蔵野と芥川へ手わけして尋ん迚、ゆこふとする。仕かけ替り、高助そとは小町の所作事。又、もとの道具に成、両人碁を打。花道の切穴より、富三郎切かふろニ而茶を持出て、馬がいの所作あり。両人立かゝると引ぬきにて、若衆の鐘おどりに成、所作事すみてきへる。花道より高助融の大臣の亡霊ニ而、公家の出ニ而恨みの所作事、すでにおくへ入んとする。富三郎、木の枝の上より、うがの御玉の神霊ニ而顕れる。夫より、紀の有恒ニ而男女蔵、おくより出る。先今日は是切り。

＊観車雪高楼

文化八未年正月より、是迄之芝（ママ）取崩し、新き芝居普請いたす。

文化八未年　森田座

△中山亀三郎、顔見世計ニ而上方へ帰る。

未二月廿三日より
・台《しんぶたい》　賀栄曽我《さかへそが》

一曽我十郎祐成　市川　男女蔵
一同　五郎時宗　二やく　市川　男女蔵
一箱根の閉坊　三やく　市川　男女蔵
一鬼王妹十六夜　藤川　官　吉
一そか団三郎　市川　伝　蔵
一蒲の冠者のり頼　桐島儀右衛門
一伊豆次郎祐かね　山村儀右衛門
一けわい坂のせう〳〵　中山　亀三郎
一鬼王新左衛門　関　三十郎
一八劔弾正左衛門　市川　市　蔵
一工藤左衛門祐つね　二やく　市川　市　蔵
一下女お竹　中山　富三郎
一京の次郎祐とし　助高屋　高助
一曽我の満江御ぜん　二やく　助高屋　高助

弐番世話狂言

花姿詠千金

此狂言、拾三ヶ年已前、吹屋町ニ而いたし候狂言也。三谷の騒働を作りし狂言也。

一 関取男女川浪五郎　市川 男女蔵
一 千葉亀太郎　二やく 市川 男女蔵
一 けいせい大淀　藤川 官 吉
一 惣左衛門娘小わた　二やく 藤川 官 吉
一 三升や娘おたき　市川 瀧之助
一 後家おらく　桐島儀右衛門
一 三田やでっち音吉　山村儀右衛門
一 三田や源次郎　浅尾 勇次郎
一 惣左衛門娘おくの　中山 亀三郎
一 三田屋手代与兵衛　関 三十郎
一 深見十左衛門　市川 市 蔵
一 勘助若党次作　二やく 市川 市 蔵
一 三田屋娘お仲　中山 富三郎
一 勘助母お幸　二やく 中山 富三郎
一 木津勘助　助高屋 高助
一 荒尾惣左衛門　二やく 助高屋 高助

閏二月七日より 切狂言

英執着獅子 中山富三郎石橋所作事

右狂言、相応ニ而、わけて関三が鬼王、市蔵が工藤評よく候へ共、無入ニ而、閏二月廿四日切に千秋楽。

病死 市川瀧之助

三月五日より

祇園祭礼信仰記

一 山口九郎次郎　市川 男女蔵
一 薬屋是斎　二やく 市川 男女蔵
一 狩野雪ひめ　藤川 官 吉
一 けいせい花橘　市川 瀧之助
一 是斎娘おつゆ　二やく 市川 瀧之助
一 森の蘭丸　市川 伝 蔵
一 是斎女房おさじ　市川 門三郎
一 どもの喜蔵　桐島儀右衛門
一 川島忠次　大谷 候兵衛
一 浅倉義景　坂東 国 蔵
一 和田半平　松本 秀十郎
一 築地のぜん太　坂東 桃太郎
一 金貸火之車小次兵衛　嵐 龍 蔵

一 東吉女房おその　嵐　三右衛門
一 御乳の人侍従　二やく　嵐　三右衛門
一 乾丹蔵　松本　小次郎
一 鳶田の鉄兵衛　松本　国五郎
一 松永鬼藤太　山村儀右衛門
狩野の助直信　浅尾　勇次郎
一 下人新作　二やく　浅尾　勇次郎
一 上総之助春永　関　三十郎
一 三好修理太夫存保　二やく　関　三十郎
一 松永大膳久秀　市川　市蔵
一 佐藤虎之助正清　二やく　市川　市蔵
一 春永御台几帳の前　中山　富三郎
一 木下東吉　助高や　高助
一 柴田権六勝重　森田　かん弥
大切、石橋の所作事いたす。
（三）□月廿一日より　切狂言
一 □（杉むらや伝六）　市川　男女蔵
一 重井筒のおふさ　藤川　官　吉
一 あけほの勘七　大谷　候兵衛
一 げいしやおたみ　中山　倉次郎
一 重井筒の若ィ者久七　あらし　竜蔵

一 馬渕数右衛門　松本　小次郎
竹車売評判の音右衛門　松本　国五郎
一 重井つゞの若ィ者佐兵衛　山村儀右衛門
一 重井筒や十兵衛　関　三十郎
一 舟頭徳兵衛　市ノ川　市蔵
一 重井筒や女房おかぢ　中山　富三郎
一 烏亭焉馬　助高屋　高助
此狂言を出し、石橋の所作は抜候所、兎角不入ニ而五六日もいたし、又々相休。
四月八日より
・**仮名手本忠臣蔵**
幕なし、十一段め迄いたし候趣、尤八段め道行常盤津上るりニ而いたし候段口上。
無幕
一 八瀬の牛飼四郎作　市川　男女蔵
一 山名次郎左衛門　市川　男女蔵
一 大館左馬之助　市川　男女蔵
一 本蔵娘小なみ　市川　瀧之助
一 大星力弥　藤川　官　吉
一 小原女早咲のお梅　藤川　官　吉
一 儀平女房おその　藤川　官　吉

一 てつち伊吾　大谷　候兵衛
一 足利直よし公　市川　伝　蔵
一 かしま事ふれおやもさ茂太郎　市川　伝　蔵
一 原郷右衛門　市川　門三郎
一 一もんじや亭主才兵衛　市川　門三郎
一 鷺坂伴内　桐島儀右衛門
一 加古川の下部二八　桐島儀右衛門
一 由良之助女房おいし　嵐　三右衛門
一 ぜけん太助　松本　国五郎
一 斧九太夫　山村儀右衛門
一 塩冶判官　浅尾　勇次郎
一 千崎弥五郎　浅尾　勇次郎
一 桃井若狭之助　関　三十郎
一 寺岡平右衛門　関　三十郎
一 太田了竹　松本　小次郎
一 高の師直　市ノ川　市蔵
一 早の勘平　市ノ川　市蔵
一 百姓与一兵衛　市ノ川　市蔵
一 斧定九郎　市ノ川　市蔵
一 天川や義平　市ノ川　市蔵
一 加古川本蔵　市ノ川　市蔵
一 大星由良之助　市ノ川　市蔵

一 かほよ御ぜん　中山　富三郎
一 こし元おかる　中山　富三郎
一 本蔵女房となせ　中山　富三郎
一 石堂右馬之丞　助高や　高助
一 おかる母　助高や　高助
一 堀部弥次兵衛　助高や　高助

此狂言、評判よく、五月下旬迄いたし候。

六月八日より

義経千本桜

夏狂言之内　桟敷　金壱分弐匁　高土間　拾弐匁　平土間　拾匁

一 しづか御ぜん　叶　三右衛門
一 すけの局　二やく　叶　三右衛門
一 主馬の小金吾　三やく　叶　三右衛門
一 権太女房小せん　四やく　叶　三右衛門
一 さがみ五郎　大谷　候兵衛
一 いのくま大之進　大谷　候兵衛
一 川連法けん　松本　大　七
一 土佐坊正俊　市川　つる蔵
一 安とくてん王　浅尾　万　吉
一 卿の君　岩井　芳之助
一 若葉の内侍　二やく　岩井　芳之助

一すしや娘おさと　中山　倉次郎
一弥左衛門女房おつぢ　小川　十太郎
一武さし坊弁慶　桐島儀右衛門
一源のよし経　浅尾　勇次郎
一すしや弥左衛門　二やく　浅尾　勇次郎
一川越太郎　関　三十郎
一佐藤忠信　二やく　関　三十郎
一渡海や銀平　三やく　関　三十郎
一入江の丹蔵　四やく　関　三十郎
一いがみの権太　五やく　関　三十郎
一源九郎狐　六やく　関　三十郎
一横川の覚範　七やく　関　三十郎
一すしや弥助　森田　かん弥
一梶原源太かげ末　二やく　森田　かん弥

此関三の七やく、大当り。忠臣蔵よりも大入ニ而、七月上旬迄いたし、節句休。

盆狂言、可相勤所、助高や高助、市川市蔵、藤川官吉、山村儀右衛門等相休、無人ニ而、

八月四日より仮リ狂言として

漢人《かんじん》韓文《かんもん》手《て》管始《くだのはじまり》

桟敷　拾七匁五分　高土間　拾五匁　平土間　拾弐匁五分

一幸才典蔵　市川　男女蔵
一けいせい高尾　嵐　三右衛門
一小田宗左衛門　市川　門三郎
一清徳寺住僧教善　二やく　市川　門三郎
一呉才官　松本　小次郎
一佐原弾正　大谷　候兵衛
一珍花慶　坂東　三木蔵
一喜多伴作　松本　秀十郎
一伴僧快典　桐島儀右衛門
一若党四ッ平　二やく　桐島儀右衛門
一沼津千島の守　浅尾　勇次郎
一浜田幸十郎　二やく　浅尾　勇次郎
一十木伝七　関　三十郎
一佐原奥方照葉　中山　富三郎
一伝七女房おさち　二やく　中山　富三郎
一下男久六　森田　かん弥
一佐原和泉之助　二やく　森田　かん弥

二番め切狂言

芦屋道満大内鑑

一芦屋道満　市川　男女蔵

一 奴や勘平　二やく 市川 男女蔵
一 信田の庄司　市川 門三郎
一 石川悪右衛門　松本 小次郎
一 木綿買段八　大谷 候兵衛
一 しがらき雲蔵　松本 秀十郎
一 安倍の童子　浅尾 万吉
一 庄司女房　小川 十太郎
一 安部保名　浅尾 勇次郎
一 奴与勘平　関 三十郎
一 くずの葉姫　中山 富三郎
一 葛の葉狐　二やく 中山 富三郎

八月十六日より 弐番め狂言

縫習帯屋信濃屋

一 若党段助　市川 男女蔵
一 しなのやおはん　市川 伝蔵
一 長右衛門女房おきぬ　嵐 三右衛門
一 針の惣兵衛　桐島儀右衛門
一 げいこ雪野　中山 倉次郎
一 片岡幸之進　浅尾 勇次郎
一 同 幸左衛門　二やく 浅尾 勇次郎
一 帯屋長右衛門　関 三十郎

一 おはん母おいし　中山 富三郎
一 紅屋才次郎　森田 かん弥

団助ニ而男女（ママ）口上。親市川門之助七回忌追善、幷倅市川瀧之助、当六月廿七日病死いたし候。右追善として、忰市川伝蔵、桂川狂言しなのやおはんの役、相勤候所、大に評判よく、繁昌いたし候に付、顔見世より市川門之助と改名致させ候段、披露いたし候。此狂言大当りにて、九月節句を通し、十三日千秋楽いたし候。

九月十七日より

本朝廿四孝 三の切迄いたし候

此狂言中 桟敷 三拾匁 高土間 廿五匁 平土間 弐拾匁

一 長尾謙信　市川 男女蔵
一 百姓簔作　藤川 官吉
一 武田四郎勝頼　二やく 藤川 官吉
一 慈悲蔵女房おたね　三やく 藤川 官吉
一 高坂女房唐織　叶 三右衛門
一 村上左衛門義清　桐島儀右衛門
一 板垣兵部　松本 小次郎
一 武田信玄　市川 門三郎
一 百姓横蔵
　実ハ山本勘助　市の川 市蔵
一 常盤井御せん　浅尾 勇次郎

一 長尾三郎かげ勝　二やく 浅尾勇次郎
一 越名弾正　三やく 浅尾勇次郎
一 高坂弾正　関三十郎
一 百姓慈悲蔵
　実ハ直江山城　二やく 関三十郎
一 こし元ぬれ衣　藤川官吉
一 越名弾正妻入江　中山富三郎
一 山本勘助母　二やく 中山富三郎

弐番め 市川市蔵、堺町へ顔見世より参り候名残狂言

俊寛双面影

一 瀬の尾の太郎　関三十郎
一 丹左衛門基保　浅尾勇次郎
一 丹波の少将成経　市川鶴三郎
一 平判官康頼　市川新蔵
一 海士千どり　藤川官吉
一 俊寛僧都　市の川市蔵
一 有王丸　市川男女蔵
一 小ごうの局　叶三右衛門
一 深山の木蔵　桐島儀右衛門
一 同宿うんけつ　大谷候兵衛
一 たくぼくの江吉　坂東三木蔵
一 がけのとふ六　市川団七
一 がん屈の来現
　実ハ俊寛　市ノ川市蔵
一 小べん　浅尾万吉
一 なめらの兵　小川十太郎
一 次郎九郎　市川門三郎
一 亀王丸　関三十郎
一 女房おやす　中山富三郎

此狂言、随分よろしく候得共、兎角不入にて、十月上旬、千秋楽舞納。

十月六日より

当年、顔見世役者抱おくれ候に付、難出来候に付、此節葺屋町休に付、スケ頼、松本幸四郎、岩井半四郎両人罷越、相勤候旨、口上書出し、壱番め幡随長兵衛幸四郎、白井権八と長兵衛女房弐やく半四郎相勤、弐番め上るり二而、**戻リ駕籠**＊、半四郎に富三郎、此上るりに**関の戸**＊＊を取組、幸四郎黒主の役、大当り大入。しかし日数無之、同月十七日千秋楽舞納。是二而顔見世を取越いたし候。但し此狂言中、市蔵、官吉、関三等は出不申候。霜月顔見世は相休み申候。

＊合逢籠鳥渡杖
＊＊積恋雪関扉

春狂言も不出来、相休申候。

三月下旬より、下り役者有之。紋看板出る。

下り△坂東　重太郎　　休より△中村　里好
△大谷友右衛門　　山下　万作
△中山　紋十郎　　下り△大谷　友次郎
△中山　豊五郎　　△坂東　国五郎
△中山　新七　　△中山　門三
下り△桐山　紋次　　△嵐　他市
△花桐　徳三郎　　△大谷　万九郎
△佐の川花妻　　下り△豊松　半三
△坂東　花づま　　△佐の川咲次郎
△中山　亀三郎　　△市川　秀之助
△三枡　粂三郎　　△嵐　弥三郎
△桐山　瀧五郎
△市川　らん蔵
△沢村　岩吉

下り廿三人、有之。

文化九申年　森田座

申四月十四日より
坂東重《ともよびかはす》島原《しまばら》細記《さいけん》*

一 七艸四郎貞時　　坂東　重太郎
一 百姓四郎蔵　　二やく 坂東　重太郎
一 奴紋平　　中山　紋十郎
一 天木主計　　二やく 中山　紋十郎
一 奴茶や娘お沢　　中村　里好
一 北条奥方岩倉　　二やく 中村　里好
一 けいせい春雨　　三枡　粂三郎
一 （安達）小文次　　大谷　友次郎
一 原田軍蔵　　坂東　国五郎
一 こし元わか菜　　二やく 坂東　国五郎
一 渡会五左衛門　　小川　十三郎
一 百姓塚本九兵衛　　中山　門三
一 同　宇都宮鯛助　　嵐　他市
一 同　有井久蔵　　大谷　万九郎
一 同　千坂谷九郎　　豊松　半三

一同　赤星貞蔵　佐の川咲次郎
一同　有海八郎　桐山　瀧五郎
一同　大家作次　市川　らん蔵
一同　千原丹次　沢村　岩　吉
一同　竹垣六郎　坂東　三木蔵
一小性左門　坂田　金　蔵
一同　吉弥　中島　勘　蔵
一同　市弥　嵐　万　吉
一禿もじの　山下　金太郎
一同かじの　坂東　音　平
一千葉五郎作　坂東　国　蔵
一山田左衛門　沢村　川　蔵
一東条左衛門　浅尾　勇次郎
一甚太夫娘おさと　叶　三右衛門
一こし元卯の花　市川　秀之助
一同　葉ざくら　嵐　弥三郎
一同　さつき　三条　わか野
一小性花形右門　浅尾　万　吉
一いしや玄達　松本　小次郎
一左京姉しがらみ　山下　万　作
一東条息女かつら姫　中山　亀三郎
一関白の息女光姫　坂東　花　妻

一足利島次郎　花桐　徳三郎
一三宅一当　中山　新　七
一石坂丹平　桐山　紋　次
一鉄橋黒八　二やく　桐山　紋　次
一松永監物　中山　豊五郎
一同　市正　二やく　中山　豊五郎
一島原けいせい大淀　佐の川　花妻
一奴国平　大谷友右衛門
一杣甚太夫　二やく　大谷友右衛門
一鹿子木左京　森田　かん弥

*友集重島原細記

弐番め

伊勢音頭恋寝釼

一福岡みつぎ　坂東　重太郎
一ふじ浪左膳　中山　紋十郎
一古市のあんにやおきし　三枡　粂三郎
一とく島岩次　中山　門　三
一桂木主計　浅尾　勇次郎
一御師猿田彦太夫　坂東　国五郎
一あい玉や喜多六　二やく　坂東　国五郎
一貢伯母おみね　叶　三右衛門

一　とうみやくの金兵衛　松本　小次郎
一　あぶらやおさき　山下　万作
一　孫太夫娘さかき　中山　亀三郎
一　古市のあんにやおこん　坂東　花づま
一　下田万次郎　花桐　徳三郎
一　奴林平　中山　新七
一　古市のあんにやおしか　桐山　紋次
一　御師正直庄太夫　二やく　桐山　紋次
一　仲居まんの　中山　豊五郎
一　料理人喜助　大谷友右衛門

不残上方芝居ニ而、道具建等奇麗にいたし、評判は相応に候へ共、入無之、四月廿日迄、千秋楽。悪口に、

知つた役者は五人切り　弐番めは十人切り　見物は弐三十人切り　金主はもふ是切り

五月五日より

増補安達ヶ原＊

一　安部の貞任　坂東　重太郎
一　同　女房袖萩　二やく　坂東　重太郎
一　善知鳥安方　中山　紋十郎
一　□（佐伯の）蔵人　大谷　友次郎
一　はんの助兼　沢村　岩吉

一　大江の□（維）時　坂東　国五郎
一　県の次郎　佐の川咲五郎
一　出島雪次郎　桐山　瀧五郎
一　笠原軍六　市川　らん蔵
一　ちゝぶの十郎　豊松　半三
一　文字や官三　大谷　万九郎
一　法印寿命院　嵐　他蔵
一　医師玄了　小川　十三郎
一　長太女房おぬま　中山　門三
一　瓜割四郎　二やく　中山　門三
一　八幡太郎よしいへ　浅尾　勇次郎
一　同　奥方敷妙　叶　三右衛門
一　駕舁甚助　沢村　川蔵
一　代官野口平馬　坂東　国蔵
一　娘おきみ　市川　てるよ
一　安方一子喜代童　坂東　岩三郎
一　こし元さつき　市川　秀之助
一　こし元あやめ　嵐　弥三郎
一　直方妻浜夕　山下　万作
一　八重はた姫　中山　亀三郎
一　志賀崎生駒之助　花桐　徳三郎
一　けいせい恋衣　三枡　粂三郎

一 りやうし長太　桐山 紋次
一 へちまの軍藤　中村 里好
一 文次女房おたに　二やく 桐山 紋次
一 兼杖直方　中山 豊五郎
一 鎌倉権の頭　二やく 中山 豊五郎
一 安部の宗任　大谷友右衛門
＊増補安達原

弐番め世話狂言
さる程《ほどに》重情《おしへの》一諷《ひとふし》
一 猿廻し与次郎　坂東 重太郎
一 げいしやおしゆん　坂東 花妻
一 たいこ持伊助　大谷 友次郎
一 古手や五郎兵衛　坂東 国五郎
一 袋や太郎四郎　中山 門三
一 横渕官左衛門　沢村 川蔵
一 中居おすま　嵐 弥三郎
一 同 おたけ　市川 秀之助
一 弟子おきん　坂田 金蔵
一 同 おまん　嵐 万吉
一 井筒や伝兵衛　浅尾 勇次郎
一 越後獅子三吉　市川 てるよ

一 とく正寺住僧　松本 小次郎
一 あくばの左吉　中山 新七
一 与次郎母　二やく 中山 新七
一 中居のおまん　桐山 紋次
一 米や八兵衛　二やく 桐山 紋次
一 中居のおくら　中村 里好
一 はいかい師百魯　中山 豊五郎
一 家主権兵衛　二やく 中山 豊五郎
一 井筒や手代権九郎　大谷友右衛門
一 獅子舞角兵衛　森田 かん弥
＊花妻浮名井筒顔

此狂言壱番め二番め共、相応にいたし、評判よく候へ共、とかく入無之候に付、五月廿三日千秋楽ニ而休。市川てる世、角兵衛獅子＊布さらし評よし。

五月廿八日より 安達ヶ原二段め口切二まく、おしゆん伝兵衛三まく、夫より新狂言、
新累《しんかさね》世《も》俗語《のかたり》＊ 三まく
坂東重太郎、上坂名ごり
一 豆腐や娘かさね　坂東 重太郎
一 とうふや三郎兵衛　中山 紋十郎
一 けいせい高尾　三枡 粂三郎

一 与之吉女房おくめ　二やく 三枡　粂三郎
一 足利息女歌方姫　中山　亀三郎
一 絹川谷蔵　浅尾　勇次郎
一 百姓与右衛門　二やく 浅尾　勇次郎
一 講頭左平次　大谷　万九郎
一 講中作兵衛　市川　らん蔵
一 同　出来右衛門　さの川咲次郎
一 百姓与之吉　花桐　徳三郎
一 てつち豆太　桐山　紋　次
一 花あふぎや九兵衛　中山　豊五郎
一 百姓金五郎　大谷友右衛門
一 足利頼兼公　森田　勘　弥

暑中之内
　栈敷代　廿五匁　平土間　拾五匁
　高土間　廿匁　割合七人詰　弐百五拾文

六月十二日迄いたし、千秋楽。最初は入有之候へ共、急に無入に成、併当四月以来、此狂言よし。日数十五日いたす。是ニ而◯坂東重太郎上方へ帰り候に付、◯坂東花妻、◯花桐徳三郎、◯中山紋十郎、◯中山新七、中村里好、山下万作、◯坂東国五郎、◯嵐他市、九人上方へ帰る。

＊新累世俗話

△佐の川花妻　六月九日に乗込いたし候。

六月十八日より　壱番め

行平磯馴松

夏狂言
　栈敷　三拾匁　平土間　拾匁
　高土間　拾五匁　割合六人詰　百八十八文宛

一 太郎七女房おせん　下り 佐の川花づま
一 むらさめひめ　三枡　粂三郎
一 雨夜の皇子　中山　門　三
一 田井の畑の太夫　小川　重太郎
一 安達太郎　沢村　川　蔵
一 和田の次郎　坂東　国　蔵
一 早見の忠太　大谷　万九郎
一 奴そま平　桐山　瀧五郎
一 庄や太郎作　市川　らん蔵
一 田井の畑の太夫妻　佐の川咲次郎
一 たいの畑の此兵衛　中山　豊五郎
一 太郎七母おたく　二やく 中山　豊五郎
一 はつ日のみや　坂東　岩　吉
一 小性左門之助　嵐　万　吉
一 下女おひで　市川　秀之助
一 高松左衛門　大谷　友次郎
一 松風ひめ　中山　亀三郎

一　県主かけ広　　　　　　桐山　紋　次
一　小ふじ　　　　　　　　浅尾　勇次郎
一　かぢや太郎七　　　二やく　浅尾　勇次郎
一　はぐん太郎　　　　　　森田　かん弥
一　下女おなべ　　　　二やく　森田　かん弥
一　中納言行平　　　　三やく　森田　かん弥
長唄　**形見忍夫摺**　中山豊五郎　浅尾勇次郎

二番め

恋飛脚大和往来

一　つちや梅川　　　　下り　佐の川　花妻
一　かめや娘おすわ　　　　三枡　粂三郎
一　井つゝやおゐん　　二やく　三枡　粂三郎
一　なかば大じん　　　　　中山　門　三
一　忠右衛門母妙かん　　　小川　十太郎
一　やりておかん　　　　　沢村　川　蔵
一　万屋金兵衛　　　　　　豊松　半　三
一　下女おいわ　　　　　　沢村　いわ松
一　かめや利兵衛　　　　　中山　豊五郎
一　つちや次右衛門　　二やく　中山　豊五郎
一　けいせいつやぎぬ　　　嵐　　弥三郎
一　医師久間田兵安　　　　松本　小次郎

一　仲居のおなか　　　　　中山　亀三郎
一　忠三郎女房おとみ　二やく　中山　亀三郎
一　丹波や八右衛門　　　　桐山　紋　次
一　かめや忠兵衛　　　　　浅尾　勇次郎
一　はり立の道庵　　　二やく　浅尾　勇次郎
一　樋の口の水右衛門　三やく　浅尾　勇次郎
一　荷持こぶの伝が母　四やく　浅尾　勇次郎
一　つるかけの土地兵衛　五やく　浅尾　勇次郎
一　にわかぶけん福右衛門　六やく　浅尾　勇次郎
一　新口村孫右衛門　　七やく　浅尾　勇次郎
一　百姓忠三郎　　　　　　森田　かん弥
浄瑠理　**浮名の時附***　佐の川花妻　中山亀三郎　浅尾勇次郎

＊道行浮名の時附

右狂言、七月節句前より相休、同月十五日より一幕新狂言を出し、壱番め二番めの間に致候。

七月十五日より
恋女房染分手綱　道中双六のだん
桟敷[代]二十匁　高土間拾五匁　平土間拾匁　割合六人詰百八拾
八文
一　重の井　　　　　　　　佐の川　花妻

一 しらべ姫　沢村 瀧五郎
一 こし元きぬた　沢村 川蔵
一 同 小ぎく　坂東 国蔵
一 同 野分　豊松 半三
一 同 稲舟　佐の川咲次郎
一 本田弥惣左衛門　中山 豊五郎
一 若党文左衛門　市川 らん蔵
一 同 源五右衛門　大谷 万九郎
一 こし元小はぎ　嵐 弥三郎
一 じねんじよの三吉　浅尾 万吉
一 由留木左衛門　浅尾 勇次郎
一 伊達の与作　森田 勘弥

此狂言、出し候得共、無入に付、七月下旬より休。

葺屋町、秋狂言出来兼候に付、岩井粂三郎当座へ出勤いたし、市川門三郎、沢村淀五郎、花井才三郎出る。

八月廿日より

其昔恋江戸染* 故人作者 津打治兵衛

桟敷代 金壱分弐朱 高土間 拾八匁 平土間 拾五匁 割合 弐百六拾四文

一 八百やお杉　佐野川 花妻
一 紅粉や長兵衛　桐山 紋次
一 海老名軍蔵　二やく 桐山 紋次
一 八百や後家おたけ　市川 門三郎
一 荒井藤太　松本 小次郎
一 小沢多九郎　沢村 川蔵
一 代官万七郎　桐山 瀧五郎
一 追分次蔵　坂東 三木蔵
一 吉祥寺日和上人　小川 十太郎
一 本田の次郎　二やく 小川 十太郎
一 釜屋武兵衛　中山 門三
一 荒井伝蔵　二やく 中山 門三
一 冠者のり頼　沢村 淀五郎
一 赤沢十蔵　二やく 沢村 淀五郎
一 土左衛門伝吉　花井 才三郎
一 小性吉三郎　中山 亀三郎
一 八百やお七　岩井 粂三郎
一 花売湯島の五郎吉　浅尾 勇次郎
一 赤沢十内　二やく 浅尾 勇次郎
一 仁田の四郎忠常　三やく 浅尾 勇次郎
一 白酒売来り喜之助　森田 かん弥
一 五尺染五郎　二やく 森田 かん弥

上るり 常盤津小文字太夫 同兼太夫 同喜代太夫

新世帯雛世話事＊＊ 粂三郎 亀三郎 勇次郎 かん弥

上るり 遊湖斎素柳

手向草露写絵＊＊＊ 岩井粂三郎相勤る

此狂言、評判よく相応に有之候所、九月朔日より葺屋町興行いたし候に付、粂三郎当座勤間に合兼、九月二日切ニ而休。

＊其往昔恋江戸染
＊＊新媛房雛世話事
＊＊＊手向草露の写絵

九月九日より

扇矢数四拾七本

沢村田之助、葺屋町もめ合ニ而、出不申候故、当座へスケに出勤いたし、坂東八十助も罷出候よし。桟敷、高土間、平土間割合共、同直段ニ而。

一 こしもとおたか　沢村 田之助
　後ニ師直妾おらんの方
一 与茂作女房おかよ　二やく 沢村 田之助
一 かほよ御ぜん　佐の川 花妻
一 弥次兵衛娘おつま　二やく 佐の川 花妻
一 近藤源四郎　桐山 紋次
一 うへ木や杢右衛門　市川 門三郎
一 堀部弥次兵衛　二やく 市川 門三郎
一 自陀楽寺の住僧　松本 小次郎
一 種森兵内　二やく 松本 小次郎
一 [大]わし新吾　小川 重太郎
一 高師直　坂東 八十助
一 大星由良之助　二やく 坂東 八十助
一 からくりし九郎次　中山 門三
一 代官軍次兵衛　二やく 中山 門三
一 小寺十内　花井 才三郎
一 堀部安兵衛　二やく 花井 才三郎
一 弥次兵衛娘おとみ　中山 亀三郎
一 喜太八妹おいち　二やく 中山 亀三郎
一 百姓与茂作　浅尾 勇次郎
一 小間物や弥七　二やく 浅尾 勇次郎
一 塩谷判官　三やく 浅尾 勇次郎
一 上かんや喜三郎　森田 かん弥
一 早の和助　二やく 森田 かん弥

第［　］（一ばん目）狂言、四幕いたし、弐番めに八百やお七上るり共四幕致よし、口上書。

十月朔日より

夕霧伊左衛門 **廓文章＊**

一 ふじや伊左衛門　沢村田之助
一 扇や夕霧　中山亀三郎
一 吉田や喜左衛門　桐山紋次
一 同　女房おせん　佐の川花妻

＊らゝ根引曙

北条時頼記＊ 雪の段

一 源左衛門女房白妙　沢村田之助
一 妹玉づさ　岩井粂三郎
一 源藤太　中山門三
一 最明寺時頼　浅尾勇次郎
一 佐野の源左衛門　森田勘弥

＊女鉢木

市村座より　松本幸四郎　中村座より　坂東鶴十郎
中村座より　岩井半四郎　同　坂東善次
市村座より　市川団十郎　市村座より　市川栗蔵
同　沢村四郎五郎　中村座より　桐島儀右衛門
休より　尾上松緑　市村座より　市川宗三郎
下り不出　△中村大吉　同　嵐新平
下り不出　△市川八百蔵
徳之助改　松本よね三

十一月朔日より

雪吉野《ゆきもよしの》重木《きこと》顔鏡《のかほみせ》＊

一 足利尊氏　尾上松緑
一 伊賀の局　尾上松緑
一 敷しま姫　松本米三郎
一 五代院の十郎　市川宗三郎
一 男けいしや大じやれ長吉　市川宗三郎
一 下部鬼桐山平　桐山紋次
一 下馬次郎　坂東善次
一 足ふとのおくめ　市川栗蔵
一 富士田の新造おたみ　市川新蔵
一 舟宿でたらめの三　松本虎蔵
一 女かみゆいおさき　岩井梅蔵
一 男けいしやよい〳〵理十　桐島儀右衛門
一 六郎左衛門妹あやきぬ　中山亀三郎
一 中納言兼房卿　市川門三郎
一 島寺のそで　中村大吉
一 新田よし貞　市川八百蔵
一 舟田兵庫女房雪の戸　佐の川花妻
一 大森彦七盛長　沢村四郎五郎
一 揚名之助広有　沢村四郎五郎

一篠塚伊賀守定綱　市川　団十郎
一栗生左衛門頼賢　市川　団十郎
一ゑひさこの十亘理新左衛門逸勝　市川　団十郎
一畑六郎左衛門時能　市川　団十郎
一成田山不動明王　市川　団十郎
一勾当の内侍　岩井　半四郎
一和泉国楠の千本狐　岩井　半四郎
一富士白の抱たて引のおやつ　岩井　半四郎

一せいたか童子　岩井　半四郎
一長崎勘解由左衛門　松本　幸四郎
一相模次郎時行　松本　幸四郎
一山名悪五郎秀連　松本　幸四郎
一舟田兵庫の助正国　松本　幸四郎
一こんがら童子　松本　幸四郎
一大館三郎政勝　森田　かん弥
＊雪芳野来入顔鏡

文化十酉年　森田座

正月廿日より
例賜《しきせもの》曽我《そがの》伊達《だて》染《ぞめ》＊
一比企次部少輔頼貞　沢村四郎五郎
一鬼王新左衛門　二やく　沢村四郎五郎
一浮世豆腐や戸平
　実ハ相沢丹三郎　三やく　沢村四郎五郎
一奥女中大町　四やく　沢村四郎五郎
一けわい坂のせう〳〵　松本　よね三
一奥女中山の井　二やく　松本　よね三
一梶原おく方ゑびらのまへ　市川　宗三郎

一長沼官兵衛　二やく　市川　宗三郎
一宗益女房若江　桐山　紋　次
一三浦の片貝　中山　亀三郎
一奥女中歌はし　二やく　中山　亀三郎
一おたすけ女房四の天のおしま　桐島儀右衛門
一蓬莱や女房おでん　佐の川　花妻
一大磯のとら　二やく　佐の川　花妻
一曽我の十郎祐成　市川　団十郎
一同　五郎時宗　二やく　市川　団十郎
一羽生村百姓金五郎　三やく　市川　団十郎

一 三浦荒男之助よし純　四やく 市川 団十郎
一 源の左金吾頼家公　五やく 市川 団十郎
一 大磯の新造高尾　岩井 半四郎
一 与右衛門女房かさね　二やく 岩井 半四郎
一 鶴喜代めのと政岡　三やく 岩井 半四郎
一 曽我の二の宮　四やく 岩井 半四郎
一 工藤左衛門祐経　松本 幸四郎
一 鴫立沢の庵主土手の道哲
　後ニ羽生村与右衛門　二やく 松本 幸四郎
一 下田重三郎　三やく 松本 幸四郎
一 釼沢弾正左衛門直則　四やく 松本 幸四郎

*例服曽我伊達染

下り△尾上新七　下り△三枡大太郎

三月五日より
浜《はまの》真《ま》砂《さご》劇場《かぶき》絵《ゑ》本《ぞうし》
一 真柴大領久よし　尾上 新七
一 三浦常陸之助
　実ハ四王天但馬　沢村四郎五郎
一 伴作妹ふせや　松本 米三郎
一 真柴久つぐ　三枡 大太郎

一 牛飼勘作　二やく 三枡 大太郎
一 小田弾正春澄　市川 宗三郎
一 筒井順慶　桐山 紋次
一 三上の作助　市川 栗蔵
一 不破の伴作　嵐 新平
一 百姓十次兵衛　松本 小次郎
一 五右衛門一子五郎市　岩井 松之助
一 足軽平の平平　桐島儀右衛門
一 けいせい瀧川　中山 亀三郎
一 笠間大内記正氏　市川 門三郎
一 久よし御台園生のまへ　佐野川 花妻
一 早川左衛門高景　市川 団十郎
一 筑紫の権六
　実ハ佐藤正清　二やく 市川 団十郎
一 世尊寺中納言公成卿
　実ハ石川五右衛門　松本 幸四郎

二ばんめ世話狂言
お染久松 色《うきな》読売《よみうり》*
岩井半四郎七やく早替り、大当り
一 山家や清兵衛　尾上 新七
一 油や手代善六　沢村四郎五郎

一 松本錦車　松本よね三郎
一 油や他三郎　三枡 大太郎
一 鈴木弥忠太　桐山 紋次
一 髪結中の郷の亀　坂東 鶴十郎
一 油や下男九助　坂東 善次
一 かごかき又八　市川 栗蔵
一 油や下女おその　岩井 梅蔵
一 油やでっち久太郎　桐島儀右衛門
一 げいしや京村やのお糸　中山 亀三郎
一 油や（伯父）太郎七　市川 門三郎
一 百姓庵崎の久作　市川 団十郎
一 猿廻し佐次郎兵衛　二やく 市川 団十郎
一 あぶらや娘おそめ　岩井 半四郎
一 油屋子飼久松　二やく 岩井 半四郎
一 久松姉奥女中竹川　三やく 岩井 半四郎
一 喜兵衛女房土手のお六　四やく 岩井 半四郎
一 庵崎の賤の女おさく　五やく 岩井 半四郎
一 久松云号寺島村のおみつ　六やく 岩井 半四郎
一 おそめ母貞昌　七やく 岩井 半四郎
一 たばこ切り鬼門の喜兵衛　松本 幸四郎
一 岩戸香松本や佐四郎　二やく 松本 幸四郎

*お染久松色読販

四月六日より 右弐番目、岩井半四郎七役之お染久松の狂言を
壱番めに相廻し、
五大力恋緘《こひのふうじめ》 三幕弐番め狂言
尾上新七、師匠之仕初し狂言故出す。

一 千しまの家中勝間源五兵衛　尾上 新七
一 同　笹の三五兵衛　沢村四郎五郎
一 源五兵衛云号なぎさ　松本 米三郎
一 千しま千太郎　三枡 大太郎
一 廻し弥助　桐山 紋次
一 家主仁兵衛　桐島儀右衛門
一 市塚左十郎　坂東 善次
一 桟谷伴右衛門　市川 栗蔵
一 安松伊平太　沢村 川蔵
一 田口郡次　市川 団七
一 氏原勇蔵　市川 新蔵
一 喜楽院喜平太　松本 小次郎
一 石部金太夫　小川 十太郎
一 げいこ小枝　岩井 梅蔵
一 花やおさき　中山 亀三郎
一 とんだや女房おいち　佐の川 花妻
一 出石宅左衛門　市川 団十郎

一 若党八右衛門　二やく 市川 団十郎
一 けいこ小まん　岩井 半四郎
一 花屋重兵衛　松本 幸四郎
此狂言、不評ニ而無入ゆへ、日数十日程いたし同月中旬より休。

四月十八日より
源平布引瀧 大序 二の切 三の口 三の切 四幕
壱番目にいたし、弐番めはお染久松、岩井半四郎七やく相勤。
竹本和泉太夫 野沢金助
一 木曽の先生よし賢　尾上 新七
一 瀬の尾の十郎　沢村四郎五郎
一 待よい姫　松本 米三郎
一 多田蔵人　三枡 大五郎
一 長田の太郎　松本 小次郎
一 矢橋の仁惣太　坂東 善次
一 高橋判官　市川 栗蔵
一 難波の六郎　市川 新蔵
一 汐見忠太　市川 団七
一 横田兵内　沢村 紀次
一 九郎助女房小よし　小川 重太郎
一 百姓九郎助　桐島儀右衛門
一 小まん　中山 亀三郎
一 小松内府重盛　市川 門三郎
一 葵御ぜん　佐野川 花妻
一 斎藤一郎実盛　市川 団十郎
一 白拍子熊野御ぜん　岩井 半四郎
一 主馬判官盛久　松本 幸四郎
右之所、岩井半四郎病気ニ而引込候に付、俄に弐番目之**本町育**の狂言を取組、番付を売不申、団十郎綱五郎、幸四郎半時九郎兵衛、相勤申候。然る処、評判は相応に有之候へ共、入無之に付、四月廿五日千秋楽いたし候事。

五月七日より
曽我祭侠競《いきぢくらべ》
岩井半四郎、病気全快罷出、相勤候旨、口上書いたし、第一番め六幕めに曽我両社祭礼を狂言に取組、座中不残罷出、惣おとり相勤、奉入御覧に候と申口上書出し候。
一 一寸徳兵衛　尾上 新七
一 助松主計　二やく 尾上 新七
一 大島佐賀右衛門　沢村四郎五郎
一 釣舟母おさん　二やく 沢村四郎五郎
一 祭りねりこ米吉　松本 米三郎
一 粂本の娘分おとき　二やく 松本 米三郎
一 難波左近之助よし房　三枡 大太郎

一 家主喜三郎　二やく 三枡 大太郎
一 刀鍛冶関弥五郎兼重　市川 宗三郎
一 道具屋伝八　二やく 市川 宗三郎
一 道具や女房おさか　桐山 紋次
一 たいこ持長次　二やく 桐山 紋次
一 中買弥市　坂東 鶴十郎
一 中間なまの八　嵐 新平
一 奥女中ふせや　岩井 梅蔵
一 浜田和泉之助　桐島儀右衛門
一 はいかい師とふ〱　二やく 桐島儀右衛門
一 義平次娘おかぢ　中山 亀三郎
一 玉島兵太夫　市川 門三郎
一 道具や孫右衛門　二やく 市川 門三郎
一 主計女房おたつ　佐の川 花妻
一 魚屋団十郎団七　市川 団十郎
一 道具屋清七　二やく 市川 団十郎
一 主計娘おなか　岩井 半四郎
一 磯之丞女房琴浦　二やく 岩井 半四郎
一 俗医師玉島兵太夫
　実ハ三河や義平次　松本 幸四郎
一 舟宿釣舟や三ぶ　二やく 松本 幸四郎
一 舟頭さつはの権　森田 かん弥

一 玉しま磯之丞　二やく 森田 かん弥

此狂言、夏祭りを書替候狂言の評判はよく候へ共、一向無入。殊に半四郎少し計り出候ゆへ、見物追々無之。五月廿日より五日の間、百五拾四年の寿狂言いたし候摺ものを、江戸中町々江配る。

芝居の前向側に幟弐本建る　万治三庚子年より
文化十癸酉年迄　染貫有候。

金集場へ寿の字幟弐本建る　凡百五拾余年相続仕候

桟敷両側向桟敷共、水引幕に熨斗と寿之字、紋所を染る。引幕柿地に寿の字、白上りかたばみ紋所、熨斗を染る。

座付麻上下ニ而、勘三名代中村明石、隠居坂東喜幸、座元森田勘弥、岩井半四郎、坂東簑助、松本幸四郎、坂東三津五郎、市川団十郎、此八人前に並ぶ。

頭取中村伝五郎、門弟坂東三木蔵、同坂東国蔵、後ろの方に坂東龍蔵、坂東大吉、尾上新七、沢村四郎五郎、佐の川花妻、中山亀三郎、松本米三郎、岩井梅蔵、桐島儀右衛門、坂東鶴十郎、桐山紋次、嵐新平、小川十太郎、麻上下ニ而座付、幸四郎、団十郎、三津五郎、右三人ニ而、寿の口上あり。

女扇と申舞躍　松本米三郎　中山亀三郎　岩井梅蔵
　岩井芳之助　松本八十八　岩井瀧次郎

此六人、もじ張の花笠、もへぎの狩衣、振袖のいせふ。対の

姿ニ而出る。

寿狂言

仏舎利 森田勘弥 市川団十郎 両人ニ而相勤る。

右寿狂言出。大入に付、日延六月七日迄に成、千秋楽。

土用休中、松本幸四郎、岩井半四郎、其外尾張の名古屋へ参り候よし。

六月十七日より 暑中狂言

尾上松緑洗濯話《せんたくばなし》

桟敷代金壱分弐朱 高土間金分《(ママ)》弐匁 平土間拾弐匁 同割六人詰弐百五拾文

一 築紫蔦ヶ嶽のがま仙人 尾上 松緑
一 祇園町の中居おかぢ 二やく 尾上 松緑
一 遠里姫のめのと岩橋 三やく 尾上 松緑
一 島原山城やの新造歌待 松本 米三郎
一 赤松家の息女遠里姫 二やく 松本 米三郎
一 石室玄蕃景国 坂東 善次
一 百姓寺島村の清右衛門 二やく 坂東 善次
一 りやうしかご島のなだ八 三やく 坂東 善次
一 画師長谷川等顕 沢村 川蔵
一 ぜげん七々口仙八 二やく 沢村 川蔵
一 りやうし沖六 三やく 沢村 川蔵
一 源中納言朝房 坂東 国蔵
一 山城屋若ィもの長助 二やく 坂東 国蔵
一 島原のかごかきとぶ六 市川 団七
一 同 万九 坂東 三木蔵
一 下部須磨蔵 市川 米蔵
一 蛇娘の木戸番藤六 坂東 三木蔵
一 ご《(か)》昇八八 市川 米蔵
一 見せ物師いんぐわ勘八 市川 団七
一 餝間軍平 市川 団兵衛
一 地むぐり弥蔵 二やく 市川 団兵衛
一 赤松彦次郎のりまさ 松本 小次郎
一 里見小源太 岩井喜代太郎
一 やっこ土手助 松本 虎蔵
一 女非人血けふりのおなべ 二やく 松本 虎蔵
一 島原山しろや才兵衛 小川 十太郎
一 佐竹左五郎時国 二やく 小川 十太郎
一 五郎作妹おきぬ 岩井 梅蔵
一 桃井播磨之助安清 二やく 岩井 梅蔵
一 百姓五郎作 桐島儀右衛門
一 かごかき眼兵衛 実ハ羽根川和平太 二やく 桐島儀右衛門

一　蛇女おたる　三やく　桐島儀右衛門
一　山城やのけいせい玉川　中山　亀三郎
一　又平妹おゆり　二やく　中山　亀三郎
一　夜ばん人三ぶ六　市川　門三郎
一　川大尽里遊　市川　門三郎
一　今川伊予守仲秋　市川　門三郎
一　吃の又平　市川　団十郎
一　座頭江戸平　二やく　市川　団十郎
一　源中納言朝房卿　三やく　市川　団十郎
一　石見太郎左衛門重行　四やく　市川　団十郎
一　細川左京之助頼元　森田　かん弥
一　禿髪結甚五郎　実ハさゝの才蔵　二やく　森田　かん弥
一　足利よしてる公　三やく　森田　かん弥

弐番め所作事
閏茲姿八景《またこゝにすがたのはつけい》
常盤津小文字太夫　ワキ同兼太夫　ワキ同喜代太夫
三弦　岸沢古式部　岸沢九蔵
長唄　芳村孝次郎　同伊四郎　同孝三郎
三弦　杵屋六三郎　鳥羽や三五郎
姫垣の晩鐘　滝詣の夜雨　朧候の暮雪　晒女の落雁
浦島の帰帆　水売の夕照　心猿の秋月　石橋の晴嵐
市川団十郎所作事相勤る。

此狂言、大々当り。評判よく、七月盆三日休候迄ニ而、矢張同し狂言をいたし、八月上旬迄引続大入ニ而、八月十日過より休。此人数葺屋町ヘスケに出候間休。

八月中旬より九月上旬迄、芝居相休罷在、入湯之役者帰り候旨之口上書出る。実は尾州名古や江罷越、**伊達騒動***、**おそめ久松****の七やく、**白井権八*****等の狂言、当り候由。

*伊達競阿国戯場
**お染久松色読販
***契情東亀鑑

九月十一日より
男一疋達引安売
スケ藤川官吉、市村座より来る。

一　久下玄蕃　沢村四郎五郎
一　船頭いなばや助八　二やく　沢村四郎五郎
一　本庄助太夫　市川　宗三郎
一　藤川卜庵　二やく　市川　宗三郎
一　堀の船頭仙六　坂東　鶴十郎
一　幡随が子分小仏小兵衛　二やく　坂東　鶴十郎
一　同　石塔金助　坂東　善　次
一　赤羽五郎作　市川　栗　蔵
一　いせ参り□(足)ぶとの仁太　二やく　市川　栗　蔵
一　山谷家主源兵衛　沢村　川　蔵
一　下部藤六　坂東　国　蔵

一　男達早桶半助　嵐　新平
一　同　ゆかんば仁右衛門　松本　とら蔵
一　はいかい師矢市　松本　小次郎
一　石井右内　市川　門三郎
一　同　源之丞　尾上　紋三郎
一　けいせい小紫　藤川　官吉
一　寺西閑心　市川　団十郎
一　絹売弥市
　　実ハ本庄助市　二やく　市川　団十郎
一　大岸主水　三やく　市川　団十郎
一　芸者明石町のおまつ　岩井　半四郎
一　白井権八　二やく　岩井　半四郎
一　藤川水右衛門　松本　幸四郎
一　堀之舟頭浜松やの猪之助　二やく　松本　幸四郎
一　ばんずい長兵衛　三やく　松本　幸四郎
此狂言、五ヶ年以前巳年春、市村座ニ而、幸四郎、半四郎、団十郎いたし、大当りの狂言。このたびは、評判は相応にて、無入ニ而残念。
休より　市川男女蔵　休より　中山富三郎
大谷門　蔵　中村里　好
沢村淀五郎　中山倉次郎
大谷侯兵衛　スケ　尾上松　緑
中村次郎三　下り　片岡松　助
市川友　蔵
市村座より　浅尾勇次郎
花井才三郎
同座よりスケ　関　三十郎
市川団之助

十一月十三日より
御《ご》贔《ひゐ》屓《き》繋《つなき》馬《むま》
桟敷代　三拾匁　高土間　廿五匁　平土間　二拾匁
上るり　双《また》化《ばける》噂《うわさ》葛葉《くづのは》　男女蔵　松緑　里好　万吉　金蔵　富三郎　相勤申候
ワキ常太夫　富本豊前太夫　ワキ駒太夫　鳥羽や里夕　鳥羽や里長
一　瀧口兵庫之助渡部仕　市川　男女蔵
一　将門の母岩波御ぜん　二やく　市川　男女蔵
一　奴与勘平　三やく　市川　男女蔵
一　桜木親王妾葛の葉姫　中むら　里好
一　岩倉治部太夫鬼勝　市川　宗三郎
一　馬士やかんのくわん平
　　実ハ石川悪右衛門　二やく　市川　宗三郎
一　しがらき段八雲連　中むら次郎三

一けだ物や太郎兵衛　　二やく　中むら次郎三
一下部繁蔵　　小川　十太郎
一香取の源吾　　坂東　国蔵
一相馬公家源中納言馬方　　坂東　三木蔵
一同　　鼻の穴広成　　沢村　宗太郎
一同　　矢大臣五郎酒好　　大谷　候兵衛
一百足坊主剛鉄　　市川　友蔵
一信田の森葛の葉狐　　尾上　松緑
一神祇官政光娘しらゆふ　　中山　岩次郎
一村岡五郎秀俊　　市川　新蔵
一蛸の入道踊子　　大谷　候兵衛
一神祇官惟広娘夕しで　　中山　倉次郎
一芦原一角範澄　　沢村　淀五郎
一剛鉄女房小ゆき　　岩井　梅蔵
一関白の息女敷島ひめ　　中山　亀三郎
一純友一子十太丸　　市川　男熊
一左近太郎照綱　　花井　才三郎
一千枝の左近狐　　二やく　花井　才三郎
一正平太貞盛　　浅尾　勇次郎
一芦屋左衛門道満　　二やく　浅尾　勇次郎
一加茂の安憲娘榊の前　　中山　富三郎

弐番め

一軍学師藤下源蔵
　実ハ俵藤太秀郷　　関　三十郎
一秀郷の下部房平　　片岡　松助
一かごかきの三　　浅尾　円蔵
一同　　八　　花井　生五郎
一舟頭長助　　沢村　宗太郎
一同　源六　　坂田　甚吉
一金毘羅同者杢助　　嵐　豊蔵
一下男与惣　　市川　新蔵
一革足袋売三河や三右衛門　　市川　友蔵
一荷かつぎ次郎八　　花井　才三郎
一御厨の三郎将頼　　大谷　門蔵
一相馬六郎公連　　浅尾　勇次郎
一公連女房わか柴　　市川　団之助
一筏のり水棹のおつる
　実ハ瀬田の竜女　　二やく　市川　団之助
一秀郷奥方真弓　　中山　富三郎
一炭売五郎八
　実ハ相馬小次郎将門　　市川　男女蔵

此狂言、はじめ候前より評判よく候所、とかく無入にて芝居出来兼、十一月下旬より休。然る所、十一月廿九日夜、堺町、

葺屋町、両座芝居類焼に付、金主越前や茂八、当座と市村座両持ゆへ、早速相談いたし、市村座の当り狂言を持こみ、当座ニ而いたし候積りに成。

坂東鶴十郎　岩井粂三郎　松本幸四郎
坂東善　次　市川団十郎
岩井松之助　岩井半四郎

右七人、飛入。関三、団之助も是迄之通り罷出候。松緑は休み申候。

閏霜月七日より

戻橋閏顔鏡《もどりはしまたのかほみせ》

一　碓井荒太郎定光　市川　男女蔵
一　市原の鬼胴丸　市川　男女蔵
一　赤染衛門　中山　富三郎
一　公連女房若柴　市川　団之助
一　はりひぢ道庵　市川　宗三郎
一　加藤豊後の次郎忠正　坂東　鶴十郎
一　時行一子快童丸　岩井　松之助
一　いの熊入道雷雲　大谷　候兵衛
一　堤弥惣次　花井　才三郎
一　羅生門河岸の三日月おせん　岩井　粂三郎
一　今参ノ奴房平
　　実ハ荒川太郎安秀　片岡　松　助
一　大宅太郎光任　関　三十郎
一　三田源太広綱
　　実ハはかまだれ保輔　松本　幸四郎
一　羅生門がしいばらきや喜七
　　実ハ伊賀寿太郎成信　二やく　松本　幸四郎
一　賤の女おいわ
　　実ハかつらき山女郎蜘　岩井　半四郎
一　鬼七女房おいわ
　　実ハ純友の思ひ者苫屋　二やく　岩井　半四郎
一　三田源太広綱
　　実ハ将軍太郎よし門　市川　団十郎
一　さかな売ゑひさこの十
　　実ハわたなべの綱　二やく　市川　団十郎
一　山がつ切かぶの斧右衛門　三やく　市川　団十郎
一　摂津守源のより光
　　実ハ三田の仕　四やく　市川　団十郎

右之通り、市村座の狂言、評判よき所計りいたし、森田座も狂言の出来能所計り残し、同時代の狂言ゆへ、両座狂言合せ、増補いたし候ゆへ、大に評よく、相応に入有之候。

文化十一戌年　森田座

戌正月十日より
双蝶《ふたつてう〱》賑《にきわい》曽我《そが》*

一 小ばやしの朝比奈　市川 男女蔵
一 鬼王新左衛門　二やく 市川 男女蔵
一 大磯のとら　中山 富三郎
一 鬼王女房月さよ　市川 団之助
一 そかの団三郎　浅尾 勇次郎
一 近江の小藤太　大谷 門 蔵
一 かぢわら平三景時　坂東 善 次
一 同 源太かげすへ　坂田 甚 吉
一 同 平次景高　坂東 桃太郎
一 箱根の児閉坊丸　大谷 候兵衛
一 大磯や伝三　中村 次郎三
一 大藤内成景　桐島儀右衛門
一 工藤の息女犬姫　中山 亀三郎
一 八わたの三郎行氏　市川 門三郎
一 伊豆の次郎祐兼
実ハ赤沢十内　片岡 松 助

一 工藤左衛門祐経　松本 幸四郎
一 けわい坂のせう〱　岩井 半四郎
一 曽我十郎祐成　市川 団十郎
一 同 五郎時宗　二やく 市川 団十郎
一 成田山不動明王の霊像　三やく 市川 団十郎

此狂言、相応ニ而、二月八日より弐番め所作事出る。

＊双蝶仝仮粧曽我

弐番目世話狂言

一 鳶頭金神長五郎　市川 男女蔵
一 ふじや女房おせき　中山 富三郎
一 げいしやふじやのあつま　市川 団之助
一 山崎や手代与五郎　浅尾 勇次郎
一 かこかき権九郎　市川 宗三郎
一 かごの甚兵衛　片岡 松 助
一 盗人引窓与兵衛　松本 幸四郎
一 放駒四郎兵衛　二やく 松本 幸四郎
一 南方十次兵衛　三やく 松本 幸四郎

一　下駄のおいち　岩井　半四郎
一　与次兵衛女房おはや　二やく　岩井　半四郎
一　けいしやみやこ　三やく　岩井　半四郎
一　若党新藤徳次郎
　　後ニ八わたや与次兵衛　市川　団十郎
一　町がゝへわしの長吉　二やく　市川　団十郎

浄瑠璃名題

其心春朧夜　市川団十郎　松本幸四郎　岩井半四郎　相勤申候
常盤津小文字太夫　三弦　岸沢古式部　同　式佐

此弐番目狂言、七ヶ年已前、文化五辰年の春、市村座ニ而、**春商恋山崎**と申名題ニ而いたせし狂言の侭を又々致し、兎角不評判ニ而不入。壱番めに男女蔵朝比奈、団十郎時宗ニ而草摺引の所、評よし。

上るり　常盤津小文字太夫　喜代太夫　喜美太夫　長唄連中
拙業再張交《へたさいくにどのはりまぜ》　市川団十郎所作事相勤申候
　達磨　けいせい　薩摩もの　為朝
　此所作事も相応ニ而、二月廿六日千秋楽舞納。市村座の役者は普請出来に付、吹屋町へ帰り候に付、跡暫く休に成。

三月十二日より
妹背山婦女庭訓　三の切迄
中芝居に付、　桟敷代拾五匁　平土間八匁
　　高土間拾三匁　六人詰百七拾四文つゝ

一　後室さだか　片岡　松　助
一　蘇我のゑみじ　市川　友　蔵
一　秦の益勝　大谷　候兵衛
一　宮こし玄蕃　坂田　甚　吉
一　荒巻弥藤次　助高屋　吟八
一　大江の八力　坂東　三喜蔵
一　そがの入鹿　市川　宗三郎
一　こし元小ぎく　坂東　又次郎
一　同　きゝやう　岩井　芳之助
一　同　秋くさ　岩井　扇之助
一　めどの方　岩井　芳之助
一　中納言行主　尾上　新三郎
一　だざいの娘ひなとり　中山　亀三郎
一　大判司清ずみ　浅尾　勇次郎
一　久我之助清舟　森田　かん弥

弐番め
隅田川宿俤《こにちのおもかげ》 *

上るり　常盤津小文字太夫連中

両顔月姿絵《ふたおもてつきのすがたへ》　片岡松助　中山亀三郎　浅尾勇次郎　森田かん弥　相勤候

一　道具や甚三郎　片岡　松助
一　永楽や権右衛門　市川　宗三郎
一　山上文次　小川　十太郎
一　山ざきや勘十郎　大谷　候兵衛
一　料理人六郎七　坂東　国蔵
一　道具や市兵衛　坂田　甚吉
一　のわけ姫　岩井よしの助
一　下男久三　尾上　新三郎
一　永らくや娘おくみ　中山　亀三郎
一　手代喜八　市川　友蔵
一　聖天町の法界坊　浅尾　勇次郎
一　野分姫の亡魂　二やく　浅尾　勇次郎
一　手代要助　森田　かん弥

此狂言、大に評よく、当春中より大入にて殊外評判よし。

＊隅田川続俤

四月九日より

源平布引瀧　三段め

一　木曽の全盛よし方　片岡　松助
一　百姓九郎助　市川　宗三郎
一　矢橋仁惣太　小川　十太郎
一　汐見忠太　助高屋　吟八
一　小まん一子太郎吉　市川　松太郎
一　あをい御ぜん　岩井よしの助
一　九郎助女房小よし　尾上　新三郎
一　瀬の尾十郎兼安　市川　友蔵
一　斎藤市郎実盛　浅尾　勇次郎
一　小まん　森田　かん弥

五月十一日より

仮名手本忠臣蔵

一　塩屋判官　片岡　松助
一　百姓与市兵衛　二やく　片岡　松助
一　斧定九郎　三やく　片岡　松助
一　狸の角兵衛　四やく　片岡　松助
一　太田了竹　五やく　片岡　松助
一　義平女房おその　六やく　片岡　松助
一　加古川本蔵　七やく　片岡　松助
一　斧九太夫　市川　宗三郎
一　おかる母　二やく　市川　宗三郎
一　鷺坂伴内　大谷　候兵衛

一 下女りん　二やく 大谷　候兵衛
一 原郷右衛門　小川　重太郎
一 足利たゞよし公　森田　又次郎
一 大星力弥　森田　又次郎
一 本蔵娘小なみ　岩井　芳之助
一 かほよ御ぜん　中山　亀三郎
一 山名次郎左衛門　市川　友　蔵
一 高師直　浅尾　勇次郎
一 本蔵女房となせ　浅尾　勇次郎
一 寺岡平右衛門　浅尾　勇次郎
一 でっち伊吾　浅尾　勇次郎
一 天川屋義平　浅尾　勇次郎
一 早の勘平　浅尾　勇次郎
一 大星由良之助　浅尾　勇次郎
一 石堂右馬之丞　森田　かん弥
一 堀部八十兵衛　二やく 森田　かん弥
一 由良之助女房おいし　三やく 森田　かん弥
一 桃井若狭之助　四やく 森田　かん弥

栈敷代拾五匁　高土間拾壱匁　平土間八匁　同割合百六拾四文
此狂言、思ひの外入有之、五月晦日迄、九段め二而打出し、
六月朔日より十段め出す。評よし。同月十日過、千秋楽。

六月十七日より

恋女房染分手綱

一 江戸兵衛
　後ニひぬかの八蔵　片岡　松　助
一 竹村定之進　二やく 片岡　松　助
一 御乳の人重の井　三やく 片岡　松　助
一 わし塚官太夫　市川　宗三郎
一 古手や孫兵衛　二やく 市川　宗三郎
一 官太夫女房小笹　大谷　候兵衛
一 米や六右衛門　二やく 大谷　候兵衛
一 山形や義平次　坂東　国　蔵
一 やっこ団助　坂東　桃太郎
一 伊達の与惣兵衛　小川　重太郎
一 しねんじよの三吉　浅尾　万　吉
一 しらべのひめ　市川　松太郎
一 由留木右馬之丞　尾上　新三郎
一 八蔵母おさん　二やく 尾上　新三郎
一 こし元重の井　中山　亀三郎
一 関の小まん　二やく 中山　亀三郎
一 本田弥三左衛門　市川　友　蔵
一 わし塚八平次　二やく 市川　友　蔵
一 奴逸平

後ニ馬士八蔵　浅尾　勇次郎
一　鷺坂左内　ニやく　浅尾　勇次郎
一　座頭けい政　森田　かん弥
一　伊達の与作　ニやく　森田　かん弥
竹本和泉太夫　同十代太夫　同扇太夫　三弦　野沢八助　野沢伊三郎　直段前同断。

六月廿九日より
伊達競お国歌舞妓*
豆腐やの段　羽生村の段　土橋の段　三幕出し候看板出し候得共、一両日過引入、相休申候。

一　絹川谷蔵
　後ニ百姓与右衛門　浅尾　松　助
一　豆腐や三郎兵衛　市川　宗三郎
一　足利頼兼公　尾上　新三郎
一　百姓十五郎　大谷　候兵衛
一　講頭作兵衛　坂東　三木蔵
一　高尾ゆふこん　（岩井芳之助）
一　足利息女歌方姫　中山　亀三郎
一　花扇や九兵衛　市川　友　蔵
一　与右衛門女房かさね　浅尾　勇次郎
一　でつち豆太　森田　かん弥

夫より永休に成、芝居街の者難義、町内も迷惑いたし、種々相談之上、秋頃より河原崎座にいたし度、権之助、勘弥、願上候所、是迄之金主、勘弥と差違候抔と申事ニ而、勘三、羽左衛門も、挨拶に入、勘弥座ニ而興行いたし度申候所、町内ニ而不承知。森田座に候はゝ、地立いたし候迚、中々承知無之。北御番所へ御訴訟に相成、当顔見世間に合兼候様子に有之候処、霜月十五日より、

＊伊達競阿国戯場

市村座より　市川　団十郎　下り　嵐山三郎改　市川三　十
関　三十郎　スケ市村座より　岩井半四郎
大谷　門　蔵　岩井粂三郎
沢村四郎五郎
中村座より　藤川　友　吉

十一月十五日より
冬《ふゆ》牡《ぼ》丹《たん》雪《ゆき》野《の》陣《ぢん》幕《まく》*
一　武田左馬之助信重　下り　市川　三　十
一　山形三郎四郎俊光　浅尾　勇次郎
一　勘助女房おかつ　岩井　粂三郎
一　直江大和之助妻唐ぎぬ　藤川　友　吉
一　長尾弾正輝虎　関　三十郎

一 伊奈四郎勝頼　関　三十郎
一 武田大膳太夫信玄　市川　団十郎
一 勘助母敷浪　二やく　市川　団十郎
一 山本勘助晴幸　三やく　市川　団十郎
一 楯島小弥太真之　坂東　又次郎
一 瓜生権太郎信たね　大谷　門蔵
一 輝虎息女衣門姫　中山　亀三郎
一 鬼児島妹こし路　山下　万菊
一 和田峠の杣節木の横蔵
　実ハ越名弾正忠政　沢村四郎五郎
一 板垣兵部信賢　藤川武左衛門

一 りやうし浦島太郎作　浅尾　勇次郎
一 高坂女房あやきぬ　藤川　友吉
一 和田峠の杣正目の慈悲蔵
　実ハ高坂弾正とし綱　関　三十郎
一 りやうし五郎七　二やく　関　三十郎
一 女達雷のおつる　岩井　半四郎
一 竜宮城の乙姫　二やく　岩井　半四郎

此顔見世狂言、評判は相応に有之候へ共、無入に付、十一月下旬より休。

＊冬至牡丹雪陣幕

文化十二亥年　森田座／河原崎座

亥正月松之内、沙汰無之。十五日前に成、けいきの鎊りものいたし、手習師匠の宅に鎊り付、手跡指南勝間源吾兵衛と表札を打、女の子供の手見せの色紙張の額を出し、
八百や娘お七 松竹梅 十五才　ちらし書 十六才　おむめ　おはん 十三才　おはな 十四才　おそめ 十五才

亥四月中旬より、河原崎座櫓再興。当時五代目河原崎権之助座元

亥五月十一日より
時今摂握児《ときはいまこひいきやっこ》＊
桟敷代三拾匁　高土間弐拾五匁　平土間弐拾匁
一 光秀妹ききやふ　松本　よね三
一 宅美左衛門信盛　沢村　金平
一 安田作兵衛　松本　小次郎

一 庄屋与茂作　松本 とら蔵
一 尼ヶ崎の堂守西入　市川 団七
一 桜井新吾　坂田 甚吉
一 足軽突兵衛　坂東 桃太郎
一 百姓出来作　助高屋 吟八
一 本能寺日和上人　坂東 三木蔵
一 武智十次郎光興　沢村 源平
一 園生の局　岩井 梅蔵
一 山口五郎作　坂東 善次
一 中尾弥太郎　坂東 鶴十郎
一 森蘭丸　市川 三蔵
一 四王天又兵衛　大谷 門蔵
一 浅山多惣重満　片岡 松助
一 佐藤虎之助正清　二やく 片岡 松助
一 侍女わか葉　瀬川 多門
一 武智光秀　松本 幸四郎
一 光秀女房さつき　岩井半 四郎
一 小田春永公　市川 団十郎
一 真柴久よし　二やく 市川 団十郎

＊時今摂握虎

弐番め世話狂言
杜若艶色紫《かきつばたいろもえどぞめ》 三幕

一 女軽業山本小さん　松本 よね三
一 蔦屋佐次郎　沢村 金平
一 柴田伴蔵　松本 小次郎
一 男げいしや歌十　松本 とら蔵
一 口上さそく三右衛門　市川 団七
一 見世物師長六　坂田 甚吉
一 同　伴七　坂東 桃太郎
一 ぜげん勘八　小川 重太郎
一 若党丹次　市川 新蔵
一 中間権平　坂東 善次
一 非人づぶ六の三　坂東 鶴十郎
一 金屋金五郎　二やく 坂東 鶴十郎
一 つりがね弥左衛門　大谷 門蔵
一 万寿屋太平次　片岡 松助
一 お六母おくら　二やく 片岡 松助
一 万寿や娘おむら　瀬川 多門
一 船橋次郎左衛門　松本 幸四郎
一 修行者願鉄　二やく 松本 幸四郎
一 万寿屋八ッはし　岩井 半四郎
一 土手のお六　二やく 岩井 半四郎

一 おまもり伝兵衛　市川 団十郎
一 佐野の次郎左衛門　二やく 市川 団十郎
此狂言、壱番め弐番め共評判よく、近頃の大入也。六月上旬迄いたす。夫より土用休。

七月三日より 夏狂言
甦紅葉《はちもみち》汗顔鏡《あせのかほみせ》*
一 大場宗益　坂東 善 次
一 女非人おしげ　坂東 鶴十郎
一 大江鬼つら　助高屋 吟八
一 土子泥之助　市川 団兵衛
一 祐念和尚　片岡 松 介
一 渡部民部早友　二やく 片岡 松 介
一 汐沢丹三郎　市川 三 蔵
一 おりく　岩井 松之助
一 けいせい小紫　二やく 岩井 松之助
一 こし元政岡　瀬川 多 門
一 けいせい薄雲　二やく 瀬川 多 門
一 豆腐や娘おさん　松本 よね三
一 鶴喜代丸　市川 左団次
一 山名宗全　沢村四郎五郎
一 浮世渡平
　実ハ山中鹿之助　二やく 沢村四郎五郎
一 片桐弥重郎　三やく 沢村四郎五郎
一 足利頼兼公　市川 団十郎
一 渡部外記左衛門　二やく 市川 団十郎
一 仁木弾正左衛門　三やく 市川 団十郎
一 荒獅子男之助　四やく 市川 団十郎
一 金五郎坊主道哲　五やく 市川 団十郎
一 かさね　六やく 市川 団十郎
一 羽生村与右衛門
　実ハ島田重三郎　(七やく) 市川 団十郎
一 けいせい高尾　八やく 市川 団十郎
一 細川勝元　九やく 市川 団十郎
ひらり帽子《ぼうし》不器用《さいしよの》娘《ふつゝか》**
上るり清元延寿太夫 三味せん 清沢万吉 名見崎喜惣次
桟敷代金壱分弐朱 高土間拾八匁 平土間拾五匁 割合六人詰
弐百八拾文

*甦紅葉汗顔見勢
**垂帽子不器用娘

八月六日より
霞《いしだゝみ》帯地安売《おびちのひけもの》 新狂言三幕
一 片岡幸之進　沢村四郎五郎

一同　幸左衛門　二やく 沢村四郎五郎
一しなのやおはん　岩井松之助
一しなのやおいし　岩井梅蔵
一小間物や才次郎　市川三蔵
一針の惣兵衛　坂東善次
一筆売団助　坂東鶴十郎
一長右衛門女房おきぬ　片岡松助
一けいこ雪野　瀬川多門
一おびや長右衛門　市川団十郎
道行上るり　清元延寿太夫　同宮路太夫　同染太夫　三弦　清沢万吉　名見崎喜惣次

八月十五日より
義経千本桜　道行のだん　狐忠信の段　一幕
豊竹生駒太夫　竹本仮名太夫　三弦　鶴沢大助　野沢鉄次郎

一大鳥居の大連法師　沢村四郎五郎
一亀井の六郎　市川新蔵
一するがの次郎　市川三蔵
一山科の荒法橋　市川団七
一河連法眼　小川重太郎
一よしつね　坂東鶴十郎
一しづか御ぜん　瀬川多門
一佐藤四郎兵衛忠信　市川団十郎
一源九郎狐　二やく 市川団十郎
一横川の覚範　三やく 市川団十郎

第壱番め序幕
隈取安宅松　所作事　弁慶　団十郎　草苅小萩　よね三　相勤申候
右狂言追々出し、八月中いたし相休申候。

亥九月十一日より
仮名手本忠臣蔵

一塩冶判官　関三十郎
一でっち伊吾　二やく 関三十郎
一千崎弥五郎　三やく 関三十郎
一寺岡平右衛門　四やく 関三十郎
一こし元おかる　瀬川多門
一本蔵娘小なみ　二やく 瀬川多門
一大星力弥　岩井松之助
一山名次郎左衛門　松本小次郎
一めつほう弥八　松本とら蔵
一たぬきの角兵衛　市川団兵衛
一一力や才兵衛　坂東桃太郎
一中居おすい　市川平次郎
一たいこ持三幸　坂東三木蔵

一 鷺坂伴内　坂東 善次
一 下女りん　市川 団七
一 竹森喜太八　市川 新蔵
一 原郷右衛門　小川 十太郎
一 与一兵衛　市川 団七
一 百姓与一兵衛女房　小川 十太郎
一 義平一子よし松　松本 大蔵
一 足利直義公　市川 三蔵
一 石堂馬之丞　坂東 鶴十郎
一 桃井若狭之助　片岡 松助
一 斧九太夫　二やく 片岡 松助
一 かほよ御ぜん　藤川 友吉
一 義平女房おその　二やく 藤川 友吉
一 由良之助女房おいし　岩井 粂三郎
一 本蔵女房となせ　三やく 藤川 友吉
一 高の師直　松本 幸四郎
一 斧定九郎　二やく 松本 幸四郎
一 ぜげんゑんま小兵衛　三やく 松本 幸四郎
一 太田了竹　四やく 松本 幸四郎
一 加古川本蔵　五やく 松本 幸四郎
一 早の勘平　市川 団十郎
一 一文字や才兵衛　二やく 市川 団十郎
一 天川屋義平　三やく 市川 団十郎
一 大星由良之助　四やく 市川 団十郎

竹本泉太夫 竹本岸太夫 竹本扇太夫 野沢吉蔵 野沢鉄次郎

桟敷三拾匁 高土間廿五匁 平土間廿匁

十月二日より

博多《はかた》高麗《こ》名物《まめいぶつ》噺《はなし》 二幕

一 小まつや惣七　関 三十郎
一 座頭とく都　松本 小次郎
一 じやがたら三蔵　市川 団兵衛
一 代官三笠軍蔵　坂東 国蔵
一 いぎりす弥平次　小川 十太郎
一 浮洲のいわ蔵　市川 新蔵
一 町がゝへ来り喜十　坂東 三木蔵
一 ちくらの沖右衛門　坂東 善次
一 奥田伝四郎　坂東 鶴十郎
一 笹の才蔵　片岡 松助
一 仲居おいわ　岩井 松之助
一 博多小女郎　岩井 粂三郎
一 海賊玄海灘右衛門　松本 幸四郎
一 木津川蔵人　市川 団十郎

切狂言

嫗山姥 一幕

藤川友吉大坂登り名残狂言

一 荻野やの八重桐　藤川　友　吉
一 おもだか姫　瀬川　多　門
一 太田の十郎　市川　団　七
一 こし元こし路　岩井　扇之助
一 こし元みゆき　市川　平次郎
一 同　おざゝ　市川　新　蔵
一 同　白きく　岩井　粂三郎
一 たばこや源七　市川　団十郎

忠臣蔵、大序より不残いたし、其跡へ右三幕差加へ、太夫、三弦、前同断、直段付右同断。惣座中罷出相勤候と申口上書出る。十月十日迄いたし休。

○藤川友吉大坂登る

市村座より　岩井半四郎　中村座より　中村　大　吉
市川団之助　桐島儀右衛門
岩井粂三郎　市川　おの江
助高屋高助　休より　浅尾　勇次郎
同座より　市川門三郎　大谷　鬼　次
大谷門　蔵　中村　歌　蔵
坂東善　次
中山門　三

亥十一月十六日より

大和名所千本桜

壱番め四立め上るり

色初音《いろのはつね》曲鼓《てごとのつゞみ》　ワキ 喜美太夫　常盤津小文字太夫　同 綱太夫　三弦 岸沢式佐

関三十郎　岩井粂三郎　瀬川菊之丞　岩井半四郎

一 よしつね御台京の君　瀬川　菊之丞
一 王子村在所娘おわた　二やく　瀬川　菊之丞
一 和泉の三郎妻みちのく　市川　団之助
一 よしつねの妾白拍子しづか　岩井　粂三郎
一 直江左衛門重勝　大谷　鬼　次
一 横川の覚はん　実ハ武蔵坊弁慶　二やく　大谷　鬼　次
一 猪の股小平六　大谷　門　蔵
一 寒念仏西念坊　実ハ八栗の八郎　桐島儀右衛門
一 早見の藤太有風　中山　門　三
一 黒井玄蕃　市川　団　七
一 小諸の太郎　尾上　仙　蔵

一　一条次郎	嵐　此五郎
一　別府八郎	坂田　甚吉
一　藤沢次郎	関　三平
一　木辻の中居おいち	市川　おの江
一　源のよし経	浅尾　勇次郎
一　主馬の小金吾	二やく　浅尾　勇次郎
一　備前守行家	沢村四郎五郎
一　梶原源太景すへ	二やく　沢村四郎五郎
一　佐藤四郎兵衛忠信	関　三十郎
一　相模五郎 　実ハわつぱの菊王	二やく　関　三十郎
一　すけの局	中村　大吉
一　女六部鳴尾 　実ハ河つら娘あすか	二やく　中村　大吉
一　下の関けいせい歌姫太夫 　実ハ玉むしの霊	岩井　半四郎
一　義経忠臣熊井太郎忠基	二やく　岩井　半四郎
一　よしつねの妾しづか御せん 　実ハ源九郎狐妻小女郎狐	三やく　岩井　半四郎
一　新中納言知盛の霊	四やく　岩井　半四郎
一　江戸の太郎重長	助高や　高助
一　熊井太郎の伯父向島の高賀	二やく　助高や　高助
一　江田の源三弘基	三やく　助高や　高助
一　金峰山の修行者川連法眼 　実ハ能登守のりつね	四やく　助高屋　高助

此顔見世、大当り。三立め暫く、半四郎大出来。四立め、上り（ママ）二人ﾘ静半四郎、五立め、玉むしの霊ニ而、がいこつニ而半四郎、女六部大吉、両人無言の仕内、半四郎けいせい歌姫に変化、六立め大詰、女友盛の仕内、半四郎大当り。二番め、女湯の狂言、三条衛門娘大はかニ而、いかみのお里、女ゆすり、湯屋盗人の仕内、近年の大当り大入なり。

亥十月十六日

　尾上松緑死す

文化十酉年顔見世に、当座ニ而葛葉狐を致候侭直に不出。

子正月十五日より
容《なぞらへて》賀扇《ふしかね》曽我《そが》

一遊君手ごしのせう〳〵　瀬川　菊之丞
一同　大磯のとら　市川　団之助
一同　けわいさかのせう〳〵　岩井　粂三郎
一曽我の箱王丸時宗　岩井　粂三郎
一伊豆の次郎祐かね　大谷　鬼　次
一大友の一法師丸　大谷　門　蔵
一中間ふき抜ぶる平　桐島儀右衛門
一萩原左衛門　中山　門　三
一しんがいの荒次郎　嵐　此五郎
一愛甲の三郎　坂田　甚　吉
一安西の弥七郎　関　三　平
一御所の黒弥吾　坂東　桃太郎
一榛谷の次郎　助高屋　吟八
一梶原平次かけ高　浅尾　円　蔵
一うんの〻太郎　松本　三　吉
一平子平馬之丞　嵐　こち蔵

文化十三子年　かわらさき座

一臼杵八郎　岩井　鉄之助
一竹の下孫八左衛門　坂東　三木蔵
一土屋の三郎　坂東　国　蔵
一箱根の児閉坊丸　市川　新　蔵
一梶わら源太かけすへ　坂東　善　次
一弥太夫
　実ハ赤沢十内　沢村　金　平
一阿野の法橋全成　中村　歌　蔵
一にしきへ売おはる
　実ハ監物太郎妹小なみ　岩井　かほよ
一鬼王妹十六夜　岩井　松之助
一仁田の四郎忠常　市川　門三郎
一行氏女房真弓　市川　おの江
一そが禅師坊　助高や金五郎
一三浦の片貝　松本　よね三
一曽我の十郎祐成　浅尾　勇次郎
一近江の小藤太　沢村四郎五郎
一八わたの三郎　関　三十郎

一　曽我の団三郎　関　三十郎
一　工藤の奥方梛葉御ぜん　中村　大　吉
一　鬼王女房月さよ　岩井　半四郎
一　和田三男朝[日]丸　岩井　半四郎
一　鬼王新左衛門　助高や　高助
一　満江御ぜん　助高や　高助
一　工藤左衛門祐つね　助高や　高助

弐番め世話狂言

一　本郷きく坂かゞやの娘おきく　瀬川　菊之丞
一　きく酒やの樽ひろい幸助　岩井　粂三郎
一　吉祥院の小性吉三郎　瀬川　菊之丞
一　本郷八百やの娘お七　岩井　粂三郎
一　天神の水茶や湯島のおかん　市川　団之助
一　廻し男神田の与吉　大谷　鬼　次
一　稲毛の家中堀野弥藤次　大谷　門　蔵
一　吉祥院の日玄上人　桐しま儀右衛門
一　同　所化覚山
　　後ニ菊酒や手代さう助　中山　門　三
一　目いしや赤江三伯　市川　団　七
一　大工市兵衛　尾上　仙　蔵
一　吉祥院の所化弁長　浅尾　万　吉

一　菊坂の宿老与三兵衛　小川　重太郎
一　升屋伝三　坂東　善　次
一　鷺の首太左衛門　沢村　金　平
一　十内妹おまつ　岩井　松之助
一　八百や喜宇兵衛　市川　門三郎
一　きく酒や後家おいま　市川　おの江
一　八百やてつち弥作　助高屋金五郎
一　足軽戸倉十内　浅尾　勇次郎
一　おきく兄かゞや武兵衛　浅尾　勇次郎
一　かしく伯母おかぢ　沢村四郎五郎
一　五尺染五郎　沢村四郎五郎
一　安達の家中佐藤定七　関　三十郎
一　きく坂そばやかつぎの六三　関　三十郎
一　八百や下女お杉　中村　大　吉
一　かしくの母船こしのお十　中村　大　吉
一　げいしやかしくのおやへ　岩井　半四郎
一　月の岬の夜番夢のお市　岩井　半四郎
一　鳶のものはく山伝吉　助高や　高助
一　稲毛の家中安森源次兵衛　助高や　高助

右狂言、評判よく、二月下旬迄いたし、千秋楽。

三月七日より

局《つぼね》岩藤《いわふじ》比翼《ひよく》袖褂《のうちかけ》*

一 北条家の息女時ひめ　瀬川　菊之丞
一 則太夫娘八重むめ　瀬川　菊之丞
一 尾上召仕はつ　岩井　粂三郎
一 七瀬の太夫娘七瀬　岩井　粂三郎
一 舟宿丸屋の五郎　大谷　鬼　次
一 本庄下部谷平　大谷　門　蔵
一 かし物や与九郎兵衛　中山　門　三
一 神祇組男達[牛]車馬之助　桐島儀右衛門
一 いしや古川じゆん庵　市川　団　七
一 中間鳫助　尾上　仙　蔵
一 奥女中みさき　芳沢　稲三郎
一 講坊主才念　市川　新　蔵
一 辻番寝ず兵衛　小川　十太郎
一 居候早桶半助　坂東　善　次
一 神祇仁王団助　沢村　金　平
一 奥女中はつ浦　岩井　かほよ
一 長兵衛娘おりき　岩井　松之助
一 絹問屋上州や佐五兵衛　市川　門三郎
一 奥女中淀川　市川　おの江
一 園原求女　助高や金五郎

一 まむしの次兵衛　浅尾　勇次郎
一 唐犬権平
　　実ハ本庄助市　沢村四郎五郎
一 いなげ大ぜん　沢村四郎五郎
一 お時兄小仏小兵衛　関　三十郎
一 絹問や上州や弥市
　　実ハ本庄助八　関　三十郎
一 助太夫後家おらい　中村　大　吉
一 北条家の中老おのへ　中村　大　吉
一 平井権八　岩井　半四郎
一 北条家の局岩ふじ　岩井　半四郎
一 長兵衛女房おとき　岩井　半四郎
一 宇治の橋ひめの霊　岩井　半四郎
一 三浦やのけいせい小紫　岩井　半四郎
一 葛飾重右衛門　助高や　高助
一 三浦やていしゆ四郎兵衛　助高や　高助
一 荒井帯刀　助高や　高助

＊局岩藤比翼裲襠

大切、四代目岩井半四郎十七回忌追善として、所作事名題
江戸紫手向《たむけ》七字《のしちじ》　常盤津上るり　芳村長唄有之
役人替名

一　三浦新造花町　瀬川　菊之丞
一　同　　かほとり　岩井　粂三郎
一　同　　巻きぬ　岩井　かほよ
一　同　わかいもの喜兵衛　大谷　門　蔵
一　松やの下女おつや　桐島儀右衛門
一　大和やのむすめおいわ　岩井　松之助
一　三浦やわかいもの伝介　中山　門　三
一　同　　三次　坂東　善　次
一　同　　与四郎　沢村　金　平
一　男達闇の夜金蔵　市川　新　蔵
一　同　うつら勘吉　大谷　鬼　次
一　同　腕の喜三郎　助高屋金五郎
一　くわんへら門兵衛　沢村四郎五郎
一　本庄助八　関　　三十郎
一　やりておみの　中村　大　吉
一　三浦や四郎兵衛　助高や　高助
一　髭の意休と寺西閑心
一　酒売山川や新兵衛と花川長兵衛
一　朝皃せん平と宵の口の仙吉
一　そばやかつぎ二八と女房引ぬきのおしな
一　禿しら玉とげいしや八重梅

一　あけ巻の助六と平井権八
一　三浦やのあけ巻と同小むらさき
右七やく所作事、五代め岩井半四郎相勤候。
右狂言、花やかに候得共、入薄く、三月下旬より休。

四月二日より
同狂言名題ニ而後日に出し候
一　助太夫娘八重梅　瀬川　菊之丞
一　町げいしやおたか　岩井　粂三郎
一　助太夫下部谷平　大谷　鬼　次
一　じんぎ組無一甚平　大谷　門　蔵
一　小仏小兵衛　桐島儀右衛門
一　八山新五左衛門　二やく　桐島儀右衛門
一　じんぎ組牛車馬之助　中山　門　三
一　かし物や与九郎兵衛　市川　団　七
一　中間鳫助　尾上　仙　蔵
一　同　折平　坂田　甚　吉
一　鈴ヶ森雲助酒手の八　市川　新　蔵
一　居候早桶半助　坂東　善　次
一　しんぎ組二王団助　沢村　金　平
一　長兵衛娘おりき　岩井　松之助
一　絹問屋弥五兵衛　市川　門三郎

一 □(園)原求馬　助高や金五郎
一 本庄助市　沢村四郎五郎
一 絹や弥市
　実ハ本庄助八　関　三十郎
一 葛飾重右衛門　二やく 関　三十郎
一 助太夫後家おらい　中村　大　吉
一 平井権八　岩井　半四郎
一 長兵衛女房おとき　二やく 岩井　半四郎
此狂言、半四郎権八ニ而乗物やぶりの荒事、太刀打大だて評よく候へ共、一向無入に付、間もなく休、岩井半四郎、中村大吉病気に付、仮狂言として操狂言ニ而、

四月八日
　病死　中村歌蔵

四月十七日より
ひらかな盛衰記 三段めの切迄
竹本露太夫 竹本扇太夫　三弦　鶴沢喜三郎 野沢鉄次郎
一 こし元千鳥　瀬川　菊之丞
一 鎌田兵衛娘おふで　岩井　粂三郎
一 秩父の重忠　大谷　鬼　次
一 家主作郎兵衛　桐島儀右衛門

一 番場の忠太　市川　団　七
一 舟頭九郎作　坂田　甚　吉
一 同　富蔵　関　三　平
一 同　又六　助高や　吟八
一 鎌田隼人之助　市川　新　蔵
一 横須賀軍内　坂東　善　次
一 松右衛門女房小よし　岩井　かほよ
一 かぢわら奥方ゑんじゆ　市川　門三郎
一 梶原平次かげ高　沢村四郎五郎
一 舟頭権四郎　二やく 沢村四郎五郎
一 梶原源太かけすへ　関　三十郎
一 舟頭松右衛門
　実ハ樋口の次郎兼光　二やく 関　三十郎

弐ばんめ
若葉花《わかばのはな》 中宵月《なかもよいつき》* 常盤津小文字太夫連中上るり戻リ駕籠所作
一 女かごかき打出のお浜　瀬川　菊之丞
一 同　鈴鹿のおやま　岩井　粂三郎
一 禿しげり　岩井　松之助
一 石田の三郎　大谷　門　蔵
一 根の井小弥太　助高や金五郎
右仮狂言の間、桟敷代金壱分弐朱 高土間拾八匁 平土間拾五

*若葉の花中宵月

岩井半四郎、同粂三郎、中村大吉、助高屋高助、右四人共病気全快出勤之旨、口上書出也。

五月五日より

増補妹背山

一 ひなとり姫　瀬川　菊之丞
一 入鹿姫橘姫　二やく　瀬川　菊之丞
一 久我之助清舟　岩井　粂三郎
一 采女の局　二やく　岩井　粂三郎
一 蘇我のゑみじ　大谷　門蔵
一 酒屋の後家おつめ　二やく　大谷　門蔵
一 ゑぼし折求馬　桐島儀右衛門
一 荒巻弥藤次　市川　団七
一 宮越玄蕃　沢村　金平
一 こし元小きく　岩井　亀次郎
一 同　きゝやう　芳沢　稲三郎
一 神南村の子守おさん　岩井　松之助
一 入鹿御台めどの方　岩井　かほ世
一 安部の行主　市川　門三郎
一 にない薬売六左衛門　沢村四郎五郎
一 蘇我の入鹿　二やく　沢村四郎五郎
一 宮ずこ三作
　実ハ左近衛の中将淡海　関　三十郎
一 竜田の渡し守芝六　二やく　関　三十郎
一 太宰の後室定家　中村　大吉
一 春日茶やの娘おせん　二やく　中村　大吉
一 酒屋のむすめおみわ　岩井　半四郎
一 大判事清澄　助高屋　高助
一 ふじ原の鎌足　二やく　助高屋　高助
一 おみわ兄ふか七
　実ハ金輪五郎今国　三やく　助高屋　高助

第弐番め大詰　ワキ斎宮太夫 富本豊前太夫上るり ワキ綱太夫　瀬川菊之丞 岩井松之助 関三十郎 岩井半四郎　相勤候

右狂言、評判もよく候へ共、格別の当りも無之候得共、五月一ぱいいたし暑中休ニ而、普請いたし、楽屋の間口、南之方へ広げ普請出来いたし候。

八月朔日より

染替蝶桔梗《そめかへてふにきゝやう》

一 新町ふじやのあづま　瀬川　菊之丞
一 次部右衛門娘おてる　二やく　瀬川　菊之丞
一 春永の妾几帳のまへ　岩井　粂三郎

一　橋本の下女おとら　　二やく　岩井粂三郎
一　森の蘭丸　　大谷　鬼　次
一　楠葉の佐渡七　　二やく　大谷　鬼　次
一　かご舁唐人甚兵衛　　大谷　門　蔵
一　医者山崎浄閑　　桐島儀右衛門
一　三原有右衛門　　中山　門　三
一　与五郎一子友市　　大谷　広五郎
一　中尾弥太郎とし国　　市川　新　蔵
一　南方やの留女おかよ　　岩井　亀次郎
一　南方やの留女おいね　　芳沢　稲三郎
一　宿引野出の三　　坂東　善　次
一　具足師指切権九郎　　沢村　金　平
一　仁右衛門忰与五郎　　岩井　かほ世
一　武智十次郎光義　　岩井　松之助
一　三好左京之進一存　　市川　門三郎
一　与兵衛母おはや　　二やく　市川　門三郎
一　慶覚法師　　助高や金五郎
一　いさみ下駄の市　　二やく　助高や金五郎
一　岡崎丹平
　　後ニ平岡郷左衛門　　沢村四郎五郎
一　米や仁右衛門　　二やく　沢村四郎五郎
一　小田上総之助春永　　関　　三十郎

一　ふしみ問屋場の書役長五郎　　二やく　関　　三十郎
一　勝志賀与五郎正行　　三やく　関　　三十郎
一　新町ふじやのみやこ　　中村　大　吉
一　与五郎女房関の戸
　　後ニ放駒のお関　　二やく　中村　大　吉
一　橋本次部右衛門後家幻　　三やく　中村　大　吉
一　光秀娘さつき　　岩井　半四郎
一　新町井筒や仲居ぬれ髪お関　　二やく　岩井　半四郎
一　園生の局　　三やく　岩井　半四郎
一　山崎の渡し守与次兵衛　　助高屋　高助
一　若徒十次兵衛　　二やく　助高屋　高助
一　武智十兵衛光秀　　三やく　助高屋　高助

此狂言、作能出来候へ共、兎角無入ニ而やう／＼十三日にいたし、相休申候。又々**双蝶々**の操狂言にいたし、最初、長吉、長五郎を半四郎、大吉に致させる様、御好に御座候所、両人へ相進候へは、達而辞退仕候に付、愚作の女達に仕組候所、御意に叶不申候趣に付、兼而御好之通り、操狂言にいたし候段、口上書を出し、

八月廿五日より

双蝶々曲輪日記*

竹本峰太夫　竹本岸太夫　三弦　野沢音吉　野沢弥吉

当狂言の内　桟敷代三拾匁　高土間廿五匁　平土間廿匁

一 ふじやあづま　瀬川　菊之丞
一 山崎や与五郎　岩井　粂三郎
一 平岡郷左衛門　大谷　鬼次
一 三原有右衛門　大谷　門蔵
一 手代権九郎　桐島儀右衛門
一 角力取亀の尾権吉　中山　門三
一 平岡丹平　市川　団七
一 三原伝蔵　坂田　甚吉
一 ふじや才兵衛　坂東　国蔵
一 野手の三　市川　新蔵
一 下駄の市　坂東　善次
一 構中さぬきや藤兵衛　小川　十太郎
一 たいこ持佐渡七　沢村　金平
一 山崎与次兵衛　市川　門三郎
一 次部右衛門娘おてる　岩井　松之助
一 行事関守丈之助　助高や金五郎
一 尼妙てい　沢村四郎五郎
一 かごの甚兵衛　二やく　沢村四郎五郎
一 南与兵衛　関　三十郎
一 長吉姉お関　中村　大吉
一 関取濡髪長五郎　二やく　中村　大吉
一 放駒の長吉　岩井　半四郎
一 与兵衛妻おはや　二やく　岩井　半四郎
一 与兵衛母お弓　助高屋　高助
一 橋本次部右衛門　二やく　助高屋　高助

道行千種《ちくさ》の乱咲《みたれざき》

瀬川菊之丞　中村大吉　岩井粂三郎　岩井半四郎
ワキ　喜代太夫　常盤津小文字太夫　ワキ　秀太夫
三弦　岸沢右和佐　同　文蔵　上てうし　同　三五郎

七幕目に相勤申候。

此操狂言に成、評判よく、わけて中村大吉、長五郎の役評よく、繁昌いたし候所、閏八月上旬より、大吉病気ニ而引込、代り役鬼次いたし、入も少く成候故相休、同月十六日より大吉病気全快之段、口上書いたし、八幡場迄出し候所、同月廿三日より晦日迄、鳴物御停止ニ而休、水戸様御逝去に付、御停止有之候。

＊双蝶蝶曲輪日記

九月三日より新狂言　直段前之通り直引

二面在姿絵　弐幕出る

鬼界島の段　洞ヶ嶽の段

上瑠璃　竹本岸太夫　竹本峰太夫　三弦　野沢音吉　野沢大助

一 瀬の尾太郎兼康　沢村四郎五郎
一 有王丸　二やく　沢村四郎五郎
一 亀王丸　大谷　鬼次

一　深山の木蔵　大谷　門　蔵
一　なめらの兵　中山　門　三
一　たくぼくの江吉　坂東　桃太郎
一　がけのどふ六　助高や　吟八
一　小べん　大谷　広五郎
一　平判官泰頼　市川　新　蔵
一　丹波の少将成経　岩井　かほ世
一　小督の局　二やく　岩井　かほ世
一　丹左衛門尉基吉　市川　門三郎
一　俊寛僧都　関　三十郎
一　亀王女房おやす　中村　大　吉
一　磯の海士千とり　岩井　半四郎

右狂言、差出候所、九月四日より同十日迄、一ッ橋様御逝去、鳴物御停止に付休。十一日より初候所、一向無入ニ而やう／＼六、七日いたし、又々相休申候。

九月廿四日より

増補報恩　**日蓮記御法花王**

桟敷代三拾匁　高土間代廿五匁　平土間代　廿匁

一　弥三郎女房おふね　瀬川　菊之丞
一　蜑小いそ　岩井　松之助
一　四条金吾頼基　大谷　鬼　次

一　吉祥丸
　　後ニ日限上人　二やく　大谷　鬼　次
一　日雇頭中綱の仁三　大谷　門　蔵
一　庄屋とく蔵　桐島儀右衛門
一　良還律師　二やく　桐島儀右衛門
一　岩渕丹下　中山　門　三
一　平の左衛門　市川　団　七
一　百姓戸八　尾上　仙　蔵
一　原五郎助政　坂田　甚　吉
一　黒沢荒忠太　助高や　吟八
一　明星天子　大谷　広五郎
一　勘作一子経市
　　後ニ日像法師　沢村　宗之助
一　南部の六郎　市川　新　蔵
一　三国の太夫　小川　重太郎
一　東条杢四郎　坂東　善　次
一　東条左衛門景信　沢村　金　平
一　工藤左近妻湊路　岩井　かほよ
一　本間六郎重連　市川　門三郎
一　庄司妻鳴瀬　市川　門三郎
一　北条長時　沢村四郎五郎
一　小室の修験者熹朝阿舎利　二やく　沢村四郎五郎

一　波木井の庄司　　三やく　沢村四郎五郎
一　鵜遣ひ勘作　　関　三十郎
一　舟頭弥三郎　　二やく　関　三十郎
一　勘作母おつぎ　　中村　大　吉
一　薬王丸
　　後ニ日蓮上人　　二やく　中村　大　吉
一　勘作女房おでん　　岩井　半四郎
一　波木井の息女七里姫　　二やく　岩井　半四郎

十月廿五日より、極付出る。

中村座より　市川団十郎　　桐座より　浅尾勇次郎
同　瀬川路之助　　坂東又十郎
休より　荻野伊三郎　　瀬川菊之丞
荻野仙　花
改名
桐島儀右衛門改　惣領甚　六　　米蔵改　市川小団次　　甚吉改　坂田半十郎
門蔵改　大谷馬　十　　松本大七改　市川団　八　　子やく初出　松本大　七
三蔵改　市川作太郎　　市川団七改　津打門三郎

十一月五日より
清盛栄花台《きよもりゑいぐわのうてな》

一　安達藤九郎盛長　　荻野　伊三郎
一　伊賀平内左衛門家長　　二やく　荻野　伊三郎
一　よし朝公達牛若丸　　岩井　松之助
一　奴樽抜赤平
　　実ハ直井左衛門秀国　　大谷　鬼　次
一　股野の五郎景久　　大谷　馬　十
一　関ヶ原与市景知　　惣領　甚　六
一　ふし木谷の七人芸大島鬼遊　　二やく　惣領　甚　六
一　大場の三郎景親　　市川　門　蔵
一　四条蔵人行家　　市川　新　蔵
一　坂田の九郎景次　　市川　団　八
一　非人さいかちの木蔵　　尾上　仙　蔵
一　有馬の四郎国広　　坂東　国　蔵
一　八木下八郎時景　　坂東　桃太郎
一　千人禿の内厚丸　　松本　大　七
一　水ちや屋お浅　　浅尾　万　吉
一　足軽丹平　　小川　重太郎
一　滝口三郎常俊　　市川　桃太郎
一　白拍子朝がほ　　岩井　かほよ
一　平の宗盛　　坂東　又十郎
一　渡辺丁七唱　　坂東　又十郎
一　右兵衛佐源のより朝　　荻野　仙　花

一元吉四郎ちかひら　荻野仙花
一弥平兵衛宗清　浅尾勇次郎
一いつくしまのかゝへすてきのおとく　瀬川菊之丞
一伊藤入道娘たつひめ　瀬川菊之丞
一厳島宮島のかゝへひつくりお時　中村大吉
一よし朝の妻ときわ御ぜん　中村大吉
一川津の妻満江　中村大吉
一金石の妻梛の葉　岩井半四郎
一鳥部野のおんぼう鐘つきのおさん　二やく 岩井半四郎
一いつくしま常盤のお民　三やく 岩井半四郎
一こし元若葉

実ハ宗任妹白妙　四やく 岩井半四郎
一安芸守平清盛　市川団十郎
一河津三郎祐安　二やく 市川団十郎
一工藤金石丸祐経　三やく 市川団十郎
一熊坂太郎長範　四やく 市川団十郎
一成田山不動明王霊像　五やく 市川団十郎

此顔見世狂言、評判よく、中にも団十郎清盛、火の病ひの所、幷に二やく工藤金石丸、貧苦の場、其外中村大吉常盤御ぜん、よし朝の亡霊等、大に評よく大当り。十二月十日過迄いたし、千秋楽。

文化十四丁丑年　河原崎座／森田座

正月廿六日より
木《こ》挽町《ひいきてふ》曽《そ》我賜物《がのたまもの》

一秩父の庄司重忠　荻野伊三郎
一景清娘人丸　岩井松之助
一小林の朝比奈　大谷鬼次
一近江の小藤太　大谷馬十
一鬼王新左衛門　惣領甚六

一伊豆の次郎祐兼　市川門蔵
一梶原源太景すへ　坂東善次
一同　平次景高　市川団八
一曽我の一万祐成　瀬川菊之丞
一同　箱王時宗　岩井松之助
一工藤犬坊丸　市川桃太郎
一朝いな妹まい鶴　岩井かほよ

一 八わたの三郎行氏　坂東 又重郎
一 曽我の団三郎　荻野 仙花
一 京の次郎祐俊　浅尾 勇次郎
一 三浦の片貝　瀬川 菊之丞
一 満江御ぜん　中村 大吉
一 祐経奥方梛の葉　岩井 半四郎
一 鬼王女房月さよ　二やく 岩井 半四郎
一 景清女房あこや　三やく 岩井 半四郎
一 伊藤九郎祐清　市川 団十郎
一 悪七兵衛かげ清　二やく 市川 団十郎
一 工藤左衛門祐経　三やく 市川 団十郎

二番め世話狂言

妹背縁利生組糸

一 石塚弥惣兵衛　荻野 伊三郎
一 羽織げいしや粂吉　岩井 松之助
一 行徳の百姓堀江の十兵衛　大谷 鬼次
一 按摩とり大島多仲　大谷 馬十
一 糸や佐右衛門　惣領 甚六
一 紙くずかい大ふく餅辻右衛門　二やく 惣領 甚六
一 瀬原郷兵衛　市川 門蔵
一 石塚左七郎
　後ニ手代佐七　浅尾 勇次郎
一 山住五太夫妹小糸　瀬川 菊之丞
一 糸やの娘お糸　岩井 半四郎
一 綱五郎女房団十郎お房　二やく 岩井 半四郎
一 成田の講頭綱五郎　市川 団十郎
一 女非人猪の堀のおなべ　市川 新蔵
一 万歳徳太夫　津打 門三郎
一 いとやでっちかん吉　市川 小団次
一 才蔵太郎作　岩井 鉄之助
一 店受人風の神の喜左衛門　小川 十太郎
一 あんま取良房　坂東 善次
一 髪ゆい三升床の三次　市川 桃太郎
一 くめ本の娘ぶんおくら　瀬川 路之助
一 小石川のせんたくやお咲　岩井 かほよ
一 いとや佐右衛門女房お岩　坂東 又重郎
一 中根や佐五郎　浅尾 勇次郎
一 げいしや中根やの小糸　瀬川 菊之丞
一 女かみゆいおもと　中村 大吉
一 深川のげいしやおふさ　岩井 半四郎
一 非人半時九郎兵衛
　実ハ山住五平太　市川 団十郎

三月七日より
桜姫東文章《さくらひめあづまぶんせう》
発端児ヶ渕の場
一 清水宿弥之助清はる
後ニ所化自久　市川　団十郎
一 江の島の児しらきく　岩井　松之助
此間年数十七年
一 粟津六郎左衛門俊兼　荻野　伊三郎
一 山田郡次兵衛　二やく　荻野　伊三郎
一 入間悪五郎妹花子　岩井　松之助
一 稲野谷半十郎　二やく　岩井　松之助
一 入間悪五郎照門　大谷　鬼　次
一 新清水の一老残月　大谷　馬　十
一 局長うら　惣領　甚　六
一 石浜友五郎　市川　門　蔵
一 丑島眼蔵　市川　新　蔵
一 金貸大竹屋綱右衛門　市川　団　八
一 医師油谷宗梅　荻野　仙　蔵
一 新清水の所化入山　坂東　国　蔵
一 桜ひめかしづき真乳　瀬川　路之助
一 桜ひめかしづき庵崎　岩井　かるも
一 松井源吾定景　坂東　又十郎

一 粟津の七郎俊次　荻野　仙　花
一 町がゝへ有明仙太郎　二やく　荻野　仙　花
一 吉田の下部郡助　浅尾　勇次郎
一 吉田少将惟貞　二やく　浅尾　勇次郎
一 仙太郎女房葛飾のお十　瀬川　菊之丞
一 郡次兵衛娘小ひな　二やく　瀬川　菊之丞
一 吉田の息女さくら姫　岩井　半四郎
一 小塚原千代倉の抱風鈴おひめ　二やく　岩井　半四郎
一 粟津六郎右衛門妻矢ばせ　三やく　岩井　半四郎
一 吉田の奥方班女御ぜん　四やく　岩井　半四郎
一 新清水住僧清玄阿闍利　市川　団十郎
一 信夫の惣太
後ニ家主釣鐘権介　二やく　市川　団十郎
一 隅田の百姓刎わなの弥蔵　三やく　市川　団十郎
一 稲野谷半兵衛　四やく　市川　団十郎

正月　**松色操高砂《まつもろともみさほのたかさご》**　常盤津連中　正月　やつし尉 後ニ太神楽　団十郎　やつし姥 後ニ鳥追い　半四郎

三月　**桜艸娘髷鞾《さくらそうしまたのいちざし》**　長唄芳村　三月　桜艸売　団十郎　屋しき娘　半四郎

五月　**鍪分身五郎《かざりかぶとふんじんごろう》***　大薩摩　五月　矢の根五郎　団十郎　大根馬　善次

七月 誉《さゝめごと》比翼鳥鐘《ひよくのとりかね》 富本連中 七月 玄宗帝 後ニ子守女 団十郎 楊貴妃 後ニ樽ひろい 半四郎

九月 禡《かみまつり》獅《しゝ》鼎《の》屓《ひき》物《もの》** 長唄 吉村伊十郎 九月 祭礼ねり 菊之丞 松之助 かほよ 路之助 おふさ 半四郎 綱五郎 団十郎

*鼇忿身五郎

**禮獅鼎屓物

四月朔日より

岩渕庵室の場 山の宿の場 三社祭礼の場 三幕出る

一 粟津六郎左衛門 荻野 伊三郎

一 入間悪五郎てる門 大谷 鬼次

一 岩ぶちの堂守残月 大谷 馬十

一 局長うら 惣領 甚六

一 さぬきや金兵衛 惣領 甚六

一 金貸大竹や綱右衛門 市川 団八

一 古手買ゆかん場九郎八 市川 団兵衛

一 百姓甚之丞 坂田 半十郎

一 五人組築兵衛 坂東もゝ太郎

一 片琴や平右衛門 市川 三吉

一 五人組杢郎兵衛 市川 市五郎

一 夜番人三太 市川 長太郎

一 女衒勘六 坂東 善次

一 びんさゝらの役人笠松大進 桐島 筒次

一 同 松尾しとみ 岩井 鉄之助

一 同 子安の慈蔵 大谷鬼右衛門

一 同 荒沢隼太 嵐 冠蔵

一 同 浜島左司馬 尾上 仙蔵

一 三味せんけいこ所おみつ 瀬川 路之助

一 町がゝへ有明仙太郎 荻野 仙花

一 仙太郎女房かつしかのお十 瀬川 菊之丞

一 吉田息女さくら姫

後ニ小塚原千代倉の抱風鈴おひめ 岩井 半四郎

一 新清水の清玄 市川 団十郎

一 家主釣かね権介

実ハ信夫惣太 市川 団十郎

一 稲野谷半兵衛 市川 団十郎

四月十二日切ニ而休、新狂言相談の内、五月八日より鳴物御停止有之。長休に成。

下り 藤川友江 休より 中山門三 花井才三郎 飛入

嵐 三左衛門

大谷広右衛門

六月十八日より 夏狂言

彦山権現誓助剱 九ッ目まで仕候

桟敷代拾七匁 高土間代拾弐匁 平土間拾匁

一 一味斎女房お幸　下り 藤川 友江
一 轟伝蔵　市川 桃太郎
一 一味斎下部友平　中山 門三
一 衣川下部佐五平　嵐 三左衛門
一 角力取滝川　尾上 仙蔵
一 井柳喜左衛門　坂田 半十郎
一 星坂五藤次　桐島 筒次
一 杣杢兵衛　大谷鬼右衛門
一 山がつ栗右衛門　坂東 三木蔵
一 榎並弥藤次　市川 団兵衛
一 弥三郎一子弥三吉　市川 鯉之助
一 春風藤蔵　坂東 善次
一 一味斎娘おきく　瀬川 路之助
一 萩原要之助　浅尾 万吉
一 こし元千くさ　岩井よしの助
一 よし岡一味斎　小川 重太郎
一 京極内匠　大谷広右衛門
一 郡音成　花井 才三郎
一 衣川弥三左衛門　坂東 又十郎
一 毛谷村の六助　二やく 坂東 又十郎
一 一味斎娘おその　瀬川 菊之丞

弐番め世話狂言役割

一 半七姉おかよ　下り 藤川 友吉
一 笠や平左衛門　中山 門三
一 今市善右衛門　嵐 三左衛門
一 たいこ持ふすい　尾上 仙蔵
一 東風ふく平　桐島 筒次
一 夕風涼平　中山 市五郎
一 秋風たつ内　あらし 冠蔵
一 寒かぜぶる助　市川 団兵衛
一 堀口弥源次　坂東 国蔵
一 手代長九郎　坂東 善次
一 半七娘おづう　市川 鯉三郎
一 茜や半兵衛　大谷広右衛門
一 あかねや半七　花井 才三郎
一 かさや勝次郎　坂東 又十郎
一 みのや三かつ　瀬川 菊之丞
一 半七女房おそで　二やく 瀬川 菊之丞

大切、御ひいき町の名にあまへて

御取立《おとりたて》娘《むすめの》四季遊《まゝごと》

ワキ豊志太夫　富本豊前太夫　ワキ綱太夫　三弦　宮崎忠吾　鳥羽や里長　瀬川菊之丞　相勤申候

業平　春猿廻しの女　夏いにしへの娘ふりそて　秋黒木売　冬うかれ

座頭　右五変化

七月廿日より

杉坂の段　敵討之段　二幕出る

一　一味斎妻お幸　藤川　友江
一　加藤正清　中山　門三
一　轟伝蔵　市川　助三郎
一　奴左五平　嵐　三左衛門
一　同銀義平　坂東　桃太郎
一　杣樫六　嵐　冠蔵
一　杣杢兵衛　大谷鬼右衛門
一　根津伴蔵　（坂東）□市五郎
一　杣槙蔵　坂東　三木蔵
一　弥三松　市川　鯉三郎
一　京極内匠　大谷広右衛門
一　郡音成　花井　才三郎
一　毛谷村六助　坂東　又十郎
一　一味斎娘おその　瀬川　菊之丞

大切　瀬川菊之丞、四季の所作事仕候。

休より　市川　団十郎
吹屋町より　片岡仁左衛門
ふきや町より　中山　舎柳
同　桐山　紋次
同　佐野川花妻
片岡　長太夫
同　片岡　小六郎
大谷　友次郎
大谷　杉蔵

飛入ニ而狂言勤る

八月二日より

一谷嫩軍記

一　松島屋我童　片岡仁左衛門
一　成田屋三升　発端目見狂言　市川　団十郎
一　熊谷の次郎直実　片岡仁左衛門
一　岡部の六弥太　三やく　片岡仁左衛門
一　阿波の民部重能　荻野　伊三郎
一　平山の武者所季重　中山　舎柳
一　白毫の弥陀六　大谷　馬十
一　百姓雀の忠吉　花井　才三郎

一同　杢兵衛　　中山　門三
一堤の軍次　　坂東　桃太郎
一百姓丹兵衛　　坂東　善次
一梶わら平次かげ高　　大谷　杉蔵
一大館玄蕃　　大谷　友次郎
一石屋の娘小雪　　瀬川　路之助
一人足廻し茂次兵衛　　桐山　紋次
一乳母はやし　　坂東　又十郎
一経盛御台ふじの方　　佐野川　花妻
一兎原の田五平　　片岡　小六郎
一無官の太夫あつもり　　片岡　長太夫
一熊谷の小次郎直家　　二やく　片岡　長太夫
一俊成卿息女きくの前　　三やく　片岡　長太夫
一時忠卿の息女玉織ひめ　　瀬川　菊之丞
一熊谷次郎妻さかみ　　瀬川　菊之丞
一薩摩守忠度　　市川　団十郎
一庄や孫作　　二やく　市川　団十郎
一源のよし経公　　三やく　市川　団十郎

弐番め
浮偕《ういたどし》結《むすぶの》紙《かみ》治《じ》
一粉屋孫右衛門　　片岡仁左衛門

一福寿料理人喜七　　桐山　紋次
一紙屋手代清助　　花井　才三郎
一鉄屋五左衛門　　中山　門三
一舟頭築島屋八三　　坂東　善次
一鉄屋おみち　　小川　十太郎
一中間権吉　　坂田　半十郎
一いさみ坊主九蔵　　坂東　桃太郎
一同　のふてん金助　　桐島　筒次
一中衆八兵衛　　坂東　三木蔵
一粂本の娘ぶんおいち　　浅尾　万吉
一次兵衛一子勝五郎　　市川　鯉三郎
一でつち三五郎　　大谷　友次郎
一粂本女房おしけ　　瀬川　路之助
一江戸屋太兵衛　　片岡　小六郎
一在所娘おむら　　片岡　長太夫
一次兵衛女房おいわ　　瀬川　菊之丞
一きの国やの小はる　　二やく　瀬川　菊之丞
一奥女中野崎
　実ハでんかいお三　　市川　団十郎
一紙屋次兵衛　　二やく　市川　団十郎

道行露にぬれ事　ワキ同常太夫　富本豊前太夫　ワキ同綱太夫　三弦 鳥羽屋里夕　同 鳥羽屋里長　瀬川菊之丞　片岡長太夫　市川団十郎　相勤申候
壱番目は評判よく候へ共、発端の場不評判ニ而抜く。弐番め

不評判ニ而無入に付、同月下旬より休。

九月十三日より

巌流島勝負ヲ宮本

一 佐々木巌流　片岡仁左衛門
一 笠原新三郎　二やく 片岡仁左衛門
一 佐藤正清　中山　舎　柳
一 熊坂甚之丞　二やく 中山　舎　柳
一 森下義太夫　大谷　馬　十
一 中間七助　二やく 大谷　馬　十
一 木村畑蔵　花井　才三郎
一 立波主膳　二やく 花井　才三郎
一 福田林左衛門　中山　門　三
一 盗人鷹の目権太　二やく 中山　門　三
一 手伝九兵衛　三やく 中山　門　三
一 木曽山童子　浅尾　万　吉
一 轟曽平
　実ハ杉原瀬平　大谷　杉　蔵
一 若党与五郎　片岡　長十郎
一 郡照太郎　大谷　友次郎
一 中居おげん　瀬川　路之助
一 奉公人おゆき　二やく 瀬川　路之助
一 葉ずへひめ　三やく 瀬川　路之助
一 盗人坊主の岩松　桐山　紋　次
一 伝五右衛門女房岡の谷　二やく 桐山　紋　次
一 宮本無右衛門　坂東　又十郎
一 宇佐美主計　二やく 坂東　又十郎
一 中居おさの　佐の川　花妻
一 清瀧御ぜん　二やく 佐の川　花妻
一 百浪典膳　片岡　小六郎
一 白倉伝五右衛門　二やく 片岡　小六郎
一 奴段助
　実ハ若党繁蔵　三やく 片岡　小六郎
一 名島村のおしな　片岡　長太夫
一 けいせい東路　二やく 片岡　長太夫
一 繁蔵妹おきぬ　瀬川　菊之丞
一 伝五右衛門妹糸萩　二やく 瀬川　菊之丞
一 吉岡帯刀　市川　団十郎
一 宮本無三四　二やく 市川　団十郎

右狂言、上方作に候所、江戸仕立にいたし、一体狂言之評判よく、面白く有之候へ共、兎角無入に付、弐番め狂言出る。但し不休に跡出し申候。

十月五日より 片岡仁左衛門上坂名残狂言三幕

恋女房染分手綱

道中双六の段 旅籠屋の段 雪の段

一 御乳の人重の井　片岡仁左衛門
一 ひぬかの八蔵　二やく 片岡仁左衛門
一 本田弥惣左衛門　大谷 馬十
一 染井源五三　市川 団八
一 杉森文三　大谷 杉蔵
一 白子や佐次右衛門　浅尾鬼右衛門
一 おじやれ小よし　桐島 筒次
一 同 小女郎　坂東 市五郎
一 宿老太郎兵衛　坂東 三木蔵
一 しねんじよの三吉　市川 鯉三郎
一 しらべのひめ　浅尾 万吉
一 鷺坂右内　片岡 長十郎
一 こし元はつ花　大谷 友次郎
一 同 わか艸　市川 桃太郎
一 同 みゆき　瀬川 富三郎
一 同 さわらび　瀬川 路之助
一 庄や杢兵衛　桐山 紋次
一 こし元わか菜　佐の川 花妻
一 わし塚官太夫　片岡 小六郎
一 関の小まん　瀬川 菊之丞
一 伊達の与作　市川 団十郎
一 馬士八蔵 本名逸平　二やく 市川 団十郎

大切

化粧《よそおひ》六《ろく》歌仙《かせん》

一 仕丁当作 実ハ五代三郎近忠　片岡仁左衛門
一 同 又六　中山 舎柳
一 同 又次　大谷 馬十
一 同 文じ六　中山 門三
一 同 四郎次　坂東 善次
一 官女その花　坂東 国蔵
一 同 蛍火　嵐 冠蔵
一 仕丁只次　坂東 又十郎
一 官女梅か香　尾上 仙蔵
一 同 てり葉　瀬川 路之助
一 同 みはし　瀬川 富三郎
一 深艸の少将　市川茂々太郎
一 右大弁国経　桐山 紋次
一 仕丁五作　片岡 小六郎

一　小野の小町　　片岡　長太夫
一　般若五郎照光　　市川　団十郎
右狂言、十月廿日迄いたし、千秋楽舞納候事。

森田勘弥櫓再興願済左之通。口上書出す。
万治三庚子年、木挽丁五丁目ニ而初而太鼓櫓上け、歌舞妓狂言座数年興行仕候所、去る文化十二亥年無処義に付、休座仕候。然る処、御憐愍御取立、花の御江戸之御恵を以櫓再興
蒙御免、当丑年霜月朔日より、私名題（ママ）を以興行仕候。万治三子年より今文化十四丑年迄及百五拾八年に
江戸大芝居　歌舞妓続狂言　根元　座元　木挽丁狂言座九代目　森田勘弥
右櫓再興致候へ共、抱役者無之、上方江抱入に参り候へ共、無之候に付、迚も顔見世間に合不申、来春に至り吉例之通、役者附紋看板等、出し候積り。
右取続のため、仮り狂言として当地に相残り候役者ニ而、暫く狂言いたし候口上。
市川男女蔵　吾妻藤　蔵　大谷広右衛門
藤川友　江　花井才三郎
沢村金　平　佐の川花妻
右之通休居候分、出勤ニ而いたす。

十一月十七日より
御贔屓帰洛為朝《きらくのためとも》
一　遠藤武者盛遠　　坂東　又十郎
一　袈裟御ぜん　　藤川　友　江
一　渡部左衛門源亘　　森田　勘　弥
一　長田太郎　　花井　才三郎
一　海内はゝア　　沢村　金　平
一　左馬頭よし朝　　市川　門　蔵
一　難波六郎□（経）遠　　市川　団　八
一　りやうしいわ松　　市川　男　熊
一　よし朝公達牛若丸　　市川　千之助
一　鎮西八郎為朝　　市川　男女蔵
一　けいせい常磐木　　市川　男女蔵
一　斎藤左衛門信家　　市川　男女蔵
一　弥平兵衛宗清　　市川　男女蔵
大切浄瑠理　**積恋雪関扉**　市川男女蔵　吾妻藤蔵　坂東又十郎　森田勘弥　ワキ同和佐太夫　常盤津小文字太夫　ワキ同長門太夫　三弦　岸沢宇和佐　岸沢式佐
仮狂言中　桟敷代拾七匁　高土間十弐匁　平土間拾匁
一　関守関兵衛
　　実ハ大伴黒主　　市川　男女蔵

一 四位少将宗貞　坂東 又十郎
一 けいせい墨染 実ハ小町さくらの精　吾妻 藤蔵
一 小町姫　森田 勘弥
右狂言も、評判は相応に候得共、何分不入に付、十一月下旬切ニ而、千秋楽舞納。

文化十五寅年 当五月より文政元年に成　森田座

春狂言、出来兼休罷在候処、三月狂言より始る。

三月九日より
ひらかな盛衰記
桟敷代廿五匁 高土間廿匁 平土間拾五匁

一 梶原源太景すへ　浅尾 勇次郎
一 船頭権四郎　二やく 浅尾 勇次郎
一 こし元千鳥　中村 三勝
一 山吹御ぜん　中村 三勝
一 佐々木四郎高綱　市川 門蔵
一 舟頭富蔵　坂東 国蔵
一 同 九郎作　坂東 桃太郎
一 同 又六　嵐 五郎蔵
一 柴苅五郎又　坂東 三木蔵
一 駒若丸　市川 鯉三郎
一 源よし経公　森田 又次郎
一 鎌田隼人　小川 十太郎
一 浅利の与市　花井 才三郎
一 松右衛門女房およし　下り 市川 瀧之助
一 ゑんじゆ　中村 里好
一 隼人娘お筆　二やく 中村 里好
一 梶原平次景高　市川 男女蔵
一 和田よし盛　二やく 市川 男女蔵
一 樋口の次郎　三やく 市川 男女蔵
一 よし仲のおもいもの巴御ぜん　森田 勘弥
一 秩父庄司重忠　二やく 森田 勘弥

弐番め
風流恋山開
一 筑波茂右衛門　浅尾 勇次郎

一 猿廻し左次郎兵衛　二やく 浅尾 勇次郎
一 半七母妙くん　三やく 浅尾 勇次郎
一 刀やおはな　中村 三 勝
一 今津伴蔵　市川 門 蔵
一 糸や女房お島　下り □(市川) 瀧之助
一 三浦や女房おむら　中村 里 好
一 刀や手代伝八　市川 男女蔵
一 東金茂右衛門　二やく 市川 男女蔵
一 刀屋半七　森田 勘 弥
一 浅岡左膳　二やく 森田 勘 弥

浄瑠理名題 **浮名の初桜***

市川男熊　市川鯉三郎　市川男女蔵
浅尾勇次郎　浅尾万吉　中村三勝　森田勘弥
ワキ同和歌太夫　常盤津小文字太夫　ワキ同長門太夫
三弦 岸沢式佐　同 文蔵　同 宇和佐

右狂言、相応に有之候へ共、兎角不入に付、三月下旬千秋楽、夫より休罷在候所、土用休中、堺町中村座より役者借受、夏狂言いたし候積り、相談相決し、

＊道行浮名の初桜

六月十六日より　壱番め

妹背山婦女庭訓 三段め口より四段め切迄

桟敷代三拾匁　高土間廿五匁　平土間廿匁

一 蘇我の入鹿大臣　松本 幸四郎
一 宮越玄蕃　市川 宗三郎
一 荒巻弥藤次　大谷 馬 十
一 官女梅の局　松本 小次郎
一 同 楓の局　市川 団 八
一 同 萩の局　松本 染五郎
一 同 槙の局　坂東 国 蔵
一 同 松の局　坂東 桃太郎
一 同 藤の局　市川 団兵衛
一 同 桜の局　二やく 大谷 馬 十
一 こし元きゝやふ　瀬川 富三郎
一 同 小きく　市川 瀧之助
一 家主茂木兵衛　二やく 松本 小次郎
一 酒屋でつち寝太郎　市川茂々太郎
一 酒屋後家おなる　津打 門三郎
一 御清所おむら　二やく 津打 門三郎
一 入鹿妹たちばな姫　二やく 市川 滝之助
一 太宰の後室定高　瀬川 菊之丞
一 久我之助清舟　二やく 瀬川 菊之丞
一 酒屋娘おみわ　三やく 瀬川 菊之丞
一 大判事清澄　市川 団十郎
一 太宰の娘ひな鳥　二やく 市川 団十郎
一 其原求女

実ハ藤原淡海　三やく　市川　団十郎
一　漁師ふか七
実ハ金輪五郎今澄　四やく　市川　団十郎

右狂言は、当春堺町二而、三津五郎、芝翫大当に成しを、道具建共、当芝居へ引、久我之助と後室二やく、菊之丞早替り、大判事とひな鳥二やく、団十郎早替り、両人共若手故、奇々妙々の仕内なり。久我之助、切ふくしてのふきかへ沢村源之助、ひなとりのふき替は市川茂々太郎いたし候、大出来〳〵。

弐番め
東染《ゑどぞめ》栄《さかへ》久松《ひさまつ》
藁の侭捨たる稲の一束
ほさつもひろへ此こめがため

一　鬼あざみ清七
後ニあさみや清兵衛　松本　幸四郎
一　非人鬼門の喜兵衛
実ハ研屋多三郎　二やく　松本　幸四郎
一　油や後家おくま　市川　宗三郎
一　非人目玉の安　二やく　市川　宗三郎
一　鈴木弥忠太　松本　小次郎
一　舟頭みよしや小助　市川茂々太郎
一　雲介鮫頭の又　市川　団　八
一　同　宵寝の仁三　市川　小団次
一　同　大森の弥五　松本　染五郎
一　大和田運平　二やく　松本　染五郎
一　研屋久三　坂東　国　蔵
一　受人築島屋つく兵衛　坂東　桃太郎
一　医者鬼あご玄庵　市川　純五郎
一　金毘羅参り羽根右衛門　坂東　三木蔵
一　海の親方わからつやむり八　市川　団兵衛
一　海の女郎あひるのおむく　松本　とら蔵
一　あざみや小ぢよくお捨　市川　松太郎
一　油屋伯父太郎八　津打　門三郎
一　粂本の娘分おくら　瀬川　富三郎
一　油屋下女おいち　市川　瀧之助
一　子供や山家や佐四郎　大谷　馬　十
一　油屋手代善六　二やく　大谷　馬　十
一　仲町げいしやおみつ　瀬川　菊之丞
一　油屋娘おそめ　二やく　瀬川　菊之丞
一　非人ごみくた勘太　市川　団十郎
一　あふらやでつち久松
実ハ稲葉幸蔵　二やく　市川　団十郎

右狂言、作者鶴屋南北、大当り。暑中稀成大入、大評判也。七月上旬迄いたし候所、堺町盆狂言初り候に付千秋楽。是より

長く休に成。当芝居森田座ニ而、借財多く、立行兼候に付、名題(ママ)替願候積りの所、此節笠屋三勝と申櫓名題(ママ)いたし度、願人有之。河原崎ニ而、再興願候者も有之、御公訴に相成、当寅年中不相済候。

文政二卯年　河原崎座

当卯春より、河原崎座櫓再興願之通被(闕)仰付候得共、役者も無之、金主等も無之候に付、初日出来兼罷在候所、二丁町土用休中、堺町より役者仮入興行いたし候。

堺町より
尾上　菊五郎
岩井　粂三郎
市川　友　蔵

休より
荻野　仙　花

大谷　候兵衛

吹屋町より
松本　小次郎
坂東　善　次

堺町より
岩井　亀三郎
岩井　鉄之助
桐島儀右衛門

卯六月十四日より
裏《うら》模様《もやふ》菊《きくの》伊達《だて》染《ぞめ》

一　島原三浦やのけいせい薄雲　尾上　菊五郎
一　渡井銀兵衛妻八汐　二やく　尾上　菊五郎
一　小座頭渡部民部悴千松　尾上　松　助
一　黒沢官蔵　市川　友　蔵
一　寿妙院道哲　二やく　市川　友　蔵
一　三浦や徳右衛門
　　実ハ岩見太郎左衛門　三やく　市川　友　蔵
一　大場宗益　大谷　候兵衛
一　奴伊達平　松本　錦　吾
一　太左衛門女房おぶた　桐島儀右衛門
一　赤羽根運八　尾上　仙　蔵
一　神職井村肥前　尾上　梅五郎
一　非人けんびしの辰　岩井　鉄之助
一　同　だんこの伊三　坂東　吉次郎

一　家主杢兵衛　坂東　国蔵
一　金五郎母おかや　小川　十太郎
一　大のし女房おたみ　岩井　亀次郎
一　奥女中沖の井　岩井　亀次郎
一　ぜげん羽生や助八　坂東　善次
一　名和無理之助　松本　小次郎
一　盗人宵寝の仁助　荻野　仙花
一　豆腐や三郎助　荻野　仙花
一　吉原三浦やけいせい薄雲　岩井　粂三郎
一　かさね娘おきく　岩井　粂三郎
一　井筒女之助朝長　岩井　粂三郎
一　げいしや額のおさん　岩井　粂三郎
一　仁木原田丸則政　尾上　菊五郎
一　絹川与右衛門
　　後ニ高尾伝七　尾上　菊五郎
一　鳶者お祭りの金
　　実ハ金や金五郎　尾上　菊五郎
一　汐沢丹三郎　尾上　菊五郎
一　細川修理之助勝元　尾上　菊五郎

右夏狂言、水入狂言、鯉魚大だて。其外例の怪談等取組、存之外評判よく大入。七月節句後迄いたし候所、葺屋町へ尾上菊五郎スケに入候に付、七月十日切ニ而休に成。

右夏狂言中、桟敷代廿五匁、高土間弐拾匁、平土間拾五匁、六人割□

盆狂言より、尾上菊五郎、岩井粂三郎、市川友蔵、其外二丁町へ帰り候に付、休に成候所、休より坂東又十郎、大谷広右衛門、花井才三郎、市川瀧之助、坂東三津三、スケに出る。

同七月廿日より

一谷嫩軍記

一　源のよし経公　坂東　又十郎
一　田子平　二やく　坂東　又十郎
一　岡部の六弥太忠澄　三やく　坂東　又十郎
一　白毫の弥陀六　大谷広右衛門
一　梶原平次景高　（荒木）□　照五郎
一　杣根ッ子の木蔵　尾上　仙蔵
一　石屋下男彦助　坂東　桃太郎
一　堤の軍次　（坂東）□　市五郎
一　須股運平　（花井）□　生五郎
一　成田の五郎　坂東　三木蔵
一　庄屋孫さく　二やく　尾上　仙蔵
一　百姓雀の忠吉　三やく　坂東　桃太郎
一　乳母はやし　小川　重太郎
一　石屋むすめ小雪　（中村）□　久次郎

一 無官の太夫あつ盛　（坂東）□吉次郎
一 平山の武者所季重　大谷　侯兵衛
一 人足廻し茂次兵衛　二やく　大谷　侯兵衛
一 熊谷の妻さがみ　市川　瀧之助
一 俊成卿奥方菊の前　坂東　三津三
一 ふじの方　二やく　坂東　三津三
一 さつまの守忠度　荻野　仙　花
一 熊谷の次郎直実　二やく　荻野　仙　花

二番目世話狂言
浄瑠理 **両顔月姿絵**《ふたつおもてつきのすかたへ》
小文字太夫改
常盤津文字太夫連中　又十郎　滝之助　三津三　仙　花　相勤る

一 渡守都鳥の新兵衛　荻野　仙　花
一 粟津の六郎俊兼　二やく　荻野　仙　花
一 浅沢主膳　花井　才三郎
一 道具や甚三郎　大谷広右衛門
一 神崎や扇十郎　（荒木）□照五郎
一 沢田弥九郎　尾上　仙　蔵
一 道具や市兵衛　坂東　桃太郎
一 てつち久三　（坂東）□市五郎
一 永楽や権右衛門　小川　十太郎
一 野わけ姫　（中村）□久次郎

一 手代庄八　大谷　侯兵衛
一 手代要助　坂東　三津三
一 甚三女房おきく　坂東　三津三
一 永楽や娘おくみ　市川　瀧之助
一 聖天町の法界坊　坂東　又十郎
一 野分姫亡魂　二やく　坂東　又十郎

此狂言中、桟敷代拾三匁 高土間拾匁 平土間八匁宛

八月十八日より弐番め出る

心中紙屋治兵衛　三幕

一 粉屋孫右衛門　坂東　又十郎
一 非人伝海　大谷広右衛門
一 五貫や善六　荒木　照五郎
一 でつち三五郎　尾のへ　仙蔵
一 みのや新兵衛　坂東　桃太郎
一 小揚伊兵衛　坂東　三木蔵
一 鉄原五左衛門　小川　十太郎
一 江戸や太兵衛　大谷　侯兵衛
一 きの国や小はる　市川　瀧之助
一 次兵衛女房おさん　坂東　三津三
一 紙屋次兵衛　荻野　仙　花

続芝居年代記

江戸歌舞妓年代記巻

○文化六己巳歳

［中村座］ 顔見勢《かほみせ》は去《さ》る辰（文化五年）の霜月朔日より**御摂恩**《ごひゐきおん》**賀仙**《がのしまだい》に、弥平兵衛宗清と長田の太郎・嘉藤次かげかど、三役助高屋高助。平の清盛・悪源太義平、中村歌右衛門。鎌田次郎・志内六郎友春、関三十郎也。此□（虫損）大坂より二代目小川吉太郎下る。役は頼朝公一役也。沢村東蔵は二代目訥子《とつし》が名前を継、四郎五郎と改むこれ今のしやばく也。役は三度飛脚かつ八と菊とじ源吾也。大島の蜑《あま》小磯と二役女占《うらかた》お百、瀬川路考。これは前年中村富十郎、及び仙女なども勤めて評判の役也。三役常盤御前にて、長田の高助へ態《わざ》と恋慕の□（虫損）心中をためし見、寝間を拵へ、刃《やいば》を隠《かく》し心底《しんてい》をためし見る濡事《ぬれこと》評判よし。待宵《まつよひ》の侍従《じじゆう》と清盛が妻八条《つまはちじやう》、二役瀬川仙女也。源の義朝・鎮西八郎・伊賀の平内左衛門、三役市川男女蔵。二ばんめ大切浄瑠理《ぜうるり》**色**《ぬれ》**和**《やつし》**倭**《かなの》**院宣**《いんぜん》。路考、仙女、男女蔵、歌右衛門、高助にて富本連中これを勤《つと》む。春狂言は三月廿四日より**花**《はなあひ》**似**《にたり》**想**《おもかげ》**曽我**《そが》。月小夜とけいせい舞鶴、仙女。鬼王に京の次郎・仁田四郎、三役高助。工藤と江間の小四郎に歌右衛門。祐成に吉太郎。時致に三十郎也。大磯のとらに路考。せう〳〵に瀬川亀三郎也。此時二番目は

□ 京伝子滑稽《きやうでんしこつけい》 曲亭子筆意《ばきんしひつい》 **八百屋お七物語** 繍像稗史《ゑいりよみほん》 上中下三冊

如斯《かくのごとき》名題《なだい》にて、神田の与吉が女房お杉に仙女。鎌谷武兵衛と染井の百性土左衛門伝吉に男女蔵。八百屋久兵衛に尾上雷助。戸倉吉三郎・前髪《まへがみ》佐兵衛、二役歌右衛門。弁長に三十郎。八百屋お七・三浦屋の小しづかに路考。神田の与吉・戸倉十内に高助也。這狂言《このきやうげん》は出来いたつてよし。作者は如皐《ぢよかう》、本屋宗七、田島此助等也。

登時可笑事《このときおかしきこと》ありき。木挽町《こびきてう》の戯房《がくや》にて狂言作者福森久助といふ者、京伝馬琴《きやうでんばきん》といふ名をいだせし事を殊《こと》の外仲間《ほかなかま》の恥辱《ちじよく》の様《よふ》に言《い》ひければ、傍《かたはら》に故人篠田金次二代目五瓶在《あり》てこれを聞《きゝ》、さないゝ給ふな、狂言《きやうげん》の作者も稗史《そうし》の作者《さくしや》もいわば一つ仲間も同前にして、名前を借《か》りたりともさのみ恥《はぢ》といふにもあらずといふに、福森は至《いたつ》て正直質朴《せいちよくしつぼく》の性《さが》なりければ大《おふ》ひに金治を詈《のゝし》り、これより不和《ふわ》と成《な》りて一向《いつかう》に辞《ことば》もかはさゞりける。理《ことはり》なる哉《かな》。福森は玉巻恵助が門人にて初名を玉巻久次と号し、十八才の時《とき》より戯場《げしやう》の作者となり五十余才にて死去《みまがり》しかど、親《おや》の譲《ゆづ》りし地面を失《うしな》はざるといふ程《ほど》の人《ひと》なれば、己《おの》が活業《くわつきやう》一三昧《いつさんまい》にして他《た》を省《かへりみ》す。又金次は別号《べつがう》を葛葉散人《くわつようさんじん》・正二とも号して

稗史《はいし》をも作《つく》り、狂歌堂先生《きやうかどうせんせい》、京伝大人《きやうでんたいしん》、其外《そのほか》歌川豊国なんども無二《むに》の朋友《ほうゆう》なれば斯《かく》は言《い》へりし也。這事《このこと》を故人山東京伝聞及《きゝおよ》ひて気《き》の毒《どく》なる事に思ひ、両人《りやうにん》が中《なか》へはいり和《わ》熟《じゆく》をとりむすびしとなん。近頃《ちかころ》狂歌堂先生、六樹園先生の久《ひさ》しく不和《ふわ》なりしを、蜀山翁《しよくざんおう》の中《なか》へ這入《はい》り給《たま》ひて歌詠《うたよみ》て其和《そのわ》を調《とゝの》はれしに似《に》て、狂言作者《きやうけんさくしや》同士《どし》の争《あらそ》ひを稗官《はいくわん》者流《しやりう》の仲人《ちうにん》となりしは最珍《いとめづ》らしとおもへば因《ちなみ》に誌《しる》す

同年四月十七日より、曽我の後日狂言として**秋葉権現廻船語**《あきはごんげんくわいせんばなし》、二本七まくを出す。きばのおさい、仙女。玉島逸当、男女蔵。二本駄右衛門・月本祐明、歌右衛門。徳島五兵衛、三十郎。月本始之助、吉太郎。月本奥方みさほ御ぜん、路考。月本円秋《ゑんしゆう》・玉島幸兵衛、高助也。大切は則、二代目路考三十七回忌追善所作事**邯鄲園菊蝶**《かんたんそのゝきくてう》。瀬川仙女、瀬川路考相勤る。女達・山姥《やまうば》、仙女。けいせい・子守・白拍子・金太郎、四役路考也。此時禿《かむろ》つるの、瀬川多門是今の五代目。菊之丞也。此狂言大入大繁昌にて四月晦日千秋楽なり。五月狂言は**仮名手本忠臣蔵**《かなでほんちうしんぐら》にて、かほよとおそのに仙女。若狭之助・九太夫・勘平、男女蔵。伴内に中村東蔵。小なみ、亀三郎。判官に三十郎。おかるとおいしに路考。平右衛門・本蔵、高助。師直・弥五郎・定九郎・おかるが母・天川屋・となせ・由良之助、七役歌右衛門也。好事《かうず》の為《ため》に当時《そのとき》の評判記《ひやうばんき》の侭《まゝ》を抄出《せうしゆつ》す。文化七午年出役者新綿船《やくしやしんわたぶね》に曰、

［さじき］五月より忠臣蔵七役を出され、土用前をいとわず日〳〵の大入、きついお手柄〳〵。由良之助にてかけ付の場は、これぞと申事もなく、茶屋場三味せんを引所などは、茶屋不案内といふ所見へてよし。おどりはあまり拍子過ましたと申ました。力弥が来りし時、状箇を受とって手まねきをしてかへす迄、足でやはり踊の拍子をふまるゝは、ちとくどいと思ひます。［町より］夫よりおかるに、身受の約束して奥へ入る時、畳の上より椽《ゑん》の下へ刀をつき通しておかるゝは、九太夫を取り逃さぬ心持と存ずれど、後おかるが自害せんとする其手を持添て、つきころすがよいとも思われた。水ぞうすいの場にて、中居大ぜいどや〳〵と出《で》る。九太夫が体を見て、まじで我はおりを手早に頭より打きせ、さわぎにまぎらしての幕は請取ました。七役もせらるゝ事ゆへいろ〳〵こんたんせらるゝと見へたれど、由良之助役は正本の通りすら〳〵とせられたら、弥大立者の気性見へて、有がたいじやないか。［頭取］御尤なる仰られ。しかしそれ程の事は随分承知の事なれど、幾度共なく名人達の仕置れし事故、何がな珍らしくとの御馳走と見へます。二役弥五郎役は少し計り。師直にて進物を受納の所、おかる母にて勘平をてうちやくの場なども評よく、定九郎は秀鶴丈の趣にて大ひに請よく、九段目の由良之助は、高賀丈との引はり何となく上手あらわれ、天川やの男でムるといふ所を、上方そだちなれど腹の内は江戸ッ子だ

とのせりふ見物が大に悦ひ升た。扨又となせにて、九段めになられし所、風俗格好申ぶんなく、其美しさ外の六役とは別人のよふに見へ、今を盛りの路考丈と立ならばれた所何れあやめと見かわす計り、諸見物驚き入り升た。それゆへの大〳〵当りでム り升た。下略。

それより盆《ぼん》狂言は**高《たか》尾《を》丸《まる》賀《うけの》艤《ともづな》**といふ新狂言にて、名題看板もいだし稽古に迄かゝりしが、高助暑気にあたり、初日延引に付き急に其口上看板をいだし、**恋《こひ》女房《にようぼう》染分《そめわけ》手綱《たづな》**にさしかへ七月十九日より興行す。竹村定之進女房桜木・乳母人重の井、二役仙女。奴逸平・由留木左衛門、男女蔵。鷺坂左内と座頭けい政に歌右衛門。じねんじよの三吉に多門也。此時多門自《し》頭《あたま》にて奴になりてしたりしが、評判いたつてよし。二番目は**姫小松《ひめこまつ》子《ね》の日遊《ひのあそび》**。第三だんめの口切、俊寛に歌右衛門。有王丸に男女蔵。亀王丸に三十郎。おやすに路考。小弁に多門也。八月七日より**近江《おふみ》源氏《げんじ》先陣館《せんぢんやかた》**に宇治の方と四斗兵衛女房おまき、二役仙女。駕かき四斗兵衛と四の宮六郎に男女蔵。佐々木盛綱と谷村小藤次に歌右衛門也。片岡主計と三浦の助義村に三十郎。高綱が女房かゞり火、路考。片岡造酒の頭・佐々木の後室微妙・佐々木高綱、三役高助也。二ばん目は、歌右衛門上方にて大入りを取りし法界坊、**隅田川《すみだがは》続《ごにち》俤《のおもかげ》**。土橋の文づかひ日参のおせんに仙女。仲町の髪結うぶげの万吉に男女蔵。野分姫に市川瀧之助。野分のゆふこんと聖天町の法界坊に歌右衛門。渡し守新兵衛に三十郎。永楽屋娘おくみ、路考。どうぐや甚三郎に高助也。大切浄るり**葱例跡色歌《しのぶれどいろのことのは》**。歌右衛門、三十郎、吉太郎、路考、例の富本連中にてこれを勤る。此狂言大利にて、大入り大当り也。九月十七日より**競《すがたくらべ》伊勢《いせ》物語《ものがたり》**に、春日のしのぶ、仙女。孔雀三郎成平に男女蔵。しのぶずりの小よし・紀の名虎のゆふこん・中納言行平、三やく歌右衛門。いかるが藤太・基国仕丁和田作、三十郎。磯の上豆四郎と在原の業平に吉太郎。宿禰女房かよひぢ、路考。荒川宿禰春久・紀の有常に高助也。切は夕きり伊左衛門**廓文章《くるわぶんしやう》**にて、喜左衛門女房おさよに仙女。伊左衛門に歌右衛門。ふじやの手代三郎兵衛に三十郎。夕きりに路考。喜左衛門に高助也。右狂言後日は**男《おとこ》一疋《いつひき》嫁入《よめいり》献立《こんだて》**。忠右衛門が女房おまさ、仙女。ごくもんの庄兵衛と八木孫三郎に歌右衛門。はんじもの喜兵衛に三十郎。かまくらや五郎八に吉太郎。女伊達奴の小万に路考。黒船忠右衛門に高助也。やはり夕きり伊左衛門は残る。

［市村座］ 顔見勢は辰（文化五年）の霜月朔日より**松《いろそゆる》二《に》代《だい》源《げん》氏《じ》**。藤八郎の仲光・市原野鬼童丸実ハ重太丸純基・かつらき山土蜘《つちぐも》の精霊《せいれい》、三やく坂東彦三郎。源の頼光と渡辺の源二綱、沢村源之助。高明卿の息女粧姫・和泉式部・八瀬の黒木売おのぶ実ハ枡花女《せうくわぢよ》、沢村田之助。坂田の公時・源の頼親、市川団十郎。碓井の定光と五条之助惟光に尾上栄三郎。雇《やと》ひばゞア茨木のおつめ・西の宮左大臣高明卿、《スケ》尾上松助也。紫式部と戻り橋

の女やもめおまさ・美女御ぜん、三役岩井半四郎。田原の千晴・平井の保昌に坂東三津五郎。髭黒《ひげくろ》の左大将師純卿と将軍太郎良門・卜部季武・袴垂《はかまだれ》の保輔、四役松本幸四郎也。上るり童《こども》遊色夕顔《あそびいろといふかほ》。彦三郎、田之助、団十郎、栄三郎、里好、源之助也。富本斎宮太夫也。これ一番目の浄るりにして、二番目の上るりは色岩屋大江山入《いろといわやおふへやまいり》。幸四郎、半四郎、三津五郎にて常磐津小文字太夫也。

松《いろそゆる》二《に》代源《だいげん》氏《し》

第壱ばん目六立目

坂田の公時

市川団十郎

市村座

酒づくしつらね

市川団十郎自作

狂言作者勝俵蔵

酒づくしつらね　七代目市川団十郎自作

大《おふひなるかなそうろ》哉霜露の所《おつる》レ隊《ところ》、舟車《しゆうしや》の所《いたる》レ至《ところ》、日月《じつげつ》の所《てらす》レ照《ところ》、呼酒《あゝさけ》の徳《とく》也。遠《とふ》からん者《もの》は男山《おとこやま》、近《ちか》くはよつて目出度酒《めでたざけ》。李白《りはく》は一斗《いつと》詩百篇《しひやつへん》、公時《きんとき》は一斗《いつと》シヤ百怪妖怪《ひやくきようくわい》一攫《ひとつかみ》。うつや太鼓《たいこ》に剣菱《けんびし》の、酔当《ゑいとう》ヱ、イ足《あし》も養老《ようらう》。酒君《しゆくん》の御座《ござ》にとのゐのふじみ酒《ざけ》は、渡辺末広定《わたなべすへひろさだめ》なき酒《さけ》の数《かず》かな。新酒《しんしゆ》のはなは七ッ梅《うめ》、我等《われら》が鼻《はな》は七代目、交《まじり》ござらぬ江戸《ゑと》ッ子仕《こじ》込《こみ》の隅田川《すみだかは》。だれだと思ふヱア、つがもねへ。

春狂言は巳の正月十五日より初緑松《はつみどりあひおひ》曽《そ》我《が》。朝日奈に彦三郎。十郎に源之助。けわひ坂のせう〳〵に田之助。五郎に栄三郎。工藤金石丸後ニ左衛門祐経、団十郎。大磯のとら、中村里好。鬼王に沢村四郎五郎。手越のせう〳〵と月小夜に半四郎。景清と大藤内・近江の小藤太、三役幸四郎也。春狂言には三津五郎はいでず。浄るりは元為花所領椎《もとみしはなしよりやうのしひのき》（元為見花所領椎）。半四郎、田之助、彦三郎、栄三郎、源之助にて富本斎宮太夫これを勤む。二ばんめは心謎解色糸《こゝろのなぞとけたいろいと》。花崎と小糸、田之助。神原佐五郎、源之助。糸屋佐七、栄三郎。糸屋の姉娘おふさに半四郎。本所綱五郎と半時次郎兵衛に幸四郎也。四月五日より霊《れい》験《げん》曽《そ》我籬《がのかみがき》。これは嫁切《よめき》りといふ狂言也。田辺文太夫に彦三郎。田辺文蔵に源之助。郷左衛門娘おつまに田之助。伊丹郷左衛門に宗三郎。進藤浪五郎に花井才三郎。白井権八に半四郎。石井源之丞に栄三郎。幡随長兵衛と藤川水右衛門に幸四郎也。夏狂言は日本振袖始《にっほんふりそでのはじまり》、五段つゞき。蘇民将来《そみんせうらい》、源之助。稲田姫・巨旦《こたん》女房いほはた、田之助。八岐《やまた》の大蛇《おろち》に四郎五郎。素戔嗚《そさのを》の尊《みこと》に団十郎。巨旦将来《こたんせうらい》に幸四郎也。二番目は御祭礼端手帷子《ごさいれいそろへのかたびら》（御祭礼端午帷子）。道具屋清七・三河屋義平次に源之助。下り芸子琴浦・磯之丞姉おたつ・団七女房おかぢ、三役田之助。助松主計・冷水売・一寸徳兵衛、団十郎。魚屋団七、幸四郎也。後に芦屋道満大内鑑《あしやどうまんおふうちかゞみ》を出す。安部の保名《やすな》に源之助。榊の前・

葛の葉姫・葛の葉狐、田之助也。安部のどうじに岩井松之助。与勘平に四郎五郎。野かん平に団十郎。芦屋道満に幸四郎也。大切浄るり**道行信田二人妻**《みちゆきしのだのふたりつま》。源之助、松之助、田之助、これも富本斎宮太夫也。但し以前の二ばんめ狂言殊の外評判よきゆへ、これを一番目として残る。扨七月十五日より、又右之芦屋を一番目へまわし、森田座にて岩井半四郎勤めて大入りを取りし八百屋お七の世話狂言を二番目とす。**魂祭**《たままつり》**お七の追善**《ついぜん》、則お七か百二十七年に当る。役割《やくわり》は仁田の四郎に源之助。吉三郎に田之助。お杉に団之助。海老名の軍蔵と紅長・荒井文蔵、三役四郎五郎。十作と五尺染五郎、団十郎。お七に半四郎。土左衛門伝吉と赤沢十内、幸四郎也。これも程なく八月十七日より第壱ばんめ**ひらがな盛衰記**《せいすいき》、二ばんめ**富岡恋山開**《とみがおかこいのやまびらき》にかわる。源太景季、源之助。こし元千鳥に田之助。横須賀郡内に松本小治郎。舟頭権四郎に四郎五郎。およしに芳沢いろは。平次かげ高と秩父の庄司重忠、栄三郎。ゐんじゆに松助。おふでに半四郎。樋口に幸四郎也。二ばんめは出村新兵衛に源之助。おゐんに田之助。氏原勇蔵に市川門三郎。うぶげの金太郎に団十郎。玉屋新兵衛に栄三郎。小女郎に半四郎。九十郎に幸四郎也。九月狂言は**高麗大和皇白浪**《こまやまとくもゐのしらなみ》。瀬川采女と山賊《さんぞく》筑紫の権六に源之助、御台宇治の方と小西是斎《ぜさい》が娘実ハ芙容皇女《ふようくわうによ》、田之助。田舎座頭升都《ますいち》実ハ鈴木田隼人之助・真柴《ましば》久吉、二役団十郎。岸田民部之助と小鮒の源五郎実ハ岩木藤馬之丞、栄三郎。五右衛門が女房おりつ・堅田の小雀・けいせい瀧川、半四郎。南禅寺《なんぜんじ》の龍《りう》山国師《ざんこくし》・浦辻良助・石川五右衛門、幸四郎也。此時分源之助のする事何でも評判よしといふうちに、この権六は殊に評判よろしく大入り大繁昌にして、十月中旬まで興行して目出度舞おさむ。

［森田座］ 顔見勢は辰（文化五年）の霜月四日より**花兼旦雪**《はなとみつゆきの》**楠**《くすのき》（**花兼見雪楠**）。畑六郎左衛門時能、下り荻野伊三郎。新田左中将義貞、下り尾上紋三郎。渕辺伊賀守友房、嵐冠十郎。篠塚五郎定綱にスケ栄三郎。亘新左衛門と楠正行に坂東三津五郎也。浄るり**倭仮名色七文字**《やまとがないろのなゝもじ》。三津五郎七変化所作事、常磐津と長唄懸合にて評判よし。春狂言は**御贔屓新玉曽我**《こひゐきあらたまそが》。鬼王に伊三郎。十郎に栄三郎。五郎に紋三郎。片貝に半四郎。朝比奈と工藤に三津五郎。月小夜に団之助也。浄るりは**御慶候初音の鶯**《きよけいもふすはつねのうぐひす》。半四郎、簑助、栄三郎、三津五郎也。常磐津小文字太夫連中是を勤む。二ばんめ狂言は、**花暦開紀行**《はなごよみあけてみちのき》。足軽猪の瀬文平・以春が女房お幸、伊三郎。めくぼ伝兵衛、四郎五郎。刀屋の手代助左衛門・大経師以春、冠十郎。仲町のげいしやお花、団之助。刀屋半七、栄三郎。大経師娘おさん、半四郎。かくれ家の茂兵衛、三津五郎。うでの喜三郎、森田かん弥也。大切上るり**道行柳春雨**《みちゆきやなぎのはるさめ》。半四郎、団之助、栄三郎、三津五郎にてこれも常磐津也。後に二番目をば、八百屋お七**其往昔恋江戸染**《そのむかしこいのゑどそめ》にかへる。仁田に伊三郎。紅長に四郎五郎。海老名に冠十郎。

お杉に団之助。吉三郎と五尺染五郎に栄三郎。十内と白酒売来り喜之助・土左衛門伝吉に三津五郎、お七、半四郎也。浄るり**新燦房《あらぜたい》雛《ひなの》世話事《せわごと》**。半四郎、栄三郎、三津五郎、常磐津連中にて、第二ばんめ四幕目也。**道行《みちゆき》手向《たむけ》の花曇《はなぐもり》**、遊湖斎素柳、三弦大西東蔵也。これは二ばん目大切仕置場《しおきば》の所にて、半四郎いつものごとく相勤むる。それより暫《しばらく》く休《やす》み。六月十一日より夏狂言として**阿国御前《おくにごぜん》化粧鏡《けしやうのすがたみ》**といふ名題をいだす。これは前々《まへ〱》つとめし彼天竺徳兵衛を、不破名古屋に仕組し狂言也。天竺徳兵衛・座頭徳市・土佐の又平・不破伴左衛門・木津川の与右衛門・かさね井筒のかさね・名古屋山三、七役栄三郎。小栗宗丹と二ばんめ羽生屋助四郎、市川宗三郎。田舎むすめお玉・名古屋が妻かつらき・額風呂の小さん、小佐川七蔵。十六羅漢《らかん》なかさいな尊者・土佐将監光信・木津川の渡し守浮世又平・南ぜんじ安置《あんち》の関羽の像・佐々木の後室お国御ぜん、五役松助。実《まこと》の名古屋山三・かなや金五郎に森田勘弥也。座頭上使《ざとうぜうし》水中の早替りより幽霊《ゆうれい》にて水中よりいつる所、毎度ながら見物目《けんぶつめ》をおどろかす。八月十六日より**義経千本桜《よしつねせんぼんざくら》**。よしつねと鮓屋《すしや》の弥左衛門、坂東彦三郎。すしやの弥助と小金吾に紋三郎。川つらと弥左衛門が女房に小川十太郎。お里と卿の君に小佐川七蔵。弁けいに冠十郎。梶原に伊三郎。川越太郎・権太・源九郎狐・佐藤忠信・覚範、五役坂東三津五郎也。しづか御ぜん、市川団之助。二ばん目は**けいせい返魂香《はんごうこう》**。吃の又平のだん、大津画のだん。浮世又平・大津画の仙台座頭・同ふじ娘・鬼の念仏・弁けい、五役三津五郎。大津画のけいせい・又平が女房おとく、団之助。土佐の将監、冠十郎。修理之助、紋三郎也。大切浄瑠理**有《あつた》土佐《とさ》容形写絵《すがたのうつしゑ》**。彦三郎、団之助、かん弥、常磐津綱太夫也。それより又九月九日より**返魂香《はんごんかう》**を一番目へまわし、其跡へ**関取《せきとり》二代《にだいの》勝負附《せうぶづけ》**、切に夕きり**廓文章《くるわぶんせう》**をいだす。高倉隼人に彦三郎。六角要之助、紋三郎。鬼ヶ嶽に冠十郎。秋津島に三津五郎。庄九郎に伊三郎。秋津島の女房に団之助也。夕ぎりに田之助。伊左衛門に三津五郎。喜左衛門に伊三郎。吉田屋の女房おせんに七蔵也。

文化七庚午歳

[中村座] 顔見勢は巳（文化六年）の霜月朔日より**奥州《おふしゆう》牧雪《だちゆきの》驪《くろこま》**。おのへの前に仙女。権五郎かげ政に男女蔵。安部の貞任に歌右衛門。御館権の太郎が妹はつ梅、粂三郎。永衡娘初花に多門。佐伯の蔵人に三十郎。八幡太郎義家に源之助。千束の前に路考。平太夫国妙に彦三郎也。浄るりは**妹背《いもせ》鳥色《どりいろの》源《みなもと》**。仙女、歌右衛門、源之助、路考、彦三郎、富本豊前太夫相勤む。三立目、路考、源之助、歌右衛門、三人のだんまり評判《ひやうばん》至《いたつ》てよし。五立目に貞任なれど非人姿にて出、彦三郎の国妙に刀の血《のり》をふかす所よし。二ばんめ伝房《でんぼう》の拵へにて、よし国のむすめおとりの聟にならんといふ所、江戸風《ふう》を呑《のみ》こんだる仕打うまい事〱。

春狂言は正月十七日より**江戸春御摂曽我**《ゑどのはるごひゐきそが》。頼朝の息女大姫に仙女。八わたの三郎に男女蔵。鬼王に歌右衛門。むかでや金兵衛に中村東蔵。朝比奈と団三郎に三十郎。十郎に源之助。五郎に男女蔵。月小夜に路考。工藤に彦三郎也。上るり**花兄弟壮士**《はなきやうだいおとこ》**春駒**《はるこま》。男女蔵、三十郎、源之助、路考、富本也。二番目は**艶容**《はで》**姿名物鹿子**《すがためいぶつがのこ》。小いなと粂本の仲居おたに、仙女。島の勘兵衛に男女蔵。鹿の子勘兵衛と猿屋町の与治郎、歌右衛門。奴関助に三十郎。稲野谷半十郎とゐづゝや伝兵衛、源之助。げい者おしゆんといづゝや娘おつゆに路考。稲野谷の家老浅山兵部と小ぎく半兵衛に彦三郎也。三月狂言は曽我後日として**楼門五山桐**《さんもんごさんのきり》を出す。やつこ八田平、男女蔵。久秋に七三郎。久次に三十郎。早川高景に源之助。此村大江之助と真柴久吉に彦三郎。五右衛門に歌右衛門也。此時は市村座にても同し狂言にて、両方共に大入り大当り也。二ばん目は、故人二代目沢村宗十郎三十七回忌に当りしにより、梅の由兵衛の狂言を追善に相勤む。源兵衛堀の源兵衛に男女蔵。赤手拭の長五郎に歌右衛門。かなや金兵衛と金五郎、三十郎也。梅の由兵衛に源之助。小梅と長吉に路考。しがらき勘十郎に彦三郎也。名題は則、**隅田春妓女**《すだのはるげいしや》**容性**《かたぎ》也。後に**女鉢の木**、雪の段を出す。白妙に仙女。玉づさに亀三郎。つね世に源之助。最明寺《さいめうじ》、彦三郎也。五月狂言は**敵討**《かたきうち》**相合袴**《あいくばかま》。吉岡の腰元おりくと斧右衛門女房お六に仙女。吉岡民右衛門・やつこ佐五平、男女蔵。京極内匠後ニ佐々木岸柳と毛谷村の斧右衛門に歌右衛門。餝間《しかま》大蔵の大輔と喜田孫兵衛に三十郎。佐々木官次郎・轟伝吾右衛門に源之助。民右衛門か娘おゆきと官次郎妹おそのに路考。吉岡一味斎と月本武者之助に彦三郎也。二ばん目は梅川忠兵衛にて、亀屋忠兵衛に源之助。槌屋の梅川と忠兵衛姉おみちに路考。新口村の孫右衛門に彦三郎也。浄るりは**道行恋飛脚**《みちゆきこいひきやく》。源之助、路考、彦三郎にて富本連中也。七月狂言は**道中娘菅笠**《どうちうむすめかゞかさ》にけいせい重の井に仙女。由留木左衛門・じねんじよの三吉、男女蔵。奴逸平、歌右衛門。伊達の与作・鷲塚八平次に源之助。ひぬかのお初・関の小まんに路考なり。江戸屋平左衛門・本田弥三左衛門に彦三郎也。後に大切江所作事を出す。曽我の蛇足《じやそく》が筆勢・女猿曳に仙女。おなじくおそめ猿、多門。武の内大臣と小原女に歌右衛門。曽我の蛇足とおなじく筆勢平の惟茂《これもち》に源之助。神功皇后と廓《さと》の禿《かむろ》に路考。戸隠山の鬼女に彦三郎也。浄るり名題は**奉掛色浮世図画**《かけたてまつるいろのうきよゑ》、富本豊前太夫連中、長唄連中懸合也。九月は**伊達遊**《だてあそび》**花街風俗**《くるわふうぞく》。政岡に仙女。男之助に男女蔵。仁木と赤松彦次郎則政、二役歌右衛門。鶴喜代に多門。鬼貫と八汐・船頭だゝ八に中村東蔵。十三郎と渡平に渡辺民部に三十郎。頼兼と細川勝政に源之助。高尾ととうふやのむすめおみち・沖の井、三役路考。とうふやの三ふと渡辺外記左衛門に彦三郎也。これも後に切狂言として**義経腰越状**《よしつねこしごへじやう》、後藤生酔《ごとうなまゑひ》の段と鉄砲場を出す。則、五斗兵衛、歌右衛門。泉三郎に源之助。よしつねに七三郎。錦戸

に桐島儀右衛門。伊達に沢村治之助。五斗が娘とく女に粂三郎。亀井に三十郎。関女に路考也。この評ばん、いたつてよし。

［市むら座］顔見勢（文化六年）霜月朔日より、**貞操花鳥羽恋塚**《みさほのはなとばのこいづか》。源三位頼政と長谷部長兵衛信連に高助。待宵の侍従・淡路島の女蜑小磯に田之助。新院の若宮重仁親王に栄三郎。渋谷の金王《こんわう》丸《まる》と猪の早太に団十郎。崇徳新院に栄三郎改松助也。松助は松緑と改。配所の場にて讒者《ざんしや》のたくみを聞て梵天帝釈《ぼんでんたいしやく》魔界修羅《まけいしゅら》を念《ねん》じ、引ぬきにて生ながら天狗になるしかけ物の早替《はやがわ》り。毎度の事ながら、奇々妙々一流の名人也。白びやうしけさ御ぜんと為朝の息女逢島姫に半四郎。弥平兵衛宗清と遠藤武者盛遠に幸四郎にて、渡辺左衛門亘《わたる》の三津五郎と石段《いしだん》の立廻り、見物目をおどろかして喜ふ。此後度々勤む。今以て、人々石段の立テともてはやす。浄るりは**誰仝噂仇者**《たそやたそなうてのあだもの》。半四郎、松助、田之助、三津五郎、常磐津小文字太夫也。此時綱太夫は二代目兼太夫とあらたむ。春きやうげんは**春栄松曽我**《はるのさかへときはそが》。鬼王に高助。月小夜に田之助。十郎に三津五郎。五郎に松助。工藤に幸四郎也。二ばん目は**心謎解色糸**《こころのなぞとけたいろいと》、これは芸者のむりごろしの狂言也。深川仲町の芸者小糸に田之助。安野屋重兵衛に高助。お祭の佐七に松助。本庄綱五郎に三津五郎。半時治郎兵衛に幸四郎也。三月は当座も**楼門五山桐**《さんもんごさんのきり》にて、久吉と大江之助に高助。九重に田之助。弥田平に四郎五郎。久次に団十郎。久秋に松助。おりつに半四郎。高景に三津五郎。五右衛門に幸四郎也。此時南禅寺の場は大道具にて舞台一面を引おこし、がんとうにて幸四郎山門の上に居るゆへ、見物これをあやしむ但し図にて。考べし二ばん目は**勝相撲浮名花触**《かちずもふうきなのはなぶれ》。白藤源太に三津五郎。芸者おしゅんに半四郎。足駄の歯いれ権助に幸四郎也。序まく柳橋の場にて、坂東鶴十郎よみ売三五郎にて四ッ竹を討事有り。浄るりは**風誘鐘四竹**《かぜさそふかねもよつだけ》。富本斎宮太夫也。後に**道成寺**《どうぜうじ》**（沢紫鹿子道成寺）**をいだす。文珠坊《じゆほう》に高助。普賢《ふげん》坊に幸四郎。白びやうし桜木に田之助也。五月は**絵本合法衢**《ゑほんがつほうがつぢ》。高橋瀬左衛門に高助。道具屋与兵衛とうんざりおまつに松助。佐五右衛門むすめおよねと弥十郎女房さつき、半四郎。孫七と合法に三津五郎。立場の太平次と早枝大学之助に幸四郎也。此狂言くらがり峠の場、至て評ばんよく大入り大当り也。夏狂言は**閨扇墨染桜**《ねやのあふぎすみぞめざくら》。これは尾上松緑当座にての夏狂言、一世一代として道成寺の仕形能へ、しのぶ売の二面をつゞり合せ、鐘入りの段、水中早がわり、此度新工夫にて上るりに相勤む。并清玄・桜姫の二役も、松緑工夫をもつて松助これをつとむ。吉田の下部軍助と粟津の六郎・北条時五郎、三役団十郎也。雨《あま》鉦塚《がねづか》の聖源《せいげん》律師・吉田の後室班女《はんぢよ》御ぜん・白びやうし花子実ハ班女の霊魂《れいこん》・北条時政、松緑にて、これも古今珍らしき大入り大繁昌也。浄るりは**尾上の鐘忍夜語**《おのへのかねしのぶのよがたり》。小佐川七蔵、花井才三郎、尾上松助、常磐津兼太夫也。それより又八月十七日**当秋八幡祭**《できあきやはたまつり》。山崎与次兵衛・舟頭笘六、高助。芸者ふじやのあづ

まとお針のおぬいに田之助。足駄の歯入権介悴下駄の市と三原伝蔵に団十郎。山崎与五郎・野手の三に松助、南方十次兵衛と夜そば売南与兵衛に三津五郎、倉岡丈右衛門・かごかき甚兵衛・橋本治部右衛門に幸四郎。次部右衛門むすめおはやと関屋おてる三役に半四郎也。二ばんめ上るり**千種**《ちぐさ》**の花色**《はないろの》**世盛**《よざかり》。半四郎、田之助、松之助、簑助、松助、三津五郎、常磐津連中也。

［森田座］午（文化七年）の正月廿三日ヨリ**八陣守護**《はちじんしゆごの》**城**《ほんじやう》。千島の冠者義広・郡丹左衛門義成、伊三郎。佐藤主計之助、紋三郎。まり川玄蕃と水尾崎大蔵、下り山村儀右衛門。後室三浦・佐藤の奥方葉ずへ、下り三条浪江。此村隼人之助後ニ三浦之助義村、下り浅尾勇次郎。小田春雄・船頭なだ右衛門実ハ児島元兵衛政次、下り大谷門蔵。八十瀬の局・丹左衛門女房しがらみ、叶三右衛門。小田春姫・田舎娘おとき・丹左衛門が娘ひなぎぬ、下り藤川官吉也。佐藤肥前の頭正清・佐々木四郎、下り市ノ川市蔵也。此時《このとき》片岡仁左衛門下るべきはづの所なりしが、さゝわる事ありてくたらず。されど市蔵が正清の評ばんよく大入り也。二ばん目は**刀屋**《かたなや》**半七**《はんしち》**浮名**《うきな》**の深川**《ふかがは》。高松新次郎、勇次郎。刀屋女房おくま、門蔵。半七が女房おりう、三右衛門。仲町のげいしやお花、官吉。刀屋半七・みてくれの弥八、市蔵也。此狂言大利《おふぎゝ》にて永く興行し、それより四月五日より**自来也物語**《じらいやものがたり》（**柵自来也談**）を出す。万里野破魔之助・速見雅次郎・座頭徳市・盗賊《とうぞく》の首領《しゆれう》自来也《じらいや》、市蔵なり。八ッ橋村の伝兵衛・百性源五郎・懸河主水に勇次郎。けいせい代々衣と長兵衛がむすめ美鳥に官吉也。これも評判よく、程なく夏狂言は**男盛**《わかざかり》**浪花**《なには》**性**《かたぎ》（**男盛浪花姓**）。獄門の庄兵衛・八木孫三郎、門蔵。はんじもの喜兵衛に儀右衛門。黒船忠右衛門、勇次郎。やつこの小万、三右衛門。切は、おしゆん伝兵衛**堀川のだん**にて、猿廻し与次郎に勇次郎。おしゆんに三右衛門。伝兵衛にかん弥也。後に**襤合会稽錦**《つぎあわせこきやうのにしき》（**綴合会稽錦**）。宇田右衛門女房たきのに儀右衛門。女非人おはるに三右衛門。武右衛門女房みさほに浪江也。同じく八月十三日より**今昔**《いまはむかし》**小栗栖**《おぐるす》**文談**《ぶんだん》。小田春永・真柴久吉、伊三郎。松下嘉平次・百性九郎次、門蔵。おづう姫・与五郎女房お沢、官吉。小栗栖の馬士与五郎・武智光秀、市蔵也。二ばん目は**恋飛脚**《こいひきやく》**大和往来**《やまとわうらい》に孫右衛門、伊三郎。八右衛門に門蔵。梅川に官吉。忠兵衛に市蔵也。

○同八辛未年

［中村座］顔見勢は去る午（文化七年）霜月朔日より**雪月花黒**《ゆきとつきはなのくろ》**主**《ぬし》。女衛士しのぶ・伊勢の侍従・大和の国小女郎狐、仙女也。惜《お》しむべし、これを浮世の名残として午の十二月四日六十才にて西方蓮華座《さいほうれんげざ》へ赴《おもむ》く。則戒名は常篤院信誉道阿居士《しやうとくいんしんよどうあこし》と、押上《おしあけ》大運寺《たいうんじ》に墓誌《しるし》を残《のこ》す。○五代三郎照光に彦三郎。小野小町に田之助。孔雀三郎に松助。中納言行平に源之助。井筒姫に路考。黒主に歌右衛門也。春狂言は**銀杏**《さかいてう》**鶴**《まひづる》**曽我**《そが》。祐つねに松緑。祐

成に源之助。時致に松助。月小夜に路考。朝比奈に中村東蔵。景清と御所の五郎丸に歌右衛門。二番目は**東都名物錦絵始**《おゑどめいぶつにしきゑのはじまり》。城木屋のおこまに田之助。手代の丈八に市川わし蔵。亀の井弥惣兵衛と誹諧師川柳に彦三郎也。城木屋のむこ喜蔵に東蔵。髪結の才三に松助。西方寺の名月院と金江金五郎に源の介。げいしや小さんに路考。秋月一角と神田の与吉に歌右衛門也。余略之。後日きやうげんとして**草履打**《ぞふりうち》を出す。中老尾上に田之助。局岩藤に松助。おはつに路考也。尚《なを》また三月狂言は**年々歳々**《ねんくさいく》**沙石川**《まさごのいしかは》。侍女瀧川、田之助。此村大江之助に松緑。筑紫の権六、松助。片岡造酒之頭と関白久次に源之助。石川五右衛門に歌右衛門也。これも後に至りおそめ久松**浮名種艶油**《うきなのたねあぶら》、三幕を出す。でっちの久松とお染が姉おはるに田之助。山家や佐四郎、沢村治之助。油屋清兵衛に源之助。油屋おそめに路考。王子村の百性久作、歌右衛門也。大切所作事**遅桜手爾葉七字**《おそざくらてにはのなゝもじ》。けいせい・田舎座頭・業平・越後獅子・橋弁けい・海士・朱の鐘旭《せうき》、七変化所作大できにて大入大繁昌なり。五月狂言は**花菖蒲佐野**《はなせうぶさのに》**八橋**《やつはし》。源左衛門妾玉笹と万字屋の新造舟ばしに田之助。船橋勇助と佐野の次郎左衛門に松助。きのくにや文蔵・佐野の源左衛門常世、源之助。万字屋の八ッはし・勇助女房お袖、路考也。三浦の荒次郎・伝逸坊・佐野の兵衛政つね、三やく歌右衛門也。これも大利にて大入り大当り也。七月十五日より、彦三郎一世一代にて一日がわりに**菅原伝授手習鑑**《すがはらでんじゆてならひかゞみ》と**仮名手本忠臣蔵**《かなでほんちうしんくら》を相つとむ。先つすがはらには菅丞相と白太夫に彦三郎。時平公に松緑。さくら丸・春藤げんば・輝国、三やく松介也。覚寿・松王丸に源之助。梅王と宿禰太郎・源蔵、三やく歌右衛門。千代と龍田の前に路考。はるに市川おの江。八重とかりや姫・となみ、三やく田之助也。忠臣蔵には、由良之助・勘平が母・若狭之助、彦三郎。おかるとお石に田之助。高師直・九太夫に松緑。勘平と十太郎・天川屋、三やく松介。喜多八と不破数右衛門・判官、源之助。かほよととなせ・おそのに路考。平右衛門と定九郎・本蔵、歌右衛門也。此狂言どちらも評判よく大入り也。九月十七日より、又々**一谷嫩軍記**《いちのたにふたばぐんき》を出す。さがみと花のまへ・玉おり・石屋のむすめ小雪、四役田之助。園生の方に粂三郎。はやしと弥陀六、松緑。敦盛と小次郎・田五平、松助。よしつねと六弥太に源之助。忠度・熊谷、歌右衛門。大切**枝鶴紅葉**《ゑだのつるもみじの》**賀**《ことぶき》。平の惟茂《これもち》・懸相文売《けそうぶみうり》お高・戸隠山の本地不動明王、三やく彦三郎。けいせい琴鶴、田之助。馬士胴吉、松助。先生《せんじやう》太郎、源之助。仲居おゆめ、路考。鳥さし勘八、歌右衛門。こんがらどうじに多門。せいたかどうじに明石也。富本豊前太夫連中これを勤む。彦三郎はこれより舞台《ぶたい》を辞《じ》し、向《むか》ふ島《じま》へ引こもり薙髪《ちはつ》して半草庵楽善《はんそうあんらくぜん》と改《あらた》め、隠逸《いんいつ》の窓《まど》の前《まへ》に松風颯々《せうふうさつく》の閑《かん》雅《が》を楽《たの》しむ。寔《まこと》に功成《こうな》り、名《な》とげて身退《みしりぞ》く。俳優中《はいゆふちう》の君子《くんし》とやいはまじ。

［市むら座］ 顔見勢（文化七年十一月）は**四天王櫓礎**《してんのうやぐらのいしずへ》。平

井保昌に高助。敦賀郡司為時、下り荒木与次兵衛。卜部季武に団十郎。惟仲の息女なにはの前、下り山下八尾蔵後に坂東三津三と改名す。坂田の公時、半四郎。渡辺の源次綱、三津五郎。碓井の貞光、幸四郎也。但し此狂言に三日月お仙、半四郎。肴売三田の源、三津五郎にて切店の所あり。やはり団十郎が勤むる鰕雑魚《えびざこ》の重《ぢう》と同し事也。春狂言は **陬《むつましき》 蓬莱《ほうらい》曽我《そが》**、二ばん目**仕立《したて》莅《ばへ》昔《むかし》 綺《はちじやう》**。北条時政・伊東九郎祐清・二ばんめ畳屋伊八に高助。朝比奈に大谷門蔵。団三郎と時致に団十郎。祐成と鬼王・重忠、三やく三津五郎也。工藤左衛門、景清に幸四郎。二ばんめはおこまに半四郎。城木屋の手代次郎兵衛実ハ尾花甚三郎、三津五郎。佃屋喜蔵と鉄壁《てつへき》の武兵衛に幸四郎也。余《よ》は事繁《ことしげ》けれは略す。後に**助六《すけろく》所縁《ゆかりの》江戸《ゑど》 桜《ざくら》**、七代目市川団十郎相つとむ。干時廿二才にして初ての助六也。江戸太夫河東、三弦山彦源四郎、其外十寸見山彦連中いづる。役割は、くわんぺら門兵衛、四郎五郎。しら玉に団之助。朝皃せん平、市川栗蔵。揚巻に半四郎。白酒売に三津五郎。伊久に幸四郎也。這時《このとき》焉馬翁《ゑんばおう》、江戸紫ひゐきの鉢《はち》巻《まき》といふものに大江戸高名家《かうめいか》より三升が許《もと》へ贈《おく》られし発句《ほっく》、狂歌を輯《あつめ》られしが、その中にて一ッ二ッ思ひ出る侭《まゝ》にしるす。

助六がこりやまた股をくゞらせる市川流を人もかんしん　焉馬

助六が入りはあまりし門口《木戸》をまたくゞりまたくゞる見物　三馬

画のことは素を后にするがなる富士にくらべん市川の名を　故人豊国

其外あまたありしかど忘れたり。只這個《たゞしやこ》の三子《さんし》は故人となりしゆへに筆の 因《ちなみ》にしるす。

助六のあたりは江戸の花川戸三升一刻あたえ千金　蜀山

助六はこりやまた股をくゝらせる市川流を人もかんしん　焉馬

助六の入りはあまりし木戸口をまたくゞりまたくゞる見物　三馬

日本に一ッ印籠ひとつまへよふ舞わたる家の鶴ひし　慈悲成

はやしともいはて皆見にきさらきや贔屓くはゝる江戸さくら哉　真顔

下染もせぬゆるしの色も八百八町の御ひゐきの有がたきゆゑとしんこんにてつして

紫の藤もお江戸の水の恩　七代目三升

同年三月六日より **盬話水滸伝《じだいせわすいこでん》**に二本駄左衛門実ハ石見太郎景純・牧原蔵之進、幸四郎。玉島庄兵衛実ハ中川多ぜん・鎮宅霊《ちんたくれい》府《ふ》北斗の精、三津五郎。倉野屋むすめ小まん・奥女中豊浦、半四郎。浜名左門之正・若党五郎八・大塔の宮の霊、団十郎。駄右衛門女房おれんとげんはが養女八重町、団之助也。大切は浄《ぜう》

るり**七枚続花の姿絵**《ひちまいつゞきはなのすがたゑ》。常磐津小文字太夫、長唄と懸合《かけあひ》にて三津五郎例の七へんげの所作事、いつもの事ながら大でき〳〵大当り也。五月五日ヨリ**伊賀越乗掛合羽**《いがごへのりかけがつは》。和田靫負・桜木林左衛門・馬かた大八、四郎五郎。和田志津摩・沢井城五郎・柘榴《じやくろ》武助、団十郎。政右衛門女房お谷、半四郎。佐々木丹左衛門・唐木政右衛門、三津五郎。又五郎が母鳴見・沢井又五郎、幸四郎也。後に**御註文仕入茜染**《ごちうもんしいれのあかねぞめ》。研屋佐助、四郎五郎。げいしや小梅、団之助。梅や渋売市兵衛・千葉司之助、団十郎。福田屋のでつち長吉・長五郎が女房梅のおよし、半四郎。町髪結金神長五郎、三津五郎。根津の四郎兵衛・田島帯刀、幸四郎也。七月十八日より**玉藻前尾花錦繍**《たまものまひおはなのきんしゆう》。天竺の場にて馬忠子、宗三郎。班足《はんぞく》太子、団十郎。花陽《くわやう》夫人、半四郎。金毛白面の妖狐、幸四郎也。唐土殷《もろこしいん》の紂王《ちうわう》、幸四郎。周の武王、三津五郎。妲妃《だつき》、半四郎。雷震《らいしん》団十郎也。日本は坂部和田五郎重連、団十郎。玉藻前、半四郎。上総之助、三津五郎。三浦之助、幸四郎。二ばんめは**謎帯一寸徳兵衛**《なぞのおびちよつとくべい》。道具屋清七後ニ釣船三吉、団十郎。兵太夫が娘おかぢと徳兵衛女房おたつ、半四郎。一寸徳兵衛、三津五郎。大島団七、幸四郎。大島佐賀右衛門、門蔵也。それより九月きやうげんは**千本桜**《せんぼんざくら》（**義経千本桜**）に弁けいとすしやの弥左衛門に四郎五郎。小金吾・知盛・忠信・源九郎狐・覚範、五役団十郎。すしやのお里・しづか御ぜん、半四郎。惟盛とよしつねに三津五郎。権太と川越太郎に幸四郎也。上るり**道行初**《みちゆきはつ》**音旅**《ねのたび》、半四郎、徳之助、喜代太郎、団十郎、常磐津連中也。**［森田座］**顔見勢（文化七年十一月）は**観車雪高楼**《ものみぐるまゆきのたかどの》。はんにや五郎、男女蔵。小町姫に官吉。文屋康秀に三十郎。僧正遍照・秋津娘深雪、下り中山亀三郎。在原の業平、下り尾上新七。伴の善男、市川市蔵。五代三郎女房綾巻、下り中山富三郎。五代三郎照秀、助高や高助也。春狂言は**台賀栄曽我**《しんぷたいさかへそが》。和田のよし盛・十郎祐成・五郎時宗・筥根の閉坊、四やく男女蔵。鬼王に三十郎。工藤左衛門・八釼弾正左衛門、市蔵。下女おたけ・梛の葉御ぜん実ハ手塚の太郎が女房唐糸、富三郎。曽我の満江・京の次郎・主君の判官、高助也。二ばんめ、角力取男女川浪五郎・千葉当太郎、男女蔵。三浦屋のけいせい大淀・惣左衛門娘木幡、官吉。深見重左衛門、三十郎。勘助若党次作、市蔵。三田屋おなか、富三郎。荒尾惣左衛門、高助也。三月狂言は右の後日として**祇園祭礼信仰記**《ぎおんさいれいしんこうき》。山口九郎次郎・薬屋是斎、男女蔵。雪姫、官吉。東吉女房おそのと御乳人侍従、三右衛門。上総之助春永と三好修理太夫、二役三十郎。狩野之助直信・下人新作、勇次郎。松永大ぜん・佐藤虎之助、市蔵。春永の御台きてうの前、富三郎。木下東吉、高助。大切に**英執着獅子**《はなぶさしゆうちやくしし》。中山富三郎二ばん目大切につとむる。評ばんよく大入り大当り也。それより又、四月四日を初日として**忠臣蔵**《ちうしんぐら》（**仮名手本忠臣蔵**）。十太郎に山名・大館左馬之助、男女蔵。義平女房おその・小原女早咲・力弥、官吉。足利直よし・鹿島の事ふれおやもさ茂太郎、

伝蔵。由良之介女房おいし、三右衛門。塩谷判官・千崎弥五郎、勇次郎。若さの助と平右衛門、三十郎。師直・勘平・与一兵衛・定九郎・天川屋儀兵衛・本蔵・大星由良之助、右七やく市蔵。かほよ御ぜん・おかる・となせ、富三郎。石堂右馬之丞・おかるはゝ・堀部弥次兵衛、高助なり。古今の大入也。九月十七日より**本朝廿四孝**《ほんてふにぢうしかう》。長尾鎌信、男女蔵。百性みの作・慈悲蔵女房おたね・勝頼、三やく官吉。高坂弾正妻唐織、三右衛門。百性横蔵実は山本勘助、市蔵。常磐井御ぜん・長尾景勝・越名弾正、三やく勇次郎。高坂弾正・百性慈悲蔵実ハ直江山城、三十郎。越名弾正妻入江・山本勘助母・こし元ぬれ衣、三やく富三郎也。第二ばんめは故人市紅堺町にて勤し**俊寛双面影**《しゆんくわんふたつおもかげ》、市蔵名残狂言として相つとむ。有王丸に男女蔵。小ごうの局、叶三右衛門。俊寛僧都に市蔵。瀬の尾と亀王に三十郎。丹左衛門に勇次郎。お安に富三郎也。十月六日より顔見勢おくるゝによりて半四郎、幸四郎を借受《かりうけ》、**廿四孝**を壱ばん目へまわし、二ばんめ**江戸紫流石男気**《ゑどむらさきさすがおとこぎ》、三幕を出す。けいせい小紫に三右衛門。法花長兵衛女房おつね、富三郎。若党八内、勇次郎。白井権八・長兵衛女房おちゐ、二役半四郎。ばんずい長兵衛、幸四郎也。大切は**合逢駕暫時鳥枝**《あひあいかごちよつといきつゑ》**（合逢籠鳥渡杖）**、常磐津浄るりにて富三郎、松之助、半四郎、幸四郎相つとむる。これも殊の外評判よく、大入り大当りにて目出度舞おさむ。

芝居年代記巻之二

江戸芝居年代記巻之三

江戸　花笠翁編次

○文化九壬申歳

【中村座】顔見勢《かほみせ》（文化八年十一月）は去る**吾嬬花岩井内裡**《あつまのはないわゐだいり》に平親王将門《へいしんのうまさかど》と舟橋《ふなばし》中納言八兵衛・ちよこのちよこ平平の豆成・六郎公連、歌右衛門。純友・廻国の修行者月山・大宅次官雅広《まさひろ》、市川市蔵。当顔《とうかほ》見勢より市川と改め、紋の一の字も取《と》り只《たゞ》の三升に成る。九条のけいせい逢坂《あふさか》に官吉。武蔵五郎に三十郎。赤染右衛門と将門の妾七綾《あや》・手古奈の内侍、半四郎。袈沙太郎と二ばんめ左官の小手蔵、松助。俵藤太秀郷、高助也。浄るりは**鄙都艶玉簾**《ひなのみやこもみじのたまだれ》。歌右衛門、松助、三十郎、富三郎、半四郎。壱ばんめ四立めに常磐津小文字太夫也。春狂言は**名高富士根曽我**《なにたかきふじがねそが》。朝比奈と景清、歌右衛門。鬼王と範頼、市蔵。祐成に松助。時致に半四郎。祐経に高助也。二ばんめは**台頭霞彩幕**《だいがしらかすみのいろまく》に神田の若松・こん屋茜屋半七・桜井家中厚倉次郎太夫、歌右衛門。筑波茂右衛門に市蔵。三かつの娘おづうに栄三郎。東金屋茂右衛門に松助。みのや三勝と花陽庵妙貞に半四郎。うでの喜三郎・みのや平左衛門に高助也。大切浄るり**其常磐津仇兼言**《そのときはづあだなかねごと》。半四郎、歌右衛門にて兼太夫也。此狂言は三勝が男嫌ひなりといふ条《すじ》にて、いたつておもしろく大入り大繁昌也。作者は奈河篤助、

桜田次助、田島此助の三人也。それより三月五日**清水清玄面影**《きよみづせいげんおもかげ》**桜**《ざくら》といふ狂言を出す。清玄は故人歌右衛門、明和六年当座におゐて**児模様愛護若**《ちござくらあいごのわか》**（曽我裙愛護若松）**といへる曽我狂言の砌《みぎ》り相勤めて、誠《まこと》に大入り大繁昌をとりし狂言なれば、其例をとりてする也。清玄と島村弾正・白びやうし糸遊、三役歌右衛門。奴淀平・広沢屋長右衛門・同宿無縁坊、市蔵。田辺直宿之助清玄《きよはる》に官吉。義政の息女桜姫に嵐富三郎。奴鳥羽平・仕事師八つ岩源五郎に松介。ぎおんのお梶と広沢屋のむすめお糸に半四郎。左リ甚五郎と同宿有縁坊に高助也。切は則、歌右衛門道成寺所作にて、上るり**道行拙振袖**《みちゆきおにもじうしち》、小文字太夫也。**似紫鹿**《にせむらさきかの》**子道成寺**《こどうぜうし》。歌右衛門、東蔵、桐しま儀右衛門、市蔵、高助相勤む。これも大入り大はんじやう也。後に三月五日より狂言かわりて**亀山染読切講釈**《かめやまそめよみきりかうしやく》。大岸蔵人、歌右衛門。藤川水右衛門、市蔵。蔵人女房やどり木、官吉。杉本木庵・大和屋清九郎、伊三郎。石井円蔵・浅田屋十右衛門、三十郎。木あん娘おさよ・石井源之丞、富三郎。田辺文蔵、松助。石井養女千束・文蔵女房おしづ、二やく半四郎。磯上亘・理兵衛女房岩瀬、二やく高助也。同五月五日より**皐連歌恋句白浪**《さつきれんかこひのしらなみ》。此下東吉・髪ゆひ五郎八、二やく歌右衛門。山口九郎次郎・黒船屋忠右衛門、市蔵。こし元きてふ・けいせい瀧川、二やく官吉。五右衛門娘おつじ、松之介。早野弥藤次・柴田女房越路、二やく伊三郎。小田春永・夜番人獄門庄兵衛、三十郎。城之介妾花たちはな・早枝犬喜代・米屋孫三郎・古かね買三上や百介、三やく松助。東吉女房お竹・島原の仲居奴の小まん・小野のおづう、三やく半四郎。武智光秀・松下嘉平次・はんじ物の喜兵衛、高助。大当り二而七月十五日より**忠臣講釈**《ちうしんかうしやく》**（太平記忠臣講釈）**。高の師直・重太郎・たいこ持次郎右衛門・百姓弥作・万歳土地右衛門・九太夫娘おくみ・大星由良之助、七やく歌右衛門。斧九太夫・餝間宅兵衛、市蔵。けいせいうき舟・弥作女房おかよ・平右衛門女房おきた、官吉。石堂右馬之丞・喜内女房おはし・原郷右衛門・天川屋義兵衛、伊三郎。塩谷判官・千崎弥五郎、三十郎。力弥と五郎太に松介。おりへとかほよ、半四郎。喜内とおれい・数右衛門に高助也。六まくめ揚屋のだんにて歌右衛門、治郎右衛門にて我《わか》せし道成寺の**道行拙振袖**《みちゆきおにもじゆうしち》を出づかひにつかふ。常磐津兼太夫語《かた》る。珍《めづ》らしき事也。九月九日ヨリ**ひらがな盛衰記**《せいすいき》に樋口の次郎に歌右衛門。梶原平次と秩父の重忠に市蔵。およしに官吉。梶原源太に松助。千鳥とお筆に半四郎也。ゑんじゆと権四郎に高助。二ばんめ**嫗山姥**《こもちやまうば》、二幕。おもだか姫、官吉。頼光、紋三郎。太田の十郎、儀右衛門。白菊、おの江。怪童丸・たばこや源七、三十郎。山うばと三田の仕に歌右衛門也。いつたいこれは歌右衛門が名残狂言にて、先年中村仲蔵が勤めし志賀山一流の三番叟《さんばそう》をつとむる。于時仲蔵廿三回忌に当れり。

浄
昔今志賀山《むかしをいまにしがやまの》　中村歌右衛門
三番叟《さんばそう》　再春菘種蒔《またくるはるすゞなのたねまき》　中村七三郎　第一番目
ア、ラやうがましや　中村明石
瑠
ワキ豊後路伊予太夫　伊藤東三郎　二立目に
斎宮太夫改豊後路清海太夫　三　同　忠五郎
弦　同　岩蔵　相勤申候
理
ワキ豊後路宮路太夫　同　文七

長唄はやし連名略之。清海太夫は斎宮太夫の事にして、近頃故人に成りし二代目延寿斎也。山うばの浄るり**紅葉袖名残錦絵**《もみじのそでなごりのにしきゑ》。此狂言大入大当りにして、歌右衛門はめでたく故郷《こきやう》へ錦《にしき》をかざる。

【市村座】顔見勢（文化八年十一月）**厳島雪官幣**《いつくしまゆきのみてくら》に清盛と八町つぶての喜平次・源のよしとも、源之助改沢むら宗十郎也。白ひやうし朝児・みの〻国《くに》いなば山の賤の女横笛、田之助。渋谷金王丸と悪源太よし平に団十郎。渡辺の瀧口と源三位頼政に三津五郎。長田の太郎と八郎為朝に幸四郎也。宗十郎、清盛の評ばんよく大入大繁昌なり。

則当顔見勢評判記に　上上吉　源之助改沢村宗十郎　と見へたり。春狂言は**初松鶯曽我**《はつわかなはるつげそが》（**初菘鶯曽我**）。工藤左衛門と十郎祐成に宗十郎也。これ宗十郎、初工藤也。時致に団十郎。朝比奈と八わたの三郎、三津五郎。鬼王と景清、幸四郎也。

二ばんめは**色一座梅椿**《いろいちざむめとしらたま》。遠山甚三郎、宗十郎。かつしかのおしづ、田之助。木場の文蔵、団十郎。かつしかの十右衛門と名越四郎次郎に三津五郎。引窓与兵衛・小松菜売仁太・木屋の徳兵衛、幸四郎也。此狂言ひやうばん至てよく、大入り大当りなる事、世もつて知る所也。去る顔見世より狂言作者勝俵蔵、鶴屋南北と改名してより評判よく、今もつて戯場の作者の冠たり。この時も作者は南北、幸三、久助の三人也。三月狂言は**姿花江戸伊達染**《すがたのはなあづまのだてぞめ》。頼兼と鳴神勝之助、宗十郎。政岡に田之助。男之助と勝元に団十郎。三ヶ津地鶴之助・渡辺民部に三津五郎。仁木弾正に幸四郎。高尾に団之助也。三月九日より仙女が追善として、**其俤浅間嶽**《そのおもかげあさまがたけ》。瀬川路考、沢村宗十郎相勤むる。則、富本豊前太夫也。大切は**深見艸相生獅子**《ふかみぐさあひおひじゝ》。石橋所作事也。誠に親々《おや〳〵》の俤《おもかげ》ありとて、見物群《けんぶつぐん》をなして大入り大当り也。後又、**嫗山姥**《こもちやまうば》二まくを出す。源七に宗十郎。八重ぎりに田之助。おもだか姫に粂三郎。怪童丸に団十郎。碓井の荒童に幸四郎也。大切は**若葉衣躑躅真盛**《わかばごろもつゝじのまさかり》、長唄にて相つとむる也。五月は**菖蒲**《せうぶ》**太刀利生鑑**《だちりしやうかゞみ》。荻生左司馬と但馬屋清十郎に宗十郎。民谷坊太郎に沢村源平。民谷源八と早川藤兵衛に三津五郎。お夏と左司馬のおく方柳川に路考。野風の朝七・桃井生駒之助、団十郎。堀口源太左衛門、幸四郎也。後又、**妹背山**《いもせやま》（**妹背山婦女庭訓**）にかゆる。鎌足に宗十郎。久我之助に田之助。ひな鳥とお三輪、路考。ふか七に団十郎。大判事と求馬に三津五郎。入鹿に幸四

郎也。二ばんめはお半長右衛門（**誂繻子帯屋**）。おはんに田之助。幸之進と幸左衛門に四郎五郎。段介に団十郎。おきぬに路考。長右衛門に幸四郎也。夏狂言は、**京詣雷神桜**《きやうもふでなるかみざくら》に笠木の賤の女綾羽・女衛士とこよ・雲のたへま、田之助。笠木の賤の女くれは・女衛士かきわ、団之助。早雲の王子と阿部の春行・粂寺弾正・雷神上人、団十郎也。二ばんめは一日替りにて、初日は**其姿**《そのすがた》〽。けいせい小紫と白井権八、田之助。寺西閑心に団十郎也。後日は**散書仇名**《ちらしがきあだな》かしく。げい子かしくと花うりかゝアおりく、田之助。大工の六三と福清に団十郎也。九月は**菅原**《すがはら》**伝授**《でんじゆ》（**菅原伝授手習鑑**）。時平と白太夫に四郎五郎。菅丞相に団之助。松王に幸四郎。覚寿と源蔵、三津五郎。となみとさくら丸に路考。梅王と輝国に団十郎也。

［森田座］顔見勢（文化八年十一月から翌九年三月まで休座）は**友集重島原細記**《ともよびかわすしまばらさいけん》。七草四郎貞時・喜久地大炊之助・百性四郎蔵、下り坂東重太郎。天木主計・奴紋平、下り中山紋十郎。林新十郎・東条左衛門、浅尾勇次郎。杣甚太夫・奴岡平・杣木根八郎、下り大谷友蔵也。二ばんめは**伊勢音頭恋寝刃**《いせおんどこいのねたば》。福岡みつぎ、重太郎。貢が伯母おみね、叶右衛門。桂木主水、勇次郎。料理人喜介、友右衛門也。五月は**増補安達ヶ原**《ぞうほあたちがはら》（**増補安達原**）。貞任に袖はぎ、重太郎。善知鳥安方、紋十郎。生駒之助、花桐徳三郎。恋ぎぬ、三枡粂三郎。安部の宗任、友右衛門。二ばんめは**さる程**《ほど》**に重情一諷**《おしへのひとふし》（**さる程重情一諷**）。与次郎に重太郎。おしゆんに坂東花妻。伝兵衛に勇次郎也。後に坂東重太郎名残りとして**新累世俗話**《しんかさねものがたり》をいだす。かさねに重太郎。とうふや三郎兵衛、紋十郎。高尾に粂三郎。与右衛門と谷蔵に勇次郎也。金五郎に友右衛門。頼兼にかん弥也。六月は**行平磯馴松**《ゆきひらそなれまつ》と、二ばんめ**恋飛脚**《こいひきやく》（**恋飛脚大和往来**）をいだす。むらさめ姫に粂三郎。雨夜の皇子に中山門三。はぐん太郎とおなべ行平、かん弥也。小ふじとかぢや太郎七、勇次郎也。二ばんめに梅川、花妻。忠兵衛・はり立道庵・ひの口水右衛門・荷物こぶの伝が母・つるかけの土地兵衛・にわかぶげん福右衛門・新口村孫右衛門、七役勇次郎也。八月廿九日ヨリ八百屋お七が百三十年忌に付、**其往昔恋江戸染**《そのむかしこいのゑとそめ》。お杉に花妻。紅長と軍蔵に桐山紋次。土左衛門伝吉に花井才三郎。八百屋お七、粂三郎。十内と仁田に勇次郎。吉三郎に中山亀三郎。染五郎にかん弥也。上るり夢の所、常盤津上るり義太夫迄、前々の通りなれば略す。後に**扇矢数四拾七本**《あふぎやかずしじゆうしちほん》。与茂作女房おかよとこし元おたか、沢むら田之助。師直と由良之助、坂東八十助。与茂作と小間物や弥七・塩谷判官、勇次郎也。やはりお七は残る。それより又々夕ぎりを出す。〽**根引曙**《ねびきのきぬく》。吉田屋の女房に花妻。喜左衛門に紋次。夕きりに亀三郎。伊左衛門に田之助也。大切、**女鉢木**《おんなはちのき》。雪のだんに白妙、田之助。最明寺に勇次郎。玉づさに粂三郎。つね世にかん弥也。夕ぎりはちのき迄評判よく、大入り大当り也。

這歳《このとし》十月三日ヨリ葺屋町《ふきやてう》**［結城座**《ゆふきざ》**］**にて子供芝居興行《かうぎやう》あり。

則壱ばんめは**江戸《ゑど》紫《むらさき》流石《さすが》男気《おとこぎ》**、二ばんめ浄《ぜう》るり**睦《むつまじ》月《づき》恋手《こいのて》取《とり》**。長兵衛とかげ政に助高や金五郎。さめずの文に杢右衛門、市川銀太。助太夫に市川子之助今の市川。友蔵也。十右衛門と奴岡平に中島勘蔵今の松本。きん吾也。弥平とよしい〱・利八、沢村源平今上方に居る。沢村源之助也奴八内に寺西閑心、市川照世これも今上へのぼりし。市川茂々太郎也。小紫と春駒に瀬川多門今の五代目。菊之丞也。けい者兼吉とおきさに瀬川兼五郎今ふり附と成る。市山七十郎也。権八とお時・春駒、岩井松之助也今の紫若。誠《まこと》に大入り大当りなり。後生恐《こうせいおそ》るべしと纔《わづか》の間《あいだ》に皆々名人《みな〱めいじん》となり、父祖《ふそ》の名《な》をかゞやかす。実《げ》にせんだんは二葉《ふたば》といふべし。

○仝十癸酉年

［中村座］顔見勢は去る申（文化九年）の霜月霜(ママ)日ヨリ、**江戸《ゑど》桜恩潤高徳《ざぐらめくみのたかのり》**に、左中将義貞・備後三郎・栗生左衛門、三津五郎。上林の大淀太夫・勾当の内侍・島寺やそで、田之助。長崎勘解由左衛門・山賊篠目の夜叉丸、市蔵。伊賀の局・院の庄桜木のれいこん、路考。恩地左近太郎・あだし野の熊手ばゝア、松助。八尾の別当顕幸・鍋釜いかけ釣鐘権兵衛、高助也。

今歳《ことし》の顔見勢評判記に　上上吉　岩井松之助

上上吉　瀬川多門

如斯《かくのごとく》見へたり。去る十一月廿九日、可惜《おしむべし》路考、終《つい》に無常《むじやう》の風《かぜ》にさそはれて、黄泉《くわうせん》に赴《おもむ》く。辞世《じせい》は

西の日にきゆる願や霜の菊

戒名循定院環誉光阿禅昇居士《じゆんじやういんくわんよくわうあぜんしやうこじ》　行年卅一才

春狂言は**春駒《はるのこま》勢《いきおひ》曽我《そが》**。祐経に満江・伝三・重忠、四役三津五郎。祐成・時致・朝比奈、松助。鬼王に高助。とら・せう〱、田之助也。二ばんめ**初便《はつたより》廓《くるわの》玉章《たまづさ》**。忠兵衛と孫右衛門に三津五郎。つちや治右衛門、松介。梅川とおすわに田之助。忠三郎と妙かんに五百崎甚内、高助也。後に**娘《むすめ》景清《かげきよ》八島《やしま》日記《につき》**。三段目の口切を出す。手越の口入左次、三津五郎。景清がむすめ人丸に田之助。悪七兵衛景清に高助也。尚それより道成寺、嫉妬《しつと》の場《ば》と所作二幕をいだす。石場の孫五郎、三津五郎。源五郎が妹おみつ、田之介。同宿ふげん坊、高助。同宿文珠坊、市蔵。**沢紫《さわむらさき》鹿子《かのこ》道成寺《どうじやうじ》**、田之介、長唄連中相勤る。三月七日より**其面影《そのおもかげ》伊達《だての》うつし絵《ゑ》（其面影伊達写絵）**。細川勝元・めのと政岡・徘徊師紅葉庵道てつ・片きり弥十郎、四やく三津五郎。角力取浮世川戸平・仁木弾正姉浜多・岩見太郎左衛門・荒獅子男之助、四やく市蔵。頼かね妹薄雲姫・細川こし元宮城、伝蔵。茶道頓才・渡会妻八汐、東蔵。渡会銀兵衛、友蔵。浮田重三郎・三浦の高尾・仁木弾正左衛門・若党絹川与五郎、四やく松助。三ふ妹おたに、多門。細川の奥方岩くら・足利より兼・げいしや鳴神お梶・東山の息女阿国姫、田之助。渡部民部・豆ふ屋三郎兵衛・山名の奥方栄御ぜん・足軽雷鶴平・加村左京之進泰近、高助。

富本常太夫　三　鳥羽屋里夕
富本豊前太夫　鳥羽屋扇三
富本駒太夫　弦　名見崎登茂治　坂東三津五郎
鳥羽屋里長

時代世話
年中行事
四季詠寄三大字《しきのなかめよせてみつだい》　十二月ｷの所作事

常磐津兼太夫　三　岸沢小式部
常磐津小文字太夫　相勤申候
常磐津喜美太夫　岸沢式佐
常磐津秀太夫　弦　岸沢九蔵

五月六日より**物ぐさ太郎**。物くさ太郎・千の利休に三津五郎。不波伴左衛門・奴岡平、市蔵。こし元撫子、伝蔵。狩野歌之助・金魚や金八、松助。日吉の神子夕しで、多門。けいせい葛城・利休娘早枝・お国御ぜん、田之助。利休女房しがらみ・名古屋山三郎、高助。第二ばん目**封処其名顕**《ふうじふみそのなも御ぞんし》（**封文其名顕**）。土左衛門伝吉・荒井の八郎、三津五郎。仁田忠常、市蔵。小性吉三郎、伝蔵。べにや長兵衛・海老名軍蔵、東蔵。お杉、おの江。五尺染五郎、松助。筆や娘お鹿、多門。八百屋お七、田之助。赤沢十内、高助。七月十五日より**太平記**《たいへいき》**菊水**《きくすい》**之**《の》**巻**《まき》。紺屋勇介実は宇治常悦、三津五郎。鞠ヶ瀬秋夜、市蔵。石堂妹千束、伝蔵。正行奥方秋しの、下り芳沢いろは。楠正つら・奴照平実ハ楠次郎正義、松助。小山の息女小笹、多門。石堂妻寄浪・勇助女房おせん、田之助。石堂勘ヶ由・夢はんじ在兵衛実ハ佐々目憲法、高助。

初日
おその六三　**短夜仇散書**《みじかようきなのちらしがき》
大切に相つとめ申候
沢村田之助　常磐津兼太夫　岸沢式佐
瀬川多門　常磐津小文字太夫　岸沢松蔵
尾上松助　常磐津喜美太夫

舟越十右衛門、三津五郎。梶川長兵衛、市蔵。歌舞妓役者露鶴、伝蔵。福しまや後家おかぢ、いろは。大工六三郎・かしくおばアおまつ、松助。田舎娘おわた、多門。福しまやおその、田之助。福しまや清兵衛、高助。

二日目
おつま八郎兵衛　**文月恨鮫鞘**《ふみつきうらみのさめさや》
大切に相つとめ申候
沢村田之助　市川市蔵
常磐津兼太夫　岸沢式佐
常磐津小文字太夫　同　松蔵
常磐津喜美太夫　同　粂蔵

香具屋弥兵衛、三津五郎。古手屋八郎兵衛、市蔵。げいしやおさい、伝蔵。かごかき弥助、松助。丹波屋おつま、田之助。舟頭ふじ本の清八、高助。

三日目

おちよ
半兵衛

三重《みゑ》襷《たすけ》晌《せたいの》(ママ)曙《あけぼの》　沢村田之助
坂東三津五郎

富本大和太夫　鳥羽屋里夕
富本豊前太夫　名見崎前蔵
富本安和太夫　名見崎友治
鳥羽屋里長

大切に相勤申候

八百屋半兵衛・在所かゝおどり、三津五郎。八百屋後家おたま、市蔵。八百や甥嘉十郎、(松助)。半兵衛女房おちよ、田舎娘おちよぼ、田之助。家主太郎兵衛・島田平左衛門、高助。この三日の内、取分初日のお園六三大利ゆへこれを残し、**菊水の巻**の次へ**碁**《ご》**太平記**《たいへいき》**白石**《しらいし》**噺**《はなし》に惣六に三津五郎。常悦に市蔵。ぜけんの観九郎に中東(中村東蔵)也。どぜう太夫に坂東大吉。宮城野に田之助。しのぶに多門。七郎兵衛と秋夜に高助也。九月は田之助が名残にて**芦屋**《あしや》**道満**《どうまん》**大内**《おふうち》**鑑**《かゞみ》出る。保名とやかん平に三津五郎。与勘平に市蔵。榊の前・花町・葛の葉狐・葛の葉姫・草苅童・はした女・信田社の神霊、以上七役田之助也。道満と将監に高助。大切は**御名残**《おんなごり》**尾**《お》**花**《ばなの》**留袖**《とめそで》。田之助、金五郎、簑助、源平、多門にて、浄るりは富本、常磐津、長唄かけ合の所作事評判よく、大入り大繁昌にて目出度舞おさめ上方へ登《のぼ》る。

[市むら座] 顔見勢(文化九年十一月)は**御摂**《ごひゐき》**恵**《めくみの》**雨乞**《あまごい》。一条の后に団之助。小野の小町に粂三郎。大伴の山主、三十郎。良峰の宗貞に勇次郎。染殿《そめどの》の后に官吉也。春きやうげんは**花挿**《はつかしき》**俤**《おもかげ》**曽我**《そが》。梛の葉御ぜん・片貝・月小夜、団之助。伊豆の次郎・梶原源太景季・主馬判官盛久、三役下り嵐雛助、十郎祐成に尾上紋三郎。すけつね、下り中村歌蔵。鬼王と朝比奈、三十郎也。二ばんめは**花**《はなの》**昏**《ゆふべ》**待乳**《まつち》**山**《の》**清攬**《すがゝき》。越前屋小女郎に団之助。氏原勇蔵に雛介。玉屋新兵衛、勇次郎。玉屋おゐん、官吉。出村新兵衛と深江杢右衛門に関三十郎也。三月狂言は**添削**《つくりかへ》**信**《しん》**仰記**《こうき》。大ぜんと小次兵衛・春永、雛助。さつきと久吉に勇次郎。雪姫とおつゆ・初花、粂三郎。武智と吉松に三十郎也。二ばんめ**心中**《しんぢう》**嫁**《よめ》**菜**《な》**露**《つゆ》。お千代に団之助。嘉十郎、龍蔵。与茂太に才三郎。半兵衛に勇次郎。八百屋の甥佐兵衛に三十郎也。大切は四代目瀬川路考百ヶ日追善として、歌右衛門がせし七へんげの所作をつとむ。

御ひゐきの
御すゝめに任せ
歌の手に葉の
七変化

爰《こゝに》**咲**《さく》**似**《にた》**山桜**《やまさくら》　関三十郎　大切に
第二番目　相勤申候

けいせい・座頭・越後獅子・弁慶・海士・業平・朱しやふ鬼等也。長唄連中相つとむる。四月十三日より、大道具幕なし大じかけの**忠臣蔵**《ちうしんぐら》**(仮名手本忠臣蔵)**也。となせとかほよ・おその、団之助。師直と伊吾、雛助。加古川本蔵・塩谷判官、勇次郎。大星力弥・仲居おくめ、粂三郎。足利直よし公、竹三郎。平右衛門・義平・勘平・由良之介、三十郎なり。六月廿四日より

釜渕双級巴《かまがふちふたつともへ》。岩木兵部、歌蔵。五右衛門一子五郎市、源平。石川五右衛門、雛助。ひらかな盛衰記《せいすいき》。梶原景高、歌蔵。秩父重忠、雛助。源太・松右衛門、紋三郎。こし元千鳥・おふで、官吉。第二番大切狂言、堀川のだん（近頃河原の達引）。猿廻し与次郎、歌蔵。伝兵衛、紋三郎。おしゆん、官吉。八月十五日より尾上松緑洗濯話《おのへせうろくせんたくばなし》。蝦蟇《がま》仙人と乳人岩橋の局、尾上松緑。吃の又平・中なごん朝房実ハ石見太郎左衛門重行、市川団十郎。第二ばんめは累渕扨其後《かさねがふちさてもそのゝち》。序まく大和の国龍田越古城《たつたごへこじやう》の場より、二まくめは二十三年立て後の物語也。絹川羽生之助正累霊と与右衛門が女房かさねに松緑。祐念上人・羽生村与右衛門、団十郎也。大切は閨茲姿八景《またこゝにすがたはつけい》。常磐津連中、長唄懸合也。これも絵《ゑ》にゆづりて略す。

［森田座］顔見勢（文化九年十一月）は雪芳野来入顔鏡《ゆきもよしのきことのかほみせ》に坊門の宰相清忠・釈迦堂の構頭の座の権右衛門、尾上松緑。面売しやでんの壬生作実ハ妻鹿孫三郎・篠塚伊賀守・成田山不動の霊像、団十郎。勾当の内侍・富士白の抱達引おやつ・せいたか童子、半四郎。長崎勘解由左衛門為基・仕丁又六実ハ山名悪五郎・こんがらどうし、幸四郎也。春は例服曽我伊達染《しきせものそがのだてぞめ》。祐経に幸四郎。祐成・時宗、団十郎。高尾に政岡・あこや、半四郎。鬼王に四郎五郎也。三月狂言は浜真砂劇場絵本《はまのまさこかぶきゑぞうし》。久吉に下り尾上新七。五右衛門が女房おりつに半四郎。早川高景に団十郎。世尊寺中なごん公成卿実ハ石川五右衛門、幸四郎也。二ばんめお染久松色読販《そめひさまつうきなのよみうり》。山家屋清兵衛、新七。手代甚六、四郎五郎。油屋多三郎、下り三枡大太郎。百性庵崎の久作・猿廻し佐次郎兵衛、団十郎。おそめと久松・竹川・十手のお六・賤の女お作・寺じまのおみつ・お染が母貞昌、以上七役半四郎也。たばこ切り鬼門の喜兵衛・松本屋佐四郎、幸四郎也。此きやうげん二ばんめ大ぎゝにて、大入り大当り也。此後も度々つとむ。いつでも大当りにして、今以て半四郎が家の芸と成る。後又、五大力《ごだいりき》（五大力恋緘）を出す。勝間源五兵衛、新七。笹の三五兵衛、四郎五郎。廻しの弥助に桐山紋次。宅左衛門と八右衛門に団十郎。小まんに半四郎也。五月七日より曽我祭侠競《そがまつりいきじくらべ》に助松主計・一寸徳兵衛、新七。大鳥佐賀右衛門に四郎五郎。道具や清七と魚屋団十郎団七に団十郎。主計妹お仲と磯之丞女房琴浦に半四郎。三河屋義平次と釣舟の三ぶに幸四郎也。夏狂言は尾上松緑再勤《さいきん》して尾上松緑洗濯話《おのへせうろくせんたくばなし》。大切、団十郎姿八景《すがたはつけい》（閨茲姿八景）所作事。以前市村座の所に誌《し》るす通《とふ》りなれば贅《ぜい》せず。九月狂言は男一疋達引安売《おとこいつひきたてひきやすうり》。舟宿因幡屋助八・久下玄蕃、四郎五郎。本庄助太夫・藤川卜庵、宗三郎。けいせい小紫、スケ藤川官吉。寺西閑心・絹うり弥市実ハ本庄助市・大岸主水、団十郎。けいせい者明石町のおまつ・白井権八、半四郎也。藤川水右衛門・浜松屋猪之助・幡随長兵衛、幸四郎なり。

因《ちなみ》に云《いふ》。幡随長兵衛《ばんずいてうべい》が事迹究《じせききわ》めて詳《つまびらか》ならずといへども、浅草源空寺《あさくさげんくうじ》に墓碑《ほひ》あれば全《まつた》く虚誕《きよだん》にあらず。慶安《けいあん》三庚寅年

四月十三日善誉道散勇士《ぜんよどうさんゆうし》、二月十四日善誉寿散《ぜんよじゆさん》とありて、年号《ねんがう》なきはいかゞ。其下《そのした》に山脇惣右衛門《やまわきそうへもん》か娘《むすめ》右長兵衛が妻《つま》也とあれど前集《せんしゆう》にしるしたる助六《すけろく》の墓《はか》などの事《こと》を考《かうが》へ合《あは》すれば、一《ひと》ッ蓮《はちす》の心《こゝろ》にもあらんか。長兵衛本《ほん》性《せい》は塚本《つかもと》なり。金五拾両供養料《くようりやう》として花川戸《はなかはど》諸々《しよ〳〵》朋友《ほうゆう》より寄附《きふ》す。石塔《せきとう》は惣右衛門の立《たつ》る所《ところ》にして、後代《かうだい》に及《およ》ふとも無縁《むゑん》にならざるよふにとの事也。尤《もつとも》碑面《ひめん》には地蔵尊《じぞうそん》二体《にたい》を刻《こく》せり。今尚《いまなを》五代目錦升傍《かたはら》に碑《ひ》を建《たて》追福《ついふく》を営《いとな》む。一友人予《いちゆうじんよ》に語《かたつ》ていへらく、「上品《ぜうぼん》の台《うてな》に法《のり》の舟川戸《ふなかはど》、男《おとこ》の仏《ほとけ》のなかの仏《ほとけ》なりけり」、これ長兵衛が辞世《じせい》にして男の中《なか》の男一疋《おとこいつひき》といふせりふは、原這歌《もとこのうた》よりいづるよしをいへり。舟川戸《ふなかはど》は花川戸《はなかはど》の古名《こめい》なれど、此歌のさま慶安時代《けいあんじたい》にあらず。されど好事《こうず》の為《ため》に暫《しば》らく爰《こゝ》にしるしつ。

○同十一甲戌年

［中村座］顔みせ（文化十年十一月）は**群客坂東頌**《おくどうしやばんとうじゆんれい》。平太夫国妙に高助。生駒妹しづ綾、瀬川多門。名月姫、市川伝蔵。荒川左衛門とさきがけの金兵衛、三津五郎。中村松江始めて下る。役は中老尾上の前・江口のけいせい中の君・伊達のお関、三やく也。春狂言は**御贔屓延年曽我**《ごひゐきゑんねんそが》。鬼王に高助。梛の葉御ぜんと水茶屋月小夜のおさよ・三浦の片貝、三やく松江也。工藤に市蔵。十郎と梅沢の小五郎兵衛、三津五郎。時致に松助也。

二ばんめは**色情曲輪蝶花形**《わけふたつくるわのてうはながた》に駕の甚兵衛、高助。幻瀧右衛門実ハ金神長五郎・三原伝蔵、三役市蔵。けいせい都後ニ十次兵衛女房おはや、松江。南与兵衛、松助。南方十次兵衛、三津五郎也。三月七日より**花雲病色衣**《はなのくもやよひのいろごろも》。物種新左衛門俊長・土佐屋又平、高助。安房十郎兵衛義尹・浮世床又平、市蔵。さくら姫、伝蔵。金魚うり金八、松助。清水清玄と吃の又平、三津五郎也。当歳は故人坂東三津五郎三十三回忌追善として所作事**寄三津再十二支**《よせてみつまたもしゆうにし》。富本、常盤津、長唄かけ合也。小松曳《こまつひき》・大原女《おはらめ》・ういらう売《うり》・かち〳〵山《やま》・乙姫《おとひめ》・江島座頭《えのしまざとう》・王子参《わうじまい》り・紙碪《かみきぬた》、以上十二変化なり。此所作大評判《おふひやうばん》にして、古今未曽有《こゝんみそう》の大入り大当りなり。四月七日より**仮名手本忠臣蔵**《かなでほんちうしんくら》に直義・石堂・弥五郎・お伽あんまあんふく・九太夫・大館左馬之助・天川屋、七役高助也。判官と了竹・定九郎・与市兵衛・おかるが母・大星瀬平・本蔵、七役市蔵也。勘平・山名・若狭之助・小なみ・堀部安兵衛・夜そば売夜中の庄兵衛・平右衛門、七役松助也。師直・となせ・喜太八・一文字屋・師直の門ばん可内・でつち伊吾・由良之助、七役三津五郎也。四人ながら七役といふもいと珍らし。中村歌右衛門再《ふたゝ》び下り、六月十八日より**双**《ふたつ》**蝶々曲輪日記**《てふ〳〵くるわにつき》。幻瀧右衛門・与兵衛母お弓、高助。長吉が姉おせき・南与兵衛、市蔵。ふじやあづま、友吉。ふじやみやこ・与兵衛妻おはや、松江。式村庄九郎、松助。濡髪の長五郎、三津五郎。放駒の長吉に歌右衛門也。大切は**戻駕色相肩**《もどりかごいろのあひかた》。浪花

の治郎作に歌右衛門。禿たよりに多門。あづまの与四郎、三津五郎。常磐津小文字太夫なり。後に伊勢音頭《いせおんど》恋寝釼《こいのねたば》。藤なみ左膳、高助。杉山大蔵、市蔵。油やおこん、友吉。孫太夫娘さかき、松江。福岡貢、松助。料理人喜助、三津五郎。郷士兵助女房お栄、歌右衛門。八月六日ヨリ伊賀越《いがごへ》乗掛合羽《のりかけがつは》。和田靫負・股五郎母鳴見・松尾金助、高助。沢井又五郎・同城五郎、市蔵。和田志津摩、松助。政右衛門女房おたに、松江。上松右内・唐木政右衛門、三津五郎。誉田内記・佐々木丹左衛門・柘榴武助、歌右衛門也。

[市村座] 顔見勢（文化十年十一月）は戻橋《もどりばし》背御摂《せなにごひゐき》。和泉式部に団之助。花その姫に徳之助改松本よね三也。則、評判記に《ほうび》上上 松本よね三。大江の匡衡に中村歌蔵。よそほひ姫に粂三郎。卜部季武に三十郎。伊賀寿太郎、幸四郎。紫式部、半四郎。渡辺の綱に団十郎なり。春は三月六日より隅田《すみだ》川花御所染《がははなのごしよぞめ》。入間家の中老尾上に団之助。入間家の妹姫さくら姫、よね三。松井の源吾と奴隅田平、四郎五郎。吉田の公達梅若丸、松之助。奥女中民川・雁金屋の新造うねめ、粂三郎。北条義時・奴弥陀平、三十郎。粂の平内長盛・山田の三郎・猿島惣太実ハ粟津の七郎、幸四郎。尾上召仕おはつ・すみだ川の酒うりおなみ・入間の姉姫花子の前後ニ新清水の清玄比丘・班女御ぜん、半四郎也。吉田の松若丸・入間家の局岩藤・吉田下部軍助・細工人左リ甚五郎・粟津の六郎、団十郎也。此狂言殊の外の大入り大繁昌にて、女清玄《おんなせいげん》は大和屋《や》の家《いゑ》の狂言《きやうげん》と成る。五月きやうげんは復再松緑刑部話《またぞろせうろくおさかへはなし》。これは天守《てんしゆ》をせりいだす大《おふ》道具《どうく》大じかけの怪談《くわいだん》也。谷沢多仲実ハ南蛮寺万海《なんばんじまんかい》・真柴《ましば》の侍《じ》女《じよ》早《さ》百合《ゆり》・大倉刑部姫・百合が城の妖怪おさかべ姫・蟇仙人の画像の筆勢、五やく松緑也。利久がむすめ後ニ但馬やおなつ・与次郎が女房おちやつひいのお岩、粂三郎。深尾清十郎・猿廻し与次郎・羽矢川高景・天竺徳兵衛・別所小三郎長治、五やく団十郎。大切は倣三升《まねてみます》四季俳優《しきのわざおぎ》、市川団十郎相勤む。富本浄るりと長歌の懸合にて、十二月の所作事ひやうばんよく大入り大繁昌也。其形勢《そのありさま》は歌川氏が筆にゆづりて爰《こゝ》に略《りやく》しぬ。後に桂《かつら》川縁仇浪《がはゑにしのあだなみ》、三幕を出せり。堀尾帯刀・げいこ岸野のゆうこん、松緑。しなのやのおはん、市川三蔵照世改名、今の茂々太郎也。帯屋のおきぬ、芳沢稲三郎。帯屋の下女おしん、粂三郎。長右衛門と片岡幸之進、団十郎也。七月廿六日より新識転多縞入船《いまおりはかたのいりふね》（新織博多縞入船）。博多小女郎、団之助。小町屋宗七、三十郎。伊勢参りお市、半四郎。但し久々病気にて出勤《しゆつきん》なかりしが、漸々《やふ〳〵》全快《ぜんくわい》して当狂言よりいづる。舟頭浮洲の岩実ハ玄海の灘右衛門、団十郎。季栄君昇龍《きゑいくんせうりう》、団十郎也。二番目は故人松本幸四郎十三回忌に付、当幸四郎追善として福清之役相勤。**もとなとらむし文月《ふみつき》**。福清女房おかぢ、団之助。石川屋七郎助、四郎五郎。船こし十右衛門、三十郎。按ま取梶の長庵・福しまや清兵衛、幸四郎。長あん女房おまつ・神さきや娘おその後ニげいしやかしく、二

やく半四郎。大工町の六三、団十郎。評判よく別し而二番目大当り也。大切に夕霧伊左衛門壱幕出す。

廓文章《くるわぶんしやう》

一ふじや伊左衛門　岩井半四郎
一喜左衛門女房おさか　同　粂三郎
一夕ぎり　市川団之助
一喜左衛門　市川団十郎

九月節句より**染纏竹春駒《そめたつなたけのはるこま》**。由留木の奥方岬御ぜん・こし元藤なみ、団之助。わし塚官太夫・日ぬかの八蔵、四郎五郎。こし元千種、松之助。こし元いろは・女小性、粂三郎。三度飛脚江戸兵衛・伊達新左衛門、三十郎。丹波屋与作・座頭慶政実ハわし塚八平次・鷺坂左内、幸四郎。奥女中重の井・女馬子じねんじよのおさん・関の小まん、半四郎。伊達の与作・奴逸平・山形屋義兵衛・由留木左衛門、四やく団十郎。第二番目**姫小松《ひめこまつ》**。俊寛僧都、団之助。なめらの兵、三十郎。有王丸、幸四郎。亀王丸女房おやす、半四郎。亀王丸、団十郎。四代目市川団蔵七回忌に付大切に所作事いだす。

四季写記念紅筆《しきうつしかたみのべにふで》
市川団之助相つとめ中候

春　**池田湯谷花見車**
夏　**仏御前扇子獅子**
秋　**都祇王紅葉御幣**
冬　**俊寛僧都雪の姿見**
（**俊寛僧都雪姿見**）

長唄連中惣出、はやし連中、竹本亀太夫、野沢繁六相つとむる。

［森田座］　顔見勢（文化十年十一月）は**御贔屓繋馬《ごひゐきつなぎうま》**に瀧口兵庫之助・渡辺の仕とやつこ与勘平・平親王将門、男女蔵。桜木親王の妾葛の葉姫、里好。信田の森の葛の恨狐と伊予の純友に松緑。俵藤太秀郷に冬奉公人久三、三十郎。六郎公連・正平太貞盛、勇次郎。秀郷の奥方真弓御ぜん、富三郎也。此時吹屋町、堺町とも池魚《ちぎよ》の災《わざはひ》にかゝりしによりて、団十郎、半四郎、幸四郎を市村座より借受《かりうけ》、ふたゝび閏霜月七日より誠《まこと》の顔見勢《かほみせ》として**戻橋閏顔鏡《もどりばしまたのかほみせ》**。碓井の荒太郎・炭売五郎三・市原の鬼同丸、男女蔵。赤染右衛門・真弓御ぜん、富三郎。公連が女房若紫・近江の湖の龍女泉皇女・園生の前、団之助。白川広文・六郎公連、勇次郎。時行一子快童丸、松之助。満仲一子美女丸・三日月おせん、粂三郎。田原の千晴・大宅太郎、三十郎。袴垂の保輔・茨木や鬼七実ハ伊賀寿太郎、幸四郎。賤の女お岩実ハかつらき山女郎ぐもの精・鬼七が女ぼうお綱実ハ純友の妾笘屋・足柄山の山うば、半四郎。卜部の季武・将軍太郎よし門・提箟たばこや酒むしのおよし・肴売ゑびざこの十実ハ渡辺の綱・山

賤斧右衛門、団十郎也。これも彼前々《まへ〳〵》仕来《しきた》りし切店《きりみせ》の所を仕組《しくみ》し狂言《きやうげん》、いつもの事ながら見物《けんぶつ》の目《め》をよろこばしむ。春狂言は正月十一日より**双蝶々仮粧曽我**《ふたつてふ〳〵よそほひそが》に小林の朝比奈・鬼王新左衛門、男女蔵。梛の葉御ぜんと大磯のとら、富三郎。月小夜に団之助。伊豆の次郎と満江御ぜん、下り片岡松助。工藤と景清に幸四郎。あこやとせう〳〵、半四郎。祐成と時致・不動の霊像、団十郎。第壱ばんめ大詰に、

本家《ほんだな》　　　　　　　　　市川団十郎　長うたはやし
　　　正札附根元草摺《しやうふだつきこんげんくさずり》
出廓《でみせ》　　　　　　　　　市川男女蔵　連名略之

古風な事ながら市川流の荒事に見物大によろこぶ。第二ばんめは鳶頭金神長五郎、男女蔵。ふじやの女房お関、富三郎。げいしやふじやのあづま、団之助。山崎屋の手代与五郎、勇次郎。長五郎が妹おてる、粂三郎。かごの甚兵衛、片岡松助。引窓・放駒の四郎兵衛・南方十次兵衛、幸四郎。下駄のお市・与次兵衛女房おはや・げいしやみやこ、半四郎。新藤徳次郎後ニやわたや与次兵衛・町がゝへ鷲《わし》の長吉、団十郎也。後に大切江**拙業**《へたざいく》**再張交**《にどめのはりまぜ》。上るり所作事、常盤津と長唄懸合にて団十郎相つとむる。

○仝拾二乙亥年

〔中むら座〕顔見勢（文化十一年十一月）は去る霜月朔日ヨリ**二人婿座定**《にゝんむこみくらいさだめ》に高安左衛門・狩人岩根のがけ蔵実（ママ）伴の良雄・須磨の汐汲おなべ実ハ金剛兵衛娘小いそ、三役歌右衛門。此時尾上松助、親松緑が先師たる菊五郎と改名すべきなれど、当時菊といふ字はさゝはる事あるゆへに菊五郎が俳名梅幸とあらたむ。役は在原の業平・旅虚無僧青梵子《せいぼんし》実ハ桂金吾重則・八瀬の百性豆四郎・鏡とぎ地金の幸助、四役也。

伝《でん》に曰《いわく》元祖尾上菊五郎は天明三卯年の冬、大坂中の座におゐて、**ひらかな盛衰記**にゑんじゆと重忠の二役が此世の名残りと成り、其後天明五巳の年、実子丑之助菊五郎と改名し、午の年顔見勢に角の芝居座本をつとめしが、幾程もなく早世し、名家三十年来中絶《ちうぜつ》せしゆへ、今度去る贔屓《ひゐき》のすゝめといひ、終に梅幸と改名す。

旅虚無僧月山実ハ刀鍛冶宝寿・孔雀三郎実ハ伴の良澄、市蔵。小原の黒木売しのぶ・有常の息女井筒姫、松江。賤の女浪花のおやな実ハ三巡の小女郎狐・二役伊勢の侍従、大吉。破軍太郎友長・三条の小鍛冶宗近・紀の有常、三津五郎也。春狂言は正月十一日より**伊達彩曽我雛形**《だてもやうそがのひながた》。頼兼・外記左衛門・政岡・けわい坂・仲の町駿河屋与市・曽我の五郎時宗、歌右衛門。十郎祐成・謎解二本松の春雪・秩父の重忠、梅幸。鬼王新左衛門に市蔵。けいせい高尾と三うらの片貝に松江。梛の葉御ぜん・とうふや与右衛門が女房かさね・鬼王が妹月小夜、大吉。いせ参り岩手村の弁之助後ニ仁木弾正左衛門・とうふや浮世与右衛門・

工藤左衛門祐経、三津五郎。小林の朝比奈に若太夫伝九郎也。三月狂言**五大力艶湊**《こだいりきいろのみなと》。獄門の庄兵衛・座頭はでの市、歌右衛門。廻しの弥助・奴の小まん、梅幸。笹の三五兵衛・八木屋孫三郎、市蔵。弥助女ぼうおはまとげいしやさくら屋の小まんに松江。奥女中幾野・瀧川御ぜん、大吉。黒江町の忠右衛門・勝良源五兵衛、三津五郎也。大切浄瑠理**其九絵彩四季桜**《そのこゝのへさいしきざくら》。歌右衛門、大津画四季之所作事。常磐津と長唄かけ合也。後に**ひらがな**（**ひらがな盛衰記**）、二だんめの切を出す。梶原平次に歌右衛門、軍内に中東（中村東蔵）。千鳥に松江。ゑんじゆに大吉。源太に三津五郎也。都て評判よく大入り大繁昌なり。七月狂言は**男作女吉原**《おとこだていろもよしはら》。助松主計に歌右衛門。一寸徳兵衛、梅幸。油屋九平次と釣船の三ふ、市蔵。徳兵衛女房おたつ・げい者天満屋お初、松江。三ふ女房おつぎ、大吉。上州館林の団七、三津五郎也。二番目は歌右衛門一世一代御名残狂言として**大塔**《おふとうの》**宮曦鎧**《みやあさひのよろひ》、三だんめの口切。右馬頭一子鶴千代に松助。花園に大吉。右馬頭に三津五郎。斎藤太郎左衛門に歌右衛門也。都て此名残狂言十日がわりにして、次は**けいせい返魂香**《はんごんこう》、吃の段。土佐の将監に市蔵。娘お梅に伝蔵。又平女房おとく、大吉。吃の又平に歌右衛門也。次は**義経千本桜**《よしつねせんぼんざくら》、四段めの口切。よしつねに梅幸。しづか御ぜんに松江。源九郎狐・佐藤忠信・横川の覚範、三役歌右衛門也。次は又**襤褸錦**《つゞれのにしき》（**織合襤褸錦**）。春藤次郎右衛門・若党佐兵衛、歌右衛門。治兵衛に梅幸。お六に松江。おはるに大吉。伊兵衛と武右衛門に三津五郎也。**妹背山**《いもせやま》（**妹背山婦女庭訓**）、道行と四の切。入鹿とお三輪に歌右衛門。鱘七に市蔵改鰕十郎也。橘姫に松江。求馬に三津五郎也。今度《こたび》市蔵、歌右衛門と共侶《もろとも》に故郷《ふるさと》へ返《かへ》るにつけて、歌右衛門が取次をもつて団十郎門人と成り、鰕の一字を貰ひ鰕十郎と改め、俳名をも新升と呼《よ》ぶ。誠に此鰕の一字は（闕）上々様より頂戴《てうだい》せし字にて、俳優《はいゆう》の道《みち》においては家《いゑ》の矩模《きぼ》とする事なりとぞ。

這時《このとき》三升より引出物としておくられし品は

一　二代目団十郎　大太刀　一本　一　四代目団十郎　長大小

一　四代目ゑび蔵筆　懸物　壱幅　一　黒羽二重紋附

一　柿の上下　此通りをゆづる

市川市蔵市鶴ことし鰕十郎新升と改名して、浪花へかへるを祝して

あらたなるかへ名をみます市の鶴浪花のあしは伊勢の大海老　蜀山人

海老胴のよろひ直垂にしきゝてかへるなにはの役者大将　四方真顔

七五三五々三升がかざりぞや箔のついたる鰕の船盛　七代目市川三升

摺ものゝ折紙そへてわざものゝ鰕鞘巻を送るなには路　山東京伝

今国は外にあらみの業物よ研あげてなを玉川の水　七十三翁談洲楼焉馬

余はくだ〲しければ略之。

鬼一法眼三略巻《きいちほうげんさんりやくのまき》。弐の切にうばあすか、大吉。なぎのまへ、おの江。鬼若丸に歌右衛門。これらの狂言、都ていづれも評判よく、古今独歩の大入り大繁昌也。此外に毎朝序びらきに寿《ことぶき》靭猿《うつぼざる》といふ狂言を小文字太夫浄るりにて相勤む。首尾よく十月中旬迄興行して芝翫、新升は故郷《ふるさと》へ帰《かへ》る。

［市村座］顔見勢（文化十一年十一月）きやうげんは世界花菅《せかいのはなすが》原伝授《はらでんじゅ》。三善の清行・判官代照国、高助。此時嵐三五郎下る。平の希役は都之助紀の良香・桜飴売五作・武部源蔵、三役也。平の希世・舎人松王・白太夫実ハ天蘭敬、幸四郎。かりや姫と本院の左大臣時ひら・白太夫がむすめ八重機、半四郎。畑の十作実ハ直禰太郎・右大臣菅原の道真公、団十郎。奴宅内・土師兵衛之助兼武、下り中山舎柳也。浄るり御摂花吉野拾遺《めぐみのはなよしのしゆうい》。衛士又五郎実ハ塚本狐葛恨之助に三五郎。寒念仏杉本坊、舎柳。弁の内侍・和泉の国楠の千枝狐、団之助。楠帯刀正行、団十郎也。此時彼清海太夫と改名せし斎宮太夫、又々清元延寿太夫と改む。春きやうげんは増補富士見西行《ぞうほふじみさいぎやう》。根の井大弥太、高助。写絵姫、多門也。此時坂東大五郎は大谷広右衛門と改む。役は皷の判官・猪の六郎也。松波靭負と木曽義仲、団十郎。手塚の太郎・西行法師、三五郎也。二ばんめは其盞色三組《そのさかづきいろのみつぐみ》。愛沢の家中浅田宗次、高助。平野屋手代徳兵衛、三五郎。てんまやお初、団之助。古手買湯くわん場八郎兵衛・重井筒長右衛門、幸四郎。八郎兵衛が女房おつま・重井筒のおふさ、半四郎。柴又の菜うり長蔵・油屋九平次、団十郎也。後に上るり御存江戸絵風流《ごぞんじゑどゑふうりう》。関守関兵衛実ハ大伴の黒主、幸四郎。女かごかき山本のお杉実ハ此花が妹八重垣、多門。けいせい墨染実ハ小町桜の精霊、団之助。女かごかき山かけのお松、半四郎。少将宗貞、団十郎也。太夫は則、常磐津連中これを勤む。三月は千本桜《せんぼんざくら》（義経千本桜）にて川ごへと弥左衛門、高助。小金吾と梶原に三十郎也。大物の船頭沖蔵・弥助・源九郎狐・佐藤忠信、四やく三五郎也。弁慶に舎柳、若葉の内侍・典侍の局・しづか、団之助。権太に知盛・覚範、幸四郎。おさとに半四郎。よしつねに団十郎也。後に八重霞《やゑがすみ》融《とおるの》桜花掛合《はなにかけあい》。嵐三五郎、清元延寿太夫にて相つとむる。番組は大臣詠歌陸奥《おとゞゑいかのみちのく》、川太郎雨夜酒買《かはたろうあまよのさけかい》、知恩院軒端古傘《ちおんいんのきばのふるかさ》これはなだいの壱本あしの所作事也、夕霧由縁《ゆふぎりゆかり》の月待《つきまち》、紙衣男草履長刀《かみこおとこぞうりのなぎなた》これはうしろめん也、京女郎御庭桜見《きやうじよろうおにはのさくらみ》、堕落雷《おつこちかみなり》八挺太鼓《はつてうだいこ》、狂浮布袋唐児遊《うかれほていからこあそび》。紅蓮童子《かうれんどうし》に粂三郎。玉蘭童子《ぎよくらんどうし》、よね三。男山八まん使鳥の精、三五郎也。長唄連名略す。後又郭公色夜話《ほとゝぎすいろのよがたり》にみのや平左衛門、高助。茜屋番頭十兵衛に三十郎。香川市之進、三五郎。みのや三勝、団之助。山伏随楽院、幸四郎。あかねやでつち半七・半七姉片瀬のおいわ、半四郎。あかねや荷かつぎ忠助、団十郎。五月は筥根霊験躄《はこねれいげんいざりの》仇討《あだうち》（箱根霊験躄仇討）に飯沼勝五郎、三五郎。筆助に三十郎。筆助が女房お弓・新右衛門が妾おてい、団之助。初花に粂三郎。佐藤郷助後ニ滝口上野、舎柳。大切上るり須磨《すま》の写絵《うつしゑ》。今様

の役人松風実ハ小野のお通、団之助。おなじく村雨実ハ佐渡島お国、粂三郎。同役人行平と此兵衛実ハ伏見山三郎、二扮《ふたやく》三五郎也。これも太夫は清元連中相つとむる。六月十二日より**蘭奢《らんじゃ》待《たい》新田《にった》系図《けいづ》**、序切より四の口迄。小山田勘市後ニ妻鹿孫三郎・庄屋可兵衛、三五郎。新田義貞と大森彦七、三十郎。渕部伊賀守、舎柳。勾当の内侍と弥太郎が妻磯浪、粂三郎。女筆指南玉置・小山田幸内、高助。二ばんめ**其噂《そのうわさ》色聞書《いろときゝがき》**。梶川新十郎、三五郎。里見伊助、三十郎。扇折おまつ、松之助。多賀屋娘おせん、粂三郎。おせん姉おちゑ、団之助。有田文蔵、高助也。これは李冠が家のきやうげんのよふに成りている樽屋おせんの書かへ也。やはり大切上るりは残る。

［森田座（河原崎座）］顔見勢（文化十一年十一月）は**冬至《ふゆ》牡丹《ぼたん》雪陣幕《ゆきのじんまく》**。越名弾正に四郎五郎。鬼児島弥太郎秀勝に片岡松助。隼人之助義信、勇次郎。八重垣、粂三郎。高坂妻綾機、藤川友吉。長尾謙信、三十郎。信玄の御台阿胡の方、半四郎。武田信玄に団十郎也。春きやうげんは又々河原崎再興《さいかう》にて**時今《ときはいま》摂《ごひゐき》握虎《やっこ》**。松下嘉平次、四郎五郎。武智光秀、幸四郎。光秀女房さつき、半四郎。小田春永に真柴久吉、団十郎也。二番目は**杜若《かきつばた》艶色紫《いろもゑどぞめ》**。左大臣源兵衛、四郎五郎。船橋の次郎左衛門・修行者願哲、幸四郎。万寿や八ッ橋・杜若姉ィ土手のお六、半四郎。お守伝兵衛・佐野の次郎左衛門、団十郎也。此時の作者は南北、如皐也。七月狂言は**慙紅葉《はぢもみじ》汗顔見勢《あせのかほみせ》**。山名宗全・浮世渡平・

片桐弥十郎、四郎五郎。新造小むらさき・与右衛門がむすめおりく、松之助。渡辺民部之助逸友・祐念和尚・牟礼一角、片岡松助。男之助妹政岡・新造うす雲、多門。頼兼・男之助・仁木弾正・けいせい三浦の高尾・渡辺外記左衛門・与右衛門妻かさね・羽生村与右衛門・金五郎坊主道てつ・細川勝元、九やく団十郎也。

垂帽子《ひらりぼふし》不器用娘《さいしょのふつゝか》 第二番目大切	市川団十郎 岩井松之助

浄るり所作事　清元連中
長唄囃子連中ニ而相つとむる

後ニ片岡幸之進・同幸左衛門、四郎五郎。おはん、松之助。長右衛門女房おきぬ、松助。げいこ雪野、多門。帯屋長右衛門、団十郎。浄るり道行清元延寿ニ而**霞《いしたゝみ》帯地安売《おびちのひけもの》**。第壱番序ひらきに**隈取安宅松《くまとりあたかのまつ》**、むさし坊弁慶、団十郎。長唄連中相つとむる。又後より二幕出す。**千本桜《せんぼんさくら》（義経千本桜）**、道行狐忠信御てん場。大鳥井の大連法師、四郎五郎。しづか御ぜん、多門。四郎兵衛忠信・源九郎狐・覚はん、三やく団十郎。九月十一日より**忠臣蔵《ちうしんくら》（仮名手本忠臣蔵）**。塩冶判官・でっち伊吾・弥五郎・平右衛門、四やく三十郎。こし元おかる・小なみ、多門。大星力弥、松之助。若狭之助・九太夫・不破勝右衛門、松助。おいし・おそのに粂三郎。かほよ御前・となせ、友吉。師直・定九郎・ぜげんゐんま小兵衛・了竹・堀部弥次兵衛・大星下部八助・加古川本蔵、幸四郎。勘平・一もんじや才兵衛・義平・由良之

助、団十郎。第二番目二幕、博多高麗名物噺《はかたこまめいぶつはなし》。小松や惣七・仲居おいわ、松之助。博多のけいせゐ小女郎、粂三郎。玄界灘右衛門、幸四郎。木津川蔵人、団十郎。切狂言、藤川友吉大坂江のほるに付名残、山姥《やまうば》（嫗山姥）、壱幕。荻野屋八重桐、友吉。沢瀉ひめ、多門。こし元白菊、粂三郎。たばこや源七、団十郎なり。評判よろしく、九月狂言目出度舞おさむる。
今歳十月十六日尾上松緑終る。伝翁院《でんわういん》 釈《しやくの》 松緑《せうろく》恵琳《ゑりん》居士《こじ》。浅草今戸妙徳山広楽寺に墓碑《しるし》を残《のこ》す。

芝居年代記巻之三

芝居年代記巻之四

江戸　花笠翁編次

○文化十三丙子歳

［中村座］顔見勢（文化十二年十一月）は四天王御江戸鏑《してんわうおゑどのかぶらや》に西国順礼長作実ハ渡辺の綱・鳶の者中組の綱五郎・くりの木の又次、三津五郎。奥女中浪花・唐土養由基が女枡花女・いせ参り娘お露実ハ将門娘七里姫、下り沢村田之助也。当顔見勢より、梅幸は菊五郎と改む。役は龍宮の八大竜王実ハ美女御前・中根屋の花咲実ハかつらき山土蜘精魂・下村の買物売折助実ハ田原の千春、四（ママ）役也。和泉式部に松江。将軍太郎良門・花売茨木ばゝア実ハ将門の乳人さしま・大江左衛門政時、幸四郎。碓井の貞光・袴垂保輔・肴売ゑびざこの十実ハ二の瀬の源六、団十郎也。第壱ばん目五立目に、二重衣恋占《ふたへぎぬこいのうらかた》。菊五郎、三津五郎、新内節のふりごとあり。歌舞伎芝居にて新内をもちゆる事はこれが始めて也。太夫鶴賀新内後に出雲掾と改又氏を豊名賀と、あらためしが今又鶴賀にかへる三弦中村里暁、上でうし鶴賀升六也。後に二ばんめ歳市胆安売《としのいちいきじのやすうり》を出す。遠山甚三郎に三津五郎。紙ごまの治兵衛、菊五郎。河田屋女房おまつ・松江。きのくにや小春・七左衛門が女房おさん、沢村田之助。みすがら太兵衛・成田屋七左衛門、団十郎也。春きやうげんは比翼蝶春曽我菊《ひよくてうはるのそがぎく》。重忠と鬼王・男達梶の長兵衛・八幡の三郎、三津五郎。工藤左衛門祐経・白柄重右衛門・けいせい三浦屋の小紫・本庄助市、菊五郎。梶野長兵衛が妹かしく・津の国やのおとみ、下り中村のしほ。月小夜・舞づる・幡随長兵衛女房お歳、松江。箱根賽の河原寺西閑心坊・大工の六三・幡随長兵衛、幸四郎。祐成・時致・白井権八・尺八指南随仙・景清、団十郎也。此狂言も大利にて大入り大当り也。三月は梅桜松双紙《うめさくらあひおひそうし》。宿禰太郎・筑紫の漁師梅六・白太夫女房小汐、三津五郎。判官代輝国・奴宅内・菅原の道真、菊五郎。龍田のまへ・松兵衛が女房千代、松江。さくら丸と早がはりにて女房八重に覚寿と三役、田之助。松王丸と白太夫・漁師松兵衛・春藤玄蕃、幸四郎。荒木の杢兵衛・土師の兵衛・武部源蔵・藤原の時平、団十郎也。大切は三津五郎が道成寺、京鹿子《きやうがのこ》娘道《むすめどう》成寺《じやうし》。同宿こんがら坊に菊五郎。同せいし坊に箕助。観音坊

に七三郎。せいたか坊と成田の八郎春久に団十郎也。五月五日より**時鳥貞婦噺**《ほとゝぎすみさほばなし》。これは上方なる芝屋芝叟《しばやしそう》が作りし**朝顔日記**《あさがほにつき》といふ狂言の書かへ也。駒沢主膳と宮城阿曽次郎に三津五郎。磯貝藤介に菊五郎。岩代瀧太と荻野祐仙に中村東蔵。主膳がこし元おまつと芸者小菊に松江。実右衛門娘深雪とごせあさかほに田之助。舟頭だいばの仁助・灸点所大島本立・島川太兵衛、幸四郎。呉服や半兵衛・菊地権の頭、団十郎也。此狂言評判よかりしが、中程より田之助病気にて、よね三代りをつとめしは惜《お》しき事なりかし。七月は幕なし大道具の**忠臣**《ちうしん》**ぐら**（**仮名手本忠臣蔵**）。本蔵に数右衛門・平右衛門、三津五郎。判官・勘平・与茂七、菊五郎。となせ・おその、松江。九太夫に市川友蔵。かほよにおかる・師直が妾橋とみ、田之助。師直・弥次兵衛・定九郎・義平、幸四郎。桃の井・一もんじや・由良之助、団十郎也。後に**国性爺合戦**《こくせんやかつせん》をいだす。甘輝に三津五郎。老一官に市川弁蔵。和藤内母に市山七蔵。錦軩女に松江。和藤内に団十郎也。九月は**源平布引瀧**《げんへいぬのひきのたき》、大序より三段目迄。実盛に三津五郎。盛久に菊五郎。小まんに松江。九郎助に市川友蔵。小よしに弁蔵。太郎吉に中村西蔵今歌右衛門が養子と成る。中村駒之助これ也。待宵姫、田之助。木曽の先生義賢・瀬の尾の太郎兼氏、幸四郎。奴折平実ハ多田の蔵人、団十郎。二ばんめ**褄重噂菊月**《つまかさねかねてきくづき》。佃屋喜蔵と肴売腕の喜三郎に三津五郎。大経師茂兵衛に城木屋のおこま・尾花六郎右衛門、菊五郎也。喜三郎妹お玉に松江。芸者額のおさん、田之助。髪結才三、幸四郎。城木や手代丈八と萩原左膳、団十郎也。大切は松江の名残所作事**七小町容彩四季**《なゝこまちすがたのさいしき》、清元連中、長唄連中かけ合也。此狂言、壱ばんめ弐ばんめとも大利にて、大入り大当りなり。

[**桐座**] 櫓再興《やぐらさいこう》にて三月十九日より**賜助御贔屓**《たすけてたまへかみのまにく》。菅原の道真・白太夫がむすめ小ざくら・こし元龍田・灘八女房おはる・源蔵女房となみ、五役団之助なり。灘八姉おすま、下り山科甚吉。河内の郡領、広右衛門。輝国・威徳坊・博多の船頭五平次、坂東又重郎。武部源蔵・奴宅内実ハ宿禰太郎・梅ヶ浜の灘八・金ごう坊、勇次郎。時平公・法性坊阿闍梨・山伏松王院・佐太村の郷士四郎九郎・博多の船頭白太夫、高助也。切は**道成寺**（**京鹿子娘道成寺**）、団之助、又重郎、勇次郎也。後日狂言は**有職鎌倉山**《ゆふしよくかまくらやま》。月小夜姫、団之助。大工与五作・三浦荒次郎・源左衛門母しがらみ、又重郎。弓削大助・佐野の源左衛門、勇次郎。弓削新左衛門・船橋勇助・秋田城之助、高助也。夏狂言**太平記忠臣講釈**《たいへいきちうしんかうしやく》。かほよ御ぜん、重太郎。女房おりへ、菊之丞多門が事也改名の事河原崎座の所にしるす。九太夫・乳貰ひ松浦文治兵衛、門蔵。石堂に天川屋・喜内・勘平、又重郎。師直・重太郎・次郎右衛門・万才とち兵衛・百性弥作・九太夫娘おくみ・大星、七役三十郎也。二ばんめは**御ぞんじ五大力**。小まんに菊之丞。宅左衛門に門蔵。弥助に善次。八右衛門に才三郎。三五兵衛に又十郎。源五兵衛に三十郎也。**報讐殿下茶屋聚**《かたきうちてんがちややむら》に千島冠者・京屋万助・

本田靫負、男女蔵。内田中将秀秋・幸右衛門母小槙に又十郎。岡船妾おオ・幸右衛門女房おかつ、甚吉。東馬三郎左衛門・馬士官八、舎柳。早瀬伊織、勇次郎。東馬橋蔵・人形や幸右衛門、下り三枡大五郎。早瀬左島頭・安達弥助、下り浅尾工左衛門。宇治の方、団之助也。後に**梅川忠兵衛（道行恋飛脚）**をいだす。丹槌屋治右衛門に男女蔵。梅川に甚吉。亀屋忠兵衛に勇次郎。丹波屋の八右衛門に大五郎。つるかけの藤次兵衛・忠三女房おきよ・針立の道庵・荷物瘤の伝が母・馬士六蔵・在所男達源五郎・新口村の孫右衛門、七役工左衛門。つちやの女房おりつ、団之助也。

【河原崎】顔見勢（文化十二年十一月）は霜月三日より**大和名《やまとめい》所千本桜《しょせんぼんざくら》**。当顔見勢、多門十四才にして五代目瀬川菊之丞と成る。役は義経の御台卿の君・武州王子村の在所娘菊のおわた・富樫の左衛門が妹関の戸・建礼門院の侍女小宰相也。和泉の三郎妻陸奥・西陣のはたおり女色糸のおさん実ハ鬼一法眼後室吉岡、団之助。しづか御ぜんとすしやの下女おかつ・浄るり御せん、粂三郎。六代御ぜんに門院の女の童宿り木、松之助。皆つる姫と木辻の仲居およしによね三。義経に主馬の小金吾、勇次郎。忠信に富樫の左衛門・片岡八郎、三十郎。すけのつぼね・巡国の女六部成尾実川（ママ）つら法眼の妹飛鳥、大吉、下の関のけいせい歌姫太夫・しづか御ぜん実ハ大和の国の小女郎狐に半四郎。肝入すしやの弥左衛門実ハ江戸の太郎重長・江田の源三弘基、高助也。春狂言は**容《なぞらへて》賀扇《ふじがね》曽我《そが》**に手越のせう〳〵、菊之丞。大磯の虎御ぜん、団之助。化粧坂の少々・曽我の五郎時宗、粂三郎。曽我の十郎、勇治郎。近江の小藤太、四郎五郎。八幡の三郎・団三郎、三十郎。工藤の奥方梛の葉御前、大吉。鬼王女房月小夜・和田か三男小林の朝日丸・京の小女郎、半四郎。鬼王新左衛門・曽我の満江御ぜん・工藤左衛門祐つね、高助。第壱番目浄るり**人来鳥《ひときとり》箱根《はこね》の児髷《ちごわげ》**。手こし少々、菊之丞。大磯のとら、団之助。五郎時致、粂三郎。小林の朝日丸、半四郎。常磐津小文字太夫、式佐ニ而相つとむる。第二番目は本郷菊坂加賀やの娘お菊・吉祥院の小性吉三郎、二やく菊之丞。天神水茶やゆしまのおかん、団之助。本郷八百屋のお七・菊酒やのでっち幸助、粂三郎。戸倉十内・お菊が兄加賀屋武兵衛、勇次郎。かしく伯母お梶・五尺染五郎、四郎五郎。佐藤定七・菊坂のそばやかつぎの六三、三十郎。八百屋下女お杉・かしく母船越お十、大吉。けいしやかしくのお八重・月の岬の夜番夢のお市、半四郎。鳶の者白山の伝吉・稲毛の家中安森源次兵衛、二やく高助。**ちらし書《がき》仇命毛《あたないのちげ》**。菊之丞、粂三郎、半四郎、第二番目大切浄るり、富本豊前太夫連中ニ而相つとむる。評判よく大入なり。三月七日より**局岩藤《つぼねいわふじ》比翼裲襠《ひよくのうちかけ》（局岩藤比翼裲襠）**。発端、宇治の橋姫の霊、半四郎。平井兵左衛門一子権八、松之助也。北条の息女時姫・助太夫娘八重梅、菊之丞。尾上召仕お初・七瀬の太夫娘七瀬、粂三郎。長兵衛娘おりき、松之助。唐犬権兵

衛実ハ本庄助市・稲毛大膳、四郎五郎。お時兄小仏小兵衛・絹問屋上州屋弥市実は本庄助市、三十郎。北条家の中老尾上・助太夫後家おらい、大吉。北条家の局岩藤・平井権八・長兵衛お時・小むらさき、半四郎。かつしか十右衛門・三浦屋亭主四郎兵衛・荒井帯刀、高助。此時四代目岩井半四郎十七回忌に当り、当岩井半四郎追善狂言相つとむる。第二番目大切**江戸《ゑど》紫《むらさき》手《て》向《むけの》七字《しちじ》**。岩井半四郎七やく 髭の意久 寺西閑心 酒うり山川新兵衛 酒うり花川長兵衛 朝かほせん平 宵の口の仙吉 そばやかつぎ二八 女房引ぬきのおしな 禿しら玉 げいしや八重梅 あげ巻の助六 平井ごん八 三浦の揚巻 三浦の小むらさき 常磐津連中、長唄連中惣出囃子に相つとむる。三浦の新造花まち、菊之丞。同かほる、粂三郎。男達くわんへら門兵衛、四郎五郎、三浦のやり手おみの、大吉。大切半四郎七やく、古今の大出来にて大入大当なり。四月十七日より**ひらかな盛衰記《せいすいき》**。こし元千鳥、菊之丞。おふで、粂三郎。重忠、鬼次。軍内、善次。松右衛門女房およし、かほ世。ゐんじゆ、門三郎。平次かげ高・船頭権四郎、四郎五郎。源太景すへ・船頭松右衛門実ハ樋口次郎、三十郎。第二番目狂言

若葉《わかば》の花《はな》仲《なか》宵月《もよいつき》（若葉の花中宵月）

大切
所作事

女駕かき打出のお浜、菊之丞。禿しげり、松之助。女かごかき鈴鹿のおやま、粂三郎。評ばんよく、五月節句より**増補《ぞうほ》妹《いも》背山《せやま》**。ひな鳥・入鹿の妹橘ひめ、菊之丞。久がの助・采女の局、粂三郎。神南村のおさん、松之助。入鹿大臣・になひ茶うり土左衛門、四郎五郎。宮《みや》つこ三作実ハ淡海公・渡し守芝六、三十郎。後家定高・春日の茶屋娘おせん、大吉。お三輪と立野の里のおきじ、半四郎。大判司と鎌足・お三輪が兄ふか七、高助也。二ばんめは**略《まがひ》織《おり》襤褸《つゞれ》錦《のにしき》**。伊兵衛妹おみよ、菊之丞。おはる妹おしほ、粂三郎。彦坂甚六、門三。須藤六郎右衛門、門蔵。高市庄之助・加村宇田右衛門、三十郎。次郎右衛門女ばうはる、大吉。左兵衛女房おぬひ、半四郎。高市武右衛門、高助。八月朔日より**染替《そめかへて》蝶《てうに》桔梗《きゝやう》**。新町ふじやあづま・次部右衛門娘おてる、菊之丞。春永の妾きてう・橋本の下女おとら、粂三郎。光秀一子十次郎光義、松之助。仁右衛門悴与五郎、かほ世。岡島丹平後ニ郷左衛門・謡の指南丸山仁右衛門、四郎五郎。小田春永・伏見問屋場の書役与五郎・勝志賀与五郎正行、三やく三十郎。次部右衛門後家幻・与五郎女房関の戸後ニ放駒のお関・新町ふじやのみやこ、大吉也。光秀娘さつき・井筒屋の仲居濡髪のお関・園生の局、半四郎。山崎の渡し守与次兵衛・若徒十次兵衛後ニ南方屋与兵衛・武智光秀、高助なり。大入ニ而同廿五日より**双《ふたつ》蝶々《てふくる》曲輪《はに》日記《つき》**。ふじやあづま、菊之丞。山崎与五郎・ゐつゝ屋の仲居おとら、粂三郎。次部右衛門娘おてる、松之介。かごの甚兵衛・尼妙てい、四郎五郎。南与兵衛、三十郎。長吉姉お関・濡かみ長五郎、大吉。与兵衛女房おはや・放駒長吉、半四郎。与兵衛母お弓・橋本治部右衛門、高助。第二番目とし

て二面《ふたおもて》在《あり》姿《しすがた》絵《ゑ》。瀬の尾太郎・有王丸、四郎五郎。亀王丸、鬼次。丹左衛門尉もと康・俊寛僧都、三十郎。亀王女房お安、大吉。磯の海士千鳥、半四郎。評判よく大入なり。九月廿四日より日蓮記《にちれんき》御《み》法花王《のりのさくら》。弥三郎女房おふね、菊之丞。あま小磯、松之助。吉祥丸後ニ日朗法師、鬼治。波木井庄司実長・小室修験者恵朝阿闍梨・北条長時、四郎五郎。鵜飼勘作・船頭弥三郎・工藤左近重行、三十郎。勘作母おつぎ・菊王丸後ニ日蓮上人、大吉。勘作女房おでん・波木井の息女七里姫、半四郎也。余略之。

○おなじく（文化）十四丁丑歳

[中むら]顔見勢は子（文化十三年）の霜月ヨリ不破《ふわ》名護屋《なごや》雪《ゆきの》橝《だてがさ》。□とき□（市）村亀三郎、彦三郎と改、役は細川政元也。洛東ゑい山正法寺国阿上人・不破伴左衛門重勝・赤松彦次郎則秋、二ばんめとふやけんまくの三ふ実ハ岩見太郎長秀、幸四郎。足利頼兼・夜そば売風鈴松五郎、菊五郎。政岡と金八女房おはや、甚吉。大江の鬼貫・人形屋金八、三十郎。けいせい高尾に山三女房葛城、二ばんめとふやむすめおみや、田之助。角力取犬上段八・名古屋山三・麹町の井戸や堀抜の兼、三津五郎也。三建めにて鬼貫の三十郎、狩装束にて大きなる鼠をおさへて居てせり出しいろ〳〵せりふ有て、鼠きゆると直にすつほんにて、幸四郎いが栗あたま、異形なるこしらへの坊主にて出、だんまりの立廻り有て、トヾ三十郎花道へかゝ（ママ）を呼留ると、三十郎小柄《こづか》の手裏剣《しゆりけん》を討つ、ひやうしまく。幕の外、三十郎出端《では》の鳴り物にて大やうに向ふへはいる也。この狂言大入り大当りにて、春は清玄桜姫の世界にて今朝春《けさのはる》曽我《そが》湊《のみなと》（今朝春曽我澪湊）といふ名題にて、菊五郎清玄、田之助桜姫のつもりにて本読もすみ、稽古にもかゝりし所、又もや両町祝融氏《しゆくゆうし》の怒《いか》りにふれて烏有《うう》となりければ、奈何《いかゞ》とあんぜし所、思ひの外三月普請《ふしん》出来して、五日より頃《ころも》桜《さくら》曽我《そが》湊《のみなと》と名題を改め、直にその狂言を用ひし所、当正月廿八日、沢村田之助三十才を一期《いちご》として迷途《めいど》の旅にいでられしは、惜《おしみ》てもおしむべき事ならずや。法号は麗香院《れいこういん》映誉梅雪居士《ゑいよばいせつこじ》、寺はやはり誓願寺々中受用院《じゆよういん》也。役割は景清と近江の小藤太・雇中間権助実ハ赤沢十内、二ばんめ黒船町の黒舟忠右衛門、幸四郎。祐成・時宗・清水町の清玄坊・かまくら屋五郎八・八木孫太夫むすめおつる、菊五郎也。小林の朝比奈・篠村伊織、彦三郎。三浦の息女小ざくら姫に中山亀三郎。鬼王女房月小夜・八百千代の女房お千代、甚吉。鬼王新左衛門・町がゝへはんじものゝ喜兵衛・八わたの三郎、三十郎。梛の葉御ぜんに奥女中小まん、大吉。八木孫太夫・竹門の獄門の庄兵衛・工藤左衛門、三津五郎。八木孫三郎に伝九郎也。此きやうげんは親子塚といふ読本を取りなをしたる条《すじ》也。四月四日より奥《おう》州《しゆう》安達原《あだちがはら》。貞任に幸四郎。義家に菊五郎。生駒之助に彦三郎。安方が女房おたに、甚吉。鎌杖娘袖萩、大吉。善知鳥文次安方、三十郎。外ヶ浜の南兵衛、三津五郎也。二ばんめ青楼《さと》詞合《ことばあわせ》

鏡《かゞみ》。唐物や小兵衛、幸四郎。佐野の次郎左衛門、菊五郎。万字や八ッはし、中山亀三郎。文蔵女房お賤、大吉。木屋文蔵、三津五郎也。五月狂言は**忠孝菖蒲刀**《ちうかうせうぶがたな》。赤堀水右衛門、幸四郎。鳥井弥十郎・石井兵助、菊五郎。奴関助、彦三郎。餝間多門之助・中野藤兵衛・石井兵衛、三十郎。兵衛妻おらい・十左衛門妾おくら、大吉。三木十左衛門、三津五郎也。此時大井川の場は、花道を切り落して本水を入れ、砂舞台にて本雨を降らし大道具なり。八月朔日より**追善重扇子**《ついぜんかさねあふぎ》（**追善累扇子**）。松緑か三回忌の追善也。薩島宗観・羽生屋の助四郎、幸四郎。天竺徳兵衛・葛飾の正作・浮島多門の頭・座頭徳市・重井筒の累・木津川与右衛門・千原左近、七役菊五郎也。正作にて鎌腹を切る所大でき〳〵。それより三立め、くづれ御殿、大がま。猶大詰、座頭・上使水中のはやがわりいつもの通り也。奴磯平・与五郎女房お菊・乳人やどり木、甚吉。里見左京之進・若党良助、三十郎。宗観が妻夕なみ・かつしかのお重、大吉。浮島多門の頭・渡守曲金の与五郎、三津五郎也。九月は**連歌月光秀**《（ママ）とことばのはなつきもみつひで》。武智に幸四郎。久吉に菊五郎。森蘭丸、三十郎。光秀女房さつき、大吉。春永に三津五郎也。二ばんめは**旨首尾鳴戸白浪**《まんまとしゆびなるとのしらなみ》。順礼お鶴ばゝア、幸四郎。隠岐丈助、菊五郎。山名屋浦里、亀三郎。安松時次郎、簑助。安松靫負・桜井主膳、三十郎。十郎兵衛女房お弓、大吉。阿波十郎兵衛、三津五郎也。

［きり座］三月九日より**新舞台仁礎**《しんぶたいめぐみのいしずへ》。久吉に勝谷助左衛門に高助。浜町の方・水茶屋おしづ、里好。此村常陸重行、舎柳。金吾久秋、下り片岡小六郎。岸田が娘早瀬、下り片岡長太夫。岸田娘瀧川・武智がむすめ皐浪、粂三郎。小西弥十郎・関白久次、下り坂東重太郎。岸田の局・石川五右衛門、下り片岡仁左衛門。御台菊町御ぜん、団之助。**東都鑑曽我世話**《あづまかゞみそがのせわごと》（**東都鑑曽我世語**）。大藤内成景・河津の亡魂、高助。満江、市川門三郎。大藤内女房榊、下り佐の川花妻。曽我の片貝、片岡長太夫。海野の太郎、桐山紋次。時宗と大藤内娘乙女前、粂三郎。仁田の四郎、重太郎。朝比奈の三郎義秀、片岡仁左衛門也。これは**東鑑御狩**《あづまかゞみみかりの》**巻**《まき》を仕組たる狂言にて、朝比奈のくさめにて幕を切る、片岡が得物也。二ばんめは**朝桜隅田川八景**《あさざくらすだのはつけい》。稲野谷半十郎・丸本の女房おいし、里好。堤弥源次、舎柳。八わたや八兵衛、小六郎。げいしや八重次、長太夫。げい者小いな、粂三郎。稲野谷半兵衛、重太郎。本庄主税、仁左衛門也。

［河原崎］顔見勢（文化十三年十一月）は**清盛栄花台**《きよもりゑいぐわのうてな》。当顔見勢、三蔵は茂々太郎と改め、紋三郎は荻野仙花と改、我長は坂東又十郎と改名し、桐しま義右衛門は惣領甚六と改。安達藤九郎盛長と伊賀の平内左衛門、荻野伊三郎。北条時政のむすめ政子の前・牛王丸、松之助。瀧口三郎常俊・増尾の金五に茂々太郎也。伊東がむすめ辰姫・いつくしまのかゝへすてきお徳、菊之丞。常磐御ぜん・満江・びつくりお時、大吉。梛の葉・櫛巻のおさん・常盤屋の女房お民・宗清妹白妙、半四郎。平の清

盛・河津の祐安・工藤金石丸・熊坂長範・成田不動の霊像、団十郎也。春狂言は**木挽町曽我賜物**《ごひゐきてうそがのたまもの》。石塚佐七郎後ニ糸屋手代佐七、浅尾勇次郎。山住五太夫がむすめ小糸・一万丸祐成、菊之丞。糸屋のむすめお糸・綱五郎女房団十郎お房・月小夜、半四郎。成田の講頭本町綱五郎、団十郎。筥王丸時致、松之助。艾売三升屋五郎兵衛実ハ悪七兵衛景清・工藤左衛門、団十郎。十内女ぼう小よし・満江御ぜん、大吉なり。二ばんめ**妹背縁利**《いもせのゑんり》**生組糸**《しやうのくみいと》。石塚弥惣兵衛、伊三郎。げい者粂吉、松之助。糸屋の女房お岩、又重郎。中根屋佐五郎、仙花。糸屋手代佐七、勇次郎。与茂作むすめおゆり・女髪結おもと、大吉。非人半時九郎兵衛実ハ山住五平太・本町綱五郎、団十郎也。三月は**桜姫**《さくらひめ》**東文章**《あづまぶんしやう》。発端江ノ島児ヶ渕、清水直宿之助清玄後ニ所化自久、団十郎。江の島の児白菊、松之助。粟津の六郎・山田郡次兵衛、伊三郎。稲の谷半十郎、松之助。松井源吾、又十郎。粟津七郎・町かゝへ有明の仙太郎、仙花。下部軍助・吉田少将惟貞、勇次郎。郡次兵衛娘小雛・仙太郎女房かつしかのお十、菊之丞。吉田の息女さくら姫・小塚原千代倉の抱風鈴お姫・粟津俊兼つま矢はし・吉田奥方班女御ぜん、半四郎。新清水の清玄・信夫の惣太後ニ家主釣鐘権介・稲野谷半兵衛・隅田の百性馴わなの弥蔵、団十郎。

第二番目大切所作事

浄瑠理 正月

松色操高砂《まつもろともみさほのたかさご》

やつし尉 太かぐら　団十郎
やつしうば 鳥おひ　半四郎

常磐津小文字太夫連中に相勤る
長唄芳村連中ニ而

長唄 三月

桜艸娘髷䯻《さくらそうしまだのいちざし》

桜草売　団十郎
やしき娘　半四郎

大薩摩文太夫
杵屋作十郎
同　三郎助

五月

鍪忿身五郎《かざりかぶとふんじんごろう》

矢の根五郎　団十郎
大根馬　善次

富本豊前太夫連中

七月

誓比翼鳥鐘《さゝめごとひよくのとりかね》

玄宗帝 子守女　団十郎
楊貴妃 樽ひろい　半四郎

長唄連中相勤る

九月

禮獅贔屓物《かみまつりしゝのひきもの》

祭ねり子　菊之丞
仝　松之助
おふさ　半四郎
綱五郎　団十郎

ふり附　藤間勘十郎
ふり附　市山七十郎

夏きやうげんは**彦山権現誓助釼**《ひこさんごんげんちかひのすけだち》に一味斎女房お幸、友江。下部友平、中山門三。京極内匠、広右衛門。衣川弥惣左衛門・毛谷村六助、又重郎。一味斎娘おその、菊之丞。**女舞釼紅楓**《おんなまひつるぎのもみぢ》

に半七が姉おかよ、友江。笠屋平左衛門、門三。茜屋半兵衛、広右衛門。あかねや半七、才三郎。かさや勝次郎、又十郎。みのや三勝・半七女房おそで、菊之丞。大切所作事**御取立《おとりたて》娘《むすめの》四季遊《まこと》**、長唄富本かけ合にて、菊之丞相勤むる。八月四日より**一谷嫩軍記**。熊谷次郎直実・岡部の六弥太忠澄、仁左衛門。敦盛・小次郎・菊の前、片岡長太夫。玉織姫・さがみ、菊之丞。忠度・孫作・よしつね、団十郎也。二ばんめ**浮偕結紙治《ういたどしむすぶかみじ》**。粉屋の孫右衛門、仁左衛門。汐田丈助、又十郎。きのくにや小春・次兵衛女房お岩、菊之丞。奥女中そで崎実ハでんかいおさん・紙屋次兵衛、団十郎也。九月きやうげん**巌流島勝負宮本《がんりうじませうぶをみやもと》**。佐々木岸柳・笠原新三郎、仁左衛門。百済典膳・白倉伝五右衛門、片岡小六郎。繁蔵妹おきぬ・伝五右衛門娘糸萩、菊之丞。吉岡帯刀・宮本無三四、団十郎也。後に**恋女房染分手綱《こひにょうぼうそめわけたづな》**をいだす。大谷馬十。じねんじよの三吉、市川鯉三郎。鷺坂右内、長十郎。お乳の人重の井・ひぬかの八蔵、仁左衛門。本田弥惣左衛門、鷲塚官太夫、片岡小六郎。関の小まん、菊之丞。伊達の与作・馬士八蔵、団十郎。大切は片岡が名残にて**化粧六歌仙《よそおひろくかせん》**に仕丁当作実ハ五代三郎近忠、仁左衛門。仕丁只次、又十郎。同六作、小六郎。小町に長太夫。磐若五郎照光、団十郎也。此狂言都て大入り大繁昌也。今歳丑の霜月二日市川団之助終る。辞世の句に

周の代の春きのふなり冬至梅　三紅

法名智幻西順信士《ちげんさいじゅんしんじ》、行年三十二才、寺は築地西本願寺塔中法照寺なり。

○同（文化）十五戊寅年　但し文政元年也

［中村座］顔見勢（文化十四年十一月）は**花雪和合太平記《はなとゆきわがうたいへいき》**に長崎勘ヶ由左衛門為基・渕辺伊賀守友房、二ばんめ鍋釜いかけ烟管の雁九郎、幸四郎。弁の内侍・和泉の千枝狐・長蔵女房おはま、菊之丞也。当顔見勢より源平は沢村源之助と改む。役は脇屋次郎義助也。楠正行が妹玉琴に松之助。畑六郎左衛門と大塔の宮の霊・佐川田喜六、三津五郎。赤松次郎則村・新田義貞・大福餅売あつた勘兵衛、三十郎。切見せ三日月おせん・大塔の宮のかしづき呉羽の方の亡霊・喜六女房およし、半四郎。楠帯刀正行・衛士又五郎実ハ葛の恨之助・渕辺太郎友光・ゑびざこの十・篠塚伊賀守定綱・穴堀大工のみの長蔵、団十郎也。此二ばんめにて、久く（ママ）不和なりし団十郎、幸四郎元トのごとく親子と成る事あり。又三津五郎、半四郎も久しく別れて外座をつとめいたりしが、今度一所になりしゆへ、これも元トの如く夫婦に成るといふ仕組、いたつて面白く大入り大当り也。後に**姫小松**（**姫小松子日の遊**）三の口切出る。有王丸に幸四郎。小ごうの局に菊之丞。俊寛に三津五郎。なめらの兵に三十郎。お安に半四郎。亀王丸に団十郎也。春は**卆《ねんく》曽我《そが》曲輪《くるわ》日記《にっき》**。工藤に閉坊・景清、幸四郎。月小夜に十六夜・とら、三やく菊之丞。せ

う〳〵に人丸、松之助。祐成に重忠、三津五郎。時宗に団三郎に鬼王、団十郎。赤坂十内に三十郎。二ばんめは古骨買源兵衛堀の源兵衛、幸四郎。仲町の芸子おてる、菊之丞。甚兵衛が娘おせき、松之助。南方十次兵衛・駕の甚兵衛、三十郎。仲町の女げいしや長吉・子もりおとら・与四兵衛女房小梅、半四郎。関取濡髪長五郎、団十郎也。当時《このとき》歌右衛門再び下り、中村芝翫と改め、二月四日より**鎌倉三代記**、六ッ目七ッ目をいだす。時姫に菊之丞。北条時政に市川友蔵。三浦之助義村に団十郎。百性東三実ハ佐々木の四郎高綱に芝翫なり。三月は**東山殿劇場段幕**《ひがしやまどのかぶきのだんまく》。これは三十石の狂言に、不破名古屋を仕組たる条也。不破伴左衛門、幸四郎。土佐又平光興、三津五郎。名古屋山三元春・物草屋太郎兵衛・小栗宗丹、芝翫。けいせい葛城・お国御ぜん、菊之丞。佐々木左衛門頼方・金魚屋金八、三十郎。奴岡平、下り浅尾友蔵。三上官蔵、下り中村芝六後に二代め。東蔵に成る。仲居おみや、半四郎。山三下部鹿蔵・佐々木桂之助義方、団十郎。二ばんめ故四代目幸四郎十七回忌追善に付、**幡随長兵衛精進俎板**《ばんずいてうべいせうじんまないた》。大江家中鳥取主計、芝翫。三浦の小紫、菊之丞。ばんずい長兵衛、幸四郎。長兵衛一子長松、こま蔵。本庄の若徒助八、三津五郎。白井権八・長兵衛が女房おちか、半四郎。寺西閑心、団十郎也。これも大利にて大入り大当り也。後に大切江**其姿花図絵**《そのすがたはなのうつしゑ》。三ッ人形所作事、長唄・常盤津懸合也。丹前男浮世与之助・手妻江戸蔵・石橋役人花房太郎、三津五郎。けいせい香久山・矢取むすめお岩・石橋役人花ぞの、半四郎。丹前やっこ大助・子守でっち太郎吉・石橋の役人富貴三郎、芝翫。古今まれなる大入り大当り也。五月四日改元［文政元］と成る。五日より**妹背山**《いもせやま》**女庭訓**《おんなていきん》（**妹背山婦女庭訓**）。ふか七と定高に芝翫。大判司に芝六が女房おきじにひな鳥、菊之丞。入鹿に幸四郎。大判司求馬、三津五郎。芝六と寝太郎、三十郎。お三輪に半

久我之助に鎌足、団十郎。二ばんめ**仕入染鴈金五紋**《しいれぞめかりがねごもん》、布袋の市右衛門に芝翫。けいせい岩崎に菊之丞。雷庄九郎、幸四郎。安の平右衛門、三津五郎。雁金文七、団十郎。山川や権六・極印千右衛門、三十郎。けいせい清川、半四郎也。七月は**敵討揃達者**《かたきうちどれもわざもの》。絹川弥惣左衛門・吉岡一味斎・毛谷村の六助、芝翫。一味斎娘お菊、菊之丞。京極内匠、幸四郎。轟伝吾右衛門・鑓持佐五平、三津五郎。杣斧右衛門、三十郎。一味斎むすめおその、半四郎。絹川弥三郎、団十郎。八月十日より**伊達競阿国戯場**《だてくらべおくにかぶき》。左馬之助が妻沖の井、菊之丞。修験者万海・栄御ぜん、馬十。仁木ととふふや三郎兵衛、幸四郎。足利兼若君、こま蔵也。此時六才。是迄端役《はやく》には度々いでたれど、本役は此度が始てなれば初舞台ともいはんか。関取絹川谷蔵・羽生村の与右衛門、三津五郎。けいせい高尾、亀三郎。当麻の図幸鬼貫、宗三郎。とうふやの豆太、甚六。渡辺民部逸友、三十郎。政岡・かさね、半四郎。細川勝元・足利頼兼・八汐・男之助、団十郎。芝翫は山名宗全・金五郎、二役也。九月狂言は**太平記忠臣講訳**《たいへいきちうしんかうしやく》（**太

平記忠臣講釈）。喜内に芝翫。かほよ御ぜんにおくみ、菊之丞。師直と九太夫に幸四郎。太市にこま蔵。由良之助・重太郎、三津五郎。判官に三十郎。おれいとおりへに半四郎。五郎太と義平に団十郎也。二ばんめ、**女鉢の木**。白妙に芝翫。玉章に松之助。最明寺に三津五郎。つね世に三十郎也。大切は**花三升菊寿**《はなとみますきくのことぶき》。瀬川菊之丞、市川団十郎所作事也。当春、富本豊前太夫受領して豊前掾と改め、此度始めて出る。長唄と浄るり両方也。おの〳〵評判よく大入り也。当九月八日、狂言作者福森久助（初名玉巻久次、或云奥田丘次、号一雄、玉巻恵助が門人也）終る。感有院徳誉応信士《かんゆういんとくよわうしんじ》、寺は葛西小松川源法寺、于時五十二才也。久助は予が傾笠《けいりつ》の因《ちなみ》あれば爰《こゝ》にしるす。

［**都座**］櫓再興《やぐらさいこう》ある。顔見《かほ》勢（文化十四年十一月）は**恵咲判官鼎**《むろのうめほうくわんぴゐき》（**恵咲梅判官鼎屓**）。安徳帝かしづき典侍の局・鹿ヶ谷の賤山だちのおしな・一の谷軍場新地福原屋のおせい、大吉。大物屋勇七実ハ江田の源三弘次・百性はま六実ハ鎌田次郎正清、勇次郎。静御ぜん・信野の国の賤の女おやま実ハ小女郎狐、粂三郎。越後同者音作実ハ大和の国の源九郎狐・山賊三上の夜叉丸実ハ平の宗盛・長田の太郎・義つね、菊五郎。二ばんめ、女非人お手元のお市実は小女郎狐・梅基妹小雪実は時忠の息女卿の君、粂三郎。新吉原奥州やの陸奥太夫、大吉。唐崎松の庵梅基、菊五郎。二番目大切 **夢妹背抱柏**《まさゆめいもせのだきかしわ》。菊五郎、粂三郎ニ而鶴賀新内、同須磨太夫ニ而相勤る。評判よく、文化十五年春二月十日ヨリ、**曽我兄弟菊念力弫**《そがきやふだいおもひのはりゆみ》（**曽我梅菊念力弫**）。頼朝の御台政子御ぜん・工藤左衛門祐つね・大磯のとら・芸者雪野後ニ六三郎女房おきぬ、四やく大吉。近江小藤太・見世物師梶野長兵衛、四郎五郎。下部団助・石部やでつち勘吉実ハそがの禅司坊、彦三郎。鬼王女房月小夜・石部や忰才次郎・湯屋番頭平助、紋次。鬼王、善次。八幡の三郎・お半母おかや・福島屋清兵衛、伊三郎。稲野屋娘十六夜後ニげいしやおその・おその妹稲の谷お半後ニ目出度若松屋新造かしく・けわい坂の少々・祐経の息女犬姫、粂三郎。十郎祐成・五郎時むね・曽我団三郎後ニ大工杣の六三・盗人新藤徳次郎・帯屋長右衛門後ニ梶の長庵、菊五郎。壱番目三立目、**老まつ**。常磐津連中ニ而相勤る。おはん長右衛門 **帯文**《おびのあや》**雪空解**《ゆきのそらとけ》（**道行帯文雪空解**）、五立目。粂三郎、菊五郎、清元延寿連中ニ而相つとむ。大切に怪談七変化を菊五郎相つとむる。

常磐津小文字太夫　造酒太夫　都賀太夫
深山桜及兼樹振《みやまのはなとゝかぬゑだふり》
三弦　右和佐
式佐
清元延寿太夫　富士太夫　政太夫
万吉
安治

春　けいせいの白梅　座頭越後唄
夏　小袖物狂ひ　蝦蟇仙人
秋　玉藻の粧ひ　寿柱建
冬　菊見の振袖

惣出囃子　長唄連中
竹本扇太夫　野沢東吉
相勤る
相模寺の金剛りつし覚元　菊五郎。

評ばんよく大入ニ而、四月八日より七変化所作をのこして**伊世**《いせ》

音頭恋寝釼《おんどこひのねたば》（伊勢音頭恋寝釼）。貢伯母おみの、大吉。杉山大蔵、四郎五郎。下田万次郎、彦三郎。油屋おしか・正直正太夫、紋次。仲居まんの・猿田彦太夫、三八。料理人喜介、仙花。孫太夫娘さかき、甚吉。藤浪左膳、伊三郎。油やのおこん、粂三郎。福岡貢、菊五郎。壱番目と所作の間江双蝶々曲輪日記《ふたつてふくくるわにつき》、三幕出す。濡かみの長五郎・姉おせき、大吉、山崎与五郎、彦三郎。尼妙てい、紋次。ふじやあづま、路之助。はなれ駒長吉、粂三郎なり。大入にて、改元ニ而文化十五寅五月、文政元年に成る。五月七日より**松竹梅東鑑**。発端、文治四年六ヶ年相立狂言にて、宅間市之進妻粉川、大吉。安森源治兵衛一子染五郎、松助。宝つみ嘉太夫、門三郎。大島九内、下り浅尾為十郎。安もりの若徒久平、伊三郎。妙亀庵の松月尼実ハ局粉川、大友家の岬御ぜん、大吉。釜屋艾の武兵衛・高野山の莫造院学山、四郎五郎。大友三郎義長・灸天屋居候弥作、彦三郎。津の国や手代由兵衛・おんぼふ土左衛門、紋次。宮川丁のげいしや菊の、松助。戸くら十内・大友常陸之助、仙花。けいしや琴野・三川島の賤の女およね、甚吉。さいかや佐治右衛門、下り為十郎。八百や久兵衛実ハ若とう久平・修行者地蔵坊正源、伊三郎。宅間市之進娘お梅・伊勢参り吉三郎・久平娘お杉、粂三郎。安森染五郎・宮川丁高野やの抱粂之助・吉原宿の飯もり小夜衣お七、菊五郎。

寛永年中より文化十五年迄百九十五年の相そく弐百の寿として

羯鼓宝録 寿都錦

菊五郎
粂三郎
大吉

相つとむる。第壱番目四幕目故延寿斎十七回忌に付、清元延寿太夫連中にて**文月笹一夜**《ふみつきさゝのひとよ》。菊五郎、粂三郎、浄るり壱幕。大きに評ばんよく、七月廿一日より**千本桜**《せんぼんさくら》（**義経千本桜**）。源のよしつね・すしや弥助・小金吾へ彦三郎。返り坂の薬い坊・梶原平三景時、四郎五郎。弁慶、善次。相がみ五郎・すしや弥左衛門、二やく為十郎。静御ぜん・すしや娘お里・権太女房小せん・すけの局・川越太郎重頼・佐藤忠信・源九郎狐・いがみの権太・渡かいや銀平・横川の覚はん、十やく大吉。此**千本さくら**、古今めづらしき早替りニ而大入大当りなり。第二番目**増補**《ぞうほ》**猿曳諷**《さるまわし》。祇園町の子供屋十兵衛、四郎五郎。井つゝや伝兵衛、彦三郎。米や八兵衛、善次。古手や五兵衛、門三郎。白じんおしゅん、路之助。おとく母、おの江。釣がねや権兵衛、為十郎。猿まわしおとく、大吉。評ばんよく舞納む。

［森田座］夏きやうげん六月十六日より、**妹背山婦女庭訓**《いもせやまおんなていきん》。入鹿に幸四郎。寝太郎に茂々太郎。定高と久我之助・お三輪、菊之丞。大判司・求馬・雛鳥・ふか七、団十郎也。三の切山の段、菊之丞、団十郎早替りの所、大でき也。二ばんめ**東染栄久松**《ゑどそめさかへひさまつ》。鬼あざみの清七後ニあざみや清兵衛・非人鬼門の喜兵衛後ニ油

屋多三郎、幸四郎。仲町のげい者おみつ・油屋のむすめおみつ、菊之丞。非人ごみくた勘六・あぶらやでつち久松実ハ稲穂幸蔵、団十郎也。この狂言一ばんめ二ばんめともに評判よく大入り大当り也。今歳十二月十三日、助高屋高助終る。嶺松院《れいしやういん》高誉《かうよ》凌《れう》寒居士《かんこじ》、七十二才、寺《てら》は誓願寺《せいぐわんじ》也。

芝居年代記四竟

江戸芝居年代記巻之五

○文政二己卯歳

［中村座］顔見勢（文政元年十一月）は**伊勢平氏《いせへいじ》摂神風《ひゐきのかみかぜ》**。清盛・傘張法橋・鉢たゝき五郎作実ハ上総之助・熊坂長範、芝翫。八条の局・雁おはりおさく、大吉。飛騨の左衛門・漁師灘六実ハ伊賀の平内・寒念仏寒通坊、浅尾為十郎。三国の九郎、浅尾友蔵。崇徳院の姫宮重子、松之助。多田の蔵人・のざらしの三と阿波民部重能、三十郎。田舎娘下野奈須のゝおさと実ハ殺生石の石魂・桜町中納言の息女雲井の前、半四郎。面打出目当作実ハ三浦之助、三津五郎也。此時のだんまりは芝翫、鼠仕立丸ぐけとうそく油坊主の拵へ。三津五郎、社司《みやつこ》。半四郎、あぶらぼうずふりそで姫の形り。三人立廻り有て半四郎はきぬたにて消る。両人にて幕に成る。此幕並木に稲束の道具幕にて幕引付、直に切て落すと上るりに成り、引抜にて三津五郎は面売、芝翫は鉢たゝきに成る。此とたん半四郎田舎娘にて、花道へすつほんにて出る。上るりは常磐津小文字太夫、**誰身色和事《たれもみをいろにやつし》**。此所の評判至てよし。其次、讃岐《さぬき》新院配所の場はチヨボいりにて、新院三津五郎なり。トヾ天狗に成る迄の所大でき也。これはいつたい阿波民部の夢にて、道具まわると三十郎こじきと早替りの所よし。当顔見勢、篠田金治二代目並木五瓶と成り、春狂言は**曽我模様妹背門松《そがもやういもせのかどまつ》**（**曽我綉妹背組帯**）。新左衛門・百足屋金兵衛・日雇所竹の塚の孫八・片岡幸左衛門・五郎時宗、芝翫。本間五郎九郎・しなの屋のでつち長吉、為十郎。伊豆の次郎・曽我の団三郎・舞鶴屋伝三・若徒段介・座頭歌市、三十郎。月小夜・工藤奥女中鳴尾・長右衛門が女房おきぬ、大吉。曽我の十郎・大磯のとら・梶原源太・帯屋の長右衛門・工藤祐経、三津五郎。朝比奈に伝九郎也。三月三日より後日狂言として、草履打、**病花女雛形《やよひのはなおんなひながた》**。下河辺大江之助・尾上が召使おはつに芝翫。金沢のお浦、粂三郎。庭作喜代作実ハ江間の小四郎、菊五郎。中老尾上、大吉。秩父の重忠・局岩ふじ、三津五郎なり。切狂言は珍らしき菊五郎が助六也。尤延享三寅の春狂言**今昔《いまはむかし》俤《おもかげ》曽我《そが》**に初代尾上菊五郎、助六の役を勤めし例あり。意久、芝翫。あげまきに粂三郎。白酒売に三津五郎。くわんへら門兵衛に市川友蔵。朝皃せん平、三津右衛門。ひやうばんよく大入り也。浄るり**助六曲輪菊《すけろくくるわのもゝよぐさ》**。江戸半太夫連中相勤る。四月二

日より**菅原《すがはら》**（**菅原伝授手習鑑**）を出す。菅丞相とさくら丸に菊五郎。八重に粂三郎。宿禰太郎と春藤玄蕃に為十郎。かりや姫にとなみ、松之助。梅王と輝国、三十郎。千代に大吉。時平に白太夫・源蔵、芝翫。松王と覚寿に三津五郎也。五月五日より久〳〵にて**曽我祭**（**曽我両社御祭礼**）興行す。上るり**能中綱《よひなかづな》摂《ひゐき》の花轢《はなだし》**。芝翫、三津五郎、清元連中也。第二ばんめ**夏祭宵《なつまつりよ》宮訳《みやのたていれ》**、団七に芝翫。徳兵衛が女房おたつ、菊五郎。釣舟の三ふ、三十郎。団七女房おかぢ、大吉。一寸徳兵衛、三津五郎也。夏狂言は三段め尽しにて、**綴合《とぢあわせ》操《あやつり》見台《けんだい》**（**綴入操見台**）。**腰越状**、五斗兵衛に芝翫。錦戸に浅友（浅尾友蔵）。伊達に中東（中村東蔵）。高のやに亀三郎。和泉の三郎、三十郎。関女に大吉。**廿四孝**、横蔵に芝翫。慈悲蔵、三十郎。唐織、大吉。**千両幟《せんりやうのぼり》**。鉄ヶ嶽・岩川女房おとわ、二やく芝翫。きたのや七郎兵衛、三十郎。岩井次郎吉、大吉。第二番目大切浄るり**再《またと》夕暮雨《いふぐれあめ》の鉢木《はちのき》**。常磐津小文字太夫連中ニ而百姓太郎作・佐野源藤太、伝九郎。松下禅尼、大吉。源左衛門弟源次経俊、三十郎。源左衛門つね世、芝翫。夕立之鉢木ニ而古今めづらしき大入大当り也。七月十七日より**新《しん》うすゆき物語《ものがたり》**。幸島伊賀守、芝翫。こし元まがき、粂三郎。刀鍛冶団九郎、為十郎。そのべ左衛門、簑助。奴妻平・葛城民部之助、三十郎。園部の奥方梅の方、大吉也。園部之兵衛、三津五郎。第一番目大詰浄るり、常磐津小文字太夫、文字太夫と改名。連中ニ而**大和文字恋《やまともじこい》の歌《ことのは》**。渡し守五平次、芝翫。うす雪姫、松之助。鳥さし吉助、三津五郎也。二ばんめ**千種結《ちくさむすび》色《いろの》出来秋《できあき》**。若徒定七・門付け吃りの伝三、芝翫。勇助妹小菊、粂三郎。かゞ屋の手代惣八、為十郎。定七が娘おつゆ、松之助。かゞや幸助、三十郎。定七が女房かゞのお千代、大吉。高島半兵衛、三津五郎也。八月十九日より**いろは仮名《がな》随筆《きゝがきぞうし》**。師直・平右衛門・天川屋、芝翫。勝右衛門が女房お町、粂三郎。定九郎・了竹、為十郎。おかる、松之助。塩谷判官・早野和助・小寺十内、三十郎。おその・浅沢の庵主春月尼、大吉。不破数右衛門・由良之助、三津五郎。切狂言、芝翫名残ニ而**小栗判官《おぐりはんくわん》車街道《くるまかいどう》**（**小栗判官車街道**）。横山太郎女房浅香、大吉。横山大ぜん、市川友蔵。門ばん不寝兵衛、為十郎。横山太郎・星川雲八、芝翫。二番目此狂言替りて**勢州《せいしう》阿《あ》漕浦《こぎがうら》**。平瓦の次郎蔵、芝翫。庄屋彦作、為十郎。平次一子友石、こま蔵。平次女房おはる、粂三郎。阿漕の平次、三津五郎。第二番目芝翫名残狂言、九変化所作事**御名残押画交張《おんなごりおしへのまぜはり》**（**御名残押絵交張**）。常磐津、清元連中、竹本政子太夫、三弦竹沢左衛門、長唄連中惣出囃子にて相つとむる。評判よく大入ニ而目出度舞納むる。くろんぼう・かございく関羽・とばゑ・あづさみこ・友もり・九尾狐之橋

[玉川座] 顔見勢（文政元年十一月）**四天王産湯玉川《してんのううぶゆのたまがわ》**。卜部の季武・大江山の童子・長屋の店頭鉄門の鬼兵衛実ハ六郎公連・足柄山の山姥、幸四郎。九条のけいせい茨木屋の小てう実ハ蜘

の精霊・江州鏡山の住かへ女百足のお百実ハ秀郷娘千晴、菊之丞。桔梗の前・野ぶせり菰だれの安、半四郎。頼光・金時・定光・七人芸の座頭猿島歌遊実ハ良門、団十郎也。後日狂言**伊豆**《いづ》**暦春人来鳥**《ごよみはるのさきがけ》。推木沢の三ぶ六、幸四郎。満江、菊之丞。工藤金石丸祐経・河津三郎祐安、団十郎也。はる狂言は**恵方曽我**《ゑほうそが》**万吉原**《よろづよしはら》。梶原平三・釼沢一角・小袋坂の道心鬼王坊・願人喜蔵実ハ曽我の団三郎・ゑんま小僧、幸四郎。祐経の奥方梛の葉・とら御ぜん・杵屋おはま・在所娘おわた・万字屋の船ばし、菊之丞。五郎時致に彦三郎。十郎祐成に工藤・あかぎれ三助・佐野の次郎左衛門・みやけ島の無宿丈八、団十郎。三日月おさよ・閉坊比丘・けいせい八ッ橋・四六やたいのおくま、半四郎也。三月狂言は**病花千人禿**《やよひのはなせんにんかむろ》。古骨かい長九郎・長田の太郎、幸四郎。常磐御ぜん・宮島のかゝへ常磐のおまつ、菊之丞。かさや三勝・鎌田女房白妙、半四郎。あかねや半七・今市善右衛門・平の清盛、団十郎。二ばんめは**助六所縁江戸桜**《すけろくゆかりのゑどざくら》。意久に幸四郎。揚巻に菊之丞。朝顔せん平、惣領甚六。くわんぺら門兵衛、馬十。白酒売新兵衛が女房お十、半四郎。助六に団十郎。十寸見連中、山彦連中相勤る。後に**お染久松色読販**《そめひさまつうきなのよみうり》。松本屋佐四郎・たばこ切鬼門の喜兵衛、幸四郎。佐四郎が女房おふみ・三升飴の女房おむら、菊之丞。山家屋清兵衛、彦三郎。おそめ・久松・竹川・土手のお六・おさく・おみつ・貞昌尼、七役半四郎。久作と三升飴売成田屋七兵衛、団十郎也。四月二日より**忠**《ちう》**臣蔵**《しんぐら》（**仮名手本忠臣蔵**）にかわる。師直・本蔵・了竹・平右衛門、幸四郎。おかるにおいし、菊之丞。おその、半四郎。判官・若狭之助・勘平・となせ・定九郎・義兵衛・由良之助、七役団十郎也。五月は**梅柳若葉加賀染**《うめやなぎわかばのかがぞめ》。長玄寺の望月後に望月帯刀・鳥居又助・筑紫の権六、幸四郎。長玄寺の松林比丘後ニ大領の妾お柳・紅粉や娘島のおかん・水仕女おまつ実ハ道房の姫淀町、菊之丞。大江の息女紅梅姫・町芸者かゞや千代女・曲持浅妻小しゆん・又八が娘阿左尾、半四郎。多賀大領・湯島の三吉・長谷部重左衛門・木屋辰五郎実ハ合邦太郎、団十郎。七月狂言**蝶鵆山崎踊**《てふもひよくやまざきおどり》。此時尾上菊五郎スケにいづる。役、下駄の市助・音羽屋梅幸・南与兵衛が悴濡髪の長五郎也。倉岡郷左衛門・高麗屋錦升・幻竹右衛門・かごの甚兵衛、幸四郎。橋本次部右衛門娘おてる・新丸本の女あるじおとら、菊之丞。竹右衛門娘おはや・山崎与次兵衛が娘おせき・芸者あづま、半四郎。山崎与五郎・成田屋三升・野手の三作・生駒長吉、団十郎也。

［河原崎］夏狂言のみ也。**裏模様菊伊達染**《うらもやうきくのだてぞめ》。三浦屋の薄雲・八汐・仁木原田丸・絹川与右衛門後ニ高尾伝七・鳶の者おまつり金実は金五郎・汐さわ丹三郎・細川かつ元、七やく菊五郎。三浦屋の薄くも・かさね娘おきく・井つゝ女之助・げいしやがくの小さん・奥女中政岡、粂三郎。浄るり**浮名**《うきな》**の立額**《たてがく》。粂三郎、菊五郎、清元連中ニ而第二番目大切に相つとむる。当九月十日女形中山富三郎終る。生年六十才、則戒名は瓊樹院《けいじゆいん》法誉《ほふよ》花香信《かこうしん》

士《し》、寺は深川雲光院也。同十一月朔日常磐津小文字太夫終る。生歳廿八歳、常楽院《しやうらくいん》釈《しやくの》文僊光徳信士《もんせんこふとくしんじ》、寺は浅草正念寺中願心寺に葬る。

（〇文政三年）

［中村座］ 顔見世（文政二年十一月）**花艶和黒主**《はなのいろかやつしくろぬし》。大江の太郎秀勝・孔雀三郎・業平・ゆかんばかいやたら弥八実ハ紀名虎の一子岡田丸、三十郎。小町と島原のげいこおくめ・在原の業平、粂三郎。小原女おしづ・敷島屋の七町太夫、菊之丞。五大三郎・深草焼の商人丸太郎、三津五郎也。春は**仕入曽我雁金染**《しいれそがかりかねぞめ》に時宗に三十郎。少将と月小夜、粂三郎。とら・舞鶴、菊之丞。朝比奈・祐成・盛久・雁金文七実ハ安達の家臣花岡文七これが雷庄九郎に成り、又安の平右衛門にもなり、極印の千右衛門とかわり、布袋の市右衛門とも変《へん》ずる脚色《しくみ》也。此きやうげん至ておもしろく大入り大当り。三月は**楼門五山桐**《きんもんごさんのきり》。久次と久吉、三十郎。けいせい九重に粂三郎。矢田平に為十郎。大炊之助と五右衛門に三津五郎也。二ばんめは二代目菊之丞五十回忌に付**道**《どう》**成寺**《じやうし》（**花形見娘道成寺**）也。同宿は三十郎、為十郎也。いつものごとく富本浄るり、長唄はやし連中勤之。五代目菊之丞初めての道成寺也。五月は**千本桜**《せんぼんざくら》（**義経千本桜**）。権太とさがみ五郎、三十郎。しづか・小金吾・お里、粂三郎。弁けいに広右衛門、よしつねに簑助。川越と弥左衛門に為十郎。小せんと忠信・きつね、菊之丞也。銀平・すけの局・弥助・覚範、三津五郎也。七月は**忠孝染分繮**《ちうかうそめわけたづな》。長岡造酒頭・古手屋八郎兵衛、三十郎、重の井・丹波屋おつま、粂三郎。しねんじよのおさん、市村亀之助。けい政に簑助。鷲塚官太夫・雲助江戸兵衛・見せもの師与之助、為十郎。女馬士関の小まん・長岡の奥方真弓・古手屋の女房おくの、菊之丞。伊達新左衛門・与三兵衛が下部八蔵・香具屋弥兵衛、三津五郎也。これも評判よく大入り大当り也。

［玉川座］ 顔見勢（文政二年十一月）は**七小町**《なゝこまち》**櫓雫**《やぐらのあまごい》。紀名虎の長男熊王丸・高松三郎、下り中山楯蔵。此時四郎五郎、東十郎と改む。役は八百屋のばゝお杉と小野照屋太兵衛・芋鮹入道好物也。井筒姫・頼風・小野小町、松之助。二条の后高子の君・女虚無僧花月尼、下り藤川友吉。深草のせう〳〵・廻国の修行者快全・龍の都八大龍王・八百や小町娘お七・八百屋のでつち弥作、菊五郎也。春は**梅暦曙曽我**《むめごよみあけぼのそが》。鬼王と祐成、楯蔵。時宗に仙花。朝比奈に彦三郎。工藤祐つね・雁金文七後ニ足力按の平庵・布袋屋の手代市右衛門・雷門の修行者庄哲・極印鍛冶の千右衛門・あんばいよしの六兵衛、菊五郎也。三月狂言**桜舞台幕伊達染**《さくらぶたいまくのだてぞめ》。渡辺民部、楯蔵。鬼貫、東十郎。山名宗全、市川源太左衛門。さくら姫に友吉。仁木直則・清玄・政岡・道益薬筥持小助・折琴姫のゆうこん・頼兼、菊五郎也。八月四日より**菅原**《すがはら》（**菅原伝授手習鑑**）。源蔵・梅王・輝国、楯蔵。時平・白太夫・土師兵衛・春藤玄蕃、中島三甫右衛門。さくら丸に直

禰太郎、彦三郎。となみと八重、友吉。此時大吉スケに出る。松王と千代・覚寿・御台花園御ぜん・菅丞相、五役也。評判殊の外よく大入り大当り也。

［河原崎］ 顔見勢（文政二年十一月）は**奴《やつこ》**く**江戸花鎗《ゑどのはなやり》**。松下嘉平次が後家小笹・斎藤龍興、幸四郎。常磐木の小ふじ、松之助。此下兵吉が女房お賤・小田春永、大吉。加藤虎之助と此下兵吉に団十郎也。春きやうげん**阪《たまのはる》 曽我門松《そがのかどまつ》**。工藤に幸四郎。祐成・時宗、団十郎。月小夜に大吉。此時又、鰕十郎下る。鬼王と範頼也。二ばんめ**帯屋贔屓札《おびやのひきふだ》**。幸之進・針の宗兵へ、幸四郎。幸左衛門と葛飾の十右衛門、鰕十郎。門之助下る。壱ばんめせうく／＼と十六夜、二ばんめげいこ雪野也。おはんに半四郎。長右衛門に団十郎のつもり也。されど此時は番附出したるのみにて、門之助も鰕十郎も故障ありて下らず。依之、狂言をしかへ**御年玉似顔絵本《おんとしだまにがほゑぞうし》**（**御歳玉似顔絵本**）。笠松村の万吉後ニ稲田幸蔵・鎌田又八、幸四郎。水茶屋おせん・後室お諏訪の方、大吉。九重姫・仲居お仲、半四郎。薩島兵庫之助・花守杵蔵・科野幸蔵、団十郎。二ばんめは**其往昔恋江戸染《そのむかしこいのゑどぞめ》**。お七、半四郎。土左衛門と赤沢十内、幸四郎。釜屋武兵衛に浅友（浅尾友蔵）。海老名と紅長に馬十。お杉に大吉。吉三郎と染五郎・仁田、団十郎也。三月は幸四郎、半四郎名残にて**隅田川花御所染《すみだがははなのごしよぞめ》**。半四郎、女清玄也。粂の平内・猿島惣太・渡守松兵衛、幸四郎。松若と岩藤・軍助・山田三郎、団十郎。おはつと花子前・酒売おなみ・清玄、半四郎。尾上と班女御ぜん、大吉也。四月八日より**ひらがな**（**ひらがな盛衰記**）に梶原平次と手塚・松右衛門、下り鰕十郎。千鳥とおふで、門之助。ゑんじゆと小よし、大吉。源太に団十郎也。門之助がお目見へ狂言は琴責也。岩永に鰕十郎、重忠に団十郎、あこやに門之助也。三曲至て評判よし。大切は団十郎五節句**七五三升《しめましよく》 摂喝栄《ひゐきのかけごへ》**（**七五三升摂喝采**）。正月は矢の根五郎、常磐津也。三月は桜もの狂ひ、富本也。五月は十郎祐成、義太夫にて、七月は閉坊、又常磐津。九月が朝比奈、長唄也。いづれも評判よし。後に**双蝶々《ふたつてふく》**（**双蝶蝶曲輪日記**）にかわる。長五郎に鰕十郎。長吉と南方十次兵衛に団十郎也。おはやに門之助。お関に大吉也。二ばんめは**五大力《ごだいりき》**（**御ぞんじ五大力**）。三五兵衛に鰕十郎。弥助に浅友（浅尾友蔵）。小まんに門之助。源五兵衛に団十郎也。盆きやうげんは**組合《くみあわせ》いろはの建前《たてまへ》**。餝間宅兵衛・原郷右衛門・矢間喜内・堀部弥次兵衛、鰕十郎。おくみ・平右衛門が女房おきた・弥次兵衛が姉娘おきそ・重太郎が女房おりゑ、門之助。由良之助が女房おいしに大吉。五郎太と堀部安兵衛・矢間重太郎・由良之助、団十郎也。二はんめは故人門之助が廿七回忌に付、先年堺町にて故門之助が勤めて大入りなりし、油屋お染・稲荷九蔵の二役をつとむ。山家屋清兵衛に鰕十郎。油屋おそめ・稲荷子僧多三郎、門之助。久松と久作に団十郎也。是も後に**妹背山《いもせやま》**（**妹背山婦女庭訓**）、杉酒屋と御てんを出す。ふか七に鰕十郎。お三輪に門之助。求

馬と入鹿、団十郎也。九月狂言は芦屋道満《あしやどうまん》大内かゞみ（芦屋道満大内鑑）。道満と与勘平、鰕十郎。葛の葉に門之助。保名とやかん平に団十郎。二ばんめ梅由兵衛《うめのよしべい》紫頭巾《めいぶつづきん》。源兵衛堀の源兵衛、鰕十郎。小梅と長吉に門之助。由兵衛、団十郎なり。

○文政四辛巳歳

［中村］顔見勢（文政三年十一月）は猿若瓢軍配《さるわかひさごぐんばい》。柴田修理之進・片岡助作・福島屋清兵衛、鰕十郎。小野のお通姫・久吉妹賤の方・福島屋園菊、粂三郎。此時嵐徳三郎、中村源之助下る。徳役は大沢重次郎・柴田権六・香具や笹紅の香太郎、三役也。徳三郎は矢田平・入江長兵衛・小西与十郎なり。武智の息女森姫・福島屋のお市、菊之丞。真柴久吉・岩屋の五郎蔵・じや〳〵馬のだゝ八、団十郎也。浄るり上の巻爰集花色宿《こゝにすだくはなのいろやど》。富本連中、鰕十郎、粂三郎、菊之丞、団十郎也。下の巻は常磐津小文字太夫にて一樹蔭雪葎《いちじゆのかげゆきのともどり》。粂三郎、菊之丞、団十郎なり。春狂言は劇場春曽我書初《かぶきのはるそがのかきぞめ》。工藤に鰕十郎。せう〳〵とおつまに粂三郎。祐成に源之助。鬼王に徳三郎。とらと仲居お玉実ハ京の小女郎、菊之丞。時宗と梅沢屋の小五郎兵衛、団十郎。朝比奈に伝九郎也。二ばんめは寄笠極彩色《かさによるにがほのいろどり》。朝比奈藤兵衛、鰕十郎。仲町のけい者ひな吉・大松屋のおなつ、粂三郎。大松屋清十郎、源之助。寺子屋兵助・目玉の眼兵衛、徳三郎。三太夫娘お品、菊之丞。喧嘩屋五郎右衛門、団十郎。第弐番目大切浄るり、上の巻恋といふじ（道行恋といふじ）、下の巻此身ひとつ（心中此身ひとつ）。富本連中ニ而粂三郎、源之助、菊之丞に勤之。三月五日より伊達模様解脱絹川《だてもやうけだつのきぬがわ》（伊達裓解脱絹川）。竹門の豆腐屋三郎兵衛・栄御ぜん実ハ赤松彦五郎則直・土手の道哲、鰕十郎。此時より兼・高尾之役、菊之丞・粂三郎一日かわりなり。初日高尾・後日よりかね・加村の奥方沖の井・かさね、粂三郎。浮田重三郎、源之助。渡部民部・金江金五郎、徳三郎。初日よりかね公・後日高尾・政岡の局・与右衛門女房お菊、菊之丞。初め、とふやでつち豆太・中、木根川谷蔵後ニ羽生村与右衛門・祐念和尚・成田山不動の霊像、団十郎。二番目中幕玉匣二葉栬《たまくしげふたばのもみぢ》。粂三郎、団十郎、常磐津連中ニ而勤之。大切に菊之丞七変化所作事を出す。吾嬬菊弥生雛形《あづまきくやよひのひながた》（吾嬬菊病の雛形）、弁財天花蔓《はなかつら》、仮風人花曇《きやうらんのはなかつら》、早乙女花笠《さうとめのはながさ》、韓凱陣花軍《いこくかいじんのはないくさ》、侠容形花《いさみすかたのはな》競《くらべ》、婾処子花結《おてんばのはなむすび》、雀踊躍花鰄《すゞめおどりのはなかいらぎ》。富本豊前掾連中、鶴賀新内、長唄連中惣出囃子ニ而是をつとむ。評判よく大入也。別に此狂言に容競出入湊《すがたくらべでいりのみなと》を二幕いだす。黒船忠右衛門、鰕十郎。鎌くらや五郎八、源之助。やつこの小まん・獄門庄兵衛、徳三郎。八木孫三郎、団十郎。五月五日より御所桜堀川夜討《ごしよさくらほりかわようち》。磯の藤弥太・武蔵坊弁けい、二やく鰕十郎。娍しのぶ、粂三郎。土佐の昌とし、源之助。南ばん骨縑郷右衛門実ハ伊世の三郎・磯の前司、徳三郎。しづか御ぜん・しんめうおわさ、菊之丞。源の義つね・押小路左衛門兼成、団十郎。二番目猿廻門途《さるまはしかどでの》

諷《ひとふし》。料理人平助、鰕十郎。おしゆん、粂三郎。伝兵衛、源之助。猿まはし与次郎、徳三郎なり。此狂言大当り也。盆狂言は碁太《ごたい》平記《へいき》白石《しらいし》噺《はなし》。志賀台七・庄や七郎兵衛、鰕十郎。しのぶ、粂三郎。楠正成亡霊・鞠ヶ瀬秋夜、源之助。金江谷五郎、徳三郎。けいせい宮城野、菊之丞。宇治常悦・大福や惣六、団十郎。二番目は浮名額《うきなのがく》昔《むかし》絵《ゑ》草紙《ぞうし》。吾妻や吉兵衛、鰕十郎。吉兵衛女房おみの、粂三郎。刀屋忠三郎、源之助。町かみゆひ金五郎、徳三郎。額の小さん、菊之丞。あぶらやりんこう、団十郎なり。第二番目、おはん長右衛門にかわる。仇縁《あたなへにし》結《むすぶ》帯屋《おびや》。片岡幸左衛門、鰕十郎。しなのやおはん、粂三郎。幸之進、馬十。香具や才次郎、源之助。足軽段助、徳三郎。長右衛門女房おきぬ・おびや長右衛門、団十郎也。浄るり道行《みちゆき》二世《ふたよ》の月浪《つきなみ》。粂三郎、団十郎ニ而常磐津連中ニ而勤之。評判よく大入也。

［河原崎］顔見勢（文政三年十一月）は伊勢平氏《いせへいじ》額一幣《うめのみてぐら》（伊勢平氏額英幣）。常磐御ぜん・東屋のおやす、大吉。長田の庄司・白峰の木こり天狗庄兵衛・宵寝の仁三、下り嵐冠十郎。万金丹売吉六実ハ太夫進朝興・宇野の七郎、下り尾上多見蔵。青墓のむし風呂屋摺針太郎作実ハ長田の三郎・主馬の判官・左衛門佐重盛、三十郎。上総七兵衛景清・小原女手綱のおいと実ハ崇徳院愛樹梅の精・平の清盛、菊五郎。雲井の前・妙見のお松・阿古屋、門之助。上るりは壱ばんめ四立め操《かわらぬいろ》常磐島台《ときわのしまだい》。三十郎、門之助、菊五郎にて、常磐津連中也。下の巻は詠梅《さきそむる》松《れんりの》清元《きよもと》。三十郎、菊五郎のみにて、清元連中なり。春狂言は吉例の通り十五日より三賀荘《さんがのしやう》曽我島台《そがのしまだい》。源五兵衛が女房小まん・稲野谷半兵衛・八百屋の下女おさん・椰の葉御ぜん・大磯のとら、大吉。廻しの弥助・八右衛門道心西念・八百屋のはゝおとら、冠十郎。舞鶴屋の小ひな・笹野録三郎・八百屋半兵衛・山脇重左衛門・祐経・梅沢の小五郎兵衛・祐成、菊五郎。さつま源五兵衛・庚申塚の嘉十・時致、三十郎也。月小夜とお千代に門之助、上るりは清元にて旨《まんまと》就《しゆび》宵庚申《よいかうしん》。菊五郎、多見蔵、門之助也。三月狂言は故松緑七回忌に付、ぞふり打を出す。松《いろそゆる》尾上《おのへ》岩藤《いわふじ》。おはつと岩ふじ一日かわりにて、初日は菊五郎、岩藤にて、おはつは大吉也。後日は岩藤、大吉にて、おはつ、菊五郎也。泉の小次郎妻象かた・大淀姉花守村のおくに、大吉。足軽隅田村達平・瓦師源兵衛堀源兵衛・瀬平甚内、冠十郎。けいせい大淀・中老尾上・文蔵妹おしづ、門之助。大江か下部磯平・足軽いし浜官蔵・隅田村植木や文蔵、三十郎。六浦四郎次郎政信・千葉の百姓与助実は江間の小四郎・北条五郎時宗、菊五郎。二番目大切浄るり常磐津連中、道行《みちゆき》桜《さくら》の瀧《たき》、桜《はなと》三升《みます》娘《むすめ》道成寺《どうじやうじ》。同宿もんじゆ坊、三十郎。同宿ふげん坊、冠十郎。白ひやうし桜子、門之助。此節大評判にて、門之助はじめての道成寺大入大当り也。五月は敵討《かたきうち》櫓《やぐらの》太鼓《たいこ》。山の内の後室名月院・釜鳴やの飯盛四六のおくま、大吉。島川太平後ニ秋月一学・三吉おぢい土左衛門、冠十郎。釜鳴やのかゝへてつ

きうお杉・八百屋お七、門之助。磯貝下部友平・若とう才三後ニ戸倉十内、三十郎。問屋人足白山伝吉・尾花吉三郎後ニ八丈小僧吉三・髪結筑戸の喜蔵後ニ吉三道心弁長、菊五郎也。七月十七日より**玉藻前雲井腹**《たまものまへくもいのはれきぬ》（**玉藻前御園公服**）。待賢門院・那須八郎女房藻女、大吉。金藤次秀国・衛士又五郎実ハ木幡弾正、冠十郎。平太郎妹お柳・女夫坂柳樹せいれい、門之助。沙門連華坊実ハ当今鳥羽の帝・那須八郎宗重、三十郎。お柳兄横曽根平太郎・花陽夫人の霊・当今の后妃玉ものまへ・金毛九尾白面之妖狐、菊五郎。第二番目発端、遊女三浦屋の上総野後ニ非人おさき、大吉。竹垣佐五右衛門、冠十郎。浪人うかひ九十郎、三十郎。浄るり清元連中ニ而**其噂吹川風**《そのうわさふけよかわかぜ》。門之助、多見蔵、松助、菊五郎ニ而勤之。非人おさき実ハ三浦屋の上総野、大吉。駕かき杢右衛門実ハ竹垣佐五右衛門・小女郎兄いばらの藤兵衛、冠十郎。三国やの芸者だつきの小女郎・おくら娘梅田村のおしも、門之助。東福寺の所化浄雲後ニ出村新兵衛・非人次郎兵衛実ハ鵜かい九十郎、三十郎。玉や新兵衛、菊五郎。古今稀成大道具に花道の中(ママ)をのり、九尾の狐とびさる所見物の目をおどろかす。くわしく図にあらはす。九月より**菊宴月白浪**《きくのゑんつきのしらなみ》。塩谷後室かほよ御ぜん・桃の井家の奥女中加古川、大吉。塩谷浪人斧九郎兵衛・古骨かい与五郎後ニ中間直助、冠十郎。女達金かんざしのおかる、門之助。石切仏権兵衛実ハ垣坂三平、三十郎。塩谷浪人斧定九郎後ニ盗賊暁星五郎、菊五郎。浄るり**色盛**《いろさかり》

松楓道《みさほのはなみち》。常磐津連中ニ而伊吾餅の女房りん、門之助。町げいしや箱持佐助、多見蔵。縁日の餅売天川屋伊吾、三十郎也。大入大利にて、菊五郎評ばんよく舞納むる。

［玉川座］顔見勢（文政三年十一月）は**声花捜高綱**《こへかけてひけやたかつな》。此顔見勢、三津五郎上方表へ登らんとて戸塚宿迄至りしを、江戸贔屓連中集りて引戻し、無理にすゝめて漸々出勤す。無人の芝居ゆへいかゞと思ひの外、大入り大当り也。佐々木高綱実ハ谷村小藤次・粟島浮世与之助・元吉四郎国衡、簑助。順礼豊作実ハ結城之助友光・奴雪平・佐々木三郎左衛門盛綱、楯蔵。源の頼家公・粟餅生玉屋定六・三浦之助義村、彦三郎。片岡造酒正春元・旅こむそう秀山・大和屋文右衛門・松田左近春行・田舎嬶々臍《ヘソ》村のおさん・大工五分のみほぞ右衛門・けいせい大淀実ハ宇治の方・船頭大津の治郎作・佐々木四郎左衛門高綱、以上九役三津五郎也。二ばんめは浪人赤城多門、彦三郎。町がゝへ小息子長吉・百性四人部屋の与助・古郡新左衛門、楯蔵。諸芸指南花形甚三・花守古金井の正作実ハ泉の小次郎近衡、三津五郎なり。第一ばんめ四立め上るり**花紅葉**《はなもみじ》**士**《し》**農工商**《のうこうしやう》。常磐津、清元両方也。簑助、藤蔵、彦三郎、亀之助、三津五郎也。

［追加］去年文政三辰七月十一日、二代目松本よね三終る。霊《れい》心等見信士《しんとうけんしんじ》、行年廿五才なり。

文政四辛巳年より

解題

役者名声牒《やくしゃほまれちょう》

光延真哉

〔底本〕国立国会図書館蔵本　W一八三―N八
〔体裁〕刊本。小本（縦一六・一糎×横一一・六糎）。袋綴、一冊。

〔表紙〕保護表紙、茶色・「帝国図書館蔵」の空摺りあり。内表紙（原表紙カ）、縹色・無地。

〔記載書名〕保護表紙外題「古今役者名声蝶《（ママ）》　全」（後題簽、縦一一・三糎×横一・九糎、左肩、双辺）、内表紙外題「古今役者名声蝶《（ママ）》　全」（直書、左肩）、内表紙見返し題「［古《こ》／今《こん》］役者名声《やくしゃほまれ》牒《ちやう》／三芝居あたり／きやうげんづくし」

（本書の袋を切り取ったとおぼしき紙片を貼付、そこに記載された題。口絵参照）。

〔匡郭〕縦一三・二糎×横九・三糎。単辺。

〔丁数〕六一丁。丁付（ノド）「序一、序二、エ三、壱、二〜十九、二十、廿一〜廿九、三十、卅一〜卅九、四十〜五十八」。

〔行数〕八行。

〔編著者〕阿那賂散人。

〔刊記〕「明和七年庚寅九月中旬／神田鍛冶町一丁目／菊岡吉右衛門板」。

〔広告〕「門田候兵衛編／古今役者名声牒大全　近日出来」。

〔印記〕「住政」（墨長方印）、「柳波」（朱円印）。

〔備考〕第五丁（丁付「二」）と第六丁（丁付「三」）の間に遊紙を挿入。明和六年の中村座名題空欄に紫字で「若木花須广初雪」の書き入れあり。「補闕」では一部の大名題に赤鉛筆で線が引かれる。


諸本には管見の限り次のものがある。特記すべき事柄を合わせて掲げた。

・國學院大學蔵本（〇九一・八-Ka七七四・三）…外題「古今役者名声牒大全　完」（直書）。印記「甘露堂蔵」、「霞亭文庫」。なお、この外題については、『日本古典文学大辞典』第六巻（岩波書店、昭和六十年〈一九八五〉）の「役者名声牒」解説（執筆廣瀬千紗子）に「改装本外題に「古今役者名声牒大全」とするものがあるが、内容は同文で、本書に内題がないところから、近刊予告の書名を採ったのではあるまいか」との指摘がある。

・国立国会図書館蔵本（京乙-一七三）…外題「役者名声牒　全」（後題簽）。第二〇丁（丁付「十七」）欠。印記「南無三宝」、「関根東紫」、「東京図書館蔵」、「明治二二・三・三〇　交換」、「骨董舎」、「東京図書館印／TOKIO　LIBRARY」、「骨董／古雑籍珍書舗　咸亨堂」。

・神宮文庫蔵本（三門-二〇二七）…外題「芝居年暦話　完」（後題簽）。第一丁（丁付「序一」）・第三丁（丁付「エ三」）欠。印記「林所蔵」、「内藤耻叟」、方印（印文判読不能）。本文の年次が改まる毎に、該当箇所上部の匡郭外側にその年次が頭書される。国文学研究資料館の「日本古典籍総合目録データベース」には「芝居年暦話」で登録。

・東京大学国語研究室蔵本（四L－二五）…外題「役者名世以牒大全」（後題簽）。

・東京大学国文学研究室蔵本（近世二二－二二－五六）…外題「役者名声牒　全」（後題簽）。印記「幸田成友」、「[一]麻布」、「待賈堂」、方印（印文判読不能）、「江戸四日市／古今珍書儈／達摩屋五一」。

・東京都立中央図書館加賀文庫蔵本（六〇〇九）…外題「古□役者名声牒」（原題簽、縦一〇・五糎×横二・二糎、□はヤブレのため判読不能）。印記「豊芥」、「石塚文庫」、壺形印（印文判読不能）。朱筆で次の書き入れがある。

延享二年記事…「子役中村仲蔵とつとめ大出来なり」の「子役」の部分に「松島八百蔵也」と傍書。

寛延三年記事…原本で空欄となっている、春の市村座の大名題を「初花隅田川」と埋める。「たいこもち源蔵に広治、同時平に介五郎」について、「たいこもち」を「いなか者」に、「同」を「たいこ持」に訂正（口絵参照）。

宝暦元年記事…「広治栗津六郎にて腹切」について、「栗津六郎」を「山田民部左衛門」に訂正。

・同志社女子大学蔵本（七七四．二八－K九五九二）…外題なし。印記「いしはら文庫」、円印（印文判読不能）。明和二年の市村座名題空欄に墨で「ふりつむ花二代源氏」の書き入れあり。

・東北大学狩野文庫蔵本（四－一三三七六－一）…外題「役者名声蝶（ママ）　全」（後題簽）。印記「荒井泰治氏ノ寄附金ヲ以テ購入セル文学博士／狩野亨吉氏旧蔵書」、「竹内久一」、「骨董舎」、「骨董／古雑籍珍書舗　咸亨堂」。

・早稲田大学演劇博物館蔵本（ロ二一－八一）…外題「古今役者名声牒　明和七年版」（直書）。印記「伊原氏印」、「柏」、「待價」、「月明荘」、「大橋」。本文の年次の部分に朱線を引き、さらに該当箇所上部の匡郭外側にその年次が朱書きされる。

以上の他、国文学研究資料館の「日本古典籍総合目録データベース」では、所在として関西大学、南木文庫、旧下

郷図書館、尾崎久弥を挙げるが、それらの本は未見である。関西大学図書館は現在所蔵が確認できないとのことであり、南木本、旧下郷本は焼失している。また、尾崎の旧蔵書は蓬左文庫に収まるが、同文庫の目録（名古屋市蓬左文庫編『尾崎久弥コレクション目録』第一集、名古屋市教育委員会、昭和五十二年〈一九七七〉）に本作は含まれていない。

なお、凡例でも述べたが、本作は既に昭和八年（一九三三）十月発行の『演劇学』第二巻第三号（通計第五号）において全文が翻刻され（守随憲治校）、また、それに続く同誌の第二巻第四号（通計第六号、昭和八年十二月発行）では、秋葉芳美の「役者名声牒訂正増補」が掲載されて、誤謬を正すとともに各種の情報が追加されている。

本作は享保元年（一七一六）から明和七年（一七七〇）までの江戸三座（中村座・市村座・森田座）を対象にした興行記録である。江戸歌舞伎の年代記には、『花江都歌舞妓年代記』（烏亭焉馬編、文化八年〈一八一一〉〜十二年刊）やその続編（石塚豊芥子編、安政六年〈一八五九〉成立）、続々編（田村成義編、大正十一年〈一九二二〉刊）、あるいは本書収録の『続名声戯場談話』『続芝居年代記』といったものがあるが、本作はそうした作品群の嚆矢としての価値がまず認められる。

ただし、ひとくちに興行記録と言っても、編集方針は後続とやや趣きが異なる。『花江都歌舞妓年代記』以降の作品が、三座の各興行を義太夫狂言も含めて極力漏らさず収録しようとしているのに対し、本作にその意識はない。一瞥すれば、［　］で示される中村座の演目が圧倒的に多く、〈　〉の森田座の記録が極端に少ないことがすぐに知れよう。そこには編者の取捨選択があるのであって、その点において本作は興行記録としての厳密性を欠いている。

編者はこの理由について、「附言」で次のように述べる。

みだり成といへ共、たゞにいつともなく役者の当《あた》り狂言を顕《あらは》すを肝要《かんやう》とす。故に、一座に当り狂言続《つゞく》時は、二

座をおゐて一座の美をあぐる。

すなわち、座の採り上げ方に偏りが生じているのは、本作が目指すのが「役者の当り狂言を顕す」ことであったためである。本作の袋の図案（口絵参照）は、当時の劇場正面に飾られた櫓を模している。本来の櫓には座紋や座名のほか、「物真似狂言尽し」の文言が掲げられた。袋の「古今役者名声牒」の脇に添えられた「三芝居あたりきやうげんづくし」の文句はそのもじりである。ここに端的に表れるように、本作が意図したのは「古今」の「役者」の「当り狂言」を列挙することによって、彼らの「名声」を讃美することであった。そもそもが網羅的な興行記録を想定したものではなかったのである。

かかる構想成立の背景を考えるには、先行する劇書の存在を無視できない。上方の書肆である八文字屋の劇書の中でも、とりわけ後世に大きな影響を与えたのが、寛延三年（一七五〇）刊の『新撰古今役者大全』であった（廣瀬千紗子「八文字屋系劇書の成立―『新撰古今役者大全』をめぐって―」、『芸能史研究』第四十五号、昭和四十九年〈一九七四〉四月）。全六巻からなる同作が中心としているのは、巻二から巻四の「圏批ノ条」、すなわち、三都の役者総勢百七十六名について、その各々の略伝を掲げるという趣向である。この「紀伝体」とも言うべき『古今役者大全』の編纂法に対抗して編み出されたのが、本作『役者名声牒』の「編年体」なのではなかろうか。

明和期（一七六四～七二）の江戸系の劇書には、八文字屋に対する対抗意識があった。本書の場合であれば、それは「附言」に記される、

此巻に引書なし。ふるきは古老に尋《たづね》、又は見聞せし事の心にうつり行まゝに書しるせは、名題の忘失、日時の前後あらん。（傍線私意）

という言辞に表れている（立川洋「江戸の劇書―書誌と書肆―」、『芸能史研究』第四十七号、昭和四十九年十月）。傍線部は、

評判記や劇書の刊行で蓄積された八文字屋の情報をこの本では参考にしない、との高らかな宣言なのである。そのせいか、自ら「名題の忘失、日時の前後あらん」と弁解するように、本作には誤謬が多い。その状況の甚だしさは、本翻刻に再録した秋葉芳美の「役者名声牒訂正増補」からも窺えよう。本作には名題を空欄としている箇所が四つある（寛延三年〈一七五〇〉市村座の『通神衜曽我』、宝暦十年〈一七六〇〉中村座の『鏡将門曽我』、明和元年〈一七六四〉市村座の『若木花須磨初雪』、明和二年市村座の『降積花二代源氏』）が、これらなども、初春狂言ないし顔見世狂言なのだから、番付によらずとも八文字屋の評判記を見れば簡単に埋められるはずである。それをあえてしないところに本作編者の矜持があった。

本作の挿絵の一つは、大勢の「評判師」が、重ね扇に抱き柏（尾上家）・三升（市川家）・丸十（大谷家）・結綿（瀬川家）の役者の紋が染め抜かれた「ほうかぶり（頬被り）」を、「当りしるしのさしもの（当り狂言を表す指物）」として「芝居見物左衛門先生」に差し出し、それを先生が「ほまれ帳（本作『役者名声牒』）」へ記録するという図案になっている。先生は本作の編者の見立て、その周りを取り囲む評判師達は八文字屋の評判記の見立てと解釈してよかろう。「指物」は合戦で用いる旗印の一種であるが、兜ならぬ頬被りを脱いで八文字屋の評判記が本作に降参しているというメタファーと読めなくもない。であるならば、八文字屋に対する強烈な対抗意識がそこには隠されている。もっとも、この絵が示すように、本作が記述の基底に据えるのは、あくまで役者の「当り狂言」、「評判」であった。その点においては、本作の発想が八文字屋の評判記の延長の域を脱していないのもまた事実である。

ところで、本作の導入部に当たる「発端」は、中村座の引幕方の長の伊平と市村座の同じく引幕方の小長が、垂福屋の息子の家暮次郎に江戸三座の来歴、役者の当り狂言を語って聞かせるという体裁が採られている。登場人物名が枠で囲まれ、会話体で展開していく文体は、評判記の芸評部にも見られるものである。しかし、導入部という観点で

見た時、評判記の開口部は八文字屋が得意とする浮世草子のスタイルであった。一方、本作の場合の会話体は、明和七年刊の『遊子方言《ゆうしほうげん》』が江戸に定着させた洒落本の様式との類似という点で、注目すべきであろう。特に「むすこ」という表記は『遊子方言』を直接的に連想させる。

そもそも、本作の小本という書型もまた、洒落本の定型である。立川洋は前掲論考において、この時期の江戸系の劇書に小本が多いことを指摘した上で次のように述べる。

小本一冊というのは、実は、同じく安永・天明期（一七七二〜一七八九）に江戸市民文学として開花した洒落本の形式に他ならないのである。洒落本は「通書」とも呼ばれ、短編の戯作ではあるが、同時に江戸市民の社交場であった吉原を中心とする遊里の事情に通じるための案内書でもあった。一方、歌舞伎においてもその中心は江戸に移り、芝居もまた江戸市民の社交場となっていた。そしてその手引書が名鑑的「劇書」だったのである。すなわち、当時江戸市民の二大社交場となっていた遊里と芝居の事情に通じることが、江戸市民たるべき資格を示すものとして、要求されはじめてきたのではあるまいか。

本作を洒落本と見なすべきかどうかの議論は措くとして、その根源にあるのは遊里文芸としての洒落本と共通する江戸根生いの意識であり、そこにこそ、八文字屋の評判記、あるいは単純な記録物としての後続の年代記資料との決定的な違いがある。

さて、江戸時代の出板物の多くが年明け正月の刊行を嘉例としていたのに対し、本作の刊行はなぜ明和七年九月という、ある種中途半端な時期であったのであろうか。思えば、江戸系劇書の嚆矢とされる『新成 明和伎鑑《めいわぎかん》』（淡海三麿〈栗本兵庫〉編）の刊行も、明和六年十月という時期であった。これらが十一月の顔見世興行に照準を合わせた日程で

あることは容易に想像しうるが、本作の場合はもう少し踏み込んでその要因を探ることができる。

本作の明和七年の条末尾には、刊行直近の出来事について次のように記載される。

> 当九月、市川海老蔵十三回《くわい》に相当《あた》れは、団十郎追善《ついぜん》狂言有へし。市村座（品定相馬《しなさためさうま》の紋日《もんひ》）、森田座〈仮名女夫《かなめをと》いろはの操《みさほ》〉、三座共惣役者評判よく、ます〳〵繁昌。

「市川海老蔵十三回」、すなわち二代目団十郎の十三回忌追善は、中村座において九月九日から行われた（東京藝術大学附属図書館蔵の辻番付による）。この開催を「有べし（あるだろう）」と予測しているので、本作の脱稿は九月九日よりも前となる。一方、脱稿時期の上限については、市村座の『品定相馬紋日』の初日が七月二十三日、『仮名夫婦伊文章』の初日が八月一日（東京大学総合図書館秋葉文庫蔵『劇代集』、『増補劇代集』所収の役割番付による）なので、七月下旬くらいと推測できる。

そこで注目されるのが、右の引用に続く以下の記述である。

> 扨当霜月、江戸女形まれ物瀬川菊之丞、（注　中村座から）市村座へ出勤。山下金作・岩井半四郎、（注　森田座から）中村座へ来る。歌右衛門、上京。森田座へ京四条若女形中村富十郎下る。団蔵、（注　京の三枡徳次郎座から）中村座へ出勤する

このように明和七年十一月から始まる新年度の役者移動が記されるが、ここに挙がった情報は、番付や評判記に照らし合わせて、そのいずれもが正しい。本作収録の「芝居年中行事」に「（十月）十三日比より入替役者附出る」とあるように、新年度の座組が発表されるのは十月の半ばであった。七月下旬から九月九日までの間に脱稿された本作は、その一般公開に先立つこと一ヶ月半から二ヶ月前に、移動情報の一端を示していたことになる。新年度の各座の座組は江戸庶民の大きな関心事であったが、その情報をいち早く提供することで売り上げを狙ったのがこの九月という刊

行時期であったと思われる。

江戸系の劇書の特徴としては、地元江戸を対象とするだけに内部事情に詳しいという点が挙げられる。しかし本作は、「附言」に「役者系図素姓等つゝむべき陰事をあばかず」「近来役者の身のうへを穿〳〵て、穴をやぶるを嗜む。是、野暮の提抜也」と記されるように、暴露的話題に自制的であった。その代わりに本作が売りにしたのが、情報の早さである。そしてこれは、何よりも江戸の板元が、物理的距離を有する上方の八文字屋に対して優位に立てる強みでもあった。

このような内部情報を手に入れられる編者とはいったい何者であったか。序末には阿那聒散人の名が記される。「阿那」は感動詞の「あな」を指し、「聒」は「かまびすしい」と訓ずるから、つまり、「(自らがこれから綴る文章が)ああ、やかましい」という意を表す自嘲的な戯名である。なお、東北大学狩野文庫のデータベースでは「アナガチサンジン」の読みを与える。その場合は「強《あなが》ち」の字が当てられ、「記述にはやや強引なところがあるのでご勘弁を」というような含意となるか。もっとも、「聒」で「ガチ」と読ませるのはやや無理があるので、「あなかつさんじん」と読むのが妥当であろう。

この阿那聒散人を狂言作者の門田候兵衛と同一人物とする説がある。古くは本作の翻刻が記された『演劇学』の守随憲治の「解説」に「編者は門田候兵衛か。序文の末に阿那聒散人とあるのは、同一人かとも思はれる」とある。ただ、守随の言はやや正確さを欠く。本稿の書誌事項にも示した通り、門田候兵衛が編じたと明記されているのは、近刊予告されたものの実際の刊行が確認できない「古今役者名声牒大全」なのであって、本作の編者は序末に記される阿那聒散人である。その阿那聒散人が、続編(姉妹編と言うべきか)とおぼしき「古今役者名声牒大全」も同様に編纂

したとの仮定が成り立った上ではじめて、阿那聒散人は門田候兵衛であると言いうるのである。

門田候兵衛は生没年未詳の人物で、その生涯も不明な点が多い。狂言作者としての活動は宝暦十一年（一七六一）正月の市村座において、金井三笑門下の金井三平として現れるのが最も早い。明和元年（一七六四）八月の中村座で、立作者の機文輔が途中で抜けたことで二枚目から繰り上がって初めて立作者となり、翌明和二年には維田候兵衛、さらに三年には門田候兵衛へと改名する。明和五年秋の中村座の出勤を最後に番付面から姿を消すが、二代目市川八百蔵を追善した際物の『市川八百蔵筺《かたみ》の写絵』（安永六年〈一七七七〉刊）を手掛けたほか、三升屋二三治著『作者名目』（天保十五年〈一八四四〉序）に「寛政の末迄、沙門にて、市中の門に立て修行して歩行く」（『日本庶民文化史料集成』第六巻、三一書房、昭和四十八年〈一九七三〉）と記されるなど、劇界引退後の消息の若干が知れる。作者を経験して内部事情に通じている点、また、本作の刊行が劇界引退時期と近接している点から、本作の編者である蓋然性は高いと言えるが、それ以上のことは断定できない。

ここで、本作の書肆について述べたい。刊記に載る菊岡吉右衛門の活動は、井上隆明編『日本書誌学大系76 改訂増補 近世書林板元総覧』（青裳堂書店、平成十年〈一九九八〉）によれば、明和期のわずか二年の間にしか確認できない。明和六年刊の和算の書『算学筆記』（節笛子著）を最も早い刊行物とし、明和八年正月、河名藤八郎との相板で手掛けた『役者名物袖日記』（万里亭夫古工編）後は板行の形跡が見られない。和算から始まったこの書肆が、いかなる理由で劇書に手を出したか、そしてその活動がなぜ二年で途絶えてしまったかは不明とせざるを得ない。なお、『役者名物袖日記』の相板元、河名藤八郎の名が確認できるのはこの書のみである。

江戸系劇書の中でもよく知られたこの『役者名物袖日記』全五巻は、江戸歌舞伎の創始に始まり、諸行事の起源、古今

役者の定紋・扮装・名言・身振り、役者の理想像についての議論など様々な事項に記述が及んで、江戸歌舞伎に関する総合案内書的な様相を呈している。そこで想起されるのが、同じ菊岡吉右衛門刊行の『役者名声牒』が予告する「古今役者名声牒大全」の存在である。以下は推測の域を出ないが、『役者名物袖日記』とは「古今役者名声牒大全」の書名を変えたもの、あるいはその構想を受け継いだものなのではなかろうか。

「古今役者名声牒大全」の「大全」は、八文字屋の『古今役者大全』の「大全」とも通じ、同作への意識が感じられる。そして、実際に刊行された『役者名物袖日記』は『古今役者名物大全』と同じく総合的な内容を持つ劇書であった。『役者名物袖日記』は初板後、天明元年（一七八一）に本清から『古今役者名物大全』、同二年に『役者年々鑑』（板元不明）とした改題本が出板される（立川前掲論考）。偶然の一致かもしれないが、前者の『古今役者名物大全』の書名は予告された「古今役者名声牒大全」と似通う。ちなみに、右の推測が正しければ、『役者名物袖日記』の編者、万里亭夫古工こそ、実は門田候兵衛ということになる。同書には狂言作者を擁護する次のような発言が見受けられ、作者の経験がある人物が編者である可能性を窺わせる（引用は『日本庶民文化史料集成』第六巻による）。

・兎角《とかく》は（注　役者の）わが身《み》うへは作者《さくしや》にまかせて置《をく》ことよかるべきなり。（巻四「役者の狂言を作る事」）

・誠《まこと》に役者の上を一段飛《だんとび》こへて心魂《しんこん》の労《らう》する物は作者なるべし。（中略）川津はこう〳〵股野《またの》はかくといへと、せりふをさづけ師範《しはん》するなれば、作者は上に立べし。（巻五「役者作者の弁」）

本作『役者名声牒』の末尾に、それまでの年代記的叙述と何の脈絡もなく、「芝居年中行事」と「三芝居茶屋名目部類」が唐突に載ることの意味も、構想されていた「古今役者名声牒大全」との関連を想定すれば理解できなくもない。「古今役者名声牒大全」への掲載が検討されていた企画の一部を、構成等の問題で前倒しでこちらに載せることにした、ということかもしれない。なお、前者「芝居年中行事」の趣向は、本作の後、安永五年（一七七六）刊の『新板細見

歌舞妓三丁伝』や同六年刊の『芝居年中行事』（はじやう編）に継承されていく（立川前掲論考）。また、後者「三芝居茶屋名目部類」は、本作の前年刊行の『明和伎鑑』に掲載された趣向の流用である。わずか一年の隔たりながら、『明和伎鑑』に記載の情報とは若干の差異があり、その点において資料としての価値が認められる。

本作は歌舞伎の年代記資料としてはもちろんのこと、劇書、さらには洒落本の範疇からも、これまで以上に注目されてしかるべき作品であろう。

続名声戯場談話

ぞくめいせいぎじょうだんわ

桑原博行

〔底本〕国立国会図書館蔵本　一八八－五五〇

〔体裁〕写本。半紙本（縦二三・八糎×横一八・一糎）。袋綴、三冊。

天（堺町）――中村座・都座の明和元年〜文政二年の興行年表及び興行記録。

地（葺屋町）――市村座・桐座・都座・玉川座の明和元年〜文政二年の興行年表及び興行記録。

人（木挽町）――森田座・河原崎座の明和元年〜文政二年の興行年表及び興行記録。

〔表紙〕保護表紙、丁子引紙。原表紙、茶色の布目紙。

〔記載書名〕保護表紙題「続名声戯場談話　天（地・人）」（後題簽、左肩、双辺、縦二三・八糎×横三・七糎）、原表紙外題「続名声戯場談話　三冊之内　木挽町」（原題簽左肩、無枠、堺町・葺屋町は手擦れで読めず。縦一四・三糎×横三・二糎）。

〔丁数〕天（堺町）、一六九丁。地（葺屋町）、一六七丁。人（木挽町）、一二五丁。

〔行数〕序は八行、本文は不定。

〔編著者〕未詳。

〔印記〕帝国図書館の「明治四〇・九・一二購求」という朱文円印が捺される。

〔備考〕天の巻第五一丁と第五二丁の間に紙片一片挟み込みあり。また、全冊虫損の補修のための裏打ちが施されている。各丁表のノドに、鉛筆で改装時の書入と思われる丁付が書かれる。天「二ノ一〜一六八止」、地「一ノ一〜一六七止」、人「二ノ一〜一二五止」。改元ごとに小口に青紙が貼られる。

『続名声戯場談話』は、国立国会図書館蔵本（以下、国会本）の他に、光延真哉によって発見・購入された秋葉芳美・町田嘉章旧蔵本（以下、光延本）、関根只誠・伊原青々園旧蔵早稲田大学演劇博物館蔵本『戯場談話』（以下、演博本）の二本が存在する。本作は、「堺町」に収められている序文に、「続名声戯場談話序《ぞくめいせいぎじやうだんわ》」とあるところから、これを正式名称とする。また、「続名声」とは、序文の始まりに「昔役者名声牒《むかしやくしやめいせいてう》に遠《とほ》くは板橋《いたばし》の壁紙《へきし》、近《ちか》くは神仏《しんぶつ》の絵馬額《ゑまがく》に、古今《こゝん》役者《やくしや》の名誉《めいよ》を顕《あらわ》せし…」とあり、阿那聒散人編、明和七年（一七七〇）刊『役者名声牒《やくしやほまれちよう》』の続編を企図して書かれたことに拠る。「板橋の壁紙」という文言については、板橋区史編さん調査会編『板橋区史　通史編　上巻・下巻』（平成十年〈一九九八〉・平成十一年）や板橋区立郷土資料館編『中山道板橋宿と加賀藩下屋敷』（平成二十二年〈二〇一〇〉）などを参考に検討し、中国の板橋店や、関東近郊に幾つか存在する板橋も吟味した。特に、明和九年に和刻本が出板され、中国明末の名妓の伝記やその演伎の評を記した余懐著『板橋雑記《はんきょうざっき》』（別書名『唐土名妓伝』、飜訳『板橋雑記　蘇州画舫録』東洋文庫、昭和三十九年〈一九六四〉）と、大田南畝の蔵書目録である「杏園稗史目録」（『大田南畝全集』第十九巻、岩波書店、平成元年〈一九八九〉）の戯場部に載る『新板橋雑記』（『国書総目録』に記載無し）の二書の可能性も考慮したが、「壁紙」に相当する明確な典拠を見いだすことができなかった。博雅の士による後教を俟つほかない。

本作は、明和元年から文政二年（一八一九）までの五十六年間にわたる江戸三座の興行を、座の置かれた堺町・葺屋町・木挽町ごとに記録した年譜である。座の所在地ごとに編まれていることから、年代記物という性質に、劇場史としての観点を付与している。後に関根只誠著・伊原敏郎編『東都劇場沿革誌』（珍書刊行会、大正五年〈一九一六〉）に代表される劇場史の魁ともいえるだろう。内容は名題・配役・浄瑠璃名題・太夫三味線連名・料金等、興行に関する情報と、役者の初舞台・移動・改名・死亡等の動向、座の記念行事や交替、小屋の普請や設備の変更等の周辺情報によって構成され、明和から文政初期の歌舞伎興行の様子を窺知し得る資料となっている。

三本の先後関係については、拙稿「『続名声戯場談話』とその諸本」（『歌舞伎　研究と批評』五十三号、平成二十七年〈二〇一五〉三月）で詳述した。本書では国会本を底本としたが、その根拠の一例を示すと次の通りである。

国会本の文化八年（一八一一）三月中村座に書かれた死亡記事を見ると、「中村春之助」というように抹消された形となっている。光延本・演博本では、「中村春之助」の名が書かれないため、国会本での修正が、光延本・演博本に反映されたと見られる。また、国会本では凡例で「青紙之小口取は年号改元も印替分いたし置」とある通り、改元時に青紙を貼り込むが（口絵参照）、光延本と演博本の凡例には同様の文言が記されるものの、青紙は貼り込まれない。以上から、国会本が三本の内で原本に最も近い本だと考えられる。よって本書ではこれを底本として採用した。ただし、国会本の虫損部分については、光延本・演博本で補って読むことができる箇所もあり、随時参照した。

本作は、守随憲治によって明和から安永初期までの一部がすでに翻刻されている（「校訂 續名聲戲場談話」、『歌舞伎（第二次）』第五巻第十号（通巻五十七号）～十二号（通巻五十九号）・第六巻第二号（通巻六十一号）、昭和四年〈一九二九〉十～十二月・昭和五年二月、「續名聲戲場談話」『演劇学』第三巻第一号（通巻七号）～三号（通巻九号）・第四巻第三号（通巻十二号）、昭和九年〈一九三四〉四月、七月、十一月・昭和十一年九月）。その解説文中において守随は、「編者は幕末の狂言作者らし

いが未詳」とし、嘉永末頃の成立と推定している。

狂言作者であれば、楽屋内での役者間のもめ事を知り得るであろう。編者が狂言作者ではないと考えられる例として、安永九年（一七八〇）五月市村座「女伊達浪花帷子」記事にある「芝居もめ合」を挙げる（以下、引用文中の句読点は稿者が補った）。

此狂言、路考、梅幸、錦考三人当りの所、芝居もめ合出来て、興行中梅幸八木孫三郎ニ而黒船へ金財布を打付け、夫より見物へ、幸四郎致方甚悪敷、其上菊之丞、友右衛門も私世話して、御当地江下り、御ひいきに成候所、皆々幸四郎さふだんいたし、私壱人を退けものにいたし候段、残念に存候とて□退座する。

本作にはもめ事が何例か記載されるが、一般人の噂程度の情報しか記されない。編者の立場が当事者の位置から離れているように感じられる。編者は、明和四年二月森田座「皆目覚百合若大臣」のように、狂言作者なら避けるであろう、名題の文字数を偶数で表記することが少なからずある。他にも口上書を写していること、劇場機構の変更について、客席から確認できる範囲でしか記述していないことなどを総合すると、守随の狂言作者かという推定については、疑問を持たざるを得ず、従うことができない。実際に芝居見物をした一観客が、見物した芝居、芝居の表がかりの様子や、口上書などを書き留めた資料と見るべきであろう。守随の推測する嘉永年間の成立かという問題についても、本作からはその根拠となり得る証拠は見つからず、成立年代および編者に関しては目下のところ未詳とすべきと考える。

本作に記録される興行は、明和・安永頃までは『役者名声牒』の方針を受け継ぎ、取捨選択されているが、それ以降は全ての興行を網羅的に書き記している。この網羅的な興行の記録方針は、烏亭焉馬編『花江都歌舞妓年代記』（文化八年〈一八一一〉～十二年刊）と類似している。江戸歌舞伎の五十六年を記録する本作の中に、『役者名声牒』の

ような名声のみを集める非網羅的な記録方針から、『花江都歌舞妓年代記』のような網羅的な記録方針への遷移が看取できるのである。

本文の体裁と構成については、口絵に掲載した国会本（明和九年市村座）の図版をもとに説明する。

右頁上端にある青紙は、改元のあった年の印として丁の表と裏に貼られる。本文には、正月の「菅原伝授手習鑑」を興行した際に、茶屋から配られた番付と、茶屋表にしつらえられた蒸籠、宝船等の様子、さらに出羽守の見物があったことが書かれる。右頁中央の、初日日付「辰二月廿日より」、改行して名題「振袖衣更着曽我」、その上に興行が当たった印である朱点が打たれ、二段組で役人替名「一　和田の舞鶴姫　瀬川菊之丞」などと一連の情報が記されるのが、本作の一般的な構成である。それに「対面は、梅幸羽織工藤ニ而」と短評が加わることもある。十一月の顔見世前には、上段に下り役者である市川団三郎、下段に森田座より移ってきた瀬川雄次郎と山科四郎十郎の、役者の移動が書き込まれる。左頁中央から、顔見世興行の初日日付、名題、役人替名、短評が書かれ、浄瑠璃名題「稚結蜘蛛線」「来宵月浮雲」と太夫名、三味線名、役者が記述される。

本作は、三冊ともに明和・安永期には丁寧に粗筋・評文が書かれ、天明・寛政・享和期はそれが減少し、文化期以降に再び増加する傾向がある。その例として、安永六年（一七七七）十一月中村座「将門冠初雪」の粗筋の冒頭部分を挙げる。

初而団十郎の向ふづら也。

朱雀天皇ニ而三甫右衛門、金冠白衣の公家悪、夜叉五郎ニ而広右衛門赤つら暫くのうけ、加藤兵衛重光ニ而団十郎暫く、大当り。天幸うけの暫くは今年初てなり。江戸名物そろいにて別而よし。

次の幕、広右衛門純友ニ而落城して城の石垣をやぶり落出る所よし。夫より山伏塚へみの笠ニ而来り、丙午阿舎

利の霊魂三甫右衛門顕れ出、純友か祈念により、合体なして邪法をさづくる所大出来。その脇の乗物の内より右衛門督藤原忠文ニ而団十郎長上下ニ而出、様子を伺ふとも知らず、壬の男丙の女の血汐を呑時には法力つきる間ゆめ〳〵おそるべしと、三甫右衛門が広右衛門につげるを、団十郎扇をひらきさら〳〵とかく。広右衛門しゆり剱をうつ。団十郎扇ニ而はらいおとす、拍子幕。古今の大当り。

伊原敏郎（青々園）著『歌舞伎年表』には「筋書「戯場談話」にあり」と書かれており、その内容は紹介されていない。この興行の『歌舞伎年表』記事は、役者評判記の個人評を抜粋して構成しているため、狂言の全体像は摑みにくい。本作は、芝居評としての特徴を持っており、台本・台帳類が残っていない作品でも、興行の粗筋がわかる作品がいくつか存在する。演出や扮装についても触れられている場合には、作品の雰囲気や役者の芸を知る伝手ともなる。

次に三行以内で書かれた短評の例を紹介する。口絵に載せた、明和九年十一月市村座「江戸容儀曳綱坂」の短評では、

此顔見世、不当りなれ共、座元の所作は殊之外の評判。中にも切禿ニ而馬貝の所作、拍子事は変化に少しも相違なし。人間業とは見へぬといふ評判也。

と、芝居の粗筋はわからないが、不当たりだった一方で羽左衛門の拍子事が評判だったことがわかる。このような粗筋や短評のうちにも、評判記では窺い得ない情報を読み取ることができる。

明和九年正月市村座「菅原伝授手習鑑」記事には、芝居表の様子が書かれる。

二月十九日、茶屋の軒江紅梅枝に、青き丸挑灯に、菊蝶とゆひわたの紋をちらし、芝居のまへに蒸籠三拾三、上に宝船、引幕の進上、同断、酒樽三拾三、上に富士をかざり、白木の台に鰹節、太鼓櫓の所江、紙あかくして、結わたの紋ちらしの大き成角風巾へ、太筆に大入とかひて、尻尾と糸を付、かざり置、殊之外賑やか成。

これら進物などの情報は、評判記などではあまり見られない特徴の一つとして挙げることができよう。天明三年（一七八三）四月市村座に、市村座百五十年の寿狂言に関する記事が書かれている。ここには芝居表の飾り、団扇の配り物、寿の字の引幕など、芝居内外の様子が活写されている。これらの内容こそが、類書に見ることができない最大の特徴であろう。

座が打ち続く目出度い記事とは逆に、座の経営が立ち行かなくなり、座が交替する状況も詳細に記録される。明和元年から文政二年までの五十六年間に、江戸三座において、座は十六回交替している。

櫓交替一覧（明和元〜文政二年）

堺町	葺屋町	木挽町
寛政　五年十一月　都座	天明　四年十一月　桐座	寛政　二年十一月　河原崎座
寛政　九年十一月　中村座	天明　八年十一月　市村座	寛政　九年十一月　森田座
	寛政　五年十一月　桐座	寛政十二年十一月　河原崎座
	寛政　十年十一月　市村座	文化　五年閏六月　森田座
	文化十三年　三月　桐座	文化十二年　五月　河原崎座
	文化十四年十一月　都座	文化十四年十一月　森田座
	文政　元年十一月　玉川座	文政　二年　六月　河原崎座

なかでも、天明四年（一七八四）に市村座が退転し、仮芝居として興った桐座において「積恋雪関扉」が初演されたことはよく知られていよう。その際に芝居小屋が建てられるまでの様子を、編者は書き残している。「五月中旬より、段々芝居を取崩し、六月上旬は明地に成」と、五月に芝居小屋を壊してから、「十月廿二日、櫓上る。同廿八日、表通りは建揃」と芝居小屋の櫓が上がり、「十一月朔日、名題看板を出し、七日棟上ニ而、同日看板不残出す」と、顔

見世興行が始まるまで、天明期の仮芝居興行開始の一連の流れや芝居表の様子が確認できる。しかし、これらについても、楽屋の様子はまったく書かれず、あくまでも芝居表と口上書で構成されている。

劇場機構についても、幾つかの記述がある。文化三年（一八〇六）五月市村座にて、「仮名手本忠臣蔵」の十段目、十一段目を出した際に、「敵打の幕、両国の仕掛け、当春対面の行列にいたし候橋を用、又々此所ニ而橋のせり出し有之。切落と中の間の間より桟敷辻、橋をせり上る大仕かけ、此狂言大当り〳〵」と、橋をせりあげたという大仕掛けを記録している。この内容は、『歌舞伎年表』に出典未記載で紹介されているが、本作からの引用と判明した。

芝居興行を記述する性格上、本作は基本的に番付の役人替名を写す形で、芝居の配役が示されている。後世の人間であっても、番付を臨写することが可能なので、本作の記述の同時代的な信頼性は、歌舞伎興行以外で残された社会的記録を、他の記録と照合することで確認することができる。本作内で芝居小屋と社会が強く関連する例として、火事の記録を挙げる。

本作の書かれた五十六年間に、江戸三座は十二度火事で被災しているが、本作には十度の火事について書かれる。その記録を斎藤月岑編『武江年表』（嘉永三年〈一八五〇〉刊）と対照したところ、『武江年表』とほぼ同じ内容で火事を書き記している。出火した場所の小さな相違が二箇所、出火した日が一日違う例が一箇所あった。嘉永年間に出板された『武江年表』と、火事の件数、出火場所、火事の日付の齟齬があった。

一方で本作には他書からの引用と考えられる箇所も存在する。前掲拙稿で既に例を紹介したが、天明六年（一七八六）十一月桐座記事に「花道のつらね」の狂歌が記されている。この狂歌の解説は、『花江都歌舞妓年代記』巻之六（三編所収）の文章とほぼ一致する。『花江都歌舞妓年代記』と本作の間に共通の典拠が存在する可能性ももちろん考

えられるが、この記事が原本に記載されている位置を見ると、追記されていることが明らかである。従って『花江都歌舞妓年代記』三編の出板された、文化九年以降の記入であると推測もできる。

本作は、明治末から昭和初期の江戸歌舞伎研究者に大きな影響を与え、『歌舞伎年表』にも多く引用されていたが、その後歌舞伎研究の現場で充分に活用されてこなかった。その理由の一つとして、国会本が極度の細字、しかも癖字で綴られ、多くの虫損があったことが挙げられる。しかしこの翻刻作業にあたって、光延本と、演博本を共に副本として使用することで、その欠損部の多くを補うことができた。本作が広く江湖に示され、『役者名声牒』『続芝居年代記』他の年代記物や番付、評判記との関連のなかで、近世演劇研究が、向後輻輳的に深められていくことを願う。

続芝居年代記　ぞくしばいねんだいき

倉橋正恵

〔底本〕国立国会図書館蔵本　二三九－一〇三
〔体裁〕写本。大本（縦二三・六糎×横一六・四糎）。袋綴、四冊。題簽の巻数表記と、内題下の巻数表記、及び尾題下の巻数表記には次のような齟齬が生じている。

（題簽巻数）	（内題巻数）	（尾題巻数）
壱	巻（以下空白）	巻之二
弐	巻之三	巻之三
参	巻之四	四竟
四	巻之五	（記載なし）

〔表紙〕内表紙、薄茶色・無地。本文の頭注の文字の一部が裁断により切れていることから、内表紙は原表紙ではなく、後補表紙である可能性が考えられる。現状では壱巻と弐巻、参巻と四巻で合冊され、それぞれに茶色、布目紙の保護表紙を持つ。

〔記載書名〕外題「続芝居年代記」（後題簽、縦一五・一糎×横三・三糎、各巻左上、四周双辺）。内題「江戸歌舞妓年代記」（壱巻）、「江戸芝居年代記」（弐巻・四巻）、「芝居年代記」（参巻）。内題については壱巻・四巻共に、初丁表の右端を断裁し、内題を記載した別紙を継いだ状態である。弐巻・参巻は、内題部分だけを切り抜き、改めて内題を記した貼り紙を貼付している（口絵参照）。尾題は「芝居年代記」（壱巻・弐巻・参巻）であるが、全て貼り紙上に墨書されたものである。壱巻と参巻の貼り紙の下には原紙が透けており、「梨園漫録」という墨書の痕跡が見える。四巻には尾題が記されず、「文政四辛巳年より」という記載で終っている。

〔丁数〕二三丁（壱巻）、二五丁（弐巻）、一八丁（参巻）、一三丁半（四巻）。

〔行数〕概ね一一行。

〔編著者〕未詳。弐巻と参巻は初丁表の編者名部分が切り取られ、「花笠翁編次」と墨書した貼り紙が貼付されている（口絵参照）。壱巻と四巻については、初丁表の内題も含めた右端部分が断裁され、別紙が継がれているものの、編著名の記載はない。

〔印記〕「好文堂」（朱長方印、辻伝右衛門家所用）、「唐子文庫」（朱長方印）。

〔備考〕各巻共、初丁表にのみ匡郭が墨書されている。各巻の背には「八」（壱巻）、「九」（弐巻）、「一〇」（参巻）、「一一」（四巻）の墨書がある。これは、国立国会図書館に同一登録番号「二三九―一〇三」として所蔵されている『江戸芝居年代記』（三冊）及び『江戸芝居名題寄』（四冊）と合計した冊数に該当する数字と思われる。

本作は、文化六年（一八〇九）から文政四年（一八二一）までの十三年間にわたる、江戸三座の興行記録を年度ごと、劇場別にまとめた写本の歌舞伎年代記である。本作の他に他本の存在は聞かない。現在の所蔵機関である国立国会図

書館では、本作に加えて編者未詳の『江戸芝居年代記』（『未刊随筆百種』二十一巻所収）と、石塚豊芥子筆写の『江戸芝居名題寄』の三書の写本を一括して「江戸芝居年代記」とし、一つの番号をつけて登録している。しかし、各書は形態、書式、筆跡、内容共に明らかに異なり、本来はそれぞれ別個の歌舞伎年代記資料であったと考えられる。ただし、三書いずれにも銀座役人であった辻伝右衛門家の蔵書であったことを示す「好文堂」印があり、また書誌の項の〔備考〕欄で示したように各冊の背に共通の表記で連続した数字が記してあることから考えても、国立国会図書館の前身である帝国図書館へ収蔵される以前から、既に一連の資料として扱われていたと考えられる。

本作については、既に拙稿「国立国会図書館所蔵『江戸歌舞妓年代記（続芝居年代記）』」（『アート・リサーチ』三号、立命館大学アート・リサーチセンター、平成十五年（二〇〇三）三月）で紹介し、さらに同センターから出た『「都市と芸能―無形文化・時間芸術に関する総合的研究―」平成十年度〜平成十四年度私立大学学術研究高度推進事業「学術フロンティア推進事業」研究成果報告書』（平成十五年三月）に、本作の全翻刻を掲載している。しかし、これらの研究紀要や報告書は一般へ頒布されたものではなかった。そのため、十九世紀初頭の江戸歌舞伎研究における本作の資料価値を鑑み、新たに校訂を加えて、本書に再録した次第である。

書誌の項でも記したように、本作の書名表記は揺れている。現在の内表紙及び題簽は後補のものであるため、題簽にある「続芝居年代記」という書名は原題ではないであろう。内題は「江戸歌舞妓年代記」（壱巻）、「江戸芝居年代記」（弐巻・四巻）、「芝居年代記」（参巻）の三種類があるものの、いずれも原紙の内題部分を裁断、もしくは切り抜いて、新たに貼付した紙に書かれたものである。四巻以外には、「芝居年代記」という尾題も記載されているが、これらも全て貼り紙上に記されたものである。つまり、現在本作に記されている書名は全て後から手を入れたものであり、原題を写しているとは言い難い。なお、壱巻及び参巻には尾題の貼り紙の下に原紙が残り、そこにはかろうじて「梨

園漫録」という文字が透けて見える。このことから、本作の原題は『梨園漫録』であったと推測できるが、現状では悉く書名記載部分が原紙から削除されており、本作の書名とするには抵抗がある。かといって、内題や尾題の『芝居年代記』を用いると、同一番号で一括に登録されてはいるものの、本作とは全く関連がない『江戸芝居年代記』と混同する可能性がある。ゆえに、無用な混乱を避けるために、本作の書名としてはやむを得ず後補題簽に記されている『続芝居年代記』を用いることとする。

本作は四巻四冊であり、各巻の収録年代は壱巻が文化六年から同八年まで、弐巻は文化九年から同十二年、参巻は文化十三年から同十五（文政元）年（一八一八）、四巻は文政二年から同四年までという構成である。しかし、書誌の項の〔体裁〕欄でも記したように、各巻の題簽と内題・尾題の巻数表記に齟齬があることから、本作には文化五年以前の記録を収録した「巻之一」が存在した可能性が考えられる。加えて、文化十年九月森田座記事中の幡随長兵衛についての考証文中にある「前集《せんしゆう》にしるしたる助六《すけろく》の墓《はか》などの事《こと》を考《かうが》へ合《あは》すれば」の「前集」に該当する記事が現存の『続芝居年代記』には見られず、ここにもかつて存在していた「巻之一」の存在をうかがわせる。ただ、助六の墓については『近世奇跡考』（山東京伝著、文化元年刊）にも既に言及があり、編者が本作以前に別の著作物を著していた可能性も考えられる。

また、現状では最終巻である四巻の巻末は、壱巻から参巻のような巻数表記ではなく、「文政四辛巳年より」という一文で終わっている。この一文の直前には、文政四年度の玉川座の顔見世狂言の記事に「追加」として、文政三年七月に没した二代目松本米三郎の死亡記事を載せる。その上、文政三年から江戸を離れていた五代目松本幸四郎と五代目岩井半四郎の上方での評判について一旦書き始めながらも、それを墨線で消している（口絵参照）。こうした編者の

推敲や覚え書きのような状態の記述での終了の仕方は、継続する次巻の存在を喚起させる。従って、本作には文政五年以降の記事を収録した巻の存在の可能性も残しておくべきであろう。

本作書名に切り抜きや貼り紙といった、後人による手が加えられているのと同様に、編者の記載についても訂正の痕跡が残っている。もとの編者名が記載されていたと思われる箇所は、全巻にわたって全て切り取られており、弐巻と三巻の貼り紙下に切り残された「編纂」の文字を僅かに確認できる程度である。弐巻と三巻では切り抜いた上に「江戸　花笠翁編次」と墨書した貼り紙を貼付しているが、これらの墨書は本文の手跡と明らかに異なる（口絵参照）。貼り紙上に記された「花笠翁」とは、一時期狂言作者を勤め、後に演劇に関する戯作を執筆したり、三世八文舎自笑として役者評判記を著したり（仮名垣魯文著『稗史年代記』（野崎左文『増補　私の見た明治文壇1』、平凡社、平成十九年〈二〇〇七〉）、役者名で小説等の代作を請け負っていた花笠文京のことを指すと考えられる。文京といえば、本作のような歌舞伎年代記を編纂する可能性が高い人物ではあるが、仮に本作が彼の手によるものであったならば、原紙の編者名部分を切り取る必要はない。さらに、狂言作者として文京の活動を確認できるのは文化八年（一八一一）十一月からであり、それ以前の幕内の情報に精通していたかどうかという問題にも疑問が残る。もとの書名や編者名を徹底的に排除するという手法からは、文京の知名度を利用して本作の価値を高めようと試みた旧蔵者の意図を感じる。

それでは、実際の編者は一体誰であったのであろうか。編者推定に最も重要となるのが、文化十五年九月中村座の上演記事の後に添えられている、狂言作者の初代福森久助の死亡記事である。そこには「久助は予が傾笠《けいりつ》の因《ちなみ》あれば爰《こゝ》にしるす」とあり、編者は久助と知り合いであったことが判明する。久助は四世鶴屋南北と同時代に活躍し、一時期は立作者にもなった人物である。明和四年（一七六七）に生まれ、文京が生まれた年である天明五年（一七八五）

に作者として活動を始めた久助と、文化八年から狂言作者となった文京とでは年齢及び身分差があり、同年代もしくは久助よりも身分が上に感じられる本文の書き方にも違和感を感じる。久助については、文化六年中村座の春狂言の項に、久助が関与する幕内のもめ事に加え、「福森は至《いたつ》て正直質朴《せいちよくしつぼく》の性《さが》なりければ」とあったり、また

福森は玉巻恵助が門人にて初名を玉巻久次と号し、十八才の時《とき》より戯場《げしやう》の作者となり五十余才にて死去《みまがり》しかど、親《おや》の譲《ゆづ》りし地面を失《うしな》はざるといふ程《ほど》の人《ひと》なれば、己《おの》が活業一三昧《くわつきやういつさんまい》にして他《た》を省《かへりみ》す。

というように、その性質や来歴を詳しく記している。こうした事例から、編者は久助と近しい存在であったことがうかがえる。

久助という存在を通じてのものか、編者は江戸劇界とも交流があったようである。文化十二年七月中村座の項には、七代目市川団十郎門へ入った市川鰕蔵への引き出物や、文人達から送られた狂歌が記されている。文政四年度の玉川座顔見世の記事には、「此顔見勢、三津五郎上方表へ登らんとて戸塚宿迄至りしを、江戸贔屓連中集りて引戻し、無理にすゝめて漸々出勤す」とあって、一般の人々が知り得ないような裏事情を記録している。このように劇界の内情を知りうる人物として、本作の編者像が浮かび上がる。しかし、編者を特定できる記事が本作にはこれ以上見あたらず、ここでは貼り紙に記される花笠文京とは異なる人物によって編まれた可能性が高い、という程度にとどめておきたい。

本作では年度始めの興行である前年十一月の顔見世から秋狂言までの上演月日、名題、主な配役が、中村座、市村（桐・都・玉川）座、森田（河原崎）座の順に分けて収録される（文政四年度の玉川座については、河原崎座の後に記される）。時には芝居の演出や評判等の上演周辺記事、役者の死亡記事、さらには劇中人物に関する編者の考証も挿入されるが、

巻数が進むにつれて記載分量は少なくなる。これには、休座等による上演回数の減少が一因として考えられるが、それ以上に演出や評判、その他の周辺記事の収録情報量が減ったことに起因する。本作を編纂していく過程で、編者が当初抱いていた上演周辺記事を収録するという目的意識は薄れ、上演年月や名題、配役といった基本情報だけを記録していくという編集方針に変更されていったと推定できる。

また、本作には上演以降にしか知り得ない情報を記載している場合がある。その多くは「瀬川多門是今の五代目菊之丞也」といった出演者の改名についての記事であり、編者は芝居の上演ごとに本作を記録していたものでないことがわかる。こうした記載の中には、本作の成立年代を推定することができる記事も含まれている。例えば、文化九年九月中村座の項にある「清海太夫は斎宮太夫の事にして、近頃故人に成りし二代目延寿斎也」の「近頃」とは、文政八年（一八二五）五月二十六日に清元延寿斎（豊後路清海太夫）が刺殺された事件のことを指している。さらに、文化十三年（一八一六）九月中村座の記事では、文政九年中に二代目中村鶴助へと改名する初代中村駒之助についての記載がある。こうした事例から、本作は収録年の最後である文政四年よりも後の、文政八年六月頃から同九年中にかけて成立したものと推定できる。

本作には、他の歌舞伎年代記には見られない独自の記事が含まれている。幕内のことについて言えば、文化六年中村座の春狂言の項に、狂言作者の福森久助と篠田金次の間に起きた、小説の歌舞伎化についての考え方の違いによる揉め事が記されている。この記事から、人気作家が著した流行小説を演劇化することや、劇界と文学界との交流によって互いの領域が曖昧になっていた当時の動向に対して、久助のような古い考え方を持っていた狂言作者の中には、ある種の抵抗感を強く感じていた者が存在していたことが判明する。『近世物之本江戸作者部類』（天保五年成立）の中

でも著者の曲亭馬琴は、江戸の狂言作者が当時流行の読本の趣向をそのまま芝居に取り入れることを恥とし、登場人物の名や世界を変更していたことを指摘している。文化文政期の歌舞伎作品を考える上で、文学作品の安易な歌舞伎化に対する劇界の拒否反応や、職人的な気質に基づく狂言作者の自負についても、今後は考察に含める必要があるであろう。

役者についても、文化十二年度の中村座顔見世（文化十一年十一月）の記事にある、二代目尾上松助から三代目尾上梅幸への改名についての逸話は本作にしか見られない情報であろう。そこには、「此時尾上松助、親松緑が先師たる菊五郎と改名すべきなれど、当時（注　文化十年）菊といふ字はさゝはる事あるゆへに菊五郎が俳名梅幸とあらたむ」とある。つまり、松助の父である尾上松緑は、文化十年の時点で自分の師であった初代菊五郎の名を息子へ継がせたかったが、この時期は「菊」という字を名前に用いるのには支障があったため、「菊」が付かない師の俳名「梅幸」へと改名したとあるのである。近世期には幕府や朝廷の貴人の名を憚って、自らの名前や漢字を変えるというのはよく知られた慣習であった。「菊」の字を用いることを避けたのは、享和元年（一八〇一）に生まれた徳川家の若君菊千代への配慮と思われる。そのため、菊千代が文化十二年一月に元服すると（『御触書天保集成』『藤岡屋日記』）、「菊」の字への支障がなくなったのか、同年十一月に梅幸は三代目尾上菊五郎を襲名している。若君菊千代の「菊」の字の憚りによる改名は、三代目瀬川菊之丞や瀬川菊之助（後の四代目瀬川路考）の事例がこれまでよく知られていたが、菊五郎の改名にも影響を与えていたことについては、従来の研究では知られていなかったことである。

上演の細かな演出等については、文化十四年度の中村座顔見世「不破名護屋雪櫓」の項のように、詳細に記されている場合もある（八八二頁参照）。こうした演出の詳細についても、他の年代記類や役者評判記では確認できず、貴重な資料と言えよう。

本作は収録年数も十三年間と短く、小規模な年代記であることは否定できない。その上、巻之一に該当する巻は欠け、現状での最終巻である四巻も不完全な状態で終了している。冒頭から末尾までの編集方針は統一されず、編者の記憶違いによる誤記や、収録漏れも認められる。しかし、本作独自の記事も多々含んでいることから、他の歌舞伎年代記や役者評判記を補足するという意味において、文化文政期、とりわけ文化期の江戸歌舞伎研究を行う上で本作の資料価値を十分に認めることができる。

本作が成立した十九世紀初頭は多種多様な劇書が出版され、三都を中心に芝居、特に歌舞伎流行の一つのピークを迎えていた時代でもある。その中でも特に、文化八年から同十二年にかけて刊行された烏亭焉馬による『花江都歌舞妓年代記』は、寛永元年（一六二四）から享和四（文化元）年（一八〇四）までの百八十年にわたる記事を収録した大部の歌舞伎年代記であった。同書は、収録内容はもちろんこと、「歌舞伎を記録する方法」を人々に提示したという意味において、その影響は大きかったと考えられる。多くの芝居好きや好事家が焉馬の『花江都歌舞妓年代記』に触発され、これまで観劇してきた芝居を記録し、さらに古い番付や周辺資料を収集して、自分なりの歌舞伎年代記をまとめようとした。こうした活動が活発に行われ始めたのが文化文政期であり、『花江都歌舞妓年代記』と類似した形式を持つ本作も、〈年代記もの〉の流行の中で発生した中の一つと考えられる。

流行の中で編まれた年代記資料の大半は、自分の記憶と収集した情報をひたすらに記録した歌舞伎上演記録であり、そのほとんどは板行されることもなく、写本として残存、流布していた。これらの個人的な楽しみのために作成された年代記は、上演から何年経てもその収録した記録を読んで再び楽しむことができる。また一度記録しておけば、尚古趣味の一環として収集した古い歌舞伎番付やせりふ本、役者絵といった芝居の周辺資料類の考証にも用いることが

できる。こうした趣味的楽しみや用途のために作成された〈年代記もの〉の存在は、十九世紀に入ってからの歌舞伎文化の現象の一つと言えよう。この種の〈年代記もの〉の最も代表的なものが、焉馬の『花江都歌舞妓年代記』の続編を意識して制作された石塚豊芥子の『花江都歌舞妓年代記続編』である。『花江都歌舞妓年代記続編』は、文化二年（一八〇五）から安政六年（一八五九）までの五十五年にわたる江戸歌舞伎上演記録を網羅した大規模な歌舞伎年代記だが、これは豊芥子という異才な人物によって編まれた特殊例と言える。当時の流行にのって個人的に編まれた様々な歌舞伎年代記の大半は、本作『続芝居年代記』のように途中で編者が熱意を失い、次第に収録する情報も少なくなり、最後は不完全なままに終わるというものであったであろう。

現在まで残る近世期写本の歌舞伎年代記では、豊芥子の『花江都歌舞妓年代記続編』を代表として、本作と一括で国立国会図書館に登録されている編者未詳の『芝居年代記』や、本書に収録の『続名声戯場談話』、関根只誠の『戯場年表』（『日本庶民文化史料集成』別巻所収）といった収録年数の範囲が広く非常に大部なものが有名である。上方でも編者未詳の『大歌舞妓外題年鑑』（『浪華叢書』十五巻所収）や、番付、役者絵といった歌舞伎資料の貼込帖であると同時に大坂という土地の歌舞伎年代記の側面も持つ、浜松歌国編『許多脚色帖』などがよく知られている。その一方で、一般的な芝居愛好者や好事家が記録していたであろう小規模な歌舞伎年代記も、近世期には数多く存在していたと考えられる。こうした意味においても、無名の芝居好きが編んだ〈年代記もの〉の本作は、十九世紀前半における庶民への芸能文化の浸透度合いを推量するための好資料とも言えよう。

加えて、本作は同一番号で登録されている『芝居年代記』や『江戸芝居名題寄』と共に、好文堂の印記を持つ本であったことも忘れてはならない。解題の冒頭でも触れたように、「好文堂」印は銀座の役人辻伝右衛門家の蔵書であったことを示す。大変な蔵書家であった辻伝右衛門は、自分の蔵書をもとにして好文堂という本屋を営んでいた（篠田

鉱造著『明治百話（上）』、岩波書店、平成八年〈一九九六〉）。そして十代の頃の河竹黙阿弥は狂言作者として劇界に入る前に、この好文堂の若い衆として一時期働いていたという（河竹繁俊著『河竹黙阿弥』、創元社、昭和十五年〈一九四〇〉）。また、伝右衛門は幕末に大流行した三題噺の会を支えていたパトロンの一人であり、三題噺に傾倒していた黙阿弥とも大変親しい関係であった（佐藤悟「『かくやいかにの記』の周辺」（『国語と国文学』、昭和五十九年〈一九八四〉六月）、同『俳優茶話』の成立とその作者株木について―『かくやいかにの記』草稿本第二十段・二十一段注釈―」（延広真治編『江戸の文事』、ぺりかん社、平成十二年〈二〇〇〇〉））。つまり、本作のような名もなき編者の趣味によって編まれた小規模な歌舞伎年代記でさえも、伝右衛門や黙阿弥のような劇界に近い人物や劇界の中心にいた人物に所有され、そして閲覧されていたのである。黙阿弥は豊芥子没後、『花江都歌舞妓年代記続編』の自筆稿本を譲られた人物でもある（河竹繁俊『黙阿弥の手紙・日記・報条など』、演劇出版社、昭和四十一年〈一九六六〉）。現在のところ、本作『続芝居年代記』と黙阿弥との関連性を確認することはできていない。しかし、近世後期の人々の芝居に対する関心の度合いや、劇場関係者、特に狂言作者と歌舞伎年代記の関係性を考える上で、本作は何かしらの示唆を与えてくれる資料となるであろう。

あとがき

二〇一一年三月十一日、私は国立劇場で「絵本合邦衢」の夜の部を観る予定であった。折からの東日本大震災で地下鉄も止まり、歩いて劇場まで向かったが休演になった。その後、大震災の甚大な被害を見聞し、深い心痛を感じると同時に、私は自分にやり残したことが無いか自問するようになった。

元跡見学園女子大学教授小池章太郎先生を訪ねたのは、その年の八月であった。数年振りにお会いした先生に、国立国会図書館蔵『続名声戯場談話』のコピーをお見せすると、「この本は翻刻する価値のある本だから、是非翻刻をしなさい」と薦められた。そこで先生と一緒に翻刻の作業を進めたいとお願いしたところ、ご快諾いただいたのが、本書を上梓するに至る最初の一歩だった。それから毎月、翻刻をし、小池先生と一緒に読み合わせるという作業を始めた。難字、細字に加え、複写のため判読し難い文字に、難渋しながらの作業だったが、読み合わせが終わると、先生から芝居の事、書籍の事等、多くのお話を伺うことが出来たのが何よりも幸せだった。

『続名声戯場談話』堺町の文化五年まで読み進めていた二〇一二年四月に、大震災で休演となった「絵本合邦衢」が再演された。幕間のロビーで、当時白百合女子大学に勤務していた光延真哉氏と会った。久闊を叙し、最近『続名声戯場談話』の翻刻をしていることを話した。いつか光延氏にお読みいただき、御示教いただけないかとお願いする下心を持って。しかし、光延氏から返ってきた言は、「私、その本持ってますよ」であった。光延氏の研究室で手に取ったその本は、一見してとても読みやすいものであった。国会本と比較して先後関係を検討する必要があるため、

光延氏に恐縮しながら複写させていただけないかお願いしたところ、ご快諾いただいた。ご自身の架蔵する本を見せるだけでなく、複写し、提供するなど、私は光延氏に感謝をし尽くせない。

比較検討の末、光延本は国会本の浄書本であると判断し、国会本の翻刻に際して、光延本を参照することとなった。難読の文字があると、私の意見と、小池先生の意見と、そして光延本を書いた人物の、その写した文字に意見を求めることができるようになった。翻刻は光延本の助けもあって順調に進んだ。その後、早稲田大学演劇博物館にも国会本を後補した一本が収蔵されていることがわかり、翻刻の際には参照した。

翻刻を進めるにつれ、私も小池先生も本書は出版に値する内容であると考えるようになった。その後、木挽町の翻刻の段階で、我々だけでなく光延氏と、齊藤千恵氏にも参加していただけることになった。そこでの話し合いで将来的に出版したい旨を相談したところ、光延氏が科研費申請等の予定を組み込んだ、出版までのスケジュールを立案してくださった。また、光延氏は書籍化にあたって、『役者名声牒』の翻刻を提案してくださり、その翻刻の任を自身で引き受けてくださった。齊藤氏は研究仲間であった倉橋正恵氏がかつて『続芝居年代記』の翻刻をしていたことから、倉橋氏にも声を掛けてくださった。その三書を併せて『未刊江戸歌舞伎年代記集成』としてここに公刊できることを嬉しく思う。

よく知られている烏亭焉馬編『花江都歌舞妓年代記』、石塚豊芥子編『花江都歌舞妓年代記続編』は、活字化され、年代記物の中でも研究者になじみのある資料である。しかし、役名は省略、役者名も基本的に名前のみで、猶且、名題も含めた全ての情報が追い込みで記されており、あまり使いやすい本ではなかった。伊原敏郎の『歌舞伎年表』も、江戸時代の歌舞伎研究の基礎的な資料である。興行ごとのまとまりになっているとはいえ、配役については、役名が

省略され、役者名も名前のみの『花江都歌舞妓年代記』を踏襲した形式であった。『続名声戯場談話』は興行ごとに、役名と役者名を二段組に並べている。これらは前述のような追い込み式の興行資料に比べて見やすく、使いやすい。現在も国立劇場で編まれている年代記物の刊行物である『近代歌舞伎年表』は、興行の情報、評などを一興行ごとに採録し、特に配役は二段組で、役名と役者名を記録している。年代記物として一番扱い易い様式を、『続名声戯場談話』の編者はいち早く採用していたと言える。

その編者の名前は、資料内に明記されておらず、不明である。私は『続名声戯場談話』の編者を、市井の芝居好きの人物だと想定している。なぜなら、編者は劇場機構の変化を客席から見える部分の記録しか書き留めておらず、内部事情についても最初から知らないためである。これは『役者名声牒』の阿那聒散人のように、内部事情に通じている人間ではない証であろう。ただ芝居が好きで、芝居小屋に通うのが楽しみだった人物の五十六年間に亙る記録が、『続名声戯場談話』ではないだろうか。

編者はこの本を誰かに披露するつもりであったようである。序文に「戯場好《しばいずき》の友《とも》とちの笑《わらい》に備《そな》ふ而已《のみ》」とあることに如実に表れている。場合によっては出板まで考えていたかもしれない。しかし、今日までその希望は叶わなかった。戯作者であり、落語の中興の祖であり、団十郎の有力な後援者でもあった烏亭焉馬や、珍書の蒐集家として知られ、柳亭種彦・河竹黙阿弥などとも交流した石塚豊芥子のような人物でなければ、多くの人に読まれることは難しかったのではないだろうか。今回、約二百年越しに『続名声戯場談話』が活字として世に出、日の目を見るのは、名も無き編者にとってこの上ない僥倖ではないかと、翻刻した立場から考えている。同じことは『続芝居年代記』にも言える。この本の編者も無名の存在であった。本書に収録されることを、泉下の編者も喜んでいるであろうと推察する。

本書の編集に際して『藤岡屋日記』や『江戸砂子』、『千種日記』等の翻刻を手掛けられた小池章太郎先生が、不慣

れで未熟な私達を監修、指導してくださったことに深謝の念を禁じ得ない。先生は年の若い私達に対して、いつでも一友人として接してくださった。その御心差しに応えるべく翻刻作業に邁進したが、小池先生がいらっしゃらなければ、これらの三書はいつまでも形にならず、いろいろな図書館の収蔵庫で閲覧を待つ日々だっただろう。

また索引の作成にあたっては、東京女子大学学生の磯山友希氏、岸美七海氏、高橋映夢氏、田口真佳氏、眞野怜子氏に補助作業を行っていただいた。ここに記して謝意を表したい。最後に本書の出版をお引き受けくださった新典社代表取締役社長岡元学実氏、本書を刊行するに際し、多大なるご尽力を賜った担当編集者の原田雅子氏に篤く御礼申し上げたい。

本書が多くの人々の手にわたり、今後歌舞伎・役者絵研究の基礎資料の一つとして活用され、研究が発展していくことを願ってやまない。

なお、本書はＪＳＰＳ科研費　１５Ｋ０２２６５（研究代表者・光延真哉）・１６ＨＰ５０４５（研究代表者・光延真哉）の助成を受けた研究の成果物である。

桑原博行

名題索引

凡　例

この索引は、本書収録の３点の興行記録（『役者名声牒』『続名声戯場談話』『続芝居年代記』）に掲載される主要な名題（作品名）を五十音順に配列したものである。凡例は次の通りである。

1．大名題には『　』、音曲の名題には「　」を付け、両者を区別した。
2．本索引の収録対象は、番付や音曲正本（「正本による近世邦楽年表（稿）—享保から慶応まで—」〈『国立音楽大学音楽研究所年報』第11集、平成７年〉参照）に記載される名題のみに限定した。例えば「石橋」や「髪梳」など、芸そのものの名称と認められるものについては収録対象としていない。
3．名題の表記は番付や音曲正本での記載に基づいた。ただし、その表記が省略形の場合は、検索の便のため通行の表記で掲出し、括弧内に省略形を示した。
　例：『本朝廿四孝』（廿四孝）
　なお、本書では各興行記録に掲載の名題の表記が番付と相違している場合、適宜注や＊、（　）でその表記を補っている。本索引で示した頁番号は、その補記が掲出される頁に対応しており、見出し等が掲出される頁と異なっている場合があることに留意されたい。
4．明らかに同一作品ではあるが、名題表記に部分的な違いがあり、その差異に特に大きな意味がないと見なせる場合は、最も代表的と思われる表記で項目を統一し、括弧内にその他の表記を示した。
　例：『天竺徳兵衛古郷取梶』（天竺徳兵衛古郷取摂, 天竺徳兵衛故郷取艤）
5．名題には、一部、くずし字をそのまま用いて表記したものがある。そうしたものについては、くずし字の読みを［　］で示す形で掲出した。
　例：「其姿［まいらせ候］」

あ　行

か　行

さ　行

た　行

な　行

は　行

ま　行

や　行

ら　行

わ　行

執筆者紹介（五十音順）

倉橋　正恵（くらはし　まさえ）　立命館大学衣笠総合研究機構客員研究員
桑原　博行（くわはら　ひろゆき）　早稲田大学坪内博士記念演劇博物館招聘研究員
小池章太郎（こいけ　しょうたろう）　元跡見学園女子大学文学部教授
齊藤　千恵（さいとう　ちえ）　園田学園女子大学近松研究所客員研究員
光延　真哉（みつのぶ　しんや）　東京女子大学現代教養学部准教授

新典社研究叢書291

未刊
江戸《えど》歌舞伎《かぶき》年代記《ねんだいき》集成《しゅうせい》

平成29年2月25日　初版発行

編　者　倉橋正恵
　　　　桑原博行
　　　　小池章太郎
　　　　齊藤千恵
　　　　光延真哉

発行者　岡元学実
印刷所　恵友印刷㈱
製本所　牧製本印刷㈱
検印省略・不許複製

発行所　株式会社　新典社
東京都千代田区神田神保町一—四四—一一
営業部＝〇三（三二三三）八〇五一番
編集部＝〇三（三二三三）八〇五二番
ＦＡＸ＝〇三（三二三三）八〇五三番
振　替　〇〇一七〇—〇—二六九三二番
郵便番号一〇一—〇〇五一番

ISBN 978-4-7879-4291-3 C3395
http://www.shintensha.co.jp/ E-Mail:info@shintensha.co.jp

新典社研究叢書　（本体価格）

251 伊勢物語考 ―成立と歴史的背景― 内田美由紀 九六〇〇円
252 吉本隆明初期詩篇論 ―我と我々と― 川鍋義一 一二五〇〇円
253 説話文学の方法 山岡敬和 一〇五〇〇円
254 禁裏本と和歌御会 酒井茂幸 一五四〇〇円
255 更級日記の遠近法 伊藤守幸 一〇〇〇〇円
256 庭訓往来 影印と研究 高橋忠彦・高橋久子 一八四〇〇円
257 石清水物語の研究 ―第三系統伝本の校本と影印― 宮﨑裕子 一八四〇〇円
258 古典論考 ―日本という視座― 前田雅之 一二六〇〇円
259 和歌構文論考 中村幸弘 一二〇〇〇円
260 源氏物語続編の人間関係 付 物語文学教材試論 有馬義貴 一〇六〇〇円
261 冷泉為秀研究 鹿野しのぶ 一六〇〇〇円
262 源氏物語の音楽と時間 森野正弘 一四二〇〇円
263 源氏物語〈読み〉の交響Ⅱ 源氏物語を読む会 九九〇〇円
264 源氏物語の創作過程の研究 呉羽長 一一〇〇〇円
265 日本古典文学の方法 廣田收 一二六〇〇円
266 信州松本藩崇教館と多湖文庫 山本英二・鈴木俊幸 九二〇〇円
267 テキストとイメージの交響 ―物語性の構築をみる― 井黒佳穂子 一二五〇〇円
268 近世における『論語』の訓読に関する研究 石川洋子 一五〇〇〇円
269 うつほ物語と平安貴族生活 ―史実と虚構の織りなす世界― 松野彩 八八〇〇円
270 『太平記』生成と表現世界 和田琢磨 一四二〇〇円
271 王朝歴史物語史の構想と展望 加藤静子・桜井宏徳 二〇〇〇〇円
272 森鷗外『舞姫』 本文と索引 杉本完治 七七〇〇円
273 記紀風土記論考 神田典城 一四〇〇〇円
274 江戸後期紀行文学全集 第三巻 津本信博 八〇〇〇円
275 奈良絵本絵巻抄 松田存 八二〇〇円
276 女流日記文学論輯 宮崎莊平 二六八〇〇円
277 中世古典籍之研究 ―どこまで書物の本姿に迫れるか― 武井和人 一九八〇〇円
278 愚問賢注古注釈集成 酒井茂幸 一三五〇〇円
279 萬葉歌人の伝記と文芸 川上富吉 一三〇〇〇円
280 菅茶山とその時代 小財陽平 一四二〇〇円
281 根岸短歌会の証人 桃澤茂春 ―『庚子日録』『曾我蕭白』― 桃澤匡行 一三〇〇〇円
282 平安朝の文学と装束 畠山大二郎 一一五〇〇円
283 古事記構造論 ―大和王権の〈歴史〉― 藤澤友祥 七四〇〇円
284 源氏物語 草子地の考察 ―「桐壺」～「若紫」― 佐藤信雅 一〇二〇〇円
285 山鹿文庫本発心集 神田邦彦 一二四〇〇円
286 古事記續考と資料 ―影印と翻刻 付解題― 尾崎知光 六五〇〇円
287 古代和歌表現の機構と展開 津田大樹 一二四〇〇円
288 平安時代語の仮名文研究 阿久澤忠 一二六〇〇円
289 芭蕉の俳諧構成意識 ―其角・蕪村との比較を交えて― 大城悦子 一五一〇〇円
290 奈良絵本 保元物語 平治物語 二松學舍大学附属図書館蔵 小井土守敏 一〇八〇〇円
291 未刊 江戸歌舞伎年代記集成 倉橋・桑原・小池・齋藤・光延 二八〇〇〇円